2017

安徽统计年鉴

ANHUI STATISTICAL YEARBOOK

(总第29期　NO.29)

安　徽　省　统　计　局
ANHUI STATISTICAL BUREAU
国家统计局安徽调查总队
NBS SURVEY OFFICE IN ANHUI
编
COMPILED

中国统计出版社
China Statistics Press

《安徽统计年鉴—2017》

ANHUI STATISTICAL YEARBOOK-2017

图书在版编目（CIP）数据

安徽统计年鉴. 2017：汉英对照/ 安徽省统计局，国家统计局安徽调查总队编.
-- 北京：中国统计出版社，2017.8
ISBN 978-7-5037-8254-1
Ⅰ. ①安…
Ⅱ. ①安… ②国…
Ⅲ. ①统计资料－安徽－2017－年鉴－汉、英
Ⅳ. ①C832.54-54
中国版本图书馆CIP数据核字(2017)第184164号

安徽统计年鉴-2017

作　　者/ 安徽省统计局 · 国家统计局安徽调查总队
责任编辑/ 佘竞雄　熊威　田野　高维芹
装帧设计/徽韵书坊
出版发行/ 中国统计出版社
地　　址/ 北京市丰台区西三环南路甲6号
邮　　编/ 100073
电　　话/ 邮购（010）63376909　书店（010）68783171
网　　址/ http:// www.zgtjcbs.com
印　　刷/ 安徽新华印刷股份有限公司
经　　销/ 新华书店
开　　本/ 890mm × 1240mm　1/16
字　　数/ 1500 千字
印　　张/ 49.25　彩页6页
版　　别/ 2017年10月第 1 版
版　　次/ 2017年10月第 1 次印刷
定　　价/ 450元
本书附同版本CD-ROM一张，光盘内容以书面文字为准。
如有印装差错，由本社发行部调换。

Preface

Ⅰ. Anhui statistical yearbook — 2017 comprehensively and systematically collected in 2016, the provincial and municipal, county economic and social aspects of statistical data, the key to show the "twelfth five–year" since the economic construction and social development achievements in Anhui, is a comprehensive reflect the national economic and social development in Anhui province of informative yearly.

Ⅱ. Anhui statistical yearbook — 2017 added by the type of registration by the construction industry, the main economic indicators, Anhui rural labor non–farm employment basic situation table and so on.

Ⅲ. Financial production and consumption; finance, finance, insurance; price index; urban and rural people's life; city profile; urban and rural areas; urban and rural areas; Tourism and science and technology; health and social services; culture and sports; public administration and others; provincial and county–level major; natural and environmental protection; agriculture; industry; construction; transportation and post and telecommunications; domestic trade; foreign economic trade; tourism; Economic indicators and ranking. Appendix part of the main: Anhui rural labor non–farm employment basic situation, the province's basic situation of the town, the enterprise e–commerce situation. To help the reader understand and use the relevant data, each chapter is accompanied by a brief description and a description of the main indicators, and describes the statistical scope and statistical methods.

Ⅳ. In this yearbook , We use the classification of national economic industries (GB / T4754–2011).

Ⅴ. The units of measurement used in this book are internationally standardized measurement units.

VI. Notations used in this book: （blank space） indicates that the figure is not large enough to be measured with the smallest unit in the table, or data are unknown ,or are not available; "#" indicates a major items of the total.

VII. Statistical discrepancies due to rounding are not adjusted in this book. Anhui Statistical Yearbook is compiled bilingually in Chinese and English and a magnetic CD–ROM has been published to form a complete set.

目　　录
CONTENTS

一、综　　合
Chapter 1 General Survey

二、国民经济核算
Chapter 2 National Accounts

三、人　口
Chapter 3 Population

四、就业人员和工资
Chapter 4 Employment and Wages

五、固定资产投资
Chapter 5 Investment in Fixed Assets

六、能源生产和消费
Chapter 6 Production and Consumption of Energy

七、财政、金融、保险
Chapter 7 Finance, Banking and Insurance

八、物价指数
Chapter 8 Price Indices

九、城乡人民生活
Chapter 9 Livelihood of Urban and Rural People

十、城市概况
Chapter 10 General Survey of Cities

十二、农　　业
Chapter 12 Agriculture

十三、工　业
Chapter 13 Industry

十四、建 筑 业
Chapter 14 Construction

十五、运输和邮电
Chapter 15 Transport, Post and Telecommunication Services

十六、国内贸易
Chapter 16 Domestic Trade

十七、对外经济贸易
Chapter 17 Foreign Trade and Economic Cooperation

十八、旅　　游
Chapter 18 Tourism

十九、教育和科技
Chapter 19 Education and Science

二十、卫生和社会服务
Chapter 20 Public Health and Social Services

二十一、文化和体育
Chapter 21 Culture amd Sports

二十二、公共管理及其他
Chapter 22 Public Management and Others

二十三、省级和县级主要经济指标及位次
Chapter 23 Main Economic Indicators and Their Orders of Precedence of Province and County

附　录
Appendix

第一篇

Chapter 1

综合

GENERAL SURVEY

简要说明

一、本篇包括我省行政区划、国民经济综合资料等内容。

二、国民经济综合资料中的“各部门机构数”为第三次全国经济普查后部分行业企业资料更新维护数据。

三、国民经济总量、速度、结构、比例和效益指标均取自本年鉴各篇；国民经济综合资料由省统计局综合处整理。

四、我省境内国家级旅游景点黄山、九华山风景区旅游基本情况，由所在地统计部门提供。

Brief Introduction

I. This chapter covers the summary data on national economy.

II. "Department of national economy comprehensive information agency number" for the part after the third national census of basic industry enterprise information update maintenance data.

III. Data on the total value, speed, structure, ratio and effects on the national economy are extracted from the concerned data in other chapters in this yearbook. The summary data on national economy are prepared by the Division of Integrated Statistics of Anhui Statistical Bureau.

IV. Data on the basic conditions of national scenic spot-Mount Huang and Mount Jiuhua are provided by the statistical department where they are.

1—1 全省行政区划（2016年末）
Administrative Divisions in Anhui (End of 2016)

单位：个（unit）

市名称 Name of City		市级区划数 Number of Regions at Cities Level	县级区划数 Number of Regions at County Level	县级市 Cities at County Level	县 Counties	市辖区 Districts under the Jurisdiction of Cities	乡镇级区划数 Number of Regions at Townships Level	镇 Towns	乡 Townships
总　计	**Total**	**16**	**105**	**6**	**55**	**44**	**1249**	**946**	**303**
合肥市	Hefei	1	9	1	4	4	84	65	19
淮北市	Huaibei	1	4		1	3	18	18	
亳州市	Bozhou	1	4		3	1	79	72	7
宿州市	Suzhou	1	5		4	1	94	71	23
蚌埠市	Bengbu	1	7		3	4	55	40	15
阜阳市	Fuyang	1	8	1	4	3	155	124	31
淮南市	Huainan	1	7		2	5	71	57	14
滁州市	Chuzhou	1	8	2	4	2	94	82	12
六安市	Luan	1	7		4	3	131	88	43
马鞍山市	Maanshan	1	6		3	3	35	31	4
芜湖市	Wuhu	1	8		4	4	44	40	4
宣城市	Xuancheng	1	7	1	5	1	78	59	19
铜陵市	Tongling	1	4		1	3	34	21	13
池州市	Chizhou	1	4		3	1	45	37	8
安庆市	Anqing	1	10	1	6	3	131	83	48
黄山市	Huangshan	1	7		4	3	101	58	43

1—2 全省县以上行政区划（2016年末）
Administrative Divisions of Counties and Above in Anhui (End of 2016)

省辖市 City Under Province Administration	县（市、区） Name of County (City) , District Under Administative
合肥市 Hefei	蜀山区、庐阳区、瑶海区、包河区、巢湖市、长丰县、肥东县、肥西县、庐江县 Shushan District，Luyang District, Yaohai District，Baohe District，Chaohu，Changfeng，Feidong，Feixi，Lujiang
淮北市 Huaibei	相山区、杜集区、烈山区、濉溪县 Xiangshan District，Duji District，Lieshan District，Suixi
亳州市 Bozhou	谯城区、涡阳县、蒙城县、利辛县 Qiaocheng District，Guoyang，Mengcheng，Lixin
宿州市 Suzhou	埇桥区、砀山县、萧　县、灵璧县、泗　县 Yongqiao District，Dangshan，Xiaoxian，Lingbi，Sixian
蚌埠市 Bengbu	蚌山区、龙子湖区、禹会区、淮上区、怀远县、五河县、固镇县 Bengshan District，Longzihu District，Yuhui District，Huaishang District，Huaiyuan，Wuhe，Guzhen
阜阳市 Fuyang	颍州区、颍东区、颍泉区、界首市、临泉县、太和县、阜南县、颍上县 Yingzhou District，Yingdong District，Yingquan District，Jieshou，Linquan，Taihe，Funan，Yingshang
淮南市 Huainan	田家庵区、大通区、谢家集区、八公山区、潘集区、凤台县、寿　县 Tianjiaan District，Datong District，Xiejiaji District，Bagongshan District，Panji District，Fengtai，Shouxian
滁州市 Chuzhou	琅琊区、南谯区、明光市、天长市、来安县、全椒县、定远县、凤阳县 Langya District，Nanqiao District，Mingguang，Tianchang，Laian，Quanjiao，Dingyuan，Fengyang
六安市 Luan	金安区、裕安区、叶集区、霍邱县、舒城县、金寨县、霍山县 Jinan District，Yuan District，Yeji District, Huoqiu，Shucheng，Jinzhai，Huoshan
马鞍山市 Maanshan	雨山区、花山区、博望区、当涂县、含山县、和　县 Yushan District，Huashan District，Bowang District，Dangtu，Hanshan，Hexian
芜湖市 Wuhu	鸠江区、弋江区、三山区、镜湖区、芜湖县、繁昌县、南陵县、无为县 Jiujiang District，Yijiang District，Sanshan District，Jinghu District，Wuhu，Fanchang，Nanling，Wuwei
宣城市 Xuancheng	宣州区、宁国市、郎溪县、广德县、泾　县、旌德县、绩溪县 Xuanzhou District，Ningguo，Langxi，Guangde，Jingxian，Jingde，Jixi
铜陵市 Tongling	铜官区、郊　区、义安区、枞阳县 Tongguan District，Suburban District，Yian District，Zongyang
池州市 Chizhou	贵池区、东至县、石台县、青阳县 Guichi District，Dongzhi，Shitai，Qingyang
安庆市 Anqing	大观区、迎江区、宜秀区、桐城市、怀宁县、潜山县、太湖县、宿松县、望江县、岳西县 Daguan District，Yingjiang District，Yixiu District，Tongcheng，Huaining，Qianshan，Taihu，Susong，Wangjiang，Yuexi
黄山市 Huangshan	屯溪区、黄山区、徽州区、歙　县、休宁县、黟　县、祁门县 Tunxi District，Huangshan District，Huizhou District，Shexian，Xiuning，Yixian，Qimen

1—3　各行业机构单位数（2016年）
Number of Grass Root Units in Various Sectors (2016)

单位：个（unit）

行业类别	Industrial Category	单位数 Number of Units	#法人单位 Legal Entities	#限额以上单位 Above Designated Unit
合　　计	**Total**	**758471**	**651250**	**39863**
农、林、牧、渔业	**Farming, Forestry, Animal Husbandry and Fishery**	**75925**	**74580**	
农　业	Farming	35337	35141	
林　业	Forestry	5732	5359	
畜牧业	Animal Husbandry	12894	12808	
渔　业	Fishery	4210	4177	
农、林、牧、渔服务业	Agicultural Services	17752	17095	
采矿业	**Mining and Industry**	**2834**	**2663**	**402**
煤炭开采和洗选业	Coal Mining and Dressing	279	222	28
石油和天然气开采业	Extraction of Petroleum and Natural Gas	9	6	
黑色金属矿采选业	Mining and Dressing of Ferrous Metals	472	455	81
有色金属矿采选业	Mining and Dressing of Nonferrous Metals	312	296	67
非金属矿采选业	Mining and Dressing of Nonmetal Minerals	1587	1525	222
开采辅助活动	Mining Auxiliary Activities	103	90	4
其他采矿业	Mining and Dressing of Other Minerals	72	69	
制造业	**Manufacturing**	**103398**	**101640**	**19153**
农副食品加工业	Agricultural and Non-staple Food Processing Industry	7318	6999	1786
食品制造业	Food Production	3380	3314	506
酒、饮料和精制茶制造业	Wine, Beverages and Refined Tea Manufacturing	2960	2909	416
烟草制品业	Tobacco Products	30	27	8
纺织业	Textiles	3526	3491	735
纺织服装、服饰业	Textile and Apparel, Clothing Industry	7340	7268	1139
皮革、毛皮、羽毛及其制品和制鞋业	Leather, Fur, Feather and Its Products and Footwear	1862	1841	328
木材加工和木、竹、藤、棕、草制品业	Wood Processing and Wood, Bamboo, Cane, Palm, Grass Products	4842	4791	659
家具制造业	Furniture Manufacturing	2650	2634	334
造纸及纸制品业	Papermaking and Paper Products	1599	1584	255
印刷和记录媒介的复制	Printing and Record Medium Reproduction	3047	3002	365
文教、工美、体育和娱乐用品制造业	Cultural and Educational Supplies Manufacturing, Industrial, Spoı and Entertainment	3081	3056	537
石油加工、炼焦及核燃料加工业	Petroleum Processing, Coking and Nuclear Fuel Processing	165	163	26
化学原料和化学制品制造业	Raw Chemical Materials and Chemical Products	4231	4164	1052
医药制造业	Medical and Pharmaceutical Products	1659	1634	466
化学纤维制造业	Chemical Fiber Industry	149	149	39
橡胶和塑料制品业	Rubber and Plastic Products	5605	5571	1154
非金属矿物制品业	Nonmetal Mineral Products	11419	11192	2173
黑色金属冶炼和压延加工业	Smelting and Pressing of Ferrous Metals	1446	1414	409
有色金属冶炼和压延加工业	Smelting and Pressing of Nonferrous Metals	786	768	214
金属制品业	Metal Products	6414	6311	927
通用设备制造业	Equipments in Current Use	6832	6735	1210

1—3 续表1 continued

单位：个 (unit)

行业类别	Industrial Category	单位数 Number of Units	#法人单位 Legal Entities	#限额以上单位 Above Designated Unit
专用设备制造业	Equipments in Special Use	5681	5547	954
汽车制造业	Manufacture of Automobile	3170	3110	916
铁路、船舶、航空航天和其他运输设备制造业	Railway, Shipbuilding, Aerospace and Other Transportation Equipment Manufacturing Industry	828	804	185
电气机械和器材制造业	Electric Equipments and Machinery	5543	5466	1278
计算机、通信和其他电子设备制造业	Computers, Communications and Other Electronic Equipment Manufacturing Industry	2657	2629	600
仪器仪表制造业	Instrument Manufacturing	1167	1148	164
其他制造业	Other Manufacturing	2363	2346	122
废弃资源综合利用业	Comprehensive Utilization of Waste Resources	952	934	187
金属制品、机械和设备修理业	Metal Products, Machinery and Equipment Repair	696	639	9
电力、热力、燃气及水的生产和供应业	**Electricity, Heat, Gas and Water Production and Supply Industry**	**5138**	**3696**	**278**
电力、热力的生产和供应业	Production and Supply of Electric Power and Heating Power	2988	1779	161
燃气生产和供应业	Production and Supply of Gas	449	352	59
水的生产和供应业	Production and Supply of Tap Water	1701	1565	58
建筑业	**Construction**	**38914**	**34345**	**3353**
房屋建筑业	Housing Industry	7259	5551	1566
土木工程建筑业	Civil Engineering Construction	7397	6387	672
建筑安装业	Construction and Installation Industry	6191	5431	400
建筑装饰和其他建筑业	Building Decoration and Other Construction	18067	16976	715
批发和零售业	**Wholesale & Retail Trade**	**185702**	**166351**	**6923**
批发业	Wholesale Trade	92619	87692	2265
零售业	Retail Trade	93083	78659	4658
交通运输、仓储和邮政业	**Transportation, Storage and Postal Services**	**22213**	**18049**	**1414**
铁路运输业	Railway Transport	215	96	2
道路运输业	Highway Transport	13477	12199	924
水上运输业	Waterway Transport	1393	1263	213
航空运输业	Air Transport	58	39	6
管道运输业	Transport Via Pipelines	12	9	1
装卸搬运和运输代理业	Handling and Shipping Agents	2704	2418	92
仓储业	Storage	1667	1181	133
邮政业	Postal Services	2687	844	43
住宿和餐饮业	**Accommodation and Catering Trade**	**13278**	**11076**	**1791**
住宿业	Accomodation Trade	3373	3013	577
餐饮业	Catering Trade	9905	8063	1214
信息传输、软件和信息技术服务业	**Information Transmission, Software and Information Technology Services**	**22623**	**19282**	**455**
电信、广播电视和卫星传输服务	Telecommunications, Broadcasting and TV Transmission and Satellite Services	3543	925	93
互联网和相关服务	The Internet and Related Services	3784	3612	54
软件和信息技术服务业	Software and Information Technology Services	15296	14745	308

1—3　续表2　continued

单位：个（unit）

行业类别	Industrial Category	单位数 Number of Units	#法人单位 Legal Entities	#限额以上单位 Above Designated Unit
金融业	**Banking**	**14869**	**5099**	
货币金融服务	Monetary and Financial Services	9001	1848	
资本市场服务	Capital Market Services	2198	1689	
保险业	Insurance	2745	840	
其他金融业	Other Financial Sector	925	722	
房地产业	**Real Estate**	**22879**	**19504**	**4069**
租赁和商务服务业	**Leasing and Commercial Services**	**69563**	**64746**	**747**
租赁业	Leasing	6107	5913	50
商务服务业	Commercial Services	63456	58833	697
科学研究和技术服务业	**Scientific Research and Technical Services**	**27006**	**23937**	**475**
研究与试验发展	Research and Experimental Development	3378	3271	37
专业技术服务业	Professional and Technical Services	16218	14268	371
科技推广和应用服务业	Science and Technology Popularization and Application Services	7410	6398	67
水利、环境和公共设施管理业	**Water Conservancy, Environmental and Public Facilities Management**	**6461**	**5013**	**154**
水利管理业	Water Conservancy Management	2004	1033	2
生态保护和环境治理业	Ecological Protection and Environmental Governance Industry	583	528	16
公共设施管理业	Public Facilities Management	3874	3452	136
居民服务、修理和其他服务业	**Residents Service, Repair and Other Services**	**13831**	**12809**	**137**
居民服务业	Resident Services	5472	4999	46
机动车、电子产品和日用产品修理业	Motor Vehicle Repair Industry, Electronic Products and Daily Products	4317	4021	56
其他服务业	Other Services	4042	3789	35
教　育	**Education**	**30112**	**16972**	**178**
卫生和社会工作	**The Department of Health and Social Work**	**24190**	**9484**	**133**
卫　生	Health	21228	7452	130
社会工作	Social Work	2962	2032	3
文化、体育和娱乐业	**Culture, Sports and Entertainment**	**15366**	**14519**	**201**
新闻和出版业	News and Publishing Industry	362	321	32
广播、电视、电影和影视录音制作业	Radio, Television, Film and Television Recording Studios	1269	992	69
文化艺术业	Culture and Art	4297	3970	43
体　育	Sports	771	716	6
娱乐业	Entertainment	8667	8520	51
公共管理、社会保障和社会组织	**Public Management, Social Security and Social Organization**	**64169**	**47485**	
中国共产党机关	Organs of Chinese Communist Party	1318	1150	
国家机构	State Organs	28434	13609	
人民政协、民主党派	CPPCC and Democratic Parties	294	293	
社会保障	The Social Security	758	393	
群众团体、社会团体和其他成员组织	Mass Organizations, Social Groups and Other Members of The Organization	14683	13793	
基层群众自治组织	Local Mass Autonomy Organs	18682	18247	

注：限额以上单位不含其它有5000万元以上在建项目法人单位。

a) Limitation above unit contains no other project legal person units are being built in 50 million yuan of above.

1-4 非公有制企业法人单位数
Number of Non-public Economic Units

单位：个（unit）

项　目	Item	2015	2016
合　计	**Total**	**392019**	**453619**
按登记注册类型分	**Grouped by Registration Status**		
内　资	Domestic Investment Economy	389929	451442
私营独资	Private Wholly-Funded	66532	75476
私营合伙	Private Partnership	10994	11742
私营有限责任公司	Private Limited Liability Companies	210873	259849
私营股份有限公司	Private Joint-Stock Companies	8800	9547
私人投资控股	Private Holding Companies	92730	94828
港澳台商投资	Units with Funds from Hongkong, Macao and Taiwan	914	980
港澳台商独资	Hongkong, Macao and Taiwan Enterprises	533	572
港澳台商投资控股	Enterprises Funded and Controlled by Hongkong, Macao and Taiwan Companies	381	408
外商投资	Foreign Funded Units Funded Share Holding Corporations	1176	1197
外商独资	Foreign Enterprises	649	665
外商投资控股	Foreign Funded and Controlled Corporations	527	532
按规模分	**Grouped by Size**		
大型企业	Large-sized Enterprises	349	377
中小微型企业	Mini-, Small-, Mediume-sized Enterprises	385847	446224
中　型	Medium Size	7284	7018
小　型	Small Size	77174	80961
微　型	Mini Size	301389	357967
按行业分	**Grouped by Sector**		
工　业	Industry	89787	97867
#制造业	Manufacturing	85389	93093
建筑业	Construction	24023	30402
批发和零售业	Wholesale and Retail Trades	120603	144435
交通运输、仓储和邮政业	Transport, Storage and Post	12680	15146
住宿和餐饮业	Hotels and Catering Services	7864	9672
信息传输、软件和信息技术服务业	Information Transmission, Software and Information Technology	11507	16430
金融业	Financial Intermediation	2835	3301
房地产业	Real Estate	14285	16254
租赁和商务服务业	Leasing and Business Services	43492	54151
科学研究和技术服务业	Scientific Research and Technical Services	13513	16309
水利、环境和公共设施管理业	Management of Water Conservancy, Environment	2479	3056
居民服务、修理和其他服务业	Services to Households, Repair and Other Services	8344	10379
教　育	Education	2269	2855
卫生和社会工作	Health and Social Service	594	715
文化、体育和娱乐业	Culture, Sports and Entertainment	9519	10500

注：规模分组按《统计上大中小微型企业划分办法》执行。

a) Scale grouping is according to the "Dividing method of big, medium, small Mini,- sized enterprises of Statistics" .

1-5 中小微型企业法人单位数
Number of Mini-Small-and Medium-sized Enterprises

单位：个（unit）

项　目	Item	2015	2016
合　计	**Total**	**445848**	**508380**
按登记注册类型分	**Grouped by Registration Status**		
内　资	Domestic Investment Economy	443566	506002
港澳台商投资	Units with Funds from Hongkong, Macao and Taiwan	962	1030
外商投资	Foreign Funded Economy	1320	1348
按规模分	**Grouped by Size**		
中　型	Medium Size	9775	9644
小　型	Small Size	89755	92447
微　型	Mini Size	346318	406289
按行业分	**Grouped by Sector**		
工　业	Industry	97871	107036
#制造业	Manufacturing	92154	100774
建筑业	Construction	26966	34275
交通运输业	Transportation	13269	15768
仓储业	Warehousing Industry	1003	1118
邮政业	Postal Industry	726	822
信息传输业	Information Transmission Industry	3499	4350
软件和信息技术服务业	Software and Information Technology Services	9973	14661
批发业	Wholesale	74927	84304
零售业	Retail	61434	77969
住宿业	Lodging Industry	2661	2991
餐饮业	Catering Industry	6297	8016
房地产开发经营	Real Estate Development Business	7198	7861
物业管理	Property Management	6025	6825
租赁和商务服务业	Leasing and Business Service	50344	62726
其他未列明行业	Other not Listed Industry	43590	52144

注：规模分组按《统计上大中小微型企业划分办法》执行。

a) Scale grouping is according to the "Dividing method of big, medium, small Mini,- sized enterprises of Statistics" .

1—6 各市按三次产业和机构类型分法人单位数（2016年）

Number of Legal Entities by Three Strata of Industry and Type of Institutions and Region (2016)

单位：个（unit）

地 区	Region	法人单位数 Number of Legal Entities	按三次产业分 Grouped by Three Strata of Industry 第一产业 Primary Industry	第二产业 Secondary Industry	第三产业 Tertiary Industry	按机构类型分 By Type of Institutions 企业法人 Business Entity	事业法人 Institution Entity	机关法人 Government Entity	社会团体 Social Organization	其他 Others
总 计	**Total**	**651250**	**57485**	**141615**	**452150**	**518792**	**22725**	**9053**	**9730**	**90950**
合肥市	Hefei	178583	6419	29466	142698	165626	2597	861	1552	7947
淮北市	Huaibei	15851	726	3557	11568	12397	700	311	297	2146
亳州市	Bozhou	35789	6564	6496	22729	24424	944	390	353	9678
宿州市	Suzhou	35949	5380	7930	22639	23447	1826	478	496	9702
蚌埠市	Bengbu	30703	1527	6344	22832	24094	1053	543	612	4401
阜阳市	Fuyang	50268	6205	10751	33312	34975	2323	828	412	11730
淮南市	Huainan	27862	2223	5135	20504	20694	1259	629	529	4751
滁州市	Chuzhou	36165	5056	10849	20260	26244	1819	623	604	6875
六安市	Luan	36148	7624	7821	20703	23706	1857	637	683	9265
马鞍山市	Maanshan	30294	1318	8262	20714	26159	967	464	522	2182
芜湖市	Wuhu	47963	2031	12432	33500	42199	1142	574	575	3473
宣城市	Xuancheng	27341	2534	8384	16423	21414	1069	556	539	3763
铜陵市	Tongling	16930	1396	3670	11864	13507	796	361	409	1857
池州市	Chizhou	19393	1514	5295	12584	14162	1028	417	453	3333
安庆市	Anqing	42686	5558	11309	25819	31577	2213	777	1011	7108
黄山市	Huangshan	19325	1410	3914	14001	14167	1132	604	683	2739

1—7 各市按控股情况分企业法人单位数（2016年）

Numbers of Corporate Enterprises the Status of Holdings by Region (2016)

单位：个（unit）

地 区	Region	企业单位数 Nimber of Enterprises	国有控股 State-holding	集体控投 Collective-holding	私人控股 Private-holding	港澳台商控股 Hong Kong, Macao and Taiwan-holding	外商控股 Foreign-holding	其他 Others
总 计	**Total**	**518792**	**11824**	**6659**	**451680**	**945**	**994**	**46690**
合肥市	Hefei	165626	3053	1150	144656	250	338	16179
淮北市	Huaibei	12397	339	137	11415	16	20	470
亳州市	Bozhou	24424	578	353	19757	11	12	3713
宿州市	Suzhou	23447	705	424	20102	41	18	2157
蚌埠市	Bengbu	24094	750	312	21642	66	32	1292
阜阳市	Fuyang	34975	719	472	28903	30	12	4839
淮南市	Huainan	20694	547	482	18516	26	18	1105
滁州市	Chuzhou	26244	573	516	23467	56	86	1546
六安市	Luan	23706	580	381	20259	31	29	2426
马鞍山市	Maanshan	26159	556	297	23792	63	80	1371
芜湖市	Wuhu	42199	797	392	37724	144	157	2985
宣城市	Xuancheng	21414	424	170	18929	47	49	1795
铜陵市	Tongling	13507	419	241	12149	41	16	641
池州市	Chizhou	14162	452	309	11970	33	27	1371
安庆市	Anqing	31577	776	779	25910	45	58	4009
黄山市	Huangshan	14167	556	244	12489	45	42	791

1—8　各市按注册类型分企业法人单位数（2016年）

Number of Business Entities the Status of Registration by Region (2016)

单位：个（unit）

地　区	Region	企业单位数 Nimber of Enterprises	内资企业 Domestic Funded Enterprises	国有企业 State-oened Enterprises	集体企业 Collective-owned Enterprises	有限责任公司 Limited Kiability Corporations
总　计	**Total**	**518792**	**516280**	**5400**	**3684**	**91938**
合 肥 市	Hefei	165626	164854	978	536	15872
淮 北 市	Huaibei	12397	12338	176	80	1713
亳 州 市	Bozhou	24424	24379	360	192	7214
宿 州 市	Suzhou	23447	23370	433	259	6850
蚌 埠 市	Bengbu	24094	23975	411	169	5997
阜 阳 市	Fuyang	34975	34925	394	269	6389
淮 南 市	Huainan	20694	20632	314	311	2598
滁 州 市	Chuzhou	26244	26054	291	302	4313
六 安 市	Luan	23706	23633	281	220	3483
马鞍山市	Maanshan	26159	25964	218	187	1921
芜 湖 市	Wuhu	42199	41842	259	236	14330
宣 城 市	Xuancheng	21414	21283	185	85	3621
铜 陵 市	Tongling	13507	13433	169	154	2614
池 州 市	Chizhou	14162	14091	223	169	4449
安 庆 市	Anqing	31577	31451	420	392	6581
黄 山 市	Huangshan	14167	14056	288	123	3993

地　区	Region	股份有限公司 Share-holding Corporations Ltd.	私　营 Private	其　他 Others	港澳台商投资企业 Enterprises with Funds from Hong Kong, Macao and Taiwan
总　计	**Total**	**7311**	**372145**	**35802**	**1081**
合 肥 市	Hefei	1098	135818	10552	313
淮 北 市	Huaibei	168	9453	748	19
亳 州 市	Bozhou	610	12897	3106	18
宿 州 市	Suzhou	514	13156	2158	42
蚌 埠 市	Bengbu	455	15980	963	67
阜 阳 市	Fuyang	722	22675	4476	30
淮 南 市	Huainan	332	16023	1054	31
滁 州 市	Chuzhou	392	19095	1661	78
六 安 市	Luan	429	16580	2640	29
马鞍山市	Maanshan	233	22153	1252	73
芜 湖 市	Wuhu	529	25053	1435	158
宣 城 市	Xuancheng	258	16153	981	45
铜 陵 市	Tongling	194	9765	537	43
池 州 市	Chizhou	204	8197	849	33
安 庆 市	Anqing	914	20457	2687	48
黄 山 市	Huangshan	259	8690	703	54

1—9 国民经济和社会发展总量与速度指标

指　　标		Item		总量指标 2000
人口与就业		**Population and Employment**		
人　　口		**Population**		
年底总人口	（万人）	Population at the Year-end	(10000 persons)	6278
#市镇人口		Urban		1758
乡村人口		Rural		4520
#男性人口		Male		3258
女性人口		Female		3020
出生人口	（万人）	Births	(10000 persons)	83.9
死亡人口	（万人）	Deaths	(10000 persons)	36.1
人口密度	（人/平方公里）	Density of Population (person/sq.km)		448
年末总户数	（万户）	Total Number of Households at the Year-end	(10000 households)	1656.1
#乡村户数		Numbers of Rural Households		1294.6
就　　业	**（万人）**	**Employment**	**(10000 persons)**	
经济活动人口		Economically Active Population		3530.9
从业人员		Employment		3450.7
#国有经济		State-owned Units		314.8
城镇集体经济		Urban of Other Types of Ownership		91.2
港澳台投资经济		Economic Units Funded by Entreneurs from Hong Kong Macao and Taiwan		2.3
外商投资经济		Foreign Funded Units		3.8
城镇私营经济		Urban Private Enteprises		37.6
城镇个体		Urban Self-employed Individuals		134.8
城镇非私营单位就业人员数		The Private Institutions in Cities and Towns of Employment		470.0
国有经济		State-owned Units		307.8
城镇集体经济		Urban of Other Types of Ownership		89.1
其他经济		Units of Other Types of Ownership		73.1
城镇登记失业人数		Registered Unemployed in Urban Areas		31.6
宏观经济		**Macroeconomic Indicator**		
国民经济核算	**（亿元）**	**National Accounting**	**(100 million yuan)**	
生产总值		Gross Domestic Product		2902.1
第一产业		Primary Industry		741.8
第二产业		Secondary Industry		1056.8
#工　　业		Industry		885.1
第三产业		Tertiary Industry		1103.5
支出法生产总值		Gross Domestic Expenditures		3041.2
#最终消费		Total Consumption		1947.8
居民消费		Resident Consumption		1615.4
政府消费		Public Consumption		332.3
资本形成总额		Total Investment		1095.0
固定资本形成		Fixed Assets		928.1
存货增加		Stock		166.9
固定资产投资	**（亿元）**	**Investment in Fixed Assets**	**(100 million yuan)**	
固定资产投资额		Fixed Assets Investment		866.7
#国有单位		State-owned Units		431.1
集体单位		Collective-owned Units		124.7
固定资产投资按产业分		Investment in Fixed Assets Grouped by Type of Industry		
#第一产业		Primary Industry		9.1
第二产业		Secondary Industry		232.9
第三产业		Tertiary Industry		624.7
#房地产开发		Real Estate Development		87.9

注：自2011年起，固定资产投资统计口径为500万元以上项目及房地产。

Principal Aggregate Indicators On National Economic and Social Development
and Their Related Indices and Growth Rates

Aggregate Date				速度指标 (%) Indices and Growth Rates						
				指数 (2016年为以下各年) Index (2016 as Percentage of the Following Years)				平均增长速度 Average Annual Growth Rate		
2005	2010	2015	2016	2000	2005	2010	2015	2001—2005	2006—2010	2011—2016
6516	6827	6949	7027	111.9	107.8	102.9	101.1	0.7	0.9	0.5
2313	2949	3509	3653	207.8	157.9	123.9	104.1	5.6	5.0	3.6
4203	3878	3440	3374	74.6	80.3	87.0	98.1	-1.4	-1.6	-2.3
3388	3543	3615	3652	112.1	107.8	103.1	101.0	0.8	0.9	0.5
3127	3283	3334	3374	111.7	107.9	102.8	101.2	0.7	1.0	0.5
75.9	75.7	79.0	80.3	95.7	105.8	106.1	101.7	-2.0	-0.5	1.0
37.9	35.4	36.3	36.8	101.9	97.0	103.9	101.3	1.0	-1.4	0.6
465	487	496	502	112.0	107.9	103.0	101.1	0.7	1.0	0.5
1849.4	2093.4	2131.7	2142.2	129.4	115.8	102.3	100.5	2.2	2.5	0.4
1346.1	1424.3	1478.2	1467.3	113.3	109.0	103.0	99.3	0.8	1.1	0.5
3712.8	4096.8	4384.0	4409.7	124.9	118.8	107.6	100.6	1.0	2.0	1.2
3669.7	4050.0	4342.1	4361.6	126.4	118.9	107.7	100.4	1.2	2.0	1.2
208.7	206.0	189.1	191.1	60.7	91.6	92.8	101.1	-7.9	-0.3	-1.2
30.8	17.9	14.7	14.2	15.5	46.0	79.3	96.1	-19.5	-10.3	-3.8
3.7	7.0	15.9	15.4	669.6	416.2	220.3	97.1	10.0	13.6	14.1
6.7	14.7	19.8	19.6	515.8	292.5	133.7	98.8	12.0	17.0	5.0
86.5	133.3	325.0	386.7	1028.5	447.1	290.1	119.0	18.1	9.0	19.4
123.6	264.1	423.1	493.3	365.9	399.1	186.8	116.6	-1.7	16.4	11.0
317.4	372.9	513.8	517.1	110.0	162.9	138.7	100.6	-7.6	3.3	5.6
199.2	206.0	189.1	191.1	62.1	95.9	92.8	101.1	-8.3	0.7	-1.2
28.2	17.9	14.7	14.2	15.9	50.4	79.4	96.3	-20.6	-8.7	-3.8
90.1	149.1	310.0	311.8	426.5	346.1	209.1	100.6	4.3	10.6	13.1
27.8	28.5	30.9	30.4	96.3	109.5	106.9	98.5	-2.5	0.5	1.1
5350.2	12359.3	22005.6	24117.9	557.5	339.7	181.3	108.7	10.4	13.4	10.4
966.5	1729.0	2456.7	2567.7	172.6	160.6	127.1	102.7	1.5	4.8	4.1
2245.9	6436.6	10946.8	11590.2	846.4	449.9	193.4	108.0	13.5	18.4	11.6
1837.4	5407.4	9264.8	9845.2	911.0	491.4	200.9	108.5	13.1	19.6	12.3
2137.8	4193.7	8602.1	9959.9	552.8	308.2	184.2	111.3	12.4	10.8	10.7
5350.2	12359.3	22005.6	24117.9							
3006.7	6213.1	10970.5	12132.0							
2399.4	4873.4	8522.5	9541.6							
607.3	1339.8	2448.0	2590.3							
2354.1	6171.5	11312.3	12198.8							
2214.0	6061.1	11106.5	12036.2							
140.0	110.5	205.8	162.6							
2521.0	11849.4	23965.6	26758.1				111.7	23.8	37.5	18.8
880.6	3061.3	4994.3	5452.8				109.2	15.4		
48.4	323.9	294.8	185.1				62.8	-17.2		
75.4	221.6	763.3	813.6				106.6	52.6		
995.1	5617.4	10699.4	11742.1				109.7	33.7		
1450.4	6010.5	12502.9	14202.4				113.6	18.3		
459.4	2251.8	4424.9	4603.6				104.0	39.2	37.4	12.6

a) Since 2011, the statistical caliber of investment in fixed assets was projects and real estate over 5 million yuan.

1—9 续表1 continued

指 标		Item		总量指标 2000
财 政	**(亿元)**	**Public Finance**	**(100 million yuan)**	
财政收入		Total Revenue		290.4
中 央		Central Covernment		111.7
地 方		Local Governments		178.7
#增值税		Value-added Tax		26.3
营业税		Operation Tax		32.0
企业所得税		Enterprises' Income Tax		23.4
财政支出		Total Expenditures		323.5
地 方		Local Governments		323.5
#一般公共服务		General Public Service		
教 育		Education		
社会保障和就业		Social Security and Employment		
物价总指数	**(上年=100)**	**Price Indices**	**(preceding year=100)**	
商品零售价格指数		Retail Price Index		98.0
居民消费价格指数		Consumer Price Index		100.7
农业生产资料价格指数		Price Indices of Agricultural Means of Production		98.2
农产品生产价格指数		Production Price Indices of Agricultural Products		
工业生产者出厂价格指数		Ex-factory Industrial Producer Price Index		98.9
工业生产者购进价格指数		Industrial Producer Purchasing Price Index		102.6
固定资产投资价格指数		Price Indices of Investment in Fixed Assets		101.6
利用外资	**(万美元)**	**Utilization of Foreign Capital**	**(USD 10000)**	
外商直接投资合同金额		The Contract Amount of Foreign Investment		63602
实际利用外商直接投资额		The Actual Use of Foreign Direct Investment		31847
能源生产与消费	**(万吨标准煤)**	**Production and Consumption of Energy**	**(10000 tons of SCE)**	
能源生产总量		Total Energy Production		3436.1
能源消费总量		Total Energy Consumption		4878.8
产 业		**Industry**		
农 业		**Agriculture**		
耕地面积	(千公顷)	Cultivated Areas	(1000 hectares)	
总播种面积	(千公顷)	Total Sown Area	(1000 hectares)	8418.0
#粮食播种面积		Sown Area of Grain Crops		5565.6
农林牧渔业总产值	(亿元)	Gross Output Value of Farming, Forestry, Animal Husbandry and Fishery	(100 million yuan)	1220.0
主要农产品产量		Output of Major Farm Products		
粮 食	(万吨)	Grain	(10000 tons)	2472.0
棉 花	(万吨)	Cotton	(10000 tons)	28.5
油 料	(万吨)	Oil-bearing Crops	(10000 tons)	285.1
黄红麻	(万吨)	Jute and Ambary Hemp	(10000 tons)	2.2
烤 烟	(万吨)	Flue-cured Tobacco	(10000 tons)	3.1
茶 叶	(万吨)	Tea	(10000 tons)	4.5
猪 肉	(万吨)	Pork	(10000 tons)	198.5
牛 肉	(万吨)	Beef	(10000 tons)	31.9
羊 肉	(万吨)	Mutton	(10000 tons)	11.2
肉猪出栏	(万头)	Number of Slaughtered Fattened Hogs	(10000 heads)	2393.2
奶 类	(万吨)	milk	(10000 tons)	4.1
水产品	(万吨)	Aquatic Products	(10000 tons)	159.8
农业机械总动力	(万千瓦)	Total Agricultural Machinery Power	(10000 kw)	2975.9
有效灌溉面积	(千公顷)	Irrigated Area	(1000 hectares)	3197.4
化肥使用量	(万吨)	Consumption of Chemical Fertilizers	(10000 tons)	253.2
农村用电量	(亿千瓦时)	Electricity Consumed in Rural Areas	(100 million kwh)	45.8

Aggregate Date				速度指标 (%) Indices and Growth Rates						
				指 数 (2016年为以下各年) Index (2016 as Percentage of the Following Years)				平均增长速度 Average Annual Growth Rate		
2005	2010	2015	2016	2000	2005	2010	2015	2001—2005	2006—2010	2011—2016
656.6	2063.8	4012.2	4373.2	1505.9	666.0	211.9	109.0	17.7	25.7	13.3
277.0	831.8	1339.3	1488.7	1332.8	537.4	179.0	111.2	19.9	24.6	10.2
334.0	1149.4	2454.3	2672.8	1495.7	800.2	232.5	108.9	13.3	28.0	15.1
57.7	129.5	273.1	530.3	2016.5	919.1	409.6	194.2	17.0	17.5	26.5
78.1	291.9	586.8	310.0	968.7	396.9	106.2	52.8	19.5	30.2	1.0
30.1	106.6	235.6	233.2	996.8	774.9	218.8	99.0	5.2	28.8	13.9
713.1	2587.6	5239.0	5523.0	1707.2	774.5	213.4	105.4	17.1	29.4	13.5
713.1	2587.6	5239.0	5523.0	1707.2	774.5	213.4	105.4	17.1	29.4	13.5
	273.7	400.1	404.1			147.6	101.0			6.7
	386.3	856.7	910.9			235.8	106.3			15.4
	334.2	691.5	761.6			227.9	110.1			14.7
100.6	103.2	99.7	100.8	130.0	125.7	109.8	100.8	0.7	2.7	1.6
101.4	103.1	101.3	101.8	143.7	133.9	115.9	101.8	1.4	2.9	2.5
108.3	102.0	101.6	99.4	187.7	157.9	122.2	99.4	3.5	5.3	3.4
98.7	110.8	99.8	101.0	223.2	173.7	121.6	100.7	5.1	7.4	3.3
103.3	109.0	93.9	98.5	125.7	110.4	94.2	98.5	2.6	3.2	-1.0
107.1	111.8	93.5	98.4	159.4	123.3	94.3	98.4	5.3	5.5	-1.0
101.0	105.4	96.9	99.2	139.7	125.3	105.5	99.2	2.2	3.5	0.9
155358	216462	393800	411413	646.9	264.8	190.1	104.5	19.6	6.9	11.3
68845	501446	1361945	1476712	4636.9	2145.0	294.5	108.4	10.6	48.8	19.7
6215.4	9689.3	9972.6	9305.7	270.8	149.7	96.0	93.3	12.6	9.3	-0.7
6506.0	9706.6	12332.0	12695.0	260.2	195.1	130.8	102.9	5.9	8.3	4.6
		5876.6	5873.0				99.9			
8755.2	9054.9	8950.5	8893.6	105.6	101.6	98.2	99.4	0.8	0.7	-0.3
5988.1	6616.4	6632.9	6644.5	119.4	111.0	100.4	100.2	1.5	2.0	0.07
1666.2	2955.4	4390.8	4655.5	184.7	165.6	128.0	103.4	2.2	5.3	4.2
2605.3	3080.5	3538.1	3417.4	138.2	131.2	110.9	96.6	1.1	3.4	1.7
31.1	31.6	23.4	18.5	64.8	59.4	58.4	79.0	1.8	0.3	-8.6
270.7	227.6	227.9	214.8	75.4	79.4	94.4	94.3	-1.0	-3.4	-0.96
1.9	1.2	1.3	1.4	65.3	75.6	115.8	110.6	-2.9	-8.2	2.5
2.5	2.9	4.2	2.8	91.7	113.7	97.5	68.2	-4.2	3.1	-0.4
6.0	8.3	11.3	11.2	249.2	186.9	135.1	99.3	5.9	6.7	5.1
231.7	238.8	259.1	244.9	123.4	105.7	102.5	94.5	3.1	0.6	0.4
31.5	18.3	16.2	16.5	51.7	52.4	90.1	101.9	-0.3	-10.3	-1.7
17.6	14.2	16.6	17.3	154.9	98.6	122.2	104.6	9.5	-4.2	3.4
2812.1	2782.1	2979.2	2874.9	120.1	102.2	103.3	96.5	3.3	-0.2	0.5
11.0	20.5	30.6	32.7	793.2	295.8	159.4	106.7	21.8	13.2	8.1
177.6	193.3	230.4	235.8	147.6	132.8	122.0	102.3	2.1	1.7	3.4
3983.8	5409.8	6581.0	6867.5	230.8	172.4	126.9	104.4	6.0	6.3	4.1
3330.8	3519.8	4400.3	4437.5	138.8	133.2	126.1	100.8	0.8	1.1	3.9
285.7	319.8	338.7	327.0	129.2	114.5	102.3	96.5	2.4	2.3	0.4
64.2	107.4	156.7	161.6	352.9	251.7	150.5	103.1	7.0	10.8	7.0

1—9 续表2 continued

指 标		Item		总量指标 2000
工 业（规模以上）		**Industry**		
主要工业产品产量		Output of Major Industrial Products		
布	（亿米）	Cloth	(100 million m)	7.4
家用电冰箱	（万台）	Household Refrigerators	(10000 units)	169.9
房间空气调节器	（万台）	Air Conditioners	(10000 units)	115.8
家用洗衣机	（万台）	Household Washing Machines	(10000 units)	131.7
彩色电视机	（万部）	Colour Television Sets	(10000 units)	156.1
原 煤	（亿吨）	Coal	(100 million tons)	0.5
发电量	（亿千瓦时）	Electricity	(100 million kwh)	368.1
粗 钢	（万吨）	Crude Steel	(10000 tons)	460.6
钢 材	（万吨）	Rolled Steel	(10000 tons)	431.7
水 泥	（万吨）	Cement	(10000 tons)	2136
企业单位数	（个）	Number of Industrial Enterprises	(unit)	3680
#大型企业		Large		193
工业总产值	（亿元）	Gross Industrial Output Value	(100 million yuan)	1661.4
工业增加值	（亿元）	Value Added of Industry	(100 million yuan)	507.4
资产总计	（亿元）	Total Assets	(100 million yuan)	2977.9
负债合计	（亿元）	Total Liabilities	(100 million yuan)	1855.1
主营业务收入	（亿元）	Revenue from principal Business	(100 million yuan)	1688.1
利润总额	（亿元）	Total Profits	(100 million yuan)	38.2
建 筑 业		**Construction**		
企业单位数	（个）	Number of Enterprises	(unit)	
企业从业人员	（万人）	Number of Persons Engaged	(10000 persons)	
建筑业总产值	（亿元）	Gross Output Value	(100 million yuan)	
房屋建筑施工面积	（万平方米）	Floor Space of Buildings Under Construction	(10000 sq.m)	4631.3
房屋建筑竣工面积	（万平方米）	Floor Space of Buildings Completed	(10000 sq.m)	2595.3
#住宅面积		Residential Buildings		1448.0
交通运输		**Transportation**		
货 运 量	（万吨）	Freight Traffic	(10000 tons)	44536
铁 路		Railways		6473
公 路		Highways		32740
水 运		Waterways		5320
民 航		Total Civil Aviation Routes		1.5
客 运 量	（万人）	Passenger Traffic	(10000 persons)	62033
铁 路		Railways		2994
公 路		Highways		58026
水 运		Waterways		860
民 航		Total Civil Aviation Routes		153
内河港口货物吞吐量	（万吨）	Volume of Freight Handled in Major Ports	(10000 tons)	7114
公路里程	（公里）	Total Length of Highways	(km)	44493
等级公路里程	（公里）	Length of Expressway and Class Ⅰ to Ⅳ Highway	(km)	42579
邮电通信业		**Postal and Telecommunication Services**		
邮电业务总量	（亿元）	Total Business Revenue	(100 million yuan)	120.1
函 件	（亿件）	Number of Letters Delivered	(100 million pieces)	1.9
报刊期发数	（万份）	Number of Newspapers and Magazines Distributed	(10000 copies)	929.8
交换机容量	（万门）	Capacity of Office Telephone Exchanges	(10000 lines)	717.1
移动电话年末用户	（万户）	Number of Mobile Telephone Subscribers at Year-end	(10000 subscribers)	209.1
固定电话年末用户	（万户）	Number of Fixed Telephone Subscribers at Year-end	(10000 subscribers)	483.8
城 市		Urban		273.0
农 村		Rural		210.8
公用电话	（万户）	Public Telephone	(10000 subscribers)	10.9

注：自2011年起，规模以上工业企业统计范围为年主营业务收入2000万元及以上工业企业。

Aggregate Date				速度指标 (%) Indices and Growth Rates						
2005	2010	2015	2016	指　数　(2016年为以下各年) Index (2016 as Percentage of the Following Years)				平均增长速度 Average Annual Growth Rate		
				2000	2005	2010	2015	2001—2005	2006—2010	2011—2016
5.6	10.9	14.1	16.5	223.4	293.8	152.2	117.0	-5.3	14.1	7.3
530.4	2078.9	2888.2	3058.8	1800.4	576.7	147.1	105.9	25.6	31.4	6.6
515.0	1666.1	3176.1	3113.9	2689.0	604.6	186.9	98.0	34.8	26.5	11.0
441.8	1267.0	1725.2	2006.4	1523.5	454.1	158.4	116.3	27.4	23.5	8.0
374.4	395.3	1176.9	1277.1	818.1	341.1	323.0	108.5	19.1	1.1	21.6
0.8	1.3	1.3	1.2	255.4	145.1	93.9	91.3	12.0	9.1	-1.0
645.7	1443.9	2034.2	2206.2	599.3	341.7	152.8	108.5	11.9	17.5	7.3
1105.6	1853.8	2506.0	2731.3	593.0	247.0	147.3	109.0	19.1	10.9	6.7
1141.6	2446.4	3334.7	3225.8	747.2	282.6	131.9	96.7	21.5	16.5	4.7
3218	7874	13085	13391	626.9	416.1	170.1	102.3	8.5	19.6	9.3
5277	16277	19077	19838	539.1	375.9	121.9	104.0	7.5	25.3	3.4
61	100	278	269	139.4	441.0	269.0	96.8	-20.6	10.4	17.9
4567.2	18732.0	39875.7	43436.4							
1483.8	5290.6	9589.2	9724.9							
5067.1	15930.3	31360.0	33563.4	1127.1	662.4	210.7	107.0	11.2	25.7	13.2
3029.0	9565.9	18028.2	19039.9	1026.4	628.6	199.0	105.6	10.3	25.9	12.2
4523.3	18164.6	39064.4	42190.5	2499.3	932.7	232.3	108.0	21.8	32.1	15.1
218.2	1445.6	2000.1	2242.3	5869.8	1027.6	155.1	112.1	41.7	46.0	7.6
1946	2469	2867	3037		156.1	123.0	105.9	4.4	4.9	3.5
98.6	158.0	168.8	168.1		170.5	106.4	99.6	6.7	9.9	1.0
923.1	2865.0	5695.9	6047.1		655.1	211.1	106.2	25.0	25.4	13.3
9869.5	23295.7	41479.7	40126.4	866.4	406.6	172.2	96.7	16.3	18.7	9.5
5081.3	10512.4	15553.6	14590.7	562.2	287.1	138.8	93.8	14.4	15.6	5.6
3073.9	6461.5	10501.8	9975.8	688.9	324.5	154.4	95.0	16.2	16.0	7.5
67128	228106	345756	364549	818.5	543.1	159.8	105.4	8.6	27.7	8.1
10386	12091	10158	9244	142.8	89.0	76.5	91.0	9.9	3.1	-4.4
49614	183658	230649	244526	746.9	492.9	133.1	106.0	8.7	29.9	4.9
7125	32355	104947	110776	2082.3	1554.8	342.4	105.6	6.0	35.3	22.8
3.0	2.2	2.3	2.4	161.6	80.8	111.1	105.8	14.9	-6.2	1.8
72871	159597	87107	81426	131.3	111.7	51.0	93.5	3.3	17.0	-10.6
3486	5552	8553	10349	345.7	296.9	186.4	121.0	3.1	9.8	10.9
68927	153697	78072	70523	121.5	102.3	45.9	90.3	3.5	17.4	-12.2
244	139	185	213	24.8	87.3	153.2	115.1	-22.3	-10.6	7.4
214	208	297	341	222.9	159.3	163.8	114.8	6.9	-0.6	8.6
17157	32502	48044	51917	729.8	302.6	159.7	108.1	19.3	13.6	8.1
72807	149382	186940	197588	444.1	271.4	132.3	105.7	10.4	15.5	4.8
67083	142340	182877	194136	455.9	289.4	136.4	106.2	9.5	16.2	5.3
284.0	300.3	740.0	1152.8	959.5	405.9	383.8	155.8	18.8		25.1
2.1	2.1	0.8	0.6	31.4	28.7	28.7	72.2	1.8	平	-18.8
738.0	602.2	597.0	528.5	56.8	71.6	87.7	88.5	-4.5	-4.0	-2.2
1611.7	1214.9	634.0	223.3	31.1	13.9	18.4	35.2	17.6	-5.5	-24.6
1046.9	2798.7	4232.6	4343.0	2077.3	414.8	155.2	102.6	38.0	21.7	7.6
1349.5	1231.0	739.4	613.8	126.9	45.5	49.9	83.0	22.8	-1.8	-11.0
680.0	612.9	505.3	431.9	158.2	63.5	70.5	85.5	20.0	-2.1	-5.7
669.5	618.1	234.1	181.9	86.3	27.2	29.4	77.7	26.0	-1.6	-18.4
65.5	87.9	59.2	36.6	335.1	55.9	41.7	61.9	43.1	6.1	-13.6

a) Since 2011, the statistical scope of the industrial enterprises were industrial companies with revenue from principal business over 20 million yuan.

1—9 续表3 continued

指 标		Item		总量指标 2000
国内商业		**Domestic Trade**		
社会消费品零售总额	(亿元)	Total Retail Sales of Consumer Goods	(100 million yuan)	1077.8
#餐饮收入		Catering income		
商品零售		Commodity retail		
批发零售业购进总额	(亿元)	Total Goods Purchases of Enterprises in Wholesale and Retail Sale Trade	(100 million yuan)	1901.1
批发零售业销售总额	(亿元)	Total Sales of Enterprises in Wholesale and Retail Sale Trade	(100 million yuan)	1764.0
批发零售业库存总额	(亿元)	Total Inventory of Enterprises in Wholesale and Retail Sale Trade	(100 nillion yuan)	393.8
对外经济贸易		**Foreign Trade**		
进出口总额	(万美元)	Total Exports and Tourists	(USD 10000)	334689
进口额		Imports		117483
出口额		Exports		217206
国际旅游		**International Tourism**		
入境旅游人数	(万人次)	Total Number of Tourists	(10000 persons)	31.8
#外国人		Foreigners		16.8
旅游外汇收入	(万美元)	Foreign Exchange Earnings from Tourism	(USD 10000)	8621
旅游星级宾馆个数	(个)	Number of Tourist Hotel of Star Class	(unit)	163
金融保险		**Finance and Insurance**		
金融机构人民币存款余额	(亿元)	Financial Institutions Renminbi Deposit Balance	(100 million yuan)	2485.5
#单位存款		Unit Deposits		
个人储蓄存款		Personal Saving Deposits		1447.2
金融机构人民币贷款余额	(亿元)	Financial Institutions RMB Loan Balance	(100 million yuan)	2385.0
#个人贷款及透支		Individual Loan and Overdrawing		
单位贷款及透支		Unit Loan and Overdrawing		
#经营贷款		Management Loan		
保险公司保费收入	(亿元)	Income From Premium of Insurance Companies	(100 million yuan)	38.2
保险公司赔款及给付	(亿元)	Amount Reparations of Insurance Companies	(100 million yuan)	12.3
教育、科技、文化		**Education, Science and Technology and Culture**		
教 育		**Education**		
幼儿园数	(个)	Number of Kindergartens	(unit)	3932
入园儿童数	(万人)	Student Enrollment in Kingdergartens	(10000 persons)	116.19
学龄儿童入学率	(%)	Percentage of School-age Children Enrolled	(%)	99.67
专任教师数	(万人)	Full-time Teachers	(10000 persons)	
普通高等学校		Regular Institutions of Higher Education		1.51
中等专业学校		Specialized Secondary Schools		0.88
普通中学		Regular Secondary Schools		15.81
#高 中		Senior Secondary Schools		2.92
职业中学		Vocational Secondary Schools		1.94
小 学		Primary Schools		27.37

Aggregate Date				速度指标 (%) Indices and Growth Rates						
2005	2010	2015	2016	指数 (2016年为以下各年) Index (2016 as Percentage of the Following Years)				平均增长速度 Average Annual Growth Rate		
				2000	2005	2010	2015	2001—2005	2006—2010	2011—2016
1776.7	4300.5	8908.0	10000.2	927.8	562.9	232.5	112.3	10.5	19.3	15.1
	527.9	995.9	1086.0			205.7	109.1			
	3772.6	7912.1	8914.2			236.3	112.7			
1513.1	4653.0	8389.5	9385.7	493.7	620.3	201.7	111.9	-4.5	25.2	12.4
1615.5	5144.1	9454.9	10682.8	605.6	661.3	207.7	113.0	-1.7	26.1	13.0
116.2	397.5	757.1	811.5	206.1	698.4	204.2	107.2	-21.7	27.9	12.6
911971	2427677	4880808	4437989	1326.0	486.6	182.8	90.9	22.2	21.6	10.6
392933	1186388	1569384	1589615	1353.1	404.6	134.0	101.3	27.3	24.7	5.0
519038	1241288	3311424	2848375	1311.4	548.8	229.5	86.0	19.0	19.1	14.8
63.3	198.4	444.6	485.3	1526.3	766.7	244.6	109.2	14.8	25.7	16.1
41.1	117.4	259.2	282.9	1685.0	688.3	241.0	109.2	19.6	23.4	15.8
18559	82025	226287	254236	2949.0	1369.9	309.9	112.4	16.6	34.6	20.7
373	453	441	314	192.6	84.2	69.3	71.2	18.0	4.0	-5.9
5993.8	16366.1	34482.9	40856.2	1643.8	681.6	249.6	118.5	19.2	22.2	16.5
3508.7	7788.5							19.4	17.3	
4313.6	11452.3	25489.1	30180.7	1265.5	699.7	263.5	118.4	12.6	21.6	17.5
	907.9									
	2984.6									
	2901.6									
133.2	438.2	698.9	876.1	2293.4	657.7	199.9	125.4	28.4	26.9	12.2
30.4	104.6	276.9	357.5	2906.3	1175.9	341.7	129.1	19.8	28.0	22.7
2715	4018	6988	7895	200.8	290.8	196.5	113.0	-7.1	8.2	11.9
72.38	100.82	185.65	192.69	165.8	266.2	191.1	103.8	-9.0	6.9	11.4
99.54	99.93	99.96	99.97							
3.24	4.93	5.81	5.95	394.0	183.6	120.7	102.4	16.5	8.8	3.2
0.61	0.77	1.11	1.28	145.5	209.8	165.2	115.3	-7.1	4.9	8.7
19.70	23.01	22.72	22.92	145.0	116.3	99.6	100.9	4.5	3.2	-0.1
5.11	6.69	7.63	7.73	264.7	151.3	115.6	101.3	11.8	5.5	2.4
1.73	1.40	1.61	1.33	68.6	76.9	95.1	82.6	-2.3	-4.2	-0.8
25.95	24.57	23.83	24.05	87.9	92.7	97.9	100.9	-1.1	-1.1	-0.4

1—9 续表4 continued

指 标		Item		总量指标 2000
在校学生数	(万人)	Student Enrollment	(10000 persons)	
普通高等学校		Regular Institutions of Higher Education		18.24
中等专业学校		Specialized Secondary Schools		19.19
普通中学		Regular Secondary Schools		358.32
#高 中		Senior Secondary Schools		54.14
职业中学		Vocational Secondary Schools		45.28
小 学		Primary Schools		644.24
在校学生毕业生数	(万人)	Graduates of Student Enrollment	(10000 persons)	
普通高等学校		Regular Institutions of Higher Education		2.59
中等专业学校		Specialized Secondary Schools		6.04
普通中学		Regular Secondary Schools		102.31
#高 中		Senior Secondary Schools		13.15
职业中学		Vocational Secondary Schools		14.83
小 学		Primary Schools		121.20
预算内教育经费支出	(亿元)	Government Expenditures on Education	(100 million yuan)	53.99
科 技		**Science and Technology**		
科技活动人员	(万人)	Personnel Engaged in S&T Activities	(10000 persons)	9.72
研究与试验发展经费支出	(亿元)	Expenditures on Research and Development	(100 million yuan)	20.02
技术市场成交额	(万元)	Volume of Transaction in Technical Markets	(10000 yuan)	61011
文 化		**Culture**		
出版数量		Publicatons		
图 书	(万册)	Number of Books Published	(10000 copies)	30992
杂 志	(万册)	Number of Magazines Issued	(10000 copies)	7736
报 纸	(万份)	Number of Newspapers Issued	(10000 copies)	76083
公共图书馆	(个)	Number of Public Libraries	(unit)	84
公共图书馆藏书量	(万册)	Total Collections of Public Libraries	(10000 volumes)	787.4
电视节目制作时间	(小时)	Production Hours of TV Programs	(hours)	24833
广播覆盖率	(%)	Broadcast Covering Rate	(%)	94.8
电视覆盖率	(%)	TV Covering Rate	(%)	93.8
家庭、生活、环境		**Family, People's Livelihood and Environment**		
家 庭		**Family**		
城镇居民平均每户人口	(人)	Average Household Size in Urban Areas	(person)	3.08
农村居民平均每户人口	(人)	Average Household Size in Rural Areas	(person)	4.18
婚 姻	**(万对)**	**Marriages and Divorces**	**(10000 couple)**	
结婚数		Number of Marriages		49.20
离婚数		Number of Divorces		4.27
居 住	**(平方米)**	**Housing**	**(sq.m)**	
城镇居民人均居住面积		Per Capita Gross Floor Space of Urban Residents		14.76
农村居民人均居住面积		Per Capita Net Floor Space of Rural Residents		22.16
生 活		**People's Livelihood**		
城镇居民人均可支配收入	(元)	Per Capita Annual Disposable Income of Urban Households	(yuan)	
城镇居民人均消费性支出	(元)	Per Capita Annual Living Expenditures of Urban Residents	(yuan)	
#食品支出		Food		
农村居民人均可支配收入	(元)	Rural Residents per Capita Disposable Income	(yuan)	
农村居民人均生活费支出	(元)	Per Capita Annual Living Expenditures of Rural Residents	(yuan)	
#食品支出		Food		

Aggregate Date				速度指标 (%) Indices and Growth Rates						
				指　数 (2016年为以下各年) Index (2016 as Percentage of the Following Years)				平均增长速度 Average Annual Growth Rate		
2005	2010	2015	2016	2000	2005	2010	2015	2001—2005	2006—2010	2011—2016
58.91	93.90	113.07	114.50	627.7	194.4	121.9	101.3	26.4	9.8	3.4
18.55	28.93	27.53	29.14	151.8	157.1	100.7	105.8	-0.7	9.3	0.1
460.86	406.58	303.63	304.89	85.1	66.2	75.0	100.4	5.2	-2.5	-4.7
116.90	127.60	113.55	110.70	204.5	94.7	86.8	97.5	16.6	1.8	-2.3
54.78	48.68	30.90	25.35	56.0	46.3	52.1	82.0	3.9	-2.3	-10.3
584.11	460.44	422.50	430.36	66.8	73.7	93.5	101.9	-1.9	-4.6	-1.1
11.70	23.22	29.25	30.80	1189.2	263.2	132.6	105.3	35.2	14.7	4.8
3.78	9.61	8.49	8.84	146.4	233.9	92.0	104.1	-8.9	20.5	-1.4
142.61	136.57	107.39	100.96	98.7	70.8	73.9	94.0	6.9	-0.9	-4.9
30.10	44.38	43.30	38.83	295.3	129.0	87.5	89.7	18.0	8.1	-2.2
14.51	17.76	13.54	11.36	76.6	78.3	64.0	83.9	-0.4	4.1	-7.2
116.25	87.41	64.32	66.94	55.2	57.6	76.6	104.1	-0.8	-5.5	-4.3
117.40	436.06	951.43	1022.61	1894.1	871.0	234.5	107.5	16.8	30.0	15.3
8.94	23.65	35.98	37.37	384.5	418.0	158.0	103.9	-1.7	21.5	7.9
45.61	163.72	431.75	475.13	2373.3	1041.7	290.2	110.0	17.9	29.1	19.4
142553	461470	1905334	2173748	3562.9	1524.9	471.0	114.1	18.5	26.5	29.5
25220	23891	27329	24892	80.3	98.7	104.2	91.1	-4.0	-1.1	0.7
5804	5842	5251	5017	64.9	86.4	85.9	95.6	-5.6	0.1	-2.5
98134	116988	104830	79488	104.5	81.0	67.9	75.8	5.2	3.6	-6.2
88	88	122	123	146.4	139.8	139.8	100.8	0.9	平	5.7
847.4	1235.8	1942.4	1062.8	135.0	125.4	86.0	54.7	1.5	7.8	-2.5
58725	82427	77470	72526	292.1	123.5	88.0	93.6	18.8	7.0	-2.1
95.6	97.3	98.8	98.9							
95.0	97.5	98.9	99.0							
2.95	2.84	2.95	2.89				98.0	-0.9	-0.8	
4.08	4.03	3.02	3.00				99.2	-0.5	-0.2	
43.94	65.09	73.80	71.34	145.0	162.3	109.6	96.7	-2.2	8.2	1.5
5.75	13.24	18.12	21.72	508.8	377.8	164.1	119.9	6.1	18.1	8.6
19.90	31.55	34.71	36.90				106.3			
27.00	32.05	46.76	49.40				105.6			
		26936	29156				108.2			
		17234	19606				113.8			
		5802	6382				110.0			
		10821	11720				108.3			
		8975	10287				114.6			
		3212	3523				109.7			

1—9 续表5 continued

指 标	Item	总量指标 2000
工资、居民生活和保障	**Wages, Living and Pprotection**	
城镇非私营单位就业人员工资总额 (亿元)	Total Wages of Employed Persons of Urban Non-private Owned Units (100 million yuan)	275.53
国有单位	State-owned Units	201.58
城镇集体单位	Urban Collective-ownad Units	31.74
其他单位	Units of Other Types of Ownership	42.20
城镇非私营单位就业人员平均工资 (元)	Average Wage of Employed Persons of Urban Non-private Owned Units (yuan)	6989
城镇居民最低生活保障人数 (人)	Number of Subsistence Allowances for Urban Residents (person)	126460
农村居民最低生活保障人数 (人)	Number of Subsistence Allowances for Rural Residents (person)	102973
卫 生	**Health Care**	
卫生机构数 (个)	Number of Health Institutions (unit)	6705
医院、卫生院	Hospitals	2953
疾病防治中心	Disease Prevention and Controlling	166
妇幼保健站	Maternity and Child Care Centers	110
卫生机构床位数 (张)	Number of Beds in Health Institutions (unit)	123873
#医院、卫生院	Hospitals	114921
卫生机构人员数 (人)	Number of Persons Engaged in Health Institutions (person)	188278
专业卫生技术人员 (人)	Number of Technical Personnel in Hospitals (person)	153808
#执业（助理）医师	Licensed (Assistant) Doctors	69943
注册护士	Registered Nurse	41226
市政建设	**City Construction**	
供水管道长度 (公里)	Length of Water Supply Pipelines (km)	6236
供水总量 (万立方米)	Total Annual Volume of Water Supply (10000 cu.m)	200918
#居民家庭用水	Household Water	61398
天然气供气量 (万立方米)	Supply of Natural Gas (10000 cu.m)	600
#家庭用量	Consumption of Coal Gas for Residential Use	560
液化石油气供气量 (吨)	Liquefied Petroleum Gas (ton)	458621
#家庭用量	Consumption of Liquefied Gas for Residential Use	167146
污水排放量 (万立方米)	Volume of Sewage Discharged (10000 cu.m)	104871
污水处理厂处理量 (万立方米)	Sewage Treatment Plant Capacity (10000 cu.m)	40660
排水管长度 (公里)	Length of Drainage (km)	4120
生活垃圾清运量 (万吨)	Volume of Garbage Swept Away (10000 tons)	327.0
生活垃圾无公害处理量 (万吨)	Volume of Garbage Treated (10000 tons)	165.0
公共汽（电）车总数 (辆)	Total Number of Public Buses and Trolley Buses (unit)	6359
出租汽车数 (辆)	Number of Taxis (unit)	31998
铺装道路长度 (公里)	Length of Paved Roads (km)	5954
公园面积 (公顷)	Area of Parks (hectare)	3472
园林绿地面积 (公顷)	Area of Urban Green Areas (hectare)	32852
建成区绿化覆盖率 (%)	Afforestation Covering Rate in the Constructed Area (%)	27.1
环境、灾害	**Environment and Disaster**	
污染治理项目本年完成投资额 (万元)	Actual Investment in Implemrnyation of the Project for Pollution Treatment in the Project (10000 yuan)	56470
化学需氧量排放量 (万吨)	Amount of CoD Discharged (10000 tons)	44.4
二氧化硫排放量 (万吨)	Volume of Sulphur Dioxide Emission (10000 tons)	57.1
突发环境事件次数 (次)	Number of Environmental Accidents (time)	66
环境污染直接经济损失 (万元)	Losses Converted Into Cash (10000 yuan)	802.0
火灾事故发生数 (起)	Number of Fire Disasters (cases)	6099
火灾伤亡人数 (人)	Number of Casualties in Fire Disasters (person)	227
火灾损失金额 (万元)	Fire Loss (10000 yuan)	6819.4
交通事故发生数 (起)	Number of Traffic Accidents (cases)	25809
交通受伤人数 (人)	Number of Injured in Traffic Accidents (person)	20096
交通死亡人数 (人)	Number of Death in Traffic Accidents (person)	3782
交通事故损失金额 (万元)	Loss of Traffic Accidents (10000 yuan)	7970.0

Aggregate Date				速度指标 (%) Indices and Growth Rates						
				指　数 (2016年为以下各年) Index (2016 as Percentage of the Following Years)				平均增长速度 Average Annual Growth Rate		
2005	2010	2015	2016	2000	2005	2010	2015	2001—2005	2006—2010	2011—2016
484.13	1225.12	2823.84	3012.83	1093.5	622.3	245.9	106.7	11.9	20.4	16.2
307.16	691.48	1135.30	1255.04	622.6	408.6	181.5	110.5	8.8	17.6	10.4
27.69	42.56	69.69	72.13	227.3	260.5	169.5	103.5	-2.7	9.0	9.2
149.28	491.07	1618.86	1685.66	3994.4	1129.2	343.3	104.1	28.7	26.9	22.8
15334	33341	55139	59102	845.6	385.4	177.3	107.2	17.0	16.8	10.0
977182	883944	646672	544104	430.3	55.7	61.6	84.1	50.5	-2.0	-7.8
251183	2146238	1963293	1498194	1454.9	596.5	69.8	76.3	19.5	53.6	-5.8
32044	23019	24853	24388	363.7	76.1	105.9	98.1		-6.4	1.0
2663	2167	2401	2413	81.7	90.6	111.4	100.5	-1.9	-4.1	1.8
132	124	121	121	72.9	91.7	97.6	100.0	-4.5	-1.2	-0.4
117	119	121	120	109.1	102.6	100.8	99.2	1.2	0.3	0.1
127179	186116	267405	282250	227.9	221.9	151.7	105.6	0.5	7.9	7.2
119625	171389	253716	268064	233.3	224.1	156.4	105.7	0.8	7.5	7.7
193973	247493	377387	390346	207.3	201.2	157.7	103.4	0.6	5.0	7.9
159788	205403	280768	296668	192.9	185.7	144.4	105.7	0.8	5.2	6.3
66102	81097	107792	113810	162.7	172.2	140.3	105.6	-1.1	4.2	5.8
47329	76550	119303	128434	311.5	271.4	167.8	107.7	2.8	10.1	9.0
8745	14730	23842	25535	409.5	292.0	173.4	107.1	7.0	11.0	9.6
206386	160816	174263	186543	92.8	90.4	116.0	107.0	0.5	-4.9	2.5
49728	50889	68319	76631	124.8	154.1	150.6	112.2	-4.1	0.5	7.1
11564	112190	234585	285424	47570.7	2468.2	254.4	121.7	80.7	57.5	16.8
5123	25154	71773	81022	14468.2	1581.5	322.1	112.9	55.7	37.5	21.5
613614	615770	736312	731114	159.4	119.1	118.7	99.3	6.0	0.1	2.9
195508	166335	104259	96990	58.0	49.6	58.3	93.0	3.2	-3.2	-8.6
126761	124449	150642	159297	151.9	125.7	128.0	105.7	3.9	-0.4	4.2
66347	89086	138293	155093	381.4	233.8	174.1	112.1	10.3	6.1	9.7
7606	13136	24399	26388	640.5	346.9	200.9	108.2	13.0	11.5	12.3
477.0	435.3	491.94	539.95	165.1	113.2	124.1	109.8	7.8	-1.8	3.7
83.9	281.0	489.7	539.6	327.0	643.2	192.0	110.2	-12.7	27.3	11.5
8450	11875	18622	20144	316.8	238.4	169.6	108.2	5.9	7.0	9.2
34287	50068	55217	55373	173.1	161.5	110.6	100.3	1.4	7.9	1.7
7985	10157.3	13375	14154	237.7	177.3	139.3	105.8	6.0	4.9	5.7
3970	8685	12043	12670	364.9	319.2	145.9	105.2	2.7	16.9	6.5
41896	71463	93786	98555	300.0	235.2	137.9	105.1	5.0	11.3	5.5
27.5	37.5	41.2	41.7							
45443	58895	233110	438938	777.3	965.9	745.3	188.3	-4.3	5.3	39.8
44.4	41.1	87.1	49.6	111.8	111.8	120.7	57.0	平	-1.5	3.2
67.2	53.3	48.0	28.2	49.3	41.9	52.8	58.7	3.3	-4.5	-10.1
28	30	8	3	4.5	10.7	10.0	37.5	-15.8	1.4	-31.9
275.4	231.6	75.3						-19.2	-3.4	
9182	5174	10880	10181	166.9	110.9	196.8	93.6	8.5	-10.8	11.9
191	56	75	55	24.2	28.8	98.2	73.3	-3.4	-21.8	-0.3
4956.1	8474.3	11221	11501	168.7	232.1	135.7	102.5	-9.9	20.1	5.2
17474	7714	13736	12795	49.6	73.2	165.9	93.1	-7.5	-15.1	8.8
19771	9364	15342	14681	73.1	74.3	156.8	95.7	-0.3	-13.9	7.8
4355	2808	2595	2644	69.9	60.7	94.2	101.9	2.9	-8.4	-1.0
6118.0	2349.6	6122.5	6261.0	78.6	102.3	266.5	102.3	-5.2	-17.4	17.7

1—10 国民经济和社会发展结构指标
Structural Indicators on National Economic and Social Development

单位：%

指　标	Item	2000	2005	2010	2015	2016
人口与就业	**Population and Employment**					
人　口	**Population**					
城乡结构	Urban and Rural Structure					
城　镇	Urban	28.0	35.5	43.2	50.5	52.0
乡　村	Rural	72.0	64.5	56.8	49.5	48.0
性别结构	Sexual Structure					
男	Male	51.9	52.0	51.9	50.8	52.0
女	Female	48.1	48.0	48.1	49.2	48.0
就　业	**Employment**					
产业结构	Industrial Structure					
第一产业	Primary Industry	58.5	48.6	39.1	32.1	31.7
第二产业	Secondary Industry	16.9	21.4	25.1	28.4	28.6
第三产业	Tertiary Industry	24.6	30.0	35.8	39.5	39.7
宏观经济	**Macro Economy**					
国民核算	**National Accounting**					
生产总值产业结构	Structure of Total Investment in Fixed Assets					
第一产业	Primary Industry	25.6	18.1	14.0	11.2	10.6
第二产业	Secondary Industry	36.4	42.0	52.1	49.7	48.1
第三产业	Tertiary Industry	38.0	39.9	33.9	39.1	41.3
投　资	**Investment**					
固定资产投资产业结构	Structure of Total Investment in Fixed Assets					
第一产业	Primary Industry	1.0	3.0	1.9	3.2	3.0
第二产业	Secondary Industry	26.9	39.5	47.4	44.6	43.9
第三产业	Tertiary Industry	72.1	57.5	50.7	52.2	53.1
资金来源结构	Structure of Funded Sources					
国家预算内资金	State Budgetary Appropriation	6.4	4.6	7.3	5.1	5.6
国内贷款	Domestic Loans	18.7	17.4	9.4	5.2	6.4
利用外资	Foreign Investment	2.5	1.8	0.9	0.3	0.3
自筹和其他投资	Fundraising	72.4	76.2	82.4	89.5	87.7
财　政	**Government Finance**					
财政收入结构	Structure of Government Revenue					
中　央	Central Government	38.5	42.2	40.3	33.4	34.0
地　方	Local Government	61.5	50.9	55.7	61.2	61.1
能源生产与消费	**Energy Production and Consumption**					
能源生产总量结构	Composition of Total Energy Production					
原　煤	Coal	99.8	99.8	98.4	96.0	94.0
一次电力	Primary Power	0.2	0.2	1.2	2.2	3.8
能源消费总量结构	Composition of Total Energy Consumption					
煤　品	Coal		88.6	86.2	76.8	75.1
油　品	Petroleum		10.5	10.3	16.2	16.4
天 然 气	Natural Gas		0.2	1.8	3.8	4.1
一次电力	Primary Power		0.7	1.2	1.8	2.8
其　他	Other			0.5	1.4	1.7
产　业	**Industrial**					
农　业	**Agriculture**					
农林牧渔业产值结构	Structure of Gross Output Value					
农　业	Farming	55.4	49.1	52.3	52.3	48.0
林　业	Forestry	5.2	4.7	4.6	7.9	6.3

1—10　续表1　continued

单位：%

指　标	Item	2000	2005	2010	2015	2016
牧　业	Animal Husbandry	28.6	33.2	29.3	23.9	29.5
渔　业	Fishery	10.8	9.9	10.0	12.3	11.0
工　业	**Industry**					
工业总产值规模结构	Structure of Gross Output Value of Industry					
大型企业	Large Enterprises	49.3	41.2	34.3	31.6	30.5
中型企业	Medium-sized Enterprises	14.9	32.2	25.9	19.7	18.8
小微型企业	Small and Mini Enterprises	35.8	26.6	39.9	48.8	50.7
建筑业	**Construction**					
建筑业总产值结构	Structure of Gross Output Value of Construction Enterprises					
建筑工程	Construction Projects	86.5	85.1	87.5	85.7	85.4
安装工程	Installation Projects	11.0	10.8	8.6	7.6	7.5
其　他	Others	2.5	4.1	3.9	6.6	7.1
运输业	**Transportation**					
货运量结构	Structure of Freight Traffic					
铁　路	Railways	14.5	15.5	5.3	2.9	2.5
公　路	Highways	73.5	73.9	80.5	66.7	67.1
水　运	Waterways	11.9	10.6	14.2	30.4	30.4
民　航	Total Civil Aviation Routes	0.003	0.004	0.001	0.001	0.001
国内商业	**Domestic Trade**					
社会消费品零售总额构成	Composition of Retail Sales of Consumer Goods					
城　镇	Urban			83.8	80.7	80.6
乡　村	Rural			16.2	19.3	19.4
对外经济贸易	**Foreign Trade**					
出口商品结构	Structure of Exports					
初级产品	Primary Goods	13.3	7.1	6.3	5.5	6.1
工业制成品	Manufactured Goods	86.7	92.9	93.7	94.5	93.9
进口商品结构	Structure of Imports					
初级产品	Primary Goods	38.9	53.0	53.1	50.8	54.0
工业制成品	Manufactured Goods	61.1	47.0	46.9	49.2	46.0
国际旅游	**International Tourism**					
来华旅游人数结构	Structure of Tourists					
外国人	Foreigners	52.7	64.9	59.2	58.3	58.3
港澳台同胞	Compatriots form Hong Kong, Macao and Taiwan	47.3	35.1	40.8	41.7	41.7
金融保险业	**Finance and Insurance**					
金融机构资金来源结构	Structure of Sources of Funds in State Banks					
#各项存款	Deposits	99.1	96.3	103.4	98.0	95.4
其　他	Others	0.9	3.7	-3.4	2.0	4.6
金融机构资金运用结构	Structure of Fund Uses in State Banks					
#各项贷款	Loans	95.1	69.3	72.4	72.5	70.5
有价证券及投资	Securities and Investment	2.7	3.1	4.7		
教育、科技、文化	**Education, Science and Culture**					
教　育	**Education**					
在校学生结构	Structure of Student Enrollment					
大 学 生	College and University Students	1.5	4.7	8.2	10.4	10.4
中 学 生	Secondary School Students	35.5	41.2	39.9	30.8	30.0
小 学 生	Primary School Students	53.5	46.7	40.4	38.9	39.2
专任教师结构	Full-time Teachers by Type					
大　学	College and University Students	3.0	6.1	8.5	9.4	9.4
中　学	Secondary School Students	35.3	40.4	42.3	39.3	38.3
小　学	Primary School Students	54.5	49.0	42.5	38.5	38.0
科　技	**Science and Technology**					
研究与试验发展经费筹集款结构	Structure of Funding for Research and Development Outlat					
#政府资金	Government Fund		31.7	22.0	20.0	17.9
企业资金	Enternment Fund		60.1	72.6	76.7	78.9

1—10 续表2 continued

单位：%

指　　标	Item	2000	2005	2010	2015	2016
研究与试验发展经费支出	Research and Development Expenses					
#基础研究	Basic Research		9.0	7.5	5.6	5.7
应用研究	Applied research		20.1	9.6	7.8	6.7
试验发展	Experimental development		61.4	83.0	86.6	87.6
生活、环境	**People's Livelihood and Environment**					
生　活	**People's Livelihood**					
城镇居民消费结构	Consumption Structure of Urban Residents					
食 品 类	Food	45.7	43.7	38.0	33.7	32.5
衣 着 类	Clothing	10.3	12.0	10.6	8.1	7.6
居　住	Residence	8.8	9.3	10.7	20.1	20.1
生活用品及服务	Household Facilities, Articles and Services	7.1	4.6	5.9	5.4	5.7
医疗保健	Health Care and medical Services	4.3	6.3	6.4	6.2	6.5
交通通信	Transport and Communications	7.3	10.6	11.8	13.1	14.0
教育文化娱乐服务	Education, Cultural and Recreation Services	12.0	10.5	12.9	11.1	11.4
其他商品及服务	Other Goods and Services	4.5	3.1	3.8	2.3	2.2
农村居民消费结构	Consumption Structure of Rural Residents					
食 品 类	Food	52.5	45.5	40.7	35.8	34.2
衣 着 类	Clothing	5.4	5.4	5.8	5.6	5.2
居　住	Residence	14.9	15.7	21.6	21.2	21.9
生活用品及服务	Household Facilities, Articles and Services	4.4	4.8	5.8	5.6	6.3
交通通信	Transport and Communications	4.4	9.0	8.5	11.8	12.4
教育文化娱乐服务	Education, Cultural and Recreation Services	11.0	11.7	9.1	9.3	9.2
医疗保健	Health Care and medical Services	4.4	6.1	6.6	9.0	9.1
其他商品及服务	Other Goods and Services	3.1	1.8	2.0	1.8	1.7
卫　生	**Health Care**					
卫生技术人员结构	Composition of medical Technical personnel					
#执业（助理）医师	Licensed (Assistant) Doctors	45.5	41.4	39.5	38.4	38.4
注册护士	Registered Nurses	26.8	29.6	37.3	42.5	43.3
医院床位结构	Hospital Beds by Area					
综合医院	Comprehensive Hospitals				71.2	72.6
中医医院	Hospitals of Traditional Chinese Medicine				13.5	13.6
专科医院	Specialized Hospitals				14.3	12.5
环境、灾害	**Environment and Disasters**					
治理污染资金使用结构	Uses of Funds in Pollution Treatment					
治理废水	Waste Water Treatment	46.7	53.1	24.2	24.9	12.7
治理废气	Waste Gas Treatment	45.4	36.9	52.5	57.4	51.3
治理固体废物	Solid Wastes Treatment	3.8	6.4		5.8	5.9
治理噪声	Noise Abatement	0.7	0.5	0.2	3.1	1.8
其　他	Others	3.4	3.1	23.1	8.7	28.3
火灾事故损失额结构	Structure of Fire Losses Converted into Cash					
特　大	Extraordinarily Serious Fires	41.6	10.7	29.4		
重　大	Serious Fires	6.3	10.9	29.5		
较　大	Larger				0.7	16.0
一　般	Ordinary Fires	52.1	78.4	41.0	99.3	84.0

1—11 国民经济和社会发展比例和效益指标
Indicators on Proportions and Efficiency in National Economic and Social Development

指　　标	Item	2000	2005	2010	2015	2016
人　口	**Population**					
出生率 (‰)	Birth Rate (‰)	13.40	12.43	12.70	12.92	13.02
死亡率 (‰)	Death Rate (‰)	5.76	6.23	5.95	5.94	5.96
自然增长率 (‰)	Natural Growth Rate (‰)	7.64	6.20	6.75	6.98	7.06
就　业	**Employment**					
三次产业从业者比例	Employment Ratio by Type of Industry					
（以第一产业为100）	(Employment in primary industry=100)					
第一产业	Primary Industry	100.0	100.0	100.0	100.0	100.0
第二产业	Secondary Industry	29.0	44.0	64.2	88.5	90.0
第三产业	Tertiary Industry	42.0	61.8	91.6	123.1	125.2
城镇登记失业率 (%)	Registered Unemployment Rate in Urban Areas	3.3	4.4	3.7	3.1	3.2
国民核算	**National Accounting**					
全社会劳动生产率 (元/人)	Overall Labor Productivity (yuan/person)	8410	14709	30752	50680	55296
第一产业	Primary Industry	3674	5345	10979	17596	18560
第二产业	Secondary Industry	18071	29590	63966	88847	93057
第三产业	Tertiary Industry	13029	19975	29165	50193	57485
人均生产总值 (元)	Per Capita GDP (yuan)	4779	8631	20888	35997	39092
固定资产投资	**Investment in Fixed Assets**					
固定资产投资相当于生产总值比例 (%)	Proportion of Investment in Fixed Assets to GDP (%)	29.9	47.1	95.9	108.9	110.9
房地产开发企业房屋建筑面积竣工率 (%)	Real Estate Development Enterprise Housing Construction Area Ccompletion Rate (%)	44.8	34.2	17.2	16.2	15.1
财　政	**Finance**					
财政收入相当于生产总值比例 (%)	Proportion of Government Revenue to GDP (%)	10.0	12.3	16.7	18.2	18.1
财政支出相当于生产总值比例 (%)	Proportion of Government Expenditure of GDP (%)	11.1	13.3	20.9	23.8	22.9
地方收入相当于中央财政收入比例 (%)	Proportion of Local Government Revenue to Central Government Revenue (%)	160.0	120.6	138.2	183.2	179.5
利用外资	**Utilization of Foreign Capital**					
实际利用外资额相当于签订利用外资额比例 (%)	Proportion of Foreign Capital Actually Used to Total Amount of Foreign Capital for Utilization by Signed Contracts or Agreements (%)	50.1	44.3	231.7	345.8	358.9
能源生产与消费	**Production and Consumption of Energy**					
能源生产弹性系数	Elasticity Ratio of Energy Production	0.26	0.54	0.30	0.68	
电力生产弹性系数	Elasticity Ratio of Electricity Production	1.84	0.51	0.69	0.16	1.06
能源消费弹性系数	Elasticity Ratio of Energy Consumption	0.66	0.71	0.62	0.31	0.34
电力消费弹性系数	Elasticity Ratio of Electricity Consumption	1.00	1.08	0.90	0.40	1.09
每万元生产总值消耗的能源 (吨标准煤)	Energy Consumption per 10000 yuan GDP (ton of SCE)	1.68	1.22	0.79	0.60	0.53

1—11 续表1 continued

指标	Item	2000	2005	2010	2015	2016
农业	**Agriculture**					
农业从业者人均农产品产量（公斤）	Output of Farm Products per Agricultural (kg)					
粮食	Grain	1235	1474	1956	2545	2482
棉花	Cotton	14	18	20	17	13
油料	Oil-bearing Crops	142	153	145	164	156
肉类	Meat	156	217	239	302	299
水产品	Aquatic Products	80	100	123	166	171
每公顷播种面积农产品产量（公斤）	Output of Farm Crops per Hectare of Sown Area (kg)					
粮食	Grain	4442	4351	4656	5334	5143
棉花	Cotton	867	816	918	1005	1006
油料	Oil-bearing Crops	1956	2077	2410	2951	2938
工业	**Industry**					
总资产贡献率 (%)	Ratio of Total Assets to Industrial Output Value (%)	7.09	38.90	16.22	12.25	12.09
资产负债率 (%)	Assets-liability Ratio (%)	63.19	61.63	60.05	57.49	56.73
成本费用利润率 (%)	Ratio of Profits to Industrial Cost (%)	2.40	5.14	8.63	5.41	5.63
流动资产周转次数 (次/年)	Number of Times of Annual of Turnover Circulating Funds (times/year)	1.43	2.25	2.63	2.83	2.73
产品销售率 (%)	Proportion of products Sold (%)		98.24	97.57	97.3	97.45
建筑业	**Construction**					
技术装备率 (元/人)	Value of Machinery per Laborer (yuan/peron)	4570	9020	9287	10361.2	9005.05
产值利税率 (%)	Ratio of Per-tax Profits to Gross Output Value (%)	4.16	5.4	7.33	6.34	6.49
劳动生产率 (元/人)	Overall Labor Productivity (yuan/person)	42406	95803	177486	340696	356533
交通运输业	**Transportation**					
客运量弹性系数	Elasticity of Passenger Traffic	0.20	0.47	0.88		
货运量弹性系数	Elasticity of Freight Traffic	0.99	1.04	1.09		
铁路网密度 (公里/万平方公里)	Railway Density (km/10000 sq.km)	154	168	203	298	303
公路网密度 (公里/万平方公里)	Highway Density (km/10000 sq.km)	3176	5197	10663	13343	14103
铁路货运密度 (吨/公里)	Railway Freight Traffic Density (ton/km)	29912	44139	42424	24367	21787
公路货运密度 (吨/公里)	Highway Freight Traffic Density (ton/km)	7358	6814	12295	12338	12376
邮电通信业	**Postal and Telecommunications Services**					
邮电业务总量弹性系数	Elasticity of Postal and Telecommunications Services				3.01	
全省电话普及率（按年末常住人口计算）(部/百人)	Access to Telephones, National (set/100 persons)	11.38	39.16	67.65	80.93	80.00
#移动电话普及率	Access to Mobile Phones	3.43	17.11	46.98	68.89	70.09
国内商业	**Domestic Trade**					
批零和住宿餐饮业人均消费品零售额 (元)	Per Capita Retail Sales And Accommodation of Consumer Good (yuan)	1281	2700	6096	12831	14311
对外经济贸易	**Foreign Trade**					
进出口总额相当于生产总值比例 (%)	Proportion of Total Imports & Exports to GDP (%)	9.1	13.9	13.3	13.8	12.2
国际旅游	**International Tourism**					
每一来华游客花费 (美元)	Expenditure per International Tourist in China(USD)	271	293	413	509	524
国内旅游人均花费 (元)	Expenditure per Domestic Tourist (yuan)		662	838	896	912

1—11　续表2　continued

指　　标	Item	2000	2005	2010	2015	2016
金融保险	**Finance and Insurance**					
金融机构存款相当于生产总值比例 (%)	Bank Deposits as Percentage of GDP (%)	85.64	112.03	132.42	156.70	169.40
金融机构贷款相当于生产总值比例 (%)	Bank Loans as Percentage of GDP (%)	82.18	80.63	92.66	115.83	125.14
教　育	**Education**					
学龄儿童入学率 (%)	Net Enrollment Ratio of Primary Schools (%)	99.67	99.54	99.93	99.96	99.97
小学升学率 (%)	Promotion Rate from Primary Schools to Junior Secondary Schools (%)	97.55	99.56	99.92	100.18	101.09
初中升学率 (%)	Promotion Rate from Junior Secondary Schools to Senior Secondary Schools (%)	33.46	60.51	83.86	96.80	97.75
学校教师负担系数 (%)	Student-teacher Ratio (in percentage) (%)					
高等学校	Colleges and Universities	12.11	18.16	19.05	19.46	19.24
中等学校	Secondary Schools	22.69	24.24	19.23	14.23	14.08
小学学校	Primary Schppls	23.53	22.51	18.74	17.73	17.89
科　技	**Science and Technology**					
研究与发展经费支出相当于生产总值比例 (%)	Expenditure on Research and Development is Equivalent to the Proportion of GDP (%)	0.69	0.85	1.32	1.96	1.97
卫　生	**Health Care**					
每万人执业(助理)医师数 (人)	Number of Doctors per 10000 Persons (person)	11.21	10.19	11.91	15.51	16.20
每万人医院床位数 (张)	Number of Hospital Beds per 10000 Persons (unit)	11.80	12.60	17.90	29.17	30.85
医院病床使用率 (%)	Utilization Rate of Hospital Beds (%)	58.19	68.64	85.88	84.97	78.62
文　化	**Culture**					
每百万人有艺术表演团体 (个)	Number of Troupes per Million Persons (unit)	1.50	1.42	0.81	23.24	26.73
每百万人有公共图书馆 (个)	Number of Public Libraries per Million Persons (unit)	1.30	1.36	1.29	1.76	1.75
每百万人有博物馆 (个)	Number of Museums per Million Persons (unit)	0.60	0.66	1.76	2.46	2.43
家　庭	**Family**					
负担少儿系数 (%)	Dependency Ratio of Children (%)	38.10	34.51	24.68	25.99	26.27
负担老年系数 (%)	Dependency Ratio of the Aged (%)	11.35	15.08	14.21	16.74	17.22
婚　姻	**Marriages and Divorces**					
离婚率 (‰)	Divorce Rate (‰)	1.37	1.77	3.22	5.22	6.22
生　活	**People's Livelihood**					
城镇与农村居民收入增长率比例（实际扣除价格因素）	Proportion of Growth Rate of Annual Income of Urban Residents to the Growth Rate of Annual Net Income of Rural Residents				0.91	0.95
市政建设	**City Construction**					
城市自来水普及率 (%)	Percentage of Households with Access to Tap Water (%)	95.78	90.52	96.06	98.79	99.20
城市用气普及率 (%)	Percentage of Households with Access to Tap Gas (%)	76.95	72.29	90.52	97.55	98.05
人均公园绿地面积 (平方米)	Public Green Areas per Person (sq.m)			10.95	13.37	14.02

1—12 社会经济主要指标人均水平
Major Per Capita Indicators of Social and Economy

项　目		Item		2010	2015	2016
地区生产总值	**（元）**	**Gross Domestic Product**	**(yuan)**	**20888**	**35997**	**39092**
农林牧渔业总产值	**（元）**	**Gross Output Value of Farming, Forestry, Animal Husbandry and Fishery**	**(yuan)**	**4339**	**6325**	**6662**
主要产品产量		**Output of Major Products**				
原　煤	（吨）	Coal	(ton)	1.9	1.9	1.8
焦　炭	（吨）	Coke	(ton)	0.1	0.1	0.1
发电量	（千瓦小时）	Electricity	(kwh)	2120.0	2930.1	3157.1
粗　钢	（公斤）	Crude Steel	(kg)	271.5	361.0	390.9
钢　材	（公斤）	Steel Products	(kg)	358.3	480.3	461.6
水　泥	（公斤）	Cement	(kg)	1153.3	1884.8	1916.3
布	（米）	Cloth	(m)	15.9	20.4	23.7
粮　食	（公斤）	Grain	(kg)	452.0	509.6	489.0
棉　花	（公斤）	Cotton	(kg)	4.6	3.4	2.6
油　料	（公斤）	Oil-bearing Crops	(kg)	33.4	32.8	30.7
猪牛羊肉	（公斤）	Pork, Beef and Mutton	(kg)	39.8	42.0	39.9
社会消费品零售额	**（元）**	**Total Retail Sales of Consumer Goods**	**(yuan)**	**6314.3**	**12831.1**	14310.5
人民生活	**（元）**	**People's Livelihood**	**(yuan)**			
城镇非私营单位就业人员平均工资		Average Wage of Employed Persons and Related Index of Urban Non-private Owned Units		33341	55139	59102
国　有		State-owned Units		33793	60433	66210
集　体		Urban Collective-owned Units		23869	47261	50976
城镇常住居民可支配收入		Annual Disposable Income of Urban Residents			26936	29156
城镇居民消费性支出		Living Expenditure of Urban Residents			17234	19606
农村常住居民可支配收入		Farmers Disposable Income			10821	11720
农民家庭生活消费支出		Living Expenditure of Rural Residents			8975.2	10287.3

1—13　人民物质文化生活提高情况
Improvement of People's Material and Cultural Life

项　目	Item	2010	2015	2016
城乡居民收入　（元）	**Income of Rural and Urban Residents　(yuan)**			
城镇常住居民人均可支配收入	Annual Per Capita Disposable Income of Urban Residents		26936	29156
农村常住居民人均可支配收入	Per Capita Disposable Income of Farmers		10821	11720
城镇非私营单位就业人员平均工资	Average Wage of Employed Persons and Related Index of Urban Non-private Owned Units	33341	55139	59102
平均每人住房面积　（平方米）	**Per Capita Floor Space of Residential Buildir　(sq.m)**			
城镇居民建筑面积	Urban Residents	31.55	34.71	36.90
农村居民建筑面积	Rural Residents	32.05	46.76	49.40
生活、文化、教育、卫生	**Livelihood, Culture, Education and Public Health**			
每百户拥有（抽样）	Number of Durable Consumer Goods Owned Per 100 Households by Sample			
彩色电视机　（台）	TV (Color)　(unit)			
城镇居民	Urban Residents	141.50	129.63	129.20
农　民	Rural Residents	112.13	121.33	124.60
洗衣机　（台）	Washing Machine　(unit)			
城镇居民	Urban Residents	97.35	94.09	95.50
农　民	Rural Residents	56.52	73.58	79.09
移动电话　（部）	Mobile Telephone　(unit)			
城镇居民	Urban Residents	168.46	216.75	221.93
农　民	Rural Residents	136.90	205.34	221.59
每百人每天拥有报纸　（份）	Newspapers per 100 Persons per Day　(copy)	4.7	4.1	3.1
每人每年拥有期刊　（册）	Number of Magazines per Person per Year　(copy)	0.9	0.8	0.7
每万人口中在校大学生　（人）	Number of Enrollment Students of Regular Institutions of Higher Education per 10000 Persons　(person)	155	185	186
每千人口中医院床位数　（张）	Number of Hospital Bed per 1000 persons　(unit)	2	3	3
每千人口中卫生技术人员（人）	Number of Medical Technical Personnel Per 1000 Persons　(person)	3	5	4
储　蓄	**Savings Deposit**			
个人人民币储蓄存款余额　（亿元）	Balance of Savings Deposit of Urban and Rura Residents (year-end)　(100 million yuan)	7788.5		
平均每人储蓄存款　（元）	Per Capita Balance of Saving Deposit　(yuan)	11435		

1—14 平均每天主要社会经济活动

Selected Indicators on Average Daily Social and Economic Activities

指　标	Item	2000	2005	2010	2015	2016
每天创造的财富	**Daily Production**					
安徽生产总值（万元）	Gross Domestic Product (10000 yuan)	79509	146580	338612	601247	660764
第一产业	Primary Industry	20323	26479	47371	67123	70348
第二产业	Secondary Industry	28953	61532	176346	299094	317541
工　业	Industry	24249	50339	148148	253137	269731
建筑业	Construction	4704	11193	28198	46419	48316
第三产业	Tertiary Industry	30233	58569	114895	235030	272875
财政收入（万元）	Government Revenue (10000 yuan)	7957	17988	56543	109624	119812
#地　方	Local	4896	9151	31490	67057	73227
粮　食（吨）	Grain (ton)	67726	71378	84397	96670	93627
棉　花（吨）	Cotton (ton)	781	852	866	639	506
油　料（吨）	Oil-bearing Crops (ton)	7810	7416	6236	6225	5886
布（万米）	Cloth (10000 m)	203	154	298	386	453
原　煤（万吨）	Coal (10000 tons)	13.12	23.11	35.70	36.6	33.5
发电量（亿千瓦时）	Electricity (100 million kwh)	1.01	1.77	3.96	5.56	6.0
钢（万吨）	Steel (10000 tons)	1.26	3.03	5.08	6.85	7.48
成品钢材（万吨）	Rolls Steel (final products) (10000 tons)	1.18	3.13	6.70	9.11	8.84
水　泥（万吨）	Cement (10000 tons)	5.85	8.82	21.57	35.75	36.69
家用电冰箱（台）	Household Refrigerator (unit)	4655	14532	56956	78913	83803
家用洗衣机（台）	Household Washing Machines (unit)	3608	12104	34712	47137	54970
每天消费量	**Daily National Consumption**					
居民消费总额（万元）	Resident Consumption (10000 yuan)	44258	65737	133516	232854	261414
农村居民	Rural Residents	26424	24115	41078	64313	70579
城镇居民	Urban Residents	17834	41622	92438	168542	190835
政府消费总额（万元）	Governmert Consumption Expenditure (10000 yuan)	9105	16638	36707	66886	70968
能源消费量（万吨标准煤）	Energy Consumption (10000 tons of SCE)	13.4	17.8	26.6	33.7	34.8
每天其他经济活动	**Other Daily Economic Activities**					
货物运输量（万吨）	Volume of Freight Traffic (10000 tons)	122.0	183.9	624.9	944.7	998.8
旅客运输量（万人）	Volume of Passenger Traffic (10000 persons)	170.0	199.6	437.3	238.0	223.1
邮电业务总量（万元）	Business Volume of Postal and Telecommunications Services (10000 yuan)	3292	7781	8228	20219	31583
出版图书（万册）	Books Published (10000 copies)	85	69	65	74.7	68.2
出版杂志（万册）	Magzines Published (10000 copies)	21.0	15.9	16.0	14.3	13.7
出版报纸（万份）	Newspaper Published (10000 copies)	208	269	321	286.4	217.8
固定资产投资（万元）	Investment in Fixed Assets (10000 yuan)	23744	69068	324642	654796	733099
城　镇	Urban	17522	58607	299409		
农　村	Rural	6223	10461	25233		
社会消费品零售总额（万元）	Total Retail Sales of Consumer Goods (10000 yuan)	29529	48677	117822	243388	273978
进出口总额（万美元）	Total Value of Imports and exports (USD 10000)	917	2499	6651	13336	12159
出口额	Exports	595	1422	3401	9048	7804
进口额	Imports	322	1077	3250	4288	4355
实际利用外资额（万美元）	Foreign Capital Actually Used (USD 10000)	87.3	188.6	1373.8	3721	4046
国际旅游外汇收入(万美元)	Foreign Exchange Earnings from International Tourism (USD 10000)	23.6	50.8	224.7	618.3	696.5
每天人口变动和婚姻	**Daily Population Changes and Marriages**					
出　生（人）	Births (person)	2234	2079	2060	2158	2493
死　亡（人）	Deaths (person)	946	1038	964	992	1141
结　婚（对）	Marriages (couple)	1348	1204	1783	2016	1954
离　婚（对）	Divorces (couple)	117	157	363	495	595

1—15 皖江城市带承接产业转移示范区主要规划目标完成情况（2016年）

The Situation of the Main Goal Completion of the Wanjiang City Zone Contracting Industrial Shifting Model District (2016)

指　　标	Item	全　省 The Whole Province	皖　江 The Area of Wanjiang River	占全省比重（%） Percentage to the Whole Province	2020年规划目标 2020 Plan Goal
经济发展	**Economical Development**				
地区生产总值（亿元）	Gross Domestic Product (100 million yuan)	24117.9	16385.4	67.9	24500
财政收入（亿元）	Government Revenue (100 million yuan)	4373.2	2861.7	65.4	3800
城镇化率（%）	Rate of Urbanization (%)	52.0			63.5
R&D经费相当于GDP比例（%）	Proportion of R&D fund to GDP (%)	1.97			2.6
产业结构	**Industrial Structure**				
非农产业增加值比重（%）	Proportion of Non-agricultural Industries Added Value (%)	89.4	92.5		93
规模以上工业企业（个）	Industrial Enterprises Above Designated Size (unit)	19838	12148	61.2	
规模以上工业增加值中开发区所占比重（%）	Proportion of Development Zones of Add-value of Industrial Enterprises Above Designated Size （%）	60.60	67.10		77
开发区单位土地实现经济收入（万元/亩）	Economic Income of Unit Land Development Zones (10000 yuan per mu)	88.96	108.15		
开放合作	**Opening-up and Cooperation**				
实际利用外商直接投资*（亿美元）	Actual Use of Foreign Direct Investment (USD 100 million)	147.7	102.0	69.1	135
实际利用亿元以上省外资金*(亿元)	The actual use of more than one hundred million yuan funds outside the province (100 million yuan)	9903.3	6405.0	64.7	8200
外贸进出口相当于GDP比例*（%）	Proportion of Foreign Trade Import and Export to GDP (%)	12.2	15.9		
公共服务	**Public Service**				
城镇居民人均可支配收入*（元）	Unban Dweller Per Capita Disposable Income (yuan)	29156	31733	108.8	43000
农村居民人均可支配收入*（元）	Rural Residents per Capita Disposable Income (yuan)	11720	13723	117.1	20000
新增城镇就业岗位（万个）	New Increasing Cities Employment Post Every Year (10 thousand)				44
职业中学在校学生数*（万人）	Number of Students in Vocational Schools (10000 persons)	25.4	11.6	67.9	90
环境保护	**Environmental Protection**				
城市污水厂集中处理率（%）	Central Processing Rate of Sewage Treatment Plant (%)	92.0			98
工业企业污染物稳定达标排放率（%）	Central Processing Rate of Sewage Treatment Plant (%)				

注：1.皖江城市带承接产业转移示范区是指合肥、芜湖、马鞍山、铜陵、安庆、池州、滁州和宣城市，以及六安市的金安区和舒城县。
　　2.皖江数据中，带“*”号指标不含金安区、舒城县数据。

a) The Wanjiang City Zone Contracting Industrial shifting Model District Refers to Hefei, Wuhu, Maanshan, Tongling, Anqing, Chizhou, Chuzhou and Xuancheng, and Liuan's Jinan District and Shucheng County.

b) Wanjiang data, with "*" indicator does not contain Jin'an District, Shucheng County data.

1—16 皖江城市带承接产业转移示范区主要指标

The Main Indices the Wanjiang City Zone Contracting Industrial Shifting Model District

指 标		Item	
土 地		**Land**	
土地面积	(万平方公里)	Land Area	(10000 kilometer Square)
#开发区面积		Development Zone Area	
人 口		**Population**	
年末总人口	(万人)	Year-end Population	(10000 perons)
劳动就业		**Labour Employment**	
从业人员*	(万人)	Jobholders	(10000 perons)
第一产业		Primary Industry	
第二产业		Secondary Industry	
第三产业		Tertiary Industry	
城 镇		Town	
城镇登记失业率	(%)	Cities and Towns Register Unemployment Rate	
国民经济核算		**National Economic Accounting**	
地区生产总值	(亿元)	Gross Domestic Product	(100 million yuan)
第一产业		Primary Industry	
第二产业		Secondary Industry	
#工 业		Industry	
第三产业		Tertiary Industry	
人均生产总值	(元)	Per Capita gross Domestic Product	(yuan)
固定资产投资		**Fixed Asset Investment**	
固定资产投资额*	(亿元)	Entire Social Fixed Assets Investment	(100 million yuan)
#开发区		Development Area	
#房地产		Rreal Estate	
国内贸易		**Domestic Trade**	
社会消费品零售总额	(亿元)	Social Retailgoods	(100 million yuan)
利用外资		**Use of Foreign Investment**	
实际利用外商直接投资*	(亿美元)	Actual Use of Foreign Direct Investment	(USD 100 million)
#开发区		Development Area	
开发区利用内资	(亿元)	Domestic Capital Using by Development Zone	(100 million yuan)
实际利用省外资金	(亿元)	Actual Use of Fund Outside Anhui Province	(100 million yuan)
实际利用省内资金	(亿元)	Actual Use of Fund Inside Anhui Province	(100 million yuan)
进出口总额*	(亿美元)	Total Export-Import Volume	(USD 100 million)
#开发区		Development Area	
#出 口		Export	
#开发区		Development Area	
财政金融		**Financial Work**	
财政收入	(亿元)	Finance Income	(100 million yuan)
#地方财政收入		Local Financial Revenue	
#开发区土地收入		Development Area Land Income	
地方财政支出	(亿元)	Local Financial Expenditures	(100 million yuan)
金融机构本外币各项贷款*	(亿元)	Local and Foreign Financial Institutions Loans	(100 million yuan)
金融机构本外币各项存款*	(亿元)	The Deposit in Local and Foreign Financial Institutions	(100 million yuan)
农 业		**Agriculture**	
主要农产品产量*	(万吨)	Output of Major Farm Products	(10000 ton)
粮 食		Ggrain	
棉 花		Cotton	
油 料		Oil Crops	
规模以上工业		**Industrial Enterprises Above Designated Size**	
企业数	(个)	Number of Enterprises	(unit)
#开发区		Development Area	
主营业务收入*	(亿元)	Main Business Income	(100 million yuan)
#开发区		Development Area	
工业增加值	(亿元)	Industry Value Added	(100 million yuan)
#开发区		Development Area	
资产总计*	(亿元)	Total Assets	(100 million yuan)
#开发区		Development Area	
#流动资产		Current Assets	

注：带“*”号指标为不包含六安市的金安区、舒城县数据。

全　省 Whole Province		皖江示范区 The Wanjiang City Zone Contracting Industrial Shifting Model District		占全省比重（%） Proportion of Whole Province	
2015	2016	2015	2016	2015	2016
14.01	14.01	7.60	7.60	54.2	54.2
0.27	0.28	0.17	0.17	63.0	60.7
6949	7027	3105	3132	44.7	44.6
4342.1	4361.6	1942.4	1962.7	44.7	45.0
1396.2	1383.5	561.2	548.5	40.2	39.6
1232.1	1245.5	614.7	609.4	49.9	48.9
1713.8	1732.6	767.0	804.9	44.8	46.5
1292.1	1327.5	811.9	798.3	62.8	60.1
3.1	3.2				
22005.6	24117.9	14948.0	16385.4	67.9	67.9
2456.7	2567.7	1168.6	1223.1	47.6	47.6
10946.8	11590.2	7930.0	8428.3	72.4	72.7
9264.8	9845.2	6745.7	7203.6	72.8	73.2
8602.1	9959.9	5849.3	6733.7	68.0	67.6
35997	39092				
23965.6	26758.1	16210.9	18057.5	67.6	67.5
8026.5	9135.4	5828.7	6623.5	72.6	72.5
4424.9	4603.6	2759.3	2835.4	62.4	61.6
8908.0	10000.2	5487.7	6161.9	61.6	61.6
136.2	147.7	93.6	102.0	68.7	69.1
79.2	80.2	58.0	61.4	73.2	76.6
3364.5	3378.2	2473.3	2490.7	73.5	73.7
488.1	443.8	415.5	384.4	85.1	86.6
258.2	270.3	223.0	237.5	86.4	87.9
331.1	284.8	271.1	235.8	81.9	82.8
193.8	190.6	161.6	160.7	83.4	84.3
4012.2	4373.2	2616.3	2861.7	64.5	65.4
2454.3	2672.8	1505.5	1662.3	61.3	62.2
5239.0	5523.0	2582.6	2789.8	49.3	50.5
26144.4	30774.5	18669.2	21712.5	71.4	70.6
34826.2	41324.3	22347.5	26491.8	64.2	64.1
3538.1	3417.4	1604.0	1451.9	45.3	42.5
23.4	18.5	23.2			
227.9	214.8	132.4	117.8	58.1	54.8
19077	19838	11649	12047	61.1	60.7
7615	8254	4893	5273	64.3	63.9
39064.4	42190.5	27311.2	29308.2	69.9	69.5
9589.2	9724.9	6486.1	6701.4	67.6	68.9
5831.3	5894.7	4394.7	4495.0	75.4	76.3
31360.0	33563.4	21128.6	22784.6	67.4	67.9
13988.0	15615.35	10226.8	11631.9	73.1	74.5

a) The index with "*"are data not including Jinan、Shucheng in Luan city.

1—16 续表 continued

指　标		Item	
固定资产净值年平均余额*	(亿元)	Annual Mean Remaining Sum of Fixed Asset Net Worth	(100 million yuan)
所有者权益*	(亿元)	Owner's Equity	(100 million yuan)
年平均从业人数*	(万人)	Annual Mean Employed Population	(10000 perons)
建筑业		**Construction Business**	
总产值*	(亿元)	Total Value of Out-put	(100 million yuan)
#建筑工程产值		Value of Out-put of Architectural Engineering	
工程结算收入	(亿元)	Income From Settlement of Projects	(100 million yuan)
运输邮电通信业		**Transportation ,Posts and Telecommunications Industry**	
铁路营业里程	(公里)	Railroad Revenue Kilometres	(km)
公路里程*	(公里)	Road Mileage	(km)
#高速公路		Freeway	
客运量	(亿人)	Passenger Traffic	(100 million perons)
旅客周转量	(亿人公里)	Turnover of Passenger Traffic	(100 million passenger-km)
货运量	(亿吨)	Freight Traffic	(100 million ton)
货物周转量	(亿吨公里)	Cargo Turnover	(100 million tons-km)
邮电业务总量*	(亿元)	Post and Telecommunication Service Total	(100 million yuan)
教　育		**Education**	
普通高等学校*		Regular Institutions of Higher Education	
学校数	(个)	Number of Schools	(unit)
招生数	(万人)	Entrants	(10000 perons)
在校学生数	(万人)	Enrolment	(10000 perons)
毕业生数	(万人)	Graduates	(10000 perons)
科技活动*		**S&T Activities**	
科技活动人员	(人)	Personnel Engaged in S&T Activities	(peron)
#研究与试验发展（R&D）		（R&D）	
R&D经费内部支出	(万元)	The R&D funds Interior Disburses	(10000 yuan)
#工业企业		Industry Enterprise	
科技机构数	(个)	Number of S&T Organizations	(unit)
工业企业新产品销售收入	(万元)	Industrial Enterprises Sales of New Products	(10000 yuan)
#出　口		Export	
国内外三种专利申请*		Three Kinds of Patent Applied of Domestic and Foreign	
受理数	(个)	Number of Cases	(unit)
发　明		Invention	
实用新型		Utility Model	
外观设计		Layout-Design	
授权数	(个)	Number of Authorization	(unit)
发　明		Invention	
实用新型		Utility Model	
外观设计		Layout-Design	
卫　生		**Hygiene**	
卫生机构数*	(个)	Number of Health Institutions	(unit)
#医院、卫生院		Hospital. Heaith Center	
卫生技术人员*	(万人)	Health technical People	(10000 perons)
#执业（助理）医师		Licenses of (Assistant) Dr.	
医疗机构床位*	(万张)	Medical Establishment bed	(10000 unit)
#医院、卫生院		Hospital. Herlth Center	
人民生活		**National Lives**	
城镇非私营单位就业人员平均工资*	(元)	Average Wage of Employed Persons of Urban Non-private Owned Units	(yuan)
城镇常住居民人均可支配收入*	(元)	Urban Per Capita Disposable Income	(yuan)
农村常住居民人均可支配收入*	(元)	Farmer Per Capita Net Income	(yuan)

全　　省 Whole Province		皖江示范区 The Wanjiang City Zone Contracting Industrial Shifting Model District		占全省比重（%） Proportion of Whole Province	
2015	2016	2015	2016	2015	2016
10805.3	11128.7				
13083.0	14403.3	9146.0	10030.3	69.9	69.6
5696	6047	4506.9	4761.1	79.1	78.7
4883	5166	3901.8	4111.0	79.9	79.6
4169	4243				
186940	197588	95129	98394	50.9	49.8
4249	4543	2212	2352	52.1	51.8
8.7	8.1				
1258.2	1231.4				
34.6	36.5				
10402.6	10883.2				
740.0	1152.8	406.8	627.9	55.0	54.5
108	109	78	79	72.2	72.5
35.00	33.11	25.9	25.0	74.1	75.4
113.1	114.5	83.0	84.4	73.4	73.7
29.3	30.8	21.5	22.9	73.5	74.3
359836	373715	268887	278502	74.7	74.5
204750	211053	152709	158289	74.6	75.0
4317511	4751301	3508488	3893501	81.3	81.9
3221422	3709224				
4817	5360	3397	3646	70.5	68.0
58822307	73210508	50307822	61694874	85.5	84.3
127709	172552	94945	129439	74.3	75.0
68314	95963	52384	75037	76.7	78.2
51559	67031	37262	48226	72.3	71.9
7836	9558	5299	6176	67.6	64.6
59039	60983	42875	45180	72.6	74.1
11180	15292	8167	12001	73.1	78.5
41094	38773	30057	28656	73.1	73.9
6765	6918	4651	4523	68.8	65.4
24853	24388	11428	11222	46.0	46.0
2401	2413	1122	1121	46.7	46.5
28.1	29.7	14.3	15.0	50.9	50.5
10.8	11.4	5.5	5.7	50.7	50.4
26.7	28.2	13.0	13.5	48.5	47.9
25.4	26.8	12.3	12.9	48.4	48.0
55139	59102	58547	61955	106.2	104.8
26936	29156	32178	31733	119.5	108.8
10821	11720	12681	13723	117.2	117.1

1—17 合芜蚌自主创新综合试验区主要指标
Main Indices of HeWuBeng Independent Innovation Comprehensive Area

指　　标		Item	
土　地		**Land**	
土地面积	（万平方公里）	Land Area	(10000 kilometer Square)
#开发区面积		Development Zone Area	
人　口		**Population**	
年末户籍人口	（万人）	Residence Population (year-end)	(10000 perons)
劳动就业		**Labour Employment**	
从业人员	（万人）	Jobholders	(10000 perons)
第一产业		Primary Industry	
第二产业		Secondary Industry	
第三产业		Tertiary Industry	
#城　镇		Town	
城镇登记失业率	（%）	Cities and Towns Register Unemployment Rate	
国民经济核算		**National Economic Accounting**	
地区生产总值	（亿元）	Gross Domestic Product	(100 million yuan)
第一产业		Primary Industry	
第二产业		Secondary Industry	
#工　业		Industry	
第三产业		Tertiary Industry	
人均生产总值	（元）	Per Capita gross Domestic Product	(yuan)
固定资产投资		**Fixed Asset Investment**	
固定资产投资额	（亿元）	Entire Social Fixed Assets Investment	(100 million yuan)
#开发区		Development Area	
#房地产		Real Estate	
国内贸易		**Domestic Trade**	
社会消费品零售总额	（亿元）	Social Retailgoods	(100 million yuan)
利用外资		**Use of Foreign Investment**	
实际利用外商直接投资	（亿美元）	Actual Use of Foreign Direct Investment	(USD 100 million)
#开发区		Development Area	
开发区利用内资	（亿元）	Domestic Capital Using by Development Zone	(100 million yuan)
实际利用省外资金	（亿元）	Actual Use of Fund Outside Anhui Province	(100 million yuan)
实际利用省内资金	（亿元）	Actual Use of Fund Inside Anhui Province	(100 million yuan)
进出口总额	（亿美元）	Total Export-Import Volume	(USD 100 million)
#开发区		Development Area	
#出　口		Export	
#开发区		Development Area	
财政金融		**Financial Work**	
财政收入	（亿元）	Finance Income	(100 million yuan)
#地方财政收入		Local Financial Revenue	
#开发区土地收入		Development Area Land Income	
地方财政支出	（亿元）	Local Financial Expenditures	(100 million yuan)
金融机构本外币各项贷款	（亿元）	Local and Foreign Financial Institutions Loans	(100 million yuan)
金融机构本外币各项存款	（亿元）	The Deposit in Local and Foreign Financial Institutions	(100 million yuan)
农　业		**Agriculture**	
主要农产品产量	（万吨）	Output of Major Farm Products	(10000 ton)
粮　食		Ggrain	
棉　花		Cotton	
油　料		Oil Crops	
规模以上工业		**Industrial Enterprises Above Designated Size**	
企业数	（个）	Number of Enterprises	(unit)
#开发区		Development Area	
主营业务收入	（亿元）	Main Business Income	(100 million yuan)
#开发区		Development Area	
工业增加值	（亿元）	Industry Value Added	(100 million yuan)
#开发区		Development Area	
资产总计	（亿元）	Total Assets	(100 million yuan)
#开发区		Development Area	
#流动资产		Current Assets	

全　　省 Whole Province		合芜蚌主要指标 Main Indices of HeWuBeng		占全省比重（%） Proportion of Whole Province	
2015	2016	2015	2016	2015	2016
14.01	14.01	2.34	2.34	16.7	16.7
0.27	0.28	0.12	0.12	44.4	42.9
6949	7027	1479	1497	21.3	21.3
4342.1	4361.6	949.3	981.2	21.9	22.5
1396.2	1383.5	235.2	232.6	16.8	16.8
1232.1	1245.5	286.8	299.9	23.3	24.1
1713.8	1732.6	427.2	448.7	24.9	25.9
1292.1	1327.5	470.0	439.7	36.4	33.1
3.1	3.2				
22005.6	24117.9	9370.7	10359.6	42.6	43.0
2456.7	2567.7	572.0	597.1	23.3	23.3
10946.8	11590.2	4983.7	5296.7	45.5	45.7
9264.8	9845.2	4171.0	4452.3	45.0	45.2
8602.1	9959.9	3815.0	4465.9	44.3	44.8
35997	39092				
23965.6	26758.1	10019.1	11174.5	41.8	41.8
8026.5	9135.4	4363.8	4933.9	54.4	54.0
4424.9	4603.6	2140.6	2149.3	48.4	46.7
8908.0	10000.2	3487.3	3917.9	39.1	39.2
136.2	147.7	62.0	68.2	45.5	46.2
79.2	80.2	43.6	45.3	55.0	56.6
3364.5	3378.2	1737.5	1558.8	51.6	46.1
488.1	443.8	294.9	261.6	60.4	58.9
258.2	270.3	176.9	188.6	68.5	69.8
331.1	284.8	209.1	178.9	63.1	62.8
193.8	190.6	128.0	126.3	66.0	66.2
4012.2	4373.2	1698.9	1877.6	42.3	42.9
2454.3	2672.8	954.7	1047.4	38.9	39.2
5239.0	5523.0	1411.1	1537.4	26.9	27.8
26144.4	30774.5	13862.9	16323.0	53.0	53.0
34826.2	41324.3	15366.0	18264.5	44.1	44.2
3538.1	3417.4	753.3	728.1	21.3	21.3
23.4	18.5	8.3	6.7	35.4	
227.9	214.8	84.3	79.8	37.0	37.2
19077	19838	5631	5784	29.5	29.2
7615	8254	2909	3159	38.2	38.3
39064.4	42190.5	16585.9	17868.5	42.5	42.4
9589.2	9724.9	4248.8	4285.7	44.3	44.1
5831.3	5894.7	3158.9	3240.3	54.2	55.0
31360.0	33563.4	12971.5	14207.4	41.4	42.3
13988.0	15615.35	6808.4	7861.3	48.7	50.3

1—17 续表 continued

指　　标		Item	
固定资产净值年平均余额	（亿元）	Annual Mean Remaining Sum of Fixed Asset Net Worth	(100 million yuan)
所有者权益	（亿元）	Owner's Equity	(100 million yuan)
年平均从业人数	（万人）	Annual Mean Employed Population	(10000 perons)
建筑业		**Construction Business**	
总产值	（亿元）	Total Value of Out-put	(100 million yuan)
#建筑工程产值		Value of Out-put of Architectural Engineering	
工程结算收入	（亿元）	Income From Settlement of Projects	(100 million yuan)
运输邮电通信业		**Transportation ,Posts and Telecommunications Industry**	
铁路营业里程	（公里）	Railroad Revenue Kilometres	(km)
公路里程	（公里）	Road Mileage	(km)
#高速公路		Freeway	
客运量	（亿人）	Passenger Traffic	(100 million perons)
旅客周转量	（亿人公里）	Turnover of Passenger Traffic	(100 million passenger-km)
货运量	（亿吨）	Freight Traffic	(100 million ton)
货物周转量	（亿吨公里）	Cargo Turnover	(100 million tons-km)
邮电业务总量	（亿元）	Post and Telecommunication Service Total	(100 million yuan)
教　育		**Education**	
普通高等学校		Regular Institutions of Higher Education	
学校数	（个）	Number of Schools	(unit)
招生数	（万人）	Entrants	(10000 perons)
在校学生数	（万人）	Enrolment	(10000 perons)
毕业生数	（万人）	Graduates	(10000 perons)
科技活动		**S&T Activities**	
科技活动人员	（人）	Personnel Engaged in S&T Activities	(peron)
#研究与试验发展（R&D）		（R&D）	
R&D经费内部支出	（万元）	The R&D funds Interior Disburses	(10000 yuan)
#工业企业		Industry Enterprise	
科技机构数	（个）	Number of S&T Organizations	(unit)
工业企业新产品销售收入	（万元）	Industrial Enterprises Sales of New Products	(10000 yuan)
#出　口		Export	
国内外三种专利申请		Three Kinds of Patent Applied of Domestic and Foreign	
受理数	（个）	Number of Cases	(unit)
发　明		Invention	
实用新型		Utility Model	
外观设计		Layout-Design	
授权数	（个）	Number of Authorization	(unit)
发　明		Invention	
实用新型		Utility Model	
外观设计		Layout-Design	
卫　生		**Hygiene**	
卫生机构数	（个）	Number of Health Institutions	(unit)
#医院、卫生院		Hospital. Heaith Center	
卫生技术人员	（万人）	Health technical People	(10000 perons)
#执业（助理）医师		Licenses of (Assistant) Dr.	
医疗机构床位	（万张）	Medical Establishment bed	(10000 unit)
#医院、卫生院		Hospital. Herlth Center	
人民生活		**National Lives**	
城镇非私营单位就业人员平均工资	（元）	Average Wage of Employed Persons of Urban Non-private Owned Units	(yuan)
城镇常住居民人均可支配收入	（元）	Urban Per Capita Disposable Income	(yuan)
农村常住居民人均可支配收入	（元）	Farmer Per Capita Net Income	(yuan)

全　省 Whole Province		合芜蚌主要指标 Main Indices of HeWuBeng		占全省比重（%） Proportion of Whole Province	
2015	2016	2015	2016	2015	2016
10805.3	11128.7				
13083.0	14403.3	5523.6	6133.0	42.2	42.6
316.4					
5696	6047	3841.7	4043.7	67.4	66.9
4883	5166	3343.7	3502.1	68.5	67.8
4169	4243				
186940	197588	38570	39791	20.6	20.1
4249	4543	818	828	19.3	18.2
8.7	8.1				
1258.2	1231.4				
34.6	36.5				
10402.6	10883.2				
740.0	1152.8	257.5	409.4	34.8	35.5
108	109	63	64	58.3	58.7
35.00	33.11	21.1	20.4	60.3	61.6
113.1	114.5	68.1	69.3	60.2	60.5
29.3	30.8	17.6	18.7	60.2	60.6
359836	373715	202528	212732	56.3	56.9
204750	211053	117757	120958	57.5	57.3
4317511	4751301	2709408	2979321	62.8	62.7
3221422	3709224				
4817	5360	2148	2342	44.6	43.7
58822307	73210508	32680156	41226745	55.6	56.3
127709	172552	61821	86874	48.4	50.3
68314	95963	34374	49114	50.3	51.2
51559	67031	23478	33193	45.5	49.5
7836	9558	3969	4567	50.7	47.8
59039	60983	29437	31646	49.9	51.9
11180	15292	6230	8804	55.7	57.6
41094	38773	19734	19278	48.0	49.7
6765	6918	3473	3564	51.3	51.5
24853	24388	5066	5056	20.4	20.7
2401	2413	533	530	22.2	22.0
28.1	29.7	8.5	9.1	30.3	30.6
10.8	11.4	3.1	3.4	29.2	29.6
26.7	28.2	8.0	8.3	29.9	29.3
25.4	26.8	7.7	7.9	30.2	29.6
55139	59102	60223	63384	109.2	107.2
26936	29156	30437	33115	113.0	113.6
10821	11720	14546	15770	134.4	134.6

1—18 皖江城市带承接产业转移示范区分地区主要规划目标完成情况（2016年）

The Situation of the Main Goal Completion of the Wanjiang City Zone Contracting Industrial Shifting Model District By Regions (2016)

地 区	Region	经济发展 Economical Development				产业结构 Industrial Structure			
		地区生产总值（亿元）Gross Domestic Product (100 million yuan)	财政收入（亿元）Revenue (100 million yuan)	城镇化率（%）Rate of Urbanization (%)	R&D经费相当于GDP比例（%）Proportion of R&D fund to GDP (%)	非农产业比重（%）Non-agricultural Industries (%)	规模以上工业企业（个）Industrial Enterprises Above Designated Size (unit)	规模以上工业增加值中开发区所占比重（%）Proportion of Development Zones of Add-value of Industrial Enterprises Above Designated Size (%)	开发区单位土地实现经济收入（万元/亩）Economic Income of Unit Land Development Zones (10000 yuan per mu)
合肥市	Hefei	6274.4	1114.1	72.1	3.10	95.7	2535	82.5	128.6
滁州市	Chuzhou	1422.8	256.4	50.4	1.76	84.1	1578	46.2	270.2
马鞍山市	Maanshan	1493.8	222.8	66.5	2.61	94.4	1214	47.3	115.2
芜湖市	Wuhu	2699.4	512.3	63.5	2.74	95.3	2089	71.0	131.9
宣城市	Xuancheng	1057.8	202.4	52.1	1.51	87.9	1462	52.2	65.3
铜陵市	Tongling	957.3	153.8	54.1	2.43	94.9	541	50.4	140.5
池州市	Chizhou	589.0	100.1	52.3	0.88	87.9	605	57.9	77.5
安庆市	Anqing	1531.2	267.6	47.2	0.79	87.5	1768	73.8	93.8
金安区	Jinan District	186.8	15.7			74.8	105		
舒城县	Shucheng	172.6	16.6			82.7	150		

地 区	Region	开放合作 Opening-up and Cooperation			公共服务 Public Service			城市污水厂集中处理率（%）Central Processing Rate of Sewage Treatment Plant (%)
		实际利用外商直接投资（亿美元）Actual Use of Foreign Direct Investment (USD 100 million)	实际利用省外资金到位资金（亿元）Actual Use of Fund Outside Anhui Province (100 million yuan)	进出口额相当于GDP比例（%）Proportion of Foreign Trade Import and Export to GDP (%)	城镇常住居民人均可支配收入（元）Unban Dweller Per Capita Disposable Income (yuan)	农村常住居民人均可支配收入（元）Rural Residents per Capita Disposable Income (yuan)	职业中学在校学生数（万人）Number of Students in Vocational Schools (10000 person)	
合肥市	Hefei	28.1	1331.6	19.8	34852	17059	1.5	91.0
滁州市	Chuzhou	11.4	743.4	10.9	28739	10956	2.6	96.4
马鞍山市	Maanshan	21.0	742.0	14.2	41206	17719	0.5	95.0
芜湖市	Wuhu	25.1	1256.0	14.0	36445	17307	1.3	91.8
宣城市	Xuancheng	8.6	770.2	9.5	34781	13379	1.3	92.1
铜陵市	Tongling	2.4	472.0	32.2	34102	12054	0.2	93.1
池州市	Chizhou	3.6	377.2	7.0	28833	12409	0.8	93.9
安庆市	Anqing	1.8	581.6	7.6	29743	10814	3.3	91.0
金安区	Jinan District				27488	10701		
舒城县	Shucheng				22983	10019		

1-19　中部6省国民经济和社会发展主要指标（2016年）
Main Indicators of National Economic and Social Development of 6 Middle Provinces (2016)

指　标		Item		中部6省合计 Total of 6 Middle Provinces	中部6省占全国比重(%) The Proportion of 6 Middle Provinces to National Total
自然资源		**Natural Resources**			
土地面积	（万平方公里）	Area of Land	(10000 sq.km)	102.8	10.7
人　口		**Population**			
年末常住人口	（万人）	Population at Year-end	(10000 persons)	36709.0	26.5
国民经济核算		**National Accounting**			
地区生产总值	（亿元）	Gross Domestic Product	(100 million yuan)	159113.2	21.4
第一产业		Primary Industry		16620.8	26.1
第二产业		Secondary Industry		72236.6	24.4
#工　业		Industry		62097.2	25.1
第三产业		Tertiary Industry		70255.9	18.3
固定资产投资		**Investment in Fixed Assets**			
全社会固定资产投资总额	（亿元）	Total Investment in Fixed Assets	(100 million yuan)	156761.7	26.3
#房地产开发		Real Estate Development		21404.4	20.9
国内商业		**Domestic Trade**			
社会消费品零售总额	（亿元）	Total Retail Sales of Consumer Goods	(100 million yuan)	69819.5	21.0
对外贸易		**Foreign Trade**			
货物进出口总额	（亿美元）	Total Value of Imports and Exports	(100 million USD)	2378.4	6.5
出口额		Exports		1546.6	7.4
进口额		Imports		831.8	5.2
财　政		**Government Finance**			
地方财政收入	（亿元）	Local Governments Revenue	(100 million yuan)	15334.6	17.6
农　业		**Agriculture**			
主要农产品产量	（万吨）	Output of Major Farm Products	(10000 tons)		
粮　食		Grain		18327.9	29.7
棉　花		Cotton		67.7	12.8
油　料		Oil-bearing Grops		1544.0	42.5
糖　料		Sugar Crops		216.7	1.8
蔬　菜		Vegetables		21495.1	26.9
水　果		Fruits		7431.6	26.2
工　业		**Industry**			
规模以上工业主要指标		Main Indicators of Industrial Enterprises above Designated Size			
主营业务收入	（亿元）	Revenue From Principal Business	(100 million yuan)	253173.7	22.0
主营业务成本	（亿元）	Cost From Principal Business	(100 million yuan)	219503.5	22.3
主营业务税金及附加	（亿元）	Business and Extra Charges	(100 million yuan)		

1—19 续表 continued

指　标		Item		中部6省合计 Total of 6 Middle Provinces	中部6省占全国比重（%） The Proportion of 6 Middle Provinces to National Total
销售费用	（亿元）	Operating Expense	(100 million yuan)	6041.0	19.7
利润总额	（亿元）	Total Profits	(100 million yuan)	13923.0	20.2
税金总额	（亿元）	Total Tax	(100 million yuan)		
亏损企业亏损总额	（亿元）	Total Loss of Loss-making enterprises	(100 million yuan)	1350.2	16.5
应收账款	（亿元）	Accounts Receivable	(100 million yuan)	22044.1	17.5
产成品	（亿元）	Finished Product	(100 million yuan)	7118.8	17.9
资产合计	（亿元）	Total Assets	(100 million yuan)	208021.0	19.5
负债合计	（亿元）	Total Liabilities	(100 million yuan)	114957.6	19.3
主要工业产品产量		Output of Major Industrial products			
农用化肥	（万吨）	Chemical Fertilizer	(10000 tons)	2696.2	37.8
水　泥	（万吨）	Cement	(10000 tons)	66501.3	27.6
生　铁	（万吨）	Pig Iron	(10000 tons)	14943.3	21.3
粗　钢	（万吨）	Crude Steel	(10000 tons)	16534.7	20.5
钢　材	（万吨）	Rolled Steel	(10000 tons)	20320.2	17.9
汽　车	（万辆）	Motor Vehicles	(10000 unit)	543.0	19.3
家用电冰箱	（万台）	Household Refrigerators	(10000 unit)	3735.2	44.0
发电量	（亿千瓦小时）	Electricity	(100 million kwh)	12389.9	20.2
建筑业		**Construction**			
企业个数	（个）	Number of Enterprises	(unit)	17892	21.6
总产值	（亿元）	Gross Output Value	(100 million yuan)	42519.4	22.0
交通运输业		**Transportation**			
客运量	（万人）	Total Passenger-kilometer	(10000 persons)	515634.0	27.1
货运量	（万吨）	Total Freight Ton-kilometer	(10000 tons)	1244875.0	28.4
教　育		**Education**			
普通高等学校（研究生和本专科教育）		Regular Institutions of Higher Education (Postgraduate, Undergraduate and Specialty Undergraduate Education)			
招生数	（万人）	New Student Enrollment	(10000 persons)	237.1	29.1
在校学生数	（万人）	Student Enrollment	(10000 persons)	778.5	26.9
毕业生数	（万人）	Number of Graduates	(10000 persons)	206.2	27.1
普通高中		Regular Secondary Schools			
招生数	（万人）	New Student Enrollment	(10000 persons)	230.0	67.0
在校学生数	（万人）	Student Enrollment	(10000 persons)	675.4	28.5
毕业生数	（万人）	Number of Graduates	(10000 persons)	224.7	31.9

注：本表数据为初步统计数。中部6省包括山西、安徽、江西、河南、湖北和湖南。

a) Data in this table are preliminary statistics. 6 middle provinces include: Shanxi, Anhui, Jiangxi, Henan, Hubei and Hunan.

1—20　黄山旅游区域主要经济指标（2016年）
Main Economic Indicators of Tourist Region of Mount Huang (2016)

指　标	Item	黄山市市区 HuangShan Region Of City	歙　县 SheXian	休宁县 XiuNing	黟　县 YiXian	祁门县 QiMen
土地面积 （平方公里）	Total Land Area (sq.km)	2358	2122	2126	857	2215
年末总人口 （万人）	Population at the Year-end (10000 persons)	45.49	47.66	27.01	9.43	18.82
年末城镇从业人员数 （万人）	Employment at the Year-ent (10000 persons)	7.26	1.68	1.20	0.57	0.87
生产总值 （万元）	Gross Domestic Product (10000 yuan)	2685327	1430144	784991	284304	583409
第一产业	Primary Industry	169011	170934	125744	37095	61216
第二产业	Secondary Industry	878580	702797	321315	119447	220134
第三产业	Tertiary Industry	1637736	556413	337931	127761	302059
农业总产值（可比价） （万元）	Gross Agricultural Output Value (Constant Price) (10000 yuan)	968541	284978	226002	66082	97946
农业增加值 （万元）	Value-added of Agriculture (10000 yuan)	172248	174521	129961	38645	62613
工业增加值 （万元）	e-added of Industry (10000 yuan)	623679	617325	252415	90747	177634
公路通车里程 （公里）	Length of Highways (km)	1785	1795	1400	611	1346
邮电业务总量(现行价) （万元）	Business Volume of Post and Telecommunications (Current Price) (10000 yuan)	100977	38177	21457	11005	18569
全社会固定资产投资额 （万元）	Total Investment in Fixed Assets (10000 yuan)	2871934	1012956	1040539	415573	636141
＃500万元以上项目投资额	Projects Investment Above 5 million Yuan	1995566	909511	939815	411892	608214
房地产投资额	Investment in Real Estate Development	876368	103445	100724	3681	27927
社会消费品零售总额 （万元）	Total Retail Sales of Consumer Goods (10000 yuan)	1735517	678309	361269	117717	238351
年末职工人数（在岗） （万人）	Number of Staff and Workers at the Year-end (Fully Employed) (10000 persons)	6.72	1.54	1.08	0.51	0.80
职工工资总额（在岗） （万元）	Total Wages of Staff and Workers (Fully Employed) (10000 yuan)	389033	94755	62563	28279	49234
财政收入（不含基金） （万元）	Government Revenue (Excluding Fund) (10000 yuan)	624322	150277	103735	42883	68557
财政支出（不含基金） （万元）	Government Expenditure (Excluding Fund) (10000 yuan)	913985	316596	202754	110118	166810
住户存款 （万元）	Household Deposits (10000 yuan)	2626298	1670729	886808	408695	702115
农村居民人均可支配收入 （元）	Per Capita Disposable Income of Rural Residents (yuan)	12869	12790	12706	12912	12706
接待旅游人数 （万人）	Tourists Received (10000 persons)	2742.24	802.60	473.49	927.53	241.21
＃国际游客	International Tourists	130.30	26.42	17.80	40.11	0.56
国内游客	Domestic Tourists	2611.94	776.18	455.69	887.42	240.65
旅游外汇收入 （万美元）	Foreign Exchange Earnings from Tourism (USD 10000)	43991	8258	5324	9546	81

注：第一产业增加值与农业增加值不一致，原因是第一产业增加值剔除农业增加值中的农林牧渔服务业增加值。

a) The first industrial added value and added value of agriculture, the reason is that the first industrial added value of eliminating the added value of services of agriculture and forestry in the added value of agriculture.

1—21 九华山旅游区域主要经济指标（2016年）
Main Economic Indicators of Tourist Region of Mount Jiu Hua (2016)

指 标	Item	池州市市区 ChiZhou Reigon Of City	青阳县 QingYang	石台县 ShiTai	东至县 DongZhi
土地面积 （平方公里）	Total Land Area (sq.km)	2539	1196	1414	3250
年末总人口 （万人）	Population at the Year-end (10000 persons)	67.15	29.34	10.83	55.04
年末城镇从业人员数 （万人）	Employment at the Year-ent (10000 persons)	15.68	5.56	1.30	5.08
生产总值 （万元）	Gross Domestic Product (10000 yuan)	3131798	870696	238319	1430408
第一产业	Primary Industry	303088	105094	41096	259026
第二产业	Secondary Industry	1524539	443840	84674	584030
第三产业	Tertiary Industry	1304170	321762	112549	587351
农业总产值（现行价） （万元）	Gross Agricultural Output Value (Current Price) (10000 yuan)	519014	178778	67414	505366
农业增加值 （万元）	Value-added of Agriculture (10000 yuan)	317085	109902	41798	280838
工业增加值 （万元）	Value-added of Industry (10000 yuan)	1188342	377220	65554	491379
公路通车里程 （公里）	Length of Highways (km)	3137	1482	1008	2999
邮电业务总量(现行价) （万元）	Business Volume of Post and Telecommunications (Current Price) (10000 yuan)	48498	17699	6355	23568
全社会固定资产投资额 （万元）	Total Investment in Fixed Assets (10000 yuan)	3874286	1064619	170085	1392792
社会消费品零售总额 （万元）	Total Retail Sales of Consumer Goods (10000 yuan)	1244923	356143	126449	451040
年末职工人数（在岗） （万人）	Number of Staff and Workers at the Year-end (Fully Employed) (10000 persons)	5.28	1.64	0.58	1.56
职工工资总额（在岗） （万元）	Total Wages of Staff and Workers (Fully Employed) (10000 yuan)	302939	88913	29633	86242
财政收入（不含基金） （万元）	Government Revenue (Excluding Fund) (10000 yuan)	636294	147077	24158	141279
财政支出（不含基金） （万元）	Government Expenditure (Excluding Fund) (10000 yuan)	844357	195409	113018	290943
城乡居民储蓄存款年末余额 （万元）	Outstanding Amount of Saving Deposits in Urban and Rural Areas at the Year-end (10000 yuan)	2525637	1099264	326683	1500652
农村居民可支配收入 （元）	Rural Residents' Disposable Income (yuan)	12886	13056	8759	12432
接待旅游人数 （人）	Tourists Received (person)	13485874	11611762	7108100	9600020
#国际游客	International Tourists	314566	157101	50546	67005
国内游客	Domestic Tourists	13171308	11454661	7057554	9533015
旅游营业收入 （万元）	Income of Tourism (10000 yuan)	1555000	1402296	527421	828025
旅游外汇收入 （万美元）	Foreign Exchange Earnings from Tourism (USD 10000)	17301	8641	2780	3685

主要统计指标解释

可比价格

指计算各种总量指标所采用的扣除了价格变动因素的价格，可进行不同时期总量指标的对比。按可比价格计算总量指标有两种方法：一种是直接用产品产量乘某一年的不变价格计算；另一种是用价格指数进行缩减。

平均增长速度

我国计算平均增长速度有两种方法：一种是习惯上经常使用的“水平法”，又称几何平均法，是以间隔期最后一年的水平同基期水平对比来计算平均每年增长（或下降）速度；另一种是“累计法”，又称代数平均法或方程法，是以间隔期内各年水平的总和同基期水平对比来计算平均每年增长（或下降）速度。在一般正常情况下，两种方法计算的平均每年增长速度比较接近；但在经济发展不平衡、出现大起大落时，两种方法计算的结果差别较大。

本《年鉴》内所列的平均增长速度，均用“水平法”计算。从某年到某年平均增长速度的年份，均不包括基期年在内。如建国四十三年的平均增长速度是以1949年为基期计算的，则写为1950-1992年平均增长速度，其余类推。

企业（单位）登记注册类型

是以在工商行政管理机关登记注册的各类企业为划分对象，以工商行政管理部门对企业登记注册的类型为依据，将企业登记注册类型分为内资企业、港澳台商投资企业和外商投资企业三大类。内资企业包括国有企业、集体企业、股份合作企业、联营企业、有限责任公司、股份有限公司、私营公司和其他企业；港澳台商投资企业和外商投资企业分别包括合资经营企业、合作经营企业、独资经营企业和股份有限公司。对不在工商行政管理部门进行登记注册的行政机关、事业单位和社会团体，主要按其经费来源和管理方式进行划分。

法人单位

指具备以下条件的单位：（一）依法成立，有自己的名称、组织机构和场所，能够独立承担民事责任；（二）独立拥有和使用（或授权使用）资产，承担负债，有权与其他单位签订合同；（三）会计上独立核算，能够编制资产负债表。法人单位包括企业法人、事业单位法人、机关法人、社会团体法人和其他法人。按照下属是否有产业活动单位，又分为单产业法人和多产业法人。

产业活动单位

法人单位所属的产业活动单位，指具备以下条件的单位：（一）在一个场所从事一种或主要从事一种社会经济活动；（二）相对独立组织生产经营或业务活动；（三）能够掌握收入和支出等业务核算资料。

单位数

表中的单位数为单产业法人数和多产业法人所属的产业活动单位数之和。

国有企业

指企业全部资产归国家所有，并按《中华人民共和国企业法人登记管理条例》规定登记注册的非公司制的经济组织。不包括有限责任公司中的国有独资公司。

集体企业

指企业资产归集体所有，并按《中华人民共和国企业法人登记管理条例》规定登记注册的经济组织。

股份合作企业

指以合作制为基础，由企业职工共同出资入股，吸收一定比例的社会资产投资组建，实行自主经营，自负盈亏，共同劳动，民主管理，按劳分配与按股分红相结合的一种集体经济组织。

联营企业

指两个及两个以上相同或不同所有制性质的企业法人或事业单位法人，按自愿、平等、互利的原则，共同投资组成的经济组织。联营企业包括国有联营企业、集体联营企业、国有与集体联营企业和其他联营企业。

有限责任公司

指根据《中华人民共和国公司登记管理条例》规定登记注册，由两个以上、五十个以下的股东共同出资，每个股东以其所认缴的出资额对公司承担有限责任，公司以其全部资产对其债务承担责任的经济组织。有限责任公司包括国有独资公司以及其他有限责任公司。

股份有限公司

指根据《中华人民共和国公司登记管理条例》规定登记

注册，其全部注册资本由等额股份构成并通过发行股票筹集资本，股东以其认购的股份对公司承担有限责任，公司以其全部资产对其债务承担责任的经济组织。

私营企业

指由自然人投资设立或由自然人控股，以雇佣劳动为基础的营利性经济组织。包括按照《公司法》、《合伙企业法》、《私营企业暂行条例》规定登记注册的私营有限责任公司、私营股份有限公司、私营合伙企业和私营独资企业。

其他内资企业

指上述企业之外的其他内资经济组织。

与港澳台商合资经营企业

指港澳台地区投资者与内地企业依照《中华人民共和国中外合资经营企业法》及有关法律的规定，按合同规定的比例投资设立、分享利润和分担风险的企业。

与港澳台商合作经营企业

指港澳台地区投资者与内地企业依照《中华人民共和国中外合作经营企业法》及有关法律的规定，依照合作合同的约定进行投资或提供条件设立、分配利润和分担风险的企业。

港澳台商独资经营企业

指依照《中华人民共和国外资企业法》及有关法律的规定，在内地由港澳台地区投资者全额投资设立的企业。

港澳台商投资股份有限公司

指根据国家有关规定，经外经贸部依法批准设立，其中港、澳、台商的股本占公司注册资本的比例达25% 以上的股份有限公司。凡其中港、澳、台商的股本占公司注册资本的比例小于25%的，属于内资企业中的股份有限公司。

中外合资经营企业

指外国企业或外国人与中国内地企业依照《中华人民共和国中外合资经营企业法》及有关法律的规定，按合同规定的比例投资设立、分享利润和分担风险的企业。

中外合作经营企业

指外国企业或外国人与中国内地企业依照《中华人民共和国中外合作经营企业法》及有关法律的规定，依照合作合同的约定进行投资或提供条件设立、分配利润和分担风险的企业。

外资企业

指依照《中华人民共和国外资企业法》及有关法律的规定，在中国内地由外国投资者全额投资设立的企业。

外商投资股份有限公司

指根据国家有关规定，经外经贸部依法批准设立，其中外资的股本占公司注册资本的比例达 25% 以上的股份有限公司。凡其中外资股本占公司注册资本的比例小于25%的，属于内资企业中的股份有限公司。

行政机关、事业单位和社会团体

参照企业登记注册类型，主要按其经费来源和管理方式划分。具体规定如下：

⑴行政机关：包括国家机关和政党机关，原则上均列为“国有”。但有特殊规定的，如供销社等，则列为“集体”。

⑵事业单位：包括经国家机构编制部门和有关业务主管部门批准成立的各类事业单位，不包括实行企业化管理的事业单位。事业单位的划分办法如下：

①由国家财政预算拨款或列入财政预算外资金管理以及经费主要来源于国有主管部门或国有上级单位的事业单位，列为“国有”。

②经费主要来源于集体单位的事业单位，列为“集体”。

③公民个人（或个人合伙）开办的事业单位，列为“私营”。

④上述以外的其他事业单位，如果其经费来源不明确，按管理方式进行归类。

⑶社会团体：包括经民政部门批准成立以及未纳入社会团体管理条例范围的工会、妇联等各类社会团体。社会团体的划分办法如下：

①未纳入民政部社会团体管理条例范围的工会、妇联、共青团、青联、工商联、科协、侨联等社会团体，国家拨款设立的基金会或基金管理组织以及经费主要来源于国有业务主管部门或国有上级单位的社会团体，列为“国有”。

②经费主要来源于集体单位的社会团体，列为“集体”。

③公民个人（或个人合伙）开办的社会团体，划为“私营”。

④上述以外的其他社会团体，如果其经费来源不明确，改按管理方式进行归类。

Explanatory Notes for Major Statistical Indicators

Comparable Prices

Refer to prices that are used to remove the factors of price change in calculating economic aggregates, so as to facilitate comparison of aggregates over time. Two methods are used for calculating economic aggregates at comparable prices: 1.Multiplying the output of products by their constant prices of certain year; 2.Deflation of data at current prices by relevant pricc indcx.

Average Annual Growth Rate

Two methods for calculating average annual growth rate are applied in China, one is often called "level approach" or the method of calculating geometric average, which is derived by comparing the level of the last year of the interval with that of the beginning year; the other is called "accumulative approach" or algebraic average or equation method, which is derived by the summation of the actual figure of each year in the interval divided by the figure in the base year.

Usually the results calculated by the two methods are fairly close, but they differed sharply when uneven economic development occurred with striking fluctuations in growth.

The average annual growth rates listed in this statistical yearbook are calculated by level approach except for the growth rate of investment in fixed assets. The base years are not listed when the years are listed for average annual growth rates. For instance, the average annual growth rate of 43 years since 1949 is listed as average annual growth rate of 1950-1992 without listing the base year 1949. And the analogy of this is also the same for the rest of the years.

Registration Status of Enterprises

Enterprises are classified into 3 categories, namely domestic-funded enterprises, enterprises with investment from Hong Kong, Macao and Taiwan, and enterprises with foreign investment, in the light of the registration status of an enterprise in industrial and commercial administration agencies. Domestic-funded enterprises include state-owned enterprises, collective-owned enterprises, cooperative enterprises, joint ownership enterprises, limited liability corporations, share-holding corporations Ltd., private enterprises and other enterprises. Included in the enterprises with investment from Hong Kong, Macao and Taiwan and enterprises with foreign investment are joint-venture enterprises, cooperative enterprises, sole investment enterprises and share-holding corporations Ltd. For government agencies, institutions and social organizations which are not requested to be registered in industrial and commercial administration agencies, they are classified mainly by their sources of funds and way of management.

State-owned Enterprises

Refer to non-corporation economic units where the entire assets are owned by the state and which have registered in accordance with the Regulation of the People's Republic of China on the Management of Registration of Corporate Enterprises. Excluded from this category are sole state-funded corporations in the limited liability corporations.

Collective-owned Enterprises

Refer to economic units where the assets are owned collectively and which have registered in accordance with the Regulation of the People's Republic of China on the Management of Registration of Corporate Enterprises.

Cooperative Enterprises

refer to a form of collective economic units (enterprises) whcrc capitals comc mainly from cmployccs as thcir sharcs, with certain proportion of capital from the outside, where production is organized on the basis of independent operation, independent accounting for profits and losses, joint work, democratic management, and a distribution system that integrates remuneration according to work with dividend according to capital share.

Joint Ownership Enterprises

Refer to economic units established by two or more corporate enterprises or corporate institutions of the same or different ownership, through joint investment on the basis of equality, voluntary participation and mutual benefits. They include state joint ownership enterprises, collective joint ownership enterprises, joint state-collective enterprises, other joint ownership enterprises.

Limited Liability Corporations

Refer to economic units established with investment from 2-50 investors and registered in accordance with the Regulation of the People's Republic of China on the Management of Registration of Corporations, each investor bearing limited liability to the corporation depending on its share of investment, and the corporation bearing liability to its debt to the maximum of its total assets. Limited liability corporations include exclusive state-funded limited liability corporations and other limited liability corporations.

Share-holding Corporations Ltd

Refer to economic units registered in accordance with the Regulation of the People's Republic of China on the Management of Registration of Corporations, with total registered capitals divided into equal shares and raised through issuing stocks. Each investor bears limited liability to the corporation depending on the holding of shares, and the corporation bears liability to its debt to the maximum of its total assets.

Private Enterprises

Refer to profit-making economic units invested and established by natural persons, or controlled by natural persons using employed labour. Included in this category are private limited liability corporations, private share-holding corporations Ltd., private partnership enterprises and private-funded enterprises registered in accordance with the Corporation Law, Partnership Enterprises Law and Interim Regulations on Private Enterprises.

Other Domestic-funded Enterprises

Refer to domestic-funded economic units other than those mentioned above.

Joint-venture Enterprises with Funds from Hong Kong, Macao and Taiwan

Refer to enterprises jointly established by investors from Hong Kong, Macao and Taiwan with enterprises in the mainland of China in accordance with the Law of the People's Republic of China on Sino-foreign Joint Venture Enterprises and other relevant laws, where the share of investment, profits and risks is stipulated in the contract.

Cooperative Enterprises with Funds from Hong Kong Macao and Taiwan

Established by investors from Hong Kong, Macao and Taiwan with enterprises in the mainland of China in accordance with the Law of the People's Republic of China on Sino-foreign Cooperative Enterprises and other relevant laws, where the investment or provision of facilities, and the share of profits and risks is stipulated in the cooperative contract.

Enterprises with Sole (exclusive) Investment from Hong Kong, Macao and Taiwan

Refer to enterprises established in the mainland of China with exclusive investment from investors from Hong Kong, Macao and Taiwan in accordance with the Law of the Peoples Republic of China on Foreign-Funded Enterprises and other relevant laws.

Share-holding Corporations Ltd. with Investment from Hong Kong, Macao and Taiwan

refer to share-holding corporations Ltd. established with the approval from the Ministry of Foreign Trade and Economic Relations in line with relevant state regulations, where the share of investment from Hong Kong, Macao or Taiwan businessmen exceeds 25% of the total registered capital of the corporation. In case the share of investment from Hong Kong, Macao or Taiwan is less than 25% of the total registered capital, the enterprise is to be classified as domestic-funded share-holding corporation Ltd.

Joint-venture Enterprises with Foreign Investment

Refer to enterprises jointly established by foreign enterprises or foreigners with enterprises in the mainland of China in accordance with the Law of the People's Republic of China on Sino-foreign Joint Venture Enterprises and other relevant laws, where the share of investment, profits and risks is stipulated in the contract.

Cooperation Enterprises with Foreign Investment

Refer to enterprises jointly established by foreign enterprises or foreigners with enterprises in the mainland of China in accordance with the Law of the People's Republic of China on Sino-foreign Cooperative Enterprises and other relevant laws, where the investment or provision of facilities, and the share of profits and risks is stipulated in the cooperative contract.

Enterprises with Sole (exclusive) Foreign Investment

Refer to enterprises established in the mainland of China with exclusive investment from foreign investors in accordance with the Law of the People's Republic of China on Foreign-Funded Enterprises and other relevant laws.

Share-holding Corporations Ltd. with Foreign Investment

refer to share-holding corporations Ltd. established with the approval from the Ministry of Foreign Trade and Economic Relations in line with relevant state regulations, where the share of investment from foreign investors exceeds 25% of the total registered capital of the corporation. In case the share of foreign investment is less than 25% of the total registered capital, the enterprise is to be classified as domestic-funded share-holding corporation Ltd.

Government Agencies, Institutions and Social Organizations

are classified into following categories by source of funds and way of management taking reference of the registration status of enterprises:

(1) Government agencies: include state and party agencies, classified in principle as “state-owned”. There are exceptions, such as supply and marketing cooperatives which are classified as “collective”.

(2) Institutions: include institutions of various types established with the approval by organization and staffing departments of the government, but exclude institutions where enterprise management system is introduced. Institutions are further classified as follows:

a) Institutions whose main budget is listed in the government budget appropriations or extra-budget funds, or allocated from the budget of their competent government agencies. Such institutions are classified as “state-owned”.

b) Institutions whose budget mainly comes from collective units. Such institutions are classified as “collective”.

c) Institutions other than those mentioned above whose source of budget are not clear. Such institutions are classified by way of management.

(3) Social organizations: include social organizations established with the approval from the Ministry of Civil Affairs, and organizations that are not covered by social organization management regulations such as trade unions, women's federations etc. Social organizations are further classified as follows:

a) Social organizations that are not covered by social organization management regulations of the Ministry of Civil Affairs such as trade unions, women's federations, communist youth leagues, youth associations, industrial and commerce associations, scientists associations, overseas Chinese associations, etc., foundations and fund management organizations established with funds from the state, and social organizations whose funds mainly come from the budget of their competent government agencies. Such institutions are classified as “state-owned”.

b) Social organizations whose budget mainly comes from collective units. Such institutions are classified as “collective”.

c) Social organizations established by individual or a group of citizens, which are classified as “private”.

d) Social organizations other than those mentioned above whose source of budget are not clear. Such organizations are classified by way of management.

第 二 篇

Chapter 2

国民经济核算

NATIONAL ACCOUNTS

简要说明

一、居民消费水平是按人口平均计算的居民消费额，它综合反映一个国家(或地区)人民物质文化生活水平。

二、有关“指数”部分分为“以上年为 100 的指数”和“以 1978 年为 100 的指数”两个方面，“以上年为 100 的指数”表中 2000 年以前(含 2000 年)的数据按 1990 年价格计算，2000-2005 年的数据按 2000 年价格计算，2005—2010 年的数据按 2005 年价格计算，2010 年以后的数据按 2010 年价格计算；“以 1978 年为 100 的指数”是以 1978 年为基数，每年指数相乘得到的。

三、市级人均 GDP 按年平均常住人口计算，县（市）人均 GDP 按年均户籍人口计算。

Brief Introduction

I. Consumption level of residents is average consumption value by population, and reflects people's standard of material and culture life in a country (region).

II. Indices include two parts: one is “the preceding year=100” and the other is “Year 1978=100”. Data in the tables that “the preceding year=100” are calculated at the fixed prices of 1990 before 2000 (including 2010)， data in the years from 2000 to 2005 are calculated at the fixed price of 2000，data in the years from 2005 to 2010 are calculated at the fixed price of 2010 and data are calculated at the fixed price of 2010 after 2010. Data in the tables that “Year 1978=100” are all obtained by the multiplied index each year based on 1978.

III. Municipal GDP per capital is calculated by the annual average resident population. Country (Municipal) GDP per capital is calculated by the annual household populations.

2—1 安徽生产总值
Gross Domestic Product

本表按当年价格计算。 Data in value terms in this table are calculated at current price.

年份 Year	生产总值（亿元）Gross Domestic Product (100 million yuan)	第一产业 Primary Industry	第二产业 Secondary Industry	工业 Industry	建筑业 Construction	第三产业 Tertiary Industry	人均生产总值（按常住人口计算）（元/人）Per Capita GDP by Permanent Residents (yuan/person)
2000	2902.09	741.77	1056.78	885.10	171.68	1103.54	4779.5
2005	5350.17	966.50	2245.90	1837.36	408.54	2137.77	8630.7
2009	10062.82	1495.45	4905.22	4064.72	840.50	3662.15	16407.7
2010	12359.33	1729.02	6436.62	5407.40	1029.22	4193.69	20887.8
2011	15300.65	2015.31	8309.38	7062.00	1247.38	4975.96	25659.3
2012	17212.05	2178.73	9404.84	8025.84	1379.00	5628.48	28792.3
2013	19229.34	2267.15	10390.04	8880.45	1524.11	6572.15	32000.9
2014	20848.75	2392.39	11077.67	9455.48	1638.32	7378.69	34424.6
2015	22005.63	2456.69	10946.83	9264.82	1698.92	8602.11	35996.6
2016	24117.89	2567.72	11590.25	9845.18	1763.53	9959.92	39091.8

注：1. 2000—2003年的数据按2004年经济普查结果进行修订。
2. 2005—2008年的数据按2008年经济普查结果进行修订。
3. 2013年及以后省市数据行业分类采用《国民经济行业分类》（GB/T 4754—2011），产业分类按照国家统计局2012年制定的三次产业划分规定。产业分类和行业分类的关系：第一产业是指农林牧渔业（不含农林牧渔服务业），第二产业是指工业（不含开采辅助活动，金属制品、机械和设备修理业）和建筑业，第三产业是指除第一产业、第二产业以外的其他行业（下同）。
4. 2016年及以前年份数据为不含研发支出新增GDP数据（下同）。

a) Data in the table from 2000 to 2003 were adjusted according to the result of 2004 economic census.
b) In 2005-2008, data carries on the revision according to the economical general survey result in 2008.
c) In 2013 and later data classification using national standand in classification of economic sectors (GB/T 4754-2011), industry classification adopted the National Bureau of statistics in 2012 to develop the three-industry Division Rules. Industrial classification and relationship of industry classification: primary industry refers to an ecological-economic (not including agriculture, forestry and services), the second industry refers to the industry (excluding mining auxiliary activities, metal products, machinery and equipment repair) and the construction industry, the third industry is to point to in addition to the primary industry, secondary industry of other industries (The same below).
d) Data in 2016 and previous year do not include R&D expenditure for new add GDP data (the same below).

2—2 安徽生产总值构成
Composition of Gross Domestic Product

本表按当年价格计算。（单位：%） Data in value terms in this table are calculated at current price. (%)

年份 Year	生产总值 Gross Domestic Product	第一产业 Primary Industry	第二产业 Secondary Industry	工业 Industry	建筑业 Construction	第三产业 Tertiary Industry
2000	100.00	25.56	36.41	30.50	5.91	38.03
2005	100.00	18.06	41.98	34.34	7.64	39.96
2009	100.00	14.86	48.75	40.40	8.35	36.39
2010	100.00	13.99	52.08	43.75	8.33	33.93
2011	100.00	13.17	54.31	46.16	8.15	32.52
2012	100.00	12.66	54.64	46.63	8.01	32.70
2013	100.00	11.79	54.03	46.18	7.93	34.18
2014	100.00	11.47	53.14	45.35	7.86	35.39
2015	100.00	11.16	49.75	42.10	7.72	39.09
2016	100.00	10.64	48.06	40.82	7.31	41.30

2—3 安 徽 生 产 总 值 指 数
Indices of Gross Domestic Product

本表按不变价格计算。（上年为100） The indices in this table are calculated at constant price.（preceding year=100）

年 份 Year	生产总值 Gross Domestic Product	第一产业 Primary Industry	第二产业 Secondary Industry	工 业 Industry	建筑业 Construction	第三产业 Tertiary Industry	人均生产总值 Per Capita GDP
2000	108.27	101.20	109.49	108.88	113.66	111.46	107.57
2005	110.97	101.73	118.39	119.46	113.61	108.24	110.91
2007	114.17	103.60	119.70	121.57	110.90	112.43	114.19
2008	112.67	106.20	116.08	117.51	108.70	111.10	112.44
2009	112.94	105.02	116.83	117.38	113.78	111.04	112.83
2010	114.59	104.61	120.68	121.86	113.91	110.05	118.77
2011	113.51	104.03	117.96	119.60	109.38	110.58	112.63
2012	112.10	105.55	114.36	115.28	109.07	110.95	111.80
2013	110.44	103.38	111.49	112.33	106.71	111.20	109.88
2014	109.20	104.57	109.94	110.40	107.07	109.48	108.40
2015	108.73	104.24	108.34	108.30	108.59	110.81	107.72
2016	108.68	102.69	107.98	108.49	105.12	111.27	107.69

2—4 安 徽 生 产 总 值 指 数
Indices of Gross Domestic Product

本表按不变价格计算。（1978=100） The indices in this table are calculated at constant price.（1978=100）

年 份 Year	生产总值 Gross Domestic Product	第一产业 Primary Industry	第二产业 Secondary Industry	工 业 Industry	建筑业 Construction	第三产业 Tertiary Industry	人均生产总值 Per Capita GDP
2000	839.59	303.73	1443.27	1437.49	1482.42	1789.25	642.84
2005	1377.89	326.55	2715.18	2664.87	3000.53	3209.22	1033.31
2007	1770.25	353.66	3858.50	3878.51	3800.64	3956.09	1346.00
2008	1994.46	375.59	4478.86	4557.47	4131.23	4395.21	1513.38
2009	2252.63	394.44	5232.61	5349.35	4700.42	4880.36	1707.48
2010	2581.20	412.64	6314.85	6518.59	5354.28	5370.83	2027.97
2011	2929.86	429.26	7449.23	7796.04	5856.69	5938.94	2284.10
2012	3284.37	453.08	8518.94	8987.27	6387.89	6589.25	2553.62
2013	3627.39	468.40	9497.39	10095.55	6816.49	7327.25	2805.89
2014	3961.12	489.82	10441.59	11145.34	7298.09	8021.67	3041.58
2015	4306.92	510.59	11312.42	12070.41	7925.00	8888.81	3276.39
2016	4680.76	524.32	12215.15	13095.19	8330.76	9890.58	3528.34

2—5 三次产业贡献率
Contribution Rate of the Three Industries

本表按不变价格计算。 （单位：%） The indices in this table are calculated at constant price. （%）

年份 Year	生产总值 Gross Domestic Product	第一产业 Primary Industry	第二产业 Secondary Industry	工业 Industry	第三产业 Tertiary Industry
2000	100.00	3.24	52.63	43.02	44.13
2005	100.00	2.89	64.72	55.89	32.39
2007	100.00	4.26	61.59	55.62	34.15
2008	100.00	7.46	58.94	53.77	33.60
2009	100.00	5.57	62.19	54.46	32.24
2010	100.00	4.22	70.17	63.19	25.61
2011	100.00	4.17	69.26	63.47	26.57
2012	100.00	5.88	64.21	58.20	29.91
2013	100.00	3.78	60.90	56.19	35.32
2014	100.00	5.44	60.42	54.73	34.14
2015	100.00	5.09	53.78	46.50	41.13
2016	100.00	3.46	45.76	41.21	50.78

注：产业贡献率指各产业增加值增量与GDP增量之比。
a) Industrial Contributing refers to the proportion of increment of every industrial value-added to increment of GDP.

2—6 三次产业拉动率
Pulling Rate of the Three Industries

本表按不变价格计算。 （单位：百分点） The indices in this table are calculated at constant price. （percentage points）

年份 Year	生产总值 Gross Domestic Product	第一产业 Primary Industry	第二产业 Secondary Industry	工业 Industry	第三产业 Tertiary Industry
2000	8.27	0.27	4.35	3.56	3.65
2005	10.97	0.32	7.10	6.13	3.55
2007	14.17	0.60	8.73	7.88	4.84
2008	12.67	0.94	7.47	6.81	4.26
2009	12.94	0.72	8.05	7.05	4.17
2010	14.59	0.62	10.23	9.22	3.74
2011	13.51	0.56	9.36	8.58	3.59
2012	12.10	0.71	7.77	7.04	3.62
2013	10.44	0.39	6.36	5.87	3.69
2014	9.20	0.50	5.56	5.03	3.14
2015	8.73	0.44	4.70	4.06	3.59
2016	8.68	0.30	3.97	3.58	4.41

注：产业拉动率指GDP增长速度与各产业贡献率之乘积。
a) The industrial pulling rate to GDP growth refers to the growth rate of GDP multiplying the industrial contributing rate.

2—7 按行业、产业和收入法构成分的安徽生产总值
According to the Industry, the Industry and the Income Method of GDP in Anhui

本表按当年价格计算。(单位：亿元) Data in this table are calculated at current price. (100 million yuan)

指　　标	Item	2015	2016
安徽生产总值	**Gross Domestic Product**	**22005.63**	**24117.89**
按行业分	**Grouped by Sector**		
农、林、牧、渔业	Agriculture, Forestry, Animal Husbandry and Fishery	2550.29	2693.19
工　业	Industry	9264.82	9845.18
建筑业	Construction	1698.92	1763.53
批发和零售业	Wholesale and Retail Trades	1640.93	1775.87
交通运输、仓储和邮政业	Transport, Storage and Post	791.72	826.78
住宿和餐饮业	Hotels and Catering Services	417.81	458.02
信息传输、软件和信息技术服务业	Information Transmission, Software and Information Technology	331.79	403.35
金融业	Financial Intermediation	1241.87	1447.02
房地产业	Real Estate	870.07	1124.07
租赁和商务服务业	Leasing and Business Services	831.52	970.26
科学研究和技术服务业	Scientific Research and Technical Services	144.13	201.27
水利、环境和公共设施管理业	Management of Water Conservancy, Environment	120.26	148.16
居民服务、修理和其他服务业	Services to Households, Repair and Other Services	377.85	462.32
教　育	Education	509.61	614.55
卫生和社会工作	Health and Social Service	342.44	392.81
文化、体育和娱乐业	Culture, Sports and Entertainment	199.34	247.14
公共管理、社会保障和社会组织	Public Management, Social Security and Social Organization	672.26	744.37
按产业分	**Grouped by Industry**		
第一产业	Primary Industry	2456.69	2567.72
第二产业	Secondary Industry	10946.83	11590.25
第三产业	Tertiary Industry	8602.11	9959.92
按收入法构成分	**According to the Income Method**		
劳动者报酬	Compensation of Employees	10275.97	11201.84
生产税净额	Net Taxes on Production	3425.34	3607.70
固定资产折旧	Depreciation of Fixed Assets	3134.88	3338.50
营业盈余	Operation Surplus	5169.44	5969.85

2—8 第三产业增加值
Value-added of the Tertiary Industry

本表按当年价格计算。（单位：亿元） Data in value terms in this table are calculated at current price.（100 million yuan）

行　业	Sector	2015	2016
总　计	**Total**	**8602.11**	**9959.92**
批发和零售业	Wholesale and Retail Trades	1640.93	1775.87
交通运输、仓储和邮政业	Transport, Storage and Post	791.72	826.78
住宿和餐饮业	Hotels and Catering Services	417.81	458.02
信息传输、软件和信息技术服务业	Information Transmission, Software and Information Technology	331.79	403.35
金融业	Financial Intermediation	1241.87	1447.02
房地产业	Real Estate	870.07	1124.07
租赁和商务服务业	Leasing and Business Services	831.52	970.26
科学研究和技术服务业	Scientific Research and Technical Services	144.13	201.27
水利、环境和公共设施管理业	Management of Water Conservancy, Environment	120.26	148.16
居民服务、修理和其他服务业	Services to Households, Repair and Other Services	377.85	462.32
教　育	Education	509.61	614.55
卫生和社会工作	Health and Social Service	342.44	392.81
文化、体育和娱乐业	Culture, Sports and Entertainment	199.34	247.14
公共管理、社会保障和社会组织	Public Management, Social Security and Social Organization	672.26	744.37

注：根据新的三次产业划分标准，第三产业不仅包括以上行业，还包括农林牧渔业中的农林牧渔服务业，工业中的开采辅助活动和金属制品、机械和设备修理业，所以以上行业之和不等于第三产业（下同）。

a) According to the new standard of the three divisions of industry, the tertiary industry is not only including the above industry, also include the services of agriculture and forestry, animal husbandry fishery industry in mining activities and metal products, machinery and equipment repair, so the above industry is not equal to the sum of the third industry (The same below).

2—9 第三产业增加值构成
Composition of Value-added of the Tertiary Industry

本表按当年价格计算。（单位：%） Data in value terms in this table are calculated at current price.（%）

行　业	Sector	2015	2016
总　计	**Total**	**100.0**	**100.0**
批发和零售业	Wholesale and Retail Trades	19.1	17.8
交通运输、仓储和邮政业	Transport, Storage and Post	9.2	8.3
住宿和餐饮业	Hotels and Catering Services	4.9	4.6
信息传输、软件和信息技术服务业	Information Transmission, Software and Information Technology	3.9	4.0
金融业	Financial Intermediation	14.4	14.5
房地产业	Real Estate	10.1	11.3
租赁和商务服务业	Leasing and Business Services	9.7	9.7
科学研究和技术服务业	Scientific Research and Technical Services	1.7	2.0
水利、环境和公共设施管理业	Management of Water Conservancy, Environment	1.4	1.5
居民服务、修理和其他服务业	Services to Households, Repair and Other Services	4.4	4.6
教　育	Education	5.9	6.2
卫生和社会工作	Health and Social Service	4.0	3.9
文化、体育和娱乐业	Culture, Sports and Entertainment	2.3	2.5
公共管理、社会保障和社会组织	Public Management, Social Security and Social Organization	7.8	7.5

2—10 第三产业增加值指数
Indices of Value-added of the Tertiary Industry

本表按不变价格计算。（上年为100）　The indices in this table are calculated at constant price.（preceding year=100）

行业	Sector	2015	2016
总计	**Total**	**110.81**	**111.27**
批发和零售业	Wholesale and Retail Trades	107.62	106.76
交通运输、仓储和邮政业	Transport, Storage and Post	101.29	103.87
住宿和餐饮业	Hotels and Catering Services	108.67	107.21
信息传输、软件和信息技术服务业	Information Transmission, Software and Information Technology	116.50	126.69
金融业	Financial Intermediation	119.72	114.89
房地产业	Real Estate	105.37	112.02
租赁和商务服务业	Leasing and Business Services	117.69	115.94
科学研究和技术服务业	Scientific Research and Technical Services	112.81	112.52
水利、环境和公共设施管理业	Management of Water Conservancy, Environment	113.56	112.64
居民服务、修理和其他服务业	Services to Households, Repair and Other Services	114.51	116.65
教育	Education	112.26	112.20
卫生和社会工作	Health and Social Service	112.21	109.53
文化、体育和娱乐业	Culture, Sports and Entertainment	116.03	114.19
公共管理、社会保障和社会组织	Public Management, Social Security and Social Organization	112.68	107.03

2—11 各市生产总值和指数
Gross Domestic Product and Its Indices by Region

本表绝对数按当年价格计算，指数按不变价格计算。
Level data in this table are calculated at current prices while indices at constant prices.

地区	Region	生产总值（亿元） Gross Domestic Product (100 million yuan)					指数（上年=100） Indices (preceding year=100)				
		2000	2005	2010	2015	2016	2000	2005	2010	2015	2016
合肥市	Hefei	446.64	1056.21	2961.67	5660.27	6274.38	111.0	116.4	117.0	110.5	109.8
淮北市	Huaibei	103.02	205.14	461.64	760.39	799.03	106.4	111.9	114.2	104.4	105.0
亳州市	Bozhou	153.70	235.40	512.78	942.61	1046.10	97.9	110.4	113.8	109.1	108.9
宿州市	Suzhou	188.85	313.79	650.57	1235.83	1351.82	108.0	106.6	113.1	108.9	109.1
蚌埠市	Bengbu	163.66	302.45	638.05	1253.05	1385.82	106.3	108.2	114.5	110.2	109.4
阜阳市	Fuyang	208.87	329.03	721.51	1267.45	1401.86	94.0	111.8	113.6	109.5	109.0
淮南市	Huainan	161.48	312.20	702.93	901.08	963.84	99.5	115.8	112.6	103.7	106.6
滁州市	Chuzhou	217.86	317.35	695.65	1305.70	1422.83	107.0	105.5	115.6	109.9	109.2
六安市	Luan	149.76	264.23	580.94	1016.49	1108.15	104.1	111.5	111.9	106.9	107.2
马鞍山市	Maanshan	173.15	411.79	949.09	1365.30	1493.76	107.6	111.9	114.7	109.2	109.0
芜湖市	Wuhu	256.60	492.04	1341.12	2457.32	2699.44	108.3	113.3	117.6	110.3	109.7
宣城市	Xuancheng	151.97	242.54	525.96	971.46	1057.82	102.3	108.6	115.0	108.2	108.7
铜陵市	Tongling	100.62	221.70	587.11	911.60	957.25	108.6	114.0	116.5	109.4	109.1
池州市	Chizhou	60.05	121.00	300.84	544.74	589.02	103.9	113.3	116.1	108.5	108.1
安庆市	Anqing	218.05	375.28	868.54	1417.43	1531.18	106.9	108.2	113.4	107.4	108.0
黄山市	Huangshan	79.73	158.64	309.45	530.90	576.82	109.2	111.0	113.1	106.1	107.8

2—12 各市生产总值（2016年）
Gross Domestic Product by Region (2016)

本表绝对数按当年价格计算，指数按可比价格计算。
Level data in this table are calculated at current prices while indices at constant prices.

（单位：亿元）
(100 million yuan)

地区	Region	第一产业 Primary Industry	第二产业 Secondary Industry	第三产业 Tertiary Industry	工业 Industry	建筑业 Construction	批发零售业 Wholesale, Retail Trade	交通运输、仓储和邮政业 Transport, Storage and Postal Services	住宿和餐饮业 Accommodation and Catering Trade	金融业 Banking
合肥市	Hefei	270.17	3181.24	2822.97	2562.66	621.13	470.87	219.16	94.80	483.02
淮北市	Huaibei	61.56	450.21	287.26	411.17	39.43	51.57	27.83	13.63	37.31
亳州市	Bozhou	206.17	404.93	435.00	336.07	69.01	77.11	36.57	20.26	50.01
宿州市	Suzhou	260.18	512.83	578.80	438.78	74.05	94.34	38.82	20.27	74.75
蚌埠市	Bengbu	200.01	609.12	576.69	523.06	86.06	91.19	49.93	34.63	60.64
阜阳市	Fuyang	302.33	557.78	541.75	482.70	75.19	103.16	49.88	24.25	86.79
淮南市	Huainan	118.41	454.63	390.80	383.47	73.18	80.13	38.81	23.99	42.18
滁州市	Chuzhou	225.52	707.23	490.08	617.57	89.66	74.53	51.65	25.38	60.70
六安市	Luan	189.37	490.63	428.15	408.24	82.39	74.09	40.31	23.66	63.23
马鞍山市	Maanshan	83.79	827.49	582.48	736.33	91.29	111.52	37.71	32.09	64.98
芜湖市	Wuhu	126.90	1506.32	1066.22	1366.55	148.88	141.87	101.51	58.35	155.30
宣城市	Xuancheng	127.57	502.17	428.08	431.43	76.10	67.55	42.29	21.18	58.79
铜陵市	Tongling	48.95	569.59	338.72	517.04	55.34	49.15	36.07	21.98	52.42
池州市	Chizhou	71.15	257.84	260.04	212.17	46.01	40.76	21.12	22.81	34.74
安庆市	Anqing	192.16	727.18	611.84	640.60	87.49	105.25	39.64	55.66	73.60
黄山市	Huangshan	56.40	224.23	296.19	176.18	48.32	43.14	28.04	20.88	30.83

地区	Region	房地产业 Real Estate Trade	构成(%) Composition			指数 Preceding year=100				人均生产总值(元/人) Per Capita GDP (yuan/person)
			第一产业 Primary Industry	第二产业 Secondary Industry	第三产业 Tertiary Industry	生产总值 Gross Domestic Product	第一产业 Primary Industry	第二产业 Secondary Industry	第三产业 Tertiary Industry	
合肥市	Hefei	375.65	4.3	50.7	45.0	109.8	102.2	108.9	111.6	80138
淮北市	Huaibei	30.30	7.7	56.3	36.0	105.0	103.2	103.3	108.1	36427
亳州市	Bozhou	50.82	19.7	38.7	41.6	108.9	102.7	109.2	111.7	20611
宿州市	Suzhou	55.12	19.2	38.0	42.8	109.1	102.6	109.2	112.4	24270
蚌埠市	Bengbu	75.27	14.4	44.0	41.6	109.4	103.4	109.3	111.6	41855
阜阳市	Fuyang	49.01	21.6	39.8	38.6	109.0	102.5	109.8	112.2	17642
淮南市	Huainan	30.33	12.3	47.2	40.5	106.6	102.4	107.0	107.4	27990
滁州市	Chuzhou	55.35	15.9	49.7	34.4	109.2	103.1	109.7	111.5	35302
六安市	Luan	65.35	17.1	44.3	38.6	107.2	103.0	106.7	109.8	23298
马鞍山市	Maanshan	65.50	5.6	55.4	39.0	109.0	103.2	108.5	110.7	65833
芜湖市	Wuhu	81.04	4.7	55.8	39.5	109.7	102.5	109.0	111.6	73715
宣城市	Xuancheng	35.49	12.1	47.4	40.5	108.7	102.6	108.4	111.1	40740
铜陵市	Tongling	29.04	5.1	59.5	35.4	109.1	103.1	109.3	109.5	59960
池州市	Chizhou	19.85	12.1	43.8	44.1	108.1	102.7	108.2	109.7	40919
安庆市	Anqing	60.17	12.5	47.5	40.0	108.0	102.8	108.4	109.3	33294
黄山市	Huangshan	31.35	9.8	38.9	51.3	107.8	102.0	107.8	109.0	41905

2—13 支出法安徽生产总值
Gross Domestic Product of Anhui by Expenditure Approach

本表按当年价格计算，2005—2008年数据按2008年经济普查结果进行修订。
Data in value terms in this table are calculated at current prices, In 2005-2008, data carries on the revision according to the economical general survey result in 2008.

年份 Year	支出法生产总值（亿元）Gross Domestic Product by Expenditure Approach (100 million yuan)	最终消费 Final Consumption Expenditure	资本形成总额 Gross Captital Formation	货物和服务净出口 Net Export of Goods and Services	资本形成率（投资率）(%) Capital Formation Rate (%)	最终消费率（消费率）(%) Final Consumption Rate (%)
2000	3041.24	1947.78	1094.97	-1.50	36.00	64.05
2005	5350.17	3006.70	2354.10	-10.59	44.00	56.20
2008	8851.66	4571.97	4319.15	-39.46	48.79	51.65
2009	10062.82	5179.08	4914.15	-30.41	48.83	51.47
2010	12359.33	6213.15	6171.54	-25.36	49.93	50.27
2011	15300.65	7604.30	7725.04	-28.69	50.49	49.70
2012	17212.05	8439.01	8855.77	-82.73	51.45	49.03
2013	19229.34	9281.22	10018.25	-70.13	52.10	48.27
2014	20848.75	10136.81	10905.76	-193.82	52.31	48.62
2015	22005.63	10970.50	11312.33	-277.20	51.41	49.85
2016	24117.89	12131.96	12198.84	-212.91	50.58	50.30

2—14 支出法安徽生产总值结构
Structure of Gross Domestic Product Calculated by Expenditure Approach

本表按当年价格计算，2005—2008年数据按2008年经济普查结果进行修订。
Data in value terms in this table are calculated at current prices, In 2005-2008, data carries on the revision according to the economical general survey result in 2008.

年份 Year	最终消费 Final Consumption Expenditure								资本形成总额 Gross Capital Formation			
	绝对数（亿元）Absolute Figure (100 million yuan)				比重 Proportion				绝对数（亿元）Absolute Figure (100 million yuan)		比重（资本形成总额=100）Proportion (Gross Capital Formation=100)	
					最终消费=100 Final Consumption Expenditure=100		居民消费=100 Household Consumption=100					
	居民消费 Household Consumption Expenditure	城镇居民 Urban Household	农村居民 Rural Household	政府消费 Government Consumption Expenditure	居民消费 House hold Consumption Expenditure	政府消费 Government Consumption Expenditure	城镇居民 Urban Household	农村居民 Rural Household	固定资本形成总额 Gross Fixed Capital Formation	存货变动 Change in Inventories	固定资本形成总额 Gross Fixed Capital Formation	存货变动 Change in Inventories
2000	1615.43	650.95	964.49	332.34	82.94	17.06	40.30	59.70	928.09	166.88	84.76	15.24
2005	2399.40	1519.20	880.20	607.30	79.80	20.20	63.32	36.68	2214.00	140.00	94.05	5.95
2008	3679.34	2473.51	1205.83	892.63	80.48	19.52	67.23	32.77	4229.64	89.51	97.93	2.07
2009	4188.29	2862.56	1325.73	990.79	80.87	19.13	68.35	31.65	4820.46	93.69	98.09	1.91
2010	4873.35	3374.00	1499.35	1339.80	78.44	21.56	69.23	30.77	6061.09	110.45	98.21	1.79
2011	5779.16	3973.86	1805.30	1825.14	76.00	24.00	68.76	31.24	7594.37	130.67	98.31	1.69
2012	6301.91	4439.49	1862.42	2137.10	74.68	25.32	70.45	29.55	8712.90	142.87	98.39	1.61
2013	7051.18	5091.19	1959.99	2230.04	75.97	24.03	72.20	27.80	9836.54	181.71	98.19	1.81
2014	7839.17	5657.95	2181.22	2297.64	77.33	22.67	72.18	27.82	10723.84	181.92	98.33	1.67
2015	8522.46	6168.62	2353.84	2448.04	77.69	22.31	72.38	27.62	11106.51	205.82	98.18	1.82
2016	9541.62	6965.48	2576.14	2590.34	78.65	21.35	73.00	27.00	12036.23	162.61	98.67	1.33

2—15 居民消费水平
Household Consumption

本表绝对数按当年价格计算，指数按不变价格计算，2005—2008年数据按2008年经济普查结果进行修订。
Level data in this table are calculated at current prices while indices at constant prices.
In 2005-2008, data carries on the revision according to the economical general survey result in 2008.

年份 Year	绝对数（元） Value (yuan)			城乡消费水平对比（农民=1） Urban/Rural Consumption Ratio (Agricultural Households=1)	指数（上年为100） Index (Preceding year=100)			指数（1978年为100） Index (1978=100)		
	全省居民 All Households	城镇居民 Urban Household	农村居民 Rural Household		全省居民 All Households	城镇居民 Urban Household	农村居民 Rural Household	全省居民 All Households	城镇居民 Urban Household	农村居民 Rural Household
1990	670	1236	570	2.17	96.68	100.16	95.48	210.03	206.34	199.30
1992	762	1646	597	2.76	102.81	122.55	102.21	252.66	315.69	210.49
1993	973	2389	700	3.41	105.96	100.74	103.65	267.71	318.03	218.18
1994	1251	2671	969	2.76	105.74	114.23	103.69	283.07	363.27	226.22
1995	1669	3441	1300	2.65	107.20	101.84	109.43	303.45	369.95	247.55
1996	1945	4073	1488	2.74	113.12	111.64	112.85	343.26	413.02	279.37
1997	2275	4429	1796	2.47	114.34	106.02	118.52	392.48	437.90	331.12
1998	2370	4675	1845	2.53	107.10	107.05	106.20	420.06	468.78	351.40
1999	2523	4985	1939	2.57	106.60	107.40	104.70	447.96	503.34	367.83
2000	2588	5323	1922	2.77	104.30	108.00	100.70	466.94	543.36	370.43
2001	2739	5806	1985	2.92	106.31	109.13	104.05	496.40	592.97	385.43
2002	2988	4468	2353	1.90	105.96	111.52	101.01	525.99	661.28	389.32
2003	3312	4933	2572	1.92	108.04	109.83	104.65	570.17	726.28	407.42
2004	3707	5343	2910	1.84	106.80	104.90	106.40	608.94	761.86	433.49
2005	3870	7102	2167	3.28	110.40	106.30	110.40	672.27	809.86	478.57
2006	4409	7886	2427	3.25	112.10	109.20	110.50	753.61	884.37	528.82
2007	5276	9204	2878	3.20	112.90	109.80	111.30	850.83	971.04	588.58
2008	6006	10196	3259	3.13	110.90	108.40	109.30	943.57	1052.61	643.32
2009	6829	11301	3683	3.07	110.30	107.90	108.80	1040.76	1135.77	699.93
2010	8237	13259	4447	2.98	114.51	111.26	114.89	1191.77	1263.66	804.15
2011	9692	15179	5397	2.81	115.30	107.50	113.30	1374.11	1358.43	911.10
2012	10541	16268	5732	2.84	106.67	110.80	108.60	1465.76	1505.14	989.45
2013	11734	17958	6175	2.91	105.10	104.00	105.70	1540.51	1565.35	1045.85
2014	12944	19259	6994	2.75	107.00	104.10	109.80	1648.35	1629.53	1148.34
2015	13941	20251	7674	2.64	107.20	104.80	108.80	1767.03	1707.75	1249.39
2016	15466	22030	8565	2.57	108.10	105.80	109.30	1910.16	1806.80	1365.59

注：根据国家统计局制度规定，从2003年起按常住人口计算，2002年数据作同口径调整。

a) In accordance with the regulation of NBS, the permanent population has been used since the year 2003 and the data of 2002 have been adjusted in the same scope.

2—16 各市、县生产总值及指数（2016年）

Gross Domestic Product and Indices by County or City (2016)

市、县 County、city		生产总值（亿元）Gross Domestic Product (100 million yuan)	第一产业 Primary Industry	第二产业 Secondary Industry	第三产业 Tertiary Industry	生产总值指数（%）Indices of Gross Domestic Product (2015=100)	第一产业 Primary Industry	第二产业 Secondary Industry	第三产业 Tertiary Industry	人均生产总值（元/人）Per Capita GDP (yuan/person)
合 肥 市	**Hefei**	**6274.38**	**270.17**	**3181.24**	**2822.97**	**109.8**	**102.2**	**108.9**	**111.6**	**80138**
巢湖市	Chaohu	292.44	30.47	153.54	108.42	107.5	103.8	106.5	110.1	34126
长丰县	Changfeng	400.06	59.51	245.26	95.29	110.4	102.8	111.9	111.6	52365
肥东县	Feidong	528.69	64.26	343.73	120.70	110.0	101.3	110.4	114.1	50046
肥西县	Feixi	605.02	51.49	393.65	159.89	109.5	102.4	109.7	111.3	74853
庐江县	Lujiang	245.32	47.54	110.62	87.16	110.1	103.5	112.8	110.5	20424
淮 北 市	**Huaibei**	**799.03**	**61.56**	**450.21**	**287.26**	**105.0**	**103.2**	**103.3**	**108.1**	**36427**
濉溪县	Suixi	253.23	41.70	125.58	85.95	108.5	103.0	109.8	109.3	22725
亳 州 市	**Bozhou**	**1046.10**	**206.17**	**404.93**	**435.00**	**108.9**	**102.7**	**109.2**	**111.7**	**20611**
涡阳县	Guoyang	247.44	46.61	104.27	96.56	108.9	102.8	109.3	111.6	14932
蒙城县	Mengcheng	240.29	50.62	91.48	98.18	108.9	103.1	109.2	111.8	17045
利辛县	Lixin	192.75	46.69	53.22	92.84	108.8	102.7	111.0	110.8	11381
宿 州 市	**Suzhou**	**1351.82**	**260.18**	**512.83**	**578.80**	**109.1**	**102.6**	**109.2**	**112.4**	**24270**
砀山县	Dangshan	175.01	40.00	78.27	56.74	108.8	103.2	109.8	112.3	17688
萧　县	Xiaoxian	242.57	53.46	93.97	95.15	109.3	103.9	110.1	112.1	17421
灵璧县	Lingbi	186.87	51.61	62.77	72.49	108.5	101.4	109.8	112.8	14561
泗　县	Sixian	171.33	48.48	55.36	67.49	109.0	103.6	109.6	113.3	17890
蚌 埠 市	**Bengbu**	**1385.82**	**200.01**	**609.12**	**576.69**	**109.4**	**103.4**	**109.3**	**111.6**	**41855**
怀远县	Huaiyuan	262.45	66.16	111.10	85.18	109.3	103.7	110.9	111.8	20011
五河县	Wuhe	180.41	54.40	58.26	67.75	109.5	103.7	110.3	113.9	26516
固镇县	Guzhen	190.20	54.72	73.05	62.43	109.5	103.7	111.1	112.9	29501
阜 阳 市	**Fuyang**	**1401.86**	**302.33**	**557.78**	**541.75**	**109.0**	**102.5**	**109.8**	**112.2**	**17642**
界首市	Jieshou	161.40	24.38	95.01	42.02	111.2	103.1	113.9	110.2	19933
临泉县	Linquan	171.40	69.30	42.17	59.93	108.4	102.6	111.6	113.4	7609
太和县	Taihe	211.73	49.52	93.27	68.94	109.6	103.1	112.7	110.4	12122
阜南县	Funan	145.60	47.68	45.71	52.22	107.0	102.5	107.2	111.3	8521
颍上县	Yingshang	226.72	49.23	114.94	62.55	109.1	103.0	110.6	111.3	12894
淮 南 市	**Huainan**	**963.84**	**118.41**	**454.63**	**390.80**	**106.6**	**102.4**	**107.0**	**107.4**	**27990**
凤台县	Fengtai	231.10	32.60	135.53	62.98	104.8	102.2	104.1	107.7	36869
寿　县	Shouxian	142.45	44.32	40.24	57.89	108.0	102.7	113.9	108.2	10284
滁 州 市	**Chuzhou**	**1422.83**	**225.52**	**707.23**	**490.08**	**109.2**	**103.1**	**109.7**	**111.5**	**35302**
天长市	Tianchang	318.33	32.34	192.89	93.10	109.8	102.2	109.9	112.7	50232
明光市	Mingguang	130.55	33.45	40.16	56.95	108.4	103.0	108.2	112.0	20309
来安县	Laian	141.12	21.67	69.20	50.25	109.2	102.9	109.3	112.1	28789
全椒县	Quanjiao	128.07	25.10	52.32	50.65	109.1	103.1	109.2	112.4	27904
定远县	Dingyuan	166.38	55.84	48.12	62.42	108.0	103.5	109.8	110.9	17176

注：本表绝对额按当年价格计算，指数按可比价格计算。

a) Level data in this table are calculated at current prices while indices at constant prices.

2—16 续表 continued

市、县 County、city		生产总值(亿元) Gross Domestic Product (100 million yuan)	第一产业 Primary Industry	第二产业 Secondary Industry	第三产业 Tertiary Industry	生产总值指数(%) Indices of Gross Domestic Product (2015=100)	第一产业 Primary Industry	第二产业 Secondary Industry	第三产业 Tertiary Industry	人均生产总值(元/人) Per Capita GDP (yuan/person)
凤阳县	Fengyang	167.94	37.09	63.92	66.92	108.7	103.3	109.4	111.3	21733
六安市	**Luan**	**1108.15**	**189.37**	**490.63**	**428.15**	**107.2**	**103.0**	**106.7**	**109.8**	**23298**
霍邱县	Huoqiu	215.15	46.28	91.34	77.54	100.5	103.2	94.5	107.2	13315
舒城县	Shucheng	172.62	29.78	77.62	65.22	109.5	102.8	112.2	109.7	17298
金寨县	Jinzhai	96.95	19.62	37.61	39.72	108.1	103.2	110.5	108.3	14295
霍山县	Huoshan	156.47	14.49	92.57	49.41	107.3	103.2	106.1	111.1	43124
马鞍山市	**Maanshan**	**1493.76**	**83.79**	**827.49**	**582.48**	**109.0**	**103.2**	**108.5**	**110.7**	**65833**
当涂县	Dangtu	297.26	27.80	190.76	78.70	109.5	103.2	109.7	111.2	62505
含山县	Hanshan	136.57	19.01	70.35	47.21	110.8	103.1	113.3	110.4	30567
和　县	Hexian	149.68	24.19	80.62	44.87	110.6	103.1	113.7	109.4	27563
芜湖市	**Wuhu**	**2699.44**	**126.90**	**1506.32**	**1066.22**	**109.7**	**102.5**	**109.0**	**111.6**	**73715**
芜湖县	Wuhu	214.54	19.21	127.62	67.71	109.6	103.0	110.2	110.4	61952
繁昌县	Fanchang	247.10	9.42	171.31	66.37	109.4	103.6	109.9	109.0	88511
南陵县	Nanling	205.54	30.04	96.23	79.27	109.4	103.8	109.7	111.3	37270
无为县	Wuwei	371.29	41.14	180.87	149.28	109.1	102.7	109.6	110.5	30522
宣城市	**Xuancheng**	**1057.82**	**127.57**	**502.17**	**428.08**	**108.7**	**102.6**	**108.4**	**111.1**	**40740**
宁国市	Ningguo	254.43	21.59	148.24	84.60	109.0	103.2	108.8	111.1	65975
郎溪县	Langxi	119.75	15.24	66.83	37.68	109.1	102.8	109.1	111.9	34462
广德县	Guangde	202.84	21.30	99.64	81.89	108.9	103.1	109.3	109.9	39094
泾　县	Jingxian	89.88	17.52	36.50	35.86	108.2	103.0	107.9	111.2	25353
绩溪县	Jixi	60.83	9.18	27.89	23.76	107.8	101.0	107.2	110.9	34517
旌德县	Jingde	35.75	5.40	15.48	14.87	107.3	102.0	106.1	111.7	23827
铜陵市	**Tongling**	**957.25**	**48.95**	**569.59**	**338.72**	**109.1**	**103.1**	**109.3**	**109.5**	**59960**
枞阳县	Zongyang	205.40	34.81	102.39	68.20	107.8	102.8	108.2	109.8	21216
池州市	**Chizhou**	**589.02**	**71.15**	**257.84**	**260.04**	**108.1**	**102.7**	**108.2**	**109.7**	**40919**
东至县	Dongzhi	143.04	25.90	58.40	58.74	108.1	102.5	108.5	109.8	26046
石台县	Shitai	23.83	4.11	8.47	11.25	107.0	103.2	105.6	109.7	22007
青阳县	Qingyang	87.07	10.51	44.38	32.18	108.4	102.9	108.7	110.0	31649
安庆市	**Anqin**	**1531.18**	**192.16**	**727.18**	**611.84**	**108.0**	**102.8**	**108.4**	**109.3**	**33294**
桐城市	Tongcheng	244.00	28.21	155.63	60.16	108.3	102.5	108.9	109.3	32314
怀宁县	Huaining	194.30	21.01	121.17	52.12	108.1	102.9	108.9	108.5	27637
潜山县	Qianshan	137.10	21.04	74.58	41.47	107.5	103.2	108.2	108.7	23464
太湖县	Taihu	106.31	24.90	46.69	34.72	108.1	103.4	109.0	110.3	18423
宿松县	Susong	165.16	38.81	67.59	58.76	107.5	103.2	109.5	108.3	19018
望江县	Wangjiang	108.36	28.66	45.48	34.22	107.9	102.9	109.3	110.1	17026
岳西县	Yuexi	82.62	15.72	44.70	22.21	108.2	103.3	108.5	111.1	20148
黄山市	**Huangshan**	**576.82**	**56.40**	**224.23**	**296.19**	**107.8**	**102.0**	**107.8**	**109.0**	**41905**
歙　县	Shexian	143.01	17.09	70.28	55.64	107.2	99.0	109.0	107.8	30049
休宁县	Xiuning	78.50	12.57	32.13	33.79	108.5	104.0	108.0	110.9	29107
黟　县	Yixian	28.43	3.71	11.94	12.78	107.8	104.1	108.0	108.7	30163
祁门县	Qimen	58.34	6.12	22.01	30.21	107.5	102.0	108.1	108.2	31061

主要统计指标解释

国内生产总值（GDP）

指按市场价格计算的一个国家（或地区）所有常住单位在一定时期内生产活动的最终成果。国内生产总值有三种表现形态，即价值形态、收入形态和产品形态。从价值形态看，它是所有常住单位在一定时期内生产的全部货物和服务价值超过同期投入的全部非固定资产货物和服务价值的差额，即所有常住单位的增加值之和；从收入形态看，它是所有常住单位在一定时期内创造并分配给常住单位和非常住单位的初次收入之和；从产品形态看，它是所有常住单位在一定时期内最终使用的货物和服务价值减去货物和服务进口价值。在实际核算中，国内生产总值有三种计算方法，即生产法、收入法和支出法。三种方法分别从不同的方面反映国内生产总值及其构成。

三次产业

三次产业的划分是世界上较为常用的产业结构分类，但各国的划分不尽一致。根据国家统计局2012年制定的三次产业划分规定：

第一产业是指农、林、牧、渔业（不含农、林、牧、渔服务业）；

第二产业是指采矿业（不含开采辅助业），制造业（不含金属制品、机械和设备修理业），电力、热力、燃气及水的生产和供应业，建筑业；

第三产业是指除第一、二产业以外的其他行业。

劳动者报酬

指劳动者因从事生产活动所获得的全部报酬。包括劳动者获得的各种形式的工资、奖金和津贴，既包括货币形式的，也包括实物形式的，还包括劳动者所享受的公费医疗和医药卫生费、上下班交通补贴、单位支付的社会保险费、住房公积金等。对于个体经济来说，其所有者所获得的劳动报酬和经营利润不易区分，这两部分统一作为劳动者报酬处理。

生产税净额

指生产税减生产补贴后的余额。生产税指政府对生产单位从事生产、销售和经营活动以及因从事生产活动使用某些生产要素（如固定资产、土地、劳动力）所征收的各种税、附加费和规费。生产补贴与生产税相反，指政府对生产单位的单方面转移支出，因此视为负生产税，包括政策亏损补贴、价格补贴等。

固定资产折旧

指一定时期内为弥补固定资产损耗按照规定的固定资产折旧率提取的固定资产折旧，或按国民经济核算统一规定的折旧率虚拟计算的固定资产折旧。它反映了固定资产在当期生产中的转移价值。各类企业和企业化管理的事业单位的固定资产折旧是指实际计提的折旧费；不计提折旧的政府机关、非企业化管理的事业单位和居民住房的固定资产折旧是按照统一规定的折旧率和固定资产原值计算的虚拟折旧。原则上，固定资产折旧应按固定资产当期的重置价值计算，但是目前我国尚不具备对全社会固定资产进行重估价的基础，所以暂时只能采用上述办法。

营业盈余

指常住单位创造的增加值扣除劳动者报酬、生产税净额和固定资产折旧后的余额。它相当于企业的营业利润加上生产补贴，但要扣除从利润中开支的工资和福利等。

支出法国内生产总值

是从最终使用的角度反映一个国家（或地区）一定时期内生产活动最终成果的一种方法，包括最终消费支出、资本形成总额及货物和服务净出口三部分。计算公式为：

支出法国内生产总值=最终消费支出+资本形成总额+货物和服务净出口

最终消费支出

指常住单位为满足物质、文化和精神生活的需要，从本国经济领土和国外购买的货物和服务的支出。它不包括非常住单位在本国经济领土内的消费支出。最终消费支出分为居民消费支出和政府消费支出。

居民消费支出

指常住住户在一定时期内对于货物和服务的全部最终消费支出。居民消费支出除了直接以货币形式购买的货物和服务的消费支出外，还包括以其他方式获得的货物和服务的消费支出，即所谓的虚拟消费支出。居民虚拟消费支出包括如下几种类型：单位以实物报酬及实物转移的形式提供给劳动者的货物和服务；住户生产并由本住户消费了的货物和服务，其中的服务仅指住户的自有住房服务；金融机构提供的金融媒介服务；保险公司提供的保险服务。

政府消费支出

指政府部门为全社会提供的公共服务的消费支出和免费或以较低的价格向居民住户提供的货物和服务的净支出，前者等于政府服务的产出价值减去政府单位所获得的经营收入的价值，后者等于政府部门免费或以较低价格向居民住户提供的货物和服务的市场价值减去向住户收取的价值。

资本形成总额

指常住单位在一定时期内获得减去处置的固定资产和存货的净额，包括固定资本形成总额和存货增加两部分。

固定资本形成总额

指常住单位在一定时期内获得的固定资产减处置的固定资产的价值总额。固定资产是通过生产活动生产出来的，且其使用年限在一年以上、单位价值在规定标准以上的资产，不包括自然资产。可分为有形固定资本形成总额和无形固定资本形成总额。有形固定资本形成总额包括一定时期内完成的建筑工程、安装工程和设备工器具购置（减处置）价值，以及土地改良、新增役、种、奶、毛、娱乐用牲畜和新增经济林木价值。无形固定资本形成总额包括矿藏的勘探、计算机软件等获得减处置。

存货变动

指常住单位在一定时期内存货实物量变动的市场价值，即期末价值减期初价值的差额，再扣除当期由于价格变动而产生的持有收益。存货变动可以是正值，也可以是负值，正值表示存货上升，负值表示存货下降。存货包括生产单位购进的原材料、燃料和储备物资等存货，以及生产单位生产的产成品、在制品和半成品等存货。

货物和服务净出口

指货物和服务出口减货物和服务进口的差额。出口包括常住单位向非常住单位出售或无偿转让的各种货物和服务的价值；进口包括常住单位从非常住单位购买或无偿得到的各种货物和服务的价值。由于服务活动的提供与使用同时发生，一般把常住单位从非常住单位得到的服务作为进口，非常住单位从常住单位得到的服务作为出口。货物的出口和进口都按离岸价格计算。

Explanatory Notes for Major Statistical Indicators

Gross Domestic Product (GDP)

refers to the final products at market prices produced by all resident units in a country (or a region) during a certain period of time. Gross domestic product is expressed in three different perspectives, namely value, income, and products respectively. GDP in its value perspective refers to the total value of all goods and services produced by all resident units during a certain period of time, minus the total value of input of goods and services of the nature of non-fixed assets; in other words, it is the sum of the value-added of all resident units. GDP from the perspective of income includes the primary income created by all resident units and distributed to resident and non-resident units. GDP from the perspective of products refers to the value of all goods and services for final consumption by all resident units minus the net exports of goods and services during a given period of time. In the practice of national accounting, gross domestic product is calculated from three approaches, namely production approach, income approach and expenditure approach, which reflect gross domestic product and its composition from different angles.

Three Strata of Industry

Classification of economic activities into three strata of industry is a common practice in the world, although the grouping varies to some extent form country to country. In China economic activities are categorized into the following three strata of industry:

Primary industry refers to agriculture, forestry, animal husbandry and fishery and services in support of these industries.

Secondary industry refers to mining and quarrying, manufacturing, production and supply of electricity, water and gas, and construction.

Tertiary industry refers to all other economic activities not included in the primary or secondary industries.

Labourers Remuneration

refers to the total payment of various forms to labourers for the productive activities they are engaged in. It includes wages, bonuses and allowances, which the labourers earn in cash and in kind. It also includes the free medical services provided to the labourers and the medicine expenses, transport subsidies and social insurance, and housing fund paid by the employers. As regards the individual economy, since labourers remuneration is not easily distinguishable from the operating profit, both parts are treated as labourer remuneration.

Net Taxes on Production

refers to taxes on production less subsidies on production. The taxes on production refers to the various taxes, extra charges and fees levied on the production units on their production, sale and business activities as well as on the use of some factors of production, such as fixed assets, land and labour in the production activities they are engaged in. In contrast to taxes on production, subsidies on production refer to the unilateral government transfer to the production units and are therefore regarded as negative taxes on production. They include subsidies on the loss due to implementation of government policies, price subsidies, etc.

Depreciation of Fixed Assets

refers to the depreciation of fixed assets in a given period, drawn in accordance with the stipulated depreciation rate for the purpose of compensating the wear-and-tear loss of the fixed assets or the depreciation of fixed assets imputed in accordance with the stipulated unified depreciation rate in the national economic accounting system. It reflects the value of transfer of the fixed assets in the production of the current period. The depreciation of fixed assets in various enterprises and institutions managed as enterprises refers to the depreciation expenses actually drawn. In government agencies and institutions not managed as enterprises which do not draw the depreciation expenses, as well as for the houses of residents, the depreciation of fixed assets is the imputed depreciation, which is calculated in accordance with the stipulated unified depreciation rate. In principle, the depreciation of fixed assets should be calculated on the basis of the re-purchased value of the fixed assets. However, currently the conditions in China do not facilitate the revaluation of all the fixed assets. Therefore, only the above-mentioned methods can be adopted at present.

Operating Surplus

refers to the balance of the value added created by the resident units after deducting the labourers remuneration, net taxes on production and the depreciation of fixed assets. It is equivalent to the business profit of the enterprises plus subsidies to production, but the wages and welfare expenses paid from the profits should be deducted.

GDP by Expenditure Approach

refers to the method of measuring the final results of production activities of a country (region) during a given period from the perspective of final uses. It includes final consumption expenditure, gross capital formation and net export of goods and services. The formula for computation is.:

GDP by expenditure approach = final consumption expenditure + gross capital formation + net export of goods and services

Final Consumption Expenditure

refers to the total expenditure of resident units for purchases of goods and services from both the domestic economic territory and abroad to meet the needs of material, cultural and spiritual life. It does not include the expenditure of non-resident units on consumption in the economic territory of the country. The final consumption expenditure is broken down into household consumption expenditure and government consumption expenditure.

Household Consumption Expenditure

refers to the total expenditure of resident households on the final consumption of goods and services. In addition to the consumption of goods and services bought by the households directly with money, the household consumption expenditure also includes expenditure on goods and services obtained by the households in other ways, i.e. the so-called imputed consumption expenditure, which includes the following: (a) the goods and services provided to households by employers in the form of payment in kind and transfer in kind; (b) goods and services produced and consumed by the households themselves, in which the services refer only to the owner-occupied housing; (c) financial intermediate services provided by financial institutions; (d) insurance services provided by insurance companies.

Government Consumption Expenditure

refers to the consumption expenditure spent for the provision of public services provided by the government to the whole country and the net expenditure on the goods and services provided by the government to households free of charge or at reduced prices. The former equals to the output value of the government services minus the value of operating income obtained by the government departments. The latter equals to the market value of the goods and services provided by the government free of charge or at reduced prices to the households minus the value received by the government from the households.

Gross Capital Formation

refers to the fixed assets acquired less disposals and the net value of inventory, thus including gross fixed capital formation and changes in inventories.

Gross Fixed Capital Formation

refers to the value of acquisitions less those disposals of fixed assets during a given period. Fixed assets are the assets produced through production activities with unit value above a specified amount and which could be used for over one year. Natural assets are not included. Gross fixed capital formation can be categorized into total tangible fixed capital formation and total intangible fixed capital formation. Total tangible fixed capital formation includes the value of the construction projects and installation projects completed and the equipment, apparatus and instruments purchased (less those disposed) as well as the value of land improved, the value of draught animals, breeding stock and animals for milk, for wool and for recreational purposes and the newly increased forest with economic value. Total intangible fixed capital formation includes the prospecting of minerals and the acquisition of computer software minus the disposal of them.

Changes in Inventories

refers to the market value of the change in the physical volume of inventory of resident units during a given period, i.e. the difference between the values at the beginning and at the end of the period minus the gains due to the change in prices. The changes in inventories can have a positive or a negative value. A positive value indicates an increase in inventory while a negative value indicates a decrease in inventory. The inventory includes raw materials, fuels and reserve materials purchased by the production units as well as the inventory of finished products, semi-finished products and work-in-progress.

Net Export of Goods and Services

refers to the exports of goods and services subtracting the imports of goods and services. Exports include the value of various goods and services sold or gratuitously transferred by resident units to non-resident units. Imports include the value of various goods and services purchased or gratuitously acquired resident units from non-resident units. Because the provision of services and the use of them happen simultaneously, the acquisition of services by resident units from abroad is usually treated as import while the acquisition of services by non-resident units in this country is usually treated as export. The exports and imports of goods are calculated at FOB.

第 三 篇

Chapter 3

人 口

POPULATION

简要说明

一、本篇资料反映我省2016年及主要年份人口方面的基本情况，包括全省主要人口统计数据，主要指标有：总户数、总人口、家庭户规模、性别比、少年儿童系数、老年系数、老少比、文化程度状况、少年儿童抚养系数、老年抚养系数、总抚养系数、婚姻构成、就业者身份等。

二、本篇资料来源主要有以下三个方面：

1. 家庭户数据、人口性别比、人口受教育程度、抚养系数等资料，根据历年人口抽查调查和人口普查数据整理计算。

2. 历史上六次人口普查资料，根据历次人口普查资料整理。

3. 户籍人口、户籍城镇人口、户籍乡村人口，根据省公安厅提供的2016年度户籍人口统计年报资料整理。

三、本篇资料均由省统计局人口和社会科技统计处整理编制。

Brief Introduction

I. Data in this chapter show the basic conditions of Anhui's population in 2016, including the main data of population statistics of the whole province, such as family size, sex ratio, children ratio, the aged ratio, ratio of the aged to children, educational level, children dependency ratio, the aged dependency ratio, and total dependency ratio.

II. There are three main sources for Data published in this chapter.

1. Materials on Households, sex ratio, educational level and dependency ratio are tabulated according to the data of the population sample survey and census of the past years.

2. The historical data of the six population censuses are prepared in accordance with the previous population censuses.

3. Urban population census register population, household register, the household registration in rural population, according to the provincial public security department for the 2016 census register population statistical yearbook data of finishing.

III. Data in this chapter are prepared by the Population and Social Science Division, Anhui Statistical Bureau.

3—1 主要年份人口指标
Major Population Indicators in Main Year

年份 Year	户籍人口 Residence Populations 总数（万人）Total (10000 persons)	户籍人口 城镇人口比重（%）Proportion of Urban Populations (%)	常住人口 Permanent Populations 总数（万人）Total (10000 persons)	城镇人口比重（%）Proportion of Urban Populations (%)	出生率（‰）Birth Rate (‰)	死亡率（‰）Death Rate (‰)	自然增长率（‰）Natural Growth Rate (‰)	流向省外半年以上的人数（万人）Floating Out of This Province for More Than Half a Year (10000 persons)
2000	6278	19.59	6093	28.00	13.40	5.76	7.64	433
2005	6516	20.99	6120	35.50	12.43	6.23	6.20	842
2008	6741	22.23	6135	40.50	13.05	6.60	6.45	954
2009	6795	22.33	6131	42.10	13.07	6.60	6.47	992
2010	6827	22.71	5957	43.20	12.70	5.95	6.75	1038
2011	6876	22.93	5968	44.80	12.23	5.91	6.32	1199
2012	6902	22.89	5988	46.50	13.00	6.14	6.86	1157
2013	6929	22.92	6030	47.86	12.88	6.06	6.82	1130
2014	6936	22.69	6083	49.15	12.86	5.89	6.97	1053
2015	6949	27.58	6144	50.50	12.92	5.94	6.98	1045
2016	7027	29.52	6196	51.99	13.02	5.96	7.06	1052

注：1．户籍人口为公安户籍统计数，常住人口为人口普查或人口抽样调查推算数；
2．常住人口是指常住本地的人，不包括户籍人口中到省外半年以上的人口，包括外省来我省常住半年以上的人口；
3．以下各表除加以注明的外，均为常住人口数。

a) Residence population is taken from the annual reports of the Department of Public Security and permanent population is calculated from the Sample Survay of Population.
b) Permanent population refers to people inhabit local place, excluding those residence population that going out of this province for more than one year and including the population moving to this province from other province for more than one year.
c) Data in the following tables refer to permanent populations excluding those with notes.

3—2 主要年份人口系数
Ratio of Population in Main Year

单位：%

年份 Year	少年儿童系数 Ratio of Children	老年系数 Retio of the Aged	老少比 Ratio of the Aged to Children	少年儿童抚养系数 Chilren Dependency Ratio	老年抚养系数 The Aged Dependency Ratio	总抚养系数 Dependency Ratio	年龄中位数（岁）Median of Age (year)
2000	25.49	7.59	29.79	38.10	11.35	49.44	30.38
2005	23.07	10.08	43.69	34.51	15.08	49.59	34.32
2008	19.81	11.15	56.28	28.70	16.15	44.85	36.25
2009	19.40	11.43	58.92	28.05	16.52	44.57	37.79
2010	17.77	10.23	57.57	24.68	14.21	38.89	36.36
2011	18.59	11.41	61.36	26.56	16.30	42.86	38.83
2012	18.35	12.08	65.83	26.37	17.36	43.73	39.79
2013	18.51	12.24	66.15	26.72	17.68	44.40	40.12
2014	18.68	11.71	62.72	26.83	16.83	43.66	39.42
2015	18.21	11.73	64.41	25.99	16.74	42.73	39.68
2016	18.31	12.00	65.54	26.27	17.22	43.49	38.63

注：2000年、2010年为普查数据，其余年份为人口变动抽样调查数。

a) Data in 2000 and 2010 are taken from National Population Cansuses and data of other years were taken from the annual National Sample Surveys on Population Changes.

3—3 六次全省人口普查基本情况
Basic Statistics on National Population Census in 1953, 1964, 1982, 1990, 2000 and 2010

指　　标	Item	1953	1964	1982	1990	2000	2010
总 人 口　　（万人）	**Total Population　(10000 persons)**	**3066.3**	**3124.1**	**4966.6**	**5618.1**	**5900.0**	**5950.0**
男	Male	1610.7	1618.2	2576.4	2902.6	3043.8	3024.6
女	Female	1455.7	1506.0	2390.2	2715.5	2856.2	2925.5
育龄妇女　(15—49岁)	Women at Childbearing Age　(Age 15-49)	705.4	741.2	1150.8	1498.8	1576.9	1702.8
总 户 数　　（万户）	**Total Number of Households　(10000 household)**	**713.2**	**765.2**	**1052.2**	**1337.7**	**1650.5**	**1932.2**
家 庭 户	Family Households			1047.1	1332.0	1631.4	1886.2
集 体 户	Non-family Households			5.1	5.6	19.2	46.0
家庭户规模　（人/户）	**Average Family Size　(person/household)**	**4.3**	**4.1**	**4.6**	**4.1**	**3.5**	**3.0**
各年龄组人口　（万人）	**Population by Age　(10000 persons)**						
0—6岁	Age 0-6	624.7	542.7	679.9	781.5	515.4	511.7
7—14岁	Age 7-14	481.0	657.6	1115.4	813.4	988.7	545.9
15—64岁	Age 15-64		1849.6	2968.5	3719.5	3948.0	4284.0
65岁以上	Age 65 and Over		74.2	202.8	303.7	448.0	608.5
劳动年龄人口	Population Within Working Age	1649.3	1657.6	2615.9	3336.7	3535.1	3725.1
男60岁、女55岁以上人口	Males Aged 60 and Females Aged 55 and Over			425.7	577.1	761.6	1072.7
民族人口　（万人）	**Nationality Population　(10000 persons)**						
汉　族	Han Nationality	3052.7	3108.6	4940.4	5585.7	5860.2	5910.5
少数民族	Minority Nationalities	13.6	15.5	26.2	32.4	39.8	39.6
15岁及以上人口　（万人）	**Marital Status of Population Aged 15 and Over　(10000 persons)**			**3171.3**	**4023.2**	**4396.0**	**4892.4**
未　婚	Unmarried			954.6	1112.5	964.2	951.2
有 配 偶	Married			1959.3	2641.9	3199.9	3582.5
丧　偶	Widowed			237.2	247.7	177.1	310.3
离　婚	Divorced			20.2	21.1	54.8	48.4
每十万人拥有受教育程度人口　（人）	**Population with Education Attainment Per 10000 from Population Censuses　(person)**						
大专以上	Colleges and Over		258	408	883	2312	6733
高　中	Senior Secondary School		1010	3977	5037	7653	10840
初　中	Junior Secondary School		3861	14236	19970	32826	38604
小　学	Primary School		19307	29716	34701	37362	27763
文盲人口及文盲率	**Illiterate Population and Illiterate Rate**						
文盲人口　（万人）	Illiterate Population　(10000 persons)			1900.7	1381.8	602.2	484.4
文 盲 率　（%）	Illiterate Rate　(%)			31.8	24.6	10.1	8.1
市镇乡人口　（万人）	**Population of Cities, Towns and Townships　(10000 persons)**						
市	City	112.5	214.7	488.5	692.1	843.5	1218.3
镇	Town	153.8	146.7	219.7	310.3	733.2	1339.5
乡	Townships	2800.1	2762.7	4258.4	4615.7	4323.4	3392.3
人口平均预期寿命　（岁）	**Population Life Expectancy　(age)**				**70.22**	**72.62**	**75.10**

3—4 各市主要年份人口城镇化率
Main Year Rate of Urbanization by Region

单位：%

地 区	Region	2010	2013	2014	2015	2016
总 计	**Total**	**43.20**	**47.86**	**49.15**	**50.50**	**51.99**
合 肥 市	Hefei	63.00	67.79	69.10	70.40	72.05
淮 北 市	Huaibei	54.50	58.53	59.76	60.76	62.13
亳 州 市	Bozhou	29.10	34.40	35.66	36.96	38.28
宿 州 市	Suzhou	31.40	36.16	37.43	38.73	40.03
蚌 埠 市	Bengbu	45.00	49.67	50.91	52.22	53.74
阜 阳 市	Fuyang	31.90	36.23	37.50	38.81	40.24
淮 南 市	Huainan	62.90	66.65	67.90	60.67	62.05
滁 州 市	Chuzhou	41.60	46.47	47.75	49.02	50.40
六 安 市	Luan	35.90	40.19	41.44	42.81	43.99
马鞍山市	Maanshan	58.00	62.57	63.86	65.15	66.49
芜 湖 市	Wuhu	54.60	59.37	60.67	61.96	63.46
宣 城 市	Xuancheng	43.30	48.06	49.32	50.64	52.14
铜 陵 市	Tongling	73.50	77.58	78.68	52.73	54.14
池 州 市	Chizhou	44.50	48.82	50.06	51.11	52.30
安 庆 市	Anqing	36.80	40.96	42.23	45.87	47.19
黄 山 市	Huangshan	41.10	45.74	47.00	48.28	49.56

3—5 各市常住人口出生率、死亡率（2016年）
Resident Population Birth Rate, Mortality by Region (2016)

地 区	Region	出 生 率 (‰) Birth Rate (‰)	死 亡 率 (‰) Mortality (‰)	自然增长率 (‰) Natural Growth Rate (‰)
总 计	**Total**	**13.02**	**5.96**	**7.06**
合 肥 市	Hefei	10.64	4.66	5.98
淮 北 市	Huaibei	12.83	4.44	8.39
亳 州 市	Bozhou	16.81	6.38	10.43
宿 州 市	Suzhou	16.35	7.08	9.27
蚌 埠 市	Bengbu	15.47	5.44	10.03
阜 阳 市	Fuyang	18.10	7.08	11.02
淮 南 市	Huainan	12.72	5.90	6.82
滁 州 市	Chuzhou	11.32	5.06	6.26
六 安 市	Luan	12.26	6.55	5.71
马鞍山市	Maanshan	10.21	5.17	5.04
芜 湖 市	Wuhu	9.32	5.76	3.56
宣 城 市	Xuancheng	9.78	6.94	2.84
铜 陵 市	Tongling	9.05	4.96	4.09
池 州 市	Chizhou	9.51	5.66	3.85
安 庆 市	Anqing	10.86	5.54	5.32
黄 山 市	Huangshan	9.18	6.54	2.64

3—6 各市主要人口指标（2016年）

Main Population Indicators by Region (2016)

地区	Region	户籍人口 Residence Populations 总数（万人） Total (10000 persons)	城镇人口比重（%） Proportion of Urban Populations (%)	常住人口 Permanent Populations 总数（万人） Total (10000 persons)	城镇人口比重（%） Proportion of Urban Populations (%)
总计	**Total**	**7026.98**	**29.52**	**6195.50**	**51.99**
合肥市	Hefei	729.83	45.19	786.90	72.05
淮北市	Huaibei	216.54	50.07	220.80	62.13
亳州市	Bozhou	646.85	16.81	510.40	38.28
宿州市	Suzhou	654.05	19.12	559.90	40.03
蚌埠市	Bengbu	379.52	33.51	333.10	53.74
阜阳市	Fuyang	1061.55	17.47	799.10	40.24
淮南市	Huainan	389.11	39.97	345.60	62.05
滁州市	Chuzhou	454.09	28.58	404.40	50.40
六安市	Luan	587.39	18.72	477.20	43.99
马鞍山市	Maanshan	229.35	46.60	227.60	66.49
芜湖市	Wuhu	387.58	52.26	367.00	63.46
宣城市	Xuancheng	280.40	24.85	260.10	52.14
铜陵市	Tongling	170.85	39.87	160.10	54.14
池州市	Chizhou	162.36	32.72	144.30	52.30
安庆市	Anqing	529.10	27.80	461.20	47.19
黄山市	Huangshan	148.41	31.79	137.90	49.56

注：本表常住人口总数及城镇人口比重为2016年人口抽样调查推算数。

a) The permanent populations and proportion of urban populations in this table are taken from the estimated number by the end of 2016.

3—7 各市户数、人口数和性别比（2016年）

Number of Households, Population, and Sex Ratio by Region (2016)

地区	Region	户数（万户） Number of Households (10000 household)	人口数（万人） Population (10000 persons)	男 Male	性别比（女=100） Sex Ratio (Female=100)
总计	**Total**	**2142.23**	**7026.98**	**3652.50**	**108.24**
合肥市	Hefei	245.58	729.83	376.72	106.69
淮北市	Huaibei	68.68	216.54	111.16	105.48
亳州市	Bozhou	169.49	646.85	340.59	111.21
宿州市	Suzhou	192.67	654.05	339.59	107.99
蚌埠市	Bengbu	111.08	379.52	196.80	107.70
阜阳市	Fuyang	277.16	1061.55	553.76	109.05
淮南市	Huainan	123.24	389.11	204.30	110.54
滁州市	Chuzhou	143.02	454.09	235.72	107.94
六安市	Luan	191.31	587.39	310.34	112.01
马鞍山市	Maanshan	73.85	229.35	118.19	106.32
芜湖市	Wuhu	129.67	387.58	200.16	106.80
宣城市	Xuancheng	99.68	280.40	144.82	106.82
铜陵市	Tongling	54.52	170.85	87.72	105.53
池州市	Chizhou	54.98	162.36	82.98	104.54
安庆市	Anqing	155.69	529.10	273.66	107.14
黄山市	Huangshan	51.61	148.41	75.98	104.90

注：本表为公安户籍年报统计数。

a) Data in this table are taken from the annual reports of Department of Puplis Security.

3—8 各市主要年份总人口文盲率

Illiteracy Ratio by Region in the Primary Years

单位：%

地　区	Region	1995	2000	2005	2010	2015	2016
总　计	**Total**	**14.09**	**10.06**	**11.74**	**8.14**	**5.79**	**5.60**
合肥市	Hefei	12.97	7.69	8.67	5.28	4.69	4.76
淮北市	Huaibei	12.20	8.42	7.59	6.54	4.96	4.75
亳州市	Bozhou	13.78	10.70	14.59	10.76	6.87	7.09
宿州市	Suzhou	16.34	10.28	11.32	8.64	6.34	6.80
蚌埠市	Bengbu	16.11	10.60	12.17	6.90	5.38	5.59
阜阳市	Fuyang	13.28	11.25	13.18	9.25	6.85	6.70
淮南市	Huainan	9.31	8.32	10.47	6.67	4.95	5.52
滁州市	Chuzhou	13.66	10.77	13.14	9.07	5.98	5.26
六安市	Luan	15.95	9.75	12.67	7.92	5.82	5.57
马鞍山市	Maanshan	8.76	8.87	7.94	5.24	5.02	4.74
芜湖市	Wuhu	12.27	10.81	10.45	5.87	5.23	4.92
宣城市	Xuancheng	13.29	8.88	14.47	9.46	5.85	6.08
铜陵市	Tongling	14.74	10.76	7.20	6.88	7.14	6.54
池州市	Chizhou	14.56	11.29	11.21	8.53	5.84	4.99
安庆市	Anqing	15.10	11.84	11.80	8.80	4.97	4.64
黄山市	Huangshan	10.69	8.35	8.26	6.25	3.92	3.27

3—9 各市人均受教育年限

The average number of years of Education by Region

单位：年（year）

地　区	Region	2015年人均受教育年限 The average number of years of Education 1n 2015			2016年人均受教育年限 The average number of years of Education 1n 2016		
		合　计 Total	男 Male	女 Female	合　计 Total	男 Male	女 Female
总　计	**Total**	**9.06**	**9.71**	**8.40**	**9.23**	**9.68**	**8.80**
合肥市	Hefei	10.81	11.39	10.19	10.89	11.34	10.46
淮北市	Huaibei	9.36	9.90	8.82	9.54	9.94	9.19
亳州市	Bozhou	8.13	8.67	7.59	8.29	8.73	7.88
宿州市	Suzhou	8.59	8.98	7.94	8.66	9.11	8.24
蚌埠市	Bengbu	9.46	10.25	8.58	9.62	9.99	9.28
阜阳市	Fuyang	8.27	8.69	7.63	8.41	8.92	7.95
淮南市	Huainan	9.25	9.86	8.60	9.37	9.69	9.06
滁州市	Chuzhou	8.75	9.24	8.06	8.97	9.47	8.49
六安市	Luan	8.62	9.01	8.24	8.77	9.14	8.42
马鞍山市	Maanshan	8.94	9.91	7.79	8.99	9.70	8.26
芜湖市	Wuhu	10.01	10.96	8.84	10.11	10.56	9.68
宣城市	Xuancheng	8.47	8.96	7.98	8.59	8.91	8.29
铜陵市	Tongling	8.85	9.63	8.11	9.10	9.61	8.62
池州市	Chizhou	8.84	9.51	8.18	9.06	9.43	8.73
安庆市	Anqing	8.72	9.43	8.04	8.91	9.42	8.43
黄山市	Huangshan	8.69	9.26	8.12	8.84	9.28	8.44

注：本表数据为人口变动抽样调查推算数。

a) Data in this table are estimated from the changing sample survey of population.

3—10 按年龄和性别分人口构成（2016年）
Population by Age and Sex (2016)

年龄 Age	人口数（人） Population (person)			占总人口比重（%） Percentage to Total Population (%)			性别比（女=100） Sex Ratio (female=100)
	合计 Total	男 Male	女 Female	合计 Total	男 Male	女 Female	
总计 Total	**665807**	**335700**	**330107**	**100.00**	**50.42**	**49.58**	**101.67**
0—4	41290	21901	19408	6.20	3.29	2.91	112.85
5—9	43294	23090	20224	6.50	3.47	3.04	114.17
10—14	36971	20782	16208	5.55	3.12	2.43	128.22
15—19	34244	18609	15652	5.14	2.79	2.35	118.89
20—24	43019	21867	21171	6.46	3.28	3.18	103.29
25—29	54880	26448	28452	8.24	3.97	4.27	92.96
30—34	40978	19696	21301	6.15	2.96	3.20	92.47
35—39	42318	21461	20877	6.36	3.22	3.14	102.80
40—44	54261	27331	26949	8.15	4.10	4.05	101.42
45—49	67307	33032	34295	10.11	4.96	5.15	96.32
50—54	64220	31674	32566	9.65	4.76	4.89	97.26
55—59	24302	12128	12193	3.65	1.82	1.83	99.47
60—64	38558	18742	19831	5.79	2.81	2.98	94.51
65+	79904	38939	40980	12.00	5.85	6.15	95.02

3—11 各市常住人口基本情况（2016年）
Basic Conditions of Population by Region (2016)

地　区	Region	家庭户人口占总人口比重（%） Proportion of Family Members to the Total Population (%)	人口性别比（女=100） Sex Ratio (female=100)	外出半年以上人员性别比（女=100） Sex Ratio of Persons Having Gone out for More Than A Half Year (female=100)	农林牧渔业人口占在业人口比重（%） Proprtion of Farming, Forestry, Husbandary and Fishery People to the Total (%)	其他行业人口占在业人口比重（%） Proportion of People in Other Sectors to the Total (%)
总　　计	**Total**	**98.72**	**101.67**	**121.49**	**36.27**	**63.73**
合 肥 市	Hefei	95.08	101.60	119.47	21.81	78.19
淮 北 市	Huaibci	99.87	99.71	118.20	29.54	70.46
亳 州 市	Bozhou	99.80	106.54	154.76	50.30	49.70
宿 州 市	Suzhou	99.93	103.63	144.04	67.73	32.27
蚌 埠 市	Bengbu	99.72	102.89	125.53	44.99	55.01
阜 阳 市	Fuyang	99.73	98.82	129.09	44.32	55.68
淮 南 市	Huainan	99.14	100.14	112.23	44.64	55.36
滁 州 市	Chuzhou	99.47	103.98	122.50	34.25	65.75
六 安 市	Luan	98.34	105.59	132.15	39.40	60.60
马鞍山市	Maanshan	96.89	99.75	117.07	25.35	74.65
芜 湖 市	Wuhu	98.65	103.14	111.19	22.90	77.10
宣 城 市	Xuancheng	99.57	103.63	104.53	37.20	62.80
铜 陵 市	Tongling	99.77	99.10	119.26	24.38	75.62
池 州 市	Chizhou	97.58	99.03	112.84	32.11	67.89
安 庆 市	Anqing	99.69	101.15	125.02	28.50	71.50
黄 山 市	Huangshan	97.71	96.90	108.65	38.29	61.71

注：本表及3−12、3−13、3−19、3−20、3−21、3−22为2016年人口抽样调查样本推算数。

a) This form and 3-12、3-13、3-19、3-20、3-21、3-22 are computative data of population sample survey in 2016.

3—12 各市按家庭户规模分的户数构成（2016年）
Composition of Households by Size of Household and Region (2016)

单位：%

地　区	Region	家庭户规模（人/户） Size of Family Household (person/household)	一人户 One Person	二人户 Two Persons	三人户 Three Persons	四人户 Four Persons	五人户 Five Persons	六人及六人以上户 Six Persons and Over
总　　计	**Total**	**2.98**	**10.36**	**23.82**	**28.34**	**19.75**	**10.66**	**7.07**
合 肥 市	Hefei	2.89	11.84	24.67	32.27	18.25	8.62	4.34
淮 北 市	Huaibei	3.02	8.93	24.24	32.70	19.32	9.36	5.45
亳 州 市	Bozhou	3.52	6.45	15.33	18.61	27.46	14.72	17.44
宿 州 市	Suzhou	3.17	9.04	23.76	21.01	24.72	11.44	10.02
蚌 埠 市	Bengbu	3.06	9.55	23.39	27.83	21.64	10.37	7.23
阜 阳 市	Fuyang	3.21	9.51	20.98	20.26	24.90	12.41	11.93
淮 南 市	Huainan	3.13	11.74	26.17	27.96	18.38	9.18	6.57
滁 州 市	Chuzhou	3.13	7.64	20.03	29.63	21.06	12.65	8.99
六 安 市	Luan	3.10	9.08	21.91	25.59	22.28	13.17	7.96
马鞍山市	Maanshan	2.82	11.76	27.77	30.50	15.33	9.85	4.79
芜 湖 市	Wuhu	3.12	10.42	23.29	32.80	18.14	10.56	4.79
宣 城 市	Xuancheng	2.77	12.88	27.15	30.09	15.25	10.03	4.59
铜 陵 市	Tongling	2.81	11.95	28.43	36.43	14.79	6.26	2.14
池 州 市	Chizhou	3.09	10.49	24.35	31.59	18.35	10.62	4.60
安 庆 市	Anqing	3.17	9.06	21.72	27.62	21.07	12.45	8.08
黄 山 市	Huangshan	2.81	14.94	30.26	30.22	13.20	7.86	3.52

3—13 各市人口年龄结构（2016年）
Age Composition of Population by Region (2016)

单位：%

地 区 Region		总人口（万人）Total Population (10000 persons)	年龄构成 Proportion to Total Populations 0—14岁 Age 0-14	15—64岁 Age 15-64	15—59岁 Age 15-59	65岁及以上 Age 65 and Over	抚养比 Dependency Ratio 总抚养比 Gross Dependency Ratio	少儿抚养比 Children Dependency Ratio	老年抚养比 The Aged Dependency Ratio
总　计	**Total**	**6195.50**	**18.31**	**69.69**	**63.90**	**12.00**	**43.49**	**26.27**	**17.22**
合肥市	Hefei	786.90	14.93	72.97	67.51	12.10	37.04	20.46	16.58
淮北市	Huaibei	220.80	17.38	72.32	67.80	10.30	38.28	24.03	14.25
亳州市	Bozhou	510.40	25.07	65.26	61.19	9.67	53.22	38.41	14.81
宿州市	Suzhou	559.90	21.42	66.73	60.79	11.85	49.85	32.10	17.75
蚌埠市	Bengbu	333.10	19.94	68.06	63.26	12.00	46.94	29.30	17.64
阜阳市	Fuyang	799.10	25.60	63.39	58.07	11.01	57.76	40.39	17.38
淮南市	Huainan	345.60	17.85	69.26	62.67	12.89	44.38	25.77	18.61
滁州市	Chuzhou	404.40	15.96	72.05	65.95	11.99	38.79	22.15	16.64
六安市	Luan	477.20	18.01	70.28	64.38	11.71	42.30	25.63	16.67
马鞍山市	Maanshan	227.60	13.61	71.34	64.85	15.05	40.17	19.08	21.09
芜湖市	Wuhu	367.00	13.93	73.55	67.79	12.52	35.97	18.94	17.03
宣城市	Xuancheng	260.10	13.25	72.65	64.95	14.10	37.65	18.24	19.41
铜陵市	Tongling	160.10	14.21	72.87	66.49	12.92	37.23	19.50	17.73
池州市	Chizhou	144.30	13.80	74.30	66.54	11.90	34.59	18.57	16.02
安庆市	Anqing	461.20	15.09	72.33	66.76	12.58	38.25	20.86	17.39
黄山市	Huangshan	137.90	13.66	71.77	62.36	14.57	39.34	19.03	20.31

3—14 各市按性别分的15岁及以上文盲人口（2016年）
Illiterate Population Aged 15 and Over by Sex and Region (2016)

地 区 Region		15岁及以上人口（人）Population Aged 15 and Over (person)	男 Male	女 Female	文盲人口（人）Illiterate Population (person)	男 Male	女 Female	文盲人口占15岁及以上人口的比重 Percentage of Illiterate Population to Total Aged 15 and Over (%)	男 Male	女 Female
总　计	**Total**	**552686**	**268199**	**284488**	**34804**	**9555**	**25249**	**6.30**	**3.56**	**8.88**
合肥市	Hefei	57458	28014	29444	2805	740	2065	4.88	2.64	7.01
淮北市	Huaibei	20230	9657	10573	1193	330	863	5.90	3.41	8.17
亳州市	Bozhou	27938	13684	14254	2171	630	1541	7.77	4.60	10.81
宿州市	Suzhou	30169	14578	15591	2870	870	2001	9.51	5.97	12.83
蚌埠市	Bengbu	31105	14897	16209	2141	635	1506	6.88	4.26	9.29
阜阳市	Fuyang	45372	21252	24120	4125	1098	3027	9.09	5.17	12.55
淮南市	Huainan	37236	18094	19142	2423	808	1615	6.51	4.47	8.44
滁州市	Chuzhou	42973	20821	22152	2359	569	1790	5.49	2.73	8.08
六安市	Luan	36860	18150	18710	2207	658	1549	5.99	3.63	8.28
马鞍山市	Maanshan	28633	14439	14194	1676	391	1285	5.85	2.71	9.05
芜湖市	Wuhu	40044	19768	20276	1472	358	1114	3.68	1.81	5.49
宣城市	Xuancheng	31949	15737	16212	2761	854	1907	8.64	5.43	11.76
铜陵市	Tongling	23065	11116	11949	1039	239	800	4.50	2.15	6.69
池州市	Chizhou	20828	9982	10847	1269	358	911	6.09	3.58	8.40
安庆市	Anqing	51021	24697	26324	2738	694	2044	5.37	2.81	7.77
黄山市	Huangshan	27806	13314	14492	1555	324	1231	5.59	2.43	8.49

3—15　各市每十万人口拥有受教育程度人口（2016年）

Population by Educational Level and Region Per 100 Thousand Persons (2016)

单位：人（person）

地　区	Region	大专及以上 College and Higher Level	高中和中专 Senior Secondary School	初　中 Junior Secondary School	小　学 Primary School
总　计	**Total**	**12468**	**13896**	**36393**	**23471**
合肥市	Hefei	24289	17771	29373	19235
淮北市	Huaibei	14718	16358	39310	16842
亳州市	Bozhou	3942	7371	45486	24663
宿州市	Suzhou	5584	11141	41491	22090
蚌埠市	Bengbu	12192	13977	37567	20539
阜阳市	Fuyang	5963	8731	39993	25111
淮南市	Huainan	9971	16160	39350	21324
滁州市	Chuzhou	11326	14275	38170	23306
六安市	Luan	8380	14399	36724	26447
马鞍山市	Maanshan	14750	13650	35582	24742
芜湖市	Wuhu	17494	14958	34396	23240
宣城市	Xuancheng	10145	13130	35600	25965
铜陵市	Tongling	14958	18165	31968	25354
池州市	Chizhou	16436	15103	30615	26543
安庆市	Anqing	13390	15261	33096	26172
黄山市	Huangshan	13643	14445	35691	24500

3—16　各市2016—2017学年小学初中入学率状况

Percentage of Children Enrolled in Primary Schools and Junior Secondary Schools by Region (2016-2017)

单位：%

地　区	Region	初中净入学率 Net Enrollment Ratio of Junior Secondary Schools		小学净入学率 Net Enrollment Ratio of Primary Schools	
		小　计 Total	女 Female	小　计 Total	女 Female
总　计	**Total**	**99.68**	**99.67**	**99.97**	**99.98**
合肥市	Hefei	100.00	100.00	100.00	100.00
淮北市	Huaibei	99.47	99.50	100.00	100.00
亳州市	Bozhou	99.97	99.97	99.99	99.99
宿州市	Suzhou	100.00	100.00	100.00	100.00
蚌埠市	Bengbu	100.00	100.00	100.00	100.00
阜阳市	Fuyang	99.46	99.43	99.94	99.94
淮南市	Huainan	99.80	99.83	99.75	99.77
滁州市	Chuzhou	99.71	99.71	99.99	99.99
六安市	Luan	99.93	99.91	100.00	100.00
马鞍山市	Maanshan	100.00	100.00	100.00	100.00
芜湖市	Wuhu	100.00	100.00	100.00	100.00
宣城市	Xuancheng	99.83	99.84	100.00	100.00
铜陵市	Tongling	100.00	100.00	100.00	100.00
池州市	Chizhou	96.15	96.27	99.99	99.99
安庆市	Anqing	98.88	98.79	100.00	100.00
黄山市	Huangshan	100.00	100.00	100.00	100.00

3—17 各市婚姻人口构成（2016年）
Composition of Marriage Status by Region (2016)

单位：%

地　区	Region	15岁及15岁以上的人口合计（人）Total Population Aged 15 and Over (person)	未　婚 Never Married	有配偶 With Spouses	离　婚 Divorced	丧　偶 Widowed
总　计	**Total**	**552686**	**20.76**	**72.33**	**1.64**	**5.27**
合肥市	Hefei	57458	24.26	70.13	1.33	4.27
淮北市	Huaibei	20230	19.47	74.18	1.69	4.66
亳州市	Bozhou	27938	19.56	74.60	1.25	4.59
宿州市	Suzhou	30169	20.82	72.76	1.17	5.25
蚌埠市	Bengbu	31105	19.33	73.70	1.94	5.04
阜阳市	Fuyang	45372	20.81	73.05	1.11	5.04
淮南市	Huainan	37236	19.97	72.37	2.12	5.54
滁州市	Chuzhou	42973	20.59	73.29	1.53	4.59
六安市	Luan	36860	21.66	71.92	1.09	5.33
马鞍山市	Maanshan	28633	21.42	71.03	2.01	5.53
芜湖市	Wuhu	40044	21.26	71.58	2.11	5.05
宣城市	Xuancheng	31949	17.92	73.57	2.52	5.99
铜陵市	Tongling	23065	20.22	71.72	2.06	6.00
池州市	Chizhou	20828	22.93	70.15	1.42	5.50
安庆市	Anqing	51021	21.37	71.26	1.41	5.96
黄山市	Huangshan	27806	16.78	74.13	2.10	6.99

注：本表15岁及以上人口为2016年人口变动抽样调查实际调查数。

a) This form and Population aged 15 and over are the actual survey data of population changing sample survey in 2016.

3—18 全省育龄妇女分年龄孩次的生育率（2016年）
Fertility Rate of Women At Childbearing Age by Age and Children's Order (2016)

单位：‰

年　龄 Age	生育率 Fertility-rate	第一孩生育率 The First Child	第二孩生育率 The Second Child	第三孩及以上生育率 The Third Child and Over
总　计 Total	**36.69**	**21.39**	**14.41**	**0.89**
15-19	**7.14**	**6.56**	**0.54**	
20-24	**70.68**	**56.31**	**13.92**	**0.42**
20	34.27	30.03	4.24	
21	50.05	42.81	6.77	0.47
22	78.07	63.50	14.57	
23	92.53	72.75	19.07	0.71
24	88.65	65.93	21.80	0.79
25-29	**93.46**	**52.00**	**39.05**	**2.41**
25	103.64	68.28	33.53	1.83
26	96.91	60.22	35.36	1.50
27	98.11	53.00	42.18	2.93
28	85.13	41.24	40.84	2.84
29	82.16	35.24	43.84	3.07
30-34	**54.39**	**15.57**	**36.34**	**2.48**
30	68.57	25.07	41.78	1.50
31	62.74	15.87	43.21	3.66
32	51.04	14.62	32.71	3.72
33	52.93	13.17	37.28	2.73
34	36.63	8.44	26.86	1.11
35-39	**27.40**	**8.05**	**18.14**	**1.17**
40-44	**7.69**	**4.24**	**3.11**	**0.34**
45-49	**4.60**	**3.85**	**0.61**	**0.15**

注：本表中的生育率为2016年人口抽样调查样本推算数。

a) The fertility rate of this table are computative data of population sample survey in 2016.

3—19 各市按行业分的在业人口比例（2016年）
The Proportion of Employment Population by Industry by Region (2016)

单位：%

地 区	Region	合 计（人）Total (person)	农、林、牧、渔业 Farming, Forestry, Animal Husbandry and Fishery	工 业 Industry	建筑业 Construction	交通运输、仓储及邮电通讯业 Transport, Storage, Post & Telecommunications	批发零售、住宿餐饮业 Wholesale and Retail, Hotels and Catering Services	其 他 Other
总 计	**Total**	**375199**	**36.27**	**15.31**	**9.37**	**4.23**	**17.38**	**17.44**
合肥市	Hefei	37418	21.81	12.08	11.96	5.59	22.24	26.33
淮北市	Huaibei	11601	29.54	24.56	7.20	4.41	15.54	18.75
亳州市	Bozhou	21198	50.30	9.19	9.71	3.44	15.55	11.82
宿州市	Suzhou	21563	67.73	4.99	6.51	2.89	10.04	7.83
蚌埠市	Bengbu	21915	44.99	12.22	6.42	4.77	15.18	16.41
阜阳市	Fuyang	31057	44.32	10.37	11.91	4.28	17.94	11.18
淮南市	Huainan	22835	44.64	18.84	5.25	3.62	14.27	13.38
滁州市	Chuzhou	29791	34.25	21.64	6.48	4.52	15.93	17.18
六安市	Luan	25787	39.40	15.12	11.78	3.93	16.09	13.68
马鞍山市	Maanshan	17789	25.35	23.81	10.44	4.21	18.53	17.64
芜湖市	Wuhu	27750	22.90	18.67	9.16	4.40	23.72	21.15
宣城市	Xuancheng	22696	37.20	15.19	9.71	3.73	15.31	18.84
铜陵市	Tongling	15019	24.38	23.32	8.56	5.29	18.95	19.50
池州市	Chizhou	13643	32.11	14.95	11.14	4.52	15.64	21.62
安庆市	Anqing	34879	28.50	17.72	11.73	4.02	18.46	19.57
黄山市	Huangshan	20259	38.29	9.43	8.05	3.53	18.71	21.98

3—20 各市外出半年以上人口比重、性别比及流向（2016年）
Proportion, Sexual Distinction and Floating Direction of Persons Going Out for More Than Half a Year by Region (2016)

地 区	Region	占总人口比重(%) Percentage to Total Population (%)	外出人口性别比(女=100) Sexual Distinction of Persons Going Out (Female=100)	外出流向构成 Composition of Floating Directions			
				本县其他乡镇街道 Other Villages, Towns or Neighbourhoods in This County	本市其他县区 Other Counties or Districts in This City	本省其他市 Other Cities in This Province	外省 Other Provinces
总 计	**Total**	**22.20**	**121.49**	**17.06**	**6.32**	**9.17**	**67.45**
合肥市	Hefei	23.01	119.47	40.23	20.08	5.61	34.08
淮北市	Huaibei	13.00	118.20	20.91	22.34	15.13	41.61
亳州市	Bozhou	26.13	154.76	7.72	1.36	8.45	82.47
宿州市	Suzhou	19.87	144.04	10.52	1.47	9.03	78.97
蚌埠市	Bengbu	22.50	125.53	17.42	8.28	6.61	67.70
阜阳市	Fuyang	33.26	129.09	4.90	2.41	4.60	88.08
淮南市	Huainan	29.72	112.23	22.55	17.08	11.46	48.91
滁州市	Chuzhou	13.12	122.50	20.35	5.36	7.14	67.18
六安市	Luan	21.04	132.15	9.45	2.58	12.10	75.88
马鞍山市	Maanshan	19.47	117.07	23.62	8.11	9.68	58.59
芜湖市	Wuhu	12.14	111.19	17.78	7.41	7.91	66.90
宣城市	Xuancheng	24.76	104.53	22.75	5.75	8.37	63.13
铜陵市	Tongling	21.28	119.26	15.42	21.80	22.31	40.47
池州市	Chizhou	19.02	112.84	12.03	2.76	11.93	73.29
安庆市	Anqing	28.44	125.02	13.46	3.56	14.62	68.37
黄山市	Huangshan	23.05	108.65	24.03	7.91	8.34	59.72

3—21 各市流向省外半年以上的流动人口构成（2016年）
Composition of Persons Floating Out of the Province for More Than Half a Year by Region (2016)

单位：%

地 区	Region	合计（人）Total (person)	江苏 Jiangsu	浙江 Zhejiang	上海 Shanghai	广东 Guangdong	北京 Beijing	福建 Fujian	山东 Shandong
总 计	**Total**	**64966**	**26.27**	**27.32**	**25.18**	**4.52**	**4.00**	**1.59**	**1.42**
合 肥 市	Hefei	2843	33.24	13.47	22.55	3.97	10.62	1.09	1.13
淮 北 市	Huaibei	961	28.10	25.49	22.16	4.99	3.43	2.19	1.77
亳 州 市	Bozhou	2362	25.99	28.62	19.01	7.37	3.01	1.82	1.69
宿 州 市	Suzhou	4337	43.35	22.14	16.58	2.40	2.93	0.90	1.18
蚌 埠 市	Bengbu	4037	22.62	36.61	24.18	7.11	1.16	3.05	0.52
阜 阳 市	Fuyang	13617	15.91	36.71	19.10	7.51	3.84	1.14	1.74
淮 南 市	Huainan	6235	22.92	10.46	55.40	3.03	1.62	2.47	0.74
滁 州 市	Chuzhou	2671	50.06	19.77	19.99	2.25	1.27	0.94	0.90
六 安 市	Luan	4915	41.16	18.51	32.23	1.91	1.59	0.65	0.59
马鞍山市	Maanshan	3770	45.01	11.51	11.83	2.55	12.47	0.88	2.86
芜 湖 市	Wuhu	2122	23.75	8.20	38.88	3.06	11.03	0.61	1.37
宣 城 市	Xuancheng	3679	16.61	28.51	43.00	2.66	1.74	0.71	0.98
铜 陵 市	Tongling	2057	45.16	14.05	17.94	2.28	5.83	0.83	1.31
池 州 市	Chizhou	2126	21.12	42.00	18.39	2.82	3.39	1.27	1.51
安 庆 市	Anqing	4495	15.88	28.70	18.04	7.36	5.87	5.07	2.60
黄 山 市	Huangshan	4740	12.36	58.84	16.14	3.16	1.31	1.33	1.58

地 区	Region	天津 Tianjin	湖北 Hubei	河北 Hebei	辽宁 Liaoning	河南 Henan	新疆 Xinjiang	陕西 Shanxi	流向其他省市 Floating to Other Provinces or Cities
总 计	**Total**	**1.23**	**0.73**	**0.73**	**0.72**	**0.85**	**0.83**	**0.55**	**4.05**
合 肥 市	Hefei	1.27	0.81	0.95	1.02	0.91	2.50	0.60	5.91
淮 北 市	Huaibei	0.52	0.42	0.52	0.10	0.62	2.19	0.52	6.87
亳 州 市	Bozhou	0.55	0.42	0.85	1.35	0.68	2.16	1.82	4.61
宿 州 市	Suzhou	0.83	0.37	0.78	0.48	0.90	0.67	2.26	4.29
蚌 埠 市	Bengbu	1.16	0.22	0.30	0.07	0.35	0.17	0.17	2.28
阜 阳 市	Fuyang	2.47	0.95	1.51	1.31	1.74	1.90	0.51	3.69
淮 南 市	Huainan	0.11	0.18	0.29	0.10	0.58	0.29	0.14	1.67
滁 州 市	Chuzhou	0.22	0.37	0.45	1.16	0.37	0.15	0.11	1.98
六 安 市	Luan	0.39	0.67	0.31	0.02	0.20	0.16	0.20	1.38
马鞍山市	Maanshan	0.80	1.56	1.25	0.21	0.61	0.85	0.93	6.68
芜 湖 市	Wuhu	5.00	0.61	0.90	0.57	0.61	0.09	0.52	4.90
宣 城 市	Xuancheng	0.57	0.54	0.14	0.52	0.43	0.41	0.27	2.85
铜 陵 市	Tongling	0.29	1.22	0.53	0.44	0.49	0.00	0.63	8.95
池 州 市	Chizhou	0.71	0.66	0.38	0.89	0.24	0.38	0.05	6.26
安 庆 市	Anqing	2.11	1.76	0.62	1.98	1.65	0.29	0.38	7.63
黄 山 市	Huangshan	0.46	0.46	0.19	0.17	0.30	0.08	0.19	3.46

3—22　各市省内跨市外出半年以上的流动人口构成（2016年）

Composition of Floating Population From City to City in the Province by Region (2016)

单位：%

地　区　Region	合　计（人）Total (person)	合肥市 Hefei	淮北市 Huaibei	亳州市 Bozhou	宿州市 Suzhou	蚌埠市 Bengbu	阜阳市 Fuyang	淮南市 Huainan
总　计　Total	**8143**	**52.33**	**3.30**	**1.07**	**2.00**	**3.00**	**2.49**	**3.28**
合肥市　Hefei	440		3.18	1.36	1.36	3.64	4.09	9.09
淮北市　Huaibei	253	31.62		2.77	30.83	6.72	5.53	2.77
亳州市　Bozhou	227	51.10	12.78		2.20	4.85	8.37	2.64
宿州市　Suzhou	460	50.22	25.43	1.52		4.35	0.22	2.83
蚌埠市　Bengbu	365	47.40	3.01	0.82	6.03		3.29	9.86
阜阳市　Fuyang	658	49.39	5.62	3.80	1.82	7.45		8.21
淮南市　Huainan	1129	74.49	1.51	1.33	0.53	1.77	3.99	
滁州市　Chuzhou	260	63.08	5.00		1.15	5.77	3.08	1.54
六安市　Luan	748	76.60	0.53	0.40	0.80	1.60	3.21	6.15
马鞍山市　Maanshan	581	48.19	0.34	1.38	2.41	2.24	2.75	2.93
芜湖市　Wuhu	235	38.72	0.85			3.40	0.85	1.70
宣城市　Xuancheng	430	34.88	1.63	0.70	0.23	2.56	1.63	1.16
铜陵市　Tongling	618	35.11	0.16		0.16	2.75	1.13	0.81
池州市　Chizhou	310	41.61		0.65	0.32	3.23	2.26	1.29
安庆市　Anqing	843	64.29	1.19	0.36	0.59	1.42	2.02	2.25
黄山市　Huangshan	586	59.56	0.85	0.85	0.51	2.22	1.02	1.19

地　区　Region	滁州市 Chuzhou	六安市 Luan	马鞍山市 Maanshan	芜湖市 Wuhu	宣城市 Xuancheng	铜陵市 Tongling	池州市 Chizhou	安庆市 Anqing	黄山市 Huangshan
总　计　Total	**2.39**	**2.85**	**3.71**	**11.03**	**1.30**	**2.35**	**2.79**	**4.51**	**1.61**
合肥市　Hefei	6.14	10.91	11.82	26.36	1.36	8.18	0.23	10.00	2.27
淮北市　Huaibei	0.79	1.58	1.58	8.70	1.19	1.98		3.16	0.79
亳州市　Bozhou			10.13	3.96				3.96	
宿州市　Suzhou	1.74	3.48	2.39	4.57	1.09	0.22		1.30	0.65
蚌埠市　Bengbu	7.12	5.75	3.84	8.77	0.27	0.82		1.37	1.64
阜阳市　Fuyang	3.19	2.28	1.98	7.75	0.76	0.76	1.06	4.86	1.06
淮南市　Huainan	1.51	5.58	1.06	5.49	0.35	0.44	0.35	1.15	0.44
滁州市　Chuzhou		1.15	5.38	9.62	0.38	1.15		2.31	0.38
六安市　Luan	2.41		0.67	4.28	0.13	1.34	0.13	1.47	0.27
马鞍山市　Maanshan	5.68	3.10		20.14	1.38	2.75	0.86	5.16	0.69
芜湖市　Wuhu	2.13	2.13	20.85		11.49	8.94	3.40	4.68	0.85
宣城市　Xuancheng	2.79	0.93	6.98	28.60		1.40	1.16	3.72	11.63
铜陵市　Tongling	0.49	0.16	2.27	12.14	0.81		24.43	18.77	0.81
池州市　Chizhou	0.65	1.29	4.19	14.84	0.65	10.32		11.94	6.77
安庆市　Anqing	1.30	2.49	4.51	10.91	0.71	3.91	2.49		1.54
黄山市　Huangshan	1.71	1.54	1.71	12.80	5.46	2.56	4.10	3.92	

3—23 全省外出半年以上人口分年龄构成（2016年）

Composition of Population Going out More Than Half a Year in the Whole Province (2016)

单位：%

年 龄 Age	合 计 Total	男 Male	女 Female	性别比 (女=100) Sex Ratio (Female=100)
总计 Total	**100.00**	**54.85**	**45.15**	**121.48**
0-4	**3.65**	**2.05**	**1.60**	**128.48**
5-9	**3.28**	**1.79**	**1.49**	**120.46**
10-14	**2.84**	**1.58**	**1.26**	**125.82**
15-19	**6.79**	**3.42**	**3.37**	**101.66**
15岁	0.75	0.40	0.35	114.41
16岁	1.00	0.50	0.50	100.00
17岁	1.22	0.60	0.62	97.15
18岁	1.75	0.88	0.86	102.52
19岁	2.07	1.04	1.04	100.10
20-24	**15.76**	**7.22**	**8.54**	**84.48**
20岁	2.44	1.11	1.33	83.83
21岁	2.99	1.35	1.64	82.31
22岁	2.98	1.39	1.59	87.43
23岁	3.52	1.59	1.93	82.41
24岁	3.83	1.77	2.06	86.27
25-29	**15.06**	**8.25**	**6.80**	**121.31**
25岁	2.97	1.67	1.31	127.55
26岁	3.55	1.91	1.64	116.80
27岁	3.17	1.70	1.47	115.75
28岁	2.73	1.54	1.19	129.37
29岁	2.63	1.43	1.20	119.48
30-34	**10.93**	**5.97**	**4.96**	**120.17**
30岁	2.45	1.30	1.15	113.31
31岁	2.12	1.15	0.96	119.29
32岁	2.09	1.15	0.95	121.09
33岁	2.09	1.14	0.95	120.79
34岁	2.18	1.22	0.96	127.65
35-39	**10.60**	**6.38**	**4.22**	**151.13**
35岁	2.07	1.24	0.83	148.64
36岁	2.18	1.31	0.87	150.00
37岁	2.35	1.43	0.92	154.48
38岁	2.10	1.25	0.85	146.59
39岁	1.90	1.16	0.74	156.27
40-44	**11.67**	**6.91**	**4.76**	**145.08**
40岁	2.17	1.31	0.86	152.89
41岁	2.18	1.27	0.91	140.00
42岁	2.27	1.36	0.92	148.47
43岁	2.33	1.39	0.94	147.91
44岁	2.71	1.57	1.14	138.24
45-49	**9.63**	**5.65**	**3.99**	**141.62**
45岁	2.13	1.30	0.83	157.50
46岁	2.16	1.21	0.95	127.65
47岁	1.90	1.13	0.78	145.33
48岁	1.94	1.11	0.83	135.09
49岁	1.51	0.89	0.61	146.11
50-54	**4.35**	**2.57**	**1.77**	**144.99**
50岁	1.05	0.62	0.43	145.89
51岁	0.94	0.55	0.39	142.25
52岁	0.82	0.47	0.35	134.51
53岁	0.88	0.53	0.35	151.03
54岁	0.66	0.40	0.26	153.39
55-59	**1.92**	**1.16**	**0.77**	**150.47**
60-64	**1.66**	**0.94**	**0.72**	**130.75**
65+	**1.86**	**0.96**	**0.90**	**106.77**

3—24 各市按外出时间分的外出人口比例（2016年）
Proportion of Persons Going Out by Time and Region (2016)

单位：%

地　区	Region	合　计（人）Total (person)	半年至一年 6Month—1 Year	一年至二年 1—2 Year	二至五年 2—5 Year	五年以上 5 Year and Over
总　计	**Total**	**137967**	**30.19**	**41.23**	**17.74**	**10.85**
合肥市	Hefei	10275	18.81	49.03	20.40	11.75
淮北市	Huaibei	2695	24.34	38.63	19.70	17.29
亳州市	Bozhou	4539	36.88	45.16	15.09	2.82
宿州市	Suzhou	8577	35.98	45.79	14.82	3.42
蚌埠市	Bengbu	8240	27.62	38.45	23.59	10.34
阜阳市	Fuyang	24893	37.90	42.85	13.54	5.72
淮南市	Huainan	11102	17.19	25.61	29.81	27.39
滁州市	Chuzhou	5708	30.34	42.29	18.55	8.81
六安市	Luan	10033	35.44	44.42	15.30	4.84
马鞍山市	Maanshan	8880	27.55	39.90	20.23	12.34
芜湖市	Wuhu	4443	28.61	40.29	19.96	11.16
宣城市	Xuancheng	8173	28.69	39.39	16.38	15.53
铜陵市	Tongling	4753	22.87	32.48	21.78	22.87
池州市	Chizhou	4637	37.44	48.26	9.38	4.90
安庆市	Anqing	10203	35.56	46.67	10.03	7.74
黄山市	Huangshan	10816	26.62	38.66	19.95	14.77

3—25 历年全省总人口、总户数
Total Populations and Households of the Province Over the Years

单位：万户、万人（10000 households、10000 persons）

年份 Year	总户数 Total Number of Households	总人口 Population 合计 Total	男 Male	女 Female	性别比(女=100) Sex Ratio (Female=100)	城镇人口 Urban Population	乡村人口 Rural Population
1978	1018	4713	2439	2274	107.27	504	4209
1980	1051	4893	2530	2363	107.10	556	4337
1985	1174	5156	2683	2473	108.46	724	4432
1990	1445	5661	2934	2727	107.57	843	4818
1995	1551	6000	3116	2884	108.08	1044	4956
2000	1656	6278	3258	3020	107.87	1230	5048
2005	1849	6516	3388	3127	108.34	1368	5148
2008	2000	6741	3503	3238	108.16	1498	5243
2009	2041	6795	3528	3266	108.02	1517	5277
2010	2093	6827	3543	3283	107.92	1550	5276
2011	2118	6876	3567	3309	107.80	1577	5299
2012	2139	6902	3580	3322	107.78	1580	5322
2013	2144	6929	3599	3330	108.08	1588	5341
2014	2123	6936	3610	3326	108.57	1574	5362
2015	2132	6949	3615	3334	108.43	1917	5032
2016	2142	7027	3652	3374	108.24	2075	4952

注：本表为公安户籍年报统计数，2015年原非农业人口、农业人口调整为城镇人口、乡村人口。

a) Public security household annual report data in this table is based on statistics, in 2015 changed the non-agricultural population, agricultural population to urban population and rural population.

3—26 各市、县、区户数、人口数（2016年）

Total Number of Households and Population by City, County and Region (2016)

地　区	Region	总户数（万户）Total Number of Households (10000 household)	户籍人口（万人）Registered Population (10000 persons)	男 Male	女 Female	性别比（女=100）Sex Ratio (Female=100)	城镇人口（万人）Urban Population (10000 person)	常住人口（万人）Permanent Population (10000 persons)
总　　计	**Total**	**2142.23**	**7026.98**	**3652.50**	**3374.48**	**108.24**	**2074.54**	**6195.50**
合肥市	**Hefei**	**245.58**	**729.83**	**376.72**	**353.11**	**106.69**	**329.82**	**786.90**
市辖区	Region of City	90.26	259.16	131.99	127.18	103.78	248.65	379.90
瑶海区	Yaohai District	22.20	63.72	32.44	31.29	103.66	60.91	97.00
庐阳区	Luyang District	16.02	47.50	24.00	23.49	102.16	46.30	66.20
蜀山区	Shushan District	31.55	89.49	45.74	43.76	104.53	84.86	123.80
包河区	Baohe District	20.49	58.45	29.81	28.64	104.10	56.58	92.90
巢湖市	Chaohu	31.38	85.84	44.25	41.58	106.42	20.55	78.80
长丰县	Changfeng	25.51	76.96	40.10	36.86	108.78	11.17	65.20
肥东县	Feidong	34.02	106.02	55.80	50.23	111.09	14.97	88.00
肥西县	Feixi	25.23	81.41	42.23	39.17	107.80	15.48	75.90
庐江县	Lujiang	39.19	120.44	62.35	58.08	107.35	19.00	99.10
淮北市	**Huaibei**	**68.68**	**216.54**	**111.16**	**105.38**	**105.48**	**108.43**	**220.80**
市辖区	Region of City	35.37	105.34	53.86	51.48	104.63	67.97	117.50
杜集区	Duji District	10.89	30.93	15.92	15.02	105.99	17.42	33.70
相山区	Xiangshan District	13.41	41.22	20.70	20.51	100.94	34.77	49.80
烈山区	Lieshan District	11.07	33.20	17.24	15.95	108.09	15.78	34.00
濉溪县	Suixi	33.32	111.19	57.29	53.90	106.30	40.46	103.30
亳州市	**Bozhou**	**169.49**	**646.85**	**340.59**	**306.26**	**111.21**	**108.71**	**510.40**
谯城区	Qiaocheng District	51.26	166.51	86.72	79.79	108.69	32.98	148.10
涡阳县	Guoyang	32.52	166.98	88.28	78.70	112.18	27.97	127.70
蒙城县	Mengcheng	34.20	142.44	75.18	67.27	111.76	30.73	112.30
利辛县	Lixin	51.52	170.92	90.42	80.51	112.31	17.03	122.30
宿州市	**Suzhou**	**192.67**	**654.05**	**339.59**	**314.46**	**107.99**	**125.06**	**559.90**
埇桥区	Yongqiao District	58.70	190.37	98.46	91.91	107.12	52.22	171.60
砀山县	Dangshan	31.97	99.27	51.60	47.67	108.25	18.32	83.20
萧　县	Xiaoxian	41.58	139.53	72.61	66.92	108.50	22.45	118.40
灵璧县	Lingbi	33.92	128.73	67.26	61.47	109.43	17.73	102.90
泗　县	Sixian	26.49	96.15	49.65	46.49	106.80	14.35	83.90
蚌埠市	**Bengbu**	**111.08**	**379.52**	**196.80**	**182.72**	**107.70**	**127.18**	**333.10**
市辖区	Region of City	38.30	114.92	58.05	56.88	102.06	68.72	119.80
龙子湖区	Longzihu District	6.56	18.18	9.08	9.11	99.68	14.21	21.80
蚌山区	Bengshan District	11.70	33.55	16.62	16.93	98.20	24.94	40.10
禹会区	Yuhui District	11.95	35.94	18.40	17.54	104.89	19.42	35.30
淮上区	Huaishang District	8.09	27.26	13.95	13.30	104.88	10.15	22.60
怀远县	Huaiyuan	35.72	131.35	69.10	62.25	111.01	28.47	98.10
五河县	Wuhe	19.57	68.39	35.80	32.59	109.83	17.68	58.60
固镇县	Guzhen	17.50	64.86	33.86	31.00	109.20	12.31	56.60

注：本表户籍人口为公安户籍年报统计数，常住人口为抽样调查加权汇总推算数。

a) The annual report data of census register population for public security census register and permanent population sampling survey Weighted summary Calculation number.

3—26　续表1　continued

地　区	Region	总户数（万户）Total Number of Households (10000 household)	户籍人口（万人）Registered Population (10000 persons)	男 Male	女 Female	性别比（女=100）Sex Ratio (Female=100)	城镇人口（万人）Urban Population (10000 person)	常住人口（万人）Permanent Population (10000 persons)
阜阳市	**Fuyang**	**277.16**	**1061.55**	**553.76**	**507.79**	**109.05**	**185.46**	**799.10**
市辖区	Region of City	57.42	226.38	116.72	109.66	106.44	76.41	194.30
颍州区	Yingzhou District	22.52	86.82	44.17	42.65	103.56	34.75	79.30
颍东区	Yingdong District	16.06	65.88	34.44	31.44	109.55	20.41	54.60
颍泉区	Yingquan District	18.85	73.67	38.11	35.56	107.15	21.25	60.40
临泉县	Linquan	55.15	227.21	117.79	109.42	107.65	15.33	161.10
太和县	Taihe	51.53	176.32	92.91	83.41	111.40	41.93	141.50
阜南县	Funan	41.93	172.03	89.56	82.47	108.60	13.21	116.90
颍上县	Yingshang	48.00	177.91	94.17	83.74	112.46	28.34	125.50
界首市	Jieshou	23.13	81.71	42.61	39.10	108.99	10.25	59.80
淮南市	**Huainan**	**123.24**	**389.11**	**204.30**	**184.81**	**110.54**	**155.51**	**345.60**
市辖区	Region of City	55.24	172.40	88.82	83.58	106.27	110.49	171.70
大通区	Datong District	6.49	18.68	9.57	9.12	104.91	10.28	18.60
田家庵区	Tianjiaan District	18.51	56.81	28.91	27.90	103.63	48.01	62.20
谢家集区	Xiejiaji District	10.53	31.82	16.28	15.54	104.73	21.55	32.60
八公山区	Bagongshan District	6.50	19.78	10.20	9.58	106.48	15.62	17.80
潘集区	Panji District	13.21	45.30	23.86	21.44	111.32	15.03	40.50
凤台县	Fengtai	23.96	76.89	40.87	36.03	113.44	17.70	69.40
寿　县	Shouxian	44.04	139.82	74.61	65.21	114.42	27.32	104.30
滁州市	**Chuzhou**	**143.02**	**454.09**	**235.72**	**218.37**	**107.94**	**129.80**	**404.40**
市辖区	Region of City	20.37	55.19	27.85	27.34	101.88	35.26	58.50
琅琊区	Langya District	10.56	28.31	14.15	14.15	99.99	27.24	32.30
南谯区	Nanqiao District	9.80	26.89	13.70	13.19	103.90	8.02	26.20
来安县	Laian	16.97	49.09	25.15	23.93	105.10	11.39	44.00
全椒县	Quanjiao	16.16	45.92	23.77	22.15	107.29	12.65	39.70
定远县	Dingyuan	27.28	97.55	51.89	45.66	113.65	17.69	80.10
凤阳县	Fengyang	21.59	78.21	41.48	36.73	112.95	13.70	66.60
天长市	Tianchang	19.33	63.59	32.27	31.32	103.04	23.41	61.40
明光市	Mingguang	21.32	64.54	33.30	31.24	106.60	15.70	54.20
六安市	**Luan**	**191.31**	**587.39**	**310.34**	**277.05**	**112.01**	**109.95**	**477.20**
市辖区	Region of City	74.12	219.65	115.87	103.78	111.65	52.77	196.70
金安区	Jinan District	31.36	88.59	46.10	42.48	108.52	25.40	83.90
裕安区	Yuan District	34.07	103.63	55.06	48.57	113.35	21.99	89.60
叶集区	Yeji District	8.69	27.43	14.71	12.72	115.64	5.39	23.20
霍邱县	Huoqiu	53.45	163.13	86.66	76.47	113.33	24.59	118.60
舒城县	Shucheng	31.78	100.10	52.12	47.98	108.63	15.12	76.70
金寨县	Jinzhai	20.43	68.21	36.82	31.39	117.30	10.26	52.90
霍山县	Huoshan	11.53	36.30	18.87	17.44	108.20	7.21	32.40
马鞍山市	**Maanshan**	**73.85**	**229.35**	**118.19**	**111.16**	**106.32**	**106.86**	**227.60**
市辖区	Region of City	27.38	82.52	41.77	40.75	102.49	65.59	95.00
花山区	Huashan District	12.93	37.87	18.88	18.99	99.41	36.88	44.30
雨山区	Yushan District	8.83	26.04	13.07	12.96	100.83	23.00	33.20
博望区	Bowang District	5.62	18.61	9.81	8.80	111.56	5.71	17.50
当涂县	Dangtu	15.68	47.61	24.42	23.19	105.26	18.38	46.60
含山县	Hanshan	14.30	44.83	23.53	21.30	110.49	11.85	38.70
和　县	Hexian	16.48	54.38	28.47	25.91	109.89	11.04	47.20
芜湖市	**Wuhu**	**129.67**	**387.58**	**200.16**	**187.42**	**106.80**	**202.55**	**367.00**
市辖区	Region of City	52.34	147.77	75.12	72.65	103.39	108.69	165.20

3—26 续表2 continued

地 区	Region	总户数（万户）Total Number of Households (10000 household)	户籍人口（万人）Registered Population (10000 persons)	男 Male	女 Female	性别比（女=100）Sex Ratio (Female=100)	城镇人口（万人）Urban Population (10000 person)	常住人口（万人）Permanent Population (10000 persons)
镜湖区	Jinghu District	17.30	45.38	22.59	22.79	99.12	42.48	55.70
弋江区	Yijiang District	8.29	23.16	11.66	11.50	101.38	23.16	33.00
鸠江区	Jiujiang District	20.54	59.61	30.80	28.82	106.88	35.68	61.40
三山区	Sanshan District	6.21	19.62	10.07	9.54	105.51	7.37	15.10
芜湖县	Wuhu	11.67	34.68	17.93	16.74	107.11	14.60	30.10
繁昌县	Fanchang	9.99	27.88	14.31	13.56	105.54	10.36	26.90
南陵县	Nanling	18.09	55.23	28.58	26.65	107.27	22.79	41.20
无为县	Wuwei	37.58	122.03	64.22	57.82	111.07	46.10	103.70
宣城市	**Xuancheng**	**99.68**	**280.40**	**144.82**	**135.58**	**106.82**	**69.69**	**260.10**
宣州区	Xuanzhou District	31.27	87.04	44.69	42.34	105.55	18.30	80.50
郎溪县	Langxi	11.86	34.84	17.99	16.85	106.76	10.30	32.90
广德县	Guangde	17.39	51.92	26.96	24.96	108.01	14.27	49.40
泾县	Jingxian	13.81	35.43	18.46	16.97	108.79	6.63	30.40
绩溪县	Jixi	6.88	17.63	9.11	8.52	106.90	5.37	16.00
旌德县	Jingde	4.68	15.01	7.79	7.22	107.98	2.93	12.40
宁国市	Ningguo	13.80	38.54	19.82	18.72	105.86	11.89	38.50
铜陵市	**Tongling**	**54.52**	**170.85**	**87.72**	**83.13**	**105.53**	**68.12**	**160.10**
市辖区	Region of City	25.98	73.84	37.27	36.58	101.89	47.49	74.60
铜官区	Tongguan District	12.47	36.50	18.33	18.17	100.87	35.31	41.10
郊区	Suburban District	2.99	8.25	4.12	4.13	99.78	5.79	8.00
义安区	Yian District	10.53	29.09	14.82	14.28	103.79	6.39	25.50
枞阳县	Zongyang	28.53	97.01	50.46	46.55	108.39	20.63	85.50
池州市	**Chizhou**	**54.98**	**162.36**	**82.98**	**79.38**	**104.54**	**53.13**	**144.30**
贵池区	Guichi District	23.78	67.15	34.12	33.03	103.32	25.63	61.80
东至县	Dongzhi	18.26	55.04	28.23	26.81	105.26	16.80	47.80
石台县	Shitai	3.48	10.83	5.60	5.23	107.23	3.07	9.60
青阳县	Qingyang	9.46	29.34	15.03	14.31	105.02	7.64	25.10
安庆市	**Anqing**	**155.69**	**529.10**	**273.66**	**255.44**	**107.14**	**147.08**	**461.20**
市辖区	Region of City	25.78	74.06	37.06	37.00	100.17	52.81	82.40
迎江区	Yingjiang District	7.83	21.12	10.57	10.54	100.30	17.24	26.50
大观区	Daguan District	9.02	26.63	13.32	13.31	100.04	20.43	29.10
宜秀区	Yixiu District	8.93	26.31	13.17	13.14	100.21	15.14	26.80
怀宁县	Huaining	20.52	70.47	36.44	34.03	107.09	14.60	60.10
潜山县	Qianshan	16.18	58.49	30.19	28.30	106.68	11.27	51.00
太湖县	Taihu	17.26	58.04	30.34	27.69	109.57	11.31	52.60
宿松县	Susong	25.14	87.35	46.57	40.79	114.18	18.62	60.70
望江县	Wangjiang	17.45	63.93	32.94	31.00	106.25	12.23	54.10
岳西县	Yuexi	12.20	41.14	21.65	19.49	111.07	8.09	32.80
桐城市	Tongcheng	21.15	75.62	38.48	37.14	103.59	18.15	67.50
黄山市	**Huangshan**	**51.61**	**148.41**	**75.98**	**72.43**	**104.90**	**47.18**	**137.90**
市辖区	Region of City	16.46	45.49	22.90	22.59	101.40	22.25	47.80
屯溪区	Tunxi District	7.01	19.78	9.72	10.06	96.56	13.43	23.40
黄山区	Huangshan District	6.19	16.23	8.32	7.91	105.25	5.26	15.00
徽州区	Huizhou District	3.26	9.48	4.86	4.62	105.34	3.55	9.40
歙县	Shexian	17.19	47.66	24.72	22.93	107.81	11.15	41.20
休宁县	Xiuning	8.34	27.01	13.83	13.18	104.91	6.72	24.90
黟县	Yixian	3.53	9.43	4.83	4.59	105.28	2.48	8.10
祁门县	Qimen	6.09	18.82	9.69	9.13	106.04	4.58	16.00

主要统计指标解释

人口数

指一定时点、一定地区范围内的有生命的个人的总和。

常住人口

是指具有中华人民共和国国籍并在中华人民共和国境内常住的人。

（1）居住本乡、镇、街道，户口在本乡、镇、街道的人；

（2）居住本乡、镇、街道半年以上，户口在外乡、镇、街道的人；

（3）在本乡、镇、街道居住不满半年，离开户口登记地半年以上的人；

（4）居住本乡、镇、街道，户口待定的人；

（5）原住本乡、镇、街道，现在国外工作学习，暂无户口的人；

常住户口在本乡、镇、街道，但已离开本乡、镇、街道半年以上的人，在户口所在地只登记人数，不计入户口所在地的常住人口数内。

总人口文盲率

15 岁及以上不识字人数与总人口数的比例。

出生率（又称粗出生率）

指在一定时期内（通常为一年）平均每千人所出生的人数的比率，一般用千分率表示。

计算公式为：

出生率＝年出生人数/年平均人数×1000‰

式中：出生人数指活产婴儿，即胎儿脱离母体时（不含怀孕月数），有过呼吸或其他生命现象。年平均人数指年初、年底人口数的平均数，也可用年中人口数代替。

死亡率（又称粗死亡率）

指在一定时期内（通常为一年）一定地区的死亡人数与同期平均人数（或期中人数）之比，一般用千分率表示。

计算公式为：

死亡率＝年死亡人数/年平均人数×1000‰

人口自然增长率

指在一定时期内（通常为一年）人口自然增加数（出生人数减死亡人数）与该时期内平均人数（或期中人数）之比，一般用千分率表示。

计算公式为：

人口自然增长率＝（年出生人数－年死亡人数）/年平均人数×1000‰

＝人口出生率－人口死亡率

在业人口（又称就业人口）

指十六周岁及十六周岁以上人口中从事一定的社会劳动并取得劳动报酬或经营收入的人口。

未工作人口

指十六周岁及十六周岁以上人口中未从事社会劳动的人口，包括在校学生、料理家务、待升学、失去工作、离退休、退职、丧失劳动能力等非在业人口。

抚养系数

指被抚养人口（0-14 岁和 65 岁以上人口）与 15-64 岁人口的比例。

计算公式为：

抚养系数＝被抚养人口/15-64 岁人口×100%

老年抚养系数

指老年人口（65 岁以上人口）与 15-64 岁人口的比例。

计算公式为：

老年抚养系数＝老年人口/15-64 岁人口×100%

少年儿童抚养系数

指 0-14 岁少年儿童与 15-64 岁人口的比例。

计算公式为：

少年儿童抚养系数＝少年儿童人口/15-64 岁人口×100%

Explanatory Notes for Major Statistical Indicators

Total Population

refers to the total number of people alive at a certain point of time within a given area.

Permanent Population

refers to the persons who hold the nationality of, and have permanent residing place in the People's Republic of China.

a) Those who reside in the townships, towns and street communities and have their permanent household registration there.

b) Those who have resided in the townships, towns and street communities for more than 6 months but the places of their permanent household registration are elsewhere.

c) Those who have resided in the townships, towns and street communities for less than 6 months but have been away from the place of their permanent household registration for more than 6 months.

d) Those who live in the townships, towns and street communities while the places of their household registration have not yet settled.

e) Those who used to live in the townships, towns and street communities but are working or studying abroad and have no permanent household registration for the time being.

Those who have their permanent household registration in the townships, towns and street communities but have been away from these places for more than 6 months are only registered as total population not counted as permanent population of the places of their household registration.

Total Population Illiterate Ratio

refers to the ratio of the number of illiterate people aged 15 and over to total population.

Birth Rate or (Crude Birth Rate)

refers to the ratio of the number of births to the average population during a certain period of time (usually a year) which is often expressed in‰. The following formula is used:

Birth Rate=Number of Births/Average Number of Population×1000‰

Number of births refers to live births i.e. the births when babies had showed any vital phenomena regardless of the length of pregnancy.

Annual Average Number of Population is the average of the number of population at the beginning of the year and that at the end of the year. Sometimes it is substituted for with the mid year population.

Death Rate (or Crude Death Rate)

refers to the ratio of the number of deaths to the average population (or mid year population) during a certain period of time (usually a year) which is often expressed in‰. The following formula is used:

Death Rate umber of Deaths=Number of Deaths/Annual Average Number of Population×1000‰

Natural Growth Rate of Population

refers to the ratio of natural increase in population (number of births minus number of deaths) in a certain period of time (usually a year) to the average population (or mid year population) of the same period which is often expressed in‰. The following formulas are applied:

Natural Growth of Population=(Number of Births-Number of Deaths)/Average Number of Population×1000‰

Natural Growth Rate of Population=Birth Rate-Death Rate

Employed Population

refers to population aged 16 or over engaging in social labour which generates income.

Not Working Population

refers to population aged 16 or over not engaging in any social labour which generates income, including students enrolled in schools, house wives, students waiting for entering schools with higher level, persons losing their jobs, retirees, job quitters, disabled, etc.

Total Dependency Ratio

refers to the ratio of number of dependents to the total population aged 15-64, the number of dependents being population aged 0-14 and population aged 65 and over. The total dependency ratio is calculated as follows:

Total Dependency Ratio=Number of dependents/Population aged 15-64×100%

The Aged Dependency Ratio

refers to the ratio of the number of the aged population to the total population aged 15-64, the aged being population aged 65 and over. The aged dependency ratio is calculated as follows:

The Aged Dependency Ratio=Number of the aged population/Population aged 15-64×100%

The Juvenile and Children Dependency Ratio

refers to the ratio of the number of the juvenile and children to the total population aged 15-64, the juvenile and children being population aged 0-14. The juvenile and children dependency ratio is calculated as follows:

The Juvenile and Children Dependency Ratio=Number of juvenile and children/Population aged 15-64×100%

第 四 篇

Chapter 4

就业人员和工资

EMPLOYMENT AND WAGES

简要说明

一、本篇资料反映我省 2016 年及主要年份劳动经济方面的基本情况，包括全省和 16 个市主要劳动统计数据。主要指标有：就业人员、私营和个体就业人员、城镇登记失业人员及失业率、单位就业人员、工资总额和平均工资等。

二、本篇资料来源主要有四个方面：

1. 就业人员数、工资总额、平均工资，根据《2016 年度全省劳动统计年报》汇总整理提供。

2. 私营企业和个体就业人员，根据省工商局提供的资料整理。

3. 城镇登记失业人数、新增就业人数、城镇登记失业率，根据省人力资源和社会保障厅提供的资料整理。省人力资源和社会保障厅提供的分市数据，均为老区划口径数据。

4. 就业基本情况根据全省劳动统计年报、全省 2016 年人口变动抽样调查资料、省统计局农业统计年报、省工商统计年报等综合编制。

三、1998 年及以后城镇单位就业人员、职工工资、工资总额、平均工资等指标中不再包括离开本单位仍保留劳动关系的职工及其生活费。

四、本篇资料均由省统计局人口和社会科技统计处整理编制。

Brief Introduction

I. Data in this chapter show the basic conditions of Anhui's labor economy in 2016 and the mainly previous years, including the main data of labor statistics of the whole province and 16 prefectures such as number of the employed persons, number of persons employed in the urban private enterprises and self-employment, registered urban unemployed persons and unemployment rate, number of employment in units, total wages and average wages.

II. There are four main sources for Data published in this chapter.

1. Data on number of employed persons, total wages and average wages are tabulated and provided in accordance with "the Annual Labor statistical Report of Anhui Province in 2016".

2. Data on the number of person employed in private enterprises and self-employed persons are tabulated in accordance with the data supplied by the Provincial Administration for Industry and Commerce.

3. Data on newly employed registered unemployees in urban area, registered urban unemployed persons and unemployment rate and employment services and situations in employment services of labor departments are tabulated in accordance with data supplied by the Department of Labor and Social Insurance. Man club hall, data, are all old diameter data.

4. Data on persons employed are provided in accordance with the Provincial Annual Labour Statistical Report, Sample Survey of population changes in 2016, annual agricultural statistical report of Anhui Statistical Bureau, annual statistical report of industry and commerce .

III. The scope of statistics on employed person in urban areas, total number of staff and workers, total wage bills, average wages do not include the persons who had left their working units and while keeping their labour contract/employment relation unchanged since 1998.

Ⅳ.Data in this chapter are prepared by the Population and Social Science Division, Anhui Statistical Bureau.

4—1 就 业 基 本 情 况
Basic Conditions of Employment

单位：万人（10000 persons）

项　　目	Item	2000	2005	2010	2015	2016
经济活动人口	**Economically Active Population**	**3530.9**	**3712.8**	**4096.8**	**4384.0**	**4409.7**
就业人员合计	**Total Number of Employed Persons**	**3450.7**	**3669.7**	**4050.0**	**4342.1**	**4361.6**
第一产业	Primary Industry	2018.9	1783.3	1583.6	1396.2	1383.5
第二产业	Secondary Industry	584.8	783.9	1016.5	1232.1	1245.5
第三产业	Tertiary Industry	847.0	1102.4	1449.9	1713.8	1732.6
就业人员构成（合计=100）	**Composition of Employed Persons (total=100)**					
第一产业	Primary Industry	58.5	48.6	39.1	32.1	31.7
第二产业	Secondary Industry	16.9	21.4	25.1	28.4	28.6
第三产业	Tertiary Industry	24.6	30.0	35.8	39.5	39.7
按城乡分就业人员	**Number of Employed Persons by Urban and Rural Areas**					
城镇就业人员	Urban Employed Persons	652.9	730.5	973.5	1292.1	1327.5
#国有单位	State-owned Units	314.8	208.7	206.0	189.1	191.1
城镇集体单位	Urban Collective Owned Units	91.2	30.8	17.9	14.7	14.2
股份合作单位	Share Holding Units	8.4	3.9	4.7	3.3	3.6
联营单位	Joint Owned Units	1.2	0.8	0.8	0.3	0.3
有限责任公司	Limited Liability Corporations	38.0	52.3	80.0	203.7	204.4
股份有限公司	Share-holding Corporations Ltd.	20.2	24.8	37.7	60.8	62.0
港澳台商投资单位	Units Funded by Entrepreneurs from Hong Kong, Macao & Taiwan	2.3	3.7	7.0	15.9	15.4
外商投资单位	Foreign Funded Units	3.8	6.7	14.7	19.8	19.6
乡村就业人员	Rural Employed Persons	2797.7	2939.0	3076.5	3050.0	3034.1
城镇非私营单位就业人数	**The Private Institutions in Cities and Towns of Employment**	**470.0**	**317.4**	**372.9**	**513.8**	**517.1**
国有单位	State-owned Units	307.8	199.2	206.0	189.1	191.1
城镇集体单位	Urban Collective Owned Units	89.1	28.2	17.9	14.7	14.2
其他单位	Units of Other Types of Ownership	73.1	90.1	149.1	310.0	311.8
城镇单位女性就业人员	**Number of Female Employment in Urban Units**	**143.0**	**112.4**	**121.3**	**170.2**	**177.0**
城镇登记失业人数	**Number of Registered Unemployed Persons in Urban Areas**	**31.6**	**27.8**	**28.5**	**30.9**	**30.4**
城镇登记失业率　（%）	**Registered Unemployment Rate in Urban Areas　(%)**	**3.3**	**4.4**	**3.7**	**3.1**	**3.2**

注：1．全社会就业人员总计、城镇和乡村就业人员小计资料根据有关部门资料进行了调整，因此分市、分类型、分行业的资料相加不等于总计。（下同）

a) Data on the total employed persons and the sub-total of employed persons in urban and rural areas have been adjusted in accordance with the data of related departments. As a result, the sum of the data by city, by ownership or by sector is not equal to the total. The same as in the following tables.

4—2 主要年份分行业就业人员数
Number of Employed Persons by Industry In Main Year

单位：万人（10000 persons）

行　业	Sector	2010	2015	2016
总　计	**Total**	**4050.0**	**4342.1**	**4361.6**
农、林、牧、渔业	Agriculture, Forestry, Animal Husbandry and Fishery	1583.6	1396.2	1383.5
采矿业	Mining	71.2	52.5	50.6
制造业	Manufacturing	527.6	713.6	725.8
电力、热力、燃气及水的生产和供应业	Production and Supply of Electricity, Heat, Gas and Water	10.5	21.8	26.6
建筑业	Construction	407.3	444.2	442.7
批发和零售业	Wholesale and Retail Trades	467.2	478.5	469.7
交通运输、仓储和邮政业	Transport, Storage and Post	168.8	362.1	365.1
住宿和餐饮业	Hotels and Catering Services	150.5	140.1	154.8
信息传输、软件和信息技术服务业	Information Transmission, Software and Information Technology	27.8	94.7	97.3
金融业	Financial Intermediation	15.1	28.7	31.0
房地产业	Real Estate	25.8	33.0	30.1
租赁和商务服务业	Leasing and Business Services	25.2	48.6	54.5
科学研究和技术服务业	Scientific Research and Technical Services	8.3	32.1	31.4
水利、环境和公共设施管理业	Management of Water Conservancy, Environment	30.6	42.6	41.4
居民服务、修理和其他服务业	Services to Households, Repair and Other Services	345.4	217.7	219.0
教　育	Education	67.6	89.0	87.7
卫生和社会工作	Health and Social Service	31.8	44.7	46.2
文化、体育和娱乐业	Culture, Sports and Entertainment	29.4	36.5	37.9
公共管理、社会保障和社会组织	Public Management, Social Security and Social Organization	56.4	65.6	66.3

4—3 各市按三次产业分的就业人员数（2016年）
Number of Employed Persons by Type of Industry and Region (2016)

地　区	Region	就业人员（万人）Total (10000 persons)	第一产业 Primary Industry	第二产业 Secondary Industry	第三产业 Tertiary Industry	构成（合计=100）Composition in Percentage (total=100) 第一产业 Primary Industry	第二产业 Secondary Industry	第三产业 Tertiary Industry
总　计	**Total**	**4361.6**	**1383.5**	**1245.5**	**1732.6**	**31.7**	**28.6**	**39.7**
合肥市	Hefei	530.3	81.9	185.1	263.3	15.4	34.9	49.7
淮北市	Huaibei	118.5	38.1	37.0	43.4	32.2	31.2	36.6
亳州市	Bozhou	355.7	133.7	88.0	134.0	37.6	24.7	37.7
宿州市	Suzhou	377.6	148.2	107.8	121.6	39.2	28.5	32.2
蚌埠市	Bengbu	231.8	100.7	53.1	78.0	43.4	22.9	33.6
阜阳市	Fuyang	660.2	224.1	199.7	236.4	33.9	30.3	35.8
淮南市	Huainan	226.4	64.5	73.9	88.0	28.5	32.6	38.9
滁州市	Chuzhou	298.1	110.1	97.7	90.3	36.9	32.8	30.3
六安市	Luan	395.8	149.6	84.1	162.1	37.8	21.3	40.9
马鞍山市	Maanshan	140.4	44.0	42.2	54.3	31.3	30.0	38.7
芜湖市	Wuhu	219.1	50.0	61.7	107.4	22.8	28.2	49.0
宣城市	Xuancheng	203.1	72.1	53.6	77.5	35.5	26.4	38.1
铜陵市	Tongling	117.4	34.2	32.2	51.0	29.1	27.4	43.5
池州市	Chizhou	114.5	44.8	28.8	40.9	39.1	25.2	35.7
安庆市	Anqing	339.8	111.5	108.1	120.2	32.8	31.8	35.4
黄山市	Huangshan	98.1	33.7	25.3	39.1	34.4	25.8	39.8

4—4 主要年份按城乡分的就业人员数

Number of Employed Persons by Residence in Urban and Rural Areas and Region in Main Year

单位：万人（10000 persons）

年份 Year	合计 Total	城镇 Urban Area				
		小计 Sub-total	国有单位 State-owned Units	集体单位 Collective-owned Units	股份合作单位 Share Holding Units	联营单位 Joint-owned Units
2000	3450.7	652.9	314.8	91.2	8.4	1.2
2005	3669.7	730.5	208.6	30.8	3.9	0.8
2007	3818.0	818.1	202.1	25.8	5.0	1.1
2008	3916.0	901.9	199.8	24.4	4.8	1.0
2009	3988.0	936.2	4.6	18.8	4.5	0.8
2010	4050.0	973.5	206.0	17.9	4.7	0.8
2011	4120.9	1038.3	219.0	18.3	5.2	1.1
2012	4206.8	1141.0	225.7	17.2	4.9	0.8
2013	4275.9	1226.2	196.4	16.2	3.4	0.4
2014	4311.0	1277.4	198.8	15.6	3.3	0.4
2015	4342.1	1292.1	189.1	14.7	3.3	0.3
2016	4361.6	1327.5	191.1	14.2	3.6	0.3

年份 Year	城镇 Urban Area				乡村小计 Rural Area Sub-total
	有限责任公司 Limited Liability Corporations	股份有限公司 Share Holding Corpara-tions Ltd.	港澳台商投资单位 Economic Units Funded by Entrepreneurs from Hong Kong, Macao and Taiwan	外商投资单位 Foreign Funded Economic Units	
2000	38.0	20.2	2.3	3.8	2797.7
2005	52.3	24.8	3.7	6.7	2939.2
2007	63.9	24.7	6.4	8.2	2999.9
2008	67.5	26.5	6.6	8.9	3014.1
2009	75.9	35.7	5.4	12.6	3051.8
2010	80.0	37.7	7.0	14.7	3076.5
2011	94.0	43.6	8.3	16.7	3082.6
2012	112.6	45.0	8.0	15.9	3065.8
2013	201.5	59.4	15.9	20.3	3049.7
2014	200.4	58.9	16.7	20.9	3033.6
2015	203.7	60.8	15.9	19.8	3050.0
2016	204.4	62.0	15.4	19.6	3034.1

4—5 各市按城乡分的就业人员数（2016年）

Number of Employed Persons by Residence in Urban and Rural Areas and Region (2016)

单位：人（person）

地区	Region	合计 Total	城镇 Urban Area 小计 Sub-total	国有单位 State-owned Units	集体单位 Collective-owned Units	股份合作单位 Share Holding Units	联营单位 Joint-owned Units
总计	**Total**	**43616000**	**13275000**	**1911058**	**141761**	**36384**	**2913**
合肥市	Hefei	5303000	2757000	369343	14455	4869	1073
淮北市	Huaibei	1185000	613000	58010	8748	3120	
亳州市	Bozhou	3557089	749217	114974	10085	1811	64
宿州市	Suzhou	3776000	775000	140864	25271	5096	
蚌埠市	Bengbu	2318000	628000	112223	6984	2660	
阜阳市	Fuyang	6601912	1511797	194345	13753	270	68
淮南市	Huainan	2264270	841894	103664	6586	2605	70
滁州市	Chuzhou	2981000	924000	115280	10125	980	
六安市	Luan	3958178	1090494	115455	7983	414	36
马鞍山市	Maanshan	1403877	821593	67891	10323	2365	
芜湖市	Wuhu	2191410	1011988	116267	3594	2372	150
宣城市	Xuancheng	2031000	638100	76626	5285	3391	
铜陵市	Tongling	1173748	487327	51959	2607	1415	26
池州市	Chizhou	1145258	276119	52838	2065	143	847
安庆市	Anqing	3397953	1066952	166616	12069	3078	559
黄山市	Huangshan	981073	369909	54703	1828	1795	20

地区	Region	城镇 Urban Area 有限责任公司 Limited Liability Corporations	股份有限公司 Share Holding Corpara-tions Ltd.	港澳台商投资单位 Economic Units Funded by Entrepreneurs from Hong Kong, Macao and Taiwan	外商投资单位 Foreign Funded Economic Units	乡村小计 Rural Area Sub-total
总计	**Total**	**2043520**	**619836**	**153751**	**195971**	**30341000**
合肥市	Hefei	729128	211763	45764	74478	2546000
淮北市	Huaibei	129210	10271	1875	2925	572000
亳州市	Bozhou	90248	11400	356	1519	2807872
宿州市	Suzhou	96996	18966	8865	3113	3001000
蚌埠市	Bengbu	108128	27991	10858	3621	1690000
阜阳市	Fuyang	95517	22748	5469	2272	5090115
淮南市	Huainan	137498	44039	3104	2694	1422376
滁州市	Chuzhou	56562	26527	14102	19434	2057000
六安市	Luan	38465	23883	2278	7293	2867684
马鞍山市	Maanshan	76211	47057	5341	11330	582284
芜湖市	Wuhu	189323	66947	32786	41131	1179422
宣城市	Xuancheng	28699	30857	3491	13935	1392900
铜陵市	Tongling	96785	10394	4459	1791	686421
池州市	Chizhou	39110	9087	1490	1745	869139
安庆市	Anqing	97689	38235	12539	7571	2331001
黄山市	Huangshan	33951	19671	974	1119	611164

4—6 各市分行业城镇非私营单位就业人员数（2016年）

Number of Employed Persons by Sector and Region (2016)

单位：人（person）

地区	Region	合计 Total	农林牧渔业 Agriculture, Forestry, Animal Husbandry and Fishery	采矿业 Mining	制造业 Manufacturing	电力、热力、燃气及水的生产和供应业 Production and Supply of Electricity, Heat, Gas and Water	建筑业 Construction	批发和零售业 Wholesale and Retail Trade	交通运输、仓储和邮政业 Transport, Storage, Post & Telecommunications	住宿和餐饮业 Accommodation and Catering Trade	信息传输、计算机服务和软件业 Information, Circulation Computer Services and Software
总计	**Total**	**5170531**	**42426**	**230563**	**1223624**	**104472**	**917769**	**231913**	**229305**	**59484**	**80122**
合肥市	Hefei	1480175	1108	883	355648	42691	460635	80748	76109	26008	36876
淮北市	Huaibei	214656	5	89408	28391	880	17595	2480	4978	476	2088
亳州市	Bozhou	235493	187	3860	48607	641	18956	15445	15563	2927	2016
宿州市	Suzhou	306576	1424	5032	50524	2601	74283	12209	9738	2185	4361
蚌埠市	Bengbu	273506	382		60805	3888	60094	12121	14462	1746	2880
阜阳市	Fuyang	336746	1877	9043	48759	8258	34219	19086	18591	1412	4208
淮南市	Huainan	304045	5696	91755	22707	18826	22406	10228	9091	1342	1662
滁州市	Chuzhou	244677	6547	1075	77930	2404	16681	8185	10016	1303	2663
六安市	Luan	196978	2286	3293	39395	2874	13089	7819	5497	1382	3479
马鞍山市	Maanshan	222613	753	22530	63704	3604	29237	6527	7080	444	2997
芜湖市	Wuhu	456796	318	184	184178	4181	63913	24043	28149	6250	3697
宣城市	Xuancheng	162916	2064	39	49845	1736	9502	7057	4445	894	2875
铜陵市	Tongling	170789	3385	1591	61276	1946	29959	4654	6191	1206	1349
池州市	Chizhou	107363	827	925	22269	1012	12450	4412	4574	2084	1503
安庆市	Anqing	341438	14549	945	92739	7324	38191	13689	10392	4435	5583
黄山市	Huangshan	115764	1018		16847	1606	16559	3210	4429	5390	1885

地区	Region	金融业 Banking	房地产业 Real Estate	租赁和商务服务业 Leasing and Commercial Services	科学研究和技术服务业 Scientific Research and Technical Services	水利、环境和公共设施管理业 Water Conservancy, Environmental and Public Facilities Management	居民服务、修理和其他服务业 Residents Service, Repair and Other Services	教育 Education	卫生和社会工作 Health and Social Work	文化、体育和娱乐业 Culture, Sports and Entertainment	公共管理、社会保障和社会组织 Public Management, Social Security and Social Organization
总计	**Total**	**222630**	**104582**	**66317**	**90792**	**77947**	**9521**	**645533**	**305457**	**33637**	**494437**
合肥市	Hefei	39981	35254	24533	39532	9723	1678	107989	53963	11405	75411
淮北市	Huaibei	6583	1776	2188	1330	798	106	23896	13583	508	17587
亳州市	Bozhou	13528	5376	2305	2588	6558	492	50386	17211	1509	27338
宿州市	Suzhou	12304	6595	3344	4786	3001	537	54805	23957	1283	33607
蚌埠市	Bengbu	15267	7446	3639	5941	6216	503	36923	17180	1396	22617
阜阳市	Fuyang	27123	5394	2046	2648	2769	205	69031	31759	1634	48684
淮南市	Huainan	16109	4175	5757	3665	9534	341	36016	17932	1763	25040
滁州市	Chuzhou	11848	3483	1857	4593	6018	225	39177	18522	978	31172
六安市	Luan	6680	3456	1202	2790	6937	234	42284	19471	1304	33506
马鞍山市	Maanshan	12665	2674	2676	4511	2915	1398	22934	11024	1055	23885
芜湖市	Wuhu	15964	8343	5645	6161	4929	873	44037	22660	1713	31558
宣城市	Xuancheng	10569	3174	1504	2054	3656	115	22339	12857	1236	26955
铜陵市	Tongling	5494	4310	2977	2093	1184	1024	16242	8448	1032	16428
池州市	Chizhou	7134	1759	1925	2124	3962	440	14346	6777	2301	16539
安庆市	Anqing	13368	8696	3293	4191	5756	1323	50778	20994	2866	42326
黄山市	Huangshan	8013	2671	1426	1785	3991	27	14350	9119	1654	21784

4—7 主要年份私营企业年末就业人员数

Number of Employed Persons in Private Enterprises at the Year-end in Main Year

单位：户、人（household, person）

年份 Year	合计 Total			城镇 Urban Areas			乡村 Rural Areas		
	户数 Number of Enterprises	就业人员 Number of Employed Persons	#投资者 Employers	户数 Number of Enterprises	就业人员 Number of Employed Persons	#投资者 Employers	户数 Number of Enterprises	就业人员 Number of Employed Persons	#投资者 Employers
2000	46934	651992	110350	28495	375760	72252	18439	276232	38098
2003	74815	1187954	188233	46705	707726	118506	28110	480228	69727
2004	89010	1413199	228734	57127	824019	145300	31883	589180	83434
2005	105998	1656948	270425	63586	864874	160040	42412	792074	110385
2006	130476	2301402	314300	65551	861291	160332	64925	1440111	153968
2007	144895	2179457	363612	103584	1372856	255183	41311	806601	108429
2008	174046	1996617	376738	80506	921748	169862	93540	1074869	206876
2009	189525	1970807	395790	91342	925024	181707	98183	1045783	214083
2010	228670	2392061	490754	128891	1332913	270648	99779	1059148	220106
2011	263483	2707088	581356	172314	1650453	365985	91169	1056635	215371
2012	303857	2966537	664084	218179	1964634	459880	85678	1001903	204204
2013	353841	3231604	757489	268220	2226542	555401	85621	1005062	202088
2014	452338	3731508	929084	367081	2724092	724640	85257	1007416	204444
2015	570835	4270606	1134527	482899	3250357	927087	87936	1020249	207440
2016	733289	4967119	1394694	630108	3867098	1165889	103181	1100021	228805

4—8 各市私营企业年末就业人员数（2016年）

Number of Employed Persons in Private Enterprises at the Year-end by Region (2016)

单位：户、人（household, person）

地区	Region	合计 Total			城镇 Urban Areas			乡村 Rural Areas		
		户数 Number of Enterprises	就业人员 Number of Employed Persons	#投资者 Employers	户数 Number of Enterprises	就业人员 Number of Employed Persons	#投资者 Employers	户数 Number of Enterprises	就业人员 Number of Employed Persons	#投资者 Employers
总计	**Total**	**733289**	**4967119**	**1394694**	**630108**	**3867098**	**1165889**	**103181**	**1100021**	**228805**
合肥市	Hefei	228729	966609	453033	210527	797941	412051	18202	168668	40982
淮北市	Huaibei	18572	147949	32825	15483	118214	26330	3089	29735	6495
亳州市	Bozhou	42268	318972	65347	25007	211905	39580	17261	107067	25767
宿州市	Suzhou	36227	229937	58800	30679	177405	46938	5548	52532	11862
蚌埠市	Bengbu	30824	172667	58251	26363	129294	48211	4461	43373	10040
阜阳市	Fuyang	53484	394895	90128	46678	312353	73671	6806	82542	16457
淮南市	Huainan	27824	166898	50845	24830	141844	44715	2994	25054	6130
滁州市	Chuzhou	41196	466832	76327	36791	412395	66146	4405	54437	10181
六安市	Luan	39691	307002	77530	34776	265651	66883	4915	41351	10647
马鞍山市	Maanshan	34610	228719	65637	29690	174669	54597	4920	54050	11040
芜湖市	Wuhu	51705	415696	102480	44141	286172	83812	7564	129524	18668
宣城市	Xuancheng	30228	340481	64894	25402	255234	49746	4826	85247	15148
铜陵市	Tongling	17233	152025	37056	13495	108570	25746	3738	43455	11310
池州市	Chizhou	15625	119805	30482	11794	77516	22093	3831	42289	8389
安庆市	Anqing	47792	370520	96118	40028	260016	77404	7764	110504	18714
黄山市	Huangshan	17240	167916	34780	14392	137783	27848	2848	30133	6932
其他	Others	41	196	161	32	136	118	9	60	43

4—9 主要年份个体年末就业人员数

Number of New Additional Employment and Individual at the End of the Year

单位：户、人（household, person）

年 份 Year	合 计 Total		城 镇 Urban Areas		乡 村 Rural Areas	
	户 数 Number of Enterprises	就业人员 Number of Employed Persons	户 数 Number of Enterprises	就业人员 Number of Employed Persons	户 数 Number of Enterprises	就业人员 Number of Employed Persons
2000	1489085	3363571	627100	1347892	861985	2015679
2003	1200804	2863314	559658	1288683	641146	1574631
2004	1067271	2562432	501511	1185509	565760	1376923
2005	1110417	2668794	522609	1236364	587808	1432430
2006	1201167	2820534	530394	1194970	670773	1625564
2007	1125342	2673128	579524	1337874	545818	1335254
2008	1142457	2446113	701914	1445017	440543	1001096
2009	1250875	2633497	868141	1848366	382734	785131
2010	1341472	3315820	999110	2640651	342362	675169
2011	1436690	3277866	1106730	2551327	329960	726539
2012	1522643	3516154	1201810	2861106	320833	655048
2013	1678333	3819037	1399830	3012423	278503	806614
2014	1878153	4432571	1597745	3829463	280408	603108
2015	2018755	4800098	1739521	4230774	279234	569324
2016	2357198	5596556	2036420	4932811	320778	663745

4—10 各市个体年末就业人员数（2016年）

Number of New Additional Employment and Individual at the End of the Year by Region (2016)

单位：户、人（household, person）

地 区	Region	合 计 Total		城 镇 Urban Areas		乡 村 Rural Areas	
		户 数 Number of Enterprises	就业人员 Number of Employed Persons	户 数 Number of Enterprises	就业人员 Number of Employed Persons	户 数 Number of Enterprises	就业人员 Number of Employed Persons
总 计	**Total**	**2357198**	**5596556**	**2036420**	**4932811**	**320778**	**663745**
合肥市	Hefei	304547	722129	285682	682149	18865	39980
淮北市	Huaibei	99747	308112	87112	280043	12635	28069
亳州市	Bozhou	211545	395501	165323	308481	46222	87020
宿州市	Suzhou	171477	340615	134112	271823	37365	68792
蚌埠市	Bengbu	126193	244771	108818	218639	17375	26132
阜阳市	Fuyang	257857	660727	218089	568632	39768	92095
淮南市	Huainan	111141	201435	101155	186761	9986	14674
滁州市	Chuzhou	142436	372544	129946	316199	12490	56345
六安市	Luan	155620	668887	132854	622022	22766	46865
马鞍山市	Maanshan	94594	189090	87206	176326	7388	12764
芜湖市	Wuhu	160303	360312	146071	331869	14232	28443
宣城市	Xuancheng	125521	282820	111993	254321	13528	28499
铜陵市	Tongling	60754	136009	56327	127863	4427	8146
池州市	Chizhou	73960	153173	52065	113572	21895	39601
安庆市	Anqing	195177	422197	165928	357756	29249	64441
黄山市	Huangshan	66326	138234	53739	116355	12587	21879

4—11 城镇非私营单位就业人员数
Number of Employed Persons of Urban Non-private Owned Units

单位：万人（10000 persons）

行 业	Sector	2010	2015	2016
总 计	**Total**	**372.94**	**513.79**	**517.05**
农、林、牧、渔业	Agriculture, Forestry, Animal Husbandry and Fishery	6.14	4.37	4.24
采矿业	Mining	32.11	27.04	23.06
制造业	Manufacturing	76.01	120.95	122.36
电力、热力、燃气及水的生产和供应业	Production and Supply of Electricity, Heat, Gas and Water	9.60	10.35	10.45
建筑业	Construction	42.13	92.65	91.78
批发和零售业	Wholesale and Retail Trades	13.97	23.65	23.19
交通运输、仓储和邮政业	Transport, Storage and Post	15.14	22.26	22.93
住宿和餐饮业	Hotels and Catering Services	3.69	5.95	5.95
信息传输、软件和信息技术服务业	Information Transmission, Software and Information Technology	3.80	7.65	8.01
金融业	Financial Intermediation	14.69	19.12	22.26
房地产业	Real Estate	4.88	10.42	10.46
租赁和商务服务业	Leasing and Business Services	4.63	6.25	6.63
科学研究和技术服务业	Scientific Research and Technical Services	6.68	9.17	9.08
水利、环境和公共设施管理业	Management of Water Conservancy, Environment	6.38	8.16	7.79
居民服务、修理和其他服务业	Services to Households, Repair and Other Services	0.53	0.87	0.95
教 育	Education	60.49	64.35	64.55
卫生和社会工作	Health and Social Service	21.99	29.07	30.55
文化、体育和娱乐业	Culture, Sports and Entertainment	3.40	3.24	3.36
公共管理、社会保障和社会组织	Public Management, Social Security and Social Organization	46.69	48.26	49.44

4—12 各市城镇非私营单位就业人员数（2016年）
Number of Employed Persons of Urban Non-private Owned Units by Region (2016)

单位：万人（10000 persons）

地 区	Region	合 计 Total	国有单位 State-owned Units	城镇集体单位 Urban Collective-owned Units	其他单位 Units of Other Types of Ownership	比重（%）Proportion（%） 国有单位 State-owned Units	城镇集体单位 Urban Collective-owned Units	其他单位 Units of Other Types of Ownership
总 计	**Total**	**517.05**	**191.11**	**14.18**	**311.77**	**36.96**	**2.74**	**60.30**
合 肥 市	Hefei	148.02	36.93	1.45	109.64	24.95	0.98	74.07
淮 北 市	Huaibei	21.47	5.80	0.87	14.79	27.02	4.08	68.90
亳 州 市	Bozhou	23.55	11.50	1.01	11.04	48.82	4.28	46.89
宿 州 市	Suzhou	30.66	14.09	2.53	14.04	45.95	8.24	45.81
蚌 埠 市	Bengbu	27.35	11.22	0.70	15.43	41.03	2.55	56.42
阜 阳 市	Fuyang	33.67	19.43	1.38	12.86	57.71	4.08	38.20
淮 南 市	Huainan	30.40	10.37	0.66	19.38	34.09	2.17	63.74
滁 州 市	Chuzhou	24.47	11.53	1.01	11.93	47.12	4.14	48.75
六 安 市	Luan	19.70	11.55	0.80	7.35	58.61	4.05	37.33
马鞍山市	Maanshan	22.26	6.79	1.03	14.44	30.50	4.64	64.87
芜 湖 市	Wuhu	45.68	11.63	0.36	33.69	25.45	0.79	73.76
宣 城 市	Xuancheng	16.29	7.66	0.53	8.10	47.03	3.24	49.72
铜 陵 市	Tongling	17.08	5.20	0.26	11.62	30.42	1.53	68.05
池 州 市	Chizhou	10.74	5.28	0.21	5.25	49.21	1.92	48.86
安 庆 市	Anqing	34.14	16.66	1.21	16.28	48.80	3.53	47.67
黄 山 市	Huangshan	11.58	5.47	0.18	5.92	47.25	1.58	51.17

4—13 城镇非私营单位专业技术人员数（2016年）
Professional and Technical Personnel of Urban Non-private Owned Units (2016)

单位：人（person）

行业	Sector	合计 Total	国有单位 State-owned Units	城镇集体单位 Urban Collective-owned Units	其他单位 Units of Other Types of Ownership
总计	**Total**	**1459340**	**921506**	**58288**	**479546**
按执行会计制度类别分组	**Grouped by Executive Acounting System Type**				
企业	Enterprises	573666	102693	17817	453156
事业	Institutions	811342	756786	40148	14408
机关	Agencies & Organizations	59086	59025	61	
民间非营利组织	Non-profit Organizations	7065		156	6909
其他	Others	8181	3002	106	5073
按国民经济行业分组	**Grouped by Economic Sector**				
农、林、牧、渔业	Agriculture, Forestry, Animal Husbandry and Fishery	5306	5035	38	233
采矿业	Mining	19384	260	11	19113
制造业	Manufacturing	157340	9092	597	147651
电力、热力、燃气及水的生产和供应业	Production and Supply of Electricity, Heat, Gas and Water	40797	30676	467	9654
建筑业	Construction	134618	11021	5749	117848
批发和零售业	Wholesale and Retail Trade	21057	2771	473	17813
交通运输、仓储和邮政业	Transport, Storage and Postal Services	17556	7179	788	9589
住宿和餐饮业	Accommodation and Catering Trade	3802	404	41	3357
信息传输、计算机服务和软件业	Information Circulation, Computer Service and Software	28488	4207	89	24192
金融业	Banking	59869	22575	5406	31888
房地产业	Real Estate	20371	2762	220	17389
租赁和商务服务业	Leasing and Commercial Services	9509	2204	567	6738
科学研究和技术服务业	Scientific Research and Technical Services	52597	32299	521	19777
水利、环境和公共设施管理业	Water Conservancy, Environmental and Public Facilities Management	11815	10624	142	1049
居民服务、修理和其他服务业	Residents Service, Repair and Other Services	1653	603	31	1019
教育	Education	547428	519388	2091	25949
卫生和社会工作	Health and Social Work	241594	177712	39953	23929
文化、体育和娱乐业	Culture, Sports and Entertainment	17370	14757	293	2320
公共管理、社会保障和社会组织	Public Management, Social Security and Social Organization	68786	67937	811	38

4—14 各市城镇非私营单位专业技术人员数（2016年）
Professional and Technical Personnel of Urban Non-private Owned Units by Region (2016)

单位：人（person）

地区	Region	合计 Total	国有单位 State-owned Units	城镇集体单位 Urban Collective-owned Units	其他单位 Units of Other Types of Ownership
总计	**Total**	**1459340**	**921506**	**58288**	**479546**
合肥市	Hefei	366671	174373	5857	186441
淮北市	Huaibei	46667	26306	2972	17389
亳州市	Bozhou	81370	59963	5294	16113
宿州市	Suzhou	96683	65100	8930	22653
蚌埠市	Bengbu	81943	56484	3068	22391
阜阳市	Fuyang	124299	100225	6682	17392
淮南市	Huainan	72153	47874	1495	22784
滁州市	Chuzhou	76737	56127	4792	15818
六安市	Luan	77633	62765	5079	9789
马鞍山市	Maanshan	61264	30950	1764	28550
芜湖市	Wuhu	112615	59456	1538	51621
宣城市	Xuancheng	47483	34738	2138	10607
铜陵市	Tongling	43330	25347	1215	16768
池州市	Chizhou	34001	25312	1147	7542
安庆市	Anqing	100705	72309	5008	23388
黄山市	Huangshan	35786	24177	1309	10300

4—15 城镇非私营单位分行业就业人员数（2016年）
Number of Employed Persons of Urban Non-private Owned Units by Status (2016)

单位：人（person）

行 业	Sector	合 计 Total	国有单位 State-owned Units	城镇集体单位 Urban Collective-owned Units	其他单位 Units of Other Types of Ownership
总 计	**Total**	**5170531**	**1911058**	**141761**	**3117712**
按执行会计标准类别分组	**Grouped by Executive Acounting System Type**				
企 业	Enterprises	3583893	426058	86427	3071408
事 业	Institutions	1110880	1035706	54495	20679
机 关	Agencies & Organizations	444719	444434	285	
民间非营利组织	Non-profit Organizations	12950		212	12738
其 他	Others	18089	4860	342	12887
按国民经济行业分组	**Grouped by Economic Sector**				
农、林、牧、渔业	**Agriculture, Forestry, Animal Husbandry and Fishery**	**42426**	**40618**	**438**	**1370**
农 业	Farming	21533	21135	42	356
林 业	Forestry	8040	7951		89
畜牧业	Animal Husbandry	1099	278		821
渔 业	Fishery	598	527	71	
农、林、牧、渔服务业	Agricultural Services	11156	10727	325	104
采矿业	**Mining**	**230563**	**3424**	**896**	**226243**
制造业	**Manufacturing**	**1223624**	**37194**	**6923**	**1179507**
#酒、饮料和精制茶制造业	Wine, Drinks and Refined Tea Manufacturing	36909	116	79	36714
烟草制品业	Tobacco	12294	4242	1089	6963
石油加工、炼焦和核燃料加工业	Petroleum Processing, Coking and Nuclear Fuel Processing	5121			5121
化学原料和化学制品制造业	Raw Chemical Materials and Chemical Products	73547	8	69	73470
橡胶和塑料制品业	Rubber and Plastic Products	58347	1225	125	56997
非金属矿物制品业	Nonmetal Mineral Products	56608	761	1030	54817
黑色金属冶炼和压延加工业	Smelting and Pressing of Ferrous Metals	43394	146	118	43130
有色金属冶炼和压延加工业	Smelting and Pressing of Nonferrous Metals	39946			39946
金属制品业	Metal Products	43514	2110	781	40623
通用设备制造业	Equipments in Current Use	83826	5321	230	78275
汽车制造业	Automobile Manufacturing Industry	11761	1675	769	9317
电气机械和器材制造业	Electric Equipment and Machinery	144577	131	612	143834
电力、热力、燃气及水的生产和供应业	**Production and Supply of Electricity, Heat, Gas and Water**	**104472**	**52365**	**954**	**51153**
建筑业	**Construction**	**917769**	**73904**	**37401**	**806464**
房屋建筑业	Housing Industry	520994	39848	24998	456148
土木工程建筑业	Civil Engineering Construction	244341	30250	1702	212389
建筑安装业	Construction and Installation Industry	68195	476	5886	61833
建筑装饰和其他建筑业	Building Decoration and Other Construction	84239	3330	4815	76094
批发和零售业	**Wholesale and Retail Trade**	**231913**	**29375**	**3855**	**198683**
批 发 业	Wholesale	89266	23093	2261	63912
零 售 业	Retail Trade	142647	6282	1594	134771
交通运输、仓储和邮政业	**Transport, Storage and Postal Services**	**229305**	**93945**	**6692**	**128668**
#铁路运输业	Railway Transport	40208	39845	210	153
道路运输业	Highway Transport	128272	20060	3601	104611
水上运输业	Water Way Transport	12734	230	2608	9896
航空运输业	Air Transport	4386	1069		3317
邮 政 业	Postal Services	29540	26507		3033
住宿和餐饮业	**Accommodation and Catering Trade**	**59484**	**5625**	**638**	**53221**
住 宿 业	Accommodation Trade	28963	3840	245	24878
餐 饮 业	Catering Services	30521	1785	393	28343
信息传输、软件和信息技术服务业	**Information Transmission, Software and Information Technology Services**	**80122**	**13425**	**242**	**66455**
电信、广播电视和卫星传输服务	Telecommunications, Broadcasting and TV Transmission and Satellite Services	61133	12882	184	48067
互联网和相关服务	The Internet and Related Services	3505	292	18	3195
软件和信息技术服务业	Software and Information Technology Services	15484	251	40	15193

4—15 续表 continued

单位：人 (person)

行业	Sector	合计 Total	国有单位 State-owned Units	城镇集体单位 Urban Collective-owned Units	其他单位 Units of Other Types of Ownership
金融业	**Banking**	**222630**	**73180**	**16810**	**132640**
货币金融服务	Monetary and Financial Services	112593	38291	16797	57505
资本市场服务	Capital Market Services	4073	1786		2287
保险业	Insurance	104402	32644	13	71745
其他金融业	Other Financial Activities	1562	459		1103
房地产业	**Real Estate**	**104582**	**8821**	**1147**	**94614**
#房地产开发经营	Real Estate Development and Operation	62404	2890	104	59410
物业管理	Real Estate Management	33176	1872	900	30404
租赁和商务服务业	**Leasing and Commercial Services**	**66317**	**19778**	**6002**	**40537**
租赁业	Leasing	1584	103	388	1093
商务服务业	Commercial Services	64733	19675	5614	39444
科学研究和技术服务业	**Scientific Research and Technical Services**	**90792**	**55116**	**863**	**34813**
研究和试验发展	Research and Experimental Development	10817	9362	46	1409
专业技术服务业	Professional and Technical Services	70014	37590	545	31879
科技推广和应用服务业	Science and Technology Popularization and Application Services	9961	8164	272	1525
水利、环境和公共设施管理业	**Water Conservancy, Environmental and Public Facilities Management**	**77947**	**66887**	**1298**	**9762**
水利管理业	Water Conservancy Management	19562	19351	144	67
生态保护和环境治理业	Ecological Protection and Environmental Governance Industry	2022	1218		804
公共设施管理业	Public Facilities Management	56363	46318	1154	8891
居民服务、修理和其他服务业	**Residents Service, Repair and Other Services**	**9521**	**3286**	**527**	**5708**
居民服务业	Resident Services	3852	2600	231	1021
机动车、电子产品和日用产品修理业	Motor Vehicle Repair Industry, Electronic Products and Daily Products	933	177	48	708
其他服务业	Other Services	4736	509	248	3979
教育	**Education**	**645533**	**595809**	**2551**	**47173**
#高等教育	High Education	72612	66171		6441
中等教育	Secondary Education	311699	287076	1355	23268
初等教育	Primary Education	224634	219740	456	4438
卫生和社会工作	**Health and Social Work**	**305457**	**221050**	**51371**	**33036**
卫生	Health	302068	218069	51262	32737
社会工作	Social Wwork	3389	2981	109	299
文化、体育和娱乐业	**Culture, Sports and Entertainment**	**33637**	**25276**	**748**	**7613**
新闻和出版业	Press and Publication	6235	4233		2002
广播、电视、电影和影视录音制作业	Radio, Television, Film and Television Recording Studios	14355	12277	106	1972
文化艺术业	Culture and Arts	10531	7357	642	2532
体育	Sports	1433	1128		305
娱乐业	Entertainment	1083	281		802
公共管理、社会保障和社会组织	**Public Management, Social Security and Social Organization**	**494437**	**491980**	**2405**	**52**
中国共产党机关	Organs of Chinese Communist Party	16614	16614		
国家机构	State Organs	465074	463403	1671	
人民政协、民主党派	CPPCC and Democratic Parties	2725	2725		
社会保障	The Social Security	3101	3044	5	52
群众团体、社会团体和其他成员组织	Mass Organizations, Social Organizations and Religious Organizations	6225	5986	239	
基层群众自治组织	The Grassroots Autonomous Organizations	698	208	490	

4—16 城镇非私营单位分行业女性就业人员占全部就业人员比重（2016年）
Proportion of Female Employed to Total of Urban Non-private Owned Units by Status by Sector (2016)

以本类型从业人员为100 (Total number of this item employed=100) 单位：%

行业	Sector	合计 Total	国有单位 State-owned Units	城镇集体单位 Urban Collective-owned Units	其他单位 Units of Other Types of Ownership
总计	**Total**	**34.2**	**38.2**	**36.0**	**31.8**
按执行会计标准类别分组	**Grouped by Executive Acounting System Type**				
企业	Enterprises	31.3	32.0	25.5	31.3
事业	Institutions	45.8	45.3	52.3	56.7
机关	Agencies & Organizations	27.3	27.3	32.6	
民间非营利组织	Non-profit Organizations	65.2		70.8	65.1
其他	Others	60.3	53.3	60.5	63.0
按国民经济行业分组	**Grouped by Economic Sector**				
农、林、牧、渔业	**Agriculture, Forestry, Animal Husbandry and Fishery**	**33.6**	**33.4**	**33.3**	**41.3**
农业	Farming	36.1	35.9	40.5	50.8
林业	Forestry	25.6	25.6		27.0
畜牧业	Animal Husbandry	40.0	32.7		42.5
渔业	Fishery	29.4	30.4	22.5	
农、林、牧、渔服务业	Agricultural Services	34.2	34.4	34.8	11.5
采矿业	**Mining**	**11.4**	**13.0**	**46.2**	**11.3**
制造业	**Manufacturing**	**37.8**	**29.8**	**38.4**	**38.1**
#酒、饮料和精制茶制造业	Wine, Drinks and Refined Tea Manufacturing	37.7	38.8	30.4	37.7
烟草制品业	Tobacco	26.2	30.0	36.2	22.3
石油加工、炼焦和核燃料加工业	Petroleum Processing, Coking and Nuclear Fuel Processing	24.4			24.4
化学原料和化学制品制造业	Raw Chemical Materials and Chemical Products	29.1	12.5	21.7	29.1
橡胶和塑料制品业	Rubber and Plastic Products	38.2	20.2	27.2	38.6
非金属矿物制品业	Nonmetal Mineral Products	28.6	27.9	37.6	28.5
黑色金属冶炼和压延加工业	Smelting and Pressing of Ferrous Metals	14.7	24.0	11.0	14.7
有色金属冶炼和压延加工业	Smelting and Pressing of Nonferrous Metals	18.8			18.8
金属制品业	Metal Products	28.0	22.0	37.1	28.1
通用设备制造业	Equipments in Current Use	26.6	26.6	45.2	26.5
汽车制造业	Automobile Manufacturing Industry	20.3	19.9	19.6	20.4
电气机械和器材制造业	Electric Equipment and Machinery	38.0	24.4	49.0	37.9
电力、热力、燃气及水的生产和供应业	**Production and Supply of Electricity, Heat, Gas and Water**	**24.1**	**25.0**	**26.6**	**23.2**
建筑业	**Construction**	**12.5**	**11.4**	**10.9**	**12.6**
房屋建筑业	Housing Industry	14.6	10.3	10.5	15.2
土木工程建筑业	Civil Engineering Construction	10.2	12.4	19.2	9.9
建筑安装业	Construction and Installation Industry	9.5	52.3	10.0	9.2
建筑装饰和其他建筑业	Building Decoration and Other Construction	8.2	10.0	11.2	8.0
批发和零售业	**Wholesale and Retail Trade**	**52.8**	**31.7**	**35.0**	**56.2**
批发业	Wholesale	38.0	26.8	30.6	42.3
零售业	Retail Trade	62.0	49.7	41.3	62.8
交通运输、仓储和邮政业	**Transport, Storage and Postal Services**	**28.5**	**28.1**	**26.0**	**28.8**
#铁路运输业	Railway Transport	13.3	13.1	47.1	18.3
道路运输业	Highway Transport	29.5	29.2	20.2	29.8
水上运输业	Water Way Transport	18.9	14.3	30.6	15.9
航空运输业	Air Transport	37.5	40.2		36.7
邮政业	Postal Services	47.6	49.9		27.4
住宿和餐饮业	**Accommodation and Catering Trade**	**62.0**	**58.4**	**65.0**	**62.4**
住宿业	Accommodation Trade	62.0	55.3	61.6	63.1
餐饮业	Catering Services	62.0	65.1	67.2	61.8
信息传输、软件和信息技术服务业	**Information Transmission, Software and Information Technology Services**	**38.9**	**36.4**	**27.7**	**39.5**
电信、广播电视和卫星传输服务	Telecommunications, Broadcasting and TV Transmission and Satellite Services	37.2	36.3	28.3	37.5
互联网和相关服务	The Internet and Related Services	58.2	23.6		61.7
软件和信息技术服务业	Software and Information Technology Services	41.3	52.2	37.5	41.1

4—16 续表 continued

单位：%

行 业	Sector	合 计 Total	国有单位 State-owned Units	城镇集体单位 Urban Collective-owned Units	其他单位 Units of Other Types of Ownership
金 融 业	**Banking and Insurance**	**53.7**	**53.8**	**40.1**	**55.4**
货币金融服务	Monetary and Financial Services	46.0	42.5	40.1	50.1
资本市场服务	Capital Market Services	41.8	48.0		37.0
保险业	Insurance	62.8	67.7	53.8	60.5
其他金融业	Other Financial Activities	36.4	28.5		39.6
房地产业	**Real Estate**	**38.1**	**35.1**	**17.2**	**38.6**
#房地产开发经营	Real Estate Development and Operation	34.4	28.2	22.1	34.7
物业管理	Real Estate Management	43.5	39.4	14.9	44.6
租赁和商务服务业	**Leasing and Commercial Services**	**31.7**	**23.4**	**37.7**	**34.9**
租赁业	Leasing	25.7	12.6	12.6	31.6
商务服务业	Commercial Services	31.9	23.5	39.5	35.0
科学研究和技术服务业	**Scientific Research and Technical Services**	**26.3**	**27.1**	**28.3**	**25.0**
研究和试验发展	Research and Experimental Development	30.0	30.1	23.9	29.3
专业技术服务业	Professional and Technical Services	25.4	26.4	31.2	24.2
科技推广和应用服务业	Science and Technology Popularization and Application Services	28.6	27.1	23.2	37.5
水利、环境和公共设施管理业	**Water Conservancy, Environmental and Public Facilities Management**	**37.2**	**35.5**	**37.1**	**48.8**
水利管理业	Water Conservancy Management	26.0	26.0	22.2	16.4
生态保护和环境治理业	Ecological Protection and Environmental Governance Industry	28.2	30.0		25.4
公共设施管理业	Public Facilities Management	41.4	39.6	38.9	51.1
居民服务、修理和其他服务业	**Residents Service, Repair and Other Services**	**30.4**	**28.9**	**37.8**	**30.7**
居民服务业	Resident Services	42.1	30.2	39.4	73.0
机动车、电子产品和日用产品修理业	Motor Vehicle Repair Industry, Electronic Products and Daily Products	21.7	13.0	31.3	23.2
其他服务业	Other Services	22.7	27.9	37.5	21.2
教 育	**Education**	**45.8**	**44.9**	**52.0**	**57.0**
#高等教育	High Education	45.8	44.3		61.6
中等教育	Secondary Education	40.4	39.3	42.1	52.8
初等教育	Primary Education	50.4	50.1	68.4	63.4
卫生和社会工作	**Health and Social Work**	**61.9**	**63.2**	**52.8**	**67.8**
卫 生	Health	62.0	63.3	52.8	67.7
社会工作	Social Wwork	59.0	57.7	54.1	73.6
文化、体育和娱乐业	**Culture, Sports and Entertainment**	**43.9**	**42.0**	**44.9**	**50.2**
新闻和出版业	Press and Publication	44.7	46.0		42.1
广播、电视、电影和影视录音制作业	Radio, Television, Film and Television Recording Studios	39.9	37.6	30.2	54.4
文化艺术业	Culture and Arts	49.2	47.8	47.4	53.7
体 育	Sports	39.7	35.7		54.4
娱乐业	Entertainment	47.8	47.3		48.0
公共管理、社会保障和社会组织	**Public Management, Social Security and Social Organization**	**27.3**	**27.3**	**40.6**	**46.2**
中国共产党机关	Organs of Chinese Communist Party	21.6	21.6		
国家机构	State Organs	27.3	27.2	37.6	
人民政协、民主党派	CPPCC and Domocratic Parties	24.3	24.3		
社会保障	The Social Security	46.0	46.0	40.0	46.2
群众团体、社会团体和其他成员组织	Mass Organizations, Social Organizations and Religious Organizations	39.0	39.5	26.4	
基层群众自治组织	The Grassroots Autonomous Organizations	48.6	26.4	58.0	

4—17 城镇非私营单位主要年份就业人员工资总额和指数

Total Wages of Employed Persons and Related Index of Urban Non-private Owned Units in Major Years

年 份 Year	工资总额（万元） Total Wages (10000 yuan) 合计 Total	国有单位 State-owned Units	城镇集体单位 Urban Collective-owned Units	其他单位 Units of Other Types of Ownership	指数（上年=100） Index (Preceding year=100) 合计 Total	国有单位 State-owned Units	城镇集体单位 Urban Collective-owned Units	其他单位 Units of Other Types of Ownership
2000	2755252	2015830	317435	421987	103.2	102.1	99.0	112.2
2005	4841315	3071572	276909	1492834	114.9	109.5	107.0	129.7
2007	7089072	4256242	362330	2470500	124.1	124.1	116.3	125.4
2008	8444708	4950723	397080	3096905	119.1	116.3	109.6	125.4
2009	9742920	5634976	339225	3768719	115.4	113.8	85.4	121.7
2010	12251179	6914813	425619	4910747	119.3	117.1	117.8	122.8
2011	15901381	8495347	517561	6888473	129.8	122.9	121.6	140.3
2012	19259839	10080897	580353	8598589	121.1	118.7	112.1	124.8
2013	24637193	9517563	607624	14512006	127.9	94.4	104.7	168.8
2014	26315988	10271162	643610	15401216	106.8	107.9	105.9	106.1
2015	28238432	11353008	696857	16188567	107.3	110.5	108.3	105.1
2016	30128307	12550426	721317	16856565	106.7	110.5	103.5	104.1

4—18 城镇非私营单位主要年份就业人员平均工资及指数

Average Wage of Employed Persons and Related Index of Urban Non-private Owned Units in Major Years

年 份 Year	平均货币工资（元） Average Wage in Monetary Terms (yuan) 合计 Total	国有单位 State-owned Units	城镇集体单位 Urban Collective-owned Units	其他单位 Units of Other Types of Ownership	指数（上年=100） Index (Preceding year=100) 合计 Total	国有单位 State-owned Units	城镇集体单位 Urban Collective-owned Units	其他单位 Units of Other Types of Ownership
2000	6989	7471	4762	7310	107.3	105.3	108.0	114.3
2005	15334	15450	9894	16788	118.6	114.3	126.2	124.8
2007	22180	22428	15340	23257	123.6	126.3	129.2	116.6
2008	26363	26475	18340	27731	118.9	118.0	119.6	119.2
2009	29658	30220	20606	30011	112.5	114.1	112.4	108.2
2010	33341	33793	23869	33867	115.8	115.9	119.1	115.2
2011	39352	39287	29539	40445	118.0	116.3	123.8	119.4
2012	44601	44818	34741	45209	113.3	114.1	117.6	111.8
2013	47806	48683	37927	47765	107.2	108.6	109.2	105.7
2014	50894	51974	41741	50657	106.5	106.8	110.1	106.1
2015	55139	60433	47261	52302	108.3	116.3	113.2	103.2
2016	59102	66210	50976	55076	107.2	109.6	107.9	105.3

注：本表所涉及指标，2010年以前为在岗职工相关指标，2010年及以后为就业人员相关指标。

a) Before 2010,the indicators involved in this table were related as employment workers, and after 2010 as the staff and workers indicators.

4—19 城镇非私营单位分行业就业人员工资总额（2016年）
Total Wages of Employed Persons of Urban Non-private Owned Units by Sector (2016)

单位：万元（10000 yuan）

行业	Sector	合计 Total	国有单位 State-owned Units	城镇集体单位 Urban Collective-owned Units	其他单位 Units of Other Types of Ownership
总计	**Total**	**30128307**	**12550426**	**721317**	**16856565**
按执行会计标准类别分组	**Grouped by Executive Acounting System Type**				
企业	Enterprises	19893012	2806793	444550	16641669
事业	Institutions	7241791	6859489	273185	109116
机关	Agencies & Organizations	2837763	2835946	1817	
民间非营利组织	Non-profit Organizations	50317		547	49770
其他	Others	105424	48198	1217	56010
按国民经济行业分组	**Grouped by Economic Sector**				
农、林、牧、渔业	**Agriculture, Forestry, Animal Husbandry and Fishery**	**142141**	**136183**	**1430**	**4528**
农业	Farming	62203	61460	83	660
林业	Forestry	26814	26607		208
畜牧业	Animal Husbandry	4069	832		3236
渔业	Fishery	1633	1432	201	
农、林、牧、渔服务业	Agricultural Services	47422	45852	1146	424
采矿业	**Mining**	**1404669**	**22182**	**3533**	**1378954**
制造业	**Manufacturing**	**6594692**	**259967**	**35060**	**6299666**
#酒、饮料和精制茶制造业	Wine, Drinks and Refined Tea Manufacturing	169254	1447	173	167635
烟草制品业	Tobacco	155888	47846	8911	99130
石油加工、炼焦和核燃料加工业	Petroleum Processing, Coking and Nuclear Fuel Processing	34846			34846
化学原料和化学制品制造业	Raw Chemical Materials and Chemical Products	420897	32	291	420574
橡胶和塑料制品业	Rubber and Plastic Products	308430	6352	410	301668
非金属矿物制品业	Nonmetal Mineral Products	282568	3776	2600	276191
黑色金属冶炼和压延加工业	Smelting and Pressing of Ferrous Metals	276404	645	356	275403
有色金属冶炼和压延加工业	Smelting and Pressing of Nonferrous Metals	219597			219597
金属制品业	Metal Products	251765	23476	3136	225153
通用设备制造业	Equipments in Current Use	437430	25456	828	411146
汽车制造业	Automobile Manufacturing Industry	68776	11053	4924	52799
电气机械和器材制造业	Electric Equipment and Machinery	757481	828	3317	753337
电力、热力、燃气及水的生产和供应业	**Production and Supply of Electricity, Heat, Gas and Water**	**934863**	**551057**	**4003**	**379803**
建筑业	**Construction**	**4523286**	**408484**	**160930**	**3953872**
房屋建筑业	Housing Industry	2376284	205420	84583	2086281
土木工程建筑业	Civil Engineering Construction	1388870	183046	7230	1198595
建筑安装业	Construction and Installation Industry	351170	2192	32424	316555
建筑装饰和其他建筑业	Building Decoration and Other Construction	406962	17827	36694	352441
批发和零售业	**Wholesale and Retail Trade**	**1147036**	**178231**	**11445**	**957360**
批发业	Wholesale	544426	158172	6685	379569
零售业	Retail Trade	602611	20059	4760	577791
交通运输、仓储和邮政业	**Transport, Storage and Postal Services**	**1389004**	**703786**	**18845**	**666373**
#铁路运输业	Railway Transport	377630	374721	871	2038
道路运输业	Highway Transport	632038	97528	11807	522703
水上运输业	Water Way Transport	62106	1220	4946	55940
航空运输业	Air Transport	42861	8951		33911
邮政业	Postal Services	208106	192590		15516
住宿和餐饮业	**Accommodation and Catering Trade**	**206317**	**20668**	**1744**	**183905**
住宿业	Accommodation Trade	109934	14097	601	95236
餐饮业	Catering Services	96383	6571	1143	88669
信息传输、软件和信息技术服务业	**Information Transmission, Software and Information Technology Services**	**574293**	**95247**	**1200**	**477846**
电信、广播电视和卫星传输服务	Telecommunications, Broadcasting and TV Transmission and Satellite Services	430186	89417	832	339937
互联网和相关服务	The Internet and Related Services	30969	4749	180	26040
软件和信息技术服务业	Software and Information Technology Services	113138	1081	188	111869

4—19 续表 continued

单位：万元（10000 yuan）

行 业	Sector	合 计 Total	国有单位 State-owned Units	城镇集体单 位 Urban Collective-owned Units	其他单位 Units of Other Types of Ownership
金 融 业	**Banking and Insurance**	**1631750**	**470525**	**156942**	**1004283**
货币金融服务	Monetary and Financial Services	1191198	353811	156551	680835
资本市场服务	Capital Market Services	56035	23323		32712
保险业	Insurance	366248	90412	391	275445
其他金融业	Other Financial Activities	18270	2979		15291
房地产业	**Real Estate**	**621638**	**51824**	**4037**	**565778**
#房地产开发经营	Real Estate Development and Operation	455511	22288	569	432653
物业管理	Real Estate Management	113581	6741	2861	103980
租赁和商务服务业	**Leasing and Commercial Services**	**321064**	**84773**	**23056**	**213235**
租赁业	Leasing	7882	458	1548	5876
商务服务业	Commercial Services	313182	84316	21508	207358
科学研究和技术服务业	**Scientific Research and Technical Services**	**664036**	**397687**	**5198**	**261151**
研究和试验发展	Research and Experimental Development	65646	55559	212	9875
专业技术服务业	Professional and Technical Services	539482	291735	3436	244311
科技推广和应用服务业	Science and Technology Popularization and Application Services	58907	50393	1550	6964
水利、环境和公共设施管理业	**Water Conservancy, Environmental and Public Facilities Management**	**358509**	**310825**	**4002**	**43683**
水利管理业	Water Conservancy Management	111055	110062	770	223
生态保护和环境治理业	Ecological Protection and Environmental Governance Industry	12098	6870		5228
公共设施管理业	Public Facilities Management	235356	193893	3231	38232
居民服务、修理和其他服务业	**Residents Service, Repair and Other Services**	**41501**	**15654**	**2279**	**23569**
居民服务业	Resident Services	18919	13120	832	4967
机动车、电子产品和日用产品修理业	Motor Vehicle Repair Industry, Electronic Products and Daily Products	3609	689	167	2754
其他服务业	Other Services	18973	1845	1281	15848
教 育	**Education**	**4128620**	**3899107**	**13845**	**215668**
#高等教育	High Education	586883	557574		29309
中等教育	Secondary Education	1981661	1863353	7565	110743
初等教育	Primary Education	1372522	1347922	3124	21477
卫生和社会工作	**Health and Social Work**	**2126079**	**1684379**	**260344**	**181357**
卫 生	Health	2110078	1669780	260096	180203
社会工作	Social Wwork	16001	14599	247	1154
文化、体育和娱乐业	**Culture, Sports and Entertainment**	**189454**	**141038**	**3186**	**45230**
新闻和出版业	Press and Publication	47323	27773		19549
广播、电视、电影和影视录音制作业	Radio, Television, Film and Television Recording Studios	74263	64426	494	9343
文化艺术业	Culture and Arts	54913	40691	2692	11530
体 育	Sports	8038	6824		1214
娱乐业	Entertainment	4917	1324		3594
公共管理、社会保障和社会组织	**Public Management, Social Security and Social Organization**	**3129355**	**3118811**	**10238**	**307**
中国共产党机关	Organs of Chinese Communist Party	119667	119667		
国家机构	State Organs	2926235	2918496	7739	
人民政协、民主党派	CPPCC and Democratic Parties	22197	22197		
社会保障	The Social Security	18241	17902	32	307
群众团体、社会团体和其他成员组织	Mass Organizations, Social Organizations and Religious Organizations	40595	39421	1175	
基层群众自治组织	The Grassroots Autonomous Organizations	2420	1128	1292	

4—20 各市城镇非私营单位分行业就业人员工资总额（2016年）

Total Wages of Employed Persons of Urban Non-private Owned Units by Sector and Region (2016)

单位：万元（10000 yuan）

地区	Region	合计 Total	农林牧渔业 Agriculture, Forestry, Animal Husbandry and Fishery	采矿业 Mining	制造业 Manufacturing	电力、热力、燃气及水的生产和供应业 Production and Supply of Electricity, Heat, Gas and Water	建筑业 Construction	批发和零售业 Wholesale and Retail Trade	交通运输、仓储和邮政业 Transport, Storage, Post & Telecommunications	住宿和餐饮业 Accommodation and Catering Trade	信息传输、计算机服务和软件业 Information, Circulation Computer Services and Software
总计	**Total**	**30128307**	**142141**	**1404669**	**6594692**	**934863**	**4523286**	**1147036**	**1389004**	**206317**	**574293**
合肥市	Hefei	9902747	4608	4514	2276905	473063	2553271	486054	594272	90690	284943
淮北市	Huaibei	1059876	40	436028	99495	4017	78864	12932	28374	1281	12559
亳州市	Bozhou	1107069	725	20935	190896	3507	61665	61239	59613	8680	13420
宿州市	Suzhou	1476270	3905	23220	184456	19828	325291	45382	39716	6140	22050
蚌埠市	Bengbu	1426642	1389		273511	19816	275544	51678	92895	5607	22213
阜阳市	Fuyang	1738369	5111	66025	185549	62209	133052	69769	68282	4404	25553
淮南市	Huainan	1805082	14654	666270	91816	164566	96224	38394	37592	4798	13636
滁州市	Chuzhou	1497858	22291	7124	480848	15579	82707	35882	48653	4739	18821
六安市	Luan	1122441	6163	21373	170383	12688	51206	38222	30544	5156	24856
马鞍山市	Maanshan	1405012	4294	138388	374102	30414	166689	28315	41280	1466	18923
芜湖市	Wuhu	2681577	1089	1006	1085724	30143	251235	131534	183624	26111	26891
宣城市	Xuancheng	967099	7369	141	246134	12474	51078	36860	24276	2578	20616
铜陵市	Tongling	1010551	16301	10546	326816	16041	129649	20289	33177	3724	9032
池州市	Chizhou	562907	3664	4290	95426	5310	55833	20734	24389	7413	9679
安庆市	Anqing	1715887	45523	4809	433917	53362	150933	54776	58570	13184	35949
黄山市	Huangshan	648920	5013		78716	11843	60046	14978	23748	20347	15154

地区	Region	金融业 Banking	房地产业 Real Estate	租赁和商务服务业 Leasing and Commercial Services	科学研究和技术服务业 Scientific Research and Technical Services	水利、环境和公共设施管理业 Water Conservancy, Environmental and Public Facilities Management	居民服务、修理和其他服务业 Residents Service, Repair and Other Services	教育 Education	卫生和社会工作 Health and Social Work	文化、体育和娱乐业 Culture, Sports and Entertainment	公共管理、社会保障和社会组织 Public Management, Social Security and Social Organization
总计	**Total**	**1631750**	**621638**	**321064**	**664036**	**358509**	**41501**	**4128620**	**2126079**	**189454**	**3129355**
合肥市	Hefei	494239	228862	150934	338342	49752	8275	788519	470606	71074	533825
淮北市	Huaibei	34776	7732	7667	6435	4598	488	147747	75843	2191	98809
亳州市	Bozhou	65093	25122	8344	13723	21088	2096	284461	110518	7071	148874
宿州市	Suzhou	80535	36888	14566	21858	13290	2303	314809	138534	5780	177720
蚌埠市	Bengbu	90611	46004	15751	36483	27677	1944	213322	110978	7550	133670
阜阳市	Fuyang	152639	26964	7236	15335	11828	808	422794	214260	7202	259348
淮南市	Huainan	86074	21796	20178	22015	33774	1241	227388	97744	8177	158745
滁州市	Chuzhou	76318	25406	7220	25388	26099	1284	262109	120407	6177	230805
六安市	Luan	59178	24702	4222	15910	35750	990	273621	137476	8554	201447
马鞍山市	Maanshan	77637	21887	10574	42970	17957	5775	158884	74365	7054	184038
芜湖市	Wuhu	126325	49023	28934	48568	27117	3432	282661	176868	9023	192271
宣城市	Xuancheng	65117	18325	5970	13986	16162	589	161911	93194	7262	183059
铜陵市	Tongling	46420	19286	13040	15093	7228	3802	118565	70071	6692	144779
池州市	Chizhou	39595	10069	7884	12308	19524	2666	87267	42661	13351	100843
安庆市	Anqing	85970	43392	13012	24431	25597	5666	286383	131043	14416	234957
黄山市	Huangshan	51223	16181	5531	11190	21068	143	98181	61512	7882	146166

4—21 各市城镇非私营单位就业人员工资总额（2016年）
Total Wages of Employed Persons of Urban Non-private Owned Units at Their Posts by Region (2016)

单位：万元（10000 yuan）

地区	Region	合计 Total	国有单位 State-owned Units	城镇集体单位 Urban Collective-owned Units	其他单位 Units of Other Types of Ownership
总计	**Total**	**30128307**	**12550426**	**721317**	**16856565**
合肥市	Hefei	9902747	3026216	69056	6807475
淮北市	Huaibei	1059876	346448	36568	676860
亳州市	Bozhou	1107069	629152	47291	430626
宿州市	Suzhou	1476270	817076	100061	559133
蚌埠市	Bengbu	1426642	701677	30445	694519
阜阳市	Fuyang	1738369	1097319	96078	544972
淮南市	Huainan	1805082	605066	25320	1174696
滁州市	Chuzhou	1497858	757692	61840	678327
六安市	Luan	1122441	727064	47061	348316
马鞍山市	Maanshan	1405012	488147	59898	856966
芜湖市	Wuhu	2681577	828580	18397	1834601
宣城市	Xuancheng	967099	515330	33993	417776
铜陵市	Tongling	1010551	399921	12211	598420
池州市	Chizhou	562907	321864	12831	228212
安庆市	Anqing	1715887	921511	58729	735648
黄山市	Huangshan	648920	367364	11537	270019

4—22 城镇非私营单位分行业就业人员年平均工资
Average Wage of Employed Persons of Urban Non-private Owned Units by Sector

单位：元（yuan）

行业	Sector	2010	2015	2016
总计	**Total**	**33341**	**55139**	**59102**
农、林、牧、渔业	Agriculture, Forestry, Animal Husbandry and Fishery	16945	31084	34264
采矿业	Mining	57314	61900	57981
制造业	Manufacturing	29238	50945	54614
电力、热力、燃气及水的生产和供应业	Production and Supply of Electricity, Heat, Gas and Water	40467	81692	89223
建筑业	Construction	28046	48895	51399
批发和零售业	Wholesale and Retail Trades	26935	45751	49999
交通运输、仓储和邮政业	Transport, Storage and Post	29408	56659	61038
住宿和餐饮业	Hotels and Catering Services	18188	33629	34897
信息传输、软件和信息技术服务业	Information Transmission, Software and Information Technology	36316	67922	72390
金融业	Financial Intermediation	46561	77300	76724
房地产业	Real Estate	27250	54252	60543
租赁和商务服务业	Leasing and Business Services	28122	47458	47667
科学研究和技术服务业	Scientific Research and Technical Services	36068	69129	73035
水利、环境和公共设施管理业	Management of Water Conservancy, Environment	20949	40802	46332
居民服务、修理和其他服务业	Services to Households, Repair and Other Services	23258	41690	44353
教育	Education	32445	59088	64322
卫生和社会工作	Health and Social Service	31811	63695	71104
文化、体育和娱乐业	Culture, Sports and Entertainment	28435	52272	55773
公共管理、社会保障和社会组织	Public Management, Social Security and Social Organization	33622	57083	63744

4—23 各市城镇非私营单位分行业就业人员年平均工资（2016年）

Average Wage of Employed Persons of Urban Non-private Owned Units by Sector By Region (2016)

单位：元（yuan）

地区	Region	合计 Total	农林牧渔业 Agriculture, Forestry, Animal Husbandry and Fishery	采矿业 Mining	制造业 Manufacturing	电力、热力、燃气及水的生产和供应业 Production and Supply of Electricity, Heat, Gas and Water	建筑业 Construction	批发和零售业 Wholesale and Retail Trade	交通运输、仓储和邮政业 Transport, Storage, Post & Telecommunications	住宿和餐饮业 Accommodation and Catering Trade	信息传输、计算机服务和软件业 Information, Circulation Computer Services and Software
总计	**Total**	**59102**	**34264**	**57981**	**54614**	**89223**	**51399**	**49999**	**61038**	**34897**	**72390**
合肥市	Hefei	68416	42276	49818	66253	111058	57271	60740	78645	35294	78159
淮北市	Huaibei	48266	80200	46054	33975	48170	47301	52186	56998	25667	60204
亳州市	Bozhou	48036	38585	57106	39631	54718	37186	40780	39455	30595	65239
宿州市	Suzhou	48874	29252	39510	36894	76320	45551	39428	41139	28128	54351
蚌埠市	Bengbu	54006	36931		44959	50693	50898	42692	64613	31624	77262
阜阳市	Fuyang	52841	26816	71393	38249	75396	42836	37438	36907	31661	62293
淮南市	Huainan	58543	25660	68660	39263	85926	43742	37081	40679	33933	84696
滁州市	Chuzhou	61436	33525	65421	60680	64779	50354	44124	48893	36648	72303
六安市	Luan	57287	26856	65302	44002	43964	39313	48971	56344	37118	69976
马鞍山市	Maanshan	63184	56504	60851	57513	83602	59005	42560	57662	35657	64364
芜湖市	Wuhu	59930	33097	44304	60657	72354	40669	55121	66171	42019	74019
宣城市	Xuancheng	59983	34926	36051	49888	71200	55665	52447	54811	29001	71334
铜陵市	Tongling	59466	48172	65833	53123	82011	44107	43717	54621	31004	66705
池州市	Chizhou	53672	43827	46531	43693	53316	46863	47240	53542	35385	64229
安庆市	Anqing	50765	33791	50299	46984	72355	40011	40291	56748	29809	62980
黄山市	Huangshan	57422	48292		47394	72969	40970	47057	53008	37590	79671

地区	Region	金融业 Banking	房地产业 Real Estate	租赁和商务服务业 Leasing and Commercial Services	科学研究和技术服务业 Scientific Research and Technical Services	水利、环境和公共设施管理业 Water Conservancy, Environmental and Public Facilities Management	居民服务、修理和其他服务业 Residents Service, Repair and Other Services	教育 Education	卫生和社会工作 Health and Social Work	文化、体育和娱乐业 Culture, Sports and Entertainment	公共管理、社会保障和社会组织 Public Management, Social Security and Social Organization
总计	**Total**	**76724**	**60543**	**47667**	**73035**	**46332**	**44353**	**64322**	**71104**	**55773**	**63744**
合肥市	Hefei	126343	66636	61772	85863	50285	48505	73376	89511	61376	71098
淮北市	Huaibei	53044	44434	35123	48710	57618	46047	61749	56540	43130	56398
亳州市	Bozhou	46615	48667	36987	53129	33773	42684	56700	65407	47680	55237
宿州市	Suzhou	67382	56019	32111	45633	44822	42643	58266	59344	45089	53192
蚌埠市	Bengbu	65866	61992	44181	63076	44411	38888	59449	66545	51433	59438
阜阳市	Fuyang	59107	51854	35824	57243	43201	38851	62423	69477	43968	53478
淮南市	Huainan	58890	51503	33832	59324	35210	36378	63424	56194	47598	63470
滁州市	Chuzhou	72663	76918	38529	55300	43652	58118	66559	66391	62518	74353
六安市	Luan	87567	74492	35362	56580	51849	42299	64150	72200	65447	60395
马鞍山市	Maanshan	64838	82035	39932	93210	61393	39418	69716	68000	66294	77683
芜湖市	Wuhu	84810	60545	51530	78260	54681	39674	63812	78991	53012	61089
宣城市	Xuancheng	62739	58414	40231	67829	47972	51174	72356	73375	59086	68492
铜陵市	Tongling	86282	44852	44010	71259	60689	47946	72690	84393	64410	88205
池州市	Chizhou	65555	57572	41497	57729	47549	60185	63146	63211	55213	61232
安庆市	Anqing	65327	49585	39429	56344	44923	43584	56337	63468	50193	57060
黄山市	Huangshan	65662	60556	38978	62864	55529	49345	68400	68613	47111	67616

4—24 城镇非私营单位就业人员年平均工资（2016年）
Average Wage of Employed Persons of Urban Non-private Owned Units at Their Posts (2016)

单位：元（yuan）

行业	Sector	合计 Total	在岗职工 On-the-job Worker	国有单位 State-owned Units	城镇集体单位 Urban Collective-owned Units	其他单位 Units of Other Types of Ownership
总计	**Total**	**59102**	**61289**	**66210**	**50976**	**55076**
按执行会计标准类别分组	**Grouped by Executive Acounting System Type**					
企业	Enterprises	56470	58402	66773	51151	55187
事业	Institutions	65639	67732	66638	50836	54079
机关	Agencies & Organizations	64306	67688	64307	63104	
民间非营利组织	Non-profit Organizations	39464	40062		25329	39708
其他	Others	60047	64522	99726	34974	45257
按国民经济行业分组	**Grouped by Economic Sector**					
农、林、牧、渔业	Agriculture, Forestry, Animal Husbandry and Fishery	34264	37677	34260	32198	35099
采矿业	Mining	57981	61027	57780	38696	58058
制造业	Manufacturing	54614	54791	70797	50467	54128
电力、热力、燃气及水的生产和供应业	Production and Supply of Electricity, Heat, Gas and Water	89223	90020	105474	41222	73661
建筑业	Construction	51399	52514	55794	43731	51348
批发和零售业	Wholesale and Retail Trade	49999	50437	61864	29468	48667
交通运输、仓储和邮政业	Transport, Storage and Postal Services	61038	62598	75320	27985	52309
住宿和餐饮业	Accommodation and Catering Trade	34897	35013	36750	28042	34781
信息传输、计算机服务和软件业	Information Circulation, Computer Service and Software	72390	76405	70937	49395	72772
金融业	Banking	76724	101628	65893	93407	80685
房地产业	Real Estate	60543	61499	57988	35013	61107
租赁和商务服务业	Leasing and Commercial Services	47667	48545	43612	33117	52066
科学研究和技术服务业	Scientific Research and Technical Services	73035	75503	71592	60305	75676
水利、环境和公共设施管理业	Water Conservancy, Environmental and Public Facilities Management	46332	50580	46783	32166	45052
居民服务、修理和其他服务业	Residents Service, Repair and Other Services	44353	45623	47696	43404	42466
教育	Education	64322	65990	65771	53830	46415
卫生和社会工作	Health and Social Work	71104	73097	77768	51384	57113
文化、体育和娱乐业	Culture, Sports and Entertainment	55773	57753	55220	42770	58871
公共管理、社会保障和社会组织	Public Management, Social Security and Social Organization	63744	66963	63849	42464	62633

4—25 各市城镇非私营单位就业人员年平均工资（2016年）
Average Wage of Employed Persons of Urban Non-private Owned Units at Their Posts by Region (2016)

单位：元（yuan）

地区	Region	合计 Total	在岗职工 On-the-job Worker	国有单位 State-owned Units	城镇集体单位 Urban Collective-owned Units	其他单位 Units of Other Types of Ownership
总计	**Total**	**59102**	**61289**	**66210**	**50976**	**55076**
合肥市	Hefei	68416	71054	82703	48338	63786
淮北市	Huaibei	48266	50307	60039	42413	44163
亳州市	Bozhou	48036	50292	54995	47822	40557
宿州市	Suzhou	48874	49356	58919	38678	40661
蚌埠市	Bengbu	54006	55800	63479	44727	47304
阜阳市	Fuyang	52841	54704	57437	71227	43794
淮南市	Huainan	58543	63713	58249	37640	59409
滁州市	Chuzhou	61436	62855	66027	61270	57022
六安市	Luan	57287	59107	63073	58936	47929
马鞍山市	Maanshan	63184	65060	72335	56364	59405
芜湖市	Wuhu	59930	61385	71134	51317	56038
宣城市	Xuancheng	59983	63219	67764	64601	52274
铜陵市	Tongling	59466	61501	77591	46946	51679
池州市	Chizhou	53672	55068	61401	61928	45291
安庆市	Anqing	50765	52954	55847	49888	45629
黄山市	Huangshan	57422	59325	67553	63635	47528

4—26 城镇私营单位就业人员和工资情况（2016年）
Wages of Employed Persons in Private Enterprises of Urban Areas (2016)

行　业	Sector	单位就业人员 Unit Employed People 年末人数（人） Number of Persons At the end of Year (person)	平均人数（人） Average Number of Persons (person)	工资总额（千元） Total Wage (1000 yuan)	平均工资（元） Average Wage (yuan)
总　计	**Total**	**4105012**	**4038042**	**157926893**	**39110**
按国民经济行业分组	**Grouped by Economic Sector**				
农、林、牧、渔业	Agriculture, Forestry, Animal Husbandry and Fishery	43338	43398	1300150	29959
采矿业	Mining	10762	10515	418878	39836
制造业	Manufacturing	1642821	1622939	66029211	40685
电力、热力、燃气及水的生产和供应业	Production and Supply of Electricity, Heat, Gas and Water	7878	7833	266693	34047
建筑业	Construction	896489	869392	39177676	45063
批发和零售业	Wholesale and Retail Trade	552784	549587	17116712	31145
交通运输、仓储和邮政业	Transport, Storage and Postal Services	131101	130833	5235295	40015
住宿和餐饮业	Accommodation and Catering Trade	126189	118455	3821913	32265
信息传输、计算机服务和软件业	Information Circulation, Computer Service and Software	78923	77841	3272235	42037
金融业	Banking	9597	9563	417046	43610
房地产业	Real Estate	151736	148994	6194972	41579
租赁和商务服务业	Leasing and Commercial Services	203471	201763	6364968	31547
科学研究和技术服务业	Scientific Research and Technical Services	96616	96088	3622150	37696
水利、环境和公共设施管理业	Water Conservancy, Environmental and Public Facilities Management	16461	15385	460109	29906
居民服务、修理和其他服务业	Residents Service, Repair and Other Services	47033	46617	1162028	24927
教　育	Education	27773	27485	946684	34444
卫生和社会工作	Health and Social Work	22101	21618	879631	40690
文化、体育和娱乐业	Culture, Sports and Entertainment	39474	39273	1226210	31223
公共管理、社会保障和社会组织	Public Management, Social Security and Social Organization	465	463	14332	30955

4—27 城镇非私营单位分行业就业人员年平均工资（2016年）
Average Wage of Employed Persons of Urban Non-private Owned Units by Sector (2016)

单位：元（yuan）

行业	Sector	合计 Total	国有单位 State-owned Units	城镇集体单位 Urban Collective-owned Units	其他单位 Units of Other Types of Ownership
总计	**Total**	**59102**	**66210**	**50976**	**55076**
按执行会计标准类别分组	**Grouped by Executive Acounting System Type**				
企业	Enterprises	56470	66773	51151	55187
事业	Institutions	65639	66638	50836	54079
机关	Agencies & Organizations	64306	64307	63104	
民间非营利组织	Non-profit Organizations	39464		25329	39708
其他	Others	60047	99726	34974	45257
按国民经济行业分组	**Grouped by Economic Sector**				
农、林、牧、渔业	**Agriculture, Forestry, Animal Husbandry and Fishery**	**34264**	**34260**	**32198**	**35099**
农业	Farming	28596	28710	19643	21782
林业	Forestry	33190	33254		26628
畜牧业	Animal Husbandry	37225	29306		40005
渔业	Fishery	28554	28583	28352	
农、林、牧、渔服务业	Agricultural Services	47479	47978	34616	42370
采矿业	**Mining**	**57981**	**57780**	**38696**	**58058**
制造业	**Manufacturing**	**54614**	**70797**	**50467**	**54128**
#酒、饮料和精制茶制造业	Wine, Drinks and Refined Tea Manufacturing	44849	146111	21899	44630
烟草制品业	Tobacco	126031	111347	80571	142306
石油加工、炼焦和核燃料加工业	Petroleum Processing, Coking and Nuclear Fuel Processing	67728			67728
化学原料和化学制品制造业	Raw Chemical Materials and Chemical Products	56932	40250	42188	56947
橡胶和塑料制品业	Rubber and Plastic Products	54182	75173	30820	53920
非金属矿物制品业	Nonmetal Mineral Products	50236	49101	25318	50722
黑色金属冶炼和压延加工业	Smelting and Pressing of Ferrous Metals	61677	44178	29891	61819
有色金属冶炼和压延加工业	Smelting and Pressing of Nonferrous Metals	54975			54975
金属制品业	Metal Products	57423	112433	40458	54941
通用设备制造业	Equipments in Current Use	52358	47768	34798	52725
汽车制造业	Automobile Manufacturing Industry	59223	62408	64031	58194
电气机械和器材制造业	Electric Equipment and Machinery	54107	62712	54280	54098
电力、热力、燃气及水的生产和供应业	**Production and Supply of Electricity, Heat, Gas and Water**	**89223**	**105474**	**41222**	**73661**
建筑业	**Construction**	**51399**	**55794**	**43731**	**51348**
房屋建筑业	Housing Industry	48042	52371	35344	48353
土木工程建筑业	Civil Engineering Construction	58164	61015	44193	57861
建筑安装业	Construction and Installation Industry	54337	44640	54752	54377
建筑装饰和其他建筑业	Building Decoration and Other Construction	49638	50963	69090	48163
批发和零售业	**Wholesale and Retail Trade**	**49999**	**61864**	**29468**	**48667**
批发业	Wholesale	62520	70323	29542	60902
零售业	Retail Trade	42339	31750	29364	42993
交通运输、仓储和邮政业	**Transport, Storage and Postal Services**	**61038**	**75320**	**27985**	**52309**
#铁路运输业	Railway Transport	93480	93603	41452	132344
道路运输业	Highway Transport	49794	49103	32951	50510
水上运输业	Water Way Transport	48047	53271	18568	55756
航空运输业	Air Transport	99101	83651		104180
邮政业	Postal Services	71999	74053		53559
住宿和餐饮业	**Accommodation and Catering Trade**	**34897**	**36750**	**28042**	**34781**
住宿业	Accommodation Trade	37895	36759	25256	38191
餐饮业	Catering Services	32009	36730	29768	31738
信息传输、软件和信息技术服务业	**Information Transmission, Software and Information Technology Services**	**72390**	**70937**	**49395**	**72772**
电信、广播电视和卫星传输服务	Telecommunications, Broadcasting and TV Transmission and Satellite Services	70330	69284	44995	70708
互联网和相关服务	The Internet and Related Services	87359	164885	99944	80395
软件和信息技术服务业	Software and Information Technology Services	77380	46386	47000	77968

4—27 续表 continued

单位：元（yuan）

行业	Sector	合计 Total	国有单位 State-owned Units	城镇集体单位 Urban Collective-owned Units	其他单位 Units of Other Types of Ownership
金融业	**Banking and Insurance**	**76724**	**65893**	**93407**	**80685**
货币金融服务	Monetary and Financial Services	106567	92090	93252	120351
资本市场服务	Capital Market Services	138838	128783		147022
保险业	Insurance	38432	29433	279357	42662
其他金融业	Other Financial Activities	116665	65044		138004
房地产业	**Real Estate**	**60543**	**57988**	**35013**	**61107**
#房地产开发经营	Real Estate Development and Operation	73802	75604	51736	73752
物业管理	Real Estate Management	35320	36917	31784	35329
租赁和商务服务业	**Leasing and Commercial Services**	**47667**	**43612**	**33117**	**52066**
租赁业	Leasing	49632	53244	39884	52748
商务服务业	Commercial Services	47620	43569	32717	52046
科学研究和技术服务业	**Scientific Research and Technical Services**	**73035**	**71592**	**60305**	**75676**
研究和试验发展	Research and Experimental Development	60868	59580	46152	69840
专业技术服务业	Professional and Technical Services	77206	77150	62821	77522
科技推广和应用服务业	Science and Technology Popularization and Application Services	57420	59920	57610	44077
水利、环境和公共设施管理业	**Water Conservancy, Environmental and Public Facilities Management**	**46332**	**46783**	**32166**	**45052**
水利管理业	Water Conservancy Management	56516	56599	55007	34875
生态保护和环境治理业	Ecological Protection and Environmental Governance Industry	60040	56219		65928
公共设施管理业	Public Facilities Management	42244	42362	29270	43253
居民服务、修理和其他服务业	**Residents Service, Repair and Other Services**	**44353**	**47696**	**43404**	**42466**
居民服务业	Resident Services	48823	50540	36157	47351
机动车、电子产品和日用产品修理业	Motor Vehicle Repair Industry, Electronic Products and Daily Products	38599	37634	34688	39116
其他服务业	Other Services	41727	36680	51846	41737
教育	**Education**	**64322**	**65771**	**53830**	**46415**
#高等教育	High Education	81715	85157		46192
中等教育	Secondary Education	64037	65312	56494	48535
初等教育	Primary Education	61198	61407	68350	49785
卫生和社会工作	**Health and Social Work**	**71104**	**77768**	**51384**	**57113**
卫生	Health	71366	78152	51439	57296
社会工作	Social Wwork	47949	49793	24245	38086
文化、体育和娱乐业	**Culture, Sports and Entertainment**	**55773**	**55220**	**42770**	**58871**
新闻和出版业	Press and Publication	73815	64305		93448
广播、电视、电影和影视录音制作业	Radio, Television, Film and Television Recording Studios	51205	51689	46623	48336
文化艺术业	Culture and Arts	52423	55482	42131	46083
体育	Sports	55209	59706		38786
娱乐业	Entertainment	43746	47103		42628
公共管理、社会保障和社会组织	**Public Management, Social Security and Social Organizatio**	**63744**	**63849**	**42464**	**62633**
中国共产党机关	Organs of Chinese Communist Party	72167	72167		
国家机构	State Organs	63393	63456	46177	
人民政协、民主党派	CPPCC and Domocratic Parties	81248	81248		
社会保障	The Social Security	59416	59357	63400	62633
群众团体、社会团体和其他成员组织	Mass Organizations, Social Organizations and Religious Organizations	64994	65646	48739	
基层群众自治组织	The Grassroots Autonomous Organizations	34823	54748	26429	

4—28 各县（市）城镇非私营单位就业人员和平均工资（2016年）

Number of Employed Persons and Their Average Wages of Urban Non-private Owned Units by County (City) (2016)

县（市） County (City)		就业人员（人） Staff (person)	#国有单位 State-owned Units	#城镇集体单位 Urban Collective-owned Units	就业人员工资总额（千元） Total Wage of Staff (1000 yuan)	#国有单位 State-owned Units	#城镇集体单位 Urban Collective-owned Units	就业人员平均工资（元） Average Wage of Staff (yuan)	#国有单位 State-owned Units	#城镇集体单位 Urban Collective-owned Units
巢湖市	Chaohu	70991	21259	2294	3763549	1353063	97235	55734	63701	42516
长丰县	Changfeng	45888	15229	1500	2486997	1046572	76718	55567	71007	51420
肥东县	Feidong	45962	20271	3724	2491468	1268566	158877	55290	63340	44317
肥西县	Feixi	81590	17153	1078	4824880	1045086	65203	60445	61310	59984
庐江县	Lujiang	63374	21663	1140	3137510	1469592	58532	51537	68084	51254
濉溪县	Suixi	40742	21840	6103	1954839	1239691	251151	48187	57087	41444
谯城区	Qiaocheng District	86283	40020	2219	4220611	2255392	73846	49385	56157	35182
涡阳县	Guoyang	42163	24886	3277	1979395	1337969	157066	47928	54349	48447
蒙城县	Mengcheng	57011	24064	2673	2564557	1314640	123936	47133	55335	46981
利辛县	Lixin	46817	23162	1850	2095444	1198481	115034	45445	51990	62383
埇桥区	Yongqiao District	159353	69520	7880	8030852	4267569	304975	50558	61685	34317
砀山县	Dangshan	34391	15015	1389	1618129	916658	65759	48172	61213	48495
萧　县	Xiaoxian	49112	20061	11573	2073769	1030475	416176	44076	54079	36895
灵璧县	Lingbi	38003	19430	1767	1787037	1079947	74356	47425	55693	44233
泗　县	Sixian	25717	16838	2662	1252916	876113	139341	50332	54505	52266
怀远县	Huaiyuan	34201	19045	1807	1642635	986166	75149	48926	52787	46303
五河县	Wuhe	18262	12565	1323	987310	744220	57762	54826	60144	43726
固镇县	Guzhen	18705	10598	625	871390	533117	40083	47317	50609	63826
颍州区	Yingzhou District	71789	43334	683	3859295	2534279	35110	55109	59674	53278
颍东区	Yingdong District	39660	19690	1063	1949142	1003703	84649	51106	51933	79408
颍泉区	Yingquan District	36716	18665	1430	1644212	910774	121104	45851	49974	85828
界首市	Jieshou	29425	14414	819	1380251	768760	89478	50317	59956	110195
临泉县	Linquan	30762	23993	3091	1824969	1469867	201215	59480	61604	66893
太和县	Taihe	37916	23796	3520	1983302	1461474	179454	53406	61386	52703
阜南县	Funan	34428	24824	930	1773020	1405696	89402	51459	56642	95719
颍上县	Yingshang	36925	21506	2070	2066184	1132225	150616	55514	52394	74049
凤台县	Fengtai	56685	18438	1193	3377789	874271	23538	58614	47824	19059
寿　县	Shouxian	27852	21188	822	1539908	1246518	35708	55111	58396	43126
天长市	Tianchang	29783	15486	1532	1812970	909976	157410	61517	59674	102815
明光市	Mingguang	21927	15397	1326	1177001	875752	73746	53695	56555	55953
来安县	Laian	23759	10071	1543	1366999	613950	87278	58584	61297	56822
全椒县	Quanjiao	23787	11616	410	1350014	752077	20153	56368	63649	49034
定远县	Dingyuan	25227	17686	1780	1452200	1077243	79218	57445	61127	45242
凤阳县	Fengyang	23417	13926	2518	1501308	855195	132262	64919	61944	52216
金安区	Jinan District	32500	14786	485	1715301	907909	30322	53171	61700	62778
裕安区	Yuan District	19543	14715	727	1064127	814905	26492	54381	55846	36897

4—28 续表 continued

县（市） County or City		就业人员（人）Staff (person)	#国有单位 State-owned Units	#城镇集体单位 Urban Collective-owned Units	就业人员工资总额（千元）Total Wage of Staff (1000 yuan)	#国有单位 State-owned Units	#城镇集体单位 Urban Collective-owned Units	就业人员平均工资（元）Average Wage of Staff (yuan)	#国有单位 State-owned Units	#城镇集体单位 Urban Collective-owned Units
叶集区	Yeji District	4796	3468	295	240043	176349	19401	51040	52082	67131
霍邱县	Huoqiu	29665	21317	1876	1806850	1345344	85802	60256	62032	45542
舒城县	Shucheng	25164	15692	1965	1347414	958251	125423	53492	60656	63570
金寨县	Jinzhai	18869	13939	1360	1034708	809052	94076	55501	58580	68870
霍山县	Huoshan	28023	8986	1275	1412360	588699	89089	50517	66542	70039
当涂县	Dangtu	15966	10208	709	1014684	753529	36194	64119	74035	50763
含山县	Hanshan	16462	9547	371	980880	655431	19198	63772	69211	51608
和　县	Hexian	29222	12977	7235	1770666	845910	453685	61944	65544	59940
芜湖县	Wuhu	13037	7656	342	709203	476880	19657	54258	62005	57477
繁昌县	Fanchang	16170	6554	450	937957	467524	26550	58655	70805	57717
南陵县	Nanling	43290	9178	758	1940494	562965	38763	45394	59845	51547
无为县	Wuwei	43906	23644	987	2270229	1352957	43165	52018	57174	44408
宣州区	Xuanzhou District	44170	25206	2646	2814907	1721494	167062	64656	69209	63837
宁国市	Ningguo	43711	10934	565	2380188	815086	37628	54896	75054	66130
郎溪县	Langxi	12284	7828	468	770880	513074	25817	61993	65770	55047
广德县	Guangde	26888	11902	534	1532478	745782	52806	58291	62808	98703
泾　县	Jingxian	12965	9550	476	828524	641715	24931	64361	67741	52597
绩溪县	Jixi	7671	6065	314	457209	385860	15001	59633	63631	47472
旌德县	Jingde	6437	4660	282	386732	303955	16684	60503	65536	59163
枞阳县	Zongyang	23046	14504	2363	1323046	954193	114504	57166	65432	48601
贵池区	Guichi District	33694	12739	1003	1775453	776322	61347	52697	61457	61347
东至县	Dongzhi	16698	11693	321	880609	659154	22142	54125	57927	66492
石台县	Shitai	5920	4579	58	299632	249809	1450	51902	55024	25000
青阳县	Qingyang	17414	7421	503	915591	482927	38246	53603	65137	75735
桐城市	Tongcheng	37011	19078	2256	1921208	1101036	76123	51453	57408	34492
怀宁县	Huaining	19112	12655	1603	1060145	769991	98534	55090	60245	62167
潜山县	Qianshan	28926	12803	1461	1444880	749324	91120	50792	58605	62368
太湖县	Taihu	29190	14604	1241	1299013	725746	101258	45342	51224	83754
宿松县	Susong	33817	26311	708	1640090	1299677	36189	51964	53641	50614
望江县	Wangjiang	25712	12263	745	1268193	656840	28342	49510	53835	43073
岳西县	Yuexi	19706	11641	1079	966330	656135	34040	49981	56637	33471
屯溪区	Tunxi District	47763	18667	84	2564107	1272343	4570	56399	69130	55060
黄山区	Huangshan District	14822	7215	276	861368	487252	23572	57794	67254	83886
徽州区	Huizhou District	10030	3533	210	604138	229756	18886	60293	65290	89085
歙　县	Shexian	16755	9692	535	990967	683251	28195	59636	70322	54221
休宁县	Xiuning	11954	5939	257	661299	385230	14502	56468	65018	56871
黟　县	Yixian	5737	3473	172	298100	220353	7914	52873	63741	46828
祁门县	Qimen	8703	6184	294	509222	395457	17732	58842	64670	60519

4—29 城镇登记失业人数及失业率
Number of Registered Urban Unemployed Persons and Unemployment Rate

单位：万人（10000 persons）

年份 Year	本年新登记失业人数 Number of New Unemployed Persons in this Year	登记失业人员中新增就业人数 New Added Employees of the Registered Urban Unemployed Persons	年末实有登记失业人数 Number of Unemployed Persons (Year-end)	#女性 Female	城镇登记失业率(%) Urban Unemployed Ratio (%)
2000	31.59	12.26	16.52	9.12	3.30
2005	34.63	32.88	13.60	13.60	4.40
2007	29.78	29.71	28.02	13.70	4.06
2008	26.49	26.52	29.31	13.63	3.92
2009	25.24	26.08	30.07	13.89	3.92
2010	28.48	31.69	26.86	13.01	3.66
2011	36.91	30.64	33.13	15.65	3.74
2012	36.38	37.17	31.30	14.04	3.68
2013	39.53	38.14	32.36	14.31	3.41
2014	39.32	39.93	31.45	14.20	3.21
2015	35.44	35.91	30.91	9.34	3.14
2016	26.22	25.89	30.45	14.44	3.20

4—30 各市城镇登记失业人数及失业率（2016年）
Number of Registered Urban Unemployed Persons and Unemployment Rate by Region (2016)

单位：人（person）

地区	Region	本年新登记失业人数 Number of New Unemployed Persons in this Year	登记失业人员中新增就业人数 New Added Employees of the Registered Urban Unemployed Persons	年末实有登记失业人数 Number of Unemployed Persons (Year-end)	#女性 Female	城镇登记失业率(%) Urban Unemployed Ratio (%)
总计	**Total**	**262168**	**258949**	**304464**	**144444**	**3.20**
合肥市	Hefei	29172	24812	106651	53810	3.03
淮北市	Huaibei	24099	23793	20986	10763	4.16
亳州市	Bozhou	7490	5922	4888	1114	2.76
宿州市	Suzhou	18101	20486	9099	5902	2.42
蚌埠市	Bengbu	21389	24293	16272	3149	2.86
阜阳市	Fuyang	18598	16715	6840	3708	2.68
淮南市	Huainan	2628	2064	27274	10999	4.00
滁州市	Chuzhou	17146	17485	10949	5407	3.22
六安市	Luan	12132	11589	14051	7394	4.00
马鞍山市	Maanshan	38896	37934	20599	9029	2.93
芜湖市	Wuhu	12637	12329	16937	9595	3.39
宣城市	Xuancheng	12518	13644	9275	3998	3.06
铜陵市	Tongling	26148	26100	9935	4311	3.09
池州市	Chizhou	7007	6015	7156	2764	3.29
安庆市	Anqing	6975	8202	17775	9162	3.22
黄山市	Huangshan	7232	7566	5777	3339	3.68

主要统计指标解释

就业人员

指从事一定社会劳动并取得劳动报酬或经营收入的全部劳动力。包括：1. 全部职工；2. 城镇私营企业从业人员；3. 城镇个体劳动者；4. 农村社会劳动者；5. 其他社会劳动者。这一指标反映了一定时期内全部劳动力资源的实际利用情况，是研究基本国情国力的重要指标。

单位就业人员

指在各级国家机关、政党机关、社会团体及企业、事业单位中工作，取得工资或其他形式的劳动报酬的全部人员。包括在岗职工、再就业的离退休人员、民办教师以及在各单位中工作的外方人员和港澳台方人员、兼职人员、借用的外单位人员和第二职业者。不包括离开本单位仍保留劳动关系的职工。各单位的从业人员反映了各单位实际参加生产或工作的全部劳动力。

城镇私营和个体就业人员

城镇私营就业人员指在工商管理部门注册登记，其经营地址设在县城关镇（含城关镇）以上的私营企业从业人员；包括私营企业投资者和雇工。城镇个体从业人员指在工商管理部门注册登记，并持有城镇户口或在城镇长期居住，经批准从事个体工商经营的从业人员；包括个体经营者和在个体工商户劳动的家庭帮工和雇工。

城镇登记失业人员

指有非农业户口，在一定的劳动年龄内，有劳动能力，无业而要求就业，并在当地就业服务机构进行求职登记的人员。

城镇登记失业率

指城镇登记失业人数同城镇从业人数与城镇登记失业人数之和的比。计算公式为：

城镇登记失业率=城镇登记失业人数/（城镇从业人数+城镇登记失业人数）×100%

在岗职工

指在本单位工作并由单位支付工资的人员，以及有工作岗位，但由于学习、病伤产假等原因暂未工作，仍由单位支付工资的人员。

专业技术人员

指从事专业技术工作的人员以及从事专业技术管理工作且已在1983年以前评定了专业技术职称或在1984年以后聘任了专业技术职务的人员。

专业技术人员具体指工程技术人员、农业技术人员、科研人员（含自然科学研究、社会科学研究及实验技术人员）、卫生技术人员、教学人员（含高等院校、中等专业学校、技工学校、中学、小学）、民用航空飞行技术人员、船舶技术人员、经济人员、会计人员、统计人员、翻译人员、图书资料、档案、文博人员、新闻、出版人员、律师、公证人员、广播电视播音人员、工艺美术人员、体育人员、艺术人员及政工人员。

专业技术管理人员具体指企业、事业单位的领导；企业、事业单位下设的职能机构、企业的生产车间和辅助车间（或附属辅助生产单位）中从事生产、技术、经济管理和政治工作的人员。

按照公务员管理或参照公务员管理的人员不统计为专业技术人员。

就业人员工资总额

指根据《关于工资总额组成的规定》（1990年1月1日国家统计局发布的一号令）进行修订，本单位在报告期内（季度或年度）直接支付给本单位全部就业人员的劳动报酬总额。包括计时工资、计件工资、奖金、津贴和补贴、加班加点工资、特殊情况下支付的工资，是在岗职工工资总额、劳务派遣人员工资总额和其他从业人员工资总额之和。

在岗职工工资总额

指本单位在报告期内直接支付给本单位全部在岗职工的劳动报酬总额。在岗职工工资总额由基本工资、绩效工资、工资性津贴和补贴、其他工资四部分组成。工资总额不包括病假、事假等情况的扣款。

就业人员平均工资

指本单位就业人员在报告期内平均每人所得的工资额。

在岗职工平均工资

指本单位在岗职工在报告期内平均每人所得的工资额。

Explanatory Notes for Major Statistical Indicators

Employed Persons

refers to the persons who are engaged in social labor and receive remuneration payment or earn business income, including: (1)Total staff and workers; (2)Employed persons in private enterprises in urban areas; (3)Self-employed individuals in urban areas; (4)Social laborers in rural areas; (5)Other social laborers. It reflects the utilization of total labor force during a given period of time.

Persons Employed in Various Units

refer to all the persons working in government agencies of various levels, political and party organizations, social organizations, enterprises and institutions, and receiving wages or other forms of payment. They include fully-employed staff and workers, re-employed retirees, teachers in schools run by the local people, foreigners and Chinese compatriots from Hong Kong, Macao, and Taiwan working in various units, part-time employees, employees of other units working temporarily at current posts, and employees holding the second job, but exclude staff and workers who have left their working units while keeping their labour contract (employment relation) unchanged. This indicator reflects the total number of laborers actually engaged in production or other operations in various units.

Persons Employed in Private Enterprises and Self-Employed Individuals in Urban Areas

Persons employed in private enterprises refer to the persons employed in the private enterprises which have been registered at the departments of industrial and commercial administration and are situated at a county town (i.e. a town where the county government is located) for business operation or at urban areas with the level higher than a county town. The self-employed individuals in urban areas refer to persons who hold the certificates of residence in urban areas or have resided in the urban areas for a long time and have been registered at the departments of industrial and commercial administration and approved to be engaged in individual industrial or commercial business, including self-employed persons as well as helpers and hired labourers who work in the individual households engaged in industrial or commercial business.

Registered Urban Unemployed Persons

The registered unemployed persons in urban areas refer to the persons who are registered as permanent residents in the urban areas engaged in non-agricultural activities, aged within the range of working age, capable to labour, unemployed but desirous to be employed and have been registered at the local employment service agencies to apply for a job.

Registered Urban Unemployment Rate

Registered unemployment rate in urban areas refers to the ratio of the number of the registered unemployed persons to the sum of the number of employed persons and the registered unemployed persons. The formula is as follows:

Registered urban unemployment rate =number of registered urban unemployed persons/(urban employed person number + registered urban unemployed person number)×100%

Fully Employed Staff and Workers

refer to persons who work in, and receive wages from their working units, as well as persons who have their work posts, but are temporarily absent from work for reasons of study or on sick, injury or maternal leave and still receive wages from their working units.

Professional and Technical Personnel

refers to professional, technical and managerial staff members in institutions who were rated professional and technical titles before 1983 or appointed professional and technical posts after 1984.

Professional and technical personnel includes the following: Engineering, Agriculture, Scientific Research (including natural science, social science and laboratory technique), Health care, Teaching, civil aviation, shipping, economics, accounting, statistics, translating, archives, publishing, lawyer, broadcasting, craft, physical culture, art and political workers.

Managerial staff refers to the leadership of enterprises and institutions and persons engaged in production, technology, economic management and political work in functioning organizations under enterprises or institutions and workshop of enterprises.

Public servants or the personnel in light of public service are not included.

Total wages of employed persons

According to the "Regulations of total wages" (No.1 decree issued in January 1, 1990 by the National Bureau of Statistics), it is revised, the unit during the report period (quarterly or annual) paid directly to the total remuneration of the units of all employees. Including hourly wages, piece-rate wages, bonuses, allowances and subsidies, overtime wages, wages under special circumstances, It is on the total wages of staff and workers, labor dispatch staff wages and other employees wages .

Total wages of employed staff and workers

Refers to the total remuneration directly to the total staff and workers of the units in the report period. Total wages of staff are made of four parts., the basic salary, performance salary, wages and allowances and subsidies, and other wages ,Total wages does not include Deduction by sick, personal leave and other ituation.

The average wage of employed persons

Refers to the average wages of staff in the report period

Average wages of employed staff and workers

Refers to the average wages of employed staff in the report period

第五篇

Chapter 5

固定资产投资

INVESTMENT IN FIXED ASSETS

简要说明

一、按照国家统计局现行统计制度规定，固定资产投资统计的范围包括：⑴城镇投资 500 万元以上项目；⑵房地产开发投资；⑶农村非农户投资。按登记注册类型分，包括内资、港澳台商及外商投资。

二、固定资产投资统计资料来源为：项目建设单位填报的报表和“一套表”平台房地产开发企业填的报表，由省统计局投资处加工整理提供。

三、固定资产投资统计的调查方法，均为全面统计报表。

Brief Introduction

I. According to the current statistical system stipulated by State Statistical Bureau, the fixed assets investment includes: (1) items in town with investment of five million yean and above; (2) the real estate investment; (3) invested not by farmers in rural districts; By the registration, they include domestic investment, investment from Hong Kong, Macao and Taiwan and investment from foreign countries.

II. Data sources for the statistics of investment in fixed assets are as follows: These tables filled by the project construction units and real estate development enterprises of a set of tables platform are provided and processed by investment department of Anhui Provincial Bureau of Statistics

III. Method of data collection: Urban and rural areas are collected by sample surveys.

5—1 固定资产投资主要指标
Total Investment in Fixed Assets

指　　标	Item	2015	2016	2016年比上年增长(%) Growth Rate in 2016 over 2015 (%)
投资总额　（万元）	**Total Investment　(10000 yuan)**	**239655515**	**267581115**	**11.7**
按构成分	Grouped by Structure			
建筑安装工程	Construction and Installation	175384999	201008986	14.6
设备工具器具购置	Purchase of Equipment and Instruments	48671867	48153481	-1.1
其他费用	Others	15598649	18418838	18.1
按三次产业分	Grouped by Three Strata of Industry			
第一产业	Primary Industry	7633157	8136263	6.6
第二产业	Secondary Industry	106993715	117420818	9.7
第三产业	Tertiary Industry	125028643	142024034	13.6
投资资金来源　（万元）	**Sources of Funds for Investment　(10000 yuan)**	**240126516**	**268238472**	**11.7**
国家预算资金	State Budget	12190140	14970888	22.8
国内贷款	Domestic Loans	12371294	17230073	39.3
债　券	Bonds	78159	74181	-5.1
利用外资	Foreign Investment	625496	823665	31.7
自筹资金	Self-raising Funds	182933254	189516178	3.6
其他资金	Others	31928173	45623487	42.9
建设规模　（万元）	**Investment in Construction　(10000 yuan)**			
建设总规模	Total Investment in Construction	604082407	687594623	13.8
在建总规模	Total Investment in Projects under Construction	377524162	471953293	25.0
在建净规模	Net Investment in Projects under Construction	178805284	237749465	33.0
房屋建筑面积　（平方米）	**Floor Space of Buildings　(sq.m)**			
施工面积	Floor Space under Construction	538705985	526201158	-2.3
#住　宅	Residential Buildings	250312872	258732817	3.4
竣工面积	Floor Space Completed	114358917	102645107	-10.2
#住　宅	Residential Buildings	47900983	45324795	-5.4

注：统计口径为500万元以上项目及房地产。
a) Statistics is for over 5000000 yuan project and real estate.

5—2 主要年份固定资产投资
Total Investment in Fixed Assets in Main Year

单位：万元（10000 yuan）

年 份 Year	固定资产投资 Investment in Fixed Assets	城 镇 Urban	#房地产开发 Real Estate Development	农 村 Rural	#非农户 Non-Rural Households
2000	8666667	6395369	879261	2271298	1064861
2005	25209640	21391395	4594413	3818245	1699350
2008	67999535	60016050	13626657	7983485	4800825
2009	92631822	81546076	16698263	11085746	7178208
2010	118494343	109284231	22518045	9210112	9210112
2011	121477794	113723717	26115374	7754077	7754077
2012	150549510	140700322	31516065	9849188	9849188
2013	182511212	168443835	39462264	14067377	14067377
2014	212562939	196531185	43389603	16031754	16031754
2015	239655515		44248584		
2016	267581115		46035625		

注：2010年以后农村中不包含农户数据。
a) Rural data in 2010 do not include rural household data.

5—3 主要年份分行业固定资产投资
Investment in Fixed Assets by Sector in Main Year

单位：万元（10000 yuan）

行 业	Sector	2010	2015	2016
总 计	**Total**	**118494343**	**239655515**	**267581115**
农、林、牧、渔业	Agriculture, Forestry, Animal Husbandry and Fishery	2214109	7633157	8136263
采矿业	Mining	4074986	3239991	2329471
制造业	Manufacturing	44488295	94714395	103619333
电力、热力、燃气及水生产和供应业	Production and Supply of Electricity, Heat, Gas and Water	3865796	7733204	9932398
建筑业	Construction	3638962	1306125	1539616
批发和零售业	Wholesale and Retail Trade	2924336	9551205	9269239
交通运输、仓储和邮政业	Transport, Storage and Postal Services	6682157	14697696	18414227
住宿和餐饮业	Accommodation and Catering Trade	1901810	2556547	2751116
信息传输、软件和信息技术服务业	Information Circulation, Computer Service and Software	949936	2586175	2992487
金融业	Banking	493228	720023	920455
房地产业	Real Estate	28565844	56350978	57637879
租赁和商务服务业	Leasing and Commercial Services	552443	4320541	6535894
科学研究和技术服务业	Scientific Research and Technical Services	748466	2602006	3449619
水利、环境和公共设施管理业	Water Conservancy, Environmental and Public Facilities Management	9898894	20280074	25892140
居民服务、修理和其他服务业	Residents Service, Repair and Other Services	461181	955674	1050466
教 育	Education	2170713	2725242	3750493
卫生和社会工作	Health and Social Work	1143594	2243131	2313286
文化、体育和娱乐业	Culture, Sports and Entertainment	1193481	2015735	2413939
公共管理、社会保障和社会组织	Public Management, Social Security and Social Organization	2526112	3423616	4632794

注：2012年以后为500万元以上项目统计口径，与往年为50万元以上项目统计口径不具可比性。
a) In 2012 Statistics is for over 5000000 yuan project, it does not comparable with for over 500000 yuan in past project.

5—4 各市分行业固定资产投资（2016年）
Investment in Fixed Assets by Industry by Region (2016)

单位：万元（10000 yuan）

地区 Region	合计 Total	农林牧渔业 Agriculture, Forestry, Animal Husbandry and Fishery	采矿业 Mining	制造业 Manufacturing	电力、热力、燃气及水的生产和供应业 Production and Supply of Electricity, Heat, Gas and Water	建筑业 Construction	批发和零售业 Wholesale and Retail Trade	交通运输、仓储和邮政业 Transport, Storage, Post & Telecommunications	住宿和餐饮业 Accommodation and Catering Trade	信息传输、计算机服务和软件业 Information, Circulation Computer Services and Software
总计 Total	**267581115**	**8136263**	**2329471**	**103619333**	**9932398**	**1539616**	**9269239**	**18414227**	**2751116**	**2992487**
合肥市 Hefei	65011693	1084087	227986	20414629	1307469	456388	3546080	3400064	1228226	1503292
淮北市 Huaibei	9588824	217800	98734	4475572	294795	531630	390828	672719	41303	104256
亳州市 Bozhou	8748940	259341	138850	2400963	751368	1220	46972	596026	3580	5600
宿州市 Suzhou	12699776	288423	41127	6128920	837478	103321	143101	744561	35524	8816
蚌埠市 Bengbu	16664290	391289	42075	6879172	381240	6665	298799	1114345	26533	27323
阜阳市 Fuyang	12926242	426788	12304	3174818	722653		323870	1662876	25961	5834
淮南市 Huainan	9549513	719647	249679	2006081	734499	20258	230384	990549	65457	231959
滁州市 Chuzhou	16992134	578208	116703	7680360	661752	29749	139995	693560	12697	32682
六安市 Luan	10750015	396235	120612	3017422	711660	24761	120986	587758	61799	37098
马鞍山市 Maanshan	20646170	458090	85010	10277033	479818	33611	872390	782836	174384	366474
芜湖市 Wuhu	30068978	1251252	311589	14600577	768411	200178	1763166	2223274	260919	436863
宣城市 Xuancheng	14142678	458552	159704	6008777	690242		150103	1723375	254675	12216
铜陵市 Tongling	11968783	312045	438981	5134665	462648	89361	857072	1189217	193427	98597
池州市 Chizhou	6525869	165152	173786	2990627	334496	17148	65575	628092	77155	34095
安庆市 Anqing	15219181	827970	99892	7543112	637206	25006	179409	636426	69061	48551
黄山市 Huangshan	5977143	301384	12439	886605	156663	320	140509	682549	220415	38831

地区 Region	金融业 Banking	房地产业 Real Estate	租赁和商务服务业 Leasing and Commercial Services	科学研究和技术服务业 Scientific Research and Technical Services	水利、环境和公共设施管理业 Water Conservancy, Environmental and Public Facilities Management	居民服务、修理和其他服务业 Residents Service, Repair and Other Services	教育 Education	卫生和社会工作 Health and Social Work	文化、体育和娱乐业 Culture, Sports and Entertainment	公共管理、社会保障和社会组织 Public Management, Social Security and Social Organization
总计 Total	**920455**	**57637879**	**6535894**	**3449619**	**25892140**	**1050466**	**3750493**	**2313286**	**2413939**	**4632794**
合肥市 Hefei	491217	17386798	3267935	1605489	5773284	457857	950301	425768	685666	799157
淮北市 Huaibei	11834	1396873	174497	184117	322992	67712	99645	88343	39044	376130
亳州市 Bozhou		3174220	8030	8865	694781	29160	211255	83043	76170	259496
宿州市 Suzhou	58157	2455139	395478	58519	525454	5453	168048	164964	82086	455207
蚌埠市 Bengbu	66440	4464639	132461	258760	1439714	35002	319526	247022	70848	462437
阜阳市 Fuyang		4709569	127544	5895	949121	13360	276095	120680	67650	301224
淮南市 Huainan	7687	2345483	114451	103470	1122092	5815	253794	82967	76802	188439
滁州市 Chuzhou	28021	3948425	138575	135169	2133641	45652	205936	164190	73809	173010
六安市 Luan	24778	2973791	134392	51039	1658483	3562	259276	100969	88796	376598
马鞍山市 Maanshan	50534	3015946	492697	417466	2317373	78092	225630	144298	356900	17588
芜湖市 Wuhu	100461	4354400	828065	229867	1784433	153256	308636	239833	234155	19643
宣城市 Xuancheng	22957	2270655	59489	47417	1765832	35361	79217	142490	158969	102647
铜陵市 Tongling	25258	1328667	266224	107853	856283	37728	106147	115794	36452	312364
池州市 Chizhou	10202	976496	106084	30444	697379	11969	39183	49126	18137	100723
安庆市 Anqing	9702	1654168	187532	178964	2366812	46679	171688	102253	157752	276998
黄山市 Huangshan	13207	1182610	102440	26285	1484466	23808	76116	41546	190703	396247

5—5 各行业按登记注册类型分的固定资产投资（2016年）
Investment in Fixed Assets by Industry by Type of Registration (2016)

行业	Sector	总计 Total	内资 Domestic	国有 State-owned
总计	**Total**	**267581115**	**261459079**	**54528062**
#房地产开发	Real Estate Development	46035625	44391453	888599
农、林、牧、渔业	**Agriculture, Forestry, Animal Husbandry and Fishery**	**8136263**	**8040515**	**900261**
农业	Farming	3944318	3910821	345559
林业	Forestry	1273556	1273556	99713
畜牧业	Animal Husbandry	1247563	1187553	22660
渔业	Fishery	524118	521877	64965
农、林、牧、渔服务业	Agricultural Services	1146708	1146708	367364
采矿业	**Mining**	**2329471**	**2294473**	**367886**
煤炭开采和洗选业	Coal Mining and Washing Industry	501687	496477	88143
石油和天然气开采业	Oil and Gas Industry	5988	5988	
黑色金属矿采选业	Ferrous Metal CaiXuanYe	365216	352169	29316
有色金属矿采选业	CaiXuanYe Nonferrous Metallic Deposits	552217	544684	223674
非金属矿采选业	CaiXuanYe Non-metallic Mineral	846700	837492	17541
开采辅助活动	Mining Auxiliary Activities	28637	28637	
其他采矿业	Other Mining	29026	29026	9212
制造业	**Manufacturing**	**103619333**	**100484141**	**2185886**
农副食品加工业	Agricultural and Sideline Products Processing Industry	5828886	5719248	162037
食品制造业	Food Manufacturing	2728930	2619307	3480
酒、饮料和精制茶制造业	Wine, Drinks and Refined Tea Manufacturing	1836307	1725283	50399
烟草制品业	Tobacco Products	125844	125844	40891
纺织业	Textile Industry	2233588	2186636	20477
纺织服装、服饰业	Textile and Garment, Apparel Industry	3327627	3223218	25715
皮革、毛皮、羽毛及其制品和制鞋业	Leather, Fur, Feather and Its Products and Footwear	1196280	1160168	51999
木材加工和木、竹、藤、棕、草制品业	Wood Processing and Wood, Bamboo, Cane, Palm, Grass Products	2281158	2251241	2860
家具制造业	Furniture Manufacturing	1454601	1437655	10775
造纸和纸制品业	Paper and Paper Products	1187721	1159875	
印刷和记录媒介复制业	Printing and Duplicating Industry Record Media	1493512	1462776	47145
文教、工美、体育和娱乐用品制造业	Cultural and Educational Supplies Manufacturing, Industrial, Sporting and Entertainment	1490831	1442866	8852
石油加工、炼焦和核燃料加工业	Petroleum Processing, Coking and Nuclear Fuel Processing	353800	315743	56409
化学原料和化学制品制造业	Raw Chemical Materials and Chemical Products	5965698	5692238	195943
医药制造业	Pharmaceutical Manufacturing Industry	2743865	2619912	119056
化学纤维制造业	Chemical Fiber Industry	336132	333227	12150
橡胶和塑料制品业	Rubber and Plastic Products	5401022	5211016	149566
非金属矿物制品业	Nonmetal Mineral Products	9098360	8820671	168670
黑色金属冶炼和压延加工业	Smelting and Pressing of Ferrous Metals	1474567	1459025	8462
有色金属冶炼和压延加工业	Smelting and Pressing of Nonferrous Metals	1538259	1426035	53937
金属制品业	Metal Products	5360165	5282871	112506

单位：万元（10000 yuan）

集　体 Collective-owned	股份合作 Cooperative	联　营 Joint	有限责任公司 Limited Liability	股份有限公司 Share-holding	私　营 Private	其　他 Others	港澳台商投资 Funds from Hong Kong, Macao and Taiwan	外商投资 Foreign Funded	个　体 Self-employed Individual
1851417	**199494**	**249493**	**79789164**	**8085048**	**107723410**	**9032991**	**3437533**	**2250420**	**434083**
23377			26819306	1072108	15331708	256355	1242287	401885	
111001	**19975**	**46883**	**914771**	**69038**	**5105884**	**872702**	**6770**	**4990**	**83988**
48879	3129	27456	387819	46626	2524743	526610	6770		26727
500		4460	187812	7896	907230	65945			
14180	7346	7579	114434	9161	911267	100926		4990	55020
3623		7388	63182		326939	55780			2241
43819	9500		161524	5355	435705	123441			
3236	**9720**	**12360**	**684426**	**99129**	**1046058**	**71658**	**4538**	**20925**	**9535**
			246834	28296	127228	5976		5210	
						5988			
3236		2700	194602		117527	4788		8182	4865
	9720	9660	57702	2990	236258	4680		7533	
			175136	67843	532734	44238	4538		4670
			5195		17454	5988			
			4957		14857				
109032	**79495**	**36341**	**27619873**	**4222275**	**62811938**	**3419301**	**1381225**	**1574257**	**179710**
17038	27724	8060	1097397	125938	4138121	142933	28691	65178	15769
			632647	92213	1809883	81084	21969	80044	7610
	2583	3550	515097	91961	1006933	54760	80257	21487	9280
18277			56442		10234				
	4840		482701	77590	1537438	63590	9202	26748	11002
			707239	18226	2436536	35502	39790	33360	31259
			368895	30116	689050	20108	5237	30875	
810			444765	77090	1639331	86385	8490	9124	12303
			251588	3780	1133562	37950		11421	5525
			184824	30529	919382	25140	18301	9545	
3670		1992	341120	85483	934712	48654	19269	10530	937
			432900	20482	949410	31222	4880	38551	4534
			104254	46600	95515	12965	11992	26065	
5687		1710	1548378	517968	3345577	76975	131879	140981	600
9530			918578	105607	1374097	93044	61346	62607	
			44478		259459	17140		2290	615
3965			1128884	284985	3429564	214052	60504	119220	10282
4254	16537	8950	2337823	288931	5740913	254593	184296	59629	33764
			374053	206035	841385	29090		14682	860
	4840		557088	48095	755765	6310	61823	50401	
4750	2910	10332	917349	170444	3856972	207608	54117	21405	1772

5—5 续表1 continued

行业	Sector	总计 Total	内资 Domestic	国有 State-owned
通用设备制造业	Equipments in Current Use	7971377	7877278	34070
专用设备制造业	Special Equipment Manufacturing	8399405	8263297	188423
汽车制造业	Automobile Manufacturing Industry	7591522	7387603	85198
铁路、船舶、航空航天和其他运输设备制造业	Railway, Shipbuilding, Aerospace, and Other Transportation Equipment Manufacturing Industry	1144803	1110458	9929
电气机械和器材制造业	Electric Equipment and Machinery	10603126	10174015	31095
计算机、通信和其他电子设备制造业	Computers, Communications and Other Electronic Equipment Manufacturing Industry	7421881	7073344	371002
仪器仪表制造业	Instrument Manufacturing	1342561	1327708	12250
其他制造业	Other Manufacturing	915653	908198	149795
废弃资源综合利用业	Comprehensive Utilization of Waste Resources	644920	572262	2795
金属制品、机械和设备修理业	Metal Products, Machinery and Equipment Repair	126932	115123	
电力、热力、燃气及水的生产和供应业	**Production and Supply of Electricity, Heat, Gas and Water**	**9932398**	**9242179**	**3288231**
电力、热力生产和供应业	Electricity, Heat Production and Supply Industry	7763501	7209020	2447202
燃气生产和供应业	Gas Production and Supply Industry	469232	376197	50272
水的生产和供应业	Water Production and Supply Industry	1699665	1656962	790757
建筑业	**Construction**	**1539616**	**1532648**	**519911**
房屋建筑业	Housing Industry	264652	259852	70533
土木工程建筑业	Civil Engineering Construction	630365	630365	401483
建筑安装业	Construction and Installation Industry	172345	172345	22296
建筑装饰和其他建筑业	Building Decoration and Other Construction	472254	470086	25599
批发和零售业	**Wholesale and Retail Trade**	**9269239**	**9220575**	**483361**
批发业	Wholesale	5102901	5083563	109964
零售业	Retail Trade	4166338	4137012	373397
交通运输、仓储和邮政业	**Transport, Storage and Postal Services**	**18414227**	**18184762**	**9629226**
铁路运输业	Railway Transport	3265149	3265149	2544007
道路运输业	Highway Transport	11050345	10996516	6621651
水上运输业	Water Way Transport	984578	952464	116046
航空运输业	Air Transport	22600	22600	20000
管道运输业	Pipeline Transport	28528	28528	8880
装卸搬运和运输代理业	Handling and Shipping Agents	586458	541110	12594
仓储业	Warehousing	2234665	2136491	285025
邮政业	Postal Services	241904	241904	21023
住宿和餐饮业	**Accommodation and Catering Trade**	**2751116**	**2668159**	**104355**
住宿业	Accommodation Trade	1552759	1502085	64885
餐饮业	Catering Services	1198357	1166074	39470
信息传输、软件和信息技术服务业	**Information Transmission, Software and Information Technology Services**	**2992487**	**2979922**	**331237**
电信、广播电视和卫星传输服务	Telecommunications, Broadcasting and TV Transmission and Satellite Services	420455	412850	217047
互联网和相关服务	The Internet and Related Services	434661	434661	35583
软件和信息技术服务业	Software and Information Technology Services	2137371	2132411	78607

单位：万元（10000 yuan）

集　体 Collective-owned	股份合作 Cooperative	联　营 Joint	有限责任公司 Limited Liability	股份有限公司 Share-holding	私　营 Private	其　他 Others	港澳台商投资 Funds from Hong Kong, Macao and Taiwan	外商投资 Foreign Funded	个　体 Self-employed Individual
			2017308	331503	5001597	492800	75816	8683	9600
21271		1747	2082904	415538	5128045	425369	14623	112155	9330
7040	2981		2332758	664165	4009319	286142	51564	147565	4790
			305769	12665	732827	49268	15815	18530	
9985	17080		2824757	269662	6648152	373284	142956	281255	4900
			3904781	123848	2483666	190047	233276	110283	4978
2755			248805	38839	983448	41611	2200	12653	
			260096	18615	472272	7420	3895	3560	
			158618	12922	383672	14255	39037	33621	
			37577	12445	65101			11809	
106726	**10597**	**9926**	**3028521**	**867041**	**1801758**	**129379**	**604821**	**77493**	**7905**
44077	9962	1803	2435690	799050	1377143	94093	495621	58860	
			199785	7330	106382	12428	74402	18633	
62649	635	8123	393046	60661	318233	22858	34798		7905
16279			**328259**	**8475**	**611059**	**48665**	**4800**		**2168**
6419			63041		119859		4800		
9860			70385		122917	25720			
			41357		99029	9663			
			153476	8475	269254	13282			2168
45658	**1467**		**2450946**	**245283**	**5579752**	**414108**	**28584**	**12153**	**7927**
26663			1277818	85257	3359518	224343	16500		2838
18995	1467		1173128	160026	2220234	189765	12084	12153	5089
149210	**56183**	**2500**	**4881993**	**215760**	**2744048**	**505842**	**91511**	**99832**	**38122**
			542459		178683				
134738	56183		2807277	76929	1048227	251511	23800	22829	7200
2153			308788	13871	488045	23561		1192	30922
			2600						
			14858			4790			
1233			314375		192818	20090	5044	40304	
11086		2500	803283	124960	708727	200910	62667	35507	
			88353		127548	4980			
17381			**995234**	**39032**	**1455483**	**56674**	**7787**	**29657**	**45513**
13317			684685	30325	689877	18996	7787	28432	14455
4064			310549	8707	765606	37678		1225	31058
11336		**4415**	**789848**	**216401**	**1538938**	**87747**	**7605**	**4960**	
6436		4415	85205	49819	18928	31000	7605		
4900			151472	67516	175190				
			553171	99066	1344820	56747		4960	

5—5 续表2 continued

行业	Sector	总计 Total	内资 Domestic	国有 State-owned
金融业	**Banking**	**920455**	**917442**	**178790**
货币金融服务	Monetary and Financial Services	374821	374821	96381
资本市场服务	Capital Market Services	335330	335330	36204
保险业	Insurance	101124	98111	17312
其他金融业	Other Financial Activities	109180	109180	28893
房地产业	**Real Estate**	**57637879**	**55985707**	**8482902**
租赁和商务服务业	**Leasing and Commercial Services**	**6535894**	**6471882**	**1302539**
租赁业	Leasing	369543	369543	6700
商务服务业	Commercial Services	6166351	6102339	1295839
科学研究和技术服务业	**Scientific Research and Technical Services**	**3449619**	**3444119**	**786411**
研究和试验发展	Research and Experimental Development	711506	706006	162593
专业技术服务业	Professional and Technical Services	1820707	1820707	512917
科技推广和应用服务业	Science and Technology Popularization and Application Services	917406	917406	110901
水利、环境和公共设施管理业	**Water Conservancy, Environmental and Public Facilities Management**	**25892140**	**25882500**	**17867053**
水利管理业	Water Conservancy Management	3063640	3063640	2611393
生态保护和环境治理业	Ecological Protection and Environmental Governance Industry	632625	632625	256012
公共设施管理业	Public Facilities Management	22195875	22186235	14999648
居民服务、修理和其他服务业	**Residents Service, Repair and Other Services**	**1050466**	**1028131**	**140104**
居民服务业	Resident Services	511315	497560	117432
机动车、电子产品和日用产品修理业	Motor Vehicle Repair Industry, Electronic Products and Daily Products	358074	349494	6656
其他服务业	Other Services	181077	181077	16016
教育	**Education**	**3750493**	**3747794**	**2242149**
卫生和社会工作	**Health and Social Wwork**	**2313286**	**2312186**	**1237279**
卫生	Health	1809731	1808631	1068185
社会工作	Social Wwork	503555	503555	169094
文化、体育和娱乐业	**Culture, Sports and Entertainment**	**2413939**	**2408750**	**797582**
新闻和出版业	Press and Publication	49998	49998	3901
广播、电视、电影和影视录音制作业	Radio, Television, Film and Television Recording Studios	159854	159854	6452
文化艺术业	Culture and Arts	1038403	1038403	475755
体育	Sports	504277	504277	267438
娱乐业	Entertainment	661407	656218	44036
公共管理、社会保障和社会组织	**Public Management, Social Security and Social Organizatic**	**4632794**	**4613194**	**3682899**
中国共产党机关	Organs of Chinese Communist Party	7516	7516	7516
国家机构	State Organs	3683916	3683916	3394961
人民政协、民主党派	CPPCC and Democratic Parties	10528	10528	1762
社会保障	The Social Security	116108	116108	106326
群众团体、社会团体和其他成员组织	Mass Organizations, Social Organizations and Religious Organizations	188997	188997	39289
基层群众自治组织	The Grassroots Autonomous Organizations	625729	606129	133045

单位：万元（10000 yuan）

集体 Collective-owned	股份合作 Cooperative	联营 Joint	有限责任公司 Limited Liability	股份有限公司 Share-holding	私营 Private	其他 Others	港澳台商投资 Funds from Hong Kong, Macao and Taiwan	外商投资 Foreign Funded	个体 Self-employed Individual
3162		**2780**	**212824**	**200972**	**315909**	**3005**		**3013**	
3162			57464	157694	60120				
		2780	145911	5707	141723	3005			
			6637	37571	36591			3013	
			2812		77475				
144464		**36410**	**29009079**	**1140542**	**16241283**	**931027**	**1242287**	**409885**	
27093		**10913**	**1734420**	**250553**	**2914268**	**232096**	**55647**	**6795**	**1570**
		4550	82136	55852	203645	16660			
27093		6363	1652284	194701	2710623	215436	55647	6795	1570
2430			**1027531**	**65012**	**1346880**	**215855**		**5500**	
			197559	21495	310396	13963		5500	
			607292	28998	583515	87985			
2430			222680	14519	452969	113907			
552529		**26411**	**4593576**	**249912**	**1526521**	**1066498**		**960**	**8680**
39234		3199	243105	2810	45003	118896			
6001			190263	15758	83137	81454			
507294		23212	4160208	231344	1398381	866148		960	8680
13409		**2207**	**251876**	**9736**	**550249**	**60550**			**22335**
9350			143883		186168	40727			13755
		2107	62269	9736	256803	11923			8580
4059		100	45724		107278	7900			
22399	**585**	**20580**	**505052**	**18992**	**556118**	**381919**	**1958**		**741**
66441	**19502**	**18668**	**224247**	**21720**	**514858**	**209471**			**1100**
42121	9502	12930	170330	19220	318066	168277			1100
24320	10000	5738	53917	2500	196792	41194			
49070		**7234**	**469823**	**64715**	**943014**	**77312**			**5189**
			13775		30122	2200			
2110			37767	7215	106310				
23867		2338	155644	19528	317949	43322			
20295			117354	8088	80340	10762			
2798		4896	145283	29884	408293	21028			5189
400561	**1970**	**11865**	**66865**	**80460**	**119392**	**249182**			**19600**
17340	1970	3675	53798	75560	41476	95136			
					8766				
3286			3417		653	2426			
20224		8190	9650	4900	58732	48012			
359711					9765	103608			19600

5—6 各市按登记注册类型分的固定资产投资（2016年）
Investment in Fixed Assets by Type of Registration by Region (2016)

单位：万元（10000 yuan）

地区	Region	总计 Total	国有 State-owned	集体 Collective-owned	股份合作 Cooperative	联营 Joint	有限责任公司 Limited Liability
总计	**Total**	**267581115**	**54528062**	**1851417**	**199494**	**249493**	**79789164**
合肥市	Hefei	65011693	12035503	182335	10717	3000	18697641
淮北市	Huaibei	9588824	2304732	93800	10547	6832	1249054
亳州市	Bozhou	8748940	1954724	13987	4986	1500	4050651
宿州市	Suzhou	12699776	1818156	81730	5907	17926	5266879
蚌埠市	Bengbu	16664290	3724445	22587		3675	7079869
阜阳市	Fuyang	12926242	4886461	35276			3717737
淮南市	Huainan	9549513	3224587	120873	11761	18814	2717186
滁州市	Chuzhou	16992134	3512249	38705	55357	1759	3209362
六安市	Luan	10750015	3198470	137180	6155	3730	2526998
马鞍山市	Maanshan	20646170	3323847	27563		8679	3274596
芜湖市	Wuhu	30068978	2650209	43226	9605	6552	12334627
宣城市	Xuancheng	14142678	3025534	189216		73321	3173003
铜陵市	Tongling	11968783	1659520	120661	18549	58027	4816918
池州市	Chizhou	6525869	1407960	3910			2701881
安庆市	Anqing	15219181	3349494	650212	63940	45678	3198109
黄山市	Huangshan	5977143	2351285	90156	1970		1774653

地区	Region	股份有限公司 Share-holding	私营 Private	其他 Others	港澳台商投资 Funds from Hong Kong, Macao and Taiwan	外商投资 Foreign Funded	个体 Self-employed Individual
总计	**Total**	**8085048**	**107723410**	**9032991**	**3437533**	**2250420**	**434083**
合肥市	Hefei	2798260	25532262	4391656	1005277	341930	13112
淮北市	Huaibei	235498	5343126	210662	28154	72538	33881
亳州市	Bozhou	398639	1637911	686542			
宿州市	Suzhou	393281	4607969	266320	96669	43480	101459
蚌埠市	Bengbu	266757	4472284	748201	211321	114648	20503
阜阳市	Fuyang	280187	3581417	270210	34790	81904	38260
淮南市	Huainan	228387	2793986	264151	97555	44518	27695
滁州市	Chuzhou	412204	9136292	114074	266988	230503	14641
六安市	Luan	252691	4145537	201791	62965	180445	34053
马鞍山市	Maanshan	480149	12363598	326230	424837	393306	23365
芜湖市	Wuhu	860022	12344230	554871	812133	448915	4588
宣城市	Xuancheng	398706	6786616	333362	45107	86023	31790
铜陵市	Tongling	514029	4258903	181914	163305	140254	36703
池州市	Chizhou	69540	2275384	37026	24858	900	4410
安庆市	Anqing	340237	7180408	197395	128467	21226	44015
黄山市	Huangshan	156461	1263487	248586	35107	49830	5608

5—7 各市按登记注册类型分的项目投资（2016年）
Projects Investment by Type of Registration by Region (2016)

单位：万元（10000 yuan）

地区	Region	总计 Total	国有 State-owned	集体 Collective-owned	股份合作 Cooperative	联营 Joint	有限责任公司 Limited Liability
总计	**Total**	**221545490**	**53639463**	**1828040**	**199494**	**249493**	**52969858**
合肥市	Hefei	51485749	11667435	181988	10717	3000	10436186
淮北市	Huaibei	8667907	2287862	93800	10547	6832	941303
亳州市	Bozhou	6434525	1876867	13987	4986	1500	2203778
宿州市	Suzhou	10341964	1781601	61740	5907	17926	3613540
蚌埠市	Bengbu	12778535	3667743	22587		3675	4379334
阜阳市	Fuyang	9420861	4696415	35276			1687920
淮南市	Huainan	8330703	3177048	120873	11761	18814	2057218
滁州市	Chuzhou	13630626	3461778	38705	55357	1759	2272250
六安市	Luan	8383746	3198470	137180	6155	3730	1407834
马鞍山市	Maanshan	18456864	3320347	27563		8679	2535537
芜湖市	Wuhu	25988013	2627278	43226	9605	6552	9363327
宣城市	Xuancheng	12351117	3025534	189216		73321	2361203
铜陵市	Tongling	10794914	1657010	120661	18549	58027	4124859
池州市	Chizhou	5700368	1407960	3910			2143745
安庆市	Anqing	13813714	3348354	647172	63940	45678	2377195
黄山市	Huangshan	4864998	2336875	90156	1970		1064629

地区	Region	股份有限公司 Share-holding	私营 Private	其他 Others	港澳台商投资 Funds from Hong Kong, Macao and Taiwan	外商投资 Foreign Funded	个体 Self-employed Individual
总计	**Total**	**7012940**	**92391702**	**8776636**	**2195246**	**1848535**	**434083**
合肥市	Hefei	2363438	22066891	4334665	131393	276924	13112
淮北市	Huaibei	134922	4887370	200819	28154	42417	33881
亳州市	Bozhou	344699	1302166	686542			
宿州市	Suzhou	295229	4069156	266320	96669	32417	101459
蚌埠市	Bengbu	196679	3509376	747801	141767	89070	20503
阜阳市	Fuyang	242761	2367985	235650	34690	81904	38260
淮南市	Huainan	228387	2317281	238336	88772	44518	27695
滁州市	Chuzhou	327916	6846655	114074	266988	230503	14641
六安市	Luan	179540	3040148	201791	62965	111880	34053
马鞍山市	Maanshan	480149	11340450	200965	275871	243938	23365
芜湖市	Wuhu	815300	11426896	554871	707191	429179	4588
宣城市	Xuancheng	378866	5827513	333362	45107	85205	31790
铜陵市	Tongling	508979	3784653	181914	163305	140254	36703
池州市	Chizhou	60540	2017019	37026	24858	900	4410
安庆市	Anqing	304150	6654691	193914	113379	21226	44015
黄山市	Huangshan	151385	933452	248586	14137	18200	5608

5—8 各行业按隶属关系、构成、控股情况分的固定资产投资（2016年）

Investment in Fixed Assets by Industry by Administrative relationship, Composition, Controlled Conditions (2016)

行业	Sector	投资额 Investment	按隶属关系分 By Administrative Relationship 中央 Central Investment	地方 Local Investment
总　计	**Total**	**267581115**	**4944001**	**262637114**
#房地产开发	Real Estate Development	46035625	483344	45552281
农、林、牧、渔业	**Agriculture, Forestry, Animal Husbandry and Fishery**	**8136263**	**4725**	**8131538**
农　业	Farming	3944318	2725	3941593
林　业	Forestry	1273556		1273556
畜牧业	Animal Husbandry	1247563	2000	1245563
渔　业	Fishery	524118		524118
农、林、牧、渔服务业	Agricultural Services	1146708		1146708
采矿业	**Mining**	**2329471**	**69369**	**2260102**
煤炭开采和洗选业	Coal Mining and Washing Industry	501687	54869	446818
石油和天然气开采业	Oil and Gas Industry	5988		5988
黑色金属矿采选业	Ferrous Metal CaiXuanYe	365216	14500	350716
有色金属矿采选业	CaiXuanYe Nonferrous Metallic Deposits	552217		552217
非金属矿采选业	CaiXuanYe Non-metallic Mineral	846700		846700
开采辅助活动	Mining Auxiliary Activities	28637		28637
其他采矿业	Other Mining	29026		29026
制造业	**Manufacturing**	**103619333**	**1088531**	**102530802**
农副食品加工业	Agricultural and Sideline Products Processing Industry	5828886	40181	5788705
食品制造业	Food Manufacturing	2728930		2728930
酒、饮料和精制茶制造业	Wine, Drinks and Refined Tea Manufacturing	1836307	895	1835412
烟草制品业	Tobacco Products	125844	45671	80173
纺织业	Textile Industry	2233588		2233588
纺织服装、服饰业	Textile and Garment, Apparel Industry	3327627		3327627
皮革、毛皮、羽毛及其制品和制鞋业	Leather, Fur, Feather and Its Products and Footwear	1196280		1196280
木材加工和木、竹、藤、棕、草制品业	Wood Processing and Wood, Bamboo, Cane, Palm, Grass Products	2281158		2281158
家具制造业	Furniture Manufacturing	1454601		1454601
造纸和纸制品业	Paper and Paper Products	1187721		1187721
印刷和记录媒介复制业	Printing and Duplicating Industry Record Media	1493512	30408	1463104
文教、工美、体育和娱乐用品制造业	Cultural and Educational Supplies Manufacturing, Industrial, Sporting and Entertainment	1490831		1490831
石油加工、炼焦和核燃料加工业	Petroleum Processing, Coking and Nuclear Fuel Processing	353800	59847	293953
化学原料和化学制品制造业	Raw Chemical Materials and Chemical Products	5965698	189503	5776195
医药制造业	Pharmaceutical Manufacturing Industry	2743865		2743865
化学纤维制造业	Chemical Fiber Industry	336132		336132
橡胶和塑料制品业	Rubber and Plastic Products	5401022	950	5400072
非金属矿物制品业	Nonmetal Mineral Products	9098360	250538	8847822
黑色金属冶炼和压延加工业	Smelting and Pressing of Ferrous Metals	1474567	90280	1384287
有色金属冶炼和压延加工业	Smelting and Pressing of Nonferrous Metals	1538259		1538259

单位：万元（10000 yuan）

按构成分 By Use of Funds				按控股情况分 According to the Controlled Conditions					
建筑工程 Construction	安装工程 Installation	设备工器具购置 Purchase of Equipment and Instruments	其他费用 Others	国有控股 State-holding	集体控股 Collective-holding	私人控股 Private-holding	港澳台商控股 Hong Kong, Macao and Taiwan-holding	外商控股 Foreign-holding	其他 Other
175013662	**25995324**	**48153481**	**18418838**	**79495677**	**3312147**	**152056607**	**2829957**	**2071209**	**27815518**
31560079	5909836	893088	7672622	6809564	514104	29822850	995698	596404	7297005
5810005	**569179**	**1024425**	**732654**	**1009952**	**167027**	**6309118**	**6770**	**4045**	**639351**
2833165	286943	515992	308218	348834	67828	3140735	6770	4045	376106
856345	117484	109483	190244	108713	4096	1093910			66837
904140	78334	187476	77613	35174	28158	1105696			78535
420021	22910	54679	26508	64965	9211	432073			17869
796334	63508	156795	130071	452266	57734	536704			100004
1266877	**258291**	**638230**	**166073**	**751128**	**22256**	**1326701**	**4538**	**9090**	**215758**
218198	38001	153565	91923	335841		42239			123607
5988									5988
155611	58916	129725	20964	124055	5936	212122		8182	14921
379149	54714	100138	18216	232124	16320	293334		908	9531
465227	99364	247881	34228	49896		741738	4538		50528
18703	5999	3935				17454			11183
24001	1297	2986	742	9212		19814			
55100153	**10916966**	**33907822**	**3694192**	**7614801**	**582928**	**81569424**	**1082299**	**1278435**	**11491446**
3395546	505458	1717327	210555	189416	46913	5114148	22881	60678	394850
1484229	250668	874951	119082	50852		2418961	21969	35339	201809
1059861	172271	481738	122437	130780	12493	1423311	58725	43019	167979
104274	7646	11038	2886	62333	18277	45234			
1139397	245753	747235	101203	30981	4840	1940940	4312	23248	229267
1789989	385070	1018824	133744	38232		2900172	39790	29660	319773
692746	100894	371864	30776	52560		1042336	5237	12875	83272
1147124	187852	862693	83489	7281	6775	2075896	3500	4124	183582
884819	132717	379233	57832	10775	8000	1344798		9621	81407
587227	150820	408465	41209	4687		1077793	9968	2600	92673
810546	161872	477317	43777	79568	8162	1205708	19269		180805
788256	166398	474563	61614	8852		1346169	4880	23863	107067
136461	46528	138072	32739	183078		113200	11992	26065	19465
2775725	681466	2086802	421705	592972	86649	4370103	104232	99230	712512
1662589	267198	691917	122161	170551	76253	2053382	56758	8882	378039
175930	22900	127171	10131	12150		304375			19607
2632637	512536	2080760	175089	292512	3965	4335322	36324	114980	617919
4809349	969153	2932745	387113	561734	31085	7357898	183716	59629	904298
569838	134137	722789	47803	319322		1107987			47258
634582	131842	709783	62052	225241	38233	1060689	28430	29954	155712

5—8 续表1 continued

行业	Sector	投资额 Investment	按隶属关系分 By Administrative Relationship 中央 Central Investment	地方 Local Investment
金属制品业	Metal Products	5360165	53986	5306179
通用设备制造业	Equipments in Current Use	7971377	12600	7958777
专用设备制造业	Special Equipment Manufacturing	8399405	100311	8299094
汽车制造业	Automobile Manufacturing Industry	7591522	71066	7520456
铁路、船舶、航空航天和其他运输设备制造业	Railway, Shipbuilding, Aerospace, and Other Transportation Equipment Manufacturing Industry	1144803	18179	1126624
电气机械和器材制造业	Electric Equipment and Machinery	10603126	41088	10562038
计算机、通信和其他电子设备制造业	Computers, Communications and Other Electronic Equipment Manufacturing Industry	7421881	63228	7358653
仪器仪表制造业	Instrument Manufacturing	1342561	4600	1337961
其他制造业	Other Manufacturing	915653		915653
废弃资源综合利用业	Comprehensive Utilization of Waste Resources	644920	9700	635220
金属制品、机械和设备修理业	Metal Products, Machinery and Equipment Repair	126932	5500	121432
电力、热力、燃气及水的生产和供应业	**Production and Supply of Electricity, Heat, Gas and Water**	**9932398**	**1373292**	**8559106**
电力、热力生产和供应业	Electricity, Heat Production and Supply Industry	7763501	1365253	6398248
燃气生产和供应业	Gas Production and Supply Industry	469232	6867	462365
水的生产和供应业	Water Production and Supply Industry	1699665	1172	1698493
建筑业	**Construction**	**1539616**	**14174**	**1525442**
房屋建筑业	Housing Industry	264652	3500	261152
土木工程建筑业	Civil Engineering Construction	630365	10674	619691
建筑安装业	Construction and Installation Industry	172345		172345
建筑装饰和其他建筑业	Building Decoration and Other Construction	472254		472254
批发和零售业	**Wholesale and Retail Trade**	**9269239**	**22041**	**9247198**
批发业	Wholesale	5102901	17268	5085633
零售业	Retail Trade	4166338	4773	4161565
交通运输、仓储和邮政业	**Transport, Storage and Postal Services**	**18414227**	**986839**	**17427388**
铁路运输业	Railway Transport	3265149	676918	2588231
道路运输业	Highway Transport	11050345	174052	10876293
水上运输业	Water Way Transport	984578		984578
航空运输业	Air Transport	22600		22600
管道运输业	Pipeline Transport	28528		28528
装卸搬运和运输代理业	Handling and Shipping Agents	586458	68446	518012
仓储业	Warehousing	2234665	67423	2167242
邮政业	Postal Services	241904		241904
住宿和餐饮业	**Accommodation and Catering Trade**	**2751116**		**2751116**
住宿业	Accommodation Trade	1552759		1552759
餐饮业	Catering Services	1198357		1198357
信息传输、软件和信息技术服务业	**Information Transmission, Software and Information Technology Services**	**2992487**	**97570**	**2894917**
电信、广播电视和卫星传输服务	Telecommunications, Broadcasting and TV Transmission and Satellite Services	420455	97570	322885
互联网和相关服务	The Internet and Related Services	434661		434661
软件和信息技术服务业	Software and Information Technology Services	2137371		2137371

单位：万元（10000 yuan）

按构成分 By Use of Funds				按控股情况分 According to the Controlled Conditions					
建筑工程 Construction	安装工程 Installation	设备工器具购置 Purchase of Equipment and Instruments	其他费用 Others	国有控股 State-holding	集体控股 Collective-holding	私人控股 Private-holding	港澳台商控股 Hong Kong, Macao and Taiwan-holding	外商控股 Foreign-holding	其他 Other
3092413	536750	1554027	176975	175438	18692	4555367	35697	7867	567104
4003301	907489	2848830	211757	326718	22836	6280837	66550	4833	1269603
4748111	961939	2431632	257723	624392	44936	6602412	15006	94435	1018224
3627668	887305	2907514	169035	808187	43769	5134937	35896	159178	1409555
645222	87148	383990	28443	130127		905718	15815	630	92513
5685380	1166778	3504738	246030	202372	81795	8798613	106821	347377	1066148
4280945	855856	2076555	208525	2019550		4252493	190636	44431	914771
661967	158880	480074	41640	52170	2755	1193909		12653	81074
606917	65498	200651	42587	206004		620857	3895	3560	81337
403887	42581	165652	32800	40466	26500	484489		19704	73761
63217	13563	38872	11280	5500		101370			20062
4218964	**1784850**	**3286614**	**641970**	**5250310**	**239589**	**3071633**	**590093**	**74807**	**705966**
2813769	1512197	2926262	511273	4100522	176305	2329138	513522	52273	591741
257111	103733	90210	18178	108324		241802	52823	11484	54799
1148084	168920	270142	112519	1041464	63284	500693	23748	11050	59426
1088293	**148216**	**244011**	**59096**	**527170**	**16279**	**936806**	**4800**		**54561**
195236	31843	30159	7414	70533	6419	181000	4800		1900
487513	44707	59204	38941	408742	9860	181578			30185
110130	23351	35122	3742	22296		135434			14615
295414	48315	119526	8999	25599		438794			7861
6135509	**1133725**	**1705492**	**294513**	**725210**	**76279**	**7248167**	**23612**	**14135**	**1181836**
3225968	661786	1092685	122462	183925	51167	4198027	16500		653282
2909541	471939	612807	172051	541285	25112	3050140	7112	14135	528554
15291200	**475820**	**1492553**	**1155054**	**12889411**	**221810**	**4034123**	**50918**	**58243**	**1159722**
2976058	38232	15503	235356	2998430		266719			
9501102	209675	530159	809809	9115785	191256	1309203	22300	22829	388972
512974	31432	403076	37096	156987	17235	697296		1192	111868
22600				22600					
26108	2420			23738					4790
332515	38524	206632	8787	26621	1233	375672	5044		177888
1722325	139548	316642	56150	487937	12086	1200642	23574	34222	476204
197518	15989	20541	7856	57313		184591			
1942979	**327929**	**322043**	**158165**	**128939**	**17381**	**2305654**	**7787**	**26907**	**264448**
1068189	192193	174007	118370	66149	13317	1326555	7787	25682	113269
874790	135736	148036	39795	62790	4064	979099		1225	151179
1500509	**541202**	**766889**	**183887**	**572545**	**15136**	**2101457**	**5837**	**4960**	**292552**
112356	132016	168771	7312	379214	6436	23268	5837		5700
264457	56872	86867	26465	52611	4900	307467			69683
1123696	352314	511251	150110	140720	3800	1770722		4960	217169

5—8 续表2 continued

行业	Sector	投资额 Investment	按隶属关系分 By Administrative Relationship 中央 Central Investment	地方 Local Investment
金融业	**Banking**	**920455**	**110725**	**809730**
货币金融服务	Monetary and Financial Services	374821	85230	289591
资本市场服务	Capital Market Services	335330		335330
保险业	Insurance	101124	25495	75629
其他金融业	Other Financial Activities	109180		109180
房地产业	**Real Estate**	**57637879**	**652090**	**56985789**
租赁和商务服务业	**Leasing and Commercial Services**	**6535894**		**6535894**
租赁业	Leasing	369543		369543
商务服务业	Commercial Services	6166351		6166351
科学研究和技术服务业	**Scientific Research and Technical Services**	**3449619**	**115107**	**3334512**
研究和试验发展	Research and Experimental Development	711506	57955	653551
专业技术服务业	Professional and Technical Services	1820707	40019	1780688
科技推广和应用服务业	Science and Technology Popularization and Application Services	917406	17133	900273
水利、环境和公共设施管理业	**Water Conservancy, Environmental and Public Facilities Management**	**25892140**	**225025**	**25667115**
水利管理业	Water Conservancy Management	3063640	118373	2945267
生态保护和环境治理业	Ecological Protection and Environmental Governance Industry	632625	22626	609999
公共设施管理业	Public Facilities Management	22195875	84026	22111849
居民服务、修理和其他服务业	**Residents Service, Repair and Other Services**	**1050466**	**10000**	**1040466**
居民服务业	Resident Services	511315	10000	501315
机动车、电子产品和日用产品修理业	Motor Vehicle Repair Industry, Electronic Products and Daily Products	358074		358074
其他服务业	Other Services	181077		181077
教育	**Education**	**3750493**	**95547**	**3654946**
卫生和社会工作	**Health and Social Wwork**	**2313286**	**30925**	**2282361**
卫生	Health	1809731	30925	1778806
社会工作	Social Wwork	503555		503555
文化、体育和娱乐业	**Culture, Sports and Entertainment**	**2413939**	**7600**	**2406339**
新闻和出版业	Press and Publication	49998		49998
广播、电视、电影和影视录音制作业	Radio, Television, Film and Television Recording Studios	159854		159854
文化艺术业	Culture and Arts	1038403		1038403
体育	Sports	504277	1000	503277
娱乐业	Entertainment	661407	6600	654807
公共管理、社会保障和社会组织	**Public Management, Social Security and Social Organizatic**	**4632794**	**40441**	**4592353**
中国共产党机关	Organs of Chinese Communist Party	7516		7516
国家机构	State Organs	3683916	33060	3650856
人民政协、民主党派	CPPCC and Democratic Parties	10528		10528
社会保障	The Social Security	116108		116108
群众团体、社会团体和其他成员组织	Mass Organizations, Social Organizations and Religious Organizations	188997		188997
基层群众自治组织	The Grassroots Autonomous Organizations	625729	7381	618348

单位：万元（10000 yuan）

按构成分 By Use of Funds				按控股情况分 According to the Controlled Conditions					
建筑工程 Construction	安装工程 Installation	设备工器具购置 Purchase of Equipment and Instruments	其他费用 Others	国有控股 State-holding	集体控股 Collective-holding	私人控股 Private-holding	港澳台商控股 Hong Kong, Macao and Taiwan-holding	外商控股 Foreign-holding	其他 Other
679628	**97249**	**98430**	**45148**	**398123**	**12982**	**398482**			**110868**
272992	39586	29045	33198	226251	11762	63017			73791
250117	31923	48276	5014	95612	1220	207154			31344
73561	12515	10338	4710	47367		48024			5733
82958	13225	10771	2226	28893		80287			
42046203	**6309941**	**1073794**	**8207941**	**16421619**	**635191**	**30994351**			**7994616**
4746348	**825093**	**731942**	**232511**	**2044284**	**36798**	**3503487**	**55647**	**4183**	**891495**
191609	28062	110392	39480	6700		288460			74383
4554739	797031	621550	193031	2037584	36798	3215027	55647	4183	817112
2302516	**474167**	**547368**	**125568**	**1206046**	**3106**	**1851505**			**388962**
400703	169740	129770	11293	262935		415108			33463
1290805	191661	257747	80494	789035		882733			148939
611008	112766	159851	33781	154076	3106	553664			206560
21891115	**1125652**	**1035023**	**1840340**	**21229697**	**654912**	**2550966**			**1456565**
2565852	92273	121964	283551	2848528	39234	50177			125701
494489	30417	65547	42172	401730	10286	78777			141832
18830774	1002962	847512	1514617	17979439	605392	2422012			1189032
694346	**128186**	**180632**	**47302**	**180186**	**20496**	**705087**			**144697**
351939	57677	80797	20902	146942	14330	265294			84749
230424	43758	62473	21419	17128	2107	309028			29811
111983	26751	37362	4981	16116	4059	130765			30137
2954416	**276488**	**316144**	**203445**	**2369442**	**37784**	**1076090**	**1958**		**265219**
1607241	**217414**	**335812**	**152819**	**1313375**	**90337**	**692399**			**217175**
1221185	167762	300765	120019	1119971	56017	441099			192644
386056	49652	35047	32800	193404	34320	251300			24531
1807233	**172813**	**223164**	**210729**	**1020879**	**49070**	**1160917**			**183073**
38605	8918	1779	696	3901		43897			2200
111412	14950	31482	2010	6452	2110	84667			66625
732774	74264	72664	158701	556230	23867	419653			38653
419273	37548	28655	18801	346856	20295	103689			33437
505169	37133	88584	30521	107440	2798	509011			42158
3930127	**212143**	**223093**	**267431**	**3842560**	**412786**	**220240**			**157208**
5516	2000			7516					
3111131	147331	191580	233874	3535098	24985	67449			56384
8383	2145			1762		8766			
100571	5573	5712	4252	107896	3286	2500			2426
154430	18788	10078	5701	39289	20224	93083			36401
550096	36306	15723	23604	150999	364291	48442			61997

5—9 各市按隶属关系、构成、控股情况分的固定资产投资（2016年）

Investment in Fixed Assets by Industry by Administrative relationship, Composition, Controlled Conditions by Region (2016)

单位：万元（10000 yuan）

地区	Region	投资额 Total	按隶属关系分 By Administrative Relationship 中央 Central Investment	地方 Local Investment	按构成分 By Use of Funds 建筑工程 Construction	安装工程 Installation	设备工器具购置 Purchase of Equipment and Instruments	其他费用 Others
总计	**Total**	**267581115**	**4944001**	**262637114**	**175013662**	**25995324**	**48153481**	**18418838**
合肥市	Hefei	65011693	1431828	63579865	45774076	7852669	6045514	5339434
淮北市	Huaibei	9588824	206908	9381916	6774224	385453	1724985	704162
亳州市	Bozhou	8748940	100613	8648327	6207826	671430	1022303	847781
宿州市	Suzhou	12699776	157759	12542017	7802775	1792866	2318763	785362
蚌埠市	Bengbu	16664290	337801	16326489	10606956	3364487	1832091	860756
阜阳市	Fuyang	12926242	149104	12777138	9141107	847965	1283189	1653981
淮南市	Huainan	9549513	221280	9328233	6402925	610257	1553571	982760
滁州市	Chuzhou	16992134	165977	16826157	10598713	1571329	3845562	976330
六安市	Luan	10750015	383313	10366702	7383948	990013	1537149	838905
马鞍山市	Maanshan	20646170	225289	20420881	12911549	1531155	5153700	1049766
芜湖市	Wuhu	30068978	575057	29493921	16929900	2337178	9857294	944606
宣城市	Xuancheng	14142678	202360	13940318	10002071	794767	2722079	623761
铜陵市	Tongling	11968783	57193	11911590	6392370	976988	3852760	746665
池州市	Chizhou	6525869	152227	6373642	4017670	518309	1417854	572036
安庆市	Anqing	15219181	192905	15026276	9537036	1326437	3453597	902111
黄山市	Huangshan	5977143	384387	5592756	4439925	424021	533070	580127

地区	Region	按控股情况分 According to the Controlled Conditions 国有控股 State-holding	集体控股 Collective-holding	私人控股 Private-holding	港澳台商控股 Hong Kong, Macao and Taiwan-holding	外商控股 Foreign-holding	其他 Other
总计	**Total**	**79495677**	**3312147**	**152056607**	**2829957**	**2071209**	**27815518**
合肥市	Hefei	19597625	417744	33257669	716094	438977	10583584
淮北市	Huaibei	2777537	115578	6207638	14924	42588	430559
亳州市	Bozhou	3081598	43287	4065279	43850		1514926
宿州市	Suzhou	2742336	93183	8304920	96669	26590	1436078
蚌埠市	Bengbu	5777695	137373	7489898	147874	103147	3008303
阜阳市	Fuyang	6095857	69271	5930442	34790	10213	785669
淮南市	Huainan	4626237	186351	4111581	80855	21355	523134
滁州市	Chuzhou	4498267	188640	11330077	194750	277839	502561
六安市	Luan	4063780	272438	5555474	54616	157571	646136
马鞍山市	Maanshan	5333653	85397	14112812	388297	396784	329227
芜湖市	Wuhu	4549487	112253	19833256	787307	281473	4505202
宣城市	Xuancheng	4129665	230030	9155676	48362	64716	514229
铜陵市	Tongling	2960269	296788	7112571	83120	76109	1439926
池州市	Chizhou	1998412	82629	4195162	19868		229798
安庆市	Anqing	4101800	835076	9213012	84974	126767	857552
黄山市	Huangshan	3060573	146109	2181140	33607	47080	508634

5—10 各市按隶属关系、构成、控股情况分的项目投资（2016年）

Investment in Fixed Assets by Industry by Administrative Relationship, Composition, Controlled Conditions by Region (2016)

单位：万元（10000 yuan）

地 区	Region	投资额 Total	按隶属关系分 By Administrative Relationship		按构成分 By Use of Funds			
			中央 Central Investment	地方 Local Investment	建筑工程 Construction	安装工程 Installation	设备工器具购置 Purchase of Equipment and Instruments	其他费用 Others
总 计	**Total**	**221545490**	**4460657**	**217084833**	**143453583**	**20085488**	**47260393**	**10746216**
合 肥 市	Hefei	51485749	1105040	50380709	37825830	6379241	5589420	1691258
淮 北 市	Huaibei	8667907	206908	8460999	6131108	234320	1704738	597741
亳 州 市	Bozhou	6434525	100613	6333912	4670921	394780	1012309	356915
宿 州 市	Suzhou	10341964	157759	10184205	6066408	1473043	2269769	532734
蚌 埠 市	Bengbu	12778535	337801	12440734	7935524	2574707	1757140	511164
阜 阳 市	Fuyang	9420861	149104	9271757	6871223	419531	1248314	881793
淮 南 市	Huainan	8330703	191324	8139379	5504801	447641	1539772	838489
滁 州 市	Chuzhou	13630626	165977	13464649	8102402	1081863	3783143	663018
六 安 市	Luan	8383746	343840	8039906	5749561	645999	1511685	476501
马鞍山市	Maanshan	18456864	187564	18269300	11164439	1304853	5127820	859752
芜 湖 市	Wuhu	25988013	575057	25412956	13605412	1919996	9809324	653281
宣 城 市	Xuancheng	12351117	202360	12148757	8682054	536927	2698857	433279
铜 陵 市	Tongling	10794914	57193	10737721	5575931	778399	3846081	594503
池 州 市	Chizhou	5700368	152227	5548141	3341821	453583	1414503	490461
安 庆 市	Anqing	13813714	187710	13626004	8509035	1168701	3427957	708021
黄 山 市	Huangshan	4864998	340180	4524818	3626522	271904	519561	447011

地 区	Region	按控股情况分 According to the Controlled Conditions					
		国有控股 State-holding	集体控股 Collective-holding	私人控股 Private-holding	港澳台商控股 Hong Kong, Macao and Taiwan-holding	外商控股 Foreign-holding	其他 Other
总 计	**Total**	**72686113**	**2798043**	**122233757**	**1834259**	**1474805**	**20518513**
合 肥 市	Hefei	17119806	344453	26326559	29628	370400	7294903
淮 北 市	Huaibei	2656130	115578	5485592	14924	23707	371976
亳 州 市	Bozhou	2787414	24597	2182612	43850		1396052
宿 州 市	Suzhou	2557908	73193	6552092	96669	15527	1046575
蚌 埠 市	Bengbu	4991981	45992	4809747	115363	77569	2737883
阜 阳 市	Fuyang	5575860	45340	3574183	34690	10213	180575
淮 南 市	Huainan	4505729	186351	3099544	72072	21355	445652
滁 州 市	Chuzhou	4334738	119631	8490705	194750	207828	282974
六 安 市	Luan	3901999	229625	3717042	54616	89006	391458
马鞍山市	Maanshan	4970406	85397	12786580	251431	166624	196426
芜 湖 市	Wuhu	3653902	73112	18105327	679029	265073	3211570
宣 城 市	Xuancheng	4031808	200301	7673297	48362	63898	333451
铜 陵 市	Tongling	2784767	272808	6208957	83120	76109	1369153
池 州 市	Chizhou	1836889	75977	3590671	19868		176963
安 庆 市	Anqing	3959886	790277	8176836	83250	72046	731419
黄 山 市	Huangshan	2916004	115411	1454013	12637	15450	351483

5—11 分行业固定资产投资建设规模（2016年）
Total Investment in Fixed Assets of Construction（2016）

单位：万元（10000 yuan）

行　业	Sector	建设总规模 Total Investment in Construction	在建总规模 Total Investment in Projects under Construction	在建净规模 Net Investment in Projects under Construction
总　计	**Total**	**687594623**	**471953293**	**237749465**
#房地产开发	Real Estate Development	252830260	194686777	87033317
农、林、牧、渔业	**Agriculture, Forestry, Animal Husbandry and Fishery**	**11957957**	**5797831**	**2893336**
农　业	Farming	5835142	2840772	1433812
林　业	Forestry	1882967	977182	418429
畜牧业	Animal Husbandry	1851921	854139	434727
渔　业	Fishery	683038	304267	141540
农、林、牧、渔服务业	Agricultural Services	1704889	821471	464828
采矿业	**Mining**	**8077649**	**4273611**	**2106800**
煤炭开采和洗选业	Coal Mining and Washing Industry	3411853	1106297	362851
石油和天然气开采业	Oil and Gas Industry	4990		
黑色金属矿采选业	Ferrous Metal CaiXuanYe	2062335	1593552	865720
有色金属矿采选业	CaiXuanYe Nonferrous Metallic Deposits	1310896	953120	613270
非金属矿采选业	CaiXuanYe Non-metallic Mineral	1211266	586278	244450
开采辅助活动	Mining Auxiliary Activities	28401	6270	1627
其他采矿业	Other Mining	47908	28094	18882
制造业	**Manufacturing**	**183292856**	**109743739**	**57760256**
农副食品加工业	Agricultural and Sideline Products Processing Industry	8679626	4113375	2059766
食品制造业	Food Manufacturing	4466308	2134264	1163560
酒、饮料和精制茶制造业	Wine, Drinks and Refined Tea Manufacturing	3376682	2027138	902989
烟草制品业	Tobacco Products	440149	357198	249379
纺织业	Textile Industry	3346357	1506298	660956
纺织服装、服饰业	Textile and Garment, Apparel Industry	4736398	1949159	1107309
皮革、毛皮、羽毛及其制品和制鞋业	Leather, Fur, Feather and Its Products and Footwear	1663938	793633	339008
木材加工和木、竹、藤、棕、草制品业	Wood Processing and Wood, Bamboo, Cane, Palm, Grass Products	3062314	1277803	583582
家具制造业	Furniture Manufacturing	2047436	909047	430709
造纸和纸制品业	Paper and Paper Products	1721514	722038	403323
印刷和记录媒介复制业	Printing and Duplicating Industry Record Media	2187289	1184699	548128
文教、工美、体育和娱乐用品制造业	Cultural and Educational Supplies Manufacturing, Industrial, Sporting and Entertainment	2310072	1203574	480966
石油加工、炼焦和核燃料加工业	Petroleum Processing, Coking and Nuclear Fuel Processing	883626	458127	136712
化学原料和化学制品制造业	Raw Chemical Materials and Chemical Products	12832107	8574468	4334233
医药制造业	Pharmaceutical Manufacturing Industry	6257199	4626444	2553845
化学纤维制造业	Chemical Fiber Industry	676684	450179	334926
橡胶和塑料制品业	Rubber and Plastic Products	9835036	6155207	2824851
非金属矿物制品业	Nonmetal Mineral Products	14936194	8348293	4600437
黑色金属冶炼和压延加工业	Smelting and Pressing of Ferrous Metals	4180621	2979848	1517739
有色金属冶炼和压延加工业	Smelting and Pressing of Nonferrous Metals	3716465	2491119	1656565
金属制品业	Metal Products	7299460	3185016	1471030

5—11 续表1 continued

单位：万元（10000 yuan）

行　业	Sector	建设总规模 Total Investment in Construction	在建总规模 Total Investment in Projects under Construction	在建净规模 Net Investment in Projects under Construction
通用设备制造业	Equipments in Current Use	11154360	5314586	2521726
专用设备制造业	Special Equipment Manufacturing	13515940	7019613	3516501
汽车制造业	Automobile Manufacturing Industry	13854299	9281883	4648806
铁路、船舶、航空航天和其他运输设备制造业	Railway, Shipbuilding, Aerospace, and Other Transportation Equipment Manufacturing Industry	2171087	1367324	818421
电气机械和器材制造业	Electric Equipment and Machinery	19929231	13131415	7245708
计算机、通信和其他电子设备制造业	Computers, Communications and Other Electronic Equipment Manufacturing Industry	18565158	14855484	8734071
仪器仪表制造业	Instrument Manufacturing	1932999	989411	508082
其他制造业	Other Manufacturing	1512386	1017583	475026
废弃资源综合利用业	Comprehensive Utilization of Waste Resources	1745130	1138583	797734
金属制品、机械和设备修理业	Metal Products, Machinery and Equipment Repair	256791	180930	134168
电力、热力、燃气及水的生产和供应业	**Production and Supply of Electricity, Heat, Gas and Water**	**22552376**	**15752326**	**9579049**
电力、热力生产和供应业	Electricity, Heat Production and Supply Industry	18483199	12939433	8111421
燃气生产和供应业	Gas Production and Supply Industry	809439	546515	220050
水的生产和供应业	Water Production and Supply Industry	3259738	2266378	1247578
建筑业	**Construction**	**1839917**	**611199**	**319270**
房屋建筑业	Housing Industry	314527	106097	42240
土木工程建筑业	Civil Engineering Construction	831233	330128	201657
建筑安装业	Construction and Installation Industry	196532	73066	28052
建筑装饰和其他建筑业	Building Decoration and Other Construction	497625	101908	47321
批发和零售业	**Wholesale and Retail Trade**	**12676672**	**5168076**	**2316971**
批发业	Wholesale	6692578	2328216	1245875
零售业	Retail Trade	5984094	2839860	1071096
交通运输、仓储和邮政业	**Transport, Storage and Postal Services**	**53028402**	**42840421**	**24104222**
铁路运输业	Railway Transport	14313673	13844879	8664295
道路运输业	Highway Transport	31593190	24265771	13013511
水上运输业	Water Way Transport	1428740	926812	324025
航空运输业	Air Transport	50309	30309	27709
管道运输业	Pipeline Transport	36670		
装卸搬运和运输代理业	Handling and Shipping Agents	993735	543812	282658
仓储业	Warehousing	4216506	2975933	1672063
邮政业	Postal Services	395579	252905	119961
住宿和餐饮业	**Accommodation and Catering Trade**	**4983572**	**2941539**	**1627785**
住宿业	Accommodation Trade	3269429	2245054	1259018
餐饮业	Catering Services	1714143	696485	368767
信息传输、软件和信息技术服务业	**Information Transmission, Software and Information Technology Services**	**5531138**	**3334772**	**2272976**
电信、广播电视和卫星传输服务	Telecommunications, Broadcasting and TV Transmission and Satellite Services	552179	253106	131642
互联网和相关服务	The Internet and Related Services	762186	398868	227956
软件和信息技术服务业	Software and Information Technology Services	4216773	2682798	1913378

5—11 续表2 continued

单位：万元（10000 yuan）

行　业	Sector	建设总规模 Total Investment in Construction	在建总规模 Total Investment in Projects under Construction	在建净规模 Net Investment in Projects under Construction
金融业	**Banking**	**2264479**	**1657509**	**927328**
货币金融服务	Monetary and Financial Services	1171792	868455	440613
资本市场服务	Capital Market Services	416135	243586	79904
保险业	Insurance	528110	479233	370591
其他金融业	Other Financial Activities	148442	66235	36220
房地产业	**Real Estate**	**280394640**	**214471925**	**96840261**
租赁和商务服务业	**Leasing and Commercial Services**	**12079700**	**7777857**	**4497635**
租赁业	Leasing	472685	252915	122368
商务服务业	Commercial Services	11607015	7524942	4375267
科学研究和技术服务业	**Scientific Research and Technical Services**	**6786388**	**4571228**	**2303530**
研究和试验发展	Research and Experimental Development	1167932	724939	259517
专业技术服务业	Professional and Technical Services	4220582	3255094	1773808
科技推广和应用服务业	Science and Technology Popularization and Application Services	1397874	591195	270205
水利、环境和公共设施管理业	**Water Conservancy, Environmental and Public Facilities Management**	**52759748**	**34012570**	**19720356**
水利管理业	Water Conservancy Management	6311414	4272808	2471663
生态保护和环境治理业	Ecological Protection and Environmental Governance Industry	1261478	890210	503074
公共设施管理业	Public Facilities Management	45186856	28849552	16745619
居民服务、修理和其他服务业	**Residents Service, Repair and Other Services**	**1417133**	**576608**	**344138**
居民服务业	Resident Services	744376	328044	217949
机动车、电子产品和日用产品修理业	Motor Vehicle Repair Industry, Electronic Products and Daily Products	423388	128869	59601
其他服务业	Other Services	249369	119695	66588
教　育	**Education**	**6468202**	**3883241**	**1929823**
卫生和社会工作	**Health and Social Wwork**	**5453741**	**3984968**	**2447562**
卫　生	Health	4372870	3206202	1897024
社会工作	Social Wwork	1080871	778766	550538
文化、体育和娱乐业	**Culture, Sports and Entertainment**	**6596835**	**5067216**	**3317153**
新闻和出版业	Press and Publication	63957	36265	14105
广播、电视、电影和影视录音制作业	Radio, Television, Film and Television Recording Studios	328839	249541	43684
文化艺术业	Culture and Arts	2414160	1713271	1037163
体　育	Sports	1431370	1130306	638903
娱乐业	Entertainment	2358509	1937833	1583298
公共管理、社会保障和社会组织	**Public Management, Social Security and Social Organization**	**9433218**	**5486657**	**2441014**
中国共产党机关	Organs of Chinese Communist Party	12900	7700	5437
国家机构	State Organs	8168431	4892049	2212050
人民政协、民主党派	CPPCC and Domocratic Parties	14078	9758	3550
社会保障	The Social Security	170180	111660	39829
群众团体、社会团体和其他成员组织	Mass Organizations, Social Organizations and Religious Organizations	274069	132001	40780
基层群众自治组织	The Grassroots Autonomous Organizations	793560	333489	139368

5—12 房屋施工、竣工面积（2016年）
Execution and Completion of Housing Area（2016）

行 业	Sector	房屋施工面积（平方米） Floor Space of Buildings under Construction (sq.m)	#住宅 Residential Buildings	房屋竣工面积（平方米） Floor Space of Buildings Completed (sq.m)	#住宅 Residential Buildings
总 计	**Total**	**526201158**	**258732817**	**102645107**	**45324795**
农、林、牧、渔业	**Agriculture, Forestry, Animal Husbandry and Fishery**	**4777271**	**34948**	**1788047**	**22945**
农 业	Farming	1668179	24877	717026	16810
林 业	Forestry	572856	320	148224	320
畜牧业	Animal Husbandry	1799115	6705	688731	5815
渔 业	Fishery	265238	2505	93399	
农、林、牧、渔服务业	Agricultural Services	471883	541	140667	
采矿业	**Mining**	**1010803**	**4200**	**352942**	**2500**
煤炭开采和洗选业	Coal Mining and Washing Industry	60735		41800	
石油和天然气开采业	Oil and Gas Industry				
黑色金属矿采选业	Ferrous Metal CaiXuanYe	94446		67240	
有色金属矿采选业	CaiXuanYe Nonferrous Metallic Deposits	313107		77800	
非金属矿采选业	CaiXuanYe Non-metallic Mineral	537865	4200	162046	2500
开采辅助活动	Mining Auxiliary Activities				
其他采矿业	Other Mining	4650		4056	
制造业	**Manufacturing**	**88608593**	**531768**	**24509410**	**215751**
农副食品加工业	Agricultural and Sideline Products Processing Industry	22371902	31016	1943674	23492
食品制造业	Food Manufacturing	2958501	30270	782058	2790
酒、饮料和精制茶制造业	Wine, Drinks and Refined Tea Manufacturing	1299849	400	369198	400
烟草制品业	Tobacco Products	77300		4100	
纺织业	Textile Industry	1740460	5147	1053175	
纺织服装、服饰业	Textile and Garment, Apparel Industry	3048416	73633	1111175	53183
皮革、毛皮、羽毛及其制品和制鞋业	Leather, Fur, Feather and Its Products and Footwear	1937288	60851	477512	56066
木材加工和木、竹、藤、棕、草制品业	Wood Processing and Wood, Bamboo, Cane, Palm, Grass Products	1836926	48218	795499	10017
家具制造业	Furniture Manufacturing	1731039	11664	346138	1826
造纸和纸制品业	Paper and Paper Products	758975	600	302970	600
印刷和记录媒介复制业	Printing and Duplicating Industry Record Media	732799		372099	
文教、工美、体育和娱乐用品制造业	Cultural and Educational Supplies Manufacturing, Industrial, Sporting and Entertainment	1183575	1860	423898	500
石油加工、炼焦和核燃料加工业	Petroleum Processing, Coking and Nuclear Fuel Processing	67230		32608	
化学原料和化学制品制造业	Raw Chemical Materials and Chemical Products	2556718	6905	1057291	3980
医药制造业	Pharmaceutical Manufacturing Industry	1579122	1000	454824	400
化学纤维制造业	Chemical Fiber Industry	166709		105542	
橡胶和塑料制品业	Rubber and Plastic Products	4023554	1900	1563438	1900
非金属矿物制品业	Nonmetal Mineral Products	5014899	32352	2129298	16272
黑色金属冶炼和压延加工业	Smelting and Pressing of Ferrous Metals	977676	550	338787	
有色金属冶炼和压延加工业	Smelting and Pressing of Nonferrous Metals	674482		282780	
金属制品业	Metal Products	4031586	500	1605291	500

5—12 续表1 continued

行业	Sector	房屋施工面积(平方米) Floor Space of Buildings under Construction (sq.m)	#住宅 Residential Buildings	房屋竣工面积(平方米) Floor Space of Buildings Completed (sq.m)	#住宅 Residential Buildings
通用设备制造业	Equipments in Current Use	5088570	5155	2121052	4855
专用设备制造业	Special Equipment Manufacturing	5331721	36665	1718914	7825
汽车制造业	Automobile Manufacturing Industry	4303215	4660	679749	4660
铁路、船舶、航空航天和其他运输设备制造业	Railway, Shipbuilding, Aerospace, and Other Transportation Equipment Manufacturing Industry	665479	2960	216122	2960
电气机械和器材制造业	Electric Equipment and Machinery	5961398	19947	2164245	200
计算机、通信和其他电子设备制造业	Computers, Communications and Other Electronic Equipment Manufacturing Industry	5478643	123280	911487	21300
仪器仪表制造业	Instrument Manufacturing	1297051	1225	717345	1225
其他制造业	Other Manufacturing	1008537	30800	183630	800
废弃资源综合利用业	Comprehensive Utilization of Waste Resources	473851	210	143575	
金属制品、机械和设备修理业	Metal Products, Machinery and Equipment Repair	231122		101936	
电力、热力、燃气及水的生产和供应业	**Production and Supply of Electricity, Heat, Gas and Water**	**1284627**	**2700**	**261040**	**500**
电力、热力生产和供应业	Electricity, Heat Production and Supply Industry	995126	2200	97377	
燃气生产和供应业	Gas Production and Supply Industry	37596		29088	
水的生产和供应业	Water Production and Supply Industry	251905	500	134575	500
建筑业	**Construction**	**1228146**	**170100**	**621927**	**125100**
房屋建筑业	Housing Industry	479669	170100	232946	125100
土木工程建筑业	Civil Engineering Construction	209773		163510	
建筑安装业	Construction and Installation Industry	210651		113817	
建筑装饰和其他建筑业	Building Decoration and Other Construction	328053		111654	
批发和零售业	**Wholesale and Retail Trade**	**9225798**	**460645**	**3160328**	**2166**
批发业	Wholesale	4680825	102886	1409843	966
零售业	Retail Trade	4544973	357759	1750485	1200
交通运输、仓储和邮政业	**Transport, Storage and Postal Services**	**4783899**	**16848**	**1248604**	**14001**
铁路运输业	Railway Transport	23724		1800	
道路运输业	Highway Transport	1843244	12035	483293	12035
水上运输业	Water Way Transport	206021		78901	
航空运输业	Air Transport				
装卸搬运和运输代理业	Handling and Shipping Agents	293525		130513	
仓储业	Warehousing	2224313	4813	550857	1966
邮政业	Postal Services	193072		3240	
住宿和餐饮业	**Accommodation and Catering Trade**	**1582411**	**154920**	**240969**	**7262**
住宿业	Accommodation Trade	926701	154920	130539	7262
餐饮业	Catering Services	655710		110430	
信息传输、软件和信息技术服务业	**Information Transmission, Software and Information Technology Services**	**1482343**	**15000**	**486198**	**11000**
电信、广播电视和卫星传输服务	Telecommunications, Broadcasting and TV Transmission and Satellite Services	39295		11522	
互联网和相关服务	The Internet and Related Services	387101	15000	141012	11000
软件和信息技术服务业	Software and Information Technology Services	1055947		333664	

5—12 续表2 continued

行业	Sector	房屋施工面积(平方米) Floor Space of Buildings under Construction (sq.m)	#住宅 Residential Buildings	房屋竣工面积(平方米) Floor Space of Buildings Completed (sq.m)	#住宅 Residential Buildings
金融业	**Banking**	**727474**		**141050**	
货币金融服务	Monetary and Financial Services	335155		89945	
资本市场服务	Capital Market Services	114723		32773	
保险业	Insurance	251878		18332	
其他金融业	Other Financial Activities	25718			
房地产业	**Real Estate**	**374209312**	**249555315**	**59273758**	**42555887**
租赁和商务服务业	**Leasing and Commercial Services**	**5004550**	**334450**	**1428898**	**75600**
租赁业	Leasing	348254		84138	
商务服务业	Commercial Services	4656296	334450	1344760	75600
科学研究和技术服务业	**Scientific Research and Technical Services**	**2420077**		**950719**	
研究和试验发展	Research and Experimental Development	819068		466017	
专业技术服务业	Professional and Technical Services	1196807		303734	
科技推广和应用服务业	Science and Technology Popularization and Application Services	404202		180968	
水利、环境和公共设施管理业	**Water Conservancy, Environmental and Public Facilities Management**	**10446865**	**4109910**	**2495400**	**926524**
水利管理业	Water Conservancy Management	274220	5000	194810	
生态保护和环境治理业	Ecological Protection and Environmental Governance Industry	84927		67013	
公共设施管理业	Public Facilities Management	10087718	4104910	2233577	926524
居民服务、修理和其他服务业	**Residents Service, Repair and Other Services**	**732794**	**3200**	**221400**	
居民服务业	Resident Services	390066	3200	123316	
机动车、电子产品和日用产品修理业	Motor Vehicle Repair Industry, Electronic Products and Daily Products	207312		66532	
其他服务业	Other Services	135416		31552	
教育	**Education**	**6774146**	**193149**	**2105302**	**110252**
卫生和社会工作	**Health and Social Wwork**	**4688531**	**45500**	**533042**	**38500**
卫生	Health	4110861	2500	341236	
社会工作	Social Wwork	577670	43000	191806	38500
文化、体育和娱乐业	**Culture, Sports and Entertainment**	**2064223**	**159707**	**995916**	**134716**
新闻和出版业	Press and Publication	21445		13045	
广播、电视、电影和影视录音制作业	Radio, Television, Film and Television Recording Studios	487901	23610	440327	23610
文化艺术业	Culture and Arts	821490	86070	272371	81550
体育	Sports	428583	46878	82495	27578
娱乐业	Entertainment	304804	3149	187678	1978
公共管理、社会保障和社会组织	**Public Management, Social Security and Social Organization**	**5149295**	**2940457**	**1830157**	**1082091**
中国共产党机关	Organs of Chinese Communist Party	15052		6730	
国家机构	State Organs	3228660	1617495	1048375	551205
人民政协、民主党派	CPPCC and Democratic Parties				
社会保障	The Social Security	452255	353062	211209	127622
群众团体、社会团体和其他成员组织	Mass Organizations, Social Organizations and Religious Organizations	90322		62552	
基层群众自治组织	The Grassroots Autonomous Organizations	1363006	969900	501291	403264

5—13 各市固定资产投资建设规模（2016年）

Total Investment in Fixed Assets In Construction by Region (2016)

单位：万元（10000 yuan）

地 区	Region	建设总规模 Total Investment in Construction	在建总规模 Total Investment in Projects under Construction	在建净规模 Net Investment in Projects under Construction
总 计	**Total**	**687594623**	**471953293**	**237749465**
合肥市	Hefei	169656174	124901259	63194760
淮北市	Huaibei	21995925	12280920	4715155
亳州市	Bozhou	25463203	16574708	7826848
宿州市	Suzhou	33233560	23261876	12333013
蚌埠市	Bengbu	41317017	27862460	12514942
阜阳市	Fuyang	42562806	34240315	20010650
淮南市	Huainan	27705299	16965589	8659112
滁州市	Chuzhou	44259960	27019201	14031147
六安市	Luan	30275254	22201530	11848169
马鞍山市	Maanshan	40260973	22660680	9620162
芜湖市	Wuhu	75632719	51410828	24399356
宣城市	Xuancheng	34757032	24762661	12870912
铜陵市	Tongling	24150496	14535801	6847865
池州市	Chizhou	15961732	10615280	5175826
安庆市	Anqing	38728050	28478834	15932755
黄山市	Huangshan	21549537	14111351	7754793

5—14 各市项目投资建设规模（2016年）

Total Projects Investment In Construction by Region (2016)

单位：万元（10000 yuan）

地 区	Region	建设总规模 Total Investment in Construction	在建总规模 Total Investment in Projects under Construction	在建净规模 Net Investment in Projects under Construction
总 计	**Total**	**434764363**	**277266516**	**150716148**
合肥市	Hefei	97654564	64284560	36409124
淮北市	Huaibei	15784916	8057768	3437549
亳州市	Bozhou	14586550	8592512	4593719
宿州市	Suzhou	19547962	11713202	6265507
蚌埠市	Bengbu	23216213	14950037	7603270
阜阳市	Fuyang	25799936	20089641	12641864
淮南市	Huainan	19900409	11531182	5858748
滁州市	Chuzhou	27076061	15908303	8695690
六安市	Luan	17823755	11466215	6425807
马鞍山市	Maanshan	28334902	15056856	7029637
芜湖市	Wuhu	51305438	34756393	17885638
宣城市	Xuancheng	24001401	16869858	9574519
铜陵市	Tongling	16908678	8711613	4697579
池州市	Chizhou	11004154	6957770	3830162
安庆市	Anqing	30901558	21884442	12818167
黄山市	Huangshan	10832980	6366164	2935168

5—15 各市房屋施工、竣工面积和价值（2016年）

Execution and Completion of Housing Area and Value by Region（2016）

地 区	Region	房屋施工面积（平方米）Floor Space of Buildings under Construction (sq.m)	#住宅 Residential Buildings	房屋竣工面积（平方米）Floor Space of Buildings Completed (sq.m)	#住宅 Residential Buildings	房屋竣工价值（万元）Value of Buildings Completed (10000 yuan)	#住宅 Residential Buildings
总 计	**Total**	**526201158**	**258732817**	**102645107**	**45324795**	**21647594**	**11451215**
合 肥 市	Hefei	105078884	51760052	15390711	9228129	4845323	2817070
淮 北 市	Huaibei	19953120	9548832	3555624	1256802	668157	294921
亳 州 市	Bozhou	24436709	11752280	2458468	1292882	495999	270918
宿 州 市	Suzhou	25295138	15422977	7982217	4148436	1766809	1010191
蚌 埠 市	Bengbu	35855982	22210856	6660116	3538832	1530294	950584
阜 阳 市	Fuyang	48149574	26148873	5907200	2990539	1126952	655315
淮 南 市	Huainan	23296674	14688479	5004925	2573600	940330	483708
滁 州 市	Chuzhou	36775361	17138439	9329746	2989761	1547136	662926
六 安 市	Luan	27653101	16417129	5782292	3314828	986350	656166
马鞍山市	Maanshan	34039851	13316354	16153849	3120140	2919060	913403
芜 湖 市	Wuhu	51513369	19088585	9984049	4493871	2111133	1389303
宣 城 市	Xuancheng	36765789	11104483	2995480	1368008	683177	211963
铜 陵 市	Tongling	11667283	6040421	2816763	1564625	586477	363593
池 州 市	Chizhou	11959260	6636410	2553326	1183771	463140	258603
安 庆 市	Anqing	24579562	12369926	5275236	1862157	782381	410527
黄 山 市	Huangshan	9181501	5088721	795105	398414	194876	102024

5—16 各市项目投资的房屋施工、竣工面积（2016年）

Execution and Completion of Project Investment House Area by Region（2016）

地 区	Region	房屋施工面积（平方米）Floor Space of Buildings under Construction (sq.m)	#住宅 Residential Buildings	房屋竣工面积（平方米）Floor Space of Buildings Completed (sq.m)	#住宅 Residential Buildings
总 计	**Total**	**188371145**	**28854202**	**52037448**	**7146670**
合 肥 市	Hefei	28414351	5834215	3907352	857949
淮 北 市	Huaibei	7453991	782677	2072782	206353
亳 州 市	Bozhou	8008418	1791995	912158	347686
宿 州 市	Suzhou	6061626	1142594	3278391	601694
蚌 埠 市	Bengbu	5665362	332119	2707028	251419
阜 阳 市	Fuyang	19188901	6535399	2955860	775787
淮 南 市	Huainan	7795594	3516133	3133769	1200489
滁 州 市	Chuzhou	14002675	1439308	5985061	333030
六 安 市	Luan	7603311	1602765	2624840	600723
马鞍山市	Maanshan	18810636	1425104	12441307	419784
芜 湖 市	Wuhu	24104366	103053	4336315	15348
宣 城 市	Xuancheng	23442065	1079927	2046885	717954
铜 陵 市	Tongling	1725630	444717	484273	29000
池 州 市	Chizhou	4204756	1069127	1578201	428898
安 庆 市	Anqing	9454751	1329500	3325998	330684
黄 山 市	Huangshan	2434712	425569	247228	29872

5—17 各行业投资资金来源和新增固定资产（2016年）
Investment Funds Resource and Newly Added Infixed Assests By Industry (2016)

行　　业	Sector	本年资金来源合计 Total Funds This Year	国家预算资金 State Budget
总　计	**Total**	**268238472**	**14970888**
＃房地产开发	Real Estate Development	62092651	
农、林、牧、渔业	**Agriculture, Forestry, Animal Husbandry and Fishery**	**7970249**	**494557**
农　业	Farming	3864202	153678
林　业	Forestry	1234156	33473
畜牧业	Animal Husbandry	1222645	28659
渔　业	Fishery	516641	700
农、林、牧、渔服务业	Agricultural Services	1132605	278047
采矿业	**Mining**	**2249185**	**3738**
煤炭开采和洗选业	Coal Mining and Washing Industry	494138	2238
石油和天然气开采业	Oil and Gas Industry	5988	
黑色金属矿采选业	Ferrous Metal CaiXuanYe	303204	
有色金属矿采选业	CaiXuanYe Nonferrous Metallic Deposits	552285	
非金属矿采选业	CaiXuanYe Non-metallic Mineral	836028	1500
开采辅助活动	Mining Auxiliary Activities	28507	
其他采矿业	Other Mining	29035	
制造业	**Manufacturing**	**97895366**	**368959**
农副食品加工业	Agricultural and Sideline Products Processing Industry	5643020	12528
食品制造业	Food Manufacturing	2592847	2700
酒、饮料和精制茶制造业	Wine, Drinks and Refined Tea Manufacturing	1820790	28830
烟草制品业	Tobacco Products	128906	5765
纺织业	Textile Industry	2207698	360
纺织服装、服饰业	Textile and Garment, Apparel Industry	3286996	1500
皮革、毛皮、羽毛及其制品和制鞋业	Leather, Fur, Feather and Its Products and Footwear	1117503	202
木材加工和木、竹、藤、棕、草制品业	Wood Processing and Wood, Bamboo, Cane, Palm, Grass Products	2270310	2713
家具制造业	Furniture Manufacturing	1411664	
造纸和纸制品业	Paper and Paper Products	1149067	
印刷和记录媒介复制业	Printing and Duplicating Industry Record Media	1389323	
文教、工美、体育和娱乐用品制造业	Cultural and Educational Supplies Manufacturing, Industrial, Sporting and Entertainment	1466038	
石油加工、炼焦和核燃料加工业	Petroleum Processing, Coking and Nuclear Fuel Processing	338923	
化学原料和化学制品制造业	Raw Chemical Materials and Chemical Products	5283086	1050
医药制造业	Pharmaceutical Manufacturing Industry	2579875	52841
化学纤维制造业	Chemical Fiber Industry	326372	
橡胶和塑料制品业	Rubber and Plastic Products	5044952	7470
非金属矿物制品业	Nonmetal Mineral Products	8644147	14165
黑色金属冶炼和压延加工业	Smelting and Pressing of Ferrous Metals	1381902	
有色金属冶炼和压延加工业	Smelting and Pressing of Nonferrous Metals	1359181	
金属制品业	Metal Products	5247731	6495

单位：万元（10000 yuan）

国内贷款 Domestic Loans	债　券 Bonds	利用外资 Foreign Investment	自筹资金 Self-raising Funds	其他资金 Others	投资额 Investment	新　增 固定资产 Newly Increased Fixed Assets	固定资产 交付使用率(%) Rate of Projects of Fixed Assets Completed and Put into Use (%)
17230073	**74181**	**823665**	**189516178**	**45623487**	**267581115**	**159673612**	**59.67**
6576204		136866	19062309	36317272	46035625	19454667	42.26
169593	**80**	**25938**	**7034259**	**245822**	**8136263**	**5881725**	**72.29**
83921	80	1930	3469018	155575	3944318	2826631	71.66
46294			1129111	25278	1273556	910832	71.52
25699		21608	1132968	13711	1247563	897050	71.90
1950			497208	16783	524118	386474	73.74
11729		2400	805954	34475	1146708	860738	75.06
84849		**908**	**2117425**	**42265**	**2329471**	**1578918**	**67.78**
1124			490776		501687	265240	52.87
			5988		5988	5988	100.00
25855			274906	2443	365216	275708	75.49
39420		908	482606	29351	552217	354109	64.12
18450			805607	10471	846700	630986	74.52
			28507		28637	23994	83.79
			29035		29026	22893	78.87
3033825	**40062**	**302563**	**92110755**	**2039202**	**103619333**	**66094039**	**63.79**
133576		22529	5314405	159982	5828886	4158064	71.34
89590		39954	2430285	30318	2728930	1886050	69.11
83670		5440	1600364	102486	1836307	1044439	56.88
4130			119011		125844	54192	43.06
62097		19133	2076277	49831	2233588	1770077	79.25
117393		8425	3068081	91597	3327627	2713084	81.53
15325		200	1075065	26711	1196280	788340	65.90
48337	500		2171611	47149	2281158	1697461	74.41
62643		1375	1304958	42688	1454601	982098	67.52
18615			1096208	34244	1187721	863423	72.70
33153			1317112	39058	1493512	880404	58.95
62691		21897	1359581	21869	1490831	1016753	68.20
41854			281275	15794	353800	218367	61.72
228832	50	57050	4876893	119211	5965698	3417938	57.29
83893		2850	2410276	30015	2743865	1301433	47.43
6450			319922		336132	250411	74.50
254673		360	4679272	103177	5401022	3373639	62.46
177611		9980	8325609	116782	9098360	6304811	69.30
28939			1344351	8612	1474567	837203	56.78
60228			1283245	15708	1538259	1024755	66.62
121162	260	9700	4945160	164954	5360165	3749287	69.95

5—17 续表1 continued

行 业	Sector	本年资金来源合计 Total Funds This Year	国家预算资金 State Budget
通用设备制造业	Equipments in Current Use	7640588	1797
专用设备制造业	Special Equipment Manufacturing	7840313	138703
汽车制造业	Automobile Manufacturing Industry	7245156	9200
铁路、船舶、航空航天和其他运输设备制造业	Railway, Shipbuilding, Aerospace, and Other Transportation Equipment Manufacturing Industry	1095894	
电气机械和器材制造业	Electric Equipment and Machinery	9716485	22652
计算机、通信和其他电子设备制造业	Computers, Communications and Other Electronic Equipment Manufacturing Industry	6868429	40575
仪器仪表制造业	Instrument Manufacturing	1266906	1799
其他制造业	Other Manufacturing	846935	220
废弃资源综合利用业	Comprehensive Utilization of Waste Resources	562720	17394
金属制品、机械和设备修理业	Metal Products, Machinery and Equipment Repair	121609	
电力、热力、燃气及水的生产和供应业	**Production and Supply of Electricity, Heat, Gas and Water**	**9380778**	**1059157**
电力、热力生产和供应业	Electricity, Heat Production and Supply Industry	7418222	848750
燃气生产和供应业	Gas Production and Supply Industry	446045	5423
水的生产和供应业	Water Production and Supply Industry	1516511	204984
建筑业	**Construction**	**1522796**	**169348**
房屋建筑业	Housing Industry	265650	20733
土木工程建筑业	Civil Engineering Construction	624037	123303
建筑安装业	Construction and Installation Industry	166656	5463
建筑装饰和其他建筑业	Building Decoration and Other Construction	466453	19849
批发和零售业	**Wholesale and Retail Trade**	**9049017**	**88838**
批发业	Wholesale	5069141	5167
零售业	Retail Trade	3979876	83671
交通运输、仓储和邮政业	**Transport, Storage and Postal Services**	**16284908**	**3453828**
铁路运输业	Railway Transport	3073536	1396123
道路运输业	Highway Transport	9384664	1957211
水上运输业	Water Way Transport	933823	26410
航空运输业	Air Transport	22700	
管道运输业	Pipeline Transport	13855	
装卸搬运和运输代理业	Handling and Shipping Agents	559212	4400
仓储业	Warehousing	2083390	69684
邮政业	Postal Services	213728	
住宿和餐饮业	**Accommodation and Catering Trade**	**2733250**	
住宿业	Accommodation Trade	1546109	
餐饮业	Catering Services	1187141	
信息传输、软件和信息技术服务业	**Information Transmission, Software and Information Technology Services**	**2754612**	**122662**
电信、广播电视和卫星传输服务	Telecommunications, Broadcasting and TV Transmission and Satellite Services	403439	109136
互联网和相关服务	The Internet and Related Services	409285	8866
软件和信息技术服务业	Software and Information Technology Services	1941888	4660

单位：万元（10000 yuan）

国内贷款 Domestic Loans	债　券 Bonds	利用外资 Foreign Investment	自筹资金 Self-raising Funds	其他资金 Others	投资额 Investment	新　增 固定资产 Newly Increased Fixed Assets	固定资产 交付使用率(%) Rate of Projects of Fixed Assets Completed and Put into Use (%)
231125	3000	5400	7281843	117423	7971377	5520450	69.25
266449	24752	22721	7234491	153197	8399405	5365923	63.88
198472		500	6822643	214341	7591522	4325385	56.98
62919	1000		1013259	18716	1144803	572692	50.03
287177	500	20607	9231107	154442	10603126	6930596	65.36
163401	10000	49842	6488273	116338	7421881	3101559	41.79
26948			1216798	21361	1342561	922055	68.68
57922		4600	766925	17268	915653	473056	51.66
4050			535346	5930	644920	472727	73.30
500			121109		126932	77367	60.95
1641330	**1000**	**169406**	**6054900**	**454985**	**9932398**	**5989337**	**60.30**
1564141	1000	162406	4474286	367639	7763501	4844092	62.40
6860			427695	6067	469232	205507	43.80
70329		7000	1152919	81279	1699665	939738	55.29
22675			**1263111**	**67662**	**1539616**	**1250251**	**81.21**
1770			234369	8778	264652	200128	75.62
11200			444359	45175	630365	503725	79.91
4757			143760	12676	172345	123675	71.76
4948			440623	1033	472254	422723	89.51
212203	**2000**	**3900**	**8427879**	**314197**	**9269239**	**7398365**	**79.82**
125775			4758629	179570	5102901	4239276	83.08
86428	2000	3900	3669250	134627	4166338	3159089	75.82
1993594	**12600**	**6390**	**9150992**	**1667504**	**18414227**	**8890730**	**48.28**
461189			1050263	165961	3265149	320725	9.82
1437993	11600	5390	4683837	1288633	11050345	6188194	56.00
58187			802853	46373	984578	691083	70.19
2700			20000		22600	20000	88.50
			13855		28528	28123	98.58
3010			530760	21042	586458	434748	74.13
26515			1846467	140724	2234665	1128109	50.48
4000	1000	1000	202957	4771	241904	79748	32.97
42728		**217**	**2566490**	**123815**	**2751116**	**1947554**	**70.79**
32750		217	1457581	55561	1552759	1021311	65.77
9978			1108909	68254	1198357	926243	77.29
41253	**200**	**2038**	**2535467**	**52992**	**2992487**	**2100857**	**70.20**
1150	200	2038	284647	6268	420455	297745	70.81
2400			376941	21078	434661	260837	60.01
37703			1873879	25646	2137371	1542275	72.16

5—17 续表2 continued

行 业	Sector	本年资金来源合计 Total Funds This Year	国家预算资金 State Budget
金融业	**Banking**	**862085**	**29901**
货币金融服务	Monetary and Financial Services	372045	4700
资本市场服务	Capital Market Services	278943	25201
保险业	Insurance	102183	
其他金融业	Other Financial Activities	108914	
房地产业	**Real Estate**	**72696393**	**1822978**
租赁和商务服务业	**Leasing and Commercial Services**	**6168871**	**121587**
租赁业	Leasing	369618	6700
商务服务业	Commercial Services	5799253	114887
科学研究和技术服务业	**Scientific Research and Technical Services**	**3097574**	**107315**
研究和试验发展	Research and Experimental Development	527101	10000
专业技术服务业	Professional and Technical Services	1682600	67738
科技推广和应用服务业	Science and Technology Popularization and Application Services	887873	29577
水利、环境和公共设施管理业	**Water Conservancy, Environmental and Public Facilities Management**	**22362811**	**4648616**
水利管理业	Water Conservancy Management	2539144	913310
生态保护和环境治理业	Ecological Protection and Environmental Governance Industry	549466	71895
公共设施管理业	Public Facilities Management	19274201	3663411
居民服务、修理和其他服务业	**Residents Service, Repair and Other Services**	**1030101**	**25490**
居民服务业	Resident Services	496008	22724
机动车、电子产品和日用产品修理业	Motor Vehicle Repair Industry, Electronic Products and Daily Products	356455	2766
其他服务业	Other Services	177638	
教 育	**Education**	**3504709**	**754438**
卫生和社会工作	**Health and Social Wwork**	**2159126**	**222952**
卫 生	Health	1694960	185024
社会工作	Social Wwork	464166	37928
文化、体育和娱乐业	**Culture, Sports and Entertainment**	**2158781**	**185244**
新闻和出版业	Press and Publication	53268	
广播、电视、电影和影视录音制作业	Radio, Television, Film and Television Recording Studios	161184	
文化艺术业	Culture and Arts	951914	95463
体 育	Sports	368256	69511
娱乐业	Entertainment	624159	20270
公共管理、社会保障和社会组织	**Public Management, Social Security and Social Organization**	**4357860**	**1291280**
中国共产党机关	Organs of Chinese Communist Party	7264	1000
国家机构	State Organs	3433968	1118796
人民政协、民主党派	CPPCC and Domocratic Parties	10566	
社会保障	The Social Security	101172	30144
群众团体、社会团体和其他成员组织	Mass Organizations, Social Organizations and Religious Organizations	188666	1233
基层群众自治组织	The Grassroots Autonomous Organizations	616224	140107

单位：万元（10000 yuan）

国内贷款 Domestic Loans	债券 Bonds	利用外资 Foreign Investment	自筹资金 Self-raising Funds	其他资金 Others	投资额 Investment	新增固定资产 Newly Increased Fixed Assets	固定资产交付使用率(%) Rate of Projects of Fixed Assets Completed and Put into Use (%)
15805			**771723**	**44656**	**920455**	**503478**	**54.70**
6000			323049	38296	374821	205630	54.86
500			246882	6360	335330	169780	50.63
3732			98451		101124	48903	48.36
5573			103341		109180	79165	72.51
7983366		**141466**	**25701788**	**37046795**	**57637879**	**25716899**	**44.62**
227322		**10290**	**5538295**	**271377**	**6535894**	**4302321**	**65.83**
4452			355846	2620	369543	250439	67.77
222870		10290	5182449	268757	6166351	4051882	65.71
116221			**2521446**	**352592**	**3449619**	**2086066**	**60.47**
21425			493547	2129	711506	410796	57.74
72145			1217366	325351	1820707	969430	53.24
22651			810533	25112	917406	705840	76.94
1094956	**9669**	**128514**	**14484339**	**1996717**	**25892140**	**16883758**	**65.21**
82486		24154	1330399	188795	3063640	2010941	65.64
17820		28800	390779	40172	632625	355889	56.26
994650	9669	75560	12763161	1767750	22195875	14516928	65.40
18495			**949590**	**36526**	**1050466**	**853521**	**81.25**
2045			447931	23308	511315	420637	82.27
15650			329921	8118	358074	293861	82.07
800			171738	5100	181077	139023	76.78
134916			**2433754**	**181601**	**3750493**	**2288159**	**61.01**
157048	**8000**	**26220**	**1672901**	**72005**	**2313286**	**1350190**	**58.37**
143893	8000	26220	1290884	40939	1809731	1060650	58.61
13155			382017	31066	503555	289540	57.50
86432	**570**		**1763933**	**122602**	**2413939**	**1446735**	**59.93**
			53268		49998	32035	64.07
5643			146622	8919	159854	148716	93.03
40245			763550	52656	1038403	586405	56.47
4639	570		263204	30332	504277	248116	49.20
35905			537289	30695	661407	431463	65.23
153462		**5815**	**2417131**	**490172**	**4632794**	**3110709**	**67.15**
			6264		7516	5516	73.39
151262		5430	1812267	346213	3683916	2432468	66.03
			10566		10528	6082	57.77
			24869	46159	116108	57790	49.77
			181576	5857	188997	142333	75.31
2200		385	381589	91943	625729	466520	74.56

5—18 各市固定资产投资资金来源和新增固定资产（2016年）

Investment Funds Resource and Newly Added Infixed Assests by Region (2016)

单位：万元（10000 yuan）

地 区	Region	本年资金来源合计 Total Funds This Year	国家预算资金 State Budget	国内贷款 Domestic Loans	债券 Bonds	利用外资 Foreign Investment
总 计	**Total**	**268238472**	**14970888**	**17230073**	**74181**	**823665**
合肥市	Hefei	68462090	3108412	4774030	28950	56520
淮北市	Huaibei	9852144	594732	356672		
亳州市	Bozhou	8684801	702016	1012859		13520
宿州市	Suzhou	13404740	663977	561777	7500	73245
蚌埠市	Bengbu	16667333	729678	689688	5852	43646
阜阳市	Fuyang	13409418	1484389	1502333	8570	13053
淮南市	Huainan	8524307	724149	849481	700	149104
滁州市	Chuzhou	16872506	1191564	1126029	80	12850
六安市	Luan	11540060	1422947	459350	1000	61176
马鞍山市	Maanshan	20360465	273373	1709353	4200	270352
芜湖市	Wuhu	29306282	429642	1267951	6260	29122
宣城市	Xuancheng	13408041	1452581	349070		79238
铜陵市	Tongling	10950988	275097	1026503	9178	6396
池州市	Chizhou	5965174	275153	246613	10	2298
安庆市	Anqing	15139326	656547	946942		6800
黄山市	Huangshan	5535911	981401	351422	1881	6345

地 区	Region	自筹资金 Self-raising Funds	其他资金 Others	投资额 Investment	新增固定资产 Newly Increased Fixed Assets	固定资产交付使用率(%) Rate of Projects of Fixed Assets Completed and Put into Use (%)
总 计	**Total**	**189516178**	**45623487**	**267581115**	**159673612**	**59.67**
合肥市	Hefei	44432331	16061847	65011693	34150150	52.53
淮北市	Huaibei	8007317	893423	9588824	6975681	72.75
亳州市	Bozhou	5136712	1819694	8748940	4469122	51.08
宿州市	Suzhou	9126598	2971643	12699776	7904537	62.24
蚌埠市	Bengbu	12433454	2765015	16664290	10754824	64.54
阜阳市	Fuyang	7294328	3106745	12926242	5463615	42.27
淮南市	Huainan	5938992	861881	9549513	6604780	69.16
滁州市	Chuzhou	11868236	2673747	16992134	10399300	61.20
六安市	Luan	6333170	3262417	10750015	6872803	63.93
马鞍山市	Maanshan	16490075	1613112	20646170	14008067	67.85
芜湖市	Wuhu	24946513	2626794	30068978	18642718	62.00
宣城市	Xuancheng	9808862	1718290	14142678	8335982	58.94
铜陵市	Tongling	8247744	1386070	11968783	8413195	70.29
池州市	Chizhou	4453970	987130	6525869	4024190	61.67
安庆市	Anqing	11483825	2045212	15219181	8561157	56.25
黄山市	Huangshan	3369355	825507	5977143	4078605	68.24

5—19 各市项目投资资金来源和新增固定资产（2016年）

Projests Investment Funds Resource and Newly Added Infixed Assests by Region (2016)

单位：万元（10000 yuan）

地　区	Region	本年资金来源合计 Total Funds This Year	国家预算资金 State Budget	国内贷款 Domestic Loans	债　券 Bonds	利用外资 Foreign Investment
总　计	**Total**	**206145821**	**14970888**	**10653869**	**74181**	**686799**
合肥市	Hefei	46346304	3108412	1342451	28950	56520
淮北市	Huaibei	8894544	594732	290278		
亳州市	Bozhou	6288714	702016	849680		13520
宿州市	Suzhou	10058908	663977	325268	7500	73245
蚌埠市	Bengbu	12106332	729678	415302	5852	43646
阜阳市	Fuyang	8296778	1484389	853501	8570	13053
淮南市	Huainan	7207762	724149	731459	700	149104
滁州市	Chuzhou	12804507	1191564	850861	80	12850
六安市	Luan	7800423	1422947	258414	1000	61176
马鞍山市	Maanshan	17843268	273373	1573050	4200	133486
芜湖市	Wuhu	24782518	429642	898123	6260	29122
宣城市	Xuancheng	11288372	1452581	253064		79238
铜陵市	Tongling	9912754	275097	790877	9178	6396
池州市	Chizhou	5020019	275153	198190	10	2298
安庆市	Anqing	12870509	656547	748477		6800
黄山市	Huangshan	4469223	981401	274874	1881	6345

地　区	Region	自筹资金 Self-raising Funds	其他资金 Others	投资额 Investment	新增固定资产 Newly Increased Fixed Assets	固定资产交付使用率(%) Rate of Projects of Fixed Assets Completed and Put into Use (%)
总　计	**Total**	**170453869**	**9306215**	**221545490**	**140218945**	**63.29**
合肥市	Hefei	40045649	1764322	51485749	29480447	57.26
淮北市	Huaibei	7613300	396234	8667907	6401537	73.85
亳州市	Bozhou	4236267	487231	6434525	3866167	60.08
宿州市	Suzhou	8233448	755470	10341964	6153267	59.50
蚌埠市	Bengbu	10475907	435947	12778535	9339861	73.09
阜阳市	Fuyang	5586021	351244	9420861	4479704	47.55
淮南市	Huainan	5466899	135451	8330703	5720683	68.67
滁州市	Chuzhou	10249358	499794	13630626	9184410	67.38
六安市	Luan	5348883	708003	8383746	5896142	70.33
马鞍山市	Maanshan	15400282	458877	18456864	12424339	67.32
芜湖市	Wuhu	22997250	422121	25988013	16220510	62.42
宣城市	Xuancheng	9116349	387140	12351117	7961662	64.46
铜陵市	Tongling	7923249	907957	10794914	7788367	72.15
池州市	Chizhou	3989433	554935	5700368	3632946	63.73
安庆市	Anqing	10812170	646515	13813714	7803579	56.49
黄山市	Huangshan	2814708	390014	4864998	3850438	79.15

5—20 各市分行业新增固定资产（2016年）

Newly Increased Fixed Assets by Industry by Region (2016)

单位：万元（10000 yuan）

地区 Region	合计 Total	农林牧渔业 Agriculture, Forestry, Animal Husbandry and Fishery	采矿业 Mining	制造业 Manufacturing	电力、热力、燃气及水的生产和供应业 Production and Supply of Electricity, Heat, Gas and Water	建筑业 Construction	批发和零售业 Wholesale and Retail Trade	交通运输、仓储和邮政业 Transport, Storage, Post & Telecommunications	住宿和餐饮业 Accommodation and Catering Trade	信息传输、计算机服务和软件业 Information, Circulation Computer Services and Software
总计 Total	**159673612**	**5881725**	**1578918**	**66094039**	**5989337**	**1250251**	**7398365**	**8890730**	**1947554**	**2100857**
合肥市 Hefei	34150150	794103	27097	10840690	657585	369113	2862900	1193875	1005928	967430
淮北市 Huaibei	6975681	177806	210927	3479952	136726	474407	346529	367971	21736	96056
亳州市 Bozhou	4469122	218086	16806	1301854	658106	1220	39830	267632	1000	5600
宿州市 Suzhou	7904537	135946	53337	4180556	480425	53424	93377	281959	24821	
蚌埠市 Bengbu	10754824	248474	43815	5678072	272933	4200	223604	601457	23596	23903
阜阳市 Fuyang	5463615	265857		1770255	451886		116568	468829	9416	4120
淮南市 Huainan	6604780	567025	6320	1282423	362440	11716	127770	1030685	61124	116952
滁州市 Chuzhou	10399300	434983	110561	5131889	367749	9343	67351	537032	8900	27740
六安市 Luan	6872803	304186	194025	2276320	386004	12167	56496	203546	77141	28549
马鞍山市 Maanshan	14008067	386579	57508	7126744	232876	25508	785261	532552	114183	272264
芜湖市 Wuhu	18642718	981369	156143	8184393	424922	187032	1551588	785945	184911	359664
宣城市 Xuancheng	8335982	306433	109006	4502128	286356		160874	632815	111825	12216
铜陵市 Tongling	8413195	238595	355386	3441136	470891	73836	667766	900982	124558	85269
池州市 Chizhou	4024190	112131	144134	1759415	311281	13948	46351	469611	55540	30879
安庆市 Anqing	8561157	474577	85388	4408581	368877	14337	122198	334356	17364	36294
黄山市 Huangshan	4078605	235575	8465	729631	120280		129902	281483	105511	33921

地区 Region	金融业 Banking	房地产业 Real Estate	租赁和商务服务业 Leasing and Commercial Services	科学研究和技术服务业 Scientific Research and Technical Services	水利、环境和公共设施管理业 Water Conservancy, Environmental and Public Facilities Management	居民服务、修理和其他服务业 Residents Service, Repair and Other Services	教育 Education	卫生和社会工作 Health and Social Work	文化、体育和娱乐业 Culture, Sports and Entertainment	公共管理、社会保障和社会组织 Public Management, Social Security and Social Organization
总计 Total	**503478**	**25716899**	**4302321**	**2086066**	**16883758**	**853521**	**2288159**	**1350190**	**1446735**	**3110709**
合肥市 Hefei	246295	6497247	2184475	1099094	3549282	387681	558877	173782	412798	321898
淮北市 Huaibei	11834	835422	66629	133246	176892	44522	88174	88656	26113	192083
亳州市 Bozhou		988265	5650	1900	518664	5360	146360	48256	28851	215682
宿州市 Suzhou	25138	1838021	78768	22567	118953	2800	95947	103208	51848	263442
蚌埠市 Bengbu	5971	1821157	86591	42172	911304	32952	143306	186839	13930	390548
阜阳市 Fuyang		1445118	16237	4395	484817	10900	122801	38544	64033	189839
淮南市 Huainan	7687	1569612	50645	67900	909175	4461	196248	44057	72109	116431
滁州市 Chuzhou	18300	1657836	46245	101239	1414030	39706	207067	132477	11652	75200
六安市 Luan	10046	1409728	85941	22290	1058358	2186	123959	54539	76651	490671
马鞍山市 Maanshan	34279	2080928	379431	233907	1226681	49044	155383	114761	172490	27688
芜湖市 Wuhu	71110	2558089	887424	172066	1649263	136940	121790	90772	136814	2483
宣城市 Xuancheng	22807	678117	52207	15192	1076652	34303	43663	72442	127251	91695
铜陵市 Tongling	21275	712069	132477	57360	594873	35024	78926	111491	36175	275106
池州市 Chizhou	2034	488686	76633	25948	381385	10280	27983	13363	18195	36393
安庆市 Anqing	9702	848114	68153	61011	1323768	36242	111909	50658	80324	109304
黄山市 Huangshan	17000	288490	84815	25779	1489661	21120	65766	26345	117501	297360

5—21 各行业施工、投产项目个数（2016年）

The Number of Construction and Put Into Operation by Industry (2016)

行 业	Sector	施工项目 (个) Number of Projects under Construction (unit)	#新开工 Started This Year	全部建成投产项目 (个) Number of Projects Completed and Put into Use (unit)	项目建成投产率 (%) Rate of Projects Completed & Put into Use (%)
总 计	**Total**	**41960**	**34413**	**27196**	**64.81**
农、林、牧、渔业	**Agriculture, Forestry, Animal Husbandry and Fisher**	**2257**	**1866**	**1563**	**69.25**
农 业	Farming	1020	829	698	68.43
林 业	Forestry	301	248	216	71.76
畜牧业	Animal Husbandry	439	372	296	67.43
渔 业	Fishery	139	122	89	64.03
农、林、牧、渔服务业	Agricultural Services	358	295	264	73.74
采矿业	**Mining**	**409**	**312**	**275**	**67.24**
煤炭开采和洗选业	Coal Mining and Washing Industry	31	12	17	54.84
石油和天然气开采业	Oil and Gas Industry	1	1	1	100.00
黑色金属矿采选业	Ferrous Metal CaiXuanYe	61	49	35	57.38
有色金属矿采选业	CaiXuanYe Nonferrous Metallic Deposits	110	91	76	69.09
非金属矿采选业	CaiXuanYe Non-metallic Mineral	190	146	135	71.05
开采辅助活动	Mining Auxiliary Activities	8	8	6	75.00
其他采矿业	Other Mining	8	5	5	62.50
制造业	**Manufacturing**	**19014**	**15711**	**12408**	**65.26**
农副食品加工业	Agricultural and Sideline Products Processing Industry	1268	1047	890	70.19
食品制造业	Food Manufacturing	543	439	383	70.53
酒、饮料和精制茶制造业	Wine, Drinks and Refined Tea Manufacturing	363	270	250	68.87
烟草制品业	Tobacco Products	13	10	6	46.15
纺织业	Textile Industry	531	438	366	68.93
纺织服装、服饰业	Textile and Garment, Apparel Industry	838	705	610	72.79
皮革、毛皮、羽毛及其制品和制鞋业	Leather, Fur, Feather and Its Products and Footwear	247	201	159	64.37
木材加工和木、竹、藤、棕、草制品业	Wood Processing and Wood, Bamboo, Cane, Palm, Grass Products	573	475	381	66.49
家具制造业	Furniture Manufacturing	331	270	223	67.37
造纸和纸制品业	Paper and Paper Products	288	244	200	69.44
印刷和记录媒介复制业	Printing and Duplicating Industry Record Media	318	270	196	61.64
文教、工美、体育和娱乐用品制造业	Cultural and Educational Supplies Manufacturing, Industrial, Sporting and Entertainment	325	272	211	64.92
石油加工、炼焦和核燃料加工业	Petroleum Processing, Coking and Nuclear Fuel Processing	45	38	27	60.00
化学原料和化学制品制造业	Raw Chemical Materials and Chemical Products	865	676	578	66.82
医药制造业	Pharmaceutical Manufacturing Industry	442	326	257	58.14
化学纤维制造业	Chemical Fiber Industry	44	35	30	68.18
橡胶和塑料制品业	Rubber and Plastic Products	1183	982	713	60.27
非金属矿物制品业	Nonmetal Mineral Products	1841	1528	1243	67.52
黑色金属冶炼和压延加工业	Smelting and Pressing of Ferrous Metals	233	198	155	66.52
有色金属冶炼和压延加工业	Smelting and Pressing of Nonferrous Metals	227	180	162	71.37

注：本表不含房地产开发投资。

a) Data in this table do not include investment in real estate development.

5—21 续表1 continued

行 业	Sector	施工项目（个）Number of Projects under Construction (unit)	#新开工 Started This Year	全部建成投产项目（个）Number of Projects Completed and Put into Use (unit)	项目建成投产率(%) Rate of Projects Completed & Put into Use (%)
金属制品业	Metal Products	1223	1053	821	67.13
通用设备制造业	Equipments in Current Use	1617	1375	1104	68.27
专用设备制造业	Special Equipment Manufacturing	1511	1243	979	64.79
汽车制造业	Automobile Manufacturing Industry	1065	874	584	54.84
铁路、船舶、航空航天和其他运输设备制造业	Railway, Shipbuilding, Aerospace, and Other Transportation Equipment Manufacturing Industry	167	141	100	59.88
电气机械和器材制造业	Electric Equipment and Machinery	1508	1258	935	62.00
计算机、通信和其他电子设备制造业	Computers, Communications and Other Electronic Equipment Manufacturing Industry	788	625	470	59.64
仪器仪表制造业	Instrument Manufacturing	291	268	181	62.20
其他制造业	Other Manufacturing	162	134	95	58.64
废弃资源综合利用业	Comprehensive Utilization of Waste Resources	139	114	83	59.71
金属制品、机械和设备修理业	Metal Products, Machinery and Equipment Repair	25	22	16	64.00
电力、热力、燃气及水的生产和供应业	**Production and Supply of Electricity, Heat, Gas and Water**	**1403**	**1040**	**825**	**58.80**
电力、热力生产和供应业	Electricity, Heat Production and Supply Industry	910	660	536	58.90
燃气生产和供应业	Gas Production and Supply Industry	111	85	59	53.15
水的生产和供应业	Water Production and Supply Industry	382	295	230	60.21
建筑业	**Construction**	**469**	**433**	**330**	**70.36**
房屋建筑业	Housing Industry	78	66	53	67.95
土木工程建筑业	Civil Engineering Construction	203	194	135	66.50
建筑安装业	Construction and Installation Industry	50	49	32	64.00
建筑装饰和其他建筑业	Building Decoration and Other Construction	138	124	110	79.71
批发和零售业	**Wholesale and Retail Trade**	**2447**	**2136**	**1754**	**71.68**
批发业	Wholesale	1436	1268	1039	72.35
零售业	Retail Trade	1011	868	715	70.72
交通运输、仓储和邮政业	**Transport, Storage and Postal Services**	**2212**	**1701**	**1325**	**59.90**
铁路运输业	Railway Transport	56	25	13	23.21
道路运输业	Highway Transport	1523	1155	910	59.75
水上运输业	Water Way Transport	106	83	63	59.43
航空运输业	Air Transport	2	2	1	50.00
管道运输业	Pipeline Transport	4	3	4	100.00
装卸搬运和运输代理业	Handling and Shipping Agents	121	101	75	61.98
仓储业	Warehousing	366	306	238	65.03
邮政业	Postal Services	34	26	21	61.76
住宿和餐饮业	**Accommodation and Catering Trade**	**597**	**517**	**371**	**62.14**
住宿业	Accommodation Trade	266	217	140	52.63
餐饮业	Catering Services	331	300	231	69.79
信息传输、软件和信息技术服务业	**Information Transmission, Software and Information Technology Services**	**750**	**702**	**484**	**64.53**
电信、广播电视和卫星传输服务	Telecommunications, Broadcasting and TV Transmission and Satellite Services	109	95	74	67.89
互联网和相关服务	The Internet and Related Services	104	97	59	56.73
软件和信息技术服务业	Software and Information Technology Services	537	510	351	65.36

5—21 续表2 continued

行 业	Sector	施工项目(个) Number of Projects under Construction (unit)	#新开工 Started This Year	全部建成投产项目(个) Number of Projects Completed and Put into Use (unit)	项目建成投产率(%) Rate of Projects Completed & Put into Use (%)
金融业	**Banking**	**189**	**151**	**119**	**62.96**
货币金融服务	Monetary and Financial Services	64	48	43	67.19
资本市场服务	Capital Market Services	75	58	47	62.67
保险业	Insurance	24	21	12	50.00
其他金融业	Other Financial Activities	26	24	17	65.38
房地产业	**Real Estate**	**1234**	**789**	**726**	**58.83**
租赁和商务服务业	**Leasing and Commercial Services**	**1331**	**1163**	**886**	**66.57**
租赁业	Leasing	95	86	61	64.21
商务服务业	Commercial Services	1236	1077	825	66.75
科学研究和技术服务业	**Scientific Research and Technical Services**	**740**	**626**	**464**	**62.70**
研究和试验发展	Research and Experimental Development	154	142	101	65.58
专业技术服务业	Professional and Technical Services	372	306	209	56.18
科技推广和应用服务业	Science and Technology Popularization and Application Services	214	178	154	71.96
水利、环境和公共设施管理业	**Water Conservancy, Environmental and Public Facilities Management**	**5662**	**4676**	**3580**	**63.23**
水利管理业	Water Conservancy Management	763	597	484	63.43
生态保护和环境治理业	Ecological Protection and Environmental Governance Industry	140	115	79	56.43
公共设施管理业	Public Facilities Management	4759	3964	3017	63.40
居民服务、修理和其他服务业	**Residents Service, Repair and Other Services**	**321**	**277**	**223**	**69.47**
居民服务业	Resident Services	155	132	114	73.55
机动车、电子产品和日用产品修理业	Motor Vehicle Repair Industry, Electronic Products and Daily Products	109	95	74	67.89
其他服务业	Other Services	57	50	35	61.40
教 育	**Education**	**869**	**703**	**571**	**65.71**
卫生和社会工作	**Health and Social Wwork**	**456**	**357**	**275**	**60.31**
卫 生	Health	331	253	205	61.93
社会工作	Social Wwork	125	104	70	56.00
文化、体育和娱乐业	**Culture, Sports and Entertainment**	**511**	**420**	**328**	**64.19**
新闻和出版业	Press and Publication	14	13	6	42.86
广播、电视、电影和影视录音制作业	Radio, Television, Film and Television Recording Studios	32	31	21	65.63
文化艺术业	Culture and Arts	232	181	154	66.38
体 育	Sports	82	66	48	58.54
娱乐业	Entertainment	151	129	99	65.56
公共管理、社会保障和社会组织	**Public Management, Social Security and Social Organization**	**1089**	**833**	**689**	**63.27**
中国共产党机关	Organs of Chinese Communist Party	3	3	2	66.67
国家机构	State Organs	771	564	496	64.33
人民政协、民主党派	CPPCC and Democratic Parties	3	3	1	33.33
社会保障	The Social Security	50	38	25	50.00
群众团体、社会团体和其他成员组织	Mass Organizations, Social Organizations and Religious Organizations	56	49	29	51.79
基层群众自治组织	The Grassroots Autonomous Organizations	206	176	136	66.02

5—22 各行业按建设性质分项目投资（2016年）
The Project Investment by Industries by Type of Construction (2016)

单位：万元（10000 yuan）

行业	Sector	新建 New Construction	扩建 Expansion	改建和技术改造 Reconstruction and Technical Transformation
总计	**Total**	**143919030**	**27381787**	**45781336**
农、林、牧、渔业	**Agriculture, Forestry, Animal Husbandry and Fishery**	**7095647**	**733186**	**272660**
农业	Farming	3508705	330445	103068
林业	Forestry	1159085	85818	23463
畜牧业	Animal Husbandry	1018397	154979	71987
渔业	Fishery	445056	51751	22361
农、林、牧、渔服务业	Agricultural Services	964404	110193	51781
采矿业	**Mining**	**921463**	**228309**	**1167861**
煤炭开采和洗选业	Coal Mining and Washing Industry	197489	10686	293512
石油和天然气开采业	Oil and Gas Industry	5988		
黑色金属矿采选业	Ferrous Metal CaiXuanYe	129679	77371	155066
有色金属矿采选业	CaiXuanYe Nonferrous Metallic Deposits	162774	75143	310062
非金属矿采选业	CaiXuanYe Non-metallic Mineral	385050	65109	392041
开采辅助活动	Mining Auxiliary Activities	16520		12117
其他采矿业	Other Mining	23963		5063
制造业	**Manufacturing**	**57224577**	**12619936**	**31683698**
农副食品加工业	Agricultural and Sideline Products Processing Industry	3272888	671433	1840936
食品制造业	Food Manufacturing	1560267	427231	662919
酒、饮料和精制茶制造业	Wine, Drinks and Refined Tea Manufacturing	960728	175096	610599
烟草制品业	Tobacco Products	80048	4002	24824
纺织业	Textile Industry	1028083	299176	871553
纺织服装、服饰业	Textile and Garment, Apparel Industry	1589172	528221	1165884
皮革、毛皮、羽毛及其制品和制鞋业	Leather, Fur, Feather and Its Products and Footwear	755261	166504	241395
木材加工和木、竹、藤、棕、草制品业	Wood Processing and Wood, Bamboo, Cane, Palm, Grass Products	1287918	319926	658943
家具制造业	Furniture Manufacturing	848067	213876	380701
造纸和纸制品业	Paper and Paper Products	451796	241492	475871
印刷和记录媒介复制业	Printing and Duplicating Industry Record Media	744981	190046	538188
文教、工美、体育和娱乐用品制造业	Cultural and Educational Supplies Manufacturing, Industrial, Sporting and Entertainment	873248	183970	408556
石油加工、炼焦和核燃料加工业	Petroleum Processing, Coking and Nuclear Fuel Processing	136365	22927	190243
化学原料和化学制品制造业	Raw Chemical Materials and Chemical Products	3266349	711409	1833376
医药制造业	Pharmaceutical Manufacturing Industry	1731592	201258	776386
化学纤维制造业	Chemical Fiber Industry	202825	42646	88371
橡胶和塑料制品业	Rubber and Plastic Products	2750253	736175	1825900
非金属矿物制品业	Nonmetal Mineral Products	4785460	968278	3162559
黑色金属冶炼和压延加工业	Smelting and Pressing of Ferrous Metals	573001	187639	687218
有色金属冶炼和压延加工业	Smelting and Pressing of Nonferrous Metals	666031	130736	672254
金属制品业	Metal Products	3026516	754135	1539497
通用设备制造业	Equipments in Current Use	3953521	994287	2775595

5—22 续表1 continued

单位：万元（10000 yuan）

行业	Sector	新建 New Construction	扩建 Expansion	改建和技术改造 Reconstruction and Technical Transformation
专用设备制造业	Special Equipment Manufacturing	4758001	976923	2553362
汽车制造业	Automobile Manufacturing Industry	4251237	854718	2275010
铁路、船舶、航空航天和其他运输设备制造业	Railway, Shipbuilding, Aerospace, and Other Transportation Equipment Manufacturing Industry	781420	86035	239730
电气机械和器材制造业	Electric Equipment and Machinery	6026292	1332319	3001678
计算机、通信和其他电子设备制造业	Computers, Communications and Other Electronic Equipment Manufacturing Industry	5188489	788877	1313752
仪器仪表制造业	Instrument Manufacturing	560179	173545	544935
其他制造业	Other Manufacturing	577216	123713	207261
废弃资源综合利用业	Comprehensive Utilization of Waste Resources	466981	74420	103464
金属制品、机械和设备修理业	Metal Products, Machinery and Equipment Repair	70392	38923	12738
电力、热力、燃气及水的生产和供应业	**Production and Supply of Electricity, Heat, Gas and Water**	**7508261**	**868260**	**1529319**
电力、热力生产和供应业	Electricity, Heat Production and Supply Industry	6083503	635061	1038179
燃气生产和供应业	Gas Production and Supply Industry	283523	35302	147307
水的生产和供应业	Water Production and Supply Industry	1141235	197897	343833
建筑业	**Construction**	**863715**	**254347**	**341174**
房屋建筑业	Housing Industry	170943	42293	35066
土木工程建筑业	Civil Engineering Construction	410269	72478	113051
建筑安装业	Construction and Installation Industry	73280	43575	50620
建筑装饰和其他建筑业	Building Decoration and Other Construction	209223	96001	142437
批发和零售业	**Wholesale and Retail Trade**	**5420405**	**2097892**	**1423170**
批发业	Wholesale	2722557	1310756	842653
零售业	Retail Trade	2697848	787136	580517
交通运输、仓储和邮政业	**Transport, Storage and Postal Services**	**13344227**	**2233009**	**2299593**
铁路运输业	Railway Transport	2768592	263684	229650
道路运输业	Highway Transport	7691243	1278916	1836242
水上运输业	Water Way Transport	528848	184198	55493
航空运输业	Air Transport	20000		2600
管道运输业	Pipeline Transport	19238	4500	4790
装卸搬运和运输代理业	Handling and Shipping Agents	418945	91986	22822
仓储业	Warehousing	1736169	330941	146068
邮政业	Postal Services	161192	78784	1928
住宿和餐饮业	**Accommodation and Catering Trade**	**1883798**	**500612**	**350876**
住宿业	Accommodation Trade	1249707	161410	140900
餐饮业	Catering Services	634091	339202	209976
信息传输、软件和信息技术服务业	**Information Transmission, Software and Information Technology Services**	**1681680**	**441475**	**826449**
电信、广播电视和卫星传输服务	Telecommunications, Broadcasting and TV Transmission and Satellite Services	256620	14322	146866
互联网和相关服务	The Internet and Related Services	210844	123975	88547
软件和信息技术服务业	Software and Information Technology Services	1214216	303178	591036

5—22 续表2 continued

单位：万元（10000 yuan）

行业	Sector	新建 New Construction	扩建 Expansion	改建和技术改造 Reconstruction and Technical Transformation
金融业	**Banking**	**587738**	**133262**	**188558**
货币金融服务	Monetary and Financial Services	260486	33796	78746
资本市场服务	Capital Market Services	213046	64208	52040
保险业	Insurance	46684	21241	31996
其他金融业	Other Financial Activities	67522	14017	25776
房地产业	**Real Estate**	**9966396**	**741804**	**568538**
租赁和商务服务业	**Leasing and Commercial Services**	**4494208**	**972276**	**919439**
租赁业	Leasing	197205	98300	45905
商务服务业	Commercial Services	4297003	873976	873534
科学研究和技术服务业	**Scientific Research and Technical Services**	**2304281**	**480959**	**595205**
研究和试验发展	Research and Experimental Development	552780	62623	96103
专业技术服务业	Professional and Technical Services	1217539	229297	328917
科技推广和应用服务业	Science and Technology Popularization and Application Services	533962	189039	170185
水利、环境和公共设施管理业	**Water Conservancy, Environmental and Public Facilities Management**	**20217102**	**3377288**	**2029422**
水利管理业	Water Conservancy Management	2168271	521082	343127
生态保护和环境治理业	Ecological Protection and Environmental Governance Industry	417180	131409	66687
公共设施管理业	Public Facilities Management	17631651	2724797	1619608
居民服务、修理和其他服务业	**Residents Service, Repair and Other Services**	**689006**	**201847**	**141284**
居民服务业	Resident Services	373267	56827	72365
机动车、电子产品和日用产品修理业	Motor Vehicle Repair Industry, Electronic Products and Daily Products	198679	113862	40260
其他服务业	Other Services	117060	31158	28659
教育	**Education**	**2817545**	**430875**	**345447**
卫生和社会工作	**Health and Social Wwork**	**1562990**	**390456**	**224784**
卫生	Health	1151366	320836	208095
社会工作	Social Wwork	411624	69620	16689
文化、体育和娱乐业	**Culture, Sports and Entertainment**	**1797542**	**242777**	**285411**
新闻和出版业	Press and Publication	2200	11320	36478
广播、电视、电影和影视录音制作业	Radio, Television, Film and Television Recording Studios	105392	26783	21379
文化艺术业	Culture and Arts	793722	71421	143452
体育	Sports	414269	28861	23626
娱乐业	Entertainment	481959	104392	60476
公共管理、社会保障和社会组织	**Public Management, Social Security and Social Organization**	**3538449**	**433217**	**588448**
中国共产党机关	Organs of Chinese Communist Party	7516		
国家机构	State Organs	2821204	353900	461608
人民政协、民主党派	CPPCC and Domocratic Parties	6082		4446
社会保障	The Social Security	93393	600	21389
群众团体、社会团体和其他成员组织	Mass Organizations, Social Organizations and Religious Organizations	109600	35310	30657
基层群众自治组织	The Grassroots Autonomous Organizations	500654	43407	70348

5—23 各市施工、投产项目个数（2016年）
The Number of Construction and Put Into Operation by Region (2016)

地 区	Region	施工项目（个）Number of Projects under Construction (unit)	#新开工 Started This Year	全部建成投产项目（个）Number of Projects Completed and Put into Use (unit)	项目建成投产率(%) Rate of Projects Completed & Put into Use (%)
总 计	**Total**	**41960**	**34413**	**27196**	**64.81**
合肥市	Hefei	8957	8005	5922	66.12
淮北市	Huaibei	1640	1253	1280	78.05
亳州市	Bozhou	1077	806	720	66.85
宿州市	Suzhou	1489	1013	957	64.27
蚌埠市	Bengbu	1861	1564	1485	79.80
阜阳市	Fuyang	1289	804	703	54.54
淮南市	Huainan	1672	1358	1069	63.94
滁州市	Chuzhou	2736	2127	1792	65.50
六安市	Luan	1811	1477	1289	71.18
马鞍山市	Maanshan	3831	3317	2617	68.31
芜湖市	Wuhu	4413	3767	2597	58.85
宣城市	Xuancheng	2281	1838	1364	59.80
铜陵市	Tongling	2209	1891	1433	64.87
池州市	Chizhou	1285	987	814	63.35
安庆市	Anqing	3903	2956	2155	55.21
黄山市	Huangshan	1501	1245	995	66.29

注：本表不含房地产开发投资。
a) Data in this table do not include investment in real estate development.

5—24 各市按建设性质分项目投资（2016年）
The Project Investment by Type of Construction by Region (2016)

单位：万元（10000 yuan）

地 区	Region	新 建 New Construction	扩 建 Expansion	改建和技术改造 Reconstruction and Technical Transformation
总 计	**Total**	**143919030**	**27381787**	**45781336**
合肥市	Hefei	28716605	10877432	11135107
淮北市	Huaibei	5670898	803218	2102051
亳州市	Bozhou	5110375	238590	1027288
宿州市	Suzhou	6965108	909487	2425027
蚌埠市	Bengbu	9360748	900068	1847165
阜阳市	Fuyang	6809670	774026	1639591
淮南市	Huainan	6300175	524291	1277213
滁州市	Chuzhou	9837966	1194047	2186731
六安市	Luan	5749058	1029933	1440973
马鞍山市	Maanshan	11726046	2635785	3974220
芜湖市	Wuhu	19477606	1893992	4414690
宣城市	Xuancheng	8066912	959019	3061113
铜陵市	Tongling	4383999	2434687	3215266
池州市	Chizhou	3630579	312223	1641147
安庆市	Anqing	8081335	1576315	3845140
黄山市	Huangshan	3931064	318674	548614

5—25 各市工业项目投资（2016年）
Industrial Project Investment by Region (2016)

单位：万元（10000 yuan）

地　区	Region	工业投资 Industrial Investment	采矿业 Mining	制造业 Manufacturing	电力、热力、燃气及水生产和供应业 Production and Supply of Electricity, Heat, Gas and Water
总　计	**Total**	**115881202**	**2329471**	**103619333**	**9932398**
合肥市	Hefei	21950084	227986	20414629	1307469
淮北市	Huaibei	4869101	98734	4475572	294795
亳州市	Bozhou	3291181	138850	2400963	751368
宿州市	Suzhou	7007525	41127	6128920	837478
蚌埠市	Bengbu	7302487	42075	6879172	381240
阜阳市	Fuyang	3909775	12304	3174818	722653
淮南市	Huainan	2990259	249679	2006081	734499
滁州市	Chuzhou	8458815	116703	7680360	661752
六安市	Luan	3849694	120612	3017422	711660
马鞍山市	Maanshan	10841861	85010	10277033	479818
芜湖市	Wuhu	15680577	311589	14600577	768411
宣城市	Xuancheng	6858723	159704	6008777	690242
铜陵市	Tongling	6036294	438981	5134665	462648
池州市	Chizhou	3498909	173786	2990627	334496
安庆市	Anqing	8280210	99892	7543112	637206
黄山市	Huangshan	1055707	12439	886605	156663

5—26 各市民间投资（2016年）
Private Investment by Region (2016)

单位：万元（10000 yuan）

地　区	Region	民间投资 Private Investment	一产民间投资 One oft he Folk Investment	二产民间投资 Secundiparity Private Investment	工业 Industry	三产民间投资 Firms of Private Investment
总　计	**Total**	**183753625**	**7117771**	**100289111**	**99281465**	**76346743**
合肥市	Hefei	44390823	1023957	18362460	17969410	25004406
淮北市	Huaibei	6802729	179530	4583159	4423050	2040040
亳州市	Bozhou	5635131	255304	2534703	2534703	2845124
宿州市	Suzhou	9839481	276579	6456416	6388071	3106486
蚌埠市	Bengbu	10647214	226287	6219290	6212625	4201637
阜阳市	Fuyang	6867992	319396	2976976	2976976	3571620
淮南市	Huainan	4861028	563144	2160148	2150806	2137736
滁州市	Chuzhou	12021828	493198	7414139	7403228	4114491
六安市	Luan	6481342	346266	3251600	3240335	2883476
马鞍山市	Maanshan	14608228	429572	9318111	9290680	4860545
芜湖市	Wuhu	24481379	1246872	14014145	13813967	9220362
宣城市	Xuancheng	9957813	443813	6189434	6189434	3324566
铜陵市	Tongling	8857015	263635	5183211	5093850	3410169
池州市	Chizhou	4512097	146389	3221331	3207183	1144377
安庆市	Anqing	10930009	776315	7543283	7526762	2610411
黄山市	Huangshan	2859516	127514	860705	860385	1871297

5—27 各市分项目和房地产开发投资（2016年）

Projects and Real Estate Development Investment by Region (2016)

单位：万元（10000 yuan）

地 区	Region	固定资产投资 Investment in Fixed Assets	项目投资 Project Investment	房地产开发投资 Real Estate Development Investment
总　计	**Total**	**267581115**	**221545490**	**46035625**
合 肥 市	Hefei	65011693	51485749	13525944
淮 北 市	Huaibei	9588824	8667907	920917
亳 州 市	Bozhou	8748940	6434525	2314415
宿 州 市	Suzhou	12699776	10341964	2357812
蚌 埠 市	Bengbu	16664290	12778535	3885755
阜 阳 市	Fuyang	12926242	9420861	3505381
淮 南 市	Huainan	9549513	8330703	1218810
滁 州 市	Chuzhou	16992134	13630626	3361508
六 安 市	Luan	10750015	8383746	2366269
马鞍山市	Maanshan	20646170	18456864	2189306
芜 湖 市	Wuhu	30068978	25988013	4080965
宣 城 市	Xuancheng	14142678	12351117	1791561
铜 陵 市	Tongling	11968783	10794914	1173869
池 州 市	Chizhou	6525869	5700368	825501
安 庆 市	Anqing	15219181	13813714	1405467
黄 山 市	Huangshan	5977143	4864998	1112145

5—28 房地产开发主要指标
Main Indicators of Real Estate Development

指　标	Item	2000	2005	2010	2015	2016
企业个数　（个）	Number of Enterprises (unit)	988	1917	3385	3620	3768
登记注册类型	Registration type					
内　资	Domestic Funded	901	1811	3249	3534	3688
#国　有	State-owned Enterprises	298	145	136	60	36
集　体	Collective Enterprises	148	51	25	6	5
港、澳、台投资	Funded by Entrepreneurs from Hong Kong, Macao and Taiwan	65	56	78	57	54
外商投资	Foreign Funded	22	50	58	29	26
企业控股情况	Controlling Stake of Enterprises					
国有控股	Controlling Stake of State-owner			312	283	318
集体控股	Controlling Stake of Group			116	59	59
私人控股	Controlling Stake of Priate			2620	2816	2928
港、澳、台商控股	Controlling Stake of Hong Kong, Macao and Taiwan Businessman			80	51	48
外商控股	Controlling Stake of Foreign Businessman			61	30	25
其　他	Other			196	381	390
本年完成投资额　（万元）	Investment Completed this Year (10000 yuan)	879261	4594413	22518045	44248584	46035625
#住　宅	Residential Buildings	575174	3233619	15952464	28491942	30693640
本年土地购置面积（万平方米）	Land Space Purchased this Year (10000 sq.m)	641.30	1896.39	2611.07	1805.94	2142.70
资金来源小计　（万元）	Source of Funds (10000 yuan)	977459	5430807	28636982	49907807	62092651
国内贷款	Domestically Loans	185685	757235	3237258	5642296	6576204
利用外资	Foreign Investment	19163	67788	61827	10186	136866
自筹资金	Fundraising	325053	2288821	12110747	18601276	19062309
其他资金	Other	447558	2316963	13227150	25654049	36317272
房屋建筑面积　（万平方米）	Floor Space of Buildings (10000 sq.m)					
施工面积	Floor Space Under Construction	1693.36	5306.92	17541.90	34244.67	35645.44
竣工面积	Floor Space Completed	759.33	1816.86	3020.57	5537.74	5382.95
本年新开工面积	Floor Space Started this Year	900.58	2623.41	7317.60	7759.35	8586.37
#住　宅	Residential Buildings	713.17	2181.61	5770.46	5254.68	6007.40
商品房屋销售面积(万平方米)	Floor Space of Selling House (10000 sq.m)	536.20	1907.21	4113.88	6174.09	8499.65
#住　宅	Residential Buildings	462.82	1686.03	3604.87	5356.81	7506.87
商品房屋销售价格(元/平方米)	Selling Price of House (yuan/sq.m)	1193	2220	4212	5457	5924
#住　宅	Residential Buildings	1040	2065	3907	5067	5637
实收资本合计　（万元）	Total Capital Hold (10000 yuan)	801091	2976285	8603456	22029739	24716669
资产合计　（万元）	State Capital (10000 yuan)	2471288	12152955	54332428	168467240	195480406
负债合计　（万元）	Total Liabilities (10000 yuan)	1685674	8530794	40828272	132704740	154423053
资产负债率　（%）	Ratio of Liabilities to Assets (%)	68.21	70.20	75.15	78.77	79.00
主营业务收入　（万元）	Total Revenue (10000 yuan)	701896	2720528	13150647	26455215	33309397
#土地转让收入	Land Transferred	12293	12785	81646	408642	69911

5—29 房地产开发企业（单位）财务状况

Enterprise's Financial Situation in Real Estate Development

单位：万元（10000 yuan）

项目	Item	2005	2010	2015	2016
年初存货	**Opening Stock This Year**	**3403211**	**19892008**	**69197069**	**76351795**
年末资产负债	**Assets and Liabilities at the Year-end**				
流动资产合计	Total of Current Assets	10211981	46759621	141925366	167150218
#应收账款	Receivable Accounts			4574491	5927981
存　货	Stock	5013742	24613144	79781966	86164147
固定资产合计	Fixed Assets			4260390	5249247
固定资产原价	Prime Cost of Fixed Assets	642349	1537883	4300126	4848918
累计折旧	Progressive Depreciation	115739	316551	857190	965146
#本年折旧	Depreciation This Year	28292	67026	183218	175005
在建工程	Projects In building			2318210	3013219
资产总计	Total of Assets	12152955	54332428	168467240	195480406
流动负债合计	Current Liabilities			111884489	128191103
#应付账款	Payables			11531651	12788171
非流动负债合计	Non-Current Liabilities			20820251	26231950
负债合计	Total of Liabilities	8530794	40828272	132704740	154423053
所有者权益合计	Total of Ownership Interest	3622161	13504156	35762501	41057353
#实收资本	Pail-up Capital	2976285	8603456	22029739	24716669
损益及分配	**Profit and Loss and Distribution**				
营业收入	Business Income			26973951	33905055
#主营业务收入	Main Business Earning	2720528	13150647	26455215	33309397
土地转让收入	Earning of Land Transfer	12785	81646	408642	69911
商品房屋销售收入	Sales Revenue of Commercial Houses	2643962	12719888	24832862	31987954
房屋出租收入	Rental Income of Buildings	17969	85698	169620	212281
其他收入	Other Income	45812	263415	1044091	1039250
营业成本	Business Cost			20543191	26616173
#主营业务成本	Main Business Cost	2150369	9672150	20244368	25897490
营业税金及附加	Business Tax and Affixation			2188629	2288584
#主营业务税金及附加	Main Business Tax and Affixation	165159	972105	2081260	2132942
其他业务利润	Other Business Profit	14302	36519	14218	41734
销售费用	Sales Expense	79057	325905	934452	1194183
管理费用	Management Expense	193611	539208	1184320	1211709
财务费用	Financial Expense	57022	166459	610686	675559
营业利润	Operating Profit	89612	1547277	1657790	2385300
投资收益	Investment Yield	2949	29217	135155	172860
利润总额	Total of Profit	91318	1349105	1994345	2919009
应交所得税	Payable Income Tax	45306	270053	567289	628171
人工成本	**Labor cost**				
应付职工薪酬（贷方累计发生额）	Payable Employee Compensation Credit Cumulative Amount			727047	697721

5—30 房地产开发企业（单位）投资、资金和土地情况
Investment, Funds and Land Condition of Real Estate Developer

单位：万元（10000 yuan）

指　　标	Item	2005	2010	2015	2016
计划总投资	Total Planned Investment	19301096	89896777	251053015	280414330
自开始建设累计完成投资	Accumulative Investment Actually Made Since Starting of Construction up to the End	8452758	59445213	171677082	198534622
本年完成投资	Investment Made this Year	4594413	22518045	44248584	46035625
#国有控股	State-holding Stock		3582149	6134806	6809564
按构成分：建筑工程	Grouped by Composition: Construction Project	2910705	14092819	30569270	31560079
安装工程	Installation Project	192634	1524652	5219369	5909836
设备工器具购置	Purchase of Equipment and Instrument	42448	250578	584514	893088
其他费用	Other Expenses	1448626	6649996	7875431	7672622
#旧建筑物购置费	Total Expenses of Purchasing Old Buildings	35903	92803	116710	82223
土地购置费	Total Value of Land Purchased	1005275	5161690	6419885	6220761
按工程用途分：	Grouped by the Use of Project				
住　宅	Residential Buildings	3233619	15952464	28491942	30693640
#90平方米以下	Below $90m^2$		4402937	10547222	11373850
144平方米以上＊	Above of $144m^2$		1213521	2353790	3628902
别墅、高档公寓	Villas and Good Apartments	61564	765862	668618	957399
办公楼	Office Buildings	132116	656341	2042490	2029072
商业营业用房	Houses for Business Use	648456	2924003	10258620	9706098
其　他	Other	580222	2985237	3455532	3606815
本年新增固定资产	Newly Increased Fixed Assets This Year	2366611	8564748	21065233	19454667
本年资金来源合计	Total by Source of Funds This Year	6388421	33029854	64989108	78144904
上年末结余资金	Surplus Funds at the End of Last Year	957614	4392872	15081301	16052253
本年资金来源小计	Total Funds this Year	5430807	28636982	49907807	62092651
国内贷款	Domestic Loans	757235	3237258	5642296	6576204
利用外资	Foreign Investment	67788	61827	10186	136866
自筹资金	Self-raising Fund	2288821	12110747	18601276	19062309
其他资金来源	Others	2316963	13227150	25654049	36317272
本年各项应付款合计	Total of All Payable Account This Year	630600	3511325	14915267	16249473
#工程款	Project Account	415047	1658561	7727866	8982966
待开发土地面积（万平方米）	Land Space Prepared for Development (10000 sq.m)	1504.06	1709.09	2472.35	2560.32
本年购置土地面积（万平方米）	Land Space Purchased this Year (10000 sq.m)	1896.39	2611.07	1805.94	2142.7
本年土地成交价款	Land Costs This Year	1195393	3599668	4793219	6603629

注：＊2005、2010年为140平方米以上的口径。

a) In 2005, 2010,Statistics is for over 140 square meters.

5—31 房地产开发企业（单位）施工、销售和待售情况（2016年）
Construction, sale and for sale in Real Estate Development Units (2016)

指标 Item		合计 Total	按用途分 Grouped by the Use of Project					
			住宅 Residential Buildings	#90平米以下 below 90 sq.m	#别墅、高档公寓 Villas and Good Apartments	办公楼 Office Buildings	商业营业用房 Houses for Business Use	其他 Others
房屋施工面积（万平方米）	Floor Space of Buildings Under Construction (10000 sq.m)	35645.4	24115.1	7611.9	484.9	1205.0	6696.9	3628.4
#新开工面积	Newly Started	8586.4	6007.4	1459.8	134.4	238.5	1459.8	880.6
房屋竣工面积（万平方米）	Floor Space of Buildings Completed (10000 sq.m)	5383.0	4047.7	981.9	45.3	121.0	719.5	494.6
#不可销售面积	Not for Sale	271.9	105.2	35.8	2.1	2.8	46.4	117.6
住宅竣工套数（套）	Sets of Commercial Residential Buildings Completed (set)		386790	121878	3058			
房屋竣工价值（万元）	Value of Buildings Completed (10000 yuan)	15443662	11208276	2691380	137673	432238	2544077	1259071
批准预售面积（万平方米）	Advanced Sale Area by Authorization (10000 sq.m)	4373.3	3543.6	468.2	75.0	159.9	597.4	72.4
批准预售住宅套数（套）	Advanced Sale Units by Authorization (set)		335469	58442	3617			
出租房屋面积（万平方米）	Floor Space of Buildings for Renting (10000 sq.m)	51.34	0.83			0.23	40.98	9.30
商品房销售面积（万平方米）	Floor Space of Selling House (10000 sq.m)	8499.7	7506.9	1389.8	116.6	185.4	671.0	136.5
#现房销售面积	Floor Space of Accomplished Buildings Sold	1459.2	1203.5	335.7	22.3	56.8	155.9	43.1
期房销售面积	Floor Space of Futures Marketable Housings Sold	7040.5	6303.4	1054.0	94.3	128.6	515.1	93.4
商品房销售额（万元）	Total Sales of Commercial Houses (10000 yuan)	50355472	42315908	7674669	925206	1456804	6066035	516725
#现房销售额	Sales Value of Accomplished Buildings	6728223	5056480	1332944	162937	366405	1152471	152867
期房销售额	Sales Value of Futures House	43627249	37259428	6341725	762269	1090399	4913564	363858
商品住宅销售套数（套）	Sets of Commercial Residential Buildings Sold (set)		709401	174426	7556			
#现房销售套数	Sets of Accomplished Buildings Sold		115526	43416	1194			
期房销售套数	Sets of Futures House		593875	131010	6362			
待售面积（万平方米）	Floor Space of Vacant Houses (10000 sq.m)	2401.4	1202.5	283.2	60.1	99.3	883.2	216.4
待售1–3年	Vacant 1-3 Years	1252.3	629.7	153.2	30.8	41.8	459.6	121.1
待售3年以上	Vacant More than 3 Years	126.3	67.6	28.5	9.0	4.6	42.2	11.9

5—32 房地产开发投资（2016年）
Investment in Real Estate Development (2016)

指　标	Item	总　计 Total	内　资 Domestic Funded	国　有 State-owned Enterprises
计划总投资	Total Planned Investment	280414330	267848532	5170506
自开始建设累计完成投资	Accumulative Investment Actually Made Since Starting of Construction up to the End	198534622	189086388	3612441
本年完成投资	Investment Made this Year	46035625	44391453	888599
#国有控股	State Controlling Share Hold Enterprises	6809564	6796290	888599
按构成分：建筑工程	Grouped by Composition: Construction Project	31560079	30446818	569566
安装工程	Installation Project	5909836	5558181	64207
设备工器具购置	Purchase of Equipment and Instrument	893088	871171	4289
其他费用	Other Expenses	7672622	7515283	250537
#旧建筑物购置费	Total Expenses of Purchasing Old Buildings	82223	82223	4525
土地购置费	Total Value of Land Purchased	6220761	6101676	220786
按工程用途分：	Grouped by the Use of Project			
住　宅	Residential Buildings	30693640	29431622	625705
#90平方米以下	Below 90m^2	11373850	10956559	392365
144平方米以上	Above of 144m^2	3628902	3389281	74082
#别墅、高档公寓	Villas and Good Apartments	957399	838513	1982
办公楼	Office Buildings	2029072	2003760	25934
商业营业用房	Houses for Business Use	9706098	9455974	174768
其　他	Other	3606815	3500097	62192
本年新增固定资产	Newly Increased Fixed Assets This Year	19454667	18584522	311101
待开发土地面积　（平方米）	Land Space Prepared for Development　(sq.m)	25603242	24844208	432598
本年购置土地面积　（平方米）	Land Space Purchased this Year　(sq.m)	21427047	20521881	414230
本年土地成交价款	Land Costs This Year	6603629	6469369	121172
#拆迁补偿费	Compensation for Demolition	59829	59829	
土地使用权出让金	Selling of land using right	5686767	5552507	106992
契　税	Deed Tax	180778	177502	2680

单位：万元（10000 yuan）

集　体 Collective Enterprises	港、澳、台投　资 Funded by Entrepreneurs from Hong Kong, Macao and Taiwan	外商投资 Foreign Funded	中　央 Central Government	省 Province	市 City	县 County	乡镇企业 Township and Village Enterprises	其　他 Other
41593	9213636	3352162	4117867	14227486	42400507	19377727	1330296	198960447
32617	6552164	2896070	2695709	9500234	29985742	13919592	926177	141507168
23377	1242287	401885	483344	1713514	6472214	4086828	240533	33039192
	13274		462138	1263558	2061126	1344194		1678548
22260	819556	293705	297146	1020911	4595824	2996718	138025	22511455
72	271604	80051	69213	158458	778754	534096	88305	4281010
5	10867	11050	4192	17334	73216	23468	5847	769031
1040	140260	17079	112793	516811	1024420	532546	8356	5477696
					38530	4525		39168
	119085		105627	459141	794754	439695	4916	4416628
2655	906204	355814	358478	1216704	4257370	3052408	175620	21633060
155	312528	104763	95759	643582	2024692	1156854	18354	7434609
500	117727	121894	130969	69302	409965	258975	17068	2742623
	25433	93453	1000	11146	62815	135475	15606	731357
	24553	759	10062	140214	369994	103949		1404853
20490	212297	37827	76347	248623	1254125	644223	58035	7424745
232	99233	7485	38457	107973	590725	286248	6878	2576534
23115	571480	298665	264938	1056948	3613084	1118162	36262	13365273
	599245	159789	343172	692666	2486805	3017210	100997	18962392
	745377	159789	204916	1172213	2001446	2430478	135157	15482837
	61060	73200	51320	685157	764680	651581	16180	4434711
				974	2656	10338	30	45831
	61060	73200	51320	537770	670914	628512	16148	3782103
	348	2928	1653	16467	25000	21087	383	116188

5—33 房地产开发企业财务状况（2016年）
Enterprise's Financial Situation in Real Estate Development (2016)

项目	Item	流动资产合计 Circulating Funds	#存货 Stock	固定资产原价 Original Value of Fixed Assets	累计折旧 Accumulated Depreciation	资产合计 Total Assets
总计	**Total**	**167150218**	**86164147**	**4848918**	**965146**	**195480406**
国有及国有控股企业	State Controlling Share Hold Enterprises	1490599	18032080	1169492	159393	53123392
按注册类型分	**Grouped by Status of Registration**					
内资	Domestic Funded	5674027	82527572	4571538	912425	185949423
#国有	State-owned Enterprises	28445	1247451	73087	15823	4566739
集体	Collective Enterprises	92	23497	1486	1008	44597
港、澳、台投资	Funded by Entrepreneurs from Hong Kong, Macao and Taiwan	203577	2578582	131513	37308	6661350
外商投资	Foreign Funded	50378	1057993	145867	15413	2869633
按隶属关系分	**Grouped by Administrative Relationship**					
中央	Central Government	6254	763663	21800	4964	3179251
省	Province	199699	3856552	250269	34522	10991150
市	City	1270986	13965607	1184832	171827	36939552
县	County	1068028	8446884	436799	106878	17607185
乡镇企业	Township and Village Enterprises	4796	232243	2847	1690	788670
其他	Other	3378218	58899199	2952371	645265	125974599
按资质等级分	**Grouped by qualification grade**					
一级	First Grade	72065	1961494	251307	43444	6218546
二级	Second Grade	1347176	11299111	1229635	265746	36349640
三级	Third Grade	1128326	20114578	1696944	359754	43504785
四级	Forth Grade	140371	2027969	83253	32106	3776653
暂定	Tentative	3043158	45247754	1454678	246328	94579854
其他	Other	196884	5513242	133100	17766	11050249

5—34 各市房地产开发企业财务状况（2016年）
Enterprise's Financial Situation in Real Estate Development by Region (2016)

地区	Region	流动资产合计 Circulating Funds	#存货 Stock	固定资产原价 Original Value of Fixed Assets	累计折旧 Accumulated Depreciation	资产合计 Total Assets
总计	**Total**	**167150218**	**86164147**	**4848918**	**965146**	**195480406**
合肥市	Hefei	55205716	24788795	2026121	317318	66044156
淮北市	Huaibei	3585773	2058560	169434	26179	4376209
亳州市	Bozhou	10591955	3351187	87138	29421	14096530
宿州市	Suzhou	6537509	3655601	32503	17036	7162421
蚌埠市	Bengbu	9951051	5709912	467641	46759	11409502
阜阳市	Fuyang	10476853	5158205	265028	61874	11951877
淮南市	Huainan	4915289	2784285	118928	39732	6255785
滁州市	Chuzhou	9345950	4904091	306517	59513	10450674
六安市	Luan	7909606	4990933	99829	31324	8510500
马鞍山市	Maanshan	6827658	4174605	193999	34959	7995034
芜湖市	Wuhu	19321630	10545188	404113	72266	21628451
宣城市	Xuancheng	4710902	3108529	79342	29439	5253826
铜陵市	Tongling	4346739	3063460	146834	80441	4873002
池州市	Chizhou	3550917	1708658	38992	16572	3850827
安庆市	Anqing	6615641	3975805	207118	53055	7958823
黄山市	Huangshan	3257029	2186336	205385	49258	3662790

单位：万元（10000 yuan）

负债合计 Total Liabilities	资产负债率(%) Ratio of Liabilities to Assets (%)	所有者权益合计 Owners Equity	实收资本 Capital Hold	主营业务收入 Main Business Income	土地转让收入 Revenue of Land Transfer	主营业务成本 Main Business Cost	主营业务税金及附加 Main Business and Extra Charges	营业利润 Operating profit	应付职工薪酬 The payable staff pay
154423053	**79.00**	**41057353**	**24716669**	**33309397**	**69911**	**25897490**	**2132942**	**2385300**	**697721**
38348759	72.19	14774632	5893421	4623168	42575	3840963	280550	112519	89781
148333826	79.77	37615597	23016481	31462286	69911	24596715	1991436	2097958	665315
2834629	62.07	1732110	649155	289703		240305	12924	3577	5976
39628	88.86	4969	4285	1230		956	79	-69	191
4455059	66.88	2206291	1364996	1532426		1077127	122125	247270	26905
1634168	56.95	1235465	335193	314685		223649	19380	40072	5501
2819186	88.67	360066	220800	734216		562369	58070	85704	11330
8068281	73.41	2922869	2082153	1497993		1259083	95445	172578	35101
26878254	72.76	10061298	4324694	4833204	42626	4226618	251038	-41480	75425
14214568	80.73	3392617	1829661	2154114	325	1670874	141877	141601	42409
589624	74.76	199046	155386	195111		117943	14629	51593	3006
101853141	80.85	24121458	16103976	23894759	26960	18060603	1571883	1975303	530449
3977386	63.96	2241160	1207127	857346		576880	63371	165089	19525
26556657	73.06	9792983	4304013	4458282	42687	3540870	257125	212451	89290
34094560	78.37	9410225	5013318	8624782	21062	6334102	619562	879144	156725
2983385	79.00	793268	610013	966693	812	807969	53397	54506	23572
77665671	82.12	16914183	12506379	17223557	5350	13773655	1021319	982008	387752
9145129	82.76	1905120	1075419	1178731		864011	118167	92107	20850

单位：万元（10000 yuan）

负债合计 Total Liabilities	资产负债率(%) Ratio of Liabilities to Assets (%)	所有者权益合计 Owners Equity	实收资本 Capital Hold	主营业务收入 Main Business Income	土地转让收入 Revenue of Land Transfer	主营业务成本 Main Business Cost	主营业务税金及附加 Main Business and Extra Charges	营业利润 Operating profit	应付职工薪酬 The payable staff pay
154423053	**79.00**	**41057353**	**24716669**	**33309397**	**69911**	**25897490**	**2132942**	**2385300**	**697721**
50842734	76.98	15201423	8316099	12425948		8713552	989861	2012835	193434
3568858	81.55	807351	533770	864933		683904	32808	-3604	13150
9559199	67.81	4537331	1086083	1877168	40838	1647809	86801	36080	22108
6256859	87.36	905562	775395	1406781		1174758	73314	72941	35962
9466917	82.97	1942585	1203882	2187846		1776981	123246	81874	76541
9601560	80.34	2350318	1864718	2039976		1475966	117981	193522	40054
5128885	81.99	1126900	1082121	794362	19648	617198	39406	35448	21914
8449575	80.85	2001099	1540378	1867865	62	1549154	114703	13169	55431
7144307	83.95	1366193	956827	1942052	52	1592975	107675	57920	43752
6253427	78.22	1741607	1035445	1038081	2954	884839	49957	-12964	25366
18019050	83.31	3609401	2346512	2573082	2319	2233429	119946	-89041	50614
4303022	81.90	950804	682822	890500	2326	764979	54045	-20785	25503
4071440	83.55	801561	698592	650030	51	534519	45520	-5096	19903
2611417	67.81	1239410	667362	655409		562777	36509	3486	12557
6126955	76.98	1831868	1324184	1595071	1661	1295058	111167	19964	38476
3018850	82.42	643941	602479	500294		389593	30003	-10449	22955

5—35 各市房地产开发企业（单位）个数（2016年）
Number of Enterprises for Real Estate Development by Region (2016)

单位：个（unit）

地　区	Region	企业个数 Number of Enterprises	内资企业 Domestic Funded Enterprises	#国　有 State-owned	#集　体 Collective-owned	#私　营 Private Units	港澳台投资企业 Funded by Entrepreneurs from Hong Kong, Macao and Taiwan	外商投资企业 Foreign Funded Enterprises	国有控股 State-owned holdings
总　　计	**Total**	**3768**	**3688**	**36**	**5**	**1757**	**54**	**26**	**318**
合肥市	Hefei	575	541	6	1	187	26	8	91
淮北市	Huaibei	105	101	2		56	1	3	10
亳州市	Bozhou	170	169			16		1	11
宿州市	Suzhou	181	180	3	1	63		1	13
蚌埠市	Bengbu	206	202	2		69	3	1	23
阜阳市	Fuyang	236	235	3		107	1		12
淮南市	Huainan	164	135	2		56	2		12
滁州市	Chuzhou	380	379	4		288		1	17
六安市	Luan	224	250	1		145	1		16
马鞍山市	Maanshan	177	170	1		115	3	4	23
芜湖市	Wuhu	263	257	3		131	3	3	22
宣城市	Xuancheng	221	220			125		1	8
铜陵市	Tongling	188	138	1	1	53	2	1	15
池州市	Chizhou	141	141			52			11
安庆市	Anqing	334	377	7	2	197	4		23
黄山市	Huangshan	203	193	1		97	8	2	11

5—36 各市按控股情况分的房地产企业（单位）个数（2016年）
Number of Real Estate Enterprises (units) by Controlled Holdings by Region (2016)

单位：个（unit）

地　区	Region	企业个数 Number of Enterprises	国有控股 State-owned Controlled Holdings	集体控股 Collective-owned Controlled Holdings	私人控股 Private Units Collective-owned Controlled Holdings	港澳台商控股 Funded by Entrepreneurs from Hong Kong, Macao and Taiwan Controlled Holdings	外商控股 Foreign Funded Enterprises Controlled Holdings	其　他 Other
总　　计	**Total**	**3768**	**318**	**59**	**2928**	**48**	**25**	**390**
合肥市	Hefei	575	91	11	347	22	9	95
淮北市	Huaibei	105	10	1	84	1	1	8
亳州市	Bozhou	170	11	3	140		1	15
宿州市	Suzhou	181	13	1	146		1	20
蚌埠市	Bengbu	206	23	5	163	2	1	12
阜阳市	Fuyang	236	12	4	189	1		30
淮南市	Huainan	137	12	1	112	2		10
滁州市	Chuzhou	380	17	4	343		1	15
六安市	Luan	251	16	4	200	1	1	29
马鞍山市	Maanshan	177	23		139	2	4	9
芜湖市	Wuhu	263	22	2	180	4	2	53
宣城市	Xuancheng	221	8	3	190		1	19
铜陵市	Tongling	141	15	5	101	2		18
池州市	Chizhou	141	11	1	113			16
安庆市	Anqing	381	23	13	315	3	1	26
黄山市	Huangshan	203	11	1	166	8	2	15

5—37 各市房地产开发建设投资总规模及完成投资（2016年）

General Scale of and Actually Completed Investment in Real Estate Development by Region (2016)

单位：万元（10000 yuan）

地区	Region	计划总投资 Total Investment Actually Needed	自开始建设至本年底累计完成投资 Accumulative Investment Actually Made Since Starting of Construction up to the End of this Year	本年完成投资 Investment Made this Year	全部建成尚需投资 Further Investment Required for the Completion of Construction
总　计	**Total**	**280414330**	**198534622**	**46035625**	**81879708**
合肥市	Hefei	77306483	51721022	13525944	25585461
淮北市	Huaibei	7258507	6112215	920917	1146292
亳州市	Bozhou	11973927	8884090	2314415	3089837
宿州市	Suzhou	14350636	8484703	2357812	5865933
蚌埠市	Bengbu	19782827	15806115	3885755	3976712
阜阳市	Fuyang	17213787	10165094	3505381	7048693
淮南市	Huainan	8705534	6205935	1218810	2499599
滁州市	Chuzhou	19920630	14981458	3361508	4939172
六安市	Luan	13375342	7867293	2366269	5508049
马鞍山市	Maanshan	13061558	10918230	2189306	2143328
芜湖市	Wuhu	28678176	23160320	4080965	5517856
宣城市	Xuancheng	11921466	9072861	1791561	2848605
铜陵市	Tongling	10414419	7804903	1173869	2609516
池州市	Chizhou	5952178	4630377	825501	1321801
安庆市	Anqing	8616519	5455318	1405467	3161201
黄山市	Huangshan	11882341	7264688	1112145	4617653

5—38 各市按用途分的房地产开发企业（单位）完成投资额（2016年）

Actually Completed Investment of Enterprises for Real Estate Development by Region and by Use (2016)

单位：万元（10000 yuan）

地区	Region	本年完成投资额 Investment Made this Year	住宅 Residential Buildings	#90平米以下 Below 90 sq.m	144平米以上 Above of 144 sq.m	#别墅、高档公寓 Villas and Good Apartments	办公楼 Office Buildings	商业营业用房 Houses for Business Use	其他 Other
总　计	**Total**	**46035625**	**30693640**	**11373850**	**3628902**	**957399**	**2029072**	**9706098**	**3606815**
合肥市	Hefei	13525944	8610231	3425427	1545296	238663	1208596	2341325	1365792
淮北市	Huaibei	920917	607866	244431	35939	25695	58759	149729	104563
亳州市	Bozhou	2314415	1406459	220948	154538	19182	58438	658200	191318
宿州市	Suzhou	2357812	1676016	607801	123837	22020	35633	538883	107280
蚌埠市	Bengbu	3885755	2729787	917700	103053	24483	67012	875227	213729
阜阳市	Fuyang	3505381	2301052	798883	153189	65509	86653	854890	262786
淮南市	Huainan	1218810	911157	441242	65598	7365	40548	178267	88838
滁州市	Chuzhou	3361508	1995908	674413	251111	112166	69987	1031330	264283
六安市	Luan	2366269	1674963	450248	175582	25481	61271	480729	149306
马鞍山市	Maanshan	2189306	1690754	718445	316167	181356	112964	272580	113008
芜湖市	Wuhu	4080965	2735842	1585819	227026	19420	91283	1011222	242618
宣城市	Xuancheng	1791561	1395985	393974	219022	37522	27641	282472	85463
铜陵市	Tongling	1173869	666185	265761	28096	2704	35913	327466	144305
池州市	Chizhou	825501	681963	258865	33118	11097	8908	102512	32118
安庆市	Anqing	1405467	948637	169769	70836	23689	52868	294188	109774
黄山市	Huangshan	1112145	660835	200124	126494	141047	12598	307078	131634

5—39 各市房地产开发企业（单位）资金来源（2016年）

Sources of Funds of Enterprises for Real Estate Development by Region (2016)

单位：万元（10000 yuan）

地区	Region	本年资金来源合计 Total Sources of Funds	上年末结余资金 Funds by the End of Last Year	本年资金来源小计 Total Funds This Year	国内贷款 Domestic Loans	#银行贷款 Bank Loan	利用外资 Foreign Investment	#外商直接投资 Foreign Direct Investment	自筹资金 Self-raising Funds	其他资金来源 Others
总　　计	**Total**	**78144904**	**16052253**	**62092651**	**6576204**	**5360092**	**136866**	**136866**	**19062309**	**36317272**
合肥市	Hefei	28403547	6287761	22115786	3431579	2715039			4386682	14297525
淮北市	Huaibei	1242551	284951	957600	66394	64634			394017	497189
亳州市	Bozhou	3354267	958180	2396087	163179	86079			900445	1332463
宿州市	Suzhou	4457109	1111277	3345832	236509	192709			893150	2216173
蚌埠市	Bengbu	5968088	1407087	4561001	274386	230186			1957547	2329068
阜阳市	Fuyang	5802625	689985	5112640	648832	585426			1708307	2755501
淮南市	Huainan	1997113	351586	1645527	123022	69579			566135	956370
滁州市	Chuzhou	5290807	1222808	4067999	275168	269438			1618878	2173953
六安市	Luan	4001094	590439	3410655	195936	162462			890245	2324474
马鞍山市	Maanshan	3015887	498690	2517197	136303	106854	136866	136866	1089793	1154235
芜湖市	Wuhu	5482156	958392	4523764	369828	326078			1949263	2204673
宣城市	Xuancheng	2610120	490451	2119669	96006	92695			692513	1331150
铜陵市	Tongling	1592168	376242	1215926	241131	170858			435013	539782
池州市	Chizhou	1184888	239733	945155	48423	46843			464537	432195
安庆市	Anqing	2539340	448215	2091125	192960	180591			561137	1337028
黄山市	Huangshan	1203144	136456	1066688	76548	60621			554647	435493

5—40 各市房地产开发建设房屋建筑面积和造价（2016年）

Floor Space of Buildings and their Cost in Real Estate Development by Region (2016)

地 区	Region	施工房屋面积（平方米）Floor Space of Buildings Under Construction (sq.m)	新开工 Newly Started	竣工房屋面积（平方米）Floor Space of Buildings Completed (sq.m)	房屋建筑面积竣工率（%）Ratio of Floor Space of Buildings Completed (%)	竣工房屋价值（万元）Value of Buildings Completed (10000 yuan)	竣工房屋造价（元/平方米）Cost of Buildings Completed (yuan/sq.m)
总 计	**Total**	**356454421**	**85863697**	**53829529**	**15.10**	**15443662**	**2869**
合肥市	Hefei	78185377	21133128	11803272	15.10	3653021	3095
淮北市	Huaibei	14271504	1444425	1763639	12.36	502041	2847
亳州市	Bozhou	17891654	3549935	1731374	9.68	488384	2821
宿州市	Suzhou	19781140	5144036	4703826	23.78	1403237	2983
蚌埠市	Bengbu	32465330	8600747	4242840	13.07	1218782	2873
阜阳市	Fuyang	29741011	11267430	3138963	10.55	848017	2702
淮南市	Huainan	17118169	2409901	2281906	13.33	615498	2697
滁州市	Chuzhou	25306221	5987928	3847166	15.20	900472	2341
六安市	Luan	20236862	5600971	3204793	15.84	744540	2323
马鞍山市	Maanshan	15376312	4041218	3712542	24.14	1174869	3165
芜湖市	Wuhu	29754807	4837798	6256588	21.03	2039286	3259
宣城市	Xuancheng	14038053	2278675	974595	6.94	273123	2802
铜陵市	Tongling	11101851	1978627	2466228	22.21	587582	2383
池州市	Chizhou	8440979	1375088	1094470	12.97	316630	2893
安庆市	Anqing	15339731	4956843	1949238	12.71	501583	2573
黄山市	Huangshan	7405420	1256947	658089	8.89	176597	2683

5—41 各市按用途分的房地产开发企业（单位）新开工房屋面积（2016年）

Floor Space Started in Real Estate Development by Region and by Use (2016)

单位：平方米（sq.m）

地 区	Region	本年新开工房屋面积 Floor Space Started This Year	住宅 Residential Buildings	#90平米以下 Below 90 sq.m	144平米以上 Above of 144 sq.m	#别墅、高档公寓 Villas and Good Apartments	办公楼 Office Buildings	商业营业用房 Houses for Business Use	其他 Other
总 计	**Total**	**85863697**	**60074019**	**14597865**	**6011154**	**1344117**	**2385133**	**14598132**	**8806413**
合肥市	Hefei	21133128	13702173	3745504	2012735	299931	1575731	2915663	2939561
淮北市	Huaibei	1444425	844474	228480	58591	9100	123941	262269	213741
亳州市	Bozhou	3549935	2272306	425965	220475	75147	62961	931012	283656
宿州市	Suzhou	5144036	3928847	633244	603863	75607	9793	816571	388825
蚌埠市	Bengbu	8600747	6407697	1980320	123504	17000	18218	1713616	461216
阜阳市	Fuyang	11267430	7649959	1774619	448472	198205	120028	1951689	1545754
淮南市	Huainan	2409901	1666269	592862	78803	17508	84283	423355	235994
滁州市	Chuzhou	5987928	4518560	940188	529959	382555	44443	952786	472139
六安市	Luan	5600971	3817441	659093	751877	41719	62540	1395857	325133
马鞍山市	Maanshan	4041218	3534826	1165815	481240	111605	40983	215244	250165
芜湖市	Wuhu	4837798	3258902	1077705	231856	3470	119365	1024191	435340
宣城市	Xuancheng	2278675	1665047	380547	159574	11165	27555	348637	237436
铜陵市	Tongling	1978627	1157321	401102	17819		13615	424863	382828
池州市	Chizhou	1375088	1020215	169061	82948	15000	46629	191746	116498
安庆市	Anqing	4956843	3659149	236443	155630	33364	32958	799690	465046
黄山市	Huangshan	1256947	970833	186917	53808	52741	2090	230943	53081

5—42 各市商品房屋销售情况（2016年）
Selling of Commercial Houses by Region (2016)

地区	Region	房屋销售面积（平方米）Floor Space of Commercialized Buildings Sold (sq.m)	#住宅 Residential Buildings	现房 Completed Buildings	期房 Buildings Completed in Future	商品房销售额（万元）Total Sales of Commercialized Buildings (10000 yuan)	#住宅 Residential Buildings	现房 Completed Buildings	期房 Buildings Completed in Future
总计	**Total**	**84996513**	**75068714**	**14591530**	**70404983**	**50355472**	**42315908**	**6728223**	**43627249**
合肥市	Hefei	20983411	17057175	1675768	19307643	19660399	15883501	1143046	18517353
淮北市	Huaibei	1190551	1121118	191376	999175	565036	517908	92823	472213
亳州市	Bozhou	4124303	3524429	801964	3322339	1929227	1524022	310494	1618733
宿州市	Suzhou	5642399	4966889	1577103	4065296	2326575	1877976	659340	1667235
蚌埠市	Bengbu	6762378	6305597	996734	5765644	3204196	2810038	434364	2769832
阜阳市	Fuyang	6626381	5752521	251030	6375351	3718059	3102846	115026	3603033
淮南市	Huainan	2383378	2176501	473543	1909835	1045927	893895	216938	828989
滁州市	Chuzhou	6620627	6047821	1425051	5195576	3035619	2651394	644117	2391502
六安市	Luan	6637059	6296513	1016134	5620925	3087916	2840323	403653	2684263
马鞍山市	Maanshan	3919916	3533526	1961349	1958567	1919077	1648951	892632	1026445
芜湖市	Wuhu	7369137	6818440	1154705	6214432	4007609	3566534	593465	3414144
宣城市	Xuancheng	3863765	3527258	906512	2957253	1688494	1492781	332257	1356237
铜陵市	Tongling	1722888	1435875	549527	1173361	817959	572001	200239	617720
池州市	Chizhou	1554381	1435540	299035	1255346	689941	622395	127345	562596
安庆市	Anqing	4262199	3942916	881968	3380231	2023060	1794690	372085	1650975
黄山市	Huangshan	1333740	1126595	429731	904009	636378	516653	190399	445979

5—43 各市按用途分的商品房屋实际销售面积（2016年）
Floor Space of Commercial Houses Actually Sold by Use and by Region (2016)

单位：平方米（sq.m）

地区	Region	房屋销售面积 Floor Space of Selling House	商品住宅 Residential Buildings	#90平米以下 Below 90 sq.m	144平米以上 Above of 144 sq.m	#别墅、高档公寓 Villas and Good Apartments	办公楼 Office Buildings	商业营业用房 Houses for Business Use	其他 Other
总计	**Total**	**84996513**	**75068714**	**13897486**	**4781606**	**1165655**	**1853468**	**6709558**	**1364773**
合肥市	Hefei	20983411	17057175	4532235	1769023	309921	1291003	1891390	743843
淮北市	Huaibei	1190551	1121118	273754	82924	18211	9923	50804	8706
亳州市	Bozhou	4124303	3524429	441021	185271	43310	1713	542951	55210
宿州市	Suzhou	5642399	4966889	1114203	188306	77290	66167	500737	108606
蚌埠市	Bengbu	6762378	6305597	866531	137730	44968	39762	379183	37836
阜阳市	Fuyang	6626381	5752521	553743	123195	18211	60238	669503	144119
淮南市	Huainan	2383378	2176501	522534	83630	37889	10425	194538	1914
滁州市	Chuzhou	6620627	6047821	899169	398707	271081	32460	478337	62009
六安市	Luan	6637059	6296513	804092	266780	58776	27298	303221	10027
马鞍山市	Maanshan	3919916	3533526	848257	219869	139333	121527	229738	35125
芜湖市	Wuhu	7369137	6818440	1288094	631107	58939	68316	451386	30995
宣城市	Xuancheng	3863765	3527258	723377	189047	10722	22673	307204	6630
铜陵市	Tongling	1722888	1435875	308278	85279	7661	51551	219189	16273
池州市	Chizhou	1554381	1435540	228061	56298	1148	23806	87422	7613
安庆市	Anqing	4262199	3942916	297280	260290	28987	2147	250901	66235
黄山市	Huangshan	1333740	1126595	196857	104150	39208	24459	153054	29632

5—44 各市按用途分的商品房屋平均销售价格（2016年）

Average Selling Price of Commercial Houses by Region and by Use (2016)

单位：元/平方米（yuan/sq.m）

地 区	Region	房屋平均销售价格 Average Selling Price of Houses	商品住宅 Residential Buildings	#90平米以下 Below 90 sq.m	144平米以上 Above of 144 sq.m	#别墅、高档公寓 Villas and Good Apartments	办公楼 Office Buildings	商业营业用房 Houses for Business Use	其他 Other
总 计	**Total**	**5924**	**5637**	**5522**	**8067**	**7937**	**7860**	**9041**	**3786**
合肥市	Hefei	9369	9312	8026	12674	11862	9054	12405	3519
淮北市	Huaibei	4746	4620	4579	5689	9365	5405	7550	3916
亳州市	Bozhou	4678	4324	4423	5293	9047	8739	6914	5133
宿州市	Suzhou	4123	3781	3932	5542	5649	7093	6974	4831
蚌埠市	Bengbu	4738	4456	4338	6595	5437	5113	8965	8961
阜阳市	Fuyang	5611	5394	4685	7135	8892	6988	8007	2570
淮南市	Huainan	4388	4107	4065	5574	3246	4037	7565	3396
滁州市	Chuzhou	4585	4384	3882	5203	7278	3396	7404	3069
六安市	Luan	4653	4511	4518	5502	9467	5593	7513	4501
马鞍山市	Maanshan	4896	4667	3545	5124	4583	4115	8940	4196
芜湖市	Wuhu	5438	5231	5538	5331	5526	5538	8636	4326
宣城市	Xuancheng	4370	4232	3605	5611	5933	5196	5931	2585
铜陵市	Tongling	4748	3984	3546	4770	5621	3629	10197	2301
池州市	Chizhou	4439	4336	4480	4017	9643	4083	6275	3896
安庆市	Anqing	4747	4552	4735	3972	6215	4662	7807	4756
黄山市	Huangshan	4771	4586	4631	6154	6524	4977	6533	2554

5—45 各市按用途分的商品房待售情况（2016年）

Commercial House for Sale by Used by Region (2016)

单位：平方米（sq.m）

地 区	Region	房屋待售面积 Square House for Sale	商品住宅 Residential Buildings	#90平米以下 Below 90 sq.m	144平米以上 Above of 144 sq.m	#别墅、高档公寓 Villas and Good Apartments	办公楼 Office Buildings	商业营业用房 Houses for Business Use	其他 Other
总 计	**Total**	**24014419**	**12024669**	**2831993**	**1481860**	**601442**	**993200**	**8832233**	**2164317**
合肥市	Hefei	1997287	413626	148700	83829	61615	253941	599512	730208
淮北市	Huaibei	764216	305999	143356	65753	11724	66393	325451	66373
亳州市	Bozhou	939981	331254	8450	12056		18772	492913	97042
宿州市	Suzhou	1765369	1123709	376414	72765	61373	15672	553863	72125
蚌埠市	Bengbu	905241	530202	210881	20483	27795	75569	285765	13705
阜阳市	Fuyang	876021	427119	111306	12902	9703		438902	10000
淮南市	Huainan	1063084	523980	91174	11637	13496	23250	509551	6303
滁州市	Chuzhou	2600783	1280331	433528	88290	56448	54089	1042112	224251
六安市	Luan	1926610	1315939	232964	260270	17431	30308	517422	62941
马鞍山市	Maanshan	1667092	1113465	413336	106523	61693	12175	504411	37041
芜湖市	Wuhu	1258355	497835	60630	119846	38253	120626	596570	43324
宣城市	Xuancheng	1727260	814541	78964	53844	7010	79161	768439	65119
铜陵市	Tongling	1659148	605184	121996	140021	41695	82808	621452	349704
池州市	Chizhou	1123756	496455	71423	59925	30466	53444	502932	70925
安庆市	Anqing	2270946	1388469	151882	129494	49203	80891	577160	224426
黄山市	Huangshan	1469270	856561	176989	244222	113537	26101	495778	90830

5—46 各县（市、区）固定资产投资和新增固定资产（2016年）

Investment in Fixed Assets and Newly Increased Fixed Assets by County (City) (2016)

单位：万元，%（10000 yuan %）

县（市）	County (City)	固定资产投资 Investment in fixed Assets	房地产开发投资 Investment in Real Estate Development	新增固定资产 Newly Increased Fixed Assets	固定资产交付使用率 Rate of Projects of Fixed Assets Completed and Put into Use
瑶海区	Yaohai District	4102768	1817650	1069751	26.07
庐阳区	Luyang District	6231838	1044310	3366420	54.02
蜀山区	Shushan District	7090926	1319592	4761732	67.15
包河区	Baohe District	10650710	3557066	7617244	71.52
长丰县	Changfeng	4705004	1129936	1753024	37.26
肥东县	Feidong	5402326	620031	2659930	49.24
肥西县	Feixi	5906692	1235948	2902786	49.14
庐江县	Lujiang	3386656	414136	1934629	57.13
巢湖市	Chaohu	2757973	147402	2025508	73.44
淮北市直	Units directly under Huaibei City	1903896	9730	1422019	74.69
杜集区	Duji District	2014145	27839	1601123	79.49
相山区	Xiangshan District	1993262	675645	1485537	74.53
烈山区	Lieshan District	900482	49285	569229	63.21
濉溪县	Suixi	2777039	158418	1897773	68.34
谯城区	Qiaocheng District	1885080	310589	1046470	55.51
涡阳县	Guoyang	1752683	434096	1085562	61.94
蒙城县	Mengcheng	1878120	476985	1197085	63.74
利辛县	Lixin	1373053	324284	857438	62.45
亳州经开区	Bozhou Economical Development District	1598826	722085	197370	12.34
宿州市直	Suzhou City	104703		43490	41.54
埇桥区	Yongqiao District	4002652	1393930	2446334	61.12
砀山县	Dangshan	1483561	175606	1183283	79.76
萧　县	Xiaoxian	2903124	176120	1858462	64.02
灵璧县	Lingbi	1278984	164864	796306	62.26
泗　县	Sixian	1283023	193624	759124	59.17
龙子湖区	Longzihu District	1241714	287103	863564	69.55
蚌山区	Bengshan District	1011472	291002	546929	54.07
禹会区	Yuhui District	959220	476862	330434	34.45
淮上区	Huaishang District	2664893	698381	1918568	71.99
怀远县	Huaiyuan	2805182	521931	1528023	54.47
五河县	Wuhe	1955147	312474	1422793	72.77
固镇县	Guzhen	2088408	691927	1165148	55.79
颍州区	Yingzhou District	2169584	1115071	465624	44.16
颍东区	Yingdong District	1515461	431887	602909	55.64

5—46 续表1 continued

单位：万元，%（10000 yuan %）

县（市）	County (City)	固定资产投　资 Investment in fixed Assets	房地产开发投资 Investment in Real Estate Development	新　增固定资产 Newly Increased Fixed Assets	固定资产交付使用率 Rate of Projects of Fixed Assets Completed and Put into Use
颍泉区	Yingquan District	1244222	430134	372462	45.75
界首市	Jieshou	1095957	159739	455398	48.64
临泉县	Linquan	1221951	275621	466376	49.28
太和县	Taihe	1841228	448062	395186	28.37
阜南县	Funan	1200923	171620	533539	51.83
颍上县	Yingshang	2013145	322928	903908	53.48
淮南市直	Units directly under Huainan City	464111		5500	1.19
大通区	Datong District	905620	79028	544525	60.13
田家庵区	Tianjiaan District	2076321	553410	1323836	63.76
谢家集区	Xiejiaji District	619651	11634	316965	51.15
八公山区	Bagongshan District	107516	17709	53628	49.88
潘集区	Panji District	1459490	53317	894049	61.26
凤台县	Fengtai	1881256	242306	1781989	94.72
寿　县	Shouxian	1611294	251392	1584222	98.32
滁州市直	Units directly under Chuzhou City	2674779	379404	1403205	52.46
琅琊区	Langya District	784040	373793	467136	59.58
南谯区	Nanqiao District	1263432	286414	856080	67.76
天长市	Tianchang	3395253	208874	2762779	81.37
明光市	Mingguang	1397926	454501	734759	52.56
来安县	Laian	2162227	608127	834432	38.59
全椒县	Quanjiao	1842593	443446	986955	53.56
定远县	Dingyuan	1987123	441075	1022497	51.46
凤阳县	Fengyang	1484761	165874	1340397	90.28
六安市直	Units directly under Luan City	276984		151267	54.61
金安区	Jinan District	1771442	794412	782922	44.20
裕安区	Yuan District	1793271	612466	1239013	69.09
霍邱县	Huoqiu	1109194	207083	875543	78.94
舒城县	Shucheng	1575977	253971	910081	57.75
金寨县	Jinzhai	1986618	282099	1729596	87.06
霍山县	Huoshan	1285013	67747	793666	61.76
马鞍山市直	Units directly under Maanshan City	142405		3221	2.26
花山区	Huashan District	4372596	519071	3205459	73.31
雨山区	Yushan District	4671373	449799	2983189	63.86
博望区	Bowang District	2145120	35768	1586071	73.94
当涂县	Dangtu	4163954	399182	2782924	66.83
含山县	Hanshan	2239301	158062	1644007	73.42
和　县	Hexian	2911421	627424	1803196	61.94
芜湖市直	Units directly under Wuhu City	703526		337993	48.04
镜湖区	Jinghu District	3144583	1493707	2398890	76.29
弋江区	Yijiang District	3496533	403571	2541405	72.68
鸠江区	Jiujiang District	2767716	903246	1602638	57.90

5—46 续表2 continued

单位：万元，%（10000 yuan %）

县（市）	County (City)	固定资产投资 Investment in fixed Assets	房地产开发投资 Investment in Real Estate Development	新增固定资产 Newly Increased Fixed Assets	固定资产交付使用率 Rate of Projects of Fixed Assets Completed and Put into Use
三山区	Sanshan District	3208250	199792	2270681	70.78
芜湖县	Wuhu	2946018	303787	1085722	36.85
繁昌县	Fanchang	2908368	96032	2153890	74.06
南陵县	Nanling	2631874	216150	1635125	62.13
无为县	Wuwei	3444921	310535	2339305	67.91
宣城市直	Xuancheng City	538851		229001	42.50
宣州区	Xuanzhou District	2377516	682937	603481	25.38
宁国市	Ningguo	3353194	343707	2874967	85.74
郎溪县	Langxi	2517079	272310	1450022	57.61
广德县	Guangde	2505149	108115	1734326	69.23
泾　县	Jingxian	1203145	150111	501727	41.70
绩溪县	Jixi	1159805	109572	649198	55.97
旌德县	Jingde	487939	124809	293260	60.10
铜官山区	Tongguanshan District	3651850	541620	2484712	68.04
郊　区	Suburban District	1823775	37066	1589850	87.17
义安区	Yian District	2328778	192094	1660995	71.32
枞阳县	Zongyang	2132628	265764	1396566	65.49
贵池区	Guichi District	2331505	259134	1324486	56.81
东至县	Dongzhi	1392792	126797	1114154	79.99
石台县	Shitai	170085	34521	71058	41.78
青阳县	Qingyang	1064619	76218	711359	66.82
九华山区	Mount Jiuhua area	24087	368	8122	33.72
江南集中区	Jiangnan District	613048	65309	352667	57.53
安庆市直	Anqing City	3697127	748176	1850671	50.06
迎江区	Yingjiang District	1304891	429854	775584	59.44
大观区	Daguan District	737754	133437	154589	20.95
宜秀区	Yixiu District	829865	158631	604538	72.85
桐城市	Tongcheng	2960848	194283	1560280	52.70
怀宁县	Huaining	1987908	105710	1197398	60.23
潜山县	Qianshan	1333096	106213	894109	67.07
太湖县	Taihu	1253921	49360	666450	53.15
宿松县	Susong	1672606	82617	1174770	70.24
望江县	Wangjiang	1262723	69825	614293	48.65
岳西县	Yuexi	1050952	49292	557165	53.02
屯溪区	Tunxi District	1450719	540709	1118759	85.49
黄山区	Huangshan District	958123	262257	533277	55.66
徽州区	Huizhou District	463092	73402	273234	57.64
歙　县	Shexian	1012956	103445	652883	70.24
休宁县	Xiuning	1040539	100724	804994	77.10
黟　县	Yixian	415573	3681	337144	81.13
祁门县	Qimen	636141	27927	358314	56.33

主要统计指标解释

固定资产投资

固定资产投资额是以货币表现的建造和购置固定资产活动的工作量，它是反映固定资产投资规模、速度、比例关系和使用方向的综合性指标。固定资产投资按经济类型可分为国有、集体、个体、联营、股份制、外商、港澳台商、其他等。按照管理渠道，全社会固定资产投资统计的范围包括：⑴城镇和农村500万元以上固定资产投资项目；⑵房地产开发投资；⑶农村非农户投资。

房地产开发投资

指房地产开发公司、商品房建设公司及其他房地产开发法人单位和附属于其他法人单位实际从事房地产开发或经营的活动单位统一开发的包括统代建、拆迁还建的住宅、厂房、仓库、饭店、宾馆、度假村、写字楼、办公楼等房屋建筑物和配套的服务设施，土地开发工程（如道路、给水、排水、供电、供热、通讯、平整场地等基础设施工程）的投资；不包括单纯的土地交易活动。

建设总规模

是指在报告期内所有施工项目的计划总投资。

在建总规模

是指在报告期末所有在建项目的计划总投资。

在建净规模

是指报告期末所有在建项目建成投产尚需的投资总量。

在建净规模＝在建总规模－未投产项目（期末在建）累计完成投资。

固定资产投资的资金来源

根据固定资产投资的资金来源不同，分为国家预算内资金、国内贷款、利用外资、自筹资金和其他资金来源。

⑴国家预算资金：包括一般预算、政府性基金预算、国有资本经营预算和社保基金预算。各类预算中用于固定资产投资的资金全部用为国家预算资金填报，其中一般预算中用于固定资产投资的部分包括基建投资、车购税、灾后恢复重建基金和其他投资。各级政府债券也归入国家预算资金。

⑵国内贷款：指报告期内企、事业单位向银行及非银行金融机构借入的用于固定资产投资的各种国内借款。包括银行利用自有资金及吸收的存款发放的贷款、上级主管部门拨入的国内贷款、国家专项贷款（包括煤代油贷款、劳改煤矿专项贷款等)、地方财政专项资金安排的贷款、国内储备贷款、周转贷款等。

⑶利用外资：指报告期内收到的用于固定资产投资的国外资金，包括统借统还、自借自还的国外贷款，中外合资项目中的外资，以及对外发行债券和股票等。国家统借统还的外资指由我国政府出面同外国政府、团体或金融组织签订贷款协议、并负责偿还本息的国外贷款。

⑷自筹资金：指建设单位报告期内收到的，用于进行固定资产投资的上级主管部门、地方和企、事业单位自筹资金。

⑸其他资金来源：指报告期内收到的除以上各种拨款。

固定资产投资按建设性质分

建设项目的性质一般分为新建、扩建、改建、迁建、恢复。基本建设按建设项目划分建设性质，更新改造、国有单位其他固定资产投资及城镇集体投资等按整个企业、事业单位的建设情况确定建设性质，房地产开发单位、农村投资等投资不划分建设性质。

⑴新建：一般是指从无到有、“平地起家”新开始建设的单位。有的单位原有的基础很小，经过建设后其新增加的固定资产价值超过原有固定资产价值（原值）三倍以上的也算新建。

⑵扩建：一般是指为扩大原有产品的生产能力，在厂内或其他地点增建主要生产车间（或主要工程)、独立的生产线或分厂的企业；事业单位和行政单位在原单位增建业务用房（如学校增建教学用房、医院增建门诊部或病床用房、行政机关增建办公楼等）也作为扩建。

⑶改建：一般是指现有企业、事业单位为了技术进步，提高产品质量，增加花色品种，促进产品升级换代，降低消耗和成本，加强资源综合利用和三废治理、劳保安全等，采用新技术、新工艺、新设备、新材料等对现有设施、工艺条件进行技术改造或更新（包括相应配套的辅助性生产、生活

福利设施)。有的企业为充分发挥现有生产能力，进行填平补齐而增建不增加本单位主要产品生产能力的车间等，也属于改建。

固定资产投资按构成分

固定资产投资活动按其工作内容和实现方式分为建筑安装工程，设备、工具、器具购置，其他费用三个部分。

⑴建筑安装工程(建筑安装工作量)：指各种房屋、建筑物的建造工程和各种设备、装置的安装工程。包括各种房屋建造工程，各种用途设备基础和各种工业窑炉的砌筑工程；为施工而进行的各种准备工作和临时工程以及完工后的清理工作等；铁路、道路的铺设，矿井的开凿及石油管道的架设等；水利工程；防空地下建筑等特殊工程；以及各种机械设备的安装工程；为测定安装工程质量，对设备进行的试运工作。在安装工程中，不包括被安装设备本身的价值。

⑵设备、工具、器具购置：指购置或自制达到固定资产标准的设备、工具、器具的价值，固定资产的标准按财务部门规定。新建单位、扩建单位的新建车间按照设计和计划要求购置或自制的全部设备、工具、器具，不论是否达到固定资产标准均计入“设备、工具、器具购置”中。

⑶其他费用：指在固定资产建造和购置过程中发生的，除建筑安装工程和设备、工具、器具购置以外的各种应摊入固定资产的费用。

施工项目

指报告期内曾进行建筑或安装工程施工活动的建设项目，包括报告期内新开工项目、报告期以前开工跨入报告期继续施工的项目以及报告期施过工并在报告期内全部建成投产或停缓建的项目。

全部建成投产项目

工业项目是指设计文件规定形成生产能力的主体工程及其相应配套的辅助设施全部建成，经负荷试运转，证明具备生产设计规定合格产品的条件，并经过验收鉴定合格或达到竣工验收标准，与生产性工程配套的生活福利设施可以满足近期正常生产的需要，正式移交生产的建设项目。非工业项目是指设计文件规定的主体工程和相应的配套工程全部建成，能够发挥设计规定的全部效益，经验收鉴定合格或达到竣工验收标准，正式移交使用的建设项目。

商品住宅

指房地产开发企业(单位)建设并出售、出租给使用者，仅供居住用的房屋。

土地开发投资额

指房地产开发企业完成的前期工程投资，即路通、水通、电通、场地平整等(也称七通一平)所完成的投资。一般指生地开发成熟地的投资。在旧城区(老区拆迁)的开发中，如果有统一的规划，如政府有关部门批准的小区建设的前期工程中，有场地平整，原有建筑物、构筑物拆除，供水供电工程等工作量也可计算。未进行开发工程、只进行单纯的土地交易活动不作为土地开发投资统计。土地开发投资额在房屋用途分组中能分摊的部分就分摊，不能分摊的全部计入其他。

土地购置费

指房地产开发企业为取得土地使用权而支付的费用。土地购置费按当期发生数计入投资，如土地购置费为分期付款的，可分期计入投资；不计入新增固定资产。土地购置费支出包括：①通过草拟方式取得的土地使用权所支付的土地补偿费、附着物和青苗补偿费、安置补偿费及土地征收管理费等；②通过出让方式取得土地使用权所支付的出让金。

投资额按房屋工程用途分组

指投资额中用于各类房屋建设的投资。

住宅

指专供居住的房屋，包括别墅、公寓、职工家属宿舍和集体宿舍(包括职工单身宿舍和学生宿舍)等。但不包括住宅楼中作为人防用、不住人的地下室等。

别墅、高档公寓

一般指单位建筑面积造价高于当地同等地段商品住宅平均造价一倍以上的公寓或别墅，或者经有权审批房地产投资计划的审批单位审定为高档公寓、别墅的房地产投资项目。

本年完成开发土地面积

指报告期内对土地进行开发并已完成七通一平等前期开发工程，具备进行房屋建筑物施工或出让条件的土地面积。

本年购置土地面积

指在本年内通过各种方式获得土地使用权的土地面积。

本年土地成交价款

指进行土地使用权交易活动的最终金额。在土地一级市场，是指土地最后的划拨款和出让价；在土地二级市场是指土地转让、出租、抵押等最后确定的合同价格。土地成交价款与土地购置面积同口径，目的是正确计算平均土地购置价格。

房屋施工面积

指报告期内施工的全部房屋建筑面积。包括本期新开工的面积和上年开工跨入本期继续施工的房屋面积，以及上期已停建在本期恢复施工的房屋面积。本期竣工和本期施工后又停建缓建的房屋面积仍包括在施工面积中，多层建筑应填各层建筑面积之和。

房屋竣工面积

指报告期内房屋建筑按照设计要求已全部完工，达到住人和使用条件，经验收鉴定合格或达到竣工验收标准（实行房地产开发小区综合验收的城市，应经小区综合验收合格），可正式移交使用的各栋房屋建筑面积的总和。

实际销售面积

指报告期内已竣工的房屋面积中已正式交付给购房者或已签订（正式）销售合同的商品房屋面积。不包括已签订预售合同正在建设的商品房屋面积，但包括报告期或报告期以前签订了预售合同，在报告期又竣工的商品房屋面积。

Explanatory Notes for Major Statistical Indicators

Total Investment in Fixed Assets in the Whole Country

Amount of investment in fixed assets refers to the volume of activities in construction and purchases of fixed assets in monetary terms. It is a comprehensive indicator which shows the size, pace, proportional relations and use orientation of the investment in fixed assets. Total investment in fixed assets in the whole country includes, by status of economic ownership, the investment by the state-owned units, collective units, individuals, joint ownership units, share-holding units, as well as investment by businessmen from foreign countries and from Hong Kong, Macao and Taiwan, and by other units. According to management channels, the statistical ranges of the investment in fixed assets include: (1) item invested half million Yuan and over in urban; (2) investment of real estates; (3) investment in rural district not by farmer; (4) investment in rural district by farmer.

Investment in Real Estate Development

It includes the investment by the real estate development companies, commercial buildings construction companies and other real estate development units of various types of ownership in the construction of house buildings, such as residential buildings, factory buildings, warehouses, hotels, guesthouses, holiday villages, office buildings, and the complementary service facilities and land development projects, such as roads, water supply, water drainage, power supply, heating, telecommunications, land leveling and other projects of infrastructure. It excludes the activities in simple land transactions.

Total Size of Construction

refers to the planned total investment for all construction projects during the reference period.

Total Size of Investment in Projects under Construction

refers to the planned total investment of all projects under construction at the end of the reference period.

Net Size of Investment in Projects under Construction

refers to the outstanding requirement of investment of all projects under construction at the end of the reference period.

Net size of investment in projects under construction= Total size of investment – Accumulated completed investment of projects under construction

Sources of Funds for Investment in Fixed Assets

state budgetary appropriation, domestic loans, foreign investment, self-raised funds, and others.

a) State budgetary appropriation refers to appropriation in the budget of the central and local governments earmarked for capital construction and for innovation projects, and the special appropriation from the budget of the central government for capital construction and for the transfer fund to banks to be issued as loans for capital construction projects.

b) Domestic loans refer to various funds borrowed by enterprises and institutions from banks and non-bank financial institutions during the reference period for the purpose of investment in fixed assets, including loans issued by banks from their self-owned funds and deposit, loans appropriated by higher responsible authorities, special loans by government (including loan for replacing petroleum with coal, special loan for reform-through-labour coal mines), loans arranged by local government from special funds, domestic reserve loan, and working loan, etc.

c) Foreign Investment refers to foreign funds received during the reference period for the purpose of investment in fixed assets, including foreign funds borrowed and managed by the government, by individual units, foreign fund in joint venture program, and issue of bonds and stocks at the international financial markets. The foreign funds borrowed and managed by the government refer to foreign loans borrowed by the government from foreign governments, organizations, or financial institutions under official agreements signed by both parties, under which government is responsible for the repayment of both the principal and interests of the foreign loans.

d) Self-raised funds refer to funds received by construction enterprises from their higher responsible authorities, local governments, or raised by enterprises or institutions themselves for the purpose of investment in fixed assets during the reference period.

f) Others refer to funds received during the reference period which are not included in the above-mentioned sources.

Investment in Fixed Assets by Type of Construction

The construction projects in general can be classified by the type of construction into new construction, expansion, reconstruction and moving away. In capital construction, the type of construction is determined by the condition of the project. In investment in innovation, in other investment by state-owned units and investment by collective-owned units, the type of construction is determined by the condition of the whole enterprise or institutions. Investment by type of construction is not applied to investment by real-estate development units, investment in rural areas.

a) New construction in general refers to newly constructed units. In the case in which the value of the original fixed assets is quite small, and the value of newly added fixed assets exceeds the original ones by three times, the expansion construction is considered as new construction.

b) Expansion refers to construction of new major production workshop or independent production line within a factory or in other locations, or construction of a branch factory so as to increase the production capacity of the original products. Newly constructed business houses in institutions and administrative organizations (such as the newly constructed teaching buildings in schools, clinics or bed building in hospitals, and office buildings in administrative agencies, etc.) are also classified as expansion.

c) Reconstruction refers to technical innovation and transformation of the existing equipment and technical conditions undertaken by enterprises and institutions for the purposes of technological advancement, improvement in product quality, enlarging variety of products, promoting new generation of products, reducing production consumption and cost, promoting comprehensive utilization of resources, strengthening treatment of waste gas, waste water and solid wastes, and safety in production, etc. through application of new technologies and techniques, use of new equipment and new materials (including accessory facilities for production or for living and welfare purposes).Construction of new workshops for improving existing production capacity rather than increasing production capacity is also considered as reconstruction.

Investment in Fixed Assets by Structure

refers to the three major parts of investment activities, i.e. construction and installation, purchase of equipment and instrument, and other expenses.

a) Construction and installation (work volume of construction and installation) refers to the construction of various houses and buildings and installation of various kinds of equipment and instruments, including construction of various houses, equipment foundations and industrial kilns and stoves, preparation works for project construction, and clearing up works post project construction, pavement of railways and roads, drilling of mines and putting up of oil pipes, construction of projects of water conservancy, construction of underground air-raid shelters and construction of other special projects, installation of various machinery equipment, testing operation for pre-testing the quality of installation projects. The value of equipment installed is not included in the value of installation projects.

b) Purchase of equipment and instruments refers to the total value of equipment, tools, and vessels purchased or self-produced which come up to standards for fixed assets. Equipment, tools and vessels purchased or self-produced for new workshops by newly established or expanded units are categorized as purchase of equipment and instruments no matter whether they come up to the standards for fixed assets or not.

c) Other expenses refer to expenses occurring during the construction or purchase of fixed assets other than construction, installation or purchase of equipment and instruments.

Projects Under Construction

refer to projects having construction and installation activities undertaken in the reference period, including projects started in the reference period, or continued from the previous period, or completed and put into production or suspended in the reference period.

Projects Completed and Put into Use

Industrial projects refer to the major projects and accessory facilities completed which result in forming production capacity and have been checked and accepted while the living and welfare facilities have been completed and can ensure normal production and formally put into production. Non-industrial projects refer to the major projects and accessory facilities completed which possess the designed capacity and have been checked, accepted and formally put into production.

Commercial Housing

refers to the building just for living sailed and rented to the user by real estate development company.

Amount of Investment on Land

refers to the previous construction investment completed by real estate development company, which includes road project completed, water project completed, electricity project completed, site grading and so on (and also called seven completed one grading). This investment is usually called fresh land developed in to mature land. If there lave unified planning in old section of city (the moving of old district) development, for example, in the prior project of housing estate construction authorized by related party of government the amount of work of site grading, demolition of primary buildings water supply project and power supply project can be calculated. The project without development and purely transaction of land can't be the statistics of development and investment in land. The amount of land development and investment must be apportioned if they can be apportioned in the group by the use of building. If the part can't be apportioned, they can be calculated in others wholly.

The Cost of Buying Land

refers to the cost paid by the real estate company, which can be used for gaining the usufruct of land. The cost of buying land can be calculated for investment based on the current period amounts. The cost of buying land can be calculated for investment by stages if the cost of buying land is divided payments. The cost of buying land can't be calculated for the new permanent assets. The cost of buying land includes ① compensation cost of land, adhesive material, green croups, allocation and management expenses of land expropriation paid by the land-use right in rough style. ②fees for assignment paid by the land-use right in remised style.

Amount of Investment Classified by the Use of Building Engineering

refers to the investment of all types of building construction among of the amount of investment.

House

refers to the building for living merely including villa, apartment, dormitory of employee, collective dormitory (including the dormitory for bachelors and students) and so on, excluding the basement of resident buildings for civil air defense and no living.

Villas, High-grade Apartments

refer to per construction cost on villas or high-grade apartments are higher by over 100% compared with the average prices of commercial housing at the same place, or projects for the construction of villas or high-grade apartments approved by competent departments in chare of real estate development and investment plans.

Exploitative Land Area Completed This Year

refers to prior development project of land (seven completed one grading and soon) which was developed and completed at report period. The land area has building operations or remised condition.

The Land Area Bought This Year

refers to the area attained land-use right by all kinds of modes this year.

Bargain Price of Land This Year

refers to final sum bargained for the land-use right. The price refers to the final transfer and remised price at land primary market; The price refers to the finally affirmed contract price with land remised, rented, mortgage and so on at land secondary market. Bargain price of land have the same caliber with the land buying area, the aim is to calculate the mean land buying price correctly.

Floor Space Under Construction

refers to total floor space of all buildings under construction during the reference period, including floor space of newly started buildings during the reference period, floor space of construction extended from the previous period to the current period, floor space of construction suspended during the previous period and resumed in the current period, floor space of construction completed in the current period, and floor space of construction started and then suspended in the current period.

Floor Space of Buildings Completed

refers to the floor space of buildings completed in the reference period, which have come up to the designed standards and have been put into use.

第六篇

Chapter 6

能源生产和消费

PRODUCTION AND CONSUMPTION OF ENERGY

简要说明

一、本篇主要内容有：能源生产、消费及品种构成，能源生产和消费弹性系数，近年来综合能源平衡表和电力平衡表，分行业分主要能源品种的消费量等。

二、2011 年及以前年份为分行业主要能源品种消费量、分行业工业用水量是指全部国有及年销售收入 500 万元以上工业企业。2011 年起为全部国有及年销售收入 2000 万元以上工业企业，与历史年份不可比。

三、本篇资料取自省统计局能源处，按照国家统计局报表制度逐级汇总整理。

四、关于数据口径与计算的说明

1. 行业分类采用现行统一的国民经济行业分类国家标准。

2. 能源生产与消费弹性系数分别以能源生产、消费增长速度与国内生产总值增长速度相比求得。

Brief Introduction

I. Data in this chapter cover mainly the energy production, consumption and their composition, the elasticity ratio of energy production and consumption, the overall balance of energy and the balance of electricity, the consumption of energy by sector and by main variety.

II. The consumption of energy by sector and by main variety and industrial water consumption by sector include all state-owned industrial enterprises and the industrial enterprises with yearly sales revenue over five million yuan.

III. Data in this chapter are prepared and provided by the Division of Energy, Anhui Statistical Bureau, in accordance with the national reporting system.

IV. Coverage and calculation of data:

1. The state classification of national economic sectors is used in the classification of sectors.

2. The elasticity ratio of energy production is calculated as the quotient of the growth rate of energy production divided by the growth rate of GDP; and the elasticity ratio of energy consumption is calculated as the quotient of the growth rate of energy consumption divided by the growth of GDP.

6—1 能源生产和消费总量及电力生产和消费量
Total Production and Consumption of Energy and Electricity

年　份 Year	能源生产总量（万吨标准煤）Total Energy Production (10000 tons of SCE)	电力生产量（亿千瓦时）Electricity (100 million kwh)	能源消费总量（万吨标准煤）Total Energy Consumption (10000 tons of SCE)	电力消费量（亿千瓦时）Electricity (100 million kwh)
2000	3436.14	364.63	4878.82	338.92
2005	6215.42	648.38	6505.98	581.65
2008	8413.93	1101.94	8325.40	858.87
2009	9288.36	1328.58	8895.90	952.30
2010	9673.79	1463.31	9414.00	1077.92
2011	10281.42	1655.07	10251.86	1221.19
2012	10933.04	1807.84	11015.00	1361.10
2013	10056.33	1977.73	11696.39	1528.07
2014	9413.25	2033.92	12011.02	1585.18
2015	9972.64	2061.89	12331.97	1639.79
2016	9305.72	2252.69	12694.96	1794.98

注：1.电力生产量为全社会发电量。能源生产和消费量按等价热值计算。2006年后能源生产总量不含跨地区原煤产量。
　　2.根据第三次全国经济普查结果，2010—2013年的有关数据有所调整（下同）。

a) Electricity Production is the whole social power rate.Energy Production and Consumption are calculated on the basis of equal caloric value. After 2006, Total Energy Production does not contain the trans-regional raw coal output.

b) According to the result of the third national economic census, changed related data in 2010-2013 (the same below).

6—2 综合能源平衡表
Overall Energy Balance

单位：万吨标准煤（10000 tons of SCE）

指　标	Item	2000	2005	2010	2015	2016
可供消费的能源总量	**Total Energy Available for Consumption**	**4887.20**	**6523.52**	**9375.50**	**12371.18**	**12686.89**
一次能源生产量	Primary Energy Output	3436.14	6215.42	9673.79	9972.64	9305.72
能源消费总量	**Total Energy Consumption**	**4878.82**	**6505.98**	**9414.00**	**12331.97**	**12694.96**
在总量中：	Consumption by Sector:					
农、林、牧、渔业	Agriculture, Forestry, Animal Husbandry and Fishery	163.48	149.10	198.41	221.11	245.65
工　业	Industry	3881.06	5016.86	6977.07	8471.39	8489.29
建筑业	Construction	53.93	54.32	137.04	209.47	220.69
交通运输、仓储和邮政业	Transport, Storage and Postal Services	178.38	280.27	643.81	1052.17	1080.05
批发、零售业和住宿、餐饮业	Wholesale and Retail Trades, Hotels and Catering Services	57.24	101.75	170.98	317.69	351.49
其他行业	Other Sectors	57.65	132.90	289.56	515.98	587.45
生活消费	Household Consumption	487.07	770.78	997.11	1544.15	1720.33
在总量中：	Consumption by Usage:					
终端消费	Final Consumption	4689.61	6126.54	9269.33	12337.92	12769.63
#工　业	Industry	3691.85	4637.41	6832.40	8477.34	8563.96
加工转换损失量	Losses in Processing and Transformation	189.21	379.44	370.18	357.64	306.77
输配损失量	Losses in Transportation and Delivery	73.64	155.34	244.63	298.90	322.31
平衡差额	**Balance**	**8.38**	**17.54**	**-38.50**	**39.21**	**-8.07**

6—3 能源生产弹性系数
Elasticity Ratio of Energy Production

年份 Year	能源生产比上年增长（%） Growth Rate of Energy Production over preceding Year (%)	电力生产比上年增长（%） Growth Rate of Electricity Production over Preceding Year (%)	安徽生产总值比上年增长（%） Growth Rate of Gross Domestic Product (GDP) over Preceding Year (%)	能源生产弹性系数 Elasticity Ratio of Energy Production	电力生产弹性系数 Elasticity Ratio of Electricity Production
2000	2.16	15.25	8.3	0.26	1.84
2005	6.32	6.02	11.0	0.57	0.55
2010	4.15	10.14	14.6	0.36	0.69
2015	5.94	1.38	8.7	0.68	0.16
2016	-6.69	9.25	8.7		1.06

注：能源生产增长速度按等价热值计算；电力生产增长速度按实物量计算。

a) The rate of rise of energy production is calculated on the basis of equal caloric value; The rate of rise of electricity production is calculated on the basis of real amount.

6—4 能源消费弹性系数
Elasticity Ratio of Energy Consumption

年份 Year	能源消费比上年增长（%） Growth Rate of Energy Consumption over Preceding Year (%)	电力消费比上年增长（%） Growth Rate of Electricity Consumption over Preceding Year (%)	安徽生产总值比上年增长（%） Growth Rate of Gross Domestic Product (GDP) over Preceding Year (%)	能源消费弹性系数 Elasticity Ratio of Energy Consumption	电力消费弹性系数 Elasticity Ratio of Electricity Consumption
2000	5.47	8.29	8.3	0.66	1.00
2005	8.33	12.74	11.0	0.76	1.16
2010	9.11	13.19	14.6	0.62	0.90
2015	2.67	3.44	8.7	0.31	0.40
2016	2.94	9.46	8.7	0.34	1.09

注：能源消费增长速度按等价热值计算；电力消费增长速度按实物量计算。

a) The rate of rise of energy consumption is calculated on the basis of equal caloric value; The rate of rise of electricity consumption is calculated on the basis of real amount.

6—5 能源加工转换效率
Efficiency of Energy Conversion

单位：%

年份 Year	总效率 Total Efficiency	火力发电 Thermal Power Generation	炼焦 Coking	炼油 Petroleum Refining
2005	65.58	34.66	88.99	94.17
2010	65.87	39.95	95.76	99.45
2015	68.14	41.46	95.20	99.50
2016	66.18	41.48	95.78	99.86

6—6 主要年份电力平衡表
Electricity Balance Sheet in Main Year

单位：亿千瓦时（100 million kwh）

指 标	Item	2000	2005	2010	2015	2016
可供量	**Total Energy Available for Consumption**	**338.92**	**581.65**	**1077.92**	**1639.79**	**1794.98**
生产量	Output	364.63	648.38	1463.31	2061.89	2252.69
水力发电及其它发电	Hydraulic Power Generation and Others	4.58	13.48	43.47	72.97	118.01
火 电	Thermal Power	360.05	634.90	1419.84	1988.92	2134.69
消费量	**Total Energy Consumption**	**338.92**	**581.65**	**1077.92**	**1639.79**	**1794.98**
在消费量中	Consumption by Sector					
农、林、牧、渔业	Agriculture, Forestry, Animal Husbandry and Fishery	21.31	11.75	11.91	16.85	21.91
工 业	Industry	238.26	430.98	777.18	1132.78	1198.53
#输配电损失量	Losses in Transmission	22.81	43.81	76.81	100.82	108.79
建筑业	Construction	3.75	4.88	14.75	25.21	26.50
交通运输、仓储和邮政业	Transport, Storage and Postal Services	4.22	4.98	14.58	26.74	32.23
批发、零售业和住宿、餐饮业	Wholesale and Retail Trades, Hotels and Catering Services	5.74	12.57	34.97	67.01	75.83
其他行业	Other Sectors	12.61	26.79	50.55	120.02	139.54
生活消费	Household Consumption	53.03	89.70	173.98	251.18	300.46

6—7 主要年份平均每天各种能源消费量
Average Daily Energy Consumption by Variety in Main Year

指 标		Item		2000	2005	2010	2015	2016
合 计	**（万吨标准煤）**	**Total**	**(10000 tons of SCE)**	**13.36**	**17.82**	**25.79**	**33.79**	**34.78**
原 煤	（万吨）	Coal	(10000 tons)	15.96	23.24	41.03	49.96	48.27
焦 炭	（万吨）	Coke	(10000 tons)	1.46	1.48	2.49	3.19	3.19
原 油	（万吨）	Crude Oil	(10000 tons)	0.94	1.14	1.31	1.89	1.48
燃料油	（万吨）	Fuel Oil	(10000 tons)	0.13	0.07	0.03	0.04	0.06
汽 油	（万吨）	Gasoline	(10000 tons)	0.19	0.24	0.54	1.25	1.40
柴 油	（万吨）	Diesel Oil	(10000 tons)	0.39	0.58	1.29	1.68	1.71
电 力	（亿千瓦小时）	Electricity	(100 million kwh)	0.93	1.59	2.95	4.49	4.92

6—8 主要年份生活能源消费量
Average Annual Energy Consumption for Households in Main Year

指　标		Item		2000	2005	2010	2015	2016
合　计	**(万吨标准煤)**	**Total**	**(10000 tons of SCE)**	**487.07**	**770.78**	**997.11**	**1544.15**	**1720.33**
煤　炭	(万吨)	Coal	(10000 tons)	433.00	580.00	312.00	256.08	258.00
液化石油气	(万吨)	Liquefied Petroleum Gas	(10000 tons)	16.30	28.11	42.13	94.19	98.29
天然气	(亿立方米)	Natural Gas	(100 million cu.m)		0.40	2.80	13.80	14.00
热　力	(万百万千焦)	Heat	(10 billion kilo-joule)		653.00	1599.88	1157.41	1451.81
电　力	(亿千瓦小时)	Electricity	(100 million kwh)	53.03	89.70	173.98	251.18	300.46

6—9 主要年份人均生活能源消费量
Annual per Capita Energy Consumption of Households in Main Year

指　标		Item		2000	2005	2010	2015	2016
平均每人生活消费能源	**(千克标准煤)**	**Annual per Capita Consumption for Households**	**(kg of SCE)**	**80.22**	**124.84**	**164.98**	**252.59**	**278.84**
煤　炭	(千克)	Coal	(kg)	71.31	93.94	**51.62**	41.89	41.82
液化石油气	(千克)	Liquefied Petroleum Gas	(kg)	2.68	4.55	6.97	15.41	15.93
天然气	(立方米)	Natural Gas	(cu.m)		0.65	4.63	22.57	22.69
热　力	(万千焦)	Heat	(kilo-joule)		10.58	26.47	18.93	23.53
电　力	(千瓦小时)	Electricity	(kwh)	87.34	145.29	287.86	410.87	487.00

注：按年平均常住人口数计算。

a) According to the annual average resident population is calculated.

6—10 主要年份能源消耗指标
Energy Consumption Indices in Main Year

年份 Year	单位地区生产总值能耗(等价值) Unit GDP Energy Consumption (Equal Values)		单位工业增加值能耗(规模以上，当量值) Energy Consumption per Unit of Industrial Added Value (Above Scale, Equivalent Value)		单位地区生产总值电耗 Unit GDP Electricity Consumption	
	指标值(吨标准煤/万元) Indices (standard coal ton /10000Yuan)	上升或下降(±%) Up or Down	指标值(吨标准煤/万元) Indices (standard coal ton /10000Yuan)	上升或下降(±%) Up or Down	指标值(千瓦小时/万元) Indices (kilowatt-hour/10000 yuan)	上升或下降(±%) Up or Down
2005	1.216		3.13		1088.11	
2010	0.970	-4.78	1.82	-12.94	1075.99	-1.17
2011	0.754	-4.06	1.20	-9.54	870.49	-0.19
2012	0.722	-4.15	1.09	-9.56	865.50	-0.57
2013	0.676	-3.78	1.03	-7.04	880.50	1.74
2014	0.636	-5.97	0.94	-8.40	839.28	-5.00
2015	0.600	-5.58	0.88	-9.04	798.37	-4.87
2016	0.531	-5.30	0.90	-6.52	750.43	0.71

注：1、2005和2010年，地区生产总值按照2005年可比价格计算；2011—2015年，地区生产总值按照2010年可比价格计算；2016年，地区生产总值按照2015年可比价格计算。

2、按2015年可比价格计算的2015年单位地区生产总值能耗为0.560，单位工业增加值能耗为0.93，单位地区生产总值电耗为745.17。

3、计算单位地区生产总值能耗上升或下降时，两年单位地区生产总值能耗数据保留4位小数。

a) From 2005 and 2010, regional GDP was calculated at comparable prices in 2005; From 2011 to 2015, the GDP is calculated according to the comparable price in 2010. In 2016, the GDP was calculated according to 2015 comparable price.

b) As caculating by 2015 comparable price, Unit GDP Energy Consumption is 0.560, Energy consumption per unit of industrial added value 0.93, Unit GDP Electricity Consumption is 745.17.

C) Calculating energy consumption per unit GDP rise or fall, two years for energy consumption per unit GDP data retention 4 decimal places.

6—11 各市能源消耗指标（2016年）
Energy Consumption Indices by Region (2016)

地区	Region	单位地区生产总值能耗(等价值) Unit GDP Energy Consumption (Equal Values)		单位工业增加值能耗(规模以上，当量值) Energy Consumption per Unit of Industrial Added Value (Above Scale, Equivalent Value)		单位地区生产总值电耗 Unit GDP Electricity Consumption	
		指标值(吨标准煤/万元) Indices (standard coal ton /10000Yuan)	上升或下降(±%) Up or Down	指标值(吨标准煤/万元) Indices (standard coal ton /10000Yuan)	上升或下降(±%) Up or Down	指标值(千瓦小时/万元) Indices (kilowatt-hour/10000 yuan)	上升或下降(±%) Up or Down
合肥市	Hefei	0.347	-6.62	0.34	-13.80	430.06	0.07
淮北市	Huaibei	0.738	-8.86	1.29	2.46	706.67	-2.90
亳州市	Bozhou	0.399	-5.34	0.42	36.56	556.20	3.66
宿州市	Suzhou	0.504	-5.58	0.85	-8.59	535.92	-0.74
蚌埠市	Bengbu	0.408	-6.21	0.42	-24.70	533.59	1.20
阜阳市	Fuyang	0.692	-5.41	0.86	-8.74	832.31	1.10
淮南市	Huainan	0.773	-3.67	3.72	-4.05	865.18	-6.19
滁州市	Chuzhou	0.485	-5.88	0.51	-2.48	971.07	0.18
六安市	Luan	0.491	-2.98	0.45	-3.07	629.33	6.42
马鞍山市	Maanshan	1.292	-4.41	2.92	-6.35	1268.62	-2.79
芜湖市	Wuhu	0.452	-4.13	0.61	-7.61	626.41	-2.37
宣城市	Xuancheng	0.569	-5.50	0.80	-5.18	946.99	0.81
铜陵市	Tongling	0.761	-6.33	1.32	-8.57	845.19	-4.43
池州市	Chizhou	0.816	-3.51	1.87	-10.30	978.96	5.70
安庆市	Anqing	0.515	-4.89	0.94	0.95	579.37	-0.52
黄山市	Huangshan	0.326	-2.13	0.17	-6.92	511.91	3.55

6—12 全社会用电情况
Electricity Used in Whole Society

单位：亿千瓦时（100 million kwh）

类　别	Types	2010	2015	2016
全社会用电量总计	**Total of Electricity Used in Whole Society**	**1077.92**	**1639.79**	**1794.98**
全行业用电量合计	Total of Electricity Used in Whole Trade	903.94	1388.61	1494.53
第一产业	Primary Industry	11.91	16.85	21.91
第二产业	Secondary Industry	791.93	1157.99	1225.03
第三产业	Tertiary Industry	100.10	213.77	247.59
城乡居民生活用电量合计	Electricity Used for Life	173.98	251.18	300.46
城镇居民	Urban	89.50	108.27	132.21
乡村居民	Rural	84.48	142.91	168.25
分行业用电	Grouped by Trade			
农、林、牧、渔业	Agriculture, Forestry, Animal Husbandry and Fishery	11.91	16.85	21.91
工　业	Industry	777.18	1132.79	1198.53
#轻工业	Light Industry	108.54	171.44	184.56
重工业	Heavy Industry	668.64	961.35	1013.97
#采矿业	Mining and Quarrying	79.45	103.59	97.27
制造业	Manufacturing	509.39	792.54	829.84
电力、燃气及水的生产和供应业	Production and Supply of Electricity Gas and Water	188.34	236.66	271.42
建筑业	Construction	14.75	25.20	26.50
交通运输、仓储和邮政业	Transport, Storage and Postal Services	14.58	26.74	32.23
信息传输、计算机服务和软件业	Information Circulation, Computer Services and Software	6.40	13.68	16.30
商业和住宿、餐饮业	Commercial、Accommodation and Catering Trade	34.97	67.01	75.83
金融、房地产、商务及居民服务业	Finance、Real Estate、Business Affair & Resident Service	14.46	45.57	53.78
公共事业及管理组织	Public Service & Management Organization	29.69	60.77	69.46

6—13 电力建设情况
Electric Power Construction Situation

类　别		Types		2010	2015	2016
发电量	**（亿千瓦时）**	**Electric Power Generated**	**(100 million kwh)**	**1463.31**	**2061.89**	**2252.69**
线损率	**（%）**	**Electricity Loss Rate on Lines**	**(%)**	**9.14**	**7.42**	**7.36**
年末发电设备容量	**（万千瓦）**	**Power Generating Equipment Capacity (year-end)**	**(10000 kw)**	**2933.00**	**5160.55**	**5732.74**
架空线长度	**（公里）**	**Length of Overhead Lines**	**(km)**	**49017**	**63194**	**68177**
交流特高压		UHVAC			901	1223
直流特高压		UHV DC			771	1206
交流和直流500KV		500KV AC and DC		5115	6170	6918
220KV		220KV		10511	14385	15020
110KV		110KV		12538	17083	18799
35KV		35KV		20467	23884	25011
电缆长度	**（公里）**	**Length of Cable**	**(km)**	**376.00**	**1329.77**	**875.00**
220KV		220KV			33.66	16.00
110KV		110KV		157.00	873.32	407.00
35KV		35KV		124.00	422.79	452.00
公用变电容量	**（万千伏安）**	**Public Transformer Capacity**	**(10000 kva)**	**8752**	**15530**	**16984**
交流特高压		UHV DC			900	900
500KV		500KV		1760	2885	3185
220KV		220KV		3366	5704	6000
110KV		110KV		2712	4392	5052
35KV		35KV		914	1649	1847
用电最高负荷	**（万千瓦）**	**Transport, Storage and Postal Services**	**(10000 kw)**	**1871.00**	**2875.65**	**3167.75**

注：2015年起，线损率按照省电力公司的合并口径（含所辖县公司）填报。2010年线损率原为母公司口径（不含所辖县公司）。

a) Since 2015, the line loss rate has been reported in accordance with the combined caliber of the provincial power company (including the company in the county). In 2010, the line loss rate was the parent company (excluding the county company).

6—14 主要年份工业企业主要能源品种消费量
Major of Energy Consumption Species of Industrial Enterprises in Main Year

指　　标		Item		2000	2005	2010	2015	2016
原　　煤	（万吨）	Coal	(10000 tons)	3378.49	7121.30	13521.91	17139.99	16672.41
洗精煤	（万吨）	Washed and Refined Coal	(10000 tons)	399.60	643.14	1257.91	1436.57	1341.32
其他洗煤	（万吨）	Other Washed Coal	(10000 tons)		105.49	171.72	388.15	505.66
焦　　炭	（万吨）	Coke	(10000 tons)	251.52	537.63	900.88	1048.30	989.94
原　　油	（万吨）	Crude Oil	(10000 tons)	344.17	414.49	477.57	690.47	539.20
汽　　油	（万吨）	Gasoline	(10000 tons)	4.02	4.98	7.48	6.45	6.16
煤　　油	（万吨）	Kerosene	(10000 tons)		0.44	0.61	0.44	0.39
柴　　油	（万吨）	Diesel Oil	(10000 tons)	11.00	21.22	33.26	33.80	33.70
燃料油	（万吨）	Fuel Oil	(10000 tons)	18.65	19.82	9.53	5.64	9.67
热　　力	（万百万千焦）	Heat	(10 billion kilo-joule)		5381.30	5840.68	7506.41	7539.60

6—15 经销企业能源购进、销售与库存情况（2016年）
Energy Distribution Enterprise Purchase, Sales and Inventory (2016)

单位：万吨（10000 tons）

指　　标	Item	年初商品库存量 Inventory At the Beginning of the Year	累计购进量 Total Purchase	#购自省外 Purchased from Outside the Province	累计销售量 Total Sales	#销往省外 Sold to the province	期末商品库存量 Inventories at the end of Period
原　　煤	Coal	139.44	8579.90	4749.55	8537.87	2604.43	180.55
焦　　炭	Coke	0.10	98.58	69.08	98.53	0.47	0.15
汽　　油	Gasoline	15.36	457.52	307.03	450.99	22.06	21.87
柴　　油	Diesel Oil	16.69	496.32	291.37	492.31	0.87	20.70
燃料油	Fuel Oil	0.13	42.37	28.05	42.01	24.98	0.47
液化石油气	Liquefied Petroleum Gas	0.59	32.61	10.60	32.23	13.07	0.95

6—16 主要年份分行业全社会工业用电量
Industrial Electricity Consumption of Sector in Main Year

单位：亿千瓦时（100 million kwh）

行 业	Sector	2000	2005	2010	2015	2016
消 费 总 量	**Total Consumption**	**238.26**	**430.98**	**777.18**	**1132.78**	**1198.53**
煤炭开采和洗选业	Coal Mining and Dressing	21.14	37.09	55.81	57.82	53.46
黑色金属矿采选业	Mining and Dressing of Ferrous Metals	3.69	5.74	13.63	20.63	19.66
有色金属矿采选业	Mining and Dressing of Nonferrous Metals	4.52	1.09	4.23	10.15	9.62
非金属矿采选业	Mining and Dressing of Nonmetal Minerals	2.45	2.05	5.78	10.95	10.46
其他采矿业	Other mining	0.06			3.70	3.72
农副食品加工业	Agricultural and Non-staple Food Processing Industry	2.33	4.34	14.78	18.77	19.47
食品制造业	Food Production	1.67	4.52	3.56	6.87	7.59
酒、饮料和精制茶制造业	Wine, Beverages and Refined tea Manufacturing	1.55	2.72	3.75	5.69	5.89
烟草制品业	Tobacco Products	1.25	1.55	1.01	1.25	1.09
纺织业	Textiles	10.90	15.28	17.07	22.82	23.19
纺织服装、服饰业	Textile and Apparel, Clothing Industry	0.20	1.39	2.97	4.23	4.37
皮革、毛皮、羽毛及其制品和制鞋业	Leather, fur, feather and its products and footwear	0.16	0.49	1.15	1.19	1.36
木材加工和木、竹、藤、棕、草制品业	Wood Processing and Wood, Bamboo, Cane, Palm, Ggrass Products	0.55	3.90	9.61	12.20	11.67
家具制造业	Furniture Manufacturing	0.02	0.11	0.67	2.46	2.81
造纸和纸制品业	Paper and Paper Products	3.45	0.10	9.43	19.18	20.34
印刷和记录媒介复制业	Duplicating Industry Printing and Recording Media	1.80	1.29	2.75	2.30	2.64
文教、工美、体育和娱乐用品制造业	Cultural and Educational Supplies Manufacturing, Industrial, Sports and Entertainment	0.12	0.49	1.40	0.79	0.91
石油加工、炼焦和核燃料加工业	Petroleum Processing, Coking and Nuclear Fuel Processing	2.63	2.11	3.38	8.36	9.21
化学原料和化学制品制造业	Chemical Raw Materials and Chemical Products Manufacturing	43.61	65.13	77.33	134.52	136.37
医药制造业	Medical and Pharmaceutical Products	1.35	3.96	5.33	6.93	7.79
化学纤维制造业	Chemical Fiber	3.83	7.41	7.01	11.45	11.96
橡胶和塑料制品业	Rubber and Plastic Products	2.51	8.22	15.39	27.50	29.85
非金属矿物制品业	Nonmetal Mineral Products	19.45	59.89	114.84	168.82	170.89
黑色金属冶炼和压延加工业	Smelting and Pressing of Ferrous Metals	26.95	66.74	126.24	148.02	150.99
有色金属冶炼和压延加工业	Smelting and Pressing of Nonferrous Metals	7.74	9.67	16.61	35.23	35.78
金属制品业	Metal Products	3.12	7.37	22.05	38.96	43.12
通用设备制造业	General Equipment Manufacturing Industry	5.72	5.04	12.42	13.69	15.26
专用设备制造业	Equipment for Special Purposes	0.72	1.77	2.82	7.29	8.05
汽车制造业	Automobile Manufacturing Industry	1.69	6.32	12.49	19.77	24.05
铁路、船舶、航空航天和其他运输设备制造业	Railway, Shipbuilding, Aerospace, and Other Transportation Equipment Manufacturing Industry				3.03	3.39
电气机械和器材制造业	Electric Equipment and Machinery	0.90	5.65	15.35	32.27	36.47
计算机、通信和其他电子设备制造业	Computers, Communications and Other Electronic Equipment Manufacturing Industry	0.60	1.77	3.47	26.19	29.16
仪器仪表制造业	Instrument Manufacturing				0.86	0.88
其他制造业	Other Manufacturing	5.57	3.12	5.61	10.50	13.34
废弃资源综合利用业	Comprehensive Utilization of Waste Resources		0.51	0.90	1.56	1.81
金属制品、机械和设备修理业	Metal Products, Machinery and Equipment Repair				0.17	0.16
电力、热力生产和供应业	Electricity, Heat Production and Supply Industry	52.10	88.61	179.61	222.95	255.69
燃气生产和供应业	Gas Production and Supply Industry	0.06	0.64	1.20	2.26	2.81
水的生产和供应业	Water Production and Supply I	3.66	4.90	7.53	11.45	12.92

6—17 分行业规上工业取水情况（2016年）

Industrial Water Intake in the Separation of Industries (2016)

单位：万立方米（10000 M^3）

行　业	Sector	工业取水总量 Industrial Water Got Total Amount of Industrial Water Got	地表淡水 The Earth's Ssurface Fresh Water	地下淡水 Undergr-ound Water	自来水 Tap Water	其他水 Other Water	重复用水数量 Repeat of Water Consump-tion
消 费 总 量	**Total Consumption**	**331025.0**	**253064.3**	**25540.0**	**41957.4**	**546.1**	**1524042.8**
煤炭开采和洗选业	Coal Mining and Dressing	6536.3	129.8	5083.8	920.8		29751.0
黑色金属矿采选业	Mining and Dressing of Ferrous Metals	4000.8	2600.4	820.5	308.1	1.0	11761.6
有色金属矿采选业	Mining and Dressing of Nonferrous Metals	320.8	55.7	117.9	32.5		345.5
非金属矿采选业	Mining and Dressing of Nonmetal Minerals	627.8	555.3	36.5	30.2	0.2	263.5
开采辅助活动	Mining Auxiliary Activities	7.3		6.1	1.2		2.1
农副食品加工业	Agricultural and Non-staple Food Processing Industry	2266.1	176.6	792.5	1285.0	8.9	244.6
食品制造业	Food Production	2129.0	130.5	641.0	1357.3	0.1	892.4
酒、饮料和精制茶制造业	Wine, Drinks and Refined Tea Manufacturing	3165.7	353.9	1262.8	1524.3	12.0	429.8
烟草加工业	Tobacco Processing	155.4		3.6	151.8		24.0
纺织业	Textiles	2782.8	676.8	102.7	1860.3	140.1	1221.3
纺织服装、服饰业	Textile and Garment, Apparel Industry	990.3	17.1	54.5	918.1	0.2	5.9
皮革毛皮羽毛及其制品和制鞋业	Leather, Furs, Down and Related Products	781.9	318.8	178.2	284.3	0.1	117.4
木材加工及竹藤棕草制品业	Timber Processing, Bamboo, Cane, Palm Fiber and Straw Products	397.3	36.9	126.9	231.4		66.0
家具制造业	Furniture Manufacturing	129.9	1.6	14.9	113.5		1.1
造纸及纸制品业	Papermaking and Paper Products	4168.4	3398.7	313.3	364.1	84.4	3060.9
印刷和记录媒介复制业	Printing and Record Medium Reproduction	355.1	20.9	26.6	307.0	0.7	22.9
文教、工美、体育和娱乐用品制造业	Cultural and Educational Supplies Manufacturing, Industrial, Sporting and Entertainment	274.0	10.2	57.5	205.1		24.4
石油加工、炼焦和核燃料加工业	Petroleum Processing, Coking and Nuclear Fuel Processing	3051.1	0.1	7.0	2848.6		72002.3
化学原料及制品制造业	Raw Chemical Materials and Chemical Products	17046.7	12065.2	1190.8	3259.9	184.7	158195.0
医药制造业	Medical and Pharmaceutical Products	2736.3	483.8	694.1	1556.7	1.1	1012.3
化学纤维制造业	Chemical Fiber	1618.8	686.3	167.8	713.0	51.8	44484.2
橡胶和塑料制品业	Rubber and Plastic Products	1629.2	245.8	104.2	1275.5	1.4	14417.0
非金属矿物制品业	Nonmetal Mineral Products	12050.4	6503.5	1958.9	3450.6	6.3	20539.4
黑色金属冶炼和压延加工业	Smelting and Pressing of Ferrous Metals	19824.9	15833.4	77.2	737.5	0.04	299268.4
有色金属冶炼和压延加工业	Smelting and Pressing of Nonferrous Metals	7981.6	561.1	13.2	5122.5	27.9	79439.7
金属制品业	Metal Products	1121.7	31.4	61.4	1018.9	4.8	75.5
通用设备制造业	Equipment in Current Use	1956.2	31.8	182.4	1739.4	0.6	315.9
专用设备制造业	Equipment in Special Use	1158.8	17.1	31.8	1109.3	0.1	2395.9
汽车制造业	Automobile Manufacturing Industry	1962.6	33.3	80.1	1777.9	0.6	3075.0
铁路、船舶、航空航天和其他运输设备制造业	Railway, Shipbuilding, Aerospace, and Other Transportation Equipment Manufacturing Industry	593.0	90.4	10.7	492.0		21.7
电气机械和器材制造业	Electric Equipment and Machinery	3393.1	50.5	182.5	3136.3	4.6	535.8
计算机、通信和其他电子设备制造业	Computer, Communication and Other Electronic Equipment Manufacturing Industry	2934.3	10.0	84.0	2838.8		39879.0
仪器仪表制造业	Instrument Manufacturing	70.5	0.4	1.4	68.6	0.1	2.8
其他制造业	Other Manufacturing	104.2	54.9	1.9	47.1	0.0	2.8
废弃资源综合利用业	Comprehensive Utilization of Waste Resource	172.2	39.9	11.2	80.5	5.2	43.4
金属制品、机械和设备修理业	Metal Products, Machinery and Equipment Repair	26.3			26.2	0.1	6.5
电力、热力生产和供应业	Electricity, Heat Production and Supply Industry	38934.7	33751.0	1654.6	671.0	9.0	740056.0
燃气生产和供应业	Production and Supply of Gas	62.3	0.9	1.2	60.1	0.1	0.1
水的生产和供应业	Production and Supply of Tap Water	183507.3	174090.5	9384.6	32.2		39.8

6—18 分行业工业企业主要能源品种消费量（2016年）
Consumption of Main Energy Varieties by Sector (2016)

行业	Sector	原煤（吨）Raw Coal (ton)
消费总量	**Total Consumption**	166724138
煤炭开采和洗选业	Coal Mining and Dressing	47201385
黑色金属矿采选业	Mining and Dressing of Ferrous Metals	52186
有色金属矿采选业	Mining and Dressing of Nonferrous Metals	128
非金属矿采选业	Mining and Dressing of Nonmetal Minerals	277785
开采辅助活动	Mining Auxiliary Activities	
农副食品加工业	Agricultural and Non-staple Food Processing Industry	556043
食品制造业	Food Production	140964
酒、饮料和精制茶制造业	Wine, Drinks and Refined Tea Manufacturing	282154
烟草制品业	Tobacco Processing	5582
纺织业	Textiles	89390
纺织服装、服饰业	Textile and Garment, Apparel Industry	22046
皮革、毛皮、羽毛及其制品和制鞋业	Leather, Fur, Feather and Its Products and Footwear	24227
木材加工和木、竹、藤、棕、草制品业	Timber Processing, Bamboo, Cane, Palm Fiber and Straw Products	53353
家具制造业	Furniture Manufacturing	9
造纸和纸制品业	Papermaking and Paper Products	1432693
印刷和记录媒介复制业	Printing and Record Medium Reproduction	38310
文教、工美、体育和娱乐用品制造业	Cultural and Educational Supplies Manufacturing, Industrial, Sporting and Entertainment	64442
石油加工、炼焦和核燃料加工业	Petroleum Processing, Coking and Nuclear Fuel Processing	537468
化学原料和化学制品制造业	Raw Chemical Materials and Chemical Products	10081056
医药制造业	Medical and Pharmaceutical Products	346850
化学纤维制造业	Chemical Fiber	591052
橡胶和塑料制品业	Rubber and Plastic Products	278608
非金属矿物制品业	Nonmetal Mineral Products	19715527
黑色金属冶炼和压延加工业	Smelting and Pressing of Ferrous Metals	4224321
有色金属冶炼和压延加工业	Smelting and Pressing of Nonferrous Metals	352681
金属制品业	Metal Products	30173
通用设备制造业	Equipment in Current Use	406735
专用设备制造业	Equipment in Special Use	15226
汽车制造业	Automobile Manufacturing Industry	39769
铁路、船舶、航空航天和其他运输设备制造业	Railway, Shipbuilding, Aerospace, and Other Transportation Equipment Manufacturing Industry	279
电气机械和器材制造业	Electric Equipment and Machinery	33223
计算机、通信和其他电子设备制造业	Computers, Communications and Other Electronic Equipment Manufacturing Industry	8516
仪器仪表制造业	Instrument Manufacturing	
其他制造业	Other Manufacturing	301
废弃资源综合利用业	Comprehensive Utilization of Waste Resources	148233
金属制品、机械和设备修理业	Metal Products, Machinery and Equipment Repair	
电力、热力生产和供应业	Production and Supply of Electric Power and Heating Power	79673424
燃气生产和供应业	Production and Supply of Gas	
水的生产和供应业	Production and Supply of Tap Water	

洗精煤 (吨) Washed and Refined Coal (ton)	其他洗煤 (吨) Other Washed Coal (ton)	煤制品 (吨) Coal Product (ton)	焦炭 (吨) Coke (ton)	焦炉煤气 (万立方米) Coke Oven Coal Gas (10000 cu.m)	原油 (吨) Crude Oil (ton)
13413193	**5056578**	**88335**	**9899418**	**286706**	**5391974**
2998854	3653290				
		78	237		
	4189		157		
				869	
		513			
	304		102		
			120		
		32			
			96		5
3198036			27882	29574	5391908
	403589	274	6802	5316	
			871		
			14		1
	12812	644	10216		
7216304	657756	86792	9727145	244180	
	1065		87368	3839	
	9		237	1949	
			28780	979	59
			4222		
	690		5021		
	136		4	1	
		1			1
			9		
	5944				
			136		
	316794				

6—18 续表 continued

行业	Sector	汽油（吨）Gasoline (ton)
消费总量	**Total Consumption**	**61636**
煤炭开采和洗选业	Coal Mining and Dressing	3006
黑色金属矿采选业	Mining and Dressing of Ferrous Metals	337
有色金属矿采选业	Mining and Dressing of Nonferrous Metals	197
非金属矿采选业	Mining and Dressing of Nonmetal Minerals	875
开采辅助活动	Mining Auxiliary Activities	136
农副食品加工业	Agricultural and Non-staple Food Processing Industry	2956
食品制造业	Food Production	966
酒、饮料和精制茶制造业	Wine, Drinks and Refined Tea Manufacturing	1803
烟草制品业	Tobacco Processing	460
纺织业	Textiles	440
纺织服装、服饰业	Textile and Garment, Apparel Industry	1650
皮革、毛皮、羽毛及其制品和制鞋业	Leather, Fur, Feather and Its Products and Footwear	850
木材加工和木、竹、藤、棕、草制品业	Timber Processing, Bamboo, Cane, Palm Fiber and Straw Products	358
家具制造业	Furniture Manufacturing	393
造纸和纸制品业	Papermaking and Paper Products	264
印刷和记录媒介复制业	Printing and Record Medium Reproduction	2162
文教、工美、体育和娱乐用品制造业	Cultural and Educational Supplies Manufacturing, Industrial, Sporting and Entertainment	341
石油加工、炼焦和核燃料加工业	Petroleum Processing, Coking and Nuclear Fuel Processing	16
化学原料和化学制品制造业	Raw Chemical Materials and Chemical Products	1856
医药制造业	Medical and Pharmaceutical Products	598
化学纤维制造业	Chemical Fiber	18
橡胶和塑料制品业	Rubber and Plastic Products	3474
非金属矿物制品业	Nonmetal Mineral Products	3457
黑色金属冶炼和压延加工业	Smelting and Pressing of Ferrous Metals	915
有色金属冶炼和压延加工业	Smelting and Pressing of Nonferrous Metals	676
金属制品业	Metal Products	2461
通用设备制造业	Equipment in Current Use	5133
专用设备制造业	Equipment in Special Use	2838
汽车制造业	Automobile Manufacturing Industry	6859
铁路、船舶、航空航天和其他运输设备制造业	Railway, Shipbuilding, Aerospace, and Other Transportation Equipment Manufacturing Industry	721
电气机械和器材制造业	Electric Equipment and Machinery	5348
计算机、通信和其他电子设备制造业	Computers, Communications and Other Electronic Equipment Manufacturing Industry	2072
仪器仪表制造业	Instrument Manufacturing	531
其他制造业	Other Manufacturing	390
废弃资源综合利用业	Comprehensive Utilization of Waste Resources	38
金属制品、机械和设备修理业	Metal Products, Machinery and Equipment Repair	167
电力、热力生产和供应业	Production and Supply of Electric Power and Heating Power	5872
燃气生产和供应业	Production and Supply of Gas	282
水的生产和供应业	Production and Supply of Tap Water	720

煤　油 （吨） Kerosene (ton)	柴　油 （吨） Diesel Oil (ton)	液化石油气 （吨） Liquefied Petroleum Gas (ton)	天然气（气态） （万立方米） Natural Gas (Gaseous) (10000 cu.m)	热　力 （百万千焦） Heat (10 billion kilo-joule)	电　力 （万千瓦时） Electric Power (10000 kh)	生物燃料 （吨标准煤） Biofuels (tons of SCE)
3944	**336953**	**9761**	**133760**	**75396043**	**11340972**	**1677951**
	16301				452558	
	20045		80		245344	
4	2248		9		32467	
	35344			3982525	68132	
	490				486	
9	3566		2716	625856	292092	26843
	1070	143	4465	720952	87225	9301
	1123	460	3754	2543419	67686	7952
	141		1057	166424	12484	
25	707	7	1545	969019	255009	2381
14	1671	6	299	227415	83597	3094
	362	5	175	6662	26017	3206
38	1871		71		116134	52266
	162		3	1	27911	825
	1768		1086	15923211	243177	109022
5	1331	7	418	106137	57100	760
	446	422	537	4812	36032	321
	705	41	68	11937899	125239	
4	8190	267	13876	19498404	1272950	18210
	750	29	1682	1862057	101614	47772
	78		642	941140	62794	7192
404	3239	459	2245	2352378	309618	3188
194	160396	4598	33566	197609	1678757	10167
	14423	92	12211	5417994	1621521	
29	9871	8	17033	3218204	534108	16
217	5841	318	4497	85514	153605	1558
609	7195	192	5890		248474	218
21	3121	49	4018	51432	131176	249
653	11530	118	7956	566734	261502	1738
	2639	289	498		36817	452
46	3127	2251	7423	258781	396572	30
18	891		2194	45168	317161	560
2	22		5		9538	
	693		31	12400	13206	25
	180		155		26581	
1629	1398		230		2309	
	13413		28	3673898	1852586	1370604
25	155		3116		12029	
	451		185		69365	

6—19 规模以上工业企业能源购进、消费及库存（2016年）
Buys, Consumes and Stock of the Energy of Above Designated Size Industrial Enterprises (2016)

能源名称	Energy Item	购进量 Purchasing Amount	消费量 Consumption Amount：工业生产消费 Consumption of Industrial Production	#用于原材料 Used in the Raw Materials	非工业生产消费 Used in non-consumption of Industrial Production	年末库存量 Volume of Stock of the end of the Year
原　煤　（吨）	Raw Coal (ton)	120994239	166475616	3684767	248523	4756101
#无烟煤	Anthracite	4415082	5011093	176330	1440	227986
炼焦烟煤	Byerlyte	2139082	3365375	1695492	84	24267
一般烟煤	Generally Bituminous Coal	114428718	158088195	1812944	246998	4502150
褐　煤	Lignite	11358	10953			1698
洗精煤　（吨）	Washed and Refined Coal (ton)	10257540	13413193			140461
其他洗煤　（吨）	Other Washed Coal (ton)	1443807	5056466	392175	112	180886
煤制品　（吨）	Coal Product (ton)	88242	87969		366	4845
焦　炭　（吨）	Coke (ton)	5065082	9899268	3184	150	176375
其他焦化产品　（吨）	Other Coking Products (ton)	122648	129081	97401		9971
焦炉煤气　（万立方米）	Coke Oven Coal Gas (10000 cu.m)	14039	286550		156	
高炉煤气　（万立方米）	Blast Furnace Gas (10000 cu.m)	627	3279668		52	
转炉煤气　（万立方米）	Converter Coal Gas (10000 cu.m)	1275	236210			
发生炉煤气　（万立方米）	Producer Gas (10000 cu.m)		98781			
天然气(气态)　（万立方米）	Natural Gas(Gaseous) (10000 cu.m)	153572	133208	2447	552	124
液化天然气　（吨）	Liquefied Natural Gas (ton)	11533	11461		79	56
煤层气　（万立方米）	Coalbed methane (CBM) (10000 cu.m)	1453	29268			
原　油　（吨）	Crude Oil (ton)	5376105	5391953		21	129165
汽　油　（吨）	Gasoline (ton)	64616	32264		29373	557
煤　油　（吨）	Kerosene (ton)	4122	2176	324	1768	100
柴　油　（吨）	Diesel Oil (ton)	338798	275478	1192	61475	17447
燃料油　（吨）	Fuel Oil (ton)	94751	96700		19	2774
液化石油气　（吨）	Liquefied Petroleum Gas (ton)	9795	9540		221	1694
炼厂干气　（吨）	Refinery Gas (ton)	12594	260839			
润滑油　（吨）	Lubricating Oil (ton)	22531	23013	694	32	750
石　蜡　（吨）	Paraffin (ton)	2035	2127	743	1	61
溶剂油　（吨）	Solvent Oil (ton)	6350	6288	1628		244
石油焦　（吨）	Refinery Coke (ton)	153772	157762	61971		6766
石油沥青　（吨）	Petroleum asphalt (ton)	22256	8581	2357		308
其他石油制品　（吨）	Other Petroleum Products (ton)	525611	1178294	364621	6393	27401
热　力　（百万千焦）	Heat (10 billion kilo-joule)	34821343	74964812		431231	
电　力　（万千瓦时）	Electric Power (10000 kh)	8815795	11145642		195329	
煤矸石(用于燃料)　（吨）	Coal Gangue (for fuel) (ton)	537884	4153464			4568
城市垃圾(用于燃料)　（吨）	Municipal Waste (for fuel) (ton)	1985415	2428575			10168
生物燃料　（吨标准煤）	Biofuels (tons of standard coal)	1538713	1677802		149	50975
余热余压　（百万千焦）	Afterheat Excess Pressure (10 billion kilo-joule)	4250501	67134679		1271376	
工业废料(用于燃料)　（吨）	Industrial waste (for fuel) (ton)	111856	111276			133
其他燃料　（吨标准煤）	Other fuels (tons of standard coal)	10513	10434		5	18

6—20 地区能源消费与单位GDP能耗
Energy Consumption and Unit GDP Energy Consumption

单位：万吨标准煤（10000 tons of SCE）

指　　标	Item	2010	2015	2016
能源消费总量（等价值）	Unit GDP Energy Consumption (Equal Values)	9414.00	12331.97	12694.96
第一产业能源消费	Primary Industry Energy Consumption	198.41	221.11	245.65
第二产业能源消费	Secondary Industry Energy Consumption	7114.11	8680.86	8709.98
工业能源消费	Industry Energy Consumption	6977.07	8471.39	8489.29
建筑业能源消费	Construction Industrial Energy Consumption	137.04	209.47	220.69
第三产业能源消费	Tertiary Industry Energy Consumption	1104.36	1885.84	2019.00
＃交通运输业能源消费	Transportation Industry Energy Consumption	643.81	1052.17	1080.05
居民生活用能	Residences Life Energy Consumption	997.11	1544.15	1720.33
城市居民	Urban	528.60	803.06	894.05
农村居民	Rural	468.51	741.09	826.29
单位GDP能耗(等价值)(吨标准煤/万元)	Unit GDP Energy Consumption （ton of SCE/10000 yuan)	0.970	0.600	0.531

注：2010年，GDP按照2005年可比价格计算；2015年，GDP按照2010年可比价格计算；2016年，GDP按照2015年可比价格计算。
a) In 2010, GDP was calculated at comparable prices in 2005; In 2015, GDP was calculated at comparable prices in 2010; In 2016, GDP is calculated at comparable prices in 2015.

6—21 各市全社会用电情况（2016年）
Electricity Used in Whole Society by Region (2016)

单位：亿千瓦时（100 million kwh）

地　区	Region	全社会用电量总计 Total of Electricity Used in Whole Society	全行业用电量合计 Total of Electricity Used in Whole Trade	第一产业 Primary Industry	第二产业 Secondary Industry	第三产业 Tertiary Industry	城乡居民生活用电量合计 Electricity Used for Life	城镇居民 Urban	乡村居民 Rural
总　计	**Total**	**1794.98**	**1494.53**	**21.91**	**1225.03**	**247.59**	**300.46**	**132.21**	**168.25**
合肥市	Hefei	267.20	216.12	2.61	142.77	70.74	51.08	36.42	14.66
淮北市	Huaibei	56.39	47.01	0.60	40.56	5.85	9.38	4.50	4.88
亳州市	Bozhou	57.08	36.15	0.70	24.18	11.27	20.93	6.85	14.08
宿州市	Suzhou	72.22	49.83	1.32	34.67	13.84	22.39	8.03	14.36
蚌埠市	Bengbu	73.11	57.32	1.72	41.35	14.26	15.79	7.05	8.75
阜阳市	Fuyang	114.93	80.10	1.14	61.17	17.79	34.83	9.71	25.12
淮南市	Huainan	83.11	66.39	1.25	55.35	9.80	16.72	7.77	8.94
滁州市	Chuzhou	138.40	117.69	2.38	97.96	17.35	20.71	7.60	13.11
六安市	Luan	68.57	48.72	1.14	33.74	13.84	19.85	6.10	13.75
马鞍山市	Maanshan	188.84	176.51	1.79	162.88	11.84	12.33	6.60	5.73
芜湖市	Wuhu	168.78	147.79	2.16	126.08	19.54	21.00	8.56	12.44
宣城市	Xuancheng	97.34	82.08	1.66	70.02	10.40	15.25	6.57	8.68
铜陵市	Tongling	84.03	77.08	0.69	70.04	6.35	6.95	3.54	3.41
池州市	Chizhou	57.66	50.72	0.75	44.87	5.10	6.94	2.68	4.27
安庆市	Anqing	88.70	69.32	1.46	56.16	11.70	19.38	6.64	12.74
黄山市	Huangshan	29.29	22.10	0.52	13.65	7.93	7.18	3.69	3.50

注：总计包括安徽电网主网架厂网损，各市不包括。
a) In total including anhui grid ZhuWangJia factory network loss, cities is not included.

6—22 各市主要年份工业用电量

Industrial Electricity Used in Main Year by Region

单位：亿千瓦时（100 million kwh）

地　区	Region	2000	2005	2010	2015	2016
总　计	**Total**	**238.26**	**430.98**	**777.18**	**1132.79**	**1198.53**
合肥市	Hefei	23.33	34.07	64.10	130.93	135.55
淮北市	Huaibei	15.11	20.51	31.63	40.79	40.00
亳州市	Bozhou		9.05	13.42	21.47	22.41
宿州市	Suzhou	7.75	13.55	20.32	32.85	32.95
蚌埠市	Bengbu	10.52	23.44	34.32	37.43	40.06
阜阳市	Fuyang	15.43	18.80	36.89	58.21	58.32
淮南市	Huainan	22.54	31.61	47.49	55.68	54.38
滁州市	Chuzhou	8.76	16.36	30.39	90.73	96.68
六安市	Luan	8.40	14.73	24.42	31.99	32.35
马鞍山市	Maanshan	28.35	60.64	104.54	155.34	162.14
芜湖市	Wuhu	12.64	27.03	62.03	117.32	124.12
宣城市	Xuancheng	4.81	23.93	48.13	62.51	67.83
铜陵市	Tongling	14.35	28.37	47.08	68.51	69.76
池州市	Chizhou	3.72	10.07	18.82	39.13	44.39
安庆市	Anqing	14.51	27.86	44.41	53.42	54.78
黄山市	Huangshan	1.63	4.12	7.89	12.36	13.22

注：1. 2010年以后的工业用电量是区划调整后数据。

2. 总计包括安徽电网主网架厂网损，各市不包括。

a) Since 2010, the industrial electricity consumption is division after adjusting the data.

b) In total including anhui grid ZhuWangJia factory network loss, cities is not included.

6—23 各市规上工业取水情况（2016年）

Industrial Water Intake in the Separation by Region (2016)

单位：万立方米（10000 M^3）

地　区	Region	工业取水总量 Industrial Water Got Total Amount of Industrial Water Got	#地表淡水数量 The Earth's Ssurface Fresh Water	地下淡水数量 Undergr-ound Water	自来水数量 Tap Water	重复用水数量 Repeat of Water Consump-tion
总　计	**Total**	**331024.98**	**253064.27**	**25539.97**	**41957.42**	**1524042.83**
合肥市	Hefei	84120.29	74446.05	332.56	8417.91	339862.34
淮北市	Huaibei	10619.36	138.32	6953.91	1388.47	63544.29
亳州市	Bozhou	2334.11	940.22	1168.96	197.22	46800.06
宿州市	Suzhou	6347.33	1731.59	4509.71	63.89	78184.92
蚌埠市	Bengbu	13946.85	10343.45	609.19	2950.91	92409.84
阜阳市	Fuyang	7929.31	3405.42	4193.06	330.54	111553.69
淮南市	Huainan	35727.05	30412.20	4247.75	660.54	150541.19
滁州市	Chuzhou	17059.39	13955.71	505.25	2483.73	26619.18
六安市	Luan	9951.52	7600.36	933.69	1389.41	67739.60
马鞍山市	Maanshan	38565.31	32343.47	108.73	2699.12	277118.43
芜湖市	Wuhu	37176.51	30627.16	655.34	5635.11	26759.57
宣城市	Xuancheng	11981.77	8982.77	548.69	2432.30	45984.68
铜陵市	Tongling	21793.64	13241.88	64.35	6038.78	104933.89
池州市	Chizhou	6391.86	4842.66	31.60	1473.03	20939.40
安庆市	Anqing	23220.29	17171.29	648.52	4958.45	70565.76
黄山市	Huangshan	3860.38	2881.72	28.66	838.01	485.99

主要统计指标解释

能源生产总量

指一定时期内全省一次能源生产量的总和，是观察全省能源生产水平、规模、构成和发展速度的总量指标。一次能源生产量包括原煤，原油，天然气，水电、核电及其他动力能（如风能、地热能等）发电量，不包括低热值燃料生产量、太阳热能等的利用和由一次能源加工转换而成的二次能源产量。

能源消费总量

指全省国民经济各行业和居民家庭在一定时期消费的各种能源的总和。能源消费总量分为终端能源消费量、能源加工转换损失量和损失量三部分。

(1)终端能源消费量：指一定时期内全省各行业和居民生活消费的各种能源在扣除了用于加工转换二次能源消费量和损失量以后的数量。

⑵能源加工转换损失量：指一定时期内全省投入加工转换的各种能源数量之和与产出各种能源产品之和的差额，是观察能源在加工转换过程中损失量变化的指标。

⑶能源损失量：指一定时期内能源在输送、分配、储存过程中发生的损失和由客观原因造成的各种损失量，不包括各种气体能源放空、放散量。

能源生产弹性系数

是能源生产量的增长速度与国民经济增长速度之间的比值。计算公式为：

能源生产弹性系数＝能源生产总量年平均增长速度/国民经济年平均增长速度

本年鉴采用国内生产总值指标计算国民经济年平均增长速度。

电力生产弹性系数

是电力生产量的增长速度与国民经济增长速度之间的比值。计算公式为：

电力生产弹性系数＝电力生产量年平均增长速度/国民经济年平均增长速度

能源消费弹性系数

是能源消费增长速度与国民经济增长速度之间的比值。计算公式为：

能源消费弹性系数＝能源消费量年平均增长速度/国民经济年平均增长速度

电力消费弹性系数

是电力消费增长速度与国民经济增长速度之间的比值。计算公式为：

电力消费弹性系数＝电力消费量年平均增长速度/国民经济年平均增长速度

能源加工转换效率

指一定时期内能源经过加工、转换后，产出的各种能源产品的数量与同期内投入加工转换的各种能源数量的比率。它是观察能源加工转换装置和生产工艺先进与落后、管理水平高低等的重要指标。计算公式为：

能源加工转换效率＝能源加工、转换产出量/能源加工、转换投入量×100%

Explanatory Notes for Major Statistical Indicators

Total Energy Production

refers to a certain period of time the province's primary energy production is the sum of the province's energy production level, size, composition and development speed of the total indicators. The primary energy production includes the generation of raw coal, crude oil, natural gas, hydropower, nuclear power and other dynamic energy (such as wind energy, geothermal energy, etc.), excluding low calorific value fuel production, solar heat utilization and conversion from primary energy processing Of secondary energy production.

Total Domestic Energy Consumption

refers to the province's national economy and the families of various industries in a certain period of time the sum of the various energy consumption. The total energy consumption is divided into three parts: terminal energy consumption, energy processing conversion loss and loss.

a) terminal energy consumption: refers to a certain period of the province's various industries and residents living in a variety of energy consumption after deducting the conversion of secondary energy consumption and the amount of loss after the amount.

b) Loss During the Process of Energy Conversion: It refers to the total input of various kinds of energy for conversion, minus the total output of various kinds of energy in the province in a given period of time. It is an indicator to show the loss that occurs during the process of energy conversion.

c) Loss: It refers to the total of the loss of energy during the course of energy transport, distribution and storage and the loss caused by any objective reason in a given period of time. The loss of various kinds of gas due to gas discharges and stocktaking is excluded.

Elasticity Ratio of Energy Production

is the ratio of the growth rate of energy production and the growth rate of national economy.The formula is:

Elasticity Ratio of Energy Production=Average Annual Growth Rate of Energy Production / Average Annual Growth Rate of National Economy

This yearbook uses the Gross Domestic Product (GDP) indicator to calculate the average annual growth rate of the national economy.

Elasticity Ratio of Electricity Production

is the ratio of the growth rate of electricity production to the growth rate of the national economy. Its formula is:

Elasticity Ratio of Electricity Production=Average Annual Growth Rate of Electricity Production / Average Annual Growth Rate of National Economy

Elasticity Ratio of Energy Consumption

is the ratio of energy consumption growth rate and national economic growth rate. The formula is:

Elasticity Ratio of Energy Consumption=Average Annual Growth Rate of Energy Consumption / Average Annual Growth Rate of National Economy

Elasticity Ratio of Electricity Consumption

is the ratio of the growth rate of electricity consumption to the growth rate of the national economy. The formula is:

Elasticity Ratio of Electricity Consumption=Average Annual Growth Rate of Electricity / Average Annual Growth Rate of National Economy

Efficiency of Energy Processing and Conversion

refers to the ratio of the total output of energy products of various kinds after processing and conversion and the total input of energy of various kinds for processing and conversion in the same reference period. It is an important indicator to show the current conditions of energy processing and conversion equipment, production technique and management. The formula is:

Efficiency of Energy Processing & Conversion=Output of Energy After Processing & Conversion/Input of Energy for Processing & Conversion×100%

第七篇

Chapter 7

财政、金融、保险

FINANCE, BANKING AND INSURANCE

简要说明

一、本篇反映全省财政收支、金融保险业发展状况。

二、财政收支资料来源于省财政厅财政决算。

三、金融保险业资料有以下三个部分：

1、反映金融机构,包括中国人民银行、中资全国性大型银行、中资全国性中小型银行、中资区域性中小型银行、农村信用社等信贷收支情况，资料由中国人民银行合肥中心支行提供；

2、反映保险业务情况，资料由中国保险监督管理委员会安徽监管局提供；

3、反映股票发行及筹资情况，资料由中国证券监督管理委员会安徽监管局提供。

Brief Introduction

I. Data in this chapter show the provincial government revenue and expenditure and the development of banking and insurance.

II. Data on the government revenue and expenditure come from the Department of Finance in the province. Data are based on the final financial accounts.

III. Data of banking and insurance include the following three parts:

1. Data on the credit funds revenue and expenditure of banking institutions, including the people's Bank of China, the Chinese large national banks, Chinese-funded national small and medium-sized banks, Chinese-funded regional small and medium-sized banks , state-owned commercial banks and rural credit cooperatives are provided by Hefei Branch Office of the People’s Bank of China.

2. Data on the business of insurance are provided by Anhui Regulatory Bureau of the Insurance Regulatory Commission of China.

3. Data on issuing summary for stocks are provided by Anhui Regulatory Bureau of the Securities Regulatory Commission of China.

7—1 财政收支总额及增长速度
Total Government Revenue and Expenditures and Their Increase Rate

年　份 Year	财政收入 （万元） Total Revenue (10000 yuan)	财政支出 （万元） Total Expenditures (10000 yuan)	增长速度（%） Increase Rate (%) 财政收入 Total Revenue	 财政支出 Total Expenditures
2000	2904229	3234728	8.0	12.1
2005	6565525	7130633	26.1	18.5
2007	10347253	12438342	26.7	32.3
2008	13260466	16471253	28.2	32.4
2009	15512563	21419217	17.0	30.0
2010	20638197	25876135	33.0	20.8
2011	26330221	33029911	27.6	27.6
2012	30259871	39610080	14.9	19.9
2013	33650750	43496871	11.2	9.8
2014	36629985	46640973	8.9	7.2
2015	40122286	52390076	9.5	12.3
2016	43731518	55229501	9.0	5.4

7—2 财政收入相当于生产总值的比例
Fiscal Revenue is Equivalent to the Proportion of GDP

年　份 Year	财政收入 （万元） Total Revenue (10000 yuan)	生产总值 （亿元） Gross Domestic Product (100 million yuan)	财政收入相当于生产总值的比例 Fiscal Revenue is Equivalent to the Proportion of GDP
2000	2904229	2902.1	10.0
2005	6565525	5350.2	12.3
2007	10347253	7360.9	14.1
2008	13260466	8851.7	15.0
2009	15512563	10062.8	15.4
2010	20638197	12359.3	16.7
2011	26330221	15300.7	17.2
2012	30259871	17212.1	17.6
2013	33650750	19229.3	17.5
2014	36629985	20848.8	17.6
2015	40122286	22005.6	18.2
2016	43731518	24117.9	18.1

7—3 中央和地方财政收入及比重
Total Revenue and Proportion of Central and Local Governments

年　份 Year	绝对数（万元）Total Revenue (10000 yuan)			比重(%) Proportion (%)	
	全省 Total	中央 Central Government	地方 Local Governments	中央 Central Government	地方 Local Governments
2000	2904229	1117042	1787187	38.5	61.5
2005	6565525	2769790	3340170	42.2	50.9
2010	20638197	8318470	11493952	40.3	55.7
2013	33650750	11422965	20750750	33.9	61.7
2014	36629985	12840729	22184418	35.1	60.6
2015	40122286	13393335	24543029	33.4	61.2
2016	43731840	14887041	26727920	34.0	61.1

注：2005年起财政收入包括出口货物退增值税。

a) The financial income from 2005 includes the return of VAT on export goods.

7—4 税收收入和非税收入及比重
Total Revenue and Proportion of Tax and Non-tax

年　份 Year	绝对数（万元）Total Revenue (10000 yuan)			比重(%) Proportion (%)	
	全省 Total	税收收入 Tax Revenue	非税收入 Non-tax Revenue	税收收入 Tax Revenue	非税收入 Non-tax Revenue
2000	1787187	1445761	341426	80.9	19.1
2005	3340170	2445450	894720	73.2	26.8
2010	11493952	8665517	2828435	75.4	24.6
2013	20750750	15202168	5548582	73.3	26.7
2014	22184418	16925236	5259182	76.3	23.7
2015	24543029	17998922	6544107	73.3	26.7
2016	26727920	18575281	8152639	69.5	30.5

7—5 各项税收收入
Government Tax Revenue

单位：万元（10000 yuan）

年　份 Year	税收收入 Tax	增值税 Value-added Tax	营业税 Operation Tax	契税 Contract Tax	企业所得税 Enterprises' Income Tax	个人所得税 Individual Income Tax
2000	1445761	262559	319719	23493	233524	94675
2005	2445450	577244	781042	178145	300808	124964
2010	8665517	1294839	2919300	959149	1065948	319746
2013	15202168	2244996	5022636	1878926	1904639	434399
2014	16925236	2605482	5399682	1956631	2183194	521420
2015	17998922	2731085	5868006	1725171	2355732	531350
2016	18575281	5303404	3099903	1854037	2332401	592815

7—6 地方财政收支情况
Revenue and Expenditure of Local Governments

单位：万元（10000 yuan）

指　标	Item	2010	2015	2016
收入合计	**Total Revenue**	**11493952**	**24543029**	**26727920**
增值税	Value-added Tax	1294839	2731085	5303404
营业税	Operation Tax	2919300	5868006	3099903
企业所得税	Enterprises' Income Tax	1065948	2355732	2332401
个人所得税	Individual Income Tax	319746	531350	592815
资源税	Resources Tax	126488	205961	178188
城市维护建设税	Tax on Town maintenance and Construction	543983	1060535	1133857
房产税	Tax on Real Estates	176182	461524	515793
印花税	Stamp Tax	111528	215964	232184
城镇土地使用税	Tax on the Use of Urban Land	325215	1330471	1418690
土地增值税	Land Value Added Tax	302222	904159	1048289
车船税	Vehiclesand Ship Tax	59462	148497	168328
耕地占用税	Tax on the Occupancy of Cultivated Land	455748	451195	683823
契　税	Contract Tax	959149	1725171	1854037
烟叶税	Leaf Tobacco Tax	5707	9272	13569
专项收入	Expert Project Income	737869	2266943	2090979
行政事业性收费	Income from Adiministrative Departments Fees	944613	1488584	1601608
罚没收入	Penalty and Confiscatory Income	267660	544008	527463
国有资本经营收入	Stated-owned Assets Profit	200537	228716	413980
国有资源（资产）有偿使用	Income from the Paid Use of Stated-owned Resources (Assets)	598012	1738491	3002862
其他收入	Other Income	79744	277365	515747
支出合计	**Total Expenditure**	**25876135**	**52390076**	**55229501**
一般公共服务	General Public Service	2737167	4000859	4040967
国　防	National Defence	46340	56606	60843
公共安全	Public Security	1194768	1960588	2211694
教　育	Education	3863071	8567260	9108725
科学技术	Science	579817	1479440	2594987
文化体育与传媒	Culture, Sports and Media	516833	881913	842323
社会保障和就业	Social Security and Employment	3341539	6915386	7615864
医疗卫生与计划生育	Medical and Health Care and Family Planning	1842232	4855951	4801237
节能环保	Energy Saving and Environmental Protection	647203	1248250	1336378
城乡社区事务	Expenses in Urban、Rural Areas and Communities	2361782	6096524	6690603
农林水事务	Expenses of Agriculture、Forest and Irrigation	2925244	5777369	6248330
交通运输	Transport	1248616	3839691	3413714
资源勘探信息等事务	Resource Exploration Information, Etc	1249406	1811970	1573605
商业服务业等事务	Commercial and Service Industry and So On	458382	634334	594703
金融监管等事务	Finance Supervision and So On	51665	69268	330415
援助其他地区	Aid Spending Elsewhere		41266	44180
国土海洋气象等事务	Land and Marine Meteorology, Etc	616884	615344	403578
住房保障	Housing Safeguard	933614	2766270	2292909
粮油物资储备	Supplies of Grain and Oil Reserves	307059	322144	315588
债务付息	Debt Servicing		262726	565333
债务发行费用	Debt Issuance Costs		9695	9359
其他支出	Other Expenditure	878276	177222	134166

7—7 各市地方财政收入（2016年）

Final Statement of Local Government Revenue by Region (2016)

单位：万元（10000 yuan）

地　区	Region	收入合计 Total Revenue	增值税 Value-added Tax	营业税 Operation Tax	企业所得税 Enterprises' Income Tax
合肥市	Hefei	6148493	1429495	1029446	546235
淮北市	Huaibei	591762	140613	66877	23033
亳州市	Bozhou	870239	229374	108744	42022
宿州市	Suzhou	956248	151564	134687	38018
蚌埠市	Bengbu	1338791	311085	205662	51666
阜阳市	Fuyang	1334441	317150	169071	60927
淮南市	Huainan	974455	239448	101683	43488
滁州市	Chuzhou	1673062	287000	161984	68165
六安市	Luan	982613	176899	158764	42665
马鞍山市	Maanshan	1403192	314919	145043	56587
芜湖市	Wuhu	2987167	740338	246027	172391
宣城市	Xuancheng	1393237	306928	115765	50709
铜陵市	Tongling	807211	150427	72848	28377
池州市	Chizhou	714530	95901	80784	16631
安庆市	Anqing	1279945	277641	134268	56617
黄山市	Huangshan	757948	89833	73184	19506

地　区	Region	个人所得税 Individual Income Tax	资源税 Resources Tax	城市维护建设税 Tax on Town Maintenance and Construction	房产税 Tax on Real Estates	印花税 Stamp Tax
合肥市	Hefei	161872	7179	310003	169779	82683
淮北市	Huaibei	7615	13189	30374	13362	5544
亳州市	Bozhou	9665	3348	42408	12076	8748
宿州市	Suzhou	7971	7803	30492	9643	6114
蚌埠市	Bengbu	11536	583	94328	22437	10210
阜阳市	Fuyang	12783	9945	69927	14124	11525
淮南市	Huainan	12120	22368	40029	21810	7280
滁州市	Chuzhou	15491	10648	64193	30077	10400
六安市	Luan	14046	8378	39752	15607	8187
马鞍山市	Maanshan	18320	14366	58785	42579	13227
芜湖市	Wuhu	41829	29892	153221	70146	32134
宣城市	Xuancheng	15403	13551	49034	20078	9289
铜陵市	Tongling	9251	18731	27465	20429	7860
池州市	Chizhou	5206	12355	17712	13262	4303
安庆市	Anqing	14560	4729	75551	19826	9263
黄山市	Huangshan	8389	1123	16662	18729	4836

7—7 续表 continued

单位：万元（10000 yuan）

地区	Region	城镇土地使用税 Tax on the Use of Urban Land	土地增值税 Land Value Added Tax	车船税 Tax on Vehicles and Vessels	耕地占用税 Tax on the Occupancy of Cultivated Land	契税 Contract Tax	烟叶税 Leaf Tobacco Tax
合肥市	Hefei	174642	399730	39769	35548	632839	
淮北市	Huaibei	49856	13311	6247	9912	16933	
亳州市	Bozhou	46641	28111	11109	27690	104637	
宿州市	Suzhou	63571	37575	9981	35042	61381	
蚌埠市	Bengbu	56223	57672	9433	14839	93975	
阜阳市	Fuyang	39994	79482	15924	22391	155784	
淮南市	Huainan	45741	22752	7299	16085	54743	
滁州市	Chuzhou	114181	62805	9233	177809	95179	
六安市	Luan	43872	47396	8856	18586	125360	
马鞍山市	Maanshan	118389	41680	7399	25481	84384	
芜湖市	Wuhu	273822	67114	11933	52327	144065	2064
宣城市	Xuancheng	130800	44434	8478	16126	82304	10486
铜陵市	Tongling	75634	19761	4134	5066	33903	
池州市	Chizhou	91401	13313	3564	6239	29173	742
安庆市	Anqing	42172	52544	10641	25436	89475	
黄山市	Huangshan	49034	57966	4328	5819	49902	277

地区	Region	专项收入 Expert Project Income	行政事业性收费 Income from Adiministrative Departments Fees	罚没收入 Penalty and Confiscatory Income	国有资本经营 State-owned Assets Profit	国有资源（资产）有偿使用 Income from the Paid Use of Stated-owned Resources (Assets)	其他收入 Other Income
合肥市	Hefei	534483	221798	69870	8352	185622	109148
淮北市	Huaibei	33280	81497	24621	-1032	22136	34394
亳州市	Bozhou	65254	55649	18960		43889	11914
宿州市	Suzhou	48228	95646	53381	19547	107803	37801
蚌埠市	Bengbu	101507	56141	33271	91104	101503	15616
阜阳市	Fuyang	109734	93198	40904	8507	89316	13755
淮南市	Huainan	44760	68015	23755	10263	146763	46053
滁州市	Chuzhou	82002	84802	40550	10220	305741	42582
六安市	Luan	64473	109034	19241		59741	21756
马鞍山市	Maanshan	73380	102203	19997	28514	219494	18445
芜湖市	Wuhu	180745	133601	25177	223252	330168	56921
宣城市	Xuancheng	62763	47704	32496	5767	354492	16630
铜陵市	Tongling	40655	73483	16622	814	191584	10167
池州市	Chizhou	27847	127852	15274	1747	146482	4742
安庆市	Anqing	100998	100907	57219		178235	29863
黄山市	Huangshan	27532	27273	11820	2216	267411	22108

7—8 各 市 财 政 支 出（2016年）

Final Statement of Government Expenditure by Region (2016)

单位：万元（10000 yuan）

地 区	Region	支出合计 Total Expenditure	一般公共服务 General Public Service	国防 National Defence	公共安全 Public Security	教育 Education
合 肥 市	Hefei	8598503	542108	5754	303137	1190748
淮 北 市	Huaibei	1426554	126929	3304	67811	256519
亳 州 市	Bozhou	2785781	187610	2015	104004	511230
宿 州 市	Suzhou	3113893	224581	5581	134257	621019
蚌 埠 市	Bengbu	2680543	174181	2301	107253	495467
阜 阳 市	Fuyang	4358049	301513	3128	165956	924879
淮 南 市	Huainan	2180016	162844	2677	116276	373112
滁 州 市	Chuzhou	3350463	200500	3251	135342	563668
六 安 市	Luan	3419656	347391	2562	136864	652781
马鞍山市	Maanshan	2136960	167692	1006	103461	311122
芜 湖 市	Wuhu	4094405	267060	4350	133219	585118
宣 城 市	Xuancheng	2547727	210615	2120	77404	381003
铜 陵 市	Tongling	1510941	112817	821	72054	234571
池 州 市	Chizhou	1489985	121096	3208	44536	197653
安 庆 市	Anqing	3371512	263120	2776	132805	634842
黄 山 市	Huangshan	1710263	178447	996	91077	175953

地 区	Region	科学技术 Science	文化体育与传媒 Culture, Sports and Media	社会保障和就业 Social Security and Employment	医疗卫生与计划生育 Medical and Health Care and Family Planning	节能环保 Energy Saving and Environmental Protection
合 肥 市	Hefei	1016998	87921	797788	521837	223958
淮 北 市	Huaibei	9646	22914	154124	125693	66546
亳 州 市	Bozhou	26729	19456	397854	342866	109505
宿 州 市	Suzhou	72030	27549	286377	377840	81951
蚌 埠 市	Bengbu	133824	23048	299211	238954	54556
阜 阳 市	Fuyang	49722	29817	671588	494586	90182
淮 南 市	Huainan	29203	20690	401714	225994	51102
滁 州 市	Chuzhou	77474	45641	386940	366006	68142
六 安 市	Luan	45563	60904	317765	405657	86276
马鞍山市	Maanshan	103014	32297	212087	179175	54491
芜 湖 市	Wuhu	517841	34984	427100	324767	74256
宣 城 市	Xuancheng	90305	37925	259562	257591	68117
铜 陵 市	Tongling	83119	19731	176472	131951	47705
池 州 市	Chizhou	17851	17385	164678	129183	75743
安 庆 市	Anqing	78775	57639	404734	370848	69692
黄 山 市	Huangshan	39754	47534	202839	138434	80064

7—8 续表 continued

单位：万元（10000 yuan）

地 区	Region	城乡社区 Urban and Rural Communities	农林水 Agriculture, Forestry, Water Conservancy	交通运输 Transport	资源勘探信息等 Resource Exploration Information, Etc	商业服务业等 Commercial and Service Industry and So On	金融监管等 Financial Regulation Etc.
合肥市	Hefei	1935980	600625	334700	563599	92345	21244
淮北市	Huaibei	144933	126030	116458	41897	21674	1086
亳州市	Bozhou	187247	417317	159322	34141	50947	3412
宿州市	Suzhou	292551	487536	210421	47632	13542	1393
蚌埠市	Bengbu	471382	294821	165871	6387	16248	3456
阜阳市	Fuyang	302163	664149	209412	91001	15005	5063
淮南市	Huainan	174604	247571	107987	58594	14222	569
滁州市	Chuzhou	426819	591260	193605	69301	22614	1706
六安市	Luan	151076	596282	244632	83370	22145	33201
马鞍山市	Maanshan	351678	203089	119007	54478	65929	662
芜湖市	Wuhu	746912	276172	176450	137111	79301	14944
宣城市	Xuancheng	400073	341208	205415	15432	35922	2059
铜陵市	Tongling	254982	139550	71852	25916	56187	445
池州市	Chizhou	299415	180995	102289	12997	16199	276
安庆市	Anqing	312354	535921	263157	28482	28461	7612
黄山市	Huangshan	228468	262344	103874	33020	25163	792

地 区	Region	国土海洋气象等 Land and Marine Meteorology, Etc	住房保障 Housing Safeguard	粮油物资储备 Supplies of Grain and Oil and Reserve Affairs	债务付息 Debt Servicing	债务发行费用 Debt Issuance Costs	其他支出 Other Expenditure
合肥市	Hefei	38028	191435	23123	50643	889	55643
淮北市	Huaibei	12194	108245	4472	13625	279	2175
亳州市	Bozhou	9950	186278	6494	28657	527	220
宿州市	Suzhou	29462	150902	11675	34960	504	2130
蚌埠市	Bengbu	11829	154357	7411	18873	285	828
阜阳市	Fuyang	23905	239097	16011	50247	587	10038
淮南市	Huainan	11578	154085	5653	19445	263	1833
滁州市	Chuzhou	30253	113634	20887	31339	883	1098
六安市	Luan	25204	131021	12295	40373	509	23785
马鞍山市	Maanshan	27232	113348	8796	25690	338	2368
芜湖市	Wuhu	17172	199807	7954	47039	687	22161
宣城市	Xuancheng	16345	105643	9129	28789	580	2490
铜陵市	Tongling	11353	47178	3364	15208	255	5410
池州市	Chizhou	11738	70754	3394	18954	483	1158
安庆市	Anqing	20584	115680	9687	32749	809	785
黄山市	Huangshan	7710	69594	4576	18036	308	1280

7—9 各县（市）地方财政收入（2016年）

Final Statement of Local Government Revenue by County (City) (2016)

单位：万元（10000 yuan）

县（市） County (City)		收入合计 Total Revenue	增值税 Value-added Tax	营业税 Operation Tax	企业所得税 Enterises' Income Tax	个人所得税 Individual Income Tax	资源税 Resources Tax	城市维护建设税 Tax on Town Maintenance and Construction
合肥市本级	Hefei City at Its Own Level	3869162	920122	657955	373952	109348	393	219590
巢湖市	Chaohu	178428	42922	30000	9599	3173	4550	7304
长丰县	Changfeng	333302	66346	73057	19852	5163	43	11520
肥东县	Feidong	316559	90991	49055	11285	3677		11633
肥西县	Feixi	421228	112385	75802	35524	8420		19427
庐江县	Lujiang	175483	32831	29586	10081	3303	2185	5718
淮北市本级	Huaibei City at Its Own Level	326090	68612	37275	11764	4683	7274	18413
濉溪县	Suixi	161403	45010	14196	9099	2113	2542	7840
亳州市本级	Bozhou City at Its Own Level	282559	65760	29971	16876	3988	65	17481
涡阳县	Guoyang	119176	26661	15679	4381	944	1458	3970
蒙城县	Mengcheng	154927	42148	19254	5683	988	1739	6406
利辛县	Lixin	116518	34216	20161	3854	608	1	4424
宿州市本级	Suzhou City at Its Own Level	348317	46467	56247	22158	2798	1105	12539
砀山县	Dangshan	79040	13876	15068	2452	527	3	2041
萧县	Xiaoxian	157123	17947	15782	3805	562	915	2368
灵璧县	Lingbi	73922	11431	12864	1884	602	19	1843
泗县	Sixian	80434	12778	11689	3892	552	35	1730
蚌埠市本级	Bengbu City at Its Own Level	576651	114782	65951	22319	5769	458	62907
怀远县	Huaiyuan	182649	57879	24735	3593	849	10	6876
五河县	Wuhe	121369	38243	15145	2423	784	25	3503
固镇县	Guzhen	107456	30207	15527	2749	469	6	3635
阜阳市本级	Fuyang City at Its Own Level	274684	46688	29007	6598	4870		25890
界首市	Jieshou	151199	50726	13566	4610	1084	1	10988
临泉县	Linquan	99614	19309	14096	4497	1446	178	2847
太和县	Taihe	204000	60896	24315	5088	1022	6	7917
阜南县	Funan	82105	16225	11546	3806	760	39	2182
颍上县	Yingshang	167770	42407	23021	5409	908	7929	6534
淮南市本级	Huainan City at Its Own Level	424668	53697	25758	20608	5521	8123	12956
凤台县	Fengtai	237940	91888	20477	3994	1690	13172	9729
寿县	Shouxian	89627	15769	18401	2486	1174	58	2560
滁州市本级	Chuzhou City at Its Own Level	439712	87854	51197	27817	4439	178	32601
天长市	Tianchang	281031	52320	19479	10678	1806	557	8520
明光市	Mingguang	107505	15736	15627	4240	1072	116	3697
来安县	Laian	132642	30788	15886	5126	1720	652	4430
全椒县	Quanjiao	163363	24184	13550	5802	1251	1834	3521
定远县	Dingyuan	144901	13680	11598	3726	952	2427	2009
凤阳县	Fengyang	187223	25718	14053	4410	1544	4553	3553

7—9 续表1 continued

单位：万元（10000 yuan）

县（市） County (City)	收入合计 Total Revenue	增值税 Value-added Tax	营业税 Operation Tax	企业所得税 Enterises' Income Tax	个人所得税 Individual Income Tax	资源税 Resources Tax	城市维护建设税 Tax on Town Maintenance and Construction
六安市本级 Luan City at Its Own Level	346190	37281	49940	11822	4980		18294
霍邱县 Huoqiu	116629	24007	14196	3740	1459	6820	3088
舒城县 Shucheng	112494	22600	15453	5595	1074	128	3052
金寨县 Jinzhai	83027	12669	18988	4177	1536	85	2676
霍山县 Huoshan	84495	22106	9171	6524	1348	283	4864
马鞍山市本级 Maanshan City at Its Own Level	538321	127985	32765	25645	8125	5568	27537
当涂县 Dangtu	303474	66197	22591	8202	1497	1278	8760
含山县 Hanshan	107848	23603	17771	3779	801	2867	3520
和县 Hexian	163793	23603	21815	8178	3788	3935	3801
芜湖市本级 Wuhu City at Its Own Level	1063273	287732	53928	93027	18849	1	86409
芜湖县 Wuhu	280181	78611	11323	12296	1041	865	8310
繁昌县 Fanchang	336637	85133	11844	9077	1020	19247	10279
南陵县 Nanling	193542	45008	12798	5221	1143	6308	4301
无为县 Wuwei	248091	54791	26272	7857	2958	3461	6652
宣城市本级 Xuancheng City at Its Own Level	203476	25336	24829	8965	3366	1244	9948
宁国市 Ningguo	273239	63278	17548	21025	4665	1373	10735
郎溪县 Langxi	178554	35585	14136	3019	1302	956	4473
广德县 Guangde	234446	56639	22151	7701	2624	5141	6839
泾县 Jingxian	121017	42518	8943	2495	970	572	5018
旌德县 Jingde	53582	12068	4607	1398	401	283	1327
绩溪县 Jixi	73696	13650	5024	1749	687	347	1924
铜陵市本级 Tongling City at Its Own Level	412680	49664	20932	16037	3763	8889	11485
枞阳县 Zongyang	83487	16610	7893	4002	562	4637	2240
池州市本级 Chizhou City at Its Own Level	300907	19851	35502	6831	1898	168	8432
东至县 Dongzhi	96875	21364	14691	2029	912	1112	2791
石台县 Shitai	17256	3340	2013	544	451	1977	395
青阳县 Qingyang	108424	21125	14140	2421	792	1868	2786
安庆市本级 Anqing City at Its Own Level	521723	123780	20598	17239	4744	166	48799
桐城市 Tongcheng	157471	30173	16108	8633	1440	300	5355
怀宁县 Huaining	125378	22267	15089	4480	1585	2719	3235
潜山县 Qianshan	72763	13184	8952	3068	1034	170	2015
太湖县 Taihu	49435	10060	6875	2280	1226	294	1451
宿松县 Susong	71145	12851	7821	3076	1136	146	1563
望江县 Wangjiang	50006	9446	7249	1729	492	199	1577
岳西县 Yuexi	45660	12432	6556	2004	520	413	1554
黄山市本级 Huangshan City at Its Own Level	200597	19984	16372	6410	2844	4	4988
歙县 Shexian	118595	17495	14238	3360	1062	54	2469
休宁县 Xiuning	81439	11361	5663	2233	901	365	1641
黟县 Yixian	35627	3719	3383	878	395	13	555
祁门县 Qimen	56763	6795	4952	1077	461	259	1097

7—9 续表2 continued

单位：万元（10000 yuan）

县（市） County (City)	房产税 Tax on Real Estates	城镇土地使用税 Tax on the Use of Urban Land	土地增值税 Land Value Added Tax	耕地占用税 Tax on The Occupancy of Cultivated Land	契税 Contract Tax	其他各项税收 Other Income of Tax
合肥市本级 Hefei City at Its Own Level	56637	104462	92135	20167	518328	59348
巢湖市 Chaohu	5439	5378	4769	1673	14406	4148
长丰县 Changfeng	5608	16016	36271	971	23516	4171
肥东县 Feidong	5808	16035	17799	6521	30659	4073
肥西县 Feixi	12726	27413	44051	3152	31941	7751
庐江县 Lujiang	2421	5338	11259	3064	13989	2914
淮北市本级 Huaibei City at Its Own Level	7047	29923	1925	4538	8915	7218
濉溪县 Suixi	2931	8760	2734	3449	4516	2299
亳州市本级 Bozhou City at Its Own Level	5463	17690	8777	16924	36201	7932
涡阳县 Guoyang	2097	6236	4498	945	14270	2770
蒙城县 Mengcheng	1912	11659	5507	1436	20711	4265
利辛县 Lixin	451	2322	3706	1272	14658	3063
宿州市本级 Suzhou City at Its Own Level	4217	37069	15022	7413	29075	4703
砀山县 Dangshan	627	2813	5181	2462	5836	1902
萧县 Xiaoxian	580	2694	3604	3271	6851	2103
灵璧县 Lingbi	484	2467	4827	4352	6579	1657
泗县 Sixian	456	2339	4415	5721	10153	1543
蚌埠市本级 Bengbu City at Its Own Level	8186	17737	18826	2571	64611	3624
怀远县 Huaiyuan	1624	8899	8026	1681	13158	3431
五河县 Wuhe	882	2916	3758	3751	9610	1701
固镇县 Guzhen	863	5718	3394	1398	6596	1341
阜阳市本级 Fuyang City at Its Own Level	3231	9708	9290	9861	25198	10028
界首市 Jieshou	891	4647	5369	1838	9512	1994
临泉县 Linquan	654	3096	6294	2512	11714	1896
太和县 Taihe	1395	5985	10067	2064	25480	3895
阜南县 Funan	458	1690	2568	1684	12197	1781
颍上县 Yingshang	1846	5865	6739	2935	19538	2428
淮南市本级 Huainan City at Its Own Level	8756	24561	5523	6521	30495	5964
凤台县 Fengtai	5838	7540	1611	3273	5330	2373
寿县 Shouxian	545	2653	4951	1814	14073	1280
滁州市本级 Chuzhou City at Its Own Level	9409	22577	14974	15282	39705	6820
天长市 Tianchang	4153	26913	11332	33071	5881	3609
明光市 Mingguang	1667	8598	5098	8123	7146	1303
来安县 Laian	2429	8071	6613	12902	7687	1463
全椒县 Quanjiao	3022	10236	6049	17131	11026	1567
定远县 Dingyuan	2323	10155	3004	37411	6763	1955
凤阳县 Fengyang	2944	16794	8713	24648	8776	1668

7—9 续表3 continued

单位：万元（10000 yuan）

县（市） County (City)	房产税 Tax on Real Estates	城镇土地使用税 Tax on the Use of Urban Land	土地增值税 Land Value Added Tax	耕地占用税 Tax on The Occupancy of Cultivated Land	契税 Contract Tax	其他各项税收 Other Income of Tax
六安市本级 Luan City at Its Own Level	6037	15738	25473	3124	56052	4924
霍邱县 Huoqiu	1943	5311	4158	1258	7948	1620
舒城县 Shucheng	1552	3140	4315	1692	21762	2496
金寨县 Jinzhai	720	2942	2044	6410	10959	1529
霍山县 Huoshan	2761	5336	3087	953	5752	1362
马鞍山市本级 Maanshan City at Its Own Level	19941	47681	3959	4384	34113	10098
当涂县 Dangtu	8872	33739	6179	3878	17782	3276
含山县 Hanshan	1847	5177	3793	3894	8390	1102
和县 Hexian	2674	11914	9650	8728	21509	2631
芜湖市本级 Wuhu City at Its Own Level	20699	60051	2686	3793	10034	17156
芜湖县 Wuhu	4507	33785	3283	2275	25816	3867
繁昌县 Fanchang	3483	56203	9340	12783	10188	2584
南陵县 Nanling	1736	15622	3909	18623	5463	3282
无为县 Wuwei	6555	14112	9032	7904	19568	3200
宣城市本级 Xuancheng City at Its Own Level	3306	30940	8957	807	12331	1787
宁国市 Ningguo	4455	26797	9173	1540	11730	2864
郎溪县 Langxi	2322	24868	3439	595	6562	2322
广德县 Guangde	4527	18112	4459	6198	8895	4058
泾县 Jingxian	992	6052	6311	1417	5965	2476
旌德县 Jingde	479	2539	2719	157	6150	988
绩溪县 Jixi	1305	5371	2727	339	5790	1043
铜陵市本级 Tongling City at Its Own Level	6999	54657	13858	198	20759	5099
枞阳县 Zongyang	524	4528	3562	1626	8357	1340
池州市本级 Chizhou City at Its Own Level	7069	35227	5724	2533	14333	2289
东至县 Dongzhi	1030	11232	655	1285	6119	2113
石台县 Shitai	204	632	645	377	921	313
青阳县 Qingyang	1140	16071	3018	638	5593	1364
安庆市本级 Anqing City at Its Own Level	6822	10089	4740	7567	37769	6449
桐城市 Tongcheng	3112	10245	6335	4240	8348	3121
怀宁县 Huaining	1184	4729	7519	5267	13184	1945
潜山县 Qianshan	845	3074	3424	3629	6749	1412
太湖县 Taihu	625	1871	1357	790	8521	1476
宿松县 Susong	469	829	2275	588	7457	1259
望江县 Wangjiang	705	1669	2553	2017	5251	1251
岳西县 Yuexi	801	1613	2139	1338	2196	941
黄山市本级 Huangshan City at Its Own Level	6099	13662	11506	2649	18661	3702
歙县 Shexian	3250	7120	9699	540	12895	1667
休宁县 Xiuning	1589	3376	9890	913	3862	768
黟县 Yixian	1206	1580	3573	414	1229	230
祁门县 Qimen	745	2058	9194	131	4942	488

7—9 续表4 continued

单位：万元（10000 yuan）

县（市） County (City)	专项收入 Expert Projcct Income	行政事业性收费 Income from Adiministrative Departments Fees	罚没收入 Penalty and Confiscatory Income	国有资本经营 Stated-owned Assets Profit	国有资源(资产)有偿使用 Income from the Paid Use of Stated-owned Resources (Assets)	其他收入 Other Income
合肥市本级 Hefei City at Its Own Level	407495	104795	41714	7979	114303	60439
巢湖市 Chaohu	12857	21030	4074		6114	992
长丰县 Changfeng	35364	14277	3791		3577	13759
肥东县 Feidong	29392	21165	3802		14300	364
肥西县 Feixi	29074	7197	2313		2491	1561
庐江县 Lujiang	12875	26371	3572		9976	
淮北市本级 Huaibei City at Its Own Level	21972	50266	14030	-8121	9674	30682
濉溪县 Suixi	8913	28352	7967	7089	3470	123
亳州市本级 Bozhou City at Its Own Level	18815	19764	6674		5923	4255
涡阳县 Guoyang	5690	16551	6943		3226	2857
蒙城县 Mengcheng	15500	7955	1554		7840	370
利辛县 Lixin	15000	5300	1606		3886	1990
宿州市本级 Suzhou City at Its Own Level	23553	34027	14539	19547	11586	6252
砀山县 Dangshan	3396	11450	6097		4780	529
萧县 Xiaoxian	5187	13069	13062		62852	2471
灵璧县 Lingbi	3292	4016	6386		10768	451
泗县 Sixian	3182	14057	3922		3746	224
蚌埠市本级 Bengbu City at Its Own Level	61184	27140	10981	44711	34766	10128
怀远县 Huaiyuan	19670	10674	3575		17765	204
五河县 Wuhe	4941	7786	1893		22828	1180
固镇县 Guzhen	4995	5004	2361	6813	12401	3979
阜阳市本级 Fuyang City at Its Own Level	34297	24079	10358	5347	19087	1147
界首市 Jieshou	16826	18824	4684	780	4017	842
临泉县 Linquan	8417	8310	5804		8259	285
太和县 Taihe	18308	23192	6354		2715	5301
阜南县 Funan	3831	7293	5045		9470	1530
颍上县 Yingshang	15780	4440	3718		18023	250
淮南市本级 Huainan City at Its Own Level	25873	32462	11127	9858	98333	38532
凤台县 Fengtai	12229	17146	3957	330	34844	2519
寿县 Shouxian	3979	10496	3343	50	5527	468
滁州市本级 Chuzhou City at Its Own Level	32544	21933	8342	9566	19396	35078
天长市 Tianchang	12670	26082	6206	654	56261	839
明光市 Mingguang	3995	5141	4166		19828	1952
来安县 Laian	7598	3634	4077		19170	396
全椒县 Quanjiao	6688	2858	2176		52079	389
定远县 Dingyuan	4242	7274	5391		31688	303
凤阳县 Fengyang	8707	4823	6019		47544	2756

7—9　续表5　continued

单位：万元（10000 yuan）

县（市） County (City)	专项收入 Expert Projcct Income	行政事业性收费 Income from Adiministrative Departments Fees	罚没收入 Penalty and Confiscatory Income	国有资本经营 Stated-owned Assets Profit	国有资源(资产)有偿使用 Income from the Paid Use of Stated-owned Resources (Assets)	其他收入 Other Income
六安市本级 Luan City at Its Own Level	28777	48579	6137		19377	9655
霍邱县 Huoqiu	5470	14843	3627		15979	1162
舒城县 Shucheng	4056	13674	1668		1918	8319
金寨县 Jinzhai	4599	3795	1253		6670	1975
霍山县 Huoshan	7217	10090	1460		1604	577
马鞍山市本级 Maanshan City at Its Own Level	39379	50242	6989	28465	51405	14040
当涂县 Dangtu	15372	11497	3536		90760	58
含山县 Hanshan	5280	17240	2582	49	3584	2569
和县 Hexian	6117	18324	4157		11973	996
芜湖市本级 Wuhu City at Its Own Level	117875	102987	15119	108245	25761	38921
芜湖县 Wuhu	10625	3572	1950		77405	650
繁昌县 Fanchang	11607	4743	1857	6000	81138	111
南陵县 Nanling	5361	4113	1603	51087	2834	5130
无为县 Wuwei	8733	11451	2753		54612	8180
宣城市本级 Xuancheng City at Its Own Level	11518	12860	9806	5722	25776	5978
宁国市 Ningguo	11573	9421	5377		70201	1484
郎溪县 Langxi	6055	3888	2244		65976	812
广德县 Guangde	10848	9845	6019		57736	2654
泾县 Jingxian	7156	6337	3243	45	18861	1646
旌德县 Jingde	2806	1423	1080		13048	2109
绩溪县 Jixi	2717	1171	2011		25894	1947
铜陵市本级 Tongling City at Its Own Level	28722	39506	8083		116767	7262
枞阳县 Zongyang	4691	6254	5248		9032	2381
池州市本级 Chizhou City at Its Own Level	9466	106357	8758	1747	30468	4254
东至县 Dongzhi	6506	1390	2155		21491	
石台县 Shitai	835	709	729		3138	33
青阳县 Qingyang	5933	5183	2275		23622	455
安庆市本级 Anqing City at Its Own Level	53445	51917	29775		83910	13914
桐城市 Tongcheng	5971	8337	5182		39771	800
怀宁县 Huaining	7547	8154	2837		21157	2480
潜山县 Qianshan	14601	1948	2717		2883	3058
太湖县 Taihu	1910	1328	3232		5782	357
宿松县 Susong	3465	14023	4928		1852	7407
望江县 Wangjiang	3744	6007	2055		3737	325
岳西县 Yuexi	3078	2513	2187		4069	1306
黄山市本级 Huangshan City at Its Own Level	6529	13606	4402		63601	5578
歙县 Shexian	4329	3970	1583		32637	2227
休宁县 Xiuning	5408	1172	1057	285	30717	238
黟县 Yixian	976	800	683		11004	4989
祁门县 Qimen	2398	645	775		17251	3495

7—10 各县（市）财政支出（2016年）

Final Statement of Government Expenditure by County (City) (2016)

单位：万元（10000 yuan）

县（市）	County (City)	支出合计 Total Revenue	一般公共服务 General Public Service	国防 National Defence	公共安全 Public Security	教育 Education	科学技术 Science	文化体育与传媒 Culture, Sports and Media
合肥市本级	Hefei City at Its Own Level	4624248	130231	3016	173381	368458	929064	36800
巢湖市	Chaohu	407601	40179	942	21909	83929	1620	2425
长丰县	Changfeng	543990	40880	336	24140	88650	3733	4078
肥东县	Feidong	570779	55148	122	21781	115856	25255	6023
肥西县	Feixi	643069	71036	425	23263	110871	27808	6529
庐江县	Lujiang	517552	45446	474	12724	126018	4135	3696
淮北市本级	Huaibei City at Its Own Level	623400	54110	2600	39739	78566	3499	18375
濉溪县	Suixi	504747	36416	304	18649	115971	1560	3463
亳州市本级	Bozhou City at Its Own Level	538451	38074	1488	44585	67821	8295	2969
涡阳县	Guoyang	551977	29166	92	15687	103097	851	3271
蒙城县	Mengcheng	524990	42780	80	16097	104256	6617	6131
利辛县	Lixin	544795	35282	355	18860	113150	3121	3572
宿州市本级	Suzhou City at Its Own Level	830159	53657	4947	56096	49447	60470	9673
砀山县	Dangshan	345522	25387	203	16951	89583	1674	3217
萧县	Xiaoxian	495119	31967	20	24378	122912	3153	4410
灵璧县	Lingbi	420050	27255		11573	104149	1085	3286
泗县	Sixian	415969	34108	150	17052	80220	842	3955
蚌埠市本级	Bengbu City at Its Own Level	1054081	62117	884	64998	99241	64896	14879
怀远县	Huaiyuan	573130	35729	366	11716	181673	32287	3066
五河县	Wuhe	335986	30883	254	11494	60340	32204	1858
固镇县	Guzhen	334560	15073	411	9422	70675	619	1423
阜阳市本级	Fuyang City at Its Own Level	703916	57726	1591	53031	55557	16709	5986
界首市	Jieshou	387406	30198	38	16145	69805	19161	1981
临泉县	Linquan	626822	46356		22595	144284	1019	3904
太和县	Taihe	679046	32939	494	20463	206089	2099	5715
阜南县	Funan	557283	23991	151	15679	122155	3874	4141
颍上县	Yingshang	550600	46534	357	17705	120983	2989	4464
淮南市本级	Huainan City at Its Own Level	821814	52139	1603	65447	72036	8580	9780
凤台县	Fengtai	398206	28556	198	13921	75290	6229	3151
寿县	Shouxian	511449	44995	508	18742	127435	1302	5864
滁州市本级	Chuzhou City at Its Own Level	657990	47316	1789	48840	47185	30474	14808
天长市	Tianchang	479875	16898	579	13758	84326	14658	11369
明光市	Mingguang	348882	15947	78	8278	51163	4627	2682
来安县	Laian	287146	15283	171	10347	42950	2828	1994
全椒县	Quanjiao	319519	13869	278	10894	55342	5936	3751
定远县	Dingyuan	500058	33658	222	16010	89840	4688	2659
凤阳县	Fengyang	390341	33992	134	15602	90652	5412	5753

7—10 续表1 continued

单位：万元（10000 yuan）

县（市）	County (City)	支出合计 Total Revenue	一般公共服务 General Public Service	国防 National Defence	公共安全 Public Security	教育 Education	科学技术 Science	文化体育与传媒 Culture, Sports and Media
六安市本级	Luan City at Its Own Level	862534	87939	1201	54188	55353	29501	27135
霍邱县	Huoqiu	541932	52709	149	20521	134803	1456	10800
舒城县	Shucheng	427418	39069	225	18316	103706	3355	4731
金寨县	Jinzhai	430774	50622	147	14672	86722	1685	7880
霍山县	Huoshan	274932	27393	290	10636	49730	3369	3264
马鞍山市本级	Maanshan City at Its Own Level	738866	44785	684	40292	58030	59555	17276
当涂县	Dangtu	462638	38063		15966	67481	12424	6021
含山县	Hanshan	246902	22069	253	6957	60815	5794	2968
和县	Hexian	353011	35178	69	14509	61263	15639	3996
芜湖市本级	Wuhu City at Its Own Level	1550629	79811	2211	65417	151764	448057	16986
芜湖县	Wuhu	403022	19868	346	11386	37544	4015	2372
繁昌县	Fanchang	432106	39518	261	12595	50213	7983	4368
南陵县	Nanling	342960	30895	241	12782	67904	4774	2451
无为县	Wuwei	548591	33585	265	12200	135655	6050	3620
宣城市本级	Xuancheng City at Its Own Level	448038	39550	1352	18664	19044	15724	8988
宁国市	Ningguo	380460	19881	321	14179	69036	13505	3068
郎溪县	Langxi	308686	28332		3107	56758	21907	3137
广德县	Guangde	411394	39414	96	13233	71040	15896	7665
泾县	Jingxian	261682	14668	148	10406	51493	4060	5630
旌德县	Jingde	130002	12702		6523	16038	5711	2473
绩溪县	Jixi	161044	18070		4178	26715	4869	4041
铜陵市本级	Tongling City at Its Own Level	662914	46480	287	35735	88282	62667	9885
枞阳县	Zongyang	366217	23937	318	14840	69258	4985	3240
池州市本级	Chizhou City at Its Own Level	529347	32167	2891	19413	24452	5118	6417
东至县	Dongzhi	290945	26001		9023	69179	2902	2077
石台县	Shitai	111288	8962		4618	13951	1133	3433
青阳县	Qingyang	195409	16158	131	7745	26372	5100	3440
安庆市本级	Anqing City at Its Own Level	841269	35275	1612	42576	69600	31652	24451
桐城市	Tongcheng	385700	29365		8254	87693	16483	5689
怀宁县	Huaining	301057	26635	413	10511	76935	5793	4303
潜山县	Qianshan	328799	29595	96	12575	60649	6325	3284
太湖县	Taihu	320517	21107	16	14750	83527	1529	4372
宿松县	Susong	417960	39670	639	15104	96966	5583	3631
望江县	Wangjiang	285462	26540		10751	60102	4697	4521
岳西县	Yuexi	274248	24509		7924	54182	4204	4282
黄山市本级	Huangshan City at Its Own Level	451099	49505	708	38169	26695	9282	9079
歙县	Shexian	316596	19332		11797	51780	10675	8305
休宁县	Xiuning	202754	19976		9640	26668	5394	4895
黟县	Yixian	110118	13766		5775	8614	339	10120
祁门县	Qimen	166810	19152	245	6772	19599	4491	2915

7—10 续表2 continued

单位：万元（10000 yuan）

县（市）	County (City)	社会保障和就业 Social Security and Employment	医疗卫生与计划生育 Medical and Health Care and Family Planning	节能环保 Energy Saving and Environmental Protection	城乡社区 Expenses in Urban, Rural Areas and Communities	农林水 Agriculture, Forestry, Water Conservancy	交通运输 Transport	资源勘探信息等 Resource Exploration Information, Etc
合肥市本级	Hefei City at Its Own Level	299167	147187	133449	1356297	91575	278573	444345
巢湖市	Chaohu	88580	42807	6495	19689	65791	6689	4516
长丰县	Changfeng	62662	73605	9589	63674	88092	7543	29120
肥东县	Feidong	71229	58353	15558	29170	92904	9602	30558
肥西县	Feixi	63669	64900	29415	97566	97452	22054	2071
庐江县	Lujiang	86421	74326	3712	16490	107270	9231	3494
淮北市本级	Huaibei City at Its Own Level	48694	50236	39938	89218	17967	100071	23508
濉溪县	Suixi	52002	53323	20729	30865	80797	14084	6796
亳州市本级	Bozhou City at Its Own Level	18478	16330	59807	98208	41029	89372	8275
涡阳县	Guoyang	91877	85689	13668	39431	78564	30030	11084
蒙城县	Mengcheng	93054	69645	14627	19943	82643	13072	1759
利辛县	Lixin	104924	86020	3223	11618	109896	10058	10544
宿州市本级	Suzhou City at Its Own Level	20327	23288	56407	183135	63589	151988	30401
砀山县	Dangshan	39885	58709	2507	12346	62833	7983	2254
萧县	Xiaoxian	60607	70938	8685	16884	83913	13595	6060
灵璧县	Lingbi	49798	76616	5275	9400	78555	16385	1798
泗县	Sixian	44907	52402	1555	31133	83837	13494	3471
蚌埠市本级	Bengbu City at Its Own Level	114544	67880	19039	221914	51467	132298	2767
怀远县	Huaiyuan	63041	76470	11282	21630	100936	12941	375
五河县	Wuhe	44076	38900	8726	13810	70581	8703	291
固镇县	Guzhen	40396	34951	4652	76476	49250	8827	1798
阜阳市本级	Fuyang City at Its Own Level	52069	17919	35571	158999	73531	110002	14113
界首市	Jieshou	74738	36937	23858	22682	55542	7605	4856
临泉县	Linquan	124161	85309	3798	6327	104397	40441	2679
太和县	Taihe	98270	89135	11257	17562	109532	13979	18029
阜南县	Funan	94251	72017	11410	24954	107117	13157	6584
颍上县	Yingshang	80223	82819	1909	37464	58501	15455	21069
淮南市本级	Huainan City at Its Own Level	229015	63875	29763	64099	49115	62621	43830
凤台县	Fengtai	55643	47001	10159	35529	58758	26738	2150
寿县	Shouxian	65042	80710	5008	12219	101758	14377	6748
滁州市本级	Chuzhou City at Its Own Level	45188	27484	7501	143191	48253	96865	62024
天长市	Tianchang	55941	86289	11716	60397	70266	14275	2419
明光市	Mingguang	52851	51991	7592	40721	66209	14899	438
来安县	Laian	43985	31597	6957	31625	66285	10143	1515
全椒县	Quanjiao	33975	36157	6561	58245	63499	12872	282
定远县	Dingyuan	70172	56342	12922	27362	132629	26212	296
凤阳县	Fengyang	43491	44660	10962	16322	82041	14310	910

7—10 续表3 continued

单位：万元（10000 yuan）

县（市） County (City)		社会保障和就业 Social Security and Employment	医疗卫生与计划生育 Medical and Health Care and Family Planning	节能环保 Energy Saving and Environmental Protection	城乡社区 Expenses in Urban, Rural Areas and Communities	农林水 Agriculture, Forestry, Water Conservancy	交通运输 Transport	资源勘探信息等 Resource Exploration Information, Etc
六安市本级	Luan City at Its Own Level	19188	65772	39392	68340	81750	157752	59186
霍邱县	Huoqiu	59984	76024	3508	13812	120942	20688	4810
舒城县	Shucheng	47829	56404	3170	11367	79086	20719	6030
金寨县	Jinzhai	51998	49415	6061	15539	99002	9368	1654
霍山县	Huoshan	26987	34736	19910	18345	49723	5321	1924
马鞍山市本级	Maanshan City at Its Own Level	67778	40216	29434	154563	34595	70335	44270
当涂县	Dangtu	48414	47148	7556	106624	44993	15773	8132
含山县	Hanshan	23995	29003	5165	12146	47458	10898	636
和县	Hexian	30746	38156	2842	28108	59537	18333	598
芜湖市本级	Wuhu City at Its Own Level	135529	100281	24174	155280	36391	122200	67063
芜湖县	Wuhu	36923	22836	4547	151367	41691	14286	34532
繁昌县	Fanchang	37895	33781	13846	158955	28778	12073	5622
南陵县	Nanling	42352	35331	13000	53700	50035	5992	838
无为县	Wuwei	82131	95336	11054	58126	69230	9238	6634
宣城市本级	Xuancheng City at Its Own Level	25720	18394	21084	118280	28792	90961	1123
宁国市	Ningguo	36747	51394	9773	54824	48454	21253	5411
郎溪县	Langxi	20238	31763	1409	59832	42470	11162	617
广德县	Guangde	32233	51059	14825	28990	58417	44812	2496
泾县	Jingxian	43750	28269	6220	33639	38711	7688	2660
旌德县	Jingde	17787	11762	1577	16315	22865	7028	1112
绩溪县	Jixi	11573	15015	8484	24645	25202	8356	475
铜陵市本级	Tongling City at Its Own Level	59479	46776	30167	159644	19482	41493	18454
枞阳县	Zongyang	68345	56588	5700	11388	67116	16671	1804
池州市本级	Chizhou City at Its Own Level	29772	18555	61103	201000	28448	66472	7548
东至县	Dongzhi	41605	30734	5896	10836	55702	8231	1155
石台县	Shitai	17258	10007	2034	2992	24930	6574	307
青阳县	Qingyang	29906	28881	1522	32100	25240	5712	347
安庆市本级	Anqing City at Its Own Level	82960	57608	16814	186252	56514	138410	10635
桐城市	Tongcheng	44063	46424	5692	30438	60850	16823	6157
怀宁县	Huaining	42255	44006	7409	10594	50999	6115	1580
潜山县	Qianshan	47151	43415	7008	11848	77510	13636	788
太湖县	Taihu	34344	36004	6525	2846	73190	19023	2354
宿松县	Susong	49706	55503	15059	26472	53655	38925	2521
望江县	Wangjiang	42898	34787	3594	6477	72120	9511	1059
岳西县	Yuexi	38370	32057	5646	7869	57701	19145	1357
黄山市本级	Huangshan City at Its Own Level	31695	15100	48115	52834	58633	70160	4195
歙县	Shexian	51360	39234	6651	25087	48889	10869	13515
休宁县	Xiuning	27393	27646	3928	23780	37496	4493	3376
黟县	Yixian	14084	8053	3210	9714	22377	1731	1071
祁门县	Qimen	23083	15162	3542	23691	28089	6528	3469

7—10 续表4 continued

单位：万元（10000 yuan）

县（市） County (City)	商业服务业等 Commercial and Service Industry and So On	金融监管等 Financial Regulation Etc.	国土海洋气象等 Land and Marine Meteorology, Etc	住房保障 Housing Safeguard	粮油物资储备 Supplies of Graina nd Oil Reserves	债务付息支出 Debt Payments	其他支出 Other Expenditure
合肥市本级 Hefei City at Its Own Level	79460	16133	7711	60119	7515	25239	36047
巢湖市 Chaohu	1877	3195	2092	10714	1461	2252	386
长丰县 Changfeng	1149	146	19022	17252	4058	3101	3127
肥东县 Feidong	635	185	4272	25092	4086	4264	639
肥西县 Feixi	2544	376	2822	12864	3536	3756	
庐江县 Lujiang	1438	217	2099	8364	2437	9468	30
淮北市本级 Huaibei City at Its Own Level	1048	553	2278	40621	2144	9186	873
濉溪县 Suixi	19557	533	5393	38070	2204	3620	308
亳州市本级 Bozhou City at Its Own Level	16004	1573	2465	15410	2006	5956	200
涡阳县 Guoyang	575	1124	1727	38320	272	7319	
蒙城县 Mengcheng	204	30	1530	45679	2049	4661	
利辛县 Lixin	555		3398	23962	1210	4963	
宿州市本级 Suzhou City at Its Own Level	4441	159	2894	42680	3898	12082	420
砀山县 Dangshan	858	114	2143	13855	420	3417	1120
萧县 Xiaoxian	3215	1120	11274	25674	1096	5094	
灵璧县 Lingbi	1244		6815	16196	2491	8027	56
泗县 Sixian	2884		2184	38689	2633	2400	
蚌埠市本级 Bengbu City at Its Own Level	7331	1755	5114	109390	612	12106	683
怀远县 Huaiyuan	1294	579	1384	12570	2720	2915	114
五河县 Wuhe	1297	226	949	9159	851	1348	
固镇县 Guzhen	187	536	4362	11151	3213	1093	31
阜阳市本级 Fuyang City at Its Own Level	4864	2519	4689	26490	1942	7706	2755
界首市 Jieshou	199	20	1222	20579	953	821	40
临泉县 Linquan	648		2052	30955	3676	4129	
太和县 Taihe	2694	2261	9134	33185	2308	3831	
阜南县 Funan	1860	21	1148	44741	1613	7355	1020
颍上县 Yingshang	4325		5031	37360	2281	10886	184
淮南市本级 Huainan City at Its Own Level	12581	291	7061	41186	2240	5730	736
凤台县 Fengtai	455	253	1185	27905	1072	3776	197
寿县 Shouxian	722	25	1051	16898	2341	5579	
滁州市本级 Chuzhou City at Its Own Level	4980	492	3320	15723	3262	8512	501
天长市 Tianchang	2449	54	6763	19228	4687	3649	
明光市 Mingguang	2328	153	4378	19170	2373	2887	40
来安县 Laian	2234	15	1181	12942	2920	2101	
全椒县 Quanjiao	3691		2303	7662	882	3247	
定远县 Dingyuan	692	615	1437	19255	1577	3222	151
凤阳县 Fengyang	1915	20	5770	11103	2732	4403	6

7—10 续表5 continued

单位：万元（10000 yuan）

县（市） County (City)	商业服务业等 Commercial and Service Industry and So On	金融监管等 Financial Regulation Etc.	国土海洋气象等 Land and Marine Meteorology, Etc	住房保障 Housing Safeguard	粮油物资储备 Supplies of Grain and Oil Reserves	债务付息支出 Debt Payments	其他支出 Other Expenditure
六安市本级 Luan City at Its Own Level	5489	32694	2147	27129	2913	25464	19881
霍邱县 Huoqiu	3383	20	2236	12481	411	3137	
舒城县 Shucheng	2491	109	3173	24568	725	2262	
金寨县 Jinzhai	2926		4221	23274	2458	3004	69
霍山县 Huoshan	1381	340	3839	11473	1389	3599	1231
马鞍山市本级 Maanshan City at Its Own Level	36813	534	4056	20549	2597	10692	1679
当涂县 Dangtu	4199	61	2138	32357	802	4403	
含山县 Hanshan	2892	18	4601	7517	1186	2490	
和县 Hexian	7937	4	9915	17910	4211	4012	
芜湖市本级 Wuhu City at Its Own Level	20183	13286	4453	68388	3336	22588	12992
芜湖县 Wuhu	1546	224	397	15303	196	3567	
繁昌县 Fanchang	462	432	7183	12879	431	4451	331
南陵县 Nanling	953	235	1987	14201	951	3859	442
无为县 Wuwei	2350	255	2710	11792	3040	5227	
宣城市本级 Xuancheng City at Its Own Level	14537	596	3201	8507	2136	11090	140
宁国市 Ningguo	2851	174	6134	18602	633	3540	615
郎溪县 Langxi	5297	32	1531	17892	788	2344	
广德县 Guangde	5888	744	1002	13302	3846	4743	1618
泾县 Jingxian	1904	268	1724	8970	360	1056	
旌德县 Jingde	839	147	977	4277	145	1652	50
绩溪县 Jixi	3877	98	556	2997	572	1210	50
铜陵市本级 Tongling City at Its Own Level	4486	365	1771	19881	1880	11482	4087
枞阳县 Zongyang	864	80	1976	16727	542	1661	110
池州市本级 Chizhou City at Its Own Level	5492	216	2237	8045	405	8652	662
东至县 Dongzhi	2087	30	2261	18720	940	3462	50
石台县 Shitai	6971	30	1776	4917	177	1192	
青阳县 Qingyang	1012		2691	6211	689	2113	
安庆市本级 Anqing City at Its Own Level	7394	6327	3880	53811	2801	12365	
桐城市 Tongcheng	1030	150	2150	18482	625	5231	20
怀宁县 Huaining	1149	339	3013	4399	1901	2617	30
潜山县 Qianshan	1334	163	1676	9330	672	1709	
太湖县 Taihu	1681	135	1970	13558	1070	2461	16
宿松县 Susong	1694	498	3204	4084	1653	3234	90
望江县 Wangjiang	987		1537	3760	376	1678	1
岳西县 Yuexi	4101		2494	7631	567	2132	
黄山市本级 Huangshan City at Its Own Level	6772	191	1808	18777	1387	7660	249
歙县 Shexian	1363	108	1550	11120	426	4409	35
休宁县 Xiuning	1189	96	796	4414	238	1298	7
黟县 Yixian	6631	136	598	2526	739	622	
祁门县 Qimen	587		728	7350	339	1010	35

7—11 主要年份金融机构（含外资）人民币各项存款和贷款余额
Year of Major Financial Institutions (including foreign) RMB Deposits and Loan Balance

单位：亿元（100 million yuan）

年　份 Year	各项存款合　计 Total Deposit	#企业存款 Enterprise Deposit	#城乡居民储蓄存款 City and Countryside Resident Savings Deposit	各项贷款合　计 Total Loan	#工业企业 Industrial Enterprise	#商业企业 Commercial Department	#农业贷款 Agriculture Loan
2000	2485.54	761.90	1447.15	2384.95	398.58	679.76	181.12
2003	4190.20	1234.15	2475.83	3374.59	515.85	632.96	307.80
2004	5045.34	1489.54	2972.37	3900.57	543.49	646.53	370.66
2005	5993.82	1661.44	3508.67	4313.55	490.97	626.47	430.60
2006	7100.37	2017.32	4077.80	5132.02	606.78	674.69	482.13
2007	8406.57	2537.03	4546.49	6042.51	714.89	734.27	564.87
2008	10303.30	3019.66	5647.51	6948.70	686.84	704.62	560.36
2009	13306.53	4318.24	6619.48	9289.40	757.79	788.58	630.23
2010	16366.10	5208.51	7788.48	11452.29			
2011	19404.30			13729.83			
2012	22977.30			16294.28			
2013	26739.30			19088.80			
2014	29817.73			22088.30			
2015	34482.90			25489.05			
2016	40856.20			30180.73			

注：本表中工业企业、商业企业、农业贷款均属短期贷款。
a) In this table, industrial enterprises, commercial enterprises, agriculture loans are short-term loans.

7—12 金融机构（含外资）人民币信贷资金平衡表（资金来源）

Financial Institutions (including foreign) RMB Credit Balance Sheet (funding)

（年末余额）(year-end) 单位：万元（10000 yuan）

项　目	Item	2015	2016
资金来源合计	**All Sources**	**351786064**	**428120475**
各项存款	Deposits	344828993	408562025
境内存款	Domestic Savings	344678346	408091476
住户存款	Household Savings	170152656	188576288
活期存款	Demand Deposits	55652114	64837888
定期及其他存款	And Other Deposits on a Regular Basis	114500542	123738400
非金融企业存款	Non-financial Corporate Deposits	102684212	129234655
活期存款	Demand Deposits	48364504	65186052
定期及其他存款	And Other Deposits on a Regular Basis	54319708	64048603
广义政府存款	General Government Deposits	63549068	81265865
财政性存款	Fiscal Deposits	7122187	8595755
机关团体存款	Organizations Deposit	56426881	72670109
非银行业金融机构存款	Non-banking Financial Institutions Deposits	8292410	9014669
境外存款	Overseas Account	150647	470549
金融债券	Financial Bonds	2874497	4216007
卖出回购资产	Sell Buy Assets	563450	608930
借款及非银行业金融机构拆入	Borrowed Inter-bank Borrowing and Non-banking Financial Institutior	20260	260
应付及暂收款	Account Payable and Temporary Credit	9574609	10331643
各项准备	Every Capital Reserve	6335952	7779212
所有者权益	Creditors' Equity	16244860	19189984
#实收资本	Paid-in Capital	6885055	8009842
其　他	Others	-28656556	-22567585

注：本表金融机构包括中国人民银行、政策性银行、国有商业银行、股份制商业银行、徽商银行、村镇银行、农村合作机构、邮储银行、财务公司、信托投资公司等。（下表同）

a) Financial institutions included in the people's bank of China, policy Banks, state-owned commercial Banks, joint-stock commercial Banks, the anhui merchants bank, village Banks, rural cooperative organizations, post office, Banks, financial companies, trust investment companies, etc. (the same as in the table below)

7—13 金融机构（含外资）人民币信贷资金平衡表（资金运用）
Financial Institutions (including foreign) RMB Credit Balance Sheet (fund use)

（年末余额）(year-end) 单位：万元（10000 yuan）

项　　目	Item	2015	2016
资金运用合计	**Total of Capital Lutilization**	**351786064**	**428120475**
各项贷款	Loans	254890475	301807283
境内贷款	Within the Boundaries Loan	254771765	301634670
住户贷款	Households Loans	81136853	104829351
短期贷款	Short-term Loan	18379121	21483689
消费贷款	Consumer Loans	3739195	5920033
经营贷款	Business Loans	14639926	15563656
中长期贷款	Medium and Long-term Loan	62757732	83345662
消费贷款	Consumer Loans	52751057	71751438
经营贷款	Business Loans	10006674	11594224
非金融企业及机关团体贷款	Non-financial Companies and Organizations Loans	173634911	196805319
短期贷款	Short-term Loan	65099726	70116166
中长期贷款	Medium and Long-term Loan	88823455	101353079
票据融资	Bill Financing	15825107	19562959
融资租赁	Financing Lease	3278325	5423896
各项垫款	The Advances	608297	349220
非银行业金融机构贷款	Non-banking Financial Institutions Loans		
境外贷款	Beyond Border Loan	118710	172613
债券投资	Bond Investment	23182779	26230461
股权及其他投资	Equity and Other Investment	17920725	37873455
买入返售资产	Buy Back to Sell Assets	484640	406554
存放非银行业金融机构款项	Storage of Non-banking Financial Institutions	293988	357341
联行往来（净）	Jones Lang Lasalle Exchanges (net)	49380465	55356815
境内存放二级准备金	Stored in the Secondary Reserve	30120836	36183055
外汇买卖	Foreign Exchange Trading	-118551	
应收及预付款	Receivables and Prepayments	2197351	2350900
投资性房地产	Investment of Real Estate	12921	12066
固定资产	Fixed Assets	3541272	3725601

7—14 金融机构（含外资）本外币合并信贷收支
Local and Foreign Financial Institutions (including foreign) Merging the Credit Balance of Payments

（年末余额）(year-end)　　　　单位：万元（10000 yuan）

项　目	Item	2015	2016
各项存款	**Deposits**	**348262317**	**413243259**
境内存款	Domestic Savings	348084987	412752207
住户存款	Household Savings	170723123	189570873
活期存款	Demand Deposits	55967808	65403983
定期及其他存款	And Other Deposits on a Regular Basis	114755315	124166890
非金融企业存款	Non financial Corporate Deposits	105276372	132641263
活期存款	Demand Deposits	49867841	67299846
定期及其他存款	And Other Deposits on a Regular Basis	55408531	65341417
广义政府存款	General Government Deposits	63623102	81318710
非银行业金融机构存款	Non-banking Financial Institutions Deposits	8462391	9221361
境外存款	Overseas Account	177330	491052
各项贷款	**Loans**	**261443579**	**307745077**
境内贷款	Within the Boundaries Loan	259663313	305882161
住户贷款	Households Loans	81139906	104832406
短期贷款	Short-term Loan	18381976	21486580
中长期贷款	Medium and Long-term Loan	62757930	83345827
非金融企业及机关团体贷款	Non-financial Companies and Organizations Loans	178523407	201049754
短期贷款	Short-term Loan	66772847	71372450
中长期贷款	Medium and Long-term Loan	92012742	104319867
票据融资	Bill Financing	15825107	19562959
融资租赁	Financing Lease	3278325	5423896
各项垫款	The Advances	634386	370582
非银行业金融机构贷款	Non-banking Financial Institutions Loans		
境外贷款	Beyond Border Loan	1780266	1862917

7—15 各市金融机构（含外资）本外币合并信贷收支（2016年）
Local and Foreign Financial Institutions (including foreign) Merging the Credit Balance of Payments by Region (2016)

（年末余额）(year-end)　　　　单位：万元（10000 yuan）

地　区	Region	各项存款 Deposits	住户存款 Household Savings	非金融企业存款 Non-financial Corporate Deposits	广义政府存款 General Government Deposits	非银行业金融机构存款 Non-banking Financial Institutions Deposits	各项贷款 Loans
总　计	**Total**	**413243259**	**189570873**	**132641263**	**81318710**	**9221361**	**307745077**
合 肥 市	Hefei	134796809	33320167	59294795	36011955	6054945	120641751
淮 北 市	Huaibei	13243977	6571752	2532186	3372634	451495	7962843
亳 州 市	Bozhou	15910853	10072306	3389924	2440311	7018	10375190
宿 州 市	Suzhou	17514571	11462470	3104015	2945793	693	9799993
蚌 埠 市	Bengbu	18690614	8714491	6660399	3213729	96474	14061949
阜 阳 市	Fuyang	30030463	19050577	5343074	5608741	25901	15717082
淮 南 市	Huainan	17775741	9973607	4270672	3384647	144688	11763344
滁 州 市	Chuzhou	19899764	11019618	4882469	3905884	88096	14320018
六 安 市	Luan	20764242	11725069	4297581	4686511	51956	11948883
马鞍山市	Maanshan	18719652	9722161	7100815	1727815	162802	13505013
芜 湖 市	Wuhu	29157844	14634565	11350904	3071668	82882	28525912
宣 城 市	Xuancheng	14780230	8174643	4256038	2319726	25387	10520583
铜 陵 市	Tongling	12288682	6746044	3727327	1653854	160050	9711836
池 州 市	Chizhou	8770528	5463188	1834204	1114333	357146	5078250
安 庆 市	Anqing	26504348	15987645	6375331	3940812	195624	14821573
黄 山 市	Huangshan	10300071	6318186	2023400	1920291	33856	6093219
安徽省本部	Based in anhui province	4094869	614387	2198128	7	1282347	2897637

7—16 人民币信贷收支情况（2016年）
Credit Receipts and Payments (2016)

（年末余额）(year-end) 单位：万元（10000 yuan）

项目	Item	中资全国性大型银行 Chinese Large National Banks	中资全国性中小型银行 Chinese National Small and Medium-sized Banks	中资区域性中小型银行 Chinese Regional Small and Medium-sized Banks	村镇银行 Village Banks	农村合作机构 Rural Cooperative Organizations
各项存款	**Deposits**	**212559024**	**100625846**	**85002160**	**4509862**	**80492354**
境内存款	Domestic Savings	212148066	100567369	85002125	4509826	80492354
个人存款	Personal savings	114532948	16336509	57689220	1589463	56099757
#活期储蓄存款	Current Savings Account	43085769	7336282	14405339	471278	13934061
#定期储蓄存款	Time Deposit	46367672	6443456	42660832	1044260	41616573
#结构性存款	Structured Deposits	1851943	1670753	196790	11635	185155
单位存款	Unit of Account	93341718	77714027	27137607	2890363	24247298
#活期存款	Demand Deposits	50545459	30934525	15144977	1964116	13180916
#定期存款	Time Deposits	15401652	15989823	5532051	602701	4929350
#保证金存款	Margin Deposits	3563788	5331608	2813933	163079	2650854
#结构性存款	Structured Deposits	1904765	6647497	67750		67750
国库定期存款	The Treasury Deposit	543725	329500	12000		12000
非存款类金融机构存款	The Deposit Financial Institutions Deposits	3729675	6187333	163298	30000	133298
境外存款	Overseas Account	410958	58477	36	36	
各项贷款	**Loans**	**150343910**	**85726850**	**55032862**	**2818973**	**52213889**
境内贷款	Within the Boundaries Loan	150336044	85562103	55032862	2818973	52213889
短期贷款	Short-term Loan	25556818	30551814	34502516	2212651	32289865
个人贷款及透支	Individual Loan and Overdrawing	4844602	2935768	13619782	2213753	12496030
#个人消费贷款	Individual Consumption Loan	2995102	858133	1992429	66093	1926335
单位贷款及透支	Unit Loan and Overdrawing	20712175	27372046	20144131	1088898	19055232
#经营贷款及透支	Business Loans and Overdrafts	19062895	26172373	20009666	1087068	18922597
#固定资产贷款	Fixed Asset Loan	146120	49490	126465	1830	124635
#并购贷款	M&A Loan					
#贸易融资	Trade Financing	1503160	1150182	8000		8000
非存款类金融机构贷款	The Deposit Financial Institutions Loans	40	244000	738603		738603
中长期贷款	Medium and Long-term Loan	116598340	49483210	14565594	507640	14057954
个人贷款	Individual Loan	55849253	17245139	7189436	431913	6757523
#个人消费贷款	Individual Consumption Loan	51760171	13811805	3236106	156367	3079739
单位贷款	Unit of the Loan	60749087	32238072	7263158	75727	7187431
#经营贷款	Management Loan	5593625	6879305	4210225	68840	4141385
#固定资产贷款	Fixed Asset Loan	54763412	24607030	3052933	6887	3046046
#并购贷款	M&A Loan	224787	124469			
#贸易融资	Trade Financing	167263	627268			
非存款类金融机构贷款	The Deposit Financial Institutions Loans			113000		113000
票据融资	Overseas financing Loan	8151272	5267094	5905131	98282	5806849
融资租赁	Financing Lease					
各项垫款	Discount	29615	259984	59621	400	59221
境外贷款	Beyond Border Loan	7866	164747			

注：1. 本表中资全国性大型银行包括国家开发银行、中国工商银行、中国农业银行、中国银行、中国建设银行、交通银行、中国邮政储蓄银行。

2. 本表中资全国性中小型银行包括中国进出口银行、中国农业发展银行、中信银行、光大银行、招商银行、兴业银行、民生银行、华夏银行、徽商银行、九江银行、杭州银行、东莞银行、上海浦东发展银行、广发银行、渤海银行。

a) the Chinese national large Banks including China development bank, industrial and commercial bank of China, agricultural bank of China, bank of China, China construction bank, bank of communications, postal savings bank of China.

b) the Chinese national small and medium-sized Banks including the export-import bank of China, agricultural development bank of China, China citic bank, everbright bank, China merchants bank, industrial bank, minsheng bank, huaxia bank, bank of anhui merchants bank, bank of jiujiang, hangzhou, dongguan bank, Shanghai pudong development bank, guangdong development bank, bank of the bohai sea.

7—17 上市公司数量
Number of Listed Companies

单位：家（unit）

年份 Year	全省合计 Provincial Total	上交所 Shanghai Stock Exchange	深交所 Shenzhen Stock Exchange	仅发A股公司 A Share Only	发A、H股公司 A & H Share	发A、B股公司 A & B Share	仅发H股公司 H Share Only
2000	26	9	15	20	1	3	2
2005	45	27	18	39	3	3	
2007	53	28	24	46	3	3	1
2008	56	28	27	49	3	3	1
2009	58	28	29	51	3	3	1
2010	65	29	36	59	3	3	
2011	77	29	48	71	3	3	
2012	78	29	49	72	3	3	
2013	78	29	49	72	3	3	
2014	80	31	49	74	3	3	
2015	88	35	53	82	3	3	
2016	93	37	56	87	3	3	

7—18 股票发行及筹资情况
Issuing Summary for Stocks

年份 Year	股票发行（万股）Amount Issued (10000 shares)		筹资额合计（万元）Raised Capital (10000 yuan)						
	A股 A Shares	H股 H Shares		A股 A Shares	H股 H Shares	配股筹资 Shares Rights Issued	可转债筹资 Changeable Bonds	认股权行权 Stocks and Rights Issue	公司债 Corporate Bonds
2000	27300		391741	226602		165139			
2005	4000		15200	15200					
2007	188184		1451247	1364247			87000		
2008	119083		1765186	1458052				307134	
2009	91711		1629589	1429589					200000
2010	128849		1713126	1513126			200000		
2011	122790		3583653	1993653			30000		1560000
2012	248280		1410770	415770					995000
2013	448722		2446186	1764186			32000		650000
2014	323193		1900684	1850684					50000
2015	209644		2718299	2183299					535000
2016	1140036		10357100	9970100					387000

注：1、2016年以前股票发行包括首次公开发行、增发股票、认股权行权。

2、2016年股票发行包括首次公开发行、并购重组非公开发行、增发股票、认股权行权。

a) Prior to 2016, stock issuance includes initial public offering, additional shares and warrants.

b) The 2016 stock offering includes initial public offering, merger and reorganization of non-public issues, rights to issue shares and warrants.

7—19 各市股票发行及筹资情况（截止2016年）
Issuing Summary for Stocks by Region (Up to 2016)

地 区	Region	上市公司（家）Number of Listed Companies (unit)	发行股票（只）Number of Listed Shares (unit)	股份总数（万股）Number of Shares (10000 share)	#无限售股份 Unlimited Shares	当年募集资金（万元）Raised Capital (10000 yuan)	#发行股票 Amount of Listed Shares
总 计	**Total**	**93**	**99**	**10390036**	**8455934**	**10357100**	**9970100**
合 肥 市	Hefei	37	39	3021400	2269319	2267880	2267880
淮 北 市	Huaibei	4	4	269585	238841		
亳 州 市	Bozhou	1	2	50360	50359		
宿 州 市	Suzhou	1	1	599329	460755	677000	390000
蚌 埠 市	Bengbu	3	3	225218	223911		
阜 阳 市	Fuyang	1	1	55577	55577		
淮 南 市	Huainan	2	2	268334	263271		
滁 州 市	Chuzhou	4	4	139169	119298	32640	32640
六 安 市	Luan	2	2	231044	167684		
马鞍山市	Maanshan	8	9	1737394	1518559	5942928	5842928
芜 湖 市	Wuhu	11	12	1735040	1247834	882070	882070
宣 城 市	Xuancheng	7	7	361499	287024	323682	323682
铜 陵 市	Tongling	6	6	1297539	1243303		
池 州 市	Chizhou	1	1	11068	7294		
安 庆 市	Anqing	2	2	226362	181990	216600	216600
黄 山 市	Huangshan	3	4	161118	120915	14300	14300

注：首次公开发行、并购重组非公开发行、增发股票、认股权行权募集资金包括在发行股票中。

a) Initial public offering, merger and reorganization of non-public issues, rights to raise equity and stock rights to raise funds are included in the issuance of shares.

7—20 保险公司业务经济技术指标（2016年）
Main Professional Technical Indicators of Insurance Companies (2016)

单位：万元（10000 yuan）

项 目	Item	保费收入 Income From Premium	赔 付 Claim and Payment
合 计	**Total**	**8760967**	**3574758**
按公司类型分	**Devided By The Character of Company**		
财产保险公司	Property Insurance Companies	3362476	1925871
人身保险公司	Life Insurance Companies	5398491	1648888
按业务性质分	**Devided BY The Nature of The Business**		
财产保险业务	**Property Insurance Businesses**	**3127929**	**1750626**
企业财产险	Enterprise Property Insurance	66154	57206
家庭财产险	Family Property Insurance	9467	8646
机动车辆险	Motor Vehicle Insurance	2604544	1316571
工程保险	Engineering Insurance	21476	7140
责任保险	Liability Insurance	85917	35648
信用保险	Credit Insurance	27749	20045
保证保险	Guarantee Insurance	58065	25052
船舶保险	Ship Insurance	18881	9938
货物运输险	Freight Transport Insurance	11308	6575
特殊风险保险	Peculiar Risk Insurance	340	5
农业保险	Agriculture Insurance	219622	261161
其他保险	Other Insurance	4405	2637
人身保险业务	**Insurance Service of Life**	**5633038**	**1824133**
寿 险	Life Insurance	4403568	1459603
健康险	Health Insurance	1062836	333681
意外伤害险	Personal Accident Insurance	166635	30849

主要统计指标解释

财政收入

指国家财政参与社会产品分配所取得的收入，是实现国家职能的财力保证。财政收入所包括的内容几经变化，目前主要包括：

（1） 税收收入：包括增值税、消费税、营业税、企业所得税、个人所得税、资源税、城市维护建设税、房产税、印花税、城镇土地使用税、土地增值税、车船税、耕地占用税、契税和烟叶税等。

（2） 非税收入：包括专项收入、行政事业性收费收入、罚没收入、国有资本经营收入和国有资源（资产）有偿使用收入等。

财政支出

国家财政将筹集起来的资金进行分配使用，以满足社会各项事业发展和经济建设的需要，主要包括：

（1）一般公共服务：反映政府提供一般公共服务的支出。具体包括人大事务、政协事务、政府办公厅（室）及相关机构事务、发展与改革事务、统计信息事务、财政事务、税收事务、审计事务、海关事务、人事事务、纪律监察事务、人口与计划生育事务、商贸事务、知识产权事务、工商行政管理事务、食品和药品监督管理事务、质量技术监督与检验检疫事务、国土资源事务、海洋管理事务、测绘事务、地震事务、气象事务、民族事务、宗教事务、港澳台侨事务、档案事务、共产党事务、民主党派事务、群众团体事务、彩票事务、国债事务、其他一般公共服务支出。

（2）公共安全：反映政府维护社会公共安全方面的支出。具体包括武装警察、公安、国家安全、检察、法院、司法、监狱、劳教、国家保密、其他公共安全支出。

（3）教育：反映政府教育支出情况。具体包括教育管理事务、普通教育、职业教育、成人教育、广播电视教育、留学教育、特殊教育、教师进修及干部继续教育、教育附加及基金支出、其他教育支出。

（4）科学技术：反映国家用于科学技术方面的支出。具体包括科学技术管理事务、基础研究、应用研究、技术研究与开发、科技条件与服务、社会科学、科学技术普及、科技交流与合作、其他科学技术支出。

（5）文化体育与传媒：反映政府在文化、文物、体育、广播影视、新闻出版等方面支出。

（6）社会保障和就业：反映政府在社会保障与就业方面的支出。具体包括社会保障和就业管理事务、民政管理事务、财政对社会保险基金的补助、补充全国社会保障基金、行政事业单位离退休、企业关闭破产补助、就业补助、抚恤、退役安置、社会福利、残疾人事业、城市居民最低生活保障、其他城镇社会救济、农村社会救济、自然灾害生活救助、红十字事业、其他社会保障和就业支出。

（7）医疗卫生：反映政府用于医疗卫生方面的支出。具体包括医疗卫生管理事务、医疗服务、社区卫生服务、医疗保障、疾病预防控制、卫生监督、其他医疗卫生支出。

（8）环境保护：反映政府用于环境保护方面的支出。具体包括环境保护管理事务支出、环境监测与监察支出、污染防治支出、自然生态保护支出、天然林保护支出、退耕还林支出、风沙荒漠治理支出、退牧还草支出、已垦草原退耕还草支出等，

（9）城乡社区事务： 反映政府用于城乡社区事务方面的支出。包括城乡社区管理事务、城乡社区规划与管理、城乡社区公共设施、城乡社区住宅、城乡社区环境卫生、建设市场管理与监督、政府住房基金支出、土地有偿使用支出、城镇公用事业附加支出、其他城乡社区事务支出。

（10）农林水事务：反映政府用于农林水事务方面的支出。具体包括农业支出、林业支出、水利支出、南水北调支出、扶贫支出、农业综合开发支出、其他农林水事务支出。

（11）交通运输：反映政府用于交通运输方面的支出。具体包括公路运输支出、铁路运输支出、民用航空运输支出等。

信贷资金

指金融机构以信用方式积聚和分配的货币资金。金融机构信贷资金的来源有各项存款、对国际金融机构负债、流通

中货币、银行自有资金及当年结益等；信贷资金的运用有各项贷款、黄金占款、外汇占款、财政借款及在国际金融机构中的资产等。

存款

指企业、机关、团体或居民根据资金必须收回的原则，把货币资金存入银行或其他信用机构保管并取得一定利息的一种信用活动形式。根据存款对象的不同可划分为企业存款、财政存款、机关团体存款、基本建设存款、城镇储蓄存款、农村存款等科目。它是银行信贷资金的主要来源。

贷款

指银行或其他信用机构根据资金必须归还的原则，按一定利率，为企业、个人等提供资金的一种信用活动形式。我国银行贷款分为流动资金贷款、固定资产贷款、城乡个体工商户贷款以及农业贷款等科目。

保费

指投保人为取得保险人在约定范围内所承担赔偿责任而支付给保险人的费用。

赔款

指保险人根据保险合同的规定，向被保险人支付的赔偿保险责任损失的金额。

给付

包括死伤医疗给付和满期给付。死伤医疗给付是指保险人根据人寿保险及长期健康保险合同的规定，因被保险人在保险期内发生保险责任范围内的保险事故支付给被保险人（或受益人）的金额。满期给付是指被保险人生存期满，保险人按人寿保险合同规定支付给被保险人的满期保险金额。

Explanatory Notes for Major Statistical Indicators

Government Revenue

refers to the revenue of the government finance by means of participating in the distribution of the social products, which is the financial resource for ensuring the government to function. The contents of government revenue have been changed several times. Now it includes the following main items:

1) Various tax revenues, including value added tax, consumption tax, business tax, Enterprise tax, individual income tax, resource tax, city maintenance construction tax, estate tax, stamp tax, town land used tax, land value added tax, vehicle tax and land occupy tax, contract tax and tobacco tax etc.

2) Non tax revenue: Include special revenue and administrative collect fees revenue, punish revenue, state-owned capital operation revenue and state-owned resource (asset) used revenue etc.

Government Expenditure

refers to the distribution and use of the funds the government finance has raised, so as to meet the needs of social various causes and economic construction and. It includes the following main items:

(1) general public service: refers to government expenditure for general public service. Include affairs of the National People's Congress, affairs of the Chinese People's Political Consultative Conference , government office and its relation organization , affairs of development and reform , statistical information, financial, tax revenue, audit, customs, personnel and discipline, population and family planning, business trade , intellectual property, industry and commercial management, food and medicine management, quality and technical supervise and inspection and quarantine, territory resource, marine management, survey, Earthquake, meteorological, national, religious, Hong Kong and Macao and Taiwan, files, affairs of the Communist Party, affairs of democratic party, the organization of the masses, affairs of lottery ticket, affairs of national debt, other general public service expenditure.

(2) Public safety: refers to government expenditure for maintenance social public safety. Include armed police, public security, national safety, procurator work, court, administration of justice, prison, labor education, national security and other public safety expenditure.

(3) Education: Refers to government educational expenditure. Include educational management, ordinary education, professional education, adult education and the education of broadcasting television , study abroad education , special education, teacher study and cadre continued education , education additional and fund expenditure and other educational expenditure.

(4) Science and technology: refers to country expenditure for science and technology. Include the management, basic research, application research, technical research and development of science and technology, the condition of science and technology and service, social science, the popularity of science and technology, the exchange of science and technology and cooperative, other science and technology expenditure.

(5) Culture sport and media: refers to government expenditure for cultural, cultural relic, sports, broadcast movie and TV, news publication and other expenditure.

(6) Social security and employment: refers to government expenditure for social security and employment. Include social security and employment management, administration management and finance, the subsidy for social safety fund, the supplementary nation fund of social security and administrative institution of retirement ,and enterprise to close bankruptcy subsidy and employment subsidy, compensated , discharge to settle, social welfare, handicapped person, city resident lowest life guarantee, other town social relief , rural social relief , natural calamity life help, Red Cross , other social security and employment expenditure

(7) Medical and sanitary: refers to government expenditure for medical and sanitary. Include medical and sanitary management, medical service, community sanitary service, medical guarantee, disease prevention and control, sanitary supervise and other medical and sanitary expenditure.

(8) environmental protection: refers to government expenditure for environmental protection. Include the management expenditure for environmental protection, and supervise expenditure, pollution prevention expenditure, and natural ecology protection expenditure ,natural forest protection expenditure, retreating to plough forest expenditure, desert of dust storm administer expenditure , retreat to herd rough expenditure , already retreat to plough still rough expenditure,

(9) Town and rural community: Refers to government expenditure for the community of town and rural. Include the community management of town and rural, the community program and management of town and rural, community public facility of town and rural, the community residence of town and rural, the community sanitary of town and rural, building market and supervise, government housing fund expenditure and land used payment, town public affairs additional expenditure, the other community expenditure of town and rural of.

(10) Agricultural and forest and water: Refers to

government expenditure for agricultural and forest and water. Include agricultural expenditure, forestry expenditure, the expenditure of water conservancy, south water to north, help poor expenditure, agricultural comprehensive development expenditure and other expenditure agricultural and forest and water.

(11) Traffic transportation: refers to government expenditure for traffic transportation. Include highway transportation expenditure, railway transportation expenditure, civil aerial transportation expenditure and so on.

Credit Funds

refer to the funds issued as loans by banking institutions. The sources of credit funds of the banking institutions included deposits, liabilities to international financial institutions, currency in circulation, self-owned funds and current retained profits, etc. The credit funds can be used in forms of loans, gold, foreign exchange, government debt and assets in the international financial institutions.

Deposit

is a form of credit by which enterprises, institutions, organizations or households can put money into banks and other credit institutions for safekeeping and interest earning under the principle of free withdrawal. According to different depositors, deposits are divided into enterprise deposits, treasury deposits, deposits of government agencies and organizations, capital construction deposits, urban savings deposits, rural deposits and other deposits. Deposits are major sources of the credit funds of banks.

Loan

is a form of credit by which banks and other credit institutions provide funds at certain interest rate to enterprises and individuals in the light of the principle of unconditional repayment. Loans from Chinese banks include circulating capital loans, fixed assets loans, loans to urban and rural individuals engaged in industrial and commercial business and agricultural loans.

Premium

is the fee paid by the insurant to the insurer to obtain the obligation of compensation from the insurance within the agreed terms.

Settled Claim

is the compensation paid by the insurer to the insurant in accordance with the insurance contract.

Payment

includes payment for death, injury or medical treatment and mature payment. Payment for death, injury or medical treatment refers to the money paid to the insurant (or the beneficiary) in accordance with the life or health insurance contract when the insurant encounters accidents within the insured period covered in the contract. Mature payment refers to the mature payment to the insurant in accordance with the life insurance contract at the end of the insured period.

第八篇

Chapter 8

物价指数

PRICE INDICES

简要说明

一、本篇价格指数资料，反映生产、流通、消费与投资等环节的价格变动趋势和变动幅度。主要包括居民消费价格指数、商品零售价格指数、农业生产资料价格指数、农产品生产者价格指数、工业生产者出厂价格指数、原材料燃料动力购进价格指数、固定资产投资价格指数、房地产价格指数。

二、价格指数统计由国家统计局安徽调查总队组织实施，各市、县调查队依据国家统计局统一制定的价格统计调查制度向基层采集原始数据汇总后上报。

三、消费、零售价格指数都是采用分层抽样调查方法编制的，以样本推断总体，被抽选的调查市县 16 个。

四、农产品生产者价格调查采用抽样调查和重点调查相结合的调查方法，调查采用月报和季报相结合的方式，目前我省抽选的调查县为 31 个。

五、工业生产者价格调查采用重点调查和典型调查相结合的方法，调查实行月报，调查对象包括全省 16 个市的 2600 余家工业企业。

六、固定资产投资价格调查采用重点调查与典型调查相结合的方法，调查实行季报，调查对象为全省重点建筑施工企业和建设单位。

Brief Introduction

I. Data on the price indices in this chapter show the changing trend and change rates in production, circulation, consumption and investment, etc., including mainly consumer price indices of residents, retail price indices, price indices of agricultural means of production, purchasing price indices of farm products, producer price indices for industrial products, purchasing price indices of raw materials, fuels and power, prices of investment in fixed assets and price index of real estate.

II. The statistics of price indices is organized by the NBS Survey Office in Anhui. The survey offices of the selected cities and counties collect statistical data from the grassroots units in accordance with the scheme of prices survey stipulated by the State Statistical Bureau, tabulate them and report them to higher agencies.

III. Data for calculation of the consumer price indices of residents and the retail price indices are collected with the stratified sampling method. Data on the population are estimated on the basis of the sample. Sixteen cities and counties have been selected for this purpose.

IV. Agricultural product producer price surveys were calculated by sample survey and typical survey. The surveys were performed monthly and quarterly together including 31conties in Anhui province.

V. Data for the calculation of the price indices of industrial products are collected by Combination of key survey and typical survey method. The surveys are performed monthly including more than 2600 industrial enterprises in Anhui 16 cities.

VI. Data for the calculation of the price indices of the investment in fixed assets are collected by the key unit survey and typical survey. The surveys are performed quarterly including all important building and construction enterprises and construction units in Anhui province.

8—1 各种价格总指数
Price Indices

上年=100（preceding year=100）

年份 Year	居民消费价格指数 General Consumer Price Index	城市居民消费价格指数 Urban Areas	农村居民消费价格指数 Rural Areas	商品零售价格指数 General Retail Price Index	工业生产者出厂价格指数 Ex-factory Industrial Producer Price Index	工业生产者购进价格指数 Industrial Producer Purchasing Price Index	农业生产资料价格指数 Price Indices of Agricultural Means of Production	固定资产投资价格指数 Investment in Fixed Assets Price Index
2000	100.7	100.9	100.5	98.0	98.9	102.6	98.2	101.6
2005	101.4	101.0	101.9	100.6	103.3	107.1	108.3	101.0
2008	106.2	106.0	106.4	106.3	108.4	112.4	123.9	105.4
2009	99.1	98.9	99.4	99.0	92.8	95.3	95.8	109.4
2010	103.1	103.0	103.4	103.2	109.0	111.8	102.0	96.0
2011	105.6	105.4	105.9	105.3	108.3	110.8	114.3	105.4
2012	102.3	102.2	102.4	102.1	98.3	98.2	105.3	108.1
2013	102.4	102.4	102.5	101.2	98.2	96.9	100.9	101.0
2014	101.6	101.7	101.5	100.4	97.4	97.2	99.6	100.2
2015	101.3	101.3	101.3	99.7	93.9	93.5	101.6	100.3
2016	101.8	101.8	101.6	100.8	98.5	98.4	99.4	99.2

8—2 各种价格定基指数
Fixed-base Price Indices

（1990=100）

年份 Year	居民消费价格指数 General Consumer Price Index	城市居民消费价格指数 Urban Areas	农村居民消费价格指数 Rural Areas	商品零售价格指数 General Retail Price Index	工业生产者出厂价格指数 Ex-factory Industrial Producer Price Index	工业生产者购进价格指数 Industrial Producer Purchasing Price Index	农业生产资料价格指数 Price Indices of Agricultural Means of Production	固定资产投资价格指数 Investment in Fixed Assets Price Index
2000	210.4	218.8	202.5	174.8	177.7	219.8	175.0	228.8
2005	225.7	232.5	219.8	180.8	202.4	284.2	208.0	255.1
2008	255.4	263.2	248.2	202.5	234.4	348.8	275.2	299.5
2009	253.1	260.3	246.7	200.5	217.5	332.4	263.6	287.5
2010	260.9	268.1	255.1	206.9	237.1	371.6	268.9	303.0
2011	275.5	282.6	270.2	217.9	256.8	411.7	307.4	327.5
2012	281.8	288.8	276.7	222.5	252.4	404.3	323.7	330.8
2013	288.6	295.7	283.6	225.2	247.9	391.8	326.6	331.5
2014	293.2	300.7	287.9	226.1	241.5	380.8	325.3	332.5
2015	297.0	304.6	291.6	225.4	226.8	356.0	330.5	322.2
2016	302.3	310.1	296.3	227.2	223.4	350.3	328.5	319.6

注：工业生产者出厂价格、工业生产者购进价格、固定资产投资价格指数以1992年为100。
a) Ex-factory industrial producer price index, industrial producer purchasing price, the price index of investment in fixed assets are 100 in 1992.

8—3 居民消费价格分类指数（2016年）
Consumer Price Indices by Category (2016)

上年=100（preceding year=100）

类　　别	Item	全　省 Provincial Indices	城　市 Urban Indices	农　村 Rural Indices
居民消费价格总指数	**General Consumer Price Index**	**101.8**	**101.8**	**101.6**
食品烟酒	**Food Tobacco and Liquor**	**103.7**	**103.4**	**104.4**
食　品	Food	104.6	104.0	105.7
粮　食	Grain	99.6	99.7	99.5
薯　类	Potatoes	111.1	109.7	113.5
豆　类	Beans	99.2	98.9	99.5
食用油	Edible Oil	103.4	102.8	104.2
菜	Vegetables	111.4	109.5	115.7
鲜　菜	Fresh Vegetables	112.3	110.3	116.9
畜肉类	Meat Class	113.2	112.2	115.1
禽肉类	Poultry Meat	98.9	98.1	100.3
水产品	Aquatic Products	106.1	105.6	106.9
蛋　类	Eggs	94.3	94.1	94.6
奶　类	Milk	99.3	99.2	99.6
干鲜瓜果类	Melons and Fruits	95.6	95.0	96.7
糖果糕点类	Candy Cakes Category	100.9	100.8	101.0
调味品	Condiment	102.3	101.8	102.9
其他食品类	Other Food and Food Processing Services	101.0	101.3	100.6
茶及饮料	Tea and Beverages	100.5	100.8	100.0
烟　酒	Tobacco and Liquor	101.0	101.4	100.5
烟　草	Tobacco	102.0	102.1	101.9
酒　类	Liquor	99.5	100.5	98.1
在外餐饮	Food for External Use	102.7	102.8	102.6
衣　着	**Clothing**	**100.8**	**101.0**	**100.4**
服　装	Garments	101.3	101.4	101.0
服装材料	Clothing Materials	98.9	100.2	96.6
其他衣着及配件	Other Clothing Accessories	100.1	100.3	99.7

8—3 续表 continued

上年=100（preceding year=100）

类　　别	Item	全　省 Provincial Indices	城　市 Urban Indices	农　村 Rural Indices
衣着加工服务费	Clothing Manufacturing Services	104.3	104.4	104.2
鞋　类	Footwear	99.1	99.3	98.8
居　住	**Housing**	**101.1**	**101.9**	**99.7**
租赁房房租	Rental Housing Rentals	101.6	101.9	99.9
住房保养维修及管理	Housing Maintenance and Management	100.8	101.1	100.4
水电燃料	Water, Electricity and Fuel	100.2	101.0	98.9
自有住房	One's Own House	101.7	102.5	99.9
生活用品及服务	**Daily Necessities and Services**	**100.2**	**100.4**	**99.8**
家具及室内装饰品	Furniture and Interior Decorations	99.8	99.8	99.8
家用器具	Household Appliances	98.9	99.0	98.8
家用纺织品	Home Textiles	100.0	100.4	99.4
家庭日用杂品	Household Daily Groceries	100.3	100.6	100.0
个人护理用品	Personal Care Products	101.3	101.3	101.0
家庭服务	Family Service	104.1	104.3	103.5
交通和通信	**Means of Transportation and Communication**	**97.6**	**97.3**	**98.3**
交　通	Transportation	98.2	97.9	98.7
通　信	Communication	96.7	96.2	97.8
教育文化和娱乐	**Education Culture and Entertainment**	**102.3**	**102.2**	**102.6**
教　育	Education	103.0	102.5	103.7
文化娱乐	Cultural and Entertainment	101.2	101.7	99.2
文娱耐用消费品	Entertainment Durable Consumer Goods	97.7	98.0	97.0
旅　游	Traveling	103.5	103.8	100.7
医疗保健	**Medical Insurance**	**103.6**	**104.6**	**102.1**
药品及医疗器具	Medicine and Medical Equipment	105.9	106.0	105.7
医疗服务	Medical Service	102.6	103.9	100.9
其他用品和服务	**Other Supplies and Services**	**102.3**	**102.3**	**102.3**
其他用品类	Other Supplies	102.5	102.7	102.2
其他服务类	Other Services	102.1	102.0	102.4

8—4 商品零售价格分类指数（2016年）
Retail Price Indices by Category of Commodities (2016)

上年=100（preceding year=100）

类　　别	Item	全　省 Provincial Indices	城　市 Urban Indices	农　村 Rural Indices
商品零售价格指数	**General Retail Price Index**	**100.8**	**100.9**	**100.8**
食　品	**Food**	**104.1**	**103.8**	**105.3**
粮　食	Grain	99.6	99.6	99.7
薯　类	Potatoes	109.9	109.3	111.9
豆　类	Beans	99.2	99.1	99.7
食用油	Edible Oil	103.4	103.0	104.2
菜	Vegetables	110.9	109.7	116.2
畜肉类	Meat Class	112.9	112.2	115.1
禽肉类	Poultry Meat	98.7	98.3	100.0
水产品	Aquatic Products	106.3	106.1	107.1
蛋　类	Eggs	94.2	94.0	94.6
奶　类	Milk	99.4	99.4	99.5
干鲜瓜果类	Melons and Fruits	95.2	94.8	96.7
糖果糕点类	Candy Cakes Category	100.7	100.8	100.5
调味品	Condiment	102.4	102.0	103.1
其他食品类	Other Food	101.3	101.5	100.7
在外餐饮	Food for External Use	102.8	102.9	102.6
饮料、烟酒	**Beverages, Tobacco and Liquor**	**101.1**	**101.3**	**100.4**
茶及饮料	Tea and Beverages	100.5	100.6	99.8
烟　草	Tobacco	102.0	102.1	101.9
酒　类	Liquor	100.0	100.5	98.1
服装、鞋帽	**Garments, Shoes and Hats**	**100.8**	**100.9**	**100.4**
服　装	Garments	101.3	101.4	100.9
鞋帽袜	Footwear and Hats	99.4	99.5	99.0
其他衣着配件	Other Clothing Accessories	99.2	99.1	99.7
纺织品	**Textiles**	**100.4**	**100.8**	**98.7**
服装材料	Clothing Material	99.8	100.6	96.5
床上用品	Bed Articles	100.5	100.9	99.2
家用电器及音像器材	**Household Electrical Appliance and Audio-video Supplies**	**98.5**	**98.6**	**98.0**
家庭设备	Household Facilities	98.8	98.8	98.8

8—4 续表 continued

上年=100（preceding year=100）

类别	Item	全省 Provincial Indices	城市 Urban Indices	农村 Rural Indices
文娱用耐用消费品	Durable Consumer Goods for Recreational Use	98.0	98.3	96.6
专业音像器材	Professional Video Equipment	98.9	99.2	97.8
文化办公用品	**Cultural and Office Articles**	**98.8**	**98.7**	**99.0**
日用品	**Articles for Daily Use**	**100.3**	**100.4**	**99.9**
日用百货	Daily Use Sundry Goods	100.1	100.4	99.2
厨具餐具茶具	Kitchen Utensils Tableware	99.8	99.7	100.4
清洗用品	Washing Articles	100.8	100.8	100.8
其他日用品	Other Articles for Daily Use	100.4	100.5	100.1
体育娱乐用品	**Sports and Recreational Articles**	**101.3**	**101.3**	**101.5**
体育户外用品	Sports Outdoor Supplies	102.0	102.3	100.3
娱乐用品	Recreational Articles	101.2	101.1	101.6
交通、通信用品	**Transportation and Telecommunication Articles**	**97.2**	**97.2**	**97.2**
交通运输机械	Transportation Mechanism	97.5	97.5	97.6
通信器材	Telecommunication Facility	95.7	95.6	95.8
家　具	**Furniture**	**100.1**	**100.1**	**100.0**
化妆品	**Cosmetics**	**101.4**	**101.5**	**101.1**
金银饰品	**Jewelry**	**105.1**	**105.0**	**105.7**
中西药品及医疗保健用品	**Traditional Chinese and Western Medicines and Health Care Articles**	**105.4**	**105.4**	**105.6**
医疗卫生器具	Medical and Health Equipment	101.6	101.6	102.0
中　药	Chinese Medicine	104.0	103.8	104.7
西　药	Western Medicine	107.4	107.5	106.7
保健器具及用品	Health Care Appliances and Articles	103.4	103.3	104.2
书报杂志及电子出版物	**Newspapers, Magazines and Electronic Publications**	**101.4**	**101.4**	**101.7**
教材及参考书	Teaching Materials and Reference Books	101.8	101.8	101.8
书报杂志	Newspapers and Magzines	100.7	100.6	101.0
计算机办公软件	Computer Office Software	101.8	101.5	103.9
燃　料	**Fuels**	**98.0**	**98.4**	**96.3**
煤炭及制品	Coal and Related Products	100.7	100.5	101.3
石油及制品	Petroleum and Related Products	97.3	97.9	94.5
建筑材料及五金电料	**Building Materials, Hardware and Electrical Materials**	**100.6**	**100.9**	**99.6**
建筑装璜材料	Building Decoration Materials	100.4	100.7	99.3
五金水暖	Hardware and Electrical Materials	101.4	101.5	100.7

8—5 调查市、县居民消费价格分类指数（2016年）
Consumer Price Indices by Category and by Surveyed City and County (2016)

上年=100（preceding year=100）

市 县 Surveyed City and County		总指数 General Index	食品烟酒 Food Tobacco and Liquor	食品 Food	#粮食 Grain	食用油 Edible Oil	菜 Vegetables	鲜菜 Fresh Vegetables	畜肉类 Meat Class	禽肉类 Poultry Meat	水产品 Aquatic Products	蛋类 Eggs
合肥市	Hefei	102.6	103.5	103.9	99.4	104.8	108.4	109.0	112.0	98.1	107.1	93.6
淮北市	Huaibei	101.3	103.2	103.6	98.9	105.2	110.5	111.7	110.6	95.5	105.5	99.0
亳州市	Bozhou	101.6	103.7	104.1	100.3	99.8	106.7	107.3	114.8	99.1	105.2	96.3
宿州市	Suzhou	101.4	102.0	101.0	100.2	101.1	101.8	101.8	107.5	96.1	94.3	90.3
蚌埠市	Bengbu	101.6	103.2	104.2	99.2	97.4	112.8	113.7	114.9	98.5	105.6	94.8
阜阳市	Fuyang	101.5	102.6	103.9	98.7	101.7	106.9	107.7	113.2	100.3	106.2	97.2
淮南市	Huainan	101.2	102.5	103.1	99.4	100.3	109.4	110.0	112.3	96.1	107.2	89.8
滁州市	Chuzhou	101.7	103.8	104.3	100.2	105.7	113.3	114.0	110.8	100.6	105.1	95.2
马鞍山市	Maanshan	101.9	103.2	104.1	99.2	100.8	111.3	112.0	110.4	99.2	106.8	92.6
芜湖市	Wuhu	102.0	104.7	105.4	100.2	103.2	113.2	114.0	112.5	99.8	107.9	96.4
宣城市	Xuancheng	101.5	104.1	105.4	100.2	103.4	118.2	119.2	113.6	96.6	103.2	91.3
铜陵市	Tongling	101.1	103.4	104.8	98.2	108.0	110.9	111.6	112.9	105.9	103.2	94.3
安庆市	Anqing	101.8	104.0	104.8	99.9	103.3	109.8	110.3	111.3	98.4	109.3	94.3
六安市	Luan	102.1	104.0	104.7	101.2	105.2	110.0	110.7	113.1	96.2	104.6	93.5
庐江县	Lujiang	101.5	103.9	105.0	100.4	102.6	111.0	111.3	113.6	102.9	105.5	95.1
桐城市	Tongcheng	101.3	104.7	106.1	99.3	107.7	118.7	120.4	114.0	99.0	106.0	93.7
歙县	Shexian	102.0	104.9	106.4	97.8	103.7	118.1	119.9	116.3	97.0	111.8	95.6
阜南县	Funan	101.8	104.7	106.2	100.3	102.1	120.3	121.7	116.0	101.5	107.6	94.1
金寨县	Jinzhai	101.7	103.8	105.1	99.0	104.1	112.7	114.3	117.0	98.8	104.3	94.4

市 县 Surveyed City and County		干鲜瓜果类 Melons and Fruits	茶及饮料 Tea and Beverages	烟酒 Tobacco and Liquor	在外餐饮 Food for External Use	衣着 Clothing	居住 Housing	生活用品及服务 Daily Necessities and Services	交通和通信 Means of Transportation and Communication	教育文化和娱乐 Education Culture and Entertainment	医疗保健 Medical Insurance	其他用品和服务 Other Supplies and Services
合肥市	Hefei	94.3	99.4	101.6	103.6	100.9	105.7	100.8	97.0	102.4	104.0	102.4
淮北市	Huaibei	94.8	103.7	102.6	102.2	100.9	99.4	101.3	96.5	102.5	104.8	102.9
亳州市	Bozhou	94.1	101.0	101.5	104.3	100.5	100.3	99.8	97.6	101.7	103.8	102.9
宿州市	Suzhou	98.8	100.9	102.2	105.0	100.5	101.2	99.1	97.6	101.5	106.2	103.3
蚌埠市	Bengbu	93.1	100.2	101.2	101.2	102.4	100.6	100.6	97.0	101.1	105.6	101.1
阜阳市	Fuyang	96.5	100.2	101.9	99.2	100.4	100.9	100.8	97.8	103.1	103.8	101.7
淮南市	Huainan	90.2	100.7	100.7	101.8	102.1	100.4	100.2	97.6	100.6	106.1	101.0
滁州市	Chuzhou	96.7	101.6	101.9	103.6	99.4	98.4	100.4	97.2	104.0	108.0	106.0
马鞍山市	Maanshan	97.7	103.9	100.3	101.8	101.0	100.9	99.6	97.8	105.2	105.6	100.4
芜湖市	Wuhu	97.1	99.4	102.5	104.1	100.3	102.4	100.3	97.0	101.9	102.2	103.4
宣城市	Xuancheng	95.4	98.6	100.9	102.4	100.9	101.0	100.0	97.1	99.9	103.5	101.4
铜陵市	Tongling	93.1	101.4	100.2	101.0	98.8	99.5	100.8	96.9	101.5	106.0	102.4
安庆市	Anqing	94.4	100.7	101.0	103.2	103.0	99.5	100.1	97.8	101.8	106.2	103.0
六安市	Luan	97.1	104.1	100.9	103.6	102.3	100.9	101.1	97.3	102.6	103.8	103.3
庐江县	Lujiang	97.5	102.0	100.1	102.8	100.7	100.9	99.5	98.3	101.8	101.6	101.5
桐城市	Tongcheng	94.6	102.3	100.9	102.4	101.2	98.8	99.9	98.2	101.9	99.8	102.0
歙县	Shexian	99.1	99.5	99.9	104.5	99.5	99.2	100.4	98.4	104.4	103.7	100.8
阜南县	Funan	94.7	95.7	101.1	102.2	99.7	99.4	100.1	97.6	103.8	102.3	102.4
金寨县	Jinzhai	97.7	99.4	100.8	100.9	100.9	99.4	99.2	99.2	101.8	103.5	104.6

8—6 调查市、县商品零售价格分类指数（2016年）
Retail Price Indices by Category of Commodities and Surveyed City and County (2016)

上年=100（preceding year=100）

市 县 Surveyed City and County		总指数 General Index	#食 品 Food	饮料、烟酒 Beverages, Tobacco and Liquor	服装、鞋帽 Clothing, Shoes and Hats	纺织品 Textiles	家用电器及音像器材 Household Electrical Appliance and Audio-video Supplies	文化办公用品 Cultural and Office Articles	日用品 Articles for Daily Use
合肥市	Hefei	100.8	103.8	101.1	100.7	102.5	97.5	98.9	100.2
淮北市	Huaibei	100.5	103.3	102.8	100.9	97.6	99.0	98.2	101.0
亳州市	Bozhou	101.2	104.1	101.4	100.3	98.9	99.1	99.1	100.6
宿州市	Suzhou	100.5	102.0	101.9	100.5	99.4	95.3	98.5	99.6
蚌埠市	Bengbu	101.0	103.5	101.0	102.3	103.2	97.5	98.7	101.0
阜阳市	Fuyang	100.6	102.8	101.5	100.4	101.7	100.6	97.2	100.7
淮南市	Huainan	100.8	102.8	100.7	102.1	99.9	102.6	98.2	101.8
滁州市	Chuzhou	101.0	104.1	101.8	99.3	102.1	98.0	97.7	100.2
马鞍山市	Maanshan	100.7	103.5	101.0	100.9	100.4	97.5	100.5	99.6
芜湖市	Wuhu	100.9	105.0	101.8	100.3	96.1	100.0	99.1	99.6
宣城市	Xuancheng	100.8	104.6	100.3	101.0	99.3	97.2	98.3	100.7
铜陵市	Tongling	100.9	103.8	100.4	98.8	98.7	99.0	98.4	99.6
安庆市	Anqing	101.2	104.4	100.9	103.1	101.3	99.0	98.5	100.2
六安市	Luan	101.5	104.4	101.6	102.3	102.4	100.9	99.9	100.9
庐江县	Lujiang	100.6	104.3	100.1	100.7	96.5	95.8	99.5	100.2
桐城市	Tongcheng	100.7	105.5	101.1	101.2	100.2	99.0	98.1	99.9
歙县	Shexian	101.0	106.1	99.8	99.3	99.1	99.5	99.8	100.1
阜南县	Funan	100.9	106.4	100.4	99.7	99.3	98.8	99.5	99.5
金寨县	Jinzhai	100.9	104.3	100.6	100.9	99.6	97.8	98.3	99.7

市 县 Surveyed City and County		体育娱乐用品 Sports and Recreational Articles	交通、通信用品 Transportation and telecommunication Articles	家 具 Furniture	化妆品 Cosmetics	金银饰品 Gold and silver jewellery	中西药品及医疗保健用品 Traditional Chinese and Western Medicines and Health Care Articles	书报杂志及电子出版物 Newspapers, Magzines and Electronic Publications	燃 料 Fuels	建筑材料及五金电料 Building Materials, Hardware and Electrical Materials
合肥市	Hefei	101.2	97.0	100.9	101.6	105.6	103.5	101.0	99.8	102.8
淮北市	Huaibei	100.8	97.6	100.6	100.7	105.3	104.6	102.0	95.9	98.5
亳州市	Bozhou	100.9	97.2	96.1	103.5	104.9	109.0	100.8	98.8	98.2
宿州市	Suzhou	103.0	96.7	96.6	102.3	104.2	114.0	101.1	95.5	99.2
蚌埠市	Bengbu	99.9	97.1	99.9	100.1	105.0	107.2	102.7	98.8	99.1
阜阳市	Fuyang	100.0	97.4	100.5	101.7	107.2	102.9	101.6	97.0	100.6
淮南市	Huainan	102.9	97.1	97.3	99.5	102.2	106.8	101.9	96.3	98.9
滁州市	Chuzhou	99.2	96.7	100.9	100.5	106.0	111.2	101.2	95.7	100.3
马鞍山市	Maanshan	101.7	97.0	99.3	101.7	103.2	108.5	103.0	98.4	99.1
芜湖市	Wuhu	100.8	97.5	103.9	101.5	103.6	101.7	99.8	99.2	100.9
宣城市	Xuancheng	99.8	97.2	99.6	100.7	104.5	103.2	101.3	99.9	99.2
铜陵市	Tongling	101.7	97.7	99.5	101.0	105.1	111.0	103.2	99.0	100.4
安庆市	Anqing	101.2	97.3	99.1	102.5	104.5	107.9	101.2	93.8	99.6
六安市	Luan	104.7	97.1	102.6	103.3	106.0	104.4	101.3	97.1	101.8
庐江县	Lujiang	98.8	97.2	99.6	102.2	103.9	104.8	101.7	97.4	100.3
桐城市	Tongcheng	102.0	96.8	101.0	100.8	107.7	104.1	101.3	96.2	99.0
歙县	Shexian	100.5	97.4	101.2	100.3	102.3	107.8	101.8	95.4	99.5
阜南县	Funan	101.9	97.0	98.6	100.6	107.0	105.1	103.0	96.5	99.3
金寨县	Jinzhai	104.9	97.5	99.1	101.6	106.6	107.3	100.5	96.0	99.6

8—7 农业生产资料价格分类指数
Price Indices of Agricultural Means of Production by Category

上年=100（preceding year=100）

类 别	Item	2000	2005	2010	2015	2016
总 指 数	**General Index**	**98.2**	**108.3**	**102.0**	**101.6**	**99.4**
农用手工工具	Hand Tools for Agriculture uses	100.5	111.1	99.4	102.3	103.7
饲 料	Forage	94.0	107.6	104.5	97.4	94.5
仔畜幼畜及产品畜	Young Animals and Livestock	111.8	114.7	106.1	117.2	132.3
半机械化农具	Semi-mechanized Farm Tools	97.6	105.0	99.0	99.2	99.7
机械化农具	Mechanized Farm Machinery	96.0	106.2	96.9	99.9	101.9
化学肥料	Chemical Fertilizer	92.2	109.0	99.6	100.6	94.8
农药及农药械	Pesticide & Its Appliances	97.1	103.9	99.0	100.5	98.9
农机用油	Agricultural Oil	122.0	107.9	111.4	91.0	95.3
其他农业生产资料	Other Agricultural Means of Production			104.4	101.1	100.1
农业生产服务	Agricultural Production Service			104.0	104.5	102.4

注：农用手工工具2005年以前为小农具。仔畜幼畜及产品畜2016年以前为产品畜。农机用油2016年以前为农用机油。（下同）
a) Before 2005 hand tools for agriculture were small farm tools. Young animals and livestock products 2016 years ago for the livestock products. Agricultural oil used before 2016 for agricultural oil. (the same below)

8—8 调查市、县农业生产资料价格指数（2016年）
Price Indices of Agricultural Means of Production by Category and Surveyed City and County (2016)

上年=100（preceding year=100）

市 县 Surveyed City and County	总指数 General Index	农业手工工具 Hand Tools for Agriculture uses	饲料 Forage	仔畜幼畜及产品畜 Young Animals and Livestock	半机械化农具 Semime-chanized Farm Tools	机械化农具 Mechanized Farm Machinery	化学肥料 Chemical Fertilizer	农药及农药械 Pesticide & Its Appliances	农机用油 Agricultural Oil	其他农业生产资料 Other Agricultural Means of Production	农业生产服务 Agricultural Production Service
庐江县 Lujiang	97.3	100.7	90.8	122.4	100.0	103.3	91.9	99.6	95.4	98.1	100.2
桐城市 Tongcheng	101.2	105.7	95.9	135.6	101.1	100.0	97.6	99.3	95.5	101.3	104.3
歙县 Shexian	99.1	104.3	96.3	132.8	98.1	93.6	95.9	98.1	95.6	100.0	101.3
阜南县 Funan	100.3	106.0	95.2	141.1	98.5	107.7	95.6	99.2	95.6	99.8	104.1
金寨县 Jinzhai	100.3	99.8	99.3	146.6	100.0	98.3	92.9	97.8	94.8	102.3	103.1

8—9 农产品生产者价格指数
Producer Price Indices of Agricultural Products

上年=100（preceding year=100）

类　　别	Item	2005	2010	2015	2016
总指数	**General Index**	**98.71**	**110.82**	**99.76**	**100.95**
农业产品	**Agricultural Products**	**97.30**	**114.77**	**97.84**	**97.63**
谷　物	Cereal	95.41	109.97	98.25	95.05
小　麦	Wheat	91.51	107.65	97.93	91.43
稻　谷	Rice	98.98	110.43	99.27	99.32
玉　米	Corn	96.96	117.58	92.52	85.73
薯　类	Tubers	102.95	119.94	101.20	106.34
豆　类	Beans	88.64	115.38	95.64	95.37
油　料	Oil-bearing Crops	89.23	116.19	96.45	98.37
棉　花	Cotton	109.54	161.74	87.09	104.88
蔬　菜	Vegetables	102.89	115.16	99.96	106.22
茶	Tea	112.35	122.92	95.96	96.70
林业产品	**Forestry Products**	**107.39**	**106.36**	**95.26**	**94.92**
木　材	Timber	107.00	103.90	97.42	94.16
原　木	Logs	106.74	103.88	97.42	94.16
竹　材	Bamboo Material	110.39	103.07	93.01	90.10
牧　业(饲养动物及其产品)	**Animal Husbandry (Breeding Animals and Their Products**	**99.71**	**104.26**	**105.05**	**109.42**
活牲畜	Livestock Breeding (Live Animals)	108.01	108.25	108.47	115.93
牛	Cattle and Buffalo	108.25	105.45	98.32	95.18
羊	Sheep and Goats	112.56	111.29	80.90	92.68
猪	Pig	91.37	99.31	112.38	120.68
家　禽	Poultry	106.34	106.95	101.43	97.64
鸡	Chicken	103.76	105.93	101.61	97.19
鸭	Duck	102.41	110.51	100.00	100.90
禽　蛋	Poultry Eggs	110.74	106.65	94.19	93.86
鸡　蛋	Chicken Eggs	110.67	106.69	94.21	94.12
奶　类	Dairy Products	98.86	112.62		
渔　业	**Fishery**	**105.56**	**106.89**	**99.62**	**101.34**
淡水养殖产品	Aquatic products in Inland Water	105.56	106.89	99.62	101.34
养殖淡水鱼	Freshwater Fishes	104.93	105.57	100.47	99.84
养殖淡水虾	Freshwater Shrimps			103.53	101.48
养殖淡水蟹	Freshwater Crabs			90.15	114.94
其他淡水养殖产品	Other Freshwater Aquatic Products	100.00	111.10	94.79	99.83

8—10 工业生产者出厂价格分类指数
Producer Price Indices for Indnstrial Products by Category

上年=100（preceding year=100）

年 份 Year	总指数 Total Industry Products	生产资料 Means of production	采掘工业 Mining & Quarrying Industry	原材料工业 Raw Materials Industry	加工工业 Manufacturing Industry	生活资料 Consumer Goods	食 品 Food	衣 着 Clothing	一般日用品 Articles for Daily Use	耐用消费品 Durable Consumer Goods
2000	98.86	102.05	100.11	106.16	98.78	93.73	91.14	98.48	96.12	98.22
2005	103.25	104.91	113.04	111.06	100.47	98.93	99.60	100.32	101.84	96.67
2009	92.83	91.39	94.98	90.59	91.14	97.82	98.89	99.43	98.56	95.67
2010	108.98	110.86	111.45	116.89	108.12	103.03	104.96	101.97	102.67	100.45
2011	108.30	109.20	104.80	111.20	108.80	105.60	108.90	107.50	106.40	100.40
2012	98.30	97.00	96.90	99.20	96.00	101.70	102.60	103.10	100.30	101.10
2013	98.20	96.90	92.90	96.60	97.50	101.50	102.60	102.70	101.60	99.90
2014	97.40	96.20	90.10	95.70	97.10	100.70	101.00	102.50	100.90	99.80
2015	93.94	91.65	81.10	91.02	93.12	100.17	99.91	101.37	100.02	100.33
2016	98.50	98.10	98.80	96.30	98.60	99.40	100.00	99.90	99.20	98.60

8—11 工业生产者出厂价格轻重工业分类指数
Sub-index of Light and Heavy industry of Ex-factory Industrial Producer Price Index

上年=100（preceding year=100）

年 份 Year	轻工业 Light Industry	以农产品为原料 Using Farm Products as Raw Materials	以非农产品为原料 Using Non-farm Products Raw Materials	重工业 Heavy Industry	#采掘工业 Mining and Quarrying	原料工业 Raw Materials Industry	加工工业 Manufacturing Industry
2000	95.68	95.36	97.64	102.06	101.01	106.09	97.67
2005	99.05	99.54	98.62	106.31	112.59	111.32	101.36
2009	97.01	97.87	96.19	90.52	95.40	90.33	89.45
2010	104.77	106.38	103.19	111.36	110.97	116.63	108.11
2011	107.70	109.90	103.60	108.50	104.80	110.90	107.70
2012	101.40	101.30	101.50	97.10	96.90	99.30	96.10
2013	101.50	102.20	100.10	96.90	92.90	96.90	97.40
2014	100.40	100.80	99.80	96.30	90.10	95.90	97.20
2015	99.64	99.47	99.96	91.82	81.10	91.17	93.33
2016	99.10	99.40	98.60	98.20	98.80	96.30	98.80

8—12 工业生产者购进价格分类指数
Industrial Products Purchased from the Price Indices by Category

上年=100（preceding year=100）

年 份 Year	全部原材料 Total Raw and Other Materials	#燃料、动力类 Fuel and Power	黑色金属材料 Ferrous Metals	有色金属材料和电线类 Nonferrous Metals	化工原料 Industrial Chemicals	木材及纸浆 Timber and Paper Pulp	建筑材料及非金属矿类 Building Materials and Nonmetal Mine Since	其他工业原材料及半成品 Other Raw Materials and Semi-finished Products	农副产品 Agricultural and Subsidiary Products	纺织原料 Textile Raw Material
2000	102.58	103.22	102.94	110.50	108.97	100.24	95.25	100.76	94.32	103.95
2005	107.13	114.95	108.07	116.42	106.87	103.47	106.55	104.35	98.16	95.41
2009	95.25	98.54	86.93	84.32	90.50	99.32	100.16	94.17	96.08	97.04
2010	111.76	110.91	113.45	124.92	111.29	103.92	106.94	105.90	110.05	108.52
2011	110.80	112.90	110.10	116.10	109.50	108.70	117.40	103.90	116.30	112.10
2012	98.20	100.10	94.00	95.40	97.10	104.40	98.30	98.10	103.10	96.20
2013	96.90	91.60	96.90	93.80	97.90	99.60	95.70	98.70	103.40	100.30
2014	97.20	93.30	95.90	95.60	98.30	100.40	99.80	98.40	100.80	99.10
2015	93.46	89.45	88.16	90.58	94.04	99.73	98.66	97.40	96.65	96.88
2016	98.40	95.70	97.10	101.60	96.80	99.50	96.10	99.70	98.50	100.80

8—13 固定资产投资价格指数
Price Indices of Investment in Fixed Assets

上年=100（preceding year=100）

年 份 Year	固定资产投资 Investment in Fixed Assets	建筑安装工程 Construction and Installation	设备工器具购置 Purchase of Equipment, Tools and Instruments	其他费用 Others
2000	101.60	102.80	100.10	98.20
2005	101.04	100.98	100.33	102.26
2009	95.97	94.35	97.10	101.05
2010	105.35	107.51	101.23	101.54
2011	108.13	110.99	101.93	103.96
2012	100.97	101.27	99.15	102.29
2013	100.15	100.31	98.97	101.20
2014	100.30	100.40	99.60	101.00
2015	96.87	95.45	99.31	100.78
2016	99.21	99.31	98.46	100.19

主要统计指标解释

居民消费价格指数

是度量消费商品及服务项目价格水平随着时间而变动的相对数，反映居民家庭购买的消费品及服务价格水平的变动情况。它是宏观经济分析和决策、价格总水平监测和调控以及国民经济经济核算的重要指标。其按年度计算的变动率通常被用来作为反映通货膨胀（或紧缩）程度的指标。

商品零售价格指数

商品的零售价格是商品在流通过程中最后一个环节的价格，是工业、商业、餐饮业和其他零售企业向城乡居民、机关团体出售生活消费品和办公用品的价格。商品零售价格指数，反映了市场商品零售价格的变动趋势和变动程度，为国家宏观调控和国民经济核算提供参考依据。同时，还可以在此基础上编制其他派生价格指数。

农产品生产者价格指数

是反映一定时期内，农产品生产者出售农产品价格水平变动趋势及幅度的相对数。该指数可以客观反映全省农产品生产者价格水平和结构变动情况，满足农业与国民经济核算需要。其中某代表品生产者价格指数是通过对全部有出售该产品行为的调查单位的个体指数进行几何平均求得的，类价格指数是通过对其所属的类（或代表品）的价格指数进行加权平均求得的。季度累计价格指数的计算方法与分季指数的计算方法相同。

农业生产资料价格指数

指反映一定时期内农业生产资料价格变动趋势和程度的相对数。其编制目的是了解农业生产中投入物质资料价格的变动状况，服务于国民经济核算。

工业生产者出厂价格指数

是反映各工业行业产品出厂价格总水平的变动趋势和程度的相对数。为国民经济核算、测算工业发展速度、宏观经济分析和调控、理顺价格体系提供依据。

工业生产者购进价格指数

是反映工业企业作为生产投入，而从物资交易市场和能源、原材料生产企业购买原材料、燃料和动力产品时，所支付的价格水平变动趋势和程度的统计指标，是扣除工业企业物质消耗成本中的价格变动影响的重要依据。

目前，我国编制的原材料、燃料和动力购进价格指数所调查的产品包括燃料动力、黑色金属、有色金属、化工、建材等九大类的900多种产品。

固定资产投资价格指数

是反映固定资产投资额价格变动趋势和程度的相对数。固定资产投资额是由建筑安装工程投资完成额、设备、工器具购置投资完成额和其他费用投资完成额三部分组成的。编制固定资产投资价格指数应首先分别编制上述三部分投资的价格指数，然后采用加权算术平均法求出固定资产投资价格总指数。

编制固定资产投资价格指数可以准确地反映固定资产投资中涉及的各类商品和取费项目价格变动趋势和变动幅度，消除按现价计算的固定资产投资指标中的价格变动因素，真实地反映固定资产投资的规模、速度、结构和效益，为国家科学地制定、检查固定资产投资计划并提高宏观调控水平，为完善国民经济核算体系提供科学的、可靠的依据。

Explanatory Notes for Major Statistical Indicators

Resident's Consumer Price Index

As relative index which measures the change in price level of a group of representative consumer goods and services with the passage of time, reflecting the changes in prices of consumer goods and services purchased by residents. It is an important index of macroscopic economic analysis and decisions, general price level monitoring, adjustment and control, and national business accounting. Its changing rate by the year is usually regarded as reflecting the degree of inflation (or tightens).

Retail Price Index

Retail price of goods is the price of the last link in the circulating course. It is the price of consumer goods and official supplies sold to urban and rural residents or organs by industrial, commercial, catering trade and other retail enterprises. Retail price index reflects the trend and degree of changes in retail price of market commodities. It offers the consulting basis of national macroscopic adjustment and control and national business accounting. Besides, other deriving price indices could be worked out basing on it.

Producer Price Indices of Agricultural Production

reflect the trend and degree of changes in producers' prices received by farmers when they sell farm products during a given period. These indices depict the change in the level and structure of producer prices for farm products of the province and meet the needs of agricultural statistics and national accounts statistics. The producer price index for a given product is calculated as the geometrical mean of individual indices for all surveyed units which sell such product, and the indices for a product category is obtained as the weighted mean of price indices for all products in the category. Method for calculating accumulative quarterly indices is the same as for calculating the individual quarterly indices.

Price Indices for Means of Agricultural Production

reflect the relative number of trend and degree of changes in the prices of the means of agricultural production during a given period. Compilation of these indices helps to understand the price changes of material input in agricultural production and serves national economic accounts.

Ex-factory Price Index of Industrial Products

reflects the trend and degree of changes in general ex-factory prices of all industrial products. It offers basis of national business accounting, calculating industrial development speed, national macroscopic analysis, adjustment and control and rationalizing the price system.

Indices of Purchasing Prices of Raw Materials, Fuels and Power

reflect changes in the level and degree of prices paid by industrial enterprises when they purchase production input such as raw materials, fuels and power from the market or from other energy or raw materials producing enterprises. These indices provide important basis for measuring the material consumption of industrial enterprises after removing influence of price changes.

At present, over 900 products in 9 categories, including fuels and power, ferrous metals, non-ferrous metals, chemicals, building materials, are covered in China for the survey to produce indices of purchasing prices of raw materials, fuels and power.

Price Index of Investment in Fixed Assets

reflects the trend and degree of changes in prices of investment in fixed assets. The investment in fixed assets consists of three components, namely the investment in construction and installation, the investment in purchases of equipment and instrument, and the investment in other items. Price index of investment in fixed assets is calculated as the weighted arithmetic mean of the price indices of the three components of investment in fixed assets.

Removing the factor of price change in the aggregates of investment at current prices, this indicator shows the changes in the prices of commodities and fees involved in the investment of fixed assets, and can be used to observe the actual size, growth, structure, and efficiency of investment in fixed assets and provides reliable and scientific data for government planning, management, decision making, and further improving the current national accounting system.

第九篇

Chapter 9

城乡人民生活

LIVELIHOOD OF URBAN AND RURAL PEOPLE

简要说明

一、本篇资料内容主要反映城乡居民收支和生活状况，包括居民家庭基本情况、居民收支、消费水平、居住状况及主要消费品拥有量等。

二、本篇资料来源于城乡一体化住户调查。自2013年以来，城乡一体化住户调查整合城乡住户调查资源，统一调查指标、统一抽样方法、统一调查过程、统一数据处理和统一数据发布，由安徽调查总队根据国家统计局《住户收支与生活状况调查方案》组织实施，其调查目的是为全面了解全省和分市、县（区）城乡常住居民收入、生活现状及变化情况，全面准确地反映居民收入分配格局，满足各级政府制定政策计划和进行宏观管理的需要，以及社会各界的信息需求，为国民经济核算提供基础数据。

Brief Introduction

I. This chapter material content mainly reflects the urban and rural residents' income and living conditions, including residents family basic situation, income, consumption level, living condition and the main consumer ownership, etc.

II. This chapter material content is derived from the integrationization of urban and rural household survey. Since 2013, the integrationization of urban and rural household survey has been unifing urban and rural household survey resources unified index, sampling method and survey process, data processing and data releasing. According to the resident income and life condition investigation plan of the national bureau of statistics, the survey office in Anhui organized the implementation. Survey aim is for comprehensive understanding of the province and city and county (district) of urban and rural residents income, living status and changing situation, comprehensive accurately reflecting the residents income distribution pattern, providing for all levels of government policy planning and the need of macro management, and information demanding to the social, and basic data for the national economic accounting.

9—1 人民物质文化生活情况
People's Material and Cultural Life

项　　目		Item		2015	2016
就　业		**Employment**			
每一城镇就业者负担人数	（人）	Number of Dependents per Urban Employee	(person)	1.83	1.87
每一农村劳动力负担人数	（人）	Number of Dependents per Rural Laborer	(person)	1.53	1.53
城镇登记失业率	（%）	Urban Unemployment Rate	(%)	3.1	3.2
收　入		**Income of Rural and urban Residents**			
城镇居民可支配收入	（元）	Annual per Capita Disposable Income of Urban		26936	29156
农村居民可支配收入	（元）	Annual per Capita Net Income of Rural Residents	(yuan)	10821	11720
城镇居民恩格尔系数	（%）	Engle Coefficient of Urban Households	(%)	33.7	32.5
农村居民恩格尔系数	（%）	Engle Coefficient of Rural Households	(%)	35.8	34.2
城镇非私营单位就业人员平均工资	（元）	Average Wage for the Employment of Urban Non Private Units	(yuan)	55139	59102
现住房面积	**（平方米）**	**Per Capita Floor Space of Residential Buildings**	**(sq.m)**		
城镇常住居民人均住房建筑面积		Urban Areas (Net)		34.71	36.90
农村常住居民人均住房建筑面积		Rural Areas (Net)		46.76	49.40
交　通		**Traffic**			
城镇每百户拥有家用汽车	（辆）	Number of Home Car Cycles per 100 Households in Urban Areas	(unit)	21.87	26.65
城镇每百户拥有摩托车	（辆）	Number of Motor Cycles per 100 Households in Urban Areas	(unit)	19.74	14.90
城市公用事业		**Public Utilities in Urban Areas**			
自来水普及率	（%）	Ratio of Access to Tap Water	(%)	98.79	99.20
燃气普及率	（%）	Ratio of Access to Tap Water	(%)	97.55	98.05
人均公园绿地	（平方米）	Per Capita Park Greenery Area	(sq.m)	13.37	14.02
文　化		**Culture**			
城镇每百户有彩色电视机	（台）	Number of Color TV Sets per 100 Household in Urban Areas	(unit)	129.63	129.20
农村每百户有彩色电视机	（台）	Number of Color TV Sets per 100 Household in Rural Areas	(unit)	121.33	124.60
广播人口覆盖率	（%）	Broadcast Covering Ratio of Population	(%)	98.8	98.9
电视人口覆盖率	（%）	TV Covering Ratio of Population	(%)	98.9	99.0
教　育		**Education**			
学龄儿童入学率	（%）	Enrollment Ratio of School-age Children	(%)	99.96	99.97
每万人口中高等教育人数	（人）	Number of Higher Education per 10000 Ppopulation	(person)	231	226
卫　生		**Public Health**			
每万人医院病床数	（张）	Number of Hospital Beds per 10000 Persons	(unit)	32.99	34.93
每万人有执业（助理）医师数	（人）	Number of Licensed (Assistant) Physicians per 10000 Persons	(person)	17.54	18.37

9—2 城镇居民家庭基本情况
Basic Conditions of Urban Households

项　　目		Item		2015	2016
平均每户家庭人口	**（人）**	**Average Household Size**	**(person)**	**2.95**	**2.89**
平均每户就业人口	**（人）**	**Average Number of Employed persons per Household**	**(person)**	**1.61**	**1.50**
平均每户就业面	**（%）**	**Percentage of Employment per Household**	**(%)**	**54.77**	**51.90**
平均每一就业者负担人数（包括就业者本人）	**（人）**	**Number of Persons Supported by Each Employee Including the Employee Himself or Herself**	**(persons)**	**1.83**	**1.87**
平均每人全部年收入	**（元）**	**Per Capita Annual Income**	**(yuan)**	**29461.48**	**32177**
#可支配收入		Disposable Income		26935.76	29156
工资性收入		Wages Income		16928.73	18278
经营净收入		Net Income From Business		4172.24	4420
财产净收入		Property Income		1881.90	2080
转移净收入		Transfer Income		3952.89	4378
平均每人消费性支出	**（元）**	**Per Capita Annual Living Expenditures for Consumption**	**(yuan)**	**17233.53**	**19606**
#食　品		Food		5802.05	6382
衣　着		Clothing		1403.29	1491
居　住		Residence		3460.05	3931
生活用品及服务		Supplies and Services		926.42	1118
交通和通信		Transportation and Communications		2265.65	2748
教育文化娱乐服务		Education, Cultural & Recreation Service		1913.27	2233
医疗保健		Medicine and Medical Service		1073.34	1269
其他用品和服务		Other goods and Services		389.45	433
平均每人消费性支出构成（人均消费性支出=100）	**（%）**	**Composition of per Capita Annual Living Expenditures for Consumption**	**(%)**	**100.00**	**100.00**
#食　品		Food		33.67	32.55
衣　着		Clothing		8.14	7.60
居　住		Residence		20.08	20.05
生活用品及服务		Supplies and Services		5.38	5.70
交通和通信		Transportation and Communications		13.15	14.02
教育文化娱乐服务		Education, Cultural & Recreation Service		11.10	11.39
医疗保健		Medicine and Medical Service		6.23	6.47
其他用品和服务		Other goods and Services		2.26	2.21

9—3 按收入等级分的城镇居民家庭年人均可支配收入（2016年）
According to the Income are Rated Annual Per Capita Disposable Income of Urban Households (2016)

单位：元（yuan）

项　　目	Item	总平均 The Total Average	低收入户 Low Income Households	中低收入户 In low and Middle-income Households	中等收入户 Middle Income Households	中高收入户 Middle High Income Families	高收入户 High Income Households
家庭总收入	**Total Income**	**32177.23**	**14625.53**	**22103.71**	**29208.84**	**39602.48**	**66823.26**
#可支配收入	Disposable Income	29155.98	10958.59	20403.44	27127.55	36630.88	61735.65
工资性收入	Wages Income	18277.89	7167.37	12756.76	16422.93	24415.08	37489.19
经营净收入	Net Income From Business	4420.45	1178.77	3043.33	3821.59	2945.62	13259.71
财产净收入	Property Income	2079.92	971.97	1313.73	2013.51	2575.18	4266.82
转移净收入	Transfer Income	4377.73	1640.47	3289.63	4869.52	6695.01	6719.93

9—4 按收入等级分的城镇居民家庭年人均支出（2016年）
According to the Per Capita Income of Urban Households are Rated Years Spending (2016)

单位：元（yuan）

项　　目	Item	总平均 The Total Average	低收入户 Low Income Households	中低收入户 In low and Middle-income Households	中等收入户 Middle Income Households	中高收入户 Middle High Income Families	高收入户 High Income Households
家庭总支出	**Total Expenditure**	**27685.24**	**16325.93**	**19986.29**	**25914.78**	**32631.89**	**51370.86**
消费性支出	Consumption Expenditure	19606.25	11602.84	15485.76	19119.53	23223.66	33453.52
财产性支出	Property Expenditure	155.39	35.61	106.06	185.02	217.67	291.95
转移性支出	Transfer Expenditure	1686.40	816.10	990.11	1438.76	2240.81	3595.72
#社会保障支出	Social Protection Expenditure	1356.34	694.76	821.25	1163.28	1882.84	2709.56
借贷支出	**Loan Expenditure**	**1352.97**	**409.48**	**655.44**	**1317.11**	**1748.87**	**3278.46**

9—5 按收入等级分的城镇居民家庭年人均消费性支出（2016年）
Per Capita Annual Living Expenditure of Urban Households by Income Scale (2016)

单位：元（yuan）

项　　目	Item	总平均 The Total Average	低收入户 Low Income Households	中低收入户 In low and Middle-income Households	中等收入户 Middle Income Households	中高收入户 Middle High Income Families	高收入户 High Income Households
消费性支出	**Total Living Expenditures**	**19606.25**	**11602.84**	**15485.76**	**19119.53**	**23223.66**	**33453.52**
食品烟酒	Food Alcohol and Tobacco	6381.73	4211.44	5255.64	6449.95	7387.43	9876.55
衣　着	Clothing	1490.99	808.07	979.71	1412.71	1687.44	3053.59
居　住	Residence	3931.17	2414.57	3063.42	4104.94	4686.38	6272.36
生活用品及服务	Supplies and Services	1118.38	616.36	747.13	1078.08	1272.73	2229.12
交通和通信	Transportation and Communications	2748.42	1127.44	2665.02	2837.87	3160.52	4646.14
教育文化娱乐服务	Education, Cultural & Recreation Service	2233.35	1516.91	1745.15	1965.47	2446.88	4027.32
医疗保健	Medicine and Medical Service	1269.26	738.86	812.70	951.77	2044.81	2214.45
其他用品和服务	Other Commodities and Services	432.94	169.18	216.98	318.73	537.49	1133.99

9—6 按收入等级分的城镇居民家庭年人均消费性支出构成（2016年）
Composition of Per Capita Annual Living Expenditure of Urban Households by Income Scale (2016)

单位：%

项　　目	Item	总平均 The Total Average	低收入户 Low Income Households	中低收入户 In low and Middle-income Households	中等收入户 Middle Income Households	中高收入户 Middle High Income Families	高收入户 High Income Households
消费性支出	**Total Living Expenditures**	**100.00**	**100.00**	**100.00**	**100.00**	**100.00**	**100.00**
食品烟酒	Food Alcohol and Tobacco	32.55	36.30	33.94	33.73	31.81	29.52
衣　着	Clothing	7.60	6.96	6.33	7.39	7.27	9.13
居　住	Residence	20.05	20.81	19.78	21.47	20.18	18.75
生活用品及服务	Supplies and Services	5.70	5.31	4.82	5.64	5.48	6.66
交通和通信	Transportation and Communications	14.02	9.72	17.21	14.84	13.61	13.89
教育文化娱乐服务	Education, Cultural & Recreation Service	11.39	13.07	11.27	10.28	10.54	12.04
医疗保健	Medicine and Medical Service	6.47	6.37	5.25	4.98	8.80	6.62
其他用品和服务	Other Commodities and Services	2.21	1.46	1.40	1.67	2.31	3.39

9—7 按收入等级分的城镇居民家庭平均每百户年末耐用消费品拥有量（2016年）
Number of Durable Consumer Goods Owned Per 100 Urban Households at Year-end by Level of Income (2016)

项　目		Item		总平均 The Total Average	低收入户 Low Income Households	中低收入户 In low and Middle-income Households	中等收入户 Middle Income Households	中高收入户 Middle High Income Families	高收入户 High Income Households
家用汽车	（辆）	Household Automobile	(unit)	26.65	16.73	18.11	27.41	29.64	41.32
摩托车	（辆）	Motorcycle	(unit)	14.89	19.53	14.18	17.36	14.29	9.10
助力车	（辆）	Man-drawn Vehicle	(unit)	70.97	83.54	87.30	68.66	60.75	54.60
洗衣机	（台）	Washing Machine	(set)	95.50	90.83	95.73	94.21	97.45	99.27
电冰箱	（台）	Refrigerator	(set)	98.23	98.00	99.21	97.50	98.80	97.66
微波炉	（台）	Microwave Oven	(set)	62.73	42.68	54.23	68.05	73.49	75.17
彩　电	（台）	Color TV	(set)	129.22	123.00	122.23	127.86	136.34	136.65
空调器	（台）	Air Conditioner	(set)	156.02	121.10	134.55	161.52	168.11	194.74
淋浴热水器	（台）	Water Heater	(set)	101.78	92.92	96.90	100.65	108.31	110.09
#太阳能热水器		Solar Water Heater		65.12	71.78	68.96	65.47	63.32	56.06
消毒碗柜	（台）	Disinfectant Machine	(set)	4.56	1.49	2.62	3.68	5.55	9.45
洗碗机	（台）	Dishwasher	(set)	1.58	0.32	0.23	2.44	0.80	4.11
排油烟机	（台）	Kitchen Ventilator	(set)	69.56	53.32	64.14	74.79	80.65	74.91
固定电话	（部）	Telephone	(unit)	41.02	38.45	36.10	40.30	44.53	45.73
移动电话	（部）	Mobile Telephone	(unit)	221.93	227.42	227.41	228.05	211.34	215.39
计算机	（台）	Computer	(set)	71.24	51.40	63.58	70.93	79.19	91.07
摄像机	（架）	Video Camera	(unit)	3.98	0.84	3.21	1.30	3.64	10.87
照相机	（架）	Camera	(unit)	20.56	7.41	14.22	22.03	20.19	38.91
中高档乐器	（台）	Medium Upscale Musical Instrument	(set)	4.04	0.39	2.67	2.84	6.99	7.29
健身器材	（套）	Healthy Equipment	(unit)	3.79	1.70	2.35	2.04	3.92	8.90
组合音响	（套）	Hi-Fi Stereo Component System	(unit)	5.16	2.30	4.43	3.69	6.60	8.79

9—8 按收入等级分的城镇居民家庭平均每人全年购买商品数量（2016年）

Per Capita Annual Purchases of Major Commodities of Urban Households by Level of Income (2016)

项　目		Item		总平均 The Total Average	低收入户 Low Income Households	中低收入户 In low and Middle-income Households
洗衣机	（台/百户）	Washing Machine	(unit/100 household)	6.52	5.52	6.53
电冰箱	（台/百户）	Refrigerator	(unit/100 household)	5.41	3.10	4.74
空调器	（台/百户）	Air Conditioners	(unit/100 household)	7.04	2.78	6.42
移动电话	（部/百户）	Mobile Telephone Subscribers	(unit/100 household)	40.35	39.28	37.67
彩色电视机	（台/百户）	Color Television Set	(unit/100 household)	7.75	5.88	5.77

项　目		Item		中等收入户 Middle Income Households	中高收入户 Middle High Income Families	高收入户 High Income Households
洗衣机	（台/百户）	Washing Machine	(unit/100 household)	6.67	5.43	8.46
电冰箱	（台/百户）	Refrigerator	(unit/100 household)	7.26	5.58	6.38
空调器	（台/百户）	Air Conditioners	(unit/100 household)	4.21	5.61	16.18
移动电话	（部/百户）	Mobile Telephone Subscribers	(unit/100 household)	48.33	39.26	37.22
彩色电视机	（台/百户）	Color Television Set	(unit/100 household)	6.57	6.91	13.58

9—9 各市城镇居民家庭年人均收支（2016年）

Annual Per Capita Cash Income and Expenditure of Urban Households by Region (2016)

项 目	Item	全 省 Proince Indices	合肥市 Hefei	淮北市 Huaibei	亳州市 Bozhou	宿州市 Suzhou
家庭总收入	**Total Income**	**32177**	**37218**	**29833**	**27672**	**27120**
#可支配收入	Disposable Income	29156	34852	27248	25053	25533
工资性收入	Wages Income	18278	22411	16409	11507	14659
经营净收入	Net Income From Business	4420	4270	3834	9067	4983
财产净收入	Property Income	2080	3054	1849	1537	1593
转移净收入	Transfer Income	4378	5118	5156	2942	4298
家庭总支出	**Total Expenditure**	**27685**	**28489**	**23307**	**22582**	**19597**
生活消费支出	**Life Consumption Spending**	**19606**	**21805**	**16739**	**16639**	**15325**

单位：元（yuan）

蚌埠市 Bengbu	阜阳市 Fuyang	淮南市 Huainan	滁州市 Chuzhou	六安市 Luan	马鞍山市 Maanshan	芜湖市 Wuhu	宣城市 Xuancheng	铜陵市 Tongling	池州市 Chizhou	安庆市 Anqing	黄山市 Huangshan
31895	**28236**	**31615**	**28739**	**27063**	**41206**	**36445**	**34781**	**34102**	**28833**	**29743**	**31097**
28653	25483	28098	26286	24728	38142	32315	30877	30633	26261	26502	28393
17258	16100	18004	15220	15561	21099	18117	15741	21711	14999	15812	16358
3852	4555	4153	5141	4846	6898	5095	8973	1693	4462	3794	4411
1193	2069	1422	1593	1842	2568	2016	2212	1827	2239	1847	1880
6350	2760	4519	4331	2479	7576	7088	3952	5402	4562	5048	5743
20451	**21916**	**24285**	**27848**	**21922**	**33541**	**28880**	**30553**	**29286**	**24397**	**21090**	**22881**
15602	**16191**	**16872**	**17472**	**16204**	**25442**	**19541**	**18876**	**21226**	**18084**	**15030**	**16754**

9—10 农村居民家庭基本情况
Basic Conditions of Rural Households

项　目	Item	2015	2016
平均每户常住人口（人）	**Average Number of Permanent Residents per Household (person)**	**3.02**	**3.00**
平均每户整半劳力（人）	**Average Number of Able-bodied and Semi-able-bodied Laborers per Household (person)**	**1.98**	**1.97**
平均每个劳动力负担人口（含本人）（人）	**Average Number of Persons Supported by a Laborer (including the laborer himself of herself) (person)**	**1.53**	**1.53**
平均每人年收入（元）	**Per Capita Annual Income (yuan)**		
总收入	Total Revenue	13752.45	15514.88
工资性收入	Wages Income	3983.12	4291.40
家庭经营收入	Household Business Income	6845.00	8033.47
财产性收入	Property Income	182.94	211.76
转移性收入	Transfer Income	2741.40	2978.25
现金收入	Cash Income	12505.13	13942.95
工资性收入	Wages Income	3963.80	4261.10
家庭经营收入	Household Business Income	5796.26	6654.38
财产性收入	Property Income	182.94	211.76
转移性收入	Transfer Income	2562.13	2815.70
平均每人年支出（元）	**Per Capita Annual Expenditures (yuan)**		
总支出	Total Expenditure	15115.64	17263.26
消费支出	Cash Comsumption Expenditure	8975.21	10287.30
生产经营费用支出	Production and Operating Expenditure	2327.44	3073.31
财产性支出	Cash Property Expenditure	21.16	25.02
转移性支出	Cash Transfer Expenditure	279.98	331.91
部分商业保险支出	Part of Commercial Insurance Expenditure	29.47	44.69
购置资产及非经常性转移支出	Acquisition of Assets and Non-recurring Transfer Expenditure	2924.05	3061.48
借贷性支出	Lending Expenditure	558.34	439.55
现金支出	Cash Expenditure	13278.51	15209.77
现金消费支出	Cash Comsumption Expenditure	7213.53	8299.59
生产经营现金费用支出	Cash Production and Operating Expenditure	2251.99	3007.53
现金财产性支出	Cash Property Expenditure	21.16	25.02
现金转移性支出	Cash Transfer Expenditure	279.98	331.91
部分商业保险支出	Part of Commercial Insurance Expenditure	29.47	44.69
购置资产及非经常性转移支出	Acquisition of Assets and Non-recurring Transfer Expenditure	2924.05	3061.48
借贷性支出	Lending Expenditure	558.34	439.55

9—11 农村居民人均收支情况
Per Capita Cash Income and Expenditure of Rural Residents

单位：元（yuan）

项　　目	Item	2015	2016
总收入	**Total Income**	**13752.45**	**15514.88**
工资性收入	Wage Income	3983.12	4291.40
家庭经营收入	Income From Household Business	6845.00	8033.47
财产性收入	Property Income	182.94	211.76
转移性收入	Transfer Income	2741.40	2978.25
可支配收入	**Net Income**	**10820.73**	**11720.47**
期内现金收入合计	**Total Income During the Period**	**12505.13**	**13942.95**
工资性收入	Wage Income	3963.80	4261.10
家庭经营收入	Income From Household Business	5796.26	6654.38
财产性收入	Property Income	182.94	211.76
转移性收入	Transfer Income	2562.13	2815.70
期内现金支出合计	**Total Cash Expenditure in the Period**	**13278.51**	**15209.77**
现金消费支出	Cash Comsumption Expenditure	7213.53	8299.59
生产经营现金费用支出	Cash Production and Operating Expenditure	2251.99	3007.53
现金财产性支出	Cash Property Expenditure	21.16	25.02
现金转移性支出	Cash Transfer Expenditure	279.98	331.91
部分商业保险支出	Part of Commercial Insurance Expenditure	29.47	44.69
购置资产及非经常性转移支出	Acquisition of Assets and Non-recurring Transfer Expenditure	2924.05	3061.48
借贷性支出	Lending Expenditure	558.34	439.55

9—12 农村居民家庭平均每人生活消费支出
Per Capita Living Expenditure of Rural Households

单位：元（yuan）

项　目	Item	2015	2016
生活消费支出	**Living Expenditure**	**8975.21**	**10287.30**
按消费类别分	**By Category of Consumption**		
食品烟酒	Food Alcohol and Tobacco	3212.02	3523.03
衣　着	Clothing	503.44	538.77
居　住	Residence	1899.77	2248.30
生活用品及服务	Household Facilities, Articles and Services	498.49	643.21
交通通信	Transportation and Communications	1056.28	1276.27
教育文化娱乐	Cultural, Educational and Recreational Articles and Services	834.39	949.06
医疗保健	Medicines and Medical Services	808.20	931.89
其他用品和服务	Other Commodities and Services	162.63	176.79
按消费性质分	**By Source of Consumption**		
现金消费支出	**Consumption Paid in Money**	**7213.53**	**8299.59**
食品烟酒	Food Alcohol and Tobacco	2833.09	3164.36
衣　着	Clothing	502.07	537.88
居　住	Residence	683.41	765.15
生活用品及服务	Household Facilities, Articles and Services	494.63	639.92
交通通信	Transportation and Communications	1056.14	1275.41
教育文化娱乐	Cultural, Educational and Recreational Articles and Services	834.19	949.01
医疗保健	Medicines and Medical Services	648.55	791.96
其他用品和服务	Other Commodities and Services	161.44	175.91

9—13 农村居民家庭平均每人生活消费支出构成
Composition of per Capita Living Expenditure of Rural Households

单位：%

项　目	Item	2015	2016
生活消费支出	**Living Expenditure**		
按消费类别分	**By Category of Consumption**		
食品烟酒	Food Alcohol and Tobacco	35.79	34.25
衣　着	Clothing	5.61	5.24
居　住	Residence	21.17	21.86
生活用品及服务	Household Facilities, Articles and Services	5.55	6.25
交通通信	Transportation and Communications	11.77	12.41
教育文化娱乐	Cultural, Educational and Recreational Articles and Services	9.30	9.23
医疗保健	Medicines and Medical Services	9.00	9.06
其他用品和服务	Other Commodities and Services	1.81	1.72
按消费性质分	**By Source of Consumption**		
货币性消费	**Consumption Paid in Money**		
食品烟酒	Food Alcohol and Tobacco	39.27	38.13
衣　着	Clothing	6.96	6.48
居　住	Residence	9.47	9.22
生活用品及服务	Household Facilities, Articles and Services	6.86	7.71
交通通信	Transportation and Communications	14.64	15.37
教育文化娱乐	Cultural, Educational and Recreational Articles and Services	11.56	11.43
医疗保健	Medicines and Medical Services	8.99	9.54
其他用品和服务	Other Commodities and Services	2.24	2.12

9—14 农村居民家庭平均每人主要消费品消费量
Per Capita Consumption of Major Consumer Goods in Rural Households

品　　名		Item		2015	2016
粮食（原粮）	（公斤）	Grain (Unprocessed)	(kg)	173.17	169.77
#细　粮		Wheat and Rice		159.96	157.45
蔬　　菜	（公斤）	Fresh Vegetables	(kg)	90.99	92.73
食　　油	（公斤）	Edible Oil	(kg)	10.27	10.02
猪牛羊肉	（公斤）	Pork, Beef and Mutton	(kg)	18.82	18.45
家　　禽	（公斤）	Poultry	(kg)	10.79	11.78
蛋及制品	（公斤）	Eggs and Related Products	(kg)	10.17	11.02
鱼　　虾	（公斤）	Fish and Shrimp	(kg)	8.95	9.16
食　　糖	（公斤）	Sugar	(kg)	1.13	1.12
酒	（公斤）	Liquor	(kg)	14.81	14.38

9—15 农村居民家庭平均每百户年底耐用消费品拥有量
Number of Durable Consumer Goods Owned per 100 Rural Households at the Year-end

品　　名		Item		2015	2016
洗 衣 机	(台)	Washing Machine	(set)	73.58	79.09
电 冰 箱	(台)	Refrigerator	(set)	90.55	94.78
空 调 机	(台)	Air Conditioner	(set)	58.38	72.35
抽油烟机	(台)	Exhaust Fan	(set)	10.90	14.25
助 力 车	(辆)	Electric Bikes	(unit)	79.35	90.96
摩 托 车	(辆)	Motorcycle	(unit)	47.05	41.22
生活用汽车	(辆)	Automobile	(unit)	8.48	11.22
电 话 机	(部)	Telephone	(set)	40.97	31.61
移动电话	(部)	Mobile Telephone	(set)	205.34	221.59
彩色电视机	(台)	Color TV Set	(set)	121.33	124.59
照 相 机	(台)	Camera	(set)	3.51	2.76
家用计算机	(台)	Computer	(set)	19.37	20.34
热 水 器	(台)	Shower	(unit)	66.41	74.72

9—16 各市农村居民人均可支配收入情况
Municipal Rural Residents per Capita Disposable Income

单位：元（yuan）

地 区	Region	2015	2016
合肥市	Hefei	15733	17059
淮北市	Huaibei	9882	10653
亳州市	Bozhou	9738	10576
宿州市	Suzhou	9140	9917
蚌埠市	Bengbu	11552	12591
阜阳市	Fuyang	9001	9776
淮南市	Huainan	10139	10848
滁州市	Chuzhou	10070	10956
六安市	Luan	9197	9960
马鞍山市	Maanshan	16331	17719
芜湖市	Wuhu	15964	17307
宣城市	Xuancheng	12309	13379
铜陵市	Tongling	11169	12054
池州市	Chizhou	11511	12409
安庆市	Anqing	9985	10814
黄山市	Huangshan	11872	12869

9—17 各县（区）农村居民家庭人均可支配收入

Various Counties (area) the per Ccapita Disposable Income of Rural Households

单位：元（yuan）

地区	Region	2015	2016
瑶海区	Yaohai District	19957	
庐阳区	Luyang District	20907	23081
蜀山区	Shushan District	20495	22596
包河区	Baohe District	21178	23423
合肥新站区	Hefei New Station District	15504	16806
长丰县	Changfeng	14614	16149
肥东县	Feidong	16162	17813
肥西县	Feixi	16479	18143
庐江县	Lujiang	14312	15769
巢湖市	Chaohu	15142	16668
合肥高新区	Hefei New and High-tech Zone	15507	16794
杜集区	Duji District	10446	11308
相山区	Xiangshan District	10020	10787
烈山区	Lieshan District	9893	10621
濉溪县	Suixi	9810	10600
谯城区	Qiaocheng District	10793	11754
涡阳县	Guoyang	9115	9899
蒙城县	Mengcheng	10003	10849
利辛县	Lixin	9007	9799
埇桥区	Yongqiao District	9311	10113
砀山县	Dangshan	9335	10128
萧县	Xiaoxian	9097	9856
灵璧县	Lingbi	9191	9968
泗县	Sixian	8752	9497
龙子湖区	Longzihu District	11298	12122
蚌山区	Bengshang District	11337	12391
禹会区	Yuhui District	10968	11791
淮上区	Huaishang District	10952	11763
怀远县	Huaiyuan	11670	12732
五河县	Wuhe	11594	12660
固镇县	Guzhen	11745	12802
颍州区	Yingzhou District	10520	11399
颍东区	Yingdong District	8492	9200
颍泉区	Yingquan District	9151	9927
临泉县	Linquan	8592	9344
太和县	Taihe	9229	10028
阜南县	Funan	8591	9328

9—17 续表1 continued

单位：元（yuan）

地 区	Region	2015	2016
颍 上 县	Yingshang	9035	9826
界 首 市	Jieshou	9840	10684
大 通 区	Datong District	11765	12601
田家庵区	Tianjaan District	12420	13283
谢家集区	Xiejiaji District	11760	12530
八公山区	Bagongshan District	11919	12658
潘 集 区	Panji District	11202	11936
毛集实验区	Maoji Experimental District	10932	11735
凤 台 县	Fengtai	11341	12185
寿 县	Shouxian	8524	9236
琅 琊 区	Langya District	10832	11753
南 谯 区	Nanqiao District	10463	11373
来 安 县	Laian	9908	10810
全 椒 县	Quanjiao	10291	11207
定 远 县	Dingyuan	9413	10220
凤 阳 县	Fengyang	8823	9617
天 长 市	Tianchang	14070	15309
明 光 市	Mingguang	9331	10131
金 安 区	Jinan District	9826	10701
裕 安 区	Yuan District	9903	10706
叶 集 区	Yeji District	8613	9763
霍 邱 县	Huoqiu	9226	9327
舒 城 县	Shucheng	8503	10019
金 寨 县	Jinzhai	10328	9269
霍 山 县	Huoshan	9007	11175
花 山 区	Huashan District	22115	24127
雨 山 区	Yushan District	22410	24303
博 望 区	Bowang District	18128	20059
当 涂 县	Dangtu	18107	20029
含 山 县	Henshan	14130	15607
和 县	Hexian	14138	15658
镜 湖 区	Jinghu District	19683	21346
弋 江 区	Yijiang District	16593	17597
鸠 江 区	Jiujiang District	17466	18627
三 山 区	Sanshang District	17410	18728
芜 湖 县	Wuhu	17774	18947
繁 昌 县	Fanchang	17657	18805
南 陵 县	Nanling	17322	18751
无 为 县	Wuwei	14171	15340

9—17 续表2 continued

单位：元（yuan）

地 区	Region	2015	2016
宣 州 区	Xuanzhou District	12380	13459
郎 溪 县	Langxi	12034	13070
广 德 县	Guangde	13983	15145
泾 县	Jingxian	11020	11989
绩 溪 县	Jixi	10139	11051
旌 德 县	Jingde	9900	10732
宁 国 市	Ningguo	13748	15016
铜 官 区	Tongguan District	21258	23022
铜陵市郊区	Tongling Suburban District	20008	21949
义 安 区	Yian District	17395	19117
枞 阳 县	Zongyang	9247	10190
贵 池 区	Guichi District	11936	12886
东 至 县	Dongzhi	11527	12432
石 台 县	Shitai	8084	8759
青 阳 县	Qingyang	12089	13056
九华山景区	Jiuhuashan Mountain Scenic Area	12167	13116
池州开发区	Chizhou Development Zone	12216	13157
迎 江 区	Yingjiang District	12696	13559
大 观 区	Daguan District	12433	13253
宜 秀 区	Yixiu District	12825	13671
怀 宁 县	Huaining	11349	12345
潜 山 县	Qianshan	9069	9874
太 湖 县	Taihu	8759	9521
宿 松 县	Susong	8845	9615
望 江 县	Wangjiang	8933	9711
岳 西 县	Yuexi	8797	9598
桐 城 市	Tongcheng	11747	12757
屯 溪 区	Tunxi District	12600	13635
黄 山 区	Huangshan District	12179	13238
徽 州 区	Huizhou District	12223	13323
歙 县	Shexian	11807	12790
休 宁 县	Xiuning	11677	12707
黟 县	Yixian	11855	12912
祁 门 县	Qimen	11700	12706

注：1. 2015年底，铜官山区区划调整，原狮子山区并入，本表内2015年数据为新行政区划铜官山区推算数据。
2. 因区划调整，本表内义安区2015年为推算数据。

a) By the end of 2015, Tongguan mountain area zoning adjustment, the original lion mountain area into the table, the table for the new administrative divisions in the new administrative area of Tonggu mountain projections.

b) Due to zoning adjustment, this table in the security zone 2015 estimated data.

主要统计指标解释

可支配收入

指调查户在调查期内获得的、可用于最终消费支出和储蓄的总和，即调查户可以用来自由支配的收入。可支配收入既包括现金，也包括实物收入。按照收入的来源，可支配收入包含五项，分别为：工资性收入、经营净收入、财产净收入、转移净收入和自有住房折算净租金。计算公式为：

可支配收入=工资性收入+经营净收入+财产净收入+转移净收入+自有住房折算净租金

其中：经营净收入=经营收入-经营费用-生产性固定资产折旧－生产税净额（生产税-生产补贴）

财产净收入=财产性收入-财产性支出

转移净收入=转移性收入-转移性支出

工资性收入

指就业人员通过各种途径得到的全部劳动报酬和各种福利，包括受雇于单位或个人、从事各种自由职业、兼职和零星劳动得到的全部劳动报酬和福利。

经营净收入

指住户或住户成员从事生产经营活动所获得的净收入，是全部经营收入中扣除经营费用、生产性固定资产折旧和生产税净额（生产税减去生产补贴）之后得到的净收入。

财产净收入

指住户或住户成员将其所拥有的金融资产和自然资源交由其他机构单位、住户或个人支配而获得的回报并扣除相关的费用之后得到的净收入。财产净收入包括利息净收入、红利收入、储蓄性保险净收益和转让承包土地经营权租金净收入等。

转移性收入

指国家、单位、社会团体对住户的各种经常性转移支付和住户之间的经常性收入转移。包括政府、非行政事业单位、社会团体对居民转移的养老金或退休金、社会救济和补助、政策性生活补贴、救灾款、经常性捐赠和赔偿以及报销医疗费等；住户之间的赡养收入、经常性捐赠和赔偿以及农村地区（村委会）在外（含国外）工作的本住户非常住成员寄回带回的收入等。

消费支出

指住户用于满足家庭日常生活消费需要的全部支出，包括用于消费品的支出和用于服务性消费的支出。根据用途不同，消费支出可划分为食品烟酒、衣着、居住、生活用品及服务、交通通信、教育文化娱乐、医疗保健、其他用品及服务八大类。根据来源不同，消费支出可划分为现金消费支出、实物消费支出（含自产自用、来自单位、来自政府和其他社会组织）。

Explanatory Notes for Major Statistical Indicators

Disposable income

Refers to the DiaoZhaHu during the survey period, can be used for final consumption expenditure and the sum of savings, namely DiaoZhaHu can be used to discretionary income. Disposable income includes both cash and in-kind income. According to a source of income, disposable income contains five, respectively: salary income, operating income, net income and property transfer net income and home ownership conversion net rents. Calculation formula is:

Disposable income = salary income + business net income, net income property + home ownership transfer net income reduced net rents

Among them: business net income = operating income - operating costs - productive fixed assets depreciation by net production tax (production tax - production subsidies)

Property income = property income - property spending

Transfer net income = metastatic income - transfer spending

Wage income

Refers to the employment through various means to get all the labor remuneration and benefits, including employed by units or individuals, is engaged in a variety of freelancing, part-time and sporadic labor to get all the labor remuneration and welfare.

Business net income

Refers to the resident or resident members engaged in the production and business operation activities of net income, is all operating income deducted operating expenses, productive fixed assets depreciation and net production tax (production tax less production subsidies) after the net income.

Property income

Refers to the resident or resident members should be owned by the financial assets, natural resources by other agencies and institutions and the resident or disposal and returns and net income after deducting costs associated. Property net income includes interest income, dividend income, net income and the transfer of contracted land management rights rental deposit sex insurance net income, etc.

Metastatic income

Refers to the country, unit, society the homes of various current transfer payment and regular income transfers between households. Including government, non-executive institutions, social organizations to move people's pension or retirement, social relief and assistance, policy-related subsidies, relief of life, regular donations and compensation and reimbursement, etc.; Support between residents income, regular donations and compensation, and rural area (village) and outer (including foreign) work non-permanent members return back to the residents income, etc.

Consumer spending

Refers to the residents used to meet the needs of all family daily life consumption spending, including for consumer spending and for service consumer spending. According to different purposes, consumer spending can be divided into alcohol, tobacco, food, clothing, housing, household items and services, transportation, communication, education and cultural entertainment, health care and other products and services for the eight classes. According to different sources can be divided into consumer spending cash consumption expenditure, real consumer spending (including produce their own, from units, from government and other social organizations).

第十篇

Chapter 10

城市概况

GENERAL SURVEY OF CITIES

简要说明

一、本篇资料综合部分反映全省及 16 个地级城市市辖区社会、经济发展和城市建设的规模、效益及综合水平等基本情况。市政公用基础设施情况部分增加了 6 个县级市的资料。主要内容：

1. 人口、劳动力及土地面积；

2. 综合经济指标；

3. 固定资产投资；

4. 教育、科技、文化、卫生情况；

5. 财政、金融情况；

6. 人民生活情况；

7. 社会福利、劳动保险；

8. 市政公用基础设施情况。

二、本篇资料由安徽省统计局综合处根据国家统计局《城市社会经济基本情况统计报表制度》搜集、汇总整理提供。市政公用基础设施情况资料由省住建厅提供。

Brief Introduction

I. The comprehensive information of this section reflects the basic situation of the scale, efficiency and comprehensive level of social, economic development and urban construction in the province and 16 prefecture-level cities and municipal districts. The municipal public infrastructure has increased the information of the six county-level cities. main content:

1. Population, labor force and area of land.

2. Comprehensive economic indicators.

3. Investment in fixed assets.

4. The conditions of education, science and technology, culture and health care.

5. The conditions of finance and banking.

6. People's livelihood.

7. Social welfare and labor insurance.

8. Municipal public infrastructure

II. This information is collected by Anhui Provincial Bureau of Statistics, according to the National Bureau of Statistics "Urban Social and Economic Basic Statistics Report System", summarized and provided. The municipal public infrastructure information is provided by the Provincial Office.

10—1 地级城市基本情况（2016年）
Basic Statement of Cities at Prefectural Level (2016)

指　　标	Item	全省 Province	#市区合计 City
人口、劳动力及土地面积	**Population, Labor Force and Land Area**		
年末户籍人口（万人）	Residence Population (year-end) (10000 persons)	7026.98	2101.26
年平均户籍人口（万人）	Annual Average Residence Population (10000 persons)	6988.05	2087.23
年末城镇非私营单位从业人员数（万人）	Number of Employed Persons of Urban Non-private Owned Units (year-end) (10000 persons)	517.05	
城镇私营企业和个体从业人员(万人)	Self-employed Individuals in Urban Areas (10000 persons)	879.99	
行政区域土地面积（平方公里）	Land Area (sq.m)	140140	28778
#建成区面积	Developed Area		1824
综合经济	**General Economy**		
地区生产总值（当年价格）（亿元）	Gross Regional Product (at current price) (100 million yuan)	24117.89	13005.31
第一产业	Primary Industry	2567.72	560.03
第二产业	Secondary Industry	11590.25	6411.93
第三产业	Tertiary Industry	9959.92	6033.35
财政、金融	**Government Finance and Banking**		
地方财政一般预算内收入（亿元）	Local Budgetary Financial Revenue (100 million yuan)	2672.79	1500.26
地方财政一般预算内支出（亿元）	Local Budgetary Financial Expenditure (100 million yuan)	5522.95	2529.82
一般公共服务	General Public Service	404.10	179.08
科学技术	Science	259.50	195.31
教　育	Education	910.87	336.53
文化体育与传媒	Culture, Sports and Media	84.23	32.56
社会保障和就业	Social Security and Employment	761.59	246.13
节能环保	Energy Saving and Environmental Protection	133.64	79.45
医疗卫生与计划生育	Medical and Health Care and Family Planning	480.12	169.14
住房保障	Housing Security	229.29	116.72
城乡社区事务	Expenses in Urban、Rural Areas and Communities	669.06	466.42
交通运输	Transport	341.37	188.05
人民币住户存款余额（亿元）	Deposits of Households (100 million yuan)	18857.63	8704.14
农　业	**Agriculture**		
蔬菜产量（万吨）	Output of Vegetables (10000 tons)	2774.69	
园林水果产量（万吨）	Output of Garden Fruits (10000 tons)	305.28	
肉类产量（万吨）	Output of Meat (10000 tons)	411.39	
奶类产量（万吨）	Output of Milk (10000 tons)	32.68	
水产品产量（万吨）	Output of Freshwater Products (10000 tons)	235.80	
工　业	**Industry**		
规模以上工业法人企业	Industrial Corporate Enterprises above Designated Size		
工业企业数（个）	Number of Enterprises (unit)	19838	7012
内资企业	Domestic Funded Enterprises	19078	6549
港澳台商投资企业	Funded by Entrepreneurs from Hong Kong, Macao and Taiwan	310	183
外商投资企业	Foreign Funded Enterprises	450	280
工业总产值（当年价格）（亿元）	Gross Output Value (at current price) (100 million yuan)	43436.35	21962.98
内资企业	Domestic Funded Enterprises	37987.59	17939.24
港澳台商投资企业	Funded by Entrepreneurs from Hong Kong, Macao and Taiwan	2568.57	1657.64
外商投资企业	Foreign Funded Enterprises	2880.18	2366.10
从业人员年平均人数（万人）	Annual Average Number of Employed Persons (10000 persons)	315.47	159.14
流动资产合计（亿元）	Total Circulating Funds (100 million yuan)	15615.35	9654.16
固定资产合计（亿元）	Total Fixed Assets (100 million yuan)	11782.43	7397.78
主营业务收入（亿元）	Main Business Revenue (100 million yuan)	42190.46	21835.57
主营业务税金及附加（亿元）	Main Business Taxes and Extra-charges (100 million yuan)	505.59	346.19
本年应交增值税（亿元）	Value Added Tax Payable (100 million yuan)	944.74	514.45
利润总额（亿元）	Total Profits (100 million yuan)	2242.26	1066.40

10—1 续表1 continued

指标	Item		全省 Province	#市区合计 City
交通运输、邮电通信、能源电力	**Transportation, Post & Telecommunication and Electric Power**			
铁路旅客运量（万人）	Passenger Traffic of Railways	(10000 persons)	10349	
铁路货物运量（万吨）	Freight Traffic of Railways	(10000 tons)	9244	
境内铁路营业里程（公里）	Length of Railways Within the Boundary	(km)	4243	
民用汽车拥有量（万辆）	Number of Civil Vehicles Owned	(10000 units)	611.05	
#私人汽车	Number of Motor Vehicls owned by Individuals		507.61	
公路客运量（万人）	Passenger Traffic of Highways	(10000 persons)	70523	
公路货运量（万吨）	Freight Traffic of Highways	(10000 tons)	244526	
境内公路里程（公里）	Length of Highways Within the Boundary	(km)	197588	
境内高速公路里程（公里）	Express Highways	(km)	4543	
内河港口货物吞吐量（万吨）	Cargo Handled in Ports of Inland Rivers	(10000 tons)	51917.40	
水运客运量（万人）	Passenger Traffic of Waterways	(10000 persons)	213	
水运货运量（万吨）	Freight Traffic of Waterways	(10000 tons)	110776	
民用航空货邮运量（万吨）	Freight Traffic of Civil Aviation	(10000 tons)	2.4	
民用航空客运量（万人）	Passenger Traffic of Civil Aviation	(10000 persons)	341	
年末邮政局（所）（处）	Number of Post Offices (year-end)	(unit)	1936	
邮政业务总量（亿元）	Business Revenue of of Postal Services	(100 million yuan)	53.54	
电信业务总量（亿元）	Business Revenue of of Telecommunication Services	(100 million yuan)	1099.24	
年末固定电话用户（万户）	Local Telephone Subscribers at Year-end	(10000 subscribers)	613.80	
年末移动电话用户（万户）	Number of Mobile Telephone Subscribers at Year-end	(10000 subscribers)	4342.98	
固定互联网宽带接入用户（万户）	Number of Internet Wide Band Turning on Users	(10000 subscribers)	1075.04	
全社会用电量（亿千瓦时）	Total Electricity Consumption	(100 million kwh)	1794.98	846.99
#工　业	Industrial Electricity Consumption		1198.53	548.66
居民生活	Residential Power Consumption		300.46	122.89
内外贸易、外经、旅游	**Trade Foreign Trade and Tourism**			
限额以上批发和零售业商品销售总额（亿元）	Total Sale of Enterprises Above Designed Size in Wholesale and Retail Trade	(100 million yuan)	10682.76	8357.49
社会消费品零售总额（亿元）	Retailsale of Consumer Goods	(100 million yuan)	10000.20	5943.60
进口额（海关数）（亿美元）	Total Imports (customs statistics)	(USD 100 million)	158.96	
出口额（海关数）（亿美元）	Total Exports (customs statistics)	(USD 100 million)	284.84	
外商直接投资	Forign Drirect Investment			
当年新批项目（个）	Number of Contracts Newly Signed	(unit)	267	189
当年实际使用外资金额（亿美元）	Amount of Foreign Capital Actually Used	(USD 100 million)	147.67	87.94
入境旅游人数（万人）	Number of inbound Tourists	(10000 persons)	485.35	
#外国人	Foreigners		282.91	
港、澳、台同胞	Compatriots from Hong Kong, Macao and Taiwan		202.48	
旅游（外汇）收入（亿美元）	Foreign Exchange Earnings from International Tourism	(USD 100 million)	25.42	
星级饭店（个）	Number of Tourist Hotel of Star Class	(unit)	314	
固定资产投资	**Investment in Fixed Assets**			
固定资产投资额（亿元）	Total Investment in Fixed Assets	(100 million yuan)	26758.11	14061.24
#房地产开发	Total Investment in Real Estate Devlopment		4603.56	2918.35
#住　　宅	Residential Buildings		3069.36	1875.62
全年新增固定资产（亿元）	Newly Increased Fixed Assets	(100 million yuan)	15967.36	7861.68

10—1 续表2 continued

指　　标		Item		全　省 Province	#市区合计 City
商品房屋销售面积	（万平方米）	Floor Space of Selling House	(10000 sq.m)	8499.65	4940.00
#住　　宅		Residential Buildings		7506.87	4318.62
商品房屋销售额	（亿元）	Total Sales of Commercial House	(100 million yuan)	5035.55	3216.98
#住　　宅		Residential Buildings		4231.59	2661.40
商品房屋待售面积	（万平方米）	Square Commercial House for Sal	(10000 sq.m)	2401.44	1304.19
教育、科技、文化、卫生		**Education, S&T, Culture and Public Health**			
学校数	（所）	Number of Schools	(unit)		
普通高等学校		Institutions of Higher Education		109	
中等职业教育学校		Secondary Vocational Technical School		374	188
普通中学		Regular Secondary Schools		3472	1075
小　　学		Primary Schools		8284	2364
专任教师数	（人）	Number of Full-time Teachers	(person)		
普通高等学校		Institutions of Higher Education		59479	
中等职业教育学校		Secondary Vocational Technical School		28630	13518
普通中学		Regular Secondary Schools		229200	80136
小　　学		Primary Schools		240493	76147
在校学生数	（万人）	Number of Student Enrollment	(10000 persons)		
普通高等学校		Institutions of Higher Education		114.50	
中等职业教育学校		Secondary Vocational Technical School		78.18	35.08
普通中学		Regular Secondary Schools		304.89	102.36
小　　学		Primary Schools		430.36	140.28
成人高等学校在校学生数	（万人）	Student Enrollment in Institutions of Higher Education for Adults	(10000 persons)	19.15	
体育场馆数	（个）	Number of Stadiuns and Gymnasiums	(unit)	386	
公共图书馆总藏量	（千册、件）	Total Collecters of Public Libraries	(1000 unit)	21625	
医院、卫生院数	（个）	Number of Hospitals	(unit)	2414	996
医院、卫生院床位数	（张）	Number of Hospital Beds	(unit)	268064	138563
医生数（执业医师+执业助理医师）	（人）	Number of Doctors (Practicing Doctors + Practicing Mediatinuses)	(person)	113810	58454
注册护士	（人）	Registered Nurses	(person)	128434	75073
人民生活、社会保障		**Living Standards, Social Security**			
在岗职工工资总额	（亿元）	Total Wages of On-the-job worker	(100 million yuan)	2839.62	1909.50
城镇职工基本养老保险参保人数	（万人）	Number of Staff and Workers Participated in Endowment Insurance	(10000 persons)	892.24	514.75
城镇职工基本医疗保险参保人数	（万人）	Number of Staff and Workers Participated in Medical Insurance	(10000 persons)	781.95	516.01
失业保险参保人数	（万人）	Number of People Participated in Unemployed Insurance	(10000 persons)	448.50	316.26
社区服务设施数	（个）	Number of Service Facilities of Community	(unit)	8086	3328
城镇居民最低生活保障人数	（万人）	Number of Urban Residents Living on the Minimum Standard of Living	(10000 persons)	54.41	27.01
社会治安		**Public Security**			
交通事故死亡人数	（人）	Number of Deaths on Traffic Accidents	(person)	2644	990
交通事故损失额	（万元）	Amount of Loss on Traffic Accidents	(10000 yuan)	6261	2413
火灾事故死亡人数	（人）	Number of Deaths on Fire Accidents	(person)	31	16
火灾事故损失额	（万元）	Amount of Loss on Fire Accidents	(10000 yuan)	11501	6299

注：10—1和10—2表中，城镇职工基本养老保险、基本医疗保险参保人数，包括报告期末参加城镇基本养老保险、基本医疗保险并在社保经办机构已建立缴费记录档案的职工人数和离休、退休和退职人员的人数。中等职业教育学校相关指标为包含成人中等专业学校不包含技工学校的数据。

a) In Sheet 10-1and 10-2,The population of basic old-age insurance for urban employees and basic medical insurance,including at the end of the reporting period population taking part in urban basic old-age insurance and basic medical insurance and these population have been set up records by social security agencies, and retired personnel.The indicators data about secondary vocational technical schools are including specialized secondary schools for adults,but not including technical schools.

10—2 地级城市市区基本情况（2016年）
Basic Statement of Cities at Prefectural Level by Region (2016)

指标	Item	合肥市 Hefei	淮北市 Huaibei	亳州市 Bozhou	宿州市 Suzhou
人口、劳动力及土地面积	**Population, Labor Force and Land Area**				
年末户籍人口（万人）	Residence Population (year-end) (10000 persons)	259.16	105.34	166.51	190.37
年平均户籍人口（万人）	Annual Average Residence Population (10000 persons)	255.10	105.09	164.75	189.49
年末城镇非私营单位从业人员人数（万人）	Number of Employed Persons of Urban Non-private Owned Units (year-end) (10000 persons)	117.24	17.39	8.95	
城镇私营企业和个体从业人员（万人）	Self-employed Individuals in Urban Areas (10000 persons)	148.01	34.60		
行政区域土地面积（平方公里）	Land Area (sq.m)	1312	760	2263	2907
＃建成区面积	Developed Area	460	85	62	79
综合经济	**General Economy**				
地区生产总值(当年价格)（亿元）	Gross Regional Product (at current price) (100 million yuan)	4191.70	545.81	367.61	575.97
第一产业	Primary Industry	16.90	19.86	62.38	66.83
第二产业	Secondary Industry	1997.72	324.63	153.09	222.12
第三产业	Tertiary Industry	2177.08	201.32	152.14	287.01
财政、金融	**Government Finance, Banking and Insurance**				
地方财政一般预算内收入（亿元）	Local Budgetary Financial Revenue (100 million yuan)	472.35	43.04	47.96	56.57
地方财政一般预算内支出（亿元）	Local Budgetary Financial Expenditure (100 million yuan)	591.55	92.18	116.40	143.77
一般公共服务	General Public Service	28.94	9.05	8.04	10.59
科学技术	Science	95.44	0.81	1.61	5.77
教　育	Education	66.54	14.05	19.07	22.02
文化体育与传媒	Culture, Sports and Media	6.52	1.95	0.65	1.46
社会保障和就业	Social Security and Employment	42.52	10.21	10.80	9.12
节能环保	Energy Saving and Environmental Protection	15.92	4.58	7.80	6.39
医疗卫生与计划生育	Medical and Health Care and Family Planning	20.78	7.24	10.15	11.92
住房保障	Housing Security	11.71	7.02	7.83	5.65
城乡社区事务	Expenses in Urban、Rural Areas and Communities	170.94	11.41	11.63	22.32
交通运输	Transport	27.96	10.24	10.62	15.90
人民币住户存款余额（亿元）	Deposits of Households (100 million yuan)	2142.55	399.72	372.53	466.37
工　业	**Industry**				
规模以上工业法人企业	Industrial Corporate Enterprises above Designated Size				
工业企业数（个）	Number of Enterprises (unit)	936	500	289	524
内资企业	Domestic Funded Enterprises	812	488	283	510
港澳台商投资企业	Funded by Entrepreneurs from Hong Kong, Macao and Taiwan	44	4	2	7
外商投资企业	Foreign Funded Enterprises	80	8	4	7
工业总产值(当年价格)（亿元）	Gross Output Value (at current price) (100 million yuan)	6064.55	1259.72	464.23	725.14
内资企业	Domestic Funded Enterprises	4313.55	1227.36	457.51	669.56
港澳台商投资企业	Funded by Entrepreneurs from Hong Kong, Macao and Taiwan	586.47	8.20	1.11	52.23
外商投资企业	Foreign Funded Enterprises	1164.53	24.17	5.61	3.36
从业人员年平均人数（万人）	Annual Average Number of Employed Persons (10000 persons)	32.12	16.51	5.00	6.77

蚌埠市 Bengbu	阜阳市 Fuyang	淮南市 Huainan	滁州市 Chuzhou	六安市 Luan	马鞍山市 Maanshan	芜湖市 Wuhu	宣城市 Xuancheng	铜陵市 Tongling	池州市 Chizhou	安庆市 Anqing	黄山市 Huangshan
114.92	226.38	185.87	55.19	219.65	82.52	147.77	87.04	73.84	67.15	74.06	45.49
114.27	224.47	185.09	54.45	218.47	82.39	146.84	86.90	73.82	66.97	73.85	45.28
	16.73	21.95	9.68	9.38	16.10	34.04	4.47	14.77	6.18		7.26
	38.00	13.68	15.48	8.90	28.08	30.68	6.21	15.73	13.37		15.01
611	1957	1736	1406	4139	704	1491	2585	1200	2539	810	2358
145	124	110	85	77	95	172	55	81	37	90	67
745.25	485.36	590.29	370.44	481.64	910.25	1659.78	290.73	751.90	313.18	456.89	268.53
24.72	62.22	41.50	20.05	93.01	12.79	27.09	37.46	14.19	30.31	13.82	16.90
382.04	172.92	278.87	240.63	205.66	485.76	927.29	117.32	467.21	152.45	196.37	87.86
338.49	250.22	269.92	109.77	182.98	411.70	705.40	135.95	270.50	130.42	246.70	163.77
92.73	62.98	64.69	65.64	58.75	82.81	192.87	25.52	72.37	44.62	70.81	46.55
143.69	155.69	127.04	102.44	174.46	205.29	236.77	44.64	114.47	84.27	105.78	91.40
9.25	12.15	8.93	7.08	17.76	16.50	14.32	3.80	8.89	6.59	6.57	10.62
6.87	2.06	2.17	3.93	3.57	8.72	49.50	0.86	7.81	0.87	3.42	1.89
18.28	26.16	17.04	14.54	27.78	31.00	29.38	7.09	16.53	8.63	11.48	6.93
1.67	0.96	1.17	1.74	3.42	3.23	2.22	0.29	1.65	0.76	2.76	2.13
15.17	19.99	28.10	8.64	13.10	21.10	22.78	7.15	10.81	7.34	10.59	8.69
2.99	3.80	3.59	1.13	5.36	5.26	3.18	0.47	4.20	6.62	1.88	6.27
8.86	12.84	9.83	5.89	18.91	17.86	13.75	4.99	7.54	5.89	7.87	4.83
12.15	7.23	10.93	2.43	5.92	11.18	14.56	3.11	3.05	4.09	5.44	4.42
35.95	19.32	12.69	19.61	9.20	31.79	32.48	6.35	24.36	22.17	21.58	14.62
13.54	11.88	6.69	10.09	18.85	11.75	13.49	1.42	5.52	8.10	14.00	8.03
469.05	658.87	657.42	275.72	530.10	502.77	617.08	259.67	407.07	252.56	430.02	262.63
538	476	334	392	443	479	793	243	301	262	273	229
513	470	321	351	434	441	686	236	282	252	252	218
11	5	7	13	3	18	40	3	11	4	5	6
14	1	6	28	6	20	67	4	8	6	16	5
1589.78	592.39	764.87	899.21	762.43	1378.49	3820.87	271.90	2025.40	404.73	676.91	262.35
1401.60	567.76	692.45	715.24	738.90	1223.61	2870.34	267.94	1520.54	388.86	630.01	254.01
161.80	21.61	66.26	26.36	8.81	51.35	204.88	0.81	446.50	7.69	8.25	5.33
26.39	3.02	6.16	157.61	14.73	103.53	745.65	3.15	58.36	8.18	38.65	3.01
9.22	5.81	15.22	8.83	6.74	11.53	19.58	2.61	8.13	3.19	5.55	2.33

10—2 续表1 continued

指　标		Item		合肥市 Hefei	淮北市 Huaibei	亳州市 Bozhou	宿州市 Suzhou
流动资产合计	（亿元）	Total Circulating Funds	(100 million yuan)	2791.09	547.44	237.13	162.26
固定资产合计	（亿元）	Main Business Revenue	(100 million yuan)	1258.38	769.77	108.88	222.13
主营业务收入	（亿元）	Main Business Revenue	(100 million yuan)	5745.48	1856.44	431.39	699.42
主营业务税金及附加	（亿元）	Main Business Taxes and Extra-charges	(100 million yuan)	38.59	14.76	11.43	4.63
本年应交增值税	（亿元）	Value Added Tax Payable	(100 million yuan)	114.76	48.39	14.08	11.56
利润总额	（亿元）	Total Profits	(100 million yuan)	340.58	45.30	33.35	38.58
邮政、电力		**Post and Electric Power**					
年末邮政局（所）	（处）	Number of Post Offices (year-end)	(unit)		25	35	48
全社会用电量	（亿千瓦时）	Total Electricity Consumption	(100 million kwh)	155.59	35.60	17.11	35.25
#工　业		Industrial Electricity Consumption		64.51	25.33	5.74	17.61
居民生活		Residential Power Consumption		30.46	5.40	6.39	8.12
内外贸易、外经		**Trade Foreign Trade and Tourism**					
限额以上批发零售贸易业商品销售总额	（亿元）	Total Sale of Enterprises Above Designed Size in Wholesale and Retail Trade	(100 million yuan)	3952.40	138.18	111.98	345.92
社会消费品零售总额	（亿元）	Retailsale of Consumer Goods	(100 million yuan)	2005.95	229.22	178.27	223.35
外商直接投资		Forign Drirect Investment					
当年新批项目	（个）	Number of Contracts Newly Signed	(unit)	81	2		5
当年实际使用外资金额	（亿美元）	Amount of Foreign Capital Actually Used	(USD 100 million)	21.36	4.20	2.00	3.65
固定资产投资		**Investment in Fixed Assets**					
固定资产投资额	（亿元）	Amount of Investment in Fixed Assets of Urban Area	(100 million yuan)	4166.71	681.18	378.51	575.11
#房地产开发投资		Total Investment in Real Estate Devlopment		992.51	76.25	107.91	164.76
#住　宅		Residential Buildings		619.96	49.36	48.83	111.74
全年新增固定资产	（亿元）	Newly Increased Fixed Assets	(100 million yuan)	2267.94	507.79	132.90	326.39
商品房屋销售面积	（万平方米）	Floor Space of Selling House	(10000 sq.m)	1153.90	91.60	215.68	324.14
#住　宅		Residential Buildings		857.61	87.56	179.24	284.83
商品房屋销售额	（亿元）	Total Sales of Commercial House	(100 million yuan)	1281.36	44.57	101.05	145.25
#住　宅		Residential Buildings		976.26	41.60	77.24	116.33
商品房屋待售面积	（万平方米）	Square Commercial House for Sal	(10000 sq.m)	113.74	58.62	46.00	118.87
教育、科技、文化、卫生		**Education, S&T, Culture and Public Health**					
学校数	（所）	Number of Schools	(unit)				
普通高等学校		Institutions of Higher Education		35	3	2	3
中等职业教育学校		Secondary Vocational Technical School		31	10	10	5
普通中学		Regular Secondary Schools		121	73	60	72
小　学		Primary Schools		156	137	260	249
专任教师数	（人）	Number of Full-time Teachers	(person)				
普通高等学校		Institutions of Higher Education		20206	2090	744	1246
中等职业教育学校		Secondary Vocational Technical School		1924	674	1061	580
普通中学		Regular Secondary Schools		11652	4533	5531	5445
小　学		Primary Schools		10815	4245	6503	6358

蚌埠市 Bengbu	阜阳市 Fuyang	淮南市 Huainan	滁州市 Chuzhou	六安市 Luan	马鞍山市 Maanshan	芜湖市 Wuhu	宣城市 Xuancheng	铜陵市 Tongling	池州市 Chizhou	安庆市 Anqing	黄山市 Huangshan
600.74	226.12	431.16	289.53	197.84	720.50	2023.11	79.56	839.64	129.28	271.48	107.30
365.18	245.50	905.02	315.37	184.35	747.89	1020.54	101.45	564.45	191.99	341.34	55.52
1256.34	550.03	718.34	884.32	662.48	1431.90	3343.92	263.91	2653.37	390.61	707.72	239.90
49.51	21.54	11.67	29.42	4.38	7.05	69.67	2.38	4.68	1.60	73.88	1.00
25.58	12.61	49.36	28.77	10.10	37.77	80.42	11.39	24.63	11.77	28.87	4.39
47.83	29.69	41.28	86.44	31.94	47.36	202.28	16.79	25.13	22.60	45.77	11.47
30	46	68	25	52		52	37	44	29		37
46.15	47.63	55.05	24.10	26.70	130.49	107.32	23.22	71.32	17.48	38.69	15.30
28.55	27.16	37.04	14.66	11.26	117.98	80.81	8.58	60.70	15.27	27.49	5.94
6.83	10.11	10.16	3.75	8.17	4.83	10.70	3.75	4.48	1.40	4.88	3.48
393.99	664.02	215.69	241.05	257.94	321.79	924.72	200.50	171.08	86.05	228.70	103.49
404.13	314.94	355.07	131.89	269.51	283.61	552.13	180.78	234.23	124.49	282.49	173.55
10	2	4	8	6	18	27	3	10	6	5	2
10.11	1.55	1.33	4.46	1.24	14.45	16.20	1.14	2.10	2.07	1.26	0.82
981.56	555.30	586.40	472.23	451.62	1133.15	1813.78	237.75	983.62	387.43	369.71	287.19
235.94	212.74	72.51	103.96	155.54	100.46	315.45	68.29	90.81	58.76	74.82	87.64
163.12	136.10	60.75	49.51	113.63	71.27	203.07	52.96	47.95	50.92	44.40	52.03
679.41	244.39	48.81	272.64	256.39	777.79	1142.87	99.97	701.66	20.53	189.67	192.53
467.01	388.78	155.31	221.56	482.88	251.39	517.55	154.01	137.69	89.25	207.51	81.74
440.81	339.19	145.50	212.46	464.55	223.38	476.34	147.81	112.88	83.20	194.65	68.61
235.36	239.31	69.72	109.61	231.46	126.59	305.46	65.74	69.94	40.44	106.91	44.21
211.86	203.37	61.57	103.48	214.05	108.45	270.37	61.29	47.22	37.20	95.35	35.76
51.81	37.28	60.27	104.70	149.70	81.23	61.20	72.71	136.12	60.95	71.82	79.17
4	4	5	2	4	4	10	1	3	3	4	2
12	19	19	6	20	5	14	5	6	5	16	5
53	112	97	32	132	32	79	48	43	41	43	37
132	360	189	43	278	61	134	57	77	96	103	32
2969	2047	3244	1394	1960	2941	6801	340	1441	1313	2085	987
833	1660	1205	447	1079	896	975	659	286	371	730	138
3931	7857	7663	2515	8744	3530	4888	3157	3173	2396	3413	1708
4459	8533	5619	2165	7589	2867	4985	2925	2739	2361	2371	1613

10—2 续表2 continued

指标	Item	合肥市 Hefei	淮北市 Huaibei	亳州市 Bozhou	宿州市 Suzhou
在校学生数	Number of Student Enrollment				
普通高等学校 (万人)	Institutions of Higher Education (10000 persons)	35.73	3.98	1.12	2.38
中等职业教育学校 (万人)	Secondary Vocational Technical School (10000 persons)	6.03	1.58	2.47	2.00
普通中学 (万人)	Regular Secondary Schools (10000 persons)	16.19	5.11	8.01	7.98
小　学 (万人)	Primary Schools (10000 persons)	24.45	6.93	11.60	13.43
成人高等学校在校学生数 (万人)	Student Enrollment in Institutions of Higher Education for Adults (10000 persons)	7.90	0.62		0.38
体育场馆数 (个)	Number of Stadiuns and Gymnasiums (unit)	129	6	13	2
剧场、影剧院数 (个)	Number of Theaters and Music Halls (unit)	61	6	9	6
公共图书馆总藏量 (千册、件)	Total Collecters of Public Libraries (1000 units)	4437	839	705	619
医院、卫生院数 (个)	Number of Hospitals (unit)	232	59	52	56
医院、卫生院床位数 (张)	Number of Hospital Beds (unit)	30775	6506	5976	8646
医生数（执业医师+执业助理医师） (人)	Number of Doctors (Practicing Doctors + Practicing Mediatinuses) (person)	13294	2776	1813	3597
注册护士 (人)	Registered Nurses (person)	18604	3241	2335	4650
人民生活	**People's Livelihood**				
在岗职工工资总额 (亿元)	Total Wages of On-the-job worker (100 million yuan)	763.05	86.44	41.14	72.26
城镇居民人均可支配收入 (元)	Annual Per Capita Disposable Income of Urban Households (yuan)	34852	27248	25053	25533
城镇居民人均生活消费支出(元)	Annual Per Capita Life Consumption Expenditure of Urban (yuan)	21805	16739	16639	15325
每百户居民家庭拥有：	Per 100 Households Possessing				
家用汽车 (辆)	Automobile (unit)	28	18	22	5
计算机 (台)	Computer (unit)	66	60	69	19
人均住房建筑面积 (平方米)	Per-capita Area of Housing (sq.m)	35.75	41.00	50.00	34.55
社会福利、劳动保险	**Social Welfare, Labor and Insurance**				
城镇职工基本医疗保险参保人数 (万人)	Number of Staff and Workers Participated in Medical Insurance (10000 persons)	135.23	41.82	10.55	15.12
失业保险参保人数 (万人)	Number of People Participated in Unemployed Insurance (10000 persons)	112.59	23.01	5.61	9.50
社区服务设施数 (个)	Number of Service Facilities of Community (unit)	418	148	77	86
城镇居民最低生活保障人数 (万人)	Number of People Enjoyed the Lowest Residential Living Protection Line (10000 persons)	1.35	2.22	0.67	1.00

蚌埠市 Bengbu	阜阳市 Fuyang	淮南市 Huainan	滁州市 Chuzhou	六安市 Luan	马鞍山市 Maanshan	芜湖市 Wuhu	宣城市 Xuancheng	铜陵市 Tongling	池州市 Chizhou	安庆市 Anqing	黄山市 Huangshan
5.97	3.64	7.87	2.87	4.08	5.37	16.51	0.68	3.62	2.42	3.65	2.26
2.01	4.14	2.70	1.44	3.92	2.09	2.40	1.10	0.79	0.95	0.89	0.56
4.94	12.96	7.39	3.13	10.49	4.34	5.61	3.46	3.47	3.32	3.85	2.11
8.21	17.69	10.72	3.62	13.22	4.64	7.68	4.23	3.73	3.78	3.70	2.65
2.03	0.40	1.16	0.43		0.90	2.76		0.16	0.30	0.79	0.74
8	1	14	1	3	10	24	18	10	5	8	5
10	7	10	7			1	4	6	3	11	9
958	110	335	253	195		978	109	957	163	1934	575
58	81	93	17	61	41	61	31	34	35	39	46
9694	12176	11678	3595	9030	4349	13239	3939	5456	3068	6557	3879
3781	4879	5138	1500	4606	2638	5270	1528	2282	1302	2454	1596
5023	6587	6709	1956	4265	3392	6846	1317	2779	1524	3685	2160
83.81	83.56	131.33	58.83	46.61	99.44	201.35	19.87	83.29	30.29	69.33	38.90
28653	25483	28098	26286	24728	38142	32315	30877	21273	26261	26502	28393
15593	16191	16872	17472	16204	25442	19541	18876	14621	18085	15031	16754
20	20	8	10	25	35	26	26	19	24	19	29
61	67	25	34	58	89	76	81	53	85	60	72
35.40	52.00	31.30	36.39	37.89	34.00	35.00	39.01	36.30	42.20	45.60	48.40
36.98	20.49	47.64	16.00	17.36	38.97	55.40	6.20	29.79	7.56	25.25	11.64
16.75	11.88	25.46	8.39	8.98	20.16	31.61	2.05	16.50	3.94	13.66	6.18
367	244	249	225	143	281	176	219	322	68	124	181
2.82	3.15	2.23	0.80	1.28	2.85	3.51	0.80	1.27	0.73	1.51	0.80

10—3 城市市政公用基础设施基本情况
Basic Statistics on Urban Public Utilities

指标	Item	2005	2010	2015	2016
城市面积	**Cities Areas**				
建成区面积（平方公里）	Developed Areas (sq.km)	1260.35	1491.32	1926.36	2001.68
城市人口密度（人/平方公里）	Population Density of Urban Districts (persons/sq.km)	1449	2469	2458	2487
供水、供气及供热	**Water Supply, Gas Supply and Heating**				
供水管道长度（公里）	Length of the Pipeline for Supplying Water (km)	8745	14730	23842	25535
供水总量（万立方米）	Annual Supply of Tap Water (10000 cu.m)	206386	160816	174263	186543
#居民家庭用水量	Water Consumption for Residential Use	49728	50889	68319	76631
人均日生活用水（升）	Per Capita Water Consumption for Residential Use (liter)	195.69	160.83	168.90	180.19
用水普及率（%）	Percentage of Population With Access to Tap Water (%)	90.52	96.06	98.79	99.20
天然气供气量（万立方米）	Supply of Natural Gas (10000 cu.m)	11564	112190	234585	285424
#家庭用量	Consumption of Coal Gas for Residential Use	5123	25154	71773	81022
液化石油气供气量（吨）	Liquefied Petroleum Gas (ton)	613614	615770	736312	731114
#家庭用量	Consumption of Liquefied Gas for Residential Use	195508	166335	104259	96990
供气管道长度（公里）	Length of Gas Pipelines (km)	4068	10126	19949	21308
燃气普及率（%）	Percentage of Population With Access to Gas (%)	72.29	90.52	97.55	98.05
集中供热面积（万平方米）	Heated Area (10000 sq.m)	313.36	2463.70	2683.76	2890.57
公共交通	**Public Traffic**				
公共汽（电）车总数（辆）	Number of Public Transportation Vehicles (buses and trolley buses etc.) (unit)	8450	11875	18622	20144
出租汽车（辆）	Taxi (unit)	34287	50068	55217	55373
市政工程	**Municipal Engineering**				
道路长度（公里）	Length of Paved Roads (km)	7985	10157	13375	14154
道路面积（万平方米）	Area of Paved Roads (10000 sq.m)	13454	19927	31010	33100
每人拥有（平方米）	Area of Paved Roads per Population (sq.m)	11.92	16.01	20.82	21.82
排水管道长度（公里）	Length of Sewer Pipelines (km)	7606	13136	24399	26388
建成区排水管道密度（公里/平方公里）	Density of Sewer Pipelines (km/sq.km)	6.03	8.81	12.67	13.18
污水排放量（万立方米）	Volume of Waste Water Discharged (10000 cu.m)	126761	124449	150642	159297
污水处理厂处理量（万立方米）	Volume of Waste Water Treated (10000 cu.m)	66347	89086	138293	155093
城市绿化	**Forestation in Cities**				
绿化覆盖面积（公顷）	Afforested Area (hectare)	47946	85281	112303	117411
#建成区	Developed District	34680	55927	79285	83498
园林绿地面积（公顷）	Greenery Area of Gardens (hectare)	41896	71463	93786	98555
#建成区	Developed District	28864	50214	71582	75412
公园绿地面积（公顷）	Park Greenery Area (hectare)		13630	19913	21265
人均公园绿地面积（平方米）	Per Capita Park Greenery Area (sq.m)		10.95	13.37	14.02
公园个数（个）	Number of Parks (unit)	140	247	374	392
公园面积（公顷）	Area of Parks (hectare)	3970	8685	12043	12670
市容环境卫生	**Environmental Sanitation**				
生活垃圾清运量（万吨）	Volume of Disposal of Excrement (10000 tons)	477.00	435.25	491.94	539.95
生活垃圾无害化处理量（万吨）	Environment-friendly Handling Capacity of the Domestic Rubbish (10000 tons)	83.87	281.00	489.74	539.63
生活垃圾无害化处理率（%）	Living Refuse Treatment Rate (%)		64.56	99.55	99.94
公共厕所（座）	Public Lavatory (unit)	3600	3168	3223	3417
#三类以上	Above Three Kinds		2469	2813	3040

10—4 各市城市建设情况（2016年）

Statistics on City Construction by Region (2016)

单位：平方公里（sq.km）

地　区	Region	城市现状建设用地面　积 Urban Current Construction Land Area	#居住用地 For Residence	#公用设施用　地 For Public Facilities	#道路与交通设施用地 Land for Roads and Traffic Facilities	#绿地与广场用地 Green Space and Square Land	征用土地面　积 Land Put in Requisition for State Construction Projects	城市人口密度（人／平方公里） Population Density of Urban Area (persons/sq.km)
总　计	**Total**	**1959.72**	**619.23**	**60.61**	**307.75**	**232.03**	**130.18**	**2486.92**
合肥市	Hefei	436.00	124.16	6.40	68.63	77.16	16.43	3553.23
淮北市	Huaibei	91.49	32.63	1.58	11.10	9.12	8.75	3550.00
亳州市	Bozhou	68.73	19.15	1.65	13.14	4.87	7.09	3935.56
宿州市	Suzhou	77.61	26.00	1.90	11.25	7.65	6.35	3483.68
蚌埠市	Bengbu	142.55	48.45	10.84	22.40	9.17	5.30	2618.20
阜阳市	Fuyang	118.83	56.50	2.12	17.33	5.78	12.48	2353.41
淮南市	Huainan	110.07	48.01	1.42	16.89	3.23	5.40	2247.00
滁州市	Chuzhou	85.34	25.80	3.37	16.34	5.72	13.89	1587.40
六安市	Luan	76.20	24.55	2.57	11.55	12.38	9.17	3629.91
马鞍山市	Maanshan	90.50	22.13	1.07	14.70	7.35	3.92	4204.96
芜湖市	Wuhu	167.01	37.00	12.00	37.00	42.00	7.11	1881.81
宣城市	Xuancheng	53.53	13.19	1.06	10.39	4.98	2.20	2710.03
铜陵市	Tongling	80.40	21.72	3.91	13.59	8.82	9.62	2512.66
池州市	Chizhou	37.18	13.98	0.79	7.63	3.38	0.56	1203.89
安庆市	Anqing	99.53	32.57	2.72	9.23	6.56	5.07	2277.05
黄山市	Huangshan	49.70	16.89	1.11	7.74	6.62	2.27	835.21
桐城市	Tongcheng	26.19	5.78	1.06	0.71	2.05		1864.35
天长市	Tianchang	29.25	8.85	0.62	4.81	3.60	0.51	6157.58
明光市	Mingguang	24.92	9.46	0.45	3.86	2.20	0.15	4052.50
界首市	Jieshou	20.77	8.30	0.41	3.11	1.35	5.00	2382.30
宁国市	Ningguo	26.32	7.91	0.56	3.75	0.84	2.31	567.20
巢湖市	Chaohu	47.60	16.20	3.00	2.60	7.20	6.60	6937.50

10—5 各市城市市政设施情况（2016年）

Basic Statistics on Municipal Infrastructure in Cities by Region (2016)

地区	Region	年末实有道路长度（公里）Length of Paved Roads (year-end) (km)	年末实有道路面积（万平方米）Area of Paved Roads (year-end) (10000 sq.m)	城市桥梁数（座）Number of City Bridges (unit)	城市道路照明灯（盏）Number of Street Lights (unit)	城市排水管道（公里）Length of City Sewage Pipes (km)	污水管道 Sewage Pipeline
总计	**Total**	**14154**	**33100**	**1748**	**1015001**	**26388**	**10235**
合肥市	Hefei	2417	6820	554	272063	6404	2740
淮北市	Huaibei	709	1261	30	22936	643	256
亳州市	Bozhou	865	1557	135	33146	1138	437
宿州市	Suzhou	771	1599	63	51308	885	170
蚌埠市	Bengbu	878	1925	78	42440	1225	474
阜阳市	Fuyang	821	2091	133	43191	1044	425
淮南市	Huainan	794	1688	50	28379	738	232
滁州市	Chuzhou	692	1969	95	51351	1814	716
六安市	Luan	526	1462	24	27284	692	345
马鞍山市	Maanshan	491	1416	67	40229	1526	518
芜湖市	Wuhu	1493	3578	99	84501	2924	871
宣城市	Xuancheng	443	1104	64	23125	788	277
铜陵市	Tongling	345	625	33	19692	1447	525
池州市	Chizhou	441	781	30	45023	748	271
安庆市	Anqing	656	1326	92	79906	1140	403
黄山市	Huangshan	446	879	40	52957	539	359
桐城市	Tongcheng	118	330	11	9286	261	96
天长市	Tianchang	373	625	32	12150	455	168
明光市	Mingguang	230	502	13	16320	596	260
界首市	Jieshou	130	340	32	18316	265	88
宁国市	Ningguo	218	503	45	18088	356	145
巢湖市	Chaohu	296	721	28	23310	759	460

10—6 各市城市设施水平（2016年）
Level of Public Facilities in Cities by Region (2016)

地 区	Region	城市用水普及率(%) Coverage Rate of Urban Population with Access to Tap Warer (%)	城市燃气普及率(%) Coverage Rate of Urban Population with Access to Gas (%)	人均城市道路面积(平方米) Per Capita Area of Paved Roads (sq.m)	人均公园绿地面积(平方米) Per Capita Area of Parks and Green Land (sq.m)
总　计	**Total**	**99.20**	**98.05**	**21.82**	**14.02**
合肥市	Hefei	99.25	99.97	17.04	13.50
淮北市	Huaibei	99.15	98.58	16.91	16.72
亳州市	Bozhou	98.83	95.03	45.53	13.39
宿州市	Suzhou	98.87	98.80	27.90	13.41
蚌埠市	Bengbu	100.00	100.00	20.12	13.03
阜阳市	Fuyang	95.55	88.40	26.22	13.95
淮南市	Huainan	99.93	99.07	15.43	12.60
滁州市	Chuzhou	100.00	100.00	43.90	14.48
六安市	Luan	99.67	98.11	24.24	14.84
马鞍山市	Maanshan	100.00	100.00	19.14	14.98
芜湖市	Wuhu	100.00	100.00	26.34	13.42
宣城市	Xuancheng	99.50	98.77	30.91	14.10
铜陵市	Tongling	100.00	100.00	12.09	17.67
池州市	Chizhou	99.51	99.31	25.65	17.08
安庆市	Anqing	100.00	98.27	18.69	13.96
黄山市	Huangshan	100.00	100.00	22.78	14.88
桐城市	Tongcheng	93.73	94.32	19.34	13.30
天长市	Tianchang	94.00	87.20	30.75	14.96
明光市	Mingguang	96.55	95.13	30.99	17.01
界首市	Jieshou	98.60	72.97	18.28	10.17
宁国市	Ningguo	98.96	97.25	27.66	13.13
巢湖市	Chaohu	100.00	91.59	21.65	13.21

10—7 各市城市公共交通情况（2016年）

Basic Statistics on Public Transportation in Cities by Region (2016)

地　区	Region	年末公共交通运营数（辆）Number of Public Vehicles under Operation at Year-end (unit)	公共汽、电车 Bus and Trolley Bus	运营线路总长度（公里）Length of Operation Line (km)	公共汽、电车 Bus and Trolley Bus	公共交通客运总量（万人次）Passengers Transported by Public Vehicles (10000 person-times)	公共汽、电车 Bus and Trolley Bus	出租汽车（辆）Number of Taxi (unit)
总　计	**Total**	**20276**	**20144**	**28409.8**	**28385.2**	**224953**	**224882**	**55373**
合肥市	Hefei	5855	5723	5082	5057	64942	64871	10293
淮北市	Huaibei	466	466	659	659	7328	7328	1637
亳州市	Bozhou	848	848	769	769	4055	4055	3001
宿州市	Suzhou	720	720	1086	1086	8183	8183	2973
蚌埠市	Bengbu	1416	1416	1575	1575	23113	23113	3207
阜阳市	Fuyang	1033	1033	957	957	17441	17441	3613
淮南市	Huainan	969	969	1031	1031	12978	12978	3413
滁州市	Chuzhou	1178	1178	1475	1475	13481	13481	3242
六安市	Luan	957	957	1702	1702	9854	9854	4203
马鞍山市	Maanshan	834	834	903	903	9458	9458	3314
芜湖市	Wuhu	2135	2135	3016	3016	20131	20131	5149
宣城市	Xuancheng	905	905	3026	3026	7554	7554	2158
铜陵市	Tongling	593	593	550	550	7858	7858	1584
池州市	Chizhou	555	555	2830	2830	3857	3857	1055
安庆市	Anqing	1337	1337	2408	2408	9862	9862	4405
黄山市	Huangshan	286	286	1010	1010	2701	2701	866
巢湖市	Chaohu	189	189	332	332	2160	2160	1260

注：巢湖市数据为省直专属数据。

a) Chaohu city data for exclusive data was made.

10—8 各市城市绿地和园林（2016年）

Basic Statistics on Parks and Green Areas in Cities by Region (2016)

地 区	Region	绿化覆盖面积（公顷）Green Areas (hectare)	建成区 Completed Area	园林绿地面积（公顷）Area of Urban Green Areas (hectare)	公园绿地面积（公顷）Park Green Areas (hectare)	人均公园绿地面积（平方米）Park Green Areas (sq.m)	公园（个）Number of Parks (unit)	建成区绿地率（%）Per Capita ParkGreen Areas (%)	建成区绿化覆盖率（%）Green Covered Area as % of Completed Area (%)
总 计	**Total**	**117411**	**83498**	**98555**	**21265**	**14.02**	**392**	**37.67**	**41.71**
合肥市	Hefei	19477	19219	18185	5404	13.50	55	38.44	41.78
淮北市	Huaibei	4432	3832	4490	1247	16.72	11	43.76	44.98
亳州市	Bozhou	2880	2290	2469	458	13.39	15	31.08	36.79
宿州市	Suzhou	4155	3370	3156	768	13.41	32	38.52	42.66
蚌埠市	Bengbu	6653	5803	5152	1247	13.03	17	34.98	40.02
阜阳市	Fuyang	6040	4772	5375	1113	13.95	13	33.63	38.55
淮南市	Huainan	5017	4491	4821	1379	12.60	11	38.14	40.80
滁州市	Chuzhou	4899	3540	4292	650	14.48	23	38.18	41.48
六安市	Luan	3740	3159	3166	895	14.84	22	37.61	41.46
马鞍山市	Maanshan	6121	4199	5817	1107	14.98	15	41.45	44.10
芜湖市	Wuhu	7300	6980	6768	1822	13.42	22	35.95	40.58
宣城市	Xuancheng	4089	2283	3818	503	14.10	18	36.72	41.50
铜陵市	Tongling	6141	3944	5859	913	17.67	9	42.12	48.50
池州市	Chizhou	1940	1592	1454	520	17.08	8	34.46	43.12
安庆市	Anqing	12218	3873	3862	990	13.96	10	42.25	43.10
黄山市	Huangshan	14339	3147	13322	574	14.88	28	38.67	46.67
桐城市	Tongcheng	976	956	886	227	13.30	7	33.19	35.82
天长市	Tianchang	1454	1307	1373	304	14.96	8	40.10	43.86
明光市	Mingguang	1034	992	908	276	17.01	10	34.28	39.05
界首市	Jieshou	1464	814	583	189	10.17	4	27.51	39.15
宁国市	Ningguo	1130	1064	938	239	13.13	19	34.24	40.31
巢湖市	Chaohu	1910	1870	1860	440	13.21	35	37.25	38.96

10—9 各市城市燃气情况（2016年）
Basic Statistics on Supply of Gas in Cities by Region (2016)

地 区	Region	管道长度(公里) Length of Gas Pipelines (km)		全年供气总量 Volume of Gas Supply		用气人口(万人) Population with Access to Gas (10000 persons)	
		液化石油气 Liquefied Petroleum Gas	天然气 Natural Gas	液化石油气 (吨) Liquefied Petroleum Gas (ton)	天然气 (万立方米) Natural Gas (10000 cu.m)	液化石油气 Liquefied Petroleum Gas	天然气 Natural Gas
总 计	**Total**	**261.8**	**21308.2**	**731113.7**	**285424.1**	**223.6**	**1264.0**
合肥市	Hefei		5263.1	29245.0	88950.0	23.1	377.1
淮北市	Huaibei		938.6	7658.0	8120.0	9.5	64.0
亳州市	Bozhou		1001.1	3502.0	5959.1	6.5	26.0
宿州市	Suzhou		836.5	4880.0	4904.3	14.5	42.1
蚌埠市	Bengbu	13.0	2038.4	1980.0	28330.8	7.0	88.7
阜阳市	Fuyang		637.4	14076.0	10405.0	16.0	54.5
淮南市	Huainan		1384.2	6800.0	10482.0	17.6	90.8
滁州市	Chuzhou		1087.0	2600.0	15430.9	3.9	40.9
六安市	Luan		634.5	6031.0	6777.0	26.5	32.7
马鞍山市	Maanshan		1151.7		22953.3		73.9
芜湖市	Wuhu		1556.7	17500.0	34131.0	8.6	127.2
宣城市	Xuancheng	3.0	445.9	4126.0	6315.2	18.4	16.9
铜陵市	Tongling		967.2	1056.8	16703.3	0.2	51.5
池州市	Chizhou		712.1	2674.6	2314.0	5.5	24.7
安庆市	Anqing	94.9	616.3	597844.0	7237.5	3.0	66.7
黄山市	Huangshan	34.5	234.4	11650.0	1130.0	31.8	6.8
桐城市	Tongcheng	40.0	261.3	6949.5	1288.0	7.6	8.5
天长市	Tianchang		150.0	4530.0	838.0	6.4	11.3
明光市	Mingguang		208.6	1864.0	615.0	3.4	12.0
界首市	Jieshou		140.5	2323.1	916.8	7.6	6.0
宁国市	Ningguo	76.4	217.8	3073.0	1530.0	5.8	11.9
巢湖市	Chaohu		825.0	750.7	10092.8	0.8	29.7

10—10 城市供水用水情况
Water Supply and Water Use of Cities

年份 Year	综合生产能力(万立方米/日) Integrated Production Capacity (10000 cu.m/day)	地下水 Ground Water	供水总量(万立方米) Water Supply (10000 cu.m)	用水总量(万立方米) Water Use (10000 cu.m) #生产运营用水 Water Used for Business	公共服务用水 Water Used for Public Services	居民家庭用水 Water Used for Residents	消防及其他用水 Water Used for Fire Fighting and Others	人均日生活用水量(升) Per Capita Water Use (liter)
2000	961.8	159.6	200918	123629		61398		211.84
2005	1032.7	156.5	206386	123285	23231	49728	10142	195.69
2010	1992.8	99.2	160816	62871	19191	50889	5155	160.83
2012	1029.4	114.6	156888	47010	19443	59439	4406	165.45
2013	1074.0	98.8	161140	49071	20859	61328	5257	166.15
2014	1074.8	99.6	167781	49957	21627	64145	5217	166.72
2015	1094.8	98.5	174263	50110	22194	68319	4266	168.90
2016	1111.6	114.0	186543	51844	22167	76631	4677	180.19

10—11 各市城市供水用水情况（2016年）
Water Supply and Water Use of Cities by Region (2016)

地区 Region	综合生产能力(万立方米/日) Integrated Production Capacity (10000 cu.m/day)	地下水 Ground Water	供水总量(万立方米) Water Supply (10000 cu.m)	用水总量(万立方米) Water Use (10000 cu.m) #生产运营用水 Water Used for Business	公共服务用水 Water Used for Public Services	居民家庭用水 Water Used for Residents	其他用水 Other Water	人均日生活用水量(升) Per Capita Water Use (liter)
总计 Total	**1111.6**	**114.0**	**186543**	**51844**	**22167**	**76631**	**4677**	**180.19**
合肥市 Hefei	184.5		51369	8607	9410	25054		237.65
淮北市 Huaibei	41.0	41.0	5342	1927	334	2617	46	109.36
亳州市 Bozhou	17.1	17.0	5470	1564	516	1792		187.08
宿州市 Suzhou	27.0	20.0	4715	2248	271	1767	54	98.55
蚌埠市 Bengbu	76.0		18100	8740	2166	5762	28	226.99
阜阳市 Fuyang	45.5	26.0	8100	2918	1724	2327	18	145.63
淮南市 Huainan	48.2		9447	1311	1039	4271	378	133.26
滁州市 Chuzhou	33.0	1.0	6461	1650	593	1895	487	151.97
六安市 Luan	21.5		6246	908	742	2543	454	149.74
马鞍山市 Maanshan	113.5		12740	5845	984	4220	252	192.85
芜湖市 Wuhu	115.6		19535	6471	690	7250	1267	160.18
宣城市 Xuancheng	22.1	2.0	3170	554	564	1538	60	162.09
铜陵市 Tongling	210.1		7452	1997	395	3576	330	210.56
池州市 Chizhou	16.0		3020	542	271	1517	72	161.69
安庆市 Anqing	66.5		9187	3108	631	2841	540	134.13
黄山市 Huangshan	21.2		4276	827	649	1699	178	179.07
桐城市 Tongcheng	5.7		1297	160	205	519	59	123.97
天长市 Tianchang	8.6		1871	167	345	1050	96	200.10
明光市 Mingguang	8.1	2.0	1770	826	91	643	44	128.32
界首市 Jieshou	5.2	5.0	1279	309	104	759	9	129.13
宁国市 Ningguo	13.2		1696	694	4	812		124.18
巢湖市 Chaohu	12.0		4001	471	439	2180	306	215.48

10—12 各市城市污水排放和处理情况（2016年）
City Sewage Emission and Processing by Region (2016)

单位：万立方米（10000 cu.m）

地 区	Region	城市污水排放量 City Sewage discharge	城市污水处理总量 Total of Sewage Processing	污水处理厂处理量 Processing Amount of Sewage Processing Plant	其他污水处理量 Processing Amount of Others	城市污水处理率(%) Rate of City Sewage Treatment (%)	城市污水处理厂集中处理率(%) Central Processing Rate of Sewage Treatment Plant (%)
总 计	**Total**	**159297**	**155093**	**146603**	**8490**	**97.36**	**92.03**
合肥市	Hefei	50342	50196	45816	4380	99.71	91.01
淮北市	Huaibei	4738	4642	4276	366	97.97	90.25
亳州市	Bozhou	5379	5061	5061		94.09	94.09
宿州市	Suzhou	4100	4020	3820	200	98.05	93.17
蚌埠市	Bengbu	15370	15294	14494	800	99.51	94.30
阜阳市	Fuyang	7128	6707	6227	480	94.09	87.36
淮南市	Huainan	7227	7044	6332	712	97.47	87.62
滁州市	Chuzhou	6052	5853	5834	19	96.71	96.40
六安市	Luan	4806	4730	4411	319	98.42	91.78
马鞍山市	Maanshan	9322	9288	8858	430	99.64	95.02
芜湖市	Wuhu	14900	13941	13675	266	93.56	91.78
宣城市	Xuancheng	2194	2061	2021	40	93.94	92.11
铜陵市	Tongling	5289	4924	4924		93.10	93.10
池州市	Chizhou	2804	2633	2633		93.90	93.90
安庆市	Anqing	6432	6263	5850	413	97.37	90.95
黄山市	Huangshan	3167	2994	2994		94.54	94.54
桐城市	Tongcheng	910	774	734	40	85.05	80.66
天长市	Tianchang	1901	1824	1824		95.95	95.95
明光市	Mingguang	1689	1604	1604		94.97	94.97
界首市	Jieshou	1022	970	945	25	94.91	92.47
宁国市	Ningguo	1337	1270	1270		94.99	94.99
巢湖市	Chaohu	3188	3000	3000		94.10	94.10

10—13 各市城市市容环境卫生情况（2016年）

Basic Statistics on Urban Sanitation in Cities by Region (2016)

地 区	Region	清扫保洁面积（万平方米）Area under Cleaning Program (10000 sq.m)	生活垃圾清运量（万吨）Volume of Garbage Disposal (10000 tons)	生活垃圾无害化处理量（万吨）Volume of Garbage hazard-free Disposal (10000 tons)	生活垃圾无害化处理率（%）Living Refuse Treatment Rate (%)	粪便清运量（万吨）Volume of Excrement and Urine Disposal (10000 tons)	市容环卫专用车辆设备总数（台）Number of Special Vehicles for Environmental Sanitation (unit)	公共厕所（座）Number of Public Lavatories (unit)
总 计	**Total**	**30833**	**539.95**	**539.63**	**99.94**	**13.03**	**5395**	**3417**
合肥市	Hefei	7310	144.30	144.30	100.00	2.63	1920	233
淮北市	Huaibei	1000	23.06	23.06	100.00	0.29	436	64
亳州市	Bozhou	1554	20.00	20.00	100.00	0.31	127	300
宿州市	Suzhou	1550	24.48	24.48	100.00	0.55	140	149
蚌埠市	Bengbu	2233	33.59	33.59	100.00		555	377
阜阳市	Fuyang	1371	30.91	30.91	100.00		240	123
淮南市	Huainan	2532	31.92	31.92	100.00	0.49	189	374
滁州市	Chuzhou	1693	14.74	14.74	100.00		118	110
六安市	Luan	873	19.56	19.56	100.00	4.01	121	282
马鞍山市	Maanshan	1400	22.70	22.70	100.00	0.61	78	102
芜湖市	Wuhu	2296	51.32	51.32	100.00		336	206
宣城市	Xuancheng	720	13.52	13.52	100.00		148	131
铜陵市	Tongling	904	12.70	12.70	100.00		154	124
池州市	Chizhou	702	14.57	14.57	100.00	0.34	97	140
安庆市	Anqing	1259	21.04	21.04	100.00	0.60	60	178
黄山市	Huangshan	700	12.07	12.07	100.00		99	61
桐城市	Tongcheng	230	6.70	6.70	100.00		33	10
天长市	Tianchang	432	7.30	7.30	100.00		43	170
明光市	Mingguang	510	8.77	8.77	100.00		173	55
界首市	Jieshou	316	5.93	5.61	94.60	1.84	45	53
宁国市	Ningguo	498	7.19	7.19	100.00	0.00	48	39
巢湖市	Chaohu	750	13.58	13.58	100.00	1.36	235	136

主要统计指标解释

供水管道长度

指从送水泵至用户水表之间所有管道的长度。不包括新安装尚未使用、水厂内以及用户建筑物内的管道。

供水总量

指报告期供水企业（单位）供出的全部水量。包括有效供水量和漏损水量。

公共服务用水

指为城区社会公共生活服务的用水。包括行政事业单位、部队营区和公共设施服务、社会服务业、批发零售贸易业、旅馆饮食业以及社会服务业等单位的用水。

居民家庭用水

居民家庭用水指城市范围内所有居民家庭的日常生活用水。包括城市居民、农民家庭、公共供水站用水。

用水普及率

指报告期末城区内用水人口与总人口的比率。计算公式：

用水普及率=城区用水人口 /（城区人口+城区暂住人口）×100%

供气总量

指报告期燃气企业（单位）向用户供应的燃气数量。包括销售量和损失量。

燃气普及率

指报告期城区内使用燃气的人口与总人口的比率。计算公式：

燃气普及率=城区用气人口 /（城区人口+城区暂住人口）×100%

排水管道长度

指所有排水总管、干管、支管、检查井及连接井进出口等长度之和。

公园绿地

城市中向公众开放的、以游憩为主要功能，有一定的游憩设施和服务设施，同时兼有健全生态、美化景观、防灾减灾等综合作用的绿化用地。

公园面积

指报告期末综合公园、专类公园和带状公园的全部占地总面积。

Explanatory Notes for Major Statistical Indicators

Length of Water Supply Pipelines

refers to the total length of all the pipelines between the water pumps and the user water meters, excluding pipelines newly installed but not used yet, and in water plant, user building's pipeline as well as.

Volume of Water Supply

refers to the total volume of water supplied by water-works (units) during the reference period, including both the effective water supply and loss during the water supply.

Consumption of Water for Public Service

refers to the water consumption of urban society public service, including the consumption of government agencies and public institutions, military barracks, public facilities, wholesale and retail outlets, restaurants, hotels, and other units providing public services.

Consumption of Water for Residential Use

refers to the consumption of water for daily life of all households in the boundary of cities, including households of urban residents and farmers, and public water supply stations.

Percentage of Urban Population with Access to Tap Water

refers to the ratio of the urban population with access to tap water to the total urban population. The formula is:

Percentage of population with access to tap water=(Urban population with access to tap water) / (Urban population)×100%

Volume of Gas Supply

refers to the total volume of gas provided to users by gas-producing enterprises (units) in a year, including the volume sold and the volume lost.

Percentage of Urban Population with Access to Gas

population of urban areas using gas during the reference period and the ratio of the total population. Formula:

Percentage of population with access to gas = (Urban population with access to gas / Urban population) x 100%

Length of Urban Sewage Pipes

refers to the total length of general drainage, trunks. branch and inspection wells, connection wells, inlets and outlets, etc.

Park Green Area

refers to green areas open to the public for amusement and rest with the facilities of amusement, rest and services. Its function includes perfecting ecology, beautifying landscape, and preventing and reducing disaster.

Park Area

Total areas of including comprehensive park, community park, topic park, belt-shaped park.

第十一篇

Chapter 11

自然资源和环境保护

NATURAL RESOURCES AND ENVIRONMENT PROTECTION

简要说明

一、自然状况包括地域、气象状况。自然资源包括土地、气候、林木、水资源。

1. 林木资料来自省林业厅；

2. 水资源资料由省水利厅和省水文局提供；

3. 气象资料由省气象中心整理提供。

二、环境保护统计资料由省环保厅提供，统计资料依据国家环保总局制定的环境统计报表制度，由各市的环境统计年报汇总整理而成，主要包括“三废”排放与处理，反映各工业行业有关“三废”排放与处理的情况。

Brief Introduction

I. Natural conditions cover region and meteorological conditions. Natural resources cover land, climate, forest and water resources.

1. Data on forest are provided by the Department of Forestry of Anhui Province.

2. Data on water conservancy are provided by the Water Conservancy Department and the Marine Products Bureau of Anhui Province.

3. The meteorological data are provided by the Provincial Meteorological Center.

II. Data on environmental protection are provided by the Provincial Environment Protection Department. Data are collected and tabulated by the prefectures and cities in accordance with the annual environmental protection reporting scheme stipulated by the State Environment Protection General Bureau. Data include mainly the discharge and treatment of waste water, waste gas and solid wastes, which show various indicators about the discharge and treatment of waste water, waste gas and solid wastes in various regions and various industrial sectors.

11—1 自　然　状　况
Natural Conditions

项　　目		Item		2016
区　域		**Climate**		
土地总面积	（平方公里）	Total Land Area	(sq.km)	140140
山　区		Mountain		41162
平　原		Plain		34608
丘　陵		Hills		40448
圩　区		Low-lying Paddy Fields		12097
湖泊洼地		Lakes and Low-lying Lands		11122
山峰高程	**（米）**	**Height of Mountain Peak**	**(m)**	
大别山		DaBie Shan		1729.0
黄　山		Huang Shan		1864.8
九华山		JiuHua Shan		1344.4
天柱山		TianZhu Shan		1489.8
河流长度（安徽境内）	**（公里）**	**Length（Within the territory of Anhui Province）**	**(km)**	
淮　河		Huaihe River		430
长　江		Changjiang River		416
新安江		Xin An Jiang River		240
湖泊面积		**Area of Lakes**		
巢　湖	（平方公里）	ChaoHu Lake	(sq.km)	800
气　候		**Climate**		
年平均气温	（摄氏度）	Annual Average Temperature	(℃)	
淮北地区		HuaiBei Area		15.8
江淮地区		JiangHuai Area		16.7
沿江地区		Along Chang Jiang River		17.3
江南地区		Lying South of Chang Jiang		17.1
降水量	（毫米）	Precipitation	(mm)	
淮河流域		Huaihe River Basin		1114.1
淮河上游区		The Upper Reaches of Huaihe River		1205.4
淮河中游区		The Middle Reaches of Huaihe River		1111.3
淮河下游区		The Lower Reaches of Huaihe River		1253.6
沂沭泗河		Yishusi River		686.7
长江流域		Changjiang River Basin		2042.1
湖口以下干流		Main Rivers Below Hukou		2032.7
鄱阳湖水系		River System of Poyang Lake		2241.4
太湖水系		River System of Taihu Lake		2160.0
东南诸河		South-eastern Rivers		2342.7
钱塘江		Qiantang Jiang River		2342.7

11—2 自　　然　　资　　源
Natural Resources

项　　目		Item		2016
土地资源		**Land Resources**		
林业用地面积	（千公顷）	Area of Afforestated Land	(1000 hectares)	4493.30
#造林面积		Area of Afforesded Hilly Area		91.38
果园面积		Area of Orchard		
茶园面积		Area of Tea Plantations		
林木资源		**Forest Resources**		
活立木总蓄积量	（万立方米）	Total Standing Stock Volume	(10000 cu.m)	26145.10
森林面积	（千公顷）	Forest Area	(1000 hectares)	3958.50
森林覆盖率	(%)	Forest-cover Rate	(%)	28.65
水资源		**Water Resources**		
水资源总量	（亿立方米）	Total Resources	(100 million cu.m)	1245.17
淮河流域		Huaihe River Basin		312.73
淮河上游区		The Upper Reaches of Huaihe River		1.72
淮河中游区		The Middle Reaches of Huaihe River		299.81
淮河下游区		The Lower Reaches of Huaihe River		10.67
沂沭泗河		Yishusi River		0.53
长江流域		Changjiang River Basin		834.63
湖口以下干流		Main Rivers Below Hukou		790.39
鄱阳湖水系		River System of Poyang Lake		41.28
太湖水系		River System of Taihu Lake		2.96
东南诸河		South-eastern Rivers		97.81
钱塘江		Qiantang River		97.81
天然年径流量	（亿立方米）	Natural Annual Flow	(100 million cu.m)	1179.23
淮河流域		Huaihe River Basin		260.47
淮河上游区		The Upper Reaches of Huaihe River		1.16
淮河中游区		The Middle Reaches of Huaihe River		249.90
淮河下游区		The Lower Reaches of Huaihe River		9.24
沂沭泗河		Yishusi River		0.17
长江流域		Changjiang River Basin		820.95
湖口以下干流		Main Rivers Below Hukou		776.71
鄱阳湖水系		River System of Poyang Lake		41.28
太湖水系		River System of Taihu Lake		2.96
东南诸河		South-eastern Rivers		97.81
钱塘江		Qiantang River		97.81
地下水天然补给资源量	（亿立方米）	Natural Supply of Ground Water	(100 million cu.m)	219.26
淮河流域		Huaihe River Basin		95.59
长江流域		Changjiang River Basin		108.47
新安江流域		Xinanjiang River Basin		15.20
淡水面积	（千公顷）	Freshwater Area	(1000 hectares)	
#养殖面积		Cultivated Area		
主要矿产基础储量		**Major Mineral Basic Reserves**		
煤　炭	（亿吨）	Coal	(100 million tons)	113.88
铁　矿	（矿石，亿吨）	Iron	(Ore, 100 million tons)	21.36
铜　矿	（铜，万吨）	Copper	(Metal, 10000 tons)	214.33
钼　矿	（钼，万吨）	Molybdenum	(Metal, 10000 tons)	126.40
硫铁矿	（矿石，亿吨）	Pyrite Ore	(Ore, 100 million tons)	3.19
水泥用灰岩	（矿石，亿吨）	Limestone for cement	(Ore, 100 million tons)	40.86
玻璃用石英岩	（矿石，亿吨）	Limestone for glass	(Ore, 100 million tons)	4.19
石　膏	（矿石，亿吨）	Gypsum	(Ore, 100 million tons)	35.82
方解石	（矿石，亿吨）	Calcite	(Ore, 100 million tons)	1.56

11—3 主要城市平均气温（2016年）
Monthly Average Temperature in Major Cities (2016)

单位：摄氏度（℃）

城市	City	1月 Jan.	2月 Feb.	3月 Mar.	4月 Apr.	5月 May.	6月 June	7月 July	8月 Aug.	9月 Sept.	10月 Oct.	11月 Nov.	12月 Dec.	年平均 Annual Average
合肥市	Hefei	3.4	6.7	11.9	18.0	20.7	24.6	28.8	29.4	24.4	17.8	11.2	7.0	17.0
淮北市	Huaibei	0.5	4.6	10.8	17.2	20.4	25.1	27.8	27.7	23.6	16.7	9.4	4.9	15.7
亳州市	Bozhou	0.3	4.9	11.2	17.4	20.2	25.3	27.8	27.6	24.1	16.3	9.0	5.2	15.8
宿州市	Suzhou	1.1	5.1	10.9	17.2	20.5	25.0	28.2	28.2	24.3	16.5	9.5	5.0	16.0
蚌埠市	Bengbu	1.6	5.2	10.6	17.0	19.7	24.1	27.9	27.8	23.3	16.7	9.5	5.5	15.7
阜阳市	Fuyang	1.2	5.6	11.3	17.4	20.0	24.4	27.8	27.7	23.6	16.4	9.5	5.7	15.9
淮南市	Huainan	3.1	7.2	12.1	18.3	20.9	25.0	29.2	29.3	25.0	17.2	10.5	6.9	17.1
滁州市	Chuzhou	2.0	5.4	10.8	17.0	19.7	23.6	27.7	28.3	23.3	17.3	10.1	5.9	15.9
六安市	Luan	3.0	7.4	12.0	17.8	20.2	24.0	28.0	28.3	23.9	16.8	10.6	6.9	16.6
马鞍山市	Maanshan	3.2	7.2	11.4	17.4	20.0	23.7	28.5	28.6	23.6	17.6	11.4	7.6	16.7
芜湖市	Wuhu	3.8	7.4	11.8	17.8	20.7	24.8	29.6	30.0	24.3	18.5	12.0	7.8	17.4
宣城市	Xuancheng	3.7	6.5	11.4	17.6	20.5	24.4	29.1	29.7	23.8	18.8	12.0	7.7	17.1
铜陵市	Tongling	4.1	7.5	12.0	17.9	20.8	24.8	29.3	29.8	24.1	18.4	12.1	7.9	17.4
池州市	Chizhou	4.1	7.0	11.6	17.7	20.4	24.5	28.7	29.5	24.1	18.5	11.7	7.6	17.1
安庆市	Anqing	3.8	7.7	11.7	17.6	20.4	24.4	28.4	29.3	24.1	17.9	11.6	7.8	17.1
黄山市	Huangshan	4.7	6.8	12.0	18.1	21.7	25.2	29.1	29.5	24.3	20.9	12.8	8.3	17.8

11—4 主要城市降水量（2016年）
Monthly Precipitation in Major Cities (2016)

单位：毫米（millimeters）

城市	City	1月 Jan.	2月 Feb.	3月 Mar.	4月 Apr.	5月 May.	6月 June	7月 July	8月 Aug.	9月 Sept.	10月 Oct.	11月 Nov.	12月 Dec.	全年 Annual Total
合肥市	Hefei	49.4	17.6	57.4	139.4	125.0	191.0	295.0	60.4	129.0	268.1	96.0	73.7	1502.0
淮北市	Huaibei	2.9	16.1	13.7	37.7	83.9	172.6	260.2	57.2	46.1	220.9	22.2	47.0	980.5
亳州市	Bozhou	5.3	3.8	17.0	47.9	83.6	129.2	133.7	65.7	55.0	187.6	24.3	38.9	792.0
宿州市	Suzhou	6.4	43.1	33.4	71.5	102.0	126.5	91.3	231.5	26.3	256.5	25.9	44.2	1058.6
蚌埠市	Bengbu	21.0	13.0	26.0	70.6	111.7	226.7	135.7	50.2	36.0	230.1	54.6	49.4	1025.0
阜阳市	Fuyang	19.3	17.9	27.9	110.5	115.7	183.0	171.9	87.4	55.4	245.6	49.7	44.0	1128.3
淮南市	Huainan	27.9	7.6	27.8	104.9	127.2	199.7	85.0	51.3	43.9	251.0	67.8	54.3	1048.4
滁州市	Chuzhou	44.0	16.4	37.7	140.4	95.7	245.6	271.9	10.8	137.5	296.1	93.0	66.1	1455.2
六安市	Luan	48.6	13.0	64.9	125.2	198.2	231.5	364.7	68.1	191.0	309.2	133.7	69.3	1817.4
马鞍山市	Maanshan	72.5	29.7	36.4	174.2	149.6	208.2	439.5	114.9	192.9	265.4	85.1	69.6	1838.0
芜湖市	Wuhu	80.0	33.4	40.7	206.4	164.3	295.0	486.4	86.7	232.2	237.2	56.1	65.8	1984.2
宣城市	Xuancheng	111.7	27.8	55.1	276.8	290.0	653.7	414.2	48.9	328.7	266.4	83.5	63.0	2619.8
铜陵市	Tongling	91.2	43.4	46.4	275.4	261.0	457.4	495.9	93.5	225.3	258.5	75.4	70.1	2393.5
池州市	Chizhou	89.5	44.2	63.2	359.5	282.0	407.5	682.0	31.0	218.9	164.9	75.3	58.6	2476.6
安庆市	Anqing	60.0	29.5	57.0	312.0	313.5	403.2	631.7	69.5	191.2	225.9	61.0	73.0	2427.5
黄山市	Huangshan	120.1	33.0	91.9	404.5	417.9	431.2	192.0	32.9	154.1	58.3	70.8	65.8	2072.5

11—5 各市全年降水量（2016年）
Total Precipitation by Region (2016)

地区	Region	年降水量 Precipitation 毫米 0.001(m)	亿立方米 (100 million cu.m)	多年平均降水量（亿立方米） Average Precipitation in Many Years (100 million cu.m)	与上年比较 Compared With Last Year (±%)	与多年平均比较 Compared With The Average Precipitation of Many Years (±%)
总计	**Total**	**1612.7**	**2249.3**	**1636.3**	**18.3**	**37.5**
合肥市	Hefei	1576.0	177.2	115.1	31.0	54.0
淮北市	Huaibei	857.2	23.4	23.0	25.1	1.6
亳州市	Bozhou	908.3	76.1	69.1	16.5	10.0
宿州市	Suzhou	856.4	84.4	82.6	14.5	2.1
蚌埠市	Bengbu	949.6	57.1	52.7	4.3	8.4
阜阳市	Fuyang	1040.5	102.5	87.1	23.5	17.7
淮南市	Huainan	1042.9	58.4	50.7	-5.6	15.1
滁州市	Chuzhou	1242.4	165.6	127.4	7.2	30.0
六安市	Luan	1631.5	252.2	190.4	16.2	32.4
马鞍山市	Maanshan	1874.3	72.9	41.4	45.0	76.4
芜湖市	Wuhu	2119.0	126.5	72.8	49.1	73.7
宣城市	Xuancheng	2198.9	271.3	178.6	22.2	51.9
铜陵市	Tongling	2237.2	65.4	39.3	40.6	66.1
池州市	Chizhou	2245.5	189.3	135.6	7.8	39.6
安庆市	Anqing	2131.8	291.2	191.8	29.6	51.8
黄山市	Huangshan	2401.6	236.1	178.8	1.3	32.1

11—6 流域分区全年降水量（2016年）
Total Precipitation by Area of Rivers (2016)

流域分区 River Area	年降水量 Precipitation 毫米 0.001(m)	亿立方米 (100 million cu.m)	多年平均降水量（亿立方米） Average Precipitation in Many Years (100 million cu.m)	与上年比较 Compared With Last Year (±%)	与多年平均比较 Compared With The Average Precipitation of Many Years (±%)
总计 Total	**1612.7**	**2249.3**	**1636.3**	**18.3**	**37.5**
淮河流域 Huaihe River Basin	1114.1	742.3	628.4	11.5	18.1
淮河上游区 The Upper Reaches of Huaihe River	1205.4	4.5	3.5	24.9	26.7
淮河中游区 The Middle Reaches of Huaihe River	1111.3	711.4	602.7	11.6	18.0
淮河下游区 The Lower Reaches of Huaihe River	1253.6	24.3	20.0	7.1	21.6
沂沭泗河 Yishusi River	686.7	2.1	2.2	-1.4	-7.6
长江流域 Changjiang River Basin	2042.1	1356.1	892.8	25.5	51.9
湖口以下干流 Main Rivers Below Hukou	2032.7	1287.8	840.8	27.2	53.2
鄱阳湖水系 River System of Poyang Lake	2241.4	63.5	48.9	-2.2	29.9
太湖水系 River System of Taihu Lake	2160.0	4.9	3.1	27.6	56.3
东南诸河 South-eastern Rivers	2342.7	150.9	115.2	-2.2	31.0
钱塘江 Qiantang River	2342.7	150.9	115.2	-2.2	31.0

11—7 各市水资源总量（2016年）
Water Resources by Region (2016)

单位：亿立方米（100 million cu.m)

地 区	Region	天然年径流量 Natural Annual Flow by Region	山丘区地下水资源量 Ground Water Volume of Mountain and Hill Areas	山丘区河川基流量 River Flow of Mountain and Hill Areas	平原区降水入渗补给量 Permeated Precipitation Supply of Plain Areas	平原区降水入渗补给形成的河道排泄量 River Way Drainage Volume Caused by Permeated Precipitation Supply of Plain Areas	地下水资源与地表水资源不重复量 Amount of Non-repeat-calculated Water Between Ground Water and Surface Water	水资源总量 Total Amount of Water Resources by Region
总　计	**Total**	**1179.23**	**116.55**	**116.55**	**95.98**	**12.45**	**65.94**	**1245.17**
合 肥 市	Hefei	84.30	8.71	8.71	1.72		1.93	86.23
淮 北 市	Huaibei	3.74	0.26	0.26	4.38	0.57	3.81	7.55
亳 州 市	Bozhou	15.73			13.86	2.59	11.27	27.00
宿 州 市	Suzhou	14.99	1.32	1.32	15.18	2.32	12.86	27.85
蚌 埠 市	Bengbu	15.38	0.46	0.46	8.38	2.04	6.34	21.72
阜 阳 市	Fuyang	26.66			16.56	4.32	12.24	38.90
淮 南 市	Huainan	17.96	1.17	1.17	4.81	0.61	2.28	20.24
滁 州 市	Chuzhou	61.22	7.45	7.45	3.95		2.33	63.55
六 安 市	Luan	148.32	15.64	15.64	3.69		2.09	150.41
马鞍山市	Maanshan	37.86	2.10	2.10	3.78		1.74	39.60
芜 湖 市	Wuhu	68.75	4.00	4.00	6.63		2.23	70.98
宣 城 市	Xuancheng	183.52	21.59	21.59	1.51		0.80	184.32
铜 陵 市	Tongling	32.28	2.35	2.35	2.74		0.98	33.26
池 州 市	Chizhou	123.02	13.11	13.11	2.40		1.35	124.37
安 庆 市	Anqing	187.21	15.62	15.62	6.39		3.69	190.90
黄 山 市	Huangshan	158.29	22.77	22.77				158.29

11—8 流域分区水资源总量（2016年）
Water Resources by Area of Rivers (2016)

单位：亿立方米（100 million cu.m)

流域分区 River Area	天然年径流量 Natural Annual Flow by Region	山丘区地下水资源量 Ground Water Volume of Mountain and Hill Areas	山丘区河川基流量 River Flow of Mountain and Hill Areas	平原区降水入渗补给量 Permeated Precipitation Supply of Plain Areas	平原区降水入渗补给形成的河道排泄量 River Way Drainage Volume Caused by Permeated Precipitation Supply of Plain Areas	地下水资源与地表水资源不重复量 Amount of Non-repeat-calculated Water Between Ground Water and Surface Water	水资源总量 Total Amount of Water Resources by Region
总　计 Total	**1179.23**	**116.55**	**116.55**	**95.98**	**12.45**	**65.94**	**1245.17**
淮河流域 Huaihe River Basin	260.47	20.99	20.99	69.05	12.45	52.26	312.73
淮河上游区 The Upper Reaches of Huaihe River	1.16			0.74	0.18	0.56	1.72
淮河中游区 The Middle Reaches of Huaihe River	249.90	20.81	20.81	65.59	12.24	49.91	299.81
淮河下游区 The Lower Reaches of Huaihe River	9.24	0.18	0.18	2.33		1.43	10.67
沂沭泗河 Yishusi River	0.17			0.39	0.03	0.36	0.53
长江流域 Changjiang River Basin	820.95	80.36	80.36	26.93		13.68	834.63
湖口以下干流 Main Rivers Below Hukou	776.71	74.28	74.28	26.93		13.68	790.39
鄱阳湖水系 River System of Poyang Lake	41.28	5.71	5.71				41.28
太湖水系 River System of Taihu Lake	2.96	0.37	0.37				2.96
东南诸河 South-eastern Rivers	97.81	15.20	15.20				97.81
钱塘江 Qiantang River	97.81	15.20	15.20				97.81

11—9 主要年份供水和用水情况
Water Supply and Water Use in Rural Area

年份 Year	供水总量(亿立方米) Water Supply (100 million cu.m)	地表水 Surface Water	地下水 Ground-water	其他 Others	用水总量(亿立方米) Water Use (100 million cu.m)	农业 Agricul-ture	工业 Industry	城镇公共 Urban Public	居民生活 Residents Live	生态环境补水 Ecological Protection	人均用水量(立方米/人) Per Capita Water Use (cu.m/person)
2005	208.03	189.60	17.85	0.58	208.03	116.21	67.72	2.84	19.89	1.37	328.50
2008	266.36	242.38	23.50	0.48	266.36	154.15	85.40	3.66	21.52	1.63	434.20
2009	292.40	265.78	26.13	0.49	292.40	170.43	93.28	4.09	22.65	1.94	476.90
2010	292.50	258.54	33.08	0.89	292.50	167.54	94.32	4.91	23.40	2.30	491.60
2011	294.63	259.90	33.40	1.33	294.63	170.92	90.62	5.27	23.86	3.96	493.70
2012	288.56	253.66	34.01	0.89	288.56	156.67	97.02	7.13	23.96	3.78	481.90
2013	296.02	260.86	33.41	1.75	296.02	165.09	98.43	7.24	24.21	4.05	490.93
2014	272.09	239.93	30.31	1.85	272.09	142.83	92.71	7.40	24.50	4.65	447.30
2015	288.66	253.88	32.49	2.29	288.66	157.50	93.51	7.87	24.88	4.90	472.20
2016	290.65	256.10	32.02	2.53	290.65	158.60	93.09	8.29	25.08	5.59	471.10

11—10 各市供水和用水情况（2016年）
Water Supply and Water Use by Region (2016)

地区 Region	供水总量(亿立方米) Water Supply (100 million cu.m)	地表水 Surface Water	地下水 Ground-water	其他 Others	用水总量(亿立方米) Water Use (100 million cu.m)	农业 Agricul-ture	工业 Industry	城镇公共 Urban Public	居民生活 Residents Live	生态环境补水 Ecological Protection	人均用水量(立方米/人) Per Capita Water Use (cu.m/person)
合肥市 Hefei	31.50	30.78	0.39	0.33	31.50	19.57	5.44	1.91	3.50	1.08	402.30
淮北市 Huaibei	4.49	0.64	3.44	0.41	4.49	1.82	1.56	0.17	0.84	0.10	204.70
亳州市 Bozhou	10.66	3.38	7.24	0.04	10.66	6.47	2.01	0.31	1.67	0.20	210.00
宿州市 Suzhou	10.17	2.75	7.24	0.18	10.17	5.11	2.47	0.28	2.14	0.17	182.60
蚌埠市 Bengbu	15.16	12.45	2.62	0.09	15.16	10.65	2.53	0.40	1.35	0.23	457.80
阜阳市 Fuyang	17.29	9.38	7.81	0.10	17.29	10.96	2.95	0.31	2.80	0.27	217.60
淮南市 Huainan	22.56	21.27	1.09	0.20	22.56	12.55	7.49	0.57	1.53	0.42	655.10
滁州市 Chuzhou	22.94	22.28	0.65	0.01	22.94	17.51	2.98	0.64	1.64	0.17	569.10
六安市 Luan	23.52	22.40	0.58	0.54	23.52	18.30	2.74	0.42	1.77	0.29	494.50
马鞍山市 Maanshan	33.26	32.84	0.09	0.33	33.26	8.77	22.75	0.40	1.09	0.25	1465.70
芜湖市 Wuhu	30.29	29.98	0.10	0.21	30.29	10.61	16.26	0.93	1.76	0.73	827.10
宣城市 Xuancheng	14.48	14.16	0.26	0.06	14.48	10.30	2.26	0.46	1.15	0.31	557.60
铜陵市 Tongling	14.20	14.08	0.09	0.03	14.20	3.88	8.88	0.24	0.74	0.46	887.60
池州市 Chizhou	10.36	10.30	0.06		10.36	4.87	4.21	0.30	0.58	0.40	719.60
安庆市 Anqing	25.11	24.85	0.26		25.11	14.53	7.94	0.31	1.91	0.42	546.40
黄山市 Huangshan	4.66	4.56	0.10		4.66	2.70	0.62	0.64	0.61	0.09	338.60

11—11 环 境 综 合 整 治
Environmental Improvement

指　　标	Item	2005	2010	2015	2016
环境质量	**Environment Quality**				
大气可吸入颗粒物年均值 (微克/立方米)	Atmospheric Particulate Matter Average (MCG/cu.m)	84	81	80	77
二氧化硫年平均值 (微克/立方米)	Sulfur Dioxide in Average (MCG/cu.m)	30	27	22	21
二氧化氮年平均值 (微克/立方米)	Nitrogen Dioxide in Average (MCGcu.m)	31	26	31	38
饮用水源水质达标率 (%)	Up-to-standard Rate of Drinking Water Quality (%)	98.2	93.4	96.9	97.0
区域环境噪声平均值(分贝(A))	The Average Indicator of Urban Noise (decibel)	54.8	54.1	54.0	53.6
交通干线噪声平均值(分贝(A))	The Average Indicator of Traffic Main Line Noise (decibel)	68.6	68.3	66.4	67.5
生态环境	**Eco-environment Protection**				
森林面积 (万公顷)	Area of Forest (10000 hectares)	360.1	380.4	395.9	395.9
森林覆盖率 (%)	Forest Coverage (%)	26.06	27.53	28.65	28.65
当年造林面积 (万公顷)	Area of Reforestation of the Year (10000 hectares)	5.7	6.6	12.8	12.8
自然保护区数 (个)	Number of Nature Reserves (unit)	31	38	40	40
#国家级	National Level	6	6	7	8
自然保护区面积 (万公顷)	Area of Nature Reserves (10000 hectares)	34.7	43.6	41.4	41.7
自然保护区面积占辖区面积比重 (%)	Area of Nature Reserves in Regions (%)	2.5	3.1	3.0	3.0
污染控制	**Pollution Control**				
一般工业固体废物综合利用率 (%)	General Industrial Solid Waste Comprehensive Utilizational Rate (%)	79.3	84.6	88.5	82.6
危险废物处置率 (%)	Rate of Treatment of Hazardous Waste (%)	49.9	59.4	26.0	22.9
环境建设	**Environment Improvement**				
城市污水处理厂集中处理率 (%)	Rate of Concentrating Treatment of Sewage in the City (%)	26.31	71.58	91.80	92.03
城市燃气普及率 (%)	Rate of Gas Utilization in the City (%)	72.29	90.50	97.55	98.05
建成区绿化覆盖率 (%)	Green Coverage Rate in Constructed Areas (%)	27.50	37.50	41.16	41.71

注：1．饮用水源水质达标率自2008年起改变计算方法，与历史年份数据不可比。
2．按照《环境空气质量标准》（GB3095—2012），二氧化硫和二氧化氮改为年均值（以前年度为日均值）。
3．省辖市空气质量达二级标准的城市数自2015年起采用新标准（《环境空气质量标准》（GB3095—2012））评价，与历史年份数据不可比。

a) The calculation method of up-to-standard rate of drinking water quality is changed since 2008, uncomparing with historical data.

b) According to the ambient air quality standard (GB3095-2012), sulfur dioxide and nitrogen dioxide to average (previous year as the average).

c) The air quality of the secondary standard of the provincial-level cities number since 2015, to adopt new standards (" ambient air quality standard "(GB3095-2012)), than with year of history data.

11—11 续表 continued

指标	Item	2005	2010	2015	2016
自然灾害	**Natural Disaster**				
发生地质灾害起数 (次)	Geological Disaster (unit)	8548	338	616	724
#滑 坡	Landslide	3397	143	312	386
崩 塌	Collapse	4907	164	272	308
人员伤亡 (人)	Casualties (person)		12	2	
#死亡人数	Deaths		6	1	
森林病虫害防治面积 (万公顷)	Forest Area Affected and Cured from Diseasease and Pests (10000 hectares)	21.0	30.1	34.3	44.4
环境污染	**Pollution**				
突发环境事件次数 (次)	Suddenly Environment Event Number (time)	28	30	8	3
#水污染	Water Pollution	16	10	5	1
大气污染	Air Pollution	10	8	2	1
固体废物污染	Solid Waste Pollution		5		
人员伤亡 (人)	Personnel Casualty (person)				1
污染直接经济损失 (万元)	Direct Economic Loss Due to Pollution (10000 yuan)	275.4	231.6	75.3	
突发环境事件赔款总额 (万元)	Compensation Total Amount of Suddenly Environment Event (10000 yuan)	144.1	133.0	2.1	16.0
污染损害罚款总额 (万元)	Fine Total Amount of Pollution Harm (10000 yuan)	55.2	23.0	13.0	
二氧化硫排放量 (万吨)	Sulphur Dioxide Discharge (10000 tons)	67.20	53.26	48.01	28.16
#生 活	Life		4.82	6.00	4.92
COD排放量 (万吨)	COD Discharge (10000 tons)	44.38	41.11	87.11	49.63
氨氮排放总量 (万吨)	Ammonia Nitrogen Discharge (10000tons)		4.43	9.68	5.63
城镇生活污水排放量 (亿吨)	Urban Comsumption Waste Water Discharge (100 million tons)	9.31	11.37	20.89	19
#生活污水中化学需氧量排放量 (万吨)	COD Discharge from Urban Consumption Waste Water (10000 tons)		29.63	42.72	44.40
#生活污水中氨氮排放量 (万吨)	Ammonia Nitrogen Discharge from Urban Consumption Waste Water (10000 ton)		3.22	5.44	5.24
环境污染治理	**Investment in the Treatment of Environmental Pollution**				
省辖市空气质量达二级标准 (个)	Cities Directly under the Provincial Government Where the Air Quality Attains the Second Grade National Standards (unit)	14	16	2	1

11—12 环保系统机构、人员数
Environmental Protection Agencies and Persons Engaged

年份 Year	机构总数（个） Number of Agencies (unit)	人员总数（人） Total Number of Staff & Workers (person)	#科技人员 Scientific and Technical Personnel	#监测人员 Monitoring Personnel	#监察人员 Supervisory Personnel
2000	361	4104	1934	1442	957
2005	388	5128	2195	1593	1626
2008	386	5532	2503	1675	2107
2009	405	5527	2513	1659	2109
2010	390	5722	2648	1767	2145
2011	429	5766	2735	1734	2223
2012	450	5816	4318	2070	3439
2013	419	5753		1624	2242
2014	425	5145		1594	1805
2015	408	5881		1596	1828
2016	458	5789		1666	2254

注：自2014年起，数据为编制数，不含聘用人员。
a) Since 2014, the data for the preparation of the number, excluding the employment of personnel.

11—13 生活污染物排放
Discharge of Pollutants from Daily Life

年份 Year	城镇生活污水排放量（万吨） Volume of Urban Waste Water Discharged From Daily Life (10000 tons)	生活污水中化学需氧量排放量（吨） Absorption of Oxygen by Waste Water From Daily Life (ton)	生活及其他二氧化硫排放量（吨） Emission of Sulfur Dioxide From Daily Life and Others (ton)	生活及其他烟尘排放量（吨） Emission of Dust From Daily Life and Others (ton)
2000	80189	275104	44639	37166
2005	93104	307257	56495	45116
2008	101662	305954	53061	49435
2009	106259	295299	51560	50396
2010	113729	296274	48164	47958
2011	172384	450509	42246	15499
2012	186980	440215	49405	87153
2013	195091	436388	50928	44490
2014	202522	432220	52303	44368
2015	208928	427176	60002	44464
2016	190813	444042	49174	34267

注：生活及其他烟尘排放量2011年数据为生活源烟（粉）尘排放量，不包括其他排放量。
a) Life and other soot emissions in 2011 data are life (powder) smoke and dust emissions, do not include other emissions.

11—14 工业企业“三废”排放及治理
Discharge and Treatment of Waste Water, Waste Gas and Solid Wastes by Industry Enterprises

指 标	Item	2005	2010	2015	2016
废 水	**Waste Water**				
工业废水排放总量 (万吨)	Total Volume of Waste Water Discharged (10000 tons)	63487	70971	71436	49625
#工业废水COD排放量	COD Discharge from Industrial Waste		11.48	8.29	3.93
废 气	**Waste Gas**				
工业废气排放总量 (亿标立方米)	Total Volume of Industrial Waste Gas Emission (100 million cu.m)	6960	17849	29188	25367
工业二氧化硫排放量 (万吨)	Volume of Sulphur Dioxide Emission (10000 tons)	51.47	48.44	42.00	23.24
工业烟（粉）尘排放量 (万吨)	Volume of Industrial Soot Emission (10000 tons)	71.50	47.11	47.80	26.46
固体废物	**Solid Wastes**				
一般工业固体废物产生量 (万吨)	The Amount of General Industrial Solid Waste Generation (10000 tons)	4196	9158	13059	12653
一般工业固体废物综合利用量 (万吨)	The Amount of General Industrial Solid Waste Comprehensive Utilization (10000 tons)	3357	7849	11763	10830
一般工业固体废物综合利用率 (%)	General Industrial Solid Waste Comprehensive Utilization Rate (%)	79.32	84.55	88.48	82.62
一般工业固体废物贮存量 (万吨)	The Amount of General Industrial Solid Waste Storage (10000 tons)	360	518	518	1113
一般工业固体废物处置量 (万吨)	The Amount of General Industrial Solid Waste Disposal (10000 tons)	519	916	1049	1182
污染治理	**Pollution Treatment**				
本年建设项目竣工环保验收数 (个)	Number of Environmental Protection Projects Completed in the Construction Project this Year (unit)			57	30
本年完成环保设施投资额 (万元)	Complete Environmental Protection Facilities Investment this Year (10000 yuan)	45443	58895	233110	438938
#治理废水	Treatment of Waste Water	24122	14250	58033	55633
治理废气	Treatment of Waste Gas	16768	30932	133921	225105
治理固体废物	Treatment of Solid Wastes	2902		13450	25789
治理噪声	Noise Abatement	249	108	7337	7908
治理其他	Others	1402	13588	20369	124422
排污收费及使用	**Fee for Discharging Waste and Fines for Pollution**				
排污费交纳单位 (个)	Number of Units Charged (unit)	22617	15031	10034	9273
排污费征收额 (万元)	Amount of Pollution Charges (10000 yuan)	28112	55838	63771	66831

11—15 各市工业废水排放及处理（2016年）
Discharge and Treatment of Industrial Waste Water by Region (2016)

地　区	Region	汇总工业企业个数（个） Number of Industrial Enterprises (unit)	工业废水排放总量（万吨） Total Volume of Waste Water Discharge (10000 tons)	#排入污水处理厂 Disperses into the Sewage Treatment Plants	工业废水中污染物排放量（吨） Total Volume Pollutant of Waste Water Discharge (ton) #化学需氧量 COD	#石油类 Petroleum
总　计	**Total**	**5926**	**49624.87**	**14968.35**	**39319.04**	**439.28**
合肥市	Hefei	559	5129.79	4149.22	2689.07	54.98
淮北市	Huaibei	434	3661.13	475.88	1859.23	5.11
亳州市	Bozhou	345	1878.64	690.60	1578.14	16.05
宿州市	Suzhou	282	3572.48	521.30	2981.48	5.11
蚌埠市	Bengbu	332	1917.02	1750.38	2122.55	15.15
阜阳市	Fuyang	518	2500.24	453.01	2828.14	22.18
淮南市	Huainan	239	4081.81	248.67	2697.10	117.90
滁州市	Chuzhou	500	3798.99	2203.28	4704.47	47.39
六安市	Luan	307	809.78	236.92	819.71	12.16
马鞍山市	Maanshan	407	7557.72	889.15	4235.09	41.51
芜湖市	Wuhu	434	3302.06	1987.68	3117.37	40.48
宣城市	Xuancheng	570	1810.72	826.35	1973.46	6.88
铜陵市	Tongling	253	3934.88	203.86	2936.81	13.74
池州市	Chizhou	216	945.17	144.66	443.32	2.26
安庆市	Anqing	327	4017.79		3183.59	36.43
黄山市	Huangshan	203	706.66	187.39	1149.52	1.97

地　区	Region	#氨　氮 Ammonia & Nitrogen	废水治理设施数（套） Number of Facilities for Treatment of Waste Water (set)	废水治理设施处理能力（万吨／日） Handling Ability of Facilities for Treatmnent of Waste Water (10000cu.m/h)	废水治理设施运行费用（万元） Opearating Cost of Facilities of Waste Water (10000Yuan)
总　计	**Total**	**3572.01**	**2433**	**785.05**	**235216.1**
合肥市	Hefei	251.55	336	32.32	24479.6
淮北市	Huaibei	204.01	167	36.74	7182.5
亳州市	Bozhou	207.51	116	16.09	4969.6
宿州市	Suzhou	200.00	90	30.68	8048.6
蚌埠市	Bengbu	177.15	108	21.59	7018.2
阜阳市	Fuyang	365.15	151	15.44	5955.7
淮南市	Huainan	229.74	114	84.02	7007.2
滁州市	Chuzhou	831.78	172	13.20	8595.9
六安市	Luan	92.79	116	10.96	3081.7
马鞍山市	Maanshan	217.78	207	364.75	83683.8
芜湖市	Wuhu	188.99	171	18.77	13490.8
宣城市	Xuancheng	74.60	206	14.43	6827.9
铜陵市	Tongling	159.83	123	77.13	26858.6
池州市	Chizhou	36.56	100	13.79	3915.2
安庆市	Anqing	214.76	168	29.98	22107.0
黄山市	Huangshan	119.81	88	5.16	1993.8

11—16 各市工业废气排放及处理（2016年）
Emission and Treatment of Industrial Waste Gas by Region (2016)

地　区	Region	汇总工业企业个数（个）Number of Industrial Enterprises (unit)	工业废气治理设施数（套）Number of Facilities for treat-ment of Waste Gas (set)	工业废气排放总量（亿标立方米）Total Volume of Industrial Waste Gas Emission (100 million cu.m)	工业二氧化硫排放量（吨）Volume of Sulphur Dioxide Emission by Industry (ton)
总　计	**Total**	**5926**	**9373**	**25366.52**	**232362.02**
合肥市	Hefei	559	1404	1902.92	9010.78
淮北市	Huaibei	434	759	1334.98	29032.50
亳州市	Bozhou	345	217	394.17	8934.97
宿州市	Suzhou	282	367	785.80	25618.42
蚌埠市	Bengbu	332	284	504.67	5661.57
阜阳市	Fuyang	518	737	678.70	14831.30
淮南市	Huainan	239	297	2628.68	35363.18
滁州市	Chuzhou	500	437	975.85	11208.37
六安市	Luan	307	383	455.40	4399.31
马鞍山市	Maanshan	407	914	6056.15	18946.74
芜湖市	Wuhu	434	828	2960.76	31872.34
宣城市	Xuancheng	570	676	1360.46	8640.67
铜陵市	Tongling	253	785	3024.11	12343.12
池州市	Chizhou	216	509	1101.88	5556.18
安庆市	Anqing	327	502	1147.55	8022.81
黄山市	Huangshan	203	274	54.43	2919.78

地　区	Region	工业氮氧化物排放量（吨）Industrial Nitrogen Oxide Emissions (ton)	工业烟（粉）尘排放量（吨）Volume of Industrial Soot Emission (ton)	废气治理设备运用运行费用（万元）Annual Expenditure for Operation (10000 yuan)
总　计	**Total**	**286376.03**	**264606.61**	**677552.44**
合肥市	Hefei	21102.13	11482.93	48241.70
淮北市	Huaibei	19212.20	12683.77	46539.10
亳州市	Bozhou	5002.94	3412.47	5008.80
宿州市	Suzhou	10676.82	6913.80	28060.30
蚌埠市	Bengbu	6563.02	4154.05	18734.40
阜阳市	Fuyang	6306.38	10064.51	26905.10
淮南市	Huainan	23171.15	21304.93	76254.34
滁州市	Chuzhou	26702.16	11221.86	20329.40
六安市	Luan	4531.63	4971.47	7358.20
马鞍山市	Maanshan	49375.11	81449.33	188790.00
芜湖市	Wuhu	52824.50	37115.02	56782.20
宣城市	Xuancheng	9090.14	13276.14	21460.70
铜陵市	Tongling	25301.47	17338.71	82087.00
池州市	Chizhou	10481.96	15589.88	23569.60
安庆市	Anqing	15450.05	11039.26	25987.80
黄山市	Huangshan	584.38	2588.50	1443.80

11—17 各市工业固体废物产生及处理利用（2016年）

Discharge, Treatment and Utilization of Industrial Solid Wastes by Region (2016)

地 区	Region	汇总工业企业个数（个）Number of Industrial Enterprises (unit)	一般工业固体废物产生量（万吨）The Amount of General Industrial Solid Waste Generation (10000 tons)	危险废物产生量（万吨）The Amount of Hazardous Waste Generation (10000 ton)	一般工业固体废物综合利用量（万吨）The Amount of General Industrial Solid Waste Comprehensive Utilization (10000 ton)	危险废物综合利用量（万吨）The Amount of Hazardous Waste Comprehensive Utilization (10000 ton)
总 计	**Total**	**5926**	**12652.51**	**137.11**	**10829.55**	**69.54**
合 肥 市	Hefei	559	991.99	6.25	791.85	1.78
淮 北 市	Huaibei	434	1174.30	2.73	1290.60	1.36
亳 州 市	Bozhou	345	280.10	0.06	272.12	0.002
宿 州 市	Suzhou	282	299.82	0.89	272.85	0.38
蚌 埠 市	Bengbu	332	175.56	1.64	172.81	0.56
阜 阳 市	Fuyang	518	604.26	9.09	514.62	5.69
淮 南 市	Huainan	239	2779.55	7.20	2263.14	0.04
滁 州 市	Chuzhou	500	127.68	1.50	99.14	0.45
六 安 市	Luan	307	968.92	1.51	388.26	0.17
马鞍山市	Maanshan	407	2280.18	37.24	2076.46	33.42
芜 湖 市	Wuhu	434	302.08	4.19	277.56	1.25
宣 城 市	Xuancheng	570	469.22	2.36	367.35	1.12
铜 陵 市	Tongling	253	1854.86	53.36	1718.70	16.25
池 州 市	Chizhou	216	139.53	7.59	127.79	6.34
安 庆 市	Anqing	327	185.74	1.21	180.78	0.72
黄 山 市	Huangshan	203	18.73	0.31	15.53	0.01

地 区	Region	一般工业固体废物综合利用率（%）General Industrial Solid Waste Comprehensive Utilization Rate (%)	一般工业固体废物贮存量（万吨）The Amount of General Industrial Solid Waste Storage (10000 tons)	一般工业固体废物处置量（万吨）The Amount of General Industrial Solid Waste Disposal (10000 tons)	一般工业固体废物处置率（%）General Industrial Solid Waste Disposal Rate (%)
总 计	**Total**	**82.62**	**1112.96**	**1181.99**	**9.33**
合 肥 市	Hefei	73.65	111.03	172.39	17.38
淮 北 市	Huaibei	95.98	51.10	3.75	0.32
亳 州 市	Bozhou	97.15		7.98	2.85
宿 州 市	Suzhou	87.52	35.04	16.55	5.29
蚌 埠 市	Bengbu	98.42	0.92	1.87	1.06
阜 阳 市	Fuyang	85.15	87.91	1.81	0.30
淮 南 市	Huainan	76.79	456.66	227.42	8.18
滁 州 市	Chuzhou	77.31	6.43	22.79	17.83
六 安 市	Luan	40.07	0.001	580.66	59.93
马鞍山市	Maanshan	91.02	127.94	76.84	3.37
芜 湖 市	Wuhu	91.62	0.81	24.79	8.20
宣 城 市	Xuancheng	77.15	98.54	12.67	2.69
铜 陵 市	Tongling	92.37	124.74	17.29	0.93
池 州 市	Chizhou	88.34	8.78	9.27	6.59
安 庆 市	Anqing	97.33	0.004	4.96	2.67
黄 山 市	Huangshan	79.50	3.05	0.95	5.06

11—18 各市城市空气质量指标（2016年）
Ambient Air Quality in Main Cities by Region (2016)

单位：微克／立方米（MCG/cu.m）

地 区	Region	可吸入颗粒物 (PM_{10}) Clean Area	二氧化硫 (SO_2) Lightly Polluted Area	二氧化氮 (NO_2) Moderately Polluted Area	空气质量达到及好于二级的天数比例 (%) As Good and Better air Quality in 2 Days (%)
全省平均	**Average**	**77**	**21**	**38**	**74.3**
合 肥 市	Hefei	83	15	46	69.1
淮 北 市	Huaibei	87	24	42	66.1
亳 州 市	Bozhou	83	27	35	70.8
宿 州 市	Suzhou	86	23	40	62.6
蚌 埠 市	Bengbu	90	21	38	67.8
阜 阳 市	Fuyang	88	20	38	66.4
淮 南 市	Huainan	85	19	35	74.9
滁 州 市	Chuzhou	77	18	39	65.8
六 安 市	Luan	73	13	35	81.4
马鞍山市	Maanshan	75	20	34	74.3
芜 湖 市	Wuhu	75	21	45	80.3
宣 城 市	Xuancheng	68	21	38	81.6
铜 陵 市	Tongling	78	44	43	77.3
池 州 市	Chizhou	66	20	33	79.3
安 庆 市	Anqing	71	20	39	73.4
黄 山 市	Huangshan	45	15	21	97.3

11—19 各市城市道路交通噪声监测情况（2016年）
Monitoring of Urban Road Traffic Noise in Key Cities by Region (2016)

地 区	Region	监测总长度（公里） Total Length of Roads (km)	路段平均宽度（米） Average Width of Roads (m)	平均车流量(辆/小时) Average Traffic Volume (car/hour)		噪声均值（分贝） Average Noise Value (LeqdBA)
				大 型 车 Large Car	小 型 车 Small Car	
总 计	**Total**	**1773.32**	**40.00**	**223**	**1137**	**67.5**
合 肥 市	Hefei	591.70	34.90	844	1554	67.8
淮 北 市	Huaibei	96.78	43.00	30	350	67.4
亳 州 市	Bozhou	57.38	50.90	23	364	68.9
宿 州 市	Suzhou	50.11	25.30	38	427	68.0
蚌 埠 市	Bengbu	122.21	33.90	161	958	69.0
阜 阳 市	Fuyang	29.43	45.90	231	1546	68.1
淮 南 市	Huainan	56.03	18.70	38	467	72.4
滁 州 市	Chuzhou	65.95	30.20	102	891	65.1
六 安 市	Luan	68.25	45.10	84	1194	66.0
马鞍山市	Maanshan	98.53	43.50	27	311	67.5
芜 湖 市	Wuhu	260.54	43.10	172	1323	68.4
宣 城 市	Xuancheng	98.86	84.00	216	3067	59.8
铜 陵 市	Tongling	37.38	34.00	118	1762	69.6
池 州 市	Chizhou	28.85	36.00	1331	2039	67.5
安 庆 市	Anqing	48.84	41.80	101	1639	68.3
黄 山 市	Huangshan	62.50	30.20	49	297	65.9

11—20 水资源情况
Water Resources

年份 Year	水资源总量（亿立方米） Total Water Resources (100 million cu.m)	地表水资源量 Surface Water	地下水资源量 Ground Water	地表水与地下水资源重复量 Duplicated Measurement Between Surface Water and Groundwater	人均水资源量（立方米／人） Per Capita Water Resources (cu.m/person)
2000	644.21	554.62	188.74	99.15	1026.10
2005	719.25	672.20	195.41	148.36	1135.70
2008	699.24	651.88	178.09	130.73	1139.80
2009	733.10	685.92	185.43	138.25	1195.70
2010	939.05	876.27	197.81	135.03	1578.20
2011	602.08	544.17	143.48	85.57	1008.80
2012	700.98	640.64	159.22	98.88	1172.60
2013	585.59	525.41	144.54	84.36	974.54
2014	778.48	712.86	178.91	113.29	1279.78
2015	914.12	850.19	193.71	129.78	1495.31
2016	1245.17	1179.23	219.26	153.32	2018.30

注：水资源总量=地表水资源量＋地下水资源量－地表水与地下水资源重复量。

a) Total Water Resources=Surface Water+Ground Water-Duplicated Measurement Between Surface Water and Groundwater.

11—21 各市水资源情况（2016年）
Water Resources by Region (2016)

地区	Region	水资源总量（亿立方米） Total Water Resources (100 million cu.m)	地表水资源量 Surface Water	地下水资源量 Ground Water	地表水与地下水资源重复量 Duplicated Measurement Between Surface Water and Groundwater	人均水资源量（立方米／人） Per Capita Water Resources (cu.m/person)
总计	**Total**	**1245.17**	**1179.23**	**219.26**	**153.32**	**2018.30**
合肥市	Hefei	86.23	84.30	10.54	8.61	1101.40
淮北市	Huaibei	7.55	3.74	4.98	1.17	344.20
亳州市	Bozhou	27.00	15.73	15.04	3.77	532.00
宿州市	Suzhou	27.85	14.99	17.66	4.80	500.00
蚌埠市	Bengbu	21.72	15.38	9.62	3.28	656.00
阜阳市	Fuyang	38.90	26.66	17.94	5.70	489.50
淮南市	Huainan	20.24	17.96	6.34	4.06	587.80
滁州市	Chuzhou	63.55	61.22	11.61	9.28	1576.60
六安市	Luan	150.41	148.32	19.57	17.48	3162.10
马鞍山市	Maanshan	39.60	37.86	6.08	4.34	1745.10
芜湖市	Wuhu	70.98	68.75	10.96	8.73	1938.10
宣城市	Xuancheng	184.32	183.52	23.16	22.36	7098.00
铜陵市	Tongling	33.26	32.28	5.17	4.19	2079.00
池州市	Chizhou	124.37	123.02	15.58	14.23	8638.60
安庆市	Anqing	190.90	187.21	22.24	18.55	4153.70
黄山市	Huangshan	158.29	158.29	22.77	22.77	11500.30

11—22 农村环境状况
The Environment of Rural Areas

年份 Year	农村自来水普及率(%) Popularity Rate of Tape Water in Rural Areas (%)	农村卫生厕所普及率(%) Popularity Rate of Sanitation Toilet in Rural Areass (%)	农村户用沼气 Marsh Gas in Rural House		太阳能热水器 Solar Water Heater
			用户数(万户) Number of Users (10000 Housrholds)	总产气量(万立方米) Total Volum Gas Production (10000 cu.m)	面积(万平方米) Area (10000 sq.m)
2000	36.8	40.1	11.44	2862	50.37
2005	37.6	54.2	31.94	9076	172.88
2008	39.1	53.3	56.43	17959	307.53
2009	43.7	54.1	67.06	20654	373.16
2010	47.8	57.5	75.26	22334	422.12
2011	50.4	58.0	79.08	27677	464.40
2012	53.6	59.2	82.99	25068	503.11
2013	58.6	62.6	85.76	24693	520.07
2014	64.3	65.2	88.21	24516	539.60
2015	72.0	67.1	89.13	23992	568.58
2016	78.0	68.9	89.51	23125	586.29

11—23 各市农村环境状况（2016年）
The Environment of Rural Areas by Region (2016)

地区	Region	农村自来水普及率(%) Popularity Rate of Tape Water in Rural Areas (%)	农村卫生厕所普及率(%) Popularity Rate of Sanitation Toilet in Rural Areass (%)	农村户用沼气 Marsh Gas in Rural House		太阳能热水器 Solar Water Heater
				用户数(万户) Number of Users (10000 Housrholds)	总产气量(万立方米) Total Volum Gas Production (10000 cu.m)	面积(万平方米) Area (10000 sq.m)
总计	**Total**	**78.00**	**68.93**	**89.51**	**23124.67**	**586.29**
合肥市	Hefei	81.00	89.51	9.17	2199.37	91.97
淮北市	Huaibei	70.80	81.12	2.10	456.00	23.51
亳州市	Bozhou	88.10	56.57	3.68	1076.23	35.91
宿州市	Suzhou	67.79	63.99	5.36	1228.25	40.09
蚌埠市	Bengbu	73.32	80.58	2.95	850.50	24.57
阜阳市	Fuyang	71.60	34.39	9.34	2324.00	37.61
淮南市	Huainan	67.00	41.08	4.84	1528.40	25.34
滁州市	Chuzhou	77.40	78.12	5.41	1519.00	46.44
六安市	Luan	66.51	87.38	8.46	2205.55	51.24
马鞍山市	Maanshan	99.40	77.86	2.07	434.19	36.81
芜湖市	Wuhu	95.30	97.95	1.20	314.77	30.91
宣城市	Xuancheng	88.00	80.64	6.34	1882.58	45.27
铜陵市	Tongling	82.00	78.47	2.13	483.32	14.84
池州市	Chizhou	85.00	71.69	7.37	1837.50	14.69
安庆市	Anqing	84.09	73.89	15.32	3941.53	41.70
黄山市	Huangshan	89.34	82.41	3.78	843.50	25.39

11—24 农村改水、改厕情况
The Water and Toilets Renovation in Rural Area

指　　标		Item		2005	2010	2015	2016
农村改水		**Water Renovation**					
农村总人口	(万人)	Total Rural Population	(10000 persons)	4490.8	5250.8	5393.0	
累计已改水受益人口	(万人)	Accumulative Population to Benefit from Water Renovation	(10000 persons)	4419.4	5227.5	5222.1	
自来水		Tap Water					
厂、站	(个)	Factory, Standion	(unit)	14162	14501	9878	
累计受益	(万人)	Accumulative Benefit Population	(10000 persons)	1690.6	2511.4	3880.2	
占农村总人口	(%)	Proportion of the Total Rural Population	(%)	37.65	47.83	71.95	
手压机井		Manual Pumped Wells					
数　量	(万台)	Number	(10000 unat)	640.0	543.1	385.6	
累计受益	(万人)	Accumulative Benefit Population	(10000 persons)	2241.3	2438.3	1219.9	
占农村总人口	(%)	Proportion of the Total Rural Population	(%)	49.91	46.44	22.62	
雨水收集		Rainwater Collection					
累计受益	(万人)	Accumulative Benefit Population	(10000 persons)	31.7	16.4	2.4	
占农村总人口	(%)	Proportion of the Total Rural Population	(%)	0.71	0.31	0.05	
其　他		Other					
累计受益	(万人)	Accumulative Benefit Population	(10000 persons)	455.8	261.4	119.5	
占农村总人口	(%)	Proportion of the Total Rural Population	(%)	10.15	4.98	2.22	
农村改厕		**Toilets Renovation in Rural Area**					
农村总户数	(万户)	Total Rural Households	(10000 subscribers)	1213.7	1346.5	1434.8	1478.2
累计使用卫生厕所户数	(万户)	Households Used Toilets	(10000 subscribers)	657.4	774.9	963.2	1018.9
卫生厕所普及率	(%)	Rate of the Sanitation Toilets	(%)	54.2	57.5	67.1	68.9
累计使用卫生公厕户数	(万户)	Household Used Public Sanitation Toilets	(10000 subscribers)	82.3	125.9	293.6	335.0

11—25 农村改水、改厕投资情况
Investment of Water and Toilets Renovation in Rural Area

指　　标		Item		2005	2010	2015	2016
农村改水		**Water Renovation in Rural Area**					
农村改水投入	(万元)	Investment	(10000 yuan)	21669	132386	276961	
国家投入		State Investment		10011	114919	262089	
国家投入占总投入比重	(%)	The Proportion of State Investment	(%)	46.20	86.81	94.63	
农村改厕		**Toilets Renovation in Rural Area**					
农村改厕投入	(万元)	Investment	(10000 yuan)	11413	33327	30794	87159
国家投入		State Investment		3577	21952	16161	40367
国家投入占总投入比重	(%)	The Proportion of State Investment	(%)	31.34	65.87	52.48	46.31

11—26 突发环境事件情况
Environmental Accidents

年份 Year	突发环境事件次数（次） Number of Environmental Accidents (time)	水污染 Water Pollution	大气污染 Air Pollution	固体废物污染 Solid Wastes Pollution	噪声与振动危害 Noise and Vibration Pollution	其他 Other	直接经济损失（万元） Direct Economic Losses (10000 yuan)	突发环境事件罚款总额（万元） Reparations and Fines on Environmental Accidents (10000 yuan)	污染损害赔款总额（万元） Total Compensation Amount Damage of Pollution (10000 yuan)
2000	66	43	23				802.20	62.46	802.20
2005	28	16	10		2		275.40	55.20	275.40
2008	16	9	6	1			1440.70		30.00
2009	22	12	3	7			625.36	17.00	
2010	30	10	8	5			231.60	23.00	133.00
2011	12	4	3	1			50.88	40.00	125.00
2012	20	7	3	5			896.50	1.00	878.00
2013	6	5	1				274.06	9.79	
2014	9	5	1	1			492.99	0.79	
2015	8	5	2			1	75.30	13.00	2.14
2016	3	1	1			1	16.00		

11—27 各市突发环境事件情况（2016年）
Environmental Accidents by Region (2016)

地区	Region	突发环境事件次数（次） Number of Environmental Accidents (time)	水污染 Water Pollution	大气污染 Air Pollution	噪声与振动危害 Noise and Vibration Pollution	其他 Other	直接经济损失（万元） Direct Economic Losses (10000 yuan)	突发环境事件罚款总额（万元） Reparations and Fines on Environmental Accidents (10000 yuan)	污染损害赔款总额（万元） Total Compensation Amount Damage of Pollution (10000 yuan)
总计	**Total**	**3**	**1**	**1**		**1**	**16.00**		
合肥市	Hefei	1	1				16.00		
淮北市	Huaibei								
亳州市	Bozhou								
宿州市	Suzhou								
蚌埠市	Bengbu								
阜阳市	Fuyang	1		1					
淮南市	Huainan								
滁州市	Chuzhou								
六安市	Luan								
马鞍山市	Maanshan								
芜湖市	Wuhu								
宣城市	Xuancheng								
铜陵市	Tongling								
池州市	Chizhou	1				1			
安庆市	Anqing								
黄山市	Huangshan								

11—28 地质灾害及防治情况

Geological Disasters and Prevention and Cure

年份 Year	发生地质灾害起数(次) Geological Disasters (time)	#滑坡 Land-slide	#崩塌 Collapse	人员伤亡(人) Casualties (person)	#死亡人数 Deaths	直接经济损失(万元) Direct Economic Losses (10000 yuan)	地质灾害防治项目(个) Number of Projects of Prevention of Geological Disasters (unit)	地质灾害防治投资(万元) Investment of Projects of Prevention of Geological Disasters (10000 yuan)
2005	8320	1528	6445	44	40	96800.0	46	3614.3
2008	556	247	285	3	2	8753.2	164	14813.7
2009	349	116	216	8	2	2179.3	156	12252.8
2010	338	143	164	12	6	2536.3	189	11352.0
2011	175	102	60	2	2	1569.6	338	27288.0
2012	350	170	157	5	3	4601.3	652	25200.8
2013	261	147	108	2	1	2247.8	624	29280.2
2014	126	49	70			590.4	537	21936.9
2015	616	312	272	2	1	13679.3	492	14205.5
2016	724	386	308			4616.4	982	25294.9

11—29 各市地质灾害及防治情况（2016年）

Geological Disasters and Prevention and Cure by Region (2016)

地区	Region	发生地质灾害起数(次) Geological Disasters (time)	#滑坡 Land-slide	#崩塌 Collapse	人员伤亡(人) Casualties (person)	#死亡人数 Deaths	直接经济损失(万元) Direct Economic Losses (10000 yuan)	地质灾害防治项目(个) Number of Projects of Prevention of Geological Disasters (unit)	地质灾害防治投资(万元) Investment of Projects of Prevention of Geological Disasters (10000 yuan)
总计	**Total**	**724**	**386**	**308**			**4616.4**	**982**	**25294.9**
合肥市	Hefei	2	2				5.0	6	359.3
淮北市	Huaibei								30.0
亳州市	Bozhou								59.0
宿州市	Suzhou							1	
蚌埠市	Bengbu								30.0
阜阳市	Fuyang							1	20.0
淮南市	Huainan								50.0
滁州市	Chuzhou	2		1			0.4	1	522.0
六安市	Luan	183	88	75			1517.2	360	4390.7
马鞍山市	Maanshan							60	1881.0
芜湖市	Wuhu	11	5	4			126.9	14	1277.3
宣城市	Xuancheng	90	78	11			1112.8	94	5167.1
铜陵市	Tongling	10	9	1			109.9	5	2350.0
池州市	Chizhou	9	6	3			186.0	28	1496.0
安庆市	Anqing	239	135	98			970.7	336	4029.5
黄山市	Huangshan	178	63	115			587.5	76	3633.0

11—30 自然保护基本情况
Basic Situation of Natural Protection

年份 Year	自然保护区(市级以上) Nature Reserve (above city-level) 个数(个) Number of Nature Reserves (unit)	#国家级 Nation Level	面积(万公顷) Area of Nature Reserves (10000 hectares)	#国家级 Nation Level
2005	31		34.68	
2008	37		46.13	
2009	38		43.84	
2010	38	6	43.61	13.14
2011	38	7	43.20	13.92
2012	38	7	43.20	13.92
2013	39	7	41.28	13.92
2014	39	7	40.97	13.92
2015	40	7	41.35	13.92
2016	40	8	41.74	14.71

11—31 各市自然保护基本情况（2016年）
Basic Situation of Natural Protection by Region (2016)

地区	Region	自然保护区(市级以上) Nature Reserve (above city-level) 个数(个) Number of Nature Reserves (unit)	#国家级 Nation Level	面积(万公顷) Area of Nature Reserves (10000 hectares)	#国家级 Nation Level
总计	**Total**	**40**	**8**	**41.74**	**14.71**
合肥市	Hefei				
淮北市	Huaibei				
亳州市	Bozhou				
宿州市	Suzhou	6		2.09	
蚌埠市	Bengbu	3		1.63	
阜阳市	Fuyang	2		2.56	
淮南市	Huainan				
滁州市	Chuzhou	2		2.46	
六安市	Luan	4	1	5.17	2.89
马鞍山市	Maanshan	1		1.07	
芜湖市	Wuhu				
宣城市	Xuancheng	4	2	3.51	2.64
铜陵市	Tongling	1	1	3.15	3.15
池州市	Chizhou	4	1	5.17	3.34
安庆市	Anqing	5	2	12.23	2.02
黄山市	Huangshan	8	1	2.70	0.67

11—32 森林资源情况
Forest Resources

年份 Year	林业用地面积（千公顷） Area of Afforested Land (1000 hectares)	森林面积（千公顷） Forest Area (1000 hectares)	#人工林 Man-made Forest	森林覆盖率（%） Forest Coverage Rate (%)	活立木总蓄积量（万立方米） Total Standing Forest Stock (10000 cu.m)	森林蓄积量（万立方米） Stock Volume of Forest (10000 cu.m)
2000	4123.20	3318.70	1174.80	24.02	12667.41	10371.90
2005	4403.50	3600.70	2098.70	26.06	16258.35	13755.41
2009	4404.00	3601.00	2099.00	26.06	16258.35	13755.41
2010	4431.80	3804.20	2250.70	27.53	21710.12	18074.85
2011	4431.80	3804.20	2250.70	27.53	21710.12	18074.85
2012	4431.80	3804.20	2250.70	27.53	21710.12	18074.85
2013	4431.80	3804.20	2250.70	27.53	21710.12	18074.85
2014	4493.30	3958.50	2329.10	28.65	26145.10	22186.55
2015	4493.30	3958.50	2329.10	28.65	26145.10	22186.55
2016	4493.30	3958.50	2329.10	28.65	26145.10	22186.55

注：2005年及以后为一类资源清查数。
a) The figures after 2005 of the national first class forest resources by Surveyed.

11—33 各市森林资源情况（2016年）
Forest Resources by Region (2016)

地区	Region	林业用地面积（千公顷） Area of Afforested Land (1000 hectares)	森林面积（千公顷） Forest Area (1000 hectares)	森林覆盖率（%） Forest Coverage Rate (%)	活立木总蓄积量（万立方米） Total Standing Forest Stock (10000 cu.m)	森林蓄积量（万立方米） Stock Volume of Forest (10000 cu.m)
合肥市	Hefei	199.66	160.59	14.03	1453.22	1113.20
淮北市	Huaibei	60.96	52.59	19.18	348.26	282.80
亳州市	Bozhou	169.32	151.48	17.78	1186.26	886.44
宿州市	Suzhou	275.88	254.00	25.56	1595.62	1308.55
蚌埠市	Bengbu	126.19	99.59	16.74	733.51	626.48
阜阳市	Fuyang	202.90	188.46	18.63	1180.64	1023.18
淮南市	Huainan	55.80	52.91	9.56	481.74	365.40
滁州市	Chuzhou	270.20	226.68	16.77	1675.27	1123.02
六安市	Luan	737.96	705.69	45.67	3358.49	3120.85
马鞍山市	Maanshan	82.64	75.44	18.63	350.28	290.82
芜湖市	Wuhu	151.15	127.77	21.20	578.25	472.52
宣城市	Xuancheng	771.29	727.86	59.12	3002.10	2925.08
铜陵市	Tongling	89.88	77.65	25.95	417.46	353.22
池州市	Chizhou	558.35	513.41	61.64	2806.01	2690.83
安庆市	Anqing	582.19	553.66	40.90	2770.54	2584.04
黄山市	Huangshan	831.16	805.70	83.25	4612.63	4587.12

注：数据为各地2016年资源统计年报数据。
a) Data is the annual data of resource statistics for 2016.

11—34 造 林 面 积
Area of Afforestation

单位：公顷（hectares）

年份 Year	造林总面积 Total Area of Afforestation	#人工造林 Manual Planting	按林种用途分 by Function of Forest 用材林 Timber Forests	经济林 By-product Forests	防护林 Protection Forests	薪炭林 Fuel Forests	特种用途林 Forests for Special Purpose
2000	69214	69214	29068	33592	4730		1824
2005	57457	57457	26388	4489	25727	739	114
2008	53322	48366	17037	8444	26440	1033	368
2009	83606	70229	25314	8858	48171		1263
2010	65612	57012	17724	12380	33804	849	855
2011	88731	72747	23939	22445	41121	405	821
2012	112197	100907	36082	34663	39251	267	1934
2013	208099	202766	72712	51817	73732	248	9590
2014	157745	150871	51701	44584	54826	426	6208
2015	128415	114350	47729	25173	39216	85	2144
2016	128042	91380	22717	30178	36595	131	1759

11—35 各市造林面积（2016年）
Area of Afforestation by Region (2016)

单位：公顷（hectares）

地区	Region	造林总面积 Total Area of Afforestation	#人工造林 Manual Planting	按林种用途分 by Function of Forest 用材林 Timber Forests	经济林 By-product Forests	防护林 Protection Forests	特种用途林 Forests for Special Purpose
总计	**Total**	**128042**	**91380**	**22717**	**30178**	**36595**	**1759**
合肥市	Hefei	10962	9495	1580	2040	5202	673
淮北市	Huaibei	2606	1939	16	944	979	
亳州市	Bozhou	6492	6492	2228	2259	1685	320
宿州市	Suzhou	11953	9819	291	3188	6177	163
蚌埠市	Bengbu	4888	3888	80	1200	2399	126
阜阳市	Fuyang	7945	7920	2527	2084	3309	
淮南市	Huainan	2736	2736	205	1830	701	
滁州市	Chuzhou	17280	12202	6019	2674	3459	14
六安市	Luan	12101	8588	766	3448	4296	66
马鞍山市	Maanshan	4550	3084	1431	449	1204	
芜湖市	Wuhu	6316	5027	1994	634	2154	245
宣城市	Xuancheng	8638	3904	919	1813	1097	75
铜陵市	Tongling	2066	1403	150	707	533	13
池州市	Chizhou	8698	3616	2409	992	215	
安庆市	Anqing	13541	8597	1170	4373	2990	64
黄山市	Huangshan	7270	2670	932	1543	195	

11—36 退耕还林工程建设情况
Situation of Projects for Reforesting Formerly Cultivated Land

单位：公顷（hectares）

年份 Year	造林总面积 Total Area of Afforestation	退耕地造林面积 Reforesting Formerly Cultivated Land Area	荒山荒地造林面积 Afforested Area of Waste Mountains & Land	按林种用途分 by Function of Forest: 用材林 Timber Forests	经济林 By-product Forests	防护林 Protection Forests	薪炭林 Fuel Forests	特种用途林 Forests for Special Purpose	林业投资完成额（万元） Completed Investment in Forestry (10000 yuan)
2005	17026	13333	3693	1054	725	15082	133	32	
2009	32540		19211	1802	386	30144		208	
2010	17820		17820	4179	4441	8205	400	595	59665
2011	18520	1805	10229	3265	3155	11198	353	549	112715
2012	21238		14328	1885	2224	9828	201	100	63606
2013	5334	1721	3612	1913	1363	1799		259	58203
2014	20546		15880	9339	4713	5774		720	57254
2015									59264
2016	128042	8952		5312	3465			175	78787

11—37 各市退耕还林工程建设情况（2016年）
Situation of Projects for Reforesting Formerly Cultivated Land by Region (2016)

单位：公顷（hectares）

地区 Region	造林总面积 Total Area of Afforestation	退耕地造林面积 Reforesting Formerly Cultivated Land Area	荒山荒地造林面积 Afforested Area of Waste Mountains & Land	按林种用途分 by Function of Forest: 用材林 Timber Forests	经济林 By-product Forests	防护林 Protection Forests	薪炭林 Fuel Forests	特种用途林 Forests for Special Purpose	林业投资完成额（万元） Completed Investment in Forestry (10000 yuan)
总计 Total	**128042**	**8952**		**5312**	**3465**			**175**	**78787**
合肥市 Hefei	10962	893		637	252			4	39595
淮北市 Huaibei	2606	92			92				791
亳州市 Bozhou	6492								499
宿州市 Suzhou	11953	255		172	72			11	1957
蚌埠市 Bengbu	4888								
阜阳市 Fuyang	7945	172		100	70			2	
淮南市 Huainan	2736	104		50	40			14	1494
滁州市 Chuzhou	17280	1512		802	673			37	5676
六安市 Luan	12101	850		67	770			13	6036
马鞍山市 Maanshan	4550	199		130	69				1191
芜湖市 Wuhu	6316	404		383	21				2280
宣城市 Xuancheng	8638	1410		1306	96			8	5261
铜陵市 Tongling	2066	67		67					188
池州市 Chizhou	8698	717		463	250			4	2513
安庆市 Anqing	13541	1413		661	677			75	6025
黄山市 Huangshan	7270	864		474	383			7	5281

11—38 森林病虫害防治情况
Prevention of Forest Diseases and Pests

年份 Year	合计 Total			森林病害 Forest Diseases			森林虫害 Forest Plague		
	发生面积(公顷) Area of Occurrence (hectare)	防治面积(公顷) Area of Prevention (hectare)	防治率(%) Prevention Rate (%)	发生面积(公顷) Area of Occurrence (hectare)	防治面积(公顷) Area of Prevention (hectare)	防治率(%) Prevention Rate (%)	发生面积(公顷) Area of Occurrence (hectare)	防治面积(公顷) Area of Prevention (hectare)	防治率(%) Prevention Rate (%)
2000	370273	274367	74.10	55187	24580	44.54	315087	249787	79.28
2005	261516	210369	80.44	22508	20527	91.20	239008	189842	79.43
2008	351110	288916	82.29	48225	39811	82.55	302865	244150	80.61
2009	336606	260229	77.31	59401	49480	83.30	277139	210682	76.02
2010	355750	300543	84.48	55385	42130	76.07	300365	258413	86.03
2011	400865	349334	87.15	52667	40230	76.39	348119	309104	88.82
2012	383217	310850	81.12	47115	30632	65.02	336102	280218	83.37
2013	401666	346666	86.31	38800	33791	87.09	362866	312875	86.22
2014	384507	331806	86.29	54752	44656	81.56	329755	287151	87.08
2015	391201	343083	87.70	49843	42695	85.66	341358	300388	88.00
2016	498110	444067	89.15	39499	32846	83.16	458611	411221	89.67

11—39 各市森林病虫害防治情况（2016年）
Prevention of Forest Diseases and Pests by Region (2016)

地区 Region	合计 Total			森林病害 Forest Diseases			森林虫害 Forest Plague		
	发生面积(公顷) Area of Occurrence (hectare)	防治面积(公顷) Area of Prevention (hectare)	防治率(%) Prevention Rate (%)	发生面积(公顷) Area of Occurrence (hectare)	防治面积(公顷) Area of Prevention (hectare)	防治率(%) Prevention Rate (%)	发生面积(公顷) Area of Occurrence (hectare)	防治面积(公顷) Area of Prevention (hectare)	防治率(%) Prevention Rate (%)
总计 Total	**498110**	**444067**	**89.15**	**39499**	**32846**	**83.16**	**458611**	**411221**	**89.67**
合肥市 Hefei	17002	13938	81.98	3927	2804	71.40	13075	11134	85.16
淮北市 Huaibei	34919	34601	99.09	4353	4143	95.18	30566	30458	99.65
亳州市 Bozhou	13257	13737	100.00	3860	2400	62.18	9397	11337	100.00
宿州市 Suzhou	88967	126210	100.00		2653		88967	123557	100.00
蚌埠市 Bengbu	24615	33636	100.00	1817	1794	98.74	22799	31842	100.00
阜阳市 Fuyang	69231	67467	97.45	6457	3987	61.74	62774	63481	100.00
淮南市 Huainan	9989	9920	99.31	407	407	100.00	9582	9513	99.28
滁州市 Chuzhou	21648	17018	78.61	1527	1499	98.21	20121	15519	77.13
六安市 Luan	48849	55508	100.00	6222	6155	98.93	42627	49353	100.00
马鞍山市 Maanshan	8140			261			7880		
芜湖市 Wuhu	11471	11404	99.42	700	700	100.00	10771	10704	99.38
宣城市 Xuancheng	42098	35813	85.07	8961	5637	62.90	33137	30176	91.07
铜陵市 Tongling	2500	1720	68.80				2500	1720	68.80
池州市 Chizhou	35061			74			34987		
安庆市 Anqing	41662	23094	55.43	933	667	71.43	40729	22427	55.07
黄山市 Huangshan	28701						28701		

主要统计指标解释

耕地

指种植农作物的土地，包括熟地，新开发、复垦、整理地，休闲地（含轮歇地、轮作地）；以种植农作物（含蔬菜）为主，间有零星果树、桑树或其他树木的土地；平均每年能保证收获一季的已垦滩地和海涂。耕地中包括南方宽度<1.0米，北方宽度<2.0米固定的沟、渠、路和地坎（埂）；临时种植药材、草皮、花卉、苗木等的耕地，以及其他临时改变用途的耕地。

园地

指种植以采集果、叶、根、茎、汁等为主的集约经营的多年生木本和草本作物，覆盖度大于50%和每亩株数大于合理株数70%的土地。包括用于育苗的土地。

林地

指生长乔木、竹类、灌木的土地，及沿海生长红树林的土地。包括迹地，不包括居民点内部的绿化林木用地，铁路、公路征地范围内的林木，以及河流、沟渠的护堤林。

草地

指生长草本植物为主的土地。

径流量

指在一定时段内通过河流某一过水断面的水量，用以反映一个国家或地区水资源的丰歉程度。计算公式为：

径流量=降水量-蒸发量

流域

每条河流都有自己的干流和支流，干支流共同组成这条河流的水系。每条河流都有自己的集水区域，这个集水区域就称为该河流的流域。

外流河

指直接或间接流入海洋的河流。供给外流河河水的区域称为外流区域。

内陆河

指在陆地内部干燥地区，河水沿途消失于沙漠或注入内陆湖泊的河流。供给内陆河河水的区域称为内陆区域。

矿产资源

矿产资源指由地质作用形成的，具有利用价值的，呈固态、液态、气态的自然资源，是社会生产发展的重要物质基础。目前我国已发现矿种有170多种，按其特点和用途，可分为能源矿产(如煤炭、石油、天然气、地热)、金属矿产(如铁矿、锰矿、铜矿、铅矿、铝土矿)、非金属矿产(如金刚石、石灰岩、粘土)和水气矿产(如地下水、矿泉水、二氧化碳气)四大类。其中：金属矿产按其物质成份和性质又可分为：黑色金属矿产、有色金属矿产、贵金属矿产、稀有金属矿产、稀土金属矿产、分散元素金属矿产六类。

矿产基础储量

基础储量是查明矿产资源的一部分。它能满足现行采矿和生产所需的指标要求，是控制的、探明的并通过可行性或预可行性研究认为属于经济的、边界经济的部分，用未扣除设计、采矿损失的数量表示。

平均气温

气温指空气的温度，我国一般以摄氏度为单位表示。气象观测的温度表是放在离地面约1.5米处通风良好的百叶箱里测量的，因此，通常说的气温指的是离地面1.5米处百叶箱中的温度。计算方法：月平均气温是将全月各日的平均气温相加，除以该月的天数而得。年平均气温是将12个月的月平均气温累加后除以12而得。

年平均相对湿度

指空气中实际水气压与当时气温下的饱和水气压之比。其统计方法与气温相同。

降水量

指从天空降落到地面的液态或固态(经融化后)水，未经蒸发、渗透、流失而在地面上积聚的深度。计算方法：月降水量是将全月各日的降水量累加而得。年降水量是将12个月的月降水量累加而得。

全年日照时数

指太阳实际照射地面的时数，通常以小时为单位表示。其统计方法与降水量相同。

水资源总量

指当地降水形成的地表和地下产水总量，即地表径流量与降水入渗补给量之和。

地表水资源量

指河流、湖泊以及冰川等地表水体中可以逐年更新的动态水量，即天然河川径流量。

地下水资源量

指地下饱和含水层逐年更新的动态水量，即降水和地表水入渗对地下水的补给量。

地表水与地下水重复计算量

指地表水和地下水相互转化的部分，即天然河川径流量中的地下水排泄量和地下水补给量中来源于地表水的入渗补给量。

供水总量

指各种水源为用水户提供的包括输水损失在内的毛水量。

地表水源供水量

指地表水体工程的取水量，按蓄、引、提、调四种形式统计。从水库、塘坝中引水或提水，均属蓄水工程供水量；从河道或湖泊中自流引水的，无论有闸或无闸，均属引水工程供水量；利用扬水站从河道或湖泊中直接取水的，属提水工程供水量；跨流域调水指水资源一级区或独立流域之间的跨流域调配水量，不包括在蓄、引、提水量中。

地下水源供水量

指水井工程的开采量，按浅层淡水、深层承压水和微咸水分别统计。城市地下水源供水量包括自来水厂的开采量和工矿企业自备井的开采量。

其他水源供水量

包括污水处理再利用、集雨工程、海水淡化等水源工程的供水量。

用水总量

指各类用水户取用的包括输水损失在内的毛水量。

农业用水

包括农田灌溉用水、林果地灌溉用水、草地灌溉用水、鱼塘补水和畜禽用水。

工业用水

指工矿企业在生产过程中用于制造、加工、冷却、空调、净化、洗涤等方面的用水，按新水取用量计，不包括企业内部的重复利用水量。

生活用水

包括城镇生活用水和农村生活用水。城镇生活用水由居民用水和公共用水（含第三产业及建筑业等用水）组成；农村生活用水指居民生活用水。

生态环境补水

仅包括人为措施供给的城镇环境用水和部分河湖、湿地补水，而不包括降水、径流自然满足的水量。

一般工业固体废物产生量

指未被列入《国家危险废物名录》或者根据国家规定的危险废物鉴别标准（GB5085）、固体废物浸出毒性浸出方法（GB5086）及固体废物浸出毒性测定方法（GB / T 15555）鉴别方法判定不具有危险特性的工业固体废物。计算公式是：

一般工业固体废物产生量=(一般工业固体废物综合利用量－其中：综合利用往年贮存量）+一般工业固体废物贮存量+（一般工业固体废物处置量－其中：处置往年贮存量）+一般工业固体废物倾倒丢弃量

一般工业固体废物综合利用量

指报告期内企业通过回收、加工、循环、交换等方式，从固体废物中提取或者使其转化为可以利用的资源、能源和其他原材料的固体废物量（包括当年利用的往年工业固体废物累计贮存量）。如用作农业肥料、生产建筑材料、筑路等。综合利用量由原产生固体废物的单位统计。

一般工业固体废物处置量

指报告期内企业将工业固体废物焚烧和用其他改变工业固体废物的物理、化学、生物特性的方法，达到减少或者消除其危险成分的活动，或者将工业固体废物最终置于符合环境保护规定要求的填埋场的活动中，所消纳固体废物的量。

一般工业固体废物贮存量　指报告期内企业以综合利用或处置为目的，将固体废物暂时贮存或堆存在专设的贮存设施或专设的集中堆存场所内的量。专设的固体废物贮存场所或贮存设施必须有防扩散、防流失、防渗漏、防止污染大气、水体的措施。

一般工业固体废物倾倒丢弃量

指报告期内企业将所产生的固体废物倾倒或者丢弃到固体废物污染防治设施、场所以外的量。

危险废物产生量

指当年全年调查对象实际产生的危险废物的量。危险废物指列入国家危险废物名录或者根据国家规定的危险废物鉴别标准和鉴别方法认定的，具有爆炸性、易燃性、易氧化性、毒性、腐蚀性、易传染性疾病等危险特性之一的废物。按《国家危险废物名录》（环境保护部、国家发展和改革委员会 2008 部令第 1 号）填报。

危险废物综合利用量

指当年全年调查对象从危险废物中提取物质作为原材料或者燃料的活动中消纳危险废物的量。包括本单位利用或委托、提供给外单位利用的量。

危险废物处置量

指报告期内企业将危险废物焚烧和用其他改变工业固体废物的物理、化学、生物特性的方法，达到减少或者消除其危险成分的活动，或者将危险废物最终置于符合环境保护规定要求的填埋场的活动中，所消纳危险废物的量。处置量包括处置本单位或委托给外单位处置的量。

危险废物贮存量

指将危险废物以一定包装方式暂时存放在专设的贮存设

施内的量。专设的贮存设施指对危险废物的包装、选址、设计、安全防护、监测和关闭等符合《危险废物贮存污染控制标准》(GB18597-2001)等相关环保法律法规要求，具有防扩散、防流失、防渗漏、防止污染大气和水体措施的设施。

生活垃圾清运量

指报告期收集和运送到各生活垃圾处理厂(场)和生活垃圾最终消纳点的生活垃圾数量。生活垃圾指城市日常生活或为城市日常生活提供服务的活动中产生的固体废物以及法律行政规定的视为城市生活垃圾的固体废物。包括：居民生活垃圾、商业垃圾、集市贸易市场垃圾、街道清扫垃圾、公共场所垃圾和机关、学校、厂矿等单位的生活垃圾。

生活垃圾无害化处理率

指报告期生活垃圾无害化处理量与生活垃圾产生量的比率。在统计上，由于生活垃圾产生量不易取得，可用清运量代替。计算公式为：

生活垃圾无害化处理率＝生活垃圾无害化处理量/生活垃圾产生量×100%

森林面积

包括郁闭度0.2以上的乔木林地面积和竹林面积，国家特别规定的灌木林地面积，农田林网以及村旁、路旁、水旁、宅旁林木的覆盖面积。

人工林面积

指由人工播种、植苗或扦插造林形成的生长稳定，(一般造林3-5年后或飞机播种5-7年后)每公顷保存株数大于或等于造林设计植树株数80%或郁闭度0.20以上(含0.20)的林分面积。

森林覆盖率

以行政区域为单位的森林面积占区域土地总面积的百分比。计算公式为：

森林覆盖率＝森林面积/土地总面积×100%

活立木总蓄积量

指一定范围土地上全部树木蓄积的总量，包括森林蓄积、疏林蓄积、散生木蓄积和四旁树蓄积。

森林蓄积量

指一定森林面积上存在着的林木树干部分的总材积。

造林面积

指在宜林荒山荒地、宜林沙荒地、无立木林地、疏林地和退耕地等其他宜林地上通过人工措施形成或恢复森林、林木、灌木林的过程。

人工造林

指在宜林荒山荒地、宜林沙荒地、无立木林地、疏林地和退耕地等其他宜林地上通过播种、植苗和分植来提高森林植被覆被率的技术措施。

飞播造林

通过飞机播种，为宜林荒山荒地、宜林沙荒地、其他宜林地、疏林地补充适量的种源，并辅以适当的人工措施，在自然力的作用下使其形成森林或灌草植被，提高森林植被覆被率的技术措施。

无林地和疏林地本年新封山育林

指本年开始对具有天然下种或萌蘖能力的疏林地、灌丛地、采伐迹地、火烧迹地以及荒山荒地、沙荒地等有条件的地方采取划界封禁和人工辅助措施，使其成为森林或灌草植被的面积。

用材林

指以生产木材为主要目的的森林和林木，包括以生产竹材为主要目的的竹林。

经济林

指以生产果品，食用油料、饮料、调料，工业原料和药材为主要目的的林木。经济林是人们为了取得林木的果实、叶片、皮层、胶液等产品作为工业原料或者供食用所营造的林木，如油茶、油桐、核桃、樟树、花椒、茶、桑、果等。

防护林　指以防护为主要目的的森林、林木和灌木丛。包括水源涵养林，水土保持林，防风固沙林，农田、牧场防护林，护岸林，护路林等。

薪炭林

指以生产燃料为主要目的的林木。

特种用途林

指以国防、环境保护、科学实验等为主要目的的森林和林木。包括国防林、实验林、母树林、环境保护林、风景林，名胜古迹和革命纪念地的林木，自然保护区的森林。

湿地

指天然或人工、长久或暂时性的沼泽地、泥炭地或水域地带，包括静止或流动、淡水、半咸水、咸水体，低潮时水深不超过6米的水域以及海岸地带地区的珊瑚滩和海草床、滩涂、红树林、河口、河流、淡水沼泽、沼泽森林、湖泊、盐沼及盐湖。

自然保护区

指为了保护自然环境和自然资源，促进国民经济的持续发展，将一定面积的陆地和水体划分出来，并经各级人民政府批准而进行特殊保护和管理的区域个数。根据保护对象，自然保护区分为自然生态系统类、野生生物类、自然遗迹类。风景名胜区、文物保护区不计在内。

滑坡

指斜坡上不稳定的岩土体在重力作用下沿一定软弱面(或滑动带)整体向下滑动的物理地质现象。

崩塌

指陡坡上大块的岩土体在重力作用下突然脱离母体崩落的物理地质现象。

泥石流

指山地突然爆发的饱含大量泥沙、石块的特殊洪流。

地面塌陷

指地表岩、土体在自然或人为因素作用下向下陷落，并在地面形成塌陷坑(洞)的一种动力地质现象。

森林火灾次数

指发生在城市市区外的一切森林、林木和林地的火灾次数。按照受害森林面积和伤亡人数，森林火灾分为一般森林火灾、较大森林火灾、重大森林火灾和特别重大森林火灾：1.一般森林火灾：受害森林面积在1公顷以下或者其他林地起火的，或者死亡1人以上3人以下的，或者重伤1人以上10人以下的；2.较大森林火灾：受害森林面积在1公顷以上100公顷以下的，或者死亡3人以上10人以下的，或者重伤10人以上50人以下的；3.重大森林火灾：受害森林面积在100公顷以上1000公顷以下的，或者死亡10人以上30人以下的，或者重伤50人以上100人以下的；4.特别重大森林火灾：受害森林面积在1000公顷以上的，或者死亡30人以上的，或者重伤100人以上的。本条所称“以上”包括本数，“以下”不包括本数。

林业有害生物

危害森林、林木、荒漠植被、湿地植被等的病虫鼠兔及有害植物。

突发环境事件

指突然发生，造成或可能造成重大人员伤亡、重大财产损失和对全国或者某一地区的经济社会稳定、政治安定构成重大威胁和损害，有重大社会影响的涉及公共安全的环境事件。

发生地震灾害次数

指发生形成灾害(包括人员伤亡或经济损失)的所有震级的地震次数。

Explanatory Notes for Major Statistical Indicators

Cultivated Land

refers to land mainly for the regular cultivation of farm crops (including vegetables), with some fruit trees, mulberry trees and others, covers cultivated land, newly-developed land, reclaimed land, consolidated land, fallow, beach land that can guarantee one harvest per year on average. It also covers fixed ditch, canal, road and sill (ridgc) with width less than 1 meter in the South and 2 meters in the North, lands planted temporarily with herbs, grass, flowers and nursery stocks, and other cultivated land with temporary change of use.

Garden Land

refers to land for intensive cultivation of perennial woody plants and herbs to collect fruits, leaves, roots, stems and juice, with a covering rate over 50% and plant number per mu over 70% of rational plant number. Land for nursery is included.

Forestland

refers to land for planting arbor, bamboo, bush shrub and land in coastal zones for planting mangrove. It includes slash, but not the green belts in residential area, forests requested for railway and highway, and the dike protection forest around rivers and ditches.

Pastureland

refers to land mainly for the growth of herbs.

Volume of Runoff

refers to the total volume of water running through a certain cross section of a river during a certain period of time, reflecting the water resource condition in a country or a region. The formula for calculating volume of runoff is as follows:

Runoff =Precipitation-Evaporation

Drainage Area

Each river has its own main stream and branches to form the water system of the river. Each river has its own catchment's area, which is also called as the drainage area of the river.

Out-flowing Rivers

refer to rivers directly or indirectly flowing into the sea. The area providing water to the out-flowing rivers is called as out-flowing area.

Inland Rivers

refer to rivers in inland dry areas that die away in desert on the way or infuse into inland lakes. The area providing water to the inland rivers is called as inland area.

Mineral Resources

refer to useful minerals, with solid state, liquid state, gaseity, due to the geological process. Minerals are important natural resources, and important material base for social development. At present, there are more than 170 types of minerals discovered in China. They can be categorized into four groups: energy producing minerals (including coal, petroleum, natural gas and terrestrial heat), metallic minerals (including iron, manganese, copper, lead and bauxite), non metallic minerals (including diamond, limestone and clay), and water/gas related minerals (including ground water, mineral water and carbon dioxide). Metallic minerals can be further classified as ferrous, non-ferrous, noble metal, rare metal, rare earth metal and dispersed metals.

Ensured Mineral Reserves

refer to the actual mineral reserves, which equal to the proven mineral reserves (including industrial reserves and prospective reserves) minus extracted parts and underground losses.

Average Temperature

refers to the air temperature. China uses centigrade as the unit. The thermometry used for weather observation is put in a breezy shutter, which is 1.5 meters high from the ground. Therefore, the commonly used temperature refers to the temperature in the breezy shutter 1.5 meters away from the ground. The calculation method is as follows:

Monthly average temperature is the summation of average daily temperature of one month divided by the actual days of that particular month.

Annual average temperature is the summation of monthly average of a year divided by 12 months.

Average Annual Relative Humidity

refers to the ratio of actual water vapour pressure to the saturation water vapour pressure under the current temperature. The calculation method is the same as that of temperature.

Volume of Precipitation

refers to the deepness of liquid state or solid state (thawed) water falling from the sky to the ground that has not been evaporated, infiltrated or run off. The calculation method is as follows:

Monthly precipitation is the summation of daily precipitation of a month.

Annual precipitation is the summation of 12 months precipitation of a year.

Annual Sunshine Hours

refer to the actual hours of sun irradiating the earth, usually expressed in hours. The calculation method is the same as that of the precipitation.

Total Water Resources

refers to total volume of surface water and groundwater and is measured as run-off for surface water and replenishment of groundwater with rainfall in local area.

Surface Water Resources

refers to total volume of year by year renewable dynamic resources which exist in rivers, lakes, glaciers and other surface water and are the natural run-off of rivers.

Groundwater Resources

refers to total volume of year by year renewable dynamic resources which exist in saturation acquifers of groundwater and are measured as replenishment of groundwater with rainfall and surface water.

Duplicated Measurement between Surface Water and Groundwater

refers to mutual exchange between surface water and groundwater, i.e. run-off of rivers includes some depletion into groundwater while groundwater includes some replenishment from surface water.

Water Supply

refers to gross water of various sources supplied to consumers, including losses during distribution.

Surface Water Supply

refers to withdrawals by surface water supply system, broken down with storage, flow, pumping and transfer. Supply from storage projects includes withdrawals from reservoirs; supply from flow includes withdrawals from rivers and lakes with natural flows no matter if there are locks or not; supply from pumping projects includes withdrawals from rivers or lakes with pumping stations; and supply from transfer refers to water supplies transferred from first-level regions of water resources or independent river drainage areas to others, and should not be covered under supplies of storage, flow and pumping.

Groundwater Supply

refers to withdrawals from supplying wells, broken down with shallow layer freshwater, deep layer freshwater and slightly brackish water. Groundwater supply for urban areas includes water mining by both waterworks and own wells of enterprises.

Other Water Supply Sources

include supplies by waste-water treatment, rain collection, seawater desalinization and other water projects.

Water Use

refers to gross water used by various water users, including losses during distribution.

Water Use by Agriculture

includes uses of water by irrigation of farming fields, forestry and orchards, irrigation of grassland, replenishment of fishing farms and water used by animal husbandry.

Water Use by Industry

refers to new withdrawals of water, excluding reuse of water within enterprises.

Water Use by Living Consumption

includes use of water for living consumption in both urban and rural areas. Urban water use by living consumption is composed of household use and public use (including tertiary industry and construction). Rural water use by living consumption includes water used by households.

Water Use by Ecological and Environmental Protection

includes replenishment of rivers and lakes and use for urban environment.

Common Industrial Solid Wastes Produced

refers to the industrial solid wastes that are not listed in the 《National Catalogue of Hazardous Wastes》, or not regarded as hazardous according to the national hazardous waste identification standards (GB5085), solid waste-Extraction procedure for leaching toxicity (GB5086) and solid waste-Extraction procedure for leaching toxicity (GB/T 15555). The calculation formula is as followed:

Common Industrial Solid Wastes Produced = (common industrial solid wastes utilized – the proportion of utilized stock of previous years) + common industrial solid waste stock + (common industrial solid wastes disposed – the proportion of disposed stock of previous years) + common industrial solid wastes discharged.

Common Industrial Solid Wastes Comprehensively Utilized

refers to volume of solid wastes from which useful materials can be extracted or which can be converted into usable resources, energy or other materials by means of reclamation, processing, recycling and exchange (including utilizing in the year the stocks of industrial solid wastes of the previous year) during the report period, e.g. being used as agricultural fertilizers, building materials or as material for paving road. Examples of such utilizations include fertilizers, building materials and road materials. The information shall be collected by the producing units of the wastes.

Common Industrial Solid Wastes Disposed

refers to the quantity of industrial solid wastes which are burnt or specially disposed using other methods to alter the physical, chemical and biological properties and thus to reduce or eliminate the hazard, or placed ultimately in the sites meeting the requirements for environmental protection during the report period.

Stock of Common Industrial Solid Wastes

refers to the volume of solid wastes placed in special facilities or special sites by enterprises for purposes of utilization or disposal during the report period. The sites or facilities should take measures against dispersion, loss, seepage, and air and water contamination.

Common Industrial Solid Wastes Discharged

refers to the volume of industrial solid wastes dumped or discharged by producing enterprises to disposal facilities or to other sites.

Hazardous Wastes Produced

refers to the volume of actual hazardous wastes produced by surveyed samples throughout the year of the survey.

Hazardous waste refers to those included in the national hazardous wastes catalogue or specified as any one of the following properties in light of the national hazardous wastes identification standards and methods: explosive, ignitable, oxidizable, toxic, corrosive or liable to cause infectious diseases or lead to other dangers. The report of this indicator should follow the 《National Catalogue of Hazardous Wastes》 (the NO.1 Ministry Order in 2008 by the Ministry of Environment Protection and National Development and Reform Commission).

Hazardous Wastes Utilized

refers to the volume of hazardous wastes that are used to extract materials for raw materials or fuel throughout the year of the survey, including those utilized by the producing enterprise and those provided to other enterprises for utilization.

Hazardous Wastes Disposed

refers to the quantity of hazardous wastes which are burnt or specially disposed using other methods to alter the physical, chemical and biological properties and thus to reduce or eliminate the hazard, or placed ultimately in the sites meeting the requirements for environmental protection during the report period.

Stock of Hazardous Wastes

refers to the volume of hazardous wastes specially packaged and placed in special facilities or special sites by enterprises. The special stock facilities should meet the requirements set in relevant environment protection laws and regulations such as "Pollution Control Standards for Hazardous Waste Stock" (GB18597-2001) in regard to package of hazardous waste, location, design, safety, monitoring and shutdown, and take measures against dispersion, loss, seepage, and air and water contamination.

Consumption Wastes Transported

refers to volume of consumption wastes collected and transported to disposal factories or sites during the reference period. Consumption wastes are solid wastes produced from urban households or from service activities for urban households, and solid wastes regarded by laws and regulations as urban consumption wastes, including those from households, commercial activities, markets, cleaning of streets, public sites, offices, schools, factories, mining units and other sources.

Ratio of Consumption Wastes Treated

refers to consumption wastes treated over that produced. In practical statistics, as it is difficult to estimate, the volume of consumption wastes produced is replaced with that transported. It is calculated as:

Ratio of consumption wastes treated = consumption wastes treated / consumption wastes produced × 100%

Forest Area

refers to the area of trees and bamboo grow with a canopy density above 0.2 degree, the area of shrubby tree according to regulations of the government, the area of forest land inside farm land and the area of trees planted by the side of villages, farm houses and along roads and rivers.

Area of Man-made Forests

refer to the area of stable growing forests, planted manually or by airplanes, with a survival rate of 80% or higher of the designed number of trees per hectare, or with a canopy density of 0.20 degree or above after 3-5 years of manual planting or 5-7 years of airplane planting.

Forest Coverage Rate

Taking the administrative jurisdiction as the unit, the percentage of area of afforested land to the area of total land. The formula for calculating forest coverage rate is as follows:

Forestry coverage rate = Area of Afforested Land / Area of Total Land × 100%

Total Standing Stock Volume

refers to the total stock volume of trees growing in land, including trees in forest, trees in sparse forest, scattered trees and trees planted by the side of villages, farm houses and along roads and rivers.

Stock Volume of Forest

refers to total stock volume of wood growing in forest area, which shows the total size and level of forest resources of a country or a region.

Area of Afforestation

refers to the total area of land suitable for afforestation, including barren hills, idle land, sand dunes, non-timber forest land, woodland and "grain for green" land, on which acres of forests, trees and shrubs are planted through manual planting.

Manual Planting

refers to technical measures of sowing, planting seedlings and divided transplanting on land suitable for afforestation, including barren hills, idle land, sand dunes, non-timber forest land, woodland and "grain for green" land to increase vegetation coverage rate of forests.

Airplane Planting

refers to technical measures of airplane planting with of appropriate artificial help taken under the influence of natural power to restore certain amount of seedlings on land suitable for afforestation, including barren hills, idle land, sand dunes, non-timber forest land, woodland and "grain for green" land, with an aim of increasing vegetation coverage rate of forests.

No-stocked Land and Sparse Forest Land Newly Closed for Afforestation This Year

refers to the area of sparse forest land, brush shrub land, stump land, burned land, barren hills, barren land, sand dunes where trees can naturally grow or sprout, which are demarcated, closed down and returned to forest, shrubbery and grass land with the assistance of special measures by men.

Timber Forests

refer to forests which are mainly for the production of timber, including bamboo groves planted to harvest bamboos.

By-product Forests

refer to forests that mainly produce fruits, nuts, edible oil, beverages, indigents, raw materials and medicine materials. By-product forests are planted to harvest the fruits, leaves, bark or liquid of trees, and consume them as food or raw materials for the manufacturing industry, such as tea-oil trees, tung oil trees, walnut trees, camphor trees, tea bushes, mulberry trees, fruit trees, etc.

Protection Forests

refer to forests, trees and bushes planted mainly for protection or preservation purpose, including water resource conservation forests, water and soil conservation forests, windbreak and dune-fixing forests, farmland and pasture protection forests, riverside protection forests, roadside protection forests, etc.

Fuel Forests

refer to forests planted mainly for fuels.

Forests for Special Purpose

refer to forests planted mainly for national defence, environment protection or scientific experiments, including national defence forests, experimental forests, mother-tree forests, environment protection forests, scenery forests, trees in historical or scenic spots, forests in natural reserves.

Wetlands

refer to marshland and peat bog, whether natural or man-made, permanent or temporary; water covered areas, whether stagnant or flowing, with fresh or semi-fresh or salty water that is less than 6 meters deep at low tide; as well as coral beach, weed beach, mud beach, mangrove, river outlet, rivers, fresh-water marshland, marshland forests, lakes, salty bog and salt lakes along the coastal areas.

Natural Reserves

refer to number of certain areas of land, or waters that have been set aside and put under special protection and management in order to protect natural environment and natural resources, and promote the sustainable development of national economy. They are subject to formal approval from governments of various levels. According to the protected targets, natural reserves can be divided into three categories: reserves of natural ecological system, natural reserves of wildlife species, and natural heritage of historical significance.Scenic spots and cultural preservation zones are not included.

Landslides

refer to the geological phenomenon of unstable rocks and earth on slopes sliding down along certain soft surface as a result of gravitational force.

Collapse

refers to the geological phenomenon of large mass of rocks or earth suddenly collapsing from the mountain or cliff as a result of gravitational force.

Mud-rock Flow

refers to the sudden rush of flood torrents containing large amount of mud and rocks in mountainous areas.

Land Subside

refers to the geological phenomenon of surface rocks or earth subsiding into holes or pits as a result of natural or human factors.

Number of Forest Fires

refers to the number of fires in forests, woods and woodland outside of the downtown areas of cities. In light of the area plagued by fires and the number of casualties, forest fires can be categorized into usual forest fires, relatively larger fires, serious forest fires and extraordinary serous forest fires: 1). Usual forest fires: the destructed forest area is less than 1 hectare, or the fire erupts in other woodland, or the number of deaths is no less than 1 but less than 3, or the number of seriously injured persons is no less than 1 but less than 10 persons. 2). Relatively larger forest fires: the destructed forest area is no less than 1 hectare but less than 100 hectares, or the number of deaths is no less than 3 but less than 10, or the number of seriously injured persons is no less than 10 but less than 50 persons. 3). Serious forest fires: the destructed forest area is no less than 100 hectares but less than 1000 hectares, or the number of deaths is no less than 10 but less than 30, or the number of seriously injured persons is no less than 50 but u less than 100 persons. 4). Extraordinary serious forest fires: the destructed forest area is no less than 1000 hectares, or the number of deaths is no less than 30, or the number of seriously injured persons is no less than 100 persons.

Forest Harmful Organisms

refer to the diseases, pests，rats and harmful plants that plague forests,wood, desert and wetland vegetation.

Environmental Emergencies

refer to environmental emergencies that caused or likely to cause significant causalities, serious property damages and pose a major threat and damage to the economic, social or political stability of the country or a region, or have significant social impact that related to the public safety.

Number of Earthquakes

the number of earthquakes of all magnitude that cause damages (including casualties or economic losses).

第十二篇

Chapter 12

农业

AGRICULTURE

简要说明

一、本篇资料反映我省农业生产和农村经济的基本情况，内容主要包括乡村户数、人口与从业人员、耕地、农业机械拥有量、农林牧渔业产值、主要产品产量、水利设施与灌溉防涝、农村居民家庭拥有生产性固定资产等。

二、本篇资料来源：除农村居民家庭拥有生产性固定资产由国家统计局安徽调查总队提供外，其余资料均来源于省统计局农村处的农村统计调查报表制度。

农村统计调查报表制度的统计范围包括各市、县（区）辖区的各种经济类型的全部农林牧渔业以及各非农行业附属的农林牧渔业生产单位，但不包括农业科学试验机构进行的农业生产。

农村统计调查报表制度按照国家统计局统一要求，由各市、县（区）统计局收集、汇总报送，采取抽样调查、典型调查、重点调查和其他调查所取得。部分指标及林业生产情况、渔业生产情况等指标均取自同级业务部门统计资料。

土地状况和农田水利建设、灌溉防涝情况、农作物受灾情况、农业机械拥有量、国营农场基本情况等资料由省国土资源厅、省水利厅、省民政厅、省农机局、省农垦总公司提供。

Brief Introduction

I. Data in this chapter show the basic conditions of agricultural production and rural economy, including mainly number of rural households, population and number of laborers, cultivated land, quantity of agricultural machinery, output of farming, forestry, animal husbandry and fishery, output of major products, facilities of water conservancy and irrigation and flood prevention, productive fixed assets owned by the rural households.

II. Source of data: Data come from the Agricultural Statistical Reporting System stipulated by the Agricultural Office of Anhui Statistical Bureau, except Data on productive fixed assets owned by the Enterprise Survey Organization of Anhui, which is supplied by the Rural Socio-economic Survey Organization of Anhui.

Statistics on agriculture cover all agricultural production activities except activities undertaken by agriculture research institutions.

Data on agriculture are collected, tabulated and processed by the statistical bureau in cities and counties, with sample survey, survey on key units and typical units and other surveys. Data on forestry production, state farm are taken from the professional departments at the same level.

Data on Land conditions and construction of water conservancy, flood irrigation conditions, crops disaster, agricultural machinery and processing volume and state farm are provided by Provincial Department of land resources, Provincial Water Conservancy Department, Provincial Department of Civil Affairs, Provincial Bureau of Agricultural Machinery and Provincial General Company of Agricultural Reclamation.

12—1　农村基本情况和农业生产条件
Rural Basic Data and Agricultural Production Conditions

指　　标		Item		2000	2005	2010	2015	2016
乡镇数	（个）	Number of Township and Town Governments	(unit)	1841	1466	1232	1249	1242
#镇个数		Number of Town Governments		941	915	869	946	953
村民委员会	（个）	Number of Villagers' Committees	(unit)	30658	24076	15744	14688	14586
乡村户数	（万户）	Number of Rural Households	(10000 household)	1294.62	1346.13	1424.31	1478.23	1467.26
乡村人口数	（万人）	Rural Population	(10000 pcrsons)			5363.95	5400.85	5361.44
#男		Male					2816.55	2800.05
乡村劳动力资源数	（万人）	Rural labor force resources number	(10000 persons)				3375.57	3364.41
#男		Male					1798.40	1794.65
乡村从业人员数	（万人）	Number of Engaged Persons in Rural Area	(10000 persons)	2797.76	2939.21	3075.86	3050.02	3033.27
#男		Male		1487.89	1574.17	1658.61	1650.48	1640.29
#农　业		Agriculture					1390.25	1377.14
农业机械总动力	（万千瓦）	Total Agricultural Machinery Power	(10000 kw)	2975.87	3983.83	5409.78	6580.99	6867.50
农用排灌机械总动力	（万千瓦）	Irrigation and Drainage Machinery for Agricultural Use	(10000 kw)	522.98	581.82	654.11	702.11	707.85
农用大中型拖拉机	（台）	Number of Large and Medium Agricultural Tractors	(unit)	29612	104798	124660	220080	246465
小型拖拉机	（万台）	Number of Mini-tractors	(10000 units)	165.78	207.98	236.12	214.67	209.45
大中型拖拉机配套农具	（万台）	Number of Related Farm Implements of Large and Medium Tractor	(10000 units)	2.80	7.97	23.31	51.51	56.95
小型拖拉机配套农具	（万台）	Related Farm Implements of Mini-tractor	(10000 units)	351.92	489.71	534.21	503.19	490.76
农用排灌柴油机	（万台）	Number of Diesel Engines	(10000 units)	31.41	33.70	38.65	39.13	39.34
联合收获机	（台）	Combine Harvester	(unit)	9499	48739	102167	174156	195848
机耕面积	（千公顷）	Area Ploughed by Tractors	(1000 hectares)	3600.94	3775.15	4056.35	4287.86	4406.90
机播面积	（千公顷）	Seeded Area by Tractors	(1000 hectares)	1995.52	2329.34	3606.59	5003.90	5215.55
机械植保作业面积	（千公顷）	Plant Protection Area by Tractors	(1000 hectares)	2864.51	2801.01	3547.89	4697.56	4896.02
机收面积	（千公顷）	Harvest Area by Tractors	(1000 hectares)	2425.13	3326.47	5264.28	6440.64	6582.89
农村用电量	（亿千瓦时）	Electricity Consumed in Rural Area	(100 million kwh)	45.81	64.22	107.41	156.75	161.62
农用化肥施用量	（万吨）	Consumption of Chemical Fertilizer	(10000 tons)			319.77	338.69	327.01
#氮　肥		Nitrogenous Fertilizer				112.14	107.58	104.86
磷　肥		Phosphate Fertilizer				35.94	34.07	32.08
农用塑料薄膜使用量	（万吨）	Used Plastic Film	(10000 tons)	5.81	7.83	8.07	9.79	9.70
#地膜使用量		Plastic Used		3.11	3.38	3.73	4.35	4.27
地膜覆盖面积	（千公顷）	Plastic Used Area	(1000 hectares)	697.76	477.76	425.57	436.96	428.90
农用柴油使用量	（万吨）	Diesel Oil Use for Agriculture	(10000 tons)	41.62	55.58	68.13	75.69	75.68
农药使用量	（万吨）	Used Agricultural Chemical Insecticides	(10000 tons)	7.56	9.48	11.66	11.10	10.57
除涝面积	（千公顷）	Flooded or Waterlogged Area Under Control	(1000 hectares)	2148.49	2210.00	2269.05	2334.31	2357.70
堤防保护耕地面积	（千公顷）	Protection Cultivated Land Areas of Embankment	(1000 hectares)	2293.85	2350.96	2341.48	2777.14	2770.06
有效灌溉面积	（千公顷）	Irrigated Area	(1000 hectares)	3197.35	3330.84	3519.78	4400.34	4437.46
规模以上机电井数	（万眼）	JiDianJing Above Designated Size	(10000 units)	16.31	19.54	19.74	23.47	25.66

注：1.　2002年以前交通运输、仓储及邮政业为交通运输仓储及邮电通信业；批发和零售业为批发零售贸易餐饮业。
　　2.　2004年从业人员增加信息传输、计算机服务和软件业及住宿和餐饮业。
　　3.　"机电井数"改为"规模以上机电井"。
　　4.　乡镇（包括城关镇）及村民委员会个数来源于省民政厅。

a) Before 2002, the sector of "transport, storage and postal services" was "transport, storage, postal and telecommunication" and the sector of "wholesale and retail trade" was "wholesale, retail trade and catering".
b) The range of employees added the sector of "information transmission, service of the computer and software industry and accommodation and catering trade" in 2004.
c) "JiDianJing number" instead of "JiDianJing above designated size.
d) Number of township (including county towns) and villagers committee comes from the provincial Civil Affairs department.

12—2 主要年份农林牧渔业生产情况
Output of Farming, Forestry, Animal Husbandry and Fishery

指　　标	Item	2000	2005	2010	2015	2016
农产品产量 （万吨）	Yield of Farm Crops (10000 tons)					
粮　食	Grain	2472.01	2605.31	3080.50	3538.12	3417.40
谷　物	Cereal	2202.23	2399.66	2911.17	3371.35	3256.00
#稻　谷	Rice	1195.14	1317.25	1383.43	1459.34	1401.80
小　麦	Wheat	730.33	808.11	1206.67	1411.00	1385.90
玉　米	Corn	247.28	234.97	312.75	496.27	465.50
豆　类	Beans	114.60	101.98	121.91	134.04	131.50
薯　类	Tubers	233.18	103.67	47.42	32.73	29.90
油　料	Oil-bearing Crops	285.06	270.67	227.60	227.85	214.83
#花　生	Peanuts	111.15	79.29	86.40	94.43	90.73
油菜籽	Rapeseeds	156.77	182.33	133.73	126.29	116.83
芝　麻	Sesame	16.62	89.57	6.61	7.08	7.19
棉　花	Cotton	28.50	31.10	31.60	23.37	18.46
生黄红麻	Jute and Ambary Hemp	2.22	1.94	1.24	1.30	1.44
烟　叶	Tobacco	3.21	2.60	2.98	4.23	2.89
#烤　烟	Flue-cured Tobacco	3.09	2.47	2.91	4.17	2.84
蚕　茧	Silkworm Cocoons	2.46	3.13	3.32	3.03	2.95
茶　叶	Tea	4.54	5.96	8.33	11.29	11.21
#绿　茶	Green Tea			7.70	10.48	10.44
园林水果	Garden Fruits	110.61	151.72	235.67	299.44	305.28
农产品单位面积产量（公斤/公顷）	Yield of Farm Crops per Hectare (kg/hectare)					
谷　物	Cereal	4887	4829	5367	6021	5810
棉　花	Cotton	867	816	918	1006	1009
花　生	Peanuts	3328	3324	4440	4941	4955
油菜籽	Rapeseeds	1625	1912	1935	2372	2333
芝　麻	Sesames	1049	822	1263	1469	1529
生黄红麻	Jute and Ambary Hemp	2623	2981	2903	3048	3953
烤　烟	Flue-cured Tobacco	1638	2407	2735	2600	2244
茶园面积 （千公顷）	Area of Tea Plantations at Year-end (1000 hectares)	108.37	117.61	133.53	167.90	171.80
果园面积 （千公顷）	Area of Orchards at Year-end (1000 hectares)	84.78	104.18	107.13	128.08	132.44
大牲畜年末头数 （万头）	Number of Large Animals (year-end) (10000 heads)	559.35	366.16	151.53	164.97	168.23
#牛	Cattle and Buffaloes	552.95	364.35	150.90	164.61	167.89
马	Horses	1.58	0.35	0.17	0.09	0.09
驴	Donkeys	3.73	1.12	0.37	0.22	0.21
骡	Mules	1.09	0.34	0.09	0.04	0.04
肉猪出栏头数 （万头）	Number of Slaughtered Fattened Hogs (10000 heads)	2393.18	2812.08	2782.10	2979.20	2874.93
猪年末头数 （万头）	Number of Hogs (year-end) (10000 heads)	1871.01	1737.41	1442.50	1539.37	1468.59
羊年末头数 （万只）	Number of Sheep and Goats (year-end) (10000 heads)	794.94	953.03	590.50	688.34	655.98
山　羊	Goats	792.52	950.18	589.60	687.24	654.97
绵　羊	Sheep	2.42	2.85	0.90	1.10	1.01
肉类产量 （万吨）	Output of Meat (10000 tons)	311.52	382.88	376.94	419.38	411.39
#猪牛羊肉	Pork, Beef and Mutton	241.59	280.79	271.30	291.88	278.69
猪　肉	Pork	198.50	231.74	238.80	259.11	244.86
牛　肉	Beef	31.88	31.46	18.30	16.19	16.49
羊　肉	Mutton	11.21	17.59	14.20	16.58	17.35
奶　类 （吨）	Milk (ton)	41204	110491	205000	306299	326821
#牛　奶	Cow Milk	41194	110186	205000	306299	326821
绵羊毛 （吨）	Sheep Wool (ton)	174	129	164	127	216
禽　蛋 （万吨）	Poultry Eggs (10000 tons)	107.40	122.06	119.00	134.66	139.55
淡水产品产量 （万吨）	Total Output of Freshwater Aquatic Products (10000 tons)	159.80	177.57	193.31	230.43	235.80

12—3 主要年份农作物总播种面积及构成
Total Sown Area and its Composition

单位：千公顷（1000 hectare）

指 标	Sector	2000	2005	2010	2015	2016
农作物总播种面积	**Total Sown Area**	**8418.01**	**8755.19**	**9054.87**	**8950.46**	**8893.61**
粮 食	Grain Crops	5565.58	5988.10	6616.42	6632.90	6644.50
谷 物	Cereal	4506.56	4968.79	5424.45	5598.98	5603.90
#稻 谷	Rice	2005.49	2288.61	2245.37	2234.92	2265.50
小 麦	Wheat	1931.17	1989.53	2365.67	2457.00	2446.90
玉 米	Corn	486.61	595.08	761.11	881.55	876.40
豆 类	Beans	601.81	794.91	1021.23	893.60	905.40
薯 类	Tubers	457.21	224.40	170.74	140.32	135.20
油 料	Oil-bearing Crops	1457.36	1303.05	944.25	772.10	731.13
棉 花	Cotton	328.84	381.27	344.40	232.50	183.44
生 麻	Raw Hemp	15.02	12.84	9.44	7.32	6.43
糖 料	Sugar Crops	8.40	5.73	5.73	5.12	5.27
烟 叶	Tobacco	19.67	10.83	10.92	16.18	12.79
蔬 菜	Vegetables	539.68	664.87	775.61	899.81	920.25

指 标	Sector	构 成（%） Composition				
		2000	2005	2010	2015	2016
农作物总播种面积	**Total Sown Area**					
粮 食	Grain Crops	66.12	68.39	73.07	74.11	74.71
谷 物	Cereal	53.53	56.75	59.91	62.56	63.01
#稻 谷	Rice	23.82	26.14	24.80	24.97	25.47
小 麦	Wheat	22.94	22.72	26.13	27.45	27.51
玉 米	Corn	5.78	6.80	8.41	9.85	9.85
豆 类	Beans	7.15	9.08	11.28	9.98	10.18
薯 类	Tubers	5.43	2.56	1.89	1.57	1.52
油 料	Oil-bearing Crops	17.31	14.88	10.43	8.63	8.22
棉 花	Cotton	3.91	4.35	3.80	2.60	2.06
生 麻	Raw Hemp	0.18	0.15	0.10	0.08	0.07
糖 料	Sugar Crops	0.10	0.07	0.06	0.06	0.06
烟 叶	Tobacco	0.23	0.12	0.12	0.18	0.14
蔬 菜	Vegetables	6.41	7.59	8.57	10.05	10.35

12—4 农村居民家庭每百户拥有生产性固定资产数量
Number of Productive Fixed Assets of per 100 Rural Household

指　　标		Item		2015	2016
大中型拖拉机	（台）	Large and Medium Tractors	(unit)	3.62	3.91
小型及手扶拖拉机	（台）	Mini and Walking Tractors	(unit)	30.54	29.90
机动脱粒机	（台）	Motorized Threshing Machines	(unit)	5.13	7.27
收 割 机	（台）	Harvesters	(unit)	2.95	2.22
役　　畜	（头）	Draught Animals	(head)	0.95	0.87
产 品 畜	（头）	Commodity Animals	(head)		

注：本表为农村住户抽样调查资料。
a) Data in this table are obtained from the sample surveys on rural households.

12—5 农林牧渔业总产值及指数

Gross Output Value of Farming, Forestry, Animal Husbandry and Fishery and Related Indices

本表按当年价格计算。 (Data in value terms in this table are calculated at current prices.)

年份 Year	绝对数（万元） Gross Output Value (10000 yuan)						指数（%） Related Indices (%)					
	农林牧渔业总产值 Total of Farming, Forestry, Animal Husbandry and Fishery	农业 Farming	林业 Forestry	牧业 Animal Husbandry	渔业 Fishery	农林牧渔服务业 Agricultural Services	农林牧渔业总产值 Total of Farming, Forestry, Animal Husbandry and Fishery	农业 Farming	林业 Forestry	牧业 Animal Husbandry	渔业 Fishery	农林牧渔服务业 Agricultural Services
2000	12199576	6752705	640199	3493827	1312845		101.66	98.60	107.58	105.50	105.02	
2005	16661915	8184809	784147	5535614	1656235	501110	101.41	97.85	105.18	103.91	106.68	115.49
2008	24465113	11978860	1144563	8068922	2323265	949503	106.30	105.47	107.15	107.15	106.32	109.21
2009	25694570	13036410	1112508	7958223	2575913	1011516	105.54	103.99	111.33	106.41	107.50	106.93
2010	29554490	15444267	1352804	8649764	2948154	1159501	104.46	103.24	107.64	104.93	105.47	110.54
2011	34596589	17148396	1820685	10835360	3462285	1329863	103.95	103.93	109.04	102.63	103.91	108.20
2012	37282954	18676407	2094974	11197278	3844341	1469954	105.57	105.80	105.40	105.60	103.50	108.05
2013	40092418	20032646	2330736	11713607	4390661	1624768	103.41	103.24	106.93	102.01	104.63	107.94
2014	42237287	21192056	2830736	11820730	4597009	1796756	104.59	105.04	107.90	102.93	103.97	107.99
2015	43907959	21746065	2901057	12589814	4750719	1920304	104.20	104.92	105.69	102.66	103.35	105.71
2016	46555279	22341354	2910818	13756805	5131535	2414768	103.45	102.45	104.88	102.04	103.05	122.78

注：1）从2003年年报起，农林牧渔业总产值增加农林牧渔服务业，原农业产值中的家庭兼营商品性工业取消。

2）2004年以后农林牧渔业总产值指数按农产品生产者价格指数缩减计算。

3）从2010年年报起，农林牧渔业总产值使用《统计用产品分类目录》计算,2009年数据作了相应调整。

a) From the year 2003 yearport, "agriculture, forestry, animal husbandry and fishing services" was added in the total output value, merchantability industry undertaken by rural households on the side" was cancelled.

b) After 2004, GDP index is calculated by producer price index of agricultural products reducing.

c) From 2010 annual report, the agriculture, forestry animal husbandry and fishery total output value use "Statistics with Product Classified catalog" calculating, in 2009 the data has adjusted correspondingly.

12—6 农林牧渔业增加值及构成

Value-added of Farming, Forestry, Animal Husbandry and Fishery and its Composition

本表按当年价格计算。 (Data in value terms in this table are calculated at current prices.)

年份 Year	绝对数（万元） Gross Output Value (10000 yuan)						构成（%） Composition (%)					
	农林牧渔业增加值 Value added of Farming, Forestry, Animal Husbandry and Fishery	农业 Farming	林业 Forestry	牧业 Animal Husbandry	渔业 Fishery	农林牧渔服务业 Agricultural Services	农林牧渔业增加值 Value added of Farming, Forestry, Animal Husbandry and Fishery	农业 Farming	林业 Forestry	牧业 Animal Husbandry	渔业 Fishery	农林牧渔服务业 Agricultural Services
2000	7320079	4296385	491481	1623483	908730		100.00	58.69	6.72	22.18	12.41	
2005	9664935	5033658	559526	2743105	1089396	239250	100.00	52.08	5.79	28.38	11.27	2.48
2008	14180737	7362249	803322	4023720	1519623	471823	100.00	51.92	5.66	28.37	10.72	3.33
2009	14954495	8036573	778866	3965014	1670359	503683	100.00	53.74	5.21	26.51	11.17	3.37
2010	17290240	9524691	942064	4302684	1943482	577319	100.00	55.09	5.45	24.88	11.24	3.34
2011	20153123	10575491	1268286	5364495	2282408	662443	100.00	52.48	6.29	26.62	11.32	3.29
2012	21787349	11517822	1459356	5543678	2534267	732226	100.00	52.86	6.70	25.44	11.63	3.36
2013	23480871	12354221	1623587	5799308	2894412	809343	100.00	52.61	6.91	24.70	12.33	3.45
2014	24818920	13069234	1971886	5852344	3030441	895015	100.00	52.66	7.95	23.58	12.21	3.61
2015	25502947	13332371	2005639	6099905	3129009	936023	100.00	52.28	7.86	23.92	12.27	3.67
2016	26931926	13613428	2012019	6672869	3378838	1254773	100.00	50.55	7.47	24.78	12.55	4.66

12—7 土 地 状 况（2016年）
Land Characteristics（2016）

指　　标	Item	面　积（平方公里）Area (sq.km)	占总面积（%）Percentage to Total Area (%)
总 面 积	**Total Land Ares**	140139.85	
耕　地	Cultivated Land	58730.00	41.91
园　地	Gaeden Land	3498.43	2.50
林　地	Forests Land	37439.20	26.72
牧草地	Area of GrassLand	4.68	0.01
其他农用地	Other Land for Agriculture Use	11775.69	8.40
居民点及独立工矿用地	Land for Inhabitation, Mining and Manufacturing	16417.46	11.72
交通运输用地	Land for Transport Facilities	1437.97	1.03
水利设施用地	Land for Water Conservancy Facilities	2055.84	1.47
未利用地	Unused Land	8780.58	6.27

注：此表来源于省国土资源厅。
a) This form is from the Provincial Department of land and resources.

12—8 农 田 水 利 建 设
Water Conservancy Construction

年　份 Year	水电站装机容量（千瓦）Capacity of Rural Hydropower Station an Year-end (kw)	已建成水库（座）Number of Reservoirs (unit)	水库库容量（亿立方米）Capacity of Reservoirs (100 million cu.m)	节水灌溉面积（千公顷）Irrigated Area With Saved Water (1000 hectares)	水土流失综合治理面积（千公顷）Comprehensive Control of Soil Erosion Area (1000 hectares)	堤防长度（公里）Total Length of Dikes (km)	堤防保护耕地面积（千公顷）Area of Land Protected by Dikes (1000 hectares)
2000	98102	4815	185.10	534.86	1765.30	19902	2184.20
2005	632092	4872	195.50	705.48	1955.90	20074	2226.94
2008	976400	4796	195.39	764.58	2059.19	20255	2357.22
2009	1068404	4808	194.99	788.63	2102.32	20377	2381.60
2010	1074105	4818	199.51	815.77	2136.08	20456	2341.48
2011	1129345	4926	199.99	842.69	2180.33	20632	2348.90
2012	1184653	5324	202.52	882.91	2245.01	20642	2203.93
2013	1241035	5821	324.25	826.67	1654.51	34795	2581.21
2014	1286280	5833	324.32	862.19	1702.02	34900	2780.16
2015	1317925	5877	325.07	906.89	1857.42	35019	2777.14
2016	1324395	5932	325.09	943.75	1901.79	35088	2770.06

注：2013年水利部新修订了《水利综合统计报表制度》，部分指标定义范围发生变化。
a) In 2013, Ministry of Water Resources newly revised the system of water conservancy comprehensive statistical reporting, and definition of some indicators changed.

12—9 农村居民家庭平均每人出售主要农产品
Per Capita Major Farm Products Sold by Rural Households

单位：公斤（kg）

指　标	Item	2015	2016
粮　食	Crain	1153.10	1147.22
棉　花	Cotton	5.17	1.31
油　料	Oil-bearing Crops	12.97	9.81
生　麻	Raw Hemp	0.11	0.15
烟　叶	Tobacco	0.02	0.04
蔬　菜	Vegetables	43.94	40.43
水　果	Fruits	4.38	5.88

注：本表为农村住户抽样调查资料。
a) Data in this table are obtained from the sample surveys on rural households.

12—10 农村居民家庭土地经营情况
Area of Land Managed by Rural Households

单位：亩/人（mu/person）

指　标	Item	2015	2016
经营耕地面积	Area of Cultivated Land under Management	2.43	2.61
经营山地面积	Hilly Area Under Management	0.46	0.44
园地面积	Area of Garden Plot	0.06	0.07
养殖水面面积	Water Area for Breeding Aquatics	0.10	0.16

注：本表为农村住户抽样调查资料。
a) Data in this table are obtained from the sample surveys on rural households.

12—11 主要年份林业生产情况
Basic Data of Forest Production in Major Years

指标		Item		2000	2005	2010	2015	2016
营林情况	(公顷)	Management of Forest	(hectares)					
人工造林面积		Afforested Area		75703	57457	57012	114350	91380
新封山育林面积		Area of Setting Apart Mountains for Forestation		45860	50964	20943	14066	31747
新增育苗面积		Area of Growing Seedlings		5933	7812	6709	82876	71102
森林抚育面积		Area of Forest Tending		379356		307795	560665	621586
成林抚育面积		Area of Tending Adult Forest		431746	448187	629653		
油桐籽	(吨)	Tung-oil Seeds	(ton)	3109	3208	3054	2507	1977
油茶籽	(吨)	Tea-oil Seeds	(ton)	10419	9743	25864	78327	81735
板栗	(吨)	Chestnuts	(ton)	45710	68786	137239	105870	93617
竹材采伐量	(万根)	Determination of Bamboo Cut	(10000 units)	4000	6315	9784	15724	16029
木材采伐量	(万立方米)	Determination of Timber Cut	(10000 cu.m)	263	328	458	567	559

12—12 主要年份茶叶、水果生产情况
Tea, Fruits Production in Major Years

单位：吨、公顷（ton，Hectares）

指标	Item	2000	2005	2010	2015	2016
茶叶产量	Tea	45376	59619	83276	112915	112141
#绿　茶	Green Tea			76984	104755	104423
园林水果产量	Garden Fruits	1106071	1517201	2356680	2994407	3052847
#苹　果	Apples	302040	278143	406858	375103	374008
梨	Pears	616192	638058	966259	1117467	1142228
柑橘类	Citrus	5282	12427	27750	37933	21952
其他水果	Other Garden Fruits		588573	955813	1463904	1514657
#桃	Peachs		212186	430134	598418	672236
葡　萄	Grapes	56156	173264	261114	462073	462889
茶园面积	Area of Tea Plantations at Year-end	108373	117606	133529	167900	171801
年末果园面积	Area of Orchards at Year-end	84784	104180	107127	128083	132444
#苹　果	Apples		13914	16806	13830	13657
梨	Pears		38605	38136	38259	38059
葡　萄	Grapes		6023	9434	19109	20193

12—13 主要年份牲畜饲养情况
Number of Livestock in Major Years

单位：万头（万只）（10000 heads）

年份 Year	大牲畜年末头数 Large Animals (year-end)	牛 Cattle and Buffaloes	马（头） Horses (heads)	驴（头） Donkeys (heads)	骡（头） Mules (heads)	肉猪出栏头数 Slaughtered Fattened Hogs	猪年末头数 Hogs (year-end)	羊年末只数 Sheep and Goats (year-end)	山羊 Goats	活家禽存栏只数 Poultry
2000	559.1	553.0	15805	37238	10929	2393.2	1871.0	794.9	792.5	
2005	366.2	364.4	3459	11217	3350	2812.1	1737.4	953.0	950.2	22672.8
2008	145.2	144.5	2105	3346	1092	2527.4	1432.4	560.3	557.3	21489.5
2009	149.5	148.8	1994	3564	1028	2680.2	1482.6	584.2	581.0	22540.8
2010	151.5	150.9	1746	3671	898	2782.1	1442.5	590.5	589.6	23329.8
2011	147.7	147.2	1461	2389	638	2721.1	1467.3	591.6	590.6	23906.0
2012	152.3	151.9	1291	2187	613	2927.6	1555.2	592.2	591.2	25043.1
2013	155.7	155.1	1113	3956	605	2971.5	1612.6	605.3	604.2	24717.6
2014	153.0	152.7	1074	1562	582	3089.2	1585.3	642.7	641.7	24322.1
2015	165.0	164.6	947	2222	369	2979.2	1539.4	688.3	687.2	23860.0
2016	168.2	167.9	881	2094	396	2874.9	1468.6	656.0	655.0	21593.3

12—14 主要年份畜产品产量
Output of Livestock Products in Major Years

单位：吨（ton）

年份 Year	肉类总产量 Output of Meat	#猪牛羊肉 Output of Pork,Beef and Mutton	猪肉 Pork	牛肉 Beef	羊肉 Mutton	牛奶 Cow Milk	禽蛋 Poultry Eggs	天然蜂蜜 Honey	蚕茧 Sikworm Cocoons
2000	3115231	2415925	1984985	318794	112146	41194	1074038	10550	24563
2005	3828828	2807853	2317366	314553	175934	110186	1220556	11258	31300
2008	3439155	2479187	2173931	171099	134157	181275	1121000	14997	38359
2009	3625873	2612150	2298494	175448	138208	201000	1181919	16312	28838
2010	3769426	2713000	2388000	193000	142000	205000	1190000	16447	33177
2011	3754683	2650704	2330710	178200	141794	225135	1196541	18287	32335
2012	3977356	2823877	2496701	181270	145906	240868	1226455	18900	32610
2013	4038256	2865588	2534151	181451	149986	253393	1245342	20109	32247
2014	4140177	2981857	2647997	178911	154949	278707	1225292	19427	31080
2015	4193847	2918775	2591065	161914	165796	306299	1346596	16734	30328
2016	4113897	2786943	2448557	164916	173470	326821	1395492	17396	29497

注：全省猪、牛、羊、禽数据来源于国家统计局安徽调查总队畜禽监测数。

a) The pigs, sheep, poultry data is from Anhui Province survey organization of National bureau of statistics monitoring survey.

12—15 农林牧渔业总产值（2016年）

Gross Output Value of Farming, Forestry, Animal Husbandry and Fishery (2016)

单位：万元（10000 yuan）

指　　标	Item	按可比价格计算 Caculated According to Constant Price	按当年价格计算 At Current Prices
农林牧渔业总产值	**Total Gross Output Value**	**45422028**	**46555279**
农业产值	**Gross Output Value of Farming**	**22279470**	**22341354**
谷物及其他作物	Cereal and Other Crops	12416524	11844865
谷　物	Cereal		8693462
#小　麦	Wheat		3492856
稻　谷	Rice		4148613
玉　米	Corn		1023998
薯　类	Tubers		136112
油　料	Oil-bearing Crops		1253749
#花　生	Peanuts		599451
油菜籽	Rapeseeds		535176
豆　类	Beans		684469
棉　花	Cotton		549799
生　麻	Raw Hemp		15614
糖　类	Sugar Crops		46635
烟　叶	Tobacco		67733
其他农作物	Other Crops		397292
#饲料作物	Feed Crops		50589
蔬菜、食用菌及花卉盆景园艺产品	Vegetables, Edible Fungus and Flowers and Plants Bonsai Horticultural Goods	6311928	6925209
#蔬菜（含菜用瓜）	Vegetables (Including Gourd)		6412020
水果、食用坚果、茶、饮料和香料	Fruits, Nut, Tea, Beverage and Spice	3071522	3068145
水果（含果用瓜）	Fruits (including fruited melon)		2347897
#苹　果	Apples		108728
食用坚果	Nut		182095
茶及饮料原料	Tea and Beverage Raw Material		536621
#茶	Tea		536621
香料作物	Spice Crops		1532
中草药材	Chinese Medicinal Herbs	479495	503134
林业产值	**Gross Output Value of Forestry**	**3042591**	**2910818**
林木的培育和种植	Cultivation and Planting of Woods	801247	**656185**
#造　林	Forestation		211869
竹木采运	Lumbering and Transport of Bamboo and Timber	1061241	995241
#村及村以下	At Village Level and Below		614099
林产品	Forest Products	1180103	1259392
牧业产值	**Gross Output Value of Animal Husbandry**	**12846403**	**13756805**
牲畜饲养	Animals Breeding	2109689	1987052
#牛的饲养	Cattle and Buffaloes Breeding		1013987
羊的饲养	Sheep and Goats Breeding		830079
其他牲畜饲养	Other Animals Breeding		8243
奶产品	Dairy Products		119075
#生牛奶	Milk		119075
毛绒产品	Down Products		1916
猪的饲养	Hogs Breeding	6169580	7365197
家禽的饲养	Poultry Breeding	3842521	3721488
狩猎和捕捉动物	Animals Hunting and Catching	60139	51575
其他畜牧业	Other Animal Husbandry	664475	625935
#蚕　茧	Silkworm Cocoon		87842
渔业产值	**Gross Output Value of Fishery**	**4895724**	**5131535**
淡水产品	Freshwater Aquatic Products	4895724	5131535
#养　殖	Cultured		4095883
#鱼　类	Fishes		2954843
虾蟹类	Shrimps and Crabs		1869741
农林牧渔服务业	**Agricultural Services**	**2357841**	**2414768**

12—16　农作物主要产品生产和结构情况（2016年）
Production of Major Farm Products (2016)

指　　标	Item	播种面积（千公顷）Sown Area (1000 hectares)	结　构 Composition	产　量（万吨）Yield (10000 tons)
农作物总播种面积	**Total**	**8893.61**	**100.00**	
粮食作物合计	Grain Crops	6644.50	74.71	3417.40
#夏收粮食	Summer-Harvest Crops	2459.40	27.65	1387.70
谷　物	Cereal	5603.90	63.01	3256.00
稻　谷	Rice	2265.50	25.47	1401.80
早　稻	Early Rice	175.60	1.97	97.60
中稻和一季晚稻	Middle-season Rice and Single-crop Late Rice	1880.40	21.14	1196.50
双季晚稻	Late Rice	209.50	2.36	107.70
小　麦	Wheat	2446.90	27.51	1385.90
冬小麦	Winter Wheat	2446.90	27.51	1385.90
玉　米	Corn	876.40	9.85	465.50
谷　子	Millet	0.10		0.10
高　粱	Sorghum	0.20		0.10
其他谷物	Other Cereal	14.80	0.17	2.60
#大　麦	Barley	12.00	0.13	1.80
豆类合计	Beans	905.40	10.18	131.50
#大　豆	Soybean	830.10	9.33	125.30
绿　豆	Mung Bean	62.20	0.70	4.90
红小豆	Small Red Bean	13.10	0.15	1.30
薯　类	Tubers	135.20	1.52	29.90
#马铃薯	Potato	6.90	0.08	1.80
油料合计	Oil-bearing Crops	731.13	8.22	214.83
#花　生	Peanuts	183.11	2.06	90.73
油菜籽	Rapeseeds	500.67	5.63	116.83
芝　麻	Sesame	47.02	0.53	7.19
葵花籽	Sunflower Seeds	0.06		0.03
棉　花	Cotton	183.44	2.06	18.46
生麻合计	Fiber Crops	6.43	0.07	2.20
#生黄红麻	Jute and Ambary Hemp	3.63	0.04	1.44
生苎麻	Ramie	1.04	0.01	0.18
生大麻	Hemp	1.75	0.02	0.59
糖料合计	Sugar Crops	5.27	0.06	20.36
#甘　蔗	Sugarcane	5.09	0.06	20.24
烟叶合计	Tobacco	12.79	0.14	2.89
#烤　烟	Flue-cured Tobacco	12.66	0.14	2.84
中草药材	Crude Drugs	93.58	1.05	
蔬菜（含菜用瓜）	Vegetables (including gourd)	920.25	10.35	2774.69
瓜果类（果用瓜）	Melon and Fruit (Fruited Melon)	192.88	2.17	738.20
#西　瓜	Watermelon	147.64	1.66	607.20
香　瓜	Muskmelon	19.74	0.22	62.51
草　莓	Strawberry	18.90	0.21	46.04
其他作物	Other Crops	103.35	1.16	
#青饲料	Green Feed	39.51	0.44	

12—17 各市农村基本情况（2016年）
Basic Statement of Rural Area by Region (2016)

地 区	Region	乡镇数（个）Number of Township and Town Governments (unit)	#镇数 Town Governments	村民委员会（个）Number of Villagers' Committees (unit)	乡村户数（户）Number of Households (household)
总 计	Total	**1242**	**953**	**14586**	**14672604**
合肥市	Hefei	84	66	1307	1220334
淮北市	Huaibei	18	18	289	392093
亳州市	Bozhou	79	72	1056	1335641
宿州市	Suzhou	94	71	1183	1366356
蚌埠市	Bengbu	55	41	906	742905
阜阳市	Fuyang	149	125	1584	2322837
淮南市	Huainan	71	58	779	718060
滁州市	Chuzhou	94	82	1001	931726
六安市	Luan	130	87	1764	1447052
马鞍山市	Maanshan	35	32	387	409407
芜湖市	Wuhu	44	42	660	737513
宣城市	Xuancheng	78	59	720	744488
铜陵市	Tongling	34	21	375	340468
池州市	Chizhou	45	37	586	389559
安庆市	Anqing	131	84	1297	1196684
黄山市	Huangshan	101	58	692	377481

地 区	Region	乡村人口数（人）Rural Population (person)	乡村从业人员数（人）Number of Rural Laborers (person)	#男 Male	#农业 Agriculture
总 计	Total	**53614396**	**30332654**	**16402894**	**13771355**
合肥市	Hefei	4302992	2495759	1348851	952844
淮北市	Huaibei	1459938	743145	410521	483893
亳州市	Bozhou	5149908	2807872	1505531	1301393
宿州市	Suzhou	5244554	3021227	1624061	1407533
蚌埠市	Bengbu	2909555	1688616	908923	901429
阜阳市	Fuyang	9084359	5090115	2715184	2072972
淮南市	Huainan	2493947	1591892	867343	546579
滁州市	Chuzhou	3495261	1978737	1074496	1006108
六安市	Luan	5227189	2867684	1582964	1418198
马鞍山市	Maanshan	1434673	795026	436102	313603
芜湖市	Wuhu	2386103	1397829	764966	540428
宣城市	Xuancheng	2349610	1355679	735517	641664
铜陵市	Tongling	1152050	686421	383358	323880
池州市	Chizhou	1346611	744698	399326	424450
安庆市	Anqing	4383365	2340644	1264546	1060845
黄山市	Huangshan	1194281	727310	381205	375536

注：乡镇及村民委员会个数来源于省民政厅。
a) Number from the provincial department of the town and the villagers committee.

12—18 各市农、林、牧、渔业总产值及指数（2016年）

Gross Output Value of Farming, Forestry, Animal Husbandry and Fishery and Related Indices by Region (2016)

本表绝对数按当年价格计算，指数按可比价格计算。
Absolute figures in this table are calculated at current prices while indices are calculated at comparable prices.

地　区	Region	绝　对　数　（万元） Gross Output Value of Farming, Forestry, Animal Husbandry and Fishery (10000 yuan)					
		农林牧渔业总产值 Total	农　业 Farming	林　业 Forestry	牧　业 Animal Husbandry	渔　业 Fishery	农林牧渔服务业 Agricultural Services
总　　计	**Total**	**46555279**	**22341354**	**2910818**	**13756805**	**5131535**	**2414768**
合 肥 市	Hefei	4801075	2407086	164485	1406342	711099	112063
淮 北 市	Huaibei	1083248	562461	43006	388102	47579	42100
亳 州 市	Bozhou	3920552	2456906	121516	933753	96985	311392
宿 州 市	Suzhou	5000653	2616833	181022	1660003	99499	443296
蚌 埠 市	Bengbu	3352480	1754461	101931	1072262	329481	94345
阜 阳 市	Fuyang	5998827	2953132	276454	2130650	213464	425127
淮 南 市	Huainan	2032599	939829	60670	653175	315338	63587
滁 州 市	Chuzhou	3934345	1787890	107354	1316979	615194	106928
六 安 市	Luan	3549258	1504357	387294	1207265	364604	85738
马鞍山市	Maanshan	1514270	729396	25256	244891	397634	117093
芜 湖 市	Wuhu	2702095	1167338	155347	444655	515108	419647
宣 城 市	Xuancheng	2360005	1077324	213715	597549	270528	200889
铜 陵 市	Tongling	825537	326717	66976	186635	212164	33045
池 州 市	Chizhou	1270572	473669	150076	326960	221625	98242
安 庆 市	Anqing	3633271	1507468	285619	1006615	558259	275310
黄 山 市	Huangshan	971198	484260	169505	266802	24423	26208

地　区	Region	指　数　（上年=100） Gross Output Value of Farming, Forestry, Animal Husbandry and Fishery (preceding year=100)					
		农林牧渔业总产值 Total	农　业 Farming	林　业 Forestry	牧　业 Animal Husbandry	渔　业 Fishery	农林牧渔服务业 Agricultural Services
总　　计	**Total**	**103.45**	**102.45**	**104.88**	**102.04**	**103.05**	**122.78**
合 肥 市	Hefei	102.09	101.08	109.55	100.37	106.56	109.36
淮 北 市	Huaibei	103.60	102.73	113.48	103.68	104.00	107.10
亳 州 市	Bozhou	103.71	102.75	111.17	103.48	103.55	110.00
宿 州 市	Suzhou	103.59	102.70	98.45	103.19	102.38	123.31
蚌 埠 市	Bengbu	103.91	101.14	104.38	108.25	102.88	116.64
阜 阳 市	Fuyang	103.81	101.59	102.55	104.20	104.69	128.11
淮 南 市	Huainan	102.59	100.15	105.62	103.04	105.65	119.20
滁 州 市	Chuzhou	103.43	101.69	104.58	104.70	103.66	120.84
六 安 市	Luan	103.29	97.94	119.77	103.33	110.45	109.34
马鞍山市	Maanshan	103.37	100.94	106.82	105.39	106.04	105.62
芜 湖 市	Wuhu	103.20	100.98	106.20	103.33	103.81	107.59
宣 城 市	Xuancheng	103.40	101.47	98.84	104.28	105.09	114.98
铜 陵 市	Tongling	103.05	101.96	110.83	101.90	102.75	107.20
池 州 市	Chizhou	103.30	95.52	111.19	101.29	114.39	116.67
安 庆 市	Anqing	103.12	100.71	104.96	104.97	102.70	109.11
黄 山 市	Huangshan	102.00	97.57	115.08	102.60	99.17	105.42

注：全省农林牧渔业总产值指数按农产品生产者价格指数缩减计算。
a) The index of gross output value of agriculture, forestry, animal husbandry and fishery of the whole province reduces calculating according to producer's price index of agricultural products.

12—19 各市农、林、牧、渔业增加值及构成（2016年）
Value-added of Farming, Forestry, Animal Husbandry and Fishery and its Composition by Region (2016)

本表按当年价格计算。 (Data in value terms in this table are calculated at current prices.)

地 区	Region	绝 对 数（万元）Gross Output Value (10000 yuan)					
		农林牧渔业增加值 Value-added of Farming, Forestry, Animal Husbandry and Fishery	农 业 Farming	林 业 Forestry	牧 业 Animal Husbandry	渔 业 Fishery	农林牧渔服务业 Agricultural Services
总 计	**Total**	**26931926**	**13613428**	**2012019**	**6672869**	**3378838**	**1254773**
合 肥 市	Hefei	2765271	1382360	112235	751230	455903	63543
淮 北 市	Huaibei	643092	338683	21471	227600	27858	27480
亳 州 市	Bozhou	2197639	1476828	98064	421837	65015	135895
宿 州 市	Suzhou	2842672	1611226	124934	795710	69881	240921
蚌 埠 市	Bengbu	2054758	1054689	67554	632476	245398	54641
阜 阳 市	Fuyang	3250940	1695875	188351	995034	144059	227621
淮 南 市	Huainan	1225909	613358	38649	375830	156219	41853
滁 州 市	Chuzhou	2322247	1045921	72834	685904	450614	66974
六 安 市	Luan	1947800	859385	264186	544556	225542	54131
马鞍山市	Maanshan	908839	437635	14864	124690	260745	70905
芜 湖 市	Wuhu	1473758	628717	96190	230775	313292	204784
宣 城 市	Xuancheng	1387915	636424	151915	308919	178500	112157
铜 陵 市	Tongling	506463	198482	46448	105436	139073	17024
池 州 市	Chizhou	752898	295125	111401	162841	142105	41426
安 庆 市	Anqing	2056206	843190	177579	558151	342686	134600
黄 山 市	Huangshan	577988	295890	120777	136997	10375	13949

地 区	Region	构 成（%）Composition (%)					
		农林牧渔业增加值 Value-added of Farming, Forestry, Animal Husbandry and Fishery	农 业 Farming	林 业 Forestry	牧 业 Animal Husbandry	渔 业 Fishery	农林牧渔服务业 Agricultural Services
总 计	**Total**	**100.00**	**50.55**	**7.47**	**24.78**	**12.55**	**4.66**
合 肥 市	Hefei	100.00	49.99	4.06	27.17	16.49	2.30
淮 北 市	Huaibei	100.00	52.66	3.34	35.39	4.33	4.27
亳 州 市	Bozhou	100.00	67.20	4.46	19.20	2.96	6.18
宿 州 市	Suzhou	100.00	56.68	4.39	27.99	2.46	8.48
蚌 埠 市	Bengbu	100.00	51.33	3.29	30.78	11.94	2.66
阜 阳 市	Fuyang	100.00	52.17	5.79	30.61	4.43	7.00
淮 南 市	Huainan	100.00	50.03	3.15	30.66	12.74	3.41
滁 州 市	Chuzhou	100.00	45.04	3.14	29.54	19.40	2.88
六 安 市	Luan	100.00	44.12	13.56	27.96	11.58	2.78
马鞍山市	Maanshan	100.00	48.15	1.64	13.72	28.69	7.80
芜 湖 市	Wuhu	100.00	42.66	6.53	15.66	21.26	13.90
宣 城 市	Xuancheng	100.00	45.85	10.95	22.26	12.86	8.08
铜 陵 市	Tongling	100.00	39.19	9.17	20.82	27.46	3.36
池 州 市	Chizhou	100.00	39.20	14.80	21.63	18.87	5.50
安 庆 市	Anqing	100.00	41.01	8.64	27.14	16.67	6.55
黄 山 市	Huangshan	100.00	51.19	20.90	23.70	1.80	2.41

12—20 各市土地利用情况（2016年）
Land Use by Region (2016)

单位：千公顷 (1000 hectares)

地区	Region	土地调查面积 Area under Land Survey	农用地 Land for Ageicuture Use	#园地 Garden Land	#牧草地 Grazing and Pasture Land	建设用地 Land for Construction	居民点及工矿用地 Land fot Inhabiation Mining and Manufacturing	交通运输用地 Land for Transport Facilities	水利设施用地 Land for Water Conservancy Facilities
总计	**Total**	**14013.98**	**11144.80**	**349.84**	**0.47**	**1991.13**	**1641.75**	**143.80**	**205.58**
合肥市	Hefei	1144.51	821.45	5.55		217.40	178.03	16.88	22.49
淮北市	Huaibei	274.14	201.12	2.77		64.07	51.06	5.23	7.78
亳州市	Bozhou	852.12	690.11	4.19		149.73	130.30	9.98	9.45
宿州市	Suzhou	993.88	768.68	73.66		179.51	147.54	15.10	16.87
蚌埠市	Bengbu	595.07	449.63	1.21	0.01	94.19	80.01	6.60	7.58
阜阳市	Fuyang	1011.82	771.84	0.77		208.37	187.42	11.69	9.26
淮南市	Huainan	553.23	413.96	2.22	0.09	88.16	72.81	6.10	9.25
滁州市	Chuzhou	1351.60	1069.10	5.83	0.01	206.79	149.95	13.37	43.47
六安市	Luan	1545.08	1283.25	48.45	0.08	184.99	151.36	10.33	23.30
马鞍山市	Maanshan	404.91	299.68	1.12	0.02	68.91	57.44	4.68	6.79
芜湖市	Wuhu	602.60	443.11	3.61	0.03	110.91	92.32	9.42	9.17
宣城市	Xuancheng	1231.25	1078.99	68.83		105.35	87.59	9.07	8.69
铜陵市	Tongling	292.26	190.12	0.74		55.11	46.89	4.07	4.15
池州市	Chizhou	839.87	724.92	18.44		59.15	47.30	6.54	5.31
安庆市	Anqing	1353.80	1035.41	31.85	0.23	154.46	129.67	8.96	15.83
黄山市	Huangshan	967.84	903.43	80.60		44.03	32.06	5.78	6.19

注：此表来源于省国土资源厅。
a) This form is from the Provincial Department of land and resources.

12—21 各市主要农业机械年末拥有量（2016年）
Agricultural Machinery at the Year-end by Region (2016)

地区	Region	农业机械总动力（万千瓦） Total Power of Agricultural Machinery (10000 kw)	大中型拖拉机 Large and Medium Agricultural Tractors: 数量（台） Number (unit)	动力（万千瓦） Capacity (10000 kw)	小型拖拉机 Mini-tractors: 数量（台） Number (unit)	动力（万千瓦） Capacity (10000 kw)	大中型拖拉机配套农具（部） Number of Large and Medium Tractor Towing Farm Machinery (unit)	小型拖拉机配套农具（部） Number of Mini-tractor Towing Farm Machinery (unit)	农用运输车（辆） Capacity of Transport Vehicles for Agricultural Use (unit)	节水灌溉面积（千公顷） Irrigated Area With Saved Water (1000 hectares)
总计	**Total**	**6867.50**	**246465**	**1180.88**	**2094527**	**1714.23**	**569476**	**4907629**	**660558**	**1331.44**
合肥市	Hefei	453.77	13373	75.58	202218	110.46	19151	401697	16580	4.02
淮北市	Huaibei	985.49	33238	200.84	142618	166.93	80989	374527	245605	430.00
亳州市	Bozhou	296.07	17387	60.80	101332	110.02	34273	322822	18439	102.60
宿州市	Suzhou	874.62	51820	186.05	147620	162.19	133673	374918	181275	282.36
蚌埠市	Bengbu	548.06	13748	67.25	302199	283.11	33856	728770	7768	25.23
阜阳市	Fuyang	763.45	37977	189.86	112575	125.21	90035	285325	104227	288.32
淮南市	Huainan	444.04	12436	71.54	215305	167.42	27096	596036	11826	57.93
滁州市	Chuzhou	705.65	31442	145.08	398411	247.94	70243	866658	14595	47.85
六安市	Luan	558.93	13948	69.12	161137	111.86	38058	358521	24332	62.08
马鞍山市	Maanshan	151.58	4132	24.59	36737	20.41	9259	101880	4254	1.39
芜湖市	Wuhu	216.59	4705	25.14	50259	41.94	9911	95047	5025	0.31
宣城市	Xuancheng	251.52	2812	15.56	55406	50.93	5149	78264	10601	16.81
铜陵市	Tongling	90.19	1616	8.89	22339	15.53	3042	22283	2283	0.61
池州市	Chizhou	129.58	1457	7.27	41057	26.85	3315	98171	2514	4.06
安庆市	Anqing	314.56	5929	32.43	89007	61.15	11325	166650	8865	5.58
黄山市	Huangshan	83.40	445	0.90	16307	12.29	101	36060	2369	2.29

注：节水灌溉面积为农委系统统计数。
a) The areas of water saving irrigation were statisticed by the committee on agriculture.

12—22 各市有效灌溉面积、农用化肥施用、用电情况（2016年）

Irrigated Area and Consumption of Chemical Fertilizer and Electricity in Rural Area by Region (2016)

地区	Region	有效灌溉面积（千公顷）Irrigated Area (1000 hectares)	化肥施用量（吨）Consumption of Chemical Fertilizer (ton)	#氮肥 Nitrogenous Fertilizer	磷肥 Phosphate Fertilizer	钾肥 Potash Fertilizer	农用排灌机械（台）Number of Diesel Engines (unit)
总计	**Total**	**4437.46**	**3270082**	**1048639**	**320830**	**307317**	**1648305**
合肥市	Hefei	458.50	278573	91814	40396	37853	141609
淮北市	Huaibei	143.23	106073	26605	5112	4757	88087
亳州市	Bozhou	464.69	296743	58066	27119	28920	13399
宿州市	Suzhou	428.43	333009	92712	25278	31533	43136
蚌埠市	Bengbu	242.84	307070	109507	34047	26116	12405
阜阳市	Fuyang	432.00	369407	95539	17071	23838	213868
淮南市	Huainan	283.33	290765	114246	25587	22692	86705
滁州市	Chuzhou	491.15	355705	118352	47726	24985	89850
六安市	Luan	429.51	191109	76671	15241	20340	125000
马鞍山市	Maanshan	147.85	78878	25346	6023	4405	209062
芜湖市	Wuhu	196.58	179665	69727	26171	23453	273347
宣城市	Xuancheng	200.66	126871	44271	11109	10417	130578
铜陵市	Tongling	82.63	55921	18174	9699	9714	44713
池州市	Chizhou	106.79	59902	23104	1785	7207	66272
安庆市	Anqing	274.62	203597	66666	27230	28737	81146
黄山市	Huangshan	54.65	36794	17839	1236	2350	29128

地区	Region	农村用电量（万千瓦时）Electricity Consumed in Rural Area (10000 kwh)	农用塑料薄膜使用量（吨）Used Plastic Film (ton)	#地膜使用量 Used of Plastic Film	地膜覆盖面积（公顷）The Area of Plastic Film Covered (hectares)	农用柴油使用量（吨）Consumption of Diesel Oil for Farm Use (ton)	农药使用量（吨）Consumption of Agricultural Pesticide (ton)
总计	**Total**	**1616198**	**96966**	**42728**	**428897**	**756814**	**105704**
合肥市	Hefei	159349	13565	3703	29902	69701	4722
淮北市	Huaibei	32309	1020	281	4109	25259	3257
亳州市	Bozhou	106064	7536	3448	38552	85273	7547
宿州市	Suzhou	116229	16051	9800	60029	114904	24049
蚌埠市	Bengbu	97519	9186	5605	74249	58998	6062
阜阳市	Fuyang	167131	20165	4488	49259	50745	7148
淮南市	Huainan	128935	2214	1134	18045	87362	12274
滁州市	Chuzhou	105133	3765	2207	40110	48191	5708
六安市	Luan	108344	5918	3083	23633	54421	5544
马鞍山市	Maanshan	57740	3123	1007	14328	14016	3563
芜湖市	Wuhu	137563	2375	1157	26865	40816	2554
宣城市	Xuancheng	128606	2792	1662	16456	13926	3766
铜陵市	Tongling	62481	800	431	4273	6295	1874
池州市	Chizhou	38192	437	285	3987	23457	5412
安庆市	Anqing	144499	5885	2997	18612	55934	9136
黄山市	Huangshan	26104	2134	1440	6488	7516	3088

12—23 各市农作物播种面积（2016年）
Total Sown Areas of Farm Crops by Region (2016)

单位：公顷（hectare）

地 区	Region	农作物总播种面积 Total Sown Area	粮食作物播种面积 Sown Area of Grain Crops	谷物 Cereal	#稻谷 Rice	小麦 Wheat	玉米 Corn	豆类 Soybeans	薯类 Tubers	油料 Oil-bearing Crops	#花生 Peanuts	油菜籽 Rapeseeds	芝麻 Sesame
总计	**Total**	**8893614**	**6644500**	**5603900**	**2265500**	**2446900**	**876400**	**905400**	**135200**	**731133**	**183111**	**500668**	**47015**
合肥市	Hefei	755622	501792	481351	347970	110564	21392	12674	7767	101739	19007	80554	2178
淮北市	Huaibei	262261	243199	200547	233	123696	76066	42161	491	1575	582	688	305
亳州市	Bozhou	1085880	890286	677501	3935	412029	241335	185635	27150	9780	6454	950	2376
宿州市	Suzhou	1036209	833801	676850	7763	358101	309726	128576	28375	53365	42971	8312	2082
蚌埠市	Bengbu	641511	483260	450881	111653	242933	96265	28253	4126	59417	56384	1491	1542
阜阳市	Fuyang	1250219	1003950	865117	69273	495358	299745	119090	19743	36719	6672	10086	19686
淮南市	Huainan	499518	439914	418495	201947	211559	4917	19414	2005	9693	2527	6427	738
滁州市	Chuzhou	896798	738936	700710	370015	287917	42430	27083	11143	69297	24337	40201	4759
六安市	Luan	674146	515693	496252	328359	141755	25626	11848	7593	69900	8890	58709	2301
马鞍山市	Maanshan	231008	158352	152312	103585	45301	3398	3872	2168	32316	2067	29054	1195
芜湖市	Wuhu	370174	209098	197709	160875	28463	8370	6302	5087	42534	2486	38900	1148
宣城市	Xuancheng	349424	234371	214983	155938	50183	8782	9874	9514	44003	4121	38098	1782
铜陵市	Tongling	179841	127778	123623	100865	19208	3550	2316	1839	27724	870	26577	277
池州市	Chizhou	193181	119430	114304	100818	6453	7022	3620	1506	33761	939	31476	1346
安庆市	Anqing	642842	368616	337576	281300	43065	12438	17663	13377	113326	4330	104932	4048
黄山市	Huangshan	126158	61685	45940	35460	268	10179	7568	8177	25984	474	24213	1252

地 区	Region	棉花 Cotton	生麻 Fiber Crops	#生黄红麻 Jute and Ambary Hemp	糖料 Sugar Crops	烟叶 Tobacco	#烤烟 Fluecured Tobacco	中草药材 Crude Drugs	蔬菜 Vegetables	瓜果类 Melon	#西瓜 Watermelon	甜瓜 Melon	草莓 Strawberry
总计	**Total**	**183440**	**6428**	**3633**	**5268**	**12791**	**12662**	**93579**	**920247**	**192876**	**147643**	**19742**	**18903**
合肥市	Hefei	27831	105		871			100	91905	26456	12101	1926	12429
淮北市	Huaibei	452			1	1		112	13024	3875	3349	358	12
亳州市	Bozhou	5965	3	3	56	634	634	56460	102889	19690	17854	1505	289
宿州市	Suzhou	14452	5	5	43	15	15	2498	83592	39841	35252	3407	1181
蚌埠市	Bengbu	3639			10				70445	19360	17691	991	489
阜阳市	Fuyang	6839	111	111	319	128		10988	165406	23779	15803	4864	856
淮南市	Huainan	1975	4	4	91			39	39563	7765	4860	1800	1098
滁州市	Chuzhou	8033			156			37	47943	14534	13231	458	832
六安市	Luan	8647	5327	3450	1081			5048	56387	8467	4702	85	234
马鞍山市	Maanshan	7282	29		335			15	25328	6672	3483	3047	142
芜湖市	Wuhu	27826	44	9	565	2548	2548	1058	64968	6815	6013	431	226
宣城市	Xuancheng	4509	322	11	704	7647	7647	5988	37483	6434	5440	204	672
铜陵市	Tongling	8982	60		204			349	11472	1378	1182	158	38
池州市	Chizhou	19925	358		65	1292	1292	920	15377	1391	1300	52	37
安庆市	Anqing	52185	50	40	142	16	16	3656	71005	4459	3582	374	299
黄山市	Huangshan	415	10		625	510	510	6311	23460	1960	1800	82	69

注：全省粮食及棉花播种面积来源于国家统计局安徽调查总队抽样调查数。

a) The sown area of grain is from Anhui Province survey organization of National bureau of Statistics sample survey.

12—24 各市主要农产品单位面积产量（2016年）
Yield of Major Farm Crops per Hectare by Region (2016)

单位：公斤/公顷（kg/hectare）

地 区	Region	谷 物 Cereals	棉 花 Cotton	花 生 Peanuts	油 菜 籽 Rapeseeds	芝 麻 Sesame	生黄红麻 Jute and Ambary Hemp	烤 烟 Fluecured Tobacco	中草药材 Crude Drugs	蔬 菜 Vegetables	瓜 果 类 Melon
总 计	**Total**	**5810**	**1009**	**4955**	**2333**	**1529**	**3953**	**2244**	**6207**	**30152**	**38273**
合 肥 市	Hefei	6291	952	3887	2716	1629				23779	25799
淮 北 市	Huaibei	5890	1507	3897	2414	1433			2571	37449	41513
亳 州 市	Bozhou	6559	1525	6987	2775	1502	4333	3744	4871	30233	43819
宿 州 市	Suzhou	5440	1458	5053	2030	1541	800	2067	5229	38248	47324
蚌 埠 市	Bengbu	6067	1775	6694	1667	1285				41031	51556
阜 阳 市	Fuyang	6095	1342	2583	2468	1528	5405		16354	37999	40737
淮 南 市	Huainan	6692	1636	4405	3057	1714	2250		2231	31316	30945
滁 州 市	Chuzhou	5898	1135	3521	2530	1343			2216	31046	36528
六 安 市	Luan	6105	1652	3693	2002	1744	3929		11854	20429	22748
马鞍山市	Maanshan	6743	1277	2952	2613	1624			9000	28325	29306
芜 湖 市	Wuhu	6607	1237	2842	2856	1653	6444	2767	5469	24624	34361
宣 城 市	Xuancheng	5776	1131	3050	2273	2233	1818	1917	3688	20529	30796
铜 陵 市	Tongling	5056	1511	2556	2118	1401			4756	22927	22579
池 州 市	Chizhou	5780	1355	2556	2258	1523		2402	1038	25388	33041
安 庆 市	Anqing	5855	1331	3033	2167	1385	2525	3250	3641	22002	24562
黄 山 市	Huangshan	6137	1161	2475	1391	1223		2247	1397	17410	23143

12—25 各 市 主 要 农 产 品 产 量（2016年）
Yield of Major Farm Crops by Region (2016)

单位：吨（ton）

地 区	Region	粮 食 Grain	谷 物 Cereal	#稻 谷 Rice	小 麦 Wheat	玉 米 Corn	豆 类 Beans	薯 类 Tubers	油 料 Oil-bearing Crops	#花 生 Peanuts	油 菜 籽 Rapeseeds	芝 麻 Sesame
总 计	**Total**	**34174000**	**32560000**	**14018000**	**13859000**	**4655000**	**1315000**	**299000**	**2148295**	**907333**	**1168279**	**71879**
合 肥 市	Hefei	3103767	3028315	2429042	486276	107693	28048	47404	296224	73878	218798	3548
淮 北 市	Huaibei	1268831	1181308	2080	928004	247750	83229	4294	4366	2268	1661	437
亳 州 市	Bozhou	4739255	4443740	25390	3124080	1138928	214033	81482	51298	45094	2636	3568
宿 州 市	Suzhou	4027979	3682322	59015	2384448	1236506	205969	139688	237193	217111	16873	3209
蚌 埠 市	Bengbu	2805012	2735545	720096	1535121	480155	47919	21548	381906	377439	2485	1982
阜 阳 市	Fuyang	5571801	5273062	441072	3394679	1434639	211248	87491	72695	17232	24891	30073
淮 南 市	Huainan	2848380	2800510	1532235	1246389	21548	37517	10353	32046	11132	19649	1265
滁 州 市	Chuzhou	4270047	4132474	2387491	1538886	204133	53262	84311	193768	85681	101696	6391
六 安 市	Luan	3141887	3029489	2177814	731622	117753	49516	62882	154364	32833	117517	4014
马鞍山市	Maanshan	1054733	1027011	778475	225913	22612	9954	17768	83959	6102	75916	1941
芜 湖 市	Wuhu	1372628	1306260	1134197	127464	44597	20381	45987	120065	7064	111103	1898
宣 城 市	Xuancheng	1315826	1241765	959673	225572	56276	20271	53790	103136	12567	86590	3979
铜 陵 市	Tongling	641058	625091	554801	54455	15835	5958	10009	58922	2224	56290	388
池 州 市	Chizhou	675942	660638	607338	18967	34329	7566	7738	75509	2400	71059	2050
安 庆 市	Anqing	2085399	1976658	1799513	124998	50051	48598	60143	246197	13135	227437	5605
黄 山 市	Huangshan	334992	281949	253085	546	28173	16056	36987	36647	1173	33678	1531

注：全省粮食及棉花产量来源于国家统计局安徽调查总队抽样调查数。

a) The sown area of grain is from Anhui Province survey organization of National bureau of Statistics sample survey.

12—25　续表　continued

单位：吨（ton）

地　区	Region	棉　花 Cotton	生　麻 Fiber Crops	#生黄红麻 Jute and Ambary Hemp	烟　叶 Tobacco	#烤　烟 Fluecured Tobacco	药　材 Medicinal Materials	蔬　菜 Vegetables	瓜果类 Melon	#西瓜 Water-melon	香　瓜 Melon	草　莓 Strawb-erry
总　计	**Total**	**184632**	**22012**	**14361**	**28898**	**28416**	**580812**	**27746884**	**7382016**	**6071981**	**625073**	**460366**
合肥市	Hefei	26498	125					2185404	682545	349793	33979	298773
淮北市	Huaibei	681			1		288	487739	160861	136180	11021	292
亳州市	Bozhou	9098	13	13	2374	2374	275015	3110680	862792	754816	84918	3443
宿州市	Suzhou	21070	4	4	31	31	13063	3197229	1885418	1749702	108615	27055
蚌埠市	Bengbu	6459						2890445	998117	924155	42706	28672
阜阳市	Fuyang	9176	600	600	481		179695	6285295	968684	638064	169377	38456
淮南市	Huainan	3232	9	9			87	1238939	240291	152601	60834	26856
滁州市	Chuzhou	9120					82	1488431	530904	510890	10474	9336
六安市	Luan	14283	19878	13556			59837	1151915	192605	137504	2030	4936
马鞍山市	Maanshan	9300	124				135	717427	195529	117963	75129	2437
芜湖市	Wuhu	34410	123	58	7050	7050	5786	1599774	234170	206051	10239	4793
宣城市	Xuancheng	5101	321	20	14660	14660	22081	769493	198144	181739	5298	8482
铜陵市	Tongling	13568	97				1660	263017	31114	29031	1477	585
池州市	Chizhou	27002	555		3103	3103	955	390388	45960	45460	273	187
安庆市	Anqing	69481	140	101	52	52	13311	1562259	109521	95336	7708	4843
黄山市	Huangshan	482	23		1146	1146	8817	408449	45361	42696	995	1220

12—26　各市茶叶、水果生产情况（2016年）
Tea, Fruits Production by Region (2016)

单位：吨（ton）

地　区	Region	茶　叶 Tea	#绿　茶 Green Tea	园林水果 Garden Fruits	#苹　果 Apples	梨 Pears	葡　萄 Grapes
总　计	**Total**	**112141**	**104423**	**3052847**	**374008**	**1142228**	**462889**
合肥市	Hefei	2193	2193	148316	16	9265	71622
淮北市	Huaibei			149570	18658	7695	40587
亳州市	Bozhou			68176	7129	7973	17965
宿州市	Suzhou			1979027	339789	969461	180081
蚌埠市	Bengbu			89514	931	32351	16073
阜阳市	Fuyang			122051	6184	39737	30114
淮南市	Huainan			75742	25	15367	16737
滁州市	Chuzhou	495	495	83912	234	6196	26258
六安市	Luan	23758	23505	104985	314	6838	15562
马鞍山市	Maanshan	299	299	34821	229	3326	13542
芜湖市	Wuhu	2338	2327	46678	211	5318	13196
宣城市	Xuancheng	33823	33700	53839		27204	3554
铜陵市	Tongling	432	432	5209		105	2262
池州市	Chizhou	8235	5045	7545	16	570	667
安庆市	Anqing	13007	12729	33320	272	3512	6456
黄山市	Huangshan	27561	23698	50142		7310	8213

12—27 各市主要林业生产情况（2016年）
Conditions of Forest Production by Region (2016)

地 区	Region	营林情况（公顷） Management of Forest (hectares) 人工造林面积 Man-made Afforested Area	新封山育林面积 Area of Setting Apart Mountains for Afforestation	新增育苗面积 Area of Growing Seedlings	森林抚育面积 Area of Forest Tending	成林抚育面积 Area of Tending Adult Forest	油桐籽（吨） Tung-oil Seeds (ton)	油茶籽（吨） Tea-oil Seeds (ton)	竹材采伐量（万根） Determination of Bamboo Cut (10000 units)	木材采伐量（万立方米） Determination of Timber Cut (10000 cu.m)
总 计	**Total**	**91380**	**31747**	**71102**	**621586**		**1977**	**81735**	**16029**	**559**
合 肥 市	Hefei	9495	1467	27731	45942			372	17	5
淮 北 市	Huaibei	1939	667	896	11791					7
亳 州 市	Bozhou	6492		1653	21512					80
宿 州 市	Suzhou	9819	2134	3581	105587		45			50
蚌 埠 市	Bengbu	3888	200	1964	52983					38
阜 阳 市	Fuyang	7920		2881	38412					47
淮 南 市	Huainan	2736		1758	57833					3
滁 州 市	Chuzhou	12202	4135	9280	74100		1	1078	6	41
六 安 市	Luan	8588	3387	2972	54224		706	28569	2005	39
马鞍山市	Maanshan	3084	1466	3499	4894			107	13	3
芜 湖 市	Wuhu	5027	1289	2738	29603			151	1203	14
宣 城 市	Xuancheng	3904	4401	775	10667		38	1866	8238	37
铜 陵 市	Tongling	1403	600	582	13291		590	7	89	12
池 州 市	Chizhou	3616	2667	4718	50313		213	723	2908	85
安 庆 市	Anqing	8597	4734	2975	34819		384	42831	552	53
黄 山 市	Huangshan	2670	4600	3099	15615			6031	1000	47

12—28 各市牲畜饲养情况（2016年）
Number of Livestock by Region (2016)

单位：头（只） (heads)

地 区	Region	大牲畜年末头数 Large Animals (year-end)	牛 Cattle and Buffaloes	马 Horses	驴 Donkeys	骡 Mules	肉猪出栏头数 Slaughtered Fattened Hogs	猪年末头数 Hogs (year-end)	羊年末只数 Sheep and Goats (year-end)	#山羊 Goats	活家禽（万只） Poultry (10000 heads)
总 计	**Total**	**1682291**	**1678920**	**881**	**2094**	**396**	**28749250**	**14685876**	**6559837**	**6549735**	**21593.30**
合 肥 市	Hefei	84761	84761				2762836	1355488	123288	90121	5813.47
淮 北 市	Huaibei	17233	17233				690481	469277	211588	210335	919.62
亳 州 市	Bozhou	135422	134572	443	111	296	3054765	1579467	1340700	1340700	1402.00
宿 州 市	Suzhou	193024	192346	80	548	50	4553336	3002086	2616070	2573959	3996.00
蚌 埠 市	Bengbu	236541	236541				2056865	1005537	809420	801613	2608.44
阜 阳 市	Fuyang	352894	351491	2	1401		5640342	2922898	1853765	1853765	3082.80
淮 南 市	Huainan	126042	126034	8			1580736	771664	363481	363481	1920.78
滁 州 市	Chuzhou	131257	131257				3391657	1865704	402147	399647	2716.00
六 安 市	Luan	126448	126448				3018991	1674655	290454	290454	2984.00
马鞍山市	Maanshan	16208	16208				375623	199825	63722	63722	775.60
芜 湖 市	Wuhu	42262	42262				838289	441945	33148	33148	1619.20
宣 城 市	Xuancheng	43955	43955				1039361	549201	51830	51698	2844.00
铜 陵 市	Tongling	13472	13472				360494	246555	6645	6645	1207.28
池 州 市	Chizhou	12087	12087				741772	349289	10948	10948	680.00
安 庆 市	Anqing	111016	111016				2583482	1398543	106246	87546	2413.00
黄 山 市	Huangshan	25456	25024	348	34	50	946143	725326	19377	18847	435.80

注：全省猪、牛、羊、禽数据来源于国家统计局安徽调查总队畜禽监测数。

a) The pigs, sheep, poultry data is from Anhui Province survey organization of National bureau of statistics monitoring survey.

12—29 各市畜产品产量（2016年）
Output of Livestock Products by Region (2016)

单位：吨（ton）

地区	Region	肉类总产量 Output of Meat	猪牛羊肉 Output of Pork,Beef and Mutton	猪肉 Pork	牛肉 Beef	羊肉 Mutton
总计	**Total**	**4113897**	**2786943**	**2448557**	**164916**	**173470**
合肥市	Hefei	476194	236554	228325	6259	1970
淮北市	Huaibei	97640	66521	58841	1315	6365
亳州市	Bozhou	326808	287013	239243	18768	29002
宿州市	Suzhou	503320	419273	345469	19791	54013
蚌埠市	Bengbu	365749	235282	173077	40694	21511
阜阳市	Fuyang	665668	562245	472045	48001	42199
淮南市	Huainan	243971	158438	131619	13687	13132
滁州市	Chuzhou	402471	303855	276683	17540	9632
六安市	Luan	410482	273135	255304	10030	7801
马鞍山市	Maanshan	82358	32116	30330	368	1418
芜湖市	Wuhu	166458	76255	71287	4384	584
宣城市	Xuancheng	239522	87970	83931	3060	979
铜陵市	Tongling	63605	31858	31049	669	140
池州市	Chizhou	89006	62507	60507	1592	408
安庆市	Anqing	303906	220732	209975	9190	1567
黄山市	Huangshan	89614	82799	81416	1168	215

地区	Region	生牛奶 Cow Milk	禽蛋 Poultry Eggs	天然蜂蜜 Honey	蚕茧 Sikworm Cocoons
总计	**Total**	**326821**	**1395492**	**17396**	**29497**
合肥市	Hefei	106413	203879	58	4831
淮北市	Huaibei	30207	61179		
亳州市	Bozhou	19515	70743	31	
宿州市	Suzhou	16447	272817		790
蚌埠市	Bengbu	186100	87792		
阜阳市	Fuyang	6987	161018	1875	232
淮南市	Huainan	45157	108053	3	
滁州市	Chuzhou	10712	119358	98	
六安市	Luan	22147	97653	399	7419
马鞍山市	Maanshan	47226	22950	4012	
芜湖市	Wuhu	4291	87821	7	580
宣城市	Xuancheng		52462	1259	5165
铜陵市	Tongling		42557	125	69
池州市	Chizhou		41103	230	1555
安庆市	Anqing	20	167434	1687	6059
黄山市	Huangshan	5806	21625	7612	2797

注：全省猪、牛、羊、禽、奶数据来源于国家统计局安徽调查总队畜禽监测数。

a) The pigs, sheep, poultry, milk data is from Anhui Province survey organization of National bureau of statistics monitoring survey.

12—30 各市水产品产量（2016年）
Output of Aquatic Products by Region (2016)

单位：吨（ton）

地区	Region	水产品总产量 Total Aquatic Products	养殖产量 Cultured Products	捕捞产量 Fishing Products	鱼类 Fish	虾蟹类 Crustacean	贝类 Shell-fish	其它类 Others
总计	**Total**	**2357964**	**2049210**	**308754**	**1861756**	**349839**	**97079**	**49290**
合肥市	Hefei	240490	179074	61416	177245	54740	4021	4484
淮北市	Huaibei	29690	28923	767	29419	238	15	18
亳州市	Bozhou	54053	47608	6445	51469	1912	564	108
宿州市	Suzhou	45760	42850	2910	40399	4578	152	631
蚌埠市	Bengbu	127860	98449	29411	101626	14957	3445	7832
阜阳市	Fuyang	108076	94182	13894	94584	9815	2491	1186
淮南市	Huainan	184920	149915	35005	153843	16420	11581	3076
滁州市	Chuzhou	361792	339810	21982	266942	82599	9605	2646
六安市	Luan	221520	180534	40986	178615	30256	7266	5383
马鞍山市	Maanshan	114389	98038	16351	66214	36492	10801	882
芜湖市	Wuhu	173155	154852	18303	126671	26932	6470	13082
宣城市	Xuancheng	117709	101409	16300	76654	23809	12711	4535
铜陵市	Tongling	112500	104500	8000	95106	6348	10118	928
池州市	Chizhou	142022	132447	9575	125951	8371	6603	1097
安庆市	Anqing	309654	284681	24973	263498	31933	10997	3226
黄山市	Huangshan	14374	11938	2436	13520	439	239	176

12—31 各市受灾面积（2016年）
Areas Covered by Natural Disaster by Region (2016)

单位：千公顷（1000 hectares）

地区	Region	农作物受灾情况合计 Total Situation of Crops Affected by Disaster		旱灾 Drought		洪涝灾 Flood	
		受灾面积 Areas Covered	绝收 Total Crops Failure	受灾面积 Areas Covered	绝收 Total Crops Failure	受灾面积 Areas Covered	绝收 Total Crops Failure
总计	**Total**	**1356.32**	**455.31**	**179.46**	**59.40**	**1126.66**	**393.20**
合肥市	Hefei	151.55	54.57	31.29	10.13	120.20	44.44
淮北市	Huaibei	0.78					
亳州市	Bozhou	0.29	0.06				
宿州市	Suzhou	2.09					
蚌埠市	Bengbu	0.34	0.06				
阜阳市	Fuyang						
淮南市	Huainan	13.53	3.01			13.53	3.01
滁州市	Chuzhou	195.57	52.94	124.63	48.03	40.05	4.90
六安市	Luan	113.64	24.92			113.64	24.92
马鞍山市	Maanshan	95.20	43.51			95.10	43.51
芜湖市	Wuhu	162.43	77.31			162.43	77.31
宣城市	Xuancheng	155.57	39.75	23.53	1.24	132.04	38.51
铜陵市	Tongling	78.63	35.36			78.63	33.59
池州市	Chizhou	96.39	32.21			82.80	32.20
安庆市	Anqing	259.62	89.99			259.62	89.99
黄山市	Huangshan	30.67	1.62			28.62	0.82

12—32 国营农场基本情况
Basic Statistics on State Farms

指标		Item		2000	2005	2010	2015	2016
农场数	（个）	Number of Farms	(unit)	25	25	21	20	20
职工人数	（人）	Number of Staff and Workers	(person)	57773	44849	44759	38045	35075
耕地面积	（千公顷）	Cultivated Area	(1000 hectares)	34.36	32.98	34.75	29.56	30.16
农业机械总动力	（千瓦）	Total Power of Agricultural Machinery	(1000 watts)	241215	316001	454679	454076	465457
农业机械拥有量	（台、辆）	Ownership of Agricultural Machinery	(unit)					
大中型农用拖拉机		Large and Medium Agricultural Tractors		1349	1765	2568	2886	2945
小型及手扶拖拉机		Mini and Walking Agricultural Tractors		3567	5569	6111	5244	5010
农用排灌动力机械		Machinery for Agricultural Drainage and Irrigation		3360	3802	5115	4173	4176
联合收获机		Combine Harvesters		626	730	1078	1372	1413
农用载重汽车		Trucks for Agricultural Use		186	71	181	175	177
农用化肥施用量	（吨）	Consumption of Chemical Fertilizers	(ton)	38355	47187	66814	70658	64359
农业总产值	（万元）	Gross Agricultural Output Value	(10000 yuan)	59620	102784	176197	204563	190684
农作物总播种面积	（千公顷）	Sown Area of Farm Crops	(1000 hectares)	58.40	55.57	68.53	59.31	58.36
粮食作物		Grain		47.54	44.24	61.04	55.13	54.65
棉　花		Cotton		3.31	6.20	3.77	0.32	0.09
油　料		Oil-bearing Crops		5.54	3.98	1.58	0.85	0.23
年末实有茶园面积		Area of Tea Plantations (year-end)		3.40	3.38	3.15	2.36	2.26
年末实有果园面积		Area of Orchards (year-end)		1.19	1.14	1.09	1.35	1.33
主要农产品产量		Yield of Major Farm Crops						
粮食作物	（吨）	Grain	(ton)	222809	233538	340720	341888	316435
棉　花	（吨）	Cotton	(ton)	3389	8730	5431	888	193
油　料	（吨）	Oil-bearing Crops	(ton)	7253	7258	3283	1977	1587
茶　叶	（吨）	Tea	(ton)	7793	10460	10894	12804	12776
水　果	（吨）	Fruits	(ton)	15937	16776	26589	13597	36362
畜牧业、渔业生产		Production of Animal Husbandry and Fishery						
大牲畜年末头数	（头）	Number of Large Animals (year-end)	(head)	6022	9581	7799	2462	2408
猪年末头数	（头）	Number of Hogs	(head)	17532	19660	38821	45099	42738
羊年末只数	（只）	Number of Sheep and Goats	(head)	6911	6319	5561	8692	9978
畜产品产量	（吨）	Output of Livestock Products	(ton)					
肉类总产量		Pork, Beef and Mutton		8204	5556	11037	15475	15180
#猪　肉		Pork		2432	2778	4553	6450	6553
生牛奶		Milk		11845	18982	19018	1510	2310
禽　蛋		Poultry Eggs		3220	2605	3346	1808	3435
水产品总产量	（吨）	Total Output of Aquatic Products	(ton)	2786	3431	4777	5741	5953

注：本表为农垦系统数据。

a) Data in this table cover those of the land reclamation department.

12—33 各县（市）农村基本情况（2016年）

Basic Statement of Rural Area by County or City (2016)

县（市）	County (City)	乡镇数（个）Number of Township and Town Governments (unit)	#镇数 Town Governm-ents	村民委员会（个）Number of Villagers' Commit-tees (unit)	乡村户数（户）Number of Househ-olds (household)	乡村人口数（人）Rural Popula-tion (person)	乡村从业人员数（人）Number of Rural Laborers (person)	#男 Male
合肥市辖区	Hefei Reigon of City	11	9	136	124031	395093	229147	124930
巢湖市	Chaohu	12	11	136	191131	671482	372340	210701
长丰县	Changfeng	14	9	256	172420	652752	387272	206525
肥东县	Feidong	18	12	314	240079	812105	517660	278669
肥西县	Feixi	12	8	273	191890	690804	440155	242848
庐江县	Lujiang	17	17	192	300783	1080756	549185	285178
淮北市辖区	Huaibei Reigon of City	7	7	76	140436	489440	250304	141984
濉溪县	Suixi	11	11	213	251657	970498	492841	268537
亳州市辖区	Bozhou Reigon of City	22	20	261	342091	1255558	687680	376714
涡阳县	Guoyang	20	20	298	367485	1382016	767363	399401
蒙城县	Mengcheng	14	12	248	274513	1121903	624491	332648
利辛县	Lixin	23	20	249	351552	1390431	728338	396768
宿州市辖区	Suzhou Reigon of City	24	15	329	366596	1356933	761191	408139
砀山县	Dangshan	13	13	129	216213	849522	517196	258849
萧县	Xiaoxian	23	18	257	320406	1152787	669315	384904
灵璧县	Lingbi	19	13	294	264157	1092909	599288	315477
泗县	Sixian	15	12	174	198984	792403	474237	256692
蚌埠市辖区	Bengbu Reigon of City	12	8	199	160140	547462	306025	164150
怀远县	Huaiyuan	18	13	333	281449	1164412	668506	357558
五河县	Wuhe	14	12	199	159002	618405	366652	202063
固镇县	Guzhen	11	8	175	142314	579276	347433	185152
阜阳市辖区	Fuyang Reigon of City	22	20	256	477757	1753513	1000117	532402
界首市	Jieshou	15	12	135	188783	695413	392475	201886
临泉县	Linquan	23	21	337	509165	2089433	1129327	595485
太和县	Taihe	31	30	287	427578	1578506	899816	468846
阜南县	Funan	28	20	304	332446	1414557	799306	436790
颍上县	Yingshang	30	22	265	387108	1552937	869074	479775
淮南市辖区	Huainan Reigon of City	27	22	310	219547	784508	465135	251618
凤台县	Fengtai	16	11	197	151409	543253	324683	183100
寿县	Shouxian	25	22	234	318276	1062629	738104	397872
毛集区	Maoji District	3	3	38	28828	103557	63970	34753
滁州市辖区	Chuzhou Reigon of City	8	8	85	81492	264239	145081	78147
天长市	Tianchang	14	14	159	150654	545262	330423	165346
明光市	Mingguang	13	12	139	141127	525134	295623	161878
来安县	Laian	12	8	130	104706	387066	243059	135292
全椒县	Quanjiao	10	10	94	87022	333216	188732	103236
定远县	Dingyuan	22	16	196	193510	769111	402702	226485
凤阳县	Fengyang	15	14	198	173215	671233	373117	204112

12—33　续表　continued

县（市）　County (City)	乡镇数（个）Number of Township and Town Governments (unit)	#镇数 Town Governments	村民委员会（个）Number of Villagers' Committees (unit)	乡村户数（户）Number of Households (household)	乡村人口数（人）Rural Population (person)	乡村从业人员数（人）Number of Rural Laborers (person)	#男 Male
六安市辖区　Luan Reigon of City	40	26	630	520100	1914050	1111408	614819
霍邱县　Huoqiu	30	21	390	431594	1503277	799061	439927
舒城县　Shucheng	21	15	394	250889	882082	491843	274427
金寨县　Jinzhai	23	12	226	155786	603492	306637	166723
霍山县　Huoshan	16	13	124	88683	324288	158735	87068
马鞍山市辖区　Maanshan Reigon of City	7	6	107	79496	262987	146638	82173
当涂县　Dangtu	11	9	117	116026	387940	222204	119756
含山县　Hanshan	8	8	95	97300	356655	189848	102471
和县　Hexian	9	9	68	116585	427091	236336	131702
芜湖市辖区　Wuhu Reigon of City	5	5	132	200167	645325	355486	199648
芜湖县　Wuhu	5	5	80	86226	295518	150073	86479
繁昌县　Fanchang	6	6	70	67031	209850	120596	66501
南陵县　Nanling	8	8	157	154344	491036	290734	152630
无为县　Wuwei	20	18	221	229745	744374	480940	259708
宣城市辖区　Xuancheng Reigon of City	15	12	163	236317	728711	424506	230350
宁国市　Ningguo	13	8	102	98981	307704	164614	90316
郎溪县　Langxi	9	7	83	80871	273042	157252	86972
广德县　Guangde	9	6	103	138561	486532	290125	158131
泾县　Jingxian	11	9	132	103255	289210	166439	91000
绩溪县　Jixi	11	8	76	50482	141593	82254	42974
旌德县　Jingde	10	9	61	36021	122818	70489	35774
铜陵市辖区　Tongling Reigon of City	12	7	140	100315	304108	185805	98936
枞阳县　Zongyang	22	14	235	240153	847942	500616	284422
池州市辖区　Chizhou Reigon of City	9	9	158	150417	527773	275318	147402
东至县　Dongzhi	15	12	234	137613	481210	283623	149400
石台县　Shitai	8	6	78	26252	92725	52742	28742
青阳县　Qingyang	13	10	116	75277	244903	133015	73782
安庆市辖区　Anqing Reigon of City	12	5	67	106084	327164	171106	92959
桐城市　Tongcheng	12	12	198	179734	683467	380664	209208
怀宁县　Huaining	20	15	204	160885	598302	336877	183039
潜山县　Qianshan	16	11	164	141765	526463	267753	147748
太湖县　Taihu	15	10	174	142869	524868	279516	151207
宿松县　Susong	22	9	190	213355	768327	370199	195601
望江县　Wangjiang	10	8	118	149767	582643	339669	176479
岳西县　Yuexi	24	14	182	102225	372131	194860	108305
黄山市辖区　Huangshan Reigon of City	26	18	179	90480	284623	162181	85635
歙县　Shexian	28	15	183	146613	435783	267567	140746
休宁县　Xiuning	21	10	153	69916	244536	147814	77222
黟县　Yixian	8	5	66	27128	77183	50242	25816
祁门县　Qimen	18	10	111	43344	152156	99506	51786

注：乡镇及村民委员会个数来源于省民政厅。
a)　Number from the provincial department of the town and the villagers committee.

12—34 各县（市）土地利用情况（2016年）
Land Use by County or City (2016)

单位：千公顷 (1000 hectares)

县（市）	County (City)	土地调查面积 Area under Land Survey	农用地 Land for Ageicuture Use	#园地 Garden Land	#牧草地 Grazing and Pasture Land	建设用地 Land for Construction	居民点及工矿用地 Land fot Inhabiation Mining and Manufacturing	交通运输用地 Land for Transport Facilities	水利设施用地 Land for Water Conservancy Facilities
合肥市辖区	Hefei Reigon of City	131.26	63.97	0.25		57.53	49.63	4.12	3.78
巢湖市	Chaohu	204.61	124.63	0.96		26.52	22.91	1.97	1.63
长丰县	Changfeng	184.14	150.00	0.10		32.42	22.70	3.29	6.43
肥东县	Feidong	220.59	174.98	0.22		37.34	28.60	2.84	5.91
肥西县	Feixi	169.54	128.49	1.86		26.90	22.27	2.52	2.11
庐江县	Lujiang	234.37	179.38	2.16		36.69	31.92	2.14	2.63
淮北市辖区	Huaibei Reigon of City	75.98	42.29	2.71		27.50	20.81	2.35	4.35
濉溪县	Suixi	198.16	158.83	0.06		36.57	30.25	2.88	3.43
亳州市辖区	Bozhou Reigon of City	226.29	175.40	4.00		47.22	40.41	3.76	3.06
涡阳县	Guoyang	210.99	174.83	0.05		33.58	28.42	2.27	2.89
蒙城县	Mengcheng	214.39	176.80	0.09		34.55	31.65	1.95	0.95
利辛县	Lixin	200.45	163.08	0.05		34.38	29.82	2.00	2.55
宿州市辖区	Suzhou Reigon of City	290.75	219.97	2.69		54.33	41.28	6.66	6.39
砀山县	Dangshan	119.67	95.09	58.97		22.06	20.38	1.66	0.03
萧县	Xiaoxian	185.36	134.32	11.38		37.70	31.05	2.12	4.53
灵璧县	Lingbi	212.40	170.15	0.57		33.02	27.58	2.20	3.23
泗县	Sixian	185.70	149.15	0.05		32.40	27.25	2.46	2.69
蚌埠市辖区	Bengbu Reigon of City	96.94	63.06	0.63	0.01	25.01	21.09	2.88	1.04
怀远县	Huaiyuan	219.20	173.00	0.06		29.95	26.17	1.44	2.34
五河县	Wuhe	142.86	105.46	0.26		19.04	15.33	1.10	2.61
固镇县	Guzhen	136.07	108.11	0.26		20.19	17.42	1.18	1.59
阜阳市辖区	Fuyang Reigon of City	195.67	141.20	0.06		49.93	44.24	3.59	2.09
界首市	Jieshou	66.78	50.66	0.22		15.25	14.14	0.71	0.40
临泉县	Linquan	183.88	143.62	0.23		37.36	35.33	1.29	0.74
太和县	Taihe	186.72	149.89	0.11		34.89	31.20	2.38	1.32
阜南县	Funan	180.07	137.18	0.11		33.21	30.32	1.48	1.40
颍上县	Yingshang	198.70	149.29	0.04		37.73	32.19	2.24	3.31
淮南市辖区	Huainan Reigon of City	154.41	103.33	1.72	0.09	34.89	29.09	3.15	2.65
凤台县	Fengtai	103.99	76.28	0.15		18.37	14.68	1.32	2.37
寿县	Shouxian	294.83	234.35	0.35		34.90	29.04	1.63	4.23
滁州市辖区	Chuzhou Reigon of City	140.54	108.41	1.00	0.01	27.75	19.66	2.47	5.61
天长市	Tianchang	175.42	127.76	0.07		35.30	26.71	1.44	7.15
明光市	Mingguang	235.03	187.65	0.71		22.88	17.58	1.64	3.67
来安县	Laian	149.86	116.00	0.38		26.33	19.39	1.33	5.61
全椒县	Quanjiao	156.84	132.99	2.37		21.12	14.04	1.98	5.10
定远县	Dingyuan	300.18	244.10	0.50		44.89	30.14	2.59	12.16
凤阳县	Fengyang	193.73	152.19	0.80		28.52	22.43	1.92	4.17

注：此表来源于省国土资源厅。

a) This form is from the Provincial Department of land and resources.

12—34 续表 continued

单位：千公顷 (1000 hectares)

县（市）	County (City)	土地调查面积 Area under Land Survey	农用地 Land for Ageicuture Use	#园地 Garden Land	#牧草地 Grazing and Pasture Land	建设用地 Land for Construction	居民点及工矿用地 Land fot Inhabiation Mining and Manufacturing	交通运输用地 Land for Transport Facilities	水利设施用地 Land for Water Conservancy Facilities
六安市辖区	Luan Reigon of City	413.93	322.41	2.38	0.07	75.11	68.63	4.10	2.38
霍邱县	Huoqiu	323.92	241.17	0.05		43.63	36.33	1.94	5.37
舒城县	Shucheng	210.95	178.53	3.99	0.01	25.89	20.26	1.28	4.35
金寨县	Jinzhai	391.90	354.36	32.40		27.68	16.70	1.96	9.02
霍山县	Huoshan	204.38	186.78	9.63		12.68	9.44	1.05	2.18
马鞍山市辖区	Maanshan Reigon of City	73.30	43.81	0.17		21.98	19.88	1.22	0.88
当涂县	Dangtu	96.97	68.20	0.26		14.18	12.06	0.85	1.27
含山县	Hanshan	102.78	86.54	0.54	0.01	13.72	10.64	1.19	1.90
和县	Hexian	131.86	101.13	0.15	0.01	19.03	14.86	1.42	2.74
芜湖市辖区	Wuhu Reigon of City	149.06	86.00	0.09	0.03	41.31	33.99	4.42	2.89
芜湖县	Wuhu	64.95	46.07	0.83		14.12	11.92	1.07	1.14
繁昌县	Fanchang	58.43	44.42	0.31		11.57	9.95	1.04	0.58
南陵县	Nanling	125.95	106.39	1.65		15.94	13.17	1.27	1.50
无为县	Wuwei	204.21	160.23	0.73		27.97	23.29	1.62	3.06
宣城市辖区	Xuancheng Reigon of City	258.51	207.15	10.37		30.79	26.80	2.38	1.62
宁国市	Ningguo	246.69	227.73	21.56		15.59	11.31	1.98	2.29
郎溪县	Langxi	110.06	86.90	6.88		14.60	11.65	0.90	2.05
广德县	Guangde	211.61	182.93	13.75		24.22	20.73	1.67	1.82
泾县	Jingxian	203.32	186.91	8.53		10.76	9.40	0.73	0.63
绩溪县	Jixi	110.36	102.51	6.74		5.22	4.08	1.04	0.10
旌德县	Jingde	90.70	84.86	1.00		4.17	3.62	0.37	0.18
铜陵市辖区	Tongling Reigon of City	105.84	65.31	0.36		25.96	22.02	2.49	1.45
枞阳县	Zongyang	186.42	124.81	0.38		29.15	24.87	1.58	2.70
池州市辖区	Chizhou Reigon of City	253.89	205.92	1.62		27.17	22.02	3.28	1.86
东至县	Dongzhi	325.00	277.37	7.55		18.88	14.47	1.97	2.44
石台县	Shitai	141.38	136.45	5.66		3.17	2.64	0.31	0.23
青阳县	Qingyang	119.60	105.18	3.61		9.93	8.17	0.98	0.78
安庆市辖区	Anqing Reigon of City	81.04	41.91	0.40	0.02	18.33	16.05	1.30	0.97
桐城市	Tongcheng	155.27	115.97	2.49	0.20	22.34	18.88	1.35	2.11
怀宁县	Huaining	135.76	103.78	0.24	0.01	23.17	20.13	1.21	1.82
潜山县	Qianshan	168.80	145.46	4.33		17.90	15.67	1.07	1.16
太湖县	Taihu	203.91	172.50	6.36		19.20	13.89	0.84	4.47
宿松县	Susong	236.99	146.09	1.37		23.60	19.78	1.02	2.81
望江县	Wangjiang	134.80	88.32	0.48		18.35	15.08	1.11	2.16
岳西县	Yuexi	237.23	221.38	16.18		11.57	10.19	1.06	0.33
黄山市辖区	Huangshan Reigon of City	235.74	208.04	10.17		20.04	12.46	1.92	5.68
歙县	Shexian	212.24	196.19	37.54		10.56	9.30	1.20	0.06
休宁县	Xiuning	212.62	202.77	14.57		6.40	5.06	1.21	0.12
黟县	Yixian	85.74	81.84	4.28		2.76	2.14	0.38	0.24
祁门县	Qimen	221.50	214.59	14.04		4.27	3.10	1.07	0.09

12—35 分地区耕地面积（2016年）
Area of Cultivated Land at Year-end By Region (2016)

地　区	Region	耕地面积（总资源）(千公顷) Cultivated Land（Total Area）(1000 hectares)	比　重 (%) Composition to Total (%)
总　　计	**Total**	**5873.00**	
合　肥　市	**Hefei**	**558.83**	**9.51**
合肥市辖区	Hefei Reigon of City	48.41	0.82
巢　湖　市	Chaohu	77.90	1.33
长　丰　县	Changfeng	110.39	1.88
肥　东　县	Feidong	121.83	2.07
肥　西　县	Feixi	85.35	1.45
庐　江　县	Lujiang	114.95	1.96
淮　北　市	**Huaibei**	**167.66**	**2.86**
淮北市辖区	Huaibei Reigon of City	29.16	0.50
濉　溪　县	Suixi	138.50	2.36
亳　州　市	**Bozhou**	**598.94**	**10.20**
亳州市辖区	Bozhou Reigon of City	149.55	2.54
涡　阳　县	Guoyang	154.37	2.63
蒙　城　县	Mengcheng	153.61	2.62
利　辛　县	Lixin	141.41	2.41
宿　州　市	**Suzhou**	**572.96**	**9.75**
宿州市辖区	Suzhou Reigon of City	175.55	2.99
砀　山　县	Dangshan	25.86	0.44
萧　　县	Xiaoxian	100.09	1.70
灵　璧　县	Lingbi	141.21	2.40
泗　　县	Sixian	130.25	2.22
蚌　埠　市	**Bengbu**	**377.46**	**6.43**
蚌埠市辖区	Bengbu Reigon of City	49.63	0.85
怀　远　县	Huaiyuan	146.45	2.49
五　河　县	Wuhe	88.14	1.50
固　镇　县	Guzhen	93.24	1.59
阜　阳　市	**Fuyang**	**648.45**	**11.04**
阜阳市辖区	Fuyang Reigon of City	120.69	2.05
界　首　市	Jieshou	43.20	0.74
临　泉　县	Linquan	123.28	2.10
太　和　县	Taihe	128.67	2.19
阜　南　县	Funan	108.23	1.84
颍　上　县	Yingshang	124.38	2.12
淮　南　市	**Huainan**	**340.62**	**5.80**
淮南市辖区	Huainan Reigon of City	79.74	1.36
凤　台　县	Fengtai	64.33	1.09
寿　　县	Shouxian	196.55	3.35
滁　州　市	**Chuzhou**	**715.88**	**12.19**
滁州市辖区	Chuzhou Reigon of City	49.89	0.85
天　长　市	Tianchang	98.60	1.68
明　光　市	Mingguang	115.05	1.96
来　安　县	Laian	81.70	1.39
全　椒　县	Quanjiao	78.82	1.34
定　远　县	Dingyuan	183.77	3.13
凤　阳　县	Fengyang	108.05	1.84

注：此表来源于省国土资源厅。

a) This form is from the Provincial Department of land and resources.

12—35 续表 continued

地　区	Region	耕地面积（总资源）（千公顷）Cultivated Land（Total Area）(1000 hectares)	比　重（%）Composition to Total (%)
六　安　市	**Luan**	**520.35**	**8.86**
六安市辖区	Luan Reigon of City	199.21	3.39
霍　邱　县	Huoqiu	197.02	3.36
舒　城　县	Shucheng	61.47	1.05
金　寨　县	Jinzhai	39.55	0.67
霍　山　县	Huoshan	23.10	0.39
马鞍山市	**Maanshan**	**174.96**	**2.98**
马鞍山市辖区	Maanshan Reigon of City	22.64	0.39
当　涂　县	Dangtu	42.34	0.72
含　山　县	Hanshan	46.02	0.78
和　　县	Hexian	63.96	1.09
芜　湖　市	**Wuhu**	**268.19**	**4.57**
芜湖市辖区	Wuhu Reigon of City	58.31	1.00
芜　湖　县	Wuhu	31.25	0.53
繁　昌　县	Fanchang	16.50	0.28
南　陵　县	Nanling	51.11	0.87
无　为　县	Wuwei	111.02	1.89
宣　城　市	**Xuancheng**	**248.47**	**4.23**
宣城市辖区	Xuancheng Reigon of City	88.12	1.50
宁　国　市	Ningguo	17.61	0.30
郎　溪　县	Langxi	42.94	0.73
广　德　县	Guangde	42.80	0.73
泾　　县	Jingxian	27.92	0.48
绩　溪　县	Jixi	13.11	0.22
旌　德　县	Jingde	15.97	0.27
铜　陵　市	**Tongling**	**94.05**	**1.60**
铜陵市辖区	Tongling Reigon of City	25.70	0.44
枞　阳　县	Zongyang	68.35	1.16
池　州　市	**Chizhou**	**138.42**	**2.36**
池州市辖区	Chizhou Reigon of City	50.06	0.86
东　至　县	Dongzhi	58.73	1.00
石　台　县	Shitai	4.83	0.08
青　阳　县	Qingyang	24.80	0.42
安　庆　市	**Anqing**	**379.07**	**6.45**
安庆市辖区	Anqing Reigon of City	17.29	0.29
桐　城　市	Tongcheng	53.58	0.91
怀　宁　县	Huaining	57.97	0.99
潜　山　县	Qianshan	40.59	0.69
太　湖　县	Taihu	45.77	0.78
宿　松　县	Susong	80.84	1.37
望　江　县	Wangjiang	63.22	1.08
岳　西　县	Yuexi	19.81	0.34
黄　山　市	**Huangshan**	**68.69**	**1.17**
黄山市辖区	Huangshan Reigon of City	20.86	0.35
歙　　县	Shexian	12.76	0.22
休　宁　县	Xiuning	17.17	0.29
黟　　县	Yixian	8.18	0.14
祁　门　县	Qimen	9.72	0.17

12—36 各县（市）农林牧渔业总产值（2016年）

Gross Putput Value of Farming, Forestry, Animal Husbandry and Fishery by County or City (2016)

本表按当年价格计算 (Data in value terms in this table are calculated at current prices.) 单位：万元 (10000 yuan)

县（市）	County (City)	农林牧渔业 Farming, Forestry, Animal Husban and Fishery	农业 Farming	林业 Forestry	牧业 Animal Husban	渔业 Fishery	农林牧渔服务业 Agricultural Services
合肥市辖区	Hefei Reigon of City	311829	175667	30368	60906	29728	15160
巢湖市	Chaohu	559188	262863	19030	141762	110280	25253
长丰县	Changfeng	1010871	567700	19831	332412	77328	13600
肥东县	Feidong	1162005	540240	38967	380337	178706	23755
肥西县	Feixi	905115	381168	26650	350925	130577	15795
庐江县	Lujiang	852067	479448	29639	140000	184480	18500
淮北市辖区	Huaibei Reigon of City	350302	166042	15028	135931	24775	8526
濉溪县	Suixi	732946	396419	27978	252171	22804	33574
亳州市辖区	Bozhou Reigon of City	1120934	842470	17316	189741	27213	44194
涡阳县	Guoyang	918833	527943	21781	234783	23876	110450
蒙城县	Mengcheng	973312	611960	57418	204000	25168	74766
利辛县	Lixin	907473	474533	25001	305229	20728	81982
宿州市辖区	Suzhou Reigon of City	1237616	674597	35283	393195	26427	108113
砀山县	Dangshan	750428	438084	27628	185020	8204	91492
萧县	Xiaoxian	1067804	529391	67988	378015	18000	74411
灵璧县	Lingbi	1010442	500822	26263	367768	16189	99400
泗县	Sixian	934363	473939	23860	336005	30679	69880
蚌埠市辖区	Bengbu Reigon of City	413413	286197	5800	85108	25767	10541
怀远县	Huaiyuan	1109009	592524	48358	322539	111882	33706
五河县	Wuhe	910909	366113	22608	338707	159574	23907
固镇县	Guzhen	919149	509627	25165	325908	32258	26191
阜阳市辖区	Fuyang Reigon of City	1212539	628972	40462	412690	36343	94072
界首市	Jieshou	484155	249105	33234	160467	8112	33237
临泉县	Linquan	1354772	665652	28597	541388	24430	94705
太和县	Taihe	992009	497769	27635	380819	22371	63415
阜南县	Funan	980853	513800	70075	267533	58043	71402
颍上县	Yingshang	974499	397834	76451	367753	64165	68296
淮南市辖区	Huainan Reigon of City	578859	329894	5670	139954	83961	19380
凤台县	Fengtai	479872	233133	8525	160035	51858	26321
寿县	Shouxian	872472	330114	43820	322450	160882	15206
毛集区	Maoji District	101396	46688	2655	30736	18637	2680
滁州市辖区	Chuzhou Reigon of City	312852	169618	13228	87188	35438	7380
天长市	Tianchang	546500	216881	14152	145009	154220	16238
明光市	Mingguang	587200	208429	16921	167026	176461	18363
来安县	Laian	375222	197532	13028	115436	35095	14131
全椒县	Quanjiao	439518	223466	15546	111999	73275	15232
定远县	Dingyuan	1033525	454714	25654	463064	67427	22666
凤阳县	Fengyang	639528	317250	8825	227257	73278	12918

12—36 续表 continued

单位：万元（10000 yuan）

县（市）	County (City)	农林牧渔业 Farming, Forestry, Animal Husban and Fishery	农　业 Farming	林　业 Forestry	牧　业 Animal Husban	渔　业 Fishery	农林牧渔服务业 Agricultural Services
六安市辖区	Luan Reigon of City	1406539	641391	142300	473950	125764	23134
霍邱县	Huoqiu	940546	348170	66791	402272	112037	11276
舒城县	Shucheng	568595	198955	104448	167626	69081	28485
金寨县	Jinzhai	360625	192184	40618	92711	18537	16575
霍山县	Huoshan	272953	123657	33137	70706	39185	6268
马鞍山市辖区	Maanshan Reigon of City	201579	88203	3532	49850	52524	7470
当涂县	Dangtu	464929	147455	5041	53801	229432	29200
含山县	Hanshan	379292	183346	10944	57394	65153	62455
和县	Hexian	468470	310392	5739	83846	50525	17968
芜湖市辖区	Wuhu Reigon of City	548657	298263	15959	75151	84025	75259
芜湖县	Wuhu	338427	188395	8724	53658	67487	20163
繁昌县	Fanchang	188473	70833	35241	37346	31123	13930
南陵县	Nanling	582564	235505	42457	126790	135046	42766
无为县	Wuwei	1043974	374342	52966	151710	197427	267529
宣城市辖区	Xuancheng Reigon of City	699962	332748	27524	121684	152416	65590
宁国市	Ningguo	363749	172152	32854	120534	16239	21970
郎溪县	Langxi	268098	134322	18382	34453	65185	15756
广德县	Guangde	384560	169323	34756	138730	22037	19714
泾县	Jingxian	303800	127677	56464	98056	6450	15153
绩溪县	Jixi	209926	101086	11195	50651	3467	43527
旌德县	Jingde	129910	40016	32540	33441	4734	19179
铜陵市辖区	Tongling Reigon of City	235313	118287	18176	44515	39530	14805
枞阳县	Zongyang	590224	208430	48800	142120	172634	18240
池州市辖区	Chizhou Reigon of City	513702	200951	45614	121803	114101	31233
东至县	Dongzhi	505366	173554	42146	151706	82673	55287
石台县	Shitai	67414	37550	19812	8339	315	1398
青阳县	Qingyang	184090	61614	42504	45112	24536	10324
安庆市辖区	Anqing Reigon of City	260175	93504	10564	56778	77229	22100
桐城市	Tongcheng	506589	187161	39774	189928	75187	14539
怀宁县	Huaining	394735	182717	20816	117337	48153	25712
潜山县	Qianshan	379456	179454	75248	104467	7897	12390
太湖县	Taihu	445249	140022	52762	192815	50302	9348
宿松县	Susong	815322	339269	27756	134427	178180	135690
望江县	Wangjiang	551654	227589	14511	144322	115711	49521
岳西县	Yuexi	280091	157752	44188	66541	5600	6010
黄山市辖区	Huangshan Reigon of City	296990	123507	68142	84911	15840	4590
歙县	Shexian	282368	167688	15547	90301	2982	5850
休宁县	Xiuning	227468	110925	41771	61527	4143	9102
黟县	Yixian	66664	27988	15643	18995	712	3326
祁门县	Qimen	97708	54152	28402	11068	746	3340

12—37 各县（市）主要经济作物产量（2016年）
Yield of Farm Crops and Area of Cultivated Land by County or City (2016)

单位：吨（ton）

县（市）	County (City)	油料 Oil-bearing Crops	油菜籽 Rapeseeds	棉花 Cotton	生麻 Raw Hemp	糖料 Sugar Crops
合肥市辖区	Hefei Reigon of City	8502	7037	1594		60
巢湖市	Chaohu	48751	42692	5349	125	2394
长丰县	Changfeng	32754	25576	5440		1720
肥东县	Feidong	122668	92700	6119		16258
肥西县	Feixi	53978	26404	3864		5155
庐江县	Lujiang	29571	24389	4132		10562
淮北市辖区	Huaibei Reigon of City	2896	1551	343		80
濉溪县	Suixi	1470	110	338		
亳州市辖区	Bozhou Reigon of City	4950	1105	4510		
涡阳县	Guoyang	1543	161	473		647
蒙城县	Mengcheng	41165	105	3450		1150
利辛县	Lixin	3640	1265	665	13	510
宿州市辖区	Suzhou Reigon of City	37580	406	2258		
砀山县	Dangshan	52580	9650	5560		
萧县	Xiaoxian	34569	6387	9021		1589
灵璧县	Lingbi	15684	257	876	4	35
泗县	Sixian	96780	173	3355		
蚌埠市辖区	Bengbu Reigon of City	4576	768	173		69
怀远县	Huaiyuan	65401	579	1200		49
五河县	Wuhe	64058	876	1438		410
固镇县	Guzhen	247871	262	3648		
阜阳市辖区	Fuyang Reigon of City	13913	7338	2097	17	2047
界首市	Jieshou	4669	1021	1210	15	103
临泉县	Linquan	23839	4317	1623	68	7415
太和县	Taihe	7861	1723	975	68	4211
阜南县	Funan	17608	7551	1821	432	4127
颍上县	Yingshang	4805	2941	1450		898
淮南市辖区	Huainan Reigon of City	11545	5905	1117		2082
凤台县	Fengtai	4906	1130	12		127
寿县	Shouxian	15001	12580	2103	9	695
毛集区	Maoji District	594	34			
滁州市辖区	Chuzhou Reigon of City	22070	10594	2830		
天长市	Tianchang	13163	12992			
明光市	Mingguang	32224	1297	361		426
来安县	Laian	28532	23752	293		
全椒县	Quanjiao	47417	42476	3032		885
定远县	Dingyuan	33596	8406	2024		2125
凤阳县	Fengyang	16766	2179	580		3546

12—37 续表 continued

单位：吨（ton）

县（市）	County (City)	油料 Oil-bearing Crops	油菜籽 Rapeseeds	棉花 Cotton	生麻 Raw Hemp	糖料 Sugar Crops
六安市辖区	Luan Reigon of City	80245	59454	9895	18417	2137
霍 邱 县	Huoqiu	24768	17510	1455	701	25673
舒 城 县	Shucheng	33650	32217	2824	113	2516
金 寨 县	Jinzhai	10819	3930		540	190
霍 山 县	Huoshan	4882	4406	109	107	34
马鞍山市辖区	Maanshan Reigon of City	7589	7458	124		420
当 涂 县	Dangtu	28088	27864	1525		34
含 山 县	Hanshan	27721	22614	6662	118	11275
和 县	Hexian	20561	17980	989	6	2922
芜湖市辖区	Wuhu Reigon of City	38801	38285	14738		1681
芜 湖 县	Wuhu	16822	13720	4100	50	6400
繁 昌 县	Fanchang	7019	6960	1101		840
南 陵 县	Nanling	9581	8910	455	8	8190
无 为 县	Wuwei	47842	43228	14016	65	6299
宣城市辖区	Xuancheng Reigon of City	31318	23983	3178		13746
宁 国 市	Ningguo	13044	12580	134	2	121
郎 溪 县	Langxi	13610	12029	741		1310
广 德 县	Guangde	18496	17611	389		556
泾 县	Jingxian	10912	6728	508	18	3112
绩 溪 县	Jixi	9917	9710	12		1450
旌 德 县	Jingde	5839	3949	139	301	5373
铜陵市辖区	Tongling Reigon of City	16492	15285	3460	94	949
枞 阳 县	Zongyang	42430	41005	10108	3	1205
池州市辖区	Chizhou Reigon of City	27456	27057	6746	1	226
东 至 县	Dongzhi	34847	31420	19357		1129
石 台 县	Shitai	5736	5585	695		41
青 阳 县	Qingyang	7470	6997	204	554	
安庆市辖区	Anqing Reigon of City	14871	14709	6315		
桐 城 市	Tongcheng	24291	23766	3115		55
怀 宁 县	Huaining	29558	27930	5843	5	1041
潜 山 县	Qianshan	13511	12498	3460	82	15
太 湖 县	Taihu	22286	21405	9052		315
宿 松 县	Susong	68461	56699	20584	46	715
望 江 县	Wangjiang	69586	67131	20986		
岳 西 县	Yuexi	3633	3299	126	7	653
黄山市辖区	Huangshan Reigon of City	6287	5412	166		4168
歙 县	Shexian	14279	13954	30	17	22056
休 宁 县	Xiuning	8263	7324	40		6133
黟 县	Yixian	4224	3998	28	5	731
祁 门 县	Qimen	3594	2990	218	1	521

12—38 各县（市）主要林业生产情况（2016年）

Production of Major Forestry Products by County or City (2016)

县（市）	County (City)	营林情况（公顷）Management of Forest (hectares) 人工造林面积 Man-made Afforested Area	新增育苗面积 Area of Growing Seedlings	森林抚育面积 Area of Forest Tending	油桐籽（吨）Tung-oil Seeds (ton)	油茶籽（吨）Tea-oil Seeds (ton)	竹材采伐量（万根）Determination of Bamboo Cut (10000 units)	木材采伐量（万立方米）Determination of Timber Cut (10000 cu.m)
合肥市辖区	Hefei Reigon of City	1011	527	2000				0.30
巢湖市	Chaohu	1370	950	6530		60	3.20	0.70
长丰县	Changfeng	1765	507	2132				1.45
肥东县	Feidong	1909						1.64
肥西县	Feixi	2165	22300	29500				0.50
庐江县	Lujiang	1186	755	5639		312	14.12	0.34
淮北市辖区	Huaibei Reigon of City	473	237	879				2.56
濉溪县	Suixi	1466	659	10912				3.99
亳州市辖区	Bozhou Reigon of City	1648	433	4956				18.50
涡阳县	Guoyang	2067	520	6302				18.70
蒙城县	Mengcheng	1624	300	4914				19.80
利辛县	Lixin	1153	400	5340				23.14
宿州市辖区	Suzhou Reigon of City	4031	2429	4317	45			11.69
砀山县	Dangshan	689	165	24000				7.34
萧县	Xiaoxian	1429	267	42168				11.23
灵璧县	Lingbi	1832	560	10352				10.16
泗县	Sixian	1838	160	24750				9.57
蚌埠市辖区	Bengbu Reigon of City	646	402	1533				1.84
怀远县	Huaiyuan	1193	362	14000				12.32
五河县	Wuhe	1182	500	21450				7.50
固镇县	Guzhen	867	700	16000				16.27
阜阳市辖区	Fuyang Reigon of City	2414	659	12300				15.97
界首市	Jieshou	1073	300	3000				3.33
临泉县	Linquan	773	426	9512				6.24
太和县	Taihe	1045	896	2000				7.00
阜南县	Funan	1825	400	9600				6.97
颍上县	Yingshang	790	200	2000				8.00
淮南市辖区	Huainan Reigon of City	4672	8196	74021				0.87
凤台县	Fengtai	233	47	15333				0.87
寿县	Shouxian	1934	1459	19934				1.27
毛集区	Maoji District	24	24	2267				
滁州市辖区	Chuzhou Reigon of City	407	2683	9735			1.57	12.38
天长市	Tianchang	667	2291	6700				9.70
明光市	Mingguang	2694	710	16719				2.16
来安县	Laian	1407	982	3333				1.13
全椒县	Quanjiao	895	1333	8000			4.00	5.53
定远县	Dingyuan	3601	450	21613				8.77
凤阳县	Fengyang	2531	831	8000	1	1078		0.90

12—38　续表　continued

县（市）	County (City)	营林情况（公顷） Management of Forest (hectares) 人工造林面积 Man-made Afforested Area	新增育苗面积 Area of Growing Seedlings	森林抚育面积 Area of Forest Tending	油桐籽（吨） Tung-oil Seeds (ton)	油茶籽（吨） Tea-oil Seeds (ton)	竹材采伐量（万根） Determination of Bamboo Cut (10000 units)	木材采伐量（万立方米） Determination of Timber Cut (10000 cu.m)
六安市辖区	Luan Reigon of City	3571	842	26134		2058	262.00	14.97
霍邱县	Huoqiu	1658	233	6650				4.07
舒城县	Shucheng	1076	1856	11347	30	18800	258.00	4.02
金寨县	Jinzhai	1370	41	5860	676	5111	285.00	11.23
霍山县	Huoshan	913		4233		2600	1200.00	5.00
马鞍山市辖区	Maanshan Reigon of City	742	705	1802			8.03	0.45
当涂县	Dangtu	483	217	1675				0.26
含山县	Hanshan	785	221	1067		107	3.50	0.42
和县	Hexian	1074	2356	350			1.00	1.38
芜湖市辖区	Wuhu Reigon of City	1212	1706	4070			1.61	0.60
芜湖县	Wuhu	587	73	1500				1.09
繁昌县	Fanchang	412		7130		56	800.00	3.10
南陵县	Nanling	966	33	4000		63	378.00	3.72
无为县	Wuwei	1850	926	12903		32	23.00	5.66
宣城市辖区	Xuancheng Reigon of City	836	82	577		140	485.00	7.19
宁国市	Ningguo	667				21	1147.63	5.55
郎溪县	Langxi	637	50	1470		45	117.00	1.77
广德县	Guangde	437					6000.00	3.88
泾县	Jingxian	735	185	4800	20	10	400.00	8.06
绩溪县	Jixi	308	163	2524		1560	57.00	3.18
旌德县	Jingde	284	295	1296	18	90	31.00	7.21
铜陵市辖区	Tongling Reigon of City	801	512	11210	590	7	70.40	4.49
枞阳县	Zongyang	602	70	2081			18.20	7.41
池州市辖区	Chizhou Reigon of City	1415	44	1801	85	500	700.00	24.39
东至县	Dongzhi	1598	422	44100	36	123	1779.31	28.84
石台县	Shitai	102	52		82	10	360.00	16.52
青阳县	Qingyang	501	4200	4412	10	90	68.47	14.81
安庆市辖区	Anqing Reigon of City	581	36	1298			6.50	2.58
桐城市	Tongcheng	1242	1000	1000		550	9.00	8.05
怀宁县	Huaining	1090	25	1079		103		3.29
潜山县	Qianshan	625	890	2000	8	5423	136.52	12.98
太湖县	Taihu	1067	37	9816	370	14800	79.30	8.60
宿松县	Susong	1734	370	11160	4	1585	171.35	6.75
望江县	Wangjiang	1049	377	5133	2	250	0.00	3.57
岳西县	Yuexi	1209	240	3333		20120	149.50	6.90
黄山市辖区	Huangshan Reigon of City	606	1839	2621		1008	205.10	6.61
歙县	Shexian	670	298	6002		1426	165.00	2.44
休宁县	Xiuning	499	769	2508		1384	325.00	14.71
黟县	Yixian	228	189	2667		403	100.00	4.73
祁门县	Qimen	667	4	1817		1810	205.00	18.69

12—39 各县（市）茶叶、水果生产情况（2016年）
Tea, Fruits Production by County or City (2016)

单位：吨（ton）

县（市）	County (City)	茶叶 Tea	#绿茶 Green Tea	园林水果 Garden Fruits	#葡萄 Grapes
合肥市辖区	Hefei Reigon of City			26116	16399
巢湖市	Chaohu	582	582	9459	2713
长丰县	Changfeng			18300	3353
肥东县	Feidong	11	11	28336	1985
肥西县	Feixi	11	11	25543	9335
庐江县	Lujiang	1589	1589	40562	37837
淮北市辖区	Huaibei Reigon of City			123563	29538
濉溪县	Suixi			26007	11049
亳州市辖区	Bozhou Reigon of City			24019	535
涡阳县	Guoyang			9843	1891
蒙城县	Mengcheng			12715	1196
利辛县	Lixin			21599	14343
宿州市辖区	Suzhou Reigon of City			96047	19927
砀山县	Dangshan			1425620	31850
萧县	Xiaoxian			368566	117426
灵璧县	Lingbi			83075	9200
泗县	Sixian			5719	1678
蚌埠市辖区	Bengbu Reigon of City			24252	1615
怀远县	Huaiyuan			14796	4030
五河县	Wuhe			23758	2161
固镇县	Guzhen			26708	8267
阜阳市辖区	Fuyang Reigon of City			18581	3154
界首市	Jieshou			10320	1365
临泉县	Linquan			52070	19825
太和县	Taihe			4850	912
阜南县	Funan			28226	749
颍上县	Yingshang			8004	4109
淮南市辖区	Huainan Reigon of City			36866	12653
凤台县	Fengtai			13778	928
寿县	Shouxian			24490	3025
毛集区	Maoji District			608	131
滁州市辖区	Chuzhou Reigon of City	389	389	4663	115
天长市	Tianchang	10	10	128	70
明光市	Mingguang	26	26	8307	164
来安县	Laian	11	11	6911	3924
全椒县	Quanjiao	55	55	9150	2812
定远县	Dingyuan	4	4	24898	5811
凤阳县	Fengyang			29855	13362

12—39 续表 continued

单位：吨（ton）

县（市）	County (City)	茶叶 Tea	#绿茶 Green Tea	园林水果 Garden Fruits	#葡萄 Grapes
六安市辖区	Luan Reigon of City	7354	7353	88435	6921
霍邱县	Huoqiu			5793	1599
舒城县	Shucheng	2487	2365	9205	7025
金寨县	Jinzhai	7120	6990	1120	
霍山县	Huoshan	6797	6797	432	17
马鞍山市辖区	Maanshan Reigon of City	86	86	4387	3143
当涂县	Dangtu	2	2	15280	6775
含山县	Hanshan	188	188	13496	2585
和县	Hexian	23	23	1658	1039
芜湖市辖区	Wuhu Reigon of City	25	17	7980	6427
芜湖县	Wuhu	1500	1500	7182	565
繁昌县	Fanchang	61	61	5210	2663
南陵县	Nanling	480	480	1950	20
无为县	Wuwei	272	269	24356	3521
宣城市辖区	Xuancheng Reigon of City	16245	16244	35849	1433
宁国市	Ningguo	2600	2600	4800	500
郎溪县	Langxi	8795	8795	3244	382
广德县	Guangde	2499	2454	4473	652
泾县	Jingxian	1797	1761	2828	126
绩溪县	Jixi	1465	1465	1290	280
旌德县	Jingde	422	381	1355	181
铜陵市辖区	Tongling Reigon of City	174	174	4579	2202
枞阳县	Zongyang	258	258	630	60
池州市辖区	Chizhou Reigon of City	1229	898	3045	293
东至县	Dongzhi	2718	1450	2224	327
石台县	Shitai	3890	2299	1118	1
青阳县	Qingyang	398	398	1158	46
安庆市辖区	Anqing Reigon of City	25	20	3959	65
桐城市	Tongcheng	629	626	1538	163
怀宁县	Huaining	255	255	3360	365
潜山县	Qianshan	3428	3368	2170	9
太湖县	Taihu	2975	2975	5989	110
宿松县	Susong	636	426	9321	5321
望江县	Wangjiang	49	49	6551	411
岳西县	Yuexi	5010	5010	432	12
黄山市辖区	Huangshan Reigon of City	3461	3398	10275	463
歙县	Shexian	8638	8638	33234	7566
休宁县	Xiuning	7392	6178	2438	66
黟县	Yixian	2180	1835	2413	63
祁门县	Qimen	5890	3649	1782	55

12—40 各县（市）畜牧业、渔业生产情况（2016年）
Production of Animal Husbandry, Fishery by County or City (2016)

县（市）	County (City)	出栏猪（头）Sjaughtered Fattened Hogs (heads)	出栏牛（头）Sjaughtered Cattle and Buffaloes (heads)	出栏羊（只）Sjaughtered Sheep and Goats (heads)	出栏活家禽（万只）Sjaughtered Poultry (10000 heads)	禽蛋产量（吨）Output of Poultry Eggs (ton)	水产品产量（吨）Output of Aquatic Products (ton)
合肥市辖区	Hefei Reigon of City	100937	2044	6203	1244.86	16505	10183
巢湖市	Chaohu	199558	3038	29042	1402.20	18202	39841
长丰县	Changfeng	902266	15309	50229	3468.00	29097	37938
肥东县	Feidong	903627	12672	26492	1920.00	48730	55120
肥西县	Feixi	418992	8923	23284	6585.00	63693	42708
庐江县	Lujiang	237456	1874	6234	1455.00	27652	54700
淮北市辖区	Huaibei Reigon of City	297555	3130	122778	819.70	20869	17512
濉溪县	Suixi	392926	8486	307011	1280.80	40310	12178
亳州市辖区	Bozhou Reigon of City	681734	24461	379945	875.00	20180	13212
涡阳县	Guoyang	659000	23461	659538	480.00	16262	14120
蒙城县	Mengcheng	812000	32775	405000	500.00	16500	13954
利辛县	Lixin	902031	49307	699007	775.00	17801	12767
宿州市辖区	Suzhou Reigon of City	1179033	19382	576719	1796.00	44634	14700
砀山县	Dangshan	464560	12730	889520	370.00	23007	4600
萧县	Xiaoxian	1000275	21352	1000263	987.00	71166	8200
灵璧县	Lingbi	1010143	46641	480352	1104.00	94530	7020
泗县	Sixian	899325	42900	665900	1762.00	39480	11240
蚌埠市辖区	Bengbu Reigon of City	173894	20500	74387	1097.32	9250	16780
怀远县	Huaiyuan	638927	118410	537709	1684.96	14235	47184
五河县	Wuhe	460226	76685	311630	1550.00	19350	52560
固镇县	Guzhen	783818	61486	599870	4279.00	44957	11336
阜阳市辖区	Fuyang Reigon of City	1234447	37056	774876	2214.08	31810	20154
界首市	Jieshou	302053	14849	401032	470.61	12890	5730
临泉县	Linquan	1253208	104697	659604	1431.10	32787	9662
太和县	Taihe	1021192	36508	469650	874.50	17038	11578
阜南县	Funan	859834	51038	377726	990.24	32741	14072
颍上县	Yingshang	969608	76365	389511	741.29	33752	46880
淮南市辖区	Huainan Reigon of City	185675	22472	104778	1218.24	41630	41740
凤台县	Fengtai	271751	29120	198546	1108.81	25398	30870
寿县	Shouxian	1071965	43790	454570	2605.00	34204	102740
毛集区	Maoji District	51345	2599	23981	208.90	6821	9570
滁州市辖区	Chuzhou Reigon of City	165029	4676	97492	509.00	4602	26002
天长市	Tianchang	313236	1121	116903	510.00	24932	76100
明光市	Mingguang	427026	41996	70374	807.00	21921	77344
来安县	Laian	250938	7309	66771	1127.00	7753	29086
全椒县	Quanjiao	279560	6220	78862	2092.00	10368	58900
定远县	Dingyuan	1528653	29650	92006	1013.00	24046	38360
凤阳县	Fengyang	427215	32645	155567	936.00	25736	56000

12—40　续表　continued

县（市）	County (City)	出栏猪（头）Sjaughtered Fattened Hogs (heads)	出栏牛（头）Sjaughtered Cattle and Buffaloes (heads)	出栏羊（只）Sjaughtered Sheep and Goats (heads)	出栏活家禽（万只）Sjaughtered Poultry (10000 heads)	禽蛋产量（吨）Output of Poultry Eggs (ton)	水产品产量（吨）Output of Aquatic Products (ton)
六安市辖区	Luan Reigon of City	1036179	5820	144215	3032.00	18552	56918
霍邱县	Huoqiu	1327735	37289	317890	2186.00	52941	100800
舒城县	Shucheng	232300	3003	5478	2183.00	21843	38067
金寨县	Jinzhai	265684	15171	65473	350.00	3148	13500
霍山县	Huoshan	157093	4656	16898	322.00	1169	12235
马鞍山市辖区	Maanshan Reigon of City	75953	1086	23681	330.00	4967	14686
当涂县	Dangtu	104444	110	46270	637.00	4543	58405
含山县	Hanshan	84983	623	18103	560.00	6600	20100
和县	Hexian	110243	605	10546	1602.00	6840	21198
芜湖市辖区	Wuhu Reigon of City	123291	2173	7274	1080.90	9898	31050
芜湖县	Wuhu	98016	593	12162	457.00	8291	31089
繁昌县	Fanchang	62100	900	1600	518.00	10420	12343
南陵县	Nanling	300180	4500	7900	2180.00	28340	35716
无为县	Wuwei	254702	20447	10336	1365.00	30872	62957
宣城市辖区	Xuancheng Reigon of City	177885	971	24574	3543.48	11871	68390
宁国市	Ningguo	221471	1023	7016	2476.00	10900	8186
郎溪县	Langxi	69405	610	13800	484.00	8330	26300
广德县	Guangde	234205	371	19435	2577.00	13164	7700
泾县	Jingxian	119890	4643	3801	1465.00	5379	3201
绩溪县	Jixi	141500	6600	1150	39.60	1385	1930
旌德县	Jingde	75005	8799	2087	145.00	1433	2002
铜陵市辖区	Tongling Reigon of City	101926	1460	3615	827.79	12087	24500
枞阳县	Zongyang	258568	3045	2883	958.00	30470	88000
池州市辖区	Chizhou Reigon of City	317261	2100	10550	812.00	20047	65188
东至县	Dongzhi	295941	6600	8900	601.00	11682	57020
石台县	Shitai	38415	159	274	37.00	749	214
青阳县	Qingyang	90155	643	422	390.00	8625	19600
安庆市辖区	Anqing Reigon of City	128937	1945	6275	336.20	7722	46331
桐城市	Tongcheng	394395	3484	4651	585.00	55805	36240
怀宁县	Huaining	284458	4814	3627	735.00	26053	28120
潜山县	Qianshan	273125	4991	10374	545.00	11819	4800
太湖县	Taihu	560220	17650	27800	2495.00	8455	34825
宿松县	Susong	366909	18892	12419	447.00	19018	87680
望江县	Wangjiang	401320	9684	10612	1482.00	36231	70398
岳西县	Yuexi	174118	4386	16545	128.00	2331	1260
黄山市辖区	Huangshan Reigon of City	235935	4508	2604	205.98	4637	7910
歙县	Shexian	312358	1245	7156	111.00	10822	1733
休宁县	Xiuning	273027	1573	990	94.20	4612	3450
黟县	Yixian	61819	723	756	29.51	685	708
祁门县	Qimen	63004	81	520	21.37	869	573

12—41 各县（市）农业机械化及主要能源、物资消耗情况（2016年）

Mechanization of Agriculture and Consumption of Main Energy and Material by County or City (2016)

县（市）	County (City)	农业机械总动力（千瓦）Total Power of Agricultural Machinery (kw)	农用排灌机械（台）Number of Diesel Engines (unit)	农村用电量（万千瓦时）Electricity Consumed in Rural Areas (10000 kwh)	农用化肥施用量（吨）Consumption of Chemical Fertilizers (ton)	农用塑料薄膜使用量（吨）Consumption of Plastic Film for Farm Use (ton)	农药使用量（吨）Consumption of Agricultural Pesticide (ton)
合肥市辖区	Hefei Reigon of City	246650	26427	9997	16841	1485	342
巢湖市	Chaohu	562766	105978	51566	32362	770	543
长丰县	Changfeng	955357	30029	14202	67236	7589	610
肥东县	Feidong	709986	61380	31672	54329	1981	567
肥西县	Feixi	571660	51715	21292	36495	1171	1790
庐江县	Lujiang	1491244	192443	30620	71310	569	870
淮北市辖区	Huaibei Reigon of City	592955	29247	12136	16178	694	1184
濉溪县	Suixi	2367769	72832	20173	89895	326	2073
亳州市辖区	Bozhou Reigon of City	2492915	231170	28100	78024	1736	1698
涡阳县	Guoyang	2287572	72882	25958	76028	1875	2178
蒙城县	Mengcheng	2824203	97424	23075	83560	2595	1812
利辛县	Lixin	2250206	255405	28931	59131	1330	1859
宿州市辖区	Suzhou Reigon of City	2240099	55651	38383	91545	3546	1310
砀山县	Dangshan	1215167	33864	11351	41215	4592	14905
萧县	Xiaoxian	1700534	87539	22012	53170	5576	4401
灵璧县	Lingbi	1776503	29307	23536	80642	876	2462
泗县	Sixian	1813933	110355	20947	66437	1461	971
蚌埠市辖区	Bengbu Reigon of City	615948	22989	18421	48592	1172	476
怀远县	Huaiyuan	2753368	108705	38837	119536	2507	2038
五河县	Wuhe	973153	17364	19590	64679	3107	2081
固镇县	Guzhen	1138162	18664	20671	74263	2400	1467
阜阳市辖区	Fuyang Reigon of City	1433111	139737	36476	92514	4505	645
界首市	Jieshou	494830	79680	26151	35552	967	681
临泉县	Linquan	1679254	147915	30252	80564	4238	1326
太和县	Taihe	1613617	138854	18100	53116	1212	1396
阜南县	Funan	1281539	87872	29165	53990	5114	1105
颍上县	Yingshang	1132109	136944	26987	53671	4129	1995
淮南市辖区	Huainan Reigon of City			53864	77528	1239	2546
凤台县	Fengtai	907380	49057	38894	47436	520	3144
寿县	Shouxian	2430277	365021	30110	154750	380	6350
毛集区	Maoji District	1102701	70836	6067	11051	75	234
滁州市辖区	Chuzhou Reigon of City	533867	35522	4744	45027	332	217
天长市	Tianchang	1205320	102928	33316	48653	362	741
明光市	Mingguang	906325	42532	20793	40841	493	561
来安县	Laian	884109	142733	8793	38137	594	451
全椒县	Quanjiao	746411	115271	7789	31132	462	671
定远县	Dingyuan	1526183	203289	16386	89804	879	1507
凤阳县	Fengyang	1254285	152211	13312	62111	643	1560

12—41 续表 continued

县（市）	County (City)	农业机械总动力（千瓦）Total Power of Agricultural Machinery (kw)	农用排灌机械（台）Number of Diesel Engines (unit)	农村用电量（万千瓦时）Electricity Consumed in Rural Areas (10000 kwh)	农用化肥施用量（吨）Consumption of Chemical Fertilizers (ton)	农用塑料薄膜使用量（吨）Consumption of Plastic Film for Farm Use (ton)	农药使用量（吨）Consumption of Agricultural Pesticide (ton)
六安市辖区	Luan Reigon of City	2308206	543215	40363	66650	751	616
霍 邱 县	Huoqiu	1638249	54786	30274	65255	3196	2537
舒 城 县	Shucheng	850117	128860	17881	24111	344	2111
金 寨 县	Jinzhai	456985	75656	12580	30502	1091	182
霍 山 县	Huoshan	335760	44854	7247	4591	536	98
马鞍山市辖区	Maanshan Reigon of City	152897	58288	8026	7147	251	504
当 涂 县	Dangtu	401838	128127	16912	18297	328	1564
含 山 县	Hanshan	425785	126848	12487	23693	203	555
和 县	Hexian	535317	208127	20315	29741	2341	940
芜湖市辖区	Wuhu Reigon of City	424057	129114	27358	73871	986	730
芜 湖 县	Wuhu	336626	96312	6050	23285	169	556
繁 昌 县	Fanchang	236510	45366	5019	5842	31	142
南 陵 县	Nanling	415500	108164	43677	34871	96	60
无 为 县	Wuwei	753208	187832	55459	41796	1093	1066
宣城市辖区	Xuancheng Reigon of City	667955	101213	52715	46939	1239	1759
宁 国 市	Ningguo	301380	15478	16852	9898	292	246
郎 溪 县	Langxi	335200	62429	5087	19953	102	757
广 德 县	Guangde	604574	76890	34152	26196	687	426
泾 县	Jingxian	301380	15478	10791	12097	245	221
绩 溪 县	Jixi	198018	31407	5450	7205	146	270
旌 德 县	Jingde	106720	17053	3559	4583	81	87
铜陵市辖区	Tongling Reigon of City	383909	131207	29640	23337	348	649
枞 阳 县	Zongyang	518027	157500	32841	32584	452	1225
池州市辖区	Chizhou Reigon of City	426016	55330	14167	19366	114	1730
东 至 县	Dongzhi	466777	91613	14248	29811	224	2918
石 台 县	Shitai	122665	12620	1993	2226	61	144
青 阳 县	Qingyang	280297	50766	7784	8499	38	620
安庆市辖区	Anqing Reigon of City	356128	57606	13475	18662	745	591
桐 城 市	Tongcheng	565355	144118	46970	14949	517	1175
怀 宁 县	Huaining	538292	69933	9522	12870	1642	1772
潜 山 县	Qianshan	399046	36210	18369	20931	160	446
太 湖 县	Taihu	303130	32755	12815	28853	367	799
宿 松 县	Susong	467766	99769	19652	66155	1660	1955
望 江 县	Wangjiang	380546	69820	14282	29886	589	2264
岳 西 县	Yuexi	135315	4251	9414	11291	205	134
黄山市辖区	Huangshan Reigon of City	237606	27683	7263	8078	663	491
歙 县	Shexian	217730	22179	9866	13944	764	1652
休 宁 县	Xiuning	175214	19156	4718	9591	459	579
黟 县	Yixian	81569	7346	2260	3388	93	188
祁 门 县	Qimen	121831	11355	1997	1793	155	178

12—42 各县（市）农田水利情况（2016年）
Statement of Water Conservancy by County or City (2016)

单位：千公顷（1000 hectares）

县（市）	County (City)	有效灌溉面积 Irrigated Areas	节水灌溉面积 Irrigated Area With Saved Water	除涝面积 Flooded or Waterlogged Area Under Control	堤防保护耕地面积 Levee Protection Cultivated Area	已建成水库总库容（万立方米） Total of Established Reservoir Storage Capacity ($10000\ m^3$)
合肥市辖区	Hefei Reigon of City	13.76	5.50	4.07	4.80	46859.26
巢湖市	Chaohu	57.63	3.56	23.77	17.90	5693.00
长丰县	Changfeng	67.05	7.49	4.01	6.40	30156.00
肥东县	Feidong	120.35	8.31	5.40	4.56	37570.50
肥西县	Feixi	101.93	41.65	7.95	8.85	11716.30
庐江县	Lujiang	97.78	22.25	23.77	34.55	9635.40
淮北市辖区	Huaibei Reigon of City	22.25	8.75	23.41	24.30	1300.02
濉溪县	Suixi	120.98	41.45	123.82	170.33	
亳州市辖区	Bozhou Reigon of City	121.61	27.69	115.50	67.00	
涡阳县	Guoyang	125.66	9.43	113.33	87.40	
蒙城县	Mengcheng	129.29	12.46	102.65	92.31	
利辛县	Lixin	88.13	12.66	93.20	115.00	
宿州市辖区	Suzhou Reigon of City	115.58	24.61	88.84	119.70	1775.00
砀山县	Dangshan	33.95	19.08	39.31	30.00	2945.00
萧县	Xiaoxian	80.20	24.84	65.17	74.87	1131.00
灵璧县	Lingbi	103.40	15.58	102.55	107.11	688.00
泗县	Sixian	95.30	19.75	69.20	88.27	248.00
蚌埠市辖区	Bengbu Reigon of City	33.24	6.56	26.29	36.93	219.00
怀远县	Huaiyuan	104.45	21.26	89.51	120.20	
五河县	Wuhe	49.30	23.64	52.97	53.00	4011.72
固镇县	Guzhen	55.85	10.30	65.02	71.30	
阜阳市辖区	Fuyang Reigon of City	83.07	18.60	91.37	136.33	
界首市	Jieshou	25.46	8.52	30.41	20.45	
临泉县	Linquan	83.35	1.08	72.95	15.79	
太和县	Taihe	81.33	11.79	115.95	100.29	
阜南县	Funan	74.01	6.88	75.09	32.41	
颍上县	Yingshang	84.78	37.24	77.36	83.15	
淮南市辖区	Huainan Reigon of City	61.59	27.38	17.47	39.26	2796.72
凤台县	Fengtai	61.59	37.93	28.21	60.01	
寿县	Shouxian	160.15	84.30	23.74	89.10	20537.00
滁州市辖区	Chuzhou Reigon of City	33.91	11.20	3.15	4.11	41490.48
天长市	Tianchang	83.00	8.44	12.00	15.67	50649.00
明光市	Mingguang	51.72	18.38	15.40	14.97	26366.09
来安县	Laian	77.39	3.98	13.20	14.00	26762.86
全椒县	Quanjiao	62.00	6.54	6.29	14.53	43923.00
定远县	Dingyuan	122.27	5.04	1.08	3.08	66192.95
凤阳县	Fengyang	60.86	2.01	9.81	14.30	31087.50

12—42 续表1 continued

单位：千公顷（1000 hectares）

县（市）	County (City)	有效灌溉面积 Irrigated Areas	节水灌溉面积 Irrigatcd Area With Saved Water	除涝面积 Flooded or Waterlogged Area Under Control	堤防保护耕地面积 Levee Protection Cultivated Area	已建成水库总库容（万立方米）Total of Established Reservoir Storage Capacity (10000 m^3)
六安市辖区	Luan Reigon of City	132.19	52.92	11.47	14.53	12885.45
霍邱县	Huoqiu	204.03	81.80	33.29	74.95	1237996.00
舒城县	Shucheng	44.19	18.82	18.51	140.00	95601.00
金寨县	Jınzhai	30.71	11.86	2.41	0.64	502919.00
霍山县	Huoshan	18.39	6.87	0.81	4.06	134306.00
马鞍山市辖区	Maanshan Reigon of City	18.07	3.30	15.47	13.91	987.03
当涂县	Dangtu	35.14	10.41	32.68	34.50	86.30
含山县	Hanshan	34.40	8.29	8.58	13.12	8784.35
和县	Hexian	60.24	8.57	30.18	29.84	7033.46
芜湖市辖区	Wuhu Reigon of City	46.39	1.63	40.49	22.24	3183.00
芜湖县	Wuhu	22.44	0.35	16.78	16.40	
繁昌县	Fanchang	9.98	1.51	10.03	9.50	1433.30
南陵县	Nanling	42.11	7.36	15.12	18.20	2393.55
无为县	Wuwei	75.66	1.09	54.20	63.48	2780.03
宣城市辖区	Xuancheng Reigon of City	80.07	2.96	26.18	26.16	5716.00
宁国市	Ningguo	15.37	2.37	0.60	6.55	97441.96
郎溪县	Langxi	34.09	9.94	8.61	11.01	8847.00
广德县	Guangde	30.80	6.95	12.80		13954.51
泾县	Jingxian	20.32	3.67	0.51	2.50	273657.00
绩溪县	Jixi	7.49	0.55		7.09	1774.79
旌德县	Jingde	12.52	1.08		0.20	1935.29
铜陵市辖区	Tongling Reigon of City	25.10	5.20	20.58	38.29	1821.02
枞阳县	Zongyang	57.53	2.18	27.21	38.80	4282.00
池州市辖区	Chizhou Reigon of City	42.63	0.20	27.45	32.30	4087.48
东至县	Dongzhi	45.07	1.89	22.16	21.57	14394.00
石台县	Shitai	4.79	0.76		0.80	2856.00
青阳县	Qingyang	14.30	1.06	4.05	2.31	8007.00
安庆市辖区	Anqing Reigon of City	17.52	1.72	8.90	5.57	952.62
桐城市	Tongcheng	40.08	2.61	11.54	11.50	13841.55
怀宁县	Huaining	34.14	7.32	11.80	10.61	11396.00
潜山县	Qianshan	36.11	2.72	6.23	9.47	12084.64
太湖县	Taihu	39.54	4.15	2.42	2.56	246960.20
宿松县	Susong	50.87	1.52	13.96	40.86	12664.00
望江县	Wangjiang	41.17	1.99	27.98	36.73	2155.09
岳西县	Yuexi	15.19	1.71	0.03	5.29	12084.00
黄山市辖区	Huangshan Reigon of City	16.87	3.90	0.64	9.50	14897.00
歙县	Shexian	8.75	2.66		1.20	2175.00
休宁县	Xiuning	16.67	1.47	0.81	0.82	2274.00
黟县	Yixian	6.19	0.50		0.53	3078.64
祁门县	Qimen	6.17	1.76		0.24	3407.00

12—42 续表2 continued

县（市）	County (City)	全部堤防保护人口（万人）Protection Population of Compelete Embankment (10000 persons)	水土流失综合治理面积（千公顷）Comprehensive Control of soil Erosion Area (1000 hectares)	农作物受灾面积（千公顷）Area of Farm Crops by Natural Disaster (1000 hectares)	旱灾（千公顷）Area Affected by Drought (1000 hectares)	洪涝灾（千公顷）Area Affected by Flood (1000 hectares)
合肥市辖区	Hefei Reigon of City	26.27	2.10	2.22		2.22
巢 湖 市	Chaohu	38.41	16.51	31.12		31.12
长 丰 县	Changfeng	4.36	0.47	31.81	31.29	0.51
肥 东 县	Feidong	25.45	3.87	5.02		4.96
肥 西 县	Feixi	18.05	4.97	19.54		19.54
庐 江 县	Lujiang	30.80	26.49	61.85		61.85
淮北市辖区	Huaibei Reigon of City	107.40	8.74	0.78		
濉 溪 县	Suixi	91.50	0.20			
亳州市辖区	Bozhou Reigon of City	40.00		0.16		
涡 阳 县	Guoyang	98.75		0.03		
蒙 城 县	Mengcheng	86.00				
利 辛 县	Lixin	70.15		0.13		
宿州市辖区	Suzhou Reigon of City	90.90	7.70			
砀 山 县	Dangshan	53.65	3.55	0.21		
萧 县	Xiaoxian	93.28	8.04	1.73		
灵 璧 县	Lingbi	98.10	3.74	0.14		
泗 县	Sixian	74.52	1.25			
蚌埠市辖区	Bengbu Reigon of City	102.19	7.17	0.34		
怀 远 县	Huaiyuan	126.77				
五 河 县	Wuhe	54.00	2.35			
固 镇 县	Guzhen	63.40	0.04			
阜阳市辖区	Fuyang Reigon of City	187.42				
界 首 市	Jieshou	38.23				
临 泉 县	Linquan	23.25				
太 和 县	Taihe	129.71				
阜 南 县	Funan	44.66				
颍 上 县	Yingshang	92.54				
淮南市辖区	Huainan Reigon of City	139.52	5.39	1.51		1.51
凤 台 县	Fengtai	63.30	1.88	1.96		1.96
寿 县	Shouxian	69.00	6.26	10.06		10.06
滁州市辖区	Chuzhou Reigon of City	6.35	39.34	12.06	5.25	3.99
天 长 市	Tianchang	25.00	4.37	11.41	2.76	1.38
明 光 市	Mingguang	11.94	36.70	37.71	29.31	8.40
来 安 县	Laian	14.91	20.76	8.32	3.96	2.11
全 椒 县	Quanjiao	23.25	24.35	14.54	6.72	7.82
定 远 县	Dingyuan	3.39	38.80	64.77	46.94	7.43
凤 阳 县	Fengyang	10.00	35.29	46.78	29.69	8.93

12—42　续表3　continued

县（市）　County (City)		全部堤防保护人口（万人）Protection Population of Compelete Embankment (10000 persons)	水土流失综合治理面积（千公顷）Comprehensive Control of soil Erosion Area (1000 hectares)	农作物受灾面积（千公顷）Area of Farm Crops by Natural Disaster (1000 hectares)	旱灾（千公顷）Area Affected by Drought (1000 hectares)	洪涝灾（千公顷）Area Affected by Flood (1000 hectares)
六安市辖区	Luan Reigon of City	30.81	58.89	57.03		57.03
霍邱县	Huoqiu	38.35	1.06	4.28		4.28
舒城县	Shucheng	55.00	79.96	27.09		27.09
金寨县	Jinzhai	1.20	174.82	12.91		12.91
霍山县	Huoshan	12.00	104.96	12.33		12.33
马鞍山市辖区	Maanshan Reigon of City	49.13	12.92	8.90		8.90
当涂县	Dangtu	45.90	5.99	29.22		29.22
含山县	Hanshan	9.64	28.09	27.18		27.18
和县	Hexian	54.22	14.66	29.90		29.80
芜湖市辖区	Wuhu Reigon of City	143.69	0.71	40.01		40.01
芜湖县	Wuhu	29.14	5.66	11.68		11.68
繁昌县	Fanchang	16.00	7.31	9.22		9.22
南陵县	Nanling	32.10	16.57	32.93		32.93
无为县	Wuwei	122.00	9.22	68.60		68.60
宣城市辖区	Xuancheng Reigon of City	46.16	29.23	67.50	0.61	66.89
宁国市	Ningguo	12.00	96.57	14.09	12.06	2.03
郎溪县	Langxi	17.00	8.89	30.28		30.28
广德县	Guangde		36.04	22.22		22.22
泾县	Jingxian	8.50	48.09	17.83	10.86	6.97
绩溪县	Jixi	12.49	37.40	2.02		2.02
旌德县	Jingde	3.00	39.21	1.63		1.63
铜陵市辖区	Tongling Reigon of City	58.26	24.76	35.30		35.30
枞阳县	Zongyang	96.00	23.13	43.33		43.33
池州市辖区	Chizhou Reigon of City	40.23	35.92	42.25		35.15
东至县	Dongzhi	26.83	57.03	32.00		31.10
石台县	Shitai	3.84	34.00	3.66		3.04
青阳县	Qingyang	4.97	35.88	18.48		13.51
安庆市辖区	Anqing Reigon of City	15.62	9.98	15.39		15.39
桐城市	Tongcheng	39.00	29.65	32.38		32.38
怀宁县	Huaining	18.15	12.48	28.80		28.80
潜山县	Qianshan	20.00	50.83	34.13		34.13
太湖县	Taihu	2.47	43.07	33.70		33.70
宿松县	Susong	72.50	18.06	46.32		46.32
望江县	Wangjiang	46.00	8.17	45.23		45.23
岳西县	Yuexi	18.76	84.26	23.67		23.67
黄山市辖区	Huangshan Reigon of City	28.80	99.35	7.20		6.80
歙县	Shexian	6.00	70.94	6.29		4.89
休宁县	Xiuning	2.98	60.85	5.75		5.55
黟县	Yixian	2.00	34.00	4.02		3.97
祁门县	Qimen	1.09	42.85	7.41		7.41

主要统计指标解释

农林牧渔业总产值

农林牧渔业总产值是以货币表现的农林牧渔业全部产品总量和对农林牧渔业生产活动进行的各种支持性服务活动的价值。它反映一定时期内农林牧渔业生产总规模和总成果，是观察农林牧渔业生产水平和发展速度，研究农林牧渔业内部比例关系、农林牧渔业与工业、农林牧渔业与国家建设、人民生活比例关系的重要指标，同时也是计算农林牧渔业劳动生产率和农林牧渔业增加值的基础资料。1957年以前的农业总产值中包括了厩肥和农民自给性手工业（如农民自制衣服、鞋、袜，自己从事粮食初步加工等)。1958 年及以后的农业总产值，林业中增加了村及村以下竹木采伐产值；牧业中取消了厩肥产值；副业中取消了农民自给性手工业产值，增加了村及村以下办的工业产值；渔业中增加了海洋捕捞水产品产值。1980年及以后的农业总产值，在副业中增加了农民家庭兼营工业商品部分的产值。从1984年起村及村以下工业产值划归工业。从1993年起取消副业，将野生动物的捕猎划入牧业，野生植物采集和农民家庭兼营商品性工业划归农业。2003年起，取消农业中的农民家庭兼营商品性工业，增加了农林牧渔服务业。

粮食产量

指全社会的产量。包括国有经济经营的、集体统一经营的和农民家庭经营的粮食产量，还包括工矿企业办的农场和其他生产单位的产量。粮食除包括稻谷、小麦、玉米、高粱、谷子及其他杂粮外，还包括薯类和豆类。其产量计算方法，豆类按去豆荚后的干豆计算；薯类（包括甘薯和马铃薯，不包括芋头和木薯）1963年以前按每4公斤鲜薯折1公斤粮食计算，从1964年开始改为按5公斤鲜薯折1公斤粮食计算。城市郊区作为蔬菜的薯类（如马铃薯等）按鲜品计算，并且不作粮食统计。其他粮食一律按脱粒后的原粮计算。

油料产量

指全部油料作物的生产量。包括花生、油菜籽、芝麻、葵花籽、胡麻籽（亚麻籽）和其他油料。不包括大豆、木本油料和野生油料。花生以带壳干花生计算。

水产品产量

指人工养殖的水产品和天然生长的水产品的捕捞量。包括海水的鱼类、虾蟹类、贝类和藻类以及内陆水域的鱼类、虾蟹类和贝类，不包括淡水生植物。

猪、牛、羊肉产量

指当年出栏并已屠宰、除去头蹄下水后带骨肉（即胴体重）的重量。

期初（末）畜禽存栏头（只）数

指报告期初（末）农村各种合作经济组织和国营农场、农民个人、机关、团体、学校、工矿企业、部队等单位以及城镇居民饲养的大牲畜、猪、羊、家禽等畜禽的存栏数。

耕地

指种植农作物的土地，包括熟地，新开发、复垦、整理地、休闲地（含轮歇地、轮作地）；以种植农作物（含蔬菜）为主，间有零星果树、桑树或其他树木的土地；平均每年能保证收获一季的已垦滩地和海涂。耕地中包括南方宽度<1.0米，北方宽度<2.0米固定的沟、渠、路和地坎（埂）；临时种植药材、草皮、花卉、苗木等的耕地，以及其他临时改变用途的耕地。

农作物播种面积

指实际播种或移植有农作物的面积。凡是实际种植有农作物的面积，不论种植在耕地上还是种植在非耕地上，均包括在农作物播种面积中。在播种季节基本结束后，因遭灾而重新改种和补种的农作物面积，也包括在内。

有效灌溉面积

指具有一定的水源，地块比较平整，灌溉工程或设备已经配套，在一般年景下当年能够进行正常灌溉的耕地面积。

农用化肥施用量

指本年内实际用于农业生产的化肥数量，包括氮肥、磷肥、钾肥和复合肥。化肥施用量要求按折纯量计算数量。折纯量是指把氮肥、磷肥、钾肥分别按含氮、含五氧化二磷、含氧化钾的百分之一百成份进行折算后的数量。复合肥按其所含主要成分折算。

农业机械总动力

指主要用于农、林、牧、渔业的各种动力机械的动力总和。包括耕作机械、排灌机械、收获机械、农用运输机械、植物保护机械、牧业机械、林业机械、渔业机械和其他农业机械（内燃机按引擎马力折成瓦（特）计算、电动机按功率折成瓦（特）计算）。不包括专门用于乡、镇、村、组办工业、基本建设、非农业运输、科学试验和教学等非农业生产方面用的动力机械与作业机械。

农林牧渔业劳动力

指全社会直接参加农林牧渔业生产活动的劳动力。

Explanatory Notes for Major Statistical Indicators

Gross Output Value of Farming, Forestry, Animal Husbandry and Fishery

refers to the total value of products and all kinds of supporting services of farming, forestry, animal husbandry and fishery, which reflects the total scale and result of agricultural production during a given period. It is an important indicator to observe the production level and the development speed of farming, forestry, animal husbandry and fishery and to research into the interior proportion relations of farming, forestry, animal husbandry and fishery, the proportion relations of farming, forestry, animal husbandry and fishery to industry, national construction and the lives of the people. It is also the basic data to calculate the labor productivity and value-added of farming, forestry, animal husbandry and fishery. Prior to 1957, Chinas gross agricultural output value included barnyard manure and handicraft products for self-consumption (clothes, shoes, stockings, and initial grain processing undertaken by peasant s). Since 1958, cutting and felling of bamboo and trees by villages and other cooperative organizations under villages have been included in forestry; value of barnyard manure has been excluded from animal husbandry; self consumed handicraft s has been excluded from sideline occupations, while the output value of industries run by villages and cooperative organizations under village had been included in sideline occupations and the out put value of fish catches by mot or fishing boats has been added to fishery. Since 1980, the value of handicraft products made for sale by individuals in households had been added to sideline occupations. Since 1984, industries run by villages and under villages have been included in the sector of industry. Since 1993, the subdivision of sideline occupations has been canceled, and the hunting of wild animals has been classified into animal husbandry, and the gathering of wild plants and commodity industry run by rural household have been included in farming. Since 2003, the commercial industrial activities undertaken by rural households as sideline production have been cancelled and the farming, forestry, animal husbandry and fishery services have been included in farming.

Grain Yield

refers to the yield in the whole country including grains produced by state farms, collective units, industrial enterprises and mines. Grain includes rice, wheat, corn, sorghum, millet and other miscellaneous grains as well as tubers and beans. Output of beans refers to dry beans without pods. The output of tubers (sweet potatoes and potatoes, not including taros and cassava) was converted into that of grain at the ratio 4:1, i.e. 4 kilograms of fresh tubers was equivalent to 1 kilogram of grain up to 1963.Since 1964 the ratio for conversion has been 5:1. Tubers supplied as vegetables (such as potatoes) in cities and suburbs are calculated as fresh vegetables and their output is not included in the output of grain. Output of all other grains refers to husked grain.

Yield of Oil-bearing Crops

refers to the total yield of oil bearing crops of various kinds, including peanuts, (dry, in shell) rapeseeds, sesame, sunflower seeds, flax seeds, and other oil bearing crops. Soybeans, oil-bearing woody plants, and wild oil-bearing crops are not included.

Output of Aquatic Products

refers to catches of both artificially cultured and naturally grown aquatic products, including fish, shrimps, crabs and shellfish in sea and inland water as well as seaweed. Freshwater plants are not included.

Output of Pork, Beef, and Mutton

refers to the meat of slaughtered hogs, cattle, sheep and goats with head, feet, and offal taken away.

Number of Livestock or Poultry in Stock at Beginning (or End)

refers to the total number of large animals, pigs, sheep, fowls, etc. raised by rural cooperative organizations, state farms, rural individuals, government agencies, schools, industrial and mining enterprises, army, and urban residents at the beginning (or end) of the reference period.

Cultivated Area (Area under cultivation)

refers to farmland which is plowed constantly for growing crops, including cultivated land, New development, reclamation, finishing, leisure (including (including a break, a rotation)land; land mainly to the cultivation of crops (vegetables), land of sporadic fruit trees or mulberry tree or other trees; beaches and coastal land average annual can ensure the harvest one season , Including South width < 1.0 m, north width < 2.0 m fixed ditch, drainage, roads and sill (ridge); cultivated land temporarily planted herbs, grass, flowers, nursery stock , and other temporarily change of use of cultivated land

Sown Area of Crops

refers to area of land sown or transplanted with crops regardless of being in cultivated area or non cultivated area.

Area of land re-sown due to natural disasters is also included.

Irrigated Area

refers to areas that are effectively irrigated, i.e. level land which has water source and complete sets of irrigation facilities to lift and move adequate water for irrigation purpose under normal conditions.

Consumption of Chemical Fertilizers in Agriculture

refers to the quantity of chemical fertilizers applied in agriculture in the year, including nitrogenous fertilizer, phosphate fertilizer, potash fertilizer, and compound fertilizer. The consumption of chemical fertilizers is required in calculation to convert the gross weight into weight containing 100% effective component (e.g. 100% nitrogen content in nitrogenous fertilizer, 100% phosphorous pent oxide contents in phosphate fertilizer, 100% potassium oxide contents in potash fertilizer). Compound fertilizer is converted with its major component.

Total Power of Farm Machinery

refers to total mechanical power of machinery used in farming, forestry, animal husbandry, and fishery, including plough , irrigation and drainage, harvesting, transport, plant protection, stock breeding, forestry and fishery. The power of internal combustion engines is required to convert horsepower into watts and the power of electric motors is required to be converted into watts. Machinery employed for non agricultural purposes, such as the machines used in township run and village-run industry, construction, non agricultural transport, scientific experiments and teaching, is excluded.

Labour Force Engaged in Farming, Forestry, Animal Husbandry and Fishery

refers to the total laborers who are directly engaged in production of farming, forestry, animal husbandry and fishery.

第十三篇

Chapter 13

工业

INDUSTRY

简要说明

一、本篇主要包括以下几部分汇总资料：

1. 全部工业企业按登记注册类型、行业分组的企业单位数和工业总产值(其中 1995 年后工业总产值均按新规定计算)。

2. 全部年主营业务收入在 2000 万元及以上的工业企业按地区和行业分组的主要经济指标和经济效益指标，主要包括工业总产值、工业增加值、资产、流动资产、固定资产、流动负债、所有者权益、主营业务收入、主营业务税金及附加、利润总额、应交增值税、总资产贡献率、资产负债率、成本费用利润率、流动资产周转次数、产品销售率等指标。

3. 大中型工业企业的主要经济指标和经济效益指标。

4. 主要工业产品产量和生产能力等。

二、1998 年开始工业统计范围为全部国有企业及年主营业务收入在 500 万元及以上的非国有工业法人单位，2011 年开始工业统计范围为年主营业务收入在 2000 万元及以上的工业法人单位。与历史年份不具可比性。

三、1995 年及以后年份工业总产值为调整数。

四、行业分类按《国民经济行业分类》(GB/T 4754-2011)标准划分。

五、资料来源：由省统计局工业处根据国家统计局工业统计报表制度收集、汇总、整理提供。

Brief Introduction

Ⅰ. Data in this chapter cover the following parts:

1. The number of industrial enterprises, the gross industrial output value of all industrial enterprises classified by registration status and industrial division. (The gross industrial output value is calculated according to the new stipulation after 1995.)

2. Main economic indicators and efficiency indicators of all state-owned industrial enterprises, and of non-state enterprises each with an main business revenue of over five million yuan, classified by region and by industrial division, including gross industrial output value, industrial value-added, capital, circulating assets, fixed assets, liquid liabilities, creditor's equity, main business revenue, main business tax and extra-charges, sales profit, total profits, ratio of value-added to gross industrial output value, ratio of profits and taxes to funds and output value, turnover of working capital and overall labor productivity.

3. Main economic indicators and efficiency indicators of large and medium size industrial enterprises.

4. Output and production capacity of key industrial products.

Ⅱ. Since 1998, the coverage of industrial statistics is all state-owned industrial enterprises and non-state enterprises each with main business revenue over five million yuan.

Ⅲ. Data on gross industrial output value have been adjusted since 1995.

Ⅳ.Data by branch of industry are based on <National Industrial Classification of all Economic Activities>((GB/T 4754-2011).

Ⅴ. Source of data: All data are prepared and provided by the Division of Industrial Statistics, Anhui Statistical Bureau, in accordance with the industrial statistical reporting system of SSB. Data are collected, tabulated and processed by the statistical bureau in the prefectures and cities.

13—1 工业企业单位数和总产值
Number of Industrial Enterprises and Gross Industrial Output Value

项　目	Item	2000	2005	2010	2015	2016
企业单位数　（个）	**Number of Industrial Enterprises (unit)**	**3680**	**5277**	**16277**	**19077**	**19838**
在总计中：	Of the Total:					
国有及国有控股企业	State Controlling Share Hold Enterprises	1128	619	737	699	659
在总计中：	Of the Total:					
集体企业	Collective-owned Enterprises	979	261	194	71	58
私营企业	Private Enterprises	533	2725	11269	13611	14016
港澳台商投资企业	Enterprises Funded by Entrepreneurs from Hong Kong, Macao and Taiwan	118	200	375	306	310
外商投资企业	Foreign Funded Enterprises	133	296	539	472	450
工业总产值　（亿元）	**Gross Industrial Output Value (100 million yuan)**	**1661.44**	**4567.23**	**18732.00**	**39875.66**	**43436.35**
在总计中：	Of the Total:					
国有及国有控股企业	State Controlling Share Hold Enterprises	1044.54	2418.44	6902.07	8795.14	8822.87
在总计中：	Of the Total:					
集体企业	Collective-owned Enterprises	177.65	89.44	149.73	75.92	68.79
私营企业	Private Enterprises	77.16	714.73	6068.83	17785.33	19785.86
港澳台商投资企业	Enterprises Funded by Entrepreneurs from Hong Kong, Macao and Taiwan	60.84	226.49	804.94	2425.97	2568.57
外商投资企业	Foreign Funded Enterprises	152.40	517.32	1763.63	2667.24	2880.18

注：工业总产值按当年价格计算。

a)　Gross industrial output value is calculated at current prices.

13—2 工业增加值
Value-added of Industry

本表按当年价格计算　(Data in this table are calculated at current prices)　　　单位：亿元（100 million yuan）

年份 Year	工业增加值 Value-added of Industry	内资企业 Domestic Funded Enterprise	#国有及国有控股企业 State-owned or Controlling Share Hold Industry	#集体企业 Collective-owned Industry	私营企业 Private Enterprises	港澳台商投资企业 Enterprises Funded by Entrepreneurs from Hong Kong, Macao and Taiwan	外商投资企业 Foreign Funded Enterprises
2000	507.38	451.57	340.42	49.60	22.24	17.56	38.18
2005	1483.76	1250.18	835.34	22.17	215.10	78.46	155.16
2008	3259.71	2783.05	1471.12	46.27	822.74	154.94	321.72
2009	3980.55	3474.52	1778.23	30.33	1095.93	151.98	354.05
2010	5290.62	4618.07	2222.19	38.85	1577.45	209.35	463.20
2011	6776.02	5936.86	2541.42	40.65	2065.39	320.69	518.47
2012	7614.11	6742.77	2633.35	24.46	2493.43	333.13	538.21
2013	8646.00	7625.27	2670.89	23.71	3401.02	408.08	612.65
2014	9302.81	8142.61	2590.86	21.35	3861.09	507.56	652.64
2015	9589.20	8425.74	2469.19	18.95	4071.13	529.80	633.66
2016	9724.93	8533.14	2336.15	15.91	4186.26	544.77	647.03

注：口径为规模以上工业企业（下同）。2008年为工业快报口径。

a) They referred to industrial enterprises above designated size. The same as following tables. in 2008, It is for express industrial-caliber.

13—3 规模以上工业企业工业增加值

Value-added of Industry of All State-owned and Non-state-owned Industrial Enterprises Above Designated Size

单位：亿元（100 million yuan）

项目	Item	2000	2005	2010	2015	2016
总计	**Total**	**507.38**	**1483.75**	**5290.62**	**9589.20**	**9724.93**
总计中：	**Of the Total:**					
内资企业	Domestic Funded Enterprise	451.57	1250.13	4618.07	8425.74	8533.14
国有企业	State-owned Enterprise	171.00	247.63	319.25	250.02	272.36
集体企业	Collective-owned Enterprise	49.60	22.17	38.85	18.95	15.91
股份合作企业	Share Holding Cooperative Enterprises	16.45	9.81	16.69	3.74	1.60
联营企业	Joint Owned Enterprises	2.53	2.65	3.84	0.22	0.09
有限责任公司	Limited Liability Corporations	101.74	475.95	1924.16	3045.93	3058.61
股份有限公司	Share-holding Corporations Ltd.	85.05	272.50	716.51	1026.49	995.52
私营企业	Private Enterprises	22.24	215.10	1577.55	4071.13	4186.26
其他企业	Other Enterprises	2.96	4.32	21.32	9.25	2.78
港澳台商投资企业	Enterprises Funded by Entrepreneurs from Hong Kong, Macao and Taiwan	17.62	78.46	209.35	529.80	544.77
外商投资企业	Foreign Funded Enterprises	38.19	155.16	463.20	633.66	647.03
总计中：	**Of the Total:**					
独资企业	Enterprise Owned by a Sole Investor	240.87		755.37	820.31	835.09
合作合伙企业	Cooperative Enterprises	24.93		67.02	53.87	47.13
股份有限公司	Share-holding Corporations Ltd.	92.56		873.02	1339.91	1332.84
有限责任公司	Limited Liability Corporations	149.03		3595.21	7375.10	7509.87
总计中：	**Of the Total:**					
国有及国有控股企业	State Controlling Share Hold Enterprises	340.42	835.34	2222.19	2469.19	2336.15
总计中：	**Of the Total:**					
轻工业	Light Industry	206.02	452.18	1498.68	3289.87	3311.37
重工业	Heavy Industry	301.36	1031.57	3791.94	6299.33	6413.57
总计中：	**Of the Total:**					
大型企业	Large-sized Enterprises	270.74	658.94	2102.42	3272.52	3212.13
中型企业	Medium-sized Enterprises	77.68	470.09	1277.42	1845.91	1868.65
小型企业	Small Enterprises	158.96	354.73	1910.78	4470.77	4644.15

13—4 各市规模以上工业企业工业增加值

Value-added of Industry of All State-owned and Non-state-owned Industrial Enterprises Above Designated Size by Region

单位：亿元（100 million yuan）

地区	Region	2000	2005	2010	2015	2016
总计	**Total**	**507.38**	**1483.8**	**5290.62**	**9589.20**	**9724.93**
合肥市	Hefei	81.29	263.74	1092.71	2191.52	2213.43
淮北市	Huaibei	29.8	99.65	375.51	501.38	468.10
亳州市	Bozhou		25.74	94.89	246.15	248.69
宿州市	Suzhou	11.81	38.01	184.80	368.50	384.24
蚌埠市	Bengbu	32.58	74.6	234.93	673.96	718.75
阜阳市	Fuyang	22.63	49.18	216.98	501.48	533.59
淮南市	Huainan	30.71	116.06	341.98	325.39	327.32
滁州市	Chuzhou	32.07	74.37	282.29	610.53	624.19
六安市	Luan	18.78	46.79	228.71	359.29	354.27
马鞍山市	Maanshan	49.7	197.52	358.32	577.19	604.20
芜湖市	Wuhu	48.79	167.05	609.74	1383.28	1353.50
宣城市	Xuancheng	20.09	49.54	262.21	411.52	418.46
铜陵市	Tongling	23.5	92.39	290.07	494.33	492.88
池州市	Chizhou	4.02	18.96	80.14	177.21	179.33
安庆市	Anqing	50.24	105.54	339.87	640.53	674.92
黄山市	Huangshan	8.09	21.87	85.23	126.95	129.07

13—5 分行业规模以上工业企业工业增加值
Value-added of Industry of All Industrial Enterprises Above Designated Size by Industry

单位：万元（10000 yuan）

行　业	Sector	2015	2016
总　计	**Total**	**95891959**	**97249315**
煤炭开采和洗选业	Mining and Washing of Coal	3500659	3387658
黑色金属矿采选业	Mining and Processing of Ferrous Metal Ores	1501988	1611692
有色金属矿采选业	Mining and Processing of Non-Ferrous Metal Ores	294684	272665
非金属矿采选业	Mining and Processing of Nonmetal Ores	578625	460785
开采辅助活动	Mining Auxiliary Activities	11922	12727
农副食品加工业	Processing of Food from Agriculture Products	4958158	4718095
食品制造业	Manufacture of Foods	1495433	1590720
酒、饮料和精制茶制造业	Manufacture of Wine, Beverages and Refined Tea	2251454	2353644
烟草制品业	Manufacture of Tobacco	2814129	2331281
纺织业	Manufacture of Textile	2216222	2156461
纺织服装、服饰业	Manufacture of Textile Wearing Apparel and Clothing	2612345	2549789
皮革毛皮羽毛（绒）及其制品业	Manufacture of Leather, Furs, Feather and Related Products	931220	988591
木材加工及木竹藤棕草制品业	Processing of Timber, Manufacture of Wood, Bamboo, Rattan, Palm and Straw Products	1397948	1307027
家具制造业	Manufacture of Furniture	802153	871513
造纸和纸制品业	Manufacture of Paper and Paper Products	737699	737643
印刷和记录媒介复制业	Printing, Reproduction of Recording Media	1124234	1134136
文教、工美、体育和娱乐用品制造业	Manufacture of Culture, Education, Art, Sports and Entertainment Supplies	1164218	1134752
石油加工、炼焦和核燃料加工业	Processing of Petroleum, Coking and Processing of Nuclear Fuel	1068872	1351058
化学原料和化学制品制造业	Manufacture of Raw Chemical Materials and Chemical Products	5378623	5651003
医药制造业	Manufacture of Medicines	2003744	2132129
化学纤维制造业	Manufacture of Chemical Fibers	232853	249065
橡胶和塑料制品业	Manufacture of Rubber and Plastics	3478816	4021556
非金属矿物制品业	Manufacture of Non-metallic Mineral Products	6347495	6320764
黑色金属冶炼和压延加工业	Smelting and Pressing of Ferrous Metals	3954178	3522361
有色金属冶炼和压延加工业	Smelting and Pressing of Non-ferrous Metals	3880056	4087801
金属制品业	Manufacture of Metal Products	2895876	3014058
通用设备制造业	Manufacture of General Purpose Machinery	5296515	5143425
专用设备制造业	Manufacture of Special Purpose Machinery	3678204	3876938
汽车制造业	Manufacture of Automobile	5199636	5096599
铁路、船舶、航空航天和其他运输设备制造业	Manufacture of Railroads, Ships, Aerospace and Other Transportation Equipments	583255	678380
电气机械和器材制造业	Manufacture of Electrical Machinery and Equipment	10869293	11319801
计算机、通信和其他电子设备制造业	Manufacture of Computers, Communication and Other Electronic Equipmer	5043672	5636271
仪器仪表制造业	Manufacture of Measuring Instruments and Machinery	589881	586082
其他制造业	Manufacture of Others	267301	320846
废弃资源综合利用业	Industry of Comprehensive utilization of waste resources	1036607	1066967
金属制品、机械和设备修理业	Industry of Metal products, machinery and equipment repair	117714	110657
电力、热力生产和供应业	Production and Supply of Electric Power and Heat Power	5052248	4893245
燃气生产和供应业	Production and Supply of Gas	326786	334428
水的生产和供应业	Production and Supply of Water	197243	216702

13—6 规模以上工业企业主要经济指标（2016年）
Main Indicators Above Designated Size Industrial Enterprises (2016)

项　　目	Item	企业单位数（个）Number of Enterprises (unit)	工业总产值（现价）Gross Industrial Output Value
总　　计	**Total**	**19838**	**43436.35**
总计中：	**Of the Total:**		
内资企业	Domestic Funded Enterprise	19078	37987.59
国有企业	State-owned Enterprise	53	1170.05
集体企业	Collective-owned Enterprise	58	68.79
股份合作企业	Share Holding Cooperative Enterprises	12	6.92
联营企业	Joint Owned Enterprises	1	0.31
有限责任公司	Limited Liability Corporations	4420	12222.19
股份有限公司	Share-holding Corporations Ltd.	503	4718.76
私营企业	Private Enterprises	14016	19785.86
其他企业	Other Enterprises	15	14.72
港澳台商投资企业	Enterprises Funded by Entrepreneurs from Hong Kong, Macao and Taiwan	310	2568.57
外商投资企业	Foreign Funded Enterprises	450	2880.18
总计中：	**Of the Total:**		
国有及国有控股企业	State Controlling Share Hold Enterprises	659	8822.87
总计中：	**Of the Total:**		
轻工业	Light Industry	8455	14980.86
重工业	Heavy Industry	11383	28455.49
总计中：	**Of the Total:**		
大型企业	Large-sized Enterprises	269	13267.98
中型企业	Medium-sized Enterprises	1432	8162.03
小型企业	Small Enterprises	18137	22006.34

单位：亿元（100 million yuan）

工业销售产值（现价） Value of Industrial Products Sales (At current prices)	#出口交货值 Delivery Value for Export	资产合计 Total Assets	流动资产合计 Circulating Funds	#存货 Stock	#产成品 Finished Product	固定资产合计 Total of Fixed Assets	固定资产原价 Original Value of Fixed Assets	固定资产累计折旧 Accumulated Depreciation of Fixed Assets
42329.72	**2321.04**	**33563.37**	**15615.35**	**3426.21**	**1370.62**	**11782.43**	**20072.01**	**8943.30**
37078.92	1721.43	30054.49	13561.78	3119.22	1238.52	10703.02	18000.56	7888.47
1148.95	3.39	1544.69	328.70	56.89	16.18	1089.58	1792.62	810.42
66.69	1.20	36.90	22.86	5.51	2.57	9.89	19.79	10.74
6.60	0.06	8.19	4.24	0.94	0.48	1.89	3.69	1.92
0.31		0.16	0.10	0.01		0.03	0.03	
11939.90	660.00	12855.03	5331.31	1286.73	443.82	4557.75	7542.62	3156.43
4604.53	408.60	6336.03	2946.67	571.16	196.39	1950.00	3354.81	1511.50
19297.28	648.19	9270.15	4926.78	1197.52	578.78	3091.93	5284.62	2396.73
14.66	0.00	3.33	1.11	0.46	0.29	1.96	2.38	0.75
2455.89	409.80	1636.95	930.09	126.02	45.31	531.80	851.58	361.69
2794.91	189.81	1871.94	1123.49	180.96	86.80	547.61	1219.88	693.14
8649.78	439.50	14136.94	4877.42	1117.33	334.07	5866.17	9643.50	4065.02
14578.02	943.38	8144.44	4587.55	1321.50	519.54	2418.80	4203.89	1959.37
27751.71	1377.66	25418.94	11027.80	2104.71	851.08	9363.63	15868.12	6983.92
12955.26	1294.04	15963.16	6806.48	1374.24	447.90	5550.44	9948.31	4659.15
7887.07	541.60	6445.78	3006.88	681.19	292.09	2352.43	3988.11	1806.84
21487.39	485.40	11154.44	5801.99	1370.78	630.63	3879.56	6135.59	2477.30

13—6 续表1 continued

项　目	Item	负债合计 Total Liabilities	流动负债 Liquid Liabilities
总　计	**Total**	**19039.87**	**14394.37**
总计中：	**Of the Total:**		
内资企业	Domestic Funded Enterprise	16904.71	12531.62
国有企业	State-owned Enterprise	914.89	620.00
集体企业	Collective-owned Enterprise	14.30	13.51
股份合作企业	Share Holding Cooperative Enterprises	3.76	2.85
联营企业	Joint Owned Enterprises	0.15	0.15
有限责任公司	Limited Liability Corporations	7889.10	5583.91
股份有限公司	Share-holding Corporations Ltd.	3629.85	2665.84
私营企业	Private Enterprises	4451.91	3644.64
其他企业	Other Enterprises	0.77	0.71
港澳台商投资企业	Enterprises Funded by Entrepreneurs from Hong Kong, Macao and Taiwan	1070.00	939.77
外商投资企业	Foreign Funded Enterprises	1065.16	922.98
总计中：	**Of the Total:**		
国有及国有控股企业	State Controlling Share Hold Enterprises	8988.68	6113.61
总计中：	**Of the Total:**		
轻工业	Light Industry	4014.33	3405.86
重工业	Heavy Industry	15025.53	10988.51
总计中：	**Of the Total:**		
大型企业	Large-sized Enterprises	9843.52	7195.91
中型企业	Medium-sized Enterprises	3559.03	2746.13
小型企业	Small Enterprises	5637.32	4452.33

单位：亿元（100 million yuan）

非流动负债 Long-term Liabilities	所有者权益 Creditors' Equity	#实收资本 Capital Hold	主营业务收入 Revenue from principal Business	主营业务成本 Cost of Principal Business	主营业务税金及附加 Business and Extra Charges	利润总额 Total Profits	本年应付职工薪酬 Wages Payable in This Year	本年应交增值税 Value Added Tax Payable
3759.63	**14403.25**	**8764.19**	**42190.46**	**36471.84**	**505.59**	**2242.26**	**1915.45**	**944.74**
3600.50	13018.97	7925.36	37138.69	32196.52	480.95	1947.40	1718.73	822.52
287.25	627.14	280.89	1142.25	1059.66	11.59	42.92	91.39	38.40
0.51	22.57	3.44	65.38	55.02	0.38	4.90	3.84	2.28
0.11	4.25	2.37	6.67	5.69	0.05	0.36	0.54	0.15
	0.01		0.26	0.26			0.01	
2005.30	4943.86	4167.17	12775.88	10995.77	237.67	586.89	667.28	306.33
900.77	2696.48	931.61	4414.43	3644.50	127.78	268.12	298.08	124.99
406.51	4722.10	2538.66	18719.65	16422.55	103.40	1043.70	657.33	350.19
0.05	2.56	1.22	14.15	13.07	0.08	0.51	0.26	0.18
89.93	570.73	325.62	2416.86	2072.39	9.44	126.58	77.59	50.83
69.20	813.56	513.20	2634.92	2202.93	15.20	168.28	119.13	71.39
2776.95	5154.75	3399.20	9685.95	8286.74	320.97	337.69	690.90	292.80
362.31	4075.26	2222.29	14110.88	12022.82	264.26	821.74	603.03	300.46
3397.32	10327.99	6541.90	28079.58	24449.02	241.33	1420.52	1312.43	644.28
2482.23	6121.61	2457.99	13869.54	11775.64	353.63	663.87	865.72	414.33
669.33	2889.14	1509.33	7545.60	6426.15	42.79	497.94	411.03	184.82
608.07	5392.51	4796.87	20775.32	18270.06	109.17	1080.45	638.70	345.59

13—6 续表2 continued

行　业	Sector	企业单位数（个）Number of Enterprises (unit)	工业总产值（现价）Gross Industrial Output Value
按行业分	**Grouped by Sector**		
煤炭开采和洗选业	Mining and Washing of Coal	28	676.33
黑色金属矿采选业	Mining and Processing of Ferrous Metal Ores	81	437.60
有色金属矿采选业	Mining and Processing of Non-Ferrous Metal Ores	67	99.43
非金属矿采选业	Mining and Processing of Nonmetal Ores	222	236.21
开采辅助活动	Mining Auxiliary Activities	4	4.58
农副食品加工业	Processing of Food from Agriculture Products	1786	3248.18
食品制造业	Manufacture of Foods	506	761.17
酒、饮料和精制茶制造业	Manufacture of Wine, Beverages and Refined Tea	416	755.36
烟草制品业	Manufacture of Tobacco	8	289.87
纺织业	Manufacture of Textile	735	1056.24
纺织服装、服饰业	Manufacture of Textile Wearing Apparel and Clothing	1139	1157.60
皮革毛皮羽毛及其制品和制鞋业	Manufacture of Leather, Furs, Feather and Related Products	328	493.66
木材加工及木竹藤棕草制品业	Processing of Timber, Manufacture of Wood, Bamboo, Rattan, Palm and Straw Products	659	742.05
家具制造业	Manufacture of Furniture	334	400.29
造纸及纸制品业	Manufacture of Paper and Paper Products	255	427.10
印刷和记录媒介复制业	Printing, Reproduction of Recording Media	365	465.44
文教工美体育和娱乐用品制造业	Manufacture of Culture, Education, Art, Sports and Entertainment Supplies	537	512.39
石油加工、炼焦和核燃料加工业	Processing of Petroleum, Coking and Processing of Nuclear Fuel	26	387.94
化学原料和化学制品制造业	Manufacture of Raw Chemical Materials and Chemical Products	1053	2491.19
医药制造业	Manufacture of Medicines	466	872.81
化学纤维制造业	Manufacture of Chemical Fibers	39	97.97
橡胶和塑料制品业	Manufacture of Rubber and Plastics	1154	1714.81
非金属矿物制品业	Manufacture of Non-metallic Mineral Products	2173	2618.43
黑色金属冶炼和压延加工业	Smelting and Pressing of Ferrous Metals	409	1885.37
有色金属冶炼和压延加工业	Smelting and Pressing of Non-ferrous Metals	214	2282.99
金属制品业	Manufacture of Metal Products	928	1460.08
通用设备制造业	Manufacture of General Purpose Machinery	1210	2383.97
专用设备制造业	Manufacture of Special Purpose Machinery	954	1652.91
汽车制造业	Manufacture of Automobile	916	3109.93
铁路船舶航空航天和其他运输设备制造业	Manufacture of Railroads, Ships, Aerospace and Other Transportation Equipments	186	335.79
电气机械和器材制造业	Manufacture of Electrical Machinery and Equipment	1278	5313.23
计算机通信和其他电子设备制造业	Manufacture of Computers, Communication and Other Electronic Equipments	601	2386.17
仪器仪表制造业	Manufacture of Measuring Instruments and Machinery	164	234.40
其他制造业	Manufacture of Others	123	132.74
废弃资源综合利用业	Industry of Comprehensive Utilization of Waste Resources	187	532.85
金属制品、机械和设备修理业	Industry of Metal Products, Machinery and Equipment Repair	9	38.39
电力、热力生产和供应业	Production and Supply of Electric Power and Heat Power	161	1543.84
燃气生产和供应业	Production and Supply of Gas	59	144.77
水的生产和供应业	Production and Supply of Water	58	52.22

单位：亿元（100 million yuan）

工业销售产值（现价） Value of Industrial Products Sales (At current prices)	#出口交货值 Delivery Value for Export	资产合计 Total Assets	流动资产合计 Circulating Funds	#存货 Stock	#产成品 Finished Product	固定资产合计 Total of Fixed Assets	固定资产原价 Original Value of Fixed Assets	固定资产累计折旧 Accumulated Depreciation of Fixed Assets
657.76		3205.77	552.86	94.30	25.70	1119.42	1883.90	779.32
421.50		615.01	133.28	12.03	5.96	183.82	311.05	136.14
98.12	0.45	91.59	48.13	4.48	2.93	34.54	49.67	28.80
232.80	0.08	161.55	51.11	8.75	7.16	56.85	76.11	23.98
3196.71	33.58	1151.70	619.94	221.88	78.10	365.63	631.59	287.26
745.09	23.09	343.58	161.60	47.16	21.23	138.06	218.01	104.91
697.86	18.05	619.07	341.41	127.95	38.63	184.36	261.93	95.57
297.47	0.21	342.87	250.37	194.09	9.82	70.73	136.90	69.42
1036.21	131.49	591.72	281.12	90.46	41.14	193.47	334.17	154.11
1136.64	143.24	391.73	210.91	55.92	27.36	137.45	230.31	102.40
472.50	59.55	237.37	139.31	46.16	20.10	64.95	95.12	33.94
730.13	18.81	254.96	130.99	42.18	19.15	90.43	132.52	47.15
394.76	19.25	153.52	84.68	25.26	12.93	53.93	111.75	58.64
420.63	5.93	368.01	125.09	30.00	11.28	125.71	180.03	58.16
450.06	7.97	278.66	158.76	36.84	17.11	90.04	156.92	72.96
498.67	127.86	238.26	128.68	37.19	18.97	72.40	112.27	47.98
379.38	0.11	198.43	69.83	26.23	9.91	138.21	240.12	115.00
2371.29	67.62	1907.35	864.90	179.75	93.38	724.56	1142.42	455.43
835.99	36.31	719.97	416.01	87.21	37.33	194.04	273.65	99.60
94.81	7.51	136.72	36.68	11.42	7.23	60.76	96.79	37.99
1674.34	144.43	1088.65	576.08	146.12	67.96	367.82	627.31	285.40
2556.89	27.93	2147.26	1012.22	174.58	82.19	837.83	1341.90	538.34
1861.39	55.08	1419.21	556.07	189.13	68.30	761.94	1498.59	775.58
2247.34	24.71	1338.23	697.26	211.91	45.98	311.73	578.47	282.51
1424.04	20.20	814.60	491.58	123.60	51.36	230.08	425.24	199.23
2297.91	143.34	1590.60	915.20	213.31	91.42	397.35	797.14	423.74
1590.88	32.42	1119.41	628.53	135.37	53.39	306.07	555.03	269.62
3043.20	135.89	2619.97	1441.76	204.52	98.46	573.70	1006.14	450.44
331.41	11.90	208.07	113.36	23.49	9.37	65.04	94.16	30.29
5157.44	260.81	3200.69	2154.31	352.83	200.30	670.97	1482.47	854.28
2322.01	736.26	2367.26	1496.04	171.52	69.61	617.34	946.10	359.77
227.51	13.34	158.51	96.34	13.78	5.73	47.13	72.12	28.97
130.73	4.96	77.53	45.95	16.42	6.57	24.30	32.20	9.09
528.00	2.35	123.72	76.09	17.47	8.76	38.26	235.27	200.08
38.33	0.95	78.53	58.83	16.29	1.76	15.91	28.66	12.82
1530.72	5.35	2808.47	316.83	26.31	0.87	2228.19	3425.26	1324.54
143.18		203.88	64.94	3.22	1.56	102.50	107.07	29.18
51.26		186.51	64.66	5.95	0.49	86.11	142.24	60.03

13—6 续表3 continued

行业	Sector	负债合计 Total Liabilities	流动负债 Liquid Liabilities
按行业分	**Grouped by Sector**		
煤炭开采和洗选业	Mining and Washing of Coal	2431.52	1436.72
黑色金属矿采选业	Mining and Processing of Ferrous Metal Ores	353.97	262.12
有色金属矿采选业	Mining and Processing of Non-Ferrous Metal Ores	50.27	42.74
非金属矿采选业	Mining and Processing of Nonmetal Ores	84.26	65.76
开采辅助活动	Mining Auxiliary Activities		
农副食品加工业	Processing of Food from Agriculture Products	522.42	425.08
食品制造业	Manufacture of Foods	158.67	128.30
酒、饮料和精制茶制造业	Manufacture of Wine, Beverages and Refined Tea	266.75	232.69
烟草制品业	Manufacture of Tobacco	95.58	95.54
纺织业	Manufacture of Textile	280.56	224.52
纺织服装、服饰业	Manufacture of Textile Wearing Apparel and Clothing	189.47	152.54
皮革毛皮羽毛及其制品和制鞋业	Manufacture of Leather, Furs, Feather and Related Products	116.64	101.01
木材加工及木竹藤棕草制品业	Processing of Timber, Manufacture of Wood, Bamboo, Rattan, Palm and Straw Products	106.50	90.13
家具制造业	Manufacture of Furniture	76.54	64.86
造纸及纸制品业	Manufacture of Paper and Paper Products	172.92	121.96
印刷和记录媒介复制业	Printing, Reproduction of Recording Media	124.44	99.88
文教工美体育和娱乐用品制造业	Manufacture of Culture, Education, Art, Sports and Entertainment Supplies	111.53	90.24
石油加工、炼焦和核燃料加工业	Processing of Petroleum, Coking and Processing of Nuclear Fuel	124.14	121.84
化学原料和化学制品制造业	Manufacture of Raw Chemical Materials and Chemical Products	1069.74	836.07
医药制造业	Manufacture of Medicines	358.51	294.97
化学纤维制造业	Manufacture of Chemical Fibers	85.18	62.16
橡胶和塑料制品业	Manufacture of Rubber and Plastics	483.75	385.80
非金属矿物制品业	Manufacture of Non-metallic Mineral Products	1059.82	839.91
黑色金属冶炼和压延加工业	Smelting and Pressing of Ferrous Metals	846.78	687.66
有色金属冶炼和压延加工业	Smelting and Pressing of Non-ferrous Metals	939.20	721.89
金属制品业	Manufacture of Metal Products	397.24	319.81
通用设备制造业	Manufacture of General Purpose Machinery	835.27	609.24
专用设备制造业	Manufacture of Special Purpose Machinery	600.43	476.78
汽车制造业	Manufacture of Automobile	1715.29	1358.50
铁路船舶航空航天和其他运输设备制造业	Manufacture of Railroads, Ships, Aerospace and Other Transportation Equipments	124.04	101.22
电气机械和器材制造业	Manufacture of Electrical Machinery and Equipment	1756.08	1552.01
计算机通信和其他电子设备制造业	Manufacture of Computers, Communication and Other Electronic Equipments	1347.97	1096.14
仪器仪表制造业	Manufacture of Measuring Instruments and Machinery	67.45	52.69
其他制造业	Manufacture of Others	30.48	25.07
废弃资源综合利用业	Industry of Comprehensive Utilization of Waste Resources	70.41	62.07
金属制品、机械和设备修理业	Industry of Metal Products, Machinery and Equipment Repair	25.15	24.70
电力、热力生产和供应业	Production and Supply of Electric Power and Heat Power	1741.52	972.66
燃气生产和供应业	Production and Supply of Gas	131.82	97.95
水的生产和供应业	Production and Supply of Water	85.17	59.09

单位：亿元（100 million yuan）

非流动负债 Long-term Liabilities	所有者权益 Creditors' Equity	#实收资本 Capital Hold	主营业务收入 Revenue from principal Business	主营业务成本 Cost of Principal Business	主营业务税金及附加 Business and Extra Charges	利润总额 Total Profits	本年应付职工薪酬 Wages Payable in This Year	本年应交增值税 Value Added Tax Payable
982.39	772.86	367.58	1152.89	960.45	16.36	22.76	217.78	65.99
83.42	256.02	169.79	382.57	325.14	3.32	7.39	16.46	8.63
5.63	40.72	17.07	96.35	79.98	1.05	2.74	5.66	3.01
10.96	75.31	42.19	220.79	177.90	3.79	14.90	7.16	6.20
64.41	621.37	238.13	3143.30	2862.30	8.49	128.62	65.73	27.90
11.23	181.30	77.80	729.88	630.12	3.59	38.97	27.76	14.56
18.20	349.16	107.45	658.04	457.40	37.88	75.96	35.89	29.93
0.04	247.28	53.88	297.19	95.09	162.89	9.86	22.16	34.91
37.12	305.53	101.74	1038.17	933.11	5.05	51.20	54.04	16.85
11.16	195.01	78.31	1102.35	989.28	6.29	46.44	85.30	18.52
5.75	118.24	45.36	453.37	402.17	1.58	30.52	22.26	10.02
6.17	142.62	53.29	694.22	626.48	3.39	32.19	22.54	11.16
7.94	75.75	33.55	383.17	331.32	2.16	19.74	14.63	8.24
39.12	193.43	100.73	413.59	367.94	1.43	21.78	12.48	6.03
15.35	151.11	52.75	437.35	374.23	1.93	29.54	21.76	8.40
5.76	123.39	44.78	477.20	419.64	2.24	24.61	28.69	8.88
0.78	74.60	120.36	371.21	262.18	71.45	10.85	6.08	18.55
194.02	824.68	360.36	2255.00	1908.40	10.38	147.36	80.23	43.85
42.37	356.98	148.13	823.81	670.52	3.98	66.63	36.36	20.09
22.55	51.30	31.12	96.49	79.98	0.39	5.89	5.05	1.97
36.13	598.23	926.07	1630.19	1394.03	7.89	106.86	96.73	33.53
159.49	1072.07	520.27	2516.81	2129.11	17.19	179.14	109.44	63.29
141.13	570.25	215.50	1908.10	1722.94	7.88	76.36	56.38	44.02
198.25	401.86	157.88	2921.03	2654.55	5.12	35.60	38.31	29.81
39.24	408.79	163.84	1380.78	1206.58	7.08	84.46	54.45	23.31
112.58	751.57	303.00	2260.67	1978.36	10.69	109.76	96.34	42.74
86.68	516.27	723.38	1554.25	1331.49	8.48	90.17	74.31	28.03
288.50	905.94	361.46	2799.21	2477.61	39.27	125.90	157.38	51.23
18.95	82.59	53.23	319.68	285.06	1.47	16.58	15.78	9.39
113.94	1427.21	700.01	4824.38	4065.90	27.10	321.07	171.27	113.80
218.73	1014.46	654.37	2242.64	1969.35	8.35	124.56	106.12	45.18
9.00	89.62	33.22	225.15	181.35	1.07	21.57	11.02	5.15
3.91	46.57	14.08	130.65	109.00	0.40	10.64	6.53	1.68
1.57	51.85	29.15	500.54	470.60	5.21	15.66	5.36	22.23
0.45	53.28	7.21	30.09	22.93	0.05	3.56	3.51	0.28
718.00	1081.89	791.48	1528.38	1364.86	9.44	113.56	108.72	63.06
26.10	71.33	823.26	133.22	109.05	0.62	14.76	6.89	2.68
22.25	100.76	41.36	53.07	41.31	0.58	3.95	8.40	1.57

13—7 规模以上工业企业主要经济效益指标（2016年）

Main Indicators on Economic Benefit Above Designated Size Industrial Enterprises by Industrial Branch (2016)

项 目	Item
总 计	**Total**
总计中：	**Of the Total:**
内资企业	Domestic Funded Enterprise
国有企业	State-owned Enterprise
集体企业	Collective-owned Enterprise
股份合作企业	Share Holding Cooperative Enterprises
联营企业	Joint Owned Enterprises
有限责任公司	Limited Liability Corporations
股份有限公司	Share-holding Corporations Ltd.
私营企业	Private Enterprises
其他企业	Other Enterprises
港澳台商投资企业	Enterprises Funded by Entrepreneurs from Hong Kong, Macao and Taiwan
外商投资企业	Foreign Funded Enterprises
总计中：	**Of the Total:**
国有及国有控股企业	State Controlling Share Hold Enterprises
总计中：	**Of the Total:**
轻工业	Light Industry
重工业	Heavy Industry
总计中：	**Of the Total:**
大型企业	Large-sized Enterprises
中型企业	Medium-sized Enterprises
小型企业	Small Enterprises

总资产贡献率 (%) Ratio of Total Assets to Industrial Output Value (%)	资产负债率 (%) Assets-liability Ratio (%)	流动资产周转次数 (次/年) Number of Times of Annual of Turnover Circulating Funds (times/year)	工业成本费用利润率 (%) Ratio of Profits to Industrial Cost (%)	产品销售率 (%) Proportion of Products Sold (%)
12.09	**56.73**	**2.73**	**5.63**	**97.45**
11.97	56.25	2.77	5.55	97.61
6.94	59.23	3.51	3.88	98.20
21.03	38.74	2.92	7.95	96.95
7.52	45.85	1.58	5.64	95.34
0.19	92.72	2.69	0.02	100.00
10.16	61.37	2.43	4.86	97.69
9.08	57.29	1.54	6.31	97.58
17.25	48.02	3.81	5.93	97.53
23.99	23.02	12.73	3.76	99.61
12.02	65.37	2.64	5.72	95.61
14.19	56.90	2.40	6.76	97.04
8.08	63.58	2.04	3.63	98.04
17.86	49.29	3.11	6.25	97.31
10.24	59.11	2.58	5.32	97.53
10.17	61.66	2.09	5.04	97.64
12.21	55.21	2.54	7.05	96.63
14.77	50.54	3.59	5.52	97.64

13—7 续表 continued

行　业	Sector
按行业分	**Grouped by Sector**
煤炭开采和洗选业	Mining and Washing of Coal
黑色金属矿采选业	Mining and Processing of Ferrous Metal Ores
有色金属矿采选业	Mining and Processing of Non-Ferrous Metal Ores
非金属矿采选业	Mining and Processing of Nonmetal Ores
开采辅助活动	Mining Auxiliary Activities
农副食品加工业	Processing of Food from Agriculture Products
食品制造业	Manufacture of Foods
酒、饮料和精制茶制造业	Manufacture of Wine, Beverages and Refined Tea
烟草制品业	Manufacture of Tobacco
纺织业	Manufacture of Textile
纺织服装、服饰业	Manufacture of Textile Wearing Apparel and Clothing
皮革毛皮羽毛及其制品和制鞋业	Manufacture of Leather, Furs, Feather and Related Products
木材加工及木竹藤棕草制品业	Processing of Timber, Manufacture of Wood, Bamboo, Rattan, Palm and Straw Products
家具制造业	Manufacture of Furniture
造纸及纸制品业	Manufacture of Paper and Paper Products
印刷和记录媒介复制业	Printing, Reproduction of Recording Media
文教工美体育和娱乐用品制造业	Manufacture of Culture, Education, Art, Sports and Entertainment Supplies
石油加工、炼焦和核燃料加工业	Processing of Petroleum, Coking and Processing of Nuclear Fuel
化学原料和化学制品制造业	Manufacture of Raw Chemical Materials and Chemical Products
医药制造业	Manufacture of Medicines
化学纤维制造业	Manufacture of Chemical Fibers
橡胶和塑料制品业	Manufacture of Rubber and Plastics
非金属矿物制品业	Manufacture of Non-metallic Mineral Products
黑色金属冶炼和压延加工业	Smelting and Pressing of Ferrous Metals
有色金属冶炼和压延加工业	Smelting and Pressing of Non-ferrous Metals
金属制品业	Manufacture of Metal Products
通用设备制造业	Manufacture of General Purpose Machinery
专用设备制造业	Manufacture of Special Purpose Machinery
汽车制造业	Manufacture of Automobile
铁路船舶航空航天和其他运输设备制造业	Manufacture of Railroads, Ships, Aerospace and Other Transportation Equipments
电气机械和器材制造业	Manufacture of Electrical Machinery and Equipment
计算机通信和其他电子设备制造业	Manufacture of Computers, Communication and Other Electronic Equipments
仪器仪表制造业	Manufacture of Measuring Instruments and Machinery
其他制造业	Manufacture of Others
废弃资源综合利用业	Industry of Comprehensive Utilization of Waste Resources
金属制品、机械和设备修理业	Industry of Metal Products, Machinery and Equipment Repair
电力、热力生产和供应业	Production and Supply of Electric Power and Heat Power
燃气生产和供应业	Production and Supply of Gas
水的生产和供应业	Production and Supply of Water

总资产贡献率 (%) Ratio of Total Assets to Industrial Output Value (%)	资产负债率 (%) Assets-liability Ratio (%)	流动资产周转次数 (次/年) Number of Times of Annual of Turnover Circulating Funds (times/year)	工业成本费用利润率 (%) Ratio of Profits to Industrial Cost (%)	产品销售率 (%) Proportion of Products Sold (%)
5.78	75.85	2.19	1.92	97.25
4.30	57.56	2.89	2.05	96.32
8.76	54.88	2.07	2.91	98.69
16.84	52.16	4.33	7.37	98.56
15.72	45.36	5.10	4.26	98.42
17.67	46.18	4.56	5.60	97.89
23.90	43.09	1.95	13.72	92.39
61.15	27.88	1.20	7.75	102.62
13.65	47.41	3.70	5.17	98.10
19.17	48.37	5.23	4.42	98.19
18.78	49.14	3.28	7.14	95.71
19.49	41.77	5.30	4.88	98.39
21.23	49.86	4.58	5.46	98.62
7.84	46.99	3.32	5.53	98.48
15.16	44.66	2.78	7.22	96.69
16.15	46.81	3.71	5.47	97.32
52.19	62.56	5.47	3.75	97.79
11.66	56.09	2.65	6.91	95.19
13.20	49.79	1.98	8.78	95.78
6.81	62.30	2.64	6.50	96.77
14.63	44.44	2.86	6.96	97.64
12.99	49.36	2.51	7.61	97.65
10.08	59.67	3.44	4.22	98.73
6.50	70.18	4.20	1.31	98.44
15.41	48.76	2.85	6.46	97.53
11.03	52.51	2.50	5.10	96.39
12.17	53.64	2.49	6.16	96.25
8.91	65.47	2.00	4.49	97.85
13.77	59.61	2.83	5.46	98.69
15.27	54.87	2.29	7.07	97.07
8.09	56.94	1.51	5.85	97.31
18.11	42.55	2.35	10.55	97.06
17.23	39.31	2.86	8.85	98.48
35.71	56.91	6.58	3.24	99.09
4.12	32.03	0.53	12.67	99.86
8.05	62.01	4.87	7.93	99.15
9.41	64.66	2.10	12.11	98.90
3.71	45.66	0.86	7.48	98.16

13—8 国有控股工业企业主要经济指标（2016年）
Main Indicators of State-owned and State-holding Industrial Enterprises (2016)

项　目	Item	企业单位数（个）Number of Enterprises (unit)	工业总产值（现价）Gross Industrial Output Value
总　计	**Total**	**659**	**8822.87**
总计中：	**Of the Total:**		
内资企业	Domestic Funded Enterprise	623	8509.85
国有企业	State-owned Enterprise	53	1170.05
有限责任公司	Limited Liability Corporations	484	4805.66
股份有限公司	Share-holding Corporations Ltd.	86	2534.14
港澳台商投资企业	Enterprises Funded by Entrepreneurs from Hong Kong, Macao and Taiwan	16	202.62
外商投资企业	Foreign Funded Enterprises	20	110.40
总计中：	**Of the Total:**		
轻工业	Light Industry	153	1273.83
重工业	Heavy Industry	506	7549.04
总计中：	**Of the Total:**		
大型企业	Large-sized Enterprises	98	6790.31
中型企业	Medium-sized Enterprises	167	1126.40
小型企业	Small Enterprises	370	894.33
按行业分	**Grouped by Sector**		
煤炭开采和洗选业	Mining and Washing of Coal	17	655.49
黑色金属矿采选业	Mining and Processing of Ferrous Metal Ores	11	140.79
有色金属矿采选业	Mining and Processing of Non-Ferrous Metal Ores	4	4.20
非金属矿采选业	Mining and Processing of Nonmetal Ores	10	20.55
开采辅助活动	Mining Auxiliary Activities	2	3.62
农副食品加工业	Processing of Food from Agriculture Products	26	83.87
食品制造业	Manufacture of Foods	9	16.98
酒、饮料和精制茶制造业	Manufacture of Wine, Beverages and Refined Tea	7	128.94
烟草制品业	Manufacture of Tobacco	5	285.23
纺织业	Manufacture of Textile	6	36.80
纺织服装、服饰业	Manufacture of Textile Wearing Apparel and Clothing	9	6.64
木材加工及木竹藤棕草制品业	Processing of Timber, Manufacture of Wood, Bamboo, Rattan, Palm and Straw Products	3	1.70
造纸及纸制品业	Manufacture of Paper and Paper Products	1	1.35
印刷和记录媒介复制业	Printing, Reproduction of Recording Media	8	12.75
文教、工美、体育和娱乐用品制造业	Manufacture of Culture, Education, Art, Sports and Entertainment Supplies	1	2.29
石油加工、炼焦和核燃料加工业	Processing of Petroleum, Coking and Processing of Nuclear Fuel	2	244.70
化学原料和化学制品制造业	Manufacture of Raw Chemical Materials and Chemical Products	44	326.29
医药制造业	Manufacture of Medicines	17	75.18
化学纤维制造业	Manufacture of Chemical Fibers	2	40.17
橡胶和塑料制品业	Manufacture of Rubber and Plastics	18	77.83
非金属矿物制品业	Manufacture of Non-metallic Mineral Products	78	376.87
黑色金属冶炼和压延加工业	Smelting and Pressing of Ferrous Metals	13	778.72
有色金属冶炼和压延加工业	Smelting and Pressing of Non-ferrous Metals	10	897.86
金属制品业	Manufacture of Metal Products	19	79.25
通用设备制造业	Manufacture of General Purpose Machinery	43	177.43
专用设备制造业	Manufacture of Special Purpose Machinery	28	156.69
汽车制造业	Manufacture of Automobile	53	1484.53
铁路船舶航空航天和其他运输设备制造业	Manufacture of Railroads, Ships, Aerospace and Other Transportation Equipments	13	57.54
电气机械和器材制造业	Manufacture of Electrical Machinery and Equipment	25	443.76
计算机通信和其他电子设备制造业	Manufacture of Computers, Communication and Other Electronic Equipments	31	634.25
仪器仪表制造业	Manufacture of Measuring Instruments and Machinery	2	6.36
废弃资源综合利用业	Industry of Comprehensive Utilization of Waste Resources	4	9.95
其他制造业	Manufacture of Others	3	47.69
金属制品、机械和设备修理业	Industry of Metal Products, Machinery and Equipment Repair	1	30.02
电力、热力生产和供应业	Production and Supply of Electric Power and Heat Power	89	1395.90
燃气生产和供应业	Production and Supply of Gas	12	50.29
水的生产和供应业	Production and Supply of Water	33	30.40

单位：亿元（100 million yuan）

工业销售产值（现价） Value of Industrial Products Sales (At current prices)	#出口交货值 Delivery Value for Export	资产合计 Total Assets	流动资产合计 Circulating Funds	#存货 Stock	#产成品 Finished Product	固定资产合计 Total of Fixed Assets	固定资产原价 Original Value of Fixed Assets	固定资产累计折旧 Accumulated Depreciation of Fixed Assets
8649.78	**439.50**	**14136.94**	**4877.42**	**1117.33**	**334.07**	**5866.17**	**9643.50**	**4065.02**
8345.35	425.83	13963.94	4802.05	1097.01	327.26	5793.13	9481.69	3976.23
1148.95	3.39	1544.69	328.70	56.89	16.18	1089.58	1792.62	810.42
4705.82	237.29	8529.82	2872.68	747.80	202.19	3267.12	5162.98	1994.35
2490.59	185.15	3889.43	1600.67	292.32	108.89	1436.43	2526.10	1171.46
196.31	13.21	56.14	25.86	9.63	2.38	22.67	48.88	26.22
108.12	0.46	116.86	49.51	10.69	4.43	50.37	112.93	62.57
1223.79	74.76	1378.76	810.97	344.41	84.37	361.81	656.23	320.30
7425.99	364.74	12758.18	4066.46	772.92	249.70	5504.36	8987.27	3744.72
6682.08	381.74	11067.46	3837.38	904.72	255.31	4367.64	7492.57	3343.70
1089.44	51.12	1808.06	638.23	135.96	46.23	797.79	1209.98	467.83
866.97	6.61	1180.18	387.45	73.33	31.89	646.38	885.41	251.29
636.94		3188.76	545.54	93.68	25.22	1111.09	1875.07	773.03
136.91		415.71	84.81	4.19	2.27	115.97	160.39	47.17
4.22		18.03	4.46	0.54	0.22	10.99	10.20	4.21
20.32	0.08	32.83	10.00	1.27	0.77	14.62	23.57	8.95
3.81		4.25	3.49	1.12	1.08	0.76	1.35	0.60
77.00		29.64	16.22	7.73	1.99	10.75	19.80	9.37
15.86	2.43	6.88	2.81	1.14	0.90	3.78	7.52	3.77
104.19	0.84	130.86	75.51	25.20	6.93	27.72	33.29	16.96
292.79	0.21	335.98	247.78	193.25	9.54	67.34	131.73	67.65
36.27	7.59	117.13	40.74	10.60	3.01	26.71	46.85	21.16
6.76		11.57	8.15	0.79	0.42	3.37	4.89	1.79
1.80		1.92	1.05	0.44	0.23	0.62	0.75	0.19
1.33	0.11	7.56	5.00	3.14	2.46	1.95	2.59	0.64
12.87		9.52	5.92	1.28	0.92	2.40	4.44	3.22
1.98		1.27	0.76	0.09		0.13	0.14	0.01
243.76		118.87	27.46	14.08	3.93	105.51	181.43	81.05
301.00	9.84	596.39	201.45	44.18	23.04	283.88	416.82	155.60
69.67	0.07	84.28	48.54	11.63	4.89	26.58	38.17	14.04
38.74	5.39	100.93	20.74	6.15	3.99	44.43	74.74	30.31
77.76	0.54	123.36	52.26	11.35	5.60	44.17	76.06	32.57
370.09	9.05	577.56	245.81	36.64	15.58	260.63	454.34	198.58
777.95	37.83	962.87	351.57	134.68	37.81	557.75	1073.36	545.99
889.03	17.52	890.37	402.53	140.65	24.20	212.05	296.50	97.53
74.34	0.85	71.57	49.83	10.49	4.47	14.66	27.83	13.70
175.17	11.20	313.43	201.83	55.74	19.79	74.84	133.43	59.32
138.47	1.06	253.71	136.05	32.72	12.05	58.11	79.40	26.30
1465.58	102.80	1582.43	882.70	83.59	41.08	260.57	509.50	252.52
58.54	7.21	120.74	70.58	12.32	5.81	30.38	43.11	12.54
433.84	19.86	342.19	265.46	67.07	51.37	51.31	142.80	94.25
623.09	204.55	891.23	475.17	60.89	21.68	323.44	514.71	198.15
6.30		10.31	9.19	0.95	0.08	0.92	1.30	0.38
9.95	0.46	20.87	10.77	5.59	0.67	8.44	9.94	3.12
47.99		8.31	6.69	1.84	0.09	1.48	2.69	1.25
30.02		67.36	51.96	13.89	0.14	12.10	21.33	9.23
1386.38		2446.23	238.28	22.18	0.82	1971.50	3063.89	1220.94
49.42		104.06	26.15	1.42	0.96	62.36	54.10	14.66
29.66		137.95	50.16	4.83	0.04	62.87	105.45	44.27

13—8 续表 continued

项　目	Item	负债合计 Total Liabilities	流动负债 Liquid Liabilities
总　　计	**Total**	**8988.68**	**6113.61**
总计中:	**Of the Total:**		
内资企业	Domestic Funded Enterprise	8899.36	6040.44
国有企业	State-owned Enterprise	914.89	620.00
有限责任公司	Limited Liability Corporations	5445.34	3620.66
股份有限公司	Share-holding Corporations Ltd.	2539.13	1799.79
港澳台商投资企业	Enterprises Funded by Entrepreneurs from Hong Kong, Macao and Taiwar	37.66	25.43
外商投资企业	Foreign Funded Enterprises	51.66	47.73
总计中:	**Of the Total:**		
轻工业	Light Industry	597.92	521.90
重工业	Heavy Industry	8390.76	5591.70
总计中:	**Of the Total:**		
大型企业	Large-sized Enterprises	7150.88	4889.53
中型企业	Medium-sized Enterprises	1015.77	724.70
小型企业	Small Enterprises	760.81	453.45
按行业分	**Grouped by Sector**		
煤炭开采和洗选业	Mining and Washing of Coal	2425.31	1433.06
黑色金属矿采选业	Mining and Processing of Ferrous Metal Ores	244.09	177.64
有色金属矿采选业	Mining and Processing of Non-Ferrous Metal Ores	4.22	2.76
非金属矿采选业	Mining and Processing of Nonmetal Ores	14.82	9.48
开采辅助活动	Mining Auxiliary Activities	2.31	1.96
农副食品加工业	Processing of Food from Agriculture Products	16.73	15.07
食品制造业	Manufacture of Foods	3.55	2.84
酒、饮料和精制茶制造业	Manufacture of Wine, Beverages and Refined Tea	43.92	41.08
烟草制品业	Manufacture of Tobacco	92.48	92.43
纺织业	Manufacture of Textile	50.90	31.03
纺织服装、服饰业	Manufacture of Textile Wearing Apparel and Clothing	3.84	2.86
木材加工及木竹藤棕草制品业	Processing of Timber, Manufacture of Wood, Bamboo, Rattan, Palm and Straw Products	1.88	1.33
造纸及纸制品业	Manufacture of Paper and Paper Products	2.66	2.40
印刷和记录媒介复制业	Printing, Reproduction of Recording Media	2.21	1.60
文教、工美、体育和娱乐用品制造业	Manufacture of Culture, Education, Art, Sports and Entertainment Supplies	1.16	1.16
石油加工、炼焦和核燃料加工业	Processing of Petroleum, Coking and Processing of Nuclear Fuel	75.17	74.04
化学原料和化学制品制造业	Manufacture of Raw Chemical Materials and Chemical Products	416.56	291.84
医药制造业	Manufacture of Medicines	42.66	37.97
化学纤维制造业	Manufacture of Chemical Fibers	58.43	40.81
橡胶和塑料制品业	Manufacture of Rubber and Plastics	48.23	31.48
非金属矿物制品业	Manufacture of Non-metallic Mineral Products	302.49	223.25
黑色金属冶炼和压延加工业	Smelting and Pressing of Ferrous Metals	625.01	498.50
有色金属冶炼和压延加工业	Smelting and Pressing of Non-ferrous Metals	651.47	466.99
金属制品业	Manufacture of Metal Products	35.40	31.47
通用设备制造业	Manufacture of General Purpose Machinery	163.34	132.20
专用设备制造业	Manufacture of Special Purpose Machinery	155.01	113.75
汽车制造业	Manufacture of Automobile	1102.27	878.64
铁路船舶航空航天和其他运输设备制造业	Manufacture of Railroads, Ships, Aerospace and Other Transportation Equipments	83.44	68.19
电气机械和器材制造业	Manufacture of Electrical Machinery and Equipment	184.53	172.53
计算机通信和其他电子设备制造业	Manufacture of Computers, Communication and Other Electronic Equipments	450.38	281.77
仪器仪表制造业	Manufacture of Measuring Instruments and Machinery	5.21	5.21
其他制造业	Manufacture of Others	9.31	7.49
废弃资源综合利用业	Industry of Comprehensive Utilization of Waste Resources	4.79	4.79
金属制品、机械和设备修理业	Industry of Metal Products, Machinery and Equipment Repair	21.67	21.34
电力、热力生产和供应业	Production and Supply of Electric Power and Heat Power	1505.34	823.00
燃气生产和供应业	Production and Supply of Gas	78.07	51.83
水的生产和供应业	Production and Supply of Water	59.84	39.80

单位：亿元（100 million yuan）

非流动负债 Long-term Liabilities	所有者权益 Creditors' Equity	#实收资本 Capital Hold	主营业务收入 Revenue from principal Business	主营业务成本 Cost of Principal Business	主营业务税金及附加 Business and Extra Charges	利润总额 Total Profits	本年应付职工薪酬 Wages Payable in This Year	本年应交增值税 Value Added Tax Payable
2776.95	**5154.75**	**3399.20**	**9685.95**	**8286.74**	**320.97**	**337.69**	**690.90**	**292.80**
2765.65	5071.48	3331.29	9382.05	8019.20	320.01	316.34	673.98	284.64
287.25	627.14	280.89	1142.25	1059.66	11.59	42.92	91.39	38.40
1740.16	3094.06	2538.67	5782.69	4889.35	200.55	182.87	411.90	171.44
738.24	1350.29	511.73	2457.11	2070.19	107.87	90.55	170.68	74.80
7.38	18.18	11.20	198.72	177.89	0.39	15.37	10.17	5.12
3.92	65.09	56.70	105.17	89.65	0.56	5.98	6.75	3.04
71.68	780.10	195.20	1144.06	775.95	178.74	63.27	83.96	61.19
2705.27	4374.65	3204.00	8541.89	7510.79	142.23	274.42	606.93	231.61
2225.82	3912.51	1668.58	7785.51	6665.92	309.84	207.59	578.48	251.72
284.62	806.65	599.55	1052.52	893.04	7.20	72.80	73.91	24.40
253.84	415.55	1118.05	836.56	718.96	3.90	56.51	36.82	16.44
982.26	763.45	362.69	1132.31	941.88	16.18	22.56	215.99	65.82
61.03	168.19	139.85	103.50	85.57	1.39	-1.83	12.23	4.75
1.43	13.82	2.24	4.19	3.24	0.15	-0.34	2.14	0.30
2.16	17.99	12.37	18.42	12.17	0.64	1.33	1.54	1.01
0.35	1.94	1.03	3.82	3.29	0.02	0.11	0.47	0.09
1.60	12.91	6.92	79.12	71.66	0.05	1.83	1.32	0.40
0.70	3.33	2.15	16.20	15.04	0.04	0.45	0.85	0.20
2.83	86.95	13.27	96.34	40.68	11.98	12.67	9.69	9.77
0.04	243.51	53.06	292.41	91.22	162.86	9.99	21.25	34.61
19.87	66.23	5.28	56.38	52.57	0.22	2.06	4.44	0.90
0.96	7.73	3.14	6.61	3.88	0.06	1.10	1.09	0.56
	-0.21	0.29	1.79	1.82	0.01	-0.07	0.06	0.06
0.26	4.91	0.90	1.37	0.54	0.02	0.32	0.45	0.16
0.60	7.31	2.96	11.63	9.46	0.10	0.39	2.57	0.25
	0.11	0.20	2.24	2.26		-0.08	0.05	0.00
0.59	43.70	92.55	243.50	156.49	71.30	5.38	4.51	16.67
124.60	179.76	102.26	299.39	261.53	0.62	5.39	19.34	6.13
4.60	41.62	18.01	72.52	54.36	0.48	3.64	6.21	2.56
17.61	42.50	21.75	47.17	38.48	0.15	2.29	2.65	0.52
16.16	75.12	39.38	73.26	63.75	0.25	0.90	7.04	2.06
77.94	274.97	130.55	390.19	311.72	2.09	41.17	27.08	16.10
126.35	337.86	118.61	853.55	777.11	3.09	25.63	30.27	19.07
177.48	238.90	69.66	1589.02	1463.30	2.19	3.51	23.49	9.50
3.93	36.17	15.92	71.06	59.43	0.16	5.55	6.08	1.47
12.59	148.42	53.67	301.35	275.24	1.25	3.71	21.66	6.29
41.27	98.10	27.22	146.41	120.99	0.61	9.42	13.95	2.93
221.70	479.74	139.66	1262.86	1140.57	31.95	34.55	77.38	15.90
15.23	37.30	31.90	53.33	46.26	0.21	1.68	6.67	0.38
5.31	157.66	28.92	312.82	268.85	1.89	15.80	20.54	6.67
168.18	440.68	361.68	593.14	517.44	2.11	31.54	32.69	7.33
	5.10	1.21	6.30	5.15	0.03	0.67	0.47	0.25
1.82	11.57	2.40	9.58	6.53	0.01	1.08	1.33	0.07
0.00	3.52	1.65	47.97	46.94	0.21	0.48	0.30	1.84
0.33	45.68	5.11	21.95	16.11	0.01	3.01	2.94	0.09
649.86	954.84	696.95	1384.86	1254.93	8.27	86.59	102.49	56.57
20.19	25.99	807.94	49.45	42.68	0.20	3.28	3.16	0.53
17.13	77.37	25.83	29.93	23.59	0.21	1.92	6.49	1.00

13—9 国有控股工业企业主要经济效益指标（2016年）
Main Indicators on Economic Benefit of State-owned and State-holding Industrial Enterprises (2016)

项　目	Item
总　计	**Total**
总计中：	**Of the Total:**
内资企业	Domestic Funded Enterprise
国有企业	State-owned Enterprise
有限责任公司	Limited Liability Corporations
股份有限公司	Share-holding Corporations Ltd.
港澳台商投资企业	Enterprises Funded by Entrepreneurs from Hong Kong, Macao and Taiwan
外商投资企业	Foreign Funded Enterprises
总计中：	**Of the Total:**
轻工业	Light Industry
重工业	Heavy Industry
总计中：	**Of the Total:**
大型企业	Large-sized Enterprises
中型企业	Medium-sized Enterprises
小型企业	Small Enterprises
按行业分	**Grouped by Sector**
煤炭开采和洗选业	Mining and Washing of Coal
黑色金属矿采选业	Mining and Processing of Ferrous Metal Ores
有色金属矿采选业	Mining and Processing of Non-Ferrous Metal Ores
非金属矿采选业	Mining and Processing of Nonmetal Ores
开采辅助活动	Mining Auxiliary Activities
农副食品加工业	Processing of Food from Agriculture Products
食品制造业	Manufacture of Foods
酒、饮料和精制茶制造业	Manufacture of Wine, Beverages and Refined Tea
烟草制品业	Manufacture of Tobacco
纺织业	Manufacture of Textile
纺织服装、服饰业	Manufacture of Textile Wearing Apparel and Clothing
木材加工及木竹藤棕草制品业	Processing of Timber, Manufacture of Wood, Bamboo, Rattan, Palm and Straw Products
造纸及纸制品业	Manufacture of Paper and Paper Products
印刷和记录媒介复制业	Printing, Reproduction of Recording Media
文教、工美、体育和娱乐用品制造业	Manufacture of Culture, Education, Art, Sports and Entertainment Supplies
石油加工、炼焦和核燃料加工业	Processing of Petroleum, Coking and Processing of Nuclear Fuel
化学原料和化学制品制造业	Manufacture of Raw Chemical Materials and Chemical Products
医药制造业	Manufacture of Medicines
化学纤维制造业	Manufacture of Chemical Fibers
橡胶和塑料制品业	Manufacture of Rubber and Plastics
非金属矿物制品业	Manufacture of Non-metallic Mineral Products
黑色金属冶炼和压延加工业	Smelting and Pressing of Ferrous Metals
有色金属冶炼和压延加工业	Smelting and Pressing of Non-ferrous Metals
金属制品业	Manufacture of Metal Products
通用设备制造业	Manufacture of General Purpose Machinery
专用设备制造业	Manufacture of Special Purpose Machinery
汽车制造业	Manufacture of Automobile
铁路船舶航空航天和其他运输设备制造业	Manufacture of Railroads, Ships, Aerospace and Other Transportation Equipments
电气机械和器材制造业	Manufacture of Electrical Machinery and Equipment
计算机通信和其他电子设备制造业	Manufacture of Computers, Communication and Other Electronic Equipments
仪器仪表制造业	Manufacture of Measuring Instruments and Machinery
废弃资源综合利用业	Industry of Comprehensive Utilization of Waste Resources
其他制造业	Manufacture of Others
金属制品、机械和设备修理业	Industry of Metal Products, Machinery and Equipment Repair
电力、热力生产和供应业	Production and Supply of Electric Power and Heat Power
燃气生产和供应业	Production and Supply of Gas
水的生产和供应业	Production and Supply of Water

总资产贡献率 (%) Ratio of Total Assets to Industrial Output Value (%)	资产负债率 (%) Assets-liability Ratio (%)	流动资产周转次数 (次/年) Number of Times of Annual of Turnover Circulating Funds (times/year)	工业成本费用利润率 (%) Ratio of Profits to Industrial Cost (%)	产品销售率 (%) Proportion of Products Sold (%)
8.08	**63.58**	**2.04**	**3.63**	**98.04**
7.96	63.73	2.00	3.50	98.07
6.94	59.23	3.51	3.88	98.20
8.08	63.84	2.06	3.33	97.92
8.09	65.28	1.60	3.72	98.28
37.31	67.07	7.71	8.38	96.88
8.67	44.21	2.16	5.95	97.94
22.40	43.37	1.46	6.69	96.07
6.53	65.77	2.15	3.28	98.37
8.43	64.61	2.08	2.77	98.41
6.44	56.18	1.70	7.19	96.72
7.75	64.47	2.19	7.13	96.94
5.79	76.06	2.18	1.93	97.17
2.29	58.72	1.24	-1.70	97.24
0.76	23.39	1.65	-4.86	100.62
10.40	45.14	1.86	7.90	98.87
5.19	54.27	1.12	2.89	105.08
10.79	56.43	4.91	2.40	91.80
10.43	51.58	5.92	2.78	93.39
26.29	33.56	1.29	17.22	80.81
62.33	27.52	1.19	8.17	102.65
3.84	43.46	1.39	3.56	98.56
14.95	33.21	0.81	19.66	101.81
3.66	98.03	1.72	-3.49	106.17
6.88	35.11	0.27	28.58	98.31
7.74	23.18	1.99	3.40	100.90
-5.64	91.25	2.97	-3.50	86.33
80.34	63.24	9.13	3.09	99.62
3.70	69.85	1.55	1.74	92.25
8.47	50.62	1.51	5.21	92.66
3.72	57.89	2.27	5.08	96.43
3.24	39.10	1.41	1.22	99.92
11.18	52.37	1.61	11.49	98.20
6.22	64.91	2.43	3.10	99.90
3.04	73.17	3.95	0.23	99.02
10.66	49.46	1.45	8.23	93.80
4.14	52.11	1.53	1.22	98.72
6.11	61.10	1.11	6.73	88.37
5.80	69.66	1.51	2.58	98.72
2.20	69.11	0.77	3.13	101.74
6.98	53.93	1.32	4.70	97.76
5.47	50.53	1.26	5.55	98.24
9.44	50.52	0.68	11.84	99.05
6.33	44.58	0.90	12.86	100.03
30.82	57.62	7.17	1.02	100.63
3.49	32.17	0.44	14.66	100.00
7.62	61.54	5.87	6.59	99.32
4.46	75.03	1.94	6.91	98.27
2.53	43.38	0.64	6.17	97.59

13—10 外商投资和港澳台商投资工业企业主要经济指标（2016年）
Main Indicators of Industrial Enterprises with Hong Kong, Macao, Taiwan and Foreign Funds (2016)

项目	Item	企业单位数（个）Number of Enterprises (unit)	工业总产值（现价）Gross Industrial Output Value
总计	**Total**	**760**	**5448.76**
总计中：	**Of the Total:**		
港澳台商投资企业	Enterprises Funded by Entrepreneurs from Hong Kong, Macao and Taiwan	310	2568.57
外商投资企业	Foreign Funded Enterprises	450	2880.18
总计中：	**Of the Total:**		
轻工业	Light Industry	330	2061.32
重工业	Heavy Industry	430	3387.44
总计中：	**Of the Total:**		
大型企业	Large-sized Enterprises	53	2745.97
中型企业	Medium-sized Enterprises	190	1709.33
小型企业	Small Enterprises	486	977.59
按行业分	**Grouped by Sector**		
黑色金属矿采选业	Mining and Processing of Ferrous Metal Ores	2	6.80
有色金属矿采选业	Mining and Processing of Non-Ferrous Metal Ores	1	0.35
非金属矿采选业	Mining and Processing of Nonmetal Ores	4	2.85
农副食品加工业	Processing of Food from Agriculture Products	27	191.08
食品制造业	Manufacture of Foods	20	119.68
酒、饮料和精制茶制造业	Manufacture of Wine, Beverages and Refined Tea	22	87.79
纺织业	Manufacture of Textile	32	55.79
纺织服装、服饰业	Manufacture of Textile Wearing Apparel and Clothing	57	167.70
皮革毛皮羽毛及其制品和制鞋业	Manufacture of Leather, Furs, Feather and Related Products	18	66.88
木材加工及木竹藤棕草制品业	Processing of Timber, Manufacture of Wood, Bamboo, Rattan, Palm and Straw Products	6	8.70
家具制造业	Manufacture of Furniture	3	50.04
造纸及纸制品业	Manufacture of Paper and Paper Products	12	56.26
印刷和记录媒介复制业	Printing, Reproduction of Recording Media	11	41.50
文教工美体育和娱乐用品制造业	Manufacture of Culture, Education, Art, Sports and Entertainment Supplies	22	25.04
石油加工、炼焦和核燃料加工业	Processing of Petroleum, Coking and Processing of Nuclear Fuel	3	61.83
化学原料和化学制品制造业	Manufacture of Raw Chemical Materials and Chemical Products	63	402.73
医药制造业	Manufacture of Medicines	20	56.33
化学纤维制造业	Manufacture of Chemical Fibers	4	20.18
橡胶和塑料制品业	Manufacture of Rubber and Plastics	39	194.42
非金属矿物制品业	Manufacture of Non-metallic Mineral Products	36	114.55
黑色金属冶炼和压延加工业	Smelting and Pressing of Ferrous Metals	9	199.72
有色金属冶炼和压延加工业	Smelting and Pressing of Non-ferrous Metals	7	440.04
金属制品业	Manufacture of Metal Products	28	89.46
通用设备制造业	Manufacture of General Purpose Machinery	51	593.27
专用设备制造业	Manufacture of Special Purpose Machinery	36	238.44
汽车制造业	Manufacture of Automobile	68	302.36
铁路船舶航空航天和其他运输设备制造业	Manufacture of Railroads, Ships, Aerospace and Other Transportation Equipments	4	3.16
电气机械和器材制造业	Manufacture of Electrical Machinery and Equipment	52	914.44
计算机通信和其他电子设备制造业	Manufacture of Computers, Communication and Other Electronic Equipments	40	667.52
仪器仪表制造业	Manufacture of Measuring Instruments and Machinery	4	59.05
其他制造业	Manufacture of Others	2	2.01
废弃资源综合利用业	Industry of Comprehensive Utilization of Waste Resources	4	10.90
金属制品、机械和设备修理业	Industry of Metal Products, Machinery and Equipment Repair	1	0.97
电力、热力生产和供应业	Production and Supply of Electric Power and Heat Power	19	124.75
燃气生产和供应业	Production and Supply of Gas	28	63.61
水的生产和供应业	Production and Supply of Water	5	8.55

单位：亿元（100 million yuan）

工业销售产值（现价） Value of Industrial Products Sales (At current prices)	#出口交货值 Delivery Value for Export	资产合计 Total Assets	流动资产合计 Circulating Funds	#存货 Stock	#产成品 Finished Product	固定资产合计 Total of Fixed Assets	固定资产原价 Original Value of Fixed Assets	固定资产累计折旧 Accumulated Depreciation of Fixed Assets
5250.80	**599.61**	**3508.89**	**2053.58**	**306.98**	**132.10**	**1079.41**	**2071.45**	**1054.82**
2455.89	409.80	1636.95	930.09	126.02	45.31	531.80	851.58	361.69
2794.91	189.81	1871.94	1123.49	180.96	86.80	547.61	1219.88	693.14
1975.87	160.07	1221.44	760.21	125.66	63.33	353.43	758.96	440.05
3274.93	439.54	2287.45	1293.36	181.33	68.77	725.98	1312.49	614.77
2615.30	450.81	1748.52	1205.49	131.02	62.44	365.17	832.43	496.80
1666.86	73.43	1002.14	474.13	104.39	38.62	419.04	759.77	357.51
954.23	73.48	713.90	355.61	69.35	30.11	275.84	460.29	198.44
6.43		24.36	3.50	0.25	0.04	10.07	16.94	9.91
0.33		0.50	0.19	0.12	0.08	0.31	0.33	0.02
2.82		3.81	1.36	0.24	0.10	0.99	1.87	1.00
192.18	0.25	100.22	55.76	25.43	11.27	30.70	77.61	46.83
114.47	4.61	67.58	19.05	4.59	1.48	39.95	39.67	16.68
80.05		88.35	34.28	8.73	1.49	45.21	69.28	24.23
55.63	15.80	41.91	20.05	8.40	3.06	15.64	37.67	22.43
164.45	47.95	49.70	26.76	6.87	3.38	18.93	32.49	15.01
64.81	5.01	39.85	20.02	2.09	0.76	12.13	16.82	5.04
8.50	2.74	3.87	2.82	0.75	0.43	0.58	0.88	0.35
49.92		10.85	9.06	0.82	0.38	1.54	9.85	8.37
55.74	0.08	37.43	16.61	2.75	1.24	17.26	22.54	5.41
34.71	0.40	26.19	17.37	3.94	2.43	6.89	13.75	7.20
24.46	7.48	12.72	6.93	1.81	0.98	4.94	6.32	2.05
54.52	0.11	42.05	15.74	3.91	0.92	25.92	47.24	29.19
368.41	13.83	306.64	165.98	19.84	11.11	107.56	197.87	84.17
53.10	3.05	41.18	25.01	5.45	1.60	11.13	19.47	8.95
19.79		18.54	4.01	1.69	1.51	13.79	19.43	5.65
192.66	33.27	208.42	102.71	25.17	12.54	92.97	167.84	76.36
107.99	6.11	216.89	88.20	12.01	5.67	84.71	122.12	38.92
196.69	4.54	32.58	21.53	8.25	3.28	10.04	30.27	20.25
440.35		93.17	67.87	8.26	3.54	13.70	18.62	4.92
88.30	3.06	69.20	29.58	6.19	3.02	20.78	37.90	14.42
569.49	29.65	267.75	139.42	25.90	9.57	67.70	148.98	88.04
234.36	7.73	97.60	57.57	12.09	4.18	33.65	86.14	53.93
293.25	8.72	214.79	136.10	26.46	9.64	57.56	103.67	46.68
2.94	0.73	4.98	2.61	0.57	0.06	1.92	2.57	0.77
862.32	54.20	542.52	419.43	47.86	31.35	85.44	299.19	226.17
646.59	333.01	478.76	424.73	26.94	4.43	38.56	58.03	33.58
58.16	9.67	32.84	26.38	2.42	1.68	4.34	10.22	5.92
2.00	1.32	1.78	1.05	0.40	0.18	0.65	0.73	0.10
9.97		3.54	2.50	0.53	0.31	0.96	2.11	1.16
0.97	0.95	0.86	0.44	0.08	0.02	0.38	0.63	0.25
122.38	5.35	219.07	48.91	4.37		152.47	282.97	128.66
63.60		77.82	30.43	1.17	0.15	34.65	44.79	11.38
8.49		30.58	9.59	0.66	0.21	15.40	24.60	10.82

13—10 续表 continued

项目	Item	负债合计 Total Liabilities	流动负债 Liquid Liabilities
总计	**Total**	**2135.15**	**1862.75**
总计中：	**Of the Total:**		
港澳台商投资企业	Enterprises Funded by Entrepreneurs from Hong Kong, Macao and Taiwan	1070.00	939.77
外商投资企业	Foreign Funded Enterprises	1065.16	922.98
总计中：	**Of the Total:**		
轻工业	Light Industry	721.02	649.21
重工业	Heavy Industry	1414.13	1213.54
总计中：	**Of the Total:**		
大型企业	Large-sized Enterprises	1176.03	1080.01
中型企业	Medium-sized Enterprises	585.24	489.63
小型企业	Small Enterprises	349.56	272.94
按行业分	**Grouped by Sector**		
黑色金属矿采选业	Mining and Processing of Ferrous Metal Ores	10.96	9.81
有色金属矿采选业	Mining and Processing of Non-Ferrous Metal Ores	0.36	0.36
非金属矿采选业	Mining and Processing of Nonmetal Ores	1.54	1.54
农副食品加工业	Processing of Food from Agriculture Products	66.72	62.69
食品制造业	Manufacture of Foods	38.79	23.55
酒、饮料和精制茶制造业	Manufacture of Wine, Beverages and Refined Tea	51.62	48.23
纺织业	Manufacture of Textile	20.72	15.96
纺织服装、服饰业	Manufacture of Textile Wearing Apparel and Clothing	27.84	23.12
皮革毛皮羽毛及其制品和制鞋业	Manufacture of Leather, Furs, Feather and Related Products	19.81	18.38
木材加工及木竹藤棕草制品业	Processing of Timber, Manufacture of Wood, Bamboo, Rattan, Palm and Straw Products	2.16	2.11
家具制造业	Manufacture of Furniture	9.06	8.62
造纸及纸制品业	Manufacture of Paper and Paper Products	13.13	11.73
印刷和记录媒介复制业	Printing, Reproduction of Recording Media	7.76	6.19
文教工美体育和娱乐用品制造业	Manufacture of Culture, Education, Art, Sports and Entertainment Supplies	5.29	4.32
石油加工、炼焦和核燃料加工业	Processing of Petroleum, Coking and Processing of Nuclear Fuel	22.44	21.47
化学原料和化学制品制造业	Manufacture of Raw Chemical Materials and Chemical Products	178.60	155.66
医药制造业	Manufacture of Medicines	14.47	8.41
化学纤维制造业	Manufacture of Chemical Fibers	18.26	8.04
橡胶和塑料制品业	Manufacture of Rubber and Plastics	99.46	87.97
非金属矿物制品业	Manufacture of Non-metallic Mineral Products	75.21	70.37
黑色金属冶炼和压延加工业	Smelting and Pressing of Ferrous Metals	26.08	25.07
有色金属冶炼和压延加工业	Smelting and Pressing of Non-ferrous Metals	82.07	71.65
金属制品业	Manufacture of Metal Products	26.63	18.76
通用设备制造业	Manufacture of General Purpose Machinery	176.62	107.76
专用设备制造业	Manufacture of Special Purpose Machinery	30.51	25.26
汽车制造业	Manufacture of Automobile	122.56	109.33
铁路船舶航空航天和其他运输设备制造业	Manufacture of Railroads, Ships, Aerospace and Other Transportation Equipments	1.80	1.64
电气机械和器材制造业	Manufacture of Electrical Machinery and Equipment	352.72	335.77
计算机通信和其他电子设备制造业	Manufacture of Computers, Communication and Other Electronic Equipments	428.66	421.53
仪器仪表制造业	Manufacture of Measuring Instruments and Machinery	13.74	13.29
其他制造业	Manufacture of Others	1.26	0.91
废弃资源综合利用业	Industry of Comprehensive Utilization of Waste Resources	2.12	2.12
金属制品、机械和设备修理业	Industry of Metal Products, Machinery and Equipment Repair	0.32	0.32
电力、热力生产和供应业	Production and Supply of Electric Power and Heat Power	123.93	89.78
燃气生产和供应业	Production and Supply of Gas	44.35	37.10
水的生产和供应业	Production and Supply of Water	17.56	13.94

单位：亿元（100 million yuan）

非流动负债 Long-term Liabilities	所有者权益 Creditors' Equity	#实收资本 Capital Hold	主营业务收入 Revenue from principal Business	主营业务成本 Cost of Principal Business	主营业务税金及附加 Business and Extra Charges	利润总额 Total Profits	本年应付职工薪酬 Wages Payable in This Year	本年应交增值税 Value Added Tax Payable
159.13	**1384.29**	**838.82**	**5051.78**	**4275.32**	**24.64**	**294.86**	**196.73**	**122.22**
89.93	570.73	325.62	2416.86	2072.39	9.44	126.58	77.59	50.83
69.20	813.56	513.20	2634.92	2202.93	15.20	168.28	119.13	71.39
43.11	507.27	308.35	1912.62	1600.10	12.92	119.14	82.81	48.38
116.02	877.02	530.47	3139.16	2675.22	11.72	175.72	113.91	73.84
49.00	581.91	295.84	2488.80	2120.46	12.20	152.74	93.64	69.49
70.14	416.68	282.10	1627.01	1362.08	7.46	77.30	61.96	34.44
35.84	365.72	242.01	921.63	781.10	4.93	63.87	39.59	18.31
1.16	13.40	3.92	6.30	5.11	0.22	0.27	0.70	0.50
	0.14	0.03	0.33	0.30		0.01	0.03	0.01
	2.27	2.44	2.75	2.15	0.03	0.11	0.09	0.09
1.22	43.43	49.10	195.06	178.00	0.43	5.54	5.37	1.64
2.90	28.79	21.80	117.85	104.08	0.70	4.60	3.48	2.30
3.33	36.73	25.61	83.13	57.48	2.91	10.56	6.15	5.13
2.64	20.77	15.66	54.27	47.02	0.36	2.80	3.64	0.49
2.73	20.31	13.57	159.75	148.14	1.08	3.15	12.49	1.49
0.37	19.57	8.54	64.62	51.70	0.43	11.61	5.04	2.42
0.05	1.68	0.60	8.50	7.98	0.02	0.25	0.42	0.07
	1.80	1.31	46.83	40.20	0.25	2.07	0.81	2.50
0.06	24.17	20.00	51.67	45.96	0.10	3.69	1.02	0.72
0.20	18.43	5.58	32.85	26.29	0.14	4.51	1.52	1.02
0.59	7.42	3.72	24.64	21.48	0.13	1.70	2.71	0.45
	19.61	15.24	50.37	40.72	0.05	1.81	0.98	1.37
13.52	127.91	78.36	343.18	265.41	2.61	25.75	13.72	10.23
1.86	26.71	7.94	52.96	37.06	0.23	6.14	2.17	1.55
10.22	0.27	6.77	18.04	15.35	0.05	1.25	0.64	0.32
7.87	108.30	62.95	189.46	153.50	1.19	11.00	20.58	6.70
4.06	141.57	76.71	109.58	76.90	0.70	22.84	7.24	3.08
1.00	6.50	17.33	199.96	171.29	0.82	15.47	3.89	6.53
10.42	16.04	8.88	440.21	352.44	0.18	2.22	0.99	0.32
6.95	42.38	33.17	88.09	74.25	0.81	4.69	4.31	1.62
20.99	90.80	37.07	477.60	429.95	1.21	17.62	13.99	7.10
0.92	67.68	47.80	232.57	200.59	0.72	15.73	7.44	3.83
7.06	91.71	54.26	285.54	240.41	1.49	21.57	20.31	9.10
	3.16	3.18	2.88	2.27	0.21	0.06	0.24	0.13
16.36	189.80	70.69	809.75	666.45	5.05	39.10	27.38	21.46
1.19	49.88	41.76	643.18	613.09	0.37	17.32	15.29	19.60
0.44	19.11	8.05	58.16	39.55	0.41	9.75	3.29	1.59
0.35	0.53	0.64	2.12	1.74	0.03	0.10	0.34	0.00
	1.42	0.82	9.97	9.94	0.11	0.25	0.15	0.38
	0.54	0.10	0.95	0.72		0.11	0.10	
34.15	95.11	75.28	120.20	95.27	1.13	21.26	5.83	6.32
3.27	33.34	10.98	58.38	45.44	0.30	9.10	2.96	1.83
3.24	13.02	8.96	10.09	7.08	0.18	0.85	1.38	0.35

13—11 外商投资和港澳台商投资工业企业主要经济效益指标（2016年）

Main Indicators on Economic Benefit of Industrial Enterprises with Hong Kong, Macao, Taiwan and Foreign Funds (2016)

项　目	Item
总　计	**Total**
总计中:	**Of the Total:**
港澳台商投资企业	Enterprises Funded by Entrepreneurs from Hong Kong, Macao and Taiwan
外商投资企业	Foreign Funded Enterprises
总计中:	**Of the Total:**
轻工业	Light Industry
重工业	Heavy Industry
总计中:	**Of the Total:**
大型企业	Large-sized Enterprises
中型企业	Medium-sized Enterprises
小型企业	Small Enterprises
按行业分	**Grouped by Sector**
黑色金属矿采选业	Mining and Processing of Ferrous Metal Ores
有色金属矿采选业	Mining and Processing of Non-Ferrous Metal Ores
非金属矿采选业	Mining and Processing of Nonmetal Ores
农副食品加工业	Processing of Food from Agriculture Products
食品制造业	Manufacture of Foods
酒、饮料和精制茶制造业	Manufacture of Wine, Beverages and Refined Tea
纺织业	Manufacture of Textile
纺织服装、服饰业	Manufacture of Textile Wearing Apparel and Clothing
皮革毛皮羽毛及其制品和制鞋业	Manufacture of Leather, Furs, Feather and Related Products
木材加工及木竹藤棕草制品业	Processing of Timber, Manufacture of Wood, Bamboo, Rattan, Palm and Straw Products
家具制造业	Manufacture of Furniture
造纸及纸制品业	Manufacture of Paper and Paper Products
印刷和记录媒介复制业	Printing, Reproduction of Recording Media
文教工美体育和娱乐用品制造业	Manufacture of Culture, Education, Art, Sports and Entertainment Supplies
石油加工、炼焦和核燃料加工业	Processing of Petroleum, Coking and Processing of Nuclear Fuel
化学原料和化学制品制造业	Manufacture of Raw Chemical Materials and Chemical Products
医药制造业	Manufacture of Medicines
化学纤维制造业	Manufacture of Chemical Fibers
橡胶和塑料制品业	Manufacture of Rubber and Plastics
非金属矿物制品业	Manufacture of Non-metallic Mineral Products
黑色金属冶炼和压延加工业	Smelting and Pressing of Ferrous Metals
有色金属冶炼和压延加工业	Smelting and Pressing of Non-ferrous Metals
金属制品业	Manufacture of Metal Products
通用设备制造业	Manufacture of General Purpose Machinery
专用设备制造业	Manufacture of Special Purpose Machinery
汽车制造业	Manufacture of Automobile
铁路船舶航空航天和其他运输设备制造业	Manufacture of Railroads, Ships, Aerospace and Other Transportation Equipments
电气机械和器材制造业	Manufacture of Electrical Machinery and Equipment
计算机通信和其他电子设备制造业	Manufacture of Computers, Communication and Other Electronic Equipments
仪器仪表制造业	Manufacture of Measuring Instruments and Machinery
其他制造业	Manufacture of Others
废弃资源综合利用业	Industry of Comprehensive Utilization of Waste Resources
金属制品、机械和设备修理业	Industry of Metal Products, Machinery and Equipment Repair
电力、热力生产和供应业	Production and Supply of Electric Power and Heat Power
燃气生产和供应业	Production and Supply of Gas
水的生产和供应业	Production and Supply of Water

总资产贡献率 (%) Ratio of Total Assets to Industrial Output Value (%)	资产负债率 (%) Assets-liability Ratio (%)	流动资产周转次数 (次/年) Number of Times of Annual of Turnover Circulating Funds (times/year)	工业成本费用利润率 (%) Ratio of Profits to Industrial Cost (%)	产品销售率 (%) Proportion of Products Sold (%)
13.18	**60.85**	**2.51**	**6.27**	**96.37**
12.02	65.37	2.64	5.72	95.61
14.19	56.90	2.40	6.76	97.04
15.37	59.03	2.57	6.57	95.85
12.01	61.82	2.47	6.08	96.68
13.95	67.26	2.12	6.44	95.24
12.55	58.40	3.48	5.30	97.52
12.78	48.96	2.62	7.42	97.61
3.76	45.00	1.87	4.33	94.62
6.46	72.51	1.75	4.31	95.46
6.42	40.48	2.02	4.22	98.88
8.43	66.57	3.54	2.93	100.58
11.73	57.40	6.46	3.89	95.65
22.27	58.43	2.50	14.76	91.18
9.45	49.45	2.74	5.30	99.70
11.93	56.01	5.97	2.02	98.06
36.65	49.72	3.24	21.12	96.90
8.38	55.79	3.01	3.03	97.64
45.17	83.46	5.51	4.75	99.76
12.43	35.08	3.13	7.61	99.07
22.05	29.62	1.92	16.03	83.65
18.36	41.62	3.56	7.40	97.69
8.07	53.37	3.43	3.88	88.18
13.24	58.24	2.13	7.93	91.48
19.43	35.14	2.13	13.01	94.26
8.72	98.49	4.49	7.45	98.08
9.83	47.72	1.92	5.98	99.09
12.73	34.68	1.37	22.91	94.27
70.82	80.04	9.31	8.81	98.48
3.27	88.09	6.49	0.62	100.07
10.99	38.49	3.03	5.79	98.71
10.43	65.97	3.49	3.86	95.99
21.04	31.26	4.05	7.50	98.29
15.41	57.06	2.16	7.96	96.98
9.21	36.23	1.11	2.15	93.13
13.02	65.01	1.98	5.01	94.30
7.82	89.54	1.52	2.76	96.86
35.53	41.82	2.24	19.79	98.50
7.26	70.95	2.05	4.81	99.44
21.33	59.93	3.98	2.49	91.47
12.90	37.47	2.18	12.47	100.00
14.33	56.57	2.50	21.21	98.10
14.70	56.99	1.97	17.78	99.98
5.28	57.43	1.08	8.78	99.27

13—12 私营工业企业主要经济指标（2016年）
Main Indicators of Private Enterprises (2016)

项　目	Item	企业单位数（个）Number of Enterprises (unit)	工业总产值（现价）Gross Industrial Output Value
总　计	**Total**	**14016**	**19785.86**
总计中：	**Of the Total:**		
私营独资	Private Sole-source Investment Enterprise	389	382.21
私营合伙	Private Partnership Enterprise	61	47.33
私营有限责任公司	Private Companies with Limited Liabilities	13001	18049.60
私营股份有限公司	Private Share-holding Companies with Limited Liabilities	565	1306.73
总计中：	**Of the Total:**		
轻工业	Light Industry	5997	7818.19
重工业	Heavy Industry	8019	11967.67
总计中：	**Of the Total:**		
大型企业	Large-sized Enterprises	55	1065.26
中型企业	Medium-sized Enterprises	719	3401.66
小型企业	Small Enterprises	12097	14974.30
按行业分	**Grouped by Sector**		
煤炭开采和洗选业	Mining and Washing of Coal	8	18.73
黑色金属矿采选业	Mining and Processing of Ferrous Metal Ores	54	258.55
有色金属矿采选业	Mining and Processing of Non-Ferrous Metal Ores	51	82.44
非金属矿采选业	Mining and Processing of Nonmetal Ores	155	166.85
农副食品加工业	Processing of Food from Agriculture Products	1378	2265.20
食品制造业	Manufacture of Foods	346	398.70
酒、饮料和精制茶制造业	Manufacture of Wine, Beverages and Refined Tea	259	313.58
纺织业	Manufacture of Textile	516	735.59
纺织服装、服饰业	Manufacture of Textile Wearing Apparel and Clothing	843	779.10
皮革毛皮羽毛及其制品和制鞋业	Manufacture of Leather, Furs, Feather and Related Products	232	300.29
木材加工及木竹藤棕草制品业	Processing of Timber, Manufacture of Wood, Bamboo, Rattan, Palm and Straw Products	489	542.16
家具制造业	Manufacture of Furniture	266	305.01
造纸及纸制品业	Manufacture of Paper and Paper Products	186	216.17
印刷和记录媒介复制业	Printing, Reproduction of Recording Media	249	283.67
文教工美体育和娱乐用品制造业	Manufacture of Culture, Education, Art, Sports and Entertainment Supplies	410	390.06
石油加工、炼焦和核燃料加工业	Processing of Petroleum, Coking and Processing of Nuclear Fuel	13	63.00
化学原料和化学制品制造业	Manufacture of Raw Chemical Materials and Chemical Products	703	1134.10
医药制造业	Manufacture of Medicines	232	374.03
化学纤维制造业	Manufacture of Chemical Fibers	26	33.54
橡胶和塑料制品业	Manufacture of Rubber and Plastics	884	1038.61
非金属矿物制品业	Manufacture of Non-metallic Mineral Products	1595	1617.10
黑色金属冶炼和压延加工业	Smelting and Pressing of Ferrous Metals	350	820.74
有色金属冶炼和压延加工业	Smelting and Pressing of Non-ferrous Metals	150	457.69
金属制品业	Manufacture of Metal Products	719	957.24
通用设备制造业	Manufacture of General Purpose Machinery	890	1143.63
专用设备制造业	Manufacture of Special Purpose Machinery	687	929.38
汽车制造业	Manufacture of Automobile	584	868.72
铁路船舶航空航天和其他运输设备制造业	Manufacture of Railroads, Ships, Aerospace and Other Transportation Equipments	133	229.37
电气机械和器材制造业	Manufacture of Electrical Machinery and Equipment	880	2020.13
计算机通信和其他电子设备制造业	Manufacture of Computers, Communication and Other Electronic Equipments	350	545.07
仪器仪表制造业	Manufacture of Measuring Instruments and Machinery	130	142.75
其他制造业	Manufacture of Others	85	100.46
废弃资源综合利用业	Industry of Comprehensive Utilization of Waste Resources	111	215.34
金属制品、机械和设备修理业	Industry of Metal Products, Machinery and Equipment Repair	4	3.77
电力、热力生产和供应业	Production and Supply of Electric Power and Heat Power	27	18.30
燃气生产和供应业	Production and Supply of Gas	10	9.04
水的生产和供应业	Production and Supply of Water	11	7.78

单位：亿元（100 million yuan）

工业销售产值（现价） Value of Industrial Products Sales (At current prices)	#出口交货值 Delivery Value for Export	资产合计 Total Assets	流动资产合计 Circulating Funds	#存货 Stock	#产成品 Finished Product	固定资产合计 Total of Fixed Assets	固定资产原价 Original Value of Fixed Assets	固定资产累计折旧 Accumulated Depreciation of Fixed Assets
19297.28	**648.19**	**9270.15**	**4926.78**	**1197.52**	**578.78**	**3091.93**	**5284.62**	**2396.73**
376.16	4.48	103.44	49.68	12.56	6.56	43.03	65.00	25.30
46.25	1.64	13.29	8.43	2.32	1.33	3.85	5.32	1.65
17601.47	593.39	8331.40	4420.12	1078.23	517.09	2825.55	4848.23	2205.77
1273.41	48.68	822.01	448.55	104.40	53.79	219.49	366.08	164.00
7637.10	415.64	3258.97	1745.14	529.20	245.85	1043.19	1726.61	758.95
11660.18	232.54	6011.18	3181.64	668.32	332.93	2048.74	3558.01	1637.78
1037.89	89.21	921.84	439.90	75.14	40.02	341.85	611.26	285.03
3283.91	244.40	1724.51	893.54	231.30	115.68	551.85	1059.78	551.41
14640.70	304.43	6261.88	3414.97	850.71	405.56	2068.93	3473.57	1540.04
18.71		15.09	6.99	0.53	0.45	6.78	7.15	6.16
247.02		152.13	33.55	4.99	2.65	51.93	124.02	75.07
81.61	0.45	62.77	40.73	3.21	2.23	19.46	32.78	22.35
164.52	0.00	90.87	30.35	5.72	5.19	32.53	39.07	10.42
2229.65	23.49	713.43	375.45	140.05	51.37	237.09	405.80	183.77
392.30	7.19	173.88	90.21	27.25	12.66	60.07	121.97	67.02
302.67	15.83	187.75	106.10	36.92	17.76	54.55	82.50	31.82
723.08	84.51	282.64	149.84	48.32	24.04	101.37	178.54	84.03
764.23	71.58	250.21	132.39	35.69	17.54	87.78	129.06	47.31
287.93	30.73	111.05	68.05	26.64	11.89	32.86	52.53	22.47
530.61	13.48	187.83	92.79	28.46	13.90	70.77	101.78	35.39
300.01	18.27	124.59	66.62	21.25	11.11	44.88	92.29	47.97
211.19	4.91	107.01	44.53	12.02	4.91	32.10	52.04	22.12
278.29	4.46	154.66	81.91	21.02	9.40	52.45	91.78	43.28
379.04	90.20	166.11	89.18	26.82	14.45	49.98	75.06	30.63
62.74	0.00	31.80	23.69	6.99	4.16	5.10	9.32	4.24
1096.00	28.27	539.17	279.39	69.91	37.96	183.13	268.91	97.13
359.76	18.88	240.31	131.53	28.28	13.81	69.52	101.23	41.60
32.40	1.14	15.32	7.74	3.44	2.60	6.83	8.64	2.13
1011.98	21.52	514.02	286.92	73.72	35.16	166.91	285.06	129.23
1581.59	9.38	960.46	500.54	91.48	45.35	346.97	541.77	213.66
801.92	5.10	324.14	124.97	36.43	21.72	168.18	363.95	200.67
447.85	3.17	127.70	81.97	20.83	9.65	30.06	61.99	33.33
937.42	11.11	426.76	235.51	54.94	27.64	145.92	253.09	111.76
1102.22	21.47	551.06	306.38	76.72	37.15	168.57	345.16	190.89
912.32	12.91	433.22	239.35	53.82	23.21	149.85	295.07	152.26
842.76	21.73	378.68	194.63	51.17	26.04	142.35	225.93	89.26
225.39	0.25	63.39	32.09	8.04	2.95	23.24	35.51	13.52
1958.96	73.92	1187.55	724.97	125.14	63.51	289.42	527.01	258.49
524.79	47.46	429.18	224.17	36.48	18.34	141.81	204.40	71.50
137.88	3.59	92.72	47.83	7.23	3.06	37.50	55.72	21.48
98.65	2.54	34.04	20.35	5.12	2.40	10.48	15.69	4.69
213.75	0.64	52.66	27.66	5.99	2.42	21.28	38.52	19.38
3.72		5.80	4.72	1.80	1.59	0.69	1.94	1.26
17.69		67.19	17.84	0.39	0.02	44.52	50.42	6.37
9.02		7.59	3.25	0.32	0.22	1.42	2.04	0.68
7.61		7.36	2.61	0.38	0.25	3.59	6.89	3.37

13—12 续表 continued

项目	Item	负债合计 Total Liabilities	流动负债 Liquid Liabilities
总计	**Total**	**4451.91**	**3644.64**
总计中：	**Of the Total:**		
私营独资	Private Sole-source Investment Enterprise	40.82	31.77
私营合伙	Private Partnership Enterprise	5.47	4.71
私营有限责任公司	Private Companies with Limited Liabilities	4024.70	3301.74
私营股份有限公司	Private Share-holding Companies with Limited Liabilities	380.93	306.42
总计中：	**Of the Total:**		
轻工业	Light Industry	1536.94	1264.09
重工业	Heavy Industry	2914.96	2380.56
总计中：	**Of the Total:**		
大型企业	Large-sized Enterprises	419.84	311.31
中型企业	Medium-sized Enterprises	873.08	712.52
小型企业	Small Enterprises	2965.91	2469.36
按行业分	**Grouped by Sector**		
煤炭开采和洗选业	Mining and Washing of Coal	5.85	3.43
黑色金属矿采选业	Mining and Processing of Ferrous Metal Ores	90.88	69.10
有色金属矿采选业	Mining and Processing of Non-Ferrous Metal Ores	40.08	34.98
非金属矿采选业	Mining and Processing of Nonmetal Ores	48.80	37.33
农副食品加工业	Processing of Food from Agriculture Products	292.50	235.40
食品制造业	Manufacture of Foods	78.82	68.62
酒、饮料和精制茶制造业	Manufacture of Wine, Beverages and Refined Tea	84.20	65.05
纺织业	Manufacture of Textile	137.54	114.52
纺织服装、服饰业	Manufacture of Textile Wearing Apparel and Clothing	119.93	99.05
皮革毛皮羽毛及其制品和制鞋业	Manufacture of Leather, Furs, Feather and Related Products	52.93	45.03
木材加工及木竹藤棕草制品业	Processing of Timber, Manufacture of Wood, Bamboo, Rattan, Palm and Straw Products	77.44	64.53
家具制造业	Manufacture of Furniture	60.13	49.62
造纸及纸制品业	Manufacture of Paper and Paper Products	55.08	40.05
印刷和记录媒介复制业	Printing, Reproduction of Recording Media	77.23	59.20
文教工美体育和娱乐用品制造业	Manufacture of Culture, Education, Art, Sports and Entertainment Supplies	78.94	61.10
石油加工、炼焦和核燃料加工业	Processing of Petroleum, Coking and Processing of Nuclear Fuel	23.90	23.71
化学原料和化学制品制造业	Manufacture of Raw Chemical Materials and Chemical Products	259.81	219.44
医药制造业	Manufacture of Medicines	112.12	93.16
化学纤维制造业	Manufacture of Chemical Fibers	4.49	3.09
橡胶和塑料制品业	Manufacture of Rubber and Plastics	227.43	194.41
非金属矿物制品业	Manufacture of Non-metallic Mineral Products	473.26	370.65
黑色金属冶炼和压延加工业	Smelting and Pressing of Ferrous Metals	143.24	121.19
有色金属冶炼和压延加工业	Smelting and Pressing of Non-ferrous Metals	77.14	64.70
金属制品业	Manufacture of Metal Products	199.89	152.51
通用设备制造业	Manufacture of General Purpose Machinery	261.86	217.48
专用设备制造业	Manufacture of Special Purpose Machinery	201.28	169.15
汽车制造业	Manufacture of Automobile	219.38	178.90
铁路船舶航空航天和其他运输设备制造业	Manufacture of Railroads, Ships, Aerospace and Other Transportation Equipments	30.97	26.86
电气机械和器材制造业	Manufacture of Electrical Machinery and Equipment	598.05	507.04
计算机通信和其他电子设备制造业	Manufacture of Computers, Communication and Other Electronic Equipments	191.81	161.74
仪器仪表制造业	Manufacture of Measuring Instruments and Machinery	36.76	26.95
其他制造业	Manufacture of Others	12.16	10.04
废弃资源综合利用业	Industry of Comprehensive Utilization of Waste Resources	23.40	16.42
金属制品、机械和设备修理业	Industry of Metal Products, Machinery and Equipment Repair	1.91	1.85
电力、热力生产和供应业	Production and Supply of Electric Power and Heat Power	46.28	33.28
燃气生产和供应业	Production and Supply of Gas	2.37	1.94
水的生产和供应业	Production and Supply of Water	4.02	3.14

单位：亿元（100 million yuan）

非流动负债 Long-term Liabilities	所有者权益 Creditors' Equity	#实收资本 Capital Hold	主营业务收入 Revenue from principal Business	主营业务成本 Cost of Principal Business	主营业务税金及附加 Business and Extra Charges	利润总额 Total Profits	本年应付职工薪酬 Wages Payable in This Year	本年应交增值税 Value Added Tax Payable
406.51	**4722.10**	**2538.66**	**18719.65**	**16422.55**	**103.40**	**1043.70**	**657.33**	**350.19**
1.61	61.56	17.21	372.79	331.92	2.05	18.05	10.98	5.67
0.14	7.58	3.11	45.01	40.90	0.26	1.86	1.50	0.70
364.35	4216.10	2360.98	17107.19	15044.75	94.26	930.15	594.10	318.12
40.41	436.86	157.35	1194.66	1004.99	6.82	93.65	50.74	25.71
139.21	1677.77	589.00	7452.69	6583.11	40.16	400.21	289.99	115.58
267.29	3044.33	1949.66	11266.95	9839.44	63.24	643.49	367.34	234.61
81.93	497.97	165.93	1019.76	883.64	5.70	71.60	54.23	24.47
101.56	844.09	298.72	3172.45	2720.54	19.31	197.64	165.60	74.31
201.74	3212.54	1962.20	14183.46	12528.79	76.07	754.64	412.20	245.93
0.02	7.86	3.52	18.51	16.71	0.16	0.10	1.72	0.16
18.96	60.55	24.78	241.91	209.24	1.40	6.78	2.39	2.18
3.85	22.08	12.82	82.09	68.26	0.75	2.48	3.01	2.43
7.69	40.67	18.33	157.05	130.14	2.35	9.95	4.52	4.12
35.57	406.36	126.01	2189.67	1995.31	5.84	92.25	42.06	19.97
4.87	92.39	33.87	377.88	325.90	2.09	20.74	15.10	6.23
6.60	100.54	29.69	299.71	240.40	9.01	28.24	10.43	6.03
11.27	140.95	51.78	708.98	634.60	3.64	37.23	33.21	12.29
6.20	125.94	42.47	745.87	669.37	4.03	33.89	57.35	13.66
2.25	57.61	22.02	271.49	245.90	0.95	12.54	11.41	5.22
5.05	105.98	39.25	504.00	453.11	2.56	24.20	16.51	7.81
7.64	63.38	28.08	292.12	251.96	1.76	15.53	11.99	5.14
9.31	50.77	19.34	209.77	186.92	0.85	11.09	6.48	3.17
11.22	74.59	27.06	274.98	237.60	1.07	16.72	10.61	4.52
3.78	84.92	31.79	365.45	321.70	1.74	18.13	20.79	6.61
0.19	8.20	9.18	58.86	47.58	0.06	3.43	0.38	0.40
26.04	273.48	104.62	1077.57	933.04	4.72	73.65	25.59	18.81
13.35	126.76	50.03	341.38	291.52	1.74	23.80	12.00	7.63
0.93	10.59	3.45	31.80	26.57	0.22	2.60	1.06	1.04
10.44	281.12	108.50	981.86	851.07	4.80	64.42	35.47	18.39
59.90	475.83	216.35	1536.05	1324.00	11.87	88.09	56.48	33.92
6.27	179.61	62.13	779.47	707.29	3.68	34.21	18.67	16.50
2.95	48.69	26.45	415.94	389.87	1.82	14.76	5.92	9.78
12.93	220.08	80.43	914.95	801.91	4.18	58.75	28.33	16.25
25.48	288.19	119.61	1061.93	913.42	6.42	59.89	41.15	21.19
10.33	230.15	587.85	877.28	763.51	5.67	46.50	33.90	16.71
14.81	157.11	64.35	799.87	710.74	3.46	39.08	36.62	17.17
1.21	31.32	13.47	220.04	197.46	0.70	12.93	7.16	7.19
46.26	581.15	385.97	1900.87	1631.63	8.73	118.66	62.76	42.35
19.58	235.49	135.77	510.58	435.25	2.79	40.52	30.81	8.75
6.91	55.56	18.56	136.44	116.42	0.50	9.70	5.84	2.88
0.87	21.64	5.74	98.87	85.27	0.29	7.87	3.57	1.38
1.19	28.10	16.28	198.20	178.59	3.26	10.40	2.74	9.40
0.06	3.89	1.16	3.69	3.13	0.03	0.10	0.14	0.09
11.67	22.06	13.39	17.80	13.16	0.11	3.17	0.67	0.60
0.42	5.15	2.00	9.25	7.77	0.03	0.89	0.23	0.10
0.45	3.33	2.55	7.49	6.23	0.12	0.42	0.24	0.12

13—13 私营工业企业主要经济效益指标（2016年）
Main Indicators on Economic Benefit of Private Industrial Enterprises (2016)

项　目	Item
总　计	**Total**
总计中：	**Of the Total:**
私营独资	Private Sole-source Investment Enterprise
私营合伙	Private Partnership Enterprise
私营有限责任公司	Private Companies with Limited Liabilities
私营股份有限公司	Private Share-holding Companies with Limited Liabilities
总计中：	**Of the Total:**
轻工业	Light Industry
重工业	Heavy Industry
总计中：	**Of the Total:**
大型企业	Large-sized Enterprises
中型企业	Medium-sized Enterprises
小型企业	Small Enterprises
按行业分	**Grouped by Sector**
煤炭开采和洗选业	Mining and Washing of Coal
黑色金属矿采选业	Mining and Processing of Ferrous Metal Ores
有色金属矿采选业	Mining and Processing of Non-Ferrous Metal Ores
非金属矿采选业	Mining and Processing of Nonmetal Ores
农副食品加工业	Processing of Food from Agriculture Products
食品制造业	Manufacture of Foods
酒、饮料和精制茶制造业	Manufacture of Wine, Beverages and Refined Tea
纺织业	Manufacture of Textile
纺织服装、服饰业	Manufacture of Textile Wearing Apparel and Clothing
皮革毛皮羽毛及其制品和制鞋业	Manufacture of Leather, Furs, Feather and Related Products
木材加工及木竹藤棕草制品业	Processing of Timber, Manufacture of Wood, Bamboo, Rattan, Palm and Straw Products
家具制造业	Manufacture of Furniture
造纸及纸制品业	Manufacture of Paper and Paper Products
印刷和记录媒介复制业	Printing, Reproduction of Recording Media
文教工美体育和娱乐用品制造业	Manufacture of Culture, Education, Art, Sports and Entertainment Supplies
石油加工、炼焦和核燃料加工业	Processing of Petroleum, Coking and Processing of Nuclear Fuel
化学原料和化学制品制造业	Manufacture of Raw Chemical Materials and Chemical Products
医药制造业	Manufacture of Medicines
化学纤维制造业	Manufacture of Chemical Fibers
橡胶和塑料制品业	Manufacture of Rubber and Plastics
非金属矿物制品业	Manufacture of Non-metallic Mineral Products
黑色金属冶炼和压延加工业	Smelting and Pressing of Ferrous Metals
有色金属冶炼和压延加工业	Smelting and Pressing of Non-ferrous Metals
金属制品业	Manufacture of Metal Products
通用设备制造业	Manufacture of General Purpose Machinery
专用设备制造业	Manufacture of Special Purpose Machinery
汽车制造业	Manufacture of Automobile
铁路船舶航空航天和其他运输设备制造业	Manufacture of Railroads, Ships, Aerospace and Other Transportation Equipments
电气机械和器材制造业	Manufacture of Electrical Machinery and Equipment
计算机通信和其他电子设备制造业	Manufacture of Computers, Communication and Other Electronic Equipments
仪器仪表制造业	Manufacture of Measuring Instruments and Machinery
其他制造业	Manufacture of Others
废弃资源综合利用业	Industry of Comprehensive Utilization of Waste Resources
金属制品、机械和设备修理业	Industry of Metal Products, Machinery and Equipment Repair
电力、热力生产和供应业	Production and Supply of Electric Power and Heat Power
燃气生产和供应业	Production and Supply of Gas
水的生产和供应业	Production and Supply of Water

总资产贡献率 (%) Ratio of Total Assets to Industrial Output Value (%)	资产负债率 (%) Assets-liability Ratio (%)	流动资产周转次数 (次/年) Number of Times of Annual of Turnover Circulating Funds (times/year)	工业成本费用利润率 (%) Ratio of Profits to Industrial Cost (%)	产品销售率 (%) Proportion of Products Sold (%)
17.25	**48.02**	**3.81**	**5.93**	**97.53**
26.40	39.46	7.51	5.14	98.42
22.23	41.11	5.35	4.32	97.74
17.21	48.31	3.88	5.77	97.52
16.41	46.34	2.68	8.49	97.45
18.26	47.16	4.28	5.70	97.68
16.70	48.49	3.56	6.08	97.43
11.77	45.54	2.34	7.52	97.43
18.10	50.63	3.57	6.67	96.54
18.34	47.36	4.16	5.64	97.77
3.34	38.79	2.65	0.56	99.90
7.81	59.74	7.21	3.12	95.54
10.83	63.86	2.02	3.18	99.00
19.67	53.70	5.18	6.90	98.61
17.99	41.00	5.84	4.41	98.43
17.88	45.33	4.19	5.83	98.40
24.38	44.85	2.83	10.65	96.52
20.21	48.66	4.74	5.57	98.30
21.82	47.93	5.64	4.78	98.09
18.24	47.67	4.00	4.86	95.88
19.56	41.23	5.44	5.07	97.87
19.77	48.26	4.40	5.62	98.36
15.03	51.47	4.72	5.58	97.70
15.54	49.94	3.37	6.47	98.11
17.21	47.53	4.10	5.25	97.18
13.17	75.18	2.49	6.80	99.59
18.92	48.19	3.88	7.31	96.64
14.52	46.65	2.60	7.50	96.18
26.05	29.33	4.11	9.03	96.59
18.30	44.25	3.43	7.05	97.44
14.93	49.27	3.08	6.11	97.80
17.54	44.19	6.25	4.65	97.71
21.99	60.41	5.08	3.68	97.85
19.93	46.84	3.89	6.87	97.93
16.99	47.52	3.48	6.00	96.38
16.75	46.46	3.67	5.61	98.16
16.69	57.93	4.15	5.11	97.01
33.72	48.86	6.87	6.29	98.26
15.38	50.36	2.63	6.67	96.97
12.78	44.69	2.33	8.41	96.28
14.96	39.64	2.86	7.67	96.59
29.17	35.71	4.86	8.66	98.20
44.66	44.43	7.16	5.61	99.26
4.17	32.93	0.78	2.82	98.62
6.97	68.88	1.00	21.11	96.68
13.69	31.17	2.86	10.62	99.74
10.07	54.71	2.87	6.01	97.84

13—14 大中型工业企业主要经济指标（2016年）
Main Indicators of Large and Medium-sized Industrial Enterprises (2016)

项 目	Item	企业单位数（个）Number of Enterprises (unit)	工业总产值（现价）Gross Industrial Output Value
总 计	**Total**	**1701**	**21430.01**
总计中：	**Of the Total:**		
内资企业	Domestic Funded Enterprise	1473	17383.28
国有企业	State-owned Enterprise	24	1142.25
集体企业	Collective-owned Enterprise	7	20.45
股份合作企业	Share Holding Cooperative Enterprises	1	0.97
有限责任公司	Limited Liability Corporations	472	7391.38
股份有限公司	Share-holding Corporations Ltd.	172	4232.80
私营企业	Private Enterprises	797	4595.44
港澳台商投资企业	Enterprises Funded by Entrepreneurs from Hong Kong, Macao and Taiwan	90	1717.20
外商投资企业	Foreign Funded Enterprises	138	2329.52
总计中：	**Of the Total:**		
轻工业	Light Industry	772	6705.48
重工业	Heavy Industry	929	14724.52
总计中：	**Of the Total:**		
大型企业	Large-sized Enterprises	270	13275.62
中型企业	Medium-sized Enterprises	1431	8154.38
按行业分	**Grouped by Sector**		
煤炭开采和洗选业	Mining and Washing of Coal	18	665.45
黑色金属矿采选业	Mining and Processing of Ferrous Metal Ores	9	137.94
有色金属矿采选业	Mining and Processing of Non-Ferrous Metal Ores	6	18.49
非金属矿采选业	Mining and Processing of Nonmetal Ores	3	13.97
开采辅助活动	Mining Auxiliary Activities	2	3.62
农副食品加工业	Processing of Food from Agriculture Products	74	741.54
食品制造业	Manufacture of Foods	42	321.71
酒、饮料和精制茶制造业	Manufacture of Wine, Beverages and Refined Tea	36	391.20
烟草制品业	Manufacture of Tobacco	5	287.13
纺织业	Manufacture of Textile	89	405.51
纺织服装、服饰业	Manufacture of Textile Wearing Apparel and Clothing	166	440.41
皮革毛皮羽毛及其制品和制鞋业	Manufacture of Leather, Furs, Feather and Related Products	43	213.03
木材加工及木竹藤棕草制品业	Processing of Timber, Manufacture of Wood, Bamboo, Rattan, Palm and Straw Products	15	54.91
家具制造业	Manufacture of Furniture	13	119.52
造纸及纸制品业	Manufacture of Paper and Paper Products	12	113.57
印刷和记录媒介复制业	Printing, Reproduction of Recording Media	19	95.39
文教工美体育和娱乐用品制造业	Manufacture of Culture, Education, Art, Sports and Entertainment Supplies	46	133.66
石油加工、炼焦和核燃料加工业	Processing of Petroleum, Coking and Processing of Nuclear Fuel	4	334.17
化学原料和化学制品制造业	Manufacture of Raw Chemical Materials and Chemical Products	63	1092.61
医药制造业	Manufacture of Medicines	50	328.53
化学纤维制造业	Manufacture of Chemical Fibers	4	43.91
橡胶和塑料制品业	Manufacture of Rubber and Plastics	66	610.14
非金属矿物制品业	Manufacture of Non-metallic Mineral Products	93	626.12
黑色金属冶炼和压延加工业	Smelting and Pressing of Ferrous Metals	35	1341.86
有色金属冶炼和压延加工业	Smelting and Pressing of Non-ferrous Metals	22	1209.14
金属制品业	Manufacture of Metal Products	61	448.69
通用设备制造业	Manufacture of General Purpose Machinery	104	1036.02
专用设备制造业	Manufacture of Special Purpose Machinery	75	615.64
汽车制造业	Manufacture of Automobile	143	2119.22
铁路船舶航空航天和其他运输设备制造业	Manufacture of Railroads, Ships, Aerospace and Other Transportation Equipments	17	93.35
电气机械和器材制造业	Manufacture of Electrical Machinery and Equipment	172	3678.90
计算机通信和其他电子设备制造业	Manufacture of Computers, Communication and Other Electronic Equipments	117	1828.10
仪器仪表制造业	Manufacture of Measuring Instruments and Machinery	7	93.44
其他制造业	Manufacture of Others	8	53.65
废弃资源综合利用业	Industry of Comprehensive Utilization of Waste Resources	8	229.40
金属制品、机械和设备修理业	Industry of Metal Products, Machinery and Equipment Repair	2	32.33
电力、热力生产和供应业	Production and Supply of Electric Power and Heat Power	32	1355.50
燃气生产和供应业	Production and Supply of Gas	7	74.89
水的生产和供应业	Production and Supply of Water	13	27.36

单位：亿元（100 million yuan）

工业销售产值（现价） Value of Industrial Products Sales (At current prices)	#出口交货值 Delivery Value for Export	资产合计 Total Assets	流动资产合计 Circulating Funds	#存货 Stock	#产成品 Finished Product	固定资产合计 Total of Fixed Assets	固定资产原价 Original Value of Fixed Assets	固定资产累计折旧 Accumulated Depreciation of Fixed Assets
20842.34	**1835.64**	**22408.94**	**9813.36**	**2055.43**	**739.99**	**7902.87**	**13936.42**	**6465.99**
16962.38	1309.36	19737.08	8171.57	1826.56	641.47	7138.32	12358.37	5606.03
1121.79	3.37	1506.62	311.10	55.59	15.97	1075.33	1770.52	801.07
19.03		16.24	9.14	2.41	0.98	4.90	7.77	2.99
0.96		1.84	0.04	0.03	0.03	0.67	1.64	0.97
7228.89	567.89	9665.44	3741.68	923.65	287.08	3372.46	5807.26	2553.01
4133.14	386.34	5863.93	2717.00	527.34	180.17	1781.61	3111.79	1431.29
4458.56	351.74	2683.01	1392.61	317.52	157.24	903.36	1659.39	816.70
1621.81	389.80	1210.79	725.03	87.98	26.70	361.07	625.52	289.03
2258.15	136.48	1461.07	916.75	140.89	71.82	403.47	952.53	570.94
6499.53	595.79	4464.02	2616.04	744.42	256.99	1199.46	2298.13	1177.81
14342.80	1239.84	17944.92	7197.32	1311.01	483.00	6703.41	11638.29	5288.18
12962.91	1294.04	15980.97	6816.96	1374.32	447.90	5554.00	9955.32	4662.60
7879.43	541.60	6427.97	2996.40	681.11	292.09	2348.86	3981.10	1803.39
646.90		3200.47	550.75	93.99	25.53	1117.59	1881.58	778.82
131.65		440.94	92.15	4.30	1.66	97.70	152.29	59.40
18.22		23.42	6.55	1.08	0.28	14.47	12.25	4.78
13.69	0.01	11.50	5.50	0.62	0.33	3.77	9.76	6.00
3.81		4.25	3.49	1.12	1.08	0.76	1.35	0.60
735.45	4.25	365.30	208.51	67.21	23.39	97.24	167.17	75.46
314.02	9.36	121.46	58.96	12.86	5.50	50.17	101.91	56.81
348.03	1.47	400.13	230.63	86.28	17.48	104.12	145.71	54.94
294.44	0.21	321.68	241.11	193.59	9.58	60.00	122.11	65.37
397.17	90.11	334.69	144.67	47.56	19.80	100.99	185.91	91.77
433.09	81.23	152.84	83.21	21.05	9.95	54.04	86.34	35.55
201.38	38.72	122.90	69.82	20.03	8.48	32.42	55.52	23.82
53.80	6.40	17.41	9.51	2.29	1.04	7.40	14.21	7.97
112.37	0.11	209.90	59.80	13.05	4.65	69.27	95.38	26.33
91.84	4.44	59.78	34.44	7.87	3.85	19.09	35.02	17.11
129.98	43.31	73.19	38.29	8.69	3.36	20.52	39.85	20.50
326.23	0.00	180.44	61.04	24.09	8.67	130.85	208.63	90.78
1016.37	43.84	1201.85	506.68	92.78	49.37	477.23	747.19	295.20
311.02	15.57	342.37	195.27	40.09	16.65	96.44	144.01	60.13
41.85	6.37	102.47	24.03	5.85	2.96	41.75	71.87	31.83
598.07	129.75	570.77	288.61	75.76	31.87	202.85	339.26	152.99
603.76	21.29	935.17	380.11	62.52	30.60	406.90	674.47	279.18
1333.32	49.63	1212.94	437.63	155.33	52.49	698.61	1396.21	732.45
1194.16	24.20	1066.47	512.24	177.00	32.02	264.86	474.49	223.83
434.47	14.43	344.99	227.94	59.99	20.69	70.21	122.28	52.94
994.84	119.27	913.42	543.77	116.44	51.56	192.45	433.45	252.34
574.27	16.44	593.41	326.16	70.10	24.65	135.10	239.66	117.37
2081.43	121.14	2152.43	1185.81	138.53	65.35	410.16	744.83	345.90
93.96	10.90	112.56	63.89	11.00	4.63	30.39	46.72	16.38
3563.78	237.19	2164.01	1498.76	244.39	147.42	423.64	1084.90	680.98
91.31	11.78	68.92	43.57	4.40	2.69	22.77	38.96	18.10
52.96	2.40	46.19	29.27	11.14	3.93	12.80	14.39	3.23
32.33		71.14	53.23	14.12	0.14	14.62	25.81	11.19
1344.95	5.35	2161.51	199.00	20.17	0.67	1751.27	2835.80	1208.03
74.35		120.21	38.99	1.23	0.40	66.08	66.37	20.49
26.85		114.27	37.77	4.14	0.21	62.81	106.74	46.12
1282.65		2033.43	182.42	17.13	0.67	1664.80	2715.51	1174.22
74.35		120.21	38.99	1.23	0.40	66.08	66.37	20.49
26.85		114.27	37.77	4.14	0.21	62.81	106.74	46.12

13—14 续表 continued

项目	Item	负债合计 Total Liabilities	流动负债 Liquid Liabilities
总计	**Total**	**13402.55**	**9942.04**
总计中:	**Of the Total:**		
内资企业	Domestic Funded Enterprise	11714.42	8427.31
国有企业	State-owned Enterprise	894.19	607.27
集体企业	Collective-owned Enterprise	7.47	7.34
股份合作企业	Share Holding Cooperative Enterprises	0.79	0.00
有限责任公司	Limited Liability Corporations	6088.06	4240.79
股份有限公司	Share-holding Corporations Ltd.	3396.60	2509.13
私营企业	Private Enterprises	1327.31	1062.77
港澳台商投资企业	Enterprises Funded by Entrepreneurs from Hong Kong, Macao and Taiwan	813.76	753.15
外商投资企业	Foreign Funded Enterprises	874.37	761.59
总计中:	**Of the Total:**		
轻工业	Light Industry	2321.41	2033.06
重工业	Heavy Industry	11081.14	7908.98
总计中:	**Of the Total:**		
大型企业	Large-sized Enterprises	9849.99	7200.17
中型企业	Medium-sized Enterprises	3552.55	2741.87
按行业分	**Grouped by Sector**		
煤炭开采和洗选业	Mining and Washing of Coal	2429.41	1434.92
黑色金属矿采选业	Mining and Processing of Ferrous Metal Ores	261.32	187.49
有色金属矿采选业	Mining and Processing of Non-Ferrous Metal Ores	5.47	3.41
非金属矿采选业	Mining and Processing of Nonmetal Ores	3.15	2.81
开采辅助活动	Mining Auxiliary Activities	2.31	1.96
农副食品加工业	Processing of Food from Agriculture Products	190.48	156.76
食品制造业	Manufacture of Foods	57.48	52.75
酒、饮料和精制茶制造业	Manufacture of Wine, Beverages and Refined Tea	160.68	140.08
烟草制品业	Manufacture of Tobacco	94.15	94.11
纺织业	Manufacture of Textile	161.30	122.47
纺织服装、服饰业	Manufacture of Textile Wearing Apparel and Clothing	82.50	69.61
皮革毛皮羽毛及其制品和制鞋业	Manufacture of Leather, Furs, Feather and Related Products	61.36	55.06
木材加工及木竹藤棕草制品业	Processing of Timber, Manufacture of Wood, Bamboo, Rattan, Palm and Straw Products	8.31	6.97
家具制造业	Manufacture of Furniture	98.68	65.95
造纸及纸制品业	Manufacture of Paper and Paper Products	21.81	19.73
印刷和记录媒介复制业	Printing, Reproduction of Recording Media	30.87	25.97
文教工美体育和娱乐用品制造业	Manufacture of Culture, Education, Art, Sports and Entertainment Supplies	118.23	117.56
石油加工、炼焦和核燃料加工业	Processing of Petroleum, Coking and Processing of Nuclear Fuel	711.99	536.65
化学原料和化学制品制造业	Manufacture of Raw Chemical Materials and Chemical Products	177.02	144.79
医药制造业	Manufacture of Medicines	70.53	56.13
化学纤维制造业	Manufacture of Chemical Fibers	251.34	186.13
橡胶和塑料制品业	Manufacture of Rubber and Plastics	429.58	315.28
非金属矿物制品业	Manufacture of Non-metallic Mineral Products	733.42	597.83
黑色金属冶炼和压延加工业	Smelting and Pressing of Ferrous Metals	745.01	556.44
有色金属冶炼和压延加工业	Smelting and Pressing of Non-ferrous Metals	175.98	141.59
金属制品业	Manufacture of Metal Products	475.07	335.05
通用设备制造业	Manufacture of General Purpose Machinery	348.29	267.50
专用设备制造业	Manufacture of Special Purpose Machinery	1440.57	1136.79
汽车制造业	Manufacture of Automobile	81.29	64.98
铁路船舶航空航天和其他运输设备制造业	Manufacture of Railroads, Ships, Aerospace and Other Transportation Equipments	1285.70	1152.80
电气机械和器材制造业	Manufacture of Electrical Machinery and Equipment	23.99	17.75
计算机通信和其他电子设备制造业	Manufacture of Computers, Communication and Other Electronic Equipments	19.71	16.34
仪器仪表制造业	Manufacture of Measuring Instruments and Machinery	22.53	22.20
其他制造业	Manufacture of Others	1287.17	754.35
废弃资源综合利用业	Industry of Comprehensive Utilization of Waste Resources	81.57	55.97
金属制品、机械和设备修理业	Industry of Metal Products, Machinery and Equipment Repair	47.09	41.10
电力、热力生产和供应业	Production and Supply of Electric Power and Heat Power	1196.11	718.59
燃气生产和供应业	Production and Supply of Gas	81.57	55.97
水的生产和供应业	Production and Supply of Water	47.09	41.10

单位：亿元（100 million yuan）

非流动负债 Long-term Liabilities	所有者权益 Creditors' Equity	#实收资本 Capital Hold	主营业务收入 Revenue from principal Business	主营业务成本 Cost of Principal Business	主营业务税金及附加 Business and Extra Charges	利润总额 Total Profits	本年应付职工薪酬 Wages Payable in This Year	本年应交增值税 Value Added Tax Payable
3151.56	**9010.75**	**3967.32**	**21415.14**	**18201.79**	**396.42**	**1161.81**	**1276.75**	**599.16**
3040.83	8017.48	3401.90	17694.04	15041.75	377.13	928.69	1117.65	495.91
284.13	611.63	273.12	1114.24	1034.78	11.52	41.86	89.22	37.84
0.12	8.77	1.73	18.94	15.35	0.11	1.38	1.92	0.76
	1.05	1.05	0.96	0.82		0.08	0.11	0.02
1734.73	3590.89	1855.00	8255.13	7009.03	215.60	352.31	515.27	235.16
842.88	2459.30	792.87	3964.97	3264.83	125.59	236.97	280.26	118.82
178.97	1345.84	478.14	4339.80	3716.94	24.31	296.10	230.87	103.32
55.19	396.90	215.68	1603.13	1403.08	7.12	96.26	62.39	43.40
55.54	596.38	349.74	2117.98	1756.96	12.17	136.86	96.72	59.85
214.40	2145.83	690.08	6247.70	5051.51	222.19	418.59	344.68	189.85
2937.17	6864.91	3277.23	15167.44	13150.28	174.23	743.22	932.07	409.30
2484.45	6132.94	2458.36	13877.09	11781.35	353.64	665.08	866.46	414.40
667.12	2877.80	1508.95	7538.05	6420.43	42.78	496.73	410.29	184.76
982.26	770.19	365.29	1142.27	950.44	16.32	22.59	217.61	65.93
73.83	176.19	134.38	87.81	68.34	1.61	-1.27	13.24	5.88
1.45	17.85	2.83	18.19	16.03	0.35	0.22	3.19	0.86
0.34	8.35	4.46	12.05	7.70	0.27	1.47	1.15	0.42
0.35	1.94	1.03	3.82	3.29	0.02	0.11	0.47	0.09
28.70	183.79	74.58	720.01	640.97	1.98	29.95	21.98	7.88
3.38	63.68	22.76	310.57	262.42	1.55	17.63	13.05	8.85
11.17	239.45	54.91	327.72	185.07	27.60	56.13	24.46	24.16
0.04	227.53	40.51	294.29	93.51	162.86	9.38	21.66	34.78
29.51	172.63	48.29	416.55	375.53	1.94	20.64	31.61	7.76
5.58	69.80	34.62	415.18	374.77	2.50	16.34	40.46	8.15
3.67	60.23	20.84	194.32	165.92	0.73	19.30	13.55	5.79
0.54	9.10	3.64	50.70	46.14	0.14	1.23	2.40	0.70
3.78	16.27	4.22	115.08	96.79	0.54	6.14	4.38	4.19
29.61	111.09	59.82	113.88	103.67	0.21	3.63	3.88	1.33
2.03	37.97	9.67	86.72	73.23	0.46	5.89	8.68	2.30
1.61	42.23	8.47	118.14	100.28	0.47	7.66	11.38	1.81
0.67	62.21	112.15	319.83	214.70	71.34	8.80	5.51	17.60
165.55	482.70	195.35	924.56	753.90	3.86	63.38	46.52	20.25
26.64	165.35	56.79	325.54	252.40	1.51	27.61	20.59	8.98
14.40	31.94	20.27	46.12	37.57	0.11	2.18	3.41	0.84
26.38	318.83	99.52	590.58	487.24	3.10	44.02	62.96	15.47
111.87	504.99	218.86	621.80	488.96	3.60	74.73	46.59	25.50
133.27	479.35	162.26	1400.54	1258.74	6.11	58.27	44.40	37.20
181.57	321.29	108.36	1929.75	1772.36	3.43	17.35	30.91	19.78
24.38	168.41	56.63	413.91	343.45	2.68	36.17	25.45	6.99
67.08	437.49	138.67	1002.99	873.87	4.59	50.30	54.57	21.78
71.42	245.02	97.07	575.07	485.23	2.44	37.05	39.00	10.41
274.84	717.13	258.90	1887.73	1670.47	35.08	79.97	121.48	32.88
15.11	30.82	22.21	87.17	78.02	0.39	2.92	8.55	1.92
84.75	875.34	290.64	3303.21	2758.44	19.88	231.19	126.98	84.13
204.74	833.11	552.93	1732.04	1527.34	6.01	93.71	82.30	36.97
6.20	44.93	9.80	91.19	66.91	0.52	11.85	5.14	2.42
3.37	26.48	7.38	53.91	42.63	0.12	5.15	3.09	0.16
1.16	14.59	6.26	209.41	193.69	3.08	8.77	1.88	10.67
0.33	48.51	5.62	24.25	17.99	0.01	3.34	3.12	0.15
529.78	888.71	626.22	1350.13	1233.65	8.44	79.49	100.55	61.20
24.43	38.18	9.77	69.15	57.67	0.29	6.90	4.42	1.98
5.80	67.07	21.30	28.96	22.48	0.29	1.60	6.18	1.02

13—15 大中型工业企业主要经济效益指标（2016年）
Main Indicators on Economic Benefit of Large and Medium-sized Industrial Enterprises (2016)

项　目	Item
总　计	**Total**
总计中：	**Of the Total:**
内资企业	Domestic Funded Enterprise
国有企业	State-owned Enterprise
集体企业	Collective-owned Enterprise
股份合作企业	Share Holding Cooperative Enterprises
有限责任公司	Limited Liability Corporations
股份有限公司	Share-holding Corporations Ltd.
私营企业	Private Enterprises
港澳台商投资企业	Enterprises Funded by Entrepreneurs from Hong Kong, Macao and Taiwan
外商投资企业	Foreign Funded Enterprises
总计中：	**Of the Total:**
轻工业	Light Industry
重工业	Heavy Industry
总计中：	**Of the Total:**
大型企业	Large-sized Enterprises
中型企业	Medium-sized Enterprises
按行业分	**Grouped by Sector**
煤炭开采和洗选业	Mining and Washing of Coal
黑色金属矿采选业	Mining and Processing of Ferrous Metal Ores
有色金属矿采选业	Mining and Processing of Non-Ferrous Metal Ores
非金属矿采选业	Mining and Processing of Nonmetal Ores
开采辅助活动	Mining Auxiliary Activities
农副食品加工业	Processing of Food from Agriculture Products
食品制造业	Manufacture of Foods
酒、饮料和精制茶制造业	Manufacture of Wine, Beverages and Refined Tea
烟草制品业	Manufacture of Tobacco
纺织业	Manufacture of Textile
纺织服装、服饰业	Manufacture of Textile Wearing Apparel and Clothing
皮革毛皮羽毛及其制品和制鞋业	Manufacture of Leather, Furs, Feather and Related Products
木材加工及木竹藤棕草制品业	Processing of Timber, Manufacture of Wood, Bamboo, Rattan, Palm and Straw Products
家具制造业	Manufacture of Furniture
造纸及纸制品业	Manufacture of Paper and Paper Products
印刷和记录媒介复制业	Printing, Reproduction of Recording Media
文教工美体育和娱乐用品制造业	Manufacture of Culture, Education, Art, Sports and Entertainment Supplies
石油加工、炼焦和核燃料加工业	Processing of Petroleum, Coking and Processing of Nuclear Fuel
化学原料和化学制品制造业	Manufacture of Raw Chemical Materials and Chemical Products
医药制造业	Manufacture of Medicines
化学纤维制造业	Manufacture of Chemical Fibers
橡胶和塑料制品业	Manufacture of Rubber and Plastics
非金属矿物制品业	Manufacture of Non-metallic Mineral Products
黑色金属冶炼和压延加工业	Smelting and Pressing of Ferrous Metals
有色金属冶炼和压延加工业	Smelting and Pressing of Non-ferrous Metals
金属制品业	Manufacture of Metal Products
通用设备制造业	Manufacture of General Purpose Machinery
专用设备制造业	Manufacture of Special Purpose Machinery
汽车制造业	Manufacture of Automobile
铁路船舶航空航天和其他运输设备制造业	Manufacture of Railroads, Ships, Aerospace and Other Transportation Equipments
电气机械和器材制造业	Manufacture of Electrical Machinery and Equipment
计算机通信和其他电子设备制造业	Manufacture of Computers, Communication and Other Electronic Equipments
仪器仪表制造业	Manufacture of Measuring Instruments and Machinery
其他制造业	Manufacture of Others
废弃资源综合利用业	Industry of Comprehensive Utilization of Waste Resources
金属制品、机械和设备修理业	Industry of Metal Products, Machinery and Equipment Repair
电力、热力生产和供应业	Production and Supply of Electric Power and Heat Power
燃气生产和供应业	Production and Supply of Gas
水的生产和供应业	Production and Supply of Water

总资产贡献率 (%) Ratio of Total Assets to Industrial Output Value (%)	资产负债率 (%) Assets-liability Ratio (%)	流动资产周转次数 (次/年) Number of Times of Annual of Turnover Circulating Funds (times/year)	工业成本费用利润率 (%) Ratio of Profits to Industrial Cost (%)	产品销售率 (%) Proportion of Products Sold (%)
10.76	**59.81**	**2.23**	**5.74**	**97.26**
10.33	59.35	2.21	5.55	97.58
6.99	59.35	3.62	3.88	98.21
14.10	45.99	2.11	7.74	93.06
5.45	42.84	26.26	9.17	99.09
9.79	62.99	2.25	4.53	97.80
9.08	57.92	1.51	6.20	97.65
16.89	49.47	3.13	7.35	97.02
12.75	67.21	2.26	6.37	94.44
14.89	59.84	2.37	6.84	96.94
19.28	52.00	2.43	7.35	96.93
8.64	61.75	2.15	5.11	97.41
10.17	61.64	2.09	5.05	97.64
12.22	55.27	2.54	7.04	96.63
5.77	75.91	2.18	1.92	97.21
2.70	59.27	0.98	-1.39	95.44
6.33	23.36	3.26	1.11	98.53
19.16	27.38	2.21	14.06	97.98
5.19	54.27	1.12	2.89	105.08
12.31	52.14	3.47	4.37	99.18
24.39	47.33	5.38	5.90	97.61
27.40	40.16	1.44	22.40	88.96
64.98	29.27	1.23	7.51	102.54
10.37	48.19	2.90	5.13	97.94
18.70	53.98	5.01	4.11	98.34
21.98	49.93	2.82	10.75	94.53
13.60	47.73	5.33	2.54	97.98
24.02	66.44	3.75	5.66	99.56
1.32	47.01	1.91	3.25	98.94
15.03	36.48	2.58	7.15	96.28
14.56	42.18	3.09	6.95	97.24
55.56	65.52	5.42	3.66	97.62
8.44	59.24	1.87	7.18	93.02
11.77	51.70	1.67	9.19	94.67
3.93	68.83	1.93	4.91	95.30
11.86	44.04	2.10	7.89	98.02
11.95	45.94	1.68	13.19	96.43
9.43	60.47	3.21	4.41	99.36
5.15	69.86	3.77	0.95	98.76
14.91	51.01	1.89	9.25	96.83
9.07	52.01	1.89	5.22	96.03
9.28	58.69	1.79	6.86	93.28
7.49	66.93	1.66	4.15	98.22
5.09	72.22	1.37	3.40	100.65
16.29	59.41	2.27	7.44	96.87
7.43	58.03	1.38	5.69	97.35
21.77	34.81	2.12	14.78	97.71
12.57	42.67	1.86	10.50	98.71
65.82	57.43	10.29	4.43	99.25
3.95	31.67	0.48	14.85	100.00
8.30	59.55	6.85	6.19	99.22
8.20	67.86	1.82	10.75	99.27
2.64	41.21	0.81	5.38	98.14

13—16 工业分行业职工人数
Number of Staff and Workers in Industry by Industrial Branch

单位：人（person）

项　　目	Item	2015	2016
总　计	**Total**	**3163656**	**3145802**
采掘业	**Mining and Quarrying**	**305800**	**251912**
煤炭开采和洗选业	Mining and Washing of Coal	240486	191392
黑色金属矿采选业	Mining and Processing of Ferrous Metal Ores	36042	33497
有色金属矿采选业	Mining and Processing of Non-Ferrous Metal Ores	11057	10418
非金属矿采选业	Mining and Processing of Nonmetal Ores	15794	14612
开采辅助活动	Mining Auxiliary Activities	2302	1745
制造业	**Manufacturing**	**2748708**	**2781972**
农副食品加工业	Processing of Food from Agriculture Products	152453	152658
食品制造业	Manufacture of Foods	66477	65550
酒、饮料和精制茶制造业	Manufacture of Wine, Beverages and Refined Tea	71590	71512
烟草制品业	Manufacture of Tobacco	12907	12200
纺织业	Manufacture of Textile	130379	129064
纺织服装、服饰业	Manufacture of Textile Wearing Apparel and Clothing	225064	215881
皮革毛皮羽毛及其制品和制鞋业	Manufacture of Leather, Furs, Feather and Related Products	58320	57542
木材加工及木竹藤棕草制品业	Processing of Timber, Manufacture of Wood, Bamboo, Rattan, Palm and Straw Products	53885	53951
家具制造业	Manufacture of Furniture	27683	31718
造纸及纸制品业	Manufacture of Paper and Paper Products	28200	27337
印刷和记录媒介复制业	Printing, Reproduction of Recording Media	41453	45438
文教工美体育和娱乐用品制造业	Manufacture of Culture, Education, Art, Sports and Entertainment Supplies	71285	71309
石油加工、炼焦和核燃料加工业	Processing of Petroleum, Coking and Processing of Nuclear Fuel	6377	6236
化学原料和化学制品制造业	Manufacture of Raw Chemical Materials and Chemical Products	129801	130613
医药制造业	Manufacture of Medicines	66896	70398
化学纤维制造业	Manufacture of Chemical Fibers	10035	10187
橡胶和塑料制品业	Manufacture of Rubber and Plastics	128293	137682
非金属矿物制品业	Manufacture of Non-metallic Mineral Products	216292	211206
黑色金属冶炼和压延加工业	Smelting and Pressing of Ferrous Metals	101645	88648
有色金属冶炼和压延加工业	Smelting and Pressing of Non-ferrous Metals	54363	53414
金属制品业	Manufacture of Metal Products	106843	106564
通用设备制造业	Manufacture of General Purpose Machinery	176128	171314
专用设备制造业	Manufacture of Special Purpose Machinery	120790	127557
汽车制造业	Manufacture of Automobile	198435	211960
铁路船舶航空航天和其他运输设备制造业	Manufacture of Railroads, Ships, Aerospace and Other Transportation Equipments	27362	27702
电气机械和器材制造业	Manufacture of Electrical Machinery and Equipment	266777	277454
计算机通信和其他电子设备制造业	Manufacture of Computers, Communication and Other Electronic Equipmer	155318	171672
仪器仪表制造业	Manufacture of Measuring Instruments and Machinery	17415	17780
其他制造业	Manufacture of Others	11424	11871
废弃资源综合利用业	Industry of Comprehensive Utilization of Waste Resources	11288	11870
金属制品、机械和设备修理业	Industry of Metal Products, Machinery and Equipment Repair	3530	3684
电力、热力、燃气及水生产和供应业	**Electricity, Heat, Gas and Water Production and Supply Industry**	**109148**	**111918**
电力、热力生产和供应业	Production and Supply of Electric Power and Heat Power	84789	86559
燃气生产和供应业	Production and Supply of Gas	8536	8965
水的生产和供应业	Production and Supply of Water	15823	16394

注：不含规模以下私营单位。

a) Excluding scale under the private sector.

13—17　各市全部规模以上工业企业单位数和总产值（2016年）
Number Above Designated Size Industrial Enterprises and Gross Industrial Output Value by Region (2016)

单位：亿元（100 million yuan）

地　区	Region	企业单位数（个） Number of Enterprises (unit)	#国有及国有控股企业 State-owned or Controlling Share Hold Industry	工业总产值（现价） Gross Industrial Output Value	#国有及国有控股企业 State-owned or Controlling Share Hold Industry	工业增加值（现价） Value-added of Industry	#国有及国有控股企业 State-owned or Controlling Share Hold Industry	工业销售产值（当年价） Value of Industrial Products Sales	#国有及国有控股企业 State-owned or Controlling Share Hold Industry
总　计	**Total**	**19838**	**659**	**43436.35**	**8822.87**	**9724.93**	**2336.15**	**42329.72**	**8649.78**
合 肥 市	Hefei	2535	196	10124.52	2624.67	2213.43	570.46	9867.32	2570.08
淮 北 市	Huaibei	774	23	1825.94	386.38	468.10	163.79	1789.32	376.86
亳 州 市	Bozhou	975	20	1054.97	207.58	248.69	70.30	1023.33	188.39
宿 州 市	Suzhou	1315	28	1848.65	104.77	384.24	35.97	1821.40	103.20
蚌 埠 市	Bengbu	1160	34	2976.45	274.40	718.75	114.11	2838.79	255.73
阜 阳 市	Fuyang	1709	18	2293.04	247.11	533.59	95.45	2215.51	237.68
淮 南 市	Huainan	602	31	1007.69	539.63	327.32	225.26	978.72	522.81
滁 州 市	Chuzhou	1578	42	2860.61	456.35	624.19	109.72	2808.49	448.00
六 安 市	Luan	948	26	1627.17	149.37	354.27	45.35	1563.51	143.95
马鞍山市	Maanshan	1214	48	2810.76	860.85	604.20	191.78	2747.81	857.30
芜 湖 市	Wuhu	2089	64	6319.27	1234.74	1353.50	266.62	6172.21	1230.74
宣 城 市	Xuancheng	1462	30	1920.12	115.20	418.46	30.84	1863.56	115.08
铜 陵 市	Tongling	541	36	2416.96	1109.10	492.88	254.34	2373.60	1090.40
池 州 市	Chizhou	605	14	805.24	78.75	179.33	21.60	780.93	78.66
安 庆 市	Anqing	1768	41	2910.94	419.33	674.92	136.98	2871.97	416.42
黄 山 市	Huangshan	563	8	634.03	14.63	129.07	3.59	613.25	14.47

13—18　各市全部规模以上工业总产值（2016年）
Gross Industrial Output Value Industrial Enterprises Above Designated Size by Region (2016)

本表按当年价格计算　(Data in value terms in this table are calculated at current prices)　　单位：亿元（100 million yuan）

地　区	Region	工业总产值合计（当年价） Gross Industrial Outpnt Value	国有及国有控股企业 State-owned or Controlling Share Hold Industry	集体企业 Collective-owned Enterprises	股份有限公司 Share Holding Enterprises	港澳台商投资企业 Enterprises Funded by Entrepreneurs form Hong Kong, Macao and Taiwan	外商投资企业 Foreign Funded Enterprises	轻工业 Light Industry	重工业 Heavy Industry
总　计	**Total**	**43436.35**	**8822.87**	**68.79**	**4718.76**	**2568.57**	**2880.18**	**14980.86**	**28455.49**
合 肥 市	Hefei	10124.52	2624.67	8.50	1349.09	1101.75	1264.41	3487.05	6637.47
淮 北 市	Huaibei	1825.94	386.38	2.45	60.94	31.68	62.10	675.14	1150.80
亳 州 市	Bozhou	1054.97	207.58	5.56	159.27	2.99	3.79	733.73	321.25
宿 州 市	Suzhou	1848.65	104.77	1.27	87.98	63.12	16.09	982.94	865.72
蚌 埠 市	Bengbu	2976.45	274.40	4.57	193.48	200.80	38.37	1165.74	1810.71
阜 阳 市	Fuyang	2293.04	247.11	1.70	78.70	47.99	24.61	1223.69	1069.35
淮 南 市	Huainan	1007.69	539.63	4.72	79.14	70.77	7.99	265.11	742.57
滁 州 市	Chuzhou	2860.61	456.35	10.76	255.04	170.41	143.72	1060.82	1799.79
六 安 市	Luan	1627.17	149.37	4.74	116.09	12.94	120.38	842.16	785.01
马鞍山市	Maanshan	2810.76	860.85	4.52	586.85	61.68	204.33	593.26	2217.50
芜 湖 市	Wuhu	6319.27	1234.74	1.67	871.46	235.16	774.01	1325.61	4993.66
宣 城 市	Xuancheng	1920.12	115.20	7.64	344.44	11.18	85.16	468.94	1451.18
铜 陵 市	Tongling	2416.96	1109.10	1.90	51.05	449.03	58.36	260.49	2156.47
池 州 市	Chizhou	805.24	78.75	0.00	53.07	10.84	22.35	185.83	619.41
安 庆 市	Anqing	2910.94	419.33	8.04	409.95	90.71	51.03	1407.41	1503.53
黄 山 市	Huangshan	634.03	14.63	0.75	22.21	7.51	3.49	302.96	331.07

13—19 各市全部规模以上工业企业主要经济指标（2016年）
Main Indicators Above Designated Size Industrial Enterprises by Region (2016)

单位：亿元（100 million yuan）

地 区	Region	企业单位数（个）Number of Enterprises (unit)	工业总产值（现价）Gross Industrial Output Value	工业销售产值（当年价）Value of Industrial Products Sales	资产合计 Total Assets	流动资产合计 Circulating Funds	固定资产合计 Total of Fixed Assets	固定资产原价 Original Value of Fixed Assets	负债合计 Total Liabilities
总 计	**Total**	**19838**	**43436.35**	**42329.72**	**33563.37**	**15615.35**	**11782.43**	**20272.01**	**19039.87**
合肥市	Hefei	2535	10124.52	9867.32	7664.99	4383.31	2269.62	4715.37	4363.50
淮北市	Huaibei	774	1825.94	1789.32	2359.39	699.67	883.26	1669.35	1506.38
亳州市	Bozhou	975	1054.97	1023.33	822.07	383.63	349.29	418.09	420.94
宿州市	Suzhou	1315	1848.65	1821.40	842.51	318.15	439.00	599.80	420.21
蚌埠市	Bengbu	1160	2976.45	2838.79	1520.25	798.02	482.46	709.07	815.95
阜阳市	Fuyang	1709	2293.04	2215.51	1243.65	575.20	521.22	1122.89	644.17
淮南市	Huainan	602	1007.69	978.72	2463.41	487.88	959.15	1638.58	1707.81
滁州市	Chuzhou	1578	2860.61	2808.49	1954.20	933.11	739.17	1056.11	1041.09
六安市	Luan	948	1627.17	1563.51	1134.12	494.69	439.94	581.06	630.75
马鞍山市	Maanshan	1214	2810.76	2747.81	2481.64	1003.95	988.79	1762.98	1370.45
芜湖市	Wuhu	2089	6319.27	6172.21	5022.20	2679.93	1510.83	2615.06	2855.97
宣城市	Xuancheng	1462	1920.12	1863.56	1361.74	697.22	449.28	617.64	660.36
铜陵市	Tongling	541	2416.96	2373.60	1889.89	883.18	618.64	936.06	1262.14
池州市	Chizhou	605	805.24	780.93	598.91	233.25	283.10	400.65	299.25
安庆市	Anqing	1768	2910.94	2871.97	1811.00	817.99	724.11	1051.62	849.49
黄山市	Huangshan	563	634.03	613.25	293.39	226.17	124.58	177.69	191.40

地 区	Region	#流动负债 Liquid Liabilities	所有者权益 Creditors Equity	#实收资本 Total Capital Hold	主营业务收入 Revenue from principal Business	主营业务成本 Cost of Principal Business	主营业务税金及附加 Business and Extra Charges	利润总额 Total Profits	本年应交增值税 Value Added Tax Payable
总 计	**Total**	**14394.37**	**14403.25**	**8764.19**	**42190.46**	**36471.84**	**505.59**	**2242.26**	**944.74**
合肥市	Hefei	3523.63	3282.37	2348.22	9519.43	8136.63	95.12	540.47	219.15
淮北市	Huaibei	946.81	841.01	243.19	2388.63	2112.66	22.35	74.14	56.88
亳州市	Bozhou	290.50	395.01	173.23	997.02	825.51	16.55	76.26	20.64
宿州市	Suzhou	280.47	413.28	180.83	1799.82	1630.05	9.50	76.74	22.81
蚌埠市	Bengbu	633.05	694.08	272.63	2585.44	2280.50	55.45	82.65	31.94
阜阳市	Fuyang	490.77	585.46	235.70	2120.46	1860.77	37.46	109.56	61.57
淮南市	Huainan	1057.30	753.82	1079.65	951.64	779.17	12.41	51.22	50.91
滁州市	Chuzhou	839.39	911.12	473.64	2810.28	2325.82	38.26	279.20	75.91
六安市	Luan	490.37	491.01	936.08	1444.93	1273.39	12.19	71.53	21.76
马鞍山市	Maanshan	1063.44	1120.25	652.46	2737.03	2428.17	14.73	115.83	71.55
芜湖市	Wuhu	2259.50	2156.50	995.24	5763.62	4990.30	82.50	308.69	136.29
宣城市	Xuancheng	490.82	683.78	259.10	1819.67	1559.72	10.53	133.50	51.24
铜陵市	Tongling	979.28	624.93	270.46	3014.61	2667.66	7.16	42.95	29.73
池州市	Chizhou	231.58	291.30	136.81	774.15	666.55	4.31	51.25	17.49
安庆市	Anqing	656.57	960.00	445.23	2869.43	2404.85	84.78	203.91	67.34
黄山市	Huangshan	160.89	199.34	61.71	594.31	530.10	2.29	24.36	9.52

13—20　各市国有控股工业企业主要经济指标（2016年）

Main Indicators of State-owned and State Holding Majority Shares Industrial Enterprises by Region (2016)

单位：亿元（100 million yuan）

地　区	Region	企业单位数（个）Number of Enterprises (unit)	工业总产值（现价）Gross Industrial Output Value	工业销售产值（当年价）Value of Industrial Products Sales	资产合计 Total Assets	流动资产合计 Circulating Funds	固定资产合计 Total of Fixed Assets	固定资产原价 Original Value of Fixed Assets	负债合计 Total Liabilities
总　计	**Total**	**659**	**8822.87**	**8649.78**	**14136.94**	**4877.42**	**5866.17**	**9643.50**	**8988.68**
合肥市	Hefei	196	2624.67	2570.08	3172.97	1520.28	1226.22	2001.44	1786.74
淮北市	Huaibei	23	386.38	376.86	1704.18	383.86	648.47	1063.86	1232.79
亳州市	Bozhou	20	207.58	188.39	296.34	90.34	173.77	214.46	179.90
宿州市	Suzhou	28	104.77	103.20	190.42	32.65	146.81	217.48	149.44
蚌埠市	Bengbu	34	274.40	255.73	539.56	253.76	176.87	261.52	286.79
阜阳市	Fuyang	18	247.11	237.68	326.06	93.01	190.80	301.58	183.30
淮南市	Huainan	31	539.63	522.81	2070.70	315.50	779.14	1369.25	1485.95
滁州市	Chuzhou	42	456.35	448.00	444.83	135.18	264.14	372.81	272.46
六安市	Luan	26	149.37	143.95	212.91	43.27	154.35	215.25	153.53
马鞍山市	Maanshan	48	860.85	857.30	1428.03	499.04	665.12	1308.09	865.03
芜湖市	Wuhu	64	1234.74	1230.74	1718.01	817.54	527.86	893.41	1077.56
宣城市	Xuancheng	30	115.20	115.08	192.19	58.37	121.79	194.87	118.84
铜陵市	Tongling	36	1109.10	1090.40	1227.02	491.26	412.62	633.72	870.48
池州市	Chizhou	14	78.75	78.66	124.20	23.42	81.36	133.06	57.98
安庆市	Anqing	41	419.33	416.42	471.90	116.41	283.63	440.70	257.84
黄山市	Huangshan	8	14.63	14.47	17.62	3.53	13.22	22.01	10.06

地　区	Region	#流动负债 Liquid Liabilities	所有者权益 Creditors Equity	#实收资本 Total Capital Hold	主营业务收入 Revenue from principal Business	主营业务成本 Cost of Principal Business	主营业务税金及附加 Business and Extra Charges	利润总额 Total Profits	本年应交增值税 Value Added Tax Payable
总　计	**Total**	**6113.61**	**5154.75**	**3399.20**	**9685.95**	**8286.74**	**320.97**	**337.69**	**292.80**
合肥市	Hefei	1348.45	1385.47	1544.84	2404.74	2095.30	59.05	96.12	49.26
淮北市	Huaibei	740.30	471.36	117.01	1015.88	912.16	6.43	11.21	33.08
亳州市	Bozhou	88.51	116.42	53.66	175.24	118.22	11.48	17.51	9.34
宿州市	Suzhou	80.32	40.92	25.87	93.60	87.66	1.05	-2.03	4.13
蚌埠市	Bengbu	195.67	252.69	76.13	277.22	193.13	44.24	16.32	13.05
阜阳市	Fuyang	145.00	142.72	41.00	210.42	157.08	20.70	14.82	13.84
淮南市	Huainan	888.09	583.48	484.17	506.11	389.38	10.46	26.78	42.52
滁州市	Chuzhou	174.04	172.07	92.45	450.10	358.23	27.36	40.01	16.10
六安市	Luan	115.14	55.69	58.11	141.39	122.88	1.40	7.64	3.16
马鞍山市	Maanshan	649.79	576.75	299.08	940.32	839.09	5.13	21.15	29.62
芜湖市	Wuhu	781.71	639.64	205.61	1032.90	873.46	57.50	40.83	29.89
宣城市	Xuancheng	64.67	73.30	51.90	114.51	99.19	0.58	8.36	6.46
铜陵市	Tongling	632.65	356.51	136.66	1791.22	1638.13	2.99	9.55	16.54
池州市	Chizhou	31.46	66.13	40.54	78.92	67.63	0.41	5.65	4.35
安庆市	Anqing	171.21	214.04	168.09	438.48	321.14	72.17	23.40	20.84
黄山市	Huangshan	6.59	7.56	4.09	14.90	14.07	0.05	0.35	0.62

13—21 各市外商投资和港澳台商投资工业企业主要经济指标（2016年）

Main Indicators on Economic Benefit of Industrial Enterprises with Hong Kong, Macao, Taiwan and Foreign Funds by Region (2016)

单位：亿元（100 million yuan）

地区	Region	企业单位数（个）Number of Enterprises (unit)	工业总产值（现价）Gross Industrial Output Value	工业销售产值（当年价）Value of Industrial Products Sales	资产合计 Total Assets	流动资产合计 Circulating Funds	固定资产合计 Total of Fixed Assets	固定资产原价 Original Value of Fixed Assets	负债合计 Total Liabilities
总计	**Total**	**760**	**5448.76**	**5250.80**	**3508.89**	**2053.58**	**1079.41**	**2071.45**	**2135.15**
合肥市	Hefei	178	2366.15	2309.27	1409.02	1023.35	307.04	839.37	938.28
淮北市	Huaibei	19	93.78	82.66	68.35	28.53	23.92	60.81	41.46
亳州市	Bozhou	7	6.79	6.54	4.25	2.64	1.27	1.31	2.23
宿州市	Suzhou	28	79.21	78.86	50.34	21.95	21.57	28.35	22.96
蚌埠市	Bengbu	41	239.17	192.81	135.64	57.40	53.14	94.59	81.04
阜阳市	Fuyang	20	72.61	67.23	71.95	16.41	50.05	61.01	37.47
淮南市	Huainan	18	78.76	76.11	160.58	38.01	108.00	168.21	104.34
滁州市	Chuzhou	84	314.13	303.46	194.90	74.30	82.38	139.08	110.94
六安市	Luan	20	133.31	131.54	108.06	52.53	40.41	50.86	59.91
马鞍山市	Maanshan	60	266.01	255.04	143.97	74.09	47.93	81.69	76.71
芜湖市	Wuhu	141	1009.17	975.67	821.04	467.17	232.50	391.71	457.77
宣城市	Xuancheng	48	96.34	88.52	70.27	45.39	16.77	29.54	34.59
铜陵市	Tongling	21	507.40	499.02	154.02	96.14	46.17	54.96	112.68
池州市	Chizhou	18	33.19	32.29	25.59	8.97	13.05	21.35	12.41
安庆市	Anqing	42	141.74	141.51	82.25	41.67	32.75	45.03	37.58
黄山市	Huangshan	15	11.00	10.28	8.66	5.02	2.45	3.58	4.81

地区	Region	#流动负债 Liquid Liabilities	所有者权益 Creditors Equity	#实收资本 Total Capital Hold	主营业务收入 Revenue from principal Business	主营业务成本 Cost of Principal Business	主营业务税金及附加 Business and Extra Charges	利润总额 Total Profits	本年应交增值税 Value Added Tax Payable
总计	**Total**	**1862.75**	**1384.29**	**838.82**	**5051.78**	**4275.32**	**24.64**	**294.86**	**122.22**
合肥市	Hefei	880.49	473.74	285.74	2228.40	1916.44	10.11	111.28	55.99
淮北市	Huaibei	31.15	26.16	18.67	81.65	71.49	1.75	2.45	2.47
亳州市	Bozhou	2.13	1.99	0.88	6.27	5.42	0.09	0.48	0.20
宿州市	Suzhou	20.34	27.23	11.46	79.99	64.99	0.42	12.46	1.61
蚌埠市	Bengbu	63.83	54.43	29.74	169.35	144.02	1.74	7.30	2.70
阜阳市	Fuyang	12.26	34.48	19.28	64.31	53.02	1.19	7.28	3.14
淮南市	Huainan	72.60	57.03	45.10	75.31	58.93	0.71	10.58	4.06
滁州市	Chuzhou	95.22	93.61	90.38	308.26	258.76	0.99	30.31	9.83
六安市	Luan	42.87	47.51	11.60	130.37	117.40	0.94	6.44	2.36
马鞍山市	Maanshan	69.22	66.94	50.92	247.93	221.14	0.49	15.56	8.43
芜湖市	Wuhu	394.21	362.67	196.53	899.80	744.22	4.32	65.26	23.34
宣城市	Xuancheng	31.36	35.56	13.92	86.17	71.39	0.65	8.01	2.24
铜陵市	Tongling	102.32	41.34	25.10	494.78	393.40	0.37	5.28	2.19
池州市	Chizhou	11.21	13.17	9.09	31.59	25.59	0.18	2.32	0.78
安庆市	Anqing	28.78	44.61	28.41	137.28	120.23	0.64	9.34	2.66
黄山市	Huangshan	4.77	3.82	2.00	10.31	8.88	0.04	0.52	0.21

13—22　各市私营工业企业主要经济指标（2016年）

Main Indicators of Private Enterprises by Region (2016)

单位：亿元（100 million yuan）

地区	Region	企业单位数（个）Number of Enterprises (unit)	工业总产值（现价）Gross Industrial Output Value	工业销售产值（当年价）Value of Industrial Products Sales	资产合计 Total Assets	流动资产合计 Circulating Funds	固定资产合计 Total of Fixed Assets	固定资产原价 Original Value of Fixed Assets	负债合计 Total Liabilities
总计	**Total**	**14016**	**19785.86**	**19297.28**	**9270.15**	**4926.78**	**3091.93**	**5284.62**	**4451.91**
合肥市	Hefei	1713	3044.90	2937.39	1563.25	886.26	434.81	1241.27	835.82
淮北市	Huaibei	635	1082.10	1070.21	447.39	206.37	175.75	467.95	189.36
亳州市	Bozhou	340	289.58	284.05	180.93	100.98	61.44	72.85	83.90
宿州市	Suzhou	716	907.24	901.10	262.58	113.75	122.19	155.78	87.31
蚌埠市	Bengbu	794	1718.87	1673.62	415.98	233.43	126.92	173.76	193.96
阜阳市	Fuyang	1253	1254.49	1217.58	512.05	281.57	172.98	272.80	230.79
淮南市	Huainan	445	303.13	295.32	164.55	94.17	52.46	69.55	78.58
滁州市	Chuzhou	1283	1777.20	1742.80	1003.14	546.23	316.33	426.97	502.16
六安市	Luan	789	1063.49	1017.44	619.66	292.72	194.86	242.59	327.19
马鞍山市	Maanshan	1035	1509.84	1467.63	663.27	359.93	200.29	275.40	313.27
芜湖市	Wuhu	1455	2565.44	2514.11	1288.05	650.72	509.23	906.32	610.68
宣城市	Xuancheng	1235	1274.60	1237.01	687.90	381.70	210.92	270.05	347.25
铜陵市	Tongling	360	490.64	480.88	262.75	152.97	84.66	119.41	142.80
池州市	Chizhou	337	387.52	376.43	243.36	102.77	110.48	148.68	97.95
安庆市	Anqing	1232	1701.99	1680.19	737.18	390.44	253.50	349.11	304.85
黄山市	Huangshan	394	414.82	401.53	218.10	132.77	65.12	92.14	106.04

地区	Region	#流动负债 Liquid Liabilities	所有者权益 Creditors Equity	#实收资本 Total Capital Hold	主营业务收入 Revenue from principal Business	主营业务成本 Cost of Principal Business	主营业务税金及附加 Business and Extra Charges	利润总额 Total Profits	本年应交增值税 Value Added Tax Payable
总计	**Total**	**3644.64**	**4722.10**	**2538.66**	**18719.65**	**16422.55**	**103.40**	**1043.70**	**350.19**
合肥市	Hefei	671.10	711.07	270.24	2891.06	2467.52	14.37	179.45	65.21
淮北市	Huaibei	138.99	248.01	86.87	1045.35	925.88	8.74	43.34	16.64
亳州市	Bozhou	70.09	95.09	35.35	281.00	240.92	1.64	19.92	4.06
宿州市	Suzhou	62.76	170.92	69.39	901.66	821.91	5.09	34.86	8.03
蚌埠市	Bengbu	155.05	217.03	71.69	1548.26	1416.16	6.59	40.24	9.20
阜阳市	Fuyang	178.54	270.88	120.40	1179.70	1045.33	9.22	60.99	25.56
淮南市	Huainan	63.11	84.73	534.39	288.54	258.76	0.94	11.28	2.68
滁州市	Chuzhou	429.78	494.41	214.58	1742.96	1461.80	8.40	174.05	39.59
六安市	Luan	254.26	286.99	132.05	918.47	819.48	4.35	40.92	9.90
马鞍山市	Maanshan	257.36	345.76	236.09	1382.98	1219.64	8.53	72.92	30.94
芜湖市	Wuhu	514.51	673.72	346.21	2460.92	2200.94	12.91	107.21	53.76
宣城市	Xuancheng	293.52	326.05	141.53	1209.77	1051.95	7.46	78.32	35.26
铜陵市	Tongling	122.83	118.20	55.60	455.08	403.05	2.33	16.20	5.46
池州市	Chizhou	82.93	140.58	40.90	372.60	319.48	2.24	26.39	5.55
安庆市	Anqing	259.53	428.01	154.62	1647.83	1415.46	9.05	122.36	32.40
黄山市	Huangshan	90.27	110.67	28.74	393.46	354.25	1.52	15.25	5.93

13—23 各市大中型工业企业主要经济指标（2016年）

Main Indicators of Large-scale and Medium-scale Industrial Enterprises by Region (2016)

单位：亿元（100 million yuan）

地　区	Region	企业单位数（个） Number of Enterprises (unit)	工业总产值（现价） Gross Industrial Output Value	工业销售产值（当年价） Value of Industrial Products Sales	资产合计 Total Assets	流动资产合计 Circulating Funds	固定资产合计 Total of Fixed Assets	固定资产原价 Original Value of Fixed Assets	负债合计 Total Liabilities
总　计	**Total**	**1701**	**21430.01**	**20842.34**	**22408.94**	**9813.36**	**7902.87**	**13936.42**	**13402.55**
合肥市	Hefei	346	6993.04	6837.96	5796.96	3351.58	1723.80	3409.48	3354.72
淮北市	Huaibei	64	732.64	708.22	1844.74	491.36	657.01	1125.84	1264.17
亳州市	Bozhou	53	362.01	337.25	315.79	129.39	145.21	188.11	173.97
宿州市	Suzhou	71	378.67	370.89	296.37	87.17	184.35	269.20	196.68
蚌埠市	Bengbu	92	899.94	827.56	883.32	434.34	301.67	454.75	504.61
阜阳市	Fuyang	90	892.11	847.87	580.22	227.99	279.09	801.44	328.97
淮南市	Huainan	44	615.87	596.60	2175.39	353.40	839.21	1487.93	1549.45
滁州市	Chuzhou	167	1508.29	1474.69	1052.62	486.19	420.79	642.01	568.45
六安市	Luan	95	609.25	592.99	539.47	222.70	223.91	308.79	325.95
马鞍山市	Maanshan	83	1306.25	1283.03	1860.19	670.57	791.89	1484.70	1059.17
芜湖市	Wuhu	255	3462.88	3370.85	3568.33	1866.73	995.32	1755.09	2096.53
宣城市	Xuancheng	93	693.50	669.66	687.19	337.55	230.73	334.38	306.95
铜陵市	Tongling	40	1364.73	1339.70	1452.26	629.37	476.53	726.78	998.17
池州市	Chizhou	29	278.95	270.67	262.37	72.40	163.20	221.37	129.79
安庆市	Anqing	161	1219.12	1205.47	989.19	401.66	425.40	655.15	507.09
黄山市	Huangshan	18	112.75	108.92	104.50	50.97	44.75	71.39	37.88

地　区	Region	#流动负债 Liquid Liabilities	所有者权益 Creditors Equity	#实收资本 Total Capital Hold	主营业务收入 Revenue from principal Business	主营业务成本 Cost of Principal Business	主营业务税金及附加 Business and Extra Charges	利润总额 Total Profits	本年应交增值税 Value Added Tax Payable
总　计	**Total**	**9942.04**	**9010.75**	**3967.32**	**21415.14**	**18201.79**	**396.42**	**1161.81**	**599.16**
合肥市	Hefei	2740.44	2434.89	1109.15	6543.60	5581.59	81.12	355.99	159.28
淮北市	Huaibei	780.67	579.50	135.22	1334.28	1176.11	13.69	31.51	39.05
亳州市	Bozhou	106.38	141.64	48.20	318.79	237.80	13.16	28.17	15.99
宿州市	Suzhou	119.80	99.19	36.25	359.44	323.93	1.85	15.28	8.11
蚌埠市	Bengbu	379.64	378.20	135.59	758.36	616.01	47.84	31.79	20.87
阜阳市	Fuyang	257.01	250.55	83.32	794.50	681.45	29.08	44.31	36.73
淮南市	Huainan	946.46	625.92	510.06	576.03	447.41	11.14	33.70	46.90
滁州市	Chuzhou	454.52	488.75	237.04	1488.50	1198.43	32.13	168.33	48.65
六安市	Luan	245.72	209.76	94.30	555.10	483.92	7.38	27.34	12.14
马鞍山市	Maanshan	814.13	815.13	394.54	1339.74	1174.47	6.10	47.67	40.95
芜湖市	Wuhu	1624.36	1470.99	600.16	3049.38	2578.20	67.97	184.52	84.70
宣城市	Xuancheng	194.31	377.89	101.77	651.14	534.85	3.73	65.10	17.32
铜陵市	Tongling	764.96	453.51	169.55	2026.82	1823.46	3.79	20.07	19.76
池州市	Chizhou	105.75	132.88	50.28	274.42	242.40	1.22	16.22	7.92
安庆市	Anqing	381.25	485.48	251.05	1237.97	1008.44	75.89	85.19	38.34
黄山市	Huangshan	26.66	66.45	10.82	107.10	93.31	0.32	6.62	2.44

13—24 主要工业产品产量
Output of Major Industrial Products

项　目		Item		2000	2005	2010	2015	2016
原　煤	（万吨）	Raw Coal	(10000 tons)	4790	8434	13030	13404	12236
洗　煤	（万吨）	Coal Washing	(10000 tons)	464	823	1603	4414	3909
铁矿石原矿量	（万吨）	Iron Ore Products	(10000 tons)	836	1100	3237	4697	5357
铜金属含量	（吨）	Amount Contained of Copper	(ton)	45564	66466	129145	209072	209527
混合饲料	（万吨）	Blending Feed	(10000 tons)	102.9	161.0	121.9	100.1	118.5
原　盐	（吨）	Raw Salt	(ton)	328413	567340	1461487	1496473	1535994
大　米	（吨）	Rice	(ton)	951857	1567509	10421141	17133052	17810667
食用植物油	（万吨）	Edible Vegetable Oil	(10000 tons)	39.72	49.99	66.23	127.70	143.40
乳制品	（吨）	Dairy Products	(ton)	14970	54343	664812	943722	1061697
罐　头	（吨）	Can (tin)	(ton)	24897	61143	308924	586059	600401
鲜、冻畜肉	（万吨）	Fresh and Frozen Meat	(10000 tons)	10.2	14.8	59.0	142.9	120.6
糖　果	（吨）	Candy	(ton)	6740	4289	27682	87107	97563
酱　油	（吨）	Soy Sauce	(ton)	22367	7021	41281	107292	114033
发酵酒精	（万千升）	Fermented Alcohol	(10000 kl)	9.5	25.5	68.0	37.4	38.7
白　酒	（万千升）	Liquor	(10000 kl)	46.7	22.4	48.0	46.5	44.9
啤　酒	（万千升）	Beer	(10000 kl)	119.3	115.5	154.1	119.2	105.9
精制茶	（吨）	Refined Tea	(ton)	9951	57042	178927	257143	268653
卷　烟	（亿支）	Cigarettes	(100 million pieces)	789	1031	1226	1269	1003
纱	（吨）	Yarn	(ton)	275052	383057	565419	1111904	1149391
布	（万米）	Cloth	(10000 m)	74047	56293	108663	141398	165400
棉　布	（万米）	Cotton Cloth	(10000 m)	35778	37373	82439	43565	45823
印染布	（万米）	Printing and Dyeing Cloth	(10000 m)	14377	18332	18392	18462	27828
绒线（毛线）	（吨）	Knitting Wool	(ton)	31	1996	528	2227	2016
丝	（吨）	Silk	(ton)	2118	3807	6438	8057	6069
丝织品	（万米）	Silk Fabrics	(10000 m)	3446	2867	4005	7196	7400
服　装	（万件）	Clothing	(10000 units)	6283	11288	53505	117020	117158
梭织服装		Shuttled Clothing		3799	5079	30888	79439	79369
针织服装		Knit Clothing		2433	3625	22617	37582	37789
人造板	（万立方米）	Man-made Board	(10000 cu.m)	65.4	200.2	573.0	1495.8	1390.3
机制纸及纸板	（万吨）	Machine-made Paper and Paperboard	(10000 tons)	55.0	111.1	221.1	306.3	343.8

13—24 续表1 continued

项目		Item		2000	2005	2010	2015	2016
纸制品	（吨）	Paper Products	(ton)	53876	228047	690161	1812447	1791697
原油加工量	（万吨）	Volume of Processed Crude Oil	(10000 tons)	344.8	416.0	476.6	689.3	538.4
汽　油	（万吨）	Gasoline	(10000 tons)	79.4	86.0	97.0	216.6	176.4
柴　油	（万吨）	Diesel Oil	(10000 tons)	151.9	177.4	196.0	281.0	197.5
燃料油	（万吨）	Fuel Oil	(10000 tons)	10.7	8.3	12.4	1.8	1.2
液化石油气	（万吨）	Liquefied Petroleum	(10000 tons)	20.4	30.5	34.1	58.3	48.2
焦　炭	（万吨）	Coke	(10000 tons)	330.2	487.9	839.6	958.5	972.6
硫酸（折100%）	（万吨）	Sulfuric Acid (100%)	(10000 tons)	143.1	202.5	439.7	630.1	655.5
浓硝酸（折100%）	（万吨）	Enriched Nitric Acid (100%)	(10000 tons)	13.6	32.5	54.5	63.1	58.8
氢氧化纳（烧碱）（折100%）	（万吨）	Caustic Soda (100%)	(10000 tons)	10.8	18.8	29.0	72.0	75.0
碳酸纳（纯碱）	（万吨）	Soda Ash	(10000 tons)	8.1	24.1	35.4	76.9	88.7
合成氨	（万吨）	Synthetic Ammonia	(10000 tons)	179.4	231.4	266.4	344.8	326.4
农用氮肥磷钾化学肥料总计	（万吨）	Chemical Fertilizers	(10000 tons)	157.6	204.1	255.4	309.7	290.9
氮肥（折含N100%）	（万吨）	Nitrogen Fertilizers	(10000 tons)	120.9	148.2	201.5	228.3	205.2
磷　肥	（万吨）	Phosphate Fertilizers	(10000 tons)	36.5	55.9	54.0	81.4	85.7
化学农药	（万吨）	Chemical Pesticide	(10000 tons)	1.8	3.7	15.1	19.8	19.5
塑料树脂及共聚物	（吨）	Plastics	(ton)	71687	268920	568858	1203575	1322360
肥　皂	（吨）	Soap	(ton)	20326	22803	20704		
合成洗涤剂	（万吨）	Synthetic Detergents	(10000 tons)	39.8	41.3	74.6	79.4	81.3
牙膏（自然支）	（万支）	Toothpaste	(10000 units)	6941	65764	77835		
化学原料药	（吨）	Chemical Medicine	(ton)	4807	18960	9208	40473	40767
中成药	（吨）	Traditional Chinese Medicine	(ton)	9371	9672	26190	49709	49171
化学纤维	（万吨）	Chemical Fiber	(10000 tons)	12.4	11.4	22.0	27.0	35.3
轮胎外胎	（万条）	Tires	(10000 units)	574.0	1073.6	3744.3	2829.6	4792.0
塑料制品	（吨）	Plastic Products	(ton)	321435	735029	1867544	3387004	3637666
塑料薄膜	（吨）	Plastic Film	(ton)	28057	173228	166674	348278	395435
水　泥	（万吨）	Cement	(10000 tons)	2136	3218	7874	13085	13391
大理石板材	（万平方米）	Marble Plate	(10000 sq.m)	2.01	3.30	13.90	535.00	650.60
花岗石板材	（万平方米）	Granite Plate	(10000 sq.m)	4.07	11.60	109.82	497.60	539.40
平板玻璃	（万重量箱）	Plate Glass	(10000 weight cases)	151.5	507.7	1044.3	2302.5	3264.2
生　铁	（万吨）	Pig Iron	(10000 tons)	524.3	1105.7	1844.9	2092.5	2242.7
钢	（万吨）	Steel	(10000 tons)	460.6	1105.6	1853.8	2506.0	2731.3

13—24 续表2 continued

项 目		Item		2000	2005	2010	2015	2016
钢 材	（万吨）	Rolled Steel	(10000 tons)	431.7	1141.6	2446.4	3334.7	3225.8
铁道用钢材		Steel Use for Railway		9.0	14.8	11.9	12.5	10.5
中小型钢材		Rolled-steel, Medium and Small		185.3	124.7	158.5	234.9	59.8
无缝钢管		Seamless Steel Pipe		3.0	25.4	20.0	72.6	65.8
线 材		Wire Rod		105.8	171.9	301.1	209.8	195.1
铜	（万吨）	Copper	(10000 tons)	22.8	35.9	83.1	131.1	129.4
工业锅炉	（蒸吨）	Industrial Boilers	(ton)	779	2478	5196	31760	33261
内燃机	（万千瓦）	Internal Combustion Engines	(10000 kw)	265.7	713.1			
金属切削机床	（台）	Metal-cutting Machine Tools	(unit)	4743	11769	26283	81268	80788
起重设备	（吨）	Derrick Equipment	(ton)	2761	54935	334543	869451	911361
叉 车	（台）	Forklift	(unit)	10017	20303	40613	58094	63168
泵	（台）	Pump	(unit)	97578	82312	409494	2046093	2682386
轴 承	（万套）	Bearing	(10000 sets)	3212	8055	23665	76633	86571
矿山设备	（吨）	Mining Equipment	(ton)	39769	112593	74055	587194	594939
小型拖拉机	（台）	Mini-tractors	(unit)	168271	119899	17833	15316	5812
农业运输机械	（辆）	Machinery for Agricultural Transportation	(unit)	250987	32287			
汽 车	（辆）	Motor Vehicles	(unit)	107187	401087	1244735	1257681	1596742
载货汽车		Trucks		37441	116639	273645	210804	267948
公路汽车		Coach		69452	84980	78426	37578	25483
交流电动机	（万千瓦）	Alternating Current Motor	(10000 kw)	164.4	515.8	1599.5	2200.0	2329.3
变压器	（万千伏安）	Transformer	(10000 KVA)	520.3	1758.6	4136.9	4408.4	4665.0
蓄电池	（千伏安时）	Storage Battery	(KVA.h)	143046	806458	6610665	19170259	19514133
家用洗衣机	（万台）	Household Washing Machines	(10000 units)	131.7	441.8	1267.0	1725.2	2006.4
家用电冰箱	（万台）	Household Refrigerators	(10000 units)	169.9	530.4	2078.9	2888.2	3058.8
电风扇	（万台）	Electric Fans	(10000 units)	11.0	2.9		34.9	
房间空气调节器	（万台）	Air Conditioners	(10000 units)	115.8	515.0	1666.1	3176.1	3113.9
电视机	（万部）	TV Sets	(10000 units)	159.7	374.4	395.3	1176.9	1277.1
#彩色电视机		Color TV		156.1	374.4	395.3	1176.9	1277.1
微型电子计算机	（部）	Micro-computers	(unit)	141777	42737	18118	18014744	16597530
发电量	（亿千瓦时）	Electricity	(100 million kwh)	368.1	645.7	1443.9	2034.2	2206.2
火 电		Thermal Power		363.5	634.9	1420.2	1954.7	2129.9
水 电		Hydropower		4.6	10.9	18.9	30.9	43.0
煤 气	（亿立方米）	Gas	(100 million cu.m)	90.9	147.6	286.6	326.8	391.8

13—25 各市主要工业产品产量（2016年）
Output of Major Industrial Products by Region (2016)

项目		Item		合肥市 Hefei	淮北市 Huaibei	亳州市 Bozhou	宿州市 Suzhou
铁矿石原矿量	（万吨）	Iron Ore Products	(10000 tons)	553.9	205.0		
原　盐	（万吨）	Raw Salt	(10000 tons)				
大　米	（万吨）	Rice	(10000 tons)	268.5			3.0
混合饲料	（万吨）	Blending Feed	(10000 tons)	1.5	31.0		3.1
食用植物油	（万吨）	Edible Vegetable Oil	(10000 tons)	30.3	4.1	4.2	0.3
白　酒	（千升）	Liquor	(kl)	5123	40145	148368	8888
精制茶	（吨）	Refined Tea	(ton)	8271		20	
纱	（吨）	Yarn	(ton)	12526	59011	55088	143756
布	（万米）	Cloth	(10000 m)	8744	10335	5016	5422
机制纸及纸板	（万吨）	Machine-made Paper and Paperboard	(10000 tons)	7.8		1.2	40.5
原油加工量	（万吨）	Volume of Processed Crude Oil	(10000 tons)				
农用氮肥磷钾化学肥料总计	（万吨）	Chemical Fertilizers	(10000 tons)	34.4		6.4	2.1
中成药	（吨）	Traditional Chinese Medicine	(ton)	2568.1	94.4	0.0	3110.9
化学纤维	（万吨）	Chemical Fiber	(10000 tons)	7.7			
轮胎外胎	（万条）	Tires	(10000 units)	4456.8			
水　泥	（万吨）	Cement	(10000 tons)	2214.2	985.1	428.5	1025.4
平板玻璃	（万重量箱）	Plate Glass	(10000 weight cases)	392.3			1.4
生　铁	（万吨）	Pig Iron	(10000 tons)				
钢	（万吨）	Steel	(10000 tons)				
成品钢材	（万吨）	Steel Products	(10000 tons)	174.1			18.1
铜	（万吨）	Copper	(10000 tons)				
叉　车	（台）	Forklift	(unit)	53366			
汽　车	（辆）	Motor Vehicles	(unit)	834063			
载货汽车		Trucks		253011			
家用洗衣机	（万台）	Household Washing Machines	(10000 units)	1830.9			
家用电冰箱	（万台）	Household Refrigerators	(10000 units)	2711.5			
房间空气调节器	（万台）	Air Conditioners	(10000 units)	1163.5			
彩色电视机	（万部）	Color TV	(10000 units)	794.8			
发电量	（亿千瓦时）	Electricity	(100 million kwh)	180.5	197.1	34.0	98.0

蚌埠市 Bengbu	阜阳市 Fuyang	淮南市 Huainan	滁州市 Chuzhou	六安市 Luan	马鞍山市 Maanshan	芜湖市 Wuhu	宣城市 Xuancheng	铜陵市 Tonglin	池州市 Chizhou	安庆市 Anqin	黄山市 Huangshan
11.8			0.6	2690.5	1814.6	41.1				40.0	
			153.6								
224.4	102.6	176.3	296.7	181.5	82.9	93.5	78.3	46.6	28.8	184.1	13.8
7.6	11.0	8.7	31.6	1.6		0.4	21.9				
10.9	4.1	10.1	0.1	9.4	42.2	1.8	9.5	1.1	7.2	7.8	0.4
39812	94087	1075	21644	39564	27808		10327	172	631	11245	
			676	43431	745		32389		17280	4111	161730
155023	230378	23095	45400	6731	6651	88277	25631	18813	12064	246003	20946
10593	1926	1902			1429	5152	31868	6830		22679	53505
4.3	7.8	0.7	5.4	7.5	198.4	11.2	20.8		0.7	35.1	2.4
										538.4	
	92.2	28.9	16.9					102.6	2.5	4.9	
125.1	7509.8	1300.0	14604.0	1486.7	117.0	7553.6	974.0		473.1	7748.1	1505.7
	6.4		8.7		0.1		2.0			10.4	
			55.5			255.5		24.1			
360.9	377.0	868.4	1052.3	488.8	1547.1	1376.2	617.5	784.8	325.8	767.6	171.2
345.1			691.3			1834.1					
	3.7				1781.0	452.0	6.0				
					1871.7	404.1	128.2	157.0	168.2	2.1	
30.8	1.9		71.1	2.5	2039.6	519.0	177.2	141.9	46.6	1.7	1.3
								129.4			
	2774			479	637	5912					
	1324		88880		13613	658862					
	1324				13613						
			175.5								
			315.3	32.1							
			140.9			1809.4					
	3.5		448.3		19.9				10.6		
61.3	69.0	577.7	59.2	78.6	260.8	165.2	71.8	156.9	39.1	156.6	0.6

13—26 工业主要产品生产能力
Main Prodnct Productivity of Industrial Enterprises

项目		Item		2015	2016
原煤	(吨)	Raw Coal	(ton)	193120856	184350000
卷烟	(万支)	Cigarettes	(10000 pieces)	16743888	17560800
棉纺锭/纺纱量	(锭/吨)	Cotton Spinning / Spinning Amount	(ingot/ton)	4623258	3635165
气流纺锭/纺纱量	(头/吨)	Air Spindle / Spinning Amount	(unit/ton)	189184	122632
棉布织机/布	(台/万米)	Cotton Looms / cloth	(unit/10000 meters)	97837	129184
原油加工能力/原油加工量	(吨/吨)	Processing Capacity of Crude Oil / Processing Amount of Crude Oil	(ton/ton)	10000000	10000000
焦炭	(吨)	Cofe	(ton)	10566000	13351600
烧碱(折100%)	(吨)	Caustic Soda (=100%)	(ton)	790000	790000
碳化钙(电石，折300升/千克)	(吨)	Calcium Carbide (calcium carbide, = 300 liters / kg)	(ton)	560000	1700
农用氮磷钾化学肥料总计(折纯)	(吨)	Total of Agricultural N, P and K Chemical fertilizers (=pure)	(ton)	4322035	6810910
初级形态塑料	(吨)	Primary form Plastic	(ton)	1620105	1960908
化学纤维	(吨)	Chemical Fiber	(ton)	512014	471800
硅酸盐水泥熟料	(吨)	Silicate Cement Grog	(ton)	152676487	152195000
水泥	(吨)	Cement	(ton)	189386302	186230001
平板玻璃	(重量箱)	Plate Glass	(weight cases)	39715200	42677259
生铁	(吨)	Pig Iron	(ton)	22431000	26542500
粗钢	(吨)	Thick Steel	(ton)	32905000	32917000
钢材	(吨)	Rolled Steel	(ton)	45042995	39831555
铁合金	(吨)	Ferroalloy	(ton)	10809	84272
金属切削机床	(台)	Metal-cutting Machine Tools	(unit)	119741	116658
挖掘机	(台)	Excavating Machine	(unit)	43637	15976
汽车	(辆)	Motor Vehicles	(unit)	2028000	2216822
#基本型乘用车(轿车)		Basic Passenger Car (car)		1213000	1540422
载货汽车		Lorry		380000	441400
民用钢质船舶	(载重吨)	Civil Steel Ship	(carrying capacity ton)	5186643	4972978
太阳能电池	(千瓦)	Solor Battery	(kilowatt)	5591997	6605832
家用电冰箱	(台)	Household Refrigerators	(unit)	38529177	39915863
房间空气调节器	(台)	Air Conditioners	(unit)	42747064	43177064
微型计算机设备	(台)	Microcomputer Equipment	(unit)	43684585	44588915
移动通信手持机(手机)	(台)	Mobile Communication Handset (mobile phone)	(unit)	1688000	3300000
彩色电视机	(台)	Color TV	(unit)	16223888	18644184
发电设备容量总计/发电量	(万千瓦/万千瓦小时)	Capacity of Power Generation Equipment / Generating Capacity	(10000 kilowatt /10000 kilowatt hour)	4939.5	5355.7
#火电设备容量/发电量		Capacity of Thermal Power Equipment		4356.2	4919.9
水电设备容量/发电量		Capacity of Water Power Equipment		224.7	230.5
风电设备容量/发电量		Capacity of Wind Power Equipment		90.1	123.9

13—27 各县（市）工业企业单位数和总产值（2016年）

Number and Output Value of Industrial Enterprises by County or City (2016)

单位：亿元（100 million yuan）

县（市）	County (City)	企业单位数（个）Number of Enterprises (unit)	工业总产值（当年价）Gross Industrial Output Value (at current prices)	工业销售产值（当年价）Sales Value of Industry (at current prices)	工业增加值（当年价）Value Added of Industry (at current prices)
瑶海区	Yaohai District	44	40.75	38.60	11.60
庐阳区	Luyang District	101	257.42	249.11	60.90
蜀山区	Shushan District	81	106.18	105.25	24.63
包河区	Baohe District	140	1059.46	1043.79	204.87
巢湖市	Chaohu	210	433.88	424.55	96.35
长丰县	Changfeng	382	745.52	707.14	158.12
肥东县	Feidong	363	1049.07	1007.42	230.37
肥西县	Feixi	389	1287.66	1241.03	263.40
庐江县	Lujiang	250	229.77	223.18	50.88
杜集区	Duji District	180	264.05	263.09	55.44
相山区	Xiangshan District	115	264.70	260.82	55.09
烈山区	Lieshan District	84	163.58	161.81	40.82
濉溪县	Suixi	274	566.22	551.18	124.70
淮北开发区	Huaibei development area	118	290.65	285.22	62.15
谯城区	Qiaocheng District	318	484.85	459.28	120.82
涡阳县	Guoyang	238	226.03	221.11	53.52
蒙城县	Mengcheng	214	201.01	200.73	43.74
利辛县	Lixin	205	143.09	142.20	30.62
埇桥区	Yongqiao District	392	495.77	492.59	100.36
砀山县	Dangshan	230	315.85	310.99	62.35
萧县	Xiaoxian	203	345.57	341.75	69.15
灵璧县	Lingbi	194	293.68	290.20	53.74
泗县	Sixian	164	168.41	167.00	33.09
龙子湖区	Longzihu District	46	108.18	101.35	24.70
蚌山区	Bengshan District	24	44.58	43.32	10.82
禹会区	Yuhui District	106	454.59	390.59	114.54
淮上区	Huaishang District	207	589.88	578.13	132.31
蚌埠高新区	Bengbug high-tech zone	134	272.11	241.76	69.65
蚌埠经开区	Bengbug economic development area	19	9.46	8.99	2.20
怀远县	Huaiyuan	271	590.60	581.18	122.65
五河县	Wuhe	148	309.75	305.06	66.08
固镇县	Guzhen	205	486.31	475.38	106.48
阜阳开发区	Fuyang development area	52	66.86	66.32	14.04
阜合产业园	Fuyang hefei industrial park	5	2.15	1.87	0.45
颍州区	Yingzhou District	135	177.87	164.52	45.58
颍东区	Yingdong District	153	220.48	220.68	66.10
颍泉区	Yingquan District	128	125.05	121.44	30.33
界首市	Jieshou	274	579.04	545.92	127.06
临泉县	Linquan	167	155.52	150.14	32.69
太和县	Taihe	352	471.36	459.20	101.97

13—27 续表1 continued

单位：亿元（100 million yuan）

县（市）	County (City)	企业单位数（个） Number of Enterprises (unit)	工业总产值（当年价） Gross Industrial Output Value (at current prices)	工业销售产值（当年价） Sales Value of Industry (at current prices)	工业增加值（当年价） Value Added of Industry (at current prices)
阜南县	Funan	218	200.51	195.46	42.96
颍上县	Yingshang	225	294.21	289.96	72.41
大通区	Datong District	92	111.24	96.77	29.07
田家庵区	Tianjaan District	41	131.58	57.05	35.70
谢家集区	Xiejiaji District	51	105.67	30.83	17.04
八公山区	Bagongshan District	18	59.99	14.71	14.06
潘集区	Panji District	77	33.11	104.93	93.96
毛集实验区	Maoji District	48	23.03	23.05	8.18
凤台县	Fengtai	147	14.28	109.27	95.73
寿县	Shouxian	122	106.49	128.38	25.88
琅琊区	Langya District	73	16.83	76.51	74.53
南谯区	Nanqiao District	137	43.84	205.05	201.41
天长市	Tianchang	461	203.40	976.46	964.28
明光市	Mingguang	112	31.15	143.07	137.14
来安县	Laian	182	55.69	255.48	253.63
全椒县	Quanjiao	156	36.00	202.77	197.02
定远县	Dingyuan	138	34.65	169.04	167.18
凤阳县	Fengyang	133	51.01	214.58	206.17
金安区	Jinan District	205	396.77	385.13	91.10
裕安区	Yuan District	140	234.04	225.24	47.53
叶集区	Yeji District	75	118.05	112.11	23.05
霍邱县	Huoqiu	156	201.74	188.00	49.83
舒城县	Shucheng	151	254.49	244.74	49.36
金寨县	Jinzhai	90	60.92	59.32	13.84
霍山县	Huoshan	131	361.16	348.98	79.56
花山区	Huashan District	114	355.38	345.19	80.10
雨山区	Yushan District	193	483.17	473.12	109.47
博望区	Bowang District	170	156.63	152.74	35.56
当涂县	Dangtu	377	760.01	746.25	159.51
含山县	Hanshan	200	311.99	299.53	66.73
和县	Hexian	158	360.26	346.98	79.13
镜湖区	Jinghu District	9	98.93	98.72	22.79
弋江区	Yijiang District	187	637.79	623.83	170.18
鸠江区	Jiujiang District	311	822.56	777.67	180.34
三山区	Sanshang District	67	516.04	495.65	96.67
大桥开发区	Daqiao development area	3	1.18	1.07	0.26
江北产业集中区	Jiangbei industry clusters	3	18.94	17.63	1.98
芜湖经开区	Wuhu economic development area	213	1725.44	1704.25	326.84
芜湖县	Wuhu	382	636.45	625.86	143.15

13—27　续表2　continued

单位：亿元（100 million yuan）

县（市）	County (City)	企业单位数（个）Number of Enterprises (unit)	工业总产值（当年价）Gross Industrial Output Value (at current prices)	工业销售产值（当年价）Sales Value of Industry (at current prices)	工业增加值（当年价）Value Added of Industry (at current prices)
繁 昌 县	Fanchang	306	740.48	735.88	186.35
南 陵 县	Nanling	323	364.13	352.74	78.57
无 为 县	Wuwei	285	757.33	738.91	146.37
宣 州 区	Xuanzhou District	243	271.90	263.88	60.80
宁 国 市	Ningguo	326	607.84	578.64	144.12
郎 溪 县	Langxi	240	261.68	259.46	52.89
广 德 县	Guangde	318	441.11	431.56	87.15
泾 县	Jingxian	148	144.40	142.51	29.67
绩 溪 县	Jixi	64	64.56	62.54	13.40
旌 德 县	Jingde	47	30.10	29.09	6.15
铜 官 区	Tongguan District	75	478.25	471.86	107.81
郊 区	Suburb District	43	178.77	174.02	44.75
义 安 区	Yian District	90	357.46	345.36	76.28
枞 阳 县	Zongyang	240	391.56	387.14	81.58
铜陵开发区	Tongling development area	91	735.38	723.07	119.77
贵 池 区	Guichi District	174	275.55	266.50	59.48
东 至 县	Dongzhi	173	211.28	205.45	47.02
石 台 县	Shitai	18	14.33	13.73	3.14
青 阳 县	Qingyang	152	174.90	169.20	38.77
江南集中区	Jiangnan des	17	12.86	12.39	2.93
池州开发区	Chizhou development area	71	116.31	113.66	27.98
安庆开发区	Anqin development area	89	391.77	388.12	131.82
迎 江 区	Yingjiang District	32	66.58	64.94	12.11
大 观 区	Daguan District	72	115.16	108.59	25.73
宜 秀 区	Yixou District	80	103.40	101.98	25.47
桐 城 市	Tongcheng	430	639.37	630.06	137.90
怀 宁 县	Huaining	288	454.17	448.82	98.72
潜 山 县	Qianshan	198	232.03	229.54	52.39
太 湖 县	Taihu	138	211.08	208.77	39.72
宿 松 县	Susong	206	278.23	275.19	59.81
望 江 县	Wangjiang	128	214.86	214.49	44.72
岳 西 县	Yuexi	107	178.38	175.56	40.43
屯 溪 区	Tunxi District	91	78.75	74.80	16.99
黄 山 区	Huangshan District	38	41.61	40.95	7.08
徽 州 区	Huizhou District	100	140.63	135.76	30.94
歙 县	Shexian	164	199.63	193.07	41.99
休 宁 县	Xiuning	68	84.18	81.73	14.07
黟 县	Yixian	39	26.48	25.73	5.03
祁 门 县	Qimen	63	53.64	52.13	10.82

主要统计指标解释

工业

指从事自然资源的开采，对采掘品和农产品进行加工和再加工的物质生产部门。具体包括：(1)对自然资源的开采，如采矿、晒盐等(但不包括禽兽捕猎和水产捕捞)；(2)对农副产品的加工、再加工，如粮油加工、食品加工、缫丝、纺织、制革等；(3)对采掘品的加工、再加工，如炼铁、炼钢、化工生产、石油加工、机器制造、木材加工等，以及电力、自来水、煤气的生产和供应等；(4)对工业品的修理、翻新，如机器设备的修理、交通运输工具(如汽车)的修理等。

工业统计调查单位为独立核算法人工业企业。

独立核算法人工业企业指从事工业生产经营活动的单位。独立核算法人工业企业应同时具备以下条件：①依法成立，有自己的名称、组织机构和场所，能够承担民事责任；②独立拥有和使用资产，承担负债，有权与其他单位签订合同；③独立核算盈亏，并能够编制资产负债表。

国有及国有控股企业

指国有企业加上国有控股企业。国有企业(即原全民所有制工业或国营工业)指企业全部资产归国家所有，并按《中华人民共和国企业法人登记管理条例》规定登记注册的非公司制的经济组织。包括国有企业、国有独资公司和国有联营企业。1957年以前的公私合营和私营工业，后均改造为国营工业，1992年改为国有工业，这部分工业的资料不单独分列时，均包括在国有企业内。国有控股企业是对混合所有制经济的企业进行的“国有控股”分类。它是指这些企业的全部资产中国有资产(股份)相对其他所有者中的任何一个所有者占资(股)最多的企业。该分组反映了国有经济控股情况。

本篇涉及的其他企业登记注册类型的解释详见综合篇。

轻工业

指主要提供生活消费品和制作手工工具的工业。按其所使用的原料不同，可分为两大类：(1)以农产品为原料的轻工业，是指直接或间接以农产品为基本原料的轻工业。主要包括食品制造、饮料制造、烟草加工、纺织、缝纫、皮革和毛皮制作、造纸以及印刷等工业；(2)以非农产品为原料的轻工业，是指以工业品为原料的轻工业。主要包括文教体育用品、化学药品制造、合成纤维制造、日用化学制品、日用玻璃制品、日用金属制品、手工工具制造、医疗器械制造、文化和办公用机械制造等工业。

重工业

指为国民经济各部门提供物质技术基础的主要生产资料的工业。按其生产性质和产品用途，可以分为下列三类：(1)采掘(伐)工业，是指对自然资源的开采，包括石油开采、煤炭开采、金属矿开采、非金属矿开采等工业；(2)原材料工业，指向国民经济各部门提供基本材料、动力和燃料的工业。包括金属冶炼及加工、炼焦及焦炭、化学、化工原料、水泥、人造板以及电力、石油和煤炭加工等工业；(3)加工工业，是指对工业原材料进行再加工制造的工业。包括装备国民经济各部门的机械设备制造工业、金属结构、水泥制品等工业，以及为农业提供的生产资料如化肥、农药等工业。

根据上述划分原则，修理业中以重工业产品为修理作业对象的划为重工业，反之划为轻工业。

工业总产值

(1)定义：

工业总产值是工业企业在一定时期内生产的以货币形式表现的工业最终产品或提供工业性劳务活动的总价值量。它反映一定时间内工业生产的总规模和总水平。

(2)计算原则：

工业生产的原则，即凡是企业在报告期生产的经检验合格的产品，不管是否在报告期销售，均包括在内。

最终产品的原则，即凡是计入工业总产值的产品，必须是本企业生产的经检验合格的，不需要再进行任何加工的最终产品。如果企业有中间产品(半成品)对外销售，则对外销售的中间产品应视为企业的最终产品。

工厂法原则，即工业总产值是以工业企业作为基本计算(核算)单位，即按企业的最终产品计算工业总产值。按这种方法计算的工业总产值，不允许同一产品价值在企业内部重复计算，不能把企业内部各个车间(分厂)生产的成果相加，但允许企业间的重复计算。

(3)内容及计算方法：

1995年全国工业普查对工业总产值(原规定)的内容及计算原则和方法做了某些修订，修订后的工业总产值(新规定)包括三项内容：即本期生产成品价值、对外加工费收入、在制品半成品期末期初差额价值三部分。

本期生产成品价值：指企业本期生产，并在报告期内不再进行加工，经检验、包装入库的全部工业成品(半成品)价值合计，包括企业生产的自制设备及提供给本企业在建工程、其他非工业部门和福利部门等单位使用的成品价值。本期生产成品价值为按自备原材料生产的产品的数量乘以本期不含增值税(销项税额)的产品实际销售平均单价计算；会计核算中按成本价格转帐的自制设备和自产自用的成品，按成本价格计算生产成品价值。生产成品价值中不包括用定货者来料加工的成品(半成品)价值。

对外加工费收入：指企业在报告期内完成的对外承接的工业品加工(包括用定货者来料加工产品)的加工费收入和对外工业修理作业所取得的加工费收入。对外加工费收入按不含增值税(销项税额)的价格计算，可根据会计“产品销售收入”科目的有关资料取得。

对于本企业对内非工业部门提供的加工修理、设备安装的劳务收入，如果企业会计核算基础较好，能取得这部分资料，而且这部分价值所占比重较大，应包括在对外加工费收入中。

自制半成品在制品期末期初差额价值：指企业报告期在制品期末减期初的差额价值，本指标一般可以从会计核算资料中取得。如果会计产品成本核算中不计算半成品、在制品的成本，则总产值中也不包括这部分价值，反之则包括。

(4)工业总产值统计范围变化和计算方法修订情况：

1984年以前工业总产值不包括村办工业，村办工业总产值划归农业。1984年以后工业总产值包括村办工业。

1995年工业普查对工业总产值计算方法做了修订，即从1995年始按新修订(新规定)方法计算工业总产值。新规定与原规定的区别如下：

全价与加工费的计算原则不同：新规定为凡自备原材料，不论其生产繁简程度如何，一律按全价计算工业总产值；凡来料加工，允许按加工费计算工业总产值。原规定则视生产加工的繁简程度不同，规定哪些行业按全价，哪些行业按加工费计算工业总产值。

自制半成品、在产品期末期初差额价值的计算原则不同：新规定要求，凡会计产品成本核算时计算了成本的差额价值，总产值中就应包括，否则可不包括；原规定则按生产周期六个月的界限区分，凡生产周期六个月以上的企业，总产值计算中应包括这部分差额价值，否则可不包括。

计算价格不同：新规定按不含增值税(销项税额)的价格计算；原规定则按含增值税(销项税额)的价格计算。

工业增加值

指工业企业在报告期内以货币表现的工业生产活动的最终成果。

工业增加值有两种计算方法：一是生产法，即工业总产出减去工业中间投入加上应交增值税；二是收入法，即从收入的角度出发，根据生产要素在生产过程中应得到的收入份额计算，具体构成项目有固定资产折旧、劳动者报酬、生产税净额、营业盈余，这种方法也称要素分配法。

资产总计

指企业拥有或控制的能以货币计量的经济资源，包括各种财产、债权和其他权利。资产按流动性分为流动资产、长期投资、固定资产、无形资产、递延资产和其他资产。该指标根据企业会计“资产负债表”中“资产总计”项目的期末数增列。

流动资产

指企业可以在一年内或者超过一年的一个生产周期内变现或者耗用的资产，包括现金及各种存款、短期投资，应收及预付款项、存货等。

固定资产原价

指企业在建造、购置、安装、改建、扩建、技术改造某项固定资产时所支出的全部货币总额。它一般包括买价、包装费、运杂费和安装费等。

固定资产净值

指固定资产原价减去历年已提折旧额后的净额。计算公式为：

固定资产净值=固定资产原价-累计折旧

负债合计

指企业所承担的能以货币计量，将以资产或劳务偿付的债务，偿还形式包括货币、资产或提供劳务。负债一般按偿还期长短分为流动负债和长期负债。根据会计“资产负债表”中“负债合计”的年末数填列。

所有者权益合计

指企业投资人对企业净资产的所有权。企业净资产为企业全部资产与企业全部负债的差额，包括实收资本、资本公积、盈余公积、未分配利润等。根据会计“资产负债表”中“所有者权益”项的期末数填列。

主营业务收入

指会计“利润表”中对应指标的本年累计数。未执行2001年《企业会计制度》的企业，用“产品销售收入”的本期累计数代替。

主营业务成本

指会计“利润表”中对应指标的本年累计数。未执行2001年《企业会计制度》的企业，用“产品销售成本”的本期累计数代替。

主营业务税金及附加

指会计“利润表”中对应指标的本年累计数。未执行2001

年《企业会计制度》的企业，用“产品销售税金及附加” 的本期累计数代替。

利润总额

指企业在生产经营过程中各种收入扣除各种耗费后的盈余，反映企业在报告期内实现的盈亏总额，包括营业利润、补贴收入、投资净收益和营业外收支净额。根据会计“利润表”中的对应指标的本期累计数填列。

本年应交增值税

指企业按税法规定，从事货物销售或提供加工、修理修配劳务等增加货物价值的活动本期应交纳的税金。指企业在报告期应交增值税额。计算公式为：

本年应交增值税=销项税额-（进项税额-进项税额转出）-出口抵减内销产品应纳税额-减免税款+出口退税

本年进项税额指工业企业在报告期内购入货物或接受应税劳务而支付的、准予从销项税额中抵扣的增值税额。

本年销项税额指工业企业在报告期内销售货物或提供应税劳务应收取的增值税额。

从业人员平均人数

是指报告期内每天拥有的从业人员人数。其计算公式为：

月平均人数=报告月内每天实有人数之和/报告月日历日数

季平均人数=季内各月平均人数之和/3

年平均人数=年内各月平均人数之和/12

总资产贡献率

反映企业全部资产的获利能力，是企业经营业绩和管理水平的集中体现，是评价和考核企业盈利能力的核心指标。计算公式为：

总资产贡献率（%）=（利润总额+税金总额+利息支出）/平均资产总额×100%

公式中：税金总额为产品销售税金及附加与应交增值税之和；平均资产总额为期初期末资产之和的算术平均值。

资产负债率

该指标既反映企业经营风险的大小，也反映企业利用债权人提供的资金从事经营活动的能力。计算公式为：

资产负债率（%）=负债总额/资产总额×100%

资产与负债均为报告期期末数。

流动资产周转次数

指一定时期内流动资产完成的周转次数，反映投入工业企业流动资金的周转速度。计算公式为：

流动资产周转次数=主营业务收入/全部流动资产平均余额

公式中：全部流动资产平均余额为期初和期末的流动资产之和的算术平均值。

成本费用利润率

反映企业投入的生产成本及费用的经济效益，同时也反映企业降低成本所取得的经济效益。计算公式为：

成本费用利润率（%）=利润总额/成本费用总额×100%

公式中：成本费用总额为主营业务成本、销售费用、管理费用、财务费用之和。

产品销售率

该指标反映工业产品已实现销售的程度，是分析工业产销衔接情况，研究工业产品满足社会需求的指标。计算公式为：

产品销售率（%）=工业销售产值/工业总产值（现价）×100%

Explanatory Notes for Major Statistical Indicators

Industry

refers to the material production sector which is engaged in the extraction of natural resources and processing and reprocessing of minerals and agricultural products, including (1) extraction of natural resources, such as mining, salt production (but not including hunting and fishing); (2) processing and reprocessing of farm and sideline produces, such as rice husking, flour milling, wine making, oil pressing, silk reeling, spinning and weaving, and leather making; (3) manufacture of industrial products, such as steel making, iron smelting, chemicals manufacturing, petroleum processing, machine building, timber processing; water and gas production and electricity generation and supply; (4)repairing of industrial products such as the repairing of machinery and means of transport (including cars).

In industrial statistics surveys, the units of enquiry are corporate industrial enterprises with independent accounting systems.

Corporate industrial enterprises with independent accounting systems refer to enterprises engaging in industrial production activities, which meet the following requirements: (1) They are established legally, having their own names, organizations, location and able to take civil liability; (2) They possess and use their assets independently, assume liabilities and are entitled to sign contracts with other units; (3) They are financially independent and compile their own balance sheets.

State-owned and State-holding Enterprises

refer to state-owned enterprises plus State-holding enterprises. State-owned enterprises (originally known as State-run enterprises with ownership by the whole society) are non-corporate economic entities registered in accordance with the Regulation of the People's Republic of China on the Management of Registration of Legal Enterprises, where all assets are owned by the State. Included in this category are State-owned enterprises, State-funded corporations and State-owned joint-operation enterprises. Joint State-private industries and private industries, which existed before 1957, were transformed into state-run industries since 1957, and into State-owned industries after 1992. Statistics on those enterprises are included in the State-owned industries instead of being grouped them separately. State-holding enterprises are a sub-classification of enterprises with mixed ownership, referring to enterprises where the percentage of State assets (or shares by the State) is larger than any other single share holder of the same enterprise. This sub-classification illustrates the control of the State over a particular industry.

For explanation of enterprises of other types of registration covered in this chapter, please refer to General Survey.

Light Industry

refers to the industry that produces consumer goods and hand tools. It consists of two categories, depending on the materials used:

(1) Industries using farm products as raw materials. These are the branches of light industry which directly or indirectly use farm products as basic raw materials, including the manufacture of food and beverages, tobacco processing, textile, clothing, fur and leather manufacturing, paper making, printing, etc.

(2) Industries using non-farm products as raw materials. These are the branches of light industry which use manufactured goods as raw materials, including the manufacture of cultural, educational articles and sports goods, chemicals, synthetic fibre, chemical products for daily use, glass products for daily use, metal products for daily use, hand tools, medical apparatus and instruments, and the manufacture of cultural and office machinery.

Heavy Industry

refers to the industry which produces capital goods, and provides various sectors of the national economy with necessary material and technical basis for production. It consists of the following three branches according to the purpose of production or the use of products:

(1) Mining, quarrying and logging industry, which refers to the industry that extracts natural resources, including extraction of petroleum, coal, metal and non-metal ores.

(2) Raw materials industry refers to the industry that provides various sectors of the national economy with raw materials, fuels and power. It includes smelting and processing of metals, coking and coke chemistry, chemical materials and building materials such as cement, plywood, and power, petroleum refining and coal dressing.

(3) Manufacturing industry which refers to the industry that processes raw materials. It includes machine-building industries which equip sectors of the national economy; industries producing metal structure and cement products; and industries producing means of agricultural production, such as chemical fertilizers and pesticides.

In accordance with the above principles of classification,

the repairing trades, which are engaged primarily in repairing products of heavy industry, are classified as heavy industry while those which are engaged in repairing products of light industry are classified as light industry.

Gross Industrial Output Value

(1) Definition: Gross industrial output value is the total volume of final industrial products produced and industrial services provided during a given period in monetary terms. It reflects the total achievements and overall scale of industrial production during a given period.

(2) Principles for calculation:

Statistics on industrial production follow the principle that all products produced by the enterprises and accepted through quality check during the reference period are to be included no matter whether they are sold or not during the reference period.

Determination of final products follows the principle that all products that are included in the calculation of gross industrial output value are the final products of the enterprise which have been accepted through quality check and require no further processing. If an enterprise has intermediate (semi-finished) products to sell, these intermediate products are considered as the final products of the enterprise.

Gross industrial output value is calculated following the principle of factory approach, i.e. industrial enterprise is used as the basic accounting unit in calculating the gross industrial output value. By this approach, value of the same product is not to be double-counted, and the output value of different workshops (branch factories) within the enterprise should not be added. However, this approach allows the possibility of double counting between enterprises.

(3) Content and method of calculation: The old definition of gross industrial output value was modified during the 1995 National Industrial Census. The revised (new) definition of gross industrial output value consists of 3 components: value of the finished products during the reference period, income from processing for external parties, and value of change in semi-finished products between the end and the beginning of the reference period.

Value of finished products during the reference period: refers to the value of all finished (semi-finished) industrial products that are produced during the reference period without the need for further processing, checked for acceptance, packed and put into the warehouse of the enterprise, including the value of own-produced equipment and the value of products provided to the projects under construction of the enterprise, and to other non-industrial or welfare units. Value of finished products during the reference period is calculated by the quantity of products produced using own materials multiplied by the average unit prices at which products are sold (excluding value-added tax). Own-produced equipment and products produced for own use are valued at cost prices as in the case of enterprise accounting. Value of finished products does not include the value of finished products (semi-finished products) that are produced using the materials from the clients who place the orders.

Income from external processing: refers to income from contracted external processing of industrial products (including processing of industrial products using materials from the clients), and the income from industrial repairing work provided to other parties. Income from external processing is calculated using information from the item “products sales income” in the enterprise accounting at the prices with value-added tax excluded.

For income from services such as processing, repairing and installation of equipment provided to non-industrial units within the enterprise, if the accounting work of the enterprise is good enough to separate it from other records, and the share of such services is significant, it should also be included in the income from external processing.

Value of change in semi-finished products between the end and the beginning of the reference period: refers to the value of change in semi-finished products between the end and the beginning of the reference period, which generally can be obtained from accounting records of enterprises. If the enterprise accounting excludes the cost of semi-finished products, then it should not be included in the gross industrial output value, and the reverse if otherwise.

(4) Changes in the scope and method of calculation of the gross industrial output value

Prior to 1984, the value of rural industry run by villages was classified into agriculture instead of industry. Since 1984, it has been included in the gross industrial output value. Method of calculation for the gross industrial output value was modified in the industrial census in 1995. The difference in the new method as compared with the old one is outlined below:

Principle in using full value vs. processing fee: The new method stipulates that all products produced using own materials are to be calculated with full value in reporting the gross industrial output value irrespective of the complexity of production, and for external processing, it allows calculation using processing fee. In the old method, however, the use of full value or processing fee was determined by the degree of complexity of production in different branches of industries.

Principle in determining the value of change in semi-finished products: The new method requires that value of change in semi-finished products should be included in the gross industrial output value if it is included in the accounting record of the enterprise, otherwise it should not be included. In the old method, it is determined by the type of enterprises in terms of production cycle. If the production cycle is over 6 months, the value of change in semi-finished products is included in the gross industrial output value, otherwise it is not.

Difference in prices: The new method uses prices excluding value-added tax in the calculation of gross industrial output value, while the old method used prices including value-added tax.

Value-added of Industry

refers to the final results of industrial production of industrial enterprises in money terms during the reference period.

Industrial value-added can be calculated by two approaches: the production approach, i.e. gross industrial output value minus intermediate input plus value-added tax, and the income approach, i.e. income for various factors used in the course of production, including depreciation of fixed assets, remuneration of labourers, net of production tax, and operating surplus.

Total Assets

refer to all economic resources, in monetary term, these are owned or controlled by enterprises, including properties, creditor's equity and other economic rights of all forms. Classified by the degree of liquidity, total assets include working capitals, long-term investment, fixed assets, intangible assets, deferred assets and other assets. Data on this indicator can be obtained by the year-end figures of total assets in the Assets and Liability Table of accounting records of enterprises.

Working Capital

refers to capital that an enterprise can cash or use during one year or one production cycle that may exceed one year, including cash and savings deposits of various forms, short-term investment, money receivable and prepaid money, inventories, etc.

Annual Average Value of Working Capital

refers to the average value of all working capital of the enterprise during the reference period.

Original Value of Fixed Assets

refers to the total value, in monetary terms, that an enterprise spent on fixed assets, through construction, purchase, installation, transformation, expansion or technical upgrading. Generally, it covers cost of purchase, packing, transportation and installation, etc.

Net Value of Fixed Assets

refers to the original value of fixed assets minus depreciation over the years, i.e.:

Net value of fixed assets = original value of fixed assets - cumulative depreciation

Total Liabilities

refer to payable liabilities of enterprises that have to be repaid in terms of money, assets or labour services. In terms of payment, it can be divided into liquid liabilities and long-term liabilities. Data on this item is obtained from the ending figures on total liabilities from the Assets and Liability Table from the enterprises.

Total Equity

refers to the ownership of net assets of enterprise by its investors. Net assets equal total assets minus total liabilities of the enterprise, including the paid-in capital, accumulation of capital and operating surplus and non-distributed profits. Data are obtained from the ending figures on "total equity" from the "balance sheets".

Revenue from Principal Business

refers to the annual accumulation of the corresponding item in the "profit table" of the accountant. For enterprises that do not follow the 2001 Enterprise Accounting Standards, the year-end accumulation of revenue from the sales of products is used as a substitute.

Cost of Principal Business

refers to the annual accumulation of the corresponding item in the "profit table" of the accountant. For enterprises that do not follow the 2001 Enterprise Accounting Standards, the year-end accumulation of cost for the sales of products is used as a substitute.

Tax and Extra Charges from Principal Business

refer to the annual accumulation of the corresponding item in the "profit table" of the accountant. For enterprises that do not follow the 2001 Enterprise Accounting Standards, the year-end accumulation of tax and extra charges from the sales of products is used as a substitute.

Total Profits

refers to the balance of various incomes minus various spendings in the course of operation, reflecting the total profits and losses of enterprises in reporting period. It includes: operating profits, income from subsidies, net investment income and net income from activities other than operation. Data are obtained from the annual accumulation of the corresponding item in the "profit table" of the accountant.

Value-added Tax Payable in the Current Year

refers to the payable tax of enterprises which engaged in selling of goods or providing services that bring added value to the goods, such as processing, repairing, fitting and other activities should be paid according to Tax Law. It refers to the amount of the value-added tax which should be paid by the enterprises during the reference period. The formula is as follows:

Value-added Tax Payable in the Current Year = tax on sales-(tax on purchase-transferred tax on purchase)-exports deduct tax payable on domestic sales-tax relief+the export tax rebate.

Tax on Purchase in Current Year

refers to goods purchased by industrial enterprises or value added tax that should be paid but being granted the right to deduct from the tax on sales.

Tax on Sales in Current Year

refers to value added tax on industrial enterprises from sales of goods or taxable services that should be charged value added tax.

Average Annual Number of Employed Persons

Employed persons refer to all those who are employed in enterprises and receive remunerations there from, including currently working employees, retirees who are re-employed, teachers of local-run schools, as well as foreigners, staff from Hong Kong, Macao and Taiwan, part-time employees and persons with second job who are employed by the enterprise, and employees of other units temporarily working in the enterprises, but excluding former employees who left the enterprise with their employment records still being kept by the enterprises.

Average number of employed persons refers to the number of employee everyday during the reference period, calculated with the following formula:

Monthly average number = sum of actual employees everyday in reference month / number of calendar dates in reference month

Quarterly average number = sum of monthly average number in reference quarter / 3

Annual average number = sum of monthly average number in reference year / 12

Ratio of Profits, Taxes and Interests to Average Assets

reflects the profit-making capability of all assets of the enterprise and is a key indicator manifesting the performance and management and evaluating the profit-making potential of the enterprise. It is calculated as follows:

Ratio of Profits, Taxes and Interests to Average Assets (%) = (total profits + total taxes + interest payment) / average assets × 100%

In the above formula, total taxes is the sum of tax and extra charges on the sales of products and value-added tax payable; and average assets is the arithmetic mean of the sum of beginning assets and ending assets.

Ratio of Debts to Assets

reflects both the operation risk and the capability of the enterprise in making use of the capital from the creditors. It is calculated as follows:

Ratio of Debts to Assets (%) = total debts / total assets × 100%

Both assets and debts are figures at the end of the reference period.

Turnover of Working Capital

refers to the number of times of turnover of working capital in a given period of time, which reflects the speed of the turnover of working capital of industrial enterprises, and is calculated as follows:

Turnover of Working Capital = sales revenue of products / average balance of total working capital

In the above formula, average balance of total working capital refers to the arithmetic mean of the sum of working capital at the beginning and at the end of the reference period.

Ratio of Profits to Total Industrial Costs

refers to the ratio of profits realized in a given period to the total costs in the same period, which reflects the economic efficiency of input cost and is calculated as follows:

Ratio of Profits to Total Industrial Cost (%) = total profits / total costs × 100%

Total costs in the above formula are the sum of cost of products sold, marketing cost, management cost and financial cost.

Sales Ratio of Products

is an indicator reflecting the actual sale of industrial products, analyzing the production-selling and supply-demand relations. It is calculated as:

Sales Ratio of Products (%) = value of industrial sales / gross industrial output value (current prices) × 100%

第十四篇

Chapter 14

建筑业

CONSTRUCTION

简要说明

一、本篇资料反映我省建筑业概况和发展情况。主要包括建筑业企业生产经营情况，指标有企业个数、从业人员数、建筑业总产值、房屋建筑面积、机械设备、资产负债、利润税金、劳动生产率、技术装备率等。此外，2003 年及以前还包括农村建筑队主要指标。

二、建筑业企业资料由省统计局固定资产投资处提供。建筑业统计范围从 1996 年年报起由原城镇及城镇以上各种经济类型的建筑业企业扩大到具有建筑业资质等级的各种经济类型的建筑业企业，资料来源依据国家统计局制定的“建筑业统计报表制度”收集的有关年报资料。

Brief Introduction

I. Data in this chapter show the general situation and the development of the construction in the province. They cover mainly the situation of production and management of the enterprises of construction, including number of enterprises number of employed persons, gross output value, floor space of the building, machinery and equipment, assets and liabilities, profits and taxes, labor productivity, per capita machinery, etc. They also cover the main indicators of the rural construction teams at 2003 and before.

II. Data on the enterprises of construction in this chapter are provided by the Division of Statistics in Investment in Fixed Assets, Anhui Statistical Bureau. The coverage of construction statistics has been enlarged since 1996 when the annual statistical reports were submitted. The original coverage includes all the construction enterprises of various types of ownership at and above town level. The new coverage includes all the construction enterprises of various types of ownership with qualification. Data are collected in accordance with the “reporting scheme of construction statistics” stipulated by the National Bureau of Statistics.

14—1 建筑业企业概况
Main Indicators on Construction Enterprises

年份 Year	总计 Total	内资 Domestic Funded	#国有企业 State-owned Enterprises	#集体企业 Collective Enterprise	港澳台商投资企业 Funded from Hong Kong, Macao and Taiwan	外商投资企业 Foreign Funded	国有及国有控股企业 State Controlling Funded Hold Enterprises
企业单位数（个） Number of Enterprises (unit)							
2000	40785		258				
2005	1946	1934	193	278	8	4	321
2008	2357	2344	184	163	7	6	292
2009	2408	2394	172	151	7	7	259
2010	2469	2457	168	139	6	6	249
2011	2528	2516	153	134	6	6	249
2012	2662	2651	154	126	6	5	252
2013	2757	2745	122	85	5	7	234
2014	2807	2797	88	79	5	5	229
2015	2867	2857	72	70	4	6	223
2016	3037	3030	56	62	4	3	237
从业人员（万人） Number of Persons Engaged (10000 persons)							
2000	125.62		21.66				
2005	98.57	98.13	16.67	13.45	0.32	0.11	24.35
2008	138.07	137.67	30.56	8.77	0.18	0.22	40.67
2009	143.53	143.14	27.00	7.67	0.14	0.26	37.65
2010	157.97	157.62	31.79	6.68	0.16	0.19	42.66
2011	167.01	166.73	29.85	5.60	0.12	0.15	42.27
2012	168.90	168.62	26.89	5.84	0.15	0.13	37.08
2013	176.88	176.62	21.48	4.17	0.13	0.13	38.52
2014	171.57	171.39	7.16	4.18	0.08	0.10	36.64
2015	168.82	168.65	6.16	3.75	0.08	0.09	32.13
2016	168.09	167.95	7.18	3.28	0.08	0.06	33.77
总产值（万元） Gross Output Value (10000 yuan)							
2000	5320294		1349050				
2005	9230814	9194875	2678924	815820	25256	10683	3674953
2008	18578870	18527361	5772807	767214	22006	29503	8085556
2009	22399290	22338010	6799816	777343	26469	34812	9256453
2010	28649619	28583665	8940053	743385	32530	33424	12034370
2011	35996220	35922882	8871556	799971	27509	45829	14371631
2012	42304412	42221898	9479797	940326	27020	55494	15572915
2013	49635516	49560201	9286296	605431	19409	55906	17750941
2014	54829260	54766827	4202697	634176	19529	42904	19626151
2015	56959353	56899036	3137078	634536	11800	48518	18858827
2016	60471125	60433001	3612219	569888	7026	26677	20500444

注：1. 附营施工单位的生产活动在整个建筑生产活动中所占份额极小，加之资料不全，因而在总计中已略去。
2. 2005年及以后年份为总承包和专业承包建筑业企业，城镇集体和农村建筑队不作统计。

a) The production activity of subsidiary construction units is omitted in the total because the portion is very small and the data are incomplete.
b) After 2005, Data are general contracting and professional contract of construction enterprises, Cities collective and construction crew of countryside doesn't count.

14—2 主要年份建筑业企业主要经济指标
Main Economic Indicators on Construction Enterprises

指　　标		Item		2000	2005	2010	2015	2016
企业单位数	（个）	Number of Construction Enterprises	(unit)	1571	1946	2469	2867	3037
从业人数	（万人）	Staff and Workers (annual average)	(10000 persons)	71.41	98.57	157.97	168.82	168.09
自有固定资产原价	（万元）	Fixed Assets Owned (original value)	(10000 yuan)	1135784	2403291	4034386	5676268	6029811
自有固定资产净值	（万元）	Fixed Assets Owned (net value)	(10000 yuan)	783712	1666488	2744333	4337451	4448005
自有机械设备净值	（万元）	Net Value of Machinery and Equipment Owned	(10000 yuan)	326347	889068	1466999	1749198	1527333
自有机械设备总台数	（台）	Number of Machinery and Equipment Owned	(unit)	237822	383944	415557	398670	373691
自有机械设备总功率	（万千瓦）	Total Power of Machinery and Equipment Owned	(10000 kw)	250.57	464.92	663.58	904.82	757.74
建筑业总产值	（万元）	Gross Output Value of Construction	(10000 yuan)	3028240	9230814	28649619	56959353	60471125
建筑工程		Construction Projects		2621894	7859068	25058430	48827159	51659069
安装工程		Installation Projects		331987	993979	2468351	4354850	4523611
其　　他		Others		74359	377768	1122838	3777345	4288445
固定资产本年折旧	（万元）	Depreciation of Fixed Assets	(10000 yuan)	55430	139061	260805	345217	317194
应付职工薪酬	（万元）	Payable Employee compensation	(10000yuan)				7791355	7988965
主营业务税金及附加	（万元）	Main Business Tax and Additon	(10000yuan)	89526	300229	1043879	1669272	1203327
管理费用中的税金	（万元）	Taxes in Management Expenses	(10000 yuan)	8423	20141	73676	70660	73724
应交增值税	（万元）	Value Added Tax Payable	(10000yuan)					609701
营业利润	（万元）	Business Profit	(10000yuan)				1864170	2029188
利润总额	（万元）	Total Profits	(10000 yuan)	28123	178167	983596	1872829	2036158
利税总额	（万元）	Total Taxes	(10000 yuan)	126073	498536	2101151	3612761	3922910
劳动生产率	（元/人）	Overall Labor Productivity	(yuan/person)					
（按总产值计算）		In Terms of Gross Output Value		42406	95803	177486	340696	356533
房屋建筑施工面积	（万平方米）	Floor Space of Buildings Under Construction	(10000 sq.m)	4631	9870	23296	41480	40126
房屋建筑竣工面积	（万平方米）	Floor Space of Buildings Completed	(10000 sq.m)	2595	5081	10512	15554	14591
技术装备率	（元/人）	Value of Machines per Laborer	(yuan/person)	4570	9020	9287	10463	9005
动力装备率	（千瓦/人）	Power of Machines per Laborer	(kw/person)	3.51	4.72	4.20	5.41	4.47
房屋建筑面积竣工率	（%）	Ratio of Floor Space of Buildings Completed	(%)	56.04	51.48	45.13	37.50	36.36
产值利润率	（%）	Ratio of Profit to Gross Output Value	(%)	0.93	1.93	3.43	3.29	3.37
产值利税率	（%）	Ratio of Per-tax Profit to Gross Output Value	(%)	4.16	5.40	7.33	6.34	6.49

14—3 劳务分包建筑业企业主要经济指标（2016年）
Main Economic Indicators of Subcontracting Construction Enterprises (2016)

指 标		Item		合 计 Total	国有及国有控股企业 State-owned and State-controlled Enterprises
生产情况		**Producing Indicators**			
企业单位数	（个）	Number of Enterprises	(unit)	316	10
建筑业总产值	（万元）	Gross Output Value of Costruction	(10000 yuan)	1200295	107796
#装饰装修产值		Outpnt Value of Construction Pecoration		189657	34008
年末从业人数	（万人）	Number of Employed Persons at the Year-end	(10000 person)	11.94	0.54
#现场施工工人		Persons On-site Construction		8.88	0.03
财务状况		**Financial Indicators**			
资产负债		Assets and Liabilities			
固定资产原价	（万元）	Prime Cost of Fixed Assets	(10000 yuan)	59722	538
本年折旧	（万元）	Depreciation This Year	(10000 yuan)	7718	71
资产总计	（万元）	Total of Assets	(10000 yuan)	516860	93646
负债合计	（万元）	Total of Liabilities	(10000 yuan)	315423	80921
实收资本	（万元）	Paicl-up Capital	(10000 yuan)	97554	8838
损益及分配		Profit and Loss and Distribution			
营业收入	（万元）	Business Earning	(10000 yuan)	1097945	84899
#主营业务收入		Main Business Earning		1065414	84879
营业成本	（万元）	Sales Cost	(10000 yuan)	978674	79905
#主营业务成本		Main Business Cost		910456	79501
营业税金及附加	（万元）	Business Tax and Surcharges	(10000 yuan)	36101	888
#主营业务税金及附加		Main Business Tax and Affixation		34365	888
销售费用	（万元）	Total Expense	(10000 yuan)	6053	
管理费用	（万元）	Management expense	(10000 yuan)	44205	1916
#税金本期		Taxes This Period		2249	185
应交增值税	（万元）	Value-added Tax Payable	(10000 yuan)	11386	43
财务费用	（万元）	Financial expense	(10000 yuan)	5285	-5
营业利润	（万元）	Operating Profit	(10000 yuan)	44343	2563
利润总额	（万元）	Total of Profit	(10000 yuan)	41489	2482
从业人员工资总额	（万元）	Labour Reward of Staff and Workers	(10000 yuan)	499650	32950
全部从业人员年平均人数	（万人）	Average Number of Staff and Workers	(10000 person)	11.49	0.54

14—4 建筑业企业主要生产指标（2016年）
Main Indicators on Construction Enterprises (2016)

指　标	Item	合　计 Total Enterprises	总承包 General Contractor	专业承包 Professional Contractor
企业单位个数（个）	Number of Enterprises in Charge of Construction (unit)	3037	2096	941
签订的合同额（万元）	Volume of Signed Contracts (10000 yuan)	106476696	99185922	7290775
直接从建设单位承揽工程完成的产值（万元）	Accomplished Output Value of the Project Taken Directly from Construction Units (10000 yuan)	59667851	54130474	5537377
自行完成施工产值	Output Value Completed by Self	58957079	53584149	5372930
分包出去工程产值	Engineering Subcontract Value	710772	546325	164447
从建设单位以外承揽工程完成的产值（万元）	Accomplished Output Value of the Project Not Taken from Construction Units (10000 yuan)	1514046	1273480	240566
建筑业总产值（万元）	Gross Output Value of Construction (10000 yuan)	60471125	54857629	5613496
#装饰装修产值	Decoration and Fixing UP	2223490	1130579	1092911
在外省完成产值	In Other Provinces	13924535	12582956	1341579
#建筑工程	Construction Projects	51659069	48987230	2671839
安装工程	Installation Projects	4523611	2892421	1631190
其　他	Others	4288445	2977978	1310467
竣工产值（万元）	Output Value of Buildings Completed (10000 yuan)	33297165	30036350	3260815
房屋建筑施工面积（万平方米）	Floor Space of Buildings Under Construction (10000 sq.m)	40126.38	39800.01	326.37
#本年新开工	Newly Started Projects in this Year	16180.84	15963.20	217.64
#投标承包的面积	Floor Space Through Tender for the Construction	26620.42	26436.10	184.32
房屋建筑竣工面积（万平方米）	Floor Space of Buildings Completed (10000 sq.m)	14590.66	14343.04	247.62
房屋竣工价值（万元）	Value of Buildings Completed (10000 yuan)	19118567	18901785	216781
直接从事生产经营活动的平均人数（万人）	The Average Number of People Directly Engaged in Production and Business Activities (10000 person)	169.61	153.48	16.13
从业人员（万人）	Employed Persons at the Year-End (10000 person)	168.09	152.44	15.65
#工程技术人员	Engineering Technical Personnel	22.91	20.66	2.26
#一级建造师	First Grade Architect	1.440	1.277	0.163
劳动生产率（元/人）	Overall Labor Productivity (yuan/person)	356533	357426	348037
房屋建筑面积竣工率（%）	Rate of Floor Space of Buildings Completed (%)	36.36	36.04	75.87

内资企业			港澳台商投资企业 Funded Enterprises from Hong, Kong, Macao and Taiwan	外商投资企业 Foreign Funded	国有及国有控股企业 State Controlling Funded Hold Enterprises	房屋建筑业 Building	土木工程建筑业 Civil Engineering	建筑安装业 Construction Installation Industry	建筑装饰和其他建筑业 Architectural Decoration and Other Construction Industry
Domestic Funded	#集体 Collective-owned	#私营 Private							
3030	62	1761	4	3	237	1492	657	389	499
106436180	637348	29466465	10438	30078	47001150	61428505	37437094	5147972	2463126
59629727	565124	22172620	7026	31098	20328480	34703038	19100705	3753090	2111018
58918955	563899	21998586	7026	31098	19986630	34293919	18924460	3631432	2107268
710772	1225	174034			341850	409119	176245	121658	3750
1514046	5989	526316			513814	779812	455989	250847	27399
60433001	569888	22524902	7026	31098	20500444	35073731	19380448	3882279	2134667
2223490	16711	1313196			170277	1004080	102285	44580	1072546
13922639	213133	1504576	1896		9437329	4988057	7511700	1309160	115618
51637199	325922	18723977	4962	16908	18658436	31563224	16802793	1944579	1348473
4511777	50307	1737645	2064	9770	1290244	1730442	1300279	1221856	271034
4284025	193659	2063281		4420	551765	1780065	1277376	715844	515160
33269435	483755	12832588	2536	25193	9731352	22948026	6714747	2260739	1373653
40119.97	339.81	14441.33	6.41		12752.89	35830.59	2645.68	1543.40	106.71
16178.76	249.66	7559.28	2.09		3532.40	14769.78	862.71	494.30	54.06
26616.01	289.21	7743.25	4.41		11593.29	23702.50	1565.74	1293.66	58.52
14590.09	281.29	7340.24	0.57		2007.49	13441.67	723.07	381.85	44.07
19117808	290213	8830756	759		3190067	17347670	1138564	569719	62614
169.47	3.14	78.92	0.08	0.06	35.65	115.78	35.28	11.44	7.12
167.95	3.28	78.97	0.08	0.06	33.77	115.15	34.55	11.58	6.81
22.88	0.35	11.10	0.03	0.01	4.49	14.63	5.56	1.70	1.02
1.439	0.020	0.567	0.001	0.001	0.470	0.746	0.496	0.104	0.095
356600	181412	285411	87496	531591	575051	302946	549393	339307	300019
36.37	82.78	50.83	8.87		15.74	37.51	27.33	24.74	41.30

14—5 建筑业企业主要财务指标（2016年）
Main Financial Indicators on Construction Enterprises (2016)

指　　标	Item	企业数（个）Number of Enterprises (unit)	流动资产合计 Circulating Funds	#存货 Stock
总　　计	**Total**	**3037**	**43399254**	**7217994**
#国有及国有控股企业	State Controlling Share Hold Enterprises	237	19308581	3506196
按登记注册类型分	**Grouped by registration Type**			
内资企业	Domestic Funded Enterprise	3030	43296339	7168674
国有企业	State-owned Enterprise	56	818551	136747
集体企业	Collective-owned Enterprise	62	237071	57492
股份合作企业	Share Holding Cooperative Enterprises	14	230960	22892
联营企业	Joint Owned Enterprises	2	24267	6705
有限责任公司	Limited Liability Corporations	1032	27219053	4583974
股份有限公司	Share-holding Corporations Ltd.	101	3256452	667341
私营企业	Private Enterprises	1761	11506843	1693185
其他企业	Other Enterprises	2	3143	338
港澳台商投资企业	Enterprises Funded by Entrepreneurs from Hong Kong, Macao and Taiwan	4	80038	46768
外商投资企业	Foreign Funded Enterprises	3	22878	2552
按国民经济行业分	**Grouped by Sector**			
房屋建筑业	Building	1492	20848087	3718112
土木工程建筑业	Civil Engineering	657	17921260	2791243
#铁路道路隧道和桥梁工程建筑业	Railroad Road Tunnel &Bridge Engineering Enterprises	399	10124490	1444292
建筑安装业	Construction Installation Industry	389	2606536	458960
建筑装饰和其他建筑业	Architectural Decoration and Other Construction Industry	499	2023372	249679
建筑装饰业	Construction Decoration Industry	411	1485226	167397
按资质等级分	**By Qualification Standard**			
施工总承包	Chief Construction Contract	2096	38988548	6548281
特　级	Top Grade	14	10967654	1953610
一　级	First Grade	200	15822071	2301327
二　级	Second Grade	772	7836863	1607517
三级及以下	Third Grade and Below	1110	4361960	685828
专业承包	Professional Contract	941	4410706	669713
一　级	First Grade	97	1926128	320736
二　级	Second Grade	307	1217569	180343
三级及以下	Third Grade and Below	537	1267009	168635

单位：万元（10000 yuan）

固定资产合计 Total Fixed Assets	固定资产原价 Original Value of Fixed Assets	累计折旧 Progessive Deprecia-tion	#本年折旧 Deprecia-tion this Year	资产总计 Total of Assets	负债合计 Total of Liabilities	#流动负债 Current Liabilities	所有者权益 Creditors' Equity	#实收资本 Capital Hold	#国家资本 National Capital
4448005	**6029811**	**2451928**	**317194**	**55134474**	**37293564**	**32787371**	**17803369**	**9249682**	**1312885**
1222985	2214834	1121288	121654	23498164	19179567	17865246	4310898	2258371	1149728
4393076	5970361	2439203	314706	54972441	37171251	32666827	17763649	9230381	1304337
119764	192431	78554	9500	980154	758863	689439	220211	142758	115721
61949	85767	39630	4297	320220	159781	122444	160439	75635	25
26274	44598	20751	2024	346598	207260	178262	139338	35341	860
4882	9801	5099	563	29358	12684	12389	16674	2262	2010
2181221	3336995	1469338	177426	34308128	25510998	22473921	8780779	4446766	1120281
349153	320044	146464	20698	4545097	3240620	2912928	1304477	502431	50689
1649687	1980229	679018	100183	14439598	7280759	6277278	7138728	4022910	14473
146	496	350	16	3288	285	164	3003	2278	278
2186	2608	721	76	82225	76049	76049	6175	5148	
52744	56843	12003	2412	79808	46264	44496	33544	14153	8548
2223103	2591633	887781	146954	26525223	17312792	14195385	9198105	4979963	469559
1735337	2806069	1306614	131759	23009157	16703925	15630544	6302618	3071219	735373
902752	1387276	602434	66271	12536590	9198386	8916101	3337665	2013605	367737
297649	385417	159763	23710	3226678	1873676	1687398	1341955	635215	51050
191916	246692	97770	14772	2373416	1403171	1274044	960690	563285	56903
135504	151520	50004	7991	1723650	1045968	936292	668128	402472	20331
3912261	5315741	2141010	274202	49609916	34089274	29890595	15494860	8062424	1184181
451203	891052	479027	63508	13560037	11243184	10314066	2316853	1229238	420613
1543178	2164682	876219	94921	20556777	14828354	12515952	5721805	2265774	517082
1114251	1418840	531158	69044	9772441	5220291	4741168	4547010	2698190	149275
803630	841167	254606	46730	5720661	2797444	2319409	2909192	1869221	97213
535744	714070	310918	42992	5524557	3204291	2896777	2308509	1187258	128704
154987	205632	100006	13210	2279294	1565307	1454919	713987	382622	89102
159613	220624	94211	13172	1597641	751798	691421	843870	400375	20024
221144	287815	116701	16611	1647622	887185	750436	750653	404261	19578

14—5 续表 continued

指 标	Item	主营收入 Project Settlement Income	主营成本 Project Settlement Cost	主营税金及附加 Project Settlement Tax and Extra Charges
总 计	**Total**	**53580696**	**47038394**	**1203327**
#国有及国有控股企业	State Controlling Share Hold Enterprises	19058299	17514110	235535
按登记注册类型分	**Grouped by registration Type**			
内资企业	Domestic Funded Enterprise	53515916	47000419	1202896
国有企业	State-owned Enterprise	1046396	905090	19985
集体企业	Collective-owned Enterprise	521673	380120	19653
股份合作企业	Share Holding Cooperative Enterprises	332480	287450	7547
联营企业	Joint Owned Enterprises	18647	14343	383
有限责任公司	Limited Liability Corporations	28874678	25854687	525853
股份有限公司	Share-holding Corporations Ltd.	4061096	3637414	68133
私营企业	Private Enterprises	18656971	15917859	561276
其他企业	Other Enterprises	3976	3455	66
港澳台商投资企业	Enterprises Funded by Entrepreneurs from Hong Kong, Macao and Taiwan	11104	8396	150
外商投资企业	Foreign Funded Enterprises	53677	29579	282
按国民经济行业分	**Grouped by Sector**			
房屋建筑业	Building	30194510	26477084	806116
土木工程建筑业	Civil Engineering	17877406	15998084	269110
#铁路道路隧道和桥梁工程建筑业	Railroad Road Tunnel &Bridge Engineering Enterprises	10173302	9205642	161433
建筑安装业	Construction Installation Industry	3574668	2961432	78341
建筑装饰和其他建筑业	Architectural Decoration and Other Construction Industry	1934112	1601793	49761
建筑装饰业	Construction Decoration Industry	1379290	1128462	36768
按资质等级分	**By Qualification Standard**			
施工总承包	Chief Construction Contract	48209596	42588170	1087438
特 级	Top Grade	10093205	9315363	158871
一 级	First Grade	20981484	18946695	399848
二 级	Second Grade	10927284	9189464	337478
三级及以下	Third Grade and Below	6207623	5136648	191241
专业承包	Professional Contract	5371100	4450224	115889
一 级	First Grade	2058261	1733597	46215
二 级	Second Grade	1734914	1445796	37536
三级及以下	Third Grade and Below	1577926	1270831	32139

单位：万元（10000 yuan）

其他业务利润 Other Business Profit	销售费用 Operating Expense	管理费用 Management Expense	#税金 Tax	财务费用 Financial Expenses	营业利润 Operating Profit	利润总额 Total Profit	应交所得税 Payable Income Tax	应交增值税 Value-added Tax Payable	本年应付工资薪酬 Total Payable Wages this Year
25167	**240426**	**1726840**	**73724**	**387481**	**2029188**	**2036158**	**403265**	**609701**	**7988965**
11285	21577	673594	13719	58551	559941	565150	73741	190916	2323727
24926	233924	1722656	73620	386995	2014791	2021704	399429	608923	7983883
2513	3348	43318	1582	1910	17365	18178	5122	10920	130406
243	3853	33502	1496	3019	30976	30756	4563	7844	109606
41	4503	30376	1129	1453	11339	11855	2425	3884	52452
	693	1800	61	190	1054	1054	253	74	5148
12444	79356	925272	29076	221925	1005746	1012553	167289	338129	4016061
3030	18096	123469	5590	29596	123510	128300	29100	38992	627705
6655	124045	564627	34686	128887	824684	818891	190648	208994	3041889
	30	291	1	15	119	119	30	87	616
		1173	4	96	233	232	70		2805
241	6502	3012	99	390	14164	14222	3766	778	2277
7398	116045	718659	40037	300137	1012822	1013259	216237	320507	5086503
11657	57560	715247	20612	52931	728809	729355	132412	211360	1783036
5887	21620	383211	8760	-54180	450816	453384	73655	116857	803042
4797	45541	183375	7034	18138	197882	202101	35785	48771	861004
1315	21281	109560	6041	16275	89676	91444	18832	29063	258422
1187	13052	80045	4036	12744	62450	63015	12473	21270	195518
18426	164202	1405729	59925	356038	1732254	1730335	348171	530096	7323330
5469	4031	290915	4445	64857	360437	363084	41310	70458	1059651
6419	50470	533293	15661	185461	627134	627333	131219	275701	3569500
3304	52550	338562	17752	68046	431725	427086	107232	104707	1782038
3234	57151	242960	22067	37674	312958	312832	68411	79230	912141
6741	76225	321111	13799	31443	296934	305823	55094	79605	665635
1537	32937	100747	4707	12272	99929	103431	20337	20745	229940
1266	15324	110275	3724	9487	99753	102578	15344	30940	267693
3939	27964	110089	5368	9683	97252	99814	19412	27920	168002

14—6 按登记注册类型分建筑业企业主要经济指标（2016）
According to the Construction Enterprise Registration Type Points Leading Economic Indicators (2016)

指　标		Item		合　计 Total Enterprises	内资企业 Domestic Funded
企业单位数	（个）	Number of Construction Enterprises	(unit)	3037	3030
从业人数	（万人）	Staff and Workers (annual average)	(10000 persons)	168.09	167.95
自有固定资产原价	（万元）	Fixed Assets Owned (original value)	(10000 yuan)	6029811	5970361
自有固定资产净值	（万元）	Fixed Assets Owned (net value)	(10000 yuan)	4448005	4393076
建筑业总产值	（万元）	Gross Output Value of Construction	(10000 yuan)	60471125	60433001
建筑工程		Construction Projects		51659069	51637199
安装工程		Installation Projects		4523611	4511777
其　他		Others		4288445	4284025
固定资产本年折旧	（万元）	Depreciation of Fixed Assets	(10000 yuan)	317194	314706
应付职工薪酬	（万元）	Payable Employee compensation	(10000yuan)	7988965	7983883
主营业务税金及附加	（万元）	Main Business Tax and Additon	(10000yuan)	1203327	1202896
管理费用中的税金	（万元）	Taxes in Management Expenses	(10000 yuan)	73724	73620
应交增值税	（万元）	Value-added Tax Payable	(10000yuan)	609701	608923
营业利润	（万元）	Business Profit	(10000yuan)	2029188	2014791
利润总额	（万元）	Total Profits	(10000 yuan)	2036158	2021704
利税总额	（万元）	Total Taxes	(10000 yuan)	3922910	3907143
劳动生产率（按总产值计算）	（元/人）	Overall Labor Productivity (In Terms of Gross Output Value)	(yuan/person)	356533	356600
房屋建筑施工面积	（万平方米）	Floor Space of Buildings Under Construction	(10000 sq.m)	40126.38	40119.97
房屋建筑竣工面积	（万平方米）	Floor Space of Buildings Completed	(10000 sq.m)	14590.66	14590.09
房屋建筑面积竣工率	(%)	Ratio of Floor Space of Buildings Completed	(%)	36.36	36.37
产值利润率	(%)	Ratio of Profit to Gross Output Value	(%)	3.37	3.35
产值利税率	(%)	Ratio of Per-tax Profit to Gross Output Value	(%)	6.49	6.47

#国　有 State-owned	#集　体 Collective-owned	港澳台商投资企业 Funded Enterprises from Hong, Kong, Macao and Taiwan	#港澳台商独资企业 Hong Kong and Taiwan-funded Enterprises	外商投资企业 Foreign Funded	#外商独资企业 A Wholly Foreign Owned Enterprise
56	62	4	2	3	2
7.18	3.28	0.08	0.07	0.06	0.05
192431	85767	2608	2374	56843	32994
119764	61949	2186	1823	52744	29926
3612219	569888	7026	4962	31098	21328
3435634	325922	4962	4962	16908	16908
44550	50307	2064		9770	
132036	193659			4420	4420
9500	4297	76	41	2412	1644
130406	109606	2805	2546	2277	2028
19985	19653	150	126	282	163
1582	1496	4	4	99	84
10920	7844			778	710
17365	30976	233	-29	14164	10590
18178	30756	232	-29	14222	10514
50666	59748	386	101	15381	11471
498760	181412	87496	67047	531591	400158
1649.12	339.81	6.41	6.41		
392.47	281.29	0.57	0.57		
23.80	82.78	8.87	8.87		
0.50	5.40	3.30	-0.59	45.73	49.30
1.40	10.48	5.49	2.04	49.46	53.78

14—7 建筑业企业房屋建筑完成情况（2016年）
Floor Space of Buildings Completed by Construction Enterprises (2016)

指 标	Item	房屋建筑竣工面积(万平方米) Completed Area of Building Construction (10000 sq.m)	#国有及国有控股企业 State Controlling Funded Hold Enterprises	房屋竣工价值(万元) Value of the Completed House (10000 yuan)	#国有及国有控股企业 State Controlling Funded Hold Enterprises
总 计	**Total**	**14590.66**	**2007.49**	**19118567**	**3190067**
住 宅	Residential Buildings	9975.84	1446.52	13138038	2064325
商业及服务用房屋	Buildings Used for Business and Services	938.35	245.30	1414980	468670
批发和零售用房	Buildings Used for Wholesale and Retail	505.67	160.90	828697	348480
住宿用房	Buildings Used for Accommodation	43.19	1.24	90222	1000
餐饮用房	Buildings Used for Catering Services	20.54	5.44	31378	6768
商务会展用房屋	Buildings Used for	40.34	3.29	50954	4017
居民服务业用房	Buildings Used for Resident Services	328.62	74.43	413729	108405
办公用房	Office Buildings	810.33	78.57	1065139	116408
科研、教育、医疗用房	Buildings Used for Scientific Research,Education, Medical Services	649.99	61.34	812767	107581
科研用房	Buildings Used for Scientific Research	38.85	3.20	53982	4109
教育用房	Buildings Used for Education	502.50	54.89	640251	93249
卫生医疗用房	Buildings Used for Sanitation and Medical Services	108.64	3.26	118533	10223
文化、体育和娱乐用房	Buildings Used for Culture, Physical Training and Entertainment	70.17	0.43	118115	1020
厂房及建筑物	Workshops and Buildings	1794.89	134.96	2030364	304702
厂 房	Workshops	1068.19	74.91	1193583	219973
仓 库	Storehouses	91.50	12.35	121763	21826
其他用房	Others	259.58	28.01	417401	105535

14—8 各市建筑业企业房屋建筑完成情况（2016年）
Floor Space of Buildings Completed by Construction Enterprises by Region (2016)

地 区	Region	房屋建筑竣工面积(万平方米) Completed Area of Building Construction (10000 sq.m)	#住 宅 Residential Buildings	房屋竣工价值(万元) Value of the Completed House (10000 yuan)	#住 宅 Residential Buildings
总 计	**Total**	**14590.66**	**9975.84**	**19118567**	**13138038**
合肥市	Hefei	5446.75	3946.32	7913764	5588462
淮北市	Huaibei	55.10	32.78	57283	34154
亳州市	Bozhou	238.21	149.81	267612	166286
宿州市	Suzhou	546.95	329.81	605565	377921
蚌埠市	Bengbu	1129.84	852.06	1775496	1383176
阜阳市	Fuyang	717.74	549.25	844347	673619
淮南市	Huainan	221.89	139.43	263567	150709
滁州市	Chuzhou	1059.32	686.80	1311317	903909
六安市	Luan	690.90	410.79	758823	445198
马鞍山市	Maanshan	751.45	525.29	978751	691276
芜湖市	Wuhu	1194.31	735.79	1464212	854093
宣城市	Xuancheng	415.28	258.14	484430	309833
铜陵市	Tongling	362.37	221.94	479392	282591
池州市	Chizhou	501.37	332.99	515893	383993
安庆市	Anqing	1024.05	657.88	1114609	720373
黄山市	Huangshan	235.13	146.78	283507	172443

14—9 各市按登记注册类型和行业分的建筑业企业单位数（2016年）

Number of Construction Enterprises by Registration Status, Section and Region (2016)

单位：个（unit）

地 区	Region	合 计 Total Enterprises	内资企业 Domestic Funded	港澳台商投资企业 Funded by Entrepr-eneurs from Hong Kong, Macao and Taiwan	外商投资企业 Foreign Funded	国有及国有控股企业 State-owned and State-controlled Enterprises	房屋工程建筑业 Building	土木工程建筑业 Civil Engine-ering	建筑安装业 Construc-tion Installa-tion Industry	建筑装饰和其他建筑业 Architectural Decoration and Other Construction Industry
总 计	**Total**	**3037**	**3030**	**4**	**3**	**237**	**1492**	**657**	**389**	**499**
合 肥 市	Hefei	901	900	1		75	306	212	190	193
淮 北 市	Huaibei	47	45	1	1	7	20	11	7	9
亳 州 市	Bozhou	47	47			7	36	10		1
宿 州 市	Suzhou	157	157			12	83	37	24	13
蚌 埠 市	Bengbu	152	152			23	66	35	25	26
阜 阳 市	Fuyang	150	150			16	87	40	11	12
淮 南 市	Huainan	109	109			11	65	18	15	11
滁 州 市	Chuzhou	195	192	1	2	11	113	39	19	24
六 安 市	Luan	135	135			9	82	41	6	6
马鞍山市	Maanshan	139	138	1		11	67	37	13	22
芜 湖 市	Wuhu	272	272			19	140	56	26	50
宣 城 市	Xuancheng	138	138			1	72	25	13	28
铜 陵 市	Tongling	139	139			9	68	20	9	42
池 州 市	Chizhou	120	120			4	73	14	15	18
安 庆 市	Anqing	264	264			16	172	50	14	28
黄 山 市	Huangshan	72	72			6	42	12	2	16

14—10 各市按经济类型和行业分的建筑业总产值（2016年）

Overall Output Value of Enterprises in Charge of Construction by Ownership and Region (2016)

单位：万元（10000 yuan）

地 区	Region	合 计 Total Enterprises	内资企业 Domestic Funded	港澳台商投资企业 Funded by Entrepr-eneurs from Hong Kong, Macao and Taiwan	外商投资企业 Foreign Funded	国有及国有控股企业 State-owned and State-controlled Enterprises	房屋工程建筑业 Building	土木工程建筑业 Civil Engine-ering	建筑安装业 Construc-tion Installa-tion Industry	建筑装饰和其他建筑业 Architectural Decoration and Other Construction Industry
总 计	**Total**	**60471125**	**60433001**	**7026**	**26677**	**20500444**	**35073731**	**19380448**	**3882279**	**2134667**
合 肥 市	Hefei	31523631	31525597	2455		15147503	16117406	11767813	2327428	1310985
淮 北 市	Huaibei	340019	322470	2507	15041	198683	105454	209979	20494	4093
亳 州 市	Bozhou	549882	549882			123949	473456	72840		3586
宿 州 市	Suzhou	2575000	2575000			948028	742283	1102950	699707	30060
蚌 埠 市	Bengbu	4366814	4366814			787086	2622951	1594394	60914	88555
阜 阳 市	Fuyang	1969221	1969221			218204	1508754	368082	63827	28558
淮 南 市	Huainan	1015128	1015128			650364	341670	612316	54117	7025
滁 州 市	Chuzhou	2846506	2834584	287	11636	98774	2308207	329755	153937	54608
六 安 市	Luan	1544029	1544029			33409	1145320	362876	19712	16122
马鞍山市	Maanshan	3059785	3058007	1778		1234325	2489138	477861	24785	68001
芜 湖 市	Wuhu	4546169	4546169			582390	2738371	1412643	226439	168717
宣 城 市	Xuancheng	1308847	1308847			4267	944072	265936	16546	82293
铜 陵 市	Tongling	1352456	1352456			156919	827363	282028	64289	178777
池 州 市	Chizhou	1090169	1090169			59840	834326	119603	108303	27938
安 庆 市	Anqing	1883240	1883240			234720	1461400	349364	41436	31041
黄 山 市	Huangshan	500229	500229			21984	413561	52011	346	34311

14—11 各市建筑业企业生产情况（2016年）
Production Indicators on Construction Enterprises by Region (2016)

地 区	Region	企业单位个数（个）Number of Enterprises (unit)	总产值（万元）Total Output Value (10000 yuan)	建筑工程 Construction	安装工程 Installation	其它产值 Other Output Value	竣工产值（万元）Outpu Value of Buildings Completed (10000 yuan)
总 计	**Total**	**3037**	**60471125**	**51659069**	**4523611**	**4288445**	**33297165**
合肥市	Hefei	901	31523631	27190298	2515611	1817722	16848946
淮北市	Huaibei	47	340019	298816	19614	21589	248639
亳州市	Bozhou	47	549882	476041	32821	41019	339620
宿州市	Suzhou	157	2575000	1852836	218829	503335	1382786
蚌埠市	Bengbu	152	4366814	3864326	147112	355376	2627889
阜阳市	Fuyang	150	1969221	1800592	90958	77672	1073464
淮南市	Huainan	109	1015128	574611	371450	69066	424150
滁州市	Chuzhou	195	2846506	2440465	202763	203279	1746017
六安市	Luan	135	1544029	1273596	97229	173204	1092437
马鞍山市	Maanshan	139	3059785	2658333	197812	203640	1430177
芜湖市	Wuhu	272	4546169	3966836	288822	290511	1948463
宣城市	Xuancheng	138	1308847	1150764	80127	77956	756309
铜陵市	Tongling	139	1352456	1083588	113537	155332	865046
池州市	Chizhou	120	1090169	943415	70171	76583	682977
安庆市	Anqing	264	1883240	1676429	46086	160725	1474836
黄山市	Huangshan	72	500229	408122	30670	61437	355410

地 区	Region	房屋建筑施工面积（万平方米）Floor Space of Building Under Construction (10000 sq.m)	房屋建筑竣工面积（万平方米）Floor Space of Building Completed (10000 sq.m)	自有施工机械设备 Machinery and Equipment Owned: 净值（万元）Net Value (10000 yuan)	总台数（台）Number (unit)	总功率（万千瓦）Total Power (10000 kw)	期末从业人数（万人）Staff and Workers (annual average) (10000 persons)
总 计	**Total**	**40126.38**	**14590.66**	**1527333**	**373691**	**757.74**	**168.09**
合肥市	Hefei	19892.25	5446.75	656653	153892	319.97	72.15
淮北市	Huaibei	214.93	55.10	21045	6826	12.59	2.18
亳州市	Bozhou	386.89	238.21	18275	6550	7.17	2.05
宿州市	Suzhou	1112.13	546.95	128427	31076	51.80	9.83
蚌埠市	Bengbu	3402.56	1129.84	47509	12751	21.10	10.14
阜阳市	Fuyang	2153.13	717.74	51173	21305	34.23	7.01
淮南市	Huainan	404.68	221.89	37504	7340	17.41	2.73
滁州市	Chuzhou	1953.75	1059.32	61639	11734	50.20	9.22
六安市	Luan	1229.27	690.90	63997	11539	19.97	7.79
马鞍山市	Maanshan	2034.61	751.45	74746	14431	40.52	7.87
芜湖市	Wuhu	2328.02	1194.31	106766	19524	59.78	10.57
宣城市	Xuancheng	1030.17	415.28	35531	18224	16.73	5.20
铜陵市	Tongling	893.28	362.37	30860	10759	21.56	4.78
池州市	Chizhou	775.38	501.37	28659	6283	23.02	3.56
安庆市	Anqing	1828.02	1024.05	138862	32281	49.02	9.82
黄山市	Huangshan	487.31	235.13	25685	9176	12.67	3.19

14—12 各市建筑业企业主要财务指标（2016年）

Main Financial Indicators on Construction Enterprises by Region (2016)

单位：万元（10000 yuan）

地区 Region	企业单位个数（个）Number of Enterprises (unit)	流动资产合计 Circulating Funds	固定资产合计 Total Fixed Assets	固定资产原价 Original Value of Fixed Asseds	累计折旧 Depreciation Drawn Accumulated	#本年 This Year	资产总计 Total Assets	负债合计 Total Liabilities	所有者权益 Creditors' Equity	#实收资本 Capital Hold
总计 Total	**3037**	**43399254**	**4448005**	**6029811**	**2451928**	**317194**	**55134474**	**37293564**	**17803369**	**9249682**
合肥市 Hefei	901	23484659	1948163	2811962	1191218	180357	29733316	21591428	8126392	3807882
淮北市 Huaibei	47	625860	95592	151292	71363	5990	738844	504678	234166	86214
亳州市 Bozhou	47	373928	54863	65624	18441	3233	456366	259155	197211	135412
宿州市 Suzhou	157	2057626	344461	527460	223973	10522	2840984	1925735	915249	461554
蚌埠市 Bengbu	152	3352853	134382	160028	75797	8856	4217179	3142808	1074371	466222
阜阳市 Fuyang	150	1672679	118968	147169	53478	9199	2037316	1373007	659281	402146
淮南市 Huainan	109	853281	113027	173204	72634	7632	1030116	663506	366610	214865
滁州市 Chuzhou	195	1291214	224613	214140	68484	10075	1639463	848035	784435	448052
六安市 Luan	135	875474	216194	256201	87131	9302	1293976	505444	785422	412026
马鞍山市 Maanshan	139	2337640	194539	269585	116234	14709	2798129	1870960	926405	587614
芜湖市 Wuhu	272	2428978	301737	411254	183117	20624	3037836	1725400	1308222	751634
宣城市 Xuancheng	138	912679	123362	162031	53641	6245	1134668	606674	527994	325007
铜陵市 Tongling	139	926925	119987	148236	61930	8209	1131895	717221	414674	229306
池州市 Chizhou	120	575431	88081	89111	27846	4556	742993	384390	357848	226570
安庆市 Anqing	264	1293472	307018	362470	111579	15046	1869950	904497	964272	580290
黄山市 Huangshan	72	336555	63019	80043	35064	2641	431443	270627	160816	114889

地区 Region	主营收入 Main Business Income	主营成本 Main Business Cost	主营税金及附加 Main Business and Extra Charges	销售费用 Operating Expense	管理费用 Management Expense	#税金 Tax	财务费用 Financial Expenses	营业利润 Operating Profit	利润总额 Total Profit	本年应付薪酬总额 Payable Salary This Year
总计 Total	**53580696**	**47038394**	**1203327**	**240426**	**1726840**	**73724**	**387481**	**2029188**	**2036158**	**7988965**
合肥市 Hefei	27536410	24893394	545596	100821	893103	28376	144163	967836	975648	4203460
淮北市 Huaibei	379841	307709	6426	7119	26420	621	2166	33067	32832	82927
亳州市 Bozhou	453376	385797	13961	5406	18490	700	1976	19804	19593	59299
宿州市 Suzhou	2578151	2148296	61877	18186	123911	5907	45912	124406	118805	372748
蚌埠市 Bengbu	3360821	3006002	70174	8015	73940	3912	69777	106467	108478	607061
阜阳市 Fuyang	1698959	1377500	42809	8136	46526	2622	14378	78629	79517	222983
淮南市 Huainan	1048861	950436	19596	3032	36760	1145	-76	31789	33431	126164
滁州市 Chuzhou	2313773	1895930	71942	7989	61531	4445	13474	102870	102712	340436
六安市 Luan	1603280	1267372	44795	3547	38769	3345	12757	109692	109230	267829
马鞍山市 Maanshan	3194810	2795287	63412	23746	95491	3365	20776	106972	108402	331456
芜湖市 Wuhu	4044074	3545081	108466	13062	122343	5367	23822	133379	131378	411995
宣城市 Xuancheng	1076789	878510	30789	3975	39403	2363	6574	36235	36664	174045
铜陵市 Tongling	1054087	911247	25868	4274	46426	2822	9447	39106	39994	168880
池州市 Chizhou	869933	694537	29226	10824	27968	1250	5858	43945	44273	130074
安庆市 Anqing	1866082	1546266	54348	16838	62697	6553	13840	80294	80262	389634
黄山市 Huangshan	501450	435033	14044	5456	13064	930	2637	14697	14941	99975

主要统计指标解释

建筑业统计单位

指从事房屋、构筑物建造和设备安装活动的法人企业。建筑业法人企业应具有建筑业资质并能够独立核算，同时其应具备以下条件：①依法成立，有自己的名称、组织机构和场所，能够承担民事责任；②独立拥有和使用资产，承担负债，有权与其他单位签订合同；③独立核算盈亏，能够编制资产负债表。

建筑业总产值

是以货币形式表现的建筑业企业在一定时期内生产的建筑业产品和提供的服务的总和。建筑业总产值包括：

⑴建筑工程产值：指列入建筑工程预算内的各种工程价值。

⑵安装工程产值：指设备安装工程价值，不包括被安装设备本身的价值。

⑶其他产值：建筑业总产值中除建筑工程、安装工程以外的产值。包括房屋构筑物修理产值、非标准设备制造产值、总包企业向分包企业收取的管理费以及不能明确划分的施工活动所完成的产值。

a. 房屋构筑物修理产值：指房屋和构筑物修理所完成的产值，但不包括被修理房屋、构筑物本身价值和生产设备的修理价值。

b. 非标准设备制造产值：指加工制造没有定型的非标准生产设备的加工费和原材料价值(如化工厂、炼油厂用的各种罐、槽，矿井生产统一使用的各种漏斗、三角槽、阀门等)以及附属加工厂为本企业承建工程制作的非标准设备的价值。

房屋建筑施工面积

指在报告期内施过工的全部房屋建筑面积，包括本期新开工的房屋面积、上期施工跨入本期继续施工的房屋面积、上期停缓建在本期恢复施工的房屋面积、本期竣工的房屋面积及本期施工后又停缓建的房屋面积。

房屋建筑竣工面积

指在报告期内房屋建筑按照设计要求全部完工，达到了使用条件，经验收鉴定合格，正式移交使用单位的房屋建筑面积。

自有机械设备年末总功率

指本企业自有施工机械、生产设备、运输设备以及其他设备等列为在册固定资产的生产性机械设备年末总功率，按设定能力或查定能力计算。包括机械本身的动力和为该机械服务的单独动力设备，如电动机等。计算单位用千瓦，动力换算可按 1 马力＝0.735 千瓦折合成千瓦数。电焊机、变压器、锅炉不计算动力。

Explanatory Notes for Major Statistical Indicators

Statistical Unit in the Construction Industry

refers to a corporate enterprise engaged in the construction of buildings and structures and in the installation of equipment. A corporate construction enterprise should have qualification certificates with independent accounting system, and should meet the following 3 requirements: a) being set up in line with relevant legal basis, having its full name, organization and location, and capable of taking civil liabilities; b) independently possessing and using its assets and assuming its liabilities, and entitled to sign contracts with other institutions; and c) making independent accounts of its profits and losses, and capable of compiling its own balance sheet.

Gross Output Value of Construction

refers to total of construction products and services, expressed in money terms, produced or rendered by construction and installation enterprises during a given period of time. It includes:

(1) Output value of construction projects: the value of projects covered by the project budgets;

(2) Output value of installation projects: the value of the installation of equipment, (excluding the value of the equipment to be installed);

(3) Other output values: the output value of construction industry apart from that of construction projects and installation projects. It includes: output value of repair of buildings and structures; output value of non-standard equipment manufacturing; overhead expenses received by contracted enterprises from the sub-contracted enterprises and the completed output value of construction activities for which there is no clear definition.

a. Output value of repair of buildings and structures: the value created through the repairs of buildings or structures. It does not include the value of buildings or structures being repaired and the value of the repair of production equipment;

b. Output value of manufactured non-standard equipment: the value of non-standard production equipment, including raw materials and manufacturing cost, made for the construction project (i.e., chemical plant; kettles or tanks used by refineries; various fillers, triangle tanks, valves used by mines). It also includes the output value of equipment manufactured by subsidiary workshops.

Floor Space of Buildings Under Construction

refers to floor space of buildings under construction during the reference period, including the floor space of buildings for which construction has newly started; buildings for which construction has started earlier and is continuing during the reference period; and buildings for which construction has been suspended earlier but has restarted during the reference period; buildings completed during the reference period; and buildings under construction but construction has subsequently been during the reference period.

Floor Space of Buildings Completed

refers to the floor space of buildings that are completed in the reference period in accordance with the requirements of the design, up to the standard for being put into use, and having been checked and accepted by departments concerned as qualified ones.

Total Power of Machinery and Equipment Owned by the End of Year

refers to the total power of machinery and equipment owned

by the enterprises, and listed as the fixed assets of the enterprises by the end of the year, including machinery and equipment for construction, production and transportation. The power of the machinery is calculated on basis of the designed or verified capacity, covering the power of the machinery/equipment and the separate power equipment serving the machinery/equipment (such as electric motors), but excluding welders, transformers and boilers. The unit used for the calculation of power is kilowatt, with horsepower converted to kilowatt by 1 horsepower=0.735 kilowatt.

第 十五 篇

Chapter 15

运输和邮电

TRANSPORT, POST AND TELECOMMUNICATION SERVICES

简要说明

一、交通运输业资料主要包括：铁路、公路、水路、民航四种运输方式的线路里程、运输设备拥有量，各种运输方式完成的货物运输量等。

邮电通信业资料主要包括：全省邮电局(所)及邮路情况，邮电通信主要电路及设备拥有量，主要邮电业务完成情况，邮电通信发展水平等资料。

二、有关交通运输资料分别来源于上海铁路局，省交通运输厅，民航安徽监管办，东航安徽分公司，省公安厅及本局有关年报资料。邮电通信业资料来源于省邮政管理局、通信管理局。

三、各部门资料调查范围及统计单位。

1. 铁路资料：包括国家以及国有控股合资铁路运营情况，资料来源于国家铁道部反馈数据。

2. 公路、水运、港口资料：公路和水运线路里程为年末通车和通航里程数(不含在建和未正式投入使用的公路和航道)由省交通运输厅提供。民用和公路营运车辆拥有量分别由省公安厅、省交通运输厅和农机局提供。

3. 民航运输资料：民航运输统计对象为我省境内从事民用航空运输飞行和通用飞行的东方航空公司安徽分公司。

4. 邮电通信资料：邮电通信包括邮政和电信业务。邮电业务量按业务范围分为国内业务量和国际及港澳业务量(对台业务量统计在港澳中)。

Brief Introduction

I. Data of transport cover mainly the length of the routes of railways, highways, waterways and civil aviation transport, the ownership of the transport equipment, the freight traffic and passenger traffic accomplished by various means of transportation.

Data of post and telecommunications cover mainly the situation of post and telecommunications offices and postal routes, the telephone lines, telegraph lines and the ownership of the telecommunication facilities, the principal postal and telecommunications services rendered, and the level of the development of the postal and telecommunications services, etc.

II. Data on transport come from Shanghai Railway Bureau, the Department of Transportation, Civil Aviation Administration of Anhui Province, China Eastern Anhui Branch, the Department of Public Security and related annual report of Anhui Statistical Bureau. Data of postal and telecommunication services come from provincial postal administration, communications administration.

III. The statistical coverage and statistical units of the various data:

1. Data on railways Include State-owned holding joint capital railway operation situation Data come from National Railway Department .

2. Data on highways, waterways and ports: The length of highways and waterways refer to the length open to traffic or navigation at the end of the year (not including the mileage of highways and waterways under construction but not officially put into use.) and Data are provided by the Department of Communication. Data on the stock of the highway civilian and transport business vehicles are provide by the Department of Public Security and Department of transportation and Agricultural Machinery Bureau .

3. Data on the civil aviation transport: The statistical units of the civil aviation transport include the enterprises registered in Anhui and engaged in the civil aviation transport flights and flights for general purpose, including the enterprises directly under the Civil Aviation Administration of Anhui Province or not under it.

4. Data on post and telecommunications: The post and telecommunications statistics cover postal and telecommunication services. The business volume of post and telecommunications is classified by business area into the domestic volume, the volume between China mainland and Hong Kong and Macao (including Taiwan) and the international volume.

15—1 交通运输业基本情况
Basic Conditions of Transportation

指标	Item	2000	2005	2010	2015	2016
运输线路长度（公里）	Length of Transportation Routes (km)					
铁路营业里程	Railways in Operation	2164	2353	2850	4169	4243
公路	Highways	44493	72807	149382	186940	197588
内河	Navigable Inland Waterways	5611	5587	5587	5729	5729
民航	Total Civil Aviation Routes	60553	72263	76303	103676	102406
#国际航线	International Routes	6536	11616	6575	15303	19879
客运量总计（万人）	Total Passenger Traffic (10000 persons)	62033	72871	159597	87107	81426
铁路	Railways	2994	3486	5552	8553	10349
国家	National	2808	3307	5552		
地方	Local and Joint Venture Railways	186	179			
公路	Highways	58026	68927	153697	78072	70523
水运	Waterways	860	244	139	185	213
民航	Total Civil Aviation Routes	153	214	208	297	341
旅客周转量总计（万人公里）	Total Passenger-kilometers (10000 passenger-km)	5368953	8062657	15027550	12582090	12314038
铁路	Railways	2040820	3008651	4680584	6429489	6933040
国家	National	1945470	2908851	4680584		
地方	Local and Joint Venture Railways	95350	99800			
公路	Highways	3141134	4812462	10101874	5748829	4912967
水运	Waterways	36408	3093	2684	3843	4055
民航	Total Civil Aviation Routes	150591	238451	242408	399929	463976
货运量总计（万吨）	Total Freight Traffic (10000 tons)	44536	67128	228106	345756	364549
铁路	Railways	6473	10386	12091	10158	9244
国家	National	6026	8638	12091		
地方	Local and Joint Venture Railways	447	1748			
公路	Highways	32740	49614	183658	230649	244526
水运	Waterways	5320	7125	32355	104947	110776
民航	Total Civil Aviation Routes	1.5	3.0	2.2	2.3	2.4
货物周转量总计（万吨公里）	Total Freight Ton-kilometers (10000 tons-km)	10777360	15664802	71536800	104025651	108832411
铁路	Railways	6201382	8837574	10165481	7393851	7062359
国家	National	6106612	8577452	10165481		
地方	Local and Joint Venture Railways	94770	260122			
公路	Highways	2747117	4226699	50049069	47218724	49157086
水运	Waterways	1826251	2596868	11319581	49409946	52609746
民航	Total Civil Aviation Routes	2610	3661	2669	3130	3220
民用汽车拥有量（辆）	Number of Civil Vehicles Owned (unit)	386706	804952	2432339	5128318	6110469
载客汽车辆数	Number of Buses and Cars	187940	436372	1409937	4081562	5058831
载货汽车辆数	Number of Trucks	192348	332139	663361	875638	918612
私人汽车拥有量	Number of Motor Vehicles Owned by Individuals	156577	354139	1661937	4231254	5076052
民用运输船舶拥有量（艘）	Number of Civil Transport Vessels (unit)		33372	29186	28800	28847
#机动船	Motor Vessels	21692	30439	27041	27475	27580
驳船	Barges	3946	2933	2145	1325	1267
私人运输船舶拥有量（艘）	Number of Private-owned Transport Vessels (unit)		10010	4278	1882	2054
机动船	Motor Vessels	12350	9989	4262	1882	2054
驳船	Barges	445	21	16		

注：1. 2015年交通运输部组织开展了公路水路运输量小样本调查工作，重新调整基数，客、货运量及周转量与2014年数据不具可比性。
2. 运输线路长度中的内河长度为通航里程数。

a) In 2015 the ministry of transport organization work conducted highway water traffic small sample survey, readjust base, passenger and freight volume and turnover are not comparable with the 2014 data.

b) Transportation line length of inland river navigation mileage in length.

15—2 运 输 路 线 长 度
Length of Transportation Routes

单位：公里（km）

指　　标	Item	2000	2005	2010	2015	2016
铁　路	**Railways**					
营业里程（省境内）	Length of Railways in Operation (within the boundaries of the province)	2164	2353	2850	4169	4243
公　路	**Highways**					
公路里程	Total Length of Highways	44493	72807	149382	186940	197588
国道、省道	National and Provincial Routes	10497	10997	12412	13829	15361
县　道	County Routes	17494	24200	23970	24253	23604
乡　道	Village and town Routes	16226	36606	36226	36498	36541
专用公路	Special Highways	276	1004	1004	1002	1002
高速公路	Express-way	470	1501	2929	4249	4543
一级公路	First Class	264	338	499	3166	3833
二级公路	Second Class	6347	9633	10504	10667	10727
三级公路	Third Class	9050	12537	15306	18920	20332
四级公路	Forth Class	26448	43074	113106	145875	154701
等外公路	Highway Below Class IV	1914	5724	7042	4063	3453
在公路里程中：	Of the Total Length of Highways:					
晴雨通车里程	Length of Highways Opened to Traffic Despite Rain or Shine	43252	69975	145514	184290	195083
绿化里程	Length of Forestation Highways	29512	49843	60448	143833	153706
水　运	**Waterways**					
内河航道通航里程	Length of Navigable Inland Waterways	5611	5587	5587	5729	5729
民　航	**Total Civil Aviation Routes**					
国际航线	International Routes	6536	11616	6575	15303	19879
国内航线	Domestic Routes	54017	60647	69728	88373	82527

15—3 运 输 线 路 质 量
Quality of Transportation Routes

指　　标		Item		2000	2005	2010	2015	2016
铁路营业里程	**（公里）**	**Length of Railways in Operation**	**(km)**	**2164**	**2353**	**2850**	**4169**	**4243**
#复线里程	（公里）	Double-Tracking Length	(km)	947	1080	1523	2753	
复线里程比重	(%)	Proportion	(%)	43.8	45.9	53.4	66.0	
公路线路里程	**（公里）**	**Length of Highways**	**(km)**	**44493**	**72807**	**149382**	**186940**	**197588**
#等级公路里程	（公里）	Expressway and Class I to IV Highways	(km)	42579	67083	142340	182877	194136
等级公路里程比重	(%)	Proportion	(%)	95.7	92.1	95.3	97.8	98.3
内河航道里程	**（公里）**	**length of Navigable Inland Waterways**	**(km)**			**6507**	**6612**	**6612**
#等级航道里程	（公里）	Standard Waterways	(km)			5226	5345	5345
等级航道里程比重	(%)	Proportion	(%)			80.3	80.8	80.8

15—4 内 河 港 口 码 头 吞 吐 量
Volume of Passenger and Freight Handled in Ports of Inland Rivers

年　份 Year	旅客吞吐量（万人） Passenger Handled (10000 persons)	#旅客离港量 Out-port	货物吞吐量（万吨） Cargo Handled (10000 tons)	#集装箱（万标准箱） Container (10000 standard cases)
2000	164.00	77.00	7114.00	2.40
2005	182.49	137.49	17156.70	11.26
2007	191.35	161.35	24700.60	21.79
2008	203.00	118.28	27267.01	23.91
2009	96.11	54.61	26449.00	19.91
2010	69.18	57.00	32502.00	22.20
2011	105.00	54.20	37418.60	38.80
2012	70.05	35.44	36097.20	45.58
2013	78.52	41.35	39617.52	52.67
2014	76.38	39.52	43837.92	76.42
2015	62.14	31.79	48044.32	95.59
2016	64.31	32.59	51917.40	114.75

注：2011年以后统计范围为通过能力在200万吨以上内河港口，以及从事外贸、集装箱的港口，与历年数据具有不可比性。

a) After 2011 statistic range are ports of capacity of 2000000 tons and over in inland river, and portsengaged in foreign trade, container port. the data of the past years are not comparable.

15—5 主要港口分货类吞吐量
Volume of Throughput in Major Ports by Type of Freight

单位：万吨（10000 tons）

货　类	Type of Goods	2005	2010	2015	2016
吞吐量合计	**Total Throughput**	**1850.47**	**1049.70**	**1180.02**	**1063.16**
煤炭及制品	Coal and Products	962.91	571.73	777.91	576.51
金属矿石	Metal Ores	282.10	185.02	3.13	
钢　铁	Steel and Iron	35.41	99.79	31.85	28.73
矿建材料	Mineral Building	243.00	24.97	8.80	10.84
水　泥	Cement	154.41	8.70	7.18	4.09
木　材	Timber	21.33			
非金属矿石	Nonmetal Ores	63.21	5.14	26.50	60.63
化肥及农药	Chemical Fertilizers and Pesticides	4.60		0.04	
盐	Salt	2.35			
粮　食	Grain	1.13			
机械、设备、电器	Machinery , Equipment, Electric Apparatus	3.23	0.13		
化工原料及制品	Industrial Chemicals and Products	3.40	10.33	2.18	0.25
轻工、医药产品	Light industry, Medical Products	0.83			
农林牧渔业产品	Agriculture, Forestry, Animal Husbandry and Fishery Products	1.95	0.08		
其　他	Other	70.61	143.81	322.43	381.58

注：资料来源芜湖港口有限责任公司。
a) Data from Wuhu port Co.,Ltd.

15—6 各市公路客货运输量（2016年）
Volum of Highway Transportation By Region (2016)

地　区	Region	客运量（万人）Passenger Traffic (10000 persons)	旅客周转量（万人公里）Passenger-kilometers (10000 passenger-km)	货运量（万吨）Freight Traffic (10000 tons)	货物周转量（万吨公里）Freight Ton-kilometers (10000 tons-km)
总　计	**Total**	**70523**	**4912659**	**244526**	**49157085**
合肥市	Hefei	10126	816866	28975	3169432
淮北市	Huaibei	1736	149220	12469	1980834
亳州市	Bozhou	5257	418196	26420	7444478
宿州市	Suzhou	4683	271852	22115	4684501
蚌埠市	Bengbu	2978	233777	20802	6495658
阜阳市	Fuyang	7803	544282	43333	11355241
淮南市	Huainan	4034	286703	10509	504878
滁州市	Chuzhou	4674	248333	14690	3537333
六安市	Luan	6207	492184	20752	3903547
马鞍山市	Maanshan	2729	125173	6180	379526
芜湖市	Wuhu	3808	187461	6762	872445
宣城市	Xuancheng	3384	157082	8202	1203713
铜陵市	Tongling	2141	148185	3090	314341
池州市	Chizhou	1715	156391	3377	329844
安庆市	Anqing	5664	419026	12075	1943033
黄山市	Huangshan	3584	257928	4775	1038281

15—7 主要年份公路线路年底到达数（按技术等级分）

Length of Highway Routes at the Year-end (classified by technical level)

单位：公里（km）

年份 Year	公路里程总计 Total Length of Highways	等级路 Express-way and Class I to IV Hughway	高速 Express-way	一级 First Class	二级 Second Class	三、四级公路 Third and Forth Class	等外公路 Highway Below Class IV
2000	44493	42579	470	264	6347	35498	1914
2005	72807	67083	1501	338	9633	55611	5724
2008	148827	134669	2506	385	10077	121700	14158
2009	149184	139424	2810	475	10312	125827	9759
2010	149382	142340	2929	499	10504	128412	7042
2011	149535	143403	3009	627	10640	129128	6131
2012	165157	159427	3210	1758	9933	144526	5730
2013	173763	168083	3521	2280	10411	151871	5680
2014	174373	169639	3752	2623	10694	152569	4734
2015	186940	182877	4249	3166	10667	164795	4063
2016	197588	194136	4543	3833	10727	175033	3453

15—8 公路线路年底到达数（按技术等级分）（2016年）

Length of Highway Routes at the Year-end (classified by technical level) (2016)

单位：公里（km）

项目	Item	公路里程总计 Total Length of Highways	等级公路 Expressway and Class I to IV Highway 合计 Total	高速 Express-way	一级 First Class	二级 Second Class	三级 Third Class	四级 Forth Class	等外公路 Highway Below Class IV
上年年底到达数	End of Last Year	186940	182877	4249	3166	10667	18920	145875	4063
国道	National Routes	5427	5427	2895	985	1351	81	116	
省道	Provincial Routes	8402	8402	1354	1365	4984	443	256	
县道	County Routes	24253	24253		307	3488	14429	6029	
乡道	Village and town Routes	36498	35581		13	301	2688	32579	917
专用公路	Highways for Special Use	1002	992			46	233	713	11
村道	Village Routes	111358	108223		496	498	1047	106182	3135
本年新建数	Newly Built in This Year	7258	7258	293	150	59	10	6746	
国道	National Routes	380	380	237	126	17			
省道	Provincial Routes	64	64	57	7				
县道	County Routes	29	29			29			
乡道	Village and town Routes	14	14					14	
专用公路	Highways for Special Use								
村道	Village Routes	6770	6770		17	12	10	6732	
本年改建变更数	Changed in This Year	3391	4001	1	517	1	1402	2080	-610
国道	National Routes	5092	5092	444	1223	2853	475	97	
省道	Provincial Routes	-4004	-4004	-444	-522	-2773	-179	-86	
县道	County Routes	-678	-678		2	-176	148	-653	
乡道	Village and town Routes	29	203			52	584	-433	-174
专用公路	Highways for Special Use						8	-8	
村道	Village Routes	2952	3389		-186	44	367	3165	-436
本年年底到达数	End of This Year	197588	194136	4543	3833	10727	20332	154701	3453
国道	National Routes	10900	10900	3576	2335	4222	555	212	
省道	Provincial Routes	4461	4461	967	850	2211	264	170	
县道	County Routes	23604	23604		309	3341	14577	5376	
乡道	Village and town Routes	36541	35798		13	353	3272	32160	744
专用公路	Highways for Special Use	1002	992		0	46	241	704	11
村道	Village Routes	121080	118382		326	555	1423	116078	2698

15—9 各市公路线路年底到达数（按技术等级分）（2016年）

Length of Highway Routes at the Year-end by Region (classified by technical level) (2016)

单位：公里（km）

地区	Region	公路里程总计 Total Length of Highways	等级公路 Expressway and Class I to IV Highway 合计 Total	高速 Express-way	一级 First Class	二级 Second Class	三级 Third Class	四级 Forth Class	等外公路 Highway Below Class IV
总　计	**Total**	**197588**	**194136**	**4543**	**3833**	**10727**	**20332**	**154701**	**3453**
合肥市	Hefei	19444	18738	453	568	808	2013	14897	706
淮北市	Huaibei	4271	4271	89	107	232	616	3227	
亳州市	Bozhou	13454	13110	320	202	472	1569	10547	343
宿州市	Suzhou	15802	15802	359	346	1064	1536	12496	
蚌埠市	Bengbu	9230	8893	185	231	446	1049	6983	338
阜阳市	Fuyang	15228	14871	256	363	569	1779	11903	358
淮南市	Huainan	8407	8152	191	138	478	987	6357	254
滁州市	Chuzhou	17283	17283	452	252	1148	1744	13687	
六安市	Luan	20058	19927	362	311	1069	2056	16129	131
马鞍山市	Maanshan	7106	6933	205	292	530	701	5206	173
芜湖市	Wuhu	11117	10735	191	282	563	1225	8474	381
宣城市	Xuancheng	11940	11906	316	249	738	1043	9559	35
铜陵市	Tongling	4572	4546	119	121	387	366	3555	25
池州市	Chizhou	8717	8173	244	135	678	608	6507	543
安庆市	Anqing	18215	18210	374	107	676	1520	15534	5
黄山市	Huangshan	6935	6928	352	59	576	963	4979	7
广德县	Guangde	3102	2979	45	65	165	251	2452	123
宿松县	Susong	2707	2679	31	4	128	306	2210	28

注：本表公布数据为2015年我省行政区划调整前的口径（下同）。

a) The table data for 2015 administrative division before adjustment (the same below).

15—10 公路密度及通达情况

Density and Reaching Status of Highways

指标	Item	2000	2005	2010	2015	2016
公路密度	**Density of Highway**					
以国土面积计算（公里/百平方公里）	By Area of Territory (km/100 sq.m)	31.87	52.23	107.16	134.10	141.74
以人口数量计算（公里/万人）	By Population (km/10000 persons)	7.17	11.27	21.98	26.95	28.43
公路通达	**Reaching Status of Highways**					
乡镇数量（个）	Number of Townships (unit)	1923	1547	1382	1378	1379
#不通公路	Without Highway Communication	3	1			
不通公路乡镇所占比重（%）	Proportion of Townships Without Highway Communication (%)	0.20	0.06			
行政村数量（个）	Number of Villages (unit)	29820	25553	17274	17069	17028
#不通公路	Without Highway Communication	4303	187	5	1	1
不通公路行政村所占比重（%）	Proportion of Villages Without Highway Communication (%)	14.40	0.73	0.03	0.01	0.01

15—11 主要年份民用车辆拥有量
Possession of Civil Vehicles

单位：万辆（10000 units）

指　　标	Item	2000	2005	2010	2015	2016
总　　计	**Total**		**575.48**	**909.66**	**1045.85**	**1090.33**
载客汽车	Passenger Vehicles	18.79	43.64	140.99	408.16	505.88
大　型	Large		2.87	3.82	4.41	4.65
中　型	Medium		4.10	4.94	2.69	2.53
小　型	Small		29.62	124.91	396.83	494.91
微　型	Minicar		7.05	7.31	4.22	3.79
载货汽车	Trucks	19.23	33.21	66.34	87.56	91.86
重　型	Heavy		5.09	20.24	30.37	31.85
中　型	Medium		12.86	12.41	3.68	3.18
轻　型	Light		13.74	33.12	53.28	56.67
微　型	Mini		1.52	0.56	0.23	0.16
其他汽车	Others		29.00	35.90	17.11	13.30
摩托车	Motorcycles	86.81	246.50	409.38	286.87	234.11
拖拉机	Tractors	168.74	218.46	248.58	236.68	234.10
挂　车	Trailers	2.08	4.65	8.45	9.46	11.07
其他类型车	Other Types of Vehicle	1.64	0.02	0.02	0.01	0.01
机动车驾驶员　（万人）	Number of Motor Drivers　(10000 persons)	147.69	439.73	692.42	1121.82	1261.57
#汽车驾驶	Automobile Drivers	94.14	258.40	475.65	977.45	1135.52

15—12 主要年份私人车辆拥有量
Possession of Private Vehicles

单位：辆（unit）

指　　标	Item	2000	2005	2010	2015	2016
总　　计	**Total**	**156577**	**583762**	**5726403**	**7086580**	**7528023**
载客汽车	Passenger Vehicles	79225	229835	1078206	3670696	4644560
大　型	Large		4396	4293	837	692
中　型	Medium		18314	22519	6980	4946
小　型	Small		154414	988464	3622767	4602443
微　型	Minicar			62930	40112	36435
载货汽车	Trucks	76691	121068	285022	432142	458238
重　型	Heavy			28064	33303	32264
中　型	Medium		41398	42674	15412	13365
轻　型	Light		60221	209976	381491	411291
微　型	Mini			4308	1936	1318
其他汽车	Others		232859	298709	128416	93013
摩托车	Motorcycles	681185		4058172	2850875	2327677
挂　车	Trailers			6249	4422	4511
其他类型车	Other Types of Vehicle			45	29	24

注：2005年度的“其他汽车”指标数据包括摩托车、拖拉机、其他类型车的合计。
a)　"Others" index of the 2005 annual data includes motorcycles, tractors and other types of vehicles combined.

15—13 民用车辆拥有量营运情况（2016年）
Civilian Vehicles Capacity of Transportion Situation (2016)

单位：万辆（10000 units）

指标	Item	总计 Total	营运 For Business	非营运 Not for Business	总计中 In the Total 进口 Import	个人 Individual	新注册 Registered Newly	报废 Write-off
总计	**Total**	**1090.33**	**97.90**	**757.67**	**15.78**	**752.80**	**123.96**	**18.29**
#校车	The School Bbus	0.66						
汽车	Number	611.05	82.02	528.36	15.69	519.58	115.49	12.61
载客汽车	Passenger Vehicles	505.88	12.96	492.27	15.64	464.46	101.43	3.69
#大型	Large	4.65	3.57	0.84	0.01	0.07	0.65	0.58
中型	Medium	2.53	1.06	1.06	0.03	0.49	0.31	0.36
小型	Small	494.91	8.33	486.58	15.45	460.24	100.39	2.64
微型	Minicar	3.79		3.78	0.15	3.64	0.09	0.11
#轿车	Cars	341.02	8.05	332.97	6.67	318.35	64.62	2.08
载货汽车	Trucks	91.86	61.00	30.86	0.04	45.82	12.90	5.46
#重型	Heavy	31.85	31.12	0.73	0.01	3.23	4.16	1.87
中型	Medium	3.18	2.86	0.32		1.34	0.34	0.85
轻型	Light	56.67	26.96	29.71	0.02	41.13	8.40	2.72
微型	Mini	0.16	0.06	0.10		0.13		0.02
#普通载货	General Trucks	46.28	21.36	24.92	0.02	33.53	6.40	2.46
其他汽车	Others	13.30	8.06	5.24	0.01	9.30	1.15	3.45
#三轮汽车	Tricar	6.09	4.06	2.03		5.71	0.43	2.20
低速货车	Low-Speed Truck	4.14	3.52	0.62		2.42	0.37	1.12
摩托车	Motorcycles	234.11	4.87	229.25	0.09	232.77	6.44	5.41
普通	General	232.13	4.87	227.27	0.09	230.79	6.34	5.35
轻便	Portable	1.98		1.98		1.98	0.09	0.06
拖拉机	Tractors	234.10						
挂车	Trailers	11.07	11.00	0.06		0.45	2.04	0.28
其他类型车	Other Types of Vehicle	0.01		0.01				
机动车驾驶员（万人）	Number of Motor Drivers (10000 persons)	1261.57						
#汽车驾驶员	Automobile Drivers	1135.52						

15—14 各市民用车辆拥有量（2016年）
Possession of Civil Vehicles by Region (2016)

单位：辆 (unit)

地区	Region	汽车 Number	载客汽车 Buses and Cars	载货汽车 Ordinary Trucks	其他汽车 Other Motor Vehicles	摩托车 Motorcycle	拖拉机 Tractors	挂车 Trailers	其他类型车 Other Types of Vehicle	机动车驾驶员（人）Number of Motor Drivers (person)
总计	**Total**	**6110469**	**5058831**	**918612**	**133026**	**2341131**	**2340992**	**110650**	**60**	**12615703**
合肥市	Hefei	1429899	1306885	113967	9047	152642	215591	9561	3	1989447
淮北市	Huaibei	206599	166017	31564	9018	126596	118719	5966		418232
亳州市	Bozhou	428396	297229	116588	14579	170371	175856	12726		923889
宿州市	Suzhou	366783	284000	74701	8082	129095	199440	9328		903744
蚌埠市	Bengbu	278173	211898	64093	2182	101015	315947	11509	7	617772
阜阳市	Fuyang	628222	415939	171957	40326	332311	150552	24010		1082659
淮南市	Huainan	260907	219321	39380	2206	89635	227741	5082		635675
滁州市	Chuzhou	295161	240295	52846	2020	88888	429853	10656		752852
六安市	Luan	410119	325283	81778	3058	196952	175085	7085		1145327
马鞍山市	Maanshan	213093	193695	17488	1910	90561	40869	1886	48	487728
芜湖市	Wuhu	445204	411115	30031	4058	95975	54964	2155		836261
宣城市	Xuancheng	297375	254852	31838	10685	162909	58218	2982		724658
铜陵市	Tongling	138919	121604	14831	2484	73934	23955	661	2	321616
池州市	Chizhou	127543	110309	15473	1761	103172	42514	793		317760
安庆市	Anqing	400674	348268	48461	3945	347249	94936	2857		1070499
黄山市	Huangshan	166571	136476	13181	16914	77058	16752	3393		387584

注：各市车辆数据是区划调整前数据。

a) Municipal vehicle data is regionalization before adjustment.

15—15 各市私人车辆拥有量（2016年）
Possession of Private Vehicles by Region (2016)

单位：辆 (unit)

地区	Region	汽车总计 Total	载客汽车 Passenger Vehicles	大型 Large	中型 Medium	小型 Small	载货汽车 Trucks	中型 Light-heavy	轻型 Light	其他汽车 Others
总计	**Total**	**5195811**	**4644560**	**692**	**4946**	**4602443**	**458238**	**13365**	**411291**	**93013**
合肥市	Hefei	1211845	1186174	124	1016	1176745	20928	202	20132	4743
淮北市	Huaibei	180973	155597	12	116	153858	16900	795	11322	8476
亳州市	Bozhou	365750	282535	36	186	278346	70067	1630	65983	13148
宿州市	Suzhou	318788	264929	55	232	261255	46686	1664	37989	7173
蚌埠市	Bengbu	214490	192940	98	400	190384	20583	517	19309	967
阜阳市	Fuyang	514469	390086	35	276	386497	90210	970	87044	34173
淮南市	Huainan	216866	198301	8	270	195770	17644	329	16029	921
滁州市	Chuzhou	244896	218230	14	272	216208	25818	1010	21117	848
六安市	Luan	351163	304764	29	459	301666	44812	1731	41142	1587
马鞍山市	Maanshan	180559	173632	16	166	172327	6110	187	5422	817
芜湖市	Wuhu	390688	376165	6	234	374489	11758	267	10729	2765
宣城市	Xuancheng	263781	235769	44	416	233955	21535	1275	17191	6477
铜陵市	Tongling	120715	110546	172	232	109540	8288	181	7537	1881
池州市	Chizhou	114243	102614	23	105	102209	10459	590	8873	1170
安庆市	Anqing	369768	327948	54	438	325870	38935	1868	34430	2885
黄山市	Huangshan	136727	124240	10	128	123234	7505	149	7042	4982

注：本表与15−13中私人汽车拥有量有差异，系取数时间节点不同造成，属合理波动。

a) The table 15-13 private car ownership has the difference and is reasonable, bacause of taking some time in different nodes.

15—16 公路营运汽车拥有量
Possession of Vehicles for Highway Business Transportation

年份 Year	汽车总计 (辆) Total Number (unit)	载客汽车 Passenger Car 辆数 (辆) Number (unit)	客位 (客位) Number of Seats (seat)	载货汽车 Trucks 辆数 (辆) Number (unit)	#普通载货汽车 Ordinary Trucks	吨位 (吨) Capacity (ton)	#普通载货汽车 Ordinary Trucks
2000	195800	41083	634782	154717	152711	574050	560603
2005	265746	43515	691381	222231	215938	917083	861406
2008	396461	81956	985120	314505	301548	1662018	1515155
2009	454224	86344	1054876	367880	349971	2089256	1892368
2010	472861	36815	868682	436046	417858	2723868	2504762
2011	551229	37683	908227	513546	496083	3366246	3121167
2012	647425	38143	946386	609282	585617	4318585	4015249
2013	695637	34410	897033	661227	550291	4727364	4182303
2014	723137	33528	896263	689609	570989	5194403	4606239
2015	669790	29429	833188	640361	497353	5185429	4436908
2016	685228	29224	825011	656004	447396	5898712	2904883

注：不包含出租车、公交车（下表同）。
a) Not including taxi, bus (the same the following table)。

15—17 各市公路营运汽车拥有量（2016年）
Possession of Vehicles for Highway Business Transportation by Region (2016)

地区	Region	汽车总计 (辆) Total Number (unit)	载客汽车 Passenger Car 辆数 (辆) Number (unit)	客位 (客位) Number of Seats (seat)	载货汽车 Trucks 辆数 (辆) Number (unit)	#普通载货汽车 Ordinary Trucks	吨位 (吨) Capacity (ton)	#普通载货汽车 Ordinary Trucks
总计	**Total**	**685228**	**29224**	**825011**	**656004**	**447396**	**5898712**	**2904883**
合肥市	Hefei	98953	3856	127057	95097	69409	595532	301991
淮北市	Huaibei	29863	664	23950	29199	18066	369123	185070
亳州市	Bozhou	74289	2263	56381	72026	49951	602609	400422
宿州市	Suzhou	52549	1815	56201	50734	37577	550946	278226
蚌埠市	Bengbu	47502	1073	35699	46429	23306	526088	194872
阜阳市	Fuyang	116119	3414	88696	112705	71167	1074710	532829
淮南市	Huainan	28517	1851	42862	26666	18333	215465	90871
滁州市	Chuzhou	44253	1838	61073	42415	21590	542120	175099
六安市	Luan	64607	2426	71569	62181	46526	442604	251364
马鞍山市	Maanshan	16695	1210	30032	15485	11351	136734	80481
芜湖市	Wuhu	17555	1215	41925	16340	11722	156963	84752
宣城市	Xuancheng	20123	1496	38118	18627	12082	226185	96054
铜陵市	Tongling	8638	932	22146	7706	6601	60350	41311
池州市	Chizhou	10055	625	19952	9430	7381	68413	43666
安庆市	Anqing	45674	3073	64807	42601	38267	203754	116024
黄山市	Huangshan	9836	1473	44543	8363	4067	127116	31851

15—18 各市民用运输船舶拥有量（2016年）
Number of Civil Transport Vessels Owned by Region (2016)

地区	Region	总艘数（艘）Total Number (unit)	机动船 Motor Vessels 艘数（艘）Number (unit)	净载重量（吨）Dead Weight Tonnage (ton)	载客量（客位）Passenger Capacity (seat)	功率（千瓦）Drawing Power (km)	驳船 Barges 艘数（艘）Number (unit)	净载重量（吨）Dead Weight Tonnage (ton)
总计	**Total**	**28847**	**27580**	**46362858**	**14396**	**10839169**	**1267**	**608964**
合肥市	Hefei	2135	2123	2135352	1602	564578	12	7255
淮北市	Huaibei	154	153	67362		28219	1	400
亳州市	Bozhou	1682	1608	1747365		522803	74	33443
宿州市	Suzhou	527	521	412537		137917	6	2730
蚌埠市	Bengbu	3957	3826	5919664		1503702	131	58799
阜阳市	Fuyang	3467	2991	7784445		1488979	476	208243
淮南市	Huainan	2171	1690	2818675		664119	481	234475
滁州市	Chuzhou	1443	1433	815589		283525	10	5830
六安市	Luan	1843	1818	3871060	2272	721313	25	13264
马鞍山市	Maanshan	1717	1707	2868504		719872	10	3000
芜湖市	Wuhu	4317	4290	7926642	430	1928531	27	22925
宣城市	Xuancheng	2086	2086	3877203	650	890112		
铜陵市	Tongling	638	638	1222384		279677		
池州市	Chizhou	1092	1092	2630080		520737		
安庆市	Anqing	1451	1437	2234527	3933	565438	14	18600
黄山市	Huangshan	167	167	31469	5509	19647		

15—19 各市私人运输船舶拥有量（2016年）
Number of Private-owned Transport Vessels Owned by Region (2016)

地区	Region	总艘数（艘）Total Number (unit)	机动船 Motor Vessels 艘数（艘）Number (unit)	净载重量（吨）Dead Weight Tonnage (ton)	载客量（客位）Passenger Capacity (seat)	功率（千瓦）Drawing Power (km)
总计	**Total**	**2054**	**2054**	**1039142**		**399437**
合肥市	Hefei	651	651	338395		113675
淮北市	Huaibei	18	18	9385		3527
亳州市	Bozhou					
宿州市	Suzhou					
蚌埠市	Bengbu					
阜阳市	Fuyang					
淮南市	Huainan					
滁州市	Chuzhou	54	54	26710		10763
六安市	Luan					
马鞍山市	Maanshan	175	175	87672		31277
芜湖市	Wuhu					
宣城市	Xuancheng	1047	1047	525854		222841
铜陵市	Tongling	12	12	6805		2703
池州市	Chizhou	68	68	41071		12439
安庆市	Anqing					
黄山市	Huangshan	29	29	3250		2212

15—20 全省机场运输业务量（2016年）
Traffic Capacity of Airports (2016)

指　标	Item	运输起降架次（次）Number of Sorties of Taking-off and Landing	旅　客（人）Number of Passengers (person)	货邮合计（吨）Goods and Postal Parcels (ton)
总　计	**Total**	**81896**	**9128858**	**62494**
国内航线	Domestic Routes	75807	8575486	60818
港澳台航线	Hong Kong, Macao and Taiwan Routes	1475	170766	736
国际航线	International Routes	4614	382606	940
进　港	Arrival	40952	4110244	28283
国内航线	Domestic Routes	38646	3832728	27599
港澳台航线	Hong Kong, Macao and Taiwan Routes	738	87485	484
国际航线	International Routes	2306	190031	200
出　港	Departure	40944	5018614	34211
国内航线	Domestic Routes	38636	4742758	33219
港澳台航线	Hong Kong, Macao and Taiwan Routes	737	83281	252
国际航线	International Routes	2308	192575	740

注：货邮吞吐量不包括行李，2007以前年度包含行李。
a) Do not include baggage, goods or throughput of 2007 previous year includes luggage.

15—21 民航机场吞吐量（2016年）
Volume of Passenger and Freight Handled in Civil Airports (2016)

项　目	Item	旅客吞吐量（人）Passenger Handled (person)	#发　运　量 Delivered	货物吞吐量（吨）Cargo Handled (ton)	#发　运　量 Delivered
合　计	**Total**	**9128858**	**5018614**	**62493.5**	**34211.3**
合肥机场	Hefei Airport	7391998	3985448	58096.7	30840.7
黄山机场	Huangshan Airport	604911	347551	2067.0	1544.8
安庆机场	Anqing Airport	325685	219100	1418.3	1312.4
阜阳机场	Fuyang Airport	450308	225650	547.2	329.0
池州机场	Chizhou Airport	355956	240865	364.3	184.4

15—22 东航（安徽公司）基本情况
Basic Statistics on Anhui Branch of the Eastern Air Lines, Inc.

指　标		Item		2000	2005	2010	2015	2016
定期航班航线条数	（条）	Number of Civil Aviation Routes	(unit)	64	63	57	65	64
#国内航线		Domestic Routes		59	57	53	59	56
定期航班线里程	（公里）	Length of Civil Aviation Routes	(km)	60553	72263	76303	103676	102406
#国内航线		Domestic Routes		54017	60647	69728	88373	82527
民用航班飞行机场	（个）	Number of Civil Airports	(unit)	34	45	50	51	48
民用飞机架数	（架）	Number of Civil Aircraft	(unit)	13	11	7	15	16
客运量	（万人）	Passenger Traffic	(10000 person)	153.45	214.05	208.17	297.13	340.86
旅客周转量	（万人公里）	Passenger-kilometers	(10000 passenger-km)	150447.8	238451.4	242408.1	399928.8	463976.0
货（邮）运量	（吨）	Freight Traffic	(ton)	15653.9	29753.4	21814.2	22896.5	24233.8
货（邮）周转量	（万吨公里）	Freight Ton-kilometers	(10000 ton-km)	1628.29	3661.38	2668.88	3130.38	3219.95
总周转量	（万吨公里）	Total Air Traffic Ton-kilometers	(10000 ton-km)	15071.24	24977.00	24248.62	38569.34	44261.72
#国际航线		International Routes		866.63	1584.94	145.12	3320.70	4952.48
国内航线		Domestic Routes		14204.61	23392.06	24103.50	35248.64	39309.24

15—23 邮 电 业 务 基 本 情 况
Basic Statistics of Postal and Telecommunications Services

指　　标	Item	2000	2005	2010	2015	2016
邮电业务总量　(万元)	**Business Volume of Postal and Telecommunications Services (10000 yuan)**	**1201398**	**2840149**	**3003244**	**7400263**	**11527847**
函　件　(万件)	Number of Letters (10000 pcs)	19270	21141	21121	8391	6062
国内普通包裹　(万件)	Domestic ordinary parcel (10000 pcs)	356	253	151	76	68
快　递　(万件)	Pieces of Express Mail Services (10000 pcs)	310	506	1303	2991	68878
报刊期发数　(万份)	Issue of Newspapers and Magazines (10000 copies)	930	738	602	597	528
固定长途电话通话时长　(亿分钟)	Length of Long-distance Calls of Fixed Telephone (100 million minutes)			24.8	24.4	10.1
移动短信业务量　(万条)	Mobile Short Note Business Volume (10000 unit)		860595	3150048	1774145	1349770
固定互联网宽带接入用户　(万户)	Internet Wide Band Turning on Users (10000 households)			342.02	887.94	1075.04
移动电话年末用户　(万户)	Number of Mobile Telephone Subsecribers at Year-end (10000 subscribers)		1046.90	2798.70	4232.61	4342.98
#4G移动电话用户	4G Mobile Phone Subscribers				1253.74	2547.80
3G移动电话用户	3G Mobile Phone Subscribers			119.14	1211.51	545.66
固定电话年末用户　(万户)	Number of Fixed Telephone Subsecribers at Year-end (10000 subscribers)	483.82	1349.52	1230.97	739.43	613.80
城　市	Urban	272.99	680.02	612.89	505.34	431.90
#住　宅	Household		501.76	388.29	260.36	229.36
农　村	Rural	210.83	669.50	618.08	234.09	181.88
#住　宅	Household		642.14	561.73	197.90	149.82
邮路及农村投递路线总长度　(公里)	Length of Postal Routes and Rural Delivery Routes (km)	205887	206287	196442	194231	203225
#汽车邮路	Highway Routes	30061	51111	41321	44152	60144
铁路邮路	Railway Routes	2320	1725	2434	1109	1109
长途光缆纤芯长度（芯公里）	Length of Long-distance Optical Cable Core(core kilometer)			713011	909738	1018085
长途电话交换机容量（路端）	Capacity of Long-distance Telephone Exchanges (circuit)	185549	350538	716701	90420	53670
本地固定电话局用交换机容量　(万门)	Capacity of Local Telephone C.O. Switches Capacity (10000 lines)	717.05	1611.67	1214.90	633.98	223.26

15—24 各市邮电业务量（2016年）
Post and Telecommunication Services by Region (2016)

地区	Region	邮电业务总量（万元）Business Volume of Post and Telecommunications (10000 yuan)	邮政业务总量 Business Volume of Post	电信业务总量 Business Volume of Telecommunications	函件（万件）Number of Letters (10000 pcs)	快递（万件）Pieces of Express Mail Services (10000 pcs)	报刊期发数（万份）Newspapers and Magazines Circulation (10000 copies)	国内普通包裹（万件）Domestic Ordinary Parcel (10000 pcs)
总计	**Total**	**11527846.88**	**535444.13**	**10992402.75**	**6062.16**	**68878.26**	**528.46**	**68.38**
合肥市	Hefei	2602329.06	77364.70	2524964.36	2790.13	30324.15	69.55	24.92
淮北市	Huaibei	379396.29	15623.26	363773.03	177.92	788.84	19.31	1.97
亳州市	Bozhou	710764.06	35522.12	675241.94	88.26	2729.64	23.65	2.13
宿州市	Suzhou	820496.31	45231.95	775264.36	172.19	2049.07	27.77	3.48
蚌埠市	Bengbu	635099.05	24443.05	610656.00	241.04	4561.79	24.42	2.93
阜阳市	Fuyang	1182748.75	65701.72	1117047.03	193.38	3046.37	50.67	4.29
淮南市	Huainan	526971.06	32502.46	494468.60	84.86	1053.46	25.53	2.80
滁州市	Chuzhou	708485.25	26491.94	681993.31	326.41	3047.30	32.88	3.87
六安市	Luan	707642.94	29224.93	678418.01	150.09	2476.56	58.78	1.41
马鞍山市	Maanshan	483623.22	18348.46	465274.76	546.72	1486.04	23.87	2.15
芜湖市	Wuhu	856358.94	39481.33	816877.61	509.61	8541.06	30.95	6.76
宣城市	Xuancheng	460695.43	19074.17	441621.26	86.41	2354.41	35.58	3.54
铜陵市	Tongling	238698.63	31977.27	206721.36	79.85	826.33	15.11	1.57
池州市	Chizhou	250066.40	16596.03	233470.37	109.50	627.90	23.20	1.03
安庆市	Anqing	678472.10	44258.07	634214.03	406.71	3245.10	47.96	3.16
黄山市	Huangshan	265193.28	13602.67	251590.61	99.09	1720.23	19.23	2.37
其他	Others	20806.11		20806.11				

地区	Region	固定互联网宽带接入用户（万户）Internet Wide Band Turning on Users (10000 subscriber)	移动电话年末用户（万户）Number of Mobile Telephone Subscribers (10000 subscriber)	4G移动电话用户 4G Mobile Phone Subscribers	固定电话年末用户（万户）Year-end Installed Telephones (10000 subscriber)	城市 Urban	农村 Rural	公用电话（万部）Public Telephone (10000 unit)
总计	**Total**	**1075.03**	**4342.98**	**2547.80**	**613.80**	**431.92**	**181.88**	**36.64**
合肥市	Hefei	217.46	798.93	513.85	134.59	118.86	15.72	9.75
淮北市	Huaibei	41.50	151.50	91.53	20.52	18.25	13.17	2.38
亳州市	Bozhou	54.45	292.68	162.36	23.61	16.70	7.39	1.65
宿州市	Suzhou	69.40	356.05	196.32	30.61	19.23	1.45	1.25
蚌埠市	Bengbu	56.86	236.52	140.50	34.30	37.70	8.06	3.11
阜阳市	Fuyang	98.40	464.40	268.31	43.92	27.04	24.14	2.17
淮南市	Huainan	58.42	216.15	125.73	29.35	24.93	4.42	3.06
滁州市	Chuzhou	70.29	286.50	163.05	39.84	22.91	20.02	2.40
六安市	Luan	57.53	278.52	155.56	34.16	17.71	12.68	0.90
马鞍山市	Maanshan	52.04	174.53	99.11	31.89	26.89	4.99	1.04
芜湖市	Wuhu	84.78	297.09	176.76	46.41	25.88	9.07	2.08
宣城市	Xuancheng	51.83	203.26	114.80	30.01	15.47	18.31	0.34
铜陵市	Tongling	31.25	103.37	56.29	20.14	11.89	11.34	1.92
池州市	Chizhou	28.20	105.50	59.78	18.62	9.58	9.05	0.60
安庆市	Anqing	73.97	273.40	161.18	51.65	16.64	4.54	0.94
黄山市	Huangshan	28.65	104.60	62.68	24.20	22.26	17.54	3.03
其他	Others							

15—25 邮电局所数及邮递线路（年底数）
Postal and Telecommunication Services Facilities (year-end)

单位：处（unit）

年份 Year	邮政信筒信箱 Postal Mailbox	邮路总长度（公里）Length of Postal Routes (km)	#汽车邮路 Highway Routes	铁路邮路 Railway Routes	农村投递线路（公里）Rural Delivery Routes (km)
2000	6333	63445	30061	2320	142442
2005	6378	70599	51111	1725	135688
2008	6112	88337	47466	1929	141632
2009	6736	86463	50607	2485	150570
2010	6693	45541	41321	2434	150902
2011	4554	55668	52939	2292	132819
2012	3961	188698	43722	2355	133560
2013	4641	48523	45995	2355	144838
2014	3704	46185	44960	1110	151640
2015	2401	45393	44152	1109	148838
2016	2511	61376	60144	1109	141849

注：由于邮政系统调整，2010年、2012年的邮路总长度与往年口径不同，不具可比性。

a) As the postal system adjustment, the caliber of Length of postal routes in 2010,2012 and previous years were different, did not have the commeasurability.

15—26 各市邮电局所数及邮递线路（2016年）
Postal and Telecommunication Services Facilities by Region (2016)

单位：处（unit）

地区	Region	邮政局所 Number of Post and Telecommunications Offices	邮政信筒信箱 Postal Mailbox	邮路总长度（公里）Length of Postal Routes (km)	#汽车邮路 Highway Routes	铁路邮路 Railway Routes	农村投递线路（公里）Rural Delivery Routes (km)
总计	**Total**	**1936**	**2511**	**61376**	**60144**	**1109**	**141849**
合肥市	Hefei	187	354	26244	25135	1109	13105
淮北市	Huaibei	47	61	607	577		3518
亳州市	Bozhou	102	37	2188	2188		14451
宿州市	Suzhou	125	243	1901	1901		19808
蚌埠市	Bengbu	89	84	4549	4549		7413
阜阳市	Fuyang	196	182	3539	3539		10862
淮南市	Huainan	160	94	747	747		5314
滁州市	Chuzhou	164	179	1781	1781		10097
六安市	Luan	134	71	3621	3621		7705
马鞍山市	Maanshan	69	69	1322	1322		3882
芜湖市	Wuhu	98	208	5292	5292		2746
宣城市	Xuancheng	126	210	2350	2350		8861
铜陵市	Tongling	94	84	1105	1095		4470
池州市	Chizhou	72	145	1436	1431		7260
安庆市	Anqing	150	353	2844	2791		12572
黄山市	Huangshan	123	137	1852	1827		9788

15—27 各市邮电通信线路
Telecommunication Facilities by Region

地 区	Region	长途光缆纤芯长度（芯公里）Length of Long-distance Optical Cable Core		本地网中继光缆纤芯长度（芯公里）Length of Local relaying Optical Cable Core	
		2015	2016	2015	2016
总 计	**Total**	**909738**	**1018085**	**8094297**	**10309998**
合肥市	Hefei	115448	152593	1894706	2511576
淮北市	Huaibei	14270	14270	245698	271059
亳州市	Bozhou	22403	22403	359145	266398
宿州市	Suzhou	43277	43277	291981	245200
蚌埠市	Bengbu	46901	46901	438551	618771
阜阳市	Fuyang	30754	30754	333343	336872
淮南市	Huainan	20422	23803	277691	541023
滁州市	Chuzhou	68655	68655	842868	994868
六安市	Luan	62342	65517	699179	904501
马鞍山市	Maanshan	14660	39657	392063	571175
芜湖市	Wuhu	28835	28835	393248	508014
宣城市	Xuancheng	36908	36908	354964	459936
铜陵市	Tongling	13381	24328	203693	345222
池州市	Chizhou	26271	39348	434183	629295
安庆市	Anqing	89822	93793	416014	425033
黄山市	Huangshan	21822	33345	516968	681055
其 他	Others	253567	253698		

15—28 各市邮电通信设备年末拥有量（2016年）
Telecommunication Facilities at Year-end by Region (2016)

地 区	Region	接入网光缆线纤芯长度（芯公里）Length of Access Network Optical Cable Core	本地固定电话局用交换机容量（门）Capacity of Local Telephone C.O. Switches (line)	#接入设备网容量 Capacity of Connected Equipment	用户交换机容量（门）Capacity of Exchanges Owned by Users (line)
总 计	**Total**	**15042548**	**2232648**	**1158186**	**86328**
合肥市	Hefei	2431259	442748	213980	24097
淮北市	Huaibei	812326	138977	62703	2769
亳州市	Bozhou	677378	93793	43533	6708
宿州市	Suzhou	397404	75781	28351	1958
蚌埠市	Bengbu	1119471	156456	78952	3457
阜阳市	Fuyang	979632	204775	102350	4052
淮南市	Huainan	561337	60350	36770	1520
滁州市	Chuzhou	1053459	214630	82864	3563
六安市	Luan	1111013	78943	58344	11993
马鞍山市	Maanshan	642357	73967	64796	4997
芜湖市	Wuhu	1095708	223922	47840	9172
宣城市	Xuancheng	1125667	134313	107173	1616
铜陵市	Tongling	1241779	72464	37765	1175
池州市	Chizhou	464683	44479	64287	3097
安庆市	Anqing	437728	121282	89438	2728
黄山市	Huangshan	891347	95768	39040	3426

注：1．接入设备网容量，指标口径调整，与上年不具可比性。
　　2．安徽通信行业新行政区划口径调整预计于2016年7月底完成，以上数据口径均为新行政区划调整前。
a) Access devices network capacity, rate adjustment, are not comparable with that of last year.
b) Communications industry in anhui new administrative caliber adjustment is expected to be completed at the end of July 2016, the above data data caliber are for the new administrative division adjustment before.

主要统计指标解释

铁路营业里程

又称营业长度（包括正式营业和临时营业里程），指办理客货运输业务的铁路正线总长度。凡是全线或部分建成双线及以上的线路，以第一线的实际长度计算；复线、站线、段管线、岔线和特殊用途线以及不计算运费的联络线都不计算营业里程。铁路营业里程是反映铁路运输业基础设施发展水平的重要指标，也是计算客货周转量、运输密度和机车车辆运用效率等指标的基础资料。

公路里程

是指凡达到交通部《公路工程技术标准》规定的技术等级公路，并经公路主管部门正式验收交付使用的里程。包括大中城市的郊区公路以及通过城镇街道的里程和桥梁、隧道、渡口的长度，不包括大中城市的街道、厂矿、林区生产用道和农业生产用道的里程。两条或多条公路共同经由同一路段，只计算一次，不得重复计算里程长度。按公路技术等级分：等级公路里程和等外公路里程，等级公路里程可分为高速公路、一级公路、二级公路、三级公路、四级公路里程。

内河航道里程

是指凡能通航机动船、木帆船以及运输排筏（指利用排筏经营运输），其枯水期水深在0.3米及以上的天然河流、人工河渠、湖泊、水库航道里程。不包括仅供放流木材的河道。湖泊、水库航道里程（库区航道）按固定航线计算。两省以河为界的航道里程，双方均按一半计算，以免重复。

民用航空航线里程

指民用运输班机飞行的航线长度。航线长度指机场之间的距离。航空航线里程以年末到达数为准，因气候关系不能全年通航的航线，按年末情况统计，如果年末能继续通航则计入总长度，否则应扣除不计。计算航线里程可按重复和不重复两种方法，前者是指各航线相加的总和，后者则要扣除各航线之间的重复区段计算。

货（客）运量

指在一定时期内，各种运输工具实际运送的货物（旅客）数量。它是反映运输业为国民经济和人民生活服务的数量指标，也是制定和检查运输生产计划、研究运输发展规模和速度的重要指标。货运按吨计算，客运按人计算。货物不论运输距离长短、货物类别，均按实际重量统计。旅客不论行程远近或票价多少，均按一人一次客运量统计；半价票、小孩票也按一人统计。

货物（旅客）周转量

指在一定时期内，由各种运输工具运送的货物（旅客）数量与其相应运输距离的乘积之总和。它是反映运输业生产总成果的重要指标，也是编制和检查运输生产计划，计算运输效率、劳动生产率以及核算运输单位成本的主要基础资料。计算货物周转量通常按发出站与到达站之间的最短距离，也就是计费距离计算。计算公式为：

货物（旅客）周转量＝Σ货物（旅客）运输量×运输距离。

民用汽车拥有量

指报告期末，在公安交通管理部门按照《机动车注册登记工作规范》，已注册登记领有民用车辆牌照的全部汽车数量。汽车拥有量统计的主要分类：根据汽车结构分为载客汽车、载货汽车及其他汽车；根据汽车所有者不同分为个人（私人）汽车、单位汽车；根据汽车的使用性质分为营运汽车、非营运汽车；根据汽车大小规格不同载客汽车分为大型、中型、小型和微型，载货汽车分为重型、中型、轻型和微型。

邮电业务总量（又称通信业务总量）

是以货币形式表现的通信企业为社会提供各类通信服务的总和。是用于观察通信业务发展变化总趋势的综合性总量指标。根据专业性质分为邮政业务总量和电信业务总量。电信业务总量又可细分为本地网通信业务总量、长途通信业务总量、移动通信业务总量、数据通信业务总量、电报业务总量等。按通信范围可分为：国内通信业务总量、国际及港澳台通信业务总量。计算公式为：

邮电业务总量＝Σ（各类通信业务量×不变单价）+出租代维及其他业务收入

＝邮政业务总量+电信业务总量

邮政业务总量＝Σ（各类邮政业务量×不变单价）+邮政出租代维及其他业务收入

电信业务总量＝Σ（各类电信业务量×不变单价）+电信出租代维及其他业务收入

移动电话用户

指通过移动电话交换机进入移动电话网、占用移动电话号码的电话用户。用户数量以报告期末在移动电话营业部门实际办理登记手续进入移动电话网的户数进行计算，一部移动电话统计为一户。计量单位：户。

电话用户

指接入国家公众固定电话网，并按固定电话业务进行经营管理的电话用户。1997年以前，电话用户分为市内电话用户和农村电话用户。“市内电话用户”是指接入县城及县以上城市的电话网上的电话用户；“农村电话用户”是指接入县邮电局农话台及县以下农村电话交换点，以县城为中心（除市话用户外）联通县、乡（镇）、行政村、村民小组的用户。从1997年起，电话用户数分组调整为以用户所在区域划分为“城市电话用户”和“乡村电话用户”，与过去的按市内电话和农村电话划分方法不同。而电话用户总数、电话机总部数统计范围不变。

住宅电话用户

指安装在居民住宅或农民家里并按照住宅电话用户登记注册和收费的电话用户。包括私人付费、单位付费和按规定免费安装的住宅电话用户。

Explanatory Notes for Major Statistical Indicators

Length of Railways in Operation

refers to the total length of the trunk line under passenger and freight transportation (including both full operation and temporary operation). The calculation is based on the actual length of the first line even if this line has a full or partial double track or more tracks, excluding double tracks, station sidings, tracks under the charge of stations, branch lines, special-purpose lines and the non-payable connecting lines. The length of railways in operation is an important indicator to show the development of the infrastructure for the railway transport, and also the essential data to calculate volume of passenger freight transport, traffic density and utilization efficiency of the locomotives and carriages.

Length of Highways

refers to the length of highways which are built in conformity with the grades specified by the (Highway Engineering Standard) formulated by the Ministry of Communications, and have been formally checked and accepted by the departments of highways and put into use. The length of highways includes that of the suburb highways at large and medium-sized cities, highways passing through streets at small cities and towns, and also the length of bridges and ferries. It does not include the length of streets in big and medium-sized cities and highways built for the production purpose at factories, mines, forest areas and agricultural areas. If two or more highways go the same section of the way, the length of the section is only calculated for once and no duplication is allowed. They could be classified by technical level into class highway and substandard highways. Class highway includes express-way and first class, second class, third class and forth class highway.

Length of Navigable Inland Waterways

refers to the length of the natural rivers, artificial rivers and canals, lakes, and reservoirs open to navigation that deep in 0.3 meters and above in dry season, which enables the transport by motor vessel, wooden sailing boats and rafts (using rafts to transport), excluding river courses which are only used to float odd logs. If two provinces take river as circle, the length of section is only calculated half to both sides, so as not to repeat.

Length of Civil Aviation Routes

refers to the length of all routes for regular civil aviation flights and it is usually the distance between airports. The length is calculated at the end of the year as the standard. The lines that can't open all through the year because of the weather are calculated at the end of the year. If it could continue and open at the end of the year, it should be calculated, otherwise it should be deducted and disregarded. There are usually two ways to calculate the length: duplicated calculation and unduplicated calculation. The former is to put the length of all air routes together, and the later is not to allow the duplication in calculation.

Freight (Passenger) Traffic

refers to the volume of freight (passenger) transported with various means. Freight transport is calculated in tons and passenger traffic is calculated in the number of persons. Despite the type of freight and traveling distance, the freight transport is calculated in the actual weight of the goods: and despite the traveling distance and ticket price, the passenger traffic is calculated by the principle that one person can be counted only once in one travel. The passenger who travels with a half price ticket or a child ticket is also calculated as one person. The freight (passenger) traffic provides a quantitative measure to show how the transport industry serves the national economy and people, and is also an important indicator for planning the transport industry and for studying the development scale and speed of the transport industry.

Freight Ton-kilometers (Passenger-kilometers)

refer to the sum of the products of the volume of transported cargo (passengers) multiplying by the transport distance, usually using ton-kilometer and passenger-kilometer as units for measurement. Normally, the shortest distance between the departure station and the destination station (i.e., the payable distance) is the basis to calculate the freight ton-kilometers. This is an important indicator to show the total results of the transport industry, to prepare and examine the transport plan and to measure the efficiency, the labour productivity and the unit cost of transport. The formula is as follows:

Freight Ton-kilometers (Passenger-kilometers) =∑ {Freight (Passenger) Traffic × Distance of Transportation}

Measuring unit: ton-kilometer (person-kilometer)

Possession of Civil Motor Vehicles

refer to the total numbers of vehicles that are registered and received vehicles license tags according to the Work Standard for Motor Vehicles Registration formulated by the Transport Management Office under the department of public security at the end of the reference period. They are divided into categories. According to the structure of motor vehicles, they are divided into passenger vehicles, trucks and others; according to ownership into private vehicles and vehicles for the unit's use; according to kind of usage into working vehicles and non-working vehicles; and according to size of vehicles into large passenger vehicles, medium-sized passenger vehicles, small passenger vehicles and mini passenger vehicles, heavy trucks, light-heavy trucks, light trucks and mini-trucks.

Business Volume of Post and Telecommunications (Also called Business Volume of Communications)

refers to the total amount of communications services, expressed in currency terms, provided by communications enterprises for the society. It is a comprehensive indicator reflects the total trend of communication service. It could be divided into business volume of post and telecommunication by type and business volume of telecommunication includes business volume of local network, long-distance, mobile communication, digital communication and telegram. It could be divided into domestic, international and business volume of Hong Kong, Macao and Taiwan by the coverage. The formula is as follows:

Business Volume of Post and Telecommunications = Σ (Transaction of Communication Service × Constant Price) + Income from Leasing Maintenance and other Services

= Business Volume of Postal Services + Business Volume of Telecommunication Services

Business Volume of Postal Services =Σ (Transaction of Postal Service × Constant Price) + Income from Leasing, Maintenance and other Services

Business Volume of Telecommunication Services = Σ (Transaction of Telecommunication Service × Constant Price) + Income from Leasing, Maintenance and other Services

Mobile Telephone Subscribers

refer to the persons who own mobile telephone number connected with the mobile telephone communication network and have registered in mobile communication enterprises. The number of subscribers is calculated only when the subscribers who have gone through all the register formalities and entered into the mobile telephone network at the end of the report. One mobile telephone is treated as a subscriber.

Telephone Subscribers

refer to subscribers that are connected to the public line telephone network provided with telephone services. Before 1997, telephone subscribers were classified as city subscribers and village subscribers. City subscribers referred to those connected to city telephone networks in county towns and cities, while village subscribers referred to those connected to village telephone stations at and below counties. Since 1997, the classification of telephone subscribers was modified on the basis of physical location of the subscribers as "urban telephone subscribers" and "rural telephone subscribers", which is different from the previous classification of categorizing "local telephones" and "rural telephones", while the definition of total subscribers and total number of telephones remain unchanged.

Household Telephone Subscribers

refer to telephone sets installed in the dwelling units of residents or peasant families and registered and charged according to house telephone subscribers. They included three types of payment for the service: private payment, unit payment and free installing service.

第十六篇

Chapter 16

国内贸易

DOMESTIC TRADE

简要说明

一、本篇资料反映我省国内市场发展情况和批发零售业、餐饮业和住宿业商品经营情况。主要内容有批发零售业商品流通，限额以上批发零售企业、住宿餐饮企业财务状况，社会消费品零售总额、亿元商品交易市场成交情况等。

二、本篇资料是根据国家统计局的批发零售、住宿餐饮业统计报表制度进行搜集和加工整理。

本资料的调查范围：财务状况报表为各种经济类型的限额以上批发和零售业法人企业、住宿和餐饮业法人企业。社会消费品零售总额报表为有零售业务的各种经济类型的企业、行政事业单位。以上统计报表从基层起报，自下而上逐级综合上报，主要采取全面调查方法，局部资料有的以抽样调查推断，有的利用工商、税务等部门的有关资料推算。

三、限额以上批发和零售业、住宿和餐饮业统计限额标准：批发业：年主营业务收入在 2000 万元及以上；零售业：年主营业务收入在 500 万元及以上；住宿业：年主营业务收入在 200 万元及以上；餐饮业：年主营业务收入在 200 万元及以上。

Brief Introduction

I. This data reflect the situation of our province in the domestic market development and wholesale and retail, restaurant and hotel industry commodity business. Main contents are wholesale and retail commodity circulation, limitation above wholesale and retail enterprise, accommodation catering enterprises financial situation, total retail sales of social consumer goods, commodities trading market clinch a deal for $one hundred million.

II. Data in this chapter are collected and processed in accordance with the statistical reporting scheme on wholesale and retail sale trades as well as accommodation industry, catering trade, stipulated by the National Bureau of Statistics.

Statistical coverage: Statistics on financial conditions include all corporate enterprises of wholesale, retail, catering trade above the designated size and star size accommodation. Statistics on retail sales of consumer goods include all enterprises, institutional units and peasants engaged in retail sale business. The method used in data collection is a complete enumeration, under which all units are covered in the survey and data are reported from lower to higher level statistical offices. For local data, sample surveys are used, and in some cases, administrative registers from industrial and commercial administration and taxation administration are used in the estimation.

III. Criteria for wholesale and retail sale trades, hotels and catering services above designated size are as follows: wholesale trade, having 20 or more employees at year-end with annual sales over 20 million yuan; retail trade, having 60 or more employees at year-end with annual sales over 5 million yuan; hotels, certified hotels with star-ranking; catering services, having 40 or more employees with annual income over 2 million yuan.

16—1 国内贸易基本情况
Basic Conditions of Domestic Trade

指　　标	Item	2000	2005	2010	2015	2016
法人机构　（个）	**Number of Corporation Unit (unit)**					
批发零售业	Engaged in Wholesale and Retail Trades	651	815	2449	6530	6923
住宿餐饮业	Accommodation and Catering Trade	15	460	1021	1780	1791
从业人员　（万人）	**Persons Engaged (10000 persons)**					
批发零售业	Engaged in Wholesale and Retail Trades	13.2	12.8	26.2	37.5	37.6
住宿餐饮业	Accommodation and Catering Trade	0.6	5.3	10.2	12.6	12.5
批发零售贸易业　（亿元）	**Wholesale and Retail Trade (100 million yuan)**					
商品购进总额	Total Purchases	1901.1	1513.1	4653.0	8389.5	9385.7
商品销售总额	Total Sale	1764.0	1615.5	5144.1	9454.9	10682.8
商品库存总额	Total Inventory	393.8	116.2	397.5	757.1	811.5
社会消费品零售总额（亿元）	**Total Retail Sales of Consumer Goods (100 million yuan)**	**1077.8**	**1776.7**	**4300.5**	**8908.0**	**10000.2**
按销售单位所在地分	By Location of Establishments					
城　镇	Urban			3605.9	7188.3	8064.7
#城　区	City			2436.6	4953.5	5524.3
乡　村	Rural			694.6	1719.8	1935.5
按消费形态分	Grouped by consumption patterns					
餐饮收入	Catering income			527.9	995.9	1086.0
商品零售	Commodity retail			3772.6	7912.1	8914.2

注：1．2000年及以后法人机构和从业人员为限额以上企业；住宿业从2005年纳入统计范围。
2．2005年及以后的商品购进总额、销售总额、库存总额为限额以上口径，2000年为全社会口径。
3．2005年社会消费品零售总额是根据第二次经济普查结果重新调整后的数据。
4．2010-2014年社会消费品零售总额是根据第三次经济普查结果重新调整后的数据。
5．2010年起，社会消费品零售总额分组调整为“按销售单位所在地分”、“按消费形态分”。

a) In 2000 years and after that ,the legal institutions and practitioners were above limit the enterprise; accommodation industry was in the statistical range from 2005.
b) In 2005 years and after that , total purchase and sales of goods,, total inventory were Above limit caliber, in 2000 was the whole society.
c) In 2005 , total retail sales of social consumer goods was based on the results of the second economic census to readjust the data.
d) From 2010-2014 ,total retail sales of social consumer goods was based on the results of the third economic census to readjust the data.
e) From 2010 , Groups of the total retail sales of social consumer goods was adjusted to be "the location of the unit where the unit it is , "consumption patterns".

16—2 限额以上批发零售、住宿餐饮业基本情况（2016年，按登记注册类型分）

Basic Conditions of Enterprises Above Designated Size in Wholesale and Retail Sale and Catering Trade by Registration (2016)

指　标	Item	法人企业（个）Number of Corporation Enterprises (unit)	从业人数（人）Engaged Persons (person)
总　计	**Total**	**8714**	**501441**
批发业合计	**Wholesale Trade**	**2265**	**122209**
国有控股	State-holding Enterprises	228	37579
内　资	Domestic-funded	2248	116424
国　有	State-owned	46	10919
集　体	Collective-owned	11	614
股份合作	Cooperative	4	225
联　营	Joint Ownership	1	17
有限责任公司	Limited Liability Corporations	815	40790
股份有限公司	Share-holding Corporations Ltd.	59	18160
私　营	Private	1291	44676
其　他	Other	21	1023
港澳台商投资	With Investment from Hong Kong, Macao and Taiwan	5	1682
合资经营	Joint-venture	1	6
独资经营	With Sole Fund	4	1676
外商投资	With Foreign Investment	12	4103
中外合资经营	Joint-venture	2	73
外　资	Solely Foreign Funded	7	3846
外商投资有限公司	Foreign Investment Corporations Ltd.	2	168
零售业合计	**Retail Trade**	**4658**	**253897**
国有控股	State-holding Enterprises	175	27640
内　资	Domestic-funded	4584	232519
国　有	State-owned	19	2300
集　体	Collective-owned	23	650
股份合作	Cooperative	5	190
联　营	Joint Ownership	2	41
有限责任公司	Limited Liability Corporations	1415	94084
股份有限公司	Share-holding Corporations Ltd.	109	22946
私　营	Private	2984	111464
其　他	Other	27	844
港澳台商投资	With Investment from Hong Kong, Macao and Taiwan	49	14486
合资经营	Joint-venture	8	4623
独资经营	With Sole Fund	39	9280
股份有限公司	Share-holding Corporations Ltd.	2	583
外商投资	With Foreign Investment	25	6892
中外合资经营	Joint-venture	5	3353
外　资	Solely Foreign Funded	15	2915
外商投资有限公司	Foreign Investment Corporations Ltd.	3	454
其他外商投资	Other Foreign Investment	2	170

16—2 续表 continued

指　标	Item	法人企业（个）Number of Corporation Enterprises (unit)	从业人数（人）Engaged Persons (person)
住宿业合计	**Accommodation**	**577**	**46386**
国有控股	State-holding Enterprises	76	9479
内　资	Domestic-funded	563	43503
国　有	State-owned	25	1789
集　体	Collective-owned	3	166
股份合作	Cooperative		
有限责任公司	Limited Liability Corporations	190	19503
股份有限公司	Share-holding Corporations Ltd.	22	2694
私　营	Private	320	19063
其　他	Other	3	288
港澳台商投资	With Investment from Hong Kong, Macao and Taiwan	10	2288
合资经营	Joint-venture	3	534
独资经营	With Sole Fund	7	1754
外商投资	With Foreign Investment	4	595
中外合资经营	Joint-venture	1	65
外　资	Solely Foreign Funded	2	366
外商投资有限公司	Foreign Investment Corporations Ltd.	1	164
餐饮业合计	**Catering Trade**	**1214**	**78949**
国有控股	State-holding Enterprises	28	6549
内　资	Domestic-funded	1209	76793
国　有	State-owned	8	680
集　体	Collective-owned	7	335
有限责任公司	Limited Liability Corporations	333	26592
股份有限公司	Share-holding Corporations Ltd.	11	920
私　营	Private	848	48219
其　他	Other	2	47
港澳台商投资	With Investment from Hong Kong, Macao and Taiwan	3	2022
合资经营	Joint-venture		
独资经营	With Sole Fund	3	2022
外商投资	With Foreign Investment	2	134
外商投资有限公司	Foreign Investment Corporations Ltd.	2	134

16—3 限额以上批发零售业商品购进、销售和库存情况（2016年，按注册类型分）

Total Purchases, Sales and Inventory of Enterprises Above Designated Size in Wholesale and Retail Trade by Registration (2016)

单位：万元（10000 yuan）

指标	Item	购进总额 Total Purchases Value	#进口 Imports	销售总额 Total Sales Value	批发 Wholesale Value	零售 Retail Value	年末库存总额 Stock (year-end)
总计	**Total**	**93857312**	**1873679**	**106827593**	**62392855**	**44434738**	**8115378**
批发业合计	**Wholesale Trade**	**58405542**	**1523441**	**65630654**	**58575827**	**7054828**	**4715206**
国有控股	State-holding Enterprises	24216722	939283	27476416	24034303	3442113	2682631
内资	Domestic-funded	55323567	1469264	62000870	54961052	7039818	4580416
国有	State-owned	3664792	8361	5524281	5093807	430474	878491
集体	Collective-owned	59273		65513	59480	6033	2211
股份合作	Cooperative	60693		66896	46752	20144	1039
联营	Joint Ownership	5301		5298	5298		180
有限责任公司	Limited Liability Corporations	28802032	1025963	31349243	28733368	2615875	2026875
股份有限公司	Share-holding Corporations Ltd.	9181171	282562	10070521	8122076	1948445	759738
私营	Private	13361662	152378	14714790	12735933	1978856	908454
其他	Other	188644		204329	164338	39991	3428
港澳台商投资	With Investment from Hong Kong, Macao and Taiwan	1899579	54024	1932650	1932650		62251
合资经营	Joint-venture	75622	47520	75432	75432		204
独资经营	With Sole Fund	1823957	6504	1857218	1857218		62048
外商投资	With Foreign Investment	1182396	153	1697134	1682124	15010	72540
中外合资经营	Joint-venture	9379		11331	10576	754	47
外资	Solely Foreign Funded	1132597	153	1640865	1626842	14024	69641
外商投资有限公司	Foreign Investment Corporations Ltd.	40266		44770	44538	232	2827
零售业合计	**Retail Trade**	**35451771**	**350238**	**41196939**	**3817029**	**37379911**	**3400171**
国有控股	State-holding Enterprises	7294501	32667	8856465	1552747	7303719	460477
内资	Domestic-funded	33669147	349208	38654190	3786246	34867944	3151624
国有	State-owned	403314		420690	20561	400129	15625
集体	Collective-owned	46564		51803	11038	40765	1620
股份合作	Cooperative	10004		10878		10878	2363
联营	Joint Ownership	9041		9600		9600	116
有限责任公司	Limited Liability Corporations	13572117	163293	15741314	1395618	14345696	1435925
股份有限公司	Share-holding Corporations Ltd.	5883599	5624	7305799	1334695	5971104	335445
私营	Private	13690579	180291	15049632	1015143	14034489	1357232
其他	Other	53929		64474	9192	55282	3298
港澳台商投资	With Investment from Hong Kong, Macao and Taiwan	1299010	1031	1933177	21907	1911270	178131
合资经营	Joint-venture	266245	44	683564	2149	681415	120761
独资经营	With Sole Fund	983582	986	1200146	19758	1180388	57371
股份有限公司	Share-holding Corporations Ltd.	49182		49468		49468	
外商投资	With Foreign Investment	483614		609572	8876	600697	70416
中外合资经营	Joint-venture	193848		198265	10	198255	37197
外资	Solely Foreign Funded	220594		286294	309	285985	23296
外商投资有限公司	Foreign Investment Corporations Ltd.	45548		90237		90237	5750
其他外商投资	Other Foreign Investment	23624		34776	8557	26219	4173

16—4 限额以上批发零售业商品购进、销售和库存情况（2016年，按行业分）

Total Purchases, Sales and Inventory of Enterprises Above Designated Size in Wholesale and Retail Trade by Sector (2016)

单位：万元（10000 yuan）

指　标	Item	购进总额 Total Purchases Value	销售总额 Total Sales Value	批　发 Wholesale Value	零　售 Retail Value	年末库存总　额 Stock (year-end)
总　计	**Total**	**93857312**	**106827593**	**62392855**	**44434738**	**8115378**
批发业合计	**Wholesale Trade**	**58405542**	**65630654**	**58575827**	**7054828**	**4715206**
农、林、牧产品批发	Wholesale of Agriculture, Forest, Animal Husbandry Products	1897607	2059723	1875850	183873	439073
谷物、豆及薯类批发	Wholesale of Corn, Bean and Potato	741841	710714	675276	35438	319988
种子批发	Wholesale of Seed	362835	419428	409191	10237	80145
饲料批发	Wholesale of Feed	159168	163657	134343	29314	1387
棉、麻批发	Wholesale of Cotton, Linen	158963	163486	147919	15568	16983
林业产品批发	Wholesale of Foresty Products	34437	40923	36984	3940	2942
牲畜批发	Wholesale of Livestock	46645	22609	18830	3779	486
其他农牧产品批发	Wholesale of Other Agricultural Products	393719	538906	453307	85598	17142
食品、饮料及烟草制品批发	Wholesale of Food, Beverages and Tobaccos	8979426	11493917	10270392	1223525	1272367
米、面制品及食用油批发	Wholesale of Rice, Flour and Edible Oil	1396230	1366525	1251428	115097	561689
糕点、糖果及糖批发	Wholesale of Cakes, Candy and Sugar	60140	67126	59221	7906	6109
果品、蔬菜批发	Wholesale of Fruits, Vegetables	683729	743296	553774	189522	8386
肉、禽、蛋及水产品批发	Wholesale of Meat, Poultry, Eggs and Aquatic Products	897869	921623	732122	189500	22024
盐及调味品批发	Wholesale of Salt and Spices	243930	278964	267041	11923	14622
营养及保健品批发	Wholesale of Nutrition and Health Care Products	92762	101417	79874	21543	8438
酒、饮料及茶叶批发	Liquor, Beverage and Tea Wholesale	1523756	1803934	1553760	250175	81819
烟草制品批发	Wholesale of Tobaccos	3473291	5502489	5092464	410025	515763
其他食品批发	Wholesale of Other Food	607718	708543	680708	27835	53518
纺织、服装及日用品批发	Wholesale of Textiles, Garments and Daily Consumer Articles	7059517	8269333	7798358	470975	463219
纺织品、针织品及原料批发	Wholesale of Textiles, Knitwear and Raw Materials	1800780	1832965	1800990	31975	83378
服装批发	Wholesale of Garments	684498	767272	678169	89103	19876
鞋帽批发	Wholesale of Shoes and Hats	28721	32086	22429	9656	3405
化妆品及卫生用品批发	Wholesale of Cosmetics and Health Supplies	1133353	1653981	1637532	16450	78832
厨房、卫生间用具及日用杂货批发	Wholesale of Kitchen, Bathroom Appliances	22812	26358	22776	3582	3045
灯具、装饰物品批发	Wholesale of Lamps and Decorative Items	233502	265872	261286	4586	12776
家用电器批发	Wholesale of Household Electrical Appliances	3050331	3575484	3270950	304534	258168
其他日用品批发	Wholesale of Other Commodities	105520	115314	104226	11089	3741

16—4 续表1 continued

单位：万元（10000 yuan）

指 标	Item	购进总额 Total Purchases Value	销售总额 Total Sales Value	批 发 Wholesale Value	零 售 Retail Value	年末库存总 额 Stock (year-end)
文化、体育用品及器材批发	Wholesale of Culture, Sports Appliances and Equipments	2458977	2831040	2724739	106301	459331
文具用品批发	Wholesale of Stationery	224051	487192	480625	6567	39871
体育用品及器材批发	Wholesale of Sporting goods and equipment	30834	29770	28056	1714	1132
图书批发	Wholesale of Book	503002	539064	473153	65911	79181
首饰、工艺品及收藏品批发	Wholesale of Jewelry, Crafts and Collectibles	31354	35665	28753	6912	12795
其他文化用品批发	Wholesale of Other Cultural Goods	950865	968406	943209	25197	28018
医药及医疗器材批发	Wholesale of Medicines and Medical Appliances	8711015	9969367	7674635	2294731	522774
西药批发	Wholesale of Western Medicine	7112240	8171895	6230333	1941562	437184
中药批发	Wholesale of Traditional Chinese Medicine	1339838	1507006	1247815	259192	46744
医疗用品及器材批发	Wholesale of Medical Supplies and Equipment	258937	290466	196488	93978	38846
矿产品、建材及化工产品批发	Wholesale of Mineral Products, Building Materials and Chemical Products	19329729	20363441	18207001	2156440	972765
煤炭及制品批发	Wholesale of Coal and Related Products	4708616	4838432	4790867	47565	143227
石油及制品批发	Wholesale of Petroleum and Related Products	4994340	5248541	3671474	1577066	149515
非金属矿及制品批发	Wholesale of Western Medicine	119821	125711	116185	9526	2929
金属及金属矿批发	Wholesale of Metal Materials	3669329	4104459	3984115	120344	375743
建材批发	Wholesale of Building Materials	2911072	3046088	2751091	294996	120694
化肥批发	Wholesale of Chemical Fertilizer	1646596	1657011	1589888	67123	111081
农药批发	Wholesale of Pesticides	127464	128055	127519	535	28011
其他化工产品批发	Wholesale of Other Chemical Products	1152492	1215146	1175861	39285	41565
机械设备、五金交电及电子产品批发	Wholesale of Machinery, Hardware and Electronic Equipment	5954556	6356212	5833633	522579	498232
农业机械批发	Wholesale of Agricultural Machinery	297662	316028	271715	44312	22090
汽车批发	Wholesale of Automobiles	1030497	1163780	990992	172788	124248
汽车零配件批发	Wholesale of Auto Parts	514828	583221	568456	14766	165057
摩托车及零配件批发	Wholesale of Motorcycles and Their Parts	32128	41308	16550	24758	3144
五金产品批发	Wholesale of Hardware	121524	132815	129834	2981	4874
电气设备批发	Wholesale of Household Electrical Appliances	682687	702495	597560	104935	36977
计算机、软件及辅助设备批发	Wholesale of Computer, Software and Assistant Appliances	2332855	2368643	2343611	25032	20722
通讯及广播电视设备批发	Wholesale of Communications and Radio and Television Equipment	402473	414918	381517	33401	25786
其他机械设备及电子产品批发	Wholesale of Other Mechanical Equipment and Electronic Products	539903	633005	533398	99607	95335

16—4 续表2 continued

单位：万元（10000 yuan）

指 标	Item	购进总额 Total Purchases Value	销售总额 Total Sales Value	批发 Wholesale Value	零售 Retail Value	年末库存总额 Stock (year-end)
贸易经纪与代理	Trade Broker and Agency	104244	106781	106381	400	1889
贸易代理	Trade agent	97822	99850	99450	400	1887
拍 卖	Auction	430	535	535		3
其他贸易经纪与代理	Other Trade Broker and Agency	5991	6396	6396		
其他批发	Other Wholesale not Classified Elsewhere	3910471	4180842	4084838	96004	85554
再生物资回收与批发	Recycling and Renewable Materials Wholesale	3394820	3510178	3483423	26755	49330
其他未列明的批发	Wholesale of Other Unlisted	515651	670663	601415	69248	36224
零售业合计	**Retail Trade**	**35451771**	**41196939**	**3817029**	**37379911**	**3400171**
综合零售	Integrated Retail	8764411	10357436	800302	9557135	868267
百货零售	Retail of General Merchandise	4460376	5662489	636781	5025708	386526
超级市场零售	Retail of Supermarkets	4156281	4498634	155475	4343159	469074
其他综合零售	Retail of Others	147754	196313	8046	188267	12667
食品、饮料及烟草制品专门零售	Retail of Food, Beverages and Tobaccos	1858774	2064328	372701	1691627	139191
粮油零售	Retail of Grain and Oil	231725	245861	57253	188609	25725
糕点、面包零售	Retail of Cakes, Bread	47927	52948	15793	37154	6023
果品、蔬菜零售	Retail of Fruit, Vegetables	314990	382430	56307	326123	2614
肉、禽、蛋及水产品零售	Retail of Meat, Poultry, Eggs and Aquatic Products	323025	339286	44400	294886	13697
营养和保健品零售	Retail of Nutrition and health care products	38080	48523	14973	33550	4030
酒、饮料及茶叶零售	Retail of Wine, tea and beverages	643267	703919	146207	557712	74273
烟草制品零售	Retail of Tobacco Products	16212	19027	8070	10957	2613
其他食品零售	Retail of Other Food	243549	272335	29699	242635	10216
纺织、服装及日用品专门零售	Special Retail of Textiles, Garments and Daily Consumer Articles	865431	1075540	111556	963984	136166
纺织品及针织品零售	Retail of Textile and Knitwear	72052	83191	7069	76123	4342
服装零售	Retail of Garments	489189	649848	82823	567025	80245
鞋帽零售	Retail of Shoes and Hats	104869	113695	3194	110502	29243
化妆品及卫生用品零售	Retail of Cosmetics and Health Supplies	85037	92215	90	92124	2392
钟表、眼镜零售	Retail of Watches, Glasses	28052	33012	1364	31647	5969
箱、包零售	Retail of Boxes, Bags	2667	3946	918	3028	120
厨房用具及日用杂品零售	Retail of Kitchen Appliances and Daily-used Goods	11442	12891	110	12781	3579
自行车零售	Retail of Bicycles	15430	16995	7192	9804	2331
其他日用品零售	Retail of Other Daily Necessities	56694	69746	8796	60951	7945
文化、体育用品及器材专门零售	Retail of Culture, Sports Appliances and Equipments	817854	871280	109856	761424	126873
文具用品零售	Retail of Stationery	43229	54296	7478	46818	6491
体育用品及器材零售	Retail of Sporting Goods and Equipment	2163	14407	7982	6426	1941
图书、报刊零售	Retail of Books, Newspapers	536270	546830	38135	508695	52594

16—4 续表3 continued

单位：万元（10000 yuan）

指　标	Item	购进总额 Total Purchases Value	销售总额 Total Sales Value	批　发 Wholesale Value	零　售 Retail Value	年末库存总　额 Stock (year-end)
珠宝首饰零售	Retail of Jewelry	152100	154466	32722	121744	47150
工艺美术品及收藏品零售	Retail of Arts and Crafts and Collectibles	39231	50052	8959	41093	11069
乐器零售	Retail of Instruments	7825	8109	4996	3112	2661
照相器材零售	Retail of Photographic equipment	3776	4362	973	3390	291
其他文化用品零售	Retail of Other Cultural Goods	33262	38758	8611	30147	4677
医药及医疗器材专门零售	Retail of Medicines and Medical Appliances	2927411	3166481	928405	2238076	287452
药品零售	Retail of Medicines	2762148	2994380	889651	2104729	284020
医疗用品及器材零售	Retail of Medical Supplies and Equipment	165263	172101	38754	133347	3432
汽车、摩托车、燃料及零配件专门零售	Retail of Motor Vehicles, Motorcycles, Fuel and Parts	14951814	17316773	895920	16420853	1330911
汽车零售	Retail of Motor Vehicles	11361389	12258887	291861	11967026	1187971
汽车零配件零售	Retail of Auto Parts	150106	159216	8103	151113	12686
摩托车及零配件零售	Retail of Motorcycles and Spare Parts	109524	116043	6633	109410	7814
机动车燃料零售	Retail of Fuel of Motor Vehicles	3330796	4782627	589323	4193304	122440
家用电器及电子产品专门零售	Special Retail of Household Electric Appliances and Electronic Products	2752023	3049920	389206	2660714	241778
家用视听设备零售	Retail of Home Audio-visual Equipment	1329892	1501000	120899	1380101	109900
日用家电设备零售	Retail of Household Appliances	843470	939772	95975	843797	92932
计算机、软件及辅助设备零售	Retail of Computer, Software and Assistant Appliances	462084	480193	99923	380270	26719
通讯设备零售	Retail of Communication Equipments	88284	95939	51045	44894	7614
其他电子产品零售	Retail of Other Electronic Products	28294	33017	21365	11652	4612
五金、家具及室内装修材料专门零售	Retail of Hardware, Furniture and Decoration Materials	1085804	1241921	127916	1114005	67324
五金零售	Retail of Hardware	100090	116743	23420	93322	7353
灯具零售	Retail of Lamps	12107	13322	4082	9240	586
家具零售	Retail of Furniture	661943	776311	58934	717377	31905
涂料零售	Retail of Paint	4107	4840	1346	3494	455
卫生洁具零售	Retail of Sanitary Ware	4799	5110	495	4615	1356
木制装饰材料零售	Retail of Wooden Decorative Materials	62803	66689	25091	41598	7179
陶瓷、石材装饰材料零售	Retail of Ceramic, Stone Decoration Materials	91202	92048	6324	85724	6061
其他室内装修材料零售	Retail of Other interior decoration materials	148753	166858	8224	158635	12429
货摊、无店铺及其他零售业	Retail of Stalls, No Shop and Other	1428250	2053260	81167	1972093	202209
互联网零售	Retail of Internet	1155916	1712849	53961	1658888	192735
邮购及电视、电话零售	Retail of Television, Telephone and Mail Order	95327	136181		136181	
生活用燃料零售	Retail of Living Fuel	91953	108267	4501	103765	3989
其他未列明的零售	Retail of Other Unlisted	85055	95963	22704	73259	5485

16—5 限额以上批发零售业主要商品分类销售额（2016年）

Total Sales of Enterprises Above Designated Size in Wholesale and Retail Sale by Category of Main Commodities (2016)

单位：万元（10000 yuan）

指　标	Item	合　计 Total	批　发 Wholesale	零　售 Retail Sale
总　计	**Total**	**108623011**	**60456461**	**48166550**
粮油、食品、饮料、烟酒类	Grain and Edible Vegetable Oil, Food, Beverages, Tobacco and Liquor	22816234	13040817	9775417
粮油、食品类	Grain and Edible Vegetable Oil, Food	11682637	5053528	6629109
#粮油类	Grain and Edible Vegetable Oil	3476347	1822828	1653519
肉禽蛋类	Meat, Poultry and Eggs	1834156	726666	1107490
水产品类	Aquatic Products	571492	216808	354684
蔬菜类	Vegetables	1095122	537983	557139
干鲜果品类	melons and Fruits	1143430	403309	740121
饮料类	Beverages	1484185	399722	1084463
烟酒类	Tobacco and Liquor	9649412	7587567	2061844
服装鞋帽、针、纺织品类	Garments, Footwear, Hats, Knitwear and Textiles	5196171	1793084	3403087
服装类	Garments	3147985	840638	2307347
鞋帽类	Footwear and Hats	963461	325340	638121
针、纺织品类	Knitwear and Textiles	1084725	627106	457619
化妆品类	Cosmetics	966690	350875	615815
金银珠宝类	Gold, Silver and Jewelry	951055	178840	772215
日用品类	Articles for Daily Use	2929043	1523791	1405253
儿童玩具类	Toys	181913	21908	160005
五金、电料类	Hardware and Electrical Materials	589010	353692	235319
体育、娱乐用品类	Sports and Recreation Articles	230739	51236	179503
#照相器材类	Photographic Equipment Class	998	67	931
书报杂志类	Newspapers and Magazines	1060349	466897	593452
电子出版物及音像制品类	E-journal and Video Products	28072	2859	25213
家用电器和音像器材类	Household Appliances and Video Appliances	7265618	3614145	3651473
中西药品类	Traditional Chinese and Western Medicines	12317196	7647343	4669853
西　药	Western Medicines	9128718	5893687	3235031
中草药及中成药	Chinese Herbal Medicine and Proprietary Chinese Medicine	1707234	1035740	671495
文化、办公用品类	Cultural and Official Goods	2389223	1662705	726518
#计算机及其配套产品	Computer and Its Supporting Products	331948	125730	206218
家具类	Furniture	1111311	34458	1076853
通讯器材类	Communication Appliances	739980	249293	490686
煤炭及制品类	Coal and Related Product	4788490	4667487	121003
木材及制品类	Wood and Wooden Product	148798	148798	
石油及制品类	Petroleum and Related Product	10659572	4526979	6132593
化工材料类	Raw Chemical Materials	3051619	3051619	
化肥类	Chemical Fertilizer	1260759	1260759	
金属材料类	Metal Materials	6398378	6398378	
建筑及装潢材料类	Building and Decoration Materials	1907808	911144	996664
机电产品及设备类	Mechanical and Electrical Products	2127509	1941099	186410
农机类	Agricultural Machinery	270838	270838	
汽车类	Automobile	13939309	1492955	12446355
种子饲料类	Seed and Feedstuff	551545	551545	
棉麻类	Cotton, Hemp	177787	162971	14816
其他类	Other	6281506	5633451	648054

16—6 限额以上批发零售企业主要财务指标情况（2016年，按登记注册类型分）

Main Financial Indicators of Enterprises Above Designated Size in Wholesale and Retail Sale by Registration (2016)

指　标	Item	企业数（个）Number of Enterprises (unit)	流动资产合计 Circulating Funds	#存货 Stock
批发零售企业总计	**Total**	**6923**	**38632261**	**7135353**
批发企业合计	**Wholesale Trade**	**2265**	**25581291**	**4192558**
国有控股	State-holding Enterprises	228	11384440	1994309
内　资	Domestic-funded	2248	24692764	4026724
国　有	State-owned	46	2552676	677084
集　体	Collective-owned	11	10196	2311
股份合作	Cooperative	4	33012	997
联营企业	Joint Ownership Enterprises	1	777	180
有限责任公司	Limited Liability Company	815	12605161	1806917
股份有限公司	Share-holding Corporations Ltd.	59	4470161	634001
私　营	Private	1291	4969646	902121
其　他	Other	21	51136	3114
港澳台商投资	With Investment from Hong Kong, Macao and Taiwan	5	630010	103382
合资经营	Joint-venture	1	49657	49655
独资经营	With Sole Fund	4	580354	53727
外商投资	With Foreign Investment	12	258517	62453
中外合资经营	Joint-venture	2	1410	31
外　资	Solely Foreign Funded	7	246124	59989
外商投资股份有限公司	Share-holding Corporations Ltd	2	10958	2416
其他外商投资企业	Other Foreign Funded Enterprises	1	26	18
零售企业合计	**Retail Trade**	**4658**	**13050970**	**2942795**
国有控股	State Controlling Share Hold Enterprises	175	3622932	393769
内　资	Domestic-funded	4584	12494129	2720875
国　有	State-owned	19	37772	18568
集　体	Collective-owned	23	4444	1565
股份合作	Cooperative	5	5245	2256
联　营	Joint Ownership Enterprises	2	1895	168
有限责任公司	Limited Liability Corporations	1415	4993999	1165594
股份有限公司	Share-holding Corporations Ltd.	109	2988216	277839
私　营	Private	2984	4447350	1252364
其　他	Other	27	15209	2523
港澳台商投资	With Investment from Hong Kong, Macao and Taiwan	49	422455	158175
合资经营企业	Joint-venture	8	202527	129413
合作经营企业	Cooperative Management			
独资经营	With Sole Fund	39	215674	28761
投资股份有限公司	Share-holding Corporations Ltd.	2	4254	
其他投资企业	Other Investment Enterprises			
外商投资	With Foreign Investment	25	134385	63746
中外合资经营	Joint-venture	5	47199	25346
中外合作经营企业	Sino-foreign Cooperative Enterprises			
外　资	Solely Foreign Funded	15	59696	29569
投资股份有限公司	Share-holding Corporation Ltd.	3	18506	4903
其他外商投资企业	Other Foreign Funded Enterprises	2	8985	3927

单位：万元（10000 yuan）

固定资产合计 Total Fixed Assets	固定资产原价 Original Value of Fixed Assets	累计折旧 Progessive Deprecia-tion	#本年折旧 Deprecia-tion this Year	资产总计 Total of Assets	负债合计 Total of Liabilities	流动负债 Working Liabilities	所有者权益 Creditors' Equity	#实收资本 Capital Hold	#国家资本 National Capital
4533166	**6668268**	**2154239**	**360281**	**54739953**	**36642043**	**34411443**	**18098045**	**16598098**	**1521908**
1690352	**2580340**	**898840**	**127861**	**32751637**	**23727496**	**22281825**	**9024277**	**3886137**	**881320**
805499	1317490	518163	65754	15439885	9843635	8829565	5596250	1726536	864469
1682014	2556732	883570	124952	31824240	22451886	21018274	9372489	3860457	881070
249461	399245	155737	20015	3362452	1216613	1019148	2145840	111219	99146
5783	9132	3349	189	18045	7275	6565	10770	7189	18
1975	5091	3115	170	73511	31585	31455	41927	9420	
465	624	159	37	1242	152	152	1090	20	
543277	780238	239029	38421	14880702	11443848	11119703	3436990	1940761	532351
380433	656955	275274	32370	6905032	4943496	4170742	1961536	615131	249435
493368	695726	204437	33452	6522437	4763584	4625579	1758853	1170746	121
7253	9722	2470	297	60819	45334	44931	15484	5971	
2516	3891	1375	591	648597	591505	591500	57093	3943	
1	2	1	1	49658	48658	48658	1000	1000	
2515	3889	1374	590	598940	542847	542842	56093	2943	
5822	19717	13895	2318	278800	684105	672051	-405305	21737	250
1151	1749	598	77	2580	181	181	2398	500	250
3699	16855	13156	2191	263995	677723	665675	-413728	19387	
950	1088	138	47	12178	6181	6181	5997	1850	
21	25	4	4	47	20	13	27		
2842814	**4087929**	**1255399**	**232420**	**21988316**	**12914547**	**12129618**	**9073769**	**12711960**	**640588**
579736	898366	330235	41546	5136413	3103853	3006616	2032560	763195	601351
2597901	3611025	1030502	187755	21039623	12051267	11294504	8988356	12516251	640588
23720	39355	15701	1446	70067	34787	33316	35280	30146	5347
2447	3157	710	217	8543	4087	3497	4456	2118	
927	2378	1451	104	6266	2552	2345	3714	1765	
89	286	197	25	1988	1597	1594	391	126	
1028892	1433287	405098	79414	10258489	5082082	4724499	5176407	9522554	253309
633404	922274	300166	37548	4535457	2828928	2646579	1706529	617949	380690
900559	1200239	304988	68420	6129145	4086764	3873680	2042381	2329534	1125
7863	10049	2191	582	29669	10470	8994	19198	12059	118
170532	281938	111407	25665	697050	493000	477629	204050	153933	
19498	22217	2720	679	258712	174411	172114	84301	48050	
145136	250705	105569	23951	428140	310690	297617	117450	104535	
5898	9016	3118	1036	10198	7899	7899	2299	1348	
74382	194965	113491	19000	251643	370279	357485	-118637	41776	
18770	60886	42116	9812	71602	95635	95573	-24033	10580	
54916	133042	71034	8957	147733	253639	241016	-105905	23275	
636	878	242	213	20272	16243	16134	4029	2870	
60	160	99	18	12036	4763	4763	7273	5050	

16—6 续表 continued

指 标	Item	主营收入 Project Settlement Income	主营成本 Project Settlement Cost	主营税金及附加 Project Settlement Tax and Extra Charges
批发零售企业总计	**Total**	**93492794**	**84648811**	**944232**
批发企业合计	**Wholesale Trade**	**57781910**	**52618838**	**818712**
国有控股	State-holding Enterprises	24114615	21450058	710074
内 资	Domestic-funded	54737700	50108425	810317
国 有	State-owned	4836495	3489193	613810
集 体	Collective-owned	62448	58355	66
股份合作	Cooperative	65688	64404	95
联营企业	Joint Ownership Enterprises	5199	4936	4
有限责任公司	Limited Liability Company	27315139	25678298	134327
股份有限公司	Share-holding Corporations Ltd.	9063370	8441317	14233
私 营	Private	13199697	12186024	47578
其 他	Other	189664	185899	205
港澳台商投资	With Investment from Hong Kong, Macao and Taiwan	1585526	1509937	1715
合资经营	Joint-venture	34672	34390	14
独资经营	With Sole Fund	1550854	1475547	1701
外商投资	With Foreign Investment	1458684	1000476	6680
中外合资经营	Joint-venture	9784	8359	25
外 资	Solely Foreign Funded	1406786	958471	6516
外商投资股份有限公司	Share-holding Corporations Ltd	41989	33531	138
其他外商投资企业	Other Foreign Funded Enterprises	125	115	
零售企业合计	**Retail Trade**	**35710885**	**32029973**	**125521**
国有控股	State Controlling Share Hold Enterprises	7475658	6738569	18396
内 资	Domestic-funded	33579366	30287069	117861
国 有	State-owned	327336	294151	1261
集 体	Collective-owned	48821	43695	151
股份合作	Cooperative	10252	9078	116
联 营	Joint Ownership Enterprises	8205	6436	26
有限责任公司	Limited Liability Corporations	13783561	12444267	52630
股份有限公司	Share-holding Corporations Ltd.	5953836	5394981	11341
私 营	Private	13386142	12045244	52205
其 他	Other	61213	49217	130
港澳台商投资	With Investment from Hong Kong, Macao and Taiwan	1635868	1310129	5942
合资经营企业	Joint-venture	563958	410363	1681
合作经营企业	Cooperative Management			
独资经营	With Sole Fund	1028031	863318	4138
投资股份有限公司	Share-holding Corporations Ltd.	43879	36449	123
其他投资企业	Other Investment Enterprises			
外商投资	With Foreign Investment	495651	432775	1718
中外合资经营	Joint-venture	163153	144399	449
中外合作经营企业	Sino-foreign Cooperative Enterprises			
外 资	Solely Foreign Funded	245292	210644	660
投资股份有限公司	Share-holding Corporation Ltd.	52784	45673	572
其他外商投资企业	Other Foreign Funded Enterprises	34421	32059	38

单位：万元（10000 yuan）

其他业务利润 Other Business Profit	销售费用 Operating Expense	管理费用 Management Expense	#税金 Tax	财务费用 Financial Expenses	营业利润 Operating Profit	利润总额 Total Profit	应交所得税 Payable Income Tax	本年应付工资薪酬 Total Payable Wages this Year
256325	**3967470**	**1774741**	**93569**	**435273**	**2249501**	**2364097**	**377139**	**1836799**
60208	**2177887**	**882350**	**44678**	**231931**	**1395148**	**1507130**	**284614**	**789280**
25446	721736	411215	13412	60155	1026455	1099911	201239	378339
56516	1671261	825671	42690	220272	1447457	1557895	283230	715648
1612	95336	199761	4689	-32458	495479	529290	130015	159601
	1312	985	208	160	1564	1863	87	1304
	379	539	76	242	-464	-287	4	833
	79	48		6	126	126		59
23898	761849	273921	22348	108381	540368	634935	115374	267886
11963	329195	124065	5330	73027	212713	220736	15500	110711
19043	480533	224060	9781	69724	200174	173881	22048	172236
	2579	2292	257	1191	-2503	-2649	203	3018
11	56798	7579	302	5654	3853	3929	472	5852
	78	16	1	45	129	129	7	2
11	56720	7563	301	5609	3724	3800	465	5850
3681	449828	49099	1686	6006	-56162	-54694	911	67780
1	897	149	12		353	354	153	440
-989	442326	48181	1651	6093	-57550	-56067	257	66621
4669	6601	768	23	-88	1031	1019	502	679
	4	1	1	1	5			41
196117	**1789583**	**892391**	**48891**	**203342**	**854354**	**856967**	**92526**	**1047519**
34583	336080	158904	8710	15964	241554	251566	19816	148631
133847	1473303	807355	42998	197271	819160	835166	89049	947348
2890	13367	8988	236	571	7051	7416	1012	6937
3	1633	1496	23	204	1585	1561	135	1816
68	381	521	39	-39	200	138	43	477
	1147	561	7	4	23	22	82	193
77031	693679	339549	15494	83537	247591	287996	38144	453511
14641	264680	112409	8842	19284	196102	154719	12328	103546
38638	496534	341368	18327	93531	359282	377192	37160	377960
577	1882	2464	31	180	7327	6121	145	2908
37474	232764	60633	5337	2441	62396	50868	2955	61815
31466	99980	14268	4719	-124	41929	32261	56	16741
4300	129693	41172	593	2459	19519	17637	2882	42009
1708	3092	5193	26	105	948	970	17	3064
24796	83516	24402	556	3630	-27202	-29067	522	38357
13608	41575	12882	40	1485	-26118	-24400	76	20295
6131	30513	8732	475	2098	-715	-4296	331	15342
4835	9876	2305	29	48	-880	-878	16	2175
222	1552	484	13	-1	511	506	100	545

16—7 限额以上批发零售企业主要财务指标情况（2016年，按行业分）

Main Financial Inventory of Enterprises Above Designated Size in Wholesale and Retail by Sector (2016)

指标	Item	企业数（个）Number of Enterprises (unit)	流动资产合计 Circulating Funds	#存货 Stock
总计	**Total**	**6923**	**38632261**	**7135353**
批发业合计	**Wholesale Trade**	**2265**	**25581291**	**4192558**
农、林、牧产品批发	Wholesale of Farming, Forestry, Animal Husbandry Products	233	864125	345606
食品、饮料及烟草制品批发	Wholesale of Food, Beverages and Tobaccos	406	4828879	1072877
#米、面制品及食用油批发	Wholesale of Rice, Flour and Edible Oil	77	843434	430103
烟草制品批发	Wholesale of Tobaccos	17	1849993	361830
纺织、服装及家庭用品批发	Wholesale ofTextile, Clothing and Household Goods	191	2444645	481033
#服装批发	Wholesale of Garments	38	334120	23020
文化、体育用品及器材批发	Wholesale of Culture, Sports Appliances and Equipments	58	2193878	164127
医药及医疗器材批发	Wholesale of Medicines and Medical Appliances	273	3378352	508033
矿产品、建材及化工产品批发	Wholesale of Mineral Products, Building Materials and Chemical Products	652	6892135	985854
#煤炭及制品批发	Wholesale of Coal and Related Products	93	1182788	129139
石油及制品批发	Wholesale of Petroleum and Related Products	50	2003174	143622
金属及金属矿批发	Wholesale of Metal Materials	135	1944190	385057
建材批发	Wholesale of Building Materials	168	624325	116844
化肥批发	Wholesale of Chemical Fertilizer	83	708642	146120
机械设备、五金交电及电子产品批发	Wholesale of Machinery, Hardware and Electronic Equipment	328	2936848	500422
#汽车批发	Wholesale of Automobiles	99	516891	111734
电气设备批发	Wholesale of Electrical Equipments	22	254116	36172
计算机、软件及辅助设备批发	Wholesale of Computer, Software and Assistant Appliances	19	965190	18514
贸易经纪与代理	Trade Broker and Agency	14	82459	50783
其他批发	Other Wholesale not Classified Elsewhere	29	1959970	83823
零售业合计	**Retail Trade**	**4658**	**13050970**	**2942795**
综合零售	Integrated Retail	848	2599169	662246
#百货零售	Retail of General Merchandise	453	1688507	292190
超级市场零售	Retail of Supermarkets	361	870991	358323
食品、饮料及烟草制品专门零售	Retail of Food, Beverages and Tobaccos	581	487010	132359
纺织、服装及日用品专门零售	Special Retail of Textiles, Garments and Daily Consumer Artic	220	310937	125428
#服装零售	Retail of Garments	112	197343	75304
文化、体育用品及器材专门零售	Retail of Culture, Sports Appliances and Equipments	185	530265	117615
#体育用品及器材零售	Sporting Goods and Equipment Retail	3	6413	297
图书、报刊零售	Books, Newspapers and Retail	54	364000	53189
医药及医疗器材专门零售	Retail of Medicines and Medical Appliances	226	1467557	285668
#药品零售	Retail of Medicines	208	1391622	280824
汽车、摩托车、燃料及零配件专门零售	Retail of Motor Vehicles, Motorcycles, Fuel and Parts	1314	5713585	1118012
#汽车零售	Retail of Motor Vehicles	1059	3571967	976463
机动车燃料零售	Retail of Fuel of Motor Vehicles	171	2080074	122348
家用电器及电子产品专门零售	Special Retail of Household Electric Appliances and Electronic Products	597	993488	231013
#日用家电设备零售	Retail of household appliances	223	319674	78749
计算机、软件及辅助设备零售	Retail of Computer, Software and Assistant Appliances	128	102702	21038
通讯设备零售	Retail of Communication Equipments	25	15902	7923
五金、家具及室内装饰材料专门零售	Special Retail of Hardware, Furniture and Decoration Materials	288	414146	82812
无店铺及其他零售	Non-shop and Other Retails	399	534812	187641

单位：万元（10000 yuan）

固定资产合计 Total Fixed Assets	固定资产原价 Original Value of Fixed Assets	累计折旧 Progessive Depreciation	#本年折旧 Depreciation this Year	资产总计 Total of Assets	负债合计 Total of Liabilities	流动负债 Working Liabilities	所有者权益 Creditors' Equity	#实收资本 Capital Hold	#国家资本 National Capital
4533166	**6668268**	**2154239**	**360281**	**54739953**	**36642043**	**34411443**	**18098045**	**16598098**	**1521908**
1690352	**2580340**	**898840**	**127861**	**32751637**	**23727496**	**22281825**	**9024277**	**3886137**	**881320**
227774	291382	64719	11345	1380714	790000	693901	590714	275355	52400
438555	679953	248084	30829	6195095	2989501	2728852	3205730	448263	182358
65999	85654	19660	3149	976462	782550	756082	193912	123457	79954
221080	368515	153388	16751	2144779	193092	191781	1951687	25110	23476
90159	145225	55107	8087	2947263	2860420	2709274	86843	274553	21356
19552	40137	20585	2133	680768	389272	309977	291495	163986	3801
16700	32890	16190	2044	2641229	1739089	1644198	902140	271157	209441
230874	331015	100756	17690	3963466	3232475	3127465	730991	502470	35783
542137	877348	334777	41949	10151296	7389619	6710459	2761677	1753249	368456
64100	97373	33575	4320	1976318	1113469	1088560	862850	699684	81637
308049	537936	228637	26755	3357349	2692597	2143465	664752	219064	118684
47067	72112	25561	3994	2374137	1956562	1916754	417575	372864	74110
50881	67429	16548	3202	802660	476188	450768	326473	195863	54584
55897	74935	19038	2287	1164993	789529	762118	375464	168691	15892
73103	118560	45607	7784	3193570	2730923	2708692	462647	257707	1520
17330	29353	12023	1856	613251	474460	457570	138791	121451	102
4326	6441	2115	364	267402	244091	244091	23311	12333	
5092	6367	1275	286	979522	899325	897167	80197	15496	
1566	2745	1179	155	84419	73366	73366	11053	7092	168
69483	101223	32421	7979	2194585	1922103	1885619	272482	96292	9838
2842814	**4087929**	**1255399**	**232420**	**21988316**	**12914547**	**12129618**	**9073769**	**12711960**	**640588**
1181105	1786319	601579	97782	5455736	3508301	3318008	1947435	1264080	127800
681667	972695	294289	33427	3805862	2089668	1954330	1716194	926406	106090
488749	799118	303472	63683	1597337	1388462	1335298	208875	322734	21109
126198	163413	37487	9149	742340	363971	339681	378369	210527	4852
79975	98438	18661	4706	2985266	317755	279053	2667512	584636	12710
60498	74245	13748	3390	2841951	229446	193891	2612505	59152	12500
58846	89846	31175	2577	643832	240464	217488	403368	151094	49309
173	279	105	21	9514	8553	8553	961	1400	
27234	48310	21076	-378	422629	119600	117882	303029	91505	48117
114125	167608	53126	11079	1669195	1270942	1239023	398254	303237	58232
110273	161489	50859	10381	1587893	1211209	1182084	376684	286107	57832
929033	1343586	428079	85100	7825193	5454942	5199873	2370251	3088835	375017
537514	743043	207655	52890	4685711	3646386	3456821	1039325	2582284	6047
372218	575312	214492	31230	3046554	1750350	1686449	1296204	486918	368970
117347	146132	28853	8806	1310859	934328	900359	376531	733656	3510
24481	34821	10341	1787	376328	253284	250402	123044	58199	550
5360	8295	3173	822	117138	54447	50557	62691	48526	1010
867	1272	406	121	17954	14862	12814	3092	5546	
143003	181195	38164	7391	650205	419397	246425	230808	6185666	538
93183	111393	18277	5832	705690	404447	389708	301243	190228	8621

16—7 续表 continued

指　　标	Item	主营收入 Project Settlement Income	主营成本 Project Settlement Cost	主营税金及附加 Project Settlement Tax and Extra Charges
总　　计	**Total**	**93492794**	**84648811**	**944232**
批发业合计	**Wholesale Trade**	**57781910**	**52618838**	**818712**
农、林、牧产品批发	Wholesale of Farming, Forestry, Animal Husbandry Products	1967615	1842280	2820
食品、饮料及烟草制品批发	Wholesale of Food, Beverages and Tobaccos	9970596	7722853	666266
#米、面制品及食用油批发	Wholesale of Rice, Flour and Edible Oil	1252643	1203093	1444
烟草制品批发	Wholesale of Tobaccos	4784321	3353449	646366
纺织、服装及家庭用品批发	Wholesale ofTextile, Clothing and Household Goods	7213112	6408249	11280
#服装批发	Wholesale of Garments	712199	630463	658
文化、体育用品及器材批发	Wholesale of Culture, Sports Appliances and Equipments	2474798	2341229	1286
医药及医疗器材批发	Wholesale of Medicines and Medical Appliances	8654185	8064550	15690
矿产品、建材及化工产品批发	Wholesale of Mineral Products, Building Materials and Chemical Products	18196625	17415482	30250
#煤炭及制品批发	Wholesale of Coal and Related Products	4271786	4156004	3428
石油及制品批发	Wholesale of Petroleum and Related Products	4653707	4327136	8037
金属及金属矿批发	Wholesale of Metal Materials	3590320	3492981	5846
建材批发	Wholesale of Building Materials	2788458	2678867	8795
化肥批发	Wholesale of Chemical Fertilizer	1532518	1467865	2259
机械设备、五金交电及电子产品批发	Wholesale of Machinery, Hardware and Electronic Equipment	5573579	5331059	7369
#汽车批发	Wholesale of Automobiles	1073949	1039242	930
电气设备批发	Wholesale of Electrical Equipments	607891	588242	346
计算机、软件及辅助设备批发	Wholesale of Computer, Software and Assistant Appliances	1986436	1943508	2344
贸易经纪与代理	Trade Broker and Agency	65641	62759	52
其他批发	Other Wholesale not Classified Elsewhere	3665758	3430378	83700
零售业合计	**Retail Trade**	**35710885**	**32029973**	**125521**
综合零售	Integrated Retail	8630958	7552282	39324
#百货零售	Retail of General Merchandise	4459670	3955365	26658
超级市场零售	Retail of Supermarkets	3992933	3441601	11736
食品、饮料及烟草制品专门零售	Retail of Food, Beverages and Tobaccos	1851010	1628445	14699
纺织、服装及日用品专门零售	Special Retail of Textiles, Garments and Daily Consumer Artic	951284	804818	7013
#服装零售	Retail of Garments	567181	461872	5728
文化、体育用品及器材专门零售	Retail of Culture, Sports Appliances and Equipments	809109	667979	5820
#体育用品及器材零售	Sporting Goods and Equipment Retail	12332	11536	18
图书、报刊零售	Books, Newspapers and Retail	515009	428002	970
医药及医疗器材专门零售	Retail of Medicines and Medical Appliances	2746160	2479267	6508
#药品零售	Retail of Medicines	2597049	2340777	6130
汽车、摩托车、燃料及零配件专门零售	Retail of Motor Vehicles, Motorcycles, Fuel and Parts	15345549	14299767	24169
#汽车零售	Retail of Motor Vehicles	11046701	10455683	17577
机动车燃料零售	Retail of Fuel of Motor Vehicles	4055890	3620696	6058
家用电器及电子产品专门零售	Special Retail of Household Electric Appliances and Electronic Products	2562459	2302084	8151
#日用家电设备零售	Retail of household appliances	815151	735084	2911
计算机、软件及辅助设备零售	Retail of Computer, Software and Assistant Appliances	419949	388356	1276
通讯设备零售	Retail of Communication Equipments	83900	77160	184
五金、家具及室内装饰材料专门零售	Special Retail of Hardware, Furniture and Decoration Materials	961817	801056	13591
无店铺及其他零售	Non-shop and Other Retails	1852538	1494276	6248

单位：万元（10000 yuan）

其他业务利润 Other Business Profit	销售费用 Operating Expense	管理费用 Management Expense		财务费用 Financial Expenses	营业利润 Operating Profit	利润总额 Total Profit	应交所得税 Payable Income Tax	本年应付工资薪酬 Total Payable Wages this Year
			#税金 Tax					
256325	**3967470**	**1774741**	**93569**	**435273**	**2249501**	**2364097**	**377139**	**1836799**
60208	**2177887**	**882350**	**44678**	**231931**	**1395148**	**1507130**	**284614**	**789280**
598	49219	42779	1762	13708	26214	43064	2371	34603
8804	586490	312007	8672	-21659	758812	779891	194501	309282
1706	41816	16363	804	18779	-29918	9015	1634	21451
735	85812	198369	4245	-51386	553016	558304	143346	168456
9931	684957	99169	4960	25705	1070	-19898	7543	124510
965	24209	12056	384	10551	35167	9404	828	13239
3511	48313	22976	486	35948	119565	125275	1184	19393
13560	285403	155327	6857	35509	112323	115459	23393	82564
10955	343769	139099	8548	92869	315905	369804	31160	132771
2736	31936	24238	2060	16634	155365	162523	13442	10698
5075	187771	23735	1534	10810	101565	98082	4245	61692
424	46208	28442	1971	42223	-16102	32590	2790	14959
243	27996	28542	1420	6855	40014	39078	5019	20752
312	20180	19815	916	7819	23829	27761	3751	14454
11262	132921	61988	3192	29372	14444	41079	12978	52393
1015	29435	11230	1004	4633	-10261	-10361	1846	12798
65	13720	2555	439	384	2521	2797	441	1762
5320	9801	14821	140	15510	1199	29127	7163	5042
	1198	1252	32	148	266	514	60	684
1588	45617	47755	10169	20331	46551	51942	11425	33080
196117	**1789583**	**892391**	**48891**	**203342**	**854354**	**856967**	**92526**	**1047519**
93639	687530	331446	14838	49701	121391	135148	26909	346321
39067	215568	194999	9444	30220	93531	99968	16506	142455
52010	465671	130064	4327	17642	20222	27600	9685	199316
3323	68127	43674	2324	10711	82330	76948	3669	56991
3895	74825	31270	992	3425	30491	30070	3858	42759
1791	58905	22307	654	2284	17179	16779	2625	32158
4479	49248	33795	987	3726	54058	151025	2300	32300
	385	304	10	47	43	43	2	74
4366	36998	21266	655	-38	32858	111219	89	23140
6151	102491	76832	3158	20561	57486	39995	6442	72278
6151	99032	72327	3027	20314	55505	37928	6059	70636
37604	439704	231407	15836	90829	265194	203193	25666	337713
35076	257082	177359	11210	85730	93310	106772	17012	272654
2399	176721	47251	4282	4216	165889	89849	7782	59654
5526	134748	55426	2207	10864	61588	49419	5313	75779
2810	32896	21411	827	4111	20848	17524	2123	28068
214	11888	7325	319	1164	11969	11825	1074	9026
25	5343	1776	67	150	-632	-504	56	2952
7894	42830	38502	2890	10271	62802	62543	7086	28919
33607	190080	50040	5659	3253	119014	108626	11282	54459

16—8 限额以上住宿餐饮业经营情况（2016年）
Above Designated Accommodation Catering Business (2016)

指　标	Item	营业额 Turnover
总　计	**Total**	**2153812**
住宿业合计	**Total of Accommodation Enterprises**	**749458**
国有控股	State-holding Enterprises	161972
按登记注册类型分组	**Grouped Type of Registration**	
内　资	Domestic-funded	698658
国　有	State-owned	26174
集　体	Collective-owned	1675
股份合作企业	Cooperative	
有限责任公司	Limited Liability Company	301453
股份有限公司	Share-holding Corporations Ltd.	57627
私　营	Private	309053
其　他	Other	2676
港澳台商投资	With Investment from Hong Kong, Macao and Taiwan	41583
外商投资企业	Enterprises with Foreign Investment	9218
按国民经济行业分	**Grouped by Sector**	
旅游饭店	Tourist Hotel	580758
一般旅馆	Common Hotel	151650
其他住宿服务	Other Accommodation Service	17051
餐饮业合计	**Catering Trade**	**1404354**
国有控股	State-holding Enterprises	127423
按登记注册类型分组	**Grouped Type of Registration**	
内　资	Domestic-funded	1374995
国　有	State-owned	10867
集　体	Collective-owned	4003
有限责任公司	Limited Liability Company	449369
股份有限公司	Share-holding Corporations Ltd.	16625
私　营	Private	893521
其　他	Other	611
港澳台商投资企业	With Investment from Hong Kong, Macao and Taiwan	27037
外商投资企业	Enterprises with Foreign Investment	2321
按国民经济行业分	**Grouped by Sector**	
正餐服务	Dinner	1151762
快餐服务	Fast Food	238518
饮料及冷饮服务	Drink and Cold Drink Service	4229
其他餐饮服务	Other Catering Service	2761

单位：万元（10000 yuan）

客房收入 Room Revenue	餐费收入 Meals Income	商品销售收入 Commodity Sales	其他收入 Other Income	客房数 (间) Guestroom Number (unit)	床位数 (个) Bed Capacity (unit)	餐位数 (位) Number of Seating Arrangement (unit)
506612	**1467385**	**113946**	**65870**	**217894**	**338406**	**1173299**
360130	**331585**	**17079**	**40665**	**177238**	**267081**	**245294**
79342	68842	3796	9992	11686	21061	39304
337446	307399	15962	37851	83789	131359	226370
10351	13922	648	1253	2311	4344	9583
1028	636		10	265	521	950
138605	134636	6252	21961	30155	49326	89097
36869	19282	111	1364	3801	7534	12171
149266	137695	8888	13205	46984	69194	113269
1326	1227	65	58	273	440	1300
18296	19750	1115	2422	92438	134023	16421
4388	4436	2	392	1011	1699	2503
266683	266297	12017	35761	145024	223049	204265
85174	57403	4974	4099	30491	41141	38340
8272	7885	89	805	1723	2891	2689
146482	**1135800**	**96867**	**25206**	**40656**	**71325**	**928005**
7905	87915	24987	6616	1386	2436	23447
145477	1107750	96851	24917	39955	70332	920990
3523	7098	129	117	598	1178	3160
450	2948	191	414	178	340	2220
47675	355711	35214	10770	12822	23844	228805
2731	12405	1323	166	670	950	5856
90738	729339	59994	13450	25585	43840	680679
360	250			102	180	270
67	26970			42	60	5715
938	1079	16	289	659	933	1300
145784	914478	72494	19005	40465	70983	714197
698	207275	24344	6201	191	342	208165
	4201	28				1743
	2761					1730

16—9 限额以上住宿业和餐饮企业主要财务指标情况（2016年）

Main Financial Indicators of Enterprises Above Designated Size in Catering Trades by Status of Registration and by Sector (2016)

指　标	Item	企业数（个）Number of Enterprises (unit)	流动资产合计 Circulating Funds	#存货 Stock
总　计	**Total**	**1791**	**1677813**	**130197**
住宿业合计	**Total of Accommodation Enterprises**	**577**	**772658**	**42891**
国有控股	State-holding Enterprises	76	101372	9514
按登记注册类型分组	**Grouped Type of Registration**			
内　资	Domestic-funded	563	684099	41242
国　有	State-owned	25	8759	665
集　体	Collective-owned	3	916	101
股份合作企业	Cooperative			
有限责任公司	Limited Liability Company	190	304981	20316
股份有限公司	Share-holding Corporations Ltd.	22	27182	1491
私　营	Private	320	338249	18612
其　他	Other	3	4011	59
港澳台商投资	With Investment from Hong Kong, Macao and Taiwan	10	72597	1314
外商投资企业	Enterprises with Foreign Investment	4	15963	335
按国民经济行业分	**By Sector**			
旅游饭店	Tourist Hotel	359	629661	32975
一般旅馆	Common Hotel	200	132361	7012
其他住宿服务	Other Accommodation Service	18	10637	2904
餐饮业合计	**Catering Trade**	**1214**	**905155**	**87307**
国有控股	State-holding Enterprises	28	69735	9468
按登记注册类型分组	**Grouped Type of Registration**			
内　资	Domestic-funded	1209	900980	85879
国　有	State-owned	8	3135	299
集　体	Collective-owned	7	604	200
股份合作企业	Cooperative			
有限责任公司	Limited Liability Company	333	303824	26255
股份有限公司	Share-holding Corporations Ltd.	11	15928	1101
私　营	Private	848	577064	57936
其　他	Other	2	426	88
港澳台商投资企业	With Investment from Hong Kong, Macao and Taiwan	3	2911	547
外商投资企业	Enterprises with Foreign Investment	2	1264	881
按国民经济行业分	**By Sector**			
正餐服务	Dinner	1149	791388	75415
快餐服务	Fast Food	44	106851	11291
饮料及冷饮服务	Drink and Cold Drink Service	11	1572	211
其他餐饮服务	Other Catering Service	10	5344	390

单位：万元（10000 yuan）

固定资产合计 Total Fixed Assets	固定资产原价 Original Value of Fixed Assets	累计折旧 Progessive Deprecia-tion	#本年折旧 Deprecia-tion this Year	资产总计 Total of Assets	负债合计 Total of Liabilities	流动负债 Working Liabilities	所有者权益 Creditors' Equity	#实收资本 Capital Hold	#国家资本 National Capital
2011454	**2805778**	**821863**	**158072**	**5198012**	**3711173**	**2736612**	**1486839**	**6432713**	**124552**
1143592	**1703144**	**553924**	**83393**	**2804219**	**2051435**	**1408433**	**752785**	**5853760**	**94084**
246165	426179	172096	16821	400713	251541	220576	149172	154595	89377
941713	1439477	492136	75140	2353249	1687708	1189856	665541	5677739	94084
18580	38247	20532	952	32808	25305	22140	7503	11142	10375
2530	4137	1607	292	3695	303	303	3392	438	
433214	694420	255411	32961	1048441	861221	599221	187220	5354759	65504
108460	166491	56367	6013	164390	106853	74433	57536	39226	13979
373371	526108	153704	34240	1091522	686371	486103	405151	269925	4226
5559	10073	4514	682	12394	7656	7656	4738	2250	
181729	229138	47410	7071	389483	305118	159969	84364	166129	
20150	34528	14378	1182	61488	58608	58608	2880	9892	
984587	1486175	495034	74415	2398540	1774467	1172097	624073	5734564	82827
127073	181599	55451	8506	345281	217627	181220	127654	107879	11256
31933	35371	3438	472	60399	59341	55116	1059	11318	
867862	**1102634**	**267940**	**74680**	**2393793**	**1659739**	**1328179**	**734054**	**578953**	**30468**
59849	88440	28591	4215	160655	133737	100748	26918	31997	29623
860657	1087113	259623	73378	2330869	1618009	1291933	712860	551556	30468
4895	11155	6260	672	9101	10629	9610	-1528	826	722
943	1544	601	73	1637	7132	7132	-5495	252	
293069	372248	105070	30432	777946	575327	456867	202619	167950	23668
7778	11049	3271	471	53032	39192	38016	13840	16399	6000
553713	690755	144319	41719	1488467	985302	779881	503165	365930	78
261	362	101	11	687	427	427	260	200	
7095	15177	8082	1239	19536	15055	9571	4481	10490	
110	344	235	63	43388	26675	26675	16713	16907	
824480	1036895	245582	69545	2203495	1549105	1223465	654390	543321	25420
39138	58851	19713	4825	173982	105325	99649	68656	27450	5049
722	1881	1159	60	4104	1833	1833	2272	3254	
3522	5008	1486	249	12212	3476	3232	8736	4928	

16—9 续表 continued

指 标	Item	主营收入 Project Settlement Income	主营成本 Project Settlement Cost	主营税金及附加 Project Settlement Tax and Extra Charges
总 计	**Total**	**2096168**	**1128712**	**56925**
住宿业合计	**Total of Accommodation Enterprises**	**729256**	**346497**	**19396**
国有控股	State-holding Enterprises	156967	73263	3749
按登记注册类型分组	**Grouped Type of Registration**			
内 资	Domestic-funded	678183	331549	18046
国 有	State-owned	25795	15250	498
集 体	Collective-owned	1669	965	49
股份合作企业	Cooperative			
有限责任公司	Limited Liability Company	291831	126074	7720
股份有限公司	Share-holding Corporations Ltd.	56631	31735	1176
私 营	Private	299598	156101	8533
其 他	Other	2659	1424	69
港澳台商投资	With Investment from Hong Kong, Macao and Taiwan	41771	10684	1199
外商投资企业	Enterprises with Foreign Investment	9303	4265	151
按国民经济行业分	**By Sector**			
旅游饭店	Tourist Hotel	563687	248880	15101
一般旅馆	Common Hotel	149000	87217	3695
其他住宿服务	Other Accommodation Service	16570	10400	600
餐饮业合计	**Catering Trade**	**1366912**	**782215**	**37529**
国有控股	State-holding Enterprises	125402	84073	4349
按登记注册类型分组	**Grouped Type of Registration**			
内 资	Domestic-funded	1338479	772129	36896
国 有	State-owned	10848	6077	442
集 体	Collective-owned	3685	2245	96
股份合作企业	Cooperative			
有限责任公司	Limited Liability Company	438850	252337	12196
股份有限公司	Share-holding Corporations Ltd.	16723	11691	519
私 营	Private	867721	499390	23621
其 他	Other	652	389	21
港澳台商投资企业	With Investment from Hong Kong, Macao and Taiwan	26052	8945	602
外商投资企业	Enterprises with Foreign Investment	2381	1141	31
按国民经济行业分	**By Sector**			
正餐服务	Dinner	1121366	671117	33676
快餐服务	Fast Food	232744	102380	3574
饮料及冷饮服务	Drink and Cold Drink Service	4139	2707	131
其他餐饮服务	Other Catering Service	8663	6011	149

单位：万元（10000 yuan）

其他业务利润 Other Business Profit	销售费用 Operating Expense	管理费用 Management Expense	#税金 Tax	财务费用 Financial Expenses	营业利润 Operating Profit	利润总额 Total Profit	应交所得税 Payable Income Tax	本年应付工资薪酬 Total Payable Wages this Year
30132	**491978**	**346629**	**17056**	**80046**	**14791**	**35882**	**14508**	**397907**
13532	**177396**	**193961**	**9912**	**44050**	**-39408**	**-27748**	**3079**	**165686**
1657	37618	40937	1412	4846	807	1037	926	40485
7826	166468	158266	8256	36382	-23868	-13298	3079	153879
1015	6711	5268	318	729	-1971	-1202	35	5908
6	265	172	20	40	183	172	11	453
6022	91932	89472	3829	14728	-30659	-25360	1102	79866
	2237	9613	464	1490	10533	9349	320	10137
783	64384	52457	3543	19384	-892	4784	1611	56711
	940	1284	82	12	-1062	-1043	1	804
5703	8542	32462	1448	7543	-14670	-13643		9878
3	2386	3234	208	125	-870	-807		1929
12610	147367	170467	8502	38082	-43149	-33295	2362	137111
922	27447	19854	990	5180	4838	6985	696	25947
	2582	3641	421	789	-1097	-1438	21	2628
16600	**314582**	**152668**	**7144**	**35996**	**54199**	**63630**	**11429**	**232222**
7075	32208	9902	324	199	1870	1901	594	16473
16600	299135	151088	6858	35382	54125	63700	11426	227451
	2847	1545	34	11	-68	-251	6	2112
34	1360	472	7	12	-571	-560	46	1113
12249	116204	48230	1832	8320	9894	10129	4461	65016
353	2545	1946	167	417	-404	853	11	3670
3963	176094	98844	4816	26621	45180	53517	6903	155497
	85	50	3	1	93	11		43
	15303	1160	131	607	-565	-710	3	4454
	144	420	155	7	639	640		317
9584	207946	137134	6706	34603	40086	48861	8944	193170
7016	105048	14537	319	1302	13002	13692	2399	36581
	626	217	8	57	417	421	33	1194
	962	781	112	33	694	656	53	1278

16—10 限额以上批发和零售业连锁经营情况（2016年）
Basic Conditions of Chain-Enterprise Above Quota Wholesale and Retail (2016)

指标		Item		合计 Total	直销店 Directly-run Shops	加盟店 Alliance Shops
门店总数	（个）	Gross Number of Shops	(unit)	9664	4187	5477
从业人数	（人）	Number of People Engaged	(person)	90304	77527	12777
零售营业面积	（平方米）	Area of Business	(sq.m)	5453092	5021830	431262
连锁门店商品购进额	（万元）	Total Purchases	(10000 yuan)	15287637	14062783	1224854
#统一配送商品购进额		Centralized Purchase and Delivery		10921096	9987710	933386
#自有配送中心配送商品购进额		Total Revenue of Purchasing by Self Purchase and Delivery		5125523	4441418	684105
非自有配送中心配送商品购进额		Total Revenue of Purchasing by Non-self Purchase and Delivery		414552	251210	163342
连锁门店商品销售额	（万元）	Sales Value of Commodities	(10000 yuan)	15617571	14837503	780068
#零售额		Revenue of Retail Sales		12448412	11877256	571156

16—11 限额以上住宿和餐饮业连锁经营情况（2016年）
Basic Conditions of Chain-Enterprise Above Quota Lodging and food and Beverage Industry (2016)

指标		Item		合计 Total	直销店 Directly-run Shops	加盟店 Alliance Shops
门店总数	（个）	Gross Number of Shops	(unit)	690	665	25
从业人数	（人）	Number of People Engaged	(person)	12445	12144	301
餐饮营业面积	（平方米）	Area of Business	(sq.m)	405140	402471	2669
客房数	（间）	Guestroom Number	(unit)			
床位数	（个）	Bed Capacity	(unit)			
餐位数	（位）	Number of Seating Arrangement	(unit)	67980	66385	1595
连锁门店商品购进(采购)额	（万元）	Chain shops Commodity Purchasing Volume	(10000 yuan)	70298	70054	244
#统一配送商品购进额		Centralized Purchase and Delivery		68895	68651	244
#自有配送中心配送商品购进(采购)额		Total Revenue of Purchasing by Self Purchase and Delivery		39697	39466	231
非自有配送中心配送商品购进(采购)额		Total Revenue of Purchasing by Non-self Purchase and Delivery		1941	1928	13
连锁门店营业额	（万元）	Chain shops Turnover	(10000 yuan)	184926	182386	2540
#餐费收入		Catering Income		180433	177936	2497
商品销售额		Total Sales of Goods		4449	4405	44

16—12　各市限额以上批发和零售业连锁经营情况（2016年）

Basic Conditions of Chain-Enterprise Above Quota Wholesale and Retail by Region (2016)

地　区　Region	门店总数（个）Gross Number of Shops (unit)	从业人员（人）Number of People Engaged (person)	零售营业面积（平方米）Area of Business (sp.m)	商品购进总额（万元）Total Purchases (10000 yuan)	#统一配送商品购进额 Centralized Purchase and Delivery	#自有配送中心配送 Total Revenue of Purchasing by Self	商品销售额（万元）Sales Value of Commodities (10000 yuan)	零售额 Retail
总　计　Total	**9664**	**90304**	**5453092**	**15287637**	**10921096**	**5125523**	**15617571**	**12448412**
合肥市　Hefei	8089	70032	4281456	12762557	9129650	4248372	13894144	10859920
淮北市　Huaibei								
亳州市　Bozhou	92	1108	26365	72483			84466	84466
宿州市　Suzhou								
蚌埠市　Bengbu	204	1884	86123	150696	150696		166879	124190
阜阳市　Fuyang	624	7017	245334	1110430	509111	287617	387596	348096
淮南市　Huainan	64	1469	89919	74381	74381	6610	63784	63784
滁州市　Chuzhou	71	1574	54269	90811	90811	90811	82318	82269
六安市　Luan								
马鞍山市　Maanshan	106	885	132502	208719	195254	194254	208451	191306
芜湖市　Wuhu	59	719	16800	132055	131855	6000	134533	133553
宣城市　Xuancheng	157	1964	104142	303321	302361	291859	143234	143234
铜陵市　Tongling								
池州市　Chizhou								
安庆市　Anqing	198	3652	416182	382184	336977		452165	417593
黄山市　Huangshan								

16—13　各市限额以上住宿和餐饮业连锁经营情况（2016年）

Basic Conditions of Chain-Enterprise Above Quota Lodging and Food and Beverage Industry by Region (2016)

地　区　Region	门店总数（个）Gross Number of Shops (unit)	从业人员（人）Number of People Engaged (person)	餐饮营业面积（平方米）Area of Business (sp.m)	客房数（间）Guestroom Number (unit)	床位数（个）Bed Capacity (unit)	餐位数（位）Number of eating Arrangement (unit)	商品购进总额（万元）Total Purchases (10000 yuan)	营业额（万元）Turnover (10000 yuan)
总　计　Total	**690**	**12445**	**405140**			**67980**	**70298**	**184926**
合肥市　Hefei	674	11553	374140			59365	66396	174774
淮北市　Huaibei								
亳州市　Bozhou								
宿州市　Suzhou								
蚌埠市　Bengbu								
阜阳市　Fuyang								
淮南市　Huainan								
滁州市　Chuzhou								
六安市　Luan								
马鞍山市　Maanshan	12	680	21000			7595	2776	8107
芜湖市　Wuhu								
宣城市　Xuancheng								
铜陵市　Tongling								
池州市　Chizhou								
安庆市　Anqing	4	212	10000			1020	1126	2045
黄山市　Huangshan								

16—14 各市限额以上批发零售企业主要财务指标情况（2016年）

Main Financial Indicators of Enterprises Above Designated Size in Wholesale and Retail by Region (2016)

地　区	Region	企业数（个）Number of Enterprises (unit)	流动资产合计 Circulating Funds	#存货 Stock	固定资产合计 Total Fixed Assets	固定资产原价 Original Value of Fixed Assets
总　计	**Total**	**6923**	**38632261**	**7135353**	**4533166**	**6668268**
合肥市	Hefei	1192	19357957	2830083	1229207	1991829
淮北市	Huaibei	236	837341	142180	95909	133965
亳州市	Bozhou	490	1174382	216063	259446	327798
宿州市	Suzhou	428	1081442	211323	244010	330807
蚌埠市	Bengbu	437	1332661	240773	194203	282148
阜阳市	Fuyang	563	2548356	536906	403722	587533
淮南市	Huainan	332	1355181	227677	156574	258917
滁州市	Chuzhou	470	1086135	376513	277507	376601
六安市	Luan	280	1017049	219438	175777	258927
马鞍山市	Maanshan	250	1256114	338715	144721	231002
芜湖市	Wuhu	806	3597429	784366	551138	769872
宣城市	Xuancheng	311	890439	186189	236252	327932
铜陵市	Tongling	214	1083879	361152	149446	202213
池州市	Chizhou	201	506341	79405	111006	142790
安庆市	Anqing	535	1152821	280887	237699	339699
黄山市	Huangshan	178	354734	103685	66547	106236

16—15 各市限额以上住宿和餐饮企业主要财务指标情况（2016年）

Main Financial Indicators of Enterprises Above Designated Size in Catering Trades by Status of Registration and by Sector by Region (2016)

地　区	Region	企业数（个）Number of Enterprises (unit)	流动资产合计 Circulating Funds	#存货 Stock	固定资产合计 Total Fixed Assets	固定资产原价 Original Value of Fixed Assets
总　计	**Total**	**1791**	**1677813**	**130197**	**2011454**	**2805778**
合肥市	Hefei	375	488959	42031	631228	889189
淮北市	Huaibei	22	29846	1698	7779	19608
亳州市	Bozhou	77	55263	3349	48917	70508
宿州市	Suzhou	80	56696	3181	81609	109113
蚌埠市	Bengbu	86	60686	7763	47578	68894
阜阳市	Fuyang	94	84667	4570	66845	78361
淮南市	Huainan	99	77751	4500	67765	101288
滁州市	Chuzhou	130	67341	10910	70171	97277
六安市	Luan	81	67460	4980	101859	137198
马鞍山市	Maanshan	53	47456	4101	26648	46565
芜湖市	Wuhu	216	189786	12109	269440	354746
宣城市	Xuancheng	82	68410	5121	75439	101476
铜陵市	Tongling	73	79117	2622	26770	46251
池州市	Chizhou	77	37254	2710	119736	156771
安庆市	Anqing	158	136507	15942	212065	262567
黄山市	Huangshan	88	130615	4613	157606	265966

单位：万元（10000 yuan）

累计折旧 Progessive Deprecia-tion	#本年折旧 Deprecia-tion this Year	资产总计 Total of Assets	负债合计 Total of Liabilities	#流动负债 Working Liabilities	所有者权益 Creditors' Equity	#实收资本 Capital Hold	#国家资本 National Capital
2154239	**360281**	**54739953**	**36642043**	**34411443**	**18098045**	**16598098**	**1521908**
762916	119987	24918776	18913220	17678753	6005556	3020440	929902
44920	8095	1086586	739567	729694	347019	188196	39365
68845	10140	2455962	1114792	1083969	1341170	747959	34914
87676	13961	1611752	961484	924291	650267	310454	18008
88605	20151	2192654	1599262	1504414	593392	6331037	39257
183871	26007	5845347	2368084	2162506	3477263	1915910	51442
95434	18500	1618236	1143890	1129587	474345	225612	76854
102613	19430	1696205	1042313	980820	653893	298857	47916
83686	13026	1414925	738965	727514	675960	740345	31647
86292	11734	1585246	1248382	1208812	336865	266017	53488
218887	36750	4883676	3439409	3182521	1444403	819540	65878
91926	20938	1280455	701776	647435	578678	233331	48107
53319	10587	1368321	1006496	960058	361825	997498	32767
43673	7643	669380	437990	425502	231391	99739	27373
101798	17206	1635572	926111	812381	709461	309370	17165
39779	6127	476861	260302	253188	216559	93795	7827

单位：万元（10000 yuan）

累计折旧 Progessive Deprecia-tion	#本年折旧 Deprecia-tion this Year	资产总计 Total of Assets	负债合计 Total of Liabilities	#流动负债 Working Liabilities	所有者权益 Creditors' Equity	#实收资本 Capital Hold	#国家资本 National Capital
821863	**158072**	**5198012**	**3711173**	**2736612**	**1486839**	**6432713**	**124552**
259680	49429	1560662	1205060	846639	355601	436991	52557
11878	1086	42584	27059	22900	15525	11645	
22330	7162	126364	80241	67251	46123	39763	13906
27518	13678	151519	69410	55718	82109	55698	2171
22473	4076	130479	81295	78693	49183	34628	2560
18045	3308	181592	124391	93440	57201	37920	1870
27696	5336	164078	118265	97436	45814	41002	3283
27124	5433	223451	141499	117069	81952	5066873	3470
35339	9204	258031	191142	156923	66889	65947	15
19918	1497	169201	127948	107322	41253	42956	748
109959	26467	549017	401019	305645	147999	174271	4000
26052	3084	231427	159862	102846	71565	37814	6653
19480	2747	138766	102758	80825	36007	49254	
37155	6572	200999	98302	71528	102697	63367	11527
50502	8637	533461	295423	219132	238039	125626	235
106717	10357	536382	487500	313246	48882	148960	21557

16—14 续表 continued

地区	Region	主营收入 Project Settlement Income	主营成本 Project Settlement Cost	主营税金及附加 Project Settlement Tax and Extra Charges	其他业务利润 Other Business Profit
总计	**Total**	**93492794**	**84648811**	**944232**	**256325**
合肥市	Hefei	38218332	35103375	210721	110870
淮北市	Huaibei	2211632	1980231	22810	43
亳州市	Bozhou	3194443	2652466	51604	2456
宿州市	Suzhou	3966315	3642822	55518	3867
蚌埠市	Bengbu	4193727	3783506	54584	7316
阜阳市	Fuyang	9886658	9112327	88724	14311
淮南市	Huainan	2039096	1816709	31115	8904
滁州市	Chuzhou	3862856	3438593	68295	4666
六安市	Luan	2833410	2382398	66342	8435
马鞍山市	Maanshan	3479624	3134342	42077	15719
芜湖市	Wuhu	9413312	8594735	72662	44533
宣城市	Xuancheng	2885683	2502771	49186	6037
铜陵市	Tongling	1648762	1534181	15659	8026
池州市	Chizhou	1015124	881101	22902	5158
安庆市	Anqing	3471404	3047407	67110	15196
黄山市	Huangshan	1172417	1041847	24924	788

16—15 续表 continued

地区	Region	主营收入 Project Settlement Income	主营成本 Project Settlement Cost	主营税金及附加 Project Settlement Tax and Extra Charges	其他业务利润 Other Business Profit
总计	**Total**	**2096168**	**1128712**	**56925**	**30132**
合肥市	Hefei	798985	374365	20516	10945
淮北市	Huaibei	24310	15975	543	
亳州市	Bozhou	60525	35635	1469	1516
宿州市	Suzhou	48160	26895	1749	273
蚌埠市	Bengbu	70521	41190	1638	23
阜阳市	Fuyang	73100	45898	1835	3164
淮南市	Huainan	60232	35371	1679	98
滁州市	Chuzhou	133100	86787	5061	1738
六安市	Luan	64183	33401	2019	590
马鞍山市	Maanshan	48919	28306	1195	507
芜湖市	Wuhu	202836	109947	5314	7867
宣城市	Xuancheng	74860	40930	1914	216
铜陵市	Tongling	58176	34410	1276	2007
池州市	Chizhou	59851	37595	1480	227
安庆市	Anqing	200430	118455	6379	690
黄山市	Huangshan	117983	63553	2860	272

单位：万元（10000 yuan）

销售费用 Operating Expense	管理费用 Management Expense	#税金 Tax	财务费用 Financial Expenses	营业利润 Operating Profit	利润总额 Total Profit	应交所得税 Payable Income Tax	本年应付工资薪酬 Total Payable Wages this Year
3967470	**1774741**	**93569**	**435273**	**2249501**	**2364097**	**377139**	**1836799**
1805454	641560	33629	207126	712617	801383	118819	670441
88167	41021	1948	12079	68156	70869	7465	37005
252019	79451	3636	8909	159260	152069	25178	146282
97591	76418	3114	12925	67822	74543	12661	74341
129156	90661	3866	28802	124840	112746	18606	77657
315871	164739	8215	36588	183335	201427	33630	127295
85497	58485	2481	7135	44192	56488	8282	51675
138885	90569	3604	15973	116242	114426	14840	98674
126402	61440	2438	7041	199545	173210	35028	84935
216242	62593	4815	9983	28038	60338	10619	73958
323650	160278	12889	37743	226948	233201	38533	141878
118522	67221	3454	5136	132121	97137	20350	72211
54662	35398	1765	16417	-2827	25491	5254	32210
46183	26297	1301	3856	35512	36082	4659	29811
126234	86863	5254	21346	127232	125178	18011	87929
42935	31747	1159	4214	26471	29508	5205	30496

单位：万元（10000 yuan）

销售费用 Operating Expense	管理费用 Management Expense	#税金 Tax	财务费用 Financial Expenses	营业利润 Operating Profit	利润总额 Total Profit	应交所得税 Payable Income Tax	本年应付工资薪酬 Total Payable Wages this Year
491978	**346629**	**17056**	**80046**	**14791**	**35882**	**14508**	**397907**
263648	143318	5111	25716	-11816	7172	8172	154042
42755	39159	2162	7603	1141	2493	1470	44858
12537	9227	651	1698	4206	3433	196	12147
12524	7500	985	2970	783	1126	315	15090
12182	8182	466	3176	-3465	-1396	109	13316
1843	3929	75	1341	1011	902	57	4287
12563	7961	371	2387	-111	835	160	9401
30803	22202	1085	8744	14373	8309	832	24106
17275	31756	1759	9396	-6166	-3655	1003	28402
15105	14732	893	3309	7839	7169	607	15323
13994	8362	711	2322	1292	1350	291	12149
9065	9299	329	1749	-352	89	196	9544
13646	12330	846	3876	-771	-69	279	14969
9438	8472	234	1830	4246	4042	141	9709
9641	8823	734	1208	1057	-382	141	15593
14961	11378	642	2721	1522	4466	542	14974

16—16 各市限额以上批发零售业商品购进、销售和库存情况（2016年）

Total Purchases, Sales and Inventory of Enterprises Above Designated Size in Wholesale and Retail and Inventory by Region (2016)

单位：万元（10000 yuan）

地 区	Region	从业人员（人）Persons Engaged (persons)	购进总额 Total Purchases Value	#进口 Imports	销售总额 Total Sales Value	批发 Wholesale Value	零售 Retail Value	年末库存总额 Stock (year-end)
总 计	**Total**	**375896**	**93857312**	**1873679**	**106827593**	**62392855**	**44434738**	**8115378**
合肥市	Hefei	112494	39882002	1297594	44522134	29223091	15299043	3230677
淮北市	Huaibei	11314	2229546	15875	2560323	1424522	1135802	141941
亳州市	Bozhou	19127	2708194	22	3168937	1717806	1451131	219662
宿州市	Suzhou	16056	3914362	9358	4772513	2856821	1915692	284405
蚌埠市	Bengbu	17007	4123622	217937	4799530	2177947	2621583	280913
阜阳市	Fuyang	33728	9667010	21340	10988914	7189707	3799207	587775
淮南市	Huainan	14878	2323613	22858	2503448	1154395	1349053	219915
滁州市	Chuzhou	21785	3994600	16362	4293720	1791472	2502248	521169
六安市	Luan	19372	2797039	21121	3273931	1482341	1791590	226094
马鞍山市	Maanshan	15606	3713038	85405	4061389	2578121	1483269	460204
芜湖市	Wuhu	34749	8447201	127714	10627911	6165943	4461968	872683
宣城市	Xuancheng	14515	2882772	853	3275250	1348142	1927107	202816
铜陵市	Tongling	7781	1708633	1873	1837396	1020077	817320	368501
池州市	Chizhou	7358	992767	817	1146903	340574	806329	116067
安庆市	Anqing	23756	3303220	17054	3695824	1425085	2270739	277503
黄山市	Huangshan	6370	1169695	17497	1299471	496814	802657	105055

16—17 各市限额以上住宿餐饮业经营情况（2016年）

Above Designated Accommodation Catering Business by Region (2016)

单位：万元（10000 yuan）

地 区	Region	从业人员（人）Persons Engaged (persons)	营业额 Turnover	客房收入 Room Revenue	餐费收入 Meals Income	商品销售收入 Commodity Sales	其他收入 Other Income	客房数（间）Guestroom Number (unit)	床位数（个）Bed Capacity (unit)	餐位数（位）Number of Seating Arrangement (unit)
总 计	**Total**	**125335**	**2153812**	**506612**	**1467385**	**113946**	**65870**	**217894**	**338406**	**1173299**
合肥市	Hefei	47350	819415	135797	598890	55691	29037	115173	170296	314901
淮北市	Huaibei	1572	25250	6258	18264	253	475	1334	2183	11116
亳州市	Bozhou	4260	61396	14589	45059	1039	709	3406	5600	31529
宿州市	Suzhou	4195	50130	13415	35681	318	717	3419	5889	24269
蚌埠市	Bengbu	3911	72390	19259	49510	2420	1201	4830	7653	34401
阜阳市	Fuyang	4637	73878	22878	45983	3743	1273	4651	7794	21159
淮南市	Huainan	4357	61883	12011	46320	3365	187	16005	17966	35672
滁州市	Chuzhou	5512	135436	36087	95553	740	3055	7182	11579	55264
六安市	Luan	5147	66778	22853	41331	1089	1504	6098	10369	35146
马鞍山市	Maanshan	3844	50596	8407	38988	2217	984	2356	3878	31289
芜湖市	Wuhu	11316	211090	51083	146629	6040	7338	17245	28504	61514
宣城市	Xuancheng	4774	78955	24703	46223	3263	4766	5360	8997	42931
铜陵市	Tongling	3343	61032	11694	47212	1288	839	1929	3145	163552
池州市	Chizhou	4404	61457	26039	32557	1265	1597	6344	11074	34406
安庆市	Anqing	9076	203708	45569	123270	29131	5738	10959	21545	230306
黄山市	Huangshan	7637	120421	55971	55914	2085	6452	11603	21934	45844

16—18 亿元商品交易市场情况（2016年）
Market Above 100 million Yuan (2016)

指　　标	Item	市场个数（个）Number of Markets (unit)	年末摊位数（个）Number of Booths (unit)	总成交额（万元）Transaction Value (10000 yuan)
全　　省	**Total**	**131**	**122802**	**27103505**
综合市场	**Comprehensive Markets**	**50**	**66619**	**12617369**
生产资料综合市场	The Material of Production Comprehensive Markets	3	10793	2321643
工业品综合市场	Markets for Manufactured Goods	12	27908	2735359
农业品综合市场	Markets for Agricultural Goods	21	14597	4814157
其他综合市场	Other Comprehensive Markets	14	13321	2746210
专业市场	**Specialized markets**	**81**	**56183**	**14486136**
生产资料市场	The Material of Production Markets	15	6904	3859533
农产品市场	Agricultural Product Markets	25	10849	2714416
食品饮料烟酒市场	Food, Drink, Tobacco and Liquor	4	2417	586989
纺织品服装鞋帽市场	Textile, Clothing, Shoes and Hats	9	12017	816488
日用品及文化用品市场	Daily Necessities and Cultual Product Markets			
电器通讯器材电子设备市场	Electrical Communication Equipment Electronic Equipment Markets	1	2299	917792
医药医疗用品及器材市场	Medicine and Medical Supplies and Equipment Markets	2	7244	2875880
家具五金及装饰材料市场	Furniture, Hardware and Decorative Materials Markets	15	9344	1242843
汽车摩托车及零配件市场	Automobile and Motorcycle Spare Parts Markets	6	1892	1174926
花鸟鱼虫市场	Flower, Bird, Fish, Insect Markets	2	1770	203944
其他专业市场	Other Professional Markets	2	1447	93325

16—19 各市亿元商品交易市场情况（2016年）
Market Above 100 million Yuan by Region (2016)

地　区	Region	市场个数（个）Number of Markets (unit)	年末摊位数（个）Number of Booths (unit)	营业面积（平方米）Business Area (sq.m)	总成交额（万元）Transaction Value (10000 yuan)
总　　计	**Total**	**131**	**122802**	**12731790**	**27103505**
合 肥 市	Hefei	34	22437	2974329	8221081
淮 北 市	Huaibei	7	8971	427967	910434
亳 州 市	Bozhou	3	8527	126000	3230472
宿 州 市	Suzhou	2	1172	1029640	107113
蚌 埠 市	Bengbu	4	9813	884382	2354617
阜 阳 市	Fuyang	21	14002	1482696	2839147
淮 南 市	Huainan	3	1337	73400	206128
滁 州 市	Chuzhou	14	11910	1274317	975622
六 安 市	Luan	3	2582	24033	93223
马鞍山市	Maanshan	4	1487	179500	642875
芜 湖 市	Wuhu	12	20893	1608417	2160455
宣 城 市	Xuancheng	6	3933	42512	1989193
铜 陵 市	Tongling	5	1920	327015	374691
池 州 市	Chizhou	5	2131	354505	200270
安 庆 市	Anqing	7	11125	1918077	2746507
黄 山 市	Huangshan	1	562	5000	51677

16—20 亿元以上商品交易市场摊位分类情况（2016年）
Classification of Commodity Exchange Markets of Transaction Value over 100 Million Yuan (2016)

指　　标	Item	年末摊位数（个）Number of Booths (unit)	总成交额（万元）Transaction Value (10000 yuan)
合　计	**Total**	**122802**	**27103505**
粮油、食品类	Grain and Oil, Food	29178	8545675
饮料类	Beverage Category	2374	569431
烟酒类	Smoke Wine	1995	482144
服装鞋帽、针、纺织品类	Clothing, Shoes, Hats and Textiles	25958	2542572
化妆品类	Cosmetics	667	81140
金银珠宝类	Gold, Silver and Jeweler	1778	342491
日用品类	Articles for Daily Use	5779	493387
五金、电料类	Hardware & Electrical Materials	4796	502384
体育、娱乐用品类	Sports & Recreational Articles	254	19525
书报杂志类	Newspapers and Magazines	241	185968
电子出版物及音像制品类	E-journal and Video Products	154	10120
家用电器和音像器材类	Household Appliances and Video Equipments	2246	889145
中西药品类	Traditional Chinese and Western Medicine	6817	2894694
文化办公用品类	Cultural and official Goods	759	151403
家具类	Furniture	3151	1170894
通讯器材类	Communication Appliances	117	10858
煤炭及制品类	Coal and Related Products	3	327
木材及制品类	Wood and Wooden Products	1208	250454
石油及制品类	Petroleum and Related Products	3	212
化工材料及制品类	Raw Chemical Materials and Related Products	597	191966
金属材料类	Metal Materials	2021	3079366
建筑及装潢材料类	Building and Decoration Materials	14883	2062194
机电产品及设备类	Mechanical & Electrical Products	2118	703569
汽车类	Automobile	1015	1155719
种子饲料类	Seed and Feedstuff	548	51360
棉麻类	Cotton and Hemp	33	21800
其他类	Others	14109	694707

注：国家统计局报表制度商品分类目录发生变化。

a) Changes takea place in the catalogue of the report system of the National Bureau of statistics.

16—21 各市社会消费品零售总额（2016年）
Total Retailsale of Consumer Goods in Major Years by Region (2016)

单位：万元（10000 yuan）

地　区	Region	社会消费品零售总额 Total Retail Sales of Consumer Goods	城　镇 Urban	城　区 City	乡　村 Rural	餐饮收入 Catering Income	商品零售 Commodity Retail
全　省	**Total**	**100002382**	**80647264**	**55243376**	**19355118**	**10860563**	**89141818**
合 肥 市	Hefei	24456959	24029696	19787807	427263	2512221	21944738
淮 北 市	Huaibei	3158564	2531280	1919190	627284	141422	3017142
亳 州 市	Bozhou	4921376	3688493	1138949	1232884	553119	4368257
宿 州 市	Suzhou	4769222	3959250	1655941	809972	485381	4283841
蚌 埠 市	Bengbu	6439881	5627266	4190821	812616	742076	5697805
阜 阳 市	Fuyang	7593756	5534760	2784390	2058996	1326057	6267700
淮 南 市	Huainan	5124626	4241935	3465051	882690	832001	4292624
滁 州 市	Chuzhou	5151519	4346198	2010921	805321	673516	4478003
六 安 市	Luan	5414623	2936635	2057712	2477988	655307	4759316
马鞍山市	Maanshan	4706254	4305183	2553655	401071	612437	4093817
芜 湖 市	Wuhu	8281706	7490169	5521491	791537	931793	7349913
宣 城 市	Xuancheng	4758406	2933210	1349635	1825196	592233	4166173
铜 陵 市	Tongling	3056798	2632385	1882119	424413	687734	2369064
池 州 市	Chizhou	2220692	1731944	1138799	488748	309999	1910693
安 庆 市	Anqing	6816837	4553574	3141966	2263263	569439	6247398
黄 山 市	Huangshan	3131163	2621534	1424889	509629	620146	2511017

注：全省分组数据为第三次经济普查国家调整后数据。

a) Data groups of the whole province is the data of the third economic census after adjusting by nation.

16—22 各县（市）社会消费品零售总额（2016年）
Total Retailsale of Consumer Goods in Major Years by County or City (2016)

单位：万元（10000 yuan）

县（市）	County or City	社会消费品零售总额 Total Retail Sales of Consumer Goods	城镇 Urban	乡村 Rural	餐饮收入 Catering Income	商品零售 Commodity Retail
合肥市辖区	Hefei Region of City	20244752	20244752		1993441	18370503
巢湖市	Chaohu	781677	711815	69862	157498	624179
长丰县	Changfeng	574307	509811	64496	77497	464820
肥东县	Feidong	980231	842822	137409	119649	812415
肥西县	Feixi	961783	879783	82000	104902	826261
庐江县	Lujiang	914209	840713	73496	59235	846559
淮北市辖区	Huaibei Region of City	2292172	1850619	441553	108061	2184111
濉溪县	Suixi	866392	680661	185731	33361	833031
亳州市辖区	Bozhou Region of City	1782700	1543765	238936	183774	1598926
涡阳县	Guoyang	1125736	793790	331946	133181	992555
蒙城县	Mengcheng	1067052	782525	284528	124549	942503
利辛县	Lixin	945888	568413	377475	111615	834273
宿州市辖区	Suzhou Region of City	2233481	1887684	345797	98472	2135010
砀山县	Dangshan	622249	527606	94643	122006	500243
萧县	Xiaoxian	895666	697013	198653	148962	746704
灵璧县	Lingbi	542124	468770	73355	48659	493465
泗县	Sixian	475701	378178	97524	67282	408419
蚌埠市辖区	Bengbu Region of City	4041278	3722842	318436	526413	3514865
怀远县	Huaiyuan	1147403	881009	266394	61818	1085585
五河县	Wuhe	690945	506188	184758	61247	629698
固镇县	Guzhen	560255	517227	43028	92598	467657
阜阳市辖区	Fuyang Region of City	3149393	2361244	788150	956306	2193088
界首市	Jieshou	553440	359736	193704	60878	492562
临泉县	Linquan	877739	605640	272099	36319	841421
太和县	Taihe	1480906	1036635	444272	70017	1410890
阜南县	Funan	742175	656303	85872	30114	712061
颍上县	Yingshang	790102	515203	274899	172423	617679
淮南市辖区	Huainan Region of City	3550657	3186698	363959	492545	3058112
凤台县	Fengtai	707076	509095	197981	186368	520708
寿县	Shouxian	866893	546142	320750	153088	713804
滁州市辖区	Chuzhou Region of City	1318858	1271668	47189	79799	1239059
天长市	Tianchang	798506	692506	106000	108488	690018
明光市	Mingguang	657254	562177	95077	137589	519665
来安县	Laian	587638	451637	136001	94643	492995
全椒县	Quanjiao	580879	482149	98730	85778	495101
定远县	Dingyuan	592149	534467	57682	57709	534440
凤阳县	Fengyang	616235	351594	264641	109510	506725

16—22 续表 continued

单位：万元（10000 yuan）

县（市）	County or City	社会消费品零售总额 Total Retail Sales of Consumer Goods	城　镇 Urban	乡　村 Rural	餐饮收入 Catering Income	商品零售 Commodity Retail
六安市辖区	Luan Region of City	2695056	1895564	799492	239918	2455138
霍邱县	Huoqiu	919898	345732	574166	91951	827947
舒城县	Shucheng	784749	306736	478013	72043	712705
金寨县	Jinzhai	643936	243982	399954	59116	584819
霍山县	Huoshan	370985	144622	226363	34058	336927
马鞍山市辖区	Maanshan Region of City	2836062	2733075	102987	368187	2467875
当涂县	Dangtu	793232	680481	112751	103663	689569
含山县	Hanshan	460937	365638	95299	60097	400840
和县	Hexian	616023	525989	90034	80490	535533
芜湖市辖区	Wuhu Region of City	5530053	5521491	8562	532390	4997664
芜湖县	Wuhu	550600	365132	185468	69367	481234
繁昌县	Fanchang	461801	315866	145935	99049	362752
南陵县	Nanling	662059	409216	252843	76554	585505
无为县	Wuwei	1077192	878464	198729	154434	922758
宣城市辖区	Xuancheng Region of City	1807843	916309	891534	211436	1596407
宁国市	Ningguo	919925	608990	310935	96593	823332
郎溪县	Langxi	365189	248453	116736	68787	296402
广德县	Guangde	704014	454602	249412	100601	603413
泾县	Jingxian	425779	292799	132980	55131	370648
绩溪县	Jixi	311727	246746	64981	43744	267983
旌德县	Jingde	223929	165311	58618	15941	207988
铜陵市辖区	Tongling Region of City	2342330	2266706	75624	520546	1821784
枞阳县	Zongyang	714468	365679	348789	142893	571575
池州市辖区	Chizhou Region of City	1244923	1141386	103537	169879	1075045
东至县	Dongzhi	451040	264120	186920	54801	396239
石台县	Shitai	126449	74460	51989	20335	106114
青阳县	Qingyang	398281	251978	146303	64985	333296
安庆市辖区	Anqing Region of City	2824890	1743204	1081686	159972	2664918
桐城市	Tongcheng	859963	825445	34518	97031	762933
怀宁县	Huaining	742238	309898	432340	91076	651162
潜山县	Qianshan	614073	499789	114284	92587	521486
太湖县	Taihu	428669	207842	220827	31779	396890
宿松县	Susong	622599	512097	110502	53683	568916
望江县	Wangjiang	445005	301630	143376	19822	425183
岳西县	Yuexi	279400	153670	125730	23490	255910
黄山市辖区	Huangshan Region of City	1735517	1577630	157887	368348	1367169
歙县	Shexian	678309	497708	180601	113848	564461
休宁县	Xiuning	361269	280939	80330	51389	309880
黟县	Yixian	117717	89881	27836	32903	84814
祁门县	Qimen	238351	175375	62976	53658	184692

主要统计指标解释

批发业

指批发商向批发、零售单位及其他企事业、机关单位批量销售生活用品和生产资料的活动，以及从事进出口贸易和贸易经纪与代理的活动。批发商可以对所批发的货物拥有所有权，并以本单位、公司的名义进行交易活动；也可以不拥有货物的所有权，而以中介身份做代理销售商。还包括各类商品批发市场中固定摊位的批发活动。

零售业

指百货商店、超级市场、专门零售商店、品牌专卖店、售货摊等主要面向最终消费者（如居民等）的销售活动。包括以互联网、邮政、电话、售货机等方式的销售活动，还包括在同一地点，后面加工生产，前面销售的店铺（如前店后厂的面包房）。不包括：谷物、种子、饲料、牲畜、矿产品、生产用原料、化工原料、农用化工产品、机械设备（乘用车、计算机及通信设备等除外）等生产资料的销售(列入批发业)；非零售单位附带的零售活动，如汽车修理单位销售汽车零件（列入单位主业所对应的行业类别中）；商业零售单位所在商厦的物业管理（列入物业管理）；商业零售单位所在的商品市场、商业大厦的市场管理活动（列入市场管理）。

批发和零售业商品购进、销售、库存额

指各种登记注册类型的批发和零售业企业(单位)以本企业(单位)为总体的，从国内、国外市场购进的商品总量，销售和出口的商品总量，库存的商品总量等情况。该指标可以反映商品流转过程中商品的购进、销售、库存之间的比例关系和存在的问题。

商品购进额

指从本企业以外的单位和个人购进（包括从国外直接进口）作为转卖或加工后转卖的商品金额（含增值税）。商品购进包括：（1）从工农业生产者、批发和零售业企业、住宿和餐饮业企业、出版社或报社的出版发行部门和其他服务业企业购进的商品；（2）从机关团体、事业单位购进的商品；（3）从海关、市场管理部门购进的缉私和没收的商品；（4）从居民收购的废旧商品等。不包括：（1）企业为本单位自身经营用，不是作为转卖而购进的商品，如材料物资、包装物、低值易耗品、办公用品等；（2）未通过买卖行为而收入的商品，如接受其他部门移交的商品、借入的商品、收入代其他单位保管的商品、其他单位赠送的样品、加工回收的成品等；（3）经本单位介绍，由买卖双方直接结算，本单位只收取手续费的业务；（4）销售退回和买方拒付货款的商品；（5）商品溢余。

商品销售额

指对本单位以外的单位和个人出售的商品金额（包括售给本单位消费用的商品，含增值税）。商品销售包括（1）售给城乡居民和社会集团消费用的商品；（2）售给农业、工业、建筑业、运输邮电业、服务业、公用事业等国民经济各行业用于生产、经营用的商品，包括售予批发和零售业作为转卖或加工后转卖的商品；（3）对国（境）外直接出口的商品。不包括：（1）未通过买卖行为付出的商品，如随机构变动移交给其他企业单位的商品、借出的商品、归还受其他单位委托代保管的商品、付出的加工原料和赠送给其他单位的样品等；（2）经本单位介绍，由买卖双方直接结算，本单位只收取手续费的业务；（3）购货退回的商品；（4）商品损耗和损失；（5）出售本单位自用的废旧物资。

商品库存额

指报告期末各种登记注册类型的批发和零售业企业(单位)已取得所有权的商品。它反映批发和零售业企业(单位)的商品库存情况和对市场商品供应的保证程度。商品库存包括：(1)存放在批发和零售业经营单位(如门市部、批发站、采购站、经营处)的仓库、货场、货柜和货架中的商品；(2)挑选、整理、包装中的商品；(3)已记入购进而尚未运到本单位的商品，即发货单或银行承兑凭证已到而货未到的商品；(4)寄放他处的商品，如因购货方拒绝付款而暂时存在购货方的商品；(5)委托其他单位代销(未作销售或调出)尚未售出的商品；(6)代其他单位购进尚未交付的商品。不包括：所有权不属于本单位的商品；委托外单位加工的商品；外贸企业代理其他单位从国外进口尚未付给订货单位的商品；代国家物资储备部门保管的商品等。

连锁总店（总部）

指负责连锁企业资源（商号、商誉、经营模式、服务标准、管理模式等等）的开发、配置、控制或使用等功能的企业核心管理机构。连锁经营是指经营同类商品或服务，使用统一商号的若干店铺，在同一总店（总部）的管理下，采取统一采购或特许经营等方式，实现规模效益的组织形式，包括直营连锁、特许连锁和自愿连锁三种形式。其中，直营连锁是指连锁店铺由连锁公司全资或控股开设，在总部的直接控制下，开展统一经营的连锁经营形式；特许连锁是指拥有注册商标、企业标志、专利、专有技术等经营资源的企业（特许人），以合同形式将其拥有的经营资源许可其他经营者（被特许人）使用，被特许人按合同约定在统一的经营模式下开展经营，并向特许人支付特许经营费用的连锁经营形式；自愿连锁是指若干个店铺或企业自愿组合起来，在不改变各自资产所有权关系的情况下，以同一个品牌形象面对消费者，以共同进货为纽带开展的连锁经营形式。

亿元以上商品交易市场

指年成交额在亿元及以上的商品交易市场。商品交易市场是指经有关部门和组织批准设立，有固定场所、设施，有经营管理部门和监管人员，若干市场经营者入内，常年或实际开业三个月以上，集中、公开、独立地进行生活消费品、生产资料等现货商品交易以及提供相关服务的交易场所，包括各类消费品市场、生产资料市场等。

社会消费品零售总额

指企业（单位、个体户）通过交易直接售给个人、社会集团非生产、非经营用的实物商品金额，以及提供餐饮服务所取得的收入金额。个人包括城乡居民和入境人员，社会集团包括机关、社会团体、部队、学校、企事业单位、居委会或村委会等。

Explanatory Notes for Major Statistical Indicators

Wholesale Trade

refers to the activities of wholesaler selling at wholesale commodities for daily use and capital goods to enterprises of wholesale and retail trades and other enterprises, institutions and government offices, including the activities of wholesaler engaged in import and export and acting as a trade agent. The wholesaler may have the right of ownership over the commodities of wholesale and trade in the name of its own's or a company, the wholesaler may not have the right of ownership, only acts an agent. The wholesale trade also include the activities of wholesaler at the fixed stalls of the wholesale market of different commodities.

Retail Trade

refers to the activities of department store, supermarket, franchised store, brand store, retail stall and on-the-spot-making-selling store selling commodities to the final consumers (citizens) by any means including internet, post, telephone, sales machine. Retail trade excludes the activities of sales of capital goods such a grain, seed, feed, livestock, mineral products, raw material for production, industrial chemicals, chemical products for farm, machine and equipment (vehicle, computer and communication equipment), and the activities of supplementary sales of non-retailer such as the sales of spare parts of car repair business (listed as branch in correspondence with principle business), property management of buildings of retail units (listed as property management); market management of commercial markets and buildings of retail units (listed as market management) .

Purchase, Sales and Stock of Commodities by Wholesale and Retail Trades

refer to the total volume of commodities purchased, total volume of sales and exports, and the stock of commodities by wholesale and retail enterprises (establishments) of different status of registration from domestic and overseas markets. This indicator reflects the relationship among purchase, sales and stock of commodities in the circulation of goods and reveals the existing problems.

Total Purchases of Commodities

refer to the total value of purchases of commodities by enterprises (establishments) from other establishments or individuals (including direct import from abroad) for the purpose of re-selling, either with or without further processing of the commodities purchased. The commodities include: (1) commodities purchased from agricultural and industrial producer, wholesaler, retailer, publishing house and other service business; (2) commodities purchased from institutions and government departments; (3) confiscated goods purchased from the customs authorities or market management agencies; (4) second-hand goods and wastes purchased from residents; The commodities exclude 1. commodities purchased by enterprises (establishments) for use in their own business operation, commodities obtained without buying or selling procedures such as materials, consumable goods of low value, office appliance, etc. 2. received goods without trading, such as goods handed over from others, borrowed goods, preserved goods for others, donated goods from others, processed and retrieved goods, etc. 3. goods of direct settlement between buyer and seller with handling fees introduced by others, 4. goods returned or refused to pay by the buyer, 5. excessive goods.

Total Sales of Commodities

refer to value of commodities sold by the establishments to other establishments and individuals (including goods sold for self consumption, including the value-added tax). The commodities include: (1) commodities sold to urban and rural residents and social groups for their consumption; (2) commodities sold to establishments in all industries for their production and operation, including agriculture, industry, construction, transportation, post and telecommunications, catering services, and public utility including commodities sold to wholesale and retail establishments for re-selling, with or without further processing; and (3) commodities for direct export to abroad. Excluded are (1) extended commodities without trading, such as goods handed over to other enterprises and institutions because of the change of organizations, lent goods, returned goods preserved for others, extended processing materials and samples donated to others, (2) goods of direct settlement between buyer and seller with handling fees introduced by others, 3. goods returned after purchase, (4) damaged and spoiled goods, (5) waste and used goods of self use,

Total Stock of Commodities

refers to total commodities possessed by wholesaler and retailer of various types of registration status at the end of the reference period, reflecting the commodity stock level of various wholesaler and retailer and the potential for market supply. It includes: (1) commodities located in storage, garages, counters, and shelves of operating places of wholesale and retail trades (such as sale stores, wholesale centres, procurement stations and operating offices); (2) commodities in the process of being selected, sorted, and packed; (3) commodities not arrived but recorded as purchase in the account, i.e. commodities not arrived but payment receipts for the commodities from the sellers or the banks arrived; (4) commodities deposited in other places rather than places mentioned above, for instance: commodities in the hold of purchasers temporarily due to the refusal of payment; (5) commodities entrusted to other units to sell but not sold yet; (6) commodities purchased for other units but not delivered yet. Commodities not included as stock are those not owned by the enterprises (units), commodities on commission for processing, imported commodities of agency of foreign trade enterprise but not yet delivered to ordering units and finally those put in stock on behalf of the state material reserves units.

Chain Head Stores (headquarter)

refer to the core leading stores responsible for development, allocation, administration and utilization of resources (name of stores, brand of stores, operation model, service standard, management way, etc.) of chain stores. Chain stores refers to the stores engaged in providing homogeneous commodities or services, with the central leadership of head store (headquarters) and guided by common policies, conduct centralized purchase and distributed selling of commodities, in order to gain better efficiency through standardized operation. The chain stores include regular chain stores, franchise chain stores and voluntary chain stores. Regular Chain store refers to chain stores that are invested or controlled by the headquarters. They operate under direct and unified management from the headquarters. Franchise chain store refers to the chain stores (franchisees) which are franchised with operation resources such as trade marks, names, patent and operation know-how by the franchisors in form of contract and pay the operation fees to the franchisors. Voluntary chain store refers to the stores operate jointly on the voluntary bases while maintaining their status of independent legal entities with full ownership of their assets. They sell goods of same brand from same channel of resource to the consumers.

Large Commodity Markets with Transaction Value over 100 Million Yuan

refers to the commodity markets with an annual transaction at and above 100 million. The commodity market refers to the markets approved and managed by related departments, where there are fixed sites, facilities, managers and administration offices, where there are a certain number of traders to operate for three month and above or all the year, where the commodities including the articles for daily consumption and capital goods and services are traded in a centralized, independent and open way. Such market includes markets of daily goods and market of capital goods, etc.

Total Retail Sales of Consumer Goods

refer to the amount obtained by enterprises (units, self-employed individuals) through direct sales of non-production and non-business physical commodity to individuals, social institutions, and revenue from providing catering services. Individuals include rural and urban households, population from abroad, social institutions include government agencies, social organizations, military units, schools, institutions, neighbourhood (village) committees.

第十七篇

Chapter 17

对外经济贸易

FOREIGN TRADE AND ECONOMIC COOPERATION

简要说明

一、我省进出口贸易的规模、进出口商品结构、贸易伙伴国的进出口总额以及三资企业的进出口变化情况，根据合肥海关资料加工整理。

二、利用外资资料来源于省商务厅，根据国家商务部和国家统计局共同制订的《利用外资统计制度》加工、整理而成。

三、外商投资企业注册登记情况。资料来源于省工商行政管理局，根据国家工商行政管理局制订的《工商行政管理系统统计报表制度》进行统计、加工、整理而得。凡以工商行政管理机关核准注册，在我省的中外合资经营企业、中外合作经营企业、外商独资企业、中外股份公司、在华从事经营活动的外国及港澳台地区企业及外国公司在我省境内设立的分支机构均列入统计范围。

四、对外承包工程和劳务合作的发展状况。资料来源于省商务厅，根据国家商务部与国家统计局共同制订的《对外承包工程和劳务合作统计制度》通过全面调查方法进行加工、整理而得。

Brief Introduction

I. Data on scale of import and export, commodity structure, total volume of import and export to trade partner and change in import and export of joint, cooperative or exclusively foreign-funded ventures are collected in accordance with the data provided by the Hefei Customs.

II. Data on overall situation of the utilization of foreign capital in Anhui come from the Provincial Department of Commerce and are tabulated in accordance with the “Statistical Scheme on the Utilization of Foreign Capital” designed by the Ministry of Commerce and Economic Cooperation and the National Bureau of Statistics.

III. Data on the registration of the foreign-funded enterprises in various regions come from the Provincial Administration for Industry and Commerce and are tabulated in accordance with the “Statistical Reporting Scheme in the Administrative System of Administration for Industry and Commerce” stipulated by the State Administration for Industry and Commerce. The statistical coverage includes all the Sino-foreign joint ventures, Sino-foreign cooperative enterprises, ventures exclusively with foreign investment, Sino-foreign shareholding companies, foreign enterprises and enterprises of Hong Kong, Macao and Taiwan engaged in commercial activities and the branch offices of the foreign companies, which have been approved by and registered at the Administration for Industry and Commerce to set up in boundary of Anhui Province.

IV. Data on development of the contracted projects, labor services cooperation and design and consultation service with foreign countries come from the Provincial Department of Commerce and are collected with the method of complete enumeration and are tabulated in accordance with the “Statistical Reporting Scheme on the Contracted Projects and Labor Services Cooperation with Foreign Countries” jointly stipulated by the Ministry of Commerce and Economic Cooperation and the National Bureau of Statistics.

17—1 对外经济贸易基本情况
Foreign Trade and Economic Cooperation

单位：万美元（USD 10000）

指　　标	Item	2000	2005	2010	2015	2016
进出口总额	**Total Imports and Exports**	**334689**	**911971**	**2427677**	**4880808**	**4437989**
出口总额	Total Exports	217206	519038	1241288	3311424	2848375
初级产品	Primary Products	28988	37045	78229	182463	173196
工业制成品	Industrial Manufactured Goods	188218	481993	1163059	3128960	2675179
进口总额	Total Imports	117483	392933	1186388	1569384	1589615
初级产品	Primary Products	45718	208280	629398	797477	858608
工业制成品	Industrial Manufactured Goods	71765	184653	556991	771907	731007
进出口差额	Import and Export Balance	+99723	+126105	+54900	+1742040	+1258760
利用外商直接投资	**Foreign Direct Investment Utilization**					
新批项目（个）	The New Projects (unit)	247	421	281	289	267
合同外资额	The Contract Amount of Foreign Investment	63602	155358	216462	393800	411413
实际利用外商直接投资额	The Actual Use of Foreign Direct Investment	31847	68845	501446	1361945	1476712
外商投资企业基本情况	**The Basic Situation of Enterprises With Foreign Investment**					
年底登记户数（户）	At The End of The Registration Number (household)	2216	2165	2546	5063	5549
投资总额	The Total Amount of Investment	914400	1548601	3032426	10648647	6725627
注册资本	Registered Capital	586788	890476	1734905	3091647	3457685
#外　方	Foreign	341328	593280	1293032	2234387	2551017
对外承包工程和劳务合作	**Foreign Contracted Projects and Labor Service Cooperation**					
对外承包工程新签合同额	Newly Signed Contract of Foreign Contracted Projects	11768	36396	151147	307024	307609
对外承包工程完成营业额	Foreign Contracted Projects Completed Turnover	7308	12585	192746	269258	309408
劳务人员实际收入总额	Labor Income Amount				11118	9083
外派劳务人数（人）	Expatriate Population (person)	2019	5756	12631	10500	10044
年末在外劳务人员（人）	At the end of the Year in Foreign Labor Service Personnel (person)	4272	11042	20236	23691	19197
对外投资	**Foreign Investment**					
新批境外企业（机构）数（家）	A new Batch of Overseas Enterprises (Institutions) Number (home)		15	44	133	121
协议对外投资额	Agreement of Foreign Investment		704	112504	318197	382275
实际对外投资额	The Actual Amount of Foreign Investment		1841	80966	96846	114369

注：2013年以后外商投资企业年底登记户数含外商投资企业分支机构。
a) By the end of 2013 registration number of enterprises with foreign investment include branches of enterprises.

17—2 海关出口商品分类金额
Value of Exports by Category of Commodities (Customs Statistics)

单位：万美元（USD 10000）

指 标	Item	2000	2005	2010	2015	2016
总 额	**Total**	**217206**	**519038**	**1241288**	**3311424**	**2848375**
初级产品	Primary Goods	28988	37045	78229	182463	173196
食品及主要供食用的活动物	Food and Live Animals Used Chiefly for Food	18098	22603	47659	90668	87901
饮料及烟类	Beverages and Tobacco	29	17	129	217	587
非食品原料	Non-edible Raw Materials	10246	14288	29947	36791	34688
矿物燃料、润滑油及有关原料	Mineral Fuels, Lubricants and Related Materials	596	16	65	403	312
动、植物油脂及腊	Animal and Vegetable Oils, Fats and Wax	19	121	428	54384	49708
工业制成品	Manufactured Goods	188218	481993	1163059	3128960	2675179
化学品及有关产品	Chemicals and Related Products	22855	60227	148644	217230	184685
轻纺产品、橡胶制品、矿冶产品及其制品	Light and Textile Industrial Products, Rubber Products, Minerals Metallurgical Products	72552	205767	281446	906051	714309
机械及运输设备	Machinery and Transport Equipment	25386	142220	421797	1210348	1192111
杂项制品	Miscellaneous Products	67425	72718	310905	644557	445854
未分类的商品	Goods not Classified		1061	267	150774	138220

17—3 海关进口商品分类金额
Value of Imports by Category of Commodities (Customs Statistics)

单位：万美元（USD 10000）

指 标	Item	2000	2005	2010	2015	2016
总 额	**Total**	**117483**	**392933**	**1186388**	**1569384**	**1589615**
初级产品	Primary Goods	45718	208280	629398	797477	858608
食品及主要供食用的活动物	Food and Live Animals Used Chiefly for Food	941	8113	27272	107868	137646
饮料及烟类	Beverages and Tobacco		4	110	596	938
非食品原料	Non-edible Raw Materials	43747	189954	568818	643688	653682
矿物燃料、润滑油及有关原料	Mineral Fuels, Lubricants and Related Materials	577	8101	26226	28190	40988
动、植物油脂及腊	Animal and Vegetable Oils, Fats and Wax	453	2108	6971	17136	25354
工业制成品	Manufactured Goods	71765	184653	556991	771907	731007
化学品及有关产品	Chemicals and Related Products	12448	30386	60091	110446	104098
轻纺产品、橡胶制品、矿冶产品及其制品	Light and Textile Industrial Products, Rubber Products, Minerals Metallurgical Products	14791	42157	85325	174572	178993
机械及运输设备	Machinery and Transport Equipment	41439	102515	367495	224899	242672
杂项制品	Miscellaneous Products	3087	9595	43856	100118	86930
未分类的商品	Goods not Classified			224	161872	118315

17—4 海关进出口商品分类金额
Value of Imports and Exports by Category of Commodities (Customs Statistics)

单位：万美元（USD 10000）

品名	Item	2015 出口 Exports	2015 进口 Imports	2016 出口 Exports	2016 进口 Imports
总值	**Total**	**3311424**	**1569384**	**2848375**	**1589615**
初级产品	**Primary Goods**	**182463**	**797477**	**173196**	**858608**
食品及活动物	Food and Live Animals	90668	107868	87901	137646
活动物	Live Animals	406	987	423	
肉及肉制品	Meat and Related Products	600	7384	174	53362
乳品及蛋品	Dairy Products and Eggs	42	8348	20	8394
鱼、甲壳及软体类动物及其制品	Fish, Shellfish and Mollusks and Related Products	4133	257	5136	425
谷物及其制品	Cereals and Related Products	7409	17934	9190	8811
蔬菜及水果	Vegetables and Fruits	23550	25565	22545	17575
糖、糖制品及蜂蜜	Sugar, Sugar Products and Honey	10941	301	7874	435
咖啡、茶、可可、调味料及其制品	Coffee, Tea, Coco, Spices and Related Products	24683	2411	26484	2676
饲料（不包括未碾磨谷物）	Feed (excluding unbranded cereal)	1930	23683	1385	17170
杂项食品	Miscellaneous Food	16974	20996	14671	28798
饮料及烟类	Beverages and Tobacco	217	596	587	938
饮料	Beverages	217	596	176	938
烟草及其制品	Tobacco and Its Products			411	
非食用原料（燃料除外）	Inedible Material (excluding fuel)	36791	643688	34688	653682
生皮及生毛皮	Raw Hides and Raw Furs	181	659	33	1013
油籽及含油果实	Oil Seeds and Fruits Containing Oil	4124	25258	2860	24431
生橡胶（包括合成橡胶及再生橡胶）	Raw Rubber (including synthetic rubber and reclaimed rubber)	625	16173	612	14864
软木及木材	Cork and Timber	6448	9283	6388	13642
纸浆及废纸	Paper Pulp and Waste Paper	2152	51948	1357	55596
纺织纤维（羊毛条除外）及其原料	Textile Fibers (excluding wool taps) and Related Waste Material	6633	8745	6354	8209
天然肥料及矿物（煤、石油及宝石除外）	Natural Fertilizer and Mineral (excluding coal, petroleum and precious stone)	1870	2565	618	5231
金属矿砂及金属废料	Metal Ore and Metal Waste Material	46	528612		527687
其他动、植物原料	Other Animal and Plant Material	14713	443	16466	3009
矿物燃料、润滑油及有关原料	Mineral Fuel, Lubrication Oil and Related Raw Material	403	28190	312	40988
煤、焦炭及煤砖	Coal, Coke and Briquette	65	10521	65	20299
石油、石油产品及有关原料	Petroleum, Petroleum Products and Related Material	209	16900	202	20013
天然气及人造气	Natural Gas and Person Gas-producing	130	768	45	676
动植物油、脂及蜡	Animal Fat, Vegetable Oil and Wax	54384	17136	49708	25354
动物油、脂	Animal Fat	122	2881	169	5068
植物油、脂	Vegetable Oil	649	10435	129	15955
已加工的动植物油、脂及动植物蜡	Processed Animal Fat, Vegetable Oil and Wax	43	113	126	81
其他动植物油、脂及蜡	Other Animal Fat,Vegetable Oil and Wax	53570	3707	49284	4250
工业制品	**Industrial Products**	**3128960**	**771907**	**2675179**	**731007**
化学成品及有关产品	Chemical Products and Related Products	217230	110446	184685	104098
有机化学品	Organic Chemical Products	76186	22649	74457	26557
无机化学品	Inorganic Chemical Products	19127	4784	14529	5584

17—4 续表 continued

单位：万美元（USD 10000）

品名	Item	2015 出口 Exports	2015 进口 Imports	2016 出口 Exports	2016 进口 Imports
染料、鞣料及着色料	Dyestuff, Tanning Material and Coloring Material	8169	2526	6644	2642
医药品	Medical and Pharmaceutical Products	20704	2241	19691	2643
精油、香料及盥洗、光洁制品	Essential Oil, Perfume, Sanitary and Surface Finishing Articles	17858	3909	15207	4005
制成废料	Produced Wasted Articles	29444		16125	
初级形状的塑料	Primary Shaped Plastics	12511	53645	11519	46725
非初级形状的塑料	Non-primary Shaped Plastics	19902	4699	17482	4623
其他化学原料及产品	Other Chemical Material and Products	13328	15991	9030	11320
轻纺产品、橡胶制品、矿冶产品及其制品	Textile Products, Rubber Products, Mining and Metallurgical Products	906051	174572	714309	178993
皮革、皮革制品及已鞣毛皮	Leather and Its Products and Tan Hide	30731	11	24467	37
橡胶制品	Rubber Products	50693	15316	41202	21532
软木及木制品（家具除外）	Cork and Wooden Products (excluding furniture)	19409	2865	21636	4772
纸及纸板、纸浆、纸及纸板制品	Paper, Paperboard, Paper Pulp and Paper Products	54996	1709	39703	1818
纺纱、织物、制成品及有关产品	Spinning, Fabric and Related Products	367020	35725	319287	30627
非金属矿物制品	Nonmetal Mineral Products	96691	30097	74679	31845
钢　铁	Iron and Steel	106022	10825	83398	8514
有色金属	Nonferrous Metal	53624	71059	33571	72812
金属制品	Metal Products	126865	6965	76367	7037
机械及运输设备	Machinery and Transportation Equipment	1210348	224899	1192111	242672
动力机械及设备	Dynamic Machinery and Equipment	50990	20012	46560	19595
特种工业专用机械	Special Industrial Machinery	306321	27507	259427	31571
金工机械	Metalworking	12938	21286	11976	34808
通用工业机械设备及零件	General Industrial Machinery Equipment and Accessories	170788	46999	199185	42324
办公用机械及自动数据处理设备	Office Machinery and Automatic Data Processing Equipment	25452	66913	81237	56968
电信和声音的录制及重放装置设备	Telecommunication, Sound Recording and Playing Equipment	82498	2261	86577	2621
电力机械、器具及其电气零件	Electric Machinery, Implements and Spare Parts	314048	36220	295470	47057
陆路车辆（包括气垫式）	Land Route Vehicles (including hover-motor)	221586	2865	186761	6829
其他运输设备	Other Transportation Equipment	25727	836	24920	898
杂项制品	Miscellaneous Manufactured Articles	644557	100118	445854	86930
活动房屋、卫生水道、供热及照明装置	Prefabricated House, Sanitation, Water Pipe, Heating and Lighting Installation	76585	333	46040	211
家具及其零件、褥垫及类似填充制品	Furniture and Accessories, Mattress, Bedding Articles	82570	561	65545	98
旅行用品、手提包及类似品	Box and Bag, Travel Goods	30447	38	22262	35
服装及衣着附件	Garments, Clothing Accessories	12105	68	7604	165
鞋　靴	Footwear	66337	42	56044	26
专业、科学及控制用仪器装置	Professional, Scientific and Dominating Instrument	171277	69442	95893	49373
摄影器材、光学物品及钟表	Photographic Equipment, Optical Goods, Clocks and Watches	16631	17112	11737	24094
杂项制品	Miscellaneous Manufactured Articles	188605	12522	140728	12926
未分类的商品	Goods Not Classified	150774	161872	138220	118315

17—5 安徽省同各国（地区）进出口总额
Anhui's Foreign Trade With Related Countries and Territories

单位：万美元（USD 10000）

国别（地区）	Country (region)	2015 进出口总额 Total	2015 出口总额 Exports	2015 进口总额 Imports	2016 进出口总额 Total	2016 出口总额 Exports	2016 进口总额 Imports
合　计	**Total**	**4880808**	**3311424**	**1569384**	**4437989**	**2848375**	**1589615**
亚　洲	**Asia**	**2102546**	**1440279**	**662267**	**1816057**	**1225398**	**590660**
阿富汗	Afghanistan	250	250		555	555	
巴　林	Bahrain	2495	2491	4	1673	1669	4
孟加拉国	Bangladesh	25448	24739	710	25135	24621	514
不　丹	Kingdom of Bhutan	20	20				
文　莱	Brunei	6522	6522		529	529	
缅　甸	Myanmar	23906	23903	3	6370	6370	
柬埔寨	Cambodia	5685	5489	197	7875	7685	190
塞浦路斯	Cyprus	401	401		397	364	32
朝　鲜	Democratic People's Republic of Korea	7825	7595	230	6827	6647	180
香　港	Hong Kong	201320	198195	3125	179423	175418	4005
印　度	India	144907	114384	30524	135100	111084	24016
印度尼西亚	Indonesia	67462	51691	15771	71622	45876	25746
伊　朗	Iran	110892	96560	14332	97020	92502	4518
伊拉克	Iraq	18717	18716		11998	11998	
以色列	Israel	14846	14074	771	13499	12714	785
日　本	Japan	221474	141709	79765	238587	135355	103232
约　旦	Jordan	7730	7730		3209	3209	
科威特	Kuwait	6908	6630	279	8531	8306	226
老　挝	Laos	15804	6077	9727	12035	4649	7386
黎巴嫩	Lebanon	6092	6089	3	3466	3464	1
澳　门	Macao	8795	8794		4206	4206	
马来西亚	Malaysia	154460	70439	84020	126152	65252	60901
马尔代夫	Maldives	284	284		141	141	
蒙　古	Mongolia	691	547	144	1215	1215	
尼泊尔	Nepal	251	251		202	202	
阿　曼	Oman	7759	5387	2373	3315	2949	365
巴基斯坦	Pakistan	37739	32912	4827	31645	26426	5219
巴勒斯坦	Palestine	201	201		78	78	
菲律宾	The Philippines	68128	42750	25378	46888	27331	19557
卡塔尔	Qatar	7921	5208	2713	5058	3505	1554
沙特阿拉伯	Saudi Arabia	44350	38916	5433	34182	26042	8141
新加坡	Singapore	80667	70156	10511	51904	42009	9895
韩　国	Republic of Korea	207652	100588	107064	167961	80532	87429
斯里兰卡	Sri Lanka	7339	6653	686	5925	5144	781
叙利亚	Syria	2423	2423		1384	1384	
泰　国	Thailand	85645	50389	35256	71262	45727	25535
土耳其	Turkey	38627	34577	4049	37707	29925	7782
阿联酋	United Arab Emirates	76075	70405	5670	50913	45846	5068
也门共和国	Arab Republic of Yemen	3518	3518		2858	2854	4
越　南	Viet Nam	112401	99031	13370	111253	100203	11050
台　湾	Taiwan	173549	43441	130108	162028	38285	123742
东帝汶	East Timor	305	305		182	182	
哈萨克斯坦	Kazakhstan	6767	5213	1553	4229	3994	235

17—5 续表1 continued

单位：万美元（USD 10000）

国 别（地区）	Country (region)	2015 进出口总额 Total	2015 出口总额 Exports	2015 进口总额 Imports	2016 进出口总额 Total	2016 出口总额 Exports	2016 进口总额 Imports
吉尔吉斯坦	Kirghiz Tanzania	6513	6513		11016	10413	602
塔吉克斯坦	Tajikistan	911	819	92	4062	4053	9
土库曼斯坦	Turkmenistan	3589	3247	342	999	363	637
乌兹别克斯坦	Uzbekistan	4894	4044	850	4308	4025	283
亚洲其他	Other of Asia	72389	3	72386	51133	97	51036
非 洲	**Africa**	**271486**	**225137**	**46349**	**224606**	**171694**	**52911**
阿尔及利亚	Algeria	20924	20911	14	25543	25537	5
安哥拉	Angola	6104	6104		2146	2146	
贝 宁	Benin	9062	8774	288	6152	6152	
博茨瓦那	Botswana	290	290		153	153	
布隆迪	Burundi	7	7		19	19	
喀麦隆	Cameroon	3191	3045	146	2130	2130	
加那利群岛	Canary Islands	1	1				
佛得角	Cape Verde	79	77	1	85	85	
中 非	Central Africa	7	7		40	40	
乍 得	Chad	24	24		131	131	
科摩罗	Comoros	168	168		37	37	
刚 果	The Congo	1608	1608		565	565	
吉布提	Djibouti	3235	3235		1042	1042	
埃 及	Egypt	32626	32370	256	29087	28908	179
赤道几内亚	Equatorial Guinea	50	50		60	60	
埃塞俄比亚	Ethiopia	7559	3140	4419	12581	3607	8973
加 蓬	Gabon	746	746		257	253	4
冈比亚	Gambia	426	405	21	359	354	5
加 纳	Ghana	12848	12673	176	12876	12758	118
几内亚	Guinea	3443	3439	4	2568	2568	
几内亚比绍	Guineabissau	3	3		6	6	
科科迪瓦	Cote D'ivoire	3434	3242	192	3222	2712	510
肯尼亚	Kenya	9249	8100	1149	4273	3885	388
利比里亚	Liberia	1007	590	417	381	381	
利比亚	Libya	3427	3427		1976	1976	
马达加斯加	Madagascar	1558	1123	435	1311	1174	137
马拉维	Malawi	1079	1079		296	296	
马 里	Mali	2404	314	2089	2206	407	1800
毛里塔尼亚	Mauritania	4991	1842	3149	3257	2666	591
毛里求斯	Mauritius	1117	1117		1046	1046	
摩洛哥	Morocco	8193	8077	116	7954	6601	1353
莫桑比克	Mozambique	6472	4917	1554	4046	2820	1226
纳米比亚	Namibia	589	589		1594	411	1183
尼日尔	Niger	3805	220	3586	3705	331	3374
尼日利亚	Nigeria	26748	26200	548	14587	13323	1264
留尼汪	Reunion	303	303		190	190	
卢旺达	Rwanda	69	69		34	34	
圣多和普林	St and More Spring	8	8		2	2	
塞内加尔	Senegal	6926	6685	241	6837	5871	966
塞舌尔	Seychelles	78	78		55	55	

17—5 续表2 continued

单位：万美元（USD 10000）

国 别（地区）	Country (region)	2015 进出口总额 Total	2015 出口总额 Exports	2015 进口总额 Imports	2016 进出口总额 Total	2016 出口总额 Exports	2016 进口总额 Imports
塞拉利昂	Sierra Leone	995	995		734	734	1
索马里	Somali	558	472	86	270	270	
南　非	South Africa	38096	32005	6091	27661	21420	6241
苏　丹	Sudan	9397	4769	4629	7574	3637	3937
坦桑尼亚	Tanzania	7347	4384	2962	6236	3593	2643
多　哥	Togo	9928	6223	3705	5957	3830	2127
突尼斯	Tunisia	3142	3109	33	2911	2905	6
乌干达	Uganda	2366	689	1677	1318	947	371
布基纳法索	Burkina Faso	230	230		989	105	883
扎伊尔	Zaire	9140	5376	3764	7034	1678	5356
赞比亚	Zambia	3965	797	3168	10317	1047	9270
津巴布韦	Zimbabwe	730	730		503	503	
莱索托	Lesotho	139	139		195	195	
梅利利亚	Melilla	15	15		26	26	
斯威士兰	Swaziland	15	15		4	4	
厄立特里亚	Eritrea	1468	34	1433			
马约特岛	Mayuete Island	82	82		46	46	
南苏丹共和国	Republic of South Sudan	13	13		15	15	
非洲其他	Other of Africa	3	3		7	7	
欧　洲	**Europe**	**790130**	**629911**	**160219**	**758016**	**577359**	**180655**
比利时	Belgium	33198	26825	6372	32095	25656	6438
丹　麦	Denmark	9039	8160	879	9553	8738	815
英　国	United Kingdom	106354	96492	9862	97179	87812	9367
德　国	Germany	163148	106672	56476	151487	88859	62628
法　国	France	54578	45339	9239	56613	46027	10585
爱尔兰	Ireland	4491	3512	979	4692	3643	1049
意大利	Italy	57381	48605	8776	55537	43107	12430
卢森堡	Luxembourg	291	19	272	555	286	269
荷　兰	Netherlands	81023	75908	5115	72637	64182	8454
希　腊	Greece	7452	6863	589	8858	8315	543
葡萄牙	Portugal	9895	8894	1001	7949	5418	2531
西班牙	Spain	50319	39825	10494	52777	36094	16683
阿尔巴尼亚	Albania	1318	969	349	850	462	388
安道尔	Andorra	5	5		1	1	
奥地利	Austria	9956	2791	7165	9380	3302	6078
保加利亚	Bulgariy	2188	1081	1107	1734	1343	391
芬　兰	Finland	7331	6107	1224	8557	5877	2680
匈牙利	Hungary	6278	5167	1112	4030	2985	1045
冰　岛	Iceland	116	116		108	106	2
列支敦士登	Principality of Liechtenstein	13	5	8	19	2	17
马耳他	Malta	1492	1296	197	1441	1400	41
摩纳哥	Monaco	14	14		3	3	
挪　威	Norway	5185	4120	1065	3742	3061	681
波　兰	Poland	42408	40338	2070	47622	45754	1868
罗马尼亚	Romania	7556	5684	1872	7172	5704	1468
瑞　典	Sweden	16458	11061	5397	13109	10176	2934
瑞　士	Switzerland	5612	3021	2591	4975	3285	1691

17—5 续表3 continued

单位：万美元（USD 10000）

国 别（地区）	Country (region)	2015 进出口总额 Total	2015 出口总额 Exports	2015 进口总额 Imports	2016 进出口总额 Total	2016 出口总额 Exports	2016 进口总额 Imports
爱沙尼亚	Estonia	3020	3007	13	2057	2052	5
拉脱维亚	Latvia	1812	1745	66	1860	1677	183
立陶宛	Lithuania	1940	1922	18	2225	2174	51
格鲁吉亚	Georgia	863	863		1708	1707	1
亚美尼亚	Armenia	4722	151	4571	5717	248	5469
阿塞拜疆	Azerbaijan	425	425		336	336	
白俄罗斯	Byelorussia	476	426	49	616	585	31
摩尔多瓦	Moldora	97	81	15	175	117	59
俄罗斯	Russia	52480	43999	8481	46327	35779	10548
乌克兰	Ukraine	11450	5480	5970	10858	7364	3494
斯洛文尼亚	Slovenia	5060	4305	755	3285	2536	748
克罗地亚	Croatia	2153	1497	656	2560	1493	1067
捷克共和国	Czech	11949	8403	3546	13695	8884	4811
斯洛伐克	Slovak	9495	7973	1523	12954	9879	3075
前南马其顿	Macedonia	186	121	65	192	162	29
波 黑	Bosnia	325	76	249	59	51	8
塞尔维亚	Serbra	422	392	31	566	566	
黑 山	Montenegro	156	156		148	148	
直布罗陀	Gibraltar				3	3	
拉丁美洲	**Latin America**	**695316**	**326093**	**369223**	**642550**	**233266**	**409283**
安提瓜	Antigua	1	1		10	10	
阿根廷	Argentina	26237	18954	7283	18049	14959	3090
阿鲁巴岛	Aruba Island	408	408		43	43	
巴哈马	The Bahamas	195	195		131	131	
巴巴多斯	Barbados	86	78	8	84	77	7
伯利兹	Belize	255	255		91	91	
玻利维亚	Bolivia	1681	1593	89	4181	1777	2404
巴 西	Brazil	110746	63187	47560	85340	39598	45741
智 利	Chile	255685	38396	217289	249370	45686	203685
开曼群岛	Cayman Islands	7	7		2	2	
哥伦比亚	Colombia	22641	22438	203	18811	18434	377
多米尼克	Commonwealth of Dominica	32	32		25	25	
哥斯达黎加	Costa Rica	2672	2671	1	3030	2982	48
古 巴	Cuba	370	370		1662	1662	
库腊索岛	Curacao	101	101		74	74	
多米尼加	Dominican	2946	2750	197	2531	2340	191
厄瓜多尔	Ecuador	7670	6646	1024	4843	3747	1096
法属圭亚那	French Guiana	59	59		20	20	
格林纳达	Grenada	13	13		21	21	
瓜德罗普	Guaderopu	228	228		141	141	
危地马拉	Guatemala	3620	3564	57	2829	2759	70
圭亚那	Guyana	340	340		355	355	
海 地	Haiti	698	698		946	944	2

17—5 续表4 continued

单位：万美元（USD 10000）

国 别（地区）	Country (territory)	2015 进出口总额 Total	2015 出口总额 Exports	2015 进口总额 Imports	2016 进出口总额 Total	2016 出口总额 Exports	2016 进口总额 Imports
洪都拉斯	Honduras	1120	1120		862	862	
牙买加	Jamaica	1311	1311		1043	1043	
马提尼克	Matinik	25	25		23	23	
墨西哥	Mexico	69663	47444	22219	75130	43364	31766
蒙特塞拉特	Montserrat	1053	1053		2	2	
尼加拉瓜	Nicaragua	1053	1053		716	715	
巴拿马	Panama	18660	18574	86	15462	15260	202
巴拉圭	Paraguay	3644	3577	67	3802	3687	115
秘 鲁	Peru	85144	16589	68555	128608	13227	115381
波多黎各	Puerto Rico	1203	1203		1666	1666	
圣卢西亚	Saint Lucia	15	15		11	11	
圣马丁岛	Saint Martin Island	61	61		13	13	
圣文格林纳	Saint Article Greener	5	5		7	7	
萨尔瓦多	El Salvador	1191	1191		1418	1414	4
苏里南	Surinam	961	356	605	311	311	
特立—巴哥	Trinidad and Tobago	637	637		708	708	
特克—凯科	Turk - keiko	4	4		2	2	
乌拉圭	Uruguay	8280	4376	3904	8401	3309	5092
委内瑞拉	Venezuela	65568	65490	78	11718	11706	12
英属维尔京群岛	Virgin	7	7		6	6	
圣其茨和尼维斯	Federation of Saint Kitts and Nevis	20	20		4	4	
荷属安第列斯群岛	Antilles Guilder Ang	51	51		48	48	
北美洲	**North America**	**805900**	**616974**	**188926**	**794474**	**584637**	**209837**
加拿大	Canada	95151	46896	48255	95021	47869	47152
美 国	United States	710737	570066	140672	699442	536757	162685
格陵兰	Greenland				1	1	
百慕大	Bermuda Is.	12	12		10	10	
大洋洲	**Oceanic**	**215379**	**73030**	**142349**	**202243**	**56018**	**146227**
澳大利亚	Australia	200212	64021	136191	183955	47087	136869
库克群岛	Cook Islands	11	11		2	2	
斐 济	Fiji	900	900		1024	1024	
新喀里多尼	New Karidoni	161	161		134	134	
瓦努阿图	Vanuatu	77	77		95	89	6
新西兰	New Zealand	12588	6431	6157	16036	6685	9352
巴布亚新几内亚	Papua New Guinea	833	832	1	532	532	
所罗门群岛	Solomon Is.	329	329		195	195	
汤 加	Tonga	13	13		18	18	
萨摩亚	Samoa	69	69		49	49	
基里巴斯	Kiribati	29	29		8	8	
密克罗尼西	Micronesia	39	39				
马绍尔群岛	Marshall Island	8	8		53	53	
贝劳共和国	Palau	24	24				
法属波利尼西亚	French Polynesia	87	87		142	142	
国别(地区)不详	**Nationality (Area) Unclear**	**51**		**51**	**44**	**3**	**41**

17—6 进出口商品贸易方式总值（2016年）
Total Value of Import and Export Trade Way (2016)

单位：万美元（USD 10000）

指 标	Item	进出口 Imports & Exports		出 口 Exports		进 口 Imports	
		金 额 Value	比 重(%) Portion (%)	金 额 Value	比 重(%) Portion (%)	金 额 Value	比 重(%) Portion (%)
总 计	**Total**	**4437989**	**100.0**	**2848375**	**100.0**	**1589615**	**100.0**
一般贸易	General Trade	3170609	71.4	2039513	71.6	1131097	71.2
国家间、国际组织无偿援助和赠送的物资	Between Countries, International Organizations Aid and Donated Materials	1767		1767	0.1		
来料加工装配贸易	Assembly Processing Trade	24141	0.5	14517	0.5	9624	0.6
进料加工贸易	Processing With Imported Trade	940096	21.2	704761	24.7	235335	14.8
加工贸易进口设备	Processing Trade Imported Equipment	174				174	
对外承包工程出口货物	Exports Contracted Projects	18517	0.4	18517	0.7		
外商投资企业作为投资进口的设备、物品	Foreign-invested Enterprises as the Import Investment of Equipment, Goods	7645	0.2			7645	0.5
出料加工	Material Processing	3639	0.1	916		2723	0.2
保税仓库进出境货物	Inward and Outward Goods of Free Trade Storehouse	68333	1.5	3086	0.1	65247	4.1
保税区仓储转口货物	Re-export Goods of Free Trade Zone	195619	4.4	59779	2.1	135840	8.5
出口加工区进口设备	Export Processing Zones Imported Equipment	278				278	
其 他	Other	7173	0.2	5520	0.2	1653	0.1

17—7 外国及港澳台直接投资（按投资方式）
Foreign and Hong Kong, Macao and Taiwan Direct Investment (fdi) (by way)

单位：万美元（USD 10000）

指 标	Item	2000	2005	2010	2015	2016
新批项目	**A new Batch of Project**	**247**	**421**	**281**	**289**	**267**
#合资经营	Joint Ventures Enterprises	106	168	100	131	129
合作经营	Cooperative Operation Enterprises	27	18	8	5	2
独资经营	Foreign Own Investment Enterprises	114	233	172	151	134
外商投资股份制	Foreign Invested Shareholding Enterprises		2	1	2	2
合同外资额	**More Foreign Contract**	**63602**	**155358**	**216462**	**393800**	**411413**
#合资经营	Joint Ventures Enterprises	5974	41919	47726	165755	122632
合作经营	Cooperative Operation Enterprises	20784	9563	9115	10827	5986
独资经营	Foreign Own Investment Enterprises	36844	102721	156738	215805	285241
外商投资股份制	Foreign Invested Shareholding Enterprises		1155	2883	1414	-2446
实际利用外商直接投资额	**Actual Use of Foreign Direct Investment**	**31847**	**68845**	**501446**	**1361945**	**1476712**
#合资经营	Joint Ventures Enterprises	11921	24801	173910	433218	492113
合作经营	Cooperative Operation Enterprises	6965	2316	3922	7181	5169
独资经营	Foreign Own Investment Enterprises	12961	41728	307925	864674	970700
外商投资股份制	Foreign Invested Shareholding Enterprises			15689	56871	8730

17—8 外国和港澳台地区直接投资（按行业）（2016年）
Direct Investment of Foreign Countries, Hong Kong, Macao and Taiwen by Sector (2016)

指标	Item	新签协议 Newly Signed Agreement 合同数（个）Number of Contracts (unit)	投资额（万美元）Investment (USD 10000)	实际投资合计（万美元）Total Actual Investment (USD 10000)	期末实有企业数（个）Number of Enterprises at the End of the Period (unit)	#本期新增企业 Newly Increased In this Period
总计	**Total**	**267**	**411413**	**1476712**	**5549**	**677**
按投资方式分	**Grouped by Type of Investment**					
#合资企业	Joint Ventures Enterprises	129	122632	492113	1166	128
合作企业	Cooperative Operation Enterprises	2	5986	5169	45	3
外资企业	Foreign Investment Enterprises	134	285241	970700	1496	139
外商投资股份制	Foreign Invested Shareholding Enterprises	2	-2446	8730	45	3
按国民经济行业分	**Grouped by Sector**					
农林牧渔业	Farming, Forestry, Animal Husbandry and Fishery	12	44390	26706	76	4
采矿业	Mining and Quarrying	2	276	3945	27	
制造业	Manufacturing	112	179312	858017	1641	105
电力、热力、燃气及水的生产和供应业	Production and Supply of Electricity, Heat, Gas and Water	17	28841	143274	235	30
建筑业	Construction	2	5506	7311	106	7
批发和零售业	Wholesale and Retail Trade	46	64413	46798	411	53
交通运输、仓储及邮政业	Transportation, Storage and Postal Services	2	698	12048	1123	153
住宿和餐饮业	Accommodation and Catering Trade	7	7335	11055	547	88
信息传输、软件和信息技术服务业	Information Transmission, Software and Information Technology Services	16	11366	23329	88	9
金融业	Banking	4	6309	20294	265	36
房地产业	Real Estate Trade	4	13740	213314	254	16
租赁和商务服务业	Leasing and Commercial Services	24	43085	61942	409	99
科学研究和技术服务业	Scientific Research and Technical Services	13	3904	14010	195	60
水利、环境和公共设施管理业	Water Conservancy, Environmental and Public Facilities Management	2	1557	5283	36	4
居民服务、修理和其他服务业	Residents Service, Repair and Other Services	1	3	19270	98	4
教育	Education			3991	3	2
卫生、社会工作	Health and Social Work				2	1
文化、体育和娱乐业	Culture, Sports and Entertainment	3	678	6125	32	6
其他行业	Others				1	

17—9 外国和港澳台地区直接投资（按国别和地区）（2016年）

Direct Investment of Foreign Countries and Hong Kong, Macao and Taiwen by Countries and Regions (2016)

指　　标	Item	新签协议 Newly Signed Agreement		实际投资合计（万美元） Total Actual Investment (USD 10000)	期末实有企业数（个） Number of Enterprises at the End of the Period (unit)	
		合同数（个） Number of Contracts (unit)	投资额（万美元） Investment (USD 10000)			#本期新增企业 Newly Increased In this Period
合　计	**Total**	**267**	**411413**	**1476712**	**5549**	**677**
亚　洲	**Asia**	**188**	**324435**	**1083477**	**3178**	**414**
日　本	Japan	6	13163	74304	321	12
韩　国	Republic of Korea	13	2949	23691	119	18
香　港	Hong Kong	103	189087	826107	2001	286
澳　门	Macao	3	3514		18	3
台　湾	Taiwan	47	80496	89471	363	50
亚洲其他	Other of Asia	16	35226	69904	356	45
非　洲	**Africa**	**4**	**-315**	**18663**	**44**	**10**
埃　及	Egypt	1			4	1
毛里求斯	Mauritius		-854	5738	11	
塞舌尔	Seychelles	1	560	1750	22	5
非洲其他	Other of Africa	2	-21	11175	7	4
欧　洲	**Europe**	**35**	**69593**	**164900**	**428**	**49**
英　国	United Kingdom	6	10022	8880	59	9
德　国	Germany	8	23869	72863	101	9
法　国	France	4	2933	15484	47	5
俄罗斯	Russia	2	525	2468	13	2
欧洲其他	Other of Europe	15	32244	65205	208	24
拉丁美洲	**Latin America**	**7**	**5414**	**113225**	**367**	**17**
巴　西	Brazil		92		5	
开曼群岛	Cayman Islands	3	3105	9742	57	2
英属维尔京群岛	Virgin	1	2112	102625	279	14
拉丁美洲其他	Other of Latin America	3	105	858	26	1
北美洲	**North America**	**27**	**10672**	**71573**	**835**	**169**
加拿大	Canada	7	2824	7453	763	160
美　国	United States	20	7848	59291	52	7
北美洲其他	Other of North America			4829	20	2
大洋洲	**Oceanic**	**6**	**1614**	**24874**	**155**	**7**
澳大利亚	Australia	2	-684	10614	76	3
新西兰	New Zealand	1	27	299	12	1
萨摩亚	Samoa	3	2271	11582	36	2
大洋洲其他	Other of Oceanic			2379	31	1
其　他	**Other**				**542**	**11**

17—10 按国别（地区）对外投资
According to the Country (region) of Foreign Investment

国 别（地区）	Country (region)	新批境外企业(机构)数（个） A new Batch of Foreign Enterprises (institutions) (unit)		协议对外投资额（万美元） Foreign Investment Agreement（USD 10000）		实际对外投资额（万美元） Actual Foreign Investment（USD 10000）	
		2015	2016	2015	2016	2015	2016
合 计	**Total**	**133**	**121**	**318197**	**382275**	**96846**	**114369**
亚 洲	**Asia**	**56**	**49**	**187455**	**29136**	**55638**	**74168**
印度尼西亚	Indonesia	3		9670	93	10917	4074
中国香港	Hong Kong	20	21	165043	10607	41903	66484
中国澳门	Macao						70
泰 国	Thailand	3	1	1064	258	107	1025
缅 甸	Myanmar	1	2	800	1586	900	745
老 挝	Laos	1		500		113	18
马来西亚	Malaysia	1	2	50	120		20
日 本	Japan	4	4	54	811	8	80
塞浦路斯	Cyprus		1		500		143
孟加拉国	Bangladesh		3		1330		
韩 国	Republic of Korea	4	1	1228	900	1210	14
印 度	India	2	2	120	326	110	280
越 南	Viet Nam	1	4		1080		350
柬埔寨	Cambodia	3	1	3720	5600	270	60
阿联酋	United Arab Emirates	1	1	1570	1515		
巴基斯坦	Pakistan	1		2			
菲律宾	The Philippines		1		1020		40
台 湾	Taiwan		1		20		50
阿 曼	Oman	1		1400		100	27
巴 林	Bahrain		1		1200		52
阿富汗	Afghanistan	1	1	10	2000		
黎巴嫩	Lebanon	1		49			
蒙 古	Mongolia	2	1	510	150		
尼泊尔	Nepal	1		5			
斯里兰卡	Sri Lanka	2	1	80	20		20
吉尔吉斯斯坦	Kirghiz Tanzania	1		1500			616
乌兹别克斯坦	Uzbekistan	1		30			
哈萨克斯坦	Kazakhstan	1		50			
非 洲	**Africa**	**25**	**14**	**75999**	**212100**	**553**	**1930**
津巴布韦	Zimbabwe					222	101
赞比亚	Zambia		4		1722		575
安哥拉	Angola		3		450		2
尼日利亚	Nigeria	2	1	3330	9005	265	50
莫桑比克	Mozambique	3		26005	200000	12	

17—10 续表 continued

国 别（地区）	Country (region)	新批境外企业(机构)数（个） A new Batch of Foreign Enterprises (institutions) (unit)		协议对外投资额（万美元） Foreign Investment Agreement （USD 10000）		实际对外投资额（万美元） Actual Foreign Investment （USD 10000）	
		2015	2016	2015	2016	2015	2016
刚 果（布）	Fresh Fruit (cloth)	1		3			
刚 果（金）	Fresh Fruit (gold)	1		42227			
坦桑尼亚	Tanzania	5		1720		54	151
埃塞俄比亚	Ethiopia	3		1930			965
赤道几内亚	Equatorial Guinea	2	1	217	1		
喀麦隆	Cameroon	1	1	200	600		
加 纳	Ghana	1		20			
南 非	South Africa	1		75			6
乌干达	Uganda	3	1	15	72		
塞内加尔	Senegal	1		255			
肯尼亚	Kenya	1	1	1	150		80
阿尔及利亚	Algeria		2		100		
欧 洲	**Europe**	**8**	**18**	**23774**	**50790**	**13352**	**13307**
瑞 士	Switzerland		1		250		
英 国	United Kingdom					1161	
德 国	Germany	2	10	1100	24563	1304	2367
法 国	France	2		308	179		113
意大利	Italy	1	2	237	1345	168	905
荷 兰	Netherlands	1	1	428	5	255	333
卢森堡	Luxembourg		1		488		765
西班牙	Spain		1		2910	76	5
奥地利	Austria			10740		10308	7967
白俄罗斯	Byelorussia					80	
俄罗斯	Russia		1		21000		
匈牙利	Hungary		1	9494	50		
波 兰	Poland						30
爱尔兰	Ireland	1		672			
挪 威	Norway	1		795			822
拉丁美洲	**Latin America**	**19**	**10**	**2779**	**48038**	**7035**	**4733**
巴 西	Brazil	9		2120	1000	6844	120
哥斯达黎加	Costa Rica						20
格林纳达	Grenada						10
墨西哥	Mexico	1	1	300	27900		132
秘 鲁	Peru					39	33
开曼群岛	Cayman Islands	2	4	250	1103	150	
多米尼克	Commonwealth of Domi	1		2			
厄瓜多尔	Ecuador	4	1	108	3		
英属维尔京群岛	Virgin	2	3		16832	2	4418
古 巴	Cuba		1		1200		
北美洲	**North America**	**23**	**26**	**26402**	**38527**	**19947**	**19653**
美 国	United States	21	22	26222	15489	4233	7052
加拿大	Canada	2	4	180	23038	15714	12601
大洋洲	**Oceanic**	**2**	**4**	**785**	**3684**	**319**	**578**
澳大利亚	Australia		3		3184	38	578
新西兰	New Zealand	2		785		281	
西萨摩亚	Western Samoa		1		500		

17—11 按国别（地区）对外承包工程和劳务合作
According to the Country (region) of Foreign Contracted Projects and Labor Service Cooperation

国 别（地区）	Country (region)	承包工程（万美元） Contracted Projects（USD 10000）				劳务合作（人） Labor Service Cooperation (person)			
		新签合同额 New Signing Stood		完成营业额 Complete Turnover		外派劳务人数 Field Services Number		年末在外人数 Out at the End of the Number	
		2015	2016	2015	2016	2015	2016	2015	2016
合 计	**Total**	**307024**	**307609**	**269258**	**309408**	**10500**	**10044**	**23691**	**19197**
亚 洲	**Asia**	**155808**	**105553**	**81546**	**98602**	**5546**	**5767**	**12681**	**10027**
阿 曼	Oman			122	112		4		
乌兹别克斯坦	Uzbekistan					126		28	
老 挝	Laos			5667	6078	370	54	627	394
新加坡	Singapore					635	317	2590	416
巴基斯坦	Pakistan	6422	15356	1677	6153	39	46	54	55
科威特	Kuwait	5161	32056	28784	16071	289	130	632	155
中国香港	Hong Kong							12	12
尼泊尔	Nepal	110	18	291	145	4		10	
蒙 古	Mongolia	14034	6799		5832		107	270	89
越 南	Viet Nam	35066	6443	523	2044	168	49	175	156
泰 国	Thailand	277		1791	39	191		78	18
印 度	India	2100	500	453	8844	8	83	68	83
沙特阿拉伯	Saudi Arabia	10600	18846	7500	14620	865	2132	4342	4673
日 本	Japan	3		3	103	656	383	1897	1313
以色列	Israel								
马来西亚	Malaysia	31422	3874	3656	8270	296	1198	378	1292
土耳其	Turkey			12				10	2
孟加拉国	Bangladesh			1030	531	58	208	16	188
印度尼西亚	Indonesia	40045	12204	23222	21803	1331	883	1069	1032
伊 朗	Iran	16		23	3051	8	21	2	
中国澳门	Macao	8365	846	211	1679				
斯里兰卡	Sri Lanka	1021		390	545	19	5	19	8
柬埔寨	Cambodia	318	8168	6	1601	1	135	1	87
缅 甸	Myanmar	849	443	6187	1082	482	12	403	54
非 洲	**Africa**	**143975**	**187402**	**155334**	**190724**	**4607**	**3450**	**10207**	**7751**
埃 及	Egypt			561	4	9	24	3	
喀麦隆	Cameroon			2280	5565	99	70	99	128
中 非	Central Africa		25004						
埃塞俄比亚	Ethiopia	403	4431	7101	8087	313	117	350	178
赞比亚	Zambia	29812	42218	11497	14978	79	104	252	216
马拉维	Malawi	31893	8435	5427	5623	2			
科特迪瓦	Cote D'ivoire	8035		1409	1147	37	11	69	11
吉布提	Djibouti				1129		22		16
莫桑比克	Mozambique	1818	12380	29001	42831	1	1	1	2
纳米比亚	Namibia			96					
阿尔及利亚	Algeria	7127	985	58741	57556	3083	2521	5296	5825

17—11 续表 continued

国 别（地区）	Country (region)	承包工程（万美元） Contracted Projects（USD 10000）				劳务合作（人） Labor Service Cooperation (person)			
		新签合同额 New Signing Stood		完成营业额 Complete Turnover		外派劳务人数 Field Services Number		年末在外人数 Out at the End of the Number	
		2015	2016	2015	2016	2015	2016	2015	2016
坦桑尼亚	Tanzania			9	669	1			
乌干达	Uganda				4				
多 哥	Togo			44	26				
突尼斯	Tunisia	6600		332	1541	28	31	10	9
马 里	Mali							11	
毛里塔尼亚	Mauritania	4092	6032	1545	872	87	48	83	48
几内亚	Guinea			28	503				
肯尼亚	Kenya			5651	1348	13	112	25	104
加 纳	Ghana	17	121	565	476	6	1	5	6
安哥拉	Angola	42444	77178	8684	31655	386	111	3362	523
赤道几内亚	Equatorial Guinea	2576	3001	5795	3733	56	92	110	77
苏 丹	Sudan			1655	1290	8		11	8
马达加斯加	Madagascar	1408	2631	2979	2319				
刚果(布)	Fresh Fruit (cloth)			172	114	30	8	17	9
刚果(金)	Fresh Fruit (gold)	403	3480	4559	2327	67	23	61	50
津巴布韦	Zimbabwe	130	48	1007	1631	72	3	142	144
塞拉利昂	Sierra Leone			58	117	12	3	12	14
尼日利亚	Nigeria		1458	5496	2748	195	98	244	307
加 蓬	Gabon	7218			1347		25		19
莱索托	Lesotho			642	1085	23	25	44	57
欧 洲	**Europe**	**5619**	**6333**	**2427**	**5779**	**186**	**219**	**186**	**368**
俄罗斯联邦	Russia								
白俄罗斯	Byelorussia	5161	6028	849	3350	186	162	186	311
法 国	France	458		1578	651				
英 国	United Kingdom		305		15				
黑 山	Montenegro				1708		57		57
瑞 士	Switzerland				56				
拉丁美洲	**Latin America**	**1622**	**8280**	**29949**	**14248**	**161**	**608**	**617**	**1051**
委内瑞拉	Venezuela	763		29741	12606	53	150	406	411
阿根廷	Argentina				80				
巴巴多斯	Barbados					48	15	122	137
古 巴	Cuba		1327						
玻利维亚	Bolivia		374		170				
巴 西	Brazil	9		9	7				
巴拿马	Panama	850	1072	65	1309	60	431	60	491
特克斯和凯科斯岛	Turks and Caicos Islands								
格林纳达	Grenada		138	86	55				
厄瓜多尔	Ecuador		5204				12	29	12
哥斯达黎加	Costa Rica		165	48	21				
大洋洲	**Oceanic**		**42**	**2**	**54**				
西萨摩亚	Western Samoa		42	2	54				

17—12 外商投资企业年末企业数、投资总额及注册资本（2016年）
Number, Investment and Registered Capital of Foreign-funded Enterprises (2016)

项 目	Item	企业数（个）Number of Registered Enterprises (unit)	投资总额（万美元）Total Investment (USD 10000)	注册资本（万美元）Registered Capital (USD 10000)	#外方 Capital Invested by Foreign Partner
总　计	**Total**	**5549**	**6725627**	**3457685**	**2551017**
按投资方式分	**Grouped by Type of Investment**				
#中外合资	Joint Ventures Enterprises	1166	2937417	1454729	781620
中外合作	Cooperative Operation Enterprises	45	214378	84893	59148
外资企业	Foreign Investment Share Enterprises	1496	3282053	1624936	1624936
外商投资股份制	Foreign Invested Shareholding Enterprises	45	291779	279712	73588
按国民经济行业分	**Grouped by Sector**				
农林牧渔业	Farming, Forestry, Animal Husbandry and Fishery	76	288967	136019	126920
采矿业	Mining and Quarrying	27	41017	23768	19195
制造业	Manufacturing	1641	3530573	1804756	1299276
热力、燃气及水的生产和供应业	Production and Supply of Electricity, Heat, Gas and Water	235	786577	255428	191802
建筑业	Construction	106	98417	52871	37939
批发和零售业	Wholesale and Retail Trade	411	57720	32115	28890
交通运输、仓储及邮政业	Transportation, Storage and Postal Services	1123	385897	183219	157542
住宿和餐饮业	Accommodation and Catering Trade	547	57408	31598	30624
信息传输、软件和信息技术服务业	Information Transmission, Software and Information Technology Services	88	157960	93557	57529
金融业	Banking	265	79926	53426	33267
房地产业	Real Estate Trade	254	437542	301869	250512
租赁和商务服务业	Leasing and Commercial Services	409	390941	286711	170465
科学研究和技术服务业	Scientific Research and Technical Services	195	285414	130222	97611
水利、环境和公共设施管理业	Water Conservancy, Environmental and Public Facilities Management	36	69872	31107	21908
居民服务、修理和其他服务业	Residents Service, Repair and Other Services	98	18257	5849	2835
教　育	Education	3	86	86	47
卫生、社会工作	Health and Social Work	2	29905	29905	20935
文化、体育和娱乐业	Culture, Sports and Entertainment	32	9149	5177	3721
其他行业	Others	1			

17—13 各市外商投资企业年末企业数、投资总额及注册资本（2016年）
Number, Investment and Registered Capital of Foreign-funded Enterprises by Region (2016)

地 区	Region	企业数（个）Number of Registered Enterprises (unit)	投资总额（万美元）Total Investment (USD 10000)	注册资本（万美元）Registered Capital (USD 10000)	#外方 Capital Invested by Foreign Partner
总　计	**Total**	**5549**	**6725627**	**3457685**	**2551017**
合 肥 市	Hefei	2127	2957756	1723029	1196956
淮 北 市	Huaibei	125	151335	65662	41836
亳 州 市	Bozhou	125	61343	31528	24995
宿 州 市	Suzhou	179	164569	70120	55691
蚌 埠 市	Bengbu	268	296029	156476	122215
阜 阳 市	Fuyang	177	111798	50773	39016
淮 南 市	Huainan	154	317736	92225	72048
滁 州 市	Chuzhou	310	325752	145903	123371
六 安 市	Luan	214	207800	83105	69314
马鞍山市	Maanshan	351	337697	158119	127803
芜 湖 市	Wuhu	636	855841	465598	369080
宣 城 市	Xuancheng	220	165577	81821	67076
铜 陵 市	Tongling	136	129053	64149	39301
池 州 市	Chizhou	143	272836	95190	73842
安 庆 市	Anqing	230	284114	127892	88698
黄 山 市	Huangshan	154	86393	46094	39773

17—14 各市商品进出口总额
Import and Export Commodities by Region

单位：万美元（USD 10000）

地 区	Region	2015 进出口总额 Total	2015 出口总额 Exports	2015 进口总额 Imports	2016 进出口总额 Total	2016 出口总额 Exports	2016 进口总额 Imports	同比增长 % Increased by %
总 计	**Total**	**4880808**	**3311424**	**1569384**	**4437989**	**2848375**	**1589615**	**-9.1**
合肥市	Hefei	2033125	1371202	661923	1868699	1263549	605150	-8.1
淮北市	Huaibei	57687	54587	3100	61321	57038	4283	6.3
亳州市	Bozhou	50164	45022	5142	51990	46149	5841	3.6
宿州市	Suzhou	75945	66303	9642	46971	38744	8227	-38.2
蚌埠市	Bengbu	234111	165171	68940	176006	118961	57045	-24.8
阜阳市	Fuyang	149578	135248	14330	112334	100508	11826	-24.9
淮南市	Huainan	33219	28573	4646	27537	23916	3621	-17.1
滁州市	Chuzhou	204621	144243	60378	233376	168804	64572	14.1
六安市	Luan	61718	53033	8685	52716	49966	2750	-14.6
马鞍山市	Maanshan	295522	162653	132869	318297	151267	167030	7.7
芜湖市	Wuhu	681891	554223	127668	570917	406746	164171	-16.3
宣城市	Xuancheng	185163	175423	9740	150710	138063	12647	-18.6
铜陵市	Tongling	458106	64353	393753	464299	66774	397525	1.4
池州市	Chizhou	51979	20777	31202	61879	18400	43479	19.0
安庆市	Anqing	244463	217731	26732	175604	144566	31038	-28.2
黄山市	Huangshan	63516	52881	10635	65332	54921	10411	2.9

17—15 各市外商直接投资
Foreign Direct Investment by Region

地 区	Region	项目（个）Number of Projects (unit) 2015	2016	同比增长% Increased by	合同外资额（万美元）Contract Value (USD 10000) 2015	2016	实际利用外资额（万美元）Used Value (USD 10000) 2015	2016	同比增长% Increased by
总 计	**Total**	**289**	**267**	**-7.6**	**393800**	**411413**	**1361945**	**1476712**	**8.4**
合肥市	Hefei	116	94	-19.0	80394	188452	250678	280843	12.0
淮北市	Huaibei	9	2	-77.8	18566	-848	59979	64780	8.0
亳州市	Bozhou	8	4	-50.0	14733	8587	65656	72279	10.1
宿州市	Suzhou	10	11	10.0	12639	7451	67623	73033	8.0
蚌埠市	Bengbu	14	10	-28.6	19306	50667	139197	150383	8.0
阜阳市	Fuyang	7	5	-28.6	3981	10580	18463	20309	10.0
淮南市	Huainan	4	6	50.0	9905	8876	21649	22298	3.0
滁州市	Chuzhou	16	13	-18.8	42155	21231	105886	114366	8.0
六安市	Luan	13	8	-38.5	34267	14077	37868	37209	-1.7
马鞍山市	Maanshan	25	29	16.0	44335	16484	194002	209531	8.0
芜湖市	Wuhu	24	36	50.0	61351	43153	230062	251145	9.2
宣城市	Xuancheng	16	14	-12.5	6916	20029	79606	85975	8.0
铜陵市	Tongling	3	10	233.3	822	252	22503	24303	8.0
池州市	Chizhou	8	11	37.5	25814	17859	34703	36132	4.1
安庆市	Anqing	11	10	-9.1	17154	7126	18074	18074	
黄山市	Huangshan	5	4	-20.0	1462	-2563	15996	16052	0.4

17—16 各市外国和港澳台地区直接投资（2016年）
Direct Investment of Foreign Countries, Hong Kong, Macao and Taiwen by Sector by Region (2016)

地 区	Region	新签协议 Newly Signed Agreement		实际投资合计（万美元） Total Actual Investment (USD 10000)	期末实有企业数（个） Number of Enterprises at the End of the Period (unit)	
		合同数（个） Number of Contracts (unit)	投资额（万美元） Investment (USD 10000)			#本期新增企业 Newly Increased In this Period
总 计	**Total**	**267**	**411413**	**1476712**	**5549**	**677**
合肥市	Hefei	94	188452	280843	2127	243
淮北市	Huaibei	2	-848	64780	125	12
亳州市	Bozhou	4	8587	72279	125	22
宿州市	Suzhou	11	7451	73033	179	33
蚌埠市	Bengbu	10	50667	150383	268	30
阜阳市	Fuyang	5	10580	20309	177	20
淮南市	Huainan	6	8876	22298	154	17
滁州市	Chuzhou	13	21231	114366	310	43
六安市	Luan	8	14077	37209	214	28
马鞍山市	Maanshan	29	16484	209531	351	61
芜湖市	Wuhu	36	43153	251145	636	70
宣城市	Xuancheng	14	20029	85975	220	25
铜陵市	Tongling	10	252	24303	136	24
池州市	Chizhou	11	17859	36132	143	14
安庆市	Anqing	10	7126	18074	230	26
黄山市	Huangshan	4	-2563	16052	154	9

主要统计指标解释

进出口总额

指实际进出我国国境的货物总金额。包括对外贸易实际进出口货物，来料加工装配进出口货物，国家间、联合国及国际组织无偿援助物资和赠送品，华侨、港澳台同胞和外籍华人捐赠品，租赁期满归承租人所有的租赁货物，进料加工进出口货物，边境地方贸易及边境地区小额贸易进出口货物（边民互市贸易除外），中外合资企业、中外合作经营企业、外商独资经营企业进出口货物和公用物品，到、离岸价格在规定限额以上的进出口货样和广告品（无商业价值、无使用价值和免费提供出口的除外），从保税仓库提取在中国境内销售的进口货物，以及其他进出口货物。进出口总额用以观察一个国家在对外贸易方面的总规模。我国规定出口货物按离岸价格统计，进口货物按到岸价格统计。

商品经营单位所在地进、出口额

指所在地海关注册登记的有进出口经营权的企业实际进、出口额。

商品目的地进口额和商品货源地出口额

目的地进口额是指进口货物的消费、使用或最终抵运地的实际进口额；货源地出口额是指出口货物的产地或原始发货地的实际出口额。

利用外资

指我国各级政府、部门、企业和其他经济组织通过对外借款、吸收外商直接投资以及用其他方式筹措的境外现汇、设备、技术等。

对外借款

是我国利用外资的重要部分。指通过对外正式签订借款协议，从境外筹措的资金，包括外国政府贷款、国际金融组织贷款、外国银行商业贷款、出口信贷以及对外发行债券等。1996 年及以前还包括对外发行股票。

外商直接投资

指外国企业和经济组织或个人（包括华侨、港澳台胞以及我国在境外注册的企业）按我国有关政策、法规，用现汇、实物、技术等在我国境内开办外商独资企业、与我国境内的企业或经济组织共同举办中外合资经营企业、合作经营企业或合作开发资源的投资（包括外商投资收益的再投资），以及经政府有关部门批准的项目投资总额内企业从境外借入的资金。

对外承包工程

指各对外承包公司以招标议标承包方式承揽的下列业务：⑴承包国外工程建设项目，⑵承包我国对外经援项目，⑶承包我国驻外机构的工程建设项目，⑷承包我国境内利用外资进行建设的工程项目，⑸与外国承包公司合营或联合承包工程项目时我国公司分包部分，⑹对外承包兼营的房屋开发业务。对外承包工程的营业额是以货币表现的本期内完成的对外承包工程的工作量，包括以前年度签订的合同和本年度新签订的合同在报告期内完成的工作量。

对外劳务合作

指以收取工资的形式向业主或承包商提供技术和劳动服务的活动。我国对外承包公司在境外开办的合营企业，中国公司同时又提供劳务的，其劳务部分也纳入劳务合作统计。劳务合作营业额按报告期内向雇主提交的结算数(包括工资、加班费和奖金等）统计。

Explanatory Notes for Major Statistical Indicators

Total Imports and Exports at Customs

refer to the value of commodities imported into and exported from the boundary of China. They include the actual imports and exports through foreign trade, imported and exported goods under the processing and assembling trades and materials, supplies and gifts as aid given gratis between governments and by the United Nations and other international organizations, and contributions donated by overseas Chinese, compatriots in Hong Kong and Macao and Chinese with foreign citizenship, leasing commodities owned by tenant at the expiration of leasing period, the imported and exported commodities processed with imported materials, commodities trading in border areas (excluding mutual exchange goods), the imported and exported commodities and articles for public use of the Sino-foreign joint ventures, cooperative enterprises and ventures exclusively with foreign own investment. Also included are import or export of samples and advertising goods for whose CIF or FOB value are beyond the permitted ceiling (excluding goods of no trading or use value and free commodities for export), imported goods sold in China from bonded warehouses and other imported or exported goods. The indicator of the total imports and exports at customs can be used to observe the total size of external trade in a country. In accordance with the stipulation of the Chinese government, imports are calculated at CIF, while exports are calculated at FOB.

Import Export Value by Location of China's Foreign Trade Managing Units

refers to actual value of imports and exports carried out by corporations which have been registered by the local customhouse and are vested with right to run import export business.

Import Value of Commodities by the Places of their Destination and Export Value of Commodities by the Places of their Origin in China

The former indicator refers to the value of import commodities of the places of their consumption, utilization or the places of their final destination. The latter indicator refers to the value of export commodities of the places of their origin or the places of the commodities dispatched.

Utilization of Foreign Capital

refers to remittance, equipment and technology financed from abroad, by loans, foreign direct investment and other forms undertaken by the Chinese governments at all levels, by various departments, enterprises and other economic units.

Foreign Borrowings

an important part of China's utilization of foreign capital, it refer to funds borrowed from abroad through formal signing of borrowing agreements with foreign institutions, including loans of foreign governments, loans of international financial institutions, commercial loans of foreign banks, export credit, and funds raised by Chinese bonds (and shares before 1996) issued abroad.

Direct Investment by Foreign Entrepreneurs

refers to the investments inside China by foreign enterprises and economic organizations or individuals (including overseas Chinese, compatriots from Hong Kong and Macao, and Chinese enterprises registered abroad), following the relevant policies and laws of China, for the establishment of ventures exclusively with foreign own investment, Sino-foreign joint ventures and cooperative enterprises or for co-operative exploration of resources with enterprises or economic organizations in China. It includes the re investment of the foreign entrepreneurs with the profits gained from the investment and the funds that enterprises borrow from abroad in the total investment of projects which are approved by the relevant department of the government.

Contracted Projects with Foreign Countries

refer to projects undertaken by Chinese contractors (project contracting companies) through bidding process. They include: (1)overseas civil engineering construction projects financed by foreign investors; (2)overseas projects financed by the Chinese government through its foreign aid programs; (3)construction projects of Chinese diplomatic missions, trade offices and other institutions stationed abroad; (4)construction projects in China financed by foreign investment; (5)sub-contracted projects to be taken by Chinese contractors through a joint umbrella project with foreign contractor(s); (6)housing development projects. The business income from international contracted projects is the work volume of contracted projects completed during the reference period, expressed in monetary terms, including completed work on projects signed in previous years.

Service Cooperation with Foreign Countries

refers to the activities of providing technology and labour services to employers or contractors in the forms of receiving salaries and wages. Labour services providing by contractual joint ventures of Chine statistics of service co operation with foreign countries. The business income of labour service co operation is the income in the form of wages and salaries, overtime pay, bonuses and other remuneration received from the employers during the reference period.

第十八篇

Chapter 18

旅游

TOURISM

简要说明

一、旅游业发展情况。入境国际旅游(外国人、华侨、港澳同胞和台湾同胞)人数、不同经济类型的涉外饭店数量及规模情况的资料来源于省旅游局。

二、全省及各市国内旅游资料，是安徽省统计局、安徽省旅游局根据国家旅游局的抽样调查方案和工作要求，组织调查取得。

Brief Introduction

I. Development of tourism: Data on total number of international tourists received (foreigners, overseas Chinese, Chinese compatriots from Hong Kong, Macao and Taiwan), number of tourist hotel in various types and their scale come from the Provincial Tourism Administration.

II. Data on domestic tourism in the province and all cities are collected by the Provincial Statistical Bureau and the Provincial Tourism Administration in accordance with the sample survey scheme stipulated by the State Tourism Administration.

18—1 旅 游 事 业 发 展
Development of Tourism

指　　标	Item	2000	2005	2010	2015	2016
入境旅游人数　（人次）	Total Number of International Tourists Inbound (person-time)	318430	632895	1984174	4446289	4853497
外 国 人	Foreigners	167850	410580	1173988	2591842	2829113
港澳和台湾同胞	Compatriots from Hong Kong, Macao and Taiwan	150580	222315	810186	1854447	2024834
国内居民出境总人数(人次)	Total Number of Domestic Resident Outbound (person-time)	5140	64806	127800	2020675	
国内旅游人数　（万人次）	Total Number of Domestic Tourists (10000 person-time)	2974	4684	15349	44404	52241
旅游收入	Income of Tourism					
国际旅游外汇收入(万美元)	Foreign Exchange Earnings (USD 10000)	8621.5	18558.9	82025.2	226287.5	254235.8
国内旅游收入　（亿元）	Earnings from Domestic Tourism (100 million yuan)	150.5	289.0	1094.8	3980.5	4763.6
旅游部门基本情况	**Basic Statement of Tourism Departments**					
旅游星级宾馆　（个）	Tourist Hotels With Star Class (unit)	163	373	453	441	314
#五星级	Five Star Class		5	14	26	23
四星级	Four Star Class	6	38	88	128	106
三星级	Three Star Class	52	111	182	214	144
二星级	Two Star Class	90	202	166	72	40
一星级	One Star Class	15	17	3	1	1
旅游涉外或星级宾馆	Tourist Hotels Concerning Foreign Affairs or With Star Class					
客　房　（间）	Number of Rooms (unit)	22824	34759	44982	50546	46048
床　位　（张）	Number of Beds (unit)	48318	67782	81867	87708	78013
客房出租率　（%）	Room Occupancy (%)	50.98	63.19	59.27	49.00	50.83
经营情况	Business Status					
营业收入　（亿元）	Business Income (100 million yuan)	38.83	51.75	50.38	50.89	49.53
利润总额　（万元）	Total Profits (10000 yuan)	-2125.6	16961.0	21964.0	-24339.9	-3078.6

注：2000年前的客房、床位、客房出租率为涉外饭店情况，2001年以后为星级宾馆情况。
a) Number of rooms, beds and room occupancy refered to hotels concerning foreign affairs before 2000 and they refered to hotels with star class after 2001.

18—2 各市旅游星级饭店（宾馆）住宿设施情况（2016年）
Accommodation Facilities of Hotels Concerning Foreign Affairs by Region (2016)

地 区	Region	饭店（宾馆）（个）Number of Hotels (unit)	五星级 Five Star Class	四星级 Four Star Class	三星级 Three Star Class	二星级 Two Star Class	一星级 One Star Class	客房（间）Number of Rooms (unit)	床位（张）Number of Beds (unit)
总　计	**Total**	**314**	**23**	**106**	**144**	**40**	**1**	**46048**	**78013**
合肥市	Hefei	53	11	18	23	1		10812	17305
淮北市	Huaibei	4	1		2	1		841	1425
亳州市	Bozhou	6		2	2	2		584	1007
宿州市	Suzhou	6	1	2	2	1		2324	2878
蚌埠市	Bengbu	9	1	3	4	1		1340	2099
阜阳市	Fuyang	4		2	2			623	964
淮南市	Huainan	20		4	7	9		2005	3374
滁州市	Chuzhou	11		3	4	4		1213	1964
六安市	Luan	18	1	5	10	2		2389	4332
马鞍山市	Maanshan	18	2	6	8	2		2274	3857
芜湖市	Wuhu	26	1	9	14	2		3684	6073
宣城市	Xuancheng	21		7	11	3		2406	4021
铜陵市	Tongling	9		2	2	4	1	775	1236
池州市	Chizhou	30	1	10	18	1		3750	6503
安庆市	Anqing	33		10	18	5		3569	6560
黄山市	Huangshan	46	4	23	17	2		7459	14415

注：本表星级宾馆（酒店）指2016年底止已得到国家旅游局或省旅游局批准的，不包括已报未批部分。

a) The star class of hotel in this table refer to be approved by the National Tourism Administration or Anhui Tourism Administration up to the Year-end of 2016 excluding those hed been reported but unapproved.

18—3 国际旅游外汇收入及构成
Foreign Exchange Earnings and It's Composition

指 标	Iten	2005 数额（万美元）Value (10000 USD)	2005 比重（%）Percentage (%)	2010 数额（万美元）Value (10000 USD)	2010 比重（%）Percentage (%)	2015 数额（万美元）Value (10000 USD)	2015 比重（%）Percentage (%)	2016 数额（万美元）Value (10000 USD)	2016 比重（%）Percentage (%)
总　计	**Total**	**18558.1**	**100.00**	**82025.2**	**100.00**	**226287.5**	**100.00**	**254235.8**	**100.00**
长途交通	Long Distance Transportation	4676.6	25.20	26986.3	32.90	87392.2	38.62	41948.9	16.50
#民　航	Air	3544.6	19.10	12385.8	15.10	46818.9	20.69	29491.4	11.60
铁　路	Railway	575.3	3.10	8202.5	10.00	12129.0	5.36	4576.2	1.80
汽　车	Highway	278.4	1.50	6398.0	7.80	8983.6	3.97	7881.3	3.10
游　览	Visiting	686.7	3.70	3691.1	4.50	7693.8	3.40	15508.4	6.10
住　宿	Accommodation	2208.4	11.90	8776.7	10.70	19868.0	8.78	24915.1	9.80
餐　饮	Cater	1818.7	9.80	7874.4	9.60	13192.6	5.83	20084.6	7.90
商品销售	Commodity Sale	5957.2	32.10	19111.9	23.30	43990.3	19.44	95338.4	37.50
娱　乐	Entertainment	1132.0	6.10	4839.5	5.90	10431.9	4.61	12457.6	4.90
邮电通讯	Postal and Communication	631.0	3.40	1886.6	2.30	4367.4	1.93	12203.3	4.80
市内交通	Local Transportation	185.6	1.00	1558.5	1.90	4548.4	2.01	9152.5	3.60
其他服务	Other Service	1262.0	6.80	7300.2	8.90	34803.0	15.38	22627.0	8.90

18—4 接待外国人旅游人数（按国别分）
Number of Foreign Tourists by Country

单位：人次（person-time）

指　标	Item	2000	2005	2010	2015	2016
总　计	**Total**	**167850**	**410580**	**1173988**	**2591842**	**2829113**
#日　本	Japan	47272	47040	135277	173519	198563
韩　国	Republic of Korea	21659	188096	405538	841117	930625
新加坡	Singapore	16568	13392	43507	143828	140940
美　国	United States	18456	37124	101700	214812	249629
英　国	United Kingdom	3111	7639	49069	85577	98197
法　国	France	5836	13839	63837	84823	92491
德　国	Federal Republic Of Germany	4699	16012	52934	95489	98463
俄罗斯	Russia	832	1636	23990	53880	49289

18—5 国内旅游情况人数结构（按年龄、身份和职业分）（2016年）
Number of Domestic Tourists by Age, Identity and Occupation (2016)

单位：万人次（10000 person-time）

指　标	Item	按身份分组 By Identity			按职业分组 By Occupation									
		人数合计 Total	城镇居民 Urban Residents	非城镇居民 Unurban Residents	公务员 Public Servicers	事业单位工作人员 Institution Staff	企业工作人员 Enterprise Staff	社会团体工作人员 Social Organizations Staff	个体户 Self-employed	军人 Military People	农民 Peasants	离退休人员 Retirees	学生 Students	其他 Other ents
合　计	**Total**	**52241.2**	**37381.2**	**14860.0**	**1628.9**	**6540.7**	**16456.2**	**5636.4**	**10713.8**	**223.2**	**1674.4**	**2468.1**	**5363.0**	**1536.5**
55岁以上	55 and Over	5320.9	3573.5	1747.4	109.5	455.6	931.7	377.8	955.2	20.2	290.9	2099.1		80.8
45—54岁	45—54	9353.0	6555.0	2798.0	320.0	1091.6	2997.1	1448.3	2354.2	38.0	430.7	369.1		304.0
35—44岁	35—44	15211.9	11047.4	4164.5	535.7	2117.9	5758.3	1944.4	3809.3	62.3	514.9			469.1
25—34岁	25—34	13845.7	10213.3	3632.4	537.3	2314.3	5011.3	1337.9	3012.6	69.7	326.8		792.5	443.4
24岁以下	24 and Under	8509.8	5992.0	2517.8	126.3	561.3	1757.8	528.1	582.6	32.9	111.1		4570.5	239.2

18—6 国内旅游主要经济指标
Main Economic Indicators of Domestic Tourism

年份 Year	人数 (万人次) Total Number (10000 persons)	总收入 (亿元) Total Income (100 million yuan)	一日游 One-day Tour 人数 (万人次) Total Number (10000 persons)	一日游 One-day Tour 收入 (亿元) Income (100 million yuan)	过夜旅游 Overnight Tour 人数 (万人次) Total Number (10000 persons)	过夜旅游 Overnight Tour 收入 (亿元) Income (100 million yuan)
2000	2974.0	150.5	630.0	5.0	2344.0	145.4
2005	4684.0	289.0	917.0	20.4	3767.0	268.6
2008	9938.0	700.2	2566.0	97.9	7372.0	602.3
2009	12268.0	863.8	3901.0	165.5	8367.0	698.3
2010	15349.0	1094.8	5332.0	212.7	10017.0	882.1
2011	22534.8	1815.0	8378.8	385.8	14156.0	1429.2
2012	29229.1	2519.1	9615.2	458.3	19613.9	2060.8
2013	33601.1	2903.2	11981.3	666.1	21619.8	2237.1
2014	37898.8	3309.7	14968.1	883.9	22930.7	2425.8
2015	44403.7	3980.5	19705.1	1244.9	24698.6	2735.6
2016	52241.2	4763.6	24472.0	1630.7	27769.2	3132.9

18—7 各市国内旅游主要经济指标（2016年）
Main Economic Indicators of Domestic Tourism by Region (2016)

地区	Region	总收入 (亿元) Total Income (100 million yuan)	一日游 One-day Tour 人数 (万人次) Total Number (10000 persons)	一日游 One-day Tour 收入 (亿元) Income (100 million yuan)	过夜旅游 Overnight Tour 人数 (万人次) Total Number (10000 persons)	过夜旅游 Overnight Tour 收入 (亿元) Income (100 million yuan)
总计	**Total**	**4763.6**	**24472.0**	**1630.7**	**27769.2**	**3132.9**
合肥市	Hefei	1156.3	4201.8	366.0	5034.8	790.3
淮北市	Huaibei	79.9	614.7	29.2	642.1	50.7
亳州市	Bozhou	130.4	802.0	41.6	973.7	88.7
宿州市	Suzhou	119.1	869.5	43.0	1008.1	76.1
蚌埠市	Bengbu	194.0	1551.2	71.7	1587.9	122.4
阜阳市	Fuyang	135.1	883.2	43.7	1092.1	91.4
淮南市	Huainan	134.0	1023.1	46.8	1086.4	87.3
滁州市	Chuzhou	163.3	893.8	56.5	1104.3	106.8
六安市	Luan	185.8	1137.5	63.5	1392.4	122.3
马鞍山市	Maanshan	204.1	1395.0	77.9	1409.0	126.2
芜湖市	Wuhu	458.6	1889.8	160.7	2084.8	298.0
宣城市	Xuancheng	201.3	1075.6	60.2	1482.5	141.1
铜陵市	Tongling	126.8	834.4	48.7	846.1	78.1
池州市	Chizhou	489.3	2332.1	186.2	2467.1	303.0
安庆市	Anqing	479.2	2549.4	175.4	2572.9	303.8
黄山市	Huangshan	506.3	2418.9	159.6	2984.9	346.7

18—8 国内旅游人均花费（2016年）
Per Capita Costs of Domestic Tourism (2016)

单位：元（yuan）

指　标	Item	平均每人花费 Per Capita Expenditure	交通费 Local Transportation	住宿费 Accommodation	餐饮费 Cater	购物费 Commodity Sale	游览费 Tour Admission Fee
总花费	Total Expenditure	911.8	174.9	125.2	134.8	237.0	93.7
一日游	One-day Tour	666.3	151.6		103.9	198.7	82.0
过夜花费	Overnight Tour	1128.2	203.4	205.2	154.1	265.6	115.4
#宾馆饭店	Living in Hotel	1234.9	214.2	273.8	171.9	282.0	121.1
#住亲友家	Living in Relative's or Friend's Home	830.4	174.4		137.7	241.6	94.4

18—9 各市国内旅游人均花费（2016年）
Per Capita Costs of Domestic Tourism by Region (2016)

单位：元（yuan）

地　区	Region	平均每人花费 Per Capita Expenditure	交通费 Local Transportation	住宿费 Accommodation	餐饮费 Cater	购物费 Commodity Sale	平均逗留天数（天） Average Number of Days (day)
总　计	**Total**	**911.8**	**174.9**	**125.2**	**134.8**	**237.0**	**1.59**
合肥市	Hefei	1251.9	207.3	152.6	170.8	449.0	1.79
淮北市	Huaibei	635.9	131.3	67.8	104.2	199.2	1.38
亳州市	Bozhou	734.1	150.5	89.5	109.4	161.5	1.58
宿州市	Suzhou	634.6	165.2	86.7	78.1	114.8	1.54
蚌埠市	Bengbu	618.2	155.9	76.5	78.2	111.3	1.59
阜阳市	Fuyang	683.8	161.3	84.5	103.3	122.5	1.61
淮南市	Huainan	635.4	128.4	82.0	133.0	115.3	1.54
滁州市	Chuzhou	817.1	172.6	103.5	131.3	219.6	1.55
六安市	Luan	734.6	159.2	90.7	144.0	143.8	1.63
马鞍山市	Maanshan	727.9	161.0	78.3	125.8	161.6	1.42
芜湖市	Wuhu	1153.9	196.0	104.1	155.1	341.7	1.55
宣城市	Xuancheng	786.8	137.3	124.3	137.5	220.4	1.65
铜陵市	Tongling	754.4	159.4	76.1	124.3	183.4	1.45
安庆市	Anqing	935.5	163.5	87.9	132.4	267.7	1.46
池州市	Chizhou	1019.5	203.7	124.8	141.4	270.2	1.52
黄山市	Huangshan	937.0	205.9	109.1	127.8	233.3	1.51

18—10 国家级黄山风景区旅游事业发展情况
Development of Tourism of Huang Shan Scenic at National Level

指　　标		Item		2000	2005	2010	2015	2016
接待人数	（人次）	Tourists Received	(person-time)	1172871	1709658	2518346	3182811	3300800
接待海外游客		Overseas Tourists		73485	159980	256753	160002	165304
国内游客		Domestic Tourists		1099386	1549678	2261593	3022809	3135496
营业收入	（万元）	Business Income	(10000 yuan)	47881	75017	168945	252527	283025
#游览设施		Touring Facilities		18040	41505	78812	104293	101312
住宿设施		Lodging Facilities		9655	14517	19832	31575	40623
娱乐设施		Entertainment Facilities			334	524	473	509
餐饮设施		Catering Facilities		4004	7427	14580	22545	31227
商业设施		Commercial Facilities		182	500	785	709	811
外汇收入	（万美元）	Foreign Exchange Earnings	(USD 10000)	588	2080	5398	5354	5526
涉外宾馆（酒店）住宿设施		Lodging Facilities of Tourist Hotels						
宾馆（酒店）	（个）	Number of Hotels	(unit)	15	14	14	10	10
#五星级		Five Star Class				2	3	3
四星级		Four Star Class			6	8	7	7
三星级		Three Star Class		5	4	1		
二星级		Two Star Class		1	2			
客　房	（间）	Number of Rooms	(unit)	1781	1496	2728	2474	2475
床　位	（张）	Number of Beds	(unit)	5775	4562	5690	5235	5391
客房出租率	（%）	Room Occupancy	(%)	42	62	51	51	59
旅游车辆	（辆）	Number of Touring Vehicles	(unit)	191	95	131	147	155
#大型车辆		Large-sized Vehicles		25	65	96	141	141
中型车辆		Middle-sized Vehicles		50	5	6	2	10
小型车辆		Small-sized Vehicles		62	25	29	4	4

18—11　国家级九华山风景区旅游事业发展情况
Development of Tourism of Jiu Hua Shan Scenic at National Level

指　标		Item		2000	2005	2010	2015	2016
接待人数	（人次）	Tourists Received	(person-time)	443900	648308	4001139	9712500	9900589
接待海外游客		Overseas Tourists		13569	24695	150009	350011	360002
国内游客		Domestic Tourists		430331	623613	3851130	9362489	9540587
营业收入	（万元）	Business Income	(10000 yuan)	12000	28962	390008	1080332	1140201
#游览设施		Touring Facilities		3579	11006	156003	432131	455966
住宿设施		Lodging Facilities		2493	7240	97502	270083	285050
娱乐设施		Entertainment Facilities		293	579	7800	21509	22689
餐饮设施		Catering Facilities		2860	4345	58501	162049	170916
商业设施		Commercial Facilities		2775	5792	70201	194559	205580
外汇收入	（万美元）	Foreign Exchange Earnings	(USD 10000)	334	307			19800
涉外宾馆（酒店）住宿设施		Lodging Facilities of Tourist Hotels						
宾馆（酒店）	（个）	Number of Hotels	(unit)	3	8	9	10	9
#五星级		Five Star Class						
四星级		Four Star Class			1	2	3	3
三星级		Three Star Class		1	4	7	7	6
二星级		Two Star Class		2	3			
客　房	（间）	Number of Rooms	(unit)	299	646	831	1064	977
床　位	（张）	Number of Beds	(unit)	625	1266	1551	2014	1808
客房出租率	（%）	Room Occupancy	(%)	45	58	65	62	63
旅游车辆	（辆）	Number of Touring Vehicles	(unit)	59	64	112	139	133
#大型车辆		Large-sized Vehicles		19	32	61	59	53
中型车辆		Middle-sized Vehicles		30	22	17	76	76
小型车辆		Small-sized Vehicles		10	10	34	4	4

18—12 风景名胜区（2016年）
Scenic Spots (2016)

名　称 Name	级别 Grade	主要特点 Main Characteristics	类　别 Kinds	面　积 (平方公里) Area(sq.km)	地　址 Address
黄　山	国家级	世界自然和文化遗产，中国十大风景名胜。以“奇松、怪石、云海、温泉”四绝而闻名	山岳型	154	黄山市
九华山	国家级	中国四大佛教名山之一，是佛教地藏菩萨道场。始于唐开元年间，现存古寺庙94座，佛像1万余尊、文物五千余件	山岳型	120	池洲市
天柱山	国家级	“擎天一柱”海拔1450米，道、佛教同存，汉武帝封“南岳”。佛教二、三祖修行地。李白、白居易、苏轼等400余摩崖碑刻	山岳型	82.46	潜山县
琅琊山	国家级	宋代大文学家欧阳修《醉翁亭》而闻名，有著名醉翁亭、醒图、琅琊寺等	山岳型	78.2	滁州市
齐云山	国家级	中国四大道教名山之一，始于唐，盛于明，兴于清，有道教墓葬22外和大量摩崖石碑刻，属丹霞地貌	山岳型	110.4	休宁县
采石矶	国家级	长江三大名矶之首，有“采石山水甲江南”之誉。唐代大诗人李白留下许多不朽诗篇，并在附近香山归宿		48	马鞍山市
巢　湖	国家级	中国五大淡水湖之一，著名姥山、褒禅山、中庙、范增墓等景点	湖泊型	1000	巢湖市
花山谜窟	国家级	人工石窟群，口小内大，有36处，最高30米。所建年代？为何建？何年成？为“千古之谜”		80.6	黄山市
太极洞	国家级	洞龄2.5亿年，长5400多米，分干、水洞而得名。宋代范仲淹等留下不少碑文石刻，《中国石林》称为“桂林山水，广德石洞”	溶洞型	20	广德县
花亭湖	国家级	著名人口湖，有龙山、西风湖、佛图寺、海会寺等六大景区和温泉，沿湖生长方形法华竹而绝名	湖泊型	250	太湖县
浮　山	省　级	古火山之一，佛教禅宗鼻祖慧可大师道场，中国禅宗发祥地。有36岩、72洞、26怪石、34奇峰。南宋以来480多摩崖石刻	山岳型	45	枞阳县
天堂寨	省　级	主峰天堂顶海拔129米，有天塘“瑶池”。大小瀑布100余条而闻名，大别山山脉第二高峰	山岳型	37.2	金寨县
太平湖	省　级	安徽最大人工湖，有“西山观鱼，三峡水趣，桂林景色，龙门”等五大景区。堪与太湖媲美，漓江竟秀	湖泊型	260	黄山区
敬亭山	省　级	原名昭亭山，晋文帝时改为敬亭山，南齐谢眺以来李白等文人留下诗文800余篇，为中国著名“江南诗山”	山岳型	15.3	宣城市
白崖寨	省　级	建寨700余年，寨十华里，宽1米，高2.8—5米，大块岩石砌成。有炮台、点将台等，誉称“南国小长城”	山岳型	57	宿松县
西　山	省　级	溶洞、石、峰、泉、花、树、禽为一体，有古乌霞寺，著名“牡丹之乡”。唐代诗人李白等留下脍炙人口的诗文	山岳型	22.6	南陵县
齐山——秋浦仙境	省　级	全长180公里，是著名“诗河”。李白、杜牧、苏轼等留下40余首诗篇，有古石城遗址，昭明钓台、仰天堂古迹名胜	山岳型	25.78	池州市
石台溶洞群	省　级	石台称为“溶洞之县”，有蓬莱、鱼龙、慈云等100余处溶洞。著名“蓬莱仙洞”长3000余米，钟乳奇秀，玲珑剔透	溶洞型	29.3	池州市
小孤山	省　级	孤峰如柱，兀立长江，称“长江绝岛”，有古炮台、烽火石等古战场遗迹，古刹启秀寺是长江中唯一“妈祖古庙”		8.5	宿松县

18—12 续表 continued

名　称 Name	级别 Grade	主要特点 Main Characteristics	类　别 Kinds	面　积 (平方公里) Area(sq.km)	地　址 Address
凤阳山	省　级	有明中都皇故城、明皇陵石刻、鼓楼台、龙兴寺、古钟、离城、佛教古寺、卧牛湖、奇洞等	山岳型	45	凤阳县
涂山——白乳泉	省　级	大禹娶涂山氏为妻，著名“启母石”——涂山氏化身。唐贞元年白乳泉得名，誉为“天下第七泉”	山岳型	66.35	怀远县
南岳山—佛子岭水库	省　级	古岳庙留汉武帝封石刻门楣，有书法家于佑仁题“小南岳”等文人石刻，为“远东第一坝”	山岳、湖泊型	175	霍山县
万佛山—龙河口水库	省　级	“世界第一人工土石大坝”，有周瑜祖坟、祖慈钓鱼台、五老观太极等景观，国家级保护动植物50余种	山岳、湖泊型	207	舒城县
皇藏峪	省　级	汉高祖称帝前因避秦兵而藏身此地，封为“皇藏峪”。有天然洞穴、井泉、峰峦叠翠、涧水淙淙	山岳型	22.76	萧　县
八公山	省　级	西汉淮南王刘安等八公在此炼丹并食之成仙得名，有珍珠、玛瑙等24泉、淮南王、碧霞元君庙等	山岳型	90	淮南市
大龙山	省　级	山势雄伟、蜿蜒似龙，有92峰、82岩、72岭、82洞、32壑、108奇石和乌、白、黄、赤四大名溪和6大瀑布等	山岳型	120	安庆市
颖州西湖	省　级	北宋宰相晏殊、文学家欧阳修、苏轼等留下113首诗篇。原碑林长廓、八卦阵、八仙石雕和“会老堂”等		24.32	阜阳市
龙须湖	省　级	湖水容量3252万立方米，植被丰富，珍禽野兽较多，湖光山色、风光秀美	湖泊型	110	郎溪县
铜锣寨	省　级	碧峰伟崖，陡不可攀，海拔1096米，有奇松、怪石、云海、温泉“四绝”，素称“江北小黄山”	山岳、古关寨	47	霍山县
大华山	省　级	云峰寺始唐朝，地藏王在此结庵1300余年。太平军的“羊破寨”、庆云寺等，东石笋高38米，为“中华第一石笋”	山岳型	56	六安市
合肥环城公园—西郊	省　级	西郊有蜀山风景、董铺和大房郢水库、森林公园、科学岛等，著名北宋“包拯”——包公祠座落环城公园	城市近郊公园	32	合肥市
紫蓬山	省　级	三国名刹——西庐寺，魏将李典，宋名将葛升墓，淮军名将刘铭传故居。有21米高的如来大佛，五百罗汉、文昌阁等	山岳型	48	肥西县
五柳	省　级	著名“呵泉、龙泉、珍珠泉”等，大方寺、闵祠等殷商文化遗址和众多汉墓		26	宿州市
凤凰山	省　级	宋代古民居，荆公书堂，大明寺，莲花寺和大雄宝殿等自然和人文景观20余处	山岳型	28.4	铜陵市
司空山	省　级	中华佛教禅宗发源地，有“祖禅刹、三祖洞、乌牛古石、南崖瀑布”等，赵朴初题为“禅宗第一山”	山岳型	46.8	岳西县
大历山	省　级	唐玄宗二年始建“翠观庵”，明建“尧舜寺”，有法藏寺、尧池、舜井、伏虎洞、白龙洞等，钟乳奇异，山色峻美	山岳型	26	东至县
卜塘	省　级	山峦叠峰、沟壑纵横、林木绢绣、飞泉叮咚，竹海、古树、清泉、钟鼓并称“四绝”	山岳型	45	马鞍山市
龙子湖	省　级	禹王庙、汤和墓、东明皇陵、中都城、龙兴寺、栖岩寺和淮河风情园等	湖泊型	36.2	蚌埠市
汤池	省　级	汉文帝建庐江国时称“坑泉”，水温63℃，为“华东第一温泉”，有三国周郎和小乔沐浴池、古寺、十三庵等	温泉	22.5	庐江县

18—13 国家级重点文物保护单位
National Grade Main Cultural Relics

名　称 Name	时　代 Era	地　址 Address	批　次 Batch	公布时间 Announcement Time
新四军军部旧址	1938—1941	泾县云岭乡	第一批	1961.3
明中都皇故城及皇陵石刻	明	凤阳县	第二批	1982.2
安丰塘（芍陂）	春秋—清	寿县	第三批	1988.1
龙川胡氏宗祠	明—清	绩溪县瀛洲乡	第三批	1988.1
潜口民宅	明—清	黄山市徽州区尘潜口村	第三批	1988.1
许国石坊	明	歙县	第三批	1988.1
花戏楼	清	亳州市谯城区	第三批	1988.1
广教寺双塔	宋	宣州市宣州区敬亭山	第三批	1988.1
和县猿人遗址	旧石器时代	和县陶店乡	第三批	1988.1
薛家岗遗址	新石器时代	潜山县	第四批	1996.11
大工山—凤凰山铜矿遗址	西周至宋	南陵县、铜陵市	第四批	1996.11
棠樾石牌坊群	明、清	歙县郑村乡	第四批	1996.11
老屋阁及绿绕亭	明	黄山市徽州区西溪南村	第四批	1996.11
罗东舒祠（宝伦阁）	明	黄山市徽州区呈坎村	第四批	1996.11
渡江战役总前委旧址	1949年3月—4月	肥东县撮镇瑶岗村	第四批	1996.11
陈山遗址	旧石器时代	宣州市宣州区	第五批	2001.6
凌家滩遗址	新石器时代	含山县	第五批	2001.6
尉迟寺遗址	新石器时代	蒙城县	第五批	2001.6
寿春城遗址	战国	寿县	第五批	2001.6
寿州窑遗址	南朝至塘	淮南市	第五批	2001.6
柳孜运河码头遗址	唐至宋	濉溪县	第五批	2001.6
繁昌窑遗址	宋	繁昌县	第五批	2001.6
皖南土墩墓群	西周至春秋	南陵县、繁昌县	第五批	2001.6
曹氏家族墓群	东汉、三国	亳州市谯城区	第五批	2001.6
朱然家族墓地	三国	马鞍山市	第五批	2001.6
水西双塔	宋	泾县	第五批	2001.6
亳州古地道	宋、元	亳州市谯城区	第五批	2001.6
白崖寨	元至清	宿松县	第五批	2001.6
程氏三宅	明	黄山市屯溪区	第五批	2001.6
呈坎村古建筑群	明、清	黄山市徽州区	第五批	2001.6
渔梁坝	唐至清	歙县	第五批	2001.6
宏村古建筑群	明、清	黟县	第五批	2001.6
西递村古建筑群	明、清	黟县	第五批	2001.6
寿县古城墙	宋至清	寿县	第五批	2001.6
查济古建筑群	宋至清	泾县	第五批	2001.6
天柱山山谷流泉摩崖石刻	宋至清	潜山县	第五批	2001.6
人字洞遗址	旧石器时代	繁昌县	第六批	2006.5
临涣城址	战国	濉溪县	第六批	2006.5
李白墓	唐	当涂县	第六批	2006.5
蒙城万佛塔	宋	蒙城县	第六批	2006.5
溪头三槐堂	明	休宁县	第六批	2006.5
振风塔	明	安庆市迎江区	第六批	2006.5
郑氏宗祠	明	歙县	第六批	2006.5
江村古建筑群	明至清	旌德县	第六批	2006.5
南屏村古建筑群	明至清	黟县	第六批	2006.5
祁门古戏台	明至清	祁门县	第六批	2006.5
许村古建筑群	明至民国	歙县	第六批	2006.5
黄田村古建筑群	清	泾县	第六批	2006.5
世太史第	清	安庆市迎江区	第六批	2006.5
竹山书院	清	歙县	第六批	2006.5
齐云山石刻	宋至清	休宁县	第六批	2006.5
李氏庄园	清	霍邱县	第六批	2006.5
刘铭传旧居	清	肥西县	第六批	2006.5
冯玉祥旧居	1936—1937年	巢湖市居巢区	第六批	2006.5
半塔保卫战旧址	1941年	来安县	第六批	2006.5
淮海战役总前委和华东野战军指挥部旧址	1948年	濉溪县、萧县	第六批	2006.5

18—14 省级文物保护单位
Provincial Cultural Relic Preservation Institutions

名　称 Name	时　代 Era	地　址 Address	批　次 Batch	公布时间 Announcement Time
古遗址（77处）				
龙潭洞遗址	旧石器时代	和县	第一批	1981年9月8日
银山遗址	旧石器时代	巢湖市	第二批	1986年7月3日
陈山旧石器出土地点	旧石器时代	宣城市宣州区	第三批	1989年5月27日
官山、毛竹山遗址	旧石器时代	宁国市	第四批	1998年5月4日
人字洞遗址	旧石器时代	繁昌县	第五批	2004年10月28日
薛家岗遗址	新石器时代	潜山县	第一批	1981年9月8日
张四墩遗址	新石器时代	安庆市	第一批	1981年9月8日
大城头遗址	新石器时代	肥东县	第一批	1981年9月8日
大陈墩遗址	新石器时代	肥东县	第一批	1981年9月8日
青凤岭遗址	新石器时代	亳州市	第一批	1981年9月8日
钓鱼台遗址	新石器时代	亳州市	第一批	1981年9月8日
胡家村遗址	新石器时代	绩溪县	第一批	1981年9月8日
花家寺遗址	新石器时代	萧县	第一批	1981年9月8日
傅庄遗址	新石器时代	亳州市	第三批	1989年5月27日
石山孜遗址	新石器时代	濉溪县	第三批	1989年5月27日
侯家寨遗址	新石器时代	定远县	第四批	1998年5月4日
尉迟寺遗址	新石器时代	蒙城县	第四批	1998年5月4日
古埂遗址	新石器时代	肥西县	第四批	1998年5月4日
玉石山遗址	新石器时代	灵璧县	第四批	1998年5月4日
凌家滩遗址	新石器时代	含山县	第四批	1998年5月4日
灰角寺遗址	新石器时代	太和县	第四批	1998年5月4日
黄家堰遗址	新石器时代	望江县	第四批	1998年5月4日
下阳遗址	新石器时代	广德县	第四批	1998年5月4日
双墩遗址	新石器时代	蚌埠市	第五批	2004年10月28日
中土坑遗址	新石器时代	祁门县	第五批	2004年10月28日
夫子城遗址	新石器时代	安庆市	第五批	2004年10月28日
小山口遗址	新石器时代	宿州市	第五批	2004年10月28日
古台寺遗址	新石器时代	宿州市	第五批	2004年10月28日
红墩寺遗址	新石器——商周	霍邱县	第三批	1989年5月27日
濮家墩遗址	新石器——商周	滁州市	第二批	1986年7月3日
阮墩遗址	新石器——商周	繁昌县	第五批	2004年10月28日
孙家城土城遗址	新石器——商周	怀宁市	第五批	2004年10月28日
东城都遗址	新石器——西周	六安市	第四批	1998年5月4日
化家湖遗址	新石器——汉	濉溪县	第五批	2004年10月28日
“伍奢冢”遗址	新石器——汉	利辛县	第五批	2004年10月28日
大城墩遗址	新石器——隋唐	含山县	第二批	1986年7月3日
斗鸡台遗址	夏、商	寿县	第四批	1998年5月4日
老邱堆遗址	殷	临泉县	第一批	1981年9月8日
倪邱集遗址	殷	太和县	第一批	1981年9月8日
青莲寺遗址	商周	寿县	第四批	1998年5月4日
贺胜台遗址	商周	阜南县	第四批	1998年5月4日
欧墩遗址	商周	郎溪县	第四批	1998年5月4日
烟墩山遗址	商周	马鞍山市	第五批	2004年10月28日
花城遗址	周	舒城县	第四批	1998年5月4日
牯牛山遗址	周	南陵县	第四批	1998年5月4日
石梁土城遗址	商周、唐宋	天长市	第三批	1989年5月27日
大工山古矿冶遗址	西周——宋	南陵县	第三批	1989年5月27日

18—14 续表1 continued

名 称 Name	时 代 Era	地 址 Address	批 次 Batch	公布时间 Announcement Time
凤凰山铜矿遗址（木鱼山、金牛洞、铜井山遗址、罗家村大炼渣）	西周——宋	铜陵市	第四批	1998年5月4日
古昭关遗址	春秋	含山县	第三批	1989年5月27日
钟离城遗址	春秋	凤阳县	第一批	1981年9月8日
寿春城遗址（含西南小城）	战国	寿县	第四批	1998年5月4日
陈胜、吴广起义遗址	秦	宿州市	第一批	1981年9月8日
蕲县古城遗址	秦	宿州市	第二批	1986年7月3日
垓下遗址	秦	固镇县	第二批	1986年7月3日
新阳城遗址	秦汉	界首市	第四批	1998年5月4日
东城遗址	秦——唐	定远县	第四批	1998年5月4日
龙城遗址	汉	肥东县	第一批	1981年9月8日
六安西古城遗址	汉	六安市	第一批	1981年9月8日
谷阳城遗址	汉	固镇县	第五批	2004年10月28日
北平城遗址	汉	涡阳县	第五批	2004年10月28日
临涣古城遗址	汉—元	濉溪县	第二批	1986年7月3日
三国新城遗址	三国	合肥市	第四批	1998年5月4日
寿州窑址	六朝——唐	淮南市	第一批	1981年9月8日
白土寨窑址	唐——宋	萧县	第一批	1981年9月8日
琴溪窑址	唐——宋	泾县	第二批	1986年7月3日
霞间窑址	五代——北宋	绩溪县	第三批	1989年5月27日
东门渡窑址	五代——北宋	芜湖县	第四批	1998年5月4日
清流关	南唐——宋	滁州市	第三批	1989年5月27日
柯家村遗址	宋	繁昌县	第一批	1981年9月8日
下符桥窑址	宋	霍山县	第二批	1986年7月3日
天静宫遗址	宋	涡阳县	第四批	1998年5月4日
汤池果树窑址	宋	庐江县	第五批	2004年10月28日
“古井贡酒”古井及窖池	宋——明	亳州市	第四批	1998年5月4日
明王台遗址	元	亳州市	第一批	1981年9月8日
明中都城城址	明	凤阳县	第一批	1981年9月8日
琉璃瓦窑址	明	当涂县	第一批	1981年9月8日
谢朓楼遗址	清	宣城市宣州区	第四批	1998年5月4日
古墓葬（45处）				
汤王墓	商	亳州市	第一批	1981年9月8日
武王墩	周	长丰县	第一批	1981年9月8日
万牛墩土墩墓群	周	繁昌县	第三批	1989年5月27日
千峰山土墩墓群	西周——春秋	南陵县	第二批	1986年7月3日
共姬墓	春秋	淮北市	第五批	2004年10月28日
黄泥孤堆（黄歇墓）	战国	淮南市	第五批	2004年10月28日
廉颇墓	战国	寿县	第五批	2004年10月28日
严氏孤堆	战国——汉	长丰县	第一批	1981年9月8日
薛家孤堆	汉	亳州市	第一批	1981年9月8日
虞姬墓	汉	灵璧县	第二批	1986年7月3日
刘安墓	汉	寿县	第二批	1986年7月3日
放王岗古墓群	汉	巢湖市	第四批	1998年5月4日
董园2号石墓	东汉	亳州市	第一批	1981年9月8日
曹四孤堆	东汉	亳州市	第一批	1981年9月8日
张园汉暮	东汉	亳州市	第四批	1998年5月4日
古城画像石墓	东汉	濉溪县	第四批	1998年5月4日
周瑜墓	三国	庐江县	第三批	1989年5月27日
朱然墓	三国·吴	马鞍山市	第二批	1986年7月3日
宋山古墓	三国·吴	马鞍山市	第四批	1998年5月4日
李白墓	唐	当涂县	第一批	1981年9月8日

18—14　续表2　continued

名　称 Name	时　代 Era	地　址 Address	批　次 Batch	公布时间 Announcement Time
何堿墓	唐	庐江县	第五批	2004年10月28日
陈翥墓	北宋	铜陵县	第四批	1998年5月4日
明皇陵	明	凤阳县	第一批	1981年9月8日
汤和墓	明	蚌埠市	第二批	1986年7月3日
郑之珍墓	明	祁门县	第三批	1989年5月27日
万孺人墓	明	广德县	第五批	2004年10月28日
常氏三王墓	明	怀远县	第五批	2004年10月28日
化明塘严氏墓	明	五河县	第五批	2004年10月28日
余珊墓	明	桐城市	第五批	2004年10月28日
方以智墓	清	枞阳县	第一批	1981年9月8日
戴东原墓	清	休宁县	第一批	1981年9月8日
渐江墓	清	歙县	第二批	1986年7月3日
邓石如墓	清	怀宁县	第二批	1986年7月3日
姚鼐墓	清	枞阳县	第二批	1986年7月3日
戴名世墓	清	桐城市	第二批	1986年7月3日
刘大木魁墓	清	枞阳县	第三批	1989年5月27日
梅文鼎墓	清	宣城市宣州区	第三批	1989年5月27日
姚莹墓	清	桐城市	第三批	1989年5月27日
梅清墓	清	宣城市宣州区	第四批	1998年5月4日
赵文楷墓	清	太湖县	第四批	1998年5月4日
吴汝纶墓	清	枞阳县	第四批	1998年5月4日
孝子墩古墓	清	长丰县	第五批	2004年10月28日
施闰章墓	清	宣城市宣州区	第五批	2004年10月28日
皋陶墓		六安市	第三批	1989年5月27日
六安汉代王陵墓地	西汉	六安市金安区		2007年8月9日
古建筑（234处）				
芍陂遗址	春秋——清	寿县	第二批	1986年7月3日
汉阙遗址及水牛墓	汉	淮北市	第五批	2004年10月28日
七门堰	汉——清	舒城县	第四批	1998年5月4日
杏花村古井	唐	池州市贵池区	第三批	1989年5月27日
禹王宫	唐——清	怀远县	第三批	1989年5月27日
渔梁坝	唐——清	歙县	第三批	1989年5月27日
西风禅寺及摩崖石刻	唐——近代	太湖县	第五批	2004年10月28日
广教寺双塔	宋	宣城市宣州区	第一批	1981年9月8日
景德寺塔	北宋	宣城市宣州区	第四批	1998年5月4日
多宝庵塔	北宋	六安市	第四批	1998年5月4日
天寿寺塔	宋	广德县	第一批	1981年9月8日
万佛塔	宋	蒙城县	第一批	1981年9月8日
太平塔	宋	潜山县	第一批	1981年9月8日
广济寺塔	宋	芜湖市	第一批	1981年9月8日
黄金塔	宋	无为县	第一批	1981年9月8日
长庆寺塔	宋	歙县	第一批	1981年9月8日
水西大观塔及小方塔	宋	泾县	第一批	1981年9月8日
米公祠	宋	无为县	第一批	1981年9月8日
黄山塔	宋	当涂县	第二批	1986年7月3日
净居寺塔	宋	青阳县	第五批	2004年10月28日
东谯楼	宋	歙县	第五批	2004年10月28日
新州石塔	南宋	歙县	第一批	1981年9月8日
伟溪塔	南宋	祁门县	第三批	1989年5月27日
万寿塔	南宋	和县	第四批	1998年5月4日
仙人塔	南宋	宁国市	第四批	1998年5月4日
望江寺塔	南宋	六安市	第四批	1998年5月4日

18—14 续表3 continued

名 称 Name	时 代 Era	地 址 Address	批 次 Batch	公布时间 Announcement Time
上水关、下水关、广惠桥	宋、明、唐	滁州市	第五批	2004年10月28日
亳州古地下道	宋——元	亳州市	第二批	1986年7月3日
寿县古城墙	宋——清	寿县	第二批	1986年7月3日
丰乐亭	宋——清	滁州市	第二批	1986年7月3日
衙署前门	宋——清	芜湖市	第五批	2004年10月28日
硖山口《慰农亭》及摩崖石刻	宋——清	凤台县	第五批	2004年10月28日
法华禅庵塔	元	嘉山县	第二批	1986年7月3日
寿县孔庙	元——清	寿县	第五批	2004年10月28日
白崖寨	元——清	宿松县	第二批	1986年7月3日
曹门厅	明	歙县	第一批	1981年9月8日
方文泰宅	明	歙县	第一批	1981年9月8日
老屋阁及绿绕亭	明	歙县	第一批	1981年9月8日
苏雪痕宅	明	歙县	第一批	1981年9月8日
罗润坤、罗来龙宅	明	歙县	第一批	1981年9月8日
张林福宅	明	歙县	第一批	1981年9月8日
方春福宅	明	歙县	第一批	1981年9月8日
三槐堂	明	休宁县	第一批	1981年9月8日
方士载宅	明	歙县	第一批	1981年9月8日
贞白门	明	歙县	第一批	1981年9月8日
觉寂塔	明	潜山县	第一批	1981年9月8日
迎江寺及振风塔	明	安庆市	第一批	1981年9月8日
龙兴寺	明	凤阳县	第一批	1981年9月9日
圣僧庵壁画	明	歙县	第一批	1981年9月8日
潜口明代民居建筑群	明	歙县	第二批	1986年7月3日
程氏宅	明	黟县	第二批	1986年7月3日
胡文光刺史坊	明	黟县	第二批	1986年7月3日
奕世尚书坊	明	绩溪县	第二批	1986年7月3日
郑村忠烈坊	明	歙县	第二批	1986年7月3日
黄村进士第	明	休宁县	第二批	1986年7月3日
太和县文庙大成殿	明	太和县	第二批	1986年7月3日
寿县清真寺	明	寿县	第二批	1986年7月3日
六角楼	明	黄山市	第三批	1989年5月27日
冯村进士坊	明	绩溪县	第三批	1989年5月27日
鼓楼基座	明	凤阳县	第三批	1989年5月27日
程大位故居	明	黄山市屯溪区	第三批	1989年5月27日
大观亭	明	歙县	第四批	1998年5月4日
郑氏宗祠	明	歙县	第四批	1998年5月4日
丰口四面坊	明	歙县	第四批	1998年5月4日
殷尚书坊及大司徒坊	明	歙县	第四批	1998年5月4日
韩氏宗祠	明	黟县	第四批	1998年5月4日
梓坞祠堂	明	休宁县	第四批	1998年5月4日
程氏宗祠	明	黄山市屯溪区	第四批	1998年5月4日
岩寺文峰塔	明	黄山市徽州区	第四批	1998年5月4日
长春社	明	黄山市徽州区	第四批	1998年5月4日
五教堂	明	绩溪县	第三批	1989年5月27日
敦履堂	明	绩溪县	第四批	1998年5月4日
父子进士坊	明	旌德县	第四批	1998年5月4日
叶家桥	明	当涂县	第四批	1998年5月4日
清溪塔	明	池州市贵池区	第四批	1998年5月4日
兴济桥	明	池州市贵池区	第四批	1998年5月4日
汪氏宗祠	明	石台县	第四批	1998年5月4日
净信寺	明	青阳县	第四批	1998年5月4日

18—14　续表4　continued

名　称 Name	时　代 Era	地　址 Address	批　次 Batch	公布时间 Announcement Time
法云寺塔	明	岳西县	第四批	1998年5月4日
观音寺塔	明	六安市	第四批	1998年5月4日
江淮桥	明	含山县	第四批	1998年5月4日
运河桥	明	阜南县	第四批	1998年5月4日
薛阁塔	明	亳州市	第四批	1998年5月4日
玉虚宫牌坊	明	休宁县	第四批	1998年5月4日
柯乔门坊	明	青阳县	第四批	1998年5月4日
中江塔	明	芜湖市	第五批	2004年10月28日
水东花戏楼	明	宣城市宣州区	第五批	2004年10月28日
明代城墙	明	郎溪县	第五批	2004年10月28日
耿村明代耿姓民宅	明	广德县	第五批	2004年10月28日
叶集江西会馆	明	六安市	第五批	2004年10月28日
天心堂	明	歙县	第五批	2004年10月28日
金紫祠	明	黄山市徽州区	第五批	2004年10月28日
敬本堂	明	歙县	第五批	2004年10月28日
大邦伯祠	明	歙县	第五批	2004年10月28日
金柱塔	明	当涂县	第五批	2004年10月28日
司谏第	明（弘治）	歙县	第一批	1981年9月8日
许国石坊	明（1583年）	歙县	第一批	1981年9月8日
程氏三宅	明末	屯溪	第一批	1981年9月8日
宝伦阁	明末清初	歙县	第一批	1981年9月8日
石牌坊群	明——清	歙县	第一批	1981年9月8日
太平桥	明——清	歙县	第一批	1981年9月8日
化城寺	明——清	九华山风景区	第一批	1981年9月8日
龙川胡氏宗祠	明——清	绩溪县	第二批	1986年7月3日
太平山房	明——清	青阳县	第二批	1986年7月3日
安城堡	明——清	太湖县	第二批	1986年7月3日
桐城县文庙	明——清	桐城市	第二批	1986年7月3日
江宁会馆	明——清	亳州市	第三批	1989年5月27日
霍山文庙	明——清	霍山县	第三批	1989年5月27日
镇淮楼	明——清	和县	第三批	1989年5月27日
南谯楼	明——清	歙县	第三批	1989年5月27日
舒余庆堂	明——清	黟县	第三批	1989年5月27日
道德中宫	明——清	亳州市	第三批	1989年5月27日
安庆谯楼	明——清	安庆市	第四批	1998年5月4日
查济民居（含宝公祠、德厅屋、进士门、二甲祠、洪公祠、怀素堂）	明——清	泾县	第四批	1998年5月4日
许氏宗祠及听泉楼	明——清	绩溪县	第三批	1989年5月27日
慈光阁	明——清	黄山风景区	第四批	1998年5月4日
姥山塔	明——清	巢湖市	第四批	1998年5月4日
吴氏大宗祠	明——清	泾县	第五批	2004年10月28日
三溪乐成桥	明——清	旌德县	第五批	2004年10月28日
毛坦厂老街重点古建筑	明——清	六安市	第五批	2004年10月28日
杜氏宗祠	明——清	池州市贵池区	第五批	2004年10月28日
榉根关古徽道	明——清	石台县	第五批	2004年10月28日
金氏宗祠	明——清	东至县	第五批	2004年10月28日
屏山村古建筑群	明——清	黟县	第五批	2004年10月28日
南屏村古建筑群	明——清	黟县	第五批	2004年10月28日
洪坑牌坊群及洪氏家庙	明——清	徽州区	第五批	2004年10月28日
合一堂	明——清	祁门县	第五批	2004年10月28日
古城岩明清建筑群	明——清	休宁县	第五批	2004年10月28日
稠墅牌坊群	明——清	歙县	第五批	2004年10月28日

18—14 续表5 continued

名 称 Name	时 代 Era	地 址 Address	批 次 Batch	公布时间 Announcement Time
棠樾古民居	明——清	歙县	第五批	2004年10月28日
池河太平桥	明——清	定远县	第五批	2004年10月28日
左忠毅公祠	明——清	桐城市	第五批	2004年10月28日
章氏宗祠	明——清	池州市贵池区	第五批	2004年10月28日
太和城关清真寺	明——清	太和县	第四批	1998年5月4日
祁门古戏台群	明——清	祁门县	第三批	1989年5月27日
教弩台旧址	清	合肥市	第一批	1981年9月8日
陶公祠	清	东至县	第一批	1981年9月8日
华祖庵	清	亳州市	第一批	1981年9月8日
包公祠	清	合肥市	第一批	1981年9月8日
琅琊寺	清	滁州市	第一批	1981年9月8日
太白楼	清	马鞍山市	第一批	1981年9月8日
醉翁亭	清	滁州市	第一批	1981年9月8日
花戏楼	清	亳州市	第一批	1981年9月8日
西递清代民居建筑群	清	黟县	第二批	1986年7月3日
泗县文庙大成殿	清	泗县	第二批	1986年7月3日
踏歌岸阁	清	泾县	第二批	1986年7月3日
铁砚山房	清	怀宁	第二批	1986年7月3日
旌德文庙	清	旌德县	第三批	1989年5月27日
文昌阁	清	泾县	第三批	1989年5月27日
资福寺	清	阜阳市	第三批	1989年5月27日
沫河口关卡	清	五河县	第三批	1989年5月27日
显通寺	清	淮北市	第三批	1989年5月27日
半山阁	清	桐城市	第三批	1989年5月27日
蒙城文庙	清	蒙城县	第四批	1998年5月4日
阜阳文峰塔	清	阜阳市	第四批	1998年5月4日
南京巷钱庄	清	亳州市	第四批	1998年5月4日
闵子騫祠及墓	清	宿州市	第四批	1998年5月4日
林探花府	清	宿州市	第四批	1998年5月4日
国光楼	清	全椒县	第四批	1998年5月4日
中庙	清	巢湖市	第四批	1998年5月4日
武壮公祠	清	庐江县	第四批	1998年5月4日
振湖塔	清	肥东县	第四批	1998年5月4日
包氏宗祠	清	肥东县	第四批	1998年5月4日
四望堡寨址	清	霍山县	第四批	1998年5月4日
世太史第	清	安庆市	第四批	1998年5月4日
安庆关南清真寺	清	安庆市	第四批	1998年5月4日
廖河戏台	清	宿松县	第四批	1998年5月4日
雷阳书院	清	望江县	第四批	1998年5月4日
杨家祠堂	清	潜山县	第四批	1998年5月4日
东流双塔	清	东至县	第四批	1998年5月4日
崇德堂戏台	清	石台县	第四批	1998年5月4日
李氏宗祠	清	青阳县	第四批	1998年5月4日
曹氏宗祠	清	青阳县	第四批	1998年5月4日
侯家祠堂	清	朗溪县	第四批	1998年5月4日
溥公祠	清	旌德县	第四批	1998年5月4日
黄田村古民居群	清	泾县	第四批	1998年5月4日
翟氏宗祠	清	泾县	第四批	1998年5月4日
金溪花戏楼	清	泾县	第四批	1998年5月4日
汪氏住宅	清	绩溪县	第四批	1998年5月4日
湖村民居（余社旺宅、章祖望宅、章祖强宅、章秀珍宅）	清	绩溪县	第四批	1998年5月4日

18—14　续表6　continued

名　称 Name	时　代 Era	地　址 Address	批　次 Batch	公布时间 Announcement Time
绩溪文庙	清	绩溪县	第四批	1998年5月4日
周氏宗祠	清	绩溪县	第四批	1998年5月4日
檀干园	清	黄山市徽州区	第四批	1998年5月4日
宏村民居（承志堂、三立堂、南湖书院）	清	黟县	第四批	1998年5月4日
竹山书院	清	歙县	第四批	1998年5月4日
吴氏宗祠	清	歙县	第四批	1998年5月4日
潘氏宗祠	清	歙县	第四批	1998年5月4日
风雨廊桥	清	歙县	第四批	1998年5月4日
庐州府城隍庙戏楼	清	合肥市	第五批	2004年10月28日
大孔祠堂	清	合肥市	第五批	2004年10月28日
唐五房圩转心楼	清	肥西县	第五批	2004年10月28日
父子进士祠堂	清	肥东县	第五批	2004年10月28日
尹氏宗祠	清	长丰县	第五批	2004年10月28日
云氏宗祠及《长生殿》戏文砖雕贞节坊	清	广德县	第五批	2004年10月28日
江村古民居群	清	旌德县	第五批	2004年10月28日
胡炳衡宅	清	绩溪县	第五批	2004年10月28日
石家村古建筑群	清	绩溪县	第五批	2004年10月28日
周氏祠堂	清	宁国市	第五批	2004年10月28日
六安古城墙	清	六安市	第五批	2004年10月28日
褚氏祠堂	清	舒城县	第五批	2004年10月28日
狮山中学玉玺楼	清	霍山县	第五批	2004年10月28日
霍邱文庙	清	霍邱县	第五批	2004年10月28日
祇园寺	清	九华山风景区	第五批	2004年10月28日
百岁宫	清	九华山风景区	第五批	2004年10月28日
甘露寺	清	九华山风景区	第五批	2004年10月28日
严氏宗祠	清	石台县	第五批	2004年10月28日
宁氏宗祠	清	青阳县	第五批	2004年10月28日
赛金花故居	清	黟县	第五批	2004年10月28日
倪望重宅（“一府六县”）	清	祁门县	第五批	2004年10月28日
苏氏宗祠与海宁学舍	清	黄山市黄山区	第五批	2004年10月28日
希范堂	清	黄山市黄山区	第五批	2004年10月28日
程氏宗祠	清	黄山市黄山区	第五批	2004年10月28日
钟鼓楼	清	休宁县	第五批	2004年10月28日
曹氏二宅	清	歙县	第五批	2004年10月28日
员公支祠	清	歙县	第五批	2004年10月28日
周氏宗祠	清	歙县	第五批	2004年10月28日
古戏台、火神庙、嘉祐院古建筑群	清	明光市	第五批	2004年10月28日
尊胜禅院旧址	清	来安县	第五批	2004年10月28日
程文炳宅	清	阜阳市颍东区	第五批	2004年10月28日
臧家公馆	清	界首市	第五批	2004年10月28日
徐氏宗祠暨杨虎城在太和旧居	清	太和县	第五批	2004年10月28日
孙氏宗祠	清	岳西县	第五批	2004年10月28日
占庄老屋	清	潜山县	第五批	2004年10月28日
萧县文庙	清	萧县	第五批	2004年10月28日
建德文庙大成殿	清——民国	东至县	第三批	1989年5月27日
黄宾虹故居	清——民国	歙县	第三批	1989年5月27日
尤家花园及故居	清——民国	颍上县	第五批	2004年10月28日
肉身殿	民国	九华山风景区	第一批	1981年9月8日
李家圩地主庄园	民国	霍邱县	第一批	1981年9月8日
贞一堂	民国	祁门县	第四批	1998年5月4日
淮南市日寇侵华罪行遗址	1939—1945年	淮南市（含：万人坑、碉堡水牢、秘密水牢、窑神庙）	第二批	1986年7月3日

18—14 续表7 continued

名称 Name	时代 Era	地址 Address	批次 Batch	公布时间 Announcement Time
管鲍祠		颍上县	第二批	1986年7月3日
陋室		和县	第二批	1986年7月3日
霸王祠		和县	第二批	1986年7月3日
石窟寺及石刻（30处）				
九女坟画像石刻	汉	宿州市	第二批	1986年7月3日
小孤山石刻	南北朝——清	宿松县	第三批	1989年5月27日
花山石窟群	唐——清	黄山市屯溪区	第五批	2004年10月28日
玉蟹泉摩崖石刻	唐——宋——清	凤阳县	第四批	1998年5月4日
琴高山摩崖石刻	唐——清	泾县	第五批	2004年10月28日
刘冲崖刻	唐——清	九华山风景区	第五批	2004年10月28日
琅琊山摩岩崖石刻及碑刻	唐——民国	滁州市	第四批	1998年5月4日
黄山摩崖石刻	唐—近代	黄山风景区	第五批	2004年10月28日
程九万墓石刻	宋	青阳县	第四批	1998年5月4日
磐石山摩崖造像	宋	灵璧县	第四批	1998年5月4日
华阳洞石刻	宋	含山县	第五批	2004年10月28日
刘源题字石刻	宋末元初	潜山县	第一批	1981年9月8日
米芾芜湖县学记碑和明刻李阳冰歉卦碑	宋、明	芜湖市	第一批	1981年9月8日
王乔洞石窟造像	宋——明	巢湖市	第一批	1981年9月8日
浮山摩崖石刻	宋——清	枞阳县	第一批	1981年9月8日
山谷流泉摩岩石刻	宋——清	潜山县	第一批	1981年9月8日
齐云山碑刻及摩岩石刻	宋——清	休宁县	第一批	1981年9月9日
新安碑园石刻	宋——清	歙县	第二批	1986年7月3日
齐山摩崖石刻	宋——清	池州市	第三批	1989年5月27日
贵池区万罗山摩崖石刻	宋——民国	池州市贵池区	第四批	1998年5月4日
吴复墓石刻	明	肥东县	第三批	1989年5月27日
阮峰墓石刻	明	枞阳县	第四批	1998年5月4日
汪珊墓石刻	明	青阳县	第四批	1998年5月4日
陈德墓石刻	明	凤阳县	第五批	2004年10月28日
报恩寺罗汉	明末清初	寿县	第一批	1981年9月8日
金鸡碑及五猖神庙碑	清	怀宁县	第二批	1986年7月3日
汪由敦墓石刻	清	休宁县	第三批	1989年5月27日
杨捷墓石刻	清	天长市	第四批	1998年5月4日
张廷玉墓石刻	清	桐城市	第四批	1998年5月4日
慧居寺菩萨、罗汉塑像	清——民国	九华山风景区	第一批	1981年9月8日
近现代重要史迹及代表性建筑（69处）				
王步文故居	清	岳西县温泉镇	第四批	1998年5月4日
刘铭传故居	清	肥西县南分路乡	第四批	1998年5月4日
胡适故居	清	绩溪县	第四批	1998年5月4日
李鸿章故居及享堂	清	合肥市	第四批	1998年5月4日
安庆天主堂	清	安庆市	第五批	2004年10月28日
英驻芜领事署	清	芜湖市	第五批	2004年10月28日
天主堂	清	芜湖市	第五批	2004年10月28日
圣雅各中学旧址	清	芜湖市	第五批	2004年10月28日
怀远教会建筑旧址	清	怀远县	第五批	2004年10月28日
许世英故居	清	东至县	第五批	2004年10月28日
李克农故居	清	巢湖市居巢区	第五批	2004年10月28日
汪晓娣等宅（孙起孟旧居）	清	休宁县	第五批	2004年10月28日
太平天国英王府及太平天国英王府壁画	清	安庆市	第五批	2004年10月28日
三河大捷遗迹及古民居	清、近代	肥西县	第五批	2004年10月28日
安徽大学红楼及敬敷书院旧址	清、近代	安庆市	第五批	2004年10月28日
王稼祥故居	近代	泾县	第二批	1986年7月3日
吴樾故居	近代	桐城市	第二批	1986年7月3日

18—14　续表8　continued

名　　称 Name	时　　代 Era	地　　址 Address	批　　次 Batch	公布时间 Announcement Time
施从云墓	近代	桐城市	第二批	1986年7月3日
冯玉祥故居	近代	巢湖市	第三批	1989年5月27日
张治中故居	近代	巢湖市	第三批	1989年5月27日
老芜湖海关	近代	芜湖市	第五批	2004年10月28日
观瀑楼及听涛居	近代	黄山风景区	第五批	2004年10月28日
黄山古观景亭	近代	黄山风景区	第五批	2004年10月28日
张乐行故居	1810年——?	涡阳县	第一批	1981年9月8日
捻军会盟旧址	1855年	涡阳县	第一批	1981年9月8日
太平军枞阳会议旧址	1858年	枞阳县	第一批	1981年9月8日
太平军攻城图壁画	太平天国	绩溪县	第一批	1981年9月8日
同仁医院旧址	1906年	安庆市	第四批	1998年5月4日
熊成基安庆起义会议旧址	1908年	安庆市	第一批	1981年9月8日
熊、范二烈士专祠	1912年	安庆市	第四批	1998年5月4日
砀山天主教堂	1917年	砀山县	第四批	1998年5月4日
安徽邮务管理局旧址	1926年	安庆市	第四批	1998年5月4日
中共安徽地委旧址	1926-1927年	安庆市	第四批	1998年5月4日
中国国民党安徽省党部旧址	1926年-1927年	安庆市	第四批	1998年5月4日
“四 ·九”暴动旧址	1928年	阜阳县	第一批	1981年9月8日
立夏节起义旧址	1929年	金寨县	第一批	1981年9月8日
红军第11军32师成立旧址	1929年	金寨县	第一批	1981年9月8日
列宁小学旧址	1929—1931年	金寨县	第一批	1981年9月8日
独山革命旧址群	1929—1932年	六安市	第一批	1981年9月8日
赤城县赤色邮政局旧址	1930年	金寨县	第四批	1998年5月4日
六安中心县委、六英霍暴动总指挥部旧址	1930年	金寨县	第五批	2004年10月28日
苏家埠战斗旧址	1932年	六安市	第一批	1981年9月8日
红军中央独立第2师司令部旧址	1934年	岳西县	第一批	1981年9月8日
中共鄂豫皖省委会议旧址	1934年	金寨县	第一批	1981年9月8日
皖南苏区江边特区革命委员会旧址	1934年	黟县	第一批	1981年9月8日
中国工农红军第二十八军重建会议旧址	1935年	岳西县	第一批	1981年7月3日
中共皖浙赣省委驻地旧址	1936—1937年	休宁县	第四批	1998年5月4日
南方八省红军游击队集中地旧址	1938年	歙县	第一批	1981年9月8日
安徽省民众总动员委员会旧址	1938年	六安市	第四批	1998年5月4日
中共鄂豫皖区委员会旧址	1938—1939年	金寨县	第一批	1981年9月8日
新四军四支队驻舒旧址	1938.2 —1939.6	舒城县	第五批	2004年10月28日
新四军军部旧址	1938—1941年	泾县	第一批	1981年7月3日
新四军四师司令部旧址	1938—1941年	涡阳县	第一批	1981年7月3日
半塔保卫战旧址	1940年	来安县	第一批	1981年9月8日
新四军七师司令部旧址	1941—1945年	无为县	第三批	1989年5月27日
抗大八分校旧址	1942—1945年	天长市	第四批	1998年5月4日
野人寨抗日阵亡将士墓	1943年	潜山县	第四批	1998年5月4日
陈独秀墓	1947年	安庆市	第四批	1998年5月4日
淮海战役双堆集战场旧址	1948年11月	濉溪县	第一批	1981年9月8日
渡江战役期间总前委旧址	1949年3—4月	肥东县	第二批	1986年7月3日
渡江战役中线指挥部旧址	1949年	枞阳县	第一批	1981年9月8日
新四军抗日殉国烈士墓	1949年	泾县	第一批	1981年9月8日
渡江战役总前委孙家圩子旧址	1949年	蚌埠市	第五批	2004年10月28日
中共淮海战役总前委旧址	近现代	濉溪县、萧县	第一批	1981年9月8日
洪家大屋	近现代	祁门县	第一批	1981年9月8日
林散之墓	1991年	马鞍山市采石风景区	第五批	2004年10月28日
安徽省博物馆陈列展览大楼	1956年	合肥市庐阳区		2007年8月9日
江淮大戏院主体建筑	1956年	合肥市庐阳区		2007年8月9日
金寨革命烈士陵园	建国后	金寨县		2009年2月25日

18—15 自然保护区
Nature Protection Areas

名　称 Name	级　别 Grade	保护对象 Protection Objects	类　型 Kinds	面　积（公顷） Area(hectares)	地　址 Address
铜陵淡水豚	国家级	淡水豚类、珍稀鱼类	野生动物	31518	铜陵、贵池、枞阳、无为等县市
古牛绛	国家级	森林生态系统及珍稀动植物	森林生态	6713.3	祁门县、石台县
鹞落坪	国家级	北亚热带常绿阔叶林及濒危动植物	森林生态	12300	岳西县
金寨天马	国家级	北亚热带常绿落叶阔叶混交林	森林生态	28913.7	金寨县
升金湖	国家级	白鹳等珍稀鸟类及湿地生态系统	野生动物	33400	东至县、贵池区
安徽扬子鳄	国家级	扬子鳄及其生境	野生动物	18565	宣州区、郎溪县、广德县、泾县、南陵县
安徽清凉峰	国家级	中亚热带常绿阔叶林及珍稀濒危动植物	森林生态	7811.2	绩溪、歙县
沱　湖	省　级	湿地生态系统及鸟类	内陆湿地	4200	五河县
石臼湖	省　级	珍稀水禽及其生境	内陆湿地	10667	当涂县
安庆沿江湿地	省　级	珍稀水禽及湿地生态系统	内陆湿地	120000	宜秀区、桐城市、望江县、枞阳县、宿松县、太湖县
板　仓	省　级	森林生态、珍稀动植物、水源涵养林	森林生态	1523.2	潜山县
枯井园	省　级	北亚热带常绿阔叶林、原麝、白冠长尾雉、兰科植物	森林生态	4000	岳西县
十里山	省　级	中亚热带常绿阔叶林及其珍稀动植物	森林生态	1936	黄山市黄山区
九龙峰	省　级	森林生态系统	森林生态	2720	黄山市黄山区
天　湖	省　级	阔叶林及野生动植物	森林生态	4500	黄山市徽州区
六股尖	省　级	森林与野生动植物	森林生态	2747	休宁县
岭　南	省　级	森林及野生动植物	森林生态	2771	休宁县
五溪山	省　级	森林及珍稀动植物	森林生态	4050	黟县
查　湾	省　级	森林及珍稀动植物	森林生态	1600	祁门县
皇甫山	省　级	北亚热带落叶阔叶林和鸟类资源	森林生态	3600	滁州市南谯区
女山湖	省　级	湿地生态系统及水生动植物	内陆湿地	21000	明光市
颍州西湖	省　级	湿地及水生生物	内陆湿地	11000	阜阳市颍州区
八里河	省　级	白鹳、白头鹤、大鸨、琵琶、鸳鸯等珍稀鸟类	野生动物	14600	颍上县
大方寺	省　级	落叶阔叶次生林	森林生态	2080	宿州市埇桥区
砀山酥梨	省　级	砀山酥梨种质资源	野生植物	8892	砀山县
砀山黄河故道	省　级	湿地生态系统和越冬水禽	内陆湿地	2180	砀山县
皇藏峪	省　级	银杏、黄檀、小叶朴等	森林生态	2067	萧县
萧县黄河故道	省　级	湿地生态系统	内陆湿地	6316	萧县
沱　河	省　级	珍稀水禽及其生境	内陆湿地	2463	泗县
东西湖	省　级	水鸟及其生境	野生动物	14200	霍邱县
舒城万佛山	省　级	北亚热带常绿阔叶林及珍稀动植物	森林生态	2000	舒城县
霍山佛子岭	省　级	水源涵养林、珍稀野生动植物	森林生态	6667	霍山县
十八索	省　级	白鹳、小天鹅等珍稀鸟类及湿地生态系统	野生动物	7500	池州市贵池区
老　山	省　级	亚热带常绿阔叶林森林生态系统及金钱松、云豹、珍稀鸟类	森林生态	16909	池州市贵池区
盘　台	省　级	森林生态系统及动植物	森林生态	540	青阳县
板　桥	省　级	北中亚热带常绿阔叶林及珍稀动植物	森林生态	5000	宁国市

主要统计指标解释

旅游人数

(1)入境旅游人数：指报告期内来我国观光、度假、探亲访友、就医疗养、购物、参加会议或从事经济、文化、体育、宗教活动的外国人、港澳台同胞等入境游客。统计时，外国人、港澳台同胞每入境一次统计1人次。

(2)出境人数：指中国（大陆）居民因公或因私出境前往其他国家、中国香港特别行政区、澳门特别行政区和台湾省观光、度假、探亲访友、就医疗养、购物、参加会议或从事经济、文化、体育、宗教活动的人数，即出境游客。统计时，按每出境一次统计1人次。

(3)国内旅游人数：指在报告期内在中国（大陆）观光游览、度假、探亲访友、就医疗养、购物、参加会议或从事经济、文化、体育、宗教活动的中国（大陆）居民人数，其出游的目的不是通过所从事的活动谋取报酬。统计时，国内游客按每出游一次统计1人次。

国际旅游(外汇)收入

指入境游客在中国（大陆）境内旅行、游览过程中用于交通、参观游览、住宿、餐饮、购物、娱乐等全部花费。

国内旅游收入

又称旅游总花费。指国内游客在国内旅行、游览过程中用于交通、参观游览、住宿、餐饮、购物、娱乐等全部花费。

国际旅行社

指经营业务范围包括入境旅游业务、出境旅游业务和国内旅游业务的旅行社。

国内旅行社

指经营范围仅限于国内旅游业务的旅行社。

星级饭店

指设备、设施、服务符合《旅游饭店星级的划分与评定》(GB/T14308-2003)，通过相关旅游管理部门评定，并取得星级饭店称号的饭店（含预备星级饭店）。

Explanatory Notes for Major Statistical Indicators

Number of Tourists

(1) Visitor arrivals refer to the number of foreigners, Chinese compatriots from Hong Kong, Macao and Taiwan Chinese (mainland) who come to China (mainland) for sight-seeing, vacation, visiting relatives, medical treatment, shopping, attending conference, or to engage in economic, cultural, sports and religious activities. In compiling statistics, each time of entering China is counted as one person-time.

(2) Number of Chinese residents going abroad refer to the number of Chinese (mainland) residents going to other countries, Hong Kong Special Administrative region, Macao Special Administrative region and Taiwan for on official or private purposes, for sight-seeing, vacation, visiting relatives, medical treatment, shopping, attending conference, or to engage in economic, cultural, sports and religious activities. In compiling statistics, each time of leaving is counted as one person-time.

(3) Number of domestic tourists refers to the number of Chinese (mainland) residents who travel within China (mainland) for sight-seeing, vacation, visiting relatives, medical treatment, shopping, attending conference, or to engage in economic, cultural, sports and religious activities. In compiling statistics, each time of travelling is counted as one person-time.

Foreign Exchange Earnings from International Tourism

refer to the total expenditure of foreigners, overseas Chinese, Chinese compatriots from Hong Kong, Macao and Taiwan during their stay in the mainland of China on transportation, sighting, accommodation, food, shopping and entertainment.

Income from Domestic Tourism

refer to expenditure of domestic tourists on transportation, sighting, accommodation, food, shopping and entertainment while they travel.

International Travel Agencies

refer to travel agencies engaged in tourism entering China, Chinese residents going abroad and domestic tourism.

Domestic Travel Agencies

refer to travel agencies only engaged in domestic tourism.

Star-rated Hotels

refer to hotels rated with stars as assessed by the relevant tourism authorities according to GB/T14308-2003 standard with reference to their infrastructure, facilities and service levels.

第 十九 篇

Chapter 19

教育和科技

EDUCATION AND SCIENCE

简要说明

一、教育统计资料包括公办教育和民办教育、学历教育和非学历教育。具体有高等教育（研究生教育、普通高等教育和成人高等教育）中等教育（高中阶段教育和初中阶段教育）、初等教育（小学）、学前教育、特殊教育（盲聋哑和弱智儿童学校等）以及教育经费等资料。主要指标包括学校数、在校学生数、招生数、毕业生数、教职工数和专任教师数、教育经费等。

教育事业统计资料由省教育厅提供；技工学校的资料由省人力资源和社会保障厅提供。

二、科技统计资料主要内容包括：全社会以及工业企业、政府部门属研究机构、高校的研究与试验发展（R&D）活动情况；国内外专利申请和授权情况；技术市场交易情况；开发区高新技术企业主要经济指标；科协系统科技活动情况；质量监督检验检疫等综合技术服务部门业务活动情况等。

资料来源：全省综合资料、企业及有关行业企事业单位的研究与试验发展（R&D）活动情况由省统计局文化产业处提供；政府部门属研究机构的研究与试验发展（R&D）活动情况、技术市场成交情况由省科技厅提供；科协系统科技活动资料由省科协提供；产品质量监督抽查、专利等资料，分别由省质量技术监督局、省知识产权局等部门提供。

Brief Introduction

I. Data on education cover the situations on education funded by government and non-government agencies, and the education with and without academic credentials including higher education (education of postgraduates, general higher education and adult education), secondary education (senior and junior high schools), elementary education (primary schools), preschool education, special education (schools for the blind, deaf-mutes and mentally retarded) and their expenditure. The main indicators include the number of schools, the number of students enrolled, the number of new students enrolled, the number of graduates, the number of staff and workers, the number of full-time teachers, sources and outlay of education funding, and education expenditure from the State budget.

The provincial Ministry of Education provides statistical data on education undertakings and education funding. Data on technical training schools are provided by provincial Ministry of Human Resources and Social Security.

II. The whole society as well as industrial enterprises, research institutions subordinated to government departments, colleges and universities of research and development (R&D) activities; Domestic and foreign patent application and authorization; Technology market; Development zone high-tech enterprises the main economic indicators; Association for science and technology system of science and technology activity; General administration of quality supervision, inspection and quarantine and other integrated technology services business activity, etc

Sources of data: The province comprehensive information of enterprises and institutions, enterprises and related industry research and development (R&D) activities by the provincial bureau of cultural industry, provide; Research institutions subordinated to government departments of research and development (R&D) activities, technical market clinch a deal the data provided by the provincial department of science; Association for science and technology system of science and technology activity information is provided by the provincial association for science and technology; Product quality supervision and spot check, patent information, respectively by the provincial bureau of quality and technical supervision, provincial intellectual property office and other departments to provide.

19—1 教育事业基本情况
Basic Statistics on Education

指 标	Item	2000	2005	2010	2015	2016
学校数 （所）	**Number of Schools (unit)**					
普通高等学校	Regular Institutions of Higher Education	42	81	100	108	109
中等学校	Secondary Schools	4621	4533	4241	3884	3804
普通中等专业学校	Regular Specialized Secondary Schools	138	98	108	123	125
中等技术学校	Technical Secondary Schools	104	79	95	109	112
中等师范学校	Teacher Secondary Schools	34	19	13	14	13
普通中学	Regular Secondary Schools	3767	3948	3738	3524	3472
高 中	Senior Secondary Schools	674	760	743	666	672
初 中	Junior Sccondary Schools	3093	3188	2995	2858	2800
职业中学	Vocational Secondary Schools	716	487	345	237	207
小 学	Primary Schools	24281	20142	13997	9119	8284
幼儿园	Kindergartens	3932	2715	4018	6988	7895
特殊教育	Special Schools	70	67	62	68	71
专任教师 （万人）	**Number of Full-time Teachers (10000 persons)**					
普通高等学校	Regular Institutions of Higher Education	1.51	3.24	4.93	5.81	5.95
中等学校	Secondary Schools	18.63	22.04	25.18	25.44	25.53
普通中等专业学校	Regular Specialized Secondary Schools	0.88	0.61	0.77	1.11	1.28
普通中学	Regular Secondary Schools	15.81	19.70	23.01	22.72	22.92
高 中	Senior Secondary Schools	2.92	5.11	6.69	7.63	7.73
初 中	Junior Secondary Schools	12.90	14.59	16.32	15.09	15.19
职业中学	Vocational Secondary Schools	1.94	1.73	1.40	1.61	1.33
小 学	Primary Schools	27.37	25.95	24.57	23.83	24.05
幼儿园	Kindergartens	2.65	1.65	2.96	6.66	7.57
特殊教育	Special Schools	0.09	0.10	0.12	0.14	0.15
招生数 （万人）	**New Student Enrollment (10000 persons)**					
普通高等学校	Regular Institutions of Higher Education	7.62	19.87	29.69	35.00	33.11
中等学校	Secondary Schools	150.27	185.31	158.37	120.21	122.63
普通中等专业学校	Regular Specialized Secondary Schools	4.92	7.85	10.44	9.45	10.79
普通中学	Regular Secondary Schools	129.75	155.43	129.74	100.77	103.54
高 中	Senior Secondary Schools	21.96	43.46	42.41	36.33	35.88
初 中	Junior Secondary Schools	107.78	111.97	87.33	64.44	67.66
职业中学	Vocational Secondary Schools	15.59	22.03	18.19	9.99	8.29
小 学	Primary Schools	116.60	81.52	81.90	74.55	73.64
幼儿园	Kindergartens	84.29	50.02	66.60	97.48	95.12
特殊教育	Special Schools	0.22	0.24	0.22	0.51	0.37
在校学生 （万人）	**Student Enrollment (10000 persons)**					
普通高等学校	Regular Institutions of Higher Education	18.24	58.91	93.90	113.07	114.50
中等学校	Secondary Schools	422.79	534.19	484.20	362.06	359.39
普通中等专业学校	Regular Specialized Secondary Schools	19.19	18.55	28.93	27.53	29.14
普通中学	Regular Secondary Schools	358.32	460.86	406.58	303.63	304.89
高 中	Senior Secondary Schools	54.14	116.90	127.60	113.55	110.70
初 中	Junior Secondary Schools	304.18	343.96	278.99	190.08	194.20
职业中学	Vocational Secondary Schools	45.28	54.78	48.68	30.90	25.35
小 学	Primary Schools	644.24	584.11	460.44	422.50	430.36
幼儿园	Kindergartens	116.19	72.38	100.82	185.65	192.69
特殊教育	Special Schools	1.83	1.80	1.40	1.93	2.09
毕业生数 （万人）	**Graduates (10000 persons)**					
普通高等学校	Regular Institutions of Higher Education	2.59	11.70	23.22	29.25	30.80
中等学校	Secondary Schools	123.18	160.90	163.94	129.43	121.16
普通中等专业学校	Regular Specialized Secondary Schools	6.04	3.78	9.61	8.49	8.84
普通中学	Regular Secondary Schools	102.31	142.61	136.57	107.39	100.96
高 中	Senior Secondary Schools	13.15	30.10	44.38	43.30	38.83
初 中	Junior Secondary Schools	89.16	112.52	92.19	64.09	62.13
职业中学	Vocational Secondary Schools	14.83	14.51	17.76	13.54	11.36
小 学	Primary Schools	121.20	116.25	87.41	64.32	66.94
幼儿园	Kindergartens		40.24	38.89	70.40	69.15
特殊教育	Special Schools	0.20	0.20	0.16	0.13	0.14

19—2 研　究　生　数
Number of Postgraduates

单位：人（person）

年　份　Year	研究生数 Number of Postgraduates 在学人数 Student Enrollment	硕　士 Master	招生数 New Student Enrollment	硕　士 Master	毕业生数 Graduates	硕　士 Master
2000	5820	4689	2522	2060	1135	890
2005	21505	17865	8198	7000	4148	3300
2010	38991	34669	14047	12728	9302	8224
2012	44351	39346	15677	14148	11977	10843
2013	46506	41112	16312	14727	13205	11976
2014	46590	41505	16249	14835	13859	12704
2015	50410	44517	17946	16158	15409	14115
2016	51738	45293	18523	16580	15994	14665

19—3 普通高等学校本科分科学生数
Number of Students of the Ordinary College Undergraduate Course Branch

单位：人（person）

项　目	Item	2015 毕业生数 Graduates	2015 招生数 New Student Enrollment	2015 在校学生数 Student Enrollment	2016 毕业生数 Graduates	2016 招生数 New Student Enrollment	2016 在校学生数 Student Enrollment
合　计	**Total**	**141294**	**163212**	**623547**	**147112**	**165563**	**638702**
哲　学	Philosophy	48	49	167	47	49	166
经济学	Economics	8813	10749	40226	9084	10574	41798
法　学	Law	3448	3341	12768	3308	3367	12717
教育学	Education	3969	5021	18096	4302	5572	18923
文　学	Literature	13363	13612	51543	13227	13949	52152
历史学	History	412	462	1675	407	378	1613
理　学	Science	14949	12386	52334	13979	12522	49855
工　学	Engineering	51076	63257	235485	54180	63176	242147
农　学	Agriculture	2765	3248	12167	3142	3480	12200
医　学	Medicine	9925	11662	51399	10718	11976	52629
管理学	Management	24600	28074	106346	25671	29033	110921
艺术学	Art	7926	11351	41341	9047	11487	43581

注：2013年起，根据教育部统一部署，使用新颁布的《高等学校本科专业目录》，新增了艺术学学科。

a) Since 2013, according to the unified deployment of the ministry of education, the use of new catalogue of the institutions of higher learning undergraduate, new art discipline.

19—4 普通高等学校专科分科学生数
Number of Students of the Ordinary College Specialty Undergraduate Branch

单位：人（person）

项　目	Item	2016 毕业生数 Graduates	2016 招生数 New Student Enrollment	2016 在校学生数 Student Enrollment
合　计	**Total**	**160913**	**165561**	**506305**
农林牧渔大类	Farm, Forest, Animal and Fishery Category	1863	1398	5268
资源环境与安全大类	Resource Environment and Security Category	1629	899	3568
能源动力与材料大类	Energy Dynamics and Materials	1076	1165	3689
土木建筑大类	Civil Architecture	15792	12857	44425
水利大类	Water Conservancy Category	707	649	2332
装备制造大类	Equipment Manufacturing Category	21075	19365	65137
生物与化工大类	Biology and Chemical Industry	1134	862	3015
轻工纺织大类	Light Industrial Textile Category	797	594	2343
食品药品与粮食大类	Food and Medicine and Food	2048	2891	7674
交通运输大类	Major Transportation Sectors	2802	5028	12073
电子信息大类	Electronic Information Category	15966	21504	60367
医药卫生大类	Medical and Health Category	22273	24236	71688
财经商贸大类	Finance and Trade	42157	42716	136678
旅游大类	Tourism Category	5139	5456	16548
文化艺术大类	Cultural and Artistic Categories	5220	5321	16974
新闻传播大类	News Communication	2171	1488	4881
教育与体育大类	Education and Sports	15976	15511	40212
公安与司法大类	Public Security and Judicial Categories	2218	2331	5689
公共管理与服务大类	Public Administration and Services	870	1290	3744

注：从2016年起，国家教育部启用了新版专科专业目录，对普通高校专科专业类别进行了调整。

a) Since 2016, the ministry of education has launched a new catalogue of specialties for specialized colleges and universities.

19—5 普通高等学校分科专任教师数（2016年）
Number of Full-time Teachers by Field of Study in Regular Higher Educational Institutions (2016)

单位：人（person）

项　目	Item	合　计 Total	正高级 With Chief Senior Title	副高级 With Deputy Senior Title	中　级 With Middle-rank Title	初　级 With Junior Title	未定职级 Undetermined rank
合　计	**Total**	**59479**	**5117**	**16144**	**23257**	**11483**	**3478**
哲　学	Philosophy	1623	127	486	698	244	68
经济学	Economics	4092	272	1043	1670	844	263
法　学	Law	2650	181	681	1180	419	189
教育学	Education	4669	228	1170	1894	1078	299
文　学	Literature	8051	357	1853	3647	1755	439
历史学	History	664	76	209	257	106	16
理　学	Science	7879	1152	2617	2587	1204	319
工　学	Engineering	14916	1454	4169	5693	2696	904
农　学	Agriculture	1251	197	434	429	149	42
医　学	Medicine	5315	628	1714	1871	823	279
管理学	Management	5012	296	1111	2023	1178	404
艺术学	Art	3357	149	657	1308	987	256

19—6 普通中等专业学校分科学生数（2016年）
Number of Students by Field of Study in Regular Specialized Secondary Schools (2016)

单位：人（person）

项　目	Item	毕业生数 Graduates	招生数 New Student Enrollment	在校学生数 Student Enrollment
合　计	**Total**	**88378**	**107919**	**291409**
农林牧渔类	Farm, Forestry, Herd Fish Class	2757	2404	6481
资源环境类	Resources Environment Class	926	95	528
能源与新能源类	Energy and New Energy Class	1	195	459
土木水利类	Construction Water Conservation Class	5017	3267	11612
加工制造类	Processing Manufacture Class	14806	14763	42517
石油化工类	Petroleum Chemical Industry Class	250	256	743
轻纺食品类	Light Industry and Food Class	445	357	974
交通运输类	Transportation Class	6060	10399	25736
信息技术类	Information Technology Class	13353	16258	41086
医药卫生类	Medicine Health Class	14558	16455	47614
休闲保健类	Leisure Health Care Class	194	498	1034
财经商贸类	Finance and Economics Business Class	10168	13760	38283
旅游服务类	Tourist Service Class	2282	4592	10013
文化艺术类	Cultural and art Class	5523	8490	19439
体育与健身	Sports and Fitness Class	740	1267	3917
教育类	Education Class	10347	14449	38464
司法服务类	Judicial Service Class			86
公共管理与服务类	Public Administration and Service Class	294	252	793
其　他	Other	657	162	1630

19—7 普通中等专业学校分科专任教师数（2016年）
Full-time Teachers in Regular Specialized Secondary Schools by Field of Study (2016)

单位：人（person）

项　目	Item	合　计 Total	正高级 With Chief Senior Title	副高级 With Deputy Senior Title	中　级 With Middle-rank Title	初　级 With Junior Title	未定职级 Undetermined rank
总　计	**Total**	**12822**	**19**	**3876**	**4638**	**3102**	**1187**
文化基础课	Cultural Base	4329		1444	1558	951	376
专业课	Professional Course	7816	19	2306	2786	1984	721
农林牧渔类	Farm, Forestry, Herd Fish Class	451	1	174	155	103	18
资源环境类	Resources Environment Class	16		1	7	6	2
能源与新能源类	Energy and New Energy Class	84		26	33	19	6
土木水利类	Construction Water Conservation Class	241		74	85	60	22
加工制造类	Processing Manufacture Class	1513	3	511	580	313	106
石油化工类	Petroleum Chemical Industry Class	61		47	7	4	3
轻纺食品类	Light Industry and Food Class	138		47	51	26	14
交通运输类	Transportation Class	651	3	94	199	266	89
信息技术类	Information Technology Class	1204	2	355	441	323	83
医药卫生类	Medicine Health Class	423	7	123	157	94	42
休闲保健类	Leisure Health Care Class	25	2	2	11	5	5
财经商贸类	Finance and Economics Business Class	700		218	254	153	75
旅游服务类	Tourist Service Class	300		82	107	77	34
文化艺术类	Cultural and art Class	589		135	212	149	93
体育与健身	Sportsand Fitness Class	342		94	150	79	19
教育类	Education Class	702		225	205	196	76
司法服务类	Judicial Service Class	12		1	6	5	
公共管理与服务类	Public Administration and Service Class	102	1	26	33	30	12
其　他	Other	262		71	93	76	22
实习指导课	Practice and Instruction	677		126	294	167	90

19—8 技工学校数和学生数
Number of Technical Schools, Students, Staff and Teachers

年 份 Year	学校数 (所) Schools (unit)	在校学生数 (人) Student Enrollment (person)	毕业生数 (人) Graduates (person)	招生数 (人) New Student Enrollment (person)	教职工数 (人) Staff and Teachers (person)
2000	114	42628	24532	13583	6359
2005	109	86431	27287	34393	6031
2008	96	101131	37599	50210	5735
2009	93	93647	31393	31836	6716
2010	91	83154	34982	29441	6295
2011	91	71144	34252	25768	6284
2012	88	56048	22674	20686	6452
2013	86	49126	17668	18570	6649
2014	83	44703	16922	16362	6537
2015	83	43809	18683	18979	6313
2016	86	56378	19328	24735	7676

注：1、学校数包括技师学院、高级技工学校和普通技工学校。
2、在校学生数包括初级、中级、高级及其以上学制教育和培训人数。
3、招生数包括招收的学制教育和培训人数。
a) the number of schools includes technician school, senior technical schools and ordinary technical schools.
b) the number of students Enrollment, includes students in primary, intermediate, advanced education ,over education system schools and the number of trained people.
c) the number of students enrolled in the school includes students enrolled in education system schools and the number of training people schools.

19—9 初中毕业生和小学毕业生升学率及小学学龄儿童入学率
Percentage of Graduates of Junior Secondary Schools and Primary Schools Entering Higher Level Schools, Percentage of School-Age Children Enrolled

年 份 Year	初中毕业生升学率 Percentage of Graduates of Junior Secondary Schools Entering Senior Secondary Schools Entering Senior			小学毕业生升学率 Percentage of Graduates of Primary Schools Entering Junior Secondary Schools			小学学龄儿童入学率 Percentage of School-age Children Enrolled		
	初中毕业生数 (万人) Graduates of Junior Secondary Schools (10000 persons)	高级中等学校招生数 (万人) Students Entering Senior Secondary Schools (10000 persons)	升学率 (%) Percentage of Graduates of Junior Secondary Schools Entering Senior Secon-dary Schools	小学毕业生数 (万人) Graduates of Primary Schools (10000 persons)	初级中等学校招生数 (万人) Students Entering Junior Secondary Schools (10000 persons)	升学率 (%) Percentage of Graduates of Junior Schools Entering Junior Secondary Schools	学龄儿童数 (万人) School-age Children (10000 person)	已入学学龄儿童数 (万人) School-age Children Enrolled in Schools (10000 persons)	入学率 (%) Enrollment Ratio
2000	97.60	32.66	33.46	121.20	118.22	97.55	620.02	617.94	99.67
2005	117.50	71.10	60.51	116.25	115.73	99.56	549.35	546.83	99.54
2008	108.59	76.94	70.86	103.93	105.17	101.18	493.73	492.92	99.84
2009	101.67	74.70	73.47	98.37	99.17	100.81	466.60	466.03	99.88
2010	92.20	77.32	83.86	87.41	87.34	99.92	446.82	446.50	99.93
2011	92.21	77.91	84.49	76.94	76.09	98.89	431.67	430.72	99.78
2012	86.96	75.08	86.34	72.09	68.94	95.63	395.59	395.29	99.92
2013	72.40	69.10	95.44	65.49	65.26	99.65	401.48	400.29	99.70
2014	66.63	63.98	96.02	63.41	63.21	99.68	407.48	407.41	99.98
2015	64.09	67.01	96.80	64.32	64.44	100.18	415.45	415.30	99.96
2016	62.13	60.74	97.75	66.94	67.66	101.09	423.87	423.76	99.97

19—10 平均每万人口各级教育在校学生及构成情况
All Levels of Education Students per Million Population and Composition

年 份 Year	各级教育在校学生数占全省人口(%) All Levels of Education in the School Student Number Accounts for the Population (%)	平均每万人口中（人） On average every ten thousand people（person）					各级教育学生占学生总数（%） Education students at all levels of the total number (%)				
		高等教育 Higher Education	高中阶段 High School	初中阶段 Junior Middle School Stage	小 学 Primary Schools	学前教育 Preschool Education	高等教育 Higher Education	高中阶段 High School	初中阶段 Junior Middle School Stage	小 学 Primary Schools	学前教育 Preschool Education
2000	25.67	50	150	535	1033	186	2.56	7.65	27.40	52.86	9.53
2005	20.86	111	279	554	904	112	5.66	14.24	28.25	46.14	5.72
2010	19.58	184	350	455	751	164	9.66	18.40	23.89	39.42	8.63
2012	19.48	210	385	357	678	265	11.09	20.30	18.84	35.80	13.96
2013	19.83	220	371	334	683	280	11.66	19.65	17.66	36.18	14.85
2014	19.04	224	351	319	688	287	12.00	18.77	17.07	36.82	15.34
2015	19.11	231	324	312	695	305	12.36	17.37	16.73	37.19	16.34
2016	18.63	226	307	316	700	314	12.12	16.50	16.96	37.59	16.83

注：高等教育包括研究生、普通本专科、成人本专科；高中阶段包括普通高中、中职(普通中专、职业高中和成人中专）；初中阶段包括普通初中和职业初中。

a) Higher education including graduate students, the common programs, adult programs; High school stage includes ordinary high school, secondary vocational (ordinary technical secondary school, vocational high school and adult school); Junior middle school stage includes ordinary junior high school and vocational middle school.

19—11 各级各类学校生师比
At Various Levels and School Teacher Ratio

年 份 Year	普通高等学校 Regular Institutions of Higher Education	中等职业学校 Secondary Vocational School	普通高中 Regular Secondary Schools	初中阶段 Junior Middle School Stage	小 学 Primary Schools	幼 儿 园 Kindergartens
2000	12.1	19.5	18.6	23.9	23.5	43.9
2005	17.5	31.3	22.9	23.5	22.5	43.8
2007	17.7	37.2	22.7	20.7	21.6	40.7
2008	18.1	35.8	21.1	19.8	20.7	42.2
2009	18.0	34.9	20.4	18.5	19.6	37.5
2010	18.0	35.8	19.1	17.1	18.7	34.1
2011	18.3	29.5	18.4	15.5	18.2	32.3
2012	18.2	29.2	18.0	13.2	16.8	36.7
2013	18.3	28.5	17.0	12.6	17.2	32.9
2014	18.3	28.5	16.0	12.4	17.5	29.7
2015	18.5	27.7	14.9	12.6	17.7	27.9
2016	18.3	27.3	14.3	12.8	17.9	25.4

注：中等职业学校数据中不含技工学校数据。

a) Secondary vocational schools in the data do not contain vestibule school data.

19—12 各级学校女学生和女教师数
Number of Female Students and Teachers by Level of School

指　　标	Item	2000	2005	2010	2015	2016
女学生数　（万人）	**Number of Female Students (10000 persons)**	**504.95**	**546.15**	**479.02**	**418.10**	**421.45**
普通高等学校	Regular Institutions of Higher Education	5.96	25.50	44.81	56.87	58.14
普通中等专业学校	Regular Specialized Secondary Schools	10.94	10.52	16.33	15.09	15.64
普通中学	Regular Secondary Schools	161.20	211.58	186.49	139.43	139.87
职业中学	Vocational Secondary Schools	20.37	25.14	21.86	13.96	11.22
小　学	Primary Schools	306.48	273.41	209.53	192.76	196.58
女学生占学生总数的百分比(%)	**Percentage of Female Students to Total Students (%)**	**46.45**	**46.39**	**45.97**	**46.58**	**46.61**
普通高等学校	Regular Institutions of Higher Education	32.67	43.29	47.72	50.30	50.77
普通中等专业学校	Regular Specialized Secondary Schools	56.99	56.71	56.44	54.80	53.68
普通中学	Regular Secondary Schools	44.99	45.91	45.87	45.92	45.87
职业中学	Vocational Secondary Schools	44.98	45.89	44.91	45.17	44.26
小　学	Primary Schools	47.57	46.81	45.51	45.62	45.68
女教师数　（万人）	**Number of Female Teachers (10000 persons)**	**15.36**	**18.19**	**21.44**	**24.65**	**25.81**
普通高等学校	Regular Institutions of Higher Education	0.48	1.19	2.00	2.48	2.56
普通中等专业学校	Regular Specialized Secondary Schools	0.31	0.23	0.33	0.49	0.56
普通中学	Regular Secondary Schools	4.05	5.78	7.91	8.77	9.08
职业中学	Vocational Secondary Schools	0.45	0.50	0.48	0.56	0.48
小　学	Primary Schools	10.06	10.48	10.71	12.36	13.12
女教师占教师总数的百分比(%)	**Percentage of Female Teachers to Total Teachers(%)**	**32.33**	**35.51**	**39.07**	**44.76**	**46.48**
普通高等学校	Regular Institutions of Higher Education	32.05	36.82	40.56	42.62	43.03
普通中等专业学校	Regular Specialized Secondary Schools	32.05	38.25	43.14	43.55	43.91
普通中学	Regular Secondary Schools	35.17	29.36	34.39	38.62	39.62
职业中学	Vocational Secondary Schools	23.29	28.79	34.43	34.94	36.32
小　学	Primary Schools	36.76	40.40	43.58	51.86	54.57

19—13 各级各类成人教育基本情况（2016年）
Basic Situation of Adult Education of All Types and at All Levels (2016)

单位：人（person）

指标	Item	学校数（所）Schools (unit)	毕业生数 Graduates	招生数 New Student Enrollment	在校学生数 Student Enrollment	教职工人数 Teachers and Staff	专任教师 Full-time Teachers
成人高等教育	**Adult's Higher Education**	**6**	**97759**	**74858**	**191458**	**1262**	**754**
#成人高等学校	Adult Education Schools	6	1212	384	2197	1262	754
广播电视大学	Radio and TV Universities	1	503	260	1301	288	140
职工、农民高等学院	Schools of Higher Education for Staff, Workers and Peasants	3	574	89	742	352	282
管理干部学院	Colleges for Management Cadres	1	135	35	154	622	332
教育学院	Institute of Education	1					
成人中等专业学校	**Specialized Secondary Schools for Adults**	**42**	**127335**	**114919**	**236871**	**1556**	**1247**
成人中小学校	**Secondary and Primary Schools for Adults**		**413**		**74**		
成人中学	Secondary Schools for Adults		413		74		
职工中学	Staff Middle School		413		74		
农民中学	Secondary Schools for Peasants						
成人小学	Primary Schools for Adults						
成人技术培训学校	**Technical Training Schools for Adults**	**301**	**223485**		**247714**	**2185**	**1734**
职工技术培训学校	Technical Training Schools for Staff and Workers	30	32455		33090	584	496
农民技术培训学校	Technical Training Schools for Peasants	204	180790		201641	740	644
其他培训机构（含社会培训机构）	Other Training Organs (Including Social Training Organs)	67	10240		12983	861	594

19-14 民办教育基本情况（2016年）
Statstics for Non-state Education (2016)

单位：人（person）

项目	Item	校数（所）Number of Schools (unit)	毕业生数 Numer of Students Graduated	招生数 New Enrollment	在校学生数 Enrolled Students	教职工数 Teachers and Staff	专任教师 Full-time Teachers
合计	**Total**	**5848**	**758464**	**923184**	**2517060**	**184070**	**120863**
民办高等教育	**Civilian-run Higher Education**	**21**	**49946**	**54725**	**196582**	**12945**	**9567**
民办中等教育	**Civilian-run Secondary Education**	**640**	**261848**	**277723**	**804692**	**70036**	**42446**
高中阶段教育	Senior High School Education	299	118477	116372	336729	39223	18526
民办普通高中	Civilian-run Senior High Schools	192	63706	64228	196424	31949	13010
民办中等职业教育	Civilian-run Secondary Vocational Education	107	54771	52144	140305	7274	5516
初中阶段教育	Junior High School Education	341	143371	161351	467963	30813	23920
民办小学	**Civilian-run Primary Schools**	**274**	**65624**	**44461**	**330093**	**8811**	**15026**
民办幼儿园	**Civilian-run Kindergartens**	**4913**	**381046**	**546275**	**1185693**	**92278**	**53824**
民办非学历教育	**In addition: Civilian-run Non-academic Education**						
民办高等教育机构	Civilian-run Higher Education Institutions	7	16216		17774	432	192
民办职业技术培训机构	Vocational Technical Training Institutions	71	59239		60406	746	473

注：表中民办普通高中教职工数为初中高中合计数；中等职业教育不含技工学校数字。

资料来源：安徽省教育厅。

a) The total number of tables of common high schools teachers and staff is number of junior high school; secondary occupation education does not contain technical school.

Source: Anhui Municipal Commission of Education.

19—15 各市普通高等学校和中等专业学校情况（2016年）

Number of Specialized Secondary Schools by Region and Type (2016)

单位：人（person）

地区	Region	学校数（所） Number of Schools (unit)		毕业生数 Number of Graduates		招生数 New Student Enrollment		在校学生数 Student Enrollment	
		高等 Advanced	中专 Middle	高等 Advanced	中专 Middle	高等 Advanced	中专 Middle	高等 Advanced	中专 Middle
总计	**Total**	**109**	**125**	**308025**	**88378**	**331124**	**107919**	**1145007**	**291409**
合肥市	Hefei	50	33	135934	26669	150780	28242	499515	76309
淮北市	Huaibei	3	4	9446	5821	11010	3844	39800	13990
亳州市	Bozhou	2	6	4449	6719	3713	10027	11219	24772
宿州市	Suzhou	3	9	5487	4315	6749	9160	23764	24169
蚌埠市	Bengbu	5	10	15911	5038	16008	6564	61292	18411
阜阳市	Fuyang	5	10	8975	8248	10142	9431	36943	24951
淮南市	Huainan	6	4	17393	5601	16434	6043	64630	16267
滁州市	Chuzhou	4	5	12978	4818	15628	7642	51397	17162
六安市	Luan	4	6	11745	1891	10982	5477	40807	14995
马鞍山市	Maanshan	4	6	14564	2464	14422	3227	53714	8824
芜湖市	Wuhu	9	12	34685	3355	37265	3635	132049	10884
宣城市	Xuancheng	1	6	1955	4828	2104	4725	6802	13446
铜陵市	Tongling	3	4	10211	2211	10967	2351	36239	6568
池州市	Chizhou	3	2	5640	777	7087	957	24178	2540
安庆市	Anqing	5	4	12887	3804	11550	3891	40103	10427
黄山市	Huangshan	2	4	5765	1819	6283	2703	22555	7694

19—16 各市特殊教育情况（2016年）

Basic Statistics on Special Education by Region (2016)

单位：人（person）

地区	Region	学校数（所） Number of Schools (unit)	毕业生数 Number of Graduates	招生数 New Student Enrollment	在校学生数 Student Enrollment	教职工数 Number of Staff and Teachers	专任教师 Full-time Teachers
总计	**Total**	**71**	**1395**	**3660**	**20921**	**1766**	**1541**
合肥市	Hefei	6	242	424	2077	196	192
淮北市	Huaibei	2	24	77	530	53	50
亳州市	Bozhou	4	86	273	2113	157	145
宿州市	Suzhou	6	68	290	1823	218	168
蚌埠市	Bengbu	5	83	180	1048	93	86
阜阳市	Fuyang	6	143	797	4716	197	160
淮南市	Huainan	3	39	96	654	89	80
滁州市	Chuzhou	5	113	132	1175	99	96
六安市	Luan	6	67	284	1238	111	97
马鞍山市	Maanshan	3	72	71	668	74	70
芜湖市	Wuhu	5	103	81	662	107	86
宣城市	Xuancheng	5	88	192	860	72	50
铜陵市	Tongling	2	15	95	320	49	41
池州市	Chizhou	2	47	62	858	49	36
安庆市	Anqing	9	179	549	1812	174	157
黄山市	Huangshan	2	26	57	367	28	27

19—17 各市普通中学分城乡学校数和在校学生数（2016年）

Number of Regular Secondary Schools and Student Enrollment by Urban and Rural Areas and by Region (2016)

地区	Region	学校数（所）Number of Regular Secondary Schools (unit)							
		合计 Total	高中 Senior Secondary Schools	城区 Urban Areas	高中 Senior Secondary Schools	镇区 Counties and Towns	高中 Senior Secondary Schools	乡村 Rural Areas	高中 Senior Secondary Schools
总计	**Total**	**3472**	**672**	**578**	**221**	**1631**	**412**	**1263**	**39**
合肥市	Hefei	358	107	102	41	162	62	94	4
淮北市	Huaibei	122	22	54	15	41	7	27	
亳州市	Bozhou	285	23	15	5	161	17	109	1
宿州市	Suzhou	242	46	16	6	127	36	99	4
蚌埠市	Bengbu	172	38	27	10	66	25	79	3
阜阳市	Fuyang	420	49	47	17	187	26	186	6
淮南市	Huainan	190	43	59	20	74	22	57	1
滁州市	Chuzhou	264	56	31	14	139	39	94	3
六安市	Luan	335	52	30	9	137	40	168	3
马鞍山市	Maanshan	105	25	25	8	47	14	33	3
芜湖市	Wuhu	210	42	50	16	108	24	52	2
宣城市	Xuancheng	152	22	21	7	92	15	39	
铜陵市	Tongling	85	30	20	11	41	18	24	1
池州市	Chizhou	98	22	20	8	45	13	33	1
安庆市	Anqing	314	76	43	25	149	44	122	7
黄山市	Huangshan	120	19	18	9	55	10	47	

地区	Region	在校学生数（人）Student Enrollment (person)							
		合计 Total	高中 Senior Secondary Schools	城区 Urban Areas	高中 Senior Secondary Schools	镇区 Counties and Towns	高中 Senior Secondary Schools	乡村 Rural Areas	高中 Senior Secondary Schools
总计	**Total**	**3048939**	**1106953**	**833660**	**377453**	**1755736**	**677055**	**459543**	**52445**
合肥市	Hefei	369100	152119	159783	62056	188780	86447	20537	3616
淮北市	Huaibei	103549	40444	49191	22576	45569	17868	8789	
亳州市	Bozhou	283460	79808	45897	19988	201295	59008	36268	812
宿州市	Suzhou	261136	97396	42295	21725	182222	72880	36619	2791
蚌埠市	Bengbu	158283	59026	31488	15984	98680	41628	28115	1414
阜阳市	Fuyang	491780	147156	92362	44011	278310	79756	121108	23389
淮南市	Huainan	157779	54589	59495	28467	74765	26045	23519	77
滁州市	Chuzhou	192993	72123	57054	27761	115231	44231	20708	131
六安市	Luan	241423	87124	66044	30121	126286	56340	49093	663
马鞍山市	Maanshan	100129	40187	34223	12749	48858	22026	17048	5412
芜湖市	Wuhu	154654	62238	41133	16316	97237	42749	16284	3173
宣城市	Xuancheng	100817	35410	31616	14599	61231	20811	7970	
铜陵市	Tongling	74903	31082	23548	10484	39480	17853	11875	2745
池州市	Chizhou	76386	32860	27774	13960	40385	18670	8227	230
安庆市	Anqing	228608	95004	53788	28613	126849	58399	47971	7992
黄山市	Huangshan	53939	20387	17969	8043	30558	12344	5412	

19—18 各市普通中学分城乡招生数和毕业生数（2016年）

Number of New Student Enrollment and Graduates of Regular Secondary Schools by Urban and Rural Areas and by Region (2016)

单位：人（person）

地区	Region	招生数 New Student Enrollment							
		合计		城区		镇区		乡村	
		Total	高中 Senior Secondary Schools	Urban Areas	高中 Senior Secondary Schools	Counties and Towns	高中 Senior Secondary Schools	Rural Areas	高中 Senior Secondary Schools
总计	**Total**	**1035423**	**358775**	**281734**	**125052**	**594500**	**216936**	**159189**	**16787**
合肥市	Hefei	124405	49485	55531	20955	62574	27491	6300	1039
淮北市	Huaibei	35259	13460	16744	7537	15516	5923	2999	
亳州市	Bozhou	100836	27641	14674	6482	71758	20347	14404	812
宿州市	Suzhou	84955	28408	13193	6534	59734	21269	12028	605
蚌埠市	Bengbu	53206	18776	10497	5239	32179	12547	10530	990
阜阳市	Fuyang	175401	49461	30982	14821	100496	27425	43923	7215
淮南市	Huainan	53121	17871	19649	9248	25535	8623	7937	
滁州市	Chuzhou	64114	22992	18773	8883	38174	13978	7167	131
六安市	Luan	81356	28931	23091	10521	42066	18253	16199	157
马鞍山市	Maanshan	33728	13094	11771	4086	16190	7007	5767	2001
芜湖市	Wuhu	54356	23064	15438	6732	33085	14827	5833	1505
宣城市	Xuancheng	33826	11475	10503	4791	20481	6684	2842	
铜陵市	Tongling	24264	9538	8036	3444	12435	5264	3793	830
池州市	Chizhou	24868	10052	8827	4205	13288	5807	2753	40
安庆市	Anqing	73685	28052	17675	8914	41127	17676	14883	1462
黄山市	Huangshan	18043	6475	6350	2660	9862	3815	1831	

地区	Region	毕业生数 Number of Graduates							
		合计		城区		镇区		乡村	
		Total	高中 Senior Secondary Schools	Urban Areas	高中 Senior Secondary Schools	Counties and Towns	高中 Senior Secondary Schools	Rural Areas	高中 Senior Secondary Schools
总计	**Total**	**1009636**	**388305**	**278559**	**130137**	**579868**	**238835**	**151209**	**19333**
合肥市	Hefei	123346	51144	50774	20003	63591	29581	8981	1560
淮北市	Huaibei	36550	15516	17091	8903	16480	6613	2979	
亳州市	Bozhou	80919	25949	14978	7049	57040	18900	8901	
宿州市	Suzhou	89373	35964	14489	7667	61246	26217	13638	2080
蚌埠市	Bengbu	55734	21125	11152	5911	35317	15173	9265	41
阜阳市	Fuyang	139691	46085	29072	13651	77819	24821	32800	7613
淮南市	Huainan	52517	18721	20887	10172	23793	8466	7837	83
滁州市	Chuzhou	70753	27288	19740	9641	43054	17647	7959	
六安市	Luan	82432	31691	22462	11127	43260	20240	16710	324
马鞍山市	Maanshan	34892	14114	11304	4567	17713	8129	5875	1418
芜湖市	Wuhu	52769	21394	13578	5284	33412	15275	5779	835
宣城市	Xuancheng	35176	12911	10975	5094	21524	7817	2677	0
铜陵市	Tongling	26084	10517	7598	3258	14184	6310	4302	949
池州市	Chizhou	27210	11947	9546	5095	14793	6763	2871	89
安庆市	Anqing	83451	36704	18986	9937	45918	22426	18547	4341
黄山市	Huangshan	18739	7235	5927	2778	10724	4457	2088	

19—19 各市小学分城乡学校数和在校学生数（2016年）

Basic Statistics on Primary Schools by Urban and Rural Areas and by Region (2016)

地 区	Region	学校数（所） Number of Primary Schools (unit)	城区 Urban Areas	镇区 Counties and Towns	乡村 Rural Areas	在校学生数（人） Student Enrollment (person)	城区 Urban Areas	镇区 Counties and Towns	乡村 Rural Areas
总 计	**Total**	**8284**	**763**	**2131**	**5390**	**4303637**	**891382**	**1860905**	**1551350**
合肥市	Hefei	551	145	174	232	482860	221206	199736	61918
淮北市	Huaibei	311	80	62	169	144577	58062	45916	40599
亳州市	Bozhou	1122	29	221	872	496914	42758	231052	223104
宿州市	Suzhou	790	21	181	588	445060	43050	196189	205821
蚌埠市	Bengbu	660	36	107	517	271112	34942	107609	128561
阜阳市	Fuyang	1350	59	324	967	751254	84718	300666	365870
淮南市	Huainan	450	63	98	289	239064	67037	83770	88257
滁州市	Chuzhou	238	38	114	86	236182	54409	125633	56140
六安市	Luan	698	20	169	509	316037	52232	134628	129177
马鞍山市	Maanshan	242	43	74	125	115827	39638	48055	28134
芜湖市	Wuhu	309	55	120	134	184803	53183	90599	41021
宣城市	Xuancheng	174	18	84	72	133143	30490	80303	22350
铜陵市	Tongling	217	31	73	113	73346	22002	30496	20848
池州市	Chizhou	213	28	66	119	85833	25334	37086	23413
安庆市	Anqing	830	79	218	533	259102	44384	115680	99038
黄山市	Huangshan	129	18	46	65	68523	17937	33487	17099

地 区	Region	毕业生数（人） Number of Graduates (person)	城区 Urban Areas	镇区 Counties and Towns	乡村 Rural Areas	招生数（人） New Student Enrollment (person)	城区 Urban Areas	镇区 Counties and Towns	乡村 Rural Areas
总 计	**Total**	**669351**	**138204**	**296104**	**235043**	**736423**	**152838**	**311842**	**271743**
合肥市	Hefei	71773	32308	28073	11392	83434	38792	35626	9016
淮北市	Huaibei	21943	9014	7458	5471	25756	10350	7823	7583
亳州市	Bozhou	70607	6632	34090	29885	85598	7520	38039	40039
宿州市	Suzhou	57561	5880	27360	24321	85021	6720	35662	42639
蚌埠市	Bengbu	34485	4675	13601	16209	51555	6542	20916	24097
阜阳市	Fuyang	123166	13996	52516	56654	130485	15263	50594	64628
淮南市	Huainan	35105	10052	12190	12863	41229	11515	14328	15386
滁州市	Chuzhou	41235	8439	21986	10810	37933	9450	19979	8504
六安市	Luan	52227	7734	22284	22209	49596	9027	20880	19689
马鞍山市	Maanshan	20921	7002	8587	5332	18767	6483	7909	4375
芜湖市	Wuhu	32110	8348	15867	7895	29639	9440	13904	6295
宣城市	Xuancheng	22540	4777	13314	4449	21091	5007	12833	3251
铜陵市	Tongling	14555	4039	6105	4411	10363	3185	4218	2960
池州市	Chizhou	14552	3646	6798	4108	13334	3646	5759	3929
安庆市	Anqing	45052	8610	20166	16276	41284	6855	18122	16307
黄山市	Huangshan	11519	3052	5709	2758	11338	3043	5250	3045

19—20 各市职业中学基本情况（2016年）
Basic Statistics on Vocational Secondary Schools by Region (2016)

单位：人（person）

地　区	Region	学校数（所）Number of Schools (unit)	毕业生数 Number of Graduates	招生数 New Student Enrollment	在校学生数 Student Enrollment	教职工数 Number of Staff and Teachers	专任教师 Full-time Teachers
总　计	**Total**	**207**	**113604**	**82914**	**253529**	**15600**	**13321**
合肥市	Hefei	17	6323	5074	14860	868	690
淮北市	Huaibei	6	1280	941	3479	645	402
亳州市	Bozhou	15	11772	9524	27889	1518	1374
宿州市	Suzhou	12	8121	3539	10767	824	694
蚌埠市	Bengbu	12	2522	1531	4994	997	961
阜阳市	Fuyang	31	12111	13772	34686	2399	2135
淮南市	Huainan	17	7932	6701	17045	721	578
滁州市	Chuzhou	9	10257	8616	26358	1382	1328
六安市	Luan	24	16689	11880	30544	1304	1123
马鞍山市	Maanshan	3	2842	1606	5411	199	188
芜湖市	Wuhu	12	5873	2733	12898	742	565
宣城市	Xuancheng	7	6177	3840	13003	872	744
铜陵市	Tongling	5	1836	547	1655	303	214
池州市	Chizhou	6	3718	2848	8312	602	554
安庆市	Anqing	22	13468	7041	33307	1983	1587
黄山市	Huangshan	9	2683	2721	8321	241	184

19—21 各市幼儿园基本情况（2016年）
Basic Statistics on Kindergartens by Region (2016)

单位：人（person）

地　区	Region	园数（所）Number of Schools (unit)	毕业生数 Number of Graduates	招生数 New Student Enrollment	幼儿数 Student Enrollment	教职工数 Number of Staff and Teachers	教师 Teachers
总　计	**Total**	**7895**	**691549**	**951228**	**1926893**	**124264**	**75743**
合肥市	Hefei	930	80088	100684	248125	21309	11151
淮北市	Huaibei	276	27373	31451	73016	4251	3070
亳州市	Bozhou	687	81797	98464	200423	10921	7903
宿州市	Suzhou	761	85116	125131	217924	10871	7811
蚌埠市	Bengbu	398	48685	65789	122347	6713	3920
阜阳市	Fuyang	1088	100648	157394	296899	15475	10517
淮南市	Huainan	345	40155	56694	102470	5810	3174
滁州市	Chuzhou	588	35257	44619	107426	6251	4344
六安市	Luan	717	45265	70571	131591	9050	5342
马鞍山市	Maanshan	279	17417	23326	53966	5343	2881
芜湖市	Wuhu	487	28235	38100	91054	9405	5064
宣城市	Xuancheng	424	20151	19856	66566	6092	3423
铜陵市	Tongling	148	10479	15908	30163	2441	1341
池州市	Chizhou	169	13247	15937	34786	2148	1257
安庆市	Anqing	422	46397	70427	113418	5760	3103
黄山市	Huangshan	176	11239	16877	36719	2424	1442

19—22 各级各类学校教育经费收入情况（2016年）

Basic Statistics on Educational Funds in Various Schools (2016)

单位：万元（10000 yuan）

指 标	Item	合 计 Total	国家财政性教育经费 Government Appropriation for Education	公共财政预算教育经费 The Budget of Public Finance Education Funds	民办学校中举办者投入 Conducting Investment of Voluntary School	社会捐赠经费 Donations for Education	事业收入 Undertaking Revenue	其他收入 Other Income
总 计	**Total**	**12350896**	**10297270**	**10226118**	**57505**	**9871**	**1844677**	**141573**
高等教育	Institutions of Higher Education	2190177	1448925	1418338	15544	1092	662273	62343
普通高等学校	Regular Institutions of Higher Education	2149177	1425716	1395129	15544	1092	645055	61770
本科学校	Undergraduate Courses Schools	1384283	886626	862995	12000	1003	445910	38744
专科学校	Junior College	80280	53609	53608		11	16810	9850
职业学校	Vocational Schools	684614	485481	478526	3544	78	182335	13176
成人高等学校	Institutions of Higher Education for Adults	41000	23209	23209			17218	573
高中阶段教育	High School Education	2322798	1779834	1776343	12198	5294	478608	46864
中等职业学校	Vocational Secondary Schools	781342	654678	653129	4415	352	86045	35852
中等专业学校	Specialized Secondary Schools	463019	382467	381615	2332	18	46942	31260
职业高中	Vocational Schools	284390	249061	248441	1401	334	31760	1834
#农 村	Rural Areas	217805	194885	194796	1154	68	20293	1405
技工学校	Technical Schools	11441	7142	7142			2267	2032
成人中等专业学校	Specialized Secondary Schools for Adults	22492	16008	15931	682		5076	726
普通高中	Senior Secondary Schools	1541456	1125156	1123214	7783	4942	392563	11012
#农 村	Rural Areas	940201	667927	667547	5531	1409	259262	6072
义务教育	Compulsory education	6789250	6452583	6425146	15987	2883	303935	13862
普通初中	Regular Junior Secondary Schools	2493005	2267450	2256906	8980	1239	208151	7185
#农 村	Rural Areas	1949255	1798181	1797426	7339	1105	138353	4277
普通小学	Regular Primary Schools	4255521	4145490	4128649	6917	1471	95686	5957
#农 村	Rural Areas	3418493	3330528	3326610	6596	691	76938	3740
特殊教育	Special Education	40724	39643	39591	90	173	98	720
学前教育	Preschool Education	727322	330665	326117	13776	556	377766	4559
#农 村	Rural Areas	466534	223158	222622	10250	50	232299	777
其 他	Others	321349	285263	280174		46	22095	13945

注：1．事业收入中从非本级财政或其他政府部门、公办科研机构取得的来源于中央的用于科研的财政拨款23810.1万元。
2．捐赠收入中港、澳、台及海外捐赠815万元。

a) Business income from the fiscal or other government departments at the corresponding level, and public research institutions obtained from 238.101 million yuan the central fiscal funding for scientific research.

b) Donation income donated 8.15 million yuan Hong Kong, Macao and Taiwan and overseas.

19—23 全省科技活动基本情况
Basic Statistics on Scientific and Technological Activities

指　　标	Item	2000	2005	2010	2015	2016
科技活动	**Scientific and Technological Activities**					
科技机构数　（个）	Number of Scientific Technological Research Institutions (unit)	984	917	2221	4817	5360
科技活动人员　（万人）	Personnel Engaged in S&T Activities (10000 persons)	9.72	8.94	23.65	35.98	37.37
#大学本科及以上学历	Bachelor's degree or above			9.66	16.70	23.19
研究与试验发展经费支出（亿元）	Expenditure on R&D (100 million yuan)	20.02	45.61	163.72	431.75	475.13
#基础研究	Basic Research		4.12	12.23	24.31	27.20
应用研究	Applied Research		9.15	15.66	33.48	31.91
试验发展	Experimental Development		27.99	135.83	373.96	416.02
#政府资金	Government Fund		14.48	36.07	86.42	85.12
企业资金	Self-raised Funds by Enterprise		27.40	118.86	331.07	375.02
#相当于GDP比例　（%）	Proportion of Expenditure on R&D to GDP (%)		0.85	1.32	1.96	1.97
科技成果及获奖数　（项）	**Achievements in S&T and National Prizes Won (item)**					
重大科学技术成果	Number of Major Achievements in Science and Technology	511	546	780	705	560
国家发明奖	Number of National Invention Prizes Awarded					
国家科学技术进步奖	Number of National Scientific and Technological Progress Prizes Awarded	1	4	7	10	9
获国家自然科学奖	Number of National Natural Sciences Prize Awarded		1	2	3	3
技术市场成交额　（万元）	**Transaction Value in Technical Market (10000 yuan)**	**61011**	**142553**	**461470**	**1905334**	**2173748**
专　　利	**Patent**					
专利申请受理量　（件）	Total Patent Applications Examined (unit)	1877	3516	47128	127709	172552
发　　明	Creation and Inventions	301	903	6396	68314	95963
实用新型	Utility Models	1080	1715	17367	51559	67031
外观设计	Designs	496	898	23365	7836	9558
专利申请授权量　（件）	Total Patent Applications Authorized (unit)	1482	1939	16012	59039	60983
发　　明	Creation and Inventions	104	238	1111	11180	15292
实用新型	Utility Models	894	1072	8839	41094	38773
外观设计	Designs	484	629	6062	6765	6918

19—24 县级以上政府部门属研究与开发机构及科技信息与文献机构数、人员数

State-owned Research and Development Institutions and Information and Literature Institutions at and Above County Level and Persons Engaged

年份 Year	合计 Total		自然科学技术领域 Field of Natural Sciences and Humanities			社会、人文科学技术领域 Field of Social Sciences and Humanities			科技信息和文献机构 Scientific-technical Information and Literature Institutions		
	机构(个) Institutions (unit)	从业人员(人) Employees (person)	机构(个) Institutions (unit)	从业人员(人) Employees (person)	科技活动人员 S&T Personnel	机构(个) Institutions (unit)	从业人员(人) Employees (person)	科技活动人员 S&T Personnel	机构(个) Institutions (unit)	从业人员(人) Employees (person)	科技活动人员 S&T Personnel
2000	167	7373	139	6690	4523	10	369	289	18	314	229
2005	125	6425	100	5764	4155	8	327	292	17	334	307
2008	108	6292	85	5431	4153	8	389	336	15	472	415
2009	104	6224	81	5397	4278	7	343	310	16	484	454
2010	104	6227	83	5405	4402	7	335	313	14	487	455
2011	100	6318	80	5641	4699	7	336	280	13	341	325
2012	98	6527	77	5832	5027	7	334	297	14	361	356
2013	101	6964	80	6258	5450	7	331	305	14	375	335
2014	97	7117	76	6468	5867	7	309	257	14	340	307
2015	95	7203	75	6514	5949	7	310	259	13	379	334
2016	93	6934	72	6169	5588	9	383	334	12	382	341

19—25 县级以上政府部门属研究与开发机构及科技信息与文献机构科技经费筹集和支出总额

Total Funds and Total Expenditures of State-owned Research and Development Institutions and Information and Literature Institutions at and Above County Level

单位：万元（10000 yuan）

年份 Year	合计 Total		自然科学技术领域 Field of Natural Sciences and Humanities			社会、人文科学技术领域 Field of Social Sciences and Humanities			科技信息和文献机构 Scientific-technical Information and Literature Institutions		
	科技活动收入 S&T Income	科技经费内部支出 Intramural Expenditure on S&T	科技活动收入 S&T Income	政府资金 Government Funds	科技经费内部支出 Intramural Expenditure on S&T	科技活动收入 S&T Income	政府资金 Government Funds	科技经费内部支出 Intramural Expenditure on S&T	科技活动收入 S&T Income	政府资金 Government Funds	科技经费内部支出 Intramural Expenditure on S&T
2000	101388	51908	98004	26988	48804	1871	1231	1741	1513	955	1363
2005	69881	66852	63694	51429	61396	3991	2268	3026	2196	1774	2430
2008	100551	90811	85274	71395	77284	5405	3970	5361	9872	6965	8166
2009	156716	103130	142846	107400	91744	6543	4455	5364	7327	5182	6022
2010	191056	134839	172837	149390	118150	8210	5816	6851	10009	8608	9837
2011	225659	175123	212688	142596	163397	7812	5551	7352	5159	4306	4374
2012	234114	194232	219720	158395	182437	7423	7315	5435	6971	6213	6359
2013	237275	216299	221116	183338	201724	8067	5294	6268	8091	7204	8307
2014	272412	263631	255037	193514	250498	8512	6590	6338	8863	8059	6795
2015	302593	245986	284101	220104	230394	9923	6841	8160	8569	7954	7432
2016	278931	240220	257619	202083	221267	11947	8796	10180	9365	8094	8774

19—26 自然科学和技术领域经费收入（2016年）
Receipts in the Field of Natural Science and Technology (2016)

单位：万元（10000 yuan）

指　标	Item	科技活动收入 S&T Income	政府资金 Government Funds	非政府资金 Non-Government Funds	生产经营活动收入 Production Activities Income	其他收入 Others
总　计	**Total**	**257619**	**202083**	**55536**	**26072**	**18839**
按隶属关系分	**Group by Administrative Relationship**					
省级部门属	Under the Provincial Departments	78583	64428	14155	17487	7644
地市级部门属	Under the Prefectural Departments	17770	15294	2476	1508	2568
中央部门属	Under the Departments of the State Council	161266	122361	38905	7077	8628
中国科学院	Under the Chinese Academy of Science	158832	120121	38711	7077	8608
按学科领域分	**Group by Branch of Science**					
自然科学	Natural Science	169227	129875	39352	17764	12713
农业科学	Agriculture	39884	34097	5787	526	3829
医学科学	Medicine	2391	1916	475	383	699
工程科学与技术	Engineering and Technology	46117	36195	9922	7399	1598

19—27 自然科学和技术领域经费支出（2016年）
Expenditures in the Field of Natural Science and Technology (2016)

单位：万元（10000 yuan）

指　标	Item	科技经费内部支出 Intramural Expenditure on S&T	#人员劳务费 Personnel Expenditure	设备购置费 Expenditure for Equipment	其他日常支出 Other Routine Expenditure	生产经营支出 Expenditure of Production	其他支出 Others
总　计	**Total**	**221267**	**71101**	**28820**	**98288**	**24093**	**29479**
按隶属关系分	**Group by Administrative Relationship**						
省级部门属	Under the Provincial Departments	75781	22073	6383	36152	14699	12391
地市级部门属	Under the Prefectural Departments	16011	6989	1996	5106	928	4108
中央部门属	Under the Departments of the State Council	129475	42039	20441	57030	8465	12980
中国科学院	Under the Chinese Academy of Science	128050	41483	20073	56528	8465	11969
按学科领域分	**Group by Branch of Science**						
自然科学	Natural Science	139101	46187	20215	61812	17096	16188
农业科学	Agriculture	38032	13427	3460	17602	1681	7344
医学科学	Medicine	2262	1093	233	934	445	687
工程科学与技术	Engineering and Technology	41872	10394	4912	17940	4871	5260

19—28 科协系统科技活动情况（2016年）

Basic Statistics on Scientific and Technological Activities of Associations for Science and Technology (2016)

项　　目		Item		科协合计 Total Number of Associations for Science & Technology	省科协 provincial Associations	省级学会 Provincial-level Learned Societies
机构数	**（个）**	**Number of Associations or Learned Societies**	**(unit)**	**123**	**1**	**161**
人员数	**（人）**	**Personnel**	**(person)**			
机　关		Associations		805	41	
直属单位		Enterprises and Non-profit Organizations Attached to Associations or Learned Societies		408	112	
学会理事		Members of Councils				13200
学术活动		**Academic Activities**				
国内学术会议		Domestic Academic Meetings				
次　数	（次）	Number	(times)	178	1	424
参加人数	（人次）	Number of Participants	(person-time)	26365	50	69235
交流论文数	（篇）	Number of Papers Presented	(unit)	2377	5	11458
国际学术会议		International Meetings Held in China				
次　数	（次）	Number	(times)	8		12
参加人数	（人次）	Number of Participants	(person-time)	618		1544
交流论文数	（篇）	Number of Papers Presented	(unit)	72		338
国际民间科技交流		International Folk Exchange of S&T				
接待来访科技团组	（个）	International Group on S&T Received Home	(unit)	27	2	28
接待总人数	（人次）	Person Received	(person-time)	103	8	268
外派科技团组	（个）	Number of Study Tours Sent Aboard	(unit)	5	2	30
外派总人数	（人次）	Total People Sent Aboard	(person-time)	18	5	237
科技培训		**Training Program**				
参加培训人数	（人次）	Number of Training	(person-time)	280153		49266
科普活动		**Activities for Popular Science**				
讲座次数	（次）	Number of Lectures	(times)	902	23	240
听讲座人数	（人次）	Number of Participants	(person-time)	93065	2500	98099
展览次数	（次）	Number of Exhibitions	(times)	2043	38	290
参观展览人数	（万人次）	Number of Participants	(10000 person-time)	195	4	30
青少年科技竞赛次数	（次）	Number of Teenagers Participating in Science and Technology Competitions	(time)	309	12	42
出　版		**Publications**				
科技期刊种数	（种）	Number of Academic Journals	(kind)	3		50
论文集种数	（种）	Number of Collections of Articles	(kind)	9		173
论文集发行量	（册）	Number of Copies Distributed	(copies)	5000		71000
科技报纸种数	（种）	Number of Scientific & Technological Newspapers	(kind)	1	1	1

19—29 研究与试验发展（R&D）研究机构情况（2016年）
Institution of Research and Development (2016)

指 标	Item	机构数（个）Number of Institutions (unit)	研究与试验发展人员（人）R&D Personnel (person)	博士 Doctor's Degree	研究与试验发展经费支出（万元）R&D Funds Disburse (10000 yuan)	科研用仪器设备原价（万元）Initial cost Used Scientific Research Equipment (10000 yuan)	进口 Import
总 计	**Total**	**5360**	**101836**	**6847**	**2617266**	**6151358**	**1504103**
按隶属关系分	**Grouped by Subordination Relations**						
中 央	Central	314	16756	3538	663913	1075842	339326
地 方	Local	5046	85080	3309	1953353	5075516	1164777
按国民经济行业分	**Grouped by Sector**						
农、林、牧、渔业	Agriculture, Forestry, Animal Husbandry and Fishery	39	94	3	625	820	62
采矿业	Mining	47	2093	26	18357	175803	2521
制造业	Manufacturing	4479	76790	1540	1929203	4812624	1145887
电力、热力、燃气及水生产和供应业	Electricity, Heat, Gas and Water Production and Supply Industry	10	362	13	35974	66174	913
建筑业	Construction	102	1285	34	39246	125071	6762
交通运输、仓储和邮政业	Transport, Storage and Postal Services	6	66		1362	10853	225
信息传输、软件和信息技术服务业	Information Transmission, Software and Information Technology Services	11	96		1001	8966	
租赁和商务服务业	Leasing and Commercial Services	2	42		2311	65	
科学研究和技术服务业	Scientific Research and Technical Services	158	14051	2599	517767	584170	212180
水利、环境和公共设施管理业	Water Conservancy, Environmental and Public Facilities Management	5	19		278	266	
教 育	Education	460	6220	2597	57963	355676	130114
卫生和社会工作	The Department of Health and Social Work	35	514	28	9964	10037	4670
文化、体育和娱乐业	Culture, Sports and Entertainment	6	204	7	3215	833	769
按执行部门分组	**Grouped by Execution Department**						
科研机构	Scientific Research Institution	100	12254	2370	477896	553453	209413
高等院校	Institutions of Higher Learning	460	6220	2597	57962	355676	130114
企 业	Companies	4743	82268	1672	2057002	5223170	1158821
事业单位	Institution	57	1094	208	24406	19059	5755

19—30 科技活动、研究与试验发展（R&D）人员（2016年）
People in Science and Technology Activity, Research and Development (2016)

指　标	Item	科技活动人员（人）Personnel Engaged in S&T Activities (person)	#大学本科及以上 University Degree and Above
总　计	**Total**	**373715**	**231884**
按隶属关系分	**Grouped by Subordination Relations**		
中　央	Central	45390	32969
地　方	Local	328325	198915
按国民经济行业分	**Grouped by Sector**		
农、林、牧、渔业	Agriculture, Forestry, Animal Husbandry and Fishery	826	126
采矿业	Mining	16378	8369
制造业	Manufacturing	232119	124841
电力、热力、燃气及水的生产和供应业	Electricity, Heat, Gas and Water Production and Supply Industry	5621	2682
建筑业	Construction	18099	13284
交通运输、仓储和邮政业	Transport, Storage and Postal Services	1115	951
信息传输、计算机服务和软件业	Information Circulation, Computer Services and Software	4886	4096
租赁和商务服务业	Leasing and Commercial Services	426	319
科学研究和技术服务业	Scientific Research and Technical Services	25316	19019
水利、环境和公共设施管理业	Water Conservancy, Environmental and Public Facilities Management	160	86
教　育	Education	62597	57128
卫生和社会工作	The Department of Health and Social Work	5607	455
文化、体育和娱乐业	Culture, Sports and Entertainment	565	528

调查单位数（个） Number of Investigation Units (unit)	有研究与试验发展活动单位 Activity for R&D	研究与试验发展人员（人） Staff of R&D (person)	#研究人员 Staff of Researcher	#全时人员 Staff of Full Time	#博士 Doctor's Degree	研究与试验发展人员折合全时当量（人年） Full-time Equivalent of R&D Personnel (man-years)	#研究人员 Staff of Researcher	基础研究 Basic Research	应用研究 Apply Researcher	试验发展 Experimental and Development Researcher
21274	**4360**	**211053**	**88572**	**137269**	**11283**	**135830**	**56723**	**10393**	**14224**	**111213**
228	102	28365	17757	21346	5252	21633	13746	4438	4150	13045
21046	4258	182688	70815	115923	6031	114197	42977	5955	10074	98168
127	21	186	106	65	10	122	84			122
402	29	12866	4103	2503	31	4358	1375		1699	2659
19153	3791	139987	44333	100619	1719	93905	29854		241	93664
278	19	2022	978	1139	38	1187	574			1187
254	28	4557	2206	3214	54	3603	1745		158	3445
127	3	217	60	182		152	42			152
137	18	809	356	604		456	200		4	452
42	3	197	100	160		27	11			27
352	208	18836	12272	14512	2688	16262	10741	3263	4359	8640
56	5	90	35	74		44	18			44
209	191	26459	21305	11850	6705	12695	10319	6430	5904	361
95	43	4605	2606	2147	30	2866	1684	700	1859	307
42	1	222	112	200	8	153	77			153

19—31 研究与试验发展（R&D）产出情况（2016年）
Output of Research and Development (2016)

指　　标	Item	专　利 申请数 （件） Patent Applica-tions (piece)	发明专利 Inventions
总　　计	**Total**	**65460**	**30033**
按隶属关系分	**Grouped by Subordination Relations**		
中　央	Central	6788	3915
地　方	Local	58672	26118
按国民经济行业分	**Grouped by Sector**		
农、林、牧、渔业	Agriculture, Forestry, Animal Husbandry and Fishery	26	25
采矿业	Mining	738	240
制造业	Manufacturing	48356	22808
电力、热力、燃气及水的生产和供应业	Electricity, Heat, Gas and Water Production and Supply Industry	697	274
建筑业	Construction	1242	533
交通运输、仓储和邮政业	Transport, Storage and Postal Services	38	19
信息传输、计算机服务和软件业	Information Circulation, Computer Services and Software	433	139
租赁和商务服务业	Leasing and Commercial Services	38	21
科学研究和技术服务业	Scientific Research and Technical Services	3280	1899
水利、环境和公共设施管理业	Water Conservancy, Environmental and Public Facilities Management	4	4
教　育	Education	10529	4026
卫生和社会工作	The Department of Health and Social Work	75	42
文化、体育和娱乐业	Culture, Sports and Entertainment	4	3

专利授权数(件) Patents Granted (piece)	发明专利 Inventions	有效发明专利数(件) Number of patents In Force (piece)	专利所有权转让及许可数(件) Patent all Power Transfer and Clearance Number (piece)	专利所有权转让及许可收入(万元) Patent all Power Transfer and Clearance Income (10000 yuan)	集成电路布图设计登记数(件) Registration Number of Integrated Circuit Layout (unit)	植物新品种权授予数(项) Granted Number of Plant Variety Right (unit)	形成国家或行业标准数(项) Standard Number of Formed Nation and Industry (unit)	发表科技论文(篇) Scientific Papers Issued (piece)	出版科技著作(种) Publication on Science and Technology (kind)
7868	**2411**	**52618**	**1129**	**43187**	**22**	**99**	**1313**	**49664**	**1327**
1809	1333	8785	26	1438	21	2	313	11874	46
6059	1078	43833	1103	41749	1	97	1000	37790	1281
		3					1	28	
		781	10				10	611	
		40712	954	40459			1222	3698	
		298					22	641	
		2319							
		145							
		287							
		11							
1229	770	3245	34	755	21	63	38	3740	61
		1						6	
6639	1641	4805	131	1973	1	36	20	37599	1242
		3						3341	24
		8							

19—32 研究与试验发展（R&D）经费支出情况（2016年）

Research and Development Funds and Internal Expenditure (2016)

单位：万元（10000 yuan）

项 目	Item	研究与试验发展经费支出 Expenditure for R&D	按活动类型分 By Activities 基础研究 Fundamental Research	应用研究 Applied Rescarch	试验发展 Experimental	#人员劳务费 Labor Expenses
总 计	**Total**	**4751301**	**271977**	**319153**	**4160172**	**1373790**
按执行部门分组	**Grouped by Execution Department**					
科研机构	Scientific Research Institution	477896	115100	111105	251691	117890
高等学校	Institutions of Higher Learning	270218	148337	107465	14416	57713
工业企业	Industrial Enterprise	3709224		42775	3666449	1076798
非工业企业	Non-Industrial Enterprise	207382	700	27794	178888	90059
事业单位	Institution	86581	7840	30014	48728	31330
按隶属关系分组	**Grouped by Subordination Relations**					
中 央	Central	933504	189807	129184	614514	249063
地 方	Local	3817797	82170	189969	3545658	1124727

19—33 各市研究与试验发展（R&D）研究机构情况（2016年）

Institution of Research and Development by Region (2016)

地 区	Region	机构数（个）Number of Institutions (unit)	研究与试验发展人员（人）R&D Personnel (person)	博 士 Doctor's Degree	研究与试验发展经费支出（万元）R&D Funds Disburse (10000 yuan)	科研用仪器设备原价（万元）Initial cost Used Scientific Research Equipment (10000 yuan)	进 口 Import
总 计	**Total**	**5360**	**101836**	**6847**	**2617266**	**6151358**	**1504103**
合 肥 市	Hefei	1341	45337	4909	1358115	2037250	428096
淮 北 市	Huaibei	91	1850	107	22015	188347	4298
亳 州 市	Bozhou	127	708	26	9039	26350	4305
宿 州 市	Suzhou	218	1446	50	27067	60907	2671
蚌 埠 市	Bengbu	503	7668	126	166813	265948	65286
阜 阳 市	Fuyang	254	1828	59	37289	102220	3920
淮 南 市	Huainan	135	2319	220	35230	43801	6898
滁 州 市	Chuzhou	550	5751	137	165753	244198	16741
六 安 市	Luan	224	2420	91	37120	1981747	807179
马鞍山市	Maanshan	424	6596	318	174456	225591	48087
芜 湖 市	Wuhu	498	12421	406	298498	484053	65383
宣 城 市	Xuancheng	303	5123	60	91681	145505	14072
铜 陵 市	Tongling	141	2140	128	75750	97600	7326
池 州 市	Chizhou	94	834	34	18568	49716	1993
安 庆 市	Anqing	295	3638	143	71185	154582	21924
黄 山 市	Huangshan	162	1757	33	28687	43543	5924

19—34 各市科技活动、研究与试验发展（R&D）人员（2016年）

People in Science and Technology Activity, Research and Development by Region (2016)

地 区	Region	科技活动人员（人）Personnel Engaged in S&T Activities (person)	#大学本科及以上 University Degree and Above	调查单位数（个）Number of Investigation Units (unit)	有研究与试验发展活动单位 Activity for R&D	研究与试验发展人员（人）Staff of R&D (person)	#女性 Female	#研究人员 Staff of Researcher	全时人员 Staff of Full Time	非全时人员 Staff of Non-Full Time
总 计	**Total**	**373715**	**231884**	**21274**	**4360**	**211053**	**43042**	**88572**	**137269**	**73784**
合 肥 市	Hefei	140471	100532	3082	844	78669	17436	39920	56958	21711
淮 北 市	Huaibei	13310	8202	814	61	9153	932	3444	3106	6047
亳 州 市	Bozhou	5863	3162	1010	83	2131	577	801	1202	929
宿 州 市	Suzhou	9120	4917	1376	136	3286	970	1216	1911	1375
蚌 埠 市	Bengbu	25171	15708	1222	446	15439	4041	6783	10779	4660
阜 阳 市	Fuyang	10501	5580	1771	116	3967	901	1531	2291	1676
淮 南 市	Huainan	16512	8590	663	155	10698	1579	4067	3795	6903
滁 州 市	Chuzhou	20293	11068	1659	379	10231	2013	3404	7155	3076
六 安 市	Luan	9035	4723	990	141	4328	862	1463	2447	1881
马鞍山市	Maanshan	22465	14530	1302	435	15458	2882	6324	9056	6402
芜 湖 市	Wuhu	47090	28914	2194	524	26850	5095	9798	18636	8214
宣 城 市	Xuancheng	14509	5934	1536	324	8968	1598	2233	6405	2563
铜 陵 市	Tongling	15314	6164	587	172	8680	1171	2641	5550	3130
池 州 市	Chizhou	4821	2865	643	109	2163	504	917	1235	928
安 庆 市	Anqing	13539	8142	1823	276	7270	1635	2897	4488	2782
黄 山 市	Huangshan	5701	2853	602	159	3762	846	1133	2255	1507

地 区	Region	博士毕业 Doctor	硕士毕业 Master	本科毕业 University Degree	其他学历 Other	研究与试验发展人员折合全时当量（人年）Full-time Equivalent of R&D Personnel (man-years)	#研究人员 Staff of Researcher	基础研究 Basic Research	应用研究 Apply Researcher	试验发展 Experimental and Development Researcher
总 计	**Total**	**11283**	**26487**	**91751**	**81532**	**135830**	**56723**	**10393**	**14224**	**111213**
合 肥 市	Hefei	7580	14268	34621	22185	52818	26864	6857	6850	39111
淮 北 市	Huaibei	229	612	4614	3698	3081	1243	258	162	2661
亳 州 市	Bozhou	33	196	959	949	1353	500	25	64	1264
宿 州 市	Suzhou	70	365	1139	1712	1972	682	58	234	1680
蚌 埠 市	Bengbu	580	2009	7068	5782	11748	5013	569	1506	9673
阜 阳 市	Fuyang	139	470	1578	1780	2381	873	161	256	1964
淮 南 市	Huainan	368	968	3872	5486	5292	2111	721	2065	2506
滁 州 市	Chuzhou	199	923	4405	4710	7001	2285	175	750	6076
六 安 市	Luan	123	491	1609	2105	2297	776	53	233	2011
马鞍山市	Maanshan	516	1773	7486	5683	9393	3835	262	610	8521
芜 湖 市	Wuhu	728	2233	12442	11458	17675	6222	691	695	16289
宣 城 市	Xuancheng	74	241	3572	5085	5972	1577	16	60	5896
铜 陵 市	Tongling	222	605	2820	5029	6302	1756	86	494	5722
池 州 市	Chizhou	61	343	873	886	1345	505	66	72	1207
安 庆 市	Anqing	290	628	3365	2983	4812	1783	259	136	4417
黄 山 市	Huangshan	71	362	1328	2001	2388	698	136	37	2215

19—35 各市研究与试验发展（R&D）产出情况（2016年）

Output of Research and Development by Region (2016)

地 区	Region	专 利 申请数（件） Patent Applica-tions (piece)	发明专利 Inventions	专 利 授权数（件） Patents Granted (piece)	发明专利 Inventions	有效发明 专 利 数（件） Number of patents In Force (piece)	专利所有权 转让及许可数（件） Patent all Power Transfer and Clearance Number (piece)
总 计	**Total**	**65460**	**30033**	**7868**	**2411**	**52618**	**1129**
合 肥 市	Hefei	23644	11688	2980	1473	18613	173
淮 北 市	Huaibei	591	233	23	8	856	15
亳 州 市	Bozhou	811	321	40	2	456	65
宿 州 市	Suzhou	904	342	262	23	505	3
蚌 埠 市	Bengbu	3001	1466	363	216	2811	18
阜 阳 市	Fuyang	2479	1125	90	11	1381	74
淮 南 市	Huainan	2894	865	1335	209	1490	80
滁 州 市	Chuzhou	4458	2315	394	93	2062	83
六 安 市	Luan	1653	575	215	11	1093	9
马鞍山市	Maanshan	4496	2045	215	112	5964	36
芜 湖 市	Wuhu	11696	5192	1482	194	11010	323
宣 城 市	Xuancheng	2309	1076	1		2019	35
铜 陵 市	Tongling	1494	835	22	12	1363	7
池 州 市	Chizhou	1186	418	48	11	637	62
安 庆 市	Anqing	2910	1300	227	28	1855	146
黄 山 市	Huangshan	934	237	171	8	503	

地 区	Region	专利所有权转让及许可收入（万元） Patent all Power Transfer and Clearance Income (10000 yuan)	集成电路布图设计登记数（件） Registration Number of Integrated Circuit Layout (unit)	植物新品种权授予数（项） Granted Number of Plant Variety Right (unit)	形成国家或行业标准数（项） Standard Number of Formed Nation and Industry (unit)	发 表 科技论文（篇） Scientific Papers Issued (piece)	出 版 科技著作（种） Publication on Science and Technology (kind)
总 计	**Total**	**43187**	**22**	**99**	**1313**	**49664**	**1327**
合 肥 市	Hefei	3229	8	90	541	28640	522
淮 北 市	Huaibei	6			18	1303	33
亳 州 市	Bozhou			1	23	510	15
宿 州 市	Suzhou	96		2	17	987	40
蚌 埠 市	Bengbu	84	14		35	2606	73
阜 阳 市	Fuyang	51			23	1400	70
淮 南 市	Huainan	433		4	15	2625	81
滁 州 市	Chuzhou	18		1	57	1950	108
六 安 市	Luan	9			29	878	28
马鞍山市	Maanshan	693			70	1496	17
芜 湖 市	Wuhu	34572			114	3734	207
宣 城 市	Xuancheng	2003			73	169	11
铜 陵 市	Tongling				69	776	28
池 州 市	Chizhou	258			11	479	21
安 庆 市	Anqing	1735		1	195	1649	54
黄 山 市	Huangshan				23	462	19

19—36 各市研究与试验发展（R&D）经费支出情况（2016年）

Research and Development Funds and Internal Expenditure by Region (2016)

单位：万元（10000 yuan）

地 区	Region	研究与试验发展经费 Expenditure for R&D	按活动类型分 By Activities			按支出用途分 By Expenditure	
			基础研究 Fundamental Research	应用研究 Applied Rescarch	试验发展 Experimental	日常性支出 Daily Expenditure	资产性支出 Assets Expenditure
总 计	**Total**	**4751301**	**271977**	**319153**	**4160171**	**4008550**	**742751**
合 肥 市	Hefei	1947813	220171	172717	1554925	1668142	279671
淮 北 市	Huaibei	100217	1707	840	97670	88767	11450
亳 州 市	Bozhou	49287	93	384	48810	38810	10477
宿 州 市	Suzhou	61197	518	2234	58445	45749	15448
蚌 埠 市	Bengbu	291856	12948	34116	244792	237710	54146
阜 阳 市	Fuyang	89452	3840	3949	81663	64969	24483
淮 南 市	Huainan	129002	10276	48510	70216	105813	23189
滁 州 市	Chuzhou	250675	2393	17254	231028	204427	46248
六 安 市	Luan	79824	531	980	78313	59817	20007
马鞍山市	Maanshan	389870	3000	17062	369808	323208	66662
芜 湖 市	Wuhu	739652	10539	11647	717466	652487	87165
宣 城 市	Xuancheng	159873	111	1140	158622	133161	26712
铜 陵 市	Tongling	232731	650	5660	226421	196304	36427
池 州 市	Chizhou	51671	170	401	51100	38757	12914
安 庆 市	Anqing	121216	4300	1761	115155	102498	18718
黄 山 市	Huangshan	56965	730	498	55737	47931	9034

19—37 高等学校科技活动情况

Basic Statistics on Higher Education for Scientific and Technological Activities

指 标	Item	2000	2005	2010	2015	2016
科技活动人员 （人）	S&T Personnel (person)	23242	24530	31082	62567	62597
研究与发展人员全时当量（人年）	Full-time Equivalent of R&D Personnel (man.year)	7100	5022	7337	13541	12695
#基础研究	Fundamental Research	1300	1500	3273	6579	6430
应用研究	Applied Research	1500	2501	3471	6319	5904
试验发展	Experimental Development	4000	397	595	644	361
研究与发展经费支出 （万元）	R&D Expenditure (10000 yuan)	17259	66574	141849	272859	270218

19—38 工业企业科技活动基本情况
Basic Statistics on Science and Technology Activities of Industrial Enterprises

指　　标	Item	2015	2016
有研究与试验发展活动的企业 (个)	Number of Enterprises Having R&D Activities (unit)	3258	3839
有研究与试验发展活动的企业占全部企业的比重 (%)	Percentage of Enterprises Having R&D Activities to Total Number of Enterprises (%)	17.08	19.36
科技机构数 (个)	Number of Scientific and Technological Institutions (unit)	3986	4536
科技活动人员 (万人)	Personnel Engaged in S&T Activities (10000 persons)	23.78	25.41
研究与试验发展折合全时人员 (万人年)	Full-time Equivalent of R&D Personnel (10000 man-year)	9.68	9.95
科技机构科技活动人员数 (万人)	Personnel Engaged in S&T Activities in S&T Institutions (10000 persons)	11.55	12.56
开发新产品经费支出 (亿元)	Expenditure on New Product Development (100 million yuan)	380.44	443.21
研究与试验发展经费支出 (亿元)	Expenditure on R&D (100 million yuan)	322.14	370.92
#政府资金	Government Funds	20.28	19.94
企业资金	Self-raised Funds by Enterprises	299.13	348.46
研究与试验发展经费支出占主营业务收入的比重 (%)	Percentage of Expenditure on R&D To Sales Revenue (%)	0.83	0.88
技术引进经费支出 (亿元)	Expenditure for Acquisition of Foreign Technology (100 million yuan)	4.18	3.25
消化吸收经费支出 (亿元)	Expenditure for Assimilation of Technology (100 million yuan)	2.60	2.22
购买国内技术支出 (亿元)	Expenditure for Purchase of Domestic Technology (100 million yuan)	5.19	3.64
专利申请数 (件)	Patent Applications (piece)	45598	49791
#发明专利数	Invention Patents	19967	23322
拥有发明专利数 (件)	Invention Patents Owned (piece)	28568	41791

19—39 各市工业企业研究与试验发展（R&D）基本情况（2016年）

R&D Basic Situation of Industrial Enterprise by Region (2016)

地区	Region	企业单位数（个） Number of Enterprises (unit)	#有研究与试验发展活动 Activity for R&D	#有科技机构 Unit Of S&T	新产品销售收入（万元） Revenue of New Pproduct Sales (10000 yuan)	研究与试验发展人员合计（人） Staff Of R&D (person)	#参加项目人员 Staff of Participa-ting in Project	#女性 Female
总计	**Total**	**19833**	**3839**	**3489**	**73210508**	**154875**	**145862**	**26569**
合肥市	Hefei	2530	643	551	25096371	46672	43404	8183
淮北市	Huaibei	774	49	47	2037308	8264	7864	741
亳州市	Bozhou	975	76	100	695624	1864	1582	463
宿州市	Suzhou	1315	124	177	692764	2048	1977	467
蚌埠市	Bengbu	1160	414	401	3466841	11137	10631	2583
阜阳市	Fuyang	1709	99	192	2174434	2929	2835	541
淮南市	Huainan	602	123	69	388755	8176	6877	844
滁州市	Chuzhou	1578	334	386	8946740	8401	8163	1517
六安市	Luan	948	129	173	1467007	3628	3404	625
马鞍山市	Maanshan	1214	408	265	3094734	12320	11681	2176
芜湖市	Wuhu	2089	491	330	12663533	22745	21674	4001
宣城市	Xuancheng	1462	291	253	1978712	8301	8022	1455
铜陵市	Tongling	541	155	97	6631644	7498	7268	836
池州市	Chizhou	605	98	79	909122	1614	1517	277
安庆市	Anqing	1768	258	240	2374017	6115	5879	1256
黄山市	Huangshan	563	147	129	592902	3163	3084	604

地区	Region	#研究人员 Staff of Researcher	#全时人员 Staff of Full Time	研究与试验发展人员折合全时当量合计（人年） Total Work Volume of Conversion Staff of Full Time (person year)	#研究人员 Staff of Researcher	应用研究人员 Staff of Apply Researcher	试验发展人员 Staff of Experimental and Development Researcher
总计	**Total**	**49445**	**104292**	**99452**	**31800**	**1940**	**97512**
合肥市	Hefei	17628	36419	30572	11586	3	30569
淮北市	Huaibei	2715	2551	2545	808		2545
亳州市	Bozhou	621	1097	1236	418	5	1231
宿州市	Suzhou	545	1260	1324	346		1324
蚌埠市	Bengbu	3496	8263	8815	2796	145	8670
阜阳市	Fuyang	841	1849	1826	537		1826
淮南市	Huainan	2423	2541	3768	1115	1713	2055
滁州市	Chuzhou	2295	6021	5683	1526	21	5662
六安市	Luan	982	2194	1946	536		1946
马鞍山市	Maanshan	4200	7311	7615	2667		7615
芜湖市	Wuhu	6952	16568	15437	4752	26	15411
宣城市	Xuancheng	1922	5957	5457	1281		5457
铜陵市	Tongling	1641	4977	5590	1151	27	5563
池州市	Chizhou	514	1081	1169	365		1169
安庆市	Anqing	1941	4113	4318	1398		4318
黄山市	Huangshan	729	2090	2151	518		2151

19—40 各市工业企业研究与试验发展（R&D）经费情况（2016年）

R&D Funds Basic Situation of Industrial Enterprise by Region (2016)

单位：万元（10000 yuan）

地 区	Region	研究与试验发展经费内部支出合计 Expenditure for R&D	按活动类型分组 Grouped by Active Type：应用研究支出 Applied Research Expenditure	试验发展支出 Experiment Development Expanditure	按支出用途分组 Grouped by Using of Funds：经常费支出 Normal Funds Expenditure	#人员劳务费 Salary	资产性支出 Capital Expenditure	#土建工程 Construction Project
总 计	**Total**	**3709224**	**42775**	**3666449**	**3179584**	**1076799**	**529640**	**7987**
合 肥 市	Hefei	1215244	669	1214575	1075825	412282	139419	2129
淮 北 市	Huaibei	97176		97176	86553	31617	10623	60
亳 州 市	Bozhou	48788	195	48593	38346	13930	10443	819
宿 州 市	Suzhou	50620		50620	36976	9403	13644	114
蚌 埠 市	Bengbu	208941	1606	207335	177408	54134	31533	668
阜 阳 市	Fuyang	79043		79043	58685	17796	20357	417
淮 南 市	Huainan	91620	37617	54003	79611	39904	12009	228
滁 州 市	Chuzhou	219235	523	218712	182662	55576	36573	457
六 安 市	Luan	77177		77177	57988	18221	19189	135
马鞍山市	Maanshan	340948		340948	280009	84550	60939	573
芜 湖 市	Wuhu	692841	1150	691691	610258	169610	82583	1056
宣 城 市	Xuancheng	148511		148511	126932	42624	21579	307
铜 陵 市	Tongling	220851	1015	219836	187950	67417	32901	528
池 州 市	Chizhou	50392		50392	37549	9123	12843	92
安 庆 市	Anqing	112975		112975	96552	34974	16423	326
黄 山 市	Huangshan	54862		54862	46280	15638	8582	78

地 区	Region	按资金来源分组 Grouped by Source of Funds：政府资金 Govern-ment	企业资金 Enterprise	境外资金 Alien	研究与试验发展经费外部支出 Outside Expenditure	对境内研究机构支出 Foreign Research Instition	对境内高等学校支出 Demestic University
总 计	**Total**	**199443**	**3484637**	**4251**	**195486**	**49754**	**36125**
合 肥 市	Hefei	85153	1123969	1709	99239	14392	13038
淮 北 市	Huaibei	2278	94898		3661	796	2663
亳 州 市	Bozhou	4403	44166		3831	1065	969
宿 州 市	Suzhou	3395	46661		918	441	395
蚌 埠 市	Bengbu	7740	198852	355	8080	2948	2472
阜 阳 市	Fuyang	8684	70306		2155	904	786
淮 南 市	Huainan	3678	86299	623	4579	1423	2203
滁 州 市	Chuzhou	7339	211280	453	2475	1558	440
六 安 市	Luan	1956	70778		1576	685	336
马鞍山市	Maanshan	18433	320165	1018	12730	2561	3667
芜 湖 市	Wuhu	30410	658457		35594	17093	3492
宣 城 市	Xuancheng	8868	138942		4725	450	379
铜 陵 市	Tongling	4305	215895	93	7749	2983	2074
池 州 市	Chizhou	2577	47218		824	109	585
安 庆 市	Anqing	6314	106070		6117	2184	1886
黄 山 市	Huangshan	3910	50681		1233	162	740

19—41 各市工业企业全部研究与试验发展（R&D）项目和政策情况（2016年）

All R&D Itens and Policies Situation of Industrial Enterprise by Region (2016)

地 区	Region	项目数 (项) Number of Items (unit)	参加项目人员 (人) Staff Taken Part in Items (person)	项目人员折合全时当量 (人年) ZFull-time Equivalent of Staff Taken Part in Items (person/year)	全部项目经费内部支出 (万元) All Project Interior Expense (10000 yuan)	使用来自政府部门的科技活动资金 (万元) Using from Government Department's Technique Cctivity Fund (10000 yuan)	研究开发费用加计扣除减免税 (万元) Total Research and Development Expense Counting Tax Reliefs (10000 yuan)	高新技术企业减免税 (万元) Tax Reliefs of High and New Technology Enterprises (10000 yuan)
总　计	**Total**	**15697**	**145862**	**92102**	**3464168**	**261744**	**175325**	**334041**
合肥市	Hefei	4075	43404	27894	1124184	99463	68049	131450
淮北市	Huaibei	199	7864	2318	93941	4110	5803	2441
亳州市	Bozhou	166	1582	969	43417	8159	1932	1250
宿州市	Suzhou	338	1977	1265	46173	5180	1683	2301
蚌埠市	Bengbu	1330	10631	8296	194395	9415	12971	15911
阜阳市	Fuyang	316	2835	1738	71746	12450	7951	5474
淮南市	Huainan	523	6877	3177	87480	4924	2752	3613
滁州市	Chuzhou	896	8163	5465	206688	11825	6809	15463
六安市	Luan	358	3404	1844	70831	3345	2331	4785
马鞍山市	Maanshan	1562	11681	7132	322407	21787	11434	9801
芜湖市	Wuhu	2242	21674	14440	651565	49361	30720	89189
宣城市	Xuancheng	1063	8022	5119	136390	11053	6034	24849
铜陵市	Tongling	852	7268	5225	212783	4833	2353	3161
池州市	Chizhou	209	1517	1069	46593	3093	2775	4080
安庆市	Anqing	1003	5879	4081	104189	7858	9622	13719
黄山市	Huangshan	565	3084	2070	51386	4888	2106	6554

19—42 各市工业企业自主知识产权和技术情况（2016年）

Self-owned Intellectual Property Rights and Technology Situation Industrial Enterprise by Region (2016)

地 区	Region	专利申请数（件）Number of Patent Application (unit)	发明专利 Patent of Invention	有效发明专利数（件）Invention Number of Patents Effectively (unit)	境外授权 Overseas Authorization	专利所有权转让及许可数（项）Patent all Power Transfer and Clearanc eNumber (item)	专利所有权转让及许可收入（万元）Patent all Power Transfer and Clearance Income (10000 yuan)	发表科技论文（篇）Publish Technical Papers (unit)
总 计	**Total**	**49791**	**23322**	**41791**	**801**	**964**	**40459**	**4950**
合肥市	Hefei	17131	8058	12450	78	135	1530	2540
淮北市	Huaibei	518	202	817	95	14	1	449
亳州市	Bozhou	746	304	452	1	64		86
宿州市	Suzhou	501	262	452		3	96	71
蚌埠市	Bengbu	2250	1032	2356	254	14	80	215
阜阳市	Fuyang	2322	1065	1350	11	74	51	134
淮南市	Huainan	786	284	960	65	4		304
滁州市	Chuzhou	3717	2024	1862	16	81	12	55
六安市	Luan	1304	527	1032	1	9	9	147
马鞍山市	Maanshan	3075	1263	3605	6	23	161	413
芜湖市	Wuhu	9369	4616	10326	56	297	34539	176
宣城市	Xuancheng	2305	1072	2017	92	35	2003	41
铜陵市	Tongling	1362	785	1232	73	7		154
池州市	Chizhou	1086	372	610	7	59	243	32
安庆市	Anqing	2605	1256	1805	43	145	1734	101
黄山市	Huangshan	714	200	465	3			32

地 区	Region	拥有注册商标数（件）Registered Trademark Nubmer (unit)	境外注册 Overseas Registered	形成国家行业标准数（项）National and Industry Standard Number (item)	引进技术经费支出（万元）Introduction Technology funds Experditure (10000 yuan)	消化吸收经费支出（万元）Digestion Absorption Funds Experditure (10000 yuan)	购买国内技术经费支出（万元）Purchasing Domestic Technology Funds Experditure (10000 yuan)	技术改造经费支出（万元）Technological Transformation Funds Experditure (10000 yuan)
总 计	**Total**	**17065**	**2186**	**1254**	**32528**	**22194**	**36379**	**1431415**
合肥市	Hefei	6332	1677	491	5658	5832	11553	403226
淮北市	Huaibei	580	4	18	24		604	24830
亳州市	Bozhou	1459	90	23	245	6	2456	6433
宿州市	Suzhou	246	6	16	143	9	249	15848
蚌埠市	Bengbu	686	83	31	1748	144	3519	30487
阜阳市	Fuyang	523	19	23	9	88	1881	124817
淮南市	Huainan	221	1	12			875	69641
滁州市	Chuzhou	636	3	57	479	8	666	61089
六安市	Luan	371	5	29	3445	96	356	40724
马鞍山市	Maanshan	852	48	70	3254	3381	2825	27959
芜湖市	Wuhu	3154	172	114	12346	9360	6289	60749
宣城市	Xuancheng	548	18	72	89	1018	371	14009
铜陵市	Tongling	268	5	69	105		497	176620
池州市	Chizhou	212	3	11	274	336	862	2912
安庆市	Anqing	518	39	195	4709	1916	3346	105012
黄山市	Huangshan	459	13	23			30	15459

19—43 省级以上开发区主要经济指标
Main Economic Indicators of Development Areas above the Provincial Level

项　　目	Item	2010	2015	2016
全区经营（销售）收入（万元）	Business (Sales) Income (10000 yuan)	106648759	314724127	367272255
#规模以上工业销售收入	Industrial Sales Value	76160676	211910986	244682355
工业总产值（当年价格）（万元）	Gross Industrial Output Value (10000 yuan)	86688472	231681702	265658710
#规模以上工业企业	Industrial Enterprises Above Definited Size	80245963	216569300	249103238
#高新技术产业产值	High and New Technology Industrial Output		114541963	138210036
第二产业增加值（万元）	The Value-added of the Secondary Industry (10000 yuan)	24996921	61773723	69438696
#工业增加值	Industrial Added Value	23036230	58313362	63870129
#规模以上工业增加值	Industrial Output		53910545	58947062
进出口总额（万美元）	Total Import and Export (USD 10000)		2582213	2702673
出口额	Export	627112	1938440	1906484
进口额	Import	491467	643773	796189
税收总额（万元）	Total Tax (10000 yuan)	3699792	8909247	10566762
财政收入（万元）	Financial Revenue (10000 yuan)	5164713	11939449	15169397
#土地收入	Revenue From Land	1577733	2644345	3962015
固定资产投资总额（万元）	Investment in Fixed Assets (10000 yuan)	36269297	80265373	91354202
#工业投资	Industrial Investment		53633066	61281387
基础设施投资	In Infrastructure Projects	5452776	6873101	9176389
利用外商直接投资情况	Foreign Direct Investments			
当年新批进区外商投资企业（个）	Foreign Investment Enterprises Entered this Year(unit)	191	139	140
当年实际利用外商直接投资额（万美元）	Foreign Direct Investment Amount Actually Used this Year (USD 10000)	341308	792249	801549
利用内资情况（在建亿元以上项目）	Domestic Investment (Construction project of one hundred million yuan of above)			
项目个数（个）	Project Number (unit)		1948	1741
到位省外境内资金额（万元）	In Place of Domestic Funds Outside the Province (10000 yuan)		33644733	33781810
专利申请授权情况（件）	Patent License (unit)			
专利申请量	Patent Applications		64168	85914
专利授权量	Patent Grant		34993	37809

19—44 国家级开发区主要经济指标（2016年）
Main Economic Indicators of Enterprises in Development Areas (2016)

指　　标		Item		合肥高新技术产业开发区 Hefei New High Technology Industry Devlopment District
全区企业经营收入	（万元）	Business Income	(10000 yuan)	24732675
工业总产值	（万元）	Gross Industrial Output Value	(10000 yuan)	13769795
＃规上工业总产值		Industrial Enterprises Above Definited Size		13037242
工业增加值	（万元）	Industrial Added Value	(10000 yuan)	3710485
＃规上工业增加值		Industrial Output		3472198
出口总额	（万美元）	Total Export	(USD 10000)	151353
进口总额	（万美元）	Total Import	(USD 10000)	89909
税收总额	（万元）	Total Tax	(10000 yuan)	977120
财政收入	（万元）	Financial Revenue	(10000 yuan)	1720773
固定资产投资总额	（万元）	Investment in Fixed Assets	(10000 yuan)	4309723
＃基础设施投资额		Infrastructure Investment		474069
新批进区外商投资企业	（个）	Number of Foreign Funded Enterprises Approved Into Development Areas	(unit)	16
实际利用外商直接投资额	（万美元）	Foreign Direct Investment Amount Actually Used this Year	(USD 10000)	47874
亿元以上省外投资项目	（个）	Investment Projects (outside the provice, Above 100 million yuan)	(unit)	48
亿元以上项目到位省外境内资金额	（万元）	Investment Projects of Gaining Fund (outside the provice, Above 100 million yuan)	(10000 yuan)	1262006
专利申请量	（件）	Patent Applications	(unit)	11519
专利授权量	（件）	Patent Grant	(unit)	3865

合肥经济 技术开发区 Hefei Economy and Technology Development District	芜湖经济 技术开发区 Wuhu Economy and Technology Development District	芜湖高新技术 产业开发区 Wuhu New High Technology Industry Devlopment District	蚌埠高新技术 产业开发区 Bengbu New High Technology Industry Devlopment District	马鞍山经济 技术开发区 Maanshan Economy and Technology Development District	马鞍山慈湖高 新技术开发区 Maanshan New High Technology Industry Devlopment District	铜陵经济 技术开发区 Tongling Economy and Technology Development District	安庆经济 技术开发区 Anqing Economy and Technology Development District	滁州经济 技术开发区 Chuzhou Economy and Technology Development District	池州经济 技术开发区 Chizhou Economy and Technology Development District
42756320	25230072	9076639	5099840	4670800	3505000	9300000	10115977	8379494	4625605
29313738	18425383	6513228	2796416	3497200	2250000	7600000	6401637	6201588	2789882
29220596	18177673	6312628	2728638	3330667	2101749	7316110	6396667	5581429	2480894
6341018	3955345	2033765	781313	824040	600000	1384920	2048352	1465889	643072
6277387	3935568	1803341	760980	784800	503534	1347193	1822561	1167142	585227
340179	236611	28198	30591	18687	18405	28473	19677	47232	3688
183390	81512	2663	4110	14505	1942	25302	12471	35452	8867
1060550	1000422	347844	139492	128964	69308	186337	112012	332316	220020
1379274	1036455	559395	222367	164146	77769	258924	131391	357204	287537
5902628	3810133	3496533	3044875	1995000	1994039	2031752	1565611	2151231	1058135
295131	201784	116457	191380	78000	184206	65687	197869	305899	155966
11	7	5	2	10	2	1	1	3	1
47810	64000	31465	29350	48024	29079	9023	3340	30131	8791
41	42	91	40	94	41	41	19	47	50
1103318	1450000	1350358	1165637	1472604	815135	1352553	697100	1242413	437630
6839	5417	4799	1727	1388	1393	677	2022	1969	529
2530	2653	2019	886	677	696	319	352	792	179

19—45 各市省级以上开发区主要经济指标（2016年）

Main Economic Indicators of Development Areas above the Provincial Level by Region (2016)

地区	Region	全区经营（销售）收入（万元）Business (Sales) Income (10000 yuan)	#规上工业销售收入 Industrial Sales Value	工业总产值（当年价格）（万元）Gross Industrial Output Value (10000 yuan)	#规模以上工业企业 Industrial Enterprises Above Definited Size	第二产业增加值（万元）The Value-added of the Secondary Industry (10000 yuan)	#工业增加值 Industrial Added Value	出口总额（万美元）Total Export (USD 10000)	进口总额（万美元）Total Import (USD 10000)	税收总额（万元）Total Tax (10000 yuan)
总计	**Total**	**367272255**	**244682355**	**265658710**	**249103238**	**69438696**	**63870129**	**1906484**	**796189**	**10566762**
合肥市	Hefei	129367243	79397457	84074228	79945192	22679427	19657256	829781	467193	3567283
淮北市	Huaibei	6032863	5334745	6019693	5852091	1408165	1385174	28250	4138	133516
亳州市	Bozhou	11127696	5509542	5905293	5640324	1598060	1553391	46138	5816	336818
宿州市	Suzhou	5866654	4142396	4261865	4192380	1178783	1100923	10964	1626	202870
蚌埠市	Bengbu	24941392	17660838	19204864	18231712	5048553	4779149	71599	6143	482673
阜阳市	Fuyang	24084941	14238151	16677998	14734882	4173533	3791092	83276	6272	651294
淮南市	Huainan	3676776	1959366	2294553	2088354	782952	624372	16681	3025	194983
滁州市	Chuzhou	17624997	12786789	14999364	13124672	3697469	3491561	123952	57452	698307
六安市	Luan	11770310	6907325	8522560	7210254	2287695	2138060	32782	939	383191
马鞍山市	Maanshan	15494907	11354695	12375036	11662327	3272809	3112025	54528	18687	336176
芜湖市	Wuhu	54329700	40559398	42519781	41643630	10333134	9990342	361183	150554	1899444
宣城市	Xuancheng	12199915	8294375	10021151	8786652	2640486	2448658	97488	10676	522005
铜陵市	Tongling	16950766	13013943	13143929	12004197	2830815	2735570	51827	34210	425829
池州市	Chizhou	6738630	4259546	5054830	4392519	1406255	1185080	14314	8933	304717
安庆市	Anqing	25225822	17675141	18891420	17950977	5685708	5474478	74256	20365	392510
黄山市	Huangshan	1839645	1588648	1692145	1643074	414852	402998	9466	161	35148

地区	Region	财政收入（万元）Financial Revenue (10000 yuan)	固定资产投资总额（万元）Investment in Fixed Assets (10000 yuan)	#基础设施投资 In Infrastructure Projects	新批进区外商投资企业（个）Foreign Investment Enterprises Entered this Year (unit)	实际利用外商直接投资（万美元）Foreign Direct Investment Amount Actually Used this Year (USD 10000)	亿元以上省外境内投资项目个数（个）Investment Projects (outside the province, Above 100 million yuan) (unit)	亿元以上项目到位省外境内资金额（万元）Investment Projects of Gaining Fund (outside the province, Above 100 million yuan) (10000 yuan)	专利申请量（件）Patent Applications (unit)	专利授权量（件）Patent Grant (unit)
总计	**Total**	**15169397**	**91354202**	**9176389**	**140**	**801549**	**1741**	**33781810**	**85914**	**37809**
合肥市	Hefei	6746887	27241400	3249139	43	171174	202	5098114	30926	13607
淮北市	Huaibei	145223	2304106	22975		23371	43	581934	487	194
亳州市	Bozhou	356236	4005289	603899	14	6531	82	1552785	2021	974
宿州市	Suzhou	229185	2298764	252196	3	10565	37	355680	375	184
蚌埠市	Bengbu	715683	7566809	451290	5	100560	115	3873685	5343	2045
阜阳市	Fuyang	896275	4385841	629686	3	6586	87	1028231	3728	1854
淮南市	Huainan	196183	1606378	271233	1	6167	25	435659	351	261
滁州市	Chuzhou	771605	5108351	863575	4	68083	135	2851212	4548	1724
六安市	Luan	422415	2752163	496519	9	32689	36	988707	2984	1387
马鞍山市	Maanshan	508748	5607989	521882	13	84619	167	2609592	4757	2448
芜湖市	Wuhu	2153332	14530589	575293	27	181670	330	6616231	18242	7970
宣城市	Xuancheng	562478	3082727	422362	6	66451	146	2558647	2375	1235
铜陵市	Tongling	575587	4459754	126811	3	13361	99	2173775	2427	1642
池州市	Chizhou	383906	2126317	225290	4	17806	91	904156	1786	625
安庆市	Anqing	467217	4078176	442769	4	10602	139	2094942	5422	1558
黄山市	Huangshan	38438	199550	21470	1	1314	7	58460	142	101

19—46 合肥国家高新技术产业开发区企业经营状况（2016年）

Enterprises Business of Hefei National Development Zone for New and High-level Technology Industries (2016)

经济类型 Ownership	企业数（家）Enterprises (unit)	总产值（万元）Gross Output Vaue (10000 yuan)	总收入（万元）Total Revenue (10000 yuan)	技术性收入 Technical Revenue	利税总额（万元）Total Pre-tax Profit (10000 yuan)	利润 Profit	出口创汇（万美元）Foreign Exchange Earned Through Export (USD 10000)	年末职工人数（人）Number of Staff and Norkers at Year-end (person)	全员劳动生产率（万元/人）Overall Labor Productivity (10000 yuan /person)
总计 Total	**1074**	**33176786**	**41105023**	**6254820**	**7427887**	**3509108**	**3344195**	**219528**	**46.5**
国有经济 State-owned	46	7988874	10353172	1201380	3804334	996917	260172	39377	55.1
私营企业 Private	570	1731209	2189297	116489	210211	176142	41531	28495	20.7
股份制经济 Share Holding	422	19493872	24984319	4570552	3094691	2160132	2440456	136258	53.8
中外合资 Sino-foreign Joint Venture	12	1912189	1734773	323985	159591	84791	55776	5391	82.0
港澳台侨与大陆合资 China-Hong Kong/macao/ Taiwan Joint Venture	4	238705	233339		18839	10808	23151	1939	57.8
港澳台侨独资企业 H.K/Macao/Taiwan Funded	3	108200	100711	1874	14556	10992		531	71.2
其他经济 Others	17	1703737	1509412	40540	125665	69326	523109	7537	240.1
总计中：三资企业 Joint, Cooperative or Exclusi-vely Foreign-funded Ventures	33	3945526	3556903	366399	317341	175062	602038	14858	66.5

19—47 合肥国家高新技术产业开发区产品概况（2016年）

Products of Hefei National Development Zone for New and High-level Technology Industries (2016)

单位：万元（10000 yuan）

技术领域	Field of Technology	产值 Output Value	年销售收入 Annual Sales Revenue	出口额 Volume of Export
总计	**Total**	**33176512**	**41104811**	**4917937**
电子与信息	Electronics and Information Industry	4407780	8115283	1281203
生物医药技术	Biology and Medicine	4404868	4859789	149803
新材料	New Materials	1488335	1340368	84919
光机电一体化	Photoelectric, Mechanical and Electrical products	9275497	8773300	1267282
新能源高效节能	New Energy Sources and Energy Saving Devices	8070914	8212634	998744
环境保护	Environmental Protection	77464	132442	
航空航天技术	Aviation Technology		157	
核应用技术	Nuclear Application Technology	7412	6931	
其他高技术	Other High-level Technology	4311808	5063166	988944
非高技术	Unhigh-level Technology	1132434	4600741	147042

19—48 全省监督抽查产品质量情况
Results of Sampling Check on Product Quality Under Provincial Supervision

年 份 Year	抽查企业（个）Number of Enterprises Selected (unit)	无不合格品企业数（个）Number of Enterprises Without Products Unqualified	抽查产品 Products Selected in Sampling（类）Number of Types	（种）Number of Kinds	合格产品（批次）Number of Products Qualified (kind)	样品合格率（%）Rate of Sample Products Qualified (%)
2000	12028	9424	12	102	11206	80.17
2005	16282	12966	12	99	14656	80.59
2008	17021	15001	12	114	16665	88.14
2009	19424	17100	12	103	21981	89.34
2010	11459	10154	12	110	12954	90.77
2011	17537	16009	12	157	25077	93.75
2012	15754	14565	12	151	18681	93.27
2013	13851	13086	12	134	16397	93.93
2014	2728	2585	8	88	2953	95.26
2015	2291	2181	8	79	2558	96.00
2016	3440	3193	8	86	3476	93.32

注：根据省政府减轻企业负担的要求，2014年我省对企业产品定检明显减少。

a) According to the requirements of the provincial government to reduce the burden of enterprises, in 2014, the province of enterprise products regular checks were significantly reduced.

19—49 技术市场成交情况（2016年）
Business of Technological Markets (2016)

项 目		成交项目（项）Transaction Projects (item)	成交金额（万元）Transaction Value (10000 yuan)
按卖方分合计	**Seller Total**	**12966**	**2173748**
企业法人	Enterprise Artificial Person	10497	2042857
事业法人	Institution Artificial Person	2447	115171
社团法人	Social Organization Artificial Person	10	277
自然人	Natural Person	2	1043
机关法人	Agencies & Organization Artificial Person	5	14150
其 他	Others	5	250
按买方分合计	**Buyer Total**	**13011**	**2016749**
企业法人	Enterprise Artificial Person	9081	1605009
事业法人	Institution Artificial Person	1533	86847
社团法人	Social Organization Artificial Person	100	1248
自然人	Natural Person	137	9336
机关法人	Agencies & Organization Artificial Person	1865	299604
其 他	Others	295	14705

19—50　产品质量监督检查情况（2016年）
Results of The Quality of Products and Commodities Under State Supervision (2016)

项　目	Item	产品质量 Product Quality 监督检验企业数（个）Number of Enterprises Supervised & Checked (unit)	有不合格产品企业所占比例（%）Proportion of Enterprises With Products Unqualified (%)	批次合格率（%）Rate of Batch-time Qualified (%)
总　计	**Total**	**3440**	**7.18**	**93.32**
农用产品	Agricultural Products	30		100.00
其他农用产品	Other Agricultural Products	30		100.00
食品及相关产品	Food and Related Products	663	1.40	98.70
其它食品相关产品	Other Food and Related Products	663	1.40	98.70
家用电器	Household Appliances	83	9.60	90.40
洗衣机	Washing Machine	10	10.00	90.00
冰箱、冷藏冷冻箱	Refrigerators, Refrigerated Freezers	20		100.00
空调器	Air Conditioner	10		100.00
厨房电器具	Kitchen Appliances	27	18.50	82.00
其他家用电器	Other Household Appliances	16	12.50	88.00
轻工产品	Light Industrial Products	751	9.30	90.70
纸	Paper	52		100.00
玩　具	Toys	30		100.00
家　具	Furniture	75	33.30	66.50
眼镜（架、片）	Glasses (frame, piece)	250	4.80	95.30
电热燃气淋浴器	Electric Gas Shower	2		100.00
玻璃制品	Glass Product	30	10.00	90.00
燃气灶具	Gas Stove	20	10.00	90.00
橡胶，塑料制品	Rubber, Plastic Products	44	4.50	95.50
其他轻工产品	Other Light Industrial Products	248	10.50	90.60
纺织、鞋类产品	Textile, Footwear Products	290	2.10	98.00
布（印染、色织、坯布）	Cloth (printing and dyeing, yarn-dyed, fabric)	10		100.00
服　装	Clothing	235	1.70	98.30
棉纺织	Cotton Textile	10		100.00
其他轻纺产品	Other Textile Products	35	5.70	94.30
化工产品	Chemical Products	170	11.20	88.70
涂料，油漆	Paint, Paint	24	8.10	91.80
其他化工产品	Other Chemical Products	146	11.60	88.30
建材产品	Building Mmaterials Products	573	7.30	92.60
机械、电器产品	Machinery, Electrical Products	373	11.50	88.40
阀门、泵	Valves, Pumps	60	5.00	95.00
电线、电缆	Wire and Cable	60	3.30	96.80
电工仪器仪表	Electrical Instrumentation	10		100.00
消防器材	Fire Equipment	15		100.00
电动机，柴油机	Motor, Diesel Engine	17	5.90	94.20
自行车	Bicycle	25		100.00
其他机电产品	Other Mechanical and Electrical Products	186	18.30	81.70
冶金产品及金属制品	Metallurgical Products and Metal Products	31		100.00
能源产品	Energy Products	126	4.00	96.00
原　煤	Raw Coal	31	17.00	83.00
汽油，柴油	Petrol and Diesel	32		100.00
其他能源产品	Other Energy Products	63		100.00
其他大类产品	Other Categories of Products	350	12.80	87.20

19—51 三种专利申请受理、授权量
Three Types of Patent Applications Examined and Authorized

单位：项（item）

指标	Item	2000	2005	2010	2015	2016
申请受理量合计	**Total Applications Examined**	**1877**	**3516**	**47128**	**127709**	**172552**
发明	Creations and Inventions	301	903	6396	68314	95963
实用新型	Utility Models	1080	1715	17367	51559	67031
外观设计	Designs	496	898	23365	7836	9558
申请受理人情况	**People of Acceptance of the Application**					
个人	Individual	1423	2282	22412	27793	39302
大专院校	Universities and Colleges	72	209	1121	8583	13210
科研单位	Research Institutions	75	167	738	1772	1877
企业	Enterprises	300	839	22693	87600	115026
机关团体	Government Agencies and Organizations	7	19	164	1961	3137
申请授权量合计	**Total Applications Authorized**	**1482**	**1939**	**16012**	**59039**	**60983**
发明	Creations and Inventions	104	238	1111	11180	15292
实用新型	Utility Models	894	1072	8839	41094	38773
外观设计	Designs	484	629	6062	6765	6918
申请受权人情况	**Authorized Person of the Application**					
个人	Individual	1085	1234	4852	9457	9427
大专院校	Universities and Colleges	30	85	503	5374	6118
科研单位	Research Institutions	58	70	364	781	840
企业	Enterprises	302	537	10254	43200	44314
机关团体	Government Agencies and Organizations	7	13	39	227	284

19—52 各市三种专利申请受理、授权量（2016年）
Three Types of Patent Applications Examined and Authorized by Region (2016)

单位：项（item）

地 区 Region	申请受理量合计 Total Applications Examined	发明 Creations and Inventions	实用新型 Utility Models	外观设计 Designs	申请受理人情况 People of Acceptance of the Application: 个人 Individual	大专院校 Universities and Colleges	科研单位 Research Institutions	企业 Enterprises	机关团体 Government Agencies and Organizations
总计 Total	**172552**	**95963**	**67031**	**9558**	**39302**	**13210**	**1877**	**115026**	**3137**
合肥市 Hefei	50792	25895	21727	3170	7287	3781	1415	37904	405
淮北市 Huaibei	2604	1572	936	96	1673	69		860	2
亳州市 Bozhou	3438	1405	1538	495	1667	67		1670	34
宿州市 Suzhou	3324	1694	1418	212	1288	564	1	1342	129
蚌埠市 Bengbu	9402	6430	2473	499	3077	339	220	5458	308
阜阳市 Fuyang	8510	4838	2867	805	3304	200	13	4807	186
淮南市 Huainan	5540	2147	3149	244	900	2427	44	2026	143
滁州市 Chuzhou	12628	8170	4010	448	3166	634	5	8245	578
六安市 Luan	8779	2388	5518	873	3234	1027		4367	151
马鞍山市 Maanshan	9477	5136	4077	264	1066	514	3	7707	187
芜湖市 Wuhu	26680	16789	8993	898	4299	2879	157	18715	630
宣城市 Xuancheng	5261	2814	2149	298	852	5		4239	165
铜陵市 Tongling	3480	2273	1094	113	397	10	7	3032	34
池州市 Chizhou	4099	1887	1758	454	508	100		3463	28
安庆市 Anqing	17022	12073	4418	531	6395	261	4	10209	153
黄山市 Huangshan	1516	452	906	158	189	333	8	982	4

地 区 Region	申请授权量合计 Total Applications Authorized	发明 Creations and Inventions	实用新型 Utility Models	外观设计 Designs	申请受权人情况 Authorized Person of the Application: 个人 Individual	大专院校 Universities and Colleges	科研单位 Research Institutions	企业 Enterprises	机关团体 Government Agencies and Organizations
总计 Total	**60983**	**15292**	**38773**	**6918**	**9427**	**6118**	**840**	**44314**	**284**
合肥市 Hefei	18496	4799	11430	2267	1487	1876	597	14433	103
淮北市 Huaibei	909	365	478	66	388	19		502	
亳州市 Bozhou	1447	165	897	385	744	43	1	659	
宿州市 Suzhou	1180	209	827	144	360	267		549	4
蚌埠市 Bengbu	3098	1034	1773	291	907	88	113	1955	35
阜阳市 Fuyang	2801	517	1685	599	868	68	2	1840	23
淮南市 Huainan	2268	497	1614	157	329	1136	6	790	7
滁州市 Chuzhou	3600	1190	2132	278	581	289	4	2720	6
六安市 Luan	3210	360	2207	643	1093	322	1	1786	8
马鞍山市 Maanshan	4390	1181	3046	163	348	188	1	3835	18
芜湖市 Wuhu	10052	2971	6075	1006	823	1449	104	7608	68
宣城市 Xuancheng	2293	640	1429	224	248	3	1	2041	
铜陵市 Tongling	1331	537	748	46	96	14	6	1214	1
池州市 Chizhou	1306	205	894	207	156	28		1118	4
安庆市 Anqing	3712	478	2902	332	886	153		2668	5
黄山市 Huangshan	890	144	636	110	113	175	4	596	2

主要统计指标解释

普通高等学校

指按国家规定的设置标准和审批程序批准举办的，通过国家普通高等教育招生考试，招收高中毕业生为主要培养对象，实施高等学历教育的全日制大学、独立设置的学院和高等专科学校、高等职业学校及其他普通高教机构。

成人高等学校

指按照国家规定的设置标准和审批程序批准举办的，指通过全国成人高等教育招生考试，招收具有高中毕业或同等学历的人员为主要培养对象，利用函授、业余、脱产等多种形式对其实施高等学历教育的学校。包括职工高等学校、农民高等学校、管理干部学院、教育学院、独立函授学院、广播电视大学、其他成人高教机构等。其他成人高教机构是承担国家成人招生计划任务不计校数的机构。

小学学龄儿童入学率即小学学龄儿童净入学率

指小学教育在校学龄人口数占小学教育国家规定年龄组人口总数的百分比。计算公式为：

小学净入学率＝小学在校学龄人口数/小学校内外学龄人口数×100%

财政性教育经费

包括财政预算内教育经费，各级政府征收用于教育的税费，企业办学校教育经费，校办产业、勤工俭学和社会服务收入用于教育的经费。

研究与试验发展（R&D）

指在科学技术领域，为增加知识总量，以及运用这些知识去创造新的应用进行的系统的创造性的活动，包括基础研究、应用研究、试验发展三类活动。国际上通常采用 R&D 活动的规模和强度指标反映一国的科技实力和核心竞争力。

基础研究

指为了获得关于现象和可观察事实的基本原理的新知识(揭示客观事物的本质、运动规律，获得新发现、新学说)而进行的实验性或理论性研究，它不以任何专门或特定的应用或使用为目的。其成果以科学论文和科学著作为主要形式。用来反映知识的原始创新能力。

应用研究

指为获得新知识而进行的创造性研究，主要针对某一特定的目的或目标。应用研究是为了确定基础研究成果可能的用途，或是为达到预定的目标探索应采取的新方法(原理性)或新途径。其成果形式以科学论文、专著、原理性模型或发明专利为主。用来反映对基础研究成果应用途径的探索。

试验发展

指利用从基础研究、应用研究和实际经验所获得的现有知识，为产生新的产品、材料和装置，建立新的工艺、系统和服务，以及对已产生和建立的上述各项作实质性的改进而进行的系统性工作。

R&D 人员

指参与研究与试验发展项目研究、管理和辅助工作的人员，包括项目（课题）组人员，企业科技行政管理人员和直接为项目（课题）活动提供服务的辅助人员。反映投入从事拥有自主知识产权的研究开发活动的人力规模。

R&D 人员全时当量

指全时人员数加非全时人员按工作量折算为全时人员数的总和。例如：有两个全时人员和三个非全时人员（工作时间分别为 20%、30%和 70%），则全时当量为 2+0.2+0.3+0.7=3.2 人年。为国际上比较科技人力投入而制定的可比指标。

R&D 经费内部支出合计

指调查单位用于内部开展 R&D 活动（基础研究、应用研究和试验发展）的实际支出。包括用于 R&D 项目（课题）活动的直接支出，以及间接用于 R&D 活动的管理费、服务费、与 R&D 有关的基本建设支出以及外协加工费等。不包括生产性活动支出、归还贷款支出以及与外单位合作或委托外单位进行 R&D 活动而转拨给对方的经费支出。

R&D 经费内部支出中政府资金

指 R&D 经费内部支出中来自各级政府部门的各类资金，包括财政科学技术拨款、科学基金、教育等部门事业费以及政府部门预算外资金的实际支出。

R&D 经费内部支出中企业资金

指 R&D 经费内部支出中来自本企业的自有资金和接受其他企业委托而获得的经费，以及科研院所、高校等事业单位从企业获得的资金的实际支出。

新产品销售收入

指报告期企业销售新产品实现的销售收入。

发明（专利）

指对产品、方法或者其改进所提出的新的技术方案。是国际通行的反映拥有自主知识产权技术的核心指标。

实用新型（专利）

指对产品的形状、构造或者其结合所提出的适于实用的新的技术方案。反映具有一定技术含量的技术成果情况。

外观设计（专利）

指对产品的形状、图案、色彩或者其结合所作出的富有美感并适于工业上应用的新设计。反映拥有自主知识产权的外观设计成果情况。

Explanatory Notes for Major Statistical Indicators

Regular Institutions of Higher Education

refers to the national standards set by the provisions of the approval and approval procedures, through the national general higher education entrance examination, recruiting high school graduates as the main training object, the implementation of higher education full-time university, independent set of colleges and colleges, higher Vocational schools and other general institutions of higher education.

Institutions of Higher Education for Adults

refers to the provisions of the country in accordance with the provisions of the standards and approval procedures approved by the National Adult Higher Education Admissions Examination, to recruit high school graduates or equivalent qualifications as the main training object, the use of correspondence, amateur, full-time and other forms of its implementation Higher education of the school. Including the institutions of higher education for workers, peasant higher schools, management cadres colleges, educational colleges, independent correspondence schools, radio and television universities, other adult higher education institutions. Other adult institutions of higher education are institutions that are responsible for the national adult enrollment program.

The enrollment rate of primary schoolchildren is the net enrollment rate of primary school age children

refers to the percentage of the total number of school-age population in primary school education in primary school age group. The formula is:

Primary school enrollment rate = primary school population of school age population / primary school school age population ×100%

Government Appropriation for Education

refers to State budgetary fund for education, taxes and fees collected by governments at all levels that are used for education purpose, education fund for enterprise-run schools, income from school-run enterprises, work-study programme and social services that are used for education purpose.

Research and Development (R&D)

refers to systematic and creative activities in the field of science and technology aiming at increasing the knowledge and using the knowledge for new application. R&D includes 3 categories of activities: basic research, applied research and experimentation for development. The scale and intensity of R&D are widely used internationally to reflect the strength of S&T and the core competitiveness of a country in the world.

Basic Research

refers to empirical or theoretical research aiming at obtaining new knowledge on the fundamental principles regarding phenomena or observable facts to reveal the intrinsic nature and underlying laws and to acquire new discoveries or new theories. Basic research takes no specific or designated application as the aim of the research. Results of basic research are mainly released or disseminated in the form of scientific papers or monographs. This indicator reflects the innovation capacity for original knowledge.

Applied Research

refers to creative research aiming at obtaining new knowledge on a specific objective or target. Purpose of the applied research is to identify the possible uses of results from basic research, or to explore new (fundamental) methods or new approaches. Results of applied research are expressed in the form of scientific papers, monographs, fundamental models or invention patents. This indicator reflects the exploration of ways to apply the results of basic research.

Experiments and Development

refer to systematic activities aiming at using the knowledge from basic and applied researches or from practical experience to develop new products, materials and equipment, to establish new production process, systems and services, or to make substantial improvement on the existing products, process or services. Results of experiment and development activities are embodied in patents, exclusive technology, and monotype of new products or equipment. In social sciences, experiment and development activities refer to the process of converting the knowledge from basic or applied researches into feasible programmes (including conduct of demonstration projects for assessment and evaluation). There are no experiment and development activities in the science of humanities. This indicator reflects the capability of transferring the results of S&T into technique and products, and measures the realization of S&T in spearheading the economic and social development.

Scientists and Engineers

refer to persons who have completed university or higher education or obtained titles of senior and middle level professional positions.

R&D Personnel

refer to persons engaged in research, management and

supporting activities of R&D, including persons in the project teams, persons engaged in the management of S&T activities of enterprises and supporting staff providing direct service to the research projects. This indicator reflects the size of personnel engaged in R&D activities with independent intellectual property.

Full-time Equivalent of R&D Personnel

refers to the sum of the full-time persons and the full-time equivalent of part-time persons converted by workload. For instance, if there are 2 full-time persons and 3 part-time workers (20%, 30% and 70% of working hours respectively on R&D activities), the full-time equivalent are 2+0.2+0.3+0.7=3.2 person-years. This is an internationally comparable indicator of S&T manpower input.

Total Internal Expenditure of Funds on R&D

refers to the real expenditure of surveyed units on their own R&D activities (basic research, application study, test and development) including direct expenditure on R&D activities, indirect expenditure of management and services on R&D activities, expenditure on capital construction and material processing by others. Excluding the expenditure on production activities, return of loan, and fees transferred to cooperated and entrusted agencies on R&D activities.

Internal Expenditure of Government Funds

refers to the expenditure of funds on R&D activities from government agencies at different levels, including appropriate funds on science and technology from financial departments, scientific funds, operating expenses from education departments and the real expenditure of extra budgetary funds from government agencies.

Internal Expenditure of Funds of Enterprises

refers to the expenditure of funds on R&D activities from self-raised funds of enterprises and funds from other enterprises through entrustment, and the expenditure of funds of institutions, such as institution of scientific research and universities, from enterprises.

Sales Income of New Products

refers to the real sales income of new products of the enterprises at the reporting period.

Patented Inventions

refer to new technical proposals to the products or methods or their modifications. This is universal core indicator reflecting the technologies with independent intellectual property.

Patented Utility Models

refer to the practical and new technical proposals on the shape and structure of the product or the combination of both. This indicator reflects the condition of technological results with certain technical content.

Designs

refer to the aesthetics and industrially applicable new designs for the shape, pattern and colour of the product, or their combinations. This indicator reflects the appearance design achievements with independent intellectual property.

第二十篇

Chapter 20

卫生和社会服务

PUBLIC HEALTH AND SOCIAL SERVICES

简要说明

一、本篇主要反映卫生、民政、劳动保障事业的发展情况。

卫生部分主要包括卫生机构、卫生人员、卫生设施，医疗服务，农村和社区卫生、妇幼保健、医疗保障制度等情况。

民政事业和劳动保障统计资料主要包括社会服务企事业机构、人员、床位情况，优抚和社会救济情况，社区服务设施和农村社会保障网络情况，婚姻服务情况等情况。

二、卫生部分的资料来自省卫生厅。民政事业和劳动保障统计资料分别由省民政厅、省人力资源和社会保障厅依据统计报表制度整理提供。省人力资源和社会保障厅提供的分市数据，均为老区划口径数据。

Brief Introduction

I. Data in this chapter mainly reflect the development of public health, civil affairs, labor and social security.

Data on public health include mainly the number of health institutions, health personnel, health facility; health expenses, medical services, rural and community health, maternal and child health, and health security system.

Data on civil affairs and labor and social security include: institutions, personnel and beds of social services， social welfare relief, community service facilities and rural network of social security, marriage registration service, etc.

II. Data on public health are mainly from data based on statistical reporting form scheme by the Ministry of Health. Data on civil affairs, labor and social security are from the Ministry of Civil Affairs and the Ministry of Human Resources and Social Security. Man club hall, data, are all old diameter data.

20—1 医疗卫生机构数
Number of Health Institutions

单位：个 (unit)

年份 Year	总计 Total	#医院 Hospitals	社区卫生服务中心(站) Community Health Service Center (station)	乡镇卫生院 Township Hospitals	村卫生室 Village Health Room	疾病预防控制中心(防疫站) Disease Prevention and Controlling Center (Epidemic Prevention Station)	专科疾病防治院(所.站) Specialized Disease Prevention and Treatment Canters (stations)	妇幼保健院(所.站) Maternity and Child Care Centers (stations)	急救中心(站) First-aid Center (station)	卫生监督所 Health Supervision Centers
2005	32044	683	635	1980	22847	132	54	117	5	41
2008	27130	720	918	1824	19276	127	44	119	10	102
2009	24736	713	986	1702	17719	124	47	118	10	103
2010	23019	730	1730	1437	15636	124	50	119	11	110
2011	22884	916	1924	1395	15321	124	52	119	11	111
2012	23278	930	1948	1384	15306	121	52	118	12	119
2013	24645	938	1942	1387	15310	120	50	121	13	113
2014	24824	968	1941	1398	15288	121	48	121	14	113
2015	24853	1018	1930	1382	15295	121	47	121	14	113
2016	24388	1042	1908	1371	15276	121	47	120	14	112

20—2 医疗卫生机构人员数
Number of Engaged Persons in Health Institutions

单位：人 (person)

年份 Year	人员合计 Total	卫生技术人员 Medical Technical Personnel	#执业(助理)医师 Licensed (Assistant) Doctors	注册护士 Registered Nurse	每万人口专业卫生技术人员数 Number of Medical Technical Personnel per 10000 Population
2000	188278	153808	69943	41226	25.24
2005	193973	159788	66102	47329	26.11
2008	227470	187785	73845	60860	30.61
2009	244477	202382	79230	69291	33.01
2010	247493	205403	81097	76550	34.48
2011	315514	217709	84773	84495	36.48
2012	334736	236172	92009	95042	39.44
2013	353835	253549	98630	103404	42.05
2014	365650	267964	103738	111544	44.05
2015	377387	280768	107792	119303	45.70
2016	390346	296668	113810	128434	47.88

注：本表2011年起人员含村卫生室人员情况。每万人口专业卫生技术人员按常住人口计算。

a) From 2011, Data in this table personnel include village health room staff.Professional health workers of Per 10000 population is calculated by permanent population.

20—3 医疗卫生机构、床位、人员数（2016年）
Number of Health Units, Beds and Staff (2016)

指 标	Item	机构数（个）Health Institutions (unit)	床位数（张）Beds (unit)	人员数（人）Persons Engaged (person)	卫生技术人员 Medical technical Personnel
总 计	**Total**	**24388**	**282250**	**390346**	**296668**
医 院	Hospitals	1042	216748	231777	196536
综合医院	Comprehensive Hospitals	681	155802	168364	144084
中医医院	Hospitals of Traditional Chinese Medicine	99	28802	31618	27195
中西医结合医院	Hospitals Combined by Medium Doctors	20	2250	2551	2083
专科医院	Specialized Hospitals	236	29286	28954	22975
口腔医院	Stomatological Hospitals	22	370	1221	1013
眼科医院	Ophthalmology Hospitals	27	1472	1563	1090
耳鼻喉科医院	Ear, Nose and Throat Hospitals	4	140	141	118
肿瘤医院	Malignant Tumour Hospitals	10	2538	2712	2298
心血管病医院	Cardiovascular Disease Hospitals	1	175	220	169
妇产(科)医院	Gynecology Hospitals	34	2262	4233	2947
儿童医院	Children's Hospitals	4	1142	1650	1453
精神病医院	Mental Hospitals	22	9915	5195	4238
传染病医院	Infection Hospitals	10	2805	2791	2364
皮肤病医院	Dermatological Hospitals	3	130	180	140
结核病医院	Tubercle Hospitals	2	1005	1091	974
麻风病医院	Leprosy Hospitals	3	26	7	4
骨科医院	Orthopedic Hospitals	18	1101	1194	979
康复医院	Rehabilitation Hospitals	21	2888	2985	2361
整形外科医院	Plastic Surgery Hospital	4	140	363	205
美容医院	Cosmetology Hospitals	6	258	466	236
其他专科医院	Other Specialized Hospitals	45	2919	2942	2386
护理院	Nursing Hospitals	6	608	290	199
基层医疗卫生机构	The Basic Medical Institutions	22271	58616	133313	80726
社区卫生服务中心(站)	Community Health Service Center (station)	1908	7129	18733	16611
社区卫生服务中心	Community Health Center	404	7129	10785	9467
社区卫生服务站	Community Health Service Station	1504		7948	7144
卫生院	Commune Hospitals	1372	51316	50726	44223
街道卫生院	Hospitals in the Streets	1		36	31
乡镇卫生院	Township Hospitals	1371	51316	50690	44192
中心卫生院	Center Hospitals	451	24160	24133	21220
乡卫生院	Rural Hospitals	920	27156	26557	22972
村卫生室	Village Health Room	15276		53035	9670
门诊部	Outpatient Departments	247	171	3006	2640
诊所、卫生所、医务室	Clinics、Health Institute、Medical Office	3468		7813	7582
专业公共卫生机构	Professional Public Health Institutions	983	6216	22469	18029
疾病预防控制中心	Disease Prevention and Controlling Center	121		4901	3838
专科疾病防治院（所、站）	Specialized Disease Prevention and Treatment Canters (stations)	47	2399	2161	1572
健康教育所（站、中心）	Health Education Offices (stations or centers)	4		26	8
妇幼保健院（所、站）	Maternity and Child Care Centers (stations)	120	3787	8633	7218
急救中心（站）	First-aid Center (station)	14	30	477	260
采供血机构	Blood Collecting and Supply Organizations	22		1164	902
卫生监督所(中心)	Health Supervision Centers	112		2405	2040
计划生育技术服务机构	Birth Control Technical Services	543		2702	2191
其他卫生机构	Other Health Institutions	92	670	2787	1377
疗养院	Sanatoriums	4	670	280	177
医学科学研究机构	Research Institutes of Medical Science	11		265	140
医学在职培训机构	Medical On-the-job Training Organizations	19		272	145
临床检验中心（所、站）	Clinical Testing Center (station)	12		1138	455
其 他	Other	46		832	460

20—4 医疗卫生机构各类人员数(2016年)
Persons Engaged in Health Care Institutions by Type of Occupation (2016)

单位：人（person）

指 标	Item	合 计 Total	卫 生 技术人员 Medical Technical Personnel	执业(助理)医师 Licensed (Assistant) Doctors	注 册 护 士 Registered Nurse	药 师 (士) Pharmacist	技 师 (士) Technology Division
总 计	**Total**	**390346**	**296668**	**113810**	**128434**	**13885**	**17114**
按经济类型分	**By the type**						
公 立	The Male Stands	305621	233330	89912	98276	11554	13904
国 有	Countries Have	216374	183654	64024	84616	8829	11105
集 体	Sets the Body	89247	49676	25888	13660	2725	2799
非公立	The Public	84725	63338	23898	30158	2331	3210
#联 营	United Camp	1911	1112	460	517	41	45
私 营	Private	43819	33964	13681	15517	1179	1584
按主办单位分	**According To The Organizer**						
政府办	Set Up by Government	257503	214618	78706	92907	10970	13234
#卫生部门	The Health Sector	255615	213165	78126	92350	10920	13151
社会办	Set Up by Society	86687	44701	20170	18643	1637	2121
个人办	Set Up by Individual	46156	37349	14934	16884	1278	1759

指 标	Item	其 他 Other	乡村医生和卫生员 Village Doctors and Assistants	其 他 技术人员 Other Technical Personnel	管理人员 Administrative Personnel	工勤技能人 员 Logistics Technical Workers
总 计	**Total**	**23425**	**43365**	**14380**	**14116**	**21817**
按经济类型分	**By the type**					
公 立	The Male Stands	19684	35413	11225	9679	15974
国 有	Countries Have	15080	1900	9478	8297	13045
集 体	Sets the Body	4604	33513	1747	1382	2929
非公立	The Public	3741	7952	3155	4437	5843
#联 营	United Camp	49	515	45	103	136
私 营	Private	2003	3613	1509	2085	2648
按主办单位分	**According To The Organizer**					
政府办	Set Up by Government	18801	7618	10799	9080	15388
#卫生部门	The Health Sector	18618	7618	10721	8882	15229
社会办	Set Up by Society	2130	34392	1750	2576	3268
个人办	Set Up by Individual	2494	1355	1831	2460	3161

20—5 各市医疗卫生机构人员数（2016年）

Number of Persons Engaged in Health Institutions by Region (2016)

单位：人（person）

地区	Region	合计 Total	卫生技术人员 Medical Technical Personnel	执业(助理)医师 Licensed (Assistant) Doctors	注册护士 Registered Nurse	药师(士) Pharmacist	技师(士) Technology Division
总计	**Total**	**390346**	**296668**	**113810**	**128434**	**13885**	**17114**
合肥市	Hefei	64115	51985	19285	24426	2105	2847
淮北市	Huaibei	13945	10848	4283	4798	521	592
亳州市	Bozhou	24531	15830	5663	6426	798	1165
宿州市	Suzhou	30593	22239	8701	9134	1104	1438
蚌埠市	Bengbu	23820	17987	6460	8311	871	995
阜阳市	Fuyang	48675	35010	13181	14975	1517	2198
淮南市	Huainan	22251	17014	6249	7809	772	1043
滁州市	Chuzhou	22288	16305	6314	6829	767	924
六安市	Luan	26139	19209	8626	7320	867	1002
马鞍山市	Maanshan	14414	11598	4402	5164	536	649
芜湖市	Wuhu	25769	20761	7940	9365	1015	1132
宣城市	Xuancheng	15749	12614	5151	5047	624	669
铜陵市	Tongling	10917	8660	3314	3700	459	470
池州市	Chizhou	9262	7213	2878	2926	333	419
安庆市	Anqing	27387	20673	8090	8321	1107	1078
黄山市	Huangshan	10491	8722	3273	3883	489	493

地区	Region	其他 Other	乡村医生和卫生员 Village Doctors and Assistants	其他技术人员 Other Technical Personnel	管理人员 Administrative Personnel	工勤技能人员 Logistics Technical Workers
总计	**Total**	**23425**	**43365**	**14380**	**14116**	**21817**
合肥市	Hefei	3322	2353	2677	3222	3878
淮北市	Huaibei	654	1106	666	518	807
亳州市	Bozhou	1778	5596	918	587	1600
宿州市	Suzhou	1862	4876	831	895	1752
蚌埠市	Bengbu	1350	2498	997	956	1382
阜阳市	Fuyang	3139	8649	1503	1125	2388
淮南市	Huainan	1141	1888	1041	1049	1259
滁州市	Chuzhou	1471	3060	838	581	1504
六安市	Luan	1394	4057	745	909	1219
马鞍山市	Maanshan	847	785	607	549	875
芜湖市	Wuhu	1309	1425	950	1219	1414
宣城市	Xuancheng	1123	1042	483	604	1006
铜陵市	Tongling	717	927	406	427	497
池州市	Chizhou	657	1068	356	230	395
安庆市	Anqing	2077	3418	1025	996	1275
黄山市	Huangshan	584	617	337	249	566

20—6 各市医疗卫生机构数（2016年）
Number of Medical Health Institutions by Region (2016)

单位：个（unit）

地　区 Region	总　计 Total	#医　院 Hospitals	社区卫生服务中心（站） Community Health Service Center (station)	乡　镇卫生院 Township Hospitals	村卫生室 Village Health Room	疾病预防控制中心（防疫站） Disease Prevention and Controlling Center (Epidemic Prevention Station)	专科疾病防治院（所.站） Specialized Disease Prevention and Treatment Canters (stations)	妇幼保健院（所.站） Maternity and Child Care Centers (stations)	急救中心（站） First-aid Center (station)	卫生监督所 Health Supervision Centers
总　计 Total	**24388**	**1042**	**1908**	**1371**	**15276**	**121**	**47**	**120**	**14**	**112**
合肥市 Hefei	2200	154	209	99	1111	11	7	12	3	11
淮北市 Huaibei	712	70	147	28	306	5	1	6		2
亳州市 Bozhou	1625	60	101	92	1268	5		5		4
宿州市 Suzhou	1833	77	97	107	1339	6	1	6	1	6
蚌埠市 Bengbu	1386	79	146	58	916	9	1	9	1	4
阜阳市 Fuyang	2633	106	167	164	1757	9	2	9	1	9
淮南市 Huainan	1568	76	210	80	812	9	2	10	1	8
滁州市 Chuzhou	1629	62	116	100	1046	8	2	7		9
六安市 Luan	2317	30	127	133	1770	8		8		7
马鞍山市 Maanshan	984	55	108	42	438	8	5	7	1	7
芜湖市 Wuhu	1470	81	125	59	764	9	7	8	1	9
宣城市 Xuancheng	1253	40	68	83	806	8	5	8	1	8
铜陵市 Tongling	607	27	54	35	370	3	2	6	1	5
池州市 Chizhou	1006	29	30	59	605	6	3	3	1	6
安庆市 Anqing	2073	65	160	131	1337	9	7	9	1	9
黄山市 Huangshan	1092	31	43	101	631	8	2	7	1	8

20—7 各市医疗卫生机构床位数（2016年）

Number of beds of Medical Health Institutions by Region (2016)

单位：张（unit）

地区	Region	总计 Total	#医院 Hospitals	#综合医院 Comprehensive Hospitals	中医医院 Hospitals of Traditional Chinese Medicine	中西医结合医院 Hospitals Combined by Medium Doctors	专科医院 Specialized Hospitals	社区卫生服务中心 Community Health Service Center	乡镇卫生院 Township Hospitals	专科疾病防治院(所.站) Specialized Disease Prevention and Treatment Centers (stations)	妇幼保健院(所.站) Maternity and Child Care Centers (stations)
总计	**Total**	**282250**	**216748**	**155802**	**28802**	**2250**	**29286**	**7129**	**51316**	**2399**	**3787**
合肥市	Hefei	45354	39316	23628	4564	1088	9836	910	3654	376	488
淮北市	Huaibei	12194	9293	7013	1181		1099	583	1320	774	220
亳州市	Bozhou	17734	11215	8321	2358	302	234	498	5761		260
宿州市	Suzhou	20661	14281	12424	1123	135	599	382	5887	30	81
蚌埠市	Bengbu	18293	15360	12092	1309	103	1856	355	2452	20	106
阜阳市	Fuyang	35582	24906	17508	3484		3714	1163	9247	10	256
淮南市	Huainan	16564	12607	10330	666		1611	980	2310	403	238
滁州市	Chuzhou	17314	12958	9848	2073	500	537	380	3640	160	176
六安市	Luan	18300	11583	7378	2448		1757	254	5933		530
马鞍山市	Maanshan	8569	6948	5152	1033		583	173	1127	24	284
芜湖市	Wuhu	19112	16799	11795	2055		2949	323	1687	169	118
宣城市	Xuancheng	11786	9114	6281	1746	70	1017	395	2078	56	118
铜陵市	Tongling	8710	6907	5035	680		1164	221	967	130	485
池州市	Chizhou	6169	4989	3520	962		507	30	956	117	56
安庆市	Anqing	18212	14458	10436	2450	32	1540	351	2947	130	326
黄山市	Huangshan	7696	6014	5041	670	20	283	131	1350		45

20—8 计划生育状况
Family Planning

项　　目		Item		2015	2016	2016年比2015年增减 Increase /decrese in 2016 over 2015
已婚育龄妇女人数（户籍）	（人）	Number of Married Women of Child-bearing Age (registered)	(person)	14185218	14354508	1.19
实际采取节育措施人数(户籍)	（人）	Number of Women Actually Taking Birth Control Measures (registered)	(person)	12347549	12770221	3.42
符合政策生育（户籍）	（人）	In Line With the Policy of Birth (registered)	(person)	585628	766245	30.84
政策符合率（户籍）	(%)	Policy Rate (registered)	(%)	76.6	84.9	8.3

资料来源：安徽省卫生和计划生育委员会。
Source: Anhui province health and family planning commission.

20—9 医疗机构门诊、住院服务情况（2016年）
Outpatient Service of Medical Institution、the Situation of Hospital Service (2016)

机构类别	Institution Category	总诊疗人次数（人次）Total Number of Patients Treated (person-times)	门、急诊 Out-patients and Emergency Patients	入院人数（人）Hospital Admissions (person)	出院人数（人）Being Out of Hospital (person)	每百门、急诊入院人数（人）Hospital Admissions per 100 Out-patient Times and Emergency Patient-times (person)
总　计	**Total**	**271088481**	**259248942**	**8970920**	**8912947**	**5.30**
#医　院	Hospitals	98277971	95260075	7076370	7037582	7.40
社区卫生服务中心(站)	Community Health Service Centers	21369393	20227498	125611	124562	0.60
卫生院	Commune Hospitals	45760116	44307240	1580237	1563326	3.60
村卫生室	Village Clinics	81820946	77125908			
门诊部	Clinics	1623130	1487729	2020	2020	
诊所、卫生所、医务室	Clinics、Health Institute、Medical Office	11528617	11335678			
专科疾病防治院（所、站）	Speclalized Disease Prevention and Treatment Centers (stations)	154968	148689	19857	19698	13.40
妇幼保健院（所、站）	Maternity and Child Care Centers (stations)	5728241	4982673	165680	164624	3.30
疗养院	Sanatoriums	15464	14575	1145	1135	7.90

20—10 重大传染病救治及救助情况
Significant Infectious Diseases Treatment and Rescue Situation

指　　标	Item	2010	2015	2016
重大传染病救治财政投入（万元）	Significant Financial Investment for Treatment of Infectious Diseases (10000 yuan)			
艾滋病	AIDS	1606.5	1920.0	1920.0
结核病	Tuberculosis	685.0	810.0	810.0
晚期血吸虫病	Advanced Schistosomiasis	3010.0	2451.3	2332.0
重大传染病免费救治（人）	Free Treatment of Major Infectious Diseases (person)			
艾滋病	AIDS	2702.0	4000.0	6226.0
结核病	Tuberculosis	9547.0	9000.0	10353.0
晚期血吸虫病	Advanced Schistosomiasis	6106.0	4813.0	4573.0

20—11 医疗机构病床使用情况（2016年）
Utilization of Hospital Beds at and Above County Level (2016)

机构类别	Type of Hospital	病床周转次数（次） Turnover of Beds (times)	病床工作日（日） Number of Days per Bed in Use in a Year (days)	病床使用率（%） Utilization Rate of Beds (%)	出院者平均住院日（日） Average Hospitalization Period (days)
总　计	**Total**	**34**	**287**	**78.62**	**8**
医　院	Hospitals	35	309	84.61	9
社区卫生服务中心（站）	Community Health Service Centers	19	157	42.97	7
卫生院	Commune Hospitals	32	221	60.62	7
专科疾病防治院（所、站）	Speclalized Disease Prevention and Treatment Centers (stations)	9	218	59.64	24
妇幼保健院（所、站）	Maternity and Child Care Centers (stations)	46	254	69.70	5
疗养院	Sanatoriums	2	79	21.76	27

20—12 主要年份医院病床使用情况
Hospital Beds Usage in Main Years

年份 Year	实有床位(张) Hospital Beds (number)	出院人数(人) Patients Discharged from Hosptials (person)	病床周转次数(次) Turnover of Beds (time)	病床工作日(日) Number of Days per Bed in Use in a Year (days)	病床使用率(%) Utilization Rate (%)	出院者平均住院日(日) Average Stay Days in Hospital (day)
2005	82224	1866751	24	251	68.64	10
2008	159802	4991581	33	269	73.82	8
2009	113785	3318862	30	311	85.26	10
2010	122171	3718022	31	313	85.88	10
2011	139738	4388588	33	318	87.19	10
2012	157817	5151804	34	323	88.14	9
2013	171508	5544366	33	317	86.82	9
2014	187730	8181303	34	320	87.68	9
2015	202713	6502924	34	310	84.97	9
2016	216448	7037582	35	309	84.61	9

20—13 各市医院病床使用情况（2016年）
Hospital Beds Usage by Region (2016)

地区	Region	实有床位(张) Hospital Beds (number)	出院人数(人) Patients Discharged from Hosptials (person)	病床周转次数(次) Turnover of Beds (time)	病床工作日(日) Number of Days per Bed in Use in a Year (days)	病床使用率(%) Utilization Rate (%)	出院者平均住院日(日) Average Stay Days in Hospital (day)
总计	**Total**	**216448**	**7037582**	**35**	**309**	**84.61**	**9**
合肥市	Hefei	39116	1164723	32	323	88.52	10
淮北市	Huaibei	9293	257166	29	279	76.31	9
亳州市	Bozhou	11215	493451	46	323	88.40	7
宿州市	Suzhou	14281	578437	42	313	85.78	7
蚌埠市	Bengbu	15360	474518	32	306	83.82	9
阜阳市	Fuyang	24906	884292	39	322	88.34	8
淮南市	Huainan	12507	355698	30	296	81.19	10
滁州市	Chuzhou	12958	421885	37	302	82.86	8
六安市	Luan	11583	416940	37	304	83.29	8
马鞍山市	Maanshan	6948	203902	30	284	77.67	9
芜湖市	Wuhu	16799	463434	30	300	82.27	10
宣城市	Xuancheng	9114	320859	37	309	84.55	8
铜陵市	Tongling	6907	167957	27	316	86.63	12
池州市	Chizhou	4989	155322	33	272	74.43	8
安庆市	Anqing	14458	494879	36	314	86.15	9
黄山市	Huangshan	6014	184119	32	290	79.56	9

20—14 主要年份乡镇卫生院病床使用情况
Hospital Beds Usage of Beds of Township Hospitals in Main Years

年　份 Year	实有床位(张) Hospital Beds (number)	出院人数(人) Patients Discharged from Hosptials (person)	病床周转次数(次) Turnover of Beds (time)	病床工作日(日) Number of Days per Bed in Use in a Year (days)	病床使用率(%) Utilization Rate (%)	出院者平均住院日(日) Average Stay Days in Hospital (day)
2005	36873	1177482	36	142	38.90	4
2008	47251	1943976	44	205	56.13	4
2009	51302	2054152	43	221	60.44	5
2010	48944	1495925	32	194	53.13	5
2011	47226	1281046	29	187	51.17	6
2012	48289	1645159	36	219	59.90	6
2013	49781	1709374	36	228	62.42	6
2014	50871	1706132	35	226	62.02	6
2015	50973	1596190	33	221	60.64	7
2016	51316	1563326	32	221	60.62	7

20—15 各市乡镇卫生院病床使用情况（2016年）
Hospital Beds Usage of Beds of Township Hospitals by Region (2016)

地　区	Region	实有床位(张) Hospital Beds (number)	出院人数(人) Patients Discharged from Hosptials (person)	病床周转次数(次) Turnover of Beds (time)	病床工作日(日) Number of Days per Bed in Use in a Year (days)	病床使用率(%) Utilization Rate (%)	出院者平均住院日(日) Average Stay Days in Hospital (day)
总　计	**Total**	**51316**	**1563326**	**32**	**221**	**60.62**	**7**
合 肥 市	Hefei	3654	82075	24	195	53.52	8
淮 北 市	Huaibei	1320	39577	31	217	59.35	6
亳 州 市	Bozhou	5761	281625	50	292	80.12	6
宿 州 市	Suzhou	5887	211693	37	253	69.42	7
蚌 埠 市	Bengbu	2452	63368	27	233	63.92	7
阜 阳 市	Fuyang	9247	349998	40	265	72.67	6
淮 南 市	Huainan	2310	76250	35	233	63.86	7
滁 州 市	Chuzhou	3640	79038	23	187	51.13	8
六 安 市	Luan	5933	194794	34	233	63.84	7
马鞍山市	Maanshan	1127	11522	10	102	28.02	10
芜 湖 市	Wuhu	1687	15067	12	98	26.78	6
宣 城 市	Xuancheng	2078	40228	20	147	40.23	7
铜 陵 市	Tongling	967	12719	15	152	41.65	8
池 州 市	Chizhou	956	25317	27	185	50.62	6
安 庆 市	Anqing	2947	52255	19	132	36.11	6
黄 山 市	Huangshan	1350	27800	22	150	41.16	6

20—16 主要年份村卫生室基本情况
The Basic Situation of Health Room in Main Years

年 份 Year	机构数（个） Health Institu-tions (unit)	按设置、主办单位分 Grouped by Managing Organization					乡村医生和卫生员（人） Rural Doctors and Health Workers (person)		
		村 办 Set Up by Village	乡卫生院设点 Spot of Township Commune Hospital	联合办 Joint Set Up	私人办 Private Set Up	其 他 Others		乡村医生 Rural Doctors	卫生员 Health Workers
2005	22847	11339	580	2393	7466	1069	46523	43416	3107
2008	19276	9014	2217	1714	5059	1272	49516	47505	2011
2009	17788	8236	3202	1258	3730	1362	54844	52607	2237
2010	15636	7912	3501	1020	1748	1455	55784	53638	2146
2011	15321	7534	4053	1120	1155	1459	55282	52875	2407
2012	15306	7659	4045	1097	1011	1494	53068	50171	2897
2013	15310	7823	3507	1454	945	1581	51640	48365	3275
2014	15288	7215	3152	1481	947	2493	48261	45217	3044
2015	15295	7192	3182	1484	947	2490	45914	42955	2959
2016	15276	7155	2771	1936	928	2486	43365	40470	2895

20—17 各市村卫生室基本情况（2016年）
The Basic Situation of Health Room by Region (2016)

地 区	Region	机构数（个） Health Institu-tions (unit)	按设置、主办单位分 Grouped by Setting Up and Managing Organizations					乡村医生和卫生员（人） Rural Doctors and Health Workers (person)		
			村 办 Set Up by Village	乡卫生院设点 Spot of Township Commune Hospital	联合办 Joint Set Up	私人办 Private Set Up	其 他 Others		乡村医生 Rural Doctors	卫生员 Health Workers
总 计	**Total**	**15276**	**7155**	**2771**	**1936**	**928**	**2486**	**43365**	**40470**	**2895**
合肥市	Hefei	1111	131	432	215	68	265	2353	2127	226
淮北市	Huaibei	306	170	107	14		15	1106	1101	5
亳州市	Bozhou	1268	684	124	317	1	142	5596	5256	340
宿州市	Suzhou	1339	762	210	134	52	181	4876	4508	368
蚌埠市	Bengbu	916	617	154	20	21	104	2498	2363	135
阜阳市	Fuyang	1757	1053	233	68		403	8649	7861	788
淮南市	Huainan	812	47	321	68	46	330	1888	1719	169
滁州市	Chuzhou	1046	423	402	92	24	105	3060	2790	270
六安市	Luan	1770	576	323	647	3	221	4057	3941	116
马鞍山市	Maanshan	438	367	23		48		785	765	20
芜湖市	Wuhu	764	313	235	48	91	77	1425	1312	113
宣城市	Xuancheng	806	440	77	22	183	84	1042	985	57
铜陵市	Tongling	370	199	41	20	7	103	927	854	73
池州市	Chizhou	605	283	31	19	139	133	1068	1044	24
安庆市	Anqing	1337	865	28	144	38	262	3418	3245	173
黄山市	Huangshan	631	225	30	108	207	61	617	599	18

20—18 民政行业单位基本情况（2016年）
Basic Conditions of Civil Affairs Agencies (2016)

项　　目	Item	单位数（个）Number of Enterprises (unit)	职工人数（人）Number of Staff and Workers (person)
民政行政机关	Civil Affairs Administrative Departments	121	2723
民政事业单位	Civil Affairs Institutions	9850	57098
优抚安置单位	Agencies for Serviceman	120	1185
救灾储备单位	Salvation and Institutions	2	14
社区服务中心	Community Service Centers	1234	6927
婚姻登记服务类单位	Marriage Registration Institutions	41	265
提供住宿的法定社会服务机构	Statutory Social Service Institutions for Accommodation	1295	13224
救助类单位	Salvation Institutions	45	440
殡仪类单位	Funeral and Interment Institutions	151	2840
福利彩票发行单位	Welfare Lottery Issuing Institutions	48	745
慈善团体	Charity Institutions		
老龄行政机构	Aging Population Institutions	37	117
其他事业单位	Other Institutions	25	151
民间组织	Non-governmental Organizations	25708	277978
社会团体	Social Organizations	12504	118677
基金会	Fund Organizations	112	410
民办非企业单位	Non-enterprise Units Run by NGO	13092	158891
基层群众自治组织	Grass Roots Autonomy Organizations	17978	78411
社区居委会	Neighborhood Committee	3392	17840
村委会	Village Committee	14586	60571
福利企业	Social Welfare Enterprises	313	16466

20—19 社会福利救济主要费用情况
Basic Statistics on Social Welfare Relief Funds

单位：万元（10000 yuan）

指　　标	Item	2000	2005	2010	2015	2016
总　　计	**Total**	**81752**	**230317**	**662249**	**1160235**	**1296792**
国家支出	Government Funds	34226	210274	662249	1160235	1296792
优抚对象补助金额	Funds for Family Members of Martyrs and Disabled Veterans	39372	88134	156802	295775	313671
国家支出	Government Funds	21315	71018	156802	295775	313671
困难户得救济金额	Funds for Poor Households	9540	110022	392297	722004	745269
国家支出	Government Funds	8404	110022	392297	722004	745269
社会散居孤老残幼供养金额	Funds for Orphans, Disabled, Elderly and Young Persons in Society	25044	22867	58798	96041	171321
国家支出	Government Funds	1385	22867	58798	96041	171321
城乡各种福利院支出	Funds for Urban and Rural Welfare Homes of All Types	7796	9293	54352	46415	66532
光荣院	Homes for the Disabled Veterans	659	951	9849	3234	23766
国家支出	Government Funds	659	935	9849	3234	23766
城乡社会福利院	Social Welfare Homes	7137	8342	44503	43180	42766
国家支出	Government Funds	2463	5432	44503	43180	42766

20—20 社会福利事业单位基本情况（2016年）
Basic Statistics on Social Welfare Institutions (2016)

项　　目	Item	单位数（个）Number of Homes (unit)	工作人员（人）Number of Staff and Workers (person)	床位（张）Number of Beds (unit)	年末收养人数（人）Number of Persons Housed (person)
提供住宿的法定社会服务机构	Provide accommodation of legal and social service agencies	1295	13224	163656	85397
#光荣院	Homes for Disabled Veterans	24	224	2816	915
社会福利院	Social Welfare Homes	53	1065	7628	4021
儿童福利院	Baby Welfare Homes	36	839	6017	3248
城镇老年性福利机构	Urban Elderly Welfare Units	344	4403	46563	20010
农村老年性福利机构	Rural Elderly Welfare Units	706	4754	90141	53857
优抚安置单位	Units for Arranging the Family Members of Martyrs and Disabled Veterans	120	1185	2268	2943
救助类单位	Rescue Agencies	45	440	4043	1163

20—21 享受补助、救济人员情况
Persons Receiving Subsidies or Relief Funds

单位：人、元/人月、户（person、Yuan/person、household）

指　　标	Item	2005	2010	2015	2016
城乡居民最低生活保障人数	**Number of Persons Receiving Lowest Cost-of-living in Urban Area and Rural Area**	**1228365**	**3030182**	**2609965**	**2042298**
城镇居民最低生活保障人数	Number of Persons Receiving Lowest Cost-of-living in Urban Area	977182	883944	646672	544104
农村居民最低生活保障人数	Number of Persons Receiving Lowest Cost-of-living in Rural Area	251183	2146238	1963293	1498194
城市最低生活保障平均标准	Average Standard of Urban Minimum Living Standards	170.3	254.1	455.0	497.0
农村最低生活保障平均标准	Average Standard of Subsistence Allowances for Rural Residents		111.6	206.0	320.0
传统救济情况	**Traditional Relief**				
农村定期救济户数	Number of Households Receiving Periodic Relief in Rural Areas	617775	519831	467220	453052
#困难户	Households in Urgent Need	174210	52199	44723	43236
五保户	Households Enjoying the Five Guarantees	375129	467632	422497	409816

20—22 婚姻服务情况
Number of Marriage and Divorces

指 标	Item	2000	2005	2010	2012	2013	2014	2015	2016
内地居民登记结婚 （对）	Registered Marriages (couple)	491959	439401	650861	764886	804284	798907	737989	713361
初 婚 （人）	First Marriages (person)	956554	832838	1038265	1349499	1401155	1368811	1240023	1141695
再 婚 （人）	Remarriages (person)	27358	45964	263457	180273	210143	229003	238179	285027
离 婚 （对）	Divorces (couple)		57476	109634	133651	156218	171015	181207	217237
离婚率 （‰）	Divorce Rate (‰)		1.77	3.22	3.88	4.52	4.93	5.22	6.22

注：本表数据由民政厅、法院提供。
a) The data in this table were provided by Provincial Civil Affairs Department and court.

20—23 各市婚姻服务情况（2016年）
Number of Marriage and Divorces by Region (2016)

地 区	Region	内地居民登记结婚 (对) Registered Marriages (couple)	初 婚 (人) First Marriages (person)	再 婚 (人) Remarriages (person)	登记离婚数 (对) Quantity of Registered Divorcing (couple)	离婚率 (‰) Divorce Rate (‰)
总 计	**Total**	**713361**	**1141695**	**285027**	**185039**	**5.30**
省本级	Provincial Level	1384	2768		122	
合肥市	Hefei	85205	119092	51318	30550	8.44
淮北市	Huaibei	23316	38860	7772	5799	5.36
亳州市	Bozhou	77227	132601	21853	16752	5.23
宿州市	Suzhou	67423	116962	17884	14969	4.59
蚌埠市	Bengbu	38824	61603	16045	12421	6.57
阜阳市	Fuyang	125644	212630	38658	25712	4.89
淮南市	Huainan	36913	59592	14234	9481	4.91
滁州市	Chuzhou	48587	74840	22334	11884	5.26
六安市	Luan	51652	84232	19072	11589	3.97
马鞍山市	Maanshan	22619	34754	10484	7304	6.38
芜湖市	Wuhu	35203	52594	17812	11131	5.76
宣城市	Xuancheng	22498	31026	13970	8132	5.81
铜陵市	Tongling	11979	19126	4832	3464	4.06
池州市	Chizhou	11000	17759	4241	3442	4.25
安庆市	Anqing	42746	65332	20160	9018	3.42
黄山市	Huangshan	11141	17924	4358	3269	4.42

注：本表数据由民政厅提供，离婚人数不包括法院的调解和判决离婚数。
a) Data in this table are provided by provincial department of civil affairs. The number of divorces excludes those mediated and iudged by courts.

20—24 城乡居民最低生活和社会保障网络基本情况

Basic Statistics on People Receiving Lowest Cost-of-living and Social Security Network in Urban and Rural Area

年份 Year	城镇社区服务设施数（个） Number of Urban Welfare Facilities (unit)	社区服务单位个数 Number of Community Service	城镇便民、利民服务网点（个） Number of Urban Service Points for Civilian (unit)	城乡居民最低生活保障 People Receiving Lowest Cost-of-living in Urban and Rural Area			
				城镇低保人数（万人） Number of Persons Receiving Lowest Cost-of-living in Urban Area (10000 person)	保障金额（万元） Amount of Money (10000 yuan)	农村低保人数（万人） Number of Persons Receiving Lowest Cost-of-living in Rural Area (10000 person)	保障金额（万元） Amount of Money (10000 yuan)
2000	7868	1728	17334	12.64	12054.2	10.30	1802.4
2005	6815	327	18327	97.72	76012.5	25.12	3594.9
2010	3623		13105	88.40	197149.3	214.62	195417.7
2012	5105	3194	7028	81.90	277417.0	214.61	315783.0
2013	5452	3869	7940	78.27	296775.2	216.05	357833.9
2014	7638	4172	7394	72.41	289567.6	208.92	369713.0
2015	7969	4321	6567	64.67	281671.7	196.33	387606.0
2016	8086	4431	5989	54.41	264900.8	149.82	414943.5

20—25 各市城乡居民最低生活和社会保障网络基本情况（2016年）

Basic Statistics on People Receiving Lowest Cost-of-living and Social Security Network in Urban and Rural Area by Region (2016)

地区	Region	城镇社区服务设施数（个） Number of Urban Welfare Facilities (unit)	城镇便民、利民服务网点（个） Number of Urban Service Points for Civilian (unit)	城乡居民最低生活保障 People Receiving Lowest Cost-of-living in Urban and Rural Area			
				城镇低保人数（人） Number of Persons Receiving Lowest Cost-of-living in Urban Area (person)	保障金额（万元） Amount of Money (10000 yuan)	农村低保人数（人） Number of Persons Receiving Lowest Cost-of-living in Rural Area (person)	保障金额（万元） Amount of Money (10000 yuan)
总计	**Total**	**8086**	**5989**	**544104**	**264900.8**	**1498194**	**414943.5**
合肥市	Hefei	943	665	36081	22376.8	159023	50583.6
淮北市	Huaibei	134	1260	28779	12252.4	26043	6035.9
亳州市	Bozhou	321	11	19609	9559.7	81830	29704.4
宿州市	Suzhou	195	64	26951	10718.2	134616	37344.7
蚌埠市	Bengbu	682	2407	42719	18740.3	83058	19108.9
阜阳市	Fuyang	815	27	61166	30205.3	191364	52624.3
淮南市	Huainan	468	37	33173	15880.3	77719	20633.9
滁州市	Chuzhou	1063	99	42665	21379.8	114165	32201.9
六安市	Luan	352		48508	21242.8	162635	37777.3
马鞍山市	Maanshan	478	63	37823	17326.9	41707	13719.8
芜湖市	Wuhu	589	429	55118	31068.3	67569	23184.0
宣城市	Xuancheng	404	33	21191	10544.3	80703	21378.0
铜陵市	Tongling	368	88	18017	9835.8	31528	10521.5
池州市	Chizhou	100	16	15136	7282.7	50862	12212.9
安庆市	Anqing	353	770	41439	19067.1	158688	36712.8
黄山市	Huangshan	821	20	15729	7420.1	36684	11199.6

20—26 工 伤 保 险 情 况
Sitution of Industrial Injury Insurance

单位：人、万元（person, 10000 yuan）

项 目	Item	2005	2010	2015	2016
参保人数	Insurance Population	1481894	3594632	5288777	5445933
农民工人数	Number of Rural Workers		1239885	1464977	1465396
享受伤残待遇人数	Number of Enjoy Wounded and Disabled Treatment Population	8356	39101	71780	73804
享受工伤保险待遇的职业病人数	Number of Enjoy Industrial Injury Insurance Treatment Population	2806	5407	2606	3640
因工死亡人数	Number of On-duty Deaths	95	575	610	577
供养亲属人数	Number of Support Relatives	4717	4348	11105	13053
基金收入	Fund Revenue	14709	65403	216014	206878
基金支出	Fund Expense	7176	42040	162053	164091
累计结余	Accumulative Surplus	17243	107429	374900	417686
储备金	Reserve Fund	357	9785	40935	45961

20—27 各市城镇职工基本医疗保险情况（2016年）
Urban Employee Basic Medical Insurance by Region (2016)

地 区	Region	参保人数（人）Insurance Population (person)			基金（万元）Fund (10000 yuan)			
		合计 Total	职工小计 Total of Staffs & Workers	退休人员小计 Total of Retirees	收入 Income	支出 Expenditure	累计结余 Accumulative Surplus	个人帐户 Personal Account
总 计	**Total**	**7819519**	**5508985**	**2310534**	**2188427**	**1777104**	**2672820**	**1083613**
合肥市	Hefei	1990643	1539339	451304	692872	506617	1088783	259748
淮北市	Huaibei	461071	277535	183536	69269	63333	103443	45728
亳州市	Bozhou	226904	175256	51648	69084	51027	101971	41576
宿州市	Suzhou	315615	243342	72273	72393	52784	140993	41124
蚌埠市	Bengbu	472995	299537	173458	116883	104083	100710	68693
阜阳市	Fuyang	399554	290366	109188	114353	87254	119480	76446
淮南市	Huainan	575383	345918	229465	114399	108183	129861	49042
滁州市	Chuzhou	416868	306121	110747	126838	106377	163013	77997
六安市	Luan	321836	228605	93231	93070	77758	132913	51704
马鞍山市	Maanshan	496317	318483	177834	149246	133061	94919	73100
芜湖市	Wuhu	718759	506542	212217	187157	166760	138487	103508
宣城市	Xuancheng	323825	229376	94449	94203	76168	67666	31317
铜陵市	Tongling	329442	228875	100567	82317	64444	117108	57748
池州市	Chizhou	138993	102113	36880	40717	33200	40265	28510
安庆市	Anqing	436192	287665	148527	114109	101728	77860	37417
黄山市	Huangshan	195122	129912	65210	51517	44327	55348	39955

注：合肥市医疗保险基金收入、支出、累计结余项目中包含省本级相应项目基金。

a) The medcial insurance fund income,expenditure and accumulative suplus of Hefei city including provincial corresponding item fund.

20—28 城镇职工基本养老保险情况
Town Worker is Basic Endowment Insurance

年 份 Year	参保职工（人）Active Contributors (person) 年末数 Number at the year-end	#企 业 Enterprises	离休、退休退职人员年末人数（人）Retirees at the Year-end (person)	基金收支情况（万元）Revenue and Expenses (10000 yuan) 基金收入 Fund Revenue	基金支出 Fund Expense	累计可用结余基金 Total Usable Balance
2000	3119157	3091751	903164	431000	526700	148000
2005	3469852	3383325	1247613	1210063	1011918	585680
2008	4202763	4107353	1581377	2648464	1975524	2134114
2009	4586947	4492001	1694577	3006151	2334678	2805587
2010	4920498	4824616	1774880	3432478	2708340	3529725
2011	5377490	5245417	1915225	4594510	3341022	4783213
2012	5784030	5648688	2053564	5084201	3974490	5892924
2013	5922049	5112893	2191238	6249422	4688128	7454218
2014	5969045	5860399	2323449	6807025	5441083	8820160
2015	6108539	6001183	2466593	7917525	6313752	10423933
2016	6343078	6237503	2579290	8394118	6965752	11852299

20—29 各市城镇职工基本养老保险情况（2016年）
Town Worker is Basic Endowment Insurance by Region (2016)

地 区	Region	参保职工（人）Active Contributors (person) 年末数 Number at the year-end	#企 业 Enterprises	离休、退休退职人员年末人数（人）Retirees at the Year-end (person)	基金收支情况（万元）Revenue and Expenses (10000 yuan) 基金收入 Fund Revenue	基金支出 Fund Expense	累计可用结余基金 Total Usable Balance
总 计	**Total**	**6343078**	**6237503**	**2579290**	**8394118**	**6965752**	**11852299**
合肥市	Hefei	1634144	1597886	367872	1679645	1108789	2773105
淮北市	Huaibei	337151	337151	88325	206920	223396	717993
亳州市	Bozhou	156864	156864	54402	148056	141155	140838
宿州市	Suzhou	201166	201166	81399	210670	210110	80042
蚌埠市	Bengbu	388551	388551	161678	426821	424212	24610
阜阳市	Fuyang	250097	223860	110475	277150	293818	98605
淮南市	Huainan	357112	357112	174204	377745	419629	50738
滁州市	Chuzhou	326144	324480	140931	297726	337183	309982
六安市	Luan	203209	203209	109197	266471	265339	148659
马鞍山市	Maanshan	414837	404000	204767	510640	568165	47835
芜湖市	Wuhu	529847	529847	276415	618920	656240	140146
宣城市	Xuancheng	325252	325252	131795	278449	266583	401593
铜陵市	Tongling	205078	205078	85153	186238	203705	91720
池州市	Chizhou	114585	114585	40231	91217	95324	94693
安庆市	Anqing	419906	389327	179992	438365	475734	48613
黄山市	Huangshan	147523	147523	58013	138284	151937	78484

注：总计数中含省直数据。
a) Provincial data is contained in the total number.

20—30 主要年份城镇居民参加基本医疗保险情况
Main Urban Residents to Participate in the Basic Medical Insurance of Year

年　份 Year	参保人数（人）People Participated in Medical Insurance (person)	基金收支情况（万元）Revenue and Expenses (10000 yuan)		
		基金收入 Revenue	基金支出 Expenses	累计结余 Balance at Year-end
2008	7950481	96295	42962	104297
2009	8655631	147704	97360	155885
2010	9308874	184683	133787	206781
2011	9535889	252180	176054	275948
2012	9747635	321603	236587	356475
2013	9448680	417549	344626	402958
2014	10165339	372422	326502	448820
2015	9742940	451113	370514	520002
2016	8395682	473304	370684	592066

注：2014年基金收支数据不包含市级统筹单位上解下拨基金收支。
a) 2014 fund balance of payments data does not include the city as a whole unit over financing the fund balance of payments.

20—31 各市城镇居民参加基本医疗保险情况（2016年）
Main Urban Residents to Participate in the Basic Medical Insurance by Region (2016)

地　区	Region	参保人数（人）People Participated in Medical Insurance (person)	基金收支情况（万元）Revenue and Expenses (10000 yuan)		
			基金收入 Revenue	基金支出 Expenses	累计结余 Balance at Year-end
总　计	**Total**	**8395682**	**473304**	**370684**	**592066**
合肥市	Hefei	1656776	75470	59343	117847
淮北市	Huaibei	473502	21508	20713	11289
亳州市	Bozhou	203977	11319	8882	39876
宿州市	Suzhou	547883	34381	24034	48548
蚌埠市	Bengbu	372493	20465	12501	34637
阜阳市	Fuyang	31192	1204	827	5949
淮南市	Huainan	740049	44748	36419	31870
滁州市	Chuzhou	588230	37275	26156	74798
六安市	Luan	544833	36171	28582	46437
马鞍山市	Maanshan	472699	28997	23890	16618
芜湖市	Wuhu	1047000	63405	48803	51784
宣城市	Xuancheng	179709	13549	12045	16008
铜陵市	Tongling	541012	34577	27197	25961
池州市	Chizhou	110645	5868	3677	8839
安庆市	Anqing	685985	33740	27461	45304
黄山市	Huangshan	199697	10627	10154	16301

注：合肥市参保人数、基金收入、支出、累计结余项目中包含省本级相应项目基金。
a) In Hefei City, number of insurance, fund income and expenditure, the accumulative surplus items include in the provincial level corresponding project fund.

20—32 新型农村合作医疗基本情况
Basic Information of New Type Rural Cooperative Medical

年 份 Year	参合人口 (万人) Participation Population (10000 persons)	参合率 (%) Participation Rate	补偿受益 (万人次) Compensation Benefit (10000 persons times)	住院率 (%) Hospitalization Rate (%)	住院实际补偿比 (%) Hospitalization Compensation Rate (%)	基金总额 (万元) The Total Volume of Funds (10000 yuan)	当年筹资 (万元) Yearly Raised Fund (10000 yuan)	农民缴纳 Fund from Farmers	基金支出 (万元) Fund Expenditure (10000 yuan)	住院 Hospitalization
2005	614.0	81.2	181.7	3.1	23.2	20506	17377	6271	14805	12554
2010	4750.2	96.0	4260.2	6.3	46.3	806508	721088	142982	632122	528925
2011	4917.1	98.7	6379.8	6.6	51.3	1307627	1129840	148045	932039	728213
2012	5043.8	99.5	10070.2	8.2	59.3	1869844	1487170	252338	1428581	1088589
2013	5149.6	100.6	10382.2	9.0	59.8	2326103	1895768	309303	1775728	1340230
2014	5190.8	101.0	10232.7	9.6	60.0	2659934	2129677	363169	2064647	1515114
2015	5191.0	101.8	10039.0	9.7	58.5	3116916	2551820	519018	2232031	1597854
2016	5121.0	102.0	9532.0	10.5	61.8	3676921	2854539	615320	2549181	1836585

20—33 各市新型农村合作医疗基本情况（2016年）
Basic Information of New Type Rural Cooperative Medical by Region (2016)

地 区 Region	参合人口 (万人) Participation Population (10000 persons)	参合率 (%) Participation Rate	补偿受益 (万人次) Compensation Benefit (10000 persons times)	住院率 (%) Hospitalization Rate (%)	住院实际补偿比 (%) Hospitalization Compensation Rate (%)	基金总额 (万元) The Total Volume of Funds (10000 yuan)	当年筹资 (万元) Yearly Raised Fund (10000 yuan)	农民缴纳 Fund from Farmers	基金支出 (万元) Fund Expenditure (10000 yuan)	住院 Hospitalization
总 计 Total	**5121.0**	**102.0**	**9532.0**	**10.5**	**61.8**	**3676921**	**2854539**	**615320**	**2549181**	**1836585**
合肥市 Hefei	407.0	104.0	641.0	9.9	57.3	283139	224960	48869	203834	158947
淮北市 Huaibei	128.0	103.0	205.0	11.0	64.9	90213	71298	15318	64817	43807
亳州市 Bozhou	540.0	107.0	1254.0	10.9	69.5	395658	307327	65296	270233	184291
宿州市 Suzhou	523.0	104.0	985.0	10.2	64.4	373177	287607	62587	242460	177312
蚌埠市 Bengbu	272.0	104.0	561.0	10.2	65.5	197770	153766	32656	128504	96251
阜阳市 Fuyang	878.0	102.0	1838.0	11.2	64.8	666724	487542	105411	443638	328762
淮南市 Huainan	234.0	101.0	311.0	10.6	57.5	170303	130820	28128	110248	85919
滁州市 Chuzhou	349.0	101.0	712.0	11.0	61.3	247725	193154	42415	180418	135927
六安市 Luan	485.0	99.0	786.0	11.0	58.6	321803	270330	58225	244715	174877
马鞍山市 Maanshan	134.0	100.0	205.0	8.4	56.6	92975	74233	16128	67561	47264
芜湖市 Wuhu	208.0	116.0	349.0	8.7	59.6	140966	116289	24972	106688	71400
宣城市 Xuancheng	230.0	102.0	455.0	9.6	63.1	157925	125931	27645	121260	74036
铜陵市 Tongling	82.0	97.0	115.0	9.9	54.6	55483	46971	9837	39579	27853
池州市 Chizhou	134.0	103.0	141.0	9.8	59.8	96882	73227	16106	64810	46000
安庆市 Anqing	405.0	98.0	761.0	9.3	59.6	311939	230241	48594	204324	142342
黄山市 Huangshan	109.0	99.0	211.0	11.3	59.1	74239	60842	13134	56093	41596

20—34 各市失业保险基本情况（2016年）
Basic Conditions of Unemloyment Insurance by Region (2016)

单位：万人（10000 persons）

地区	Region	本年参保人数 Contributors This Year				
		合计 Total	企业 Enterprises	国有企业 State-owned Enterprises	集体企业 Collected-owned Enterprises	事业单位 Institutions
总计	**Total**	**448.50**	**334.25**	**157.59**	**25.53**	**93.76**
合肥市	Hefei	128.87	107.48	65.49	1.61	10.90
淮北市	Huaibei	25.38	22.12	11.68	0.98	3.26
亳州市	Bozhou	15.41	8.48	2.96	0.70	5.85
宿州市	Suzhou	20.10	11.42	3.40	4.14	8.68
蚌埠市	Bengbu	21.95	14.57	4.84	0.75	6.83
阜阳市	Fuyang	25.45	15.96	10.85	1.59	9.31
淮南市	Huainan	30.82	27.39	23.00	3.97	3.43
滁州市	Chuzhou	22.42	15.51	3.71	2.07	6.52
六安市	Luan	17.02	8.62	2.58	0.90	8.20
马鞍山市	Maanshan	25.62	22.47	2.29	1.91	3.04
芜湖市	Wuhu	41.15	34.06	9.10	1.93	6.99
宣城市	Xuancheng	14.02	10.00	2.78	1.45	3.62
铜陵市	Tongling	18.39	15.12	8.19	1.83	3.27
池州市	Chizhou	7.22	4.72	1.24	0.37	2.30
安庆市	Anqing	24.83	10.17	4.17	1.14	8.70
黄山市	Huangshan	9.85	6.16	1.31	0.19	2.86

地区	Region	领取失业保险金人数 Beneficiaries of Unemployment Insurance this year	基金（万元） Fund (10000 yuan)		
			收入 Income	支出 Expenditure	累计结余 Accumulative Surplus
总计	**Total**	**16.90**	**359880.43**	**266819.62**	**1122764.58**
合肥市	Hefei	4.95	111924.76	68182.15	406863.81
淮北市	Huaibei	2.30	21178.57	24453.67	68201.66
亳州市	Bozhou	0.15	8059.75	2825.46	34512.05
宿州市	Suzhou	0.33	7967.17	4440.27	33783.15
蚌埠市	Bengbu	1.08	17382.19	17175.25	30652.72
阜阳市	Fuyang	0.40	13701.07	7381.72	60975.92
淮南市	Huainan	1.62	38269.72	22301.84	84810.28
滁州市	Chuzhou	0.85	16105.67	14280.93	50926.81
六安市	Luan	0.36	14357.38	13714.08	56758.12
马鞍山市	Maanshan	1.16	23882.50	19841.10	75261.13
芜湖市	Wuhu	1.50	33905.68	38400.05	31943.38
宣城市	Xuancheng	0.51	9979.75	6523.11	30951.78
铜陵市	Tongling	0.54	12518.78	7823.32	35179.71
池州市	Chizhou	0.27	5668.86	4706.80	21819.87
安庆市	Anqing	0.48	16687.89	9096.73	65119.05
黄山市	Huangshan	0.40	8290.69	5673.14	35005.14

20—35 城乡居民基本养老保险情况
Situation of Rural and Rural Residents Old-age Insurance

单位：万人、万元（10000 persons, 10000 yuan）

项　　目	Item	2015	2016
参保人数	People Participated in	3397	3432
年末领取养老金人数	At the end of the Number of Pensioners	895	913
本年基金收入	This Fund Income	1395616	1406183
个人缴费	Individual Paying	338859	339380
集体补助	Collective Subsidy	34	97
政府补贴	Government Subsidy	1018734	991594
利息收入	Interest Income	30684	69702
其他收入	Other Earning	4306	3541
转移收入	Income Transfer	2999	
本年基金支出	This Fund Spending	956987	932064
养老金支出	Old-age Pension Expenditure	943815	912285
其他支出	Other Spending	12036	3547
转移支出	Transfer Spending	1136	376
年末基金滚存结余	Fund Blance Year-end	2206120	2680238

注：自2014年起，对城乡居民基本养老保险情况相关指标进行微调。

a) Since 2014, the basic old-age insurance for urban and rural residents is related indicators for fine-tuning.

20—36 各市生育保险情况（2016年）
Birth Insurance Situation by Region (2016)

地　区	Region	参保人数（人）Insurance Population (person)	#女　性 Female	基金收支情况（万元）Revenue and Expenses (10000 yuan) 基金收入 Fund Revenue	基金支出 Fund Expense	累计可用结余基金 Total Usable Balance
总　计	**Total**	**5176033**	**2023631**	**119995**	**128823**	**140353**
合 肥 市	Hefei	1412816	570336	53127	59274	23468
淮 北 市	Huaibei	229438	61267	2709	1785	2103
亳 州 市	Bozhou	168164	62778	2404	2716	7201
宿 州 市	Suzhou	201395	84135	3217	2630	9640
蚌 埠 市	Bengbu	254203	105715	4883	6153	7946
阜 阳 市	Fuyang	279543	102205	4775	5370	8078
淮 南 市	Huainan	274712	97454	4074	5274	5662
滁 州 市	Chuzhou	261604	100501	5007	3664	14525
六 安 市	Luan	198892	73595	3548	3534	9289
马鞍山市	Maanshan	581562	263361	5585	5736	14375
芜 湖 市	Wuhu	418803	164026	14218	14681	4629
宣 城 市	Xuancheng	202078	68040	3320	3201	5211
铜 陵 市	Tongling	207666	70461	3544	4140	7004
池 州 市	Chizhou	85925	34076	1748	2142	2979
安 庆 市	Anqing	282977	115151	4979	5655	10829
黄 山 市	Huangshan	116255	50530	2857	2868	7414

注：合肥市含省直数据。基金收支余不包含市级统筹单位上解下拨基金收支。

a) Hefei data was made. Fund more than balance does not include the city as a whole unit over financing the fund balance of payments.

20—37 规上服务业企业分行业主要经济指标（2016年）

Rules on Service Companies Divisions Leading Economic Indicators (2016)

单位：亿元（100 million yuan）

行业	Sector	单位数（个）Number of Units (unit)	资产总计 Total Assets	营业收入 Operating Income	营业税金及附加 Business Tax and Additional	营业利润 Operating Profit	应付职工薪酬 Handle Employee Compensation	年平均从业人员（人）Annual Average Employees (person)
总计	**Total**	**4195**	**15862.0**	**2737.5**	**27.0**	**310.6**	**364.1**	**581853**
交通运输、仓储和邮政业	Transportation, Storage and Postal Services	1414	3533.8	1066.9	11.3	44.2	124.2	220798
信息传输、软件和信息技术服务业	Information Circulation, Computer Service and Software	455	1301.5	663.0	2.7	88.7	83.1	86006
房地产业	Real Estate	301	112.9	53.8	1.5	2.1	21.0	52563
租赁和商务服务业	Leasing and Commercial Services	747	9353.4	480.6	6.9	115.2	40.1	80195
科学研究和技术服务业	Leasing and Commercial Services	475	558.1	229.6	2.0	41.5	45.7	50935
水利、环境和公共设施管理业	Water Conservancy, Environmental and Public Facilities Management	154	577.4	59.3	0.9	5.2	8.5	18159
居民服务、修理和其他服务业	Residents Service, Repair and Other Services	137	87.7	21.2	0.3	1.8	4.6	11798
教育	Education	178	54.2	28.2	0.5	5.0	8.5	18250
卫生和社会工作	Health and Social Work	133	101.3	67.6	0.0	3.4	17.1	25486
文化、体育和娱乐业	Culture, Sports and Entertainment	201	181.8	67.3	0.8	3.4	11.4	17663

20—38 人力资源服务机构综合情况（2016年）

Human Resources Service Organization Comprehensive Situation (2016)

项目	Item	公共就业服务机构 Public Employment Service Organization	公共人才服务机构 Public Talented Person Service Organization	国有性质服务企业 State-owned Service Enterprise	私营性质服务企业 Private Service Enterprise
服务机构数（个）	Service Organization (uni	30	11	36	589
从业人员人数（人）	Population of Jobholder (person	381	64	516	13589
#大专及以下	Junior College and Below	207	24	269	10534
本科	Undergraduate Course	165	35	222	2736
硕士及以上	Master and Above	9	5	25	319
#取得职业资格人数	Obtaining Professional Qualification Populatic	171	21	286	5108
设立固定招聘场所（个）	Fixed Employment Advertise Place (uni	29	14	29	586
总资产（万元）	Total Assets (10000 yuan	1849	947	69126	258355
建立人力资源服务网站（个）	Human Resources Service Network (uni	19	9	16	372
全年营业总收入（万元）	Annual Business Gross Income (10000 yua	118	609	345920	675211

注：本年口径有变化，仅统计县以上机构。

a) Caliber of this year there is a change, just above the county statistical agency.

20—39 人力资源服务业务基本情况（2016年）
Human Resources Service Basic Situation (2016)

项　目	Item	公共就业服务机构 Public Employment Service Organization	公共人才服务机构 Public Talented Person Service Organization	国有性质服务企业 State-owned Service Enterprise	私营性质服务企业 Private Service Enterprise
服务人员总数 (人)	Total of Service Personnel Registration (person)	910298	126679	344581	2247870
登记要求流动人员 (人)	Nubmer of Registration Requesting Flowing Personnel (person)	268703	84917	95465	1277709
#大专及以下	Junior College and Below	220889	56321	73584	940476
本　科	Undergraduate Course	45664	24879	19979	288613
硕士及以上	Master and Above	2150	3717	1902	48620
实现就业和流动人数 (人)	Realizing Employment and Flowing Population (person)	176103	22896	33943	696344
服务用人单位数 (个)	Number of Service Personnel Units (unit)	18444	8326	8227	114446
#国有企、事业单位	State-owned Enterprise and Institution	468	456	1127	12944
私营企业	Private Enterprise Foreign-funded Enterprise	12430	7446	1902	82495
外资企业	Foreign-funded Enterprise	676	121	632	10075
建立人力资源数据库 (个)	Establishment Human Resources Database (unit)	22	23	19	468
现存数据库求职信息总量 (人次)	Total of Extant Database Seeking Employment Information (person time)	146484	2066941	143870	10251407
#全年入库求职信息	Whole Year Warehousing Seeking Employment Information	39144	182975	34500	1638047
现场招聘服务	Scene Employment Advertise Service				
举办招聘会次数 (次)	Number of Times of Conducting Job Fair (time)	989	246	475	3743
#毕业生专场	Graduate Specially	78	68	73	1159
农民工专场	Peasant Laborer Specially	204	24	144	1440
参会用人单位 (家)	Attending the Meeting Employer (unit)	14398	7164	2190	51464
提供招聘岗位 (个)	Providing Employment Post (unit)	539964	63551	96711	920132
参会求职人数 (人)	Attending the Meeting Seeking Employment Population (person)	316886	72790	101438	932310
网络招聘服务 (条)	Network Employment Advertise Service (unit)				
发布岗位信息	Issue Post Information	129406	86523	12326	841851
发布求职信息	Issue Seeking Employment Information	59448	15519	5725	1276099
劳务(人才)派遣服务	The Service (talented person) to Dispatch to Serve				
派遣单位 (个)	Detached Organization (unit)	545	11	1684	15107
派遣人员总量 (人)	Total of Detached Personnel (person)	720	160	52526	237267
登记要求派遣人数 (人)	Registration Requesting Detached Population (person)	528	150	18028	254681
人力资源管理咨询	Human Resources Management Consulting				
服务用人单位 (个)	Service Employer Unit (unit)	670	3432	2575	16238
人力资源外包服务	Human Resources Outsourcing Service				
服务用人单位 (个)	Service Employer Unit (unit)	13	12	68	6382
流动人员档案管理	Flowing Personnel Record Management				
现存档案数量 (人)	Number of Extant File (person)	116878	201056	67872	379039
依托档案提供服务 (次)	Depending on the File to Provide Service (time)	21115	98340	35691	147992
培训服务	Training Service				
举办培训班 (个)	Conducting Training Class (unit)	649	15	1442	3008
参加人数 (人)	Participating Population (person)	36072	864	111123	189561
测评服务	Evaluation Service				
测评人数 (人)	Evaluation Population (person)	1009	1442	9466	46542
猎头服务	Headhunting Service				
成功推荐人才 (人)	Successful to Recommend Talented Person (person)	52	208	638	16417

20—40 各市职业技能鉴定综合情况（2016年）
Vocational Skill Appraisal Comprehensive Situation by Region (2016)

单位：人（person）

地 区	Region	鉴定机构数（个）Number of Appraisal Institution (unit) 小计 Total	#鉴定中心 Appraisal Center	#职业技能鉴定所 Vocational Skill Appraisal Institution	考评人员人数 Number of Evaluation Staff	鉴定考核人数 Appraisal Number of Assessment 小计 Total	初级 Primary	中级 Middle-level	高级 High level
总　　计	**Total**	**423**	**19**	**404**	**10856**	**622496**	**255780**	**211714**	**137617**
合 肥 市	Hefei	118	4	114	2964	180622	28201	70545	72219
淮 北 市	Huaibei	19	1	18	307	22405	16419	3957	1800
亳 州 市	Bozhou	12	1	11	520	22882	7730	11073	3589
宿 州 市	Suzhou	13	1	12	216	40436	21113	14151	4600
蚌 埠 市	Bengbu	33	1	32	395	26559	14433	5805	5672
阜 阳 市	Fuyang	19	1	18	500	38271	19519	15023	3092
淮 南 市	Huainan	33	1	32	1126	46384	31995	9123	4270
滁 州 市	Chuzhou	17	1	16	581	36043	13683	13576	8210
六 安 市	Luan	20	1	19	268	39385	28157	4705	5938
马鞍山市	Maanshan	22	1	21	664	32379	20868	7866	2788
芜 湖 市	Wuhu	32	1	31	1103	58615	27995	23394	6587
宣 城 市	Xuancheng	19	1	18	1354	12794	5959	5161	1376
铜 陵 市	Tongling	18	1	17	402	7191	228	3888	3075
池 州 市	Chizhou	13	1	12	114	15684	9514	2613	3374
安 庆 市	Anqing	22	1	21	230	25014	3075	15290	5949
黄 山 市	Huangshan	13	1	12	112	17832	6891	5544	5078

地 区	Region	技师 Technician	高级技师 Senior Technician	获取证书人数 Number of Obtaining a Certificate 小计 Total	初级 Primary	中级 Middle-level	高级 High level	技师 Technician	高级技师 Senior Technician	通过率(%) Pass Rate (%)
总　　计	**Total**	**16610**	**775**	**509586**	**217361**	**176060**	**108547**	**7423**	**195**	**82**
合 肥 市	Hefei	9202	455	150230	24870	60609	61534	3152	65	83
淮 北 市	Huaibei	219	10	19512	15167	3109	1170	60	6	87
亳 州 市	Bozhou	490		18894	6700	9945	2091	158		83
宿 州 市	Suzhou	572		33923	18999	11789	2898	237		84
蚌 埠 市	Bengbu	638	11	22724	12714	4840	4672	496	2	86
阜 阳 市	Fuyang	634	3	25977	13128	11118	1433	298		68
淮 南 市	Huainan	844	152	39124	27195	7856	3571	438	64	84
滁 州 市	Chuzhou	574		28425	11220	10589	6157	459		79
六 安 市	Luan	569	16	30922	23532	3421	3752	215	2	79
马鞍山市	Maanshan	745	112	24764	16636	6267	1401	415	45	76
芜 湖 市	Wuhu	639		48846	23329	19495	5490	532		83
宣 城 市	Xuancheng	286	12	10816	5144	4288	1136	239	9	85
铜 陵 市	Tongling			5501	192	2879	2430			77
池 州 市	Chizhou	183		14881	9038	2482	3205	156		95
安 庆 市	Anqing	696	4	17215	2606	11829	2529	249	2	69
黄 山 市	Huangshan	319		17832	6891	5544	5078	319		100

注：本年合肥市数据中包含省直。

a) This year in hefei data contains was made.

主要统计指标解释

医疗卫生机构

指从卫生（卫生计生）行政部门取得《医疗机构执业许可证》、《计划生育技术服务许可证》，或从民政、工商、机构编制管理部门取得法人单位登记证书，为社会提供医疗服务、公共卫生服务或从事医学科研和医学在职培训等工作的单位。医疗卫生机构包括医院、基层医疗卫生机构、专业公共卫生机构、其他医疗卫生机构。

医院

包括综合医院、中医医院、中西医结合医院、民族医院、各类专科医院和护理院，不包括专科疾病防治院、妇幼保健院和疗养院，包括医学院校附属医院。

基层医疗卫生机构

包括社区卫生服务中心、社区卫生服务站、街道卫生院、乡镇卫生院、村卫生室、门诊部、诊所(医务室)。

专业公共卫生机构

包括疾病预防控制中心、专科疾病防治机构、妇幼保健机构（含妇幼保健计划生育服务中心）、健康教育机构、急救中心（站）、采供血机构、卫生监督机构、取得《医疗机构执业许可证》或《计划生育技术服务许可证》的计划生育技术服务机构。

其他医疗卫生机构

包括疗养院、临床检验中心、医学科研机构、医学在职教育机构、卫生监督（监测、检测）机构、医学考试中心、农村改水中心、人才交流中心、统计信息中心等卫生事业单位。

卫生人员

指在医疗卫生机构工作并由单位支付工资的人员。包括在编及合同制人员、返聘和临聘本单位半年以上人员（如护士、医师等），不包括离退休人员、退职人员、离开本单位仍保留劳动关系人员、返聘和临聘本单位不足半年人员。多点执业医师一律计入第 1 执业单位在岗职工数，不再计入第 2、3 执业单位在岗职工数。

卫生技术人员

包括执业医师、执业助理医师、注册护士、药师（士）、检验技师（士）、影像技师、卫生监督员和见习医（药、护、技）师（士）等卫生专业人员。不包括从事管理工作的卫生技术人员(如院长、副院长、党委书记等)。

其他卫生技术人员

包括见习医(药、护、技)师(士)等卫生专业人员，不包括药剂员、检验员、护理员等。见习医师(士)指毕业于高中等院校医学专业但尚未取得医师执业证书的医师和医士。

其他技术人员

指从事医疗器械修配、卫生宣传、科研、教学等技术工作的非卫生专业人员。

管理人员

指担负领导职责或管理任务的工作人员。包括从事医疗服务、公共卫生、医学科研与教学等业务管理工作的人员；主要从事党政、人事、财务、信息、安全保卫等行政管理工作的人员。

工勤技能人员

指承担技能操作和维护、后勤保障、服务等职责的工作人员。工勤技能人员分为技术工和普通工。技术工包括护理员(工)、药剂员(工)、检验员、收费员、挂号员等，但不包括实验员、技术员、研究实习员(计入其他技术人员)，经济员、会计员和统计员等(计入管理人员)。

乡村医生和卫生员

指从当地卫生和计生行政部门获得“乡村医生”证书的人员；卫生员是指村卫生室中未获得“乡村医生”证书的人员。

实有床位数

指年底固定实有床位数，包括正规床、简易床、监护床、超过半年加床、正在消毒和修理床位、因扩建或大修而停用床位。不包括产科新生儿床、接产室待产床、库存床、观察床、临时加床和病人家属陪侍床。

参加新农合人数

指根据本地新农合实施方案到年内新农合筹资截止时已缴纳新农合资金的人口数。

新农合当年基金支出

指本年度实际从新农合基金帐户中支出用于新农合补偿的资金。

新农合补偿支出受益人次

指年内新农合参合人员因病就医获得补偿的人次数，包括住院、家庭帐户形式、门诊、特殊病种大额门诊、住院正常分娩、体检和其他补偿人次之和。

新农合本年度筹资总额

指为本年度筹集的、实际进入新农合专用帐户的基金数额。包括本年度中央及地方财政配套资金、农民个人交纳资金（含民政部门及其他相关部门代缴的救助资金）、新农合基金本年度产生的全部利息收入及其他渠道实际筹集到的新农合基金额。筹资数额以进入新农合专用帐户的基金数额为准，不含上年结转额资金。

城市居民最低生活保障人数

指在报告期末家庭平均收入在当地规定的最低生活保障线以下的城镇居民数。包括“三无”对象，失业人员和在职、下岗、退休人员等。

农村居民最低生活保障人数

指报告期末在建立农村最低生活保障制度的地区，得到当地政府或集体给予最低生活保障的农业人口家庭人数。

五保户

指无法定抚养义务人，或者虽有法定抚养义务人，但是抚养人无抚养能力的；无劳动能力的；无生活来源的老年人、残疾人和未成年人。

离婚率

指当年离婚人数占户籍人口的比重，计算公式为：

离婚率＝当年离婚人数/户籍人数×1000‰。

社会福利企业

指以集中安置有一定劳动能力的残疾人员就业为目的（残疾职工占生产人员 10%以上）、带有社会福利性质的企业总称。主要包括福利工厂、假肢厂和其他福利企业。

社区服务设施数

指报告期末设立的以非营利为目的，为本社区居民服务，特别是为老年人、残疾人、儿童服务的社区服务中心、活动站、服务站、养老院、老年公寓（托老所），残疾人工疗站、残疾儿童日托所、家务服务站、婚姻介绍所等福利性设施以及职工社会保险管理服务的机构数。几种不同类型的社区服务单位，共用一个场所的，只能统计为一个社区服务设施。成为社区服务设施的条件：（1）是独立核算单位；（2）有固定的从业人员；（3）有一定的服务项目；（4）有一定的场所。

城镇职工基本养老保险

1.（参保）职工人数

指报告期末按照国家法律、法规和有关政策规定参加基本养老保险并在社保经办机构已建立缴费记录档案的职工人数，包括中断缴费但未终止养老保险关系的职工人数，不包括只登记未建立缴费记录档案的人数。

2.（参保）离退休人员人数

指报告期末参加基本养老保险的离休、退休和退职人员的人数。

3.基金收入

指根据国家有关规定，由纳入基本养老保险范围的缴费单位和个人按国家规定的缴费基数和缴费比例缴纳的养老保险基金，以及通过其他方式取得的形成基金来源的收入。包括单位和职工个人缴纳的基本养老保险费、基本养老保险基金利息收入、上级补助收入、下级上解收入、转移收入、财政补贴和其他收入。

4.基金支出

指按照国家政策规定的开支范围和开支标准从养老保险基金中支付给参加基本养老保险的个人的养老金、丧葬抚恤补助，以及由于保险关系转移、上下级之间调剂资金等原因而发生的支出。包括离休金、退休金、退职金、各种补贴、医疗费、死亡丧葬补助费、抚恤救济费、社会保险经办机构管理费、补助下级支出、上解上级支出、转移支出、其他支出等。

5.基金累计结余

指截止报告期末基本养老保险基金收支相抵后的累计余额。

城镇职工基本医疗保险

1.参保人数

指报告期末按国家有关规定参加相应基本医疗保险的人数。

2.基金收入

指由用人单位和个人按照国家规定的缴费基数、缴费比例或缴费标准缴纳的基本医疗保险基金，财政补助资金以及通过其他方式取得的形成基金来源的款项，包括：单位缴纳收入、个人缴纳收入、财政补助收入（含医疗救助补助个人收入）、财政补贴收入、利息收入、其他收入和转移收入等。

3.基金支出

指按照国家政策规定的开支范围和开支标准，从基本医疗保险基金中支付给参保人员的医疗保险待遇支出，包括住院医疗费用支出、门急诊医疗费用支出、个人账户基金支出、其他支出、转移支出等。

4.基金累计结余

指截止报告期末基本医疗保险基金累计结余金额。

失业保险

1.参保人数

指报告期末按照国家法律、法规和有关政策规定参加了失业保险的城镇企业、事业单位的职工及地方政府规定参加失业保险的其他人员的人数。

2.基金收入

指报告期内筹集的失业保险基金的总额，包括失业保险费收入、利息收入、财政补贴收入、其他收入、转移收入、上级补助收入、下级上解收入。

3.基金支出

指报告期内为保障失业人员基本生活、促进其再就业等支出的基金总额，包括失业保险金支出、医疗补助金支出、丧葬补助金和抚恤金支出、职业培训和职业介绍补贴支出、其他费用支出、其他支出、转移支出、补助下级支出、上解上级支出等。

4.基金累计结余

指截止报告期末失业保险基金收支相抵后的累计余额。

工伤保险

1.参加保险人数

指报告期末依据国家有关规定参加工伤保险的职工人数和有雇工的个体工商户的雇工数。

2.享受保险待遇人数

指年初至报告期末因工伤或职业病而享受工伤保险待遇的人数。为享受工伤医疗待遇中未评定等级的人数、享受伤残待遇人数以及享受因工死亡待遇人数之和。

3.基金收入

指根据国家有关规定，由参加工伤保险的单位按国家规定的缴费基数和缴费比例缴纳的工伤保险基金，以及通过其他形式取得的形成基金来源的款项。包括：单位缴纳的社会统筹基金收入、财政补贴收入、利息收入、其他收入、转移收入等。

4.基金支出

指按照国家政策规定的开支范围和开支标准从工伤保险基金中支付给参加工伤保险的人员及供养直系亲属工伤保险待遇支出及其他支出。包括工伤医疗费、伤残补助金、工亡补助金、护理费、丧葬补助费、工伤预防费用、职业康复费用和其他支出。

5.基金累计结余

指截止报告期末工伤保险基金累计结余金额。

Explanatory Notes for Major Statistical Indicators

Medical and Health Care Institutions

refers to the health (health care) administrative departments to obtain "medical institutions permit", "family planning technical service permit", or from the civil affairs, industry and commerce, institutional management and management departments to obtain legal person registration certificate for the community to provide medical services, public Health services or engaged in medical research and medical on-the-job training and other work units. Medical and health institutions include hospitals, primary health care institutions, professional public health institutions, other medical and health institutions.

Hospitals

Including general hospitals, Chinese medicine hospitals, Chinese and Western medicine hospitals, ethnic hospitals, all kinds of specialist hospitals and nursing homes, excluding specialist disease prevention and treatment hospital, maternal and child health centers and nursing homes, including medical college affiliated hospitals.

Health Care Institutions at Grass-root Level

include community health service centers, community health service stations, urban health centers, township health centers, village clinics, outpatient departments and clinics (health centers).

Specialized Public Health Institutions

include centers for disease control and prevention, specialized disease prevention and treatment institutions, women and children care agencies(including women and children health care family planning service center), health education institutions, first aid centers, blood gathering and supplying institutions, health supervision and inspection agencies, and family planning technical service centers that obtained the Certification of Health Care Institution or certification of family planning technical service centers.

Other Medical and Health Care Institutions

including medical centers, clinical testing centers, medical research institutions, medical in-service education institutions, health supervision (monitoring, testing) institutions, medical examination centers, rural water centers, talent exchange centers, statistical information centers and other health institutions.

Health Care Employees

means a person who works in a medical and health institution and is paid by a unit. (Including nurses, physicians, etc.), excluding retirees, retirees, leaving the unit still retain labor relations personnel, re-employment and employment of the unit is not enough Half a year staff. Multi-point practitioners are included in the number of workers in the first practice in the number of workers, no longer included in the first 2,3 units in

Number of Persons Participated in the New Rural Cooperative Medical System

refers to the number of persons who have given payment to the new cooperative medical system by the deadline of fundraising during the year according to the implementation plan of the new system.

the number of workers on duty.

Medical Technical Personnel

refer to the professional staff engaged in health care, including licensed doctors, licensed assistant doctors, registered nurses, pharmacists, laboratory technicians, imaging staff, health care supervisors and intern doctors, pharmacists, nurses, and technical personnel, excluding the medical technical personnel engaged in managerial job (e.g. president, vice president and secretary of the party committee etc).

Other health technical personnel

including trainee medical (medicine, nursing, skills) (and), and other health professionals, not including the apothecary, inspector, nurse, etc. Trainee doctors graduated from high school (and) such as college medical professional but not yet get physicians practicing certificate of doctors and healers.

Other technical staff

Refers to is engaged in medical equipment and replacement, health education, scientific research, teaching and other technical work of health professionals.

Management personnel

refers to the leadership or management shoulder the task of staff. Including medical services, public health, medicine, scientific research and teaching personnel for the management of the business such as; Mainly engaged in the party and government, personnel, finance, information, security and other administrative work.

Those logistics skills personnel

means for skills operation and maintenance, logistics, services and other staff duties. Those logistics skills staff divided into technical and direct labor. Technology including caregivers (engineering), apothecary (work), the analyst, cashier, registered member, etc., but does not include laboratory technician, technician, research assistant (included in the other technicians), economy, accountant and statistician (included in the management personnel).

Rural doctors and medical corpsman

from the local health and family planning administrative department of personnel to obtain "country doctor" certificate; Medics refers to not get "country doctor" certificate in village clinics.

Actual data

refers to the fixed end of actual data, including regular bed, simple bed, guardianship, more than half a year, an additional disinfection and repair, because of the expansion or overhaul and stop using bed. Not including obstetrics bed of newborn babies, delivery room to look obstetric table, inventory bed, bed, temporary extra bed and escort, the bed of the patient's family.

Expenditure of Funds for the New Rural Cooperative Medical System This Year

refers to expenditures on compensation funds for the new rural cooperative medical system from the fund account of new cooperative medical system this year.

Persons Benefited from the Compensation Expenditure of

New Rural Cooperative Medical System

refers to the number of persons participated in the new system who have been compensated for medical treatment in the year, including hospitalization, family account form, out-patient, large special diseases out-patient, normal childbirth in hospital, medical examination and other compensations

Funds Raised for the New Rural Cooperative Medical System this Year

refers to the amount of funds raised this year and put into the special new rural cooperative medical account, including the matching funds of central and local governments, paid money by farmers (including relief funds paid by the civil affairs department and other relevant departments), all the interest income generated this year of the funds and funds actually raised from other channels this year. The amount of funding equals to the funds entering into the special new rural cooperative medical account, excluding the carry-over funds from the previous year.

Number of Urban Residents Entitled to Minimum Living Allowances

refers to the number of those whose average family income is below a minimum local standard by the end of the reporting period, including both the employed and unemployed, laid off and retired, and those jobless people without stable residence or valid IDs.

Number of Rural Residents Entitled to Minimum Living Allowances

refers to the number of those receiving the minimum living allowances from the local government or community in the rural areas where this allowances system is in place as of the end of the reporting period.

Households Enjoying Five Guarantees

refers to those senior citizens, handicapped or under-aged who, without labour ability, can not make a living by themselves and whose statutory providers are unable to support them or who have no statutory providers at all.

The divorce rate

Refers to the number of divorce proportion of the population, the calculation formula is:

Divorce rate = the number of divorce, the household registration number * 1000 ‰.

Social Welfare Enterprises

refers to those welfare-oriented enterprises employing a significant number of handicapped people with certain labour ability (handicapped employees shall exceed 10% of the production staff), including welfare factories, artificial limb plants as well as other welfare enterprises.

Number of Service Facilities in Communities

refers to the number non-profit welfare facilities set up community residents' in particular the community-based centers that serve senior citizens, the handicapped or children, recreational centers, service centers, nursing homes, apartments for the elderly (nursery for the aged), work and treatment stations for the handicapped, day-care centers for handicapped children, domestic help agencies and dating services, as well as social insurance management agencies for the employees. Different types of community service providers that share the same premise are regarded as one community service facility. The requirements for a social service facility of communities include: (1) independent accounting; (2) fixed employees; (3) provision of certain services; and (4) with certain places.

Basic Pension Insurance of staff and workers in unban

1. Number of staff and workers covered

refer to staff and workers participating in the basic pension insurance programme according to national laws, regulations and related policies at the end of the reference period, who have already had payment records in social security management agencies, including those who have interrupt payment without terminating the insurance programme. Those who have registered in the programme but with no payment records are not included.

2. Number of retirees participating in the basic pension insurance programme

refer to the number of retirees participating in basic pension insurance programmes by the end of the reference period.

3. Revenue of the basic pension insurance programme

refers to payments made by employers and individuals participating in the pension insurance programme in accordance with the basis and proportion stipulated in State regulations, and income from other sources that become source of pension insurance fund, including the premium paid by employers and staff and workers, interest income, subsidies from higher level agencies, income as transfer from subordinate agencies, transferred income, government financial subsidies and other income.

4. Expenditure of basic pension insurance programme

refer to payment made on pensions and funeral subsidies to those retired and resigned people covered in pension insurance programmes according to related national policies on scope and standard of expenditure. Also included are expenditure which arises due to shift of the insurance relationship or adjustment of funds among agencies. More specifically, included are pensions for resigned people, pensions for retired people, pension for people quitting jobs, various subsidies, medical fees, funeral subsidies, compensation payments, management fees for social security agencies, expenses on subsidies to lower subordinates, expenses as transfer to agencies at higher level, transferred expenditure and other expenditure.

5. Balance of basic pension insurance programme

refers to the balance of basic pension insurance funds at the end of the reference period after deducting expenses from revenue.

Basic Medical Care Insurance of staff and workers in unban

1. Number of people participating in the insurance programme

refers to people participating in the basic medical care insurance programme according to related regulations as at the end of reference period.

2. Revenue of the insurance programme

refers to payments made by employers and individuals participating in the medical care insurance programme in accordance with the basis and proportion stipulated in State regulations, and income from other sources that become source of medical insurance fund, including income paid by units, individual paid income, financial assistance's income (including individual income from medicaid), financial subsidies' income, interest income, transfer income and other income.

3. Expenditure of the insurance programme

refers to payment made to people covered in basic medical care insurance programme within the scope and standards of expenditure according to related national policies, and medical care payment , including medical expenses of hospital inpatients, medical expenses for outpatients and emergency patients, payment from individual accounts transfer and othe expenditure r expenditure.

4. Balance of the basic medical care insurance programme

refers to the balance of medical care insurance funds at the end of the reference period.

Unemployment Insurance

1. Number of people covered

refers to staff and workers in urban enterprises or institutions who have participated in the unemployment insurance programme according to relevant policies and regulations, and other people who have participated according to local government regulations, as at the end of reference period.

2. Revenue of the unemployment insurance programme

refers to the total unemployment insurance funds raised in the reference period, including unemployment insurance premium, interest income, financial subsidies, other income, transferred income, subsidies from higher level agencies and income as transfer from subordinate agencies..

3. Expenditure of the unemployment insurance programme

refers to total expenses during the reference period to guarantee the basic livelihood of unemployed people, and to encourage their re-employment. Included are unemployment relief, medical fees, funeral subsidies, compensation payments, training expenses, management fees for unemployment insurance agencies, subsidies to lower level agencies, expenses as transfer to higher level agencies, transferred expenditure and other expenditure.

4. Balance of the unemployment insurance programme

refers to the balance of revenue of the programme after deducting expenses at the end of the reference period.

Work Injury Insurance

1. Number of people covered

refers to staff and workers who have participated in the work injury insurance programme and number of employees in private business according to relevant national regulations at the end of the reference period.

2. Number of beneficiaries

refers to number of people benefited from work injury insurance, as a result of work injury or occupational disease. It is the sum of beneficiaries from the work injury medical treatment withut rating, disabilities and deaths at work places.

3. Revenue of the work injury insurance programme

refers to payments made by employers participating in the work injury insurance programme in accordance with the basis and proportion stipulated in State regulations, and income from other sources that become source of work injury insurance fund, including income of social comprehensive funds paid by employers, government financial subsidies, interest income and other income.

4. Expenditure of the work injury insurance programme

refers to payments made from work injury insurance funds to those who participated in the work injury insurance programme and their direct dependents within the scope and standards of expenditure according to related national policies, and other expenditure, including medical fees for work injury, injury and disability subsidies, death subsidies, nursing fees, funeral subsidies, injury prevention fees, occupational rehabilitation fees and other expenditure.

5. Balance of the work injury insurance programme

refers to the balance of the work injury funds at the end of the reference period.

Maternity Insurance

1. Number of people covered

refers to people who have participated in the maternity insurance programme according to relevant regulation at the end of the reporting period.

2. Number of enjoying insurance

refers to people of sum who enjoy treatment of inductrial injury insurance, medical treatment for not rating work-related injuries , the disability beneficiaries and the worker death and treatment at the beginning of the year to the end of the reporting period

3. Revenue of maternity insurance

refers to payments made by employers participating in the maternity insurance programme in accordance with the basis and proportion stipulated in State regulations, and income from other sources that become source of maternity insurance fund, including income of funds paid by employers, interest income ,transfer income and other income.

4. Expenditure of the maternity insurance programme

refers to payments made from maternity insurance funds to staff and workers who participate in the maternity insurance programme within the scope and standards of expenditure in accordance with related national policies, expenses paid for pregnancy, child delivery or surgeries related to family planning, and other expenditure, including allowance for child bearing, medical fees and other expenditure.

5. Balance of the maternity programme

refers to the balance of the maternity insurance funds at the end of reference period.

第二十一篇

Chapter 21

文化和体育

CULTURE AND SPORTS

简要说明

一、本篇主要反映文化、体育、新闻出版、广播电影电视事业的发展情况。

文化部分主要包括艺术表演团体、艺术表演场所、公共图书馆、文化馆、文化站、广播、电视、新闻出版以及文物等文化事业的机构、人员、经费和业务活动情况。体育部分主要包括群众体育和竞技体育，主要内容有体育系统职工情况，竞技体育成绩，群众体育活动等情况。

二、根据各部门制定的统计报表制度汇总加工整理而成。艺术业、图书馆业、群众文化服务业的资料主要来自省文化厅；文物资料来自省文物局；广播、电视、新闻出版资料来自省新闻出版广电局；体育部分的资料来自省体育局。

Brief Introduction

I. Data in this chapter mainly reflect the development of culture; sports; news and publication; and radio broadcasting, films and television.

Data on culture cover mainly the situations on institutions, personnel and business activities of cultural undertakings including arts performing groups and performance venues; public libraries; museums; cultural centres; archives; cultural stations; broadcasting; films; television; news and publication; and cultural relics. Data on sports cover mass sports (sports for all) and athletic sports, including mainly the number of staff and workers in sports departments, number of stadiums and gymnasiums, achievements in athletic sports events, mass sports activities and the international exchanges of sports delegations.

II. Data are collected and tabulated in accordance with the statistical reporting schemes stipulated by the departments concerned. Data on the arts, libraries, mass culture are provided by the Ministry of Culture. Data on archives are from State Archives Administration. Data on cultural relics are from State Administration of Cultural Heritage. Data on radio, film and television are mainly from State Administration of Radio, Film and Television. Radio, television, press and publication data from provincial press and publication, NHK; The sports section of the data from the provincial sports bureau.

21—1 文化艺术和文物事业机构、人员情况（2016年）
Number of Institutions and Personnel in Culture, Art and Cultural Relies (2016)

机构类别	Category of Institution	机构数（个）Number of Institutions (unit)	从业人员（人）Number of Persons Engaged (person)
文化及相关产业	**Culture and Relative Industry**	**15613**	**108668**
艺术业	Art Industry	1966	36712
艺术表演团体	Art Performance Troupes	1878	34932
话剧、儿童剧、滑稽剧团	Drama, Children, Plays and Comedy Troupes	405	5716
歌舞、音乐类	Dance, Music Class	103	3024
京剧、昆曲类	Beijing Opera and Kunqu Classes	6	284
#京　剧	Beijing Opera Troupes	6	284
地方戏曲类	The Local Drama Class	312	7292
杂技、魔术、马戏类	Acrobatics, Magic, Circus	517	7553
曲艺类	Folk art Classes	40	652
综合性艺术表演团体	Comprehensive Performing Arts Groups	495	10411
艺术表演场所	Art Centers	88	1780
剧场、影剧院	Theaters and Music Halls	47	973
其它艺术单位	Other Art Unit		
图书馆事业	Libraries	123	1559
群众文化事业	Mass Culture	1559	5964
省级文化馆、群众艺术馆	Provincial Cultural Building & People's Art Center	1	29
地市级文化馆、群众文化馆	Prefeture-level City Cultural Building & People's Art Center	15	295
县、市文化馆	County & City Cultural Building	105	1149
文化站	Cultural Stations	1438	4491
乡镇文化站	Township Cultural Stations	1290	4095
艺术教育事业	Culture and Education	5	403
文艺科研	Literary and Scientific Research	11	141
文化科技研究	Cultural Science and Technology Research	3	38
综合性艺术研究	Comprehensive Artistic Research	3	20
地方戏艺术研究	Local Opera art Research	4	77
其他科研机构	Other Scientific Research Institution	1	6
文化市场经营单位	Cultural Market Management Unit	11406	55953
文物业	Cultural Relics	277	3243
文物机构合计	Total of Cultural Relic Organization	105	566
文物保护管理机构	Cultural Relic Protection Management Organization	95	467
文物科研机构	Scientific and Research Historical Relics Agency	1	45
其他文物机构	Other Historical Relics Agency	9	54
博物馆合计	Museums	171	2641
艺术类博物馆	Art Museum	15	151
综合性博物馆	Comprehensive Museum	82	1455
历史类博物馆	History Class Museum	47	612
其它博物馆	Other Museum	27	423
文物商店	Cultural Relics Agencies	1	36
其　他	Other	266	4693

注：艺术事业机构数，包括非公有制艺术表演团体及场所。

a) Number of art institutions, including the non-public sectors of the performing arts groups and places.

21—2 艺术表演团体演出情况（2016年）
Basic Statistics on Performance of Art Troupes (2016)

种　类	Item	演出场数（场） Number of Performances (shows)	到农村演出 Shows in Rural Areas	国内演出观众人数（千人次） Number of Audience While Perfoming at Home (1000 person-times)
总　计	**Total**	**458730**	**387250**	**129685**
国有剧团	Troupes Sponsored by State-owned Units	9650	6240	7511
集体经营剧团	Troupes Sponsored by Collective Units	180	140	98
其　他	Other	448900	380870	122076
按剧种分	**Art Troupes**			
话剧、儿童剧、滑稽剧团	Drama, Children, Plays and Comedy Troupes	84670	57700	7434
歌舞、音乐类	Dance, Music Class	8940	4850	32907
京剧、昆曲类	Beijing Opera and Kunqu Classes	480	190	203
#京　剧	Beijing Opera Troupes	480	190	203
地方戏曲类	The Local Drama Class	52370	44010	28573
杂技、魔术、马戏类	Acrobatics, Magic, Circus	182010	174310	31380
曲艺类	Folk art Classes	5120	4320	1335
综合性艺术表演团体	Comprehensive Performing Arts Groups	125140	101870	27852

注：演出场数包括非公有制企业数据。
a) Doing a including non-public enterprise data.

21—3 群众艺术馆、文化馆站业务活动及经费情况（2016年）
Basic Statistics on Activities and Expenditures of Mass Art Centers and Cultural Centers (2016)

项　目	Item	总　计 Total	群众艺术馆、文化馆 Mass Art Centers Cultural Centers	文化站 Cultural Stations
单位数　（个）	Number of Units　(unit)	1559	121	1438
举办展览　（个）	Exhibition　(unit)	6050	999	5051
组织文艺活动　（次）	Art Performances and Story-telling Sessions　(times)	38162	8374	29788
举办训练班	Training Coirses			
班　次　（次）	Number of Classes　(times)	20040	6027	14013
培训人次　（万人次）	Training People　(10000 person-times)	149.43	40.89	108.54
群众艺术馆、文化馆负责指导单位	Units Responsible for Guiding Mass Art Centers and Cultural Centers			
馆办文艺团体　（个）	Literature Groups Hold by Art and Cultural Buildings	362	362	
群众业余演出团、队　（个）	Part-time Art Groups　(unit)	10370	2269	8101
总支出　（万元）	Total Expenditures　(10000 yuan)	52789	24202	28587

21—4 公共图书馆业务活动及经费情况（2016年）
Facilities, Services and Expenditures of Public Libraries (2016)

项目	Item	总计 Total	省级公共图书馆 Public Libraries at Provincial Level	地市级公共图书馆 Public Libraries at Prefectural Level	县级公共图书馆 Public Libraries at County Level
公共图书馆 （个）	Number of Public Libraries (unit)	123	1	21	101
总藏量 （千册）	Total Collections (1000 volumes)	21625	3280	7716	10628
图　书	Books	17668	2584	5935	9149
＃古　籍	Ancient Works	626	355	152	120
报　刊	Newspapers and Periodicals	1735	327	644	764
开架书刊 （千册）	Open Books and Periodicals (1000 volumes)	8741		3952	4789
有效借书证数 （千个）	Valid Card Number (1000 unit)	1196	211	539	446
图书流通情况	Circulation of Books				
总流通人次 （千人次）	Total Number of Circulation (1000 person-times)	19944	1432	7187	11324
书刊文献外借册次 （千册次）	CeCi Borrow Books and Literature (1000 volume-times)	16819	1597	6090	9131
为读者服务举办各种活动	Service Activities Provided for Readers				
次　数 （次）	Number of Activities (times)	3669	125	1381	2163
参加人数 （千人次）	Number of Readers Involved (1000 person-times)	1547	162	555	830
总支出 （万元）	Total Expenditures (10000 yuan)	30155	4632	13515	12008
＃基本支出	Basic Expenditures	18275	2499	7087	8689
＃新增藏量购置费	The New Inventory Purchase Expense	4181	525	2227	1430
本年新增藏量 （千册）	This Year the New Inventory (1000 volumes)	2278	134	1147	996
公用房屋建筑面积 （千平方米）	Floor Space of Public Buildings (1000 sq.m)	444	37	192	216
＃书　库	Stack Rooms	79	8	34	37
阅览室	Reading Rooms	137	9	69	60
阅览室坐席数 （个）	Seating Capacity of Reading Rooms (unit)	35580	1659	14886	19035

注：总藏量不包括电子图书。
a) A total does not include electronic books.

21—5 博物馆、文物机构业务活动及经费情况（2016年）
Facilities, Services and Expenditures of Museums and Cultural Relic Agencies (2016)

项目	Item	文物保护管理机构 protection and Management Agencies	文物科研机构 Scientific and Research Historical Relics Preservation	其他文物机构 Other Agencies	博物馆 Museums
藏　品 （件）	Number of Units (unit)	43410	12044	827	743837
＃一级品	Number of Exhibitions (unit)	265	27		2246
业务活动	Art Performances and Story-telling Sessions				
陈列展览 （个）	Training Courses (unit)	77			867
参观人次 （千人次）	Number of Classes (1000 person-times)	1983			27976
总支出 （万元）	Total Expenditures (10000 yuan)	11095	4459	3904	52136
＃基本支出	Basic Expenditures	4379	711	731	20675
修缮费	Cultural Centers in County Towns				
增加值 （万元）	Cultural Clubs (10000 yuan)	4365	2198	169	23596

21—6 档案事业基本情况（2016年）
Basic Statistics on Archiving Institution (2016)

项 目		Item		合 计 Total	省 属 Under the Jurisdiction of Province	市 属 Under the Jurisdiction of the City	区县属 Under the Jurisdiction of a District/County
档案馆个数	**（个）**	**Number of National Archives**	**(unit)**	**158**	**13**	**37**	**108**
建筑面积	**（平方米）**	**Floor Space of Building**	**(sq.m)**	**399424**	**33420**	**127930**	**238075**
馆藏档案情况		**Files Colllected in Archives**					
全 宗	（个）	Full Archives	(unit)	12475	497	2565	9413
案 卷	（万卷件）	Records	(10000 rolls)	2995.62	234.58	715.45	2045.59
建国前档案	（万卷件）	Files Prior to Foundation of PRC	(10000 rolls)	15.99	7.67	4.59	3.73
建国后档案	（万卷件）	Files After Foundation of PRC	(10000 rolls)	2979.63	226.91	710.86	2041.86
录音、录像、影片档案	（盘）	Tape,Video,and Film Files	(piece)	25635	8768	10916	5951
照片档案	（张）	Photo Files	(disc)	1014675	315855	553087	145733
缩微胶片		Microfiche					
平片、开窗卡	（张）	Flat and Window-open Microfich	(disc)	4			4
卷 片	（万幅）	Rolled Microfiche	(10000 rolls)	264	264		
档案利用情况		**File Utilization**					
本年利用档案人次	（人次）	Persons Using Files in the Year	(person-times)	308948	13812	44087	251049
本年利用资料人次	（人次）	Persons Using Datas in the Year	(person-times)	5891	160	940	4791
本年利用档案数量	（万卷件次）	Files Used in the Year	0000 roll.times)	72.38	4.93	11.04	56.41
本年利用资料数量	（册次）	Datum Used in the Year	(volume-times)	11361	201	1672	9488
本年编研档案、资料	（万字）	Files and Data Prepared and Studied in the Year	(10000 Chinese characters)	1089.01	356.55	236.70	495.76

资料来源：安徽省档案局。
Source: Anhui Municipal Bureau of Archives.

21—7 广播、电视事业发展情况
Basic Statistics on Broadcasting and Television Stations

指标		Item		2015	2016
职工人数	（人）	Number of Staff and Workers	(person)	22614	22998
广播电视台	（座）	Broadcasting and TV Station	(set)	79	79
省级广播电视台		Provincial Broadcasting and TV Station		1	1
市级广播电视台		City Broadcasting and TV Station		16	16
县级广播电视台		County Broadcasting and TV Station		62	62
中波发射台及转播台	（座）	Number of Broadcast Transmission Stations and Relaying Stations	(set)	23	24
中波发射机功率	（千瓦）	Broadcast Power of Transmitters	(kw)	1436	1364
广播人口覆盖率	（%）	Listener Rating	(%)	98.77	98.89
调频电视发射台及转播台	（座）	FM TV Station and Broadcast Station	(set)	285	220
调频发射机功率	（千瓦）	Frequency Modulation Transmitter Power	(kw)	904.46	887.53
电视发射机功率	（千瓦）	Power of Trandmitters	(kw)	949.89	1053.77
电视人口覆盖率	（%）	Viewer Rating	(%)	98.93	99.03

21—8 广播、电视覆盖率
Listeners and Viewers Rate

指标	Item	覆盖人口（万人） Covered Population (10000 persons)		覆盖率（%） Covering Ratio (%)	
		2015	2016	2015	2016
广播	**Broadcasting**	**6850.36**	**6872.13**	**98.77**	**98.89**
中央台节目	Program I of China National Broadcasting	6781.70	6806.12	97.78	97.94
省级台节目	Program I of Provincial Broadcasting	6758.03	6787.10	97.44	97.67
地市级台节目	Program I of Prefectural (city) Broadcasting	6417.03	6453.66	92.52	92.87
县级台节目	Programs of County Broadcasting	4616.65	4538.55	66.56	65.31
电视	**Television**	**6861.30**	**6881.89**	**98.93**	**99.03**
中央台节目	Relaying Program I of CCTV	6823.21	6845.98	98.38	98.52
省级台节目	Program I of Provincial Television	6811.08	6834.36	98.20	98.35
地市级台节目	Programs of Prefectural (city) Television	6514.48	6568.90	93.93	94.53
县级台节目	Programs of County Television	4823.74	4837.90	69.55	69.62

21—9 广播、电视节目制作时间
Basic Statistics on Broadcasting and Television

单位：小时（hour）

指标	Item	2015	2016
广播节目制作	**Production of Broadcasting**	**169776**	**162808**
新闻	News Programs	36991	38181
专题	Special Subject Programs	41847	45437
综艺	Variety Entertainment	38166	35726
广播剧	Broadcasting Play	1550	1775
广告	Advertisement	16913	15740
其他	Others	34309	25949
电视节目制作	**Production of TV Programs**	**77470**	**72526**
新闻	News Programs	28861	31833
专题	Special Subject Programs	21532	17138
综艺	Variety Entertainment	7842	6238
影视剧	TV Play	2902	1592
广告	Advertisement	10106	9207
其他	Others	6227	6518

21—10 广播、电视宣传基本情况(2016年)

Basic Statistics on Broadcasting and Television (2016)

项目	Item	节目套数 (套) Number of Programs (set)	全年公共节目播出时间 (小时) Time of Program Transmission All the Year (hour)	制作节目时间 (小时) Time of Making Program (hour)	#新闻节目 News Programs	专题节目 Special Subject Programs	综艺节目 Variety Emtertainment
无线广播合计	**All Radio Broadcasting Stations**	**104**	**525688**	**162808**	**38181**	**45437**	**35726**
省级	Provincial	9	72084	40207	6117	13184	9726
市县级	City and County	95	453604	122601	32064	32253	26000
电视播映合计	**All Television Stations**	**109**	**595885**	**72526**	**31833**	**17138**	**6238**
省级	Provincial	8	43980	15395	8585	2577	1464
市县级	City and County	101	551905	57131	23248	14561	4774

注:全省广播电视节目制作时间包括各级广播电视台和社会影视节目制作机构制作的时间。

a) The provincial radio and television programme production time including broadcast television and film and television programme production social organizations at all levels to make the time.

21—11 图书、杂志和报纸出版数量

Number of Books, Magazines and Newspaper Published

年份 Year	图书 Books Published				杂志 Magazines Published				报纸 Newspapers Publised			
	种类 (种) Number of Publications (kind)	新出版 New Publications	总印数 (万册) Printed Copies (10000 copies)	总印张数 (万印张) Printed Sheets (10000 sheets)	种类 (种) Number of Publications (kind)	每期平均印数 (万册) Average Printed Copies Per Issue (10000 copies)	总印数 (万册) Printed Copies (10000 copies)	总印张数 (万印张) Printed Sheets (10000 sheets)	种类 (种) Number of Publications (kind)	每期平均印数 (万册) Average Printed Copies Per Issue (10000 copies)	总印数 (万份) Printed Copies (10000 copies)	总印张数 (万印张) Printed Sheets (10000 sheets)
2000	2125	1002	30992	156767	150	621	7736	19538	84	416	76083	114736
2005	3970	1847	25220	118056	177	433	5804	17418	97	393	98134	302498
2008	5139	1964	27900	194730	176	444	5908	19513	98	465	101600	383952
2009	5560	1331	27204	172802	176	432	5977	23776	97	472	105905	357801
2010	5646	2669	23891	163954	178	404	5842	23115	98	519	116988	470953
2011	7804	4087	25185	186306	180	397	5948	24675	98	505	120769	528120
2012	9094	5210	24440	173709	180	405	6172	25657	98	514	125807	526148
2013	9440	5469	25800	200400	180	397	6227	26000	98	517	124700	509100
2014	9934	5227	25579	192396	180	355	5627	24474	98	500	121176	464623
2015	8902	4832	27329	207650	180	313	5251	24574	98	480	104830	375622
2016	9441	5212	24892	182768	180	291	5017	23305	98	363	79488	201261

21—12 主要年份少年儿童读物和课本出版情况
Number of Books Published for Children and Textbooks in Major Years

年 份 Year	种 数（种） Number of Publications (knd)		总印数（万册） Printed Copies (10000 copies)		总印张（千印张） Printed Sheets (1000 sheets)	
	儿童读物 Books for Children	课 本 Textbooks	儿童读物 Books for Children	课 本 Textbooks	儿童读物 Books for Children	课 本 Textbooks
2005	399	310	873	15293	20428	671142
2010	1094	449	1489	10563	90700	789666
2013	1893	797	1613	11815	115187	859605
2014	2042	951	2079	12801	143409	910917
2015	1244	1091	1927	11827	153008	853487
2016	1111	950	3931	8544	237680	608753

21—13 主要年份出版印刷生产情况
Conditions of Printing in Main Year

年 份 Year	企业数（个） Number of Enterprises (unit)	工业销售产值（万元） Industrial Sales Value (10000 yuan)	印刷产量 Output of Printing		装订产量（万令） Output of Bookbinding (10000 ream)	用纸量（万令） Amout of Paper Used (10000 ream)
			黑 白（万令） Black and White (10000 ream)	彩 色（万对开色令） Color (10000 bisect color ream)		
2005	238	160224	849.00	2773.00	530.00	1030.00
2010	258	302870	1094.23	2715.25	809.97	1040.70
2013	256	512995	787.67	3802.04	1339.72	1550.91
2014	235	479431	838.72	4399.58	997.17	1624.50
2015	258	488208	858.99	3876.95	999.02	1737.36
2016	274	560524	923.24	4402.86	1187.64	2124.14

21—14 主要年份出版物发行机构数和网点数
Issuing Institutions and Spots of Publication in Main Year

年 份 Year	发行机构合计（处） Total	国有书店及国有发行点 State-owned Bookstore and Issuing Spots	出版社 Press	网上书店 Online Bookstore	文化教育广电邮政系统 Cultural, Educational Broad-casting and Postal Systems	新华书店系统外批发网点 Wholesale Spots Outside Xinhua Bookstore	集体个体零售 Collective and Personal Retail	新华书店系统出版社自办发行从业人数(人) Persons Engaged in Own Issuance of Presses of Xinhua Book-Store System (persons)	
								全部职工 All Staff	#国有书店及发行点 State-owned Bookstores and Issuing Spots
2005	5950	498	10		1436	248	3758	5253	5155
2010	7723	579	11	1	3576	330	3226	5029	4878
2013	8568	651	11	3	3582	301	4020	4948	4796
2014	8742	630	11	31	3657	305	4108	5075	4923
2015	8275	630	11	77	3657	302	3598	5073	5008
2016	8073	650	11	172	3657	317	3266	5268	5203

21—15 体育活动基本情况
Basic Statement of Sports

指 标	Item	2000	2005	2010	2015	2016
举办全民健身活动次数（次）	Times of Activities That the Whole Nation in Health Conducted (times)		1354	2920	2176	2246
参加全民健身活动人数（万人）	People Participating the Activities That the Whole Nation in Health (10000 person)		149.28	324.76	337.88	299.91
优秀运动员（人）	Number of Athletes in Grades (person)	1345	1408	852	657	681
运动健将	International Master of Sports		35	159	185	168
一级运动员	First Grade Sportsman	139	86	280	207	231
二级运动员	Second Grade Sportsman	428	1287	160	125	119
等级教练员人数（人）	Number of Coaches in Grades (person)			652	633	647
等级裁判员发展人数（人）	Number of Referees in Grades (person)			864	489	718
在国内外比赛中获奖牌数（枚）	Number of Medals Won in the Matches Both Inside and Outside the Country (unit)	92	78.5	160	116	108
金 牌	Gold Medals	25	22.5	57	35	32
银 牌	Silver Medals	31	27	42	31	34
铜 牌	Bronze Medals	36	29	61	50	42
体育俱乐部（个）	Sports Club (unit)			445	1013	1102
青少年体育俱乐部	Youth Sports Club			172	459	458
社区体育健身俱乐部	Community Sports Fitness Club			177	554	644
其它体育俱乐部	Other Sports Club			46		

注：1. 优秀运动员2008年以前为等级运动员。
2. 由于裁判员审批制度改革，2015年我省未审批一级裁判员，以至裁判员发展人数比上年大幅度减少。

a) Before 2008, Top athletes were athlete in Grades .

b) Due to the referee for examination and approval system reform, in 2015 our province level for examination and approval of the referee, so that the number of referees development greatly reduced over the previous year.

21—16 全省体育场地数
Number of Stadiums and Gymnasiums

单位：个（unit）

指 标	Item	2010 总计 Total	2010 体育系统 Sports System	2015 总计 Total	2015 体育系统 Sports System	2016 总计 Total	2016 体育系统 Sports System
总 计	**Total**	**18556**	**4535**	**56391**	**957**	**57911**	**962**
#体育场	Stadiums	84	27	299	35	302	38
体育馆	Gymnasiums	50	34	82	39	84	41
游泳跳水馆	Swimming and Diving Centers	7	6	142	16	142	16
室内外游泳池	Indoor and Outdoor Swimming Pools	140	41	217	25	217	25
运动场、田径场	Playground	301	34	365	16	365	16
小运动场	Small Playground	2561	10	3492	3	3492	3
篮、排球场	Basketball and Volleyball ground	13838	4077	25329	200	26844	200

注：2013年体育场地普查后，原由体育系统援建的小型体育场地（主要是篮球场）自2014年起不计入体育系统。

a) After 2013 census of sports venues, little sports venues(mainly basketball courts) built by sports system originally are not included in the sports system since 2014.

21—17 体育系统职工人数（2016年）

Number of Staff and Workers in Sports System (2016)

单位：人（person）

人员分类	Category of Personnel	合计 Total	#优秀运动队 Excellent Sports Teams	体育运动学校 Physical Education and Sports Schools	业余学校 Sparetime Sports Schools	公共体育场馆 Public Stadiums and Cymna-siums	机关人员 Officers
总　　计	**Total**	**4206**	**1088**	**207**	**368**	**272**	**930**
公务员	Public Servants	749					749
运动员	Athletes	681	681				
专职教练员	Full-time Coaches	647	143	93	216	2	
专职文化教师	Full-time Teachers	342		9			
科技人员	Scientific and Technical Personnel	25			3		
医务人员	Medical Personnel	8	2	1	1		
管理人员	Administrative Personnel	588	215	21	65	106	
其　　他	Others	1166	47	83	83	164	181

21—18 等级运动员、等级裁判员发展人数（2016年）

Number of Athletes and Referees in Grades by Type of Sports (2016)

单位：人（person）

运动项目	Item	等级运动员 Number of Athletes in Grades	运动健将 Interna-tional Master of Sports	一级 First Grade Sportsman	二级 Second Grade Sportsman	等级裁判员 Number of Referees in Grades	国际、国家级 Interna-tional National Referees	一级 First Grade Referees	二级 Second Grade Referees
总　　计	**Total**	**1470**	**56**	**365**	**1049**	**718**			**718**
田　　径	Track and Field	147	2	14	131	50			50
游　　泳	Swimming	102	2	13	87	14			14
体　　操	Gymnastics	11	3	8		5			5
举　　重	Weightlifting	15	5	4	6				
拳　　击	Boxing	45	3	14	28	5			5
中国式摔跤	Chinese style wrestling	8		2	6				
国际式摔跤	Wrestling	24	1	4	19				
柔　　道	Judo	8	1	5	2				
跆拳道	Kickboxing	16	1	7	8	50			50
击　　剑	Fencing	41		13	28				
赛　　艇	Racing Shell	80		21	59				
皮划艇	Canoeing	34		10	24				
射　　击	Shooting	7		1	6				
足　　球	Football	212		48	164	245			245
篮　　球	Basketball	190	1	32	157	75			75
排　　球	Volleyball	61	1	26	34	50			50
乒乓球	Table Tennis	95	7	31	57	1			1
羽毛球	Badminton	21		19	2	66			66
网　　球	Tennis	26			26	51			51
健美操	Aerobics					25			25
手　　球	Handball	88		12	76	1			1
技　　巧	Skill	8		8					
武　　术	Wu Shu	131		29	102	50			50
中国象棋	Chinese Chess	1			1				
围　　棋	Weiqi								
其　　他	Others	99	29	44	26	30			30

注：等级运动员与等级裁判员为当年市以上体育行政部门审批数。

a) Number of Grade athletes and referees is approval number in the year above the city levle of the sports administrative departments.

主要统计指标解释

文化及相关产业

指为社会公众提供文化、娱乐产品和服务的活动以及与这些活动有关联的活动的集合。根据提供文化、娱乐产品和服务活动的属性特点，划分为公益性文化活动和经营性文化活动两大类。

文化及相关产业是第三产业的重要组成部分。是在我国《国民经济行业分类》基础上的派生分类，有文化服务和相关文化服务两大类：

艺术表演团体

指由文化部门主办或实行行业管理（经文化市场行政部门审批或已申报登记并领取相关许可证），专门从事表演艺术等活动的各类专业艺术表演团体，含民间职业剧团。如话剧团、方言话剧团、滑稽剧团、儿童剧团、歌剧团、木偶团、皮影团等以及由若干剧种组成的综合性专业艺术表演团体。不包括群众业余文艺表演团体。

艺术表演场所

指由文化部门主办或实行行业管理（经文化市场行政部门审批或已申报登记并领取相关许可证），有观众席、舞台、灯光设备，公开售票、专供文艺团体演出的文化活动场所。附属于文化部门机构内非独立核算的剧场、排演场，公开营业的也应单独统计。

广播节目综合人口覆盖率

指根据国家广电总局制定的《广播电视人口覆盖率统计技术标准和方法》进行统计调查的，在对象区内采用无线、有线、卫星等技术手段能够收听到包括中央、省、地市、县广播节目其中任意一套的人口数占全省总人口数的百分比。

电视节目综合人口覆盖率

指根据国家广电总局制定的《广播电视人口覆盖率统计技术标准和方法》进行统计调查的，在对象区内采用无线、有线、卫星等技术手段能够收看到包括中央、省、地市、县级电视节目中任意一套的人口数占全省总人口数的百分比。

等级运动员人数

指经考核正式批准授予等级运动员称号的人数。运动员等级分为国际级运动健将、运动健将、一级运动员、二级运动员、三级运动员、少年级运动员。

等级裁判员人数

指经考核正式批准授予等级裁判员称号的人数。裁判员等级分为国际裁判、国家级裁判、一级裁判、二级裁判、三级裁判。

体育场

指有 400 米跑道（中心含足球场），有固定道牙，跑道 6 条以上，并有固定看台的室外田径场地。体育场按看台容纳观众人数分为：甲级 25000 人以上，乙级 15000-25000 人，丙级 5000-15000 人，丁级 5000 人以下。

体育馆

指有固定看台，可供篮球、排球、羽毛球、乒乓球、体操等项目训练比赛活动用的室内运动场地。体育馆按看台容纳观众人数分为：甲级 6000 人以上，乙级 4000-6000 人，丙级 2000-4000 人，丁级 2000 人以下。

Explanatory Notes for Major Statistical Indicators

Culture and Related Industries

refer to the aggregate of activities, providing the mass with culture goods, amusement goods and services. According to the characteristics of culture goods, amusement goods and services, they can be classified into two categories, or nonprofit cultural activities and profit cultural activities.

Culture and related industries is the important component of the tertiary industry. These are the derivative sector from the Industrial Classification of the National Economy and are composed of two categories of culture services and related cultural services.

Arts Performance Troupes

refer to the various professional performing arts groups, which sponsored by the cultural sectors or guided by the cultural society (approved by the cultural market administration, or registered and permitted with the relative certificate), including non-governmental troupes, such as drama troupes, dialect troupes, comedy troupes, children troupes, Opera troupes, puppetry troupes, Shadowgraph troupes, etc., comprehensive professional arts performance troupes. The mass amateur arts performance troupes are not included.

Arts Performance Places

refer to the various sites for cultural activities, which sponsored by the cultural sectors or guided by the cultural society (approved by the cultural market administration, or registered and permitted with the relative certificate), with the facility of auditorium, stage, and lighting, and selling tickets in public. The theaters and rehearse sites which are affiliated to the cultural sectors without independent financial accounts which are open to the public should be covered independently.

Radio Coverage of Population

refers to the percentage of population, which can listen to one of central, provincial, city, prefecture, and county radio programs by wireless, cable, satellite and other technical means, in the surveying area, to national total population, according to Statistical Standard and Method on Television and Radio Coverage of Population established by the State Administration of Broadcasting, Film and Television.

Television Coverage of Population

refers to the percentage of population, which can watch one of central, provincial, city, prefecture, and county television programs by wireless, cable, satellite and other technical means, in the surveying area, to national total population, according to Statistical Standard and Method on Television and Radio Coverage of Population established by the State Administration of Broadcasting, Film and Television.

Number of Athletes in Grades

refers to the number of athletes who have been given titles through examination. The titles of athletes include international masters of sports, masters of sports, first-grade, second-grade and third-grade sportsmen and young athletes.

Number of Referees in Grades

refers to the number of referees who have been given titles after examination. They are classified as international referees, national referees and referees of the first, second and third grades.

Stadiums

refer to stadiums for track and field events with six lane 400-meter tracks around soccer fields, permanent track marks and permanent bleachers. Stadiums are classified according to seating capacity. They include: Class A stadiums seating 25000 people each. Class B stadiums seating 15000 to 25000 people each. Class C stadiums seating 5000 to 15000 people each, and Class D stadiums seating fewer than 5000 people.

Gymnasiums

refer to indoor sports grounds with permanent seats in which basketball, volleyball. badminton, table tennis and gymnastics competitions can be held. Gymnasiums are classified according to seating capacity. They include Class A gymnasiums seating over 6000 people. Class B gymnasiums seating 4000 to 6000 people. Class C gymnasiums seating 2000 to 4000 people, and Class D gymnasiums seating fewer than 2000 people.

第二十二篇

Chapter 22

公共管理及其他

PUBLIC MANAGEMENT AND OTHERS

简要说明

本篇主要包括社会活动参与、公检法司、残疾人事业和妇联干部情况等内容。

一、社会活动参与的内容主要包括历届安徽省人大代表和政协委员情况以及工会组织和妇联组织情况。

二、公检法司的资料主要包括公安机关的刑事案件立案情况和治安案件查处情况，交通、火灾事故情况，人民检察院的办案情况，人民法院审理案件和收结案情况，以及律师、公证、调解工作等情况。

Brief Introduction

Data in this chapter show statistics on participation in social activities, public security, procuratorial, legal and judicial affairs, disabled persons, women's Federation cadres and so on.

I. Data on participation in social activities cover mainly information on representatives to the National People's Congress (NPC), members of the Chinese People's Political Consultative Conference (CPPCC) and National trade unions. Data on number of NPC and CPPCC representatives are provided by NPC and CPPCC respectively.

II. Data on public security, procuratorial, legal and judicial affairs cover information such as criminal cases registered and offense cases handled by the public security agencies, traffic or fire accidents, cases handled by procuratorate's offices, cases accepted and settled by the people's courts, and statistics on lawyers, notarization and mediation.

22—1 历届安徽省人民代表大会代表人数
Number of Anhui Province the National People's Congress Represents

单位：人（person）

			代表总数 Total Number of Deputies	#女代表 Female Deputies	占代表总数(%) As Percentage to Total	少数民族代表 Ethnic Minority Deputies	占代表总数(%) As Percentage to Total
一届	First Congress	(1954)	448	69	15.40	8	1.79
二届	Second Congress	(1958)	496	68	13.71	9	1.81
三届	Third Congress	(1964)	497	96	19.32	9	1.81
五届	Fifth Congress	(1978)	998	196	19.64	28	2.81
六届	Sixth Congress	(1983)	813	167	20.54	34	4.18
七届	Seventh Congress	(1988)	729	157	21.54	28	3.84
八届	Eighth Congress	(1993)	729	164	22.50	27	3.70
九届	Ninth Congress	(1998)	728	195	26.79	35	4.81
十届	Tenth Congress	(2003)	732	204	27.87	33	4.64
十一届	Eleventh Congress	(2008)	730	212	29.04	34	4.66
十二届	Twelfth Congress	(2013)	730	210	28.77	34	4.66

22—2 历届政协安徽省委员会委员人数
Number of Anhui Province Political Consultative Conference Committee Member

单位：人（person）

			委员总数 Total Number of Deputies	#中国共产党委员 Deputies from the Communist Party of China	占委员总数(%) As Percentage to Total	少数民族委员 Ethnic Minority Deputies	占委员总数(%) As Percentage to Total
一届	First Congress	(1954)	171	53	30.99	6	3.51
二届	Second Congress	(1958)	308	88	28.57	8	2.60
三届	Third Congress	(1964)	372	108	29.03	18	4.84
四届	Fourth Congress	(1978)	506	297	58.70	21	4.15
五届	Fifth Congress	(1983)	724	231	31.91	30	4.14
六届	Sixth Congress	(1988)	694	234	33.72	40	5.76
七届	Seventh Congress	(1993)	705	245	34.75	40	5.67
八届	Eighth Congress	(1998)	730	273	37.40	37	5.07
九届	Ninth Congress	(2003)	740	278	37.57	37	5.00
十届	Tenth Congress	(2008)	745	286	38.39	38	5.10
十一届	Eleventh Congress	(2013)	745	297	39.87	39	5.23

22—3 妇联组织及工作情况
Basic Statistics of Women's Associations

项　　目		Item		2010	2015	2016
妇联组织数	(个、所)	Number of Women's Associations	(unit)	30830	25227	19204
妇联兴办各类家长学校	(个)	Number of Householders' Schools Set Up by Women's Associations	(unit)	15406	10066	10125
妇联自办托幼园所	(所)	Number of Nurseries and Kindergartens Set Up by Women's Associations	(unit)	44	44	25
妇联陪审员人数	(人)	Number of Juniors in Women's Associations	(person)	397	236	203
妇联维权干部中取得律师资格证书的人数	(人)	Number of Upholding Right Cadres in Women's Associations Got Lawyer Credentials	(person)	309	9	7
三八绿色工程		March Eighth Green Project				
基地个数	(个)	Number of Bases	(unit)	733	130	37
基地亩数	(亩)	Area of Bases	(mu)	242658	50100	6484
农村妇女学校数	(所)	Number of Rural Woman Schools	(unit)	1924	3550	3398
受表彰情况		Basic Statistics on Commendation				
评选巾帼建功标兵数	(人)	Women Pacesetters in Performing Meritorious Services	(person)	1948	181	294
巾帼文明示范岗数	(个、所)	Number of Woman's Civilization Demonstration Posts	(unit)	2000	762	262
三八红旗手	(人)	March 8th Red Banner Winners	(person)	3655	2290	104
三八红旗集体	(个)	March 8th Red Banner Groups	(unit)	1049	774	20
五好文明家庭	(户)	"Five Good" Civilized Families	(household)	426502	10749	

22—4 工 会 组 织 情 况
Basic Statistics on Trade Unions

年　份 Year	工会基层组织数（个） Number of Grassroots Unions (unit)	全省已建工会组织的基层单位职工与会员人数（人） Membership and Number of Staff and Workers in Grassroots Unions (person) 职工人数 Number of Staff and Workers	#女职工 Female	#农民工 Rural Workers	会员人数 Membership	#女会员 Female	#农民工 Rural Workers	工会专职工作人员人数（人） Number of Full-time Personnel of Unions (person)
2005	35828	4599881	1614030		4384087	1502544		13684
2010	61256	7102254	2437677	2282833	6663678	2317129	2082135	29837
2013	118842	8405695	3000511	2996477	7817592	2866934	2780131	31712
2014	120120	8449313	3027230	2878936	7936712	2924183	2723081	32625
2015	123883	9570411	3397069	3998758	9047175	3305332	3845470	27793
2016	131712	10667134	3761104	5197062	10088989	3661149	5021361	30939

22—5 妇 女 参 政 议 政 状 况
Basic Conditions on Women's Participating in the Administration and Discussion of State Affairs

项　目	Item	2005	2010	2015	2016
省(区、市)人大代表数（人）	Provincial (area, city) National People's Congress number (persons)	732	739	740	742
#女性	Female	204	212	208	209
省(区、市)政协委员数（人）	Provincial (area, city) CPPCC Member Number (persons)	750	743	740	724
#女性	Female	151	165	166	166
中共党员人数（万人）	The number of members of the Communist Party of China (10000 persons)	285.00	315.90	350.99	354.63
#女性	Female	44.80	59.20	75.13	78.08
省级政府领导班子中女干部配备率（%）	Female Cadres Portion of Provincial Rank Government Leading Group (%)	100.00	100.00	100.00	100.00
地级政府领导班子中女干部配备率（%）	Female Cadres Portion of Region Rank Government Leading Group (%)	70.60	100.00	75.00	87.50
县级政府领导班子中女干部配备率（%）	Female Cadres Portion of County Rank Government Leading Group (%)	97.10	87.60	90.10	100.00

22—6 妇 女 儿 童 教 育 培 训 情 况
Basic Conditions on Women and Children's Education and Training

项　目	Item	2005	2010	2015	2016
国有企事业单位各类专业技术人员数（万人）	Number of Professional and Technical Personnel in State-owned Enterprises and Institutions (10000 persons)		210.0	299.00	
#女　性	Female				
小学学龄儿童入学率（%）	Percentage of School-age Children Enrolled (%)	99.50	99.93	99.96	99.97
女　性	Female	99.50	99.90	99.96	99.97
男　性	Male	99.50	99.90	99.96	99.97
九年义务教育巩固率（%）	9 Years Compulsory Education Consolidation Rate (%)			93.0	93.4
高中阶段毛入学率（%）	The Gross Enrollment Rate of High School (%)	43.3	80.0	92.0	92.0
高等教育毛入学率（%）	The Gross Enrollment Rate of Higher Education (%)	17.3	24.3	40.6	46.9

22—7 妇女卫生保健状况
Basic Conditions on Women Hygiene

项　目	Item	2005	2010	2015	2016
农村改水受益人口普及率 (%)	Percentage of People Benefited from Remade Water in Rural Area (%)	99.00	99.56	96.83	
农村享有卫生厕所的人口覆盖率 (%)	Coverage Rate of people Who Enjoy Sanitary Toilet (%)	54.20	57.55	67.10	68.93
妇幼保健机构病床数 (张)	Number of Sickbeds in Maternity and Child Care Organs (unit)	2322	3265	3454	3787
妇幼保健机构医生数 (人)	Number of Doctors in Maternity and Child Care Organs (person)	2010	2248	2305	2914
孕产妇系统管理率 (%)	Percentage of Pregnant and Lying-in Women Under System Management (%)	59.40	39.04	85.30	87.23
住院分娩率 (%)	Percentage of Childbirths in Hospital (%)	86.10	98.69	99.95	99.98
孕产妇死亡率 (1/10万)	Death Rate of Pregnant and Lying-in Women (1/100 thousand)	41.20	25.46	17.26	13.31
已婚育龄妇女避孕率 (%)	Contraception Rate of Married Women in Their Childbearing Age (%)	91.40	89.71	87.05	89.00
婚前医学检查率 (%)	Percentage of Medical Examinations Before Marriage (%)	4.50	68.92	94.00	94.89

22—8 儿童卫生保健状况
Basic Conditions on Children Hygiene

项　目	Item	2005	2010	2015	2016
婴儿死亡率 (‰)	Death Rate of Infants (‰)	21.77	10.70	4.54	4.50
5岁以下儿童死亡率 (‰)	Death Rate of Children Below Five (‰)	24.23	13.32	6.85	6.21
住院分娩出生缺陷发生率 (‰)	Percentge of Childbirth Defects in Hospital (‰)	8.83	12.11	11.52	13.10
卡介苗接种率 (%)	Rate of Inoculating With BCG Vaccine (%)	99.62	99.68	99.80	98.89
脊髓灰质炎疫苗接种率 (%)	Rate of Inoculating With Polio Vaccine (%)	97.76	99.66	99.75	99.69
百白破疫苗接种率 (%)	Rate of Inoculating With Joint Vaccine of Pertussis, Diphtheria and Tetanus	97.60	99.64	99.56	99.72
麻疹疫苗接种率 (%)	Rate of Inoculating With Measles Vaccine (%)	97.13	99.61	99.75	99.74
乙肝疫苗接种率 (%)	Rate of Inoculating With Hepatitis B Vaccine (%)	96.95	99.68	99.92	97.73
7岁以下儿童保健管理率 (%)	Percentage of Children Below Seven Under Health Management (%)	65.98	61.43	90.91	91.86
0-6个月婴儿纯母乳喂养率(%)	0-6 Month Baby Breastfeeding rate (%)		65.65	65.77	68.97
5岁以下儿童中重度贫血患病率 (%)	Prevalence of Severe Anemia Rate of Children Under 5 Years of Age (%)		1.13	0.85	0.75
5岁以下儿童低体重患病率(%)	Low Weight Rate of Children Under 5 Years of Age (%)		0.99	0.66	0.68

22—9 残疾人事业基本情况
Basic Information of People With Disabilities

指　　标		Item		2010	2015	2016
康　复		**Rehabilitation**				
白内障复明手术		Sight-restoring Cataract Surgery				
白内障复明手术	(万例)	Sight-restoring Cataract Surgeries	(10000 cases)	2.9	5.5	0.7
人工晶体植入率	(%)	Artificial Intra-ocular Lens Implantation Rate	(%)	96	96	96
低视力配用助视器	(人)	Vision-aids Provided for Individuals With Low-vision	(person)	1058	6798	19313
聋儿康复		Rehabilitation of Children With Hearing Disability				
年收训聋儿	(人)	Hearing and Speech Training	(person)	769	1483	2818
聋儿入普幼普小率	(%)	Enrollment Rate of Trained Children to Ordinary Kindergartens and Primary Schools	(%)	37.0	60.0	60.7
培训家长	(人)	Parents Trained	(person)	1102	3334	2302
精神病防治康复		Prevention and Treatment of Psychiatric Diseases				
开展精神病防治康复工作市县数	(个)	Counties Carried on the Works of Prevention and Treatment of Psychiatric Diseases	(unit)	44	96	121
综合防治康复精神病人数	(万人)	Prevention and Treatment Provided for Patients With Severe Psychiatric Diseases	(10000 persons)	13.2	26.9	10.9
监护率	(%)	Guardianship Rate	(%)	91.2	83.0	
显好率	(%)	Significant Improvement Rate	(%)	56.7	60.3	
社会参与率	(%)	Social Involvement Rate	(%)	44.8	48.4	
肇事率	(%)	Violent Events Rate	(%)	0.06	0.02	
康复训练与服务	(人)	Rehabilitation Training and Service	(person)			
肢体残疾康复训练数		Function Training Provided to Persons With Physical Disability		3782	32749	124951
智残儿童康复训练数		Rehabilitation Training Provided to Children With Intellectual Disability		1031	7768	2002
脑瘫儿童康复训练数		Rehabilitation Training Provided to Children With Cerebral Palsy		303	2181	2643
麻风畸残康复		Rehabilitation of People With Leprosy				
矫治手术	(例)	Orthopedic Surgeries	(case)			
发放辅助用具	(件)	Assistant Devices Provided	(unit)		46	
康复训练	(人)	Rehabilitation Training	(person)		46	
教　育		**Education**				
未入学适龄残疾儿童少年	(万人)	School-age Disabled Children Without Schooling	(10000 persons)	0.99	0.36	0.38
职业教育与培训		Vocational Education and Training				
机构数	(个)	Facilities	(unit)	413	88	68
教育与培训人数	(人)	Number of Educated and Trained	(person)	26513	33371	30276
就　业		**Employment**				
城镇残疾人就业状况		Employment of Urban Handicapped				
当年安排就业人员	(人)	Persons Employed in the Year	(person)	12782	9496	23174
#按比例就业		Employed by Quota Scheme		3295	1882	7140
集中就业		Employed at Welfare Enterprises		3323	1343	2296
个体就业		Self-employed		6164	5851	13738
未安排就业	(人)	Unemployed	(person)	78344		112388
农村残疾人就业状况		Employment of Rural Handicapped				
就　业	(万人)	Employed	(10000 persons)	107.7	72.5	28.8
未就业	(万人)	Unemployed	(10000 persons)	24.0		35.5
残疾人就业服务机构	(个)	Employment Placement Service Facilities for Disabled Jobseekers	(unit)	115	95	99
省		Provinces		1	1	1
市		Cities (inc. cities at county level)		17	15	16
县（含县级市）		County		58	53	56
市辖区		Districts Under the Jurisdiction of Cities		41	26	26
盲人按摩		**Massage by Persons With Visual Disability**				
保健按摩员培训	(人)	Massage Therapists Training	(person)	2000	1591	1742
医疗按摩员培训	(人)	Keep-fit Massager Training	(person)	327	151	213
扶　贫		**Poverty Alleviation**				
扶持人数	(万人次)	Number of Supporting	(10000 person times)	11.9	15.8	35.5
脱贫人数	(万人次)	Number of Going out poor	(10000 person times)	2.4	3.9	4.9
残联组织建设		**Organization Building of Disabled Persons' Federation**				
残疾人工作者数	(人)	Workers for Handicapped	(person)	3061	3364	3646

22—10 律师、公证、调解、司法鉴定、法律援助工作基本情况
Basic Statistics on Lawyers, Notarization and Mediation

指　　标		Item		2000	2005	2010	2015	2016
律师工作		**Lawyers**						
律师事务所	(个)	Number of Law Offices	(unit)	326	407	500	668	707
律　师	(人)	Lawyers	(person)	3073	3820	5019	7687	8574
专职律师		Full-time Lawyers		1972	3424	4411	6913	7688
兼职律师		Part-time Lawyers		1101	347	281	381	395
公职律师		Government Lawyers			49	97	205	300
公司律师		Corporation Counsel				11	11	9
法援律师		Legal Aid Lawyers				219	177	182
聘请担任常年法律顾问的单位	(处)	Number of Units With Permanent Legal Advisors	(unit)	8713	10322	10945	16941	19435
民事、经济诉讼代理	(件)	Civil, Economic Litigation Agents	(case)	42404	89734	69615	121621	137045
刑事诉讼辩护及代理	(件)	Defense and Agent of Criminal Cases	(case)	16549	18217	15164	25107	27294
行政诉讼代理	(件)	Agent of Administrative Action	(case)	1957	3089	1428	3621	3650
非诉讼法律事务	(件)	Number of Non-litigious legal Affairs	(case)	12477	23253	5188	8783	9806
法律援助中心	(个)	Legal Aid Centre	(unit)	50	112	126	125	124
法律援助人员	(人)	Legal aid Staff	(person)	193	399	450	507	529
办理法律援助案件数	(件)	To Deal With Legal aid Cases	(case)	18227	6974	24715	73558	90691
司法鉴定工作		**Judicial Appraisal Work**						
司法鉴定所	(个)	Judicial Appraisal Unit	(unit)		87	104	118	119
司法鉴定人员	(人)	Judicial Appraisal Personnel	(person)		1295	1493	1698	1791
办理司法鉴定事项	(件)	Handing Judicial Appraisal Waork	(case)		15116	37927	86958	113311
公证工作		**Notarization**						
公证处	(个)	Number of Notary Offices	(unit)	113	108	84	83	83
公证人员	(人)	Notaries personnel	(person)	590	666	769	893	905
#公证员		Notaries		396	399	350	394	389
公证员助理		Assistant Notaries			100	201	256	269
办理公证事项	(件)	Notarized Matters	(unit)	336817	250658	375828	320383	392955
涉外及港澳台公证事项	(件)	And Hong Kong, Macao and Taiwan Notarization Matters Involving Foreign Elements	(case)		29105	53614	56578	56977
人民调解工作		**Number of People's Mediation**						
司法助理员	(人)	Number of Judicial Assistants	(person)	2564	4148	4307	4911	4670
人民调解委员会	(个)	Number of people's Mediation Committees	(unit)	38180	31180	23094	20866	21134
人民调解员	(人)	People's mediatorss	(person)	282420	205785	139366	103912	107422
调解民间纠纷	(件)	Number of Civil Disputes Mediated	(case)	288952	198869	329660	630117	614077

22—11 劳动人事争议仲裁委员会受理及处理案件情况（2016年）
Accepted and Settled Cases by Labor Dispute Arbitration Committee (2016)

单位：件（case）

案件类别	Category of Cases	合计 Total	国有企业 State-owned Enterprises	城镇集体企业 Urban Collective-owned Enterprises
上期未结案件数	**Number of Cases Left Over from Last Period**	**569**	**24**	**1**
案件受理情况	**Cases Accepted**	**22620**	**1407**	**88**
案件数	Number of Cases	22620	1407	88
#集体争议案件数	Number of Collective Disputes	161	4	2
涉及劳动者人数（人）	Number of Related to Laborers (person)	28675	1564	119
#集体争议涉及劳动者人数	Number of Collective Dispute Related Laborers	4628	51	25
案件处理情况	**Case Settled**	**22644**	**1410**	**89**
结案件数	Number of Cases Settled	22644	1410	89
处理方式	**Manners of Settlement**	**22644**	**1410**	**89**
仲裁调解	By Mediation	11812	779	20
仲裁裁决	By Arbitration Lawsuit	9693	619	68
其他方式	Others	1139	12	1
处理结果	**Result of Settlement**	**22644**	**1410**	**89**
用人单位胜诉	Won by Units	1309	83	1
劳动者胜诉	Lawsuit Won by Laborers	9657	519	17
双方部分胜诉	Lawsuit Partly Won by Both Parties	10416	764	70
本期未结案数	**Number of Cases Dissettled**	**545**	**21**	
案外调解争议数	**Number of Cases Settled by Other Forms**	**15807**	**841**	**38**

案件类别	Category of Cases	外商投资及港澳台投资企业 Foreign Funded and Hong Kong, Macao & Taiwan Chinese Funded Enterprises	私营企业 Private Enterprises	其他 Others
上期未结案件数	**Number of Cases Left Over from Last Period**	**6**	**432**	**89**
案件受理情况	**Cases Accepted**	**924**	**19121**	**493**
案件数	Number of Cases	924	19121	493
#集体争议案件数	Number of Collective Disputes	1	154	
涉及劳动者人数（人）	Number of Related to Laborers (person)	941	24953	495
#集体争议涉及劳动者人数	Number of Collective Dispute Related Laborers	18	4534	
案件处理情况	**Case Settled**	**917**	**19077**	**564**
结案件数	Number of Cases Settled	917	19077	564
处理方式	**Manners of Settlement**	**917**	**19077**	**564**
仲裁调解	By Mediation	515	9817	287
仲裁裁决	By Arbitration Lawsuit	401	8185	247
其他方式	Others	1	1075	30
处理结果	**Result of Settlement**	**917**	**19077**	**564**
用人单位胜诉	Won by Units	6	1201	3
劳动者胜诉	Lawsuit Won by Laborers	476	8339	163
双方部分胜诉	Lawsuit Partly Won by Both Parties	430	8482	353
本期未结案数	**Number of Cases Dissettled**	**13**	**477**	**18**
案外调解争议数	**Number of Cases Settled by Other Forms**	**807**	**13588**	**348**

22—12 公安机关立案的刑事案件情况
Criminal Cases Registered in Public Security Organs

案件类别	Category of Cases	立案（起）Number of cases Registered (case) 2015	2016	构成（%）Composition (%) 2015	2016
总计	**Total**	**257717**	**232066**	**100.00**	**100.00**
#杀人	Homicide	267	246	0.10	0.11
伤害	Injury	4058	3649	1.57	1.57
抢劫	Robbery	1306	1018	0.51	0.44
强奸	Rape	895	791	0.35	0.34
拐卖人口	Kidnapping and Selling People	484	490	0.19	0.21
盗窃	Larceny	187726	168049	72.84	72.41
诈骗	Fraud	30671	28609	11.90	12.33
伪造、变造货币，持有使用伪造货币	Forging and Fabricating Bills or Using Forged Bills	83	34	0.03	0.01
其他	Others	32227	29180	12.50	12.57

22—13 公安机关受理、查处治安案件情况
Offense Cases Against Public order Handled by Public Security Organs

单位：起（case）

案件类别	Category of Cases	2015 受理 Number of Cases Accepted to be Treated	2015 查处 Number of Cases Investigated and Treated	2016 受理 Number of Cases Accepted to be Treated	2016 查处 Number of Cases Investigated and Treated
总计	**Total**	**650303**	**625654**	**643113**	**615230**
#扰乱单位、公共场所秩序	Disturbing Unit & Public Order	4247	4124	4052	3925
寻衅滋事	Making Trouble	2183	2059	2057	1981
阻碍执行职务	Handling Public Affairs	1541	1520	1952	1904
非法携带枪支、弹药、管制刀具	Illegal Holding of Gun、Ammo & Tube Cutting Tool	783	711	1304	1253
违反危险物质管理规定	Violation of Management Rule of Dangerous Material	1035	1011	1289	1268
殴打他人	Hitting other People	271546	264756	257257	251556
盗窃	Stealing	94521	83667	95317	83331
诈骗、抢夺、敲诈勒索财物	Swindle Snatch & Blackmail Blackmailing Money & Goods	15555	14224	15184	13623
哄抢	Making Scramble	21	21	39	32
卖淫、嫖娼	Prostitution & Go Whoring	2355	2336	1999	1967
赌博	Gambling	10337	10112	10764	10591
其他	Other	246179	241113	251899	243799

22—14 各市公安机关立案的刑事案件情况（2016年）

Criminal Cases Registered in Public Security Organs By Region (2016)

单位：起（case）

地 区	Region	总 计 Total	杀 人 Homicide	伤 害 Injury	抢 劫 Robbery	强 奸 Rape	拐卖人口 Kidnapping and Selling People
总 计	**Total**	**232066**	**246**	**3649**	**1018**	**791**	**490**
合 肥 市	Hefei	61179	28	457	133	91	47
淮 北 市	Huaibei	7425	8	259	31	41	5
亳 州 市	Bozhou	11009	24	460	115	74	31
宿 州 市	Suzhou	18616	25	51	81	112	46
蚌 埠 市	Bengbu	14431	13	369	38	58	17
阜 阳 市	Fuyang	20005	43	548	234	97	131
淮 南 市	Huainan	10453	7	262	75	52	33
滁 州 市	Chuzhou	17288	15	267	81	67	35
六 安 市	Luan	10768	15	218	42	42	40
马鞍山市	Maanshan	9391	8	143	31	19	13
芜 湖 市	Wuhu	16282	11	175	41	28	3
宣 城 市	Xuancheng	7359	6	116	31	29	12
铜 陵 市	Tongling	7123	2	75	25	15	4
池 州 市	Chizhou	4928	16	51	9	11	11
安 庆 市	Anqing	11524	16	146	38	49	53
黄 山 市	Huangshan	4285	9	52	13	6	9

地 区	Region	盗 窃 Larceny	诈 骗 Fraud	伪造、变造货币，持有使用伪造货币 Forging and Fabricating Bills or Using Forged Bills	其 他 Others	青少年刑事案件作案成员占全部作案成员比重(%) Proportion of Young People In Criminal Cases
总 计	**Total**	**168049**	**28609**	**34**	**29180**	**17.68**
合 肥 市	Hefei	47369	8253	3	4798	26.74
淮 北 市	Huaibei	5256	991		834	20.54
亳 州 市	Bozhou	7550	1042	3	1710	11.51
宿 州 市	Suzhou	13539	2075	3	2684	14.63
蚌 埠 市	Bengbu	10200	2125	1	1610	15.48
阜 阳 市	Fuyang	14984	1261	4	2703	14.33
淮 南 市	Huainan	6363	1132	2	2527	17.52
滁 州 市	Chuzhou	12775	2197	3	1848	13.83
六 安 市	Luan	7595	1271		1545	15.92
马鞍山市	Maanshan	6961	1071	5	1140	16.89
芜 湖 市	Wuhu	11080	2645	1	2298	15.82
宣 城 市	Xuancheng	4727	852	2	1584	13.13
铜 陵 市	Tongling	5615	755		632	25.38
池 州 市	Chizhou	3498	758	1	573	16.27
安 庆 市	Anqing	7858	1423	6	1935	18.98
黄 山 市	Huangshan	2679	758		759	20.75

22—15 各市公安机关查处治安案件情况（2016年）
Offense Caese Against Public order Handled by Public Security Organs By Region (2016)

单位：起（case）

地 区	Region	总 计 Total	扰乱单位、公共场所秩序 Disturbing Unit & Public Order	寻衅滋事 Making Trouble	阻碍执行职务 Handling Public Affairs	非法携带枪支、弹药、管制刀具 Illegal Holding of Gun、Ammo & Tube Cutting Tool	违反危险物质管理规定 Violation of Management Rule of Dangerous Material
总 计	**Total**	**615230**	**3925**	**1981**	**1904**	**1253**	**1268**
合肥市	Hefei	142660	432	119	162	107	176
淮北市	Huaibei	28282	60	46	26	29	19
亳州市	Bozhou	22662	144	96	624	66	73
宿州市	Suzhou	52588	141	179	116	51	29
蚌埠市	Bengbu	42720	698	367	107	34	26
阜阳市	Fuyang	30693	341	263	180	135	106
淮南市	Huainan	34255	302	84	63	71	66
滁州市	Chuzhou	50034	207	61	34	91	52
六安市	Luan	36753	481	206	136	62	47
马鞍山市	Maanshan	15215	70	64	52	107	104
芜湖市	Wuhu	40228	128	92	85	76	301
宣城市	Xuancheng	16098	146	107	92	175	65
铜陵市	Tongling	23172	184	73	44	46	77
池州市	Chizhou	12026	146	52	30	36	7
安庆市	Anqing	37751	378	104	97	80	99
黄山市	Huangshan	30093	67	68	56	87	21

地 区	Region	殴打他人 Hitting Other People	盗 窃 Stealing	诈骗、抢夺、敲诈勒索财物 Swindle Snatch & Blackmail Blackmailing Money & Goods	哄 抢 Making Scramble	卖淫、嫖娼 Prostitution & Go Whoring	赌 博 Gambling	其 他 Other
总 计	**Total**	**251556**	**83331**	**13623**	**32**	**1967**	**10591**	**243799**
合肥市	Hefei	48843	21490	4524	1	359	1145	65302
淮北市	Huaibei	9600	1703	210		17	66	16506
亳州市	Bozhou	8396	5798	488		37	127	6813
宿州市	Suzhou	22845	2868	270	3	37	171	25878
蚌埠市	Bengbu	19722	2596	644	7	68	810	17641
阜阳市	Fuyang	10907	8983	956	4	176	1216	7426
淮南市	Huainan	9840	6868	1081	4	173	1165	14538
滁州市	Chuzhou	26421	3231	421	1	80	609	18826
六安市	Luan	19552	6095	1257	2	65	342	8508
马鞍山市	Maanshan	3314	7607	598		118	498	2683
芜湖市	Wuhu	16220	4032	259	3	225	1409	17398
宣城市	Xuancheng	6466	2884	738		139	942	4344
铜陵市	Tongling	4708	1859	595	1	59	175	15351
池州市	Chizhou	4865	1557	242		37	78	4976
安庆市	Anqing	20254	5000	1186	5	137	670	9741
黄山市	Huangshan	19603	760	154	1	240	1168	7868

22—16 检察机关直接立案侦查案件情况（2016年）
Cases Under Direct Investigation by Procurator's Offices (2016)

案件类别	Category of Cases	受案（起）Cases Accepted (case)	立案合计 Total Number of Cases Registered 件 (case)	人 (person)	大案（件）Large Cases (case)	要案（人）Key Cases (person)	结案合计 Total Number of Cases Setted 件 (case)	人 (person)
总　计	**Total**	**2930**	**1404**	**1779**	**150**	**124**	**1373**	**1740**
贪污贿赂案件小计	**Sub-total of Cases on Corruption and Bribery**	**2338**	**1129**	**1396**		**111**	**1095**	**1360**
贪　污	Corruption	781	298	476		13	290	469
贿　赂	Bribery	1385	720	770		95	699	749
挪用公款	Misappropriation of Public Funds	143	106	141		1	102	135
集体私分	Collectve Illegal Possession of Public Funds	13	4	8		2	3	6
巨额财产来源不明	Unstated Source of Large Properties	16	1	1			1	1
渎职案件小计	**Sub-total of Cases on Abuse and Dereliction of Duty**	**592**	**275**	**383**	**150**	**13**	**278**	**380**
滥用职权	Abuse of Power	305	154	202	96	10	134	177
玩忽职守	Dereliction of Duty	144	71	86	27	3	73	91
徇私舞弊	Fraudulent Practice	87	24	30	6		26	33
其　他	Others	56	26	65	21		45	79

22—17 检察机关处理申诉案件情况（2016年）
Appeals Handled by Procurator's Offices (2016)

单位：件（case）

案件类别	Category of Cases	受理 Cases Accepted	立案复查 Cases Registered of Reinves-tigation	结案 Cases Settled	改变原决定 Original Decision Changed
总　计	**Total**	**3800**	**429**	**350**	**19**
不服刑事拘留	Appeals Against Criminal Detention	19			
不服不立案	Appeals Against Rejection of The Case	390			
不服逮捕	Appeals Against Arrest	34			
不服不批捕	Appeals Against Rejection of Arrest	39	3	3	1
不服不起诉	Appeals Against Rejection of Prosecute	132	133	104	10
不服撤案	Appeals Against Withdrawal of the Case	18	1	1	
不服原免于起诉	Appeals Against Original Exemption of Lawsuit	7			
不服刑事判决	Appeals Against Judgment of Criminal Case	958	288	239	6
不服劳教	Appeals Against Judgment of Reeducation Through Labor	3			
其　他	Others	2200	4	3	2

22—18 人民法院行政一审案件收结案情况（2016年）
First Trial Administrative Cases Accepted and Settled by Courts (2016)

单位：件（case）

项 目	Item	收 案 Cases Accepted	结 案 Cases Settled	维 持 Affirmation of Original Judgement	撤 销 Cancellation	驳回起诉 Reject	撤 诉 Withdrwal	其 他 Other	结案中单独提起行政赔偿 Of the Cases Settled: Set Administrative Compensation Alome
总 计	**Total**	**7374**	**7133**	**268**	**391**	**1402**	**1839**	**3233**	**313**
公 安	Public Security	1001	1047	41	30	96	310	570	34
资 源	Resources	904	845	16	69	219	208	333	36
城 建	City Construction	1740	1629	28	86	413	421	681	132
工 商	Industry and Commerce	119	122		9	26	38	49	1
卫 生	Health	21	20		2	1	6	11	3
环 保	Environmental Protection	39	38	2	1	14	7	14	1
交 通	Traffic	39	39	2	3	5	16	13	2
税 务	Tax	17	15	1	1	3	4	6	1
其 他	Others	3494	3378	178	190	625	829	1556	103

22—19 人民法院刑事一审案件收结案情况（2016年）
First Trial Criminal Cases Accepted and Settled by Courts (2016)

单位：件（case）

案件类别	Category of Cases	收 案 Cases Accepted	结 案 Cases Settled
总 计	**Total**	**37718**	**38351**
危害公共安全罪	Offences Against Public Security	11033	11111
破坏社会主义市场经济秩序罪	Offences Against Socialist Economic Order	1590	1586
侵犯公民人身权利、民主权利罪	Offences Against Citizens' Personal and Democratic Rights	6873	6851
侵犯财产罪	Offences Against Properties	8756	8776
妨碍社会管理秩序罪	Offences Against Social Management of order	8065	8059
危害国防利益罪	Offences Against National Defense	7	7
贪污贿赂罪	Offences on Corruption and Bribery	1194	1731
渎 职 罪	Offences on Dereliction of Duty	198	230
其 他	Others	2	

22—20 人民法院合同纠纷一审案件收结案情况（2016年）

First Trial Cases of Contract Disputes Accepted and Settled by Courts (2016)

单位：件（case）

项目	Item	收案 Cases Accepted	结案 Cases Settled	判决 Hudgement	驳回起诉 Reject	撤诉 Withdrwal	调解 Mediation	其他 Other
总计	**Total**	**249993**	**250251**	**112173**	**5993**	**62287**	**67568**	**2230**
买卖合同	Buying and Selling Contracts	42910	42660	18485	924	11105	11780	366
房地产开发经营合同	Real Estate Developing and Managing Contracts	6173	6213	2626	161	1540	1690	196
供用电、水、气、热力合同	Electricity, Water and Gas and Using Contracts	336	337	86	7	92	151	1
借款合同	Loan Contracts	106219	106035	54675	2444	22029	26191	696
租赁合同	Leasing Contracts	10232	10353	5196	328	2725	1992	112
建设工程合同	Construction Project Contracts	10885	10831	5226	358	2661	2416	170
承揽合同	Contractor	3075	3087	1316	64	815	838	54
运输合同	Transportation Contracts	1236	1249	633	21	308	278	9
知识产权合同	Intellectual property Right	12	10	5		2	3	
经营合同	Operating Contracts	2315	2386	1101	81	615	528	61
农村承包合同	Rural Contracts	74	104	55	4	21	21	3
电信合同	Telecommunication Contracts	209	214	8	6	150	50	
服务合同	Service Contracts	19068	19038	2888	419	10406	5247	78
劳动争议	Labour Contention	19295	19876	6873	455	3573	8785	190
劳务合同	Labour Contracts	8007	8019	3227	178	1923	2647	44
其他	Others	19947	19839	9773	543	4322	4951	250

22—21 人民法院婚姻家庭、继承、权属、侵权纠纷及其他民事一审案件收结案情况（2016年）

First Trial Civil Cases of Marriage and Family, Inheritance, Right and Infringement Disputes and Other Civil Cases Accepted and Settled by Courts (2016)

单位：件（case）

项目	Item	收案 Cases Accepted	结案 Cases Settled	判决 Hudgement	驳回起诉 Reject	撤诉 Withdrwal	调解 Mediation	其他 Other
总计	**Total**	**197007**	**198039**	**66802**	**4540**	**41127**	**60663**	**24907**
婚姻家庭	Marriage and Family	85667	86143	32431	684	22520	30010	498
继承	Inheritance	1502	1518	493	33	336	643	13
所有权及与所有权相关权利纠纷	Ownership and Related Right Disputes	9232	9278	3849	740	3000	1552	137
票据、证券权益纠纷	Rights and Interests Disputes of Bills and Securities	62	80	38	4	25	13	
股东权纠纷	Shareholder Right Disputes	1098	1104	612	44	289	131	28
知识产权	Intellectual Property Right	3948	3901	1008	7	1513	1322	51
不正当竞争纠纷	Illegitimate Competition Disputes	43	39	18		13	6	2
人身权纠纷	Personal Right Disputes	57055	57560	24290	253	7494	25379	144
特殊侵权纠纷	Special Infringement Disputes	4824	4797	2198	109	1246	1179	65
不当得利	Irrational Interests	2111	2090	854	114	729	346	47
无因管理	No Cause management	29	33	15		14	4	
适用特别程序案件	Cases Suitable for Special Procedure	30330	30450	383	2464	3732	1	23870
其他	Others	1106	1046	613	88	216	77	52

22—22 全省统计执法检查情况（2016年）
Statistical Law Enforcement Inspection Situation (2016)

地 区 Region	检查单位（个） Inspection Unit (unit)	统计违法行为（件） Statistical Illegal Activity (case)	立案案件（件） Put on Record Case (case)	结案案件（件） Settled Lawsuit Case (case)			
				总计 Total	按违法性质分 Grouped by Illegal Character		
					提供不真实或不完全整统计资料 Provide False or Incomplete Entire Statistics	拒报 Refusing to Report	迟报 Late Reported
总 计 Total	**9012**	**958**	**631**	**618**	**274**	**4**	**36**
合肥市 Hefei	1139	119	115	115	55		
淮北市 Huaibei	383	109	61	61	43		
亳州市 Bozhou	228	14	14	14	13		
宿州市 Suzhou	1184	178	40	37	24	1	2
蚌埠市 Bengbu	355	9	7	7	4		1
阜阳市 Fuyang	1366	127	122	120	29	3	7
淮南市 Huainan	247	38	35	29	16		2
滁州市 Chuzhou	633	41	31	31	10		4
六安市 Luan	306	28	28	28	14		
马鞍山市 Maanshan	315	19	14	14	9		2
芜湖市 Wuhu	986	70	62	62	14		10
宣城市 Xuancheng	527	26	26	26	1		1
铜陵市 Tongling	163	12	12	12	2		
池州市 Chizhou	146	13	13	13	5		6
安庆市 Anqing	427	18	18	16	4		1
黄山市 Huangshan	183	31	31	31	29		
广德县 Guangde	135	1	1	1	1		
宿松县 Susong	70						

地 区 Region	结案案件（件） Settled Lawsuit Case (case)						
	未按规定设置原始记录和统计台帐 Installing Original Records & Statistical Table Account Without the Regulation	其他 Other	按处理情况分 Grouped by Handling Situation				
			警告 Admonition	罚款 Fines		通报曝光 Reporting Exposure	其他 Other
				件数 Cases	金额（万元） Sum of Money (10000 yuan)		
总 计 Total	**288**	**16**	**487**	**85**	**111.8**	**172**	**39**
合肥市 Hefei	60		84	3	0.4	36	
淮北市 Huaibei	18		61	30	59.5		27
亳州市 Bozhou		1	14	8	7.1		1
宿州市 Suzhou	10		25	24	37.5	12	5
蚌埠市 Bengbu	2		5	1	0.2	1	
阜阳市 Fuyang	81		89	3	0.5	73	
淮南市 Huainan	11		22	2	0.4	9	
滁州市 Chuzhou	17		27				4
六安市 Luan	10	4	13			15	
马鞍山市 Maanshan	2	1	11	3	2.1		1
芜湖市 Wuhu	38		62				
宣城市 Xuancheng	14	10	26	1	0.1	1	
铜陵市 Tongling	10		3			9	
池州市 Chizhou	2		5			8	
安庆市 Anqing	11		8			8	
黄山市 Huangshan	2		31	8	3.8		1
广德县 Guangde			1	1	0.1		
宿松县 Susong							

22—23 交通和火灾事故发生情况
Basic Statistics on Traffic Accidents and Fires

指 标	Item	2000	2005	2010	2015	2016
交通事故发生数 (起)	Number of Traffic Accidents (case)	25809	17474	7714	13736	12795
一次性死亡三人以上事故	Accidents With More Than Three Deaths One Time	57	85	54	26	27
交通事故损失 (万元)	Losses of Traffic Accidents (10000 yuan)	7970.0	6118.0	2349.6	6122.5	6261.0
一次性死亡三人以上事故	Accidents With More Than Three Deaths One Time	304.0	306.0	116.6	181.2	350.0
火灾事故发生数 (起)	Number of Fires (case)	6099	9182	5174	10880	10181
特 大	Extraordinarily Serious	2	1	13		
重 大	Serious	8	6	47		
较 大	Larger				2	4
一 般	Ordinary	6089	9175	5114	10878	10177
火灾事故损失 (万元)	Losses of Fires (10000 yuan)	5704.0	3393.4	8474.3	11221.0	11501.0
特 大	Extraordinarily Serious	2373.0	361.5	2495.1		
重 大	Serious	358.0	370.9	2500.7		
较 大	Larger				74.0	1838.0
一 般	Ordinary	2973.0	2661.0	3478.5	11147.0	9663.0

22—24 交通事故情况（2016年）
Basic Statistics on Traffic Accidents (2016)

指 标	Region	发生数（起）Number of Araffic Accidents (case)	死亡人数（人）Number of Deaths (person)	受伤人数（人）Number of Injuries (person)	损失折款（万元）Losses Coverted Into Cash (10000 yuan)
总 计	**Total**	**12795**	**2644**	**14681**	**6261**
#一次性死亡三人以上事故	Accidents With More Than Three Deaths One Time	27	100	46	350
机动车	Motor-driven Vehicles	11844	2544	13438	6160
汽 车	Automobiles	9595	2162	10408	5800
摩托车	Motorcycles	3837	619	4937	1112
拖拉机	Tractors	527	144	585	155
农业运输车	Transport Vehicles for Agricultural Use	241	56	273	90
非机动车	Non-motor-driven Vehicles	5841	920	6781	1270
#自行车	Bicycles	415	103	384	72
#其它非机动车	Other Non-motor-driven Vehicles	5426	817	6397	1198
行人、乘车人	Pedestrians	5339	1497	8128	3300

注：机动车相关指标有重复计算。

a) Motor vehicle related indicators have repeated calculation.

22—25 主要年份火灾事故情况
Basic Statistics on Fires in Main Year

年份 Year	发生数(起) Number of Traffic Accidents (case)	死亡人数(人) Number of Deaths (person)	受伤人数(人) Number of Injuries (person)	直接经济损失(万元) Losses Converted into Cash (10 000 yuan)	人口火灾发生率(1/10万人) Average Number of Fires Per 100 Thousand Persons
2000	6099	79	148	6819.4	9.8
2005	9182	93	98	4956.1	11.8
2007	6755	60	36	5623.8	10.2
2008	5882	72	29	8618.6	8.7
2009	5475	45	24	8400.4	8.1
2010	5174	35	21	8474.3	8.0
2011	5400	33	13	5496.0	9.1
2012	5377	33	13	5293.0	7.8
2013	11706	61	56	16320.2	16.9
2014	12319	35	44	14043.6	17.8
2015	10880	28	47	11221.0	15.7
2016	10181	31	24	11501.0	14.5

22—26 火灾事故发生情况（2016年）
Basic Statistics on Fires (2016)

项目	Item	合计 Total	按事故发生程度分 By Serious Degree of Fires			
			特大 Extraordinarily Serious	重大 Serious	较大 Larger	一般 Ordinary
发生（起）	Fires (case)	10181			4	10177
死亡（人）	Deaths (person)	31			17	14
受伤（人）	Injuries (person)	24				24
损失折款（万元）	Losses Converted Into Cash (10000 yuan)	11501			1838	9663
平均每起事故损失（元）	Average Loss Per Fire (yuan)	11297			459489	9495

22—27 各市交通事故情况（2016年）
Basic Statistics on Traffic Accidents by Region (2016)

地 区	Region	合计 Total				城区 Urban Areas		
		发生数（起）Number of Traffic Accidents (case)	死亡人数（人）Number of Deaths (person)	受伤人数（人）Number of Injuries (person)	损失折款（万元）Losses Coverted Into Cash (10000 yuan)	发生数（起）Number of Traffic Accidents (case)	死亡人数（人）Number of Deaths (person)	受伤人数（人）Number of Injuries (person)
总 计	**Total**	**12795**	**2644**	**14681**	**6261**	**4740**	**956**	**5066**
合肥市	Hefei	1958	431	2161	1475	717	136	680
淮北市	Huaibei	473	68	590	156	221	29	284
亳州市	Bozhou	1061	183	1227	283	507	63	550
宿州市	Suzhou	659	193	749	220	257	69	282
蚌埠市	Bengbu	250	108	244	171	66	42	64
阜阳市	Fuyang	795	154	861	661	138	76	88
淮南市	Huainan	885	122	1081	284	381	63	440
滁州市	Chuzhou	417	173	351	379	146	40	162
六安市	Luan	1038	223	1297	422	487	100	592
马鞍山市	Maanshan	727	130	701	195	389	66	375
芜湖市	Wuhu	1335	217	1585	531	469	90	527
宣城市	Xuancheng	338	154	329	364	116	66	107
铜陵市	Tongling	440	53	474	145	363	13	383
池州市	Chizhou	342	103	426	173	55	32	38
安庆市	Anqing	1438	240	1834	589	159	55	170
黄山市	Huangshan	639	92	771	213	269	16	324

22—28 各市火灾事故情况（2016年）
Basic Statistics on Fires by Region (2016)

地 区	Region	发生数（起）Number of Fires (case)	死亡人数（人）Number of Deaths (person)	受伤人数（人）Number of Injuries (person)	直接经济损失（万元）Direct Losses (10000 yuan)	人口火灾发生率（1/10万人）Average Number of Fires Per 100 Thousand People
总 计	**Total**	**10181**	**31**	**24**	**11501**	**14.5**
合肥市	Hefei	2405	3		1047	33.0
淮北市	Huaibei	899		1	363	40.9
亳州市	Bozhou	170	8	1	672	2.6
宿州市	Suzhou	209		2	509	3.2
蚌埠市	Bengbu	563			317	14.8
阜阳市	Fuyang	306	12	6	1701	2.9
淮南市	Huainan	925		5	1157	23.7
滁州市	Chuzhou	1184	1		576	26.3
六安市	Luan	758	1		1154	12.9
马鞍山市	Maanshan	879	1		542	38.2
芜湖市	Wuhu	316	1		748	8.1
宣城市	Xuancheng	855			520	30.5
铜陵市	Tongling	114			513	6.7
池州市	Chizhou	89	1	5	383	5.6
安庆市	Anqing	196	3		830	3.7
黄山市	Huangshan	313		4	469	20.9

22—29 灾 害 情 况（2016年）
Statistics on Disasters (2016)

项　目	Item	自然灾害直接经济损失（亿元）Direct Losses of Natural Disasters (100 million yuan)	农业经济损失 Agricultural Losses	农作物灾害（万公顷）Area of Crop Disaster (10000 hectare) 受灾面积 Areas Covered	绝收面积 Areas of Total Crop Failure	受灾人口（万人）Population Covered (10000 persons)
总　计	**Total**	**524.86**	**203.70**	**125.99**	**42.31**	**1314.89**
#旱　灾	Drought	14.16	14.16	17.95	5.94	111.39
洪涝灾	Floods	507.84	187.18	105.44	36.28	1182.05

22—30 救 灾 情 况
Statistics on Disaster Relief

单位：万元　(10000 yuan)

项　目	Item	财政资金投入 Investment of Financial Fund		接受捐赠下拨 Appropriation to Lower Levels From Donation	
		2015	2016	2015	2016
总　计	**Total**	**33611**	**69052**	**345.0**	**8827.4**
中　央	Central Government	29492	47200		
省　级	Provincial-level	2175	13790		142.7
地　市	Prefecture-level	716	2226		2837.7
县　级	County-level	1228	5836	345.0	5847.0

22-31 福 利 彩 票
Welfare Lottery

项　目	Item	2015	2016
福利彩票发行额（亿元）	Circulation of Welfare Lottery (100 million yuan)	65.63	68.16
福利彩票公益金提取额（亿元）	Public Welfare Funds Drawn from Welfare Lottery (100 million yuan)	18.07	19.27

22-32 体 育 彩 票
Sport Lottery

项　目	Item	2015	2016
体育彩票销售额（亿元）	Circulation of Sport Lottery (100 million yuan)	50.72	52.10
体育彩票公益金提取额（亿元）	Public Welfare Funds Drawn from Sport Lottery (100 million yuan)	11.45	12.88

主要统计指标解释

律师

指依法取得律师执业证书，接受委托或者指定，为当事人提供法律服务的执业人员。

公证人员

指在公证处工作的人员总称，包括公证处主任、副主任、公证员、公证员助理和其他从事辅助性工作的人员。

公证文书

指公证处根据当事人申请，依照事实和法律，按照法定程序制作的，具有法律效力的司法证明文书。

调解人员

指在人民调解委员会担负调解民间一般民事纠纷和轻微违法行为引起纠纷的工作人员，包括调解委员会的委员和调解小组的调解员。

调解民间纠纷

指调解委员会依照法律规定，根据自愿原则，用说服教育的方法调解民间发生的有关民事权利和义务的争执，促成当事双方达到协议和谅解，解决纠纷。包括婚姻家庭纠纷，财产权益纠纷等，不包括法院受理调解的民事案件数。

特别重大火灾

指造成 30 人以上死亡，或者 100 人以上重伤，或者 1 亿元以上直接财产损失的火灾。

重大火灾

指造成 10 人以上 30 人以下死亡，或者 50 人以上 100 人以下重伤，或者 5000 万元以上 1 亿元以下直接财产损失的火灾。

较大火灾

指造成 3 人以上 10 人以下死亡，或者 10 人以上 50 人以下重伤，或者 1000 万元以上 5000 万元以下直接财产损失的火灾。

一般火灾

指造成 3 人以下死亡，或者 10 人以下重伤，或者 1000 万元以下直接财产损失的火灾。

人民检察院直接立案侦查案件

指按照管辖的规定，由人民检察院直接立案侦查的贪污贿赂犯罪、渎职犯罪、国家机关工作人员利用职权实施的侵犯公民人身权利和民主权利的犯罪以及经省级人民检察院决定立案侦查的国家机关工作人员利用职权实施的其他重大犯罪案件。

立案

指检察机关对犯罪线索进行初步调查后，认为存在职务犯罪事实并需要追究刑事责任时，依法决定作为刑事案件进行侦查的诉讼活动，是追究犯罪的开始。

大案

贪污贿赂犯罪案件指贪污、贿赂数额在 5 万元以上，挪用公款案在 10 万元以上，其他案件在 50 万元以上。渎职犯罪大案一般为直接经济损失 5 万元以上，死亡 1 人以上或者重伤 3 人以上的案件；或虽然没有造成经济损失和伤亡，但犯罪情节恶劣或造成严重后果的案件。

要案

指县、处级以上干部的犯罪案件。该指标主要反映职务犯罪案件中县、处级以上干部被人民检察院依法立案侦查的情况。

青少年罪犯

指人民法院在报告期内判决发生法律效力的有罪判决中 14 周岁以上不满 25 周岁的罪犯。其中 14 周岁以上不满 18 周岁的罪犯为未成年罪犯。

行政案件

指公民、法人和其他组织不服行政机关作出的具体行政行为，向人民法院提起行政诉讼，人民法院依法审理的案件。

单独赔偿

指单独提起行政赔偿的案件。当事人对行政行为的合法性没有争议，就行政侵权造成的损害赔偿单独提起赔偿诉讼。

受理劳动争议案件数

指劳动争议仲裁委员会根据国家有关规定，对劳动争议当事人的申请予以审查，符合受理条件而正式立案、准备处理的劳动争议案件数。

收案

是指人民法院在报告期（月、季、年）内对符合诉讼法规定的立案条件，已决定立案的案件数。

结案

是指人民法院在统计报告期内，审理完毕或认为不需要再审理，决定结束审理或者做出实体或程序方面处理的案件数。

Explanatory Notes for Major Statistical Indicators

Lawyers

refers to the legally obtained a lawyer's practice certificate, accept entrust or specify, for the parties to provide legal services practitioners.

Notary Personnel

refers to the floorboard of notarization work personnel, including the notary office director and deputy director, notaries, assistant notaries, and other personnel engaged in the work of supporting.

Notary Documents

refer to the judicial notary documents drawn up at the request of the interested party and are in accordance with facts and the law and following certain legal proceedings.

Mediators

refer to workers on people's mediation committees responsible for mediating in civil disputes and cases of slight infraction of the law. They include members of the mediation committees and mediators of mediation groups.

Mediation of Civil Disputes

refers to mediation committees' work in mediating in civil disputes concerning civil rights and duties through persuasion and education in accordance with the provisions of law on a voluntary basis, so as to solve disputes by helping the parties involved come to an agreement and understanding. These disputes include divorce cases and disputes over property ownership, but exclude the civil cases to be handled by the court.

Especially big fire

refers to a case which has caused over 30 deaths; or over 100 serious injuries; or a direct property loss over 100 million yuan.

Serious Fire Case

refers to a case which has caused over 10 to 30 deaths; or over 50 to 100 serious injuries; or a direct property loss over 50 million to 100 million yuan.

Big fire

refers to the three people above 10 people died here, or at least 10 people under 50 people seriously injured, or 10 million yuan and 50 million yuan the following direct property losses of fire.

Ordinary Fire Case

refers to a case which has caused less than three deaths; or less than 10 serious injuries; or a direct property loss less than 10 million yuan.

Cases Registered and Handled Directly by People's Procuratorate Offices

refer to those serious criminal cases that, according to the functional jurisdiction, are registered and handled by the People's Procuratorate Offices, including the ones on bribery and corruption, the ones on abuse and dereliction of duty, offences against citizens' personal and democratic rights by government officials abusing their powers; and that are registered and handled by the provincial Procuratorate offices in relation to other major crimes committed by government officials by abusing their powers.

Acceptance of Case

refers to the decision made by the procurators office to confirm the act of crime after initial investigation and to start legal proceedings of the case as criminal case.

Large Case

In case of corruption and bribery, it refers to the case involves a bribery of over 50000 yuan, or a misappropriation of over 100000, or other cases involving 500000 yuan. In case of offence on dereliction of duty, it refers to the case that causes an economic loss of over 50000, loss of one life, or severe injury of 3 persons; or a case that displays extremely disgusting behavior of the offender or results in grave aftermath.

Key Cases

refer to crimes committed by county and director-level officials. This indicator reflects the situation of those county and director-level officials involved in criminal cases registered and handled by People's Procuratorate offices.

Juvenile Criminals

refers to the offenders within the age range of 14 to 25 convicted guilty by the court during the reporting period while those between 14 and 18 are defined as minor offenders.

Administrative Cases

refers to the cases filed by citizens, corporations and other organizations against the specific administrative conducts of administrative authorities and handled by the court.

Separate Compensation

refers to cases that are separately filed for administrative compensation by the party who has no dispute on the legality of administrative conducts but brings proceedings separately to claim for damages caused by administrative tort.

Number of Labour Disputes Cases Accepted

refers to the number of cases of labour disputes submitted that, after being reviewed by the labour dispute arbitration committees in line with the relevant national regulations, are accepted and registered for treatment.

Cases Accepted

refers to the number of cases During the report period (month ,season ,year) that meet the specification of procedural law: and are determined in Acceptance of Cases.

Cases Settled

refers to the number of cases During the report period that are finished or need not checked, are determined in finishing and are Made a substantive or procedural aspects of processing.

第二十三篇

Chapter 23

省级和县级主要经济指标及位次

MAIN ECONOMIC INDICATORS AND THEIR ORDERS OF PRECEDENCE OF PROVINCE AND COUNTY

简要说明

一、本篇包括全国分省(市)主要年份经济指标及位次和本省县级主要经济指标及位次。

二、各县资料均来自本年鉴各篇。

三、人均指标依据年平均人数计算。

Brief Introduction

I. This chapter includes main economic indicators and their orders of precedence of provinces and counties of Anhui in major years.

II. Data of counties are extracted from the concerned data in other chapters in this yearbook.

III. Per capita indicators are calculated in accordance with annual average population.

23—1 全国分省（市）主要年份生产总值及位次

Gross Domestic Product and Their Orders of Precedence in Major Years by Province or City

本表按当年价格计算 (Data in value terms in this table are calculated at current prices.) 单位：亿元（100 million yuan）

省（市） Province or City	2000	位次 Order of Precedence	2005	位次 Order of Precedence	2010	位次 Order of Precedence	2015	位次 Order of Precedence	2016	位次 Order of Precedence
全国 National Total	**100280**		**187319**		**413030**		**685506**		**744127**	
北京 Beijing	3161.66	13	6969.52	10	14113.58	13	23014.59	13	24899.26	12
天津 Tianjin	1701.88	23	3905.64	20	9224.46	20	16538.19	19	17885.39	19
河北 Hebei	5043.96	6	10012.11	6	20394.26	6	29806.11	7	31827.86	8
山西 Shanxi	1845.72	20	4230.53	16	9200.86	21	12766.49	24	12928.34	24
内蒙古 Inner Mongolia	1539.12	24	3905.03	21	11672.00	15	17831.51	16	18632.57	16
辽宁 Liaoning	4669.06	8	8047.26	8	18457.27	7	28669.02	10	22037.88	14
吉林 Jilin	1951.51	19	3620.27	22	8667.58	22	14063.13	22	14886.23	22
黑龙江 Heilongjiang	3151.40	14	5513.70	14	10368.60	16	15083.67	21	15386.09	21
上海 Shanghai	4771.17	7	9247.66	7	17165.98	9	25123.45	12	27466.15	11
江苏 Jiangsu	8553.69	2	18598.69	2	41425.48	2	70116.38	2	76086.17	2
浙江 Zhejiang	6141.03	4	13417.68	4	27722.31	4	42886.49	4	46484.98	4
安徽 Anhui	**2902.09**	**15**	**5350.17**	**15**	**12359.33**	**14**	**22005.63**	**14**	**24117.89**	**13**
福建 Fujian	3764.54	10	6554.69	13	14737.12	12	25979.82	11	28519.15	10
江西 Jiangxi	2003.07	18	4056.76	17	9451.26	19	16723.78	18	18364.41	17
山东 Shandong	8337.47	3	18366.87	3	39169.92	3	63002.33	3	67008.19	3
河南 Henan	5052.99	5	10587.42	5	23092.36	5	37002.16	5	40160.01	5
湖北 Hubei	3545.39	12	6590.19	12	15967.61	11	29550.19	8	32297.91	7
湖南 Hunan	3551.49	11	6596.10	11	16037.96	10	28902.21	9	31244.68	9
广东 Guangdong	10741.25	1	22557.37	1	46013.06	1	72812.55	1	79512.05	1
广西 Guangxi	2080.04	16	3984.10	18	9569.85	18	16803.12	17	18245.07	18
海南 Hainan	526.82	28	918.75	28	2064.50	28	3702.76	28	4044.51	28
重庆 Chongqing	1791.00	22	3467.72	23	7925.58	23	15717.27	20	17558.76	20
四川 Sichuan	3928.20	9	7385.10	9	17185.48	8	30053.10	6	32680.50	6
贵州 Guizhou	1029.92	27	2005.42	26	4602.16	26	10502.56	25	11734.43	25
云南 Yunnan	2011.19	17	3462.73	24	7224.18	24	13619.17	23	14869.95	23
西藏 Tibet	117.80	31	248.80	31	507.46	31	1026.39	31	1150.07	31
陕西 Shanxi	1804.00	21	3933.72	19	10123.48	17	18021.86	15	19165.39	15
甘肃 Gansu	1052.88	26	1933.98	27	4120.75	27	6790.32	27	7152.04	27
青海 Qinghai	263.68	30	543.32	30	1350.43	30	2417.05	30	2572.49	30
宁夏 Ningxia	295.02	29	612.61	29	1689.65	29	2911.77	29	3150.06	29
新疆 Xinjiang	1363.56	25	2604.19	25	5437.47	25	9324.80	25	9617.23	26

注：1. 因分级核算，各省、市、自治区汇总数不等于全国数据。（下同）

2. 各省、市、自治区2016年数据为初步核算数据。（下同）

a) Because of the sizing calculation, the provinces, municipalities and autonomous regions hui is not equal to the total data (The same below).

b) Provincial, municipal and autonomous regions 2016 data for the initial accounting data. (The same below)

23—2 全国分省（市）主要年份生产总值第一产业及位次

Gross Domestic Product of Precedence and Their Orders of Precedence by Province or City

本表按当年价格计算 (Data in value terms in this table are calculated at current prices.) 单位：亿元（100 million yuan）

省（市） Province or City	2000	位次 Order of Prece-dence	2005	位次 Order of Prece-dence	2010	位次 Order of Prece-dence	2015	位次 Order of Prece-dence	2016	位次 Order of Prece-dence
全　国 National Total	**14717**		**21807**		**39362**		**60871**		**63671**	
北　京 Beijing	79.25	27	88.68	28	124.36	29	140.21	29	129.58	29
天　津 Tianjin	73.69	28	112.38	26	145.58	27	208.82	28	220.22	28
河　北 Hebei	824.55	6	1400.00	6	2562.81	3	3439.45	5	3492.81	8
山　西 Shanxi	179.86	25	262.42	25	554.48	24	783.16	25	784.57	25
内蒙古 Inner Mongolia	350.80	18	589.56	18	1095.28	17	1617.42	18	1628.65	20
辽　宁 Liaoning	503.44	13	882.41	12	1631.08	11	2384.03	12	2173.04	14
吉　林 Jilin	398.73	16	625.61	17	1050.15	19	1596.28	20	1498.52	21
黑龙江 Heilongjiang	383.15	17	684.60	15	1302.90	14	2633.50	9	2670.46	10
上　海 Shanghai	76.68	26	90.26	27	114.15	30	109.82	30	109.47	30
江　苏 Jiangsu	1048.34	3	1461.51	4	2540.10	4	3986.05	3	4078.48	3
浙　江 Zhejiang	630.98	11	892.83	11	1360.56	13	1832.91	15	1966.54	15
安　徽 Anhui	**741.77**	**8**	**966.50**	**9**	**1729.02**	**9**	**2456.69**	**11**	**2567.72**	**11**
福　建 Fujian	640.57	10	827.36	13	1363.67	12	2118.10	13	2364.14	12
江　西 Jiangxi	485.14	14	727.37	14	1206.98	15	1772.98	16	1904.53	16
山　东 Shandong	1268.57	1	1963.51	1	3588.28	1	4979.08	1	4929.13	1
河　南 Henan	1161.58	2	1892.01	2	3258.09	2	4209.56	2	4286.30	2
湖　北 Hubei	662.30	9	1082.13	8	2147.00	8	3309.84	8	3499.30	7
湖　南 Hunan	784.92	7	1100.65	7	2325.50	6	3331.62	7	3578.37	6
广　东 Guangdong	986.32	4	1428.27	5	2286.98	7	3345.54	6	3693.58	5
广　西 Guangxi	557.38	12	912.50	10	1675.06	10	2565.45	10	2798.61	9
海　南 Hainan	192.00	24	300.75	24	539.83	25	854.72	24	970.93	24
重　庆 Chongqing	284.87	20	463.40	20	685.38	21	1150.15	22	1303.24	22
四　川 Sichuan	945.58	5	1481.14	3	2482.89	5	3677.30	4	3924.08	4
贵　州 Guizhou	271.20	21	368.94	22	625.03	22	1640.61	17	1846.54	17
云　南 Yunnan	431.80	15	661.69	16	1108.38	16	2055.78	14	2195.04	13
西　藏 Tibet	36.39	31	48.04	31	68.72	31	98.04	31	104.98	31
陕　西 Shanxi	258.22	22	435.77	21	988.45	20	1597.63	19	1693.84	18
甘　肃 Gansu	194.10	23	308.06	23	599.28	23	954.09	23	973.47	23
青　海 Qinghai	40.12	30	65.34	30	134.92	28	208.93	27	221.19	27
宁　夏 Ningxia	46.03	29	72.07	29	159.29	26	237.76	26	239.96	26
新　疆 Xinjiang	288.18	19	509.99	19	1078.63	18	1559.08	21	1648.97	19

23—3 全国分省（市）主要年份生产总值第二产业及位次

Gross Domestic Product of Secondary Industry and Their Orders of Precedence in Major Years by Province or City

本表按当年价格计算 (Data in value terms in this table are calculated at current prices.)　　单位：亿元（100 million yuan）

省（市）	Province or City	2000	位次 Order of Precedence	2005	位次 Order of Precedence	2010	位次 Order of Precedence	2015	位次 Order of Precedence	2016	位次 Order of Precedence
全国	**National Total**	**45665**		**88084**		**191630**		**280560**		**296236**	
北京	Beijing	1033.29	15	2026.51	17	3388.38	23	4542.64	24	4774.38	23
天津	Tianjin	863.83	16	2135.07	16	4840.23	19	7704.22	18	8003.87	17
河北	Hebei	2514.96	5	5271.57	6	10707.68	6	14386.87	6	15058.51	6
山西	Shanxi	858.37	17	2357.04	14	5234.00	16	5194.27	22	4926.40	22
内蒙古	Inner Mongolia	582.57	24	1773.21	20	6367.69	14	9000.58	14	9078.87	13
辽宁	Liaoning	2344.40	6	3869.40	8	9976.82	7	13041.97	10	8504.84	15
吉林	Jilin	768.89	20	1580.83	21	4506.31	21	7005.71	20	7147.18	20
黑龙江	Heilongjiang	1731.70	9	2971.68	11	5204.11	17	4798.08	23	4441.38	25
上海	Shanghai	2207.63	8	4381.20	7	7218.32	12	7991.00	16	7994.34	18
江苏	Jiangsu	4435.89	2	10524.96	2	21753.93	2	32044.45	2	33855.73	2
浙江	Zhejiang	3273.93	4	7164.75	4	14297.93	4	19711.67	4	20517.83	4
安徽	**Anhui**	**1056.78**	**14**	**2245.90**	**15**	**6436.62**	**13**	**10946.83**	**12**	**11590.25**	**11**
福建	Fujian	1628.45	10	3175.92	9	7522.83	10	13064.82	9	13912.73	9
江西	Jiangxi	700.76	22	1917.47	19	5122.88	18	8411.57	15	9032.05	14
山东	Shandong	4164.45	3	10478.62	3	21238.49	3	29485.90	3	30410.03	3
河南	Henan	2294.15	7	5514.14	5	13226.38	5	17917.37	5	19055.44	5
湖北	Hubei	1437.38	11	2852.12	12	7767.24	9	13503.56	7	14375.13	7
湖南	Hunan	1293.18	13	2612.57	13	7343.19	11	12810.82	11	13180.97	10
广东	Guangdong	4999.51	1	11356.60	1	23014.53	1	32613.54	1	34372.46	1
广西	Guangxi	732.76	21	1510.68	23	4511.68	20	7717.52	17	8219.86	16
海南	Hainan	103.97	30	240.83	30	571.00	30	875.82	30	901.68	30
重庆	Chongqing	760.03	23	1564.00	22	4359.12	22	7069.37	19	7755.16	19
四川	Sichuan	1433.11	12	3067.23	10	8672.18	8	13248.08	8	13924.73	8
贵州	Guizhou	391.20	27	821.16	27	1800.06	27	4147.83	25	4636.74	24
云南	Yunnan	833.25	18	1426.42	24	3223.49	24	5416.12	21	5799.34	21
西藏	Tibet	27.05	31	63.52	31	163.92	31	376.19	31	429.92	31
陕西	Shanxi	782.58	19	1951.36	18	5446.10	15	9082.13	13	9390.88	12
甘肃	Gansu	421.65	26	838.56	26	1984.97	26	2494.77	27	2491.53	27
青海	Qinghai	108.83	29	264.61	29	744.63	29	1207.31	29	1249.98	29
宁夏	Ningxia	121.43	28	281.05	28	827.91	28	1379.60	28	1475.51	28
新疆	Xinjiang	537.58	25	1164.79	25	2592.15	25	3596.40	26	3585.22	26

23—4 全国分省（市）主要年份生产总值第三产业及位次

Gross Domestic Product of Precedence Industry and Their Orders of Precedence in Main Years by Province or City

本表按当年价格计算 (Data in value terms in this table are calculated at current prices.) 单位：亿元（100 million yuan）

省（市）	Province or City	2000	位次 Order of Prece-dence	2005	位次 Order of Prece-dence	2010	位次 Order of Prece-dence	2015	位次 Order of Prece-dence	2016	位次 Order of Prece-dence
全　国	**National Total**	**39898**		**77428**		**182038**		**344075**		**384221**	
北　京	Beijing	2049.12	6	4854.33	5	10600.84	5	18331.74	5	19995.30	5
天　津	Tianjin	764.36	20	1658.19	16	4238.65	14	8625.15	14	9661.30	15
河　北	Hebei	1704.45	8	3340.54	7	7123.77	7	11979.79	12	13276.54	11
山　西	Shanxi	807.49	18	1611.07	17	3412.38	19	6789.06	20	7217.37	22
内蒙古	Inner Mongolia	605.74	24	1542.26	20	4209.02	15	7213.51	19	7925.05	19
辽　宁	Liaoning	1821.20	7	3295.45	8	6849.37	8	13243.02	8	11360.00	13
吉　林	Jilin	783.89	19	1413.83	22	3111.12	22	5461.14	24	6240.53	24
黑龙江	Heilongjiang	1036.55	15	1857.42	15	3861.59	17	7652.09	16	8274.25	17
上　海	Shanghai	2486.86	4	4776.20	6	9833.51	6	17022.63	6	19362.34	6
江　苏	Jiangsu	3069.46	2	6612.22	2	17131.45	2	34085.88	2	38151.96	2
浙　江	Zhejiang	2236.12	5	5360.10	4	12063.82	4	21341.91	4	24000.61	4
安　徽	**Anhui**	**1103.54**	**14**	**2137.77**	**14**	**4193.69**	**16**	**8602.11**	**15**	**9959.92**	**14**
福　建	Fujian	1495.52	11	2551.41	13	5850.62	13	10796.90	13	12242.28	12
江　西	Jiangxi	817.17	16	1411.92	23	3121.40	21	6539.23	21	7427.83	20
山　东	Shandong	2904.45	3	5924.74	3	14343.14	3	28537.35	3	31669.03	3
河　南	Henan	1597.26	9	3181.27	9	6607.89	9	14875.23	7	16818.27	7
湖　北	Hubei	1445.71	13	2655.94	12	6053.37	11	12736.79	11	14423.48	10
湖　南	Hunan	1473.39	12	2882.88	10	6369.27	10	12759.77	10	14485.34	9
广　东	Guangdong	4755.42	1	9772.50	1	20711.55	1	36853.47	1	41446.01	1
广　西	Guangxi	789.90	17	1560.92	18	3383.11	20	6520.15	22	7226.60	21
海　南	Hainan	230.85	28	377.17	28	953.67	28	1972.22	28	2171.90	28
重　庆	Chongqing	746.10	23	1440.32	21	2881.08	24	7497.75	17	8500.36	16
四　川	Sichuan	1549.51	10	2836.73	11	6030.41	12	13127.72	9	14831.69	8
贵　州	Guizhou	367.52	27	815.32	26	2177.07	25	4714.12	25	5251.15	25
云　南	Yunnan	746.14	22	1374.62	24	2892.31	23	6147.27	23	6875.57	23
西　藏	Tibet	54.37	31	137.24	31	274.82	31	552.16	31	615.17	31
陕　西	Shanxi	763.20	21	1546.59	19	3688.93	18	7342.10	18	8080.67	18
甘　肃	Gansu	437.13	26	787.36	27	1536.50	27	3341.46	27	3687.04	27
青　海	Qinghai	114.73	30	213.37	30	470.88	30	1000.81	30	1101.32	30
宁　夏	Ningxia	127.56	29	259.49	29	702.45	29	1294.41	29	1434.59	29
新　疆	Xinjiang	537.80	25	929.41	25	1766.69	26	4169.32	26	4383.04	26

23—5 全国分省（市）主要年份城镇固定资产投资及位次

Urban Investment in Fixed Assets and Their Orders of Precedence in Main Years by Province or City

单位：亿元（100 million yuan）

省（市） Province or City	2000	位次 Order of Precedence	2005	位次 Order of Precedence	2010	位次 Order of Precedence	2015	位次 Order of Precedence	2016	位次 Order of Precedence
全国 National Total	**24243**		**75096.48**		**270251.99**		**551590.04**		**596500.75**	
北京 Beijing	1186	6	2595.41	10	5350.84	22	7446.02	26	7888.69	25
天津 Tianjin	526	17	1367.48	24	6252.22	20	11814.57	21	12756.36	21
河北 Hebei	1048	7	3361.65	7	14621.72	6	28905.74	5	31340.07	5
山西 Shanxi	457	22	1671.91	19	5845.23	21	13744.59	17	13859.35	18
内蒙古 Inner Mongolia	347	24	2563.54	11	8838.67	12	13529.15	18	14893.96	17
辽宁 Liaoning	1028	8	3669.71	5	15793.64	4	17640.37	13	6436.33	27
吉林 Jilin	485	20	1595.92	21	7695.62	16	12508.59	20	13773.17	19
黑龙江 Heilongjiang	741	13	1638.17	20	6495.85	19	9884.28	24	10432.55	22
上海 Shanghai	1679	2	3198.57	8	5106.86	24	6349.39	27	6751.68	26
江苏 Jiangsu	1645	3	6211.87	2	22809.04	1	45905.17	2	49370.85	2
浙江 Zhejiang	1445	5	4756.95	4	11980.32	8	26664.72	6	29571.00	6
安徽 Anhui	**576**	**15**	**2140.03**	**14**	**11104.35**	**9**	**23803.93**	**10**	**26577.37**	**10**
福建 Fujian	810	12	1970.12	15	7992.46	14	20973.98	11	22927.99	11
江西 Jiangxi	322	25	1933.93	16	8470.19	13	16993.90	14	19378.69	13
山东 Shandong	1564	4	7274.83	1	22585.11	2	47381.46	1	52364.49	1
河南 Henan	885	11	3528.29	6	15799.22	3	34951.28	3	39753.93	3
湖北 Hubei	988	10	2433.23	12	9959.91	10	26086.42	7	29503.88	7
湖南 Hunan	634	14	2174.91	13	9301.29	11	24324.17	9	27688.45	9
广东 Guangdong	2536	1	5760.73	3	15270.71	5	29950.48	4	32947.30	4
广西 Guangxi	398	23	1554.25	22	6719.29	17	15654.95	15	17652.95	14
海南 Hainan	150	28	351.51	29	1278.62	29	3355.40	29	3747.03	28
重庆 Chongqing	459	21	1786.43	17	6597.78	18	14208.15	16	15931.78	15
四川 Sichuan	1016	9	2989.60	9	12552.58	7	24965.56	8	28229.79	8
贵州 Guizhou	288	27	916.09	26	2945.78	27	10676.70	22	12929.17	20
云南 Yunnan	504	19	1550.18	23	5308.93	23	13069.39	19	15662.49	16
西藏 Tibet	49	31	187.22	31	463.26	31	1295.68	31	1596.05	31
陕西 Shanxi	529	16	1761.18	18	7744.17	15	18231.03	12	20474.85	12
甘肃 Gansu	322	26	790.22	27	3054.73	26	8626.60	25	9534.10	24
青海 Qinghai	132	29	312.56	30	967.44	30	3144.17	30	3455.51	30
宁夏 Ningxia	124	30	382.71	28	1397.52	28	3426.42	28	3709.04	29
新疆 Xinjiang	520	18	1210.09	25	3274.20	25	10525.42	23	9983.86	23

注：各省数据不包括跨地区项目投资。

a) Every provincial data does not include inter-regional project investment.

23—6 全国分省（市）主要年份农林牧渔业总产值及位次

Gross Output Value of Farming, Forestry, Animal Husbandry, and Fishery and Their Orders of Precedence in Main Years by Province or City

本表按当年价格计算 (Data in value terms in this table are calculated at current prices.) 单位：亿元（100 million yuan）

省（市）	Province or City	2000	位次 Order of Precedence	2005	位次 Order of Precedence	2010	位次 Order of Precedence	2015	位次 Order of Precedence	2016	位次 Order of Precedence
全 国	**National Total**	**24777**		**39450.89**		**69319.76**		**107056.36**		**112091.26**	
北 京	Beijing	195	27	268.85	26	328.02	26	368.24	28	338.06	29
天 津	Tianjin	156	28	258.41	27	317.33	27	467.44	27	494.44	26
河 北	Hebei	1549	5	2600.83	3	4309.42	3	5978.88	5	6083.86	6
山 西	Shanxi	302	25	483.80	24	1047.85	22	1522.64	24	1534.03	24
内蒙古	Inner Mongolia	518	18	980.21	18	1843.57	18	2751.55	20	2794.22	20
辽 宁	Liaoning	967	12	1671.57	9	3106.53	9	4686.71	10	4421.78	12
吉 林	Jilin	598	17	1050.49	17	1850.28	16	2880.62	16	2724.88	21
黑龙江	Heilongjiang	625	16	1294.41	14	2536.30	12	5044.93	9	5197.75	9
上 海	Shanghai	216	26	233.39	28	287.03	29	302.62	30	285.09	30
江 苏	Jiangsu	1874	3	2576.98	4	4297.14	4	7030.76	3	7235.06	3
浙 江	Zhejiang	1040	10	1428.28	12	2172.86	14	2933.44	15	3146.06	15
安 徽	**Anhui**	**1220**	**7**	**1666.19**	**10**	**2955.45**	**10**	**4390.80**	**11**	**4655.53**	**10**
福 建	Fujian	1029	11	1396.15	13	2307.06	13	3717.87	13	4155.68	13
江 西	Jiangxi	760	14	1142.99	15	1900.58	15	2859.10	17	3130.29	16
山 东	Shandong	2294	1	3741.81	1	6650.94	1	9549.63	1	9325.89	1
河 南	Henan	1981	2	3309.70	2	5734.20	2	7641.27	2	7799.67	2
湖 北	Hubei	1126	9	1775.58	8	3501.99	8	5728.56	6	6278.35	5
湖 南	Hunan	1219	8	2056.24	7	3787.47	6	5630.75	7	6081.92	7
广 东	Guangdong	1632	4	2447.57	6	3754.86	7	5520.03	8	6078.43	8
广 西	Guangxi	827	13	1448.37	11	2720.99	11	4197.12	12	4591.37	11
海 南	Hainan	309	24	475.88	25	821.31	25	1323.91	25	1470.41	25
重 庆	Chongqing	413	21	662.19	21	1021.13	23	1738.15	22	1968.28	22
四 川	Sichuan	1370	6	2457.46	5	4081.81	5	6377.84	4	6831.08	4
贵 州	Guizhou	412	22	571.84	22	997.82	24	2738.67	21	3097.19	17
云 南	Yunnan	680	15	1068.58	16	1810.53	19	3383.09	14	3633.12	14
西 藏	Tibet			67.74	31	100.77	31	149.46	31	172.97	31
陕 西	Shanxi	472	20	730.72	20	1666.06	20	2813.50	18	2985.76	18
甘 肃	Gansu	323	23	521.53	23	1057.02	21	1722.09	23	1778.00	23
青 海	Qinghai	58	30	94.04	30	201.32	30	319.27	29	338.80	28
宁 夏	Ningxia	78	29	138.00	29	305.94	28	483.02	26	493.60	27
新 疆	Xinjiang	487	19	831.06	19	1846.18	17	2804.42	19	2969.70	19

23—7 全国分省（市）主要年份工业增加值及位次
Value-added of Industry and Their Orders of Precedence in Main Years by Province or City

本表按当年价格计算 (Data in value terms in this table are calculated at current prices.) 单位：亿元（100 million yuan）

省（市）	Province or City	2000	位次 Order of Precedence	2005	位次 Order of Precedence	2010年比上年增长位次 Compared to Last Year	2015年比上年增长位次 Compared to Last Year	2016年比上年增长位次 Compared to Last Year
全国	**National Total**	**25394.80**		**66425.20**				
北京	Beijing	722.65	12	1705.40	15	27	27	24
天津	Tianjin	630.09	14	1783.00	13	1	4	6
河北	Hebei	1132.66	8	3219.00	7	22	25	25
山西	Shanxi	428.71	19	1712.00	14	8	30	29
内蒙古	Inner Mongolia	279.54	24	1135.50	20	14	7	15
辽宁	Liaoning	1194.03	7	3007.40	8	18	31	31
吉林	Jilin	496.19	18	1200.80	19	12	22	21
黑龙江	Heilongjiang	1213.05	6	2166.30	10	26	28	28
上海	Shanghai	1687.18	4	3994.70	5	17	29	29
江苏	Jiangsu	2604.37	2	8054.00	3	24	11	10
浙江	Zhejiang	1560.11	5	4904.70	4	23	25	22
安徽	**Anhui**	**507.38**	**17**	**1373.90**	**17**	**4**	**7**	**5**
福建	Fujian	797.12	11	2235.20	9	11	6	11
江西	Jiangxi	269.73	25	828.50	24	9	5	4
山东	Shandong	2549.35	3	8411.90	1	27	17	18
河南	Henan	1116.39	9	3228.00	6	14	7	7
湖北	Hubei	1011.77	10	1847.90	12	4	7	7
湖南	Hunan	528.06	16	1535.90	16	7	14	16
广东	Guangdong	3423.86	1	8290.00	2	19	18	19
广西	Guangxi	323.88	22	833.10	23	1	12	12
海南	Hainan	63.25	30	138.00	30	16	24	27
重庆	Chongqing	283.73	23	716.40	25	1	2	2
四川	Sichuan	662.44	13	2034.40	11	6	12	9
贵州	Guizhou	216.99	27	561.60	27	25	3	3
云南	Yunnan	531.47	15	1018.10	21	27	21	20
西藏	Tibet	9.25	31	17.40	31	30	1	1
陕西	Shanxi	411.17	20	1267.20	18	13	19	16
甘肃	Gansu	244.73	26	601.80	26	21	20	22
青海	Qinghai	63.34	29	179.50	29	10	16	12
宁夏	Ningxia	73.68	28	202.30	28	19	14	12
新疆	Xinjiang	356.62	21	933.30	22	31	23	26

注：工业为月度快报口径。
a) Data in the table are preliminary statistics.

23—8 全国分省（市）主要年份社会消费品零售总额及位次

Total Retail Sales of Consumer Goods and Their Orders of Precedence in Main Years by Province or City

本表按当年价格计算 (Data in value terms in this table are calculated at current prices.) 单位：亿元（100 million yuan）

省（市） Province or City	2000	位次 Order of Precedence	2005	位次 Order of Precedence	2010	位次 Order of Precedence	2015	位次 Order of Precedence	2016	位次 Order of Precedence
全国 National Total	**34152.6**		**67958.7**		**154554.0**		**300930.8**		**332316.0**	
北京 Beijing	1443.3	11	2902.8	11	6229.3	10	10338.0	12	11005.1	12
天津 Tianjin	736.6	18	1190.1	23	2902.6	22	5257.3	23	5635.8	24
河北 Hebei	1613.9	9	2952.9	10	6821.8	6	12990.7	8	14364.7	8
山西 Shanxi	629.1	21	1401.2	17	3207.9	19	6033.7	21	6480.5	22
内蒙古 Inner Mongolia	484.0	24	1344.1	19	3337.3	17	6107.7	20	6700.8	20
辽宁 Liaoning	1847.6	5	2999.0	6	6809.6	7	12787.2	9	13414.1	10
吉林 Jilin	810.9	17	1460.8	16	3501.8	16	6651.9	16	7310.4	17
黑龙江 Heilongjiang	1094.0	14	1760.1	15	4001.0	15	7640.2	15	8402.5	15
上海 Shanghai	1722.3	8	2973.0	8	6036.9	11	10131.5	13	10946.6	13
江苏 Jiangsu	2604.1	2	5699.9	3	13482.3	3	25876.8	3	28707.1	3
浙江 Zhejiang	2298.8	4	4631.7	4	10163.2	4	19784.7	4	21970.8	4
安徽 Anhui	**1077.8**	**15**	**1765.0**	**14**	**4151.5**	**14**	**8908.0**	**14**	**10000.2**	**14**
福建 Fujian	1372.8	12	2345.8	13	5310.0	13	10505.9	11	11674.5	11
江西 Jiangxi	704.9	19	1236.2	21	2932.9	21	5925.5	22	6634.6	21
山东 Shandong	2545.9	3	6126.4	2	14211.6	2	27761.4	2	30645.8	2
河南 Henan	1786.7	7	3358.4	5	7893.5	5	15740.4	5	17618.4	5
湖北 Hubei	1789.4	6	2964.6	9	6719.4	8	14003.2	6	15649.2	6
湖南 Hunan	1364.7	13	2459.1	12	5775.3	12	12024.0	10	13436.5	9
广东 Guangdong	4071.9	1	7882.6	1	17414.7	1	31517.6	1	34739.1	1
广西 Guangxi	859.2	16	1397.0	18	3271.8	18	6348.1	19	7027.3	19
海南 Hainan	172.5	28	268.6	28	623.8	28	1325.1	28	1453.7	28
重庆 Chongqing	643.4	20	1215.8	22	2878.0	23	6424.0	18	7271.4	18
四川 Sichuan	1523.7	10	2981.4	7	6634.7	9	13877.7	7	15601.9	7
贵州 Guizhou	343.7	27	606.9	27	1482.7	25	3283.0	25	3709.0	25
云南 Yunnan	583.2	23	1034.4	24	2500.3	24	5103.2	24	5722.9	23
西藏 Tibet	42.9	31	73.1	31	180.8	31	408.5	31	459.4	31
陕西 Shanxi	607.6	22	1322.4	20	3147.7	20	6578.1	17	7367.6	16
甘肃 Gansu	362.7	26	632.8	26	1369.4	26	2907.2	26	3184.4	26
青海 Qinghai	82.1	30	160.5	30	346.0	30	691.0	30	767.3	30
宁夏 Ningxia	90.2	29	174.3	29	403.6	29	789.6	29	850.1	29
新疆 Xinjiang	374.5	25	637.8	25	1324.5	27	2606.0	27	2825.9	27

注：本表2014年数据均为第三次经济普查调整后数据。

a) The data in 2014 of this table are adjusted by the third economic census.

23—9 全省分县（市）主要经济指标及位次（2016年）

Main Economic Indicators and Their Orders of Precedence of All Counties (2016)

县（市）	County (City)	生产总值（亿元）Gross Demestic Product (100 million yuan)		人均生产总值（元）Per Capita Gross Demestic Product (yuan)		地方财政收入（万元）Local Government Revenue (10000 yuan)		人均地方财政收入（元）Local Per Capita Government Revenue (yuan)		财政支出（万元）Government Expenditure (10000 yuan)	
		指标 Amount	位次 Order of Prece-dence	指标 Amount	位次 Order of Prece-dence	指标 Amount	位次 Order of Prece-dence	指标 Amount	位次 Order of Prece-dence	指标 Amount	位次 Order of Prece-dence
巢湖市	Chaohu	292.44	7	34126	15	178428	17	2082.20	28	407601	28
长丰县	Changfeng	400.06	3	52365	6	333302	3	4362.62	9	543990	11
肥东县	Feidong	528.69	2	50046	8	316559	4	2996.56	21	570779	5
肥西县	Feixi	605.02	1	74853	2	421228	1	5211.45	5	643069	2
庐江县	Lujiang	245.32	13	20424	38	175483	18	1460.95	38	517552	14
濉溪县	Suixi	253.23	10	22725	34	161403	22	1448.45	39	504747	16
涡阳县	Guoyang	247.44	11	14932	52	119176	32	719.16	55	551977	7
蒙城县	Mengcheng	240.29	16	17045	50	154927	25	1099.00	47	524990	13
利辛县	Lixin	192.75	26	11381	58	116518	35	687.99	57	544795	10
砀山县	Dangshan	175.01	30	17688	46	79040	50	798.87	53	345522	38
萧县	Xiaoxian	242.57	15	17421	47	157123	24	1128.43	44	495119	18
灵璧县	Lingbi	186.87	28	14561	53	73922	51	575.99	59	420050	24
泗县	Sixian	171.33	33	17890	45	80434	49	839.86	51	415969	26
怀远县	Huaiyuan	262.45	8	20011	41	182649	15	1392.65	40	573130	4
五河县	Wuhe	180.41	29	26516	29	121369	30	1783.80	31	335986	40
固镇县	Guzhen	190.20	27	29501	23	107456	40	1666.69	35	334560	41
界首市	Jieshou	161.40	37	19933	42	151199	26	1867.26	30	387406	32
临泉县	Linquan	171.40	32	7609	61	99614	41	442.19	61	626822	3
太和县	Taihe	211.73	21	12122	57	204000	12	1167.96	43	679046	1
阜南县	Funan	145.60	40	8521	60	82105	47	480.48	60	557283	6
颍上县	Yingshang	226.72	18	12894	56	167770	19	954.10	48	550600	8
凤台县	Fengtai	231.10	17	36869	12	237940	10	3130.22	17	398206	30
寿县	Shouxian	142.45	43	10284	59	89627	43	647.10	58	511449	15
天长市	Tianchang	318.33	5	50232	7	281031	6	4434.58	8	479875	19
明光市	Mingguang	130.55	47	20309	39	107505	39	1672.35	34	348882	37
来安县	Laian	141.12	44	28789	25	132642	28	2706.02	22	287146	49
全椒县	Quanjiao	128.07	48	27904	26	163363	21	3559.49	14	319519	44
定远县	Dingyuan	166.38	35	17176	49	144901	27	1495.91	37	500058	17
凤阳县	Fengyang	167.94	34	21733	36	187223	14	2422.94	24	390341	31
霍邱县	Huoqiu	215.15	19	13315	55	116629	34	699.73	56	541932	12

23—9 续表1 continued

县（市）	County (City)	生产总值（亿元）Gross Demestic Product (100 million yuan) 指标 Amount	位次 Order of Precedence	人均生产总值（元）Per Capita Gross Demestic Product (yuan) 指标 Amount	位次 Order of Precedence	地方财政收入（万元）Local Government Revenue (10000 yuan) 指标 Amount	位次 Order of Precedence	人均地方财政收入（元）Local Per Capita Government Revenue (yuan) 指标 Amount	位次 Order of Precedence	财政支出（万元）Government Expenditure (10000 yuan) 指标 Amount	位次 Order of Precedence
舒城县	Shucheng	172.62	31	17298	48	112494	36	1127.23	45	427418	23
金寨县	Jinzhai	96.95	52	14295	54	83027	46	1224.16	42	430774	22
霍山县	Huoshan	156.47	38	43124	9	84495	44	2328.70	26	274932	51
当涂县	Dangtu	297.26	6	62505	4	303474	5	6381.12	4	462638	20
含山县	Hanshan	136.57	46	30567	19	107848	38	2413.76	25	246902	54
和县	Hexian	149.68	39	27563	28	163793	20	3016.25	20	353011	36
芜湖县	Wuhu	214.54	20	61952	5	280181	7	8090.77	2	403022	29
繁昌县	Fanchang	247.10	12	88511	1	336637	2	12058.34	1	432106	21
南陵县	Nanling	205.54	22	37270	11	193542	13	3509.50	15	342960	39
无为县	Wuwei	371.29	4	30522	20	248091	9	2039.43	29	548591	9
宁国市	Ningguo	254.43	9	65975	3	273239	8	7085.27	3	380460	34
郎溪县	Langxi	119.75	49	34462	14	178554	16	5138.58	6	308686	46
广德县	Guangde	202.84	24	39094	10	234446	11	4518.61	7	411394	27
泾县	Jingxian	89.88	53	25353	31	121017	31	3413.52	16	261682	53
绩溪县	Jixi	60.83	57	34517	13	73696	52	4181.77	10	161044	58
旌德县	Jingde	35.75	59	23827	32	53582	56	3570.75	13	130002	59
枞阳县	Zongyang	205.40	23	21216	37	83487	45	862.32	49	366217	35
东至县	Dongzhi	143.04	41	26046	30	96875	42	1764.00	33	290945	48
石台县	Shitai	23.83	61	22007	35	17256	61	1593.45	36	111288	60
青阳县	Qingyang	87.07	54	31649	17	108424	37	3703.39	12	195409	56
桐城市	Tongcheng	244.00	14	32314	16	157471	23	2085.47	27	385700	33
怀宁县	Huaining	194.30	25	27637	27	125378	29	1783.32	32	301057	47
潜山县	Qianshan	137.10	45	23464	33	72763	53	1245.35	41	328799	42
太湖县	Taihu	106.31	51	18423	44	49435	58	856.65	50	320517	43
宿松县	Susong	165.16	36	19018	43	71145	54	819.23	52	417960	25
望江县	Wangjiang	108.36	50	17026	51	50006	57	785.74	54	285462	50
岳西县	Yuexi	82.62	55	20148	40	45660	59	1113.50	46	274248	52
歙县	Shexian	143.01	42	30049	22	118595	33	2491.80	23	316596	45
休宁县	Xiuning	78.50	56	29107	24	81439	48	3019.68	19	202754	55
黟县	Yixian	28.43	60	30163	21	35627	60	3779.83	11	110118	61
祁门县	Qimen	58.34	58	31061	18	56763	55	3022.14	18	166810	57

23—9 续表2 continued

县（市）	County (City)	就业人员平均工资（元）Average Wage of Staff and Workers (yuan)		规模以上工业增加值（亿元）Gross Industrial Output Value at and Above Township Level (100 million yuan)		人均工业增加值（元）Per Capita Gross Industrial Output Value (yuan)		农林牧渔业总产值（万元）Gross Output Value of Farming, Forestry, Animal Husbandry and Fishery (10000 yuan)	
		指标 Amount	位次 Order of Precedence	指标 Amount	位次 Order of Precedence	指标 Amount	位次 Order of Precedence	指标 Amount	位次 Order of Precedence
巢湖市	Chaohu	55734	23	96.35	22	11243.27	27	559188	30
长丰县	Changfeng	55567	24	158.12	10	20696.13	13	1010871	7
肥东县	Feidong	55290	27	230.37	4	21806.96	11	1162005	2
肥西县	Feixi	60445	9	263.40	2	32587.95	8	905115	19
庐江县	Lujiang	51537	42	50.88	39	4236.05	48	852067	21
濉溪县	Suixi	48187	52	124.70	17	11190.34	28	732946	24
涡阳县	Guoyang	47928	54	53.52	36	3229.63	53	918833	16
蒙城县	Mengcheng	47133	57	43.74	44	3102.77	54	973312	12
利辛县	Lixin	45445	58	30.62	52	1807.97	60	907473	18
砀山县	Dangshan	48172	53	62.35	33	6301.74	41	750428	23
萧县	Xiaoxian	44076	61	69.15	30	4965.89	46	1067804	4
灵璧县	Lingbi	47425	55	53.74	35	4187.47	49	1010442	8
泗县	Sixian	50332	47	33.09	50	3455.00	52	934363	14
怀远县	Huaiyuan	48926	51	122.65	18	9352.07	31	1109009	3
五河县	Wuhe	54826	31	66.08	32	9711.37	30	910909	17
固镇县	Guzhen	47317	56	106.48	19	16515.06	17	919149	15
界首市	Jieshou	50317	48	127.06	16	15691.88	18	484155	35
临泉县	Linquan	59480	13	32.69	51	1450.95	61	1354772	1
太和县	Taihe	53406	37	101.97	20	5838.29	42	992009	9
阜南县	Funan	51459	43	42.96	45	2513.75	57	980853	10
颍上县	Yingshang	55514	25	72.41	29	4117.99	50	974499	11
凤台县	Fengtai	58614	16	95.73	23	12593.72	25	479872	36
寿县	Shouxian	55111	28	25.88	54	1868.64	59	872472	20
天长市	Tianchang	61517	7	964.28	1	152160.93	1	546500	32
明光市	Mingguang	53695	34	137.14	15	21334.20	12	587200	27
来安县	Laian	58584	17	253.63	3	51742.42	3	375222	45
全椒县	Quanjiao	56368	22	197.02	6	42928.81	4	439518	40
定远县	Dingyuan	57445	19	167.18	8	17259.25	15	1033525	6
凤阳县	Fengyang	64919	1	206.17	5	26681.44	9	639528	25
霍邱县	Huoqiu	60256	10	49.83	40	2989.62	55	940546	13

23—9 续表3 continued

县（市）	County (City)	就业人员平均工资（元）Average Wage of Staff and Workers (yuan) 指 标 Amount	位 次 Order of Precedence	规模以上工业增加值（亿元）Gross Industrial Output Value at and Above Township Level (100 million yuan) 指 标 Amount	位 次 Order of Precedence	人均工业增加值（元）Per Capita Gross Industrial Output Value (yuan) 指 标 Amount	位 次 Order of Precedence	农林牧渔业总产值（万元）Gross Output Value of Farming, Forestry, Animal Husbandry and Fishery (10000 yuan) 指 标 Amount	位 次 Order of Precedence
舒 城 县	Shucheng	53492	36	49.36	41	4946.03	47	568595	29
金 寨 县	Jinzhai	55501	26	13.84	56	2040.58	58	360625	47
霍 山 县	Huoshan	50517	46	79.56	26	21926.93	10	272953	52
当 涂 县	Dangtu	64119	3	159.51	9	33539.60	7	464929	38
含 山 县	Hanshan	63772	4	66.73	31	14935.21	20	379292	44
和 县	Hexian	61944	6	79.13	27	14572.52	21	468470	37
芜 湖 县	Wuhu	54258	32	143.15	13	41337.15	5	338427	48
繁 昌 县	Fanchang	58655	15	186.35	7	66750.33	2	188473	56
南 陵 县	Nanling	45394	59	78.57	28	14247.05	22	582564	28
无 为 县	Wuwei	52018	39	146.37	11	12032.41	26	1043974	5
宁 国 市	Ningguo	54896	30	144.12	12	37372.16	6	363749	46
郎 溪 县	Langxi	61993	5	52.89	37	15222.19	19	268098	53
广 德 县	Guangde	58291	18	87.15	24	16796.14	16	384560	42
泾 县	Jingxian	64361	2	29.67	53	8367.69	36	303800	49
绩 溪 县	Jixi	59633	12	13.40	57	7603.86	37	209926	55
旌 德 县	Jingde	60503	8	6.15	59	4095.15	51	129910	58
枞 阳 县	Zongyang	57166	20	81.58	25	8426.52	35	590224	26
东 至 县	Dongzhi	54125	33	47.02	42	8561.63	34	505366	34
石 台 县	Shitai	51902	41	3.14	61	2903.33	56	67414	60
青 阳 县	Qingyang	53603	35	38.77	49	13244.07	24	184090	57
桐 城 市	Tongcheng	51453	44	137.90	14	18263.46	14	506589	33
怀 宁 县	Huaining	55090	29	98.72	21	14041.19	23	394735	41
潜 山 县	Qianshan	50792	45	52.39	38	8966.04	32	379456	43
太 湖 县	Taihu	45342	60	39.72	48	6882.42	40	445249	39
宿 松 县	Susong	51964	40	59.81	34	6886.64	39	815322	22
望 江 县	Wangjiang	49510	50	44.72	43	7026.21	38	551654	31
岳 西 县	Yuexi	49981	49	40.43	47	9859.78	29	280091	51
歙 县	Shexian	59636	11	41.99	46	8821.97	33	282368	50
休 宁 县	Xiuning	56468	21	14.07	55	5218.03	45	227468	54
黟 县	Yixian	52873	38	5.03	60	5340.94	44	66664	61
祁 门 县	Qimen	58842	14	10.82	58	5762.88	43	97708	59

23—9 续表4 continued

县（市）	County (City)	人均农林牧渔业总产值（元）Per Capita Gross Outpnt Value of Farming, Forestry, Animal Husbandry and Fishery (yuan)		农民人均可支配收入（元）Capita Net Income of Rural Households (yuan)		社会消费品零售总额（万元）Total Retail Sale of Consumer Goods (10000 yuan)		人均社会消费品零售总额（元）Per Capita Total Retail Sale of Consumer Goods (yuan)	
		指标 Amount	位次 Order of Prece-dence	指标 Amount	位次 Order of Prece-dence	指标 Amount	位次 Order of Prece-dence	指标 Amount	位次 Order of Prece-dence
巢湖市	Chaohu	6525.56	42	16668.11	7	781677	21	9121.94	32
长丰县	Changfeng	13231.39	3	16148.65	8	574307	40	7517.16	43
肥东县	Feidong	10999.60	6	17813.34	6	980231	6	9278.92	31
肥西县	Feixi	11198.12	5	18142.97	5	961783	7	11899.22	18
庐江县	Lujiang	7093.74	35	15769.14	9	914209	11	7611.09	41
濉溪县	Suixi	6577.56	41	10600.10	37	866392	15	7775.12	40
涡阳县	Guoyang	5544.63	57	9899.25	45	1125736	3	6793.17	50
蒙城县	Mengcheng	6904.35	37	10848.59	33	1067052	5	7569.31	42
利辛县	Lixin	5358.22	59	9799.43	49	945888	8	5585.04	55
砀山县	Dangshan	7584.68	32	10128.37	41	622249	33	6289.16	52
萧县	Xiaoxian	7668.78	30	9856.18	47	895666	12	6432.51	51
灵璧县	Lingbi	7873.26	27	9968.23	44	542124	44	4224.18	60
泗县	Sixian	9756.29	11	9496.89	55	475701	45	4967.11	57
怀远县	Huaiyuan	8455.90	24	12731.59	22	1147403	2	8748.64	34
五河县	Wuhe	13387.94	2	12660.43	25	690945	27	10155.06	28
固镇县	Guzhen	14256.44	1	12801.97	19	560255	41	8689.82	35
界首市	Jieshou	5979.15	50	10684.25	36	553440	42	6834.79	48
临泉县	Linquan	6013.91	49	9343.55	56	877739	13	3896.34	61
太和县	Taihe	5679.52	54	10027.94	42	1480906	1	8478.59	36
阜南县	Funan	5739.95	52	9328.35	57	742175	23	4343.21	59
颍上县	Yingshang	5541.90	58	9826.03	48	790102	19	4493.25	58
凤台县	Fengtai	6312.95	44	12185.48	28	707076	25	9301.94	30
寿县	Shouxian	6299.15	45	9235.74	60	866893	14	6258.87	53
天长市	Tianchang	8623.59	20	15308.55	13	798506	17	12600.16	13
明光市	Mingguang	9134.47	16	10130.61	40	657254	30	10224.23	27
来安县	Laian	7654.87	31	10809.89	34	587638	38	11988.36	17
全椒县	Quanjiao	9576.58	12	11207.16	30	580879	39	12656.67	12
定远县	Dingyuan	10669.74	7	10220.41	38	592149	37	6113.13	54
凤阳县	Fengyang	8276.43	26	9617.46	51	616235	34	7974.98	38
霍邱县	Huoqiu	5642.93	55	9327.04	58	919898	10	5519.05	56

23—9 续表5 continued

县（市）	County (City)	人均农林牧渔业总产值（元）Per Capita Gross Outpnt Value of Farming, Forestry, Animal Husbandry and Fishery (yuan)		农民人均可支配收入（元）Capita Net Income of Rural Households (yuan)		社会消费品零售总额（万元）Total Retail Sale of Consumer Goods (10000 yuan)		人均社会消费品零售总额（元）Per Capita Total Retail Sale of Consumer Goods (yuan)	
		指标 Amount	位次 Order of Prece-dence	指标 Amount	位次 Order of Prece-dence	指标 Amount	位次 Order of Prece-dence	指标 Amount	位次 Order of Prece-dence
舒城县	Shucheng	5697.50	53	10019.19	43	784749	20	7863.43	39
金寨县	Jinzhai	5317.09	60	9268.57	59	643936	31	9494.24	29
霍山县	Huoshan	7522.65	33	11174.63	31	370985	53	10224.43	26
当涂县	Dangtu	9776.02	9	20028.82	1	793232	18	16679.22	3
含山县	Hanshan	8488.99	23	15606.69	11	460937	47	10316.30	25
和县	Hexian	8626.88	19	15657.92	10	616023	35	11344.06	21
芜湖县	Wuhu	9772.74	10	18946.75	2	550600	43	15899.66	5
繁昌县	Fanchang	6751.11	39	18805.17	3	461801	46	16541.71	4
南陵县	Nanling	10563.64	8	18751.04	4	662059	29	12005.12	16
无为县	Wuwei	8581.97	21	15339.61	12	1077192	4	8855.04	33
宁国市	Ningguo	9432.25	13	15015.89	15	919925	9	23854.25	1
郎溪县	Langxi	7715.55	29	13069.95	16	365189	54	10509.72	24
广德县	Guangde	7411.84	34	15145.43	14	704014	26	13568.86	9
泾县	Jingxian	8569.26	22	11989.35	29	425779	51	12009.91	15
绩溪县	Jixi	11911.95	4	11051.23	32	311727	56	17688.49	2
旌德县	Jingde	8657.32	18	10731.57	35	223929	59	14922.83	6
枞阳县	Zongyang	6096.29	48	10189.75	39	714468	24	7379.58	45
东至县	Dongzhi	9202.25	15	12432.33	26	451040	48	8213.02	37
石台县	Shitai	6225.15	47	8759.01	61	126449	60	11676.53	19
青阳县	Qingyang	6287.88	46	13056.12	17	398281	52	13603.89	8
桐城市	Tongcheng	6709.01	40	12757.03	21	859963	16	11388.93	20
怀宁县	Huaining	5614.54	56	12344.86	27	742238	22	10557.27	22
潜山县	Qianshan	6494.44	43	9874.40	46	614073	36	10509.93	23
太湖县	Taihu	7715.66	28	9520.96	54	428669	50	7428.35	44
宿松县	Susong	9388.43	14	9614.59	52	622599	32	7169.23	46
望江县	Wangjiang	8668.05	17	9710.58	50	445005	49	6992.30	47
岳西县	Yuexi	6830.50	38	9597.64	53	279400	57	6813.65	49
歙县	Shexian	5932.84	51	12790.49	20	678309	28	14251.95	7
休宁县	Xiuning	8434.28	25	12706.75	23	361269	55	13395.50	10
黟县	Yixian	7072.69	36	12912.22	18	117717	61	12489.14	14
祁门县	Qimen	5202.10	61	12705.82	24	238351	58	12690.10	11

附　录

APPENDIX

简要说明

一、附表 1：安徽农民工非农就业基本情况，由安徽调查总队提供。

二、附表 2：全部林业部门产业总产值由省林业厅提供。

三、附表 3：全省建制镇基本情况由省局农业处提供。

四、附录 4：企业信息化建设情况由省局服务业处提供。

Brief Introduction

Ⅰ. The attached schedule 1 : Basic Situation of Non-agricultural Employment of Migrant Workers in Anhui Province, data is from Anhui Province survey organization of National bureau of statistics.

Ⅱ. The attached schedule 2 : Gross Output Value of All Industries in Forestry System was provided by Department of Forestry of Anhui Province.

Ⅲ. The attached schedule 3 : Basic situation of entire province organic town was provided by Department of agriculture of Anhui Province.

Ⅳ. The attached schedule 4: The situation of enterprise informatization construction is provided by service industrial section of provincial bureau.

附录1　安徽农民工非农就业基本情况
Basic Situation of Non-agricultural Employment of Migrant Workers in Anhui Province

指　　标	Item	2013	2014	2015	2016
农民工总量　（万人）	**Total Number of Migrant Workers (10000 person)**	**1782.9**	**1850.2**	**1858.8**	**1878.4**
外出农民工	Outgoing Migrant Workers	1287.6	1320.3	1371.4	1380.1
住户中外出农民工	Migrant Workers Migrant Workers	857.4	859.4	823.4	820.2
举家外出农民工	Family Migrant Workers	430.2	460.9	548.0	559.9
本地农民工	Local Migrant Workers	495.4	529.9	487.4	498.4
外出农民工不同地区就业比例（%）	**Employment Proportion of Migrant Workers in Different Regions (%)**				
去往本省	Go to the Province	26.8	26.1	28.0	28.6
#去往乡外县内	Go to the County Outside the County	13.0	11.8	12.5	13.2
去往县外省内	Go to the County Outside the Province	13.8	14.2	15.6	15.4
去往省外	Go Outside the Province	73.2	73.9	72.0	71.4
#去往东部地区	Go to the Eastern Region	69.1	70.4	67.2	66.5
去往京津冀地区	Go to Beijing-Tianjin-Hebei Region	4.2	4.0	3.8	3.2
去往江浙沪地区	Go to Jiangsu, Zhejiang and Shanghai Region	58.9	59.7	56.9	58.6
去往中部地区（安徽除外）	Go to the Central Area (Except Anhui)	2.4	2.0	2.5	2.5
去往港澳台及国外	Go to Hong Kong, Macao, Taiwan and Abroad	0.1	0.1	0.1	0.1
不同行业农民工就业比例　（%）	**The Proportion of Migrant Workers in Different Industries (%)**				
第一产业	Primary Industry	0.4	0.5	0.4	0.3
第二产业	Secondary Industry	57.8	57.2	55.4	54.2
#制造业	Manufacturing	27.6	28.2	27.0	27.4
建筑业	Construction	27.2	26.2	25.3	23.9
第三产业	Tertiary Industry	41.8	42.2	44.2	45.5
#批发和零售业	Wholesale and Retail Trades	12.6	12.8	12.7	12.9
交通运输、仓储和邮政业	Transport, Storage and Post	5.5	5.7	6.5	6.0
住宿和餐饮业	Hotels and Catering Services	7.0	7.2	6.9	6.1
居民服务、修理和其他服务业	Services to Households, Repair and Other Services	10.2	9.5	10.4	11.2
不同劳动合同农民工所占比例（%）	**The Proportion of Migrant Workers in Ddifferent Labor Contracts (%)**				
无固定期限劳动合同工	No Fixed Term Labor Contract Wworkers	12.9	13.8	12.8	11.9
一年及以上劳动合同工	One Year and Above Labor Contract Workers	18.7	17.7	15.7	14.8
一年以下劳动合同工	A Year of Labor Contract Workers	2.2	1.8	2.4	1.6
没有劳动合同	There is No Labor Contract	50.6	50.5	54.2	59.4
自　营	Self-employed	13.0	13.8	14.0	10.7
其　他	Other	2.6	2.3	0.9	1.6
外出务工月收入　（元）	**Monthly Income for Migrant Workers (yuan)**	**2909.3**	**3379.7**	**3698.1**	**3809.3**

附录2 全部林业部门产业总产值
Gross Output Value of All Industries in Forestry System, Anhui Province

单位：万元（10000 yuan）

指　　标	Item	2016
总　　计	**Total**	**31923833**
第一产业	**The First Industry**	**9339393**
林木的培育和种植	Forest Cultivating and Planting	
育种和育苗	Seeds and Seedlings	1037546
造　林	Afforestation	1436697
林木的抚育和管理	Forest Tending and Management	
木材和竹材的采运	Timber and Bamboo Logging and Transportation	785027
木材采运	Timber Logging and Transportation	562120
竹材采运	Bamboo Logging and Transportation	222907
经济林产品的种植与采集	Economic Forest Planting and Products Collecting	4696275
花卉的种植	Flowers Industry	949953
陆生野生动物繁育与利用	Land Wild Animals Raising and Utilization	159440
林业服务业	Forestry Service Industry	
第二产业	**The Second Industry**	**15656453**
木材加工及木、竹、藤、棕、苇制品制造	Timber Processing and Wood, Bamboo, Vine, Palm, and Reeds Products	9602767
木、竹、藤家具制造	Wooden, Bamboo and Vine Furniture	1441964
木、竹、苇浆造纸	Wood, Bamboo and Reeds Pulp/Paper	526993
林产化学产品制造	Forestry Chemical Products	142244
木质工艺品和木质文教体育用品制造	Wooden Craftwork and Education/Sports Tools	532935
非木质林产品加工制造业	Non-wood Forestry Products	2563780
其　他	Others	478054
第三产业	**The Third Industry**	**6927987**
林业旅游与休闲服务	Forestry Tourism and Relaxation Service	4949875
林业生态服务	Forestry Zoology Service	887817
林业专业技术服务	Forestry Technical Service	167741
林业公共管理服务	Forestry Public Adminstration and Service	513117

注：该表由省林业厅提供，统计核算执行国家林业局部门统计制度，并由国家统计局备案。

a) The table is provided by Forestry Department of Anhui Province, the statistics is in accordance with the regulation made by China State Forestry Administration, which is put on records in China State Statistic Bureau.

附录3　全省建制镇基本情况（2016年）

Basic Conditions on Organic Town of the Province (2016)

镇　　Town	常住人口（人）Population of Permanent Residents (person)	公共财政收入（万元）Public Revenue (10000 yuan)	企业个数（个）Number of Enterprises (unit)	企业从业人员（人）Business Practitioners (unit)	城乡居民基本养老保险参保人数（人）Number of Basic old-age Insurance for Urban and Rural Residents (person)	城乡居民基本医疗保险参保人数（人）Number of Basic Medical Insurance for Urban and Rural Residents (person)	城乡居民最低生活保障人数（人）Minimum Number of People Living in Urban and Rural Areas (person)
合肥市瑶海区大兴镇	65365	3447	238	4512	8430	16049	245
合肥市庐阳区大杨镇	99770	2880	2861	20560	13178	26349	543
合肥市蜀山区井岗镇	130122	2425	2628	13141	15322	22865	237
合肥市蜀山区南岗镇	2838	2906	275	12700	8340	8340	266
合肥市蜀山区小庙镇	74259	2736	876	13140	29980	62209	1366
合肥市包河区淝河镇	80635	3819	109	2872	12413	23260	562
合肥市包河区大圩镇	26337	994	191	6128	6535	18288	426
合肥市巢湖市栏杆集镇	34069	1003	82	2632	32579	41255	1541
合肥市巢湖市苏湾镇	46185	943	53	485	35208	53471	2121
合肥市巢湖市柘皋镇	89452	2896	174	3987	45721	64957	2581
合肥市巢湖市银屏镇	36218	2302	201	2854	24530	33805	896
合肥市巢湖市夏阁镇	56354	2857	116	2078	43837	58139	2212
合肥市巢湖市中埠镇	23937	3363	187	4677	22172	31184	844
合肥市巢湖市散兵镇	33169	3014	159	2192	29088	39015	1276
合肥市巢湖市烔炀镇	62240	5231	140	5600	41597	55622	1771
合肥市巢湖市黄麓镇	32955	3021	120	8900	25697	35286	1114
合肥市巢湖市槐林镇	60600	4584	172	7891	39661	64797	1599
合肥市巢湖市坝镇镇	23238	1789	88	1298	22195	31882	1137
合肥市长丰县水湖镇	110484	18000	780	68124	41366	74044	7159
合肥市长丰县庄墓镇	18710	2076	73	3768	12737	21974	1426
合肥市长丰县杨庙镇	31546	4014	176	3520	21768	34745	2017
合肥市长丰县吴山镇	31326	7523	121	4510	25448	40109	2329
合肥市长丰县岗集镇	54476	44000	450	25000	29868	50738	2450
合肥市长丰县双墩镇	129162	15367	383	3695	29322	66516	2943
合肥市长丰县下塘镇	68868	4887	265	4641	45333	74067	4351
合肥市长丰县朱巷镇	33326	2105	227	1293	32700	35983	2541
合肥市肥东县店埠镇	273605	10581	1608	22344	57983	117815	1989
合肥市肥东县撮镇镇	111376	11232	1174	22479	31261	74576	1421
合肥市肥东县梁园镇	51233	6474	335	3356	51862	72210	3118
合肥市肥东县桥头集镇	52706	5366	135	753	32175	46427	1597
合肥市肥东县长临河镇	33050	9050	161	1500	34615	45165	1029
合肥市肥东县石塘镇	39693	7473	106	2362	47702	61950	1685
合肥市肥东县古城镇	39015	2040	106	1230	32461	64519	2627
合肥市肥东县八斗镇	41657	10961	416	3228	33617	69800	2886
合肥市肥东县元疃镇	16056	4317	58	2600	15794	27860	1323
合肥市肥东县白龙镇	37366	5600	141	1200	42891	63626	3115
合肥市肥东县包公镇	35300	2563	7	152	40818	54849	2030
合肥市肥东县陈集镇	17208	2143	6	120	14425	26308	1413
合肥市肥西县上派镇	269623	26468	4989	40153	37920	82166	2269
合肥市肥西县三河镇	56463	36739	301	13796	24661	48235	1596
合肥市肥西县官亭镇	87591	6620	122	3952	46963	78272	3322
合肥市肥西县山南镇	65013	4330	196	4668	41977	66807	2342
合肥市肥西县花岗镇	90949	7516	566	15320	57732	96180	3768
合肥市肥西县紫蓬镇	27984	10452	189	9137	15290	26710	473
合肥市肥西县桃花镇	89102	99800	900	41000	11824	24441	426
合肥市肥西县丰乐镇	50942	2755	182	1115	32919	53747	1107
合肥市庐江县庐城镇	229680	82075	2429	41462	60899	155610	4425
合肥市庐江县冶父山镇	38127	12268	337	6973	32281	53946	2174
合肥市庐江县万山镇	36173	7157	218	4847	28592	43545	1727

附录3　续表1　continued

镇　Town	常住人口（人）Population of Permanent Residents (person)	公共财政收入（万元）Public Revenue (10000 yuan)	企业个数（个）Number of Enterprises (unit)	企业从业人员（人）Business Practitioners (unit)	城乡居民基本养老保险参保人数（人）Number of Basic old-age Insurance for Urban and Rural Residents (person)	城乡居民基本医疗保险参保人数（人）Number of Basic Medical Insurance for Urban and Rural Residents (person)	城乡居民最低生活保障人数（人）Minimum Number of People Living in Urban and Rural Areas (person)
合肥市庐江县汤池镇	33437	3782	292	7739	30068	47570	1928
合肥市庐江县郭河镇	45685	4600	183	3197	41104	59769	2342
合肥市庐江县金牛镇	27544	2350	95	1811	22693	34047	1294
合肥市庐江县石头镇	31752	2584	110	3227	23959	37399	1689
合肥市庐江县同大镇	44725	3531	184	3427	56547	83614	3286
合肥市庐江县白山镇	45971	1511	159	4293	36755	58393	2305
合肥市庐江县盛桥镇	57568	2272	135	2260	44052	71458	2743
合肥市庐江县白湖镇	75428	4275	315	9122	60122	93069	3306
合肥市庐江县龙桥镇	44880	3489	150	4028	35968	53799	2270
合肥市庐江县矾山镇	44550	1081	190	4368	36428	58948	2613
合肥市庐江县罗河镇	56348	5456	131	8953	45377	66702	2700
合肥市庐江县泥河镇	75568	5897	282	6104	59045	89992	3670
合肥市庐江县乐桥镇	52382	1238	159	2438	35681	56042	2080
合肥市庐江县柯坦镇	54165	2111	221	3551	37986	58330	2494
合肥市经开区高刘镇	69868	7757	425	1725	41165	61122	1346
淮北市杜集区朔里镇	33839	2307	199	3699	15531	24278	1169
淮北市杜集区石台镇	30545	1063	208	3086	11434	18787	566
淮北市杜集区段圆镇	32117	1475	105	5300	16113	28765	538
淮北市相山区渠沟镇	53350	7363	390	18950	32858	38245	1188
淮北市烈山区烈山镇	73545	8648	1550	35570	25969	36088	4309
淮北市烈山区宋町镇	52095	2513	85	25392	23004	43217	1450
淮北市烈山区古饶镇	93840	5848	584	5456	40597	78421	1723
淮北市濉溪县濉溪镇	101023	16535	5351	26122	15933	64865	2830
淮北市濉溪县韩村镇	68073	5744	430	3511	40141	60642	1338
淮北市濉溪县刘桥镇	61552	4063	519	3960	27497	52509	4330
淮北市濉溪县五沟镇	106236	21009	63	3938	55650	96853	1536
淮北市濉溪县临涣镇	93218	11747	398	4862	45996	86512	1482
淮北市濉溪县双堆集镇	107789	1310	32	926	46654	86501	1992
淮北市濉溪县铁佛镇	125514	2663	134	1076	59128	113813	2778
淮北市濉溪县南坪镇	98409	5099	43	2136	44364	88942	812
淮北市濉溪县百善镇	112463	5319	246	8825	57014	106051	1652
淮北市濉溪县孙町镇	113217	5896	199	1822	57625	96751	1882
淮北市濉溪县四铺镇	83199	8744	436	3216	41916	81800	1723
亳州市谯城区古井镇	71186	15894	207	13500	41150	66547	1033
亳州市谯城区芦庙镇	34988	757	70	462	24634	30323	601
亳州市谯城区华佗镇	41864	973	26	1220	25390	43159	475
亳州市谯城区魏岗镇	55730	2960	45	2800	28223	53954	951
亳州市谯城区牛集镇	67124	530	260	4920	32086	71089	601
亳州市谯城区颜集镇	54818	752	15	587	20636	39370	331
亳州市谯城区五马镇	35823	1150	25	1300	32500	39000	560
亳州市谯城区十八里镇	53068	42160	106	26000	37456	47838	1308
亳州市谯城区谯东镇	62277	1546	106	563	52052	56247	1024
亳州市谯城区十九里镇	36008	9200	184	9600	13200	25290	372
亳州市谯城区沙土镇	54339	876	220	1200	37336	58236	2392
亳州市谯城区观堂镇	70016	914	37	2000	33860	57316	1393
亳州市谯城区大杨镇	67393	3862	50	3860	46933	56997	461
亳州市谯城区城父镇	70267	1922	47	1102	35721	61720	1258
亳州市谯城区十河镇	68519	2310	65	3584	36112	56290	1987
亳州市谯城区双沟镇	100801	1900	190	2500	79000	78760	3400

附录3　续表2　continued

镇　　Town	常住人口（人）Population of Permanent Residents (person)	公共财政收入（万元）Public Revenue (10000 yuan)	企业个数（个）Number of Enterprises (unit)	企业从业人员（人）Business Practitioners (unit)	城乡居民基本养老保险参保人数（人）Number of Basic old-age Insurance for Urban and Rural Residents (person)	城乡居民基本医疗保险参保人数（人）Number of Basic Medical Insurance for Urban and Rural Residents (person)	城乡居民最低生活保障人数（人）Minimum Number of People Living in Urban and Rural Areas (person)
亳州市谯城区淝河镇	43628	1664	226	1235	21697	43273	1397
亳州市谯城区古城镇	49271	1055	25	730	41447	52013	731
亳州市谯城区龙杨镇	66066	1203	35	182	26504	51823	1133
亳州市谯城区立德镇	50972	421	21	397	20198	40867	648
亳州市涡阳县西阳镇	35393	586	580	3950	17732	39583	469
亳州市涡阳县涡南镇	63282	826	307	896	31844	63614	1273
亳州市涡阳县楚店镇	51735	926	365	3869	33839	55932	530
亳州市涡阳县高公镇	33642	571	246	1479	31433	40878	513
亳州市涡阳县高炉镇	51986	1269	84	4019	27611	46259	659
亳州市涡阳县曹市镇	72655	2753	329	3698	41900	68631	709
亳州市涡阳县青町镇	79970	3386	185	2365	63262	74422	758
亳州市涡阳县石弓镇	44765	681	439	28957	54326	46854	4432
亳州市涡阳县龙山镇	57695	824	95	486	36430	74402	1281
亳州市涡阳县义门镇	76905	1791	256	3160	37347	71992	2287
亳州市涡阳县新兴镇	74582	712	162	2592	53334	73986	1004
亳州市涡阳县临湖镇	53379	884	45	1833	46670	63449	664
亳州市涡阳县丹城镇	72056	642	5	135	52466	59129	1470
亳州市涡阳县马店集镇	44153	639	52	1368	35367	52847	3219
亳州市涡阳县花沟镇	55740	1256	345	4310	42704	59906	1323
亳州市涡阳县店集镇	40535	683	56	3520	26338	35893	707
亳州市涡阳县陈大镇	55624	2102	28	2093	34462	59635	1054
亳州市涡阳县牌坊镇	83717	887	101	2632	39503	84664	1822
亳州市涡阳县公吉寺镇	56342	673	84	1556	25051	52973	1973
亳州市涡阳县标里镇	68630	585	62	2560	27292	55770	1131
亳州市蒙城县城关镇	112871	17865	986	5362	11260	60529	1986
亳州市蒙城县双涧镇	67680	2170	654	11766	39866	62929	1135
亳州市蒙城县小涧镇	68321	513	320	3800	38528	66756	1663
亳州市蒙城县坛城镇	59931	965	1717	9443	30057	56781	1042
亳州市蒙城县许疃镇	67174	1334	295	5120	40268	70377	1858
亳州市蒙城县板桥集镇	78534	1230	2388	15368	40717	77141	2597
亳州市蒙城县马集镇	69944	571	408	3676	32771	65235	1747
亳州市蒙城县岳坊镇	58964	980	312	9988	32191	59972	1497
亳州市蒙城县立仓镇	100899	690	134	782	52156	105325	1828
亳州市蒙城县楚村镇	90866	3000	246	3151	48143	93043	2432
亳州市蒙城县乐土镇	95997	2596	263	5848	50382	96999	2304
亳州市蒙城县三义镇	69708	1812	164	1188	45252	74322	1710
亳州市蒙城县篱笆镇	58593	678	98	520	34035	63465	1604
亳州市利辛县城关镇	236175	7675	1292	36272	57476	128111	935
亳州市利辛县阚疃镇	83453	2230	119	1217	34257	88610	1165
亳州市利辛县张村镇	61398	1912	158	1210	47277	74483	604
亳州市利辛县江集镇	60772	1354	257	2056	59016	73183	1121
亳州市利辛县旧城镇	55003	718	43	315	28191	56248	270
亳州市利辛县西潘楼镇	51057	2650	137	2690	24467	63355	861
亳州市利辛县孙集镇	42097	979	105	945	18634	44078	581
亳州市利辛县汝集镇	58068	1312	50	831	54818	64193	647
亳州市利辛县巩店镇	73523	1289	200	3450	44551	74360	987
亳州市利辛县王人镇	58303	485	25	1386	22593	55841	696
亳州市利辛县王市镇	49822	852	69	361	28094	52166	629

附录3　续表3　continued

镇　　Town	常住人口（人）Population of Permanent Residents (person)	公共财政收入（万元）Public Revenue (10000 yuan)	企业个数（个）Number of Enterprises (unit)	企业从业人员（人）Business Practitioners (unit)	城乡居民基本养老保险参保人数（人）Number of Basic old-age Insurance for Urban and Rural Residents (person)	城乡居民基本医疗保险参保人数（人）Number of Basic Medical Insurance for Urban and Rural Residents (person)	城乡居民最低生活保障人数（人）Minimum Number of People Living in Urban and Rural Areas (person)
亳州市利辛县永兴镇	47056	386	91	468	19934	51083	586
亳州市利辛县马店孜镇	63578	876	46	882	46117	63892	918
亳州市利辛县大李集镇	51993	315	80	410	23461	53927	653
亳州市利辛县胡集镇	65583	1548	156	1480	31914	77461	1003
亳州市利辛县展沟镇	25029	475	20	287	18597	39549	556
亳州市利辛县程家集镇	47724	734	218	1091	34972	57649	780
亳州市利辛县中疃镇	59129	781	675	3452	24682	55796	926
亳州市利辛县望疃镇	89216	728	28	845	29368	91072	1595
亳州市利辛县城北镇	49909	694	47	632	30097	51044	931
宿州市埇桥区符离镇	94397	6126	452	12315	49708	74791	2792
宿州市埇桥区芦岭镇	71445	1402	128	3381	27221	44883	571
宿州市埇桥区朱仙庄镇	69501	6800	138	2865	32713	48322	967
宿州市埇桥区曹村镇	57186	1017	230	21389	41556	60393	1087
宿州市埇桥区夹沟镇	70642	2101	149	2865	47038	64783	661
宿州市埇桥区栏杆镇	74258	2282	51	1185	46524	62709	877
宿州市埇桥区时村镇	81204	1376	213	1864	46847	74947	661
宿州市埇桥区永安镇	57224	2300	110	1296	37783	51591	1312
宿州市埇桥区灰古镇	29667	915	139	2644	22493	33576	722
宿州市埇桥区大店镇	65216	1079	75	830	38523	56595	1076
宿州市埇桥区大泽乡镇	59900	2391	73	1367	34808	52067	2055
宿州市埇桥区桃园镇	39277	981	286	7686	26425	34423	655
宿州市埇桥区蕲县镇	71452	2341	264	22467	41549	61616	1098
宿州市埇桥区大营镇	44468	471	116	2107	25529	38070	429
宿州市砀山县砀城镇	194226	7178	1921	32514	53947	144825	2741
宿州市砀山县赵屯镇	52449	529	188	958	37151	49231	972
宿州市砀山县李庄镇	46674	842	397	9131	20590	33631	1437
宿州市砀山县唐寨镇	75672	1369	102	1020	37294	71388	2097
宿州市砀山县葛集镇	56372	690	20	230	42590	54247	1025
宿州市砀山县周寨镇	73984	1055	226	12413	36901	69405	3689
宿州市砀山县玄庙镇	93084	595	389	9298	45416	89284	2521
宿州市砀山县官庄坝镇	52829	553	189	1685	24689	47236	2140
宿州市砀山县曹庄镇	33260	396	140	1310	25422	31876	1779
宿州市砀山县关帝庙镇	55261	726	266	4516	30787	61746	2495
宿州市砀山县朱楼镇	41886	254	85	2136	17320	35208	907
宿州市砀山县良梨镇	56148	339	205	9530	33709	54865	1669
宿州市砀山县程庄镇	56582	407	88	1386	32464	54505	2432
宿州市萧县龙城镇	139282	19340	2769	25050	33225	50960	3747
宿州市萧县黄口镇	73886	2450	98	16420	43229	85200	2127
宿州市萧县杨楼镇	78330	3300	39	1480	48284	67873	1171
宿州市萧县闫集镇	37907	851	15	415	35246	48816	330
宿州市萧县新庄镇	72867	634	15	196	45716	65128	1046
宿州市萧县刘套镇	44659	1794	63	1420	25970	43136	1377
宿州市萧县马井镇	109505	620	16	98	43089	76973	3392
宿州市萧县大屯镇	55517	563	21	736	46507	60965	2854
宿州市萧县赵庄镇	43913	965	166	1840	50929	65037	1792
宿州市萧县杜楼镇	67633	1753	96	3706	45643	68750	1126
宿州市萧县丁里镇	41035	1423	98	1596	22108	38183	661
宿州市萧县王寨镇	75473	134	49	452	56183	72791	1204
宿州市萧县祖楼镇	44133	345	38	1488	24611	43339	703

附录3　续表4　continued

镇　Town	常住人口（人）Population of Permanent Residents (person)	公共财政收入（万元）Public Revenue (10000 yuan)	企业个数（个）Number of Enterprises (unit)	企业从业人员（人）Business Practitioners (unit)	城乡居民基本养老保险参保人数（人）Number of Basic old-age Insurance for Urban and Rural Residents (person)	城乡居民基本医疗保险参保人数（人）Number of Basic Medical Insurance for Urban and Rural Residents (person)	城乡居民最低生活保障人数（人）Minimum Number of People Living in Urban and Rural Areas (person)
宿州市萧县青龙集镇	21823	862	9	127	12844	20478	309
宿州市萧县张庄寨镇	77440	1828	258	1800	48127	75476	1772
宿州市萧县永堌镇	29756	1176	21	1514	18236	28877	709
宿州市萧县白土镇	27530	1638	9	340	21160	27707	645
宿州市灵璧县灵城镇	112315	5607	1422	32706	33664	135859	4210
宿州市灵璧县韦集镇	42112	611	100	510	39087	49926	1507
宿州市灵璧县黄湾镇	45780	324	120	640	19481	45815	1087
宿州市灵璧县娄庄镇	79118	1026	34	2235	33440	75935	2586
宿州市灵璧县杨疃镇	76353	573	117	2371	45396	71248	2265
宿州市灵璧县尹集镇	76059	792	74	2237	48902	72200	2680
宿州市灵璧县浍沟镇	51527	752	100	794	32448	46752	1850
宿州市灵璧县游集镇	58126	671	79	1500	22612	53068	1623
宿州市灵璧县下楼镇	71800	1548	37	980	44400	63810	2372
宿州市灵璧县朝阳镇	72678	1613	55	1965	29058	62500	2302
宿州市灵璧县渔沟镇	73980	2173	162	1144	27442	65265	2786
宿州市灵璧县高楼镇	70976	526	65	3620	31595	73796	3126
宿州市灵璧县冯庙镇	78887	1311	171	2916	40267	75740	2321
宿州市泗县泗城镇	97360	5922	812	12180	26893	43074	4834
宿州市泗县墩集镇	34709	441	5	115	21456	35321	1756
宿州市泗县丁湖镇	59387	526	7	215	40613	55641	2515
宿州市泗县草沟镇	88772	1419	85	2000	40874	75717	2475
宿州市泗县长沟镇	50004	1288	28	1430	23386	47932	825
宿州市泗县黄圩镇	67046	3820	114	6175	38620	63600	2070
宿州市泗县大庄镇	66846	2880	146	5676	46906	64723	2095
宿州市泗县山头镇	71464	949	25	850	30078	66402	35490
宿州市泗县刘圩镇	46367	1000	17	1200	29210	43504	1986
宿州市泗县黑塔镇	82186	592	355	3775	39421	79906	1214
宿州市泗县草庙镇	21336	440	75	305	13660	20498	337
宿州市泗县屏山镇	67562	790	10	244	42100	65453	1930
蚌埠市龙子湖区长淮卫镇	51158	1612	73	1095	19055	40827	1361
蚌埠市禹会区秦集镇	63706	2700	462	5544	22392	56684	1226
蚌埠市禹会区马城镇	87334	21212	517	13876	37667	75901	4218
蚌埠市淮上区小蚌埠镇	51038	803	359	4770	22841	45061	2760
蚌埠市淮上区吴小街镇	25973	504	860	9963	10077	25940	1333
蚌埠市淮上区曹老集镇	44745	940	136	2025	19366	45413	678
蚌埠市淮上区梅桥镇	42017	942	110	1455	16928	43041	1047
蚌埠市淮上区沫河口镇	68784	1223	307	4600	29689	62370	2138
蚌埠市怀远县榴城镇	109072	14209	1079	18929	51554	79209	3753
蚌埠市怀远县包集镇	83156	8769	202	4077	39457	84710	2231
蚌埠市怀远县龙亢镇	58357	1131	87	2292	29939	63041	1839
蚌埠市怀远县河溜镇	67605	969	128	2848	34936	68333	2215
蚌埠市怀远县常坟镇	86499	2449	206	5625	53361	95297	2782
蚌埠市怀远县双桥集镇	57591	1206	130	2810	29820	59464	1471
蚌埠市怀远县魏庄镇	47751	456	156	4477	22217	45505	1037
蚌埠市怀远县万福镇	54624	1244	71	938	30627	55404	1709
蚌埠市怀远县唐集镇	58494	812	120	3308	43161	65718	2202
蚌埠市怀远县白莲坡镇	67020	949	105	2422	34268	82120	2899
蚌埠市怀远县褚集镇	49268	818	31	1102	22684	47956	925
蚌埠市怀远县古城镇	49974	797	40	1001	26104	55902	1866

附录3 续表5 continued

镇 Town	常住人口 (人) Population of Permanent Residents (person)	公共财政收入 (万元) Public Revenue (10000 yuan)	企业个数 (个) Number of Enterprises (unit)	企业从业人员 (人) Business Practitioners (unit)	城乡居民基本养老保险参保人数 (人) Number of Basic old-age Insurance for Urban and Rural Residents (person)	城乡居民基本医疗保险参保人数 (人) Number of Basic Medical Insurance for Urban and Rural Residents (person)	城乡居民最低生活保障人数 (人) Minimum Number of People Living in Urban and Rural Areas (person)
蚌埠市怀远县荆山镇	136059	23181	930	23037	37892	101495	3378
蚌埠市五河县城关镇	113826	11795	1252	22685	29860	104459	3722
蚌埠市五河县新集镇	44211	1480	136	690	29579	46305	1669
蚌埠市五河县小溪镇	24363	1305	61	1831	18097	29418	574
蚌埠市五河县双忠庙镇	57779	933	110	553	37267	53383	2332
蚌埠市五河县小圩镇	38945	702	147	775	25526	42063	1298
蚌埠市五河县东刘集镇	58804	835	152	980	39164	62700	1451
蚌埠市五河县头铺镇	52278	3362	40	586	24575	52315	1534
蚌埠市五河县大新镇	24269	657	79	420	18016	26786	670
蚌埠市五河县武桥镇	25104	2886	110	3488	17059	27983	615
蚌埠市五河县朱顶镇	38068	1644	160	2683	28199	47833	1735
蚌埠市五河县浍南镇	43577	1209	39	682	32547	52404	1498
蚌埠市五河县申集镇	43524	810	104	1154	30540	50799	996
蚌埠市固镇县城关镇	110120	56074	712	7351	29913	64613	6871
蚌埠市固镇县王庄镇	37370	2297	85	3560	26301	40337	2133
蚌埠市固镇县新马桥镇	53631	5744	56	1890	26420	49305	2150
蚌埠市固镇县连城镇	43763	5800	377	1935	30773	43919	1559
蚌埠市固镇县刘集镇	61685	4636	56	1860	27812	54188	2234
蚌埠市固镇县任桥镇	51293	2911	16	1023	26890	53887	1881
蚌埠市固镇县湖沟镇	56387	2404	56	4856	43677	56295	1998
蚌埠市固镇县濠城镇	29011	2637	10	105	15241	28768	1063
阜阳市颍州区王店镇	69378	2073	236	3472	40958	65474	994
阜阳市颍州区程集镇	47563	2479	64	1995	27558	43054	654
阜阳市颍州区三合镇	39694	1449	215	1143	21281	36823	629
阜阳市颍州区西湖镇	27406	1184	43	876	16446	33459	460
阜阳市颍州区九龙镇	43550	883	31	863	20747	41651	451
阜阳市颍州区三十里铺镇	44078	2653	73	724	28505	41930	468
阜阳市颍州区三塔集镇	74238	540	182	1274	32925	69125	1264
阜阳市颍东区口孜镇	78929	1374	2	56	45426	73500	1780
阜阳市颍东区插花镇	85186	1831	278	19668	42900	77062	1258
阜阳市颍东区袁寨镇	61495	1474	44	326	35345	65159	946
阜阳市颍东区枣庄镇	44219	971	16	592	23882	42495	483
阜阳市颍东区老庙镇	40549	1040	34	323	23886	44413	1160
阜阳市颍东区正午镇	42957	1357	23	268	29048	47279	973
阜阳市颍东区杨楼孜镇	37810	846	46	1127	23057	39734	520
阜阳市颍东区新乌江镇	46223	983	36	1460	29562	49072	1033
阜阳市颍泉区伍明镇	125267	5135	193	1849	75629	116780	1756
阜阳市颍泉区宁老庄镇	95880	7202	236	2918	66533	111366	2826
阜阳市颍泉区闻集镇	125199	9234	246	6249	53765	126021	3093
阜阳市颍泉区行流镇	106259	2729	138	5628	54982	101970	2413
阜阳市界首市光武镇	59457	28365	96	8932	36613	54427	1793
阜阳市界首市泉阳镇	36475	843	96	2864	30177	38156	1172
阜阳市界首市芦村镇	29200	707	13	178	20042	27669	796
阜阳市界首市新马集镇	34678	722	28	585	30059	41471	926
阜阳市界首市大黄镇	35385	442	31	2616	24316	34068	2064
阜阳市界首市田营镇	31458	90696	25	12560	15835	30674	1139
阜阳市界首市陶庙镇	52950	926	46	1721	39119	54707	1668
阜阳市界首市王集镇	48069	892	7	312	35806	45551	1436
阜阳市界首市砖集镇	51015	646	18	700	30797	42791	1736
阜阳市界首市顾集镇	36593	710	58	260	17985	37097	848

附录3　续表6　continued

镇　　Town	常住人口 (人) Population of Permanent Residents (person)	公共财政收入 (万元) Public Revenue (10000 yuan)	企业个数 (个) Number of Enterprises (unit)	企业从业人员 (人) Business Practitioners (unit)	城乡居民基本养老保险参保人数 (人) Number of Basic old-age Insurance for Urban and Rural Residents (person)	城乡居民基本医疗保险参保人数 (人) Number of Basic Medical Insurance for Urban and Rural Residents (person)	城乡居民最低生活保障人数 (人) Minimum Number of People Living in Urban and Rural Areas (person)
阜阳市界首市代桥镇	29083	234			19164	29505	998
阜阳市界首市舒庄镇	31407	538	7	85	21234	28400	581
阜阳市临泉县杨桥镇	76693	2859	25	750	52123	99246	2598
阜阳市临泉县同城镇	62373	3017	89	1435	29264	57051	1888
阜阳市临泉县谭棚镇	57714	940	280	880	44361	64337	1889
阜阳市临泉县老集镇	65933	396	262	1620	35415	80595	2948
阜阳市临泉县滑集镇	75209	844	306	2315	32290	73430	2915
阜阳市临泉县吕寨镇	56325	880	17	120	30593	53064	1022
阜阳市临泉县单桥镇	51676	726	12	856	21580	51799	1329
阜阳市临泉县长官镇	82231	709	15	554	45356	76053	2022
阜阳市临泉县宋集镇	90671	497	115	1413	59635	128840	5287
阜阳市临泉县张新镇	51319	645	34	396	27780	57683	1489
阜阳市临泉县艾亭镇	75585	686	105	1095	42489	69761	3528
阜阳市临泉县陈集镇	50558	1900	30	356	37983	63517	496
阜阳市临泉县韦寨镇	74264	873	293	2327	32486	32868	2178
阜阳市临泉县迎仙镇	69384	789	19	425	29179	73382	1810
阜阳市临泉县瓦店镇	68042	365	14	582	42938	66506	2635
阜阳市临泉县姜寨镇	71490	655	27	820	38328	62592	1252
阜阳市临泉县庙岔镇	53830	952	103	1822	24013	61504	6516
阜阳市临泉县黄岭镇	71668	859	158	936	43320	70705	2527
阜阳市临泉县白庙镇	53916	949	56	1325	20347	50339	1658
阜阳市临泉县关庙镇	70275	1395	59	469	37649	62835	2302
阜阳市临泉县杨小街镇	48328	345	21	357	17829	41887	1925
阜阳市太和县城关镇	252924	60600	2734	18445	43600	99467	1914
阜阳市太和县旧县镇	55817	4988	185	3256	36463	55192	2181
阜阳市太和县税镇镇	46526	2363	80	2120	28670	42269	1057
阜阳市太和县皮条孙镇	26385	560	49	2150	10384	24390	157
阜阳市太和县原墙镇	61198	738	120	1300	30475	53431	1489
阜阳市太和县倪邱镇	53885	3144	63	945	28151	55573	2503
阜阳市太和县李兴镇	70736	2792	68	6377	32686	63512	1741
阜阳市太和县大新镇	43803	1235	55	2675	32664	54232	507
阜阳市太和县肖口镇	58487	14919	171	4968	36186	55507	1286
阜阳市太和县关集镇	53510	3165	10	220	32817	49404	278
阜阳市太和县三塔镇	66722	5195	38	1672	43386	68154	1415
阜阳市太和县双浮镇	45324	304	26	560	27399	45956	1045
阜阳市太和县蔡庙镇	28709	65	26	1620	20954	31125	479
阜阳市太和县三堂镇	49389	3245	79	1037	37884	47020	317
阜阳市太和县苗老集镇	47954	2918	126	3269	20088	46466	785
阜阳市太和县赵庙镇	52774	3413	38	1027	38052	59346	1386
阜阳市太和县宫集镇	33891	371	20	339	25766	40998	911
阜阳市太和县坟台镇	80885	3212	38	1095	47841	79920	1326
阜阳市太和县洪山镇	59124	154	45	455	38819	59514	1057
阜阳市太和县清浅镇	42117	204	16	152	20991	39692	483
阜阳市太和县五星镇	40671	1162	68	1247	16556	42703	710
阜阳市太和县高庙镇	18681	251	61	836	14588	24043	570
阜阳市太和县桑营镇	39924	773	67	573	16197	39640	727
阜阳市太和县大庙集镇	46671	1288	14	377	8371	49188	923
阜阳市太和县阮桥镇	45460	2898	6	127	17924	44792	584
阜阳市太和县双庙镇	48295	2713	3	67	29818	49144	912
阜阳市太和县胡总镇	22072	200	21	896	11519	23814	224

附录3　续表7　continued

镇　　Town	常住人口（人）Population of Permanent Residents (person)	公共财政收入（万元）Public Revenue (10000 yuan)	企业个数（个）Number of Enterprises (unit)	企业从业人员（人）Business Practitioners (unit)	城乡居民基本养老保险参保人数（人）Number of Basic old-age Insurance for Urban and Rural Residents (person)	城乡居民基本医疗保险参保人数（人）Number of Basic Medical Insurance for Urban and Rural Residents (person)	城乡居民最低生活保障人数（人）Minimum Number of People Living in Urban and Rural Areas (person)
阜阳市太和县郭庙镇	48608	700	49	285	29135	43464	693
阜阳市阜南县方集镇	31939	397	25	289	21530	36627	763
阜阳市阜南县中岗镇	35679	2148	26	1396	22253	38613	1709
阜阳市阜南县柴集镇	58266	1740	141	763	30027	66394	846
阜阳市阜南县新村镇	59180	112	17	179	32346	52337	2047
阜阳市阜南县朱寨镇	70191	266	26	237	42886	70351	2875
阜阳市阜南县柳沟镇	43879	174	18	460	22004	41919	1412
阜阳市阜南县赵集镇	46553	206	14	550	23950	47429	1508
阜阳市阜南县田集镇	63748	628	130	1456	37772	60680	2210
阜阳市阜南县苗集镇	60850	1481	18	660	36223	58750	1494
阜阳市阜南县黄岗镇	44687	4960	107	22357	24085	54929	2068
阜阳市阜南县焦陂镇	62846	1561	25	1459	38806	64739	1918
阜阳市阜南县张寨镇	48359	454	8	856	28514	55475	2414
阜阳市阜南县王堰镇	55754	214	21	560	26899	50468	988
阜阳市阜南县地城镇	36665	569	18	532	20344	39361	1588
阜阳市阜南县洪河桥镇	60127	1506	95	1121	34217	66934	2512
阜阳市阜南县王家坝镇	19814	350	27	536	16840	29627	1140
阜阳市阜南县王化镇	42279	448	38	410	20510	38349	1091
阜阳市阜南县曹集镇	35736	1717	70	2252	23989	44350	1611
阜阳市阜南县会龙镇	43800	1325	81	1736	21589	40350	1486
阜阳市颍上县慎城镇	201806	10371	1476	59034	49484	126990	2338
阜阳市颍上县谢桥镇	91900	4864	353	2118	37991	78232	1867
阜阳市颍上县南照镇	50174	1097	58	12480	18441	46657	858
阜阳市颍上县杨湖镇	54864	626	25	668	40081	50230	376
阜阳市颍上县江口镇	79679	771	39	936	39134	79439	1004
阜阳市颍上县润河镇	62881	337	6	417	34150	62133	271
阜阳市颍上县新集镇	37385	250	3	166	23971	38275	703
阜阳市颍上县六十铺镇	50475	1685	45	519	36641	59538	630
阜阳市颍上县耿棚镇	78772	493	101	657	44196	73549	1299
阜阳市颍上县半岗镇	40825	351	94	720	30305	50694	383
阜阳市颍上县王岗镇	41026	1055	44	827	27325	40326	382
阜阳市颍上县夏桥镇	48484	1917	51	1400	20346	49218	2245
阜阳市颍上县江店孜镇	52686	592	17	467	16861	48703	657
阜阳市颍上县陈桥镇	44344	301	37	991	22184	47230	1106
阜阳市颍上县黄桥镇	45023	17320	190	1330	24056	61301	1010
阜阳市颍上县八里河镇	57729	2717	36	1220	24935	53712	968
阜阳市颍上县迪沟镇	40246	1212	63	2635	15347	37964	747
阜阳市颍上县西三十铺镇	37888	473	4	400	18602	42878	446
阜阳市颍上县红星镇	34420	618	25	233	20720	33954	510
阜阳市颍上县十八里铺镇	44691	908	65	1170	32012	52776	599
阜阳市颍上县鲁口镇	34909	710	79	780	22721	37510	1090
阜阳市颍上县古城镇	44870	1934	88	6440	26490	43070	705
阜阳市阜合产业园区袁集镇	41227	376	15	330	25849	40106	742
淮南市大通区上窑镇	32135	3090	188	2153	15121	25816	980
淮南市大通区洛河镇	41000	1362	1271	17471	16365	25725	1069
淮南市大通区九龙岗镇	30440	3314	710	7810	9006	14530	949
淮南市田家庵区舜耕镇	61468	1286	780	7020	6660	24745	2096
淮南市田家庵区安成镇	35233	1217	372	3713	12930	14539	743
淮南市田家庵区曹庵镇	33076	1098	186	1346	13537	28155	1218
淮南市田家庵区三和镇	35849	1731	110	3056	13137	32467	602

附录3　续表8　continued

镇　Town	常住人口 (人) Population of Permanent Residents (person)	公共财政收入 (万元) Public Revenue (10000 yuan)	企业个数 (个) Number of Enterprises (unit)	企业从业人员 (人) Business Practitioners (unit)	城乡居民基本养老保险参保人数 (人) Number of Basic old-age Insurance for Urban and Rural Residents (person)	城乡居民基本医疗保险参保人数 (人) Number of Basic Medical Insurance for Urban and Rural Residents (person)	城乡居民最低生活保障人数 (人) Minimum Number of People Living in Urban and Rural Areas (person)
淮南市谢家集区望峰岗镇	45201	580	228	1368	6683	12178	4361
淮南市谢家集区李郢孜镇	42779	1409	246	2130	6284	7124	510
淮南市谢家集区唐山镇	42768	2401	114	4890	6857	19623	663
淮南市谢家集区杨公镇	30346	668	35	325	15251	25468	1068
淮南市八公山区八公山镇	12359	1608	177	3836	4503	9769	167
淮南市八公山区山王镇	53994	563	66	7600	8626	24870	630
淮南市潘集区高皇镇	47075	856	44	2150	26773	42781	903
淮南市潘集区平圩镇	39455	1633	32	2416	24079	33669	794
淮南市潘集区泥河镇	39979	78	81	3620	12650	28376	950
淮南市潘集区潘集镇	36168	830	62	1424	11061	30226	720
淮南市潘集区芦集镇	52736	1039	16	338	20917	31829	877
淮南市潘集区架河镇	27843	1091	23	460	8445	24081	599
淮南市潘集区夹沟镇	31194	185	24	125	14592	24765	1164
淮南市潘集区祁集镇	22106	1203	85	1275	12518	19870	719
淮南市潘集区贺疃镇	32352	890	105	575	16411	25726	1093
淮南市凤台县城关镇	108374	15561	492	57043	2378	19330	3804
淮南市凤台县新集镇	61057	13554	301	2057	23492	46123	1297
淮南市凤台县朱马店镇	39281	537	1465	7425	27413	40374	1124
淮南市凤台县岳张集镇	54489	11532	279	1625	20040	50289	804
淮南市凤台县顾桥镇	30891	858	245	26518	19032	29078	277
淮南市凤台县毛集镇	57007	14075	550	2755	21128	43528	2426
淮南市凤台县夏集镇	24904	2521	213	1066	11908	22044	982
淮南市凤台县桂集镇	44576	2269	219	7816	22532	34600	1208
淮南市凤台县焦岗湖镇	33719	1150	123	670	9792	39226	1671
淮南市凤台县凤凰镇	42138	2822	368	1972	22097	33291	1203
淮南市凤台县杨村镇	34650	748	62	340	22413	33735	795
淮南市凤台县丁集镇	33779	204	37	1050	24570	34409	756
淮南市凤台县刘集镇	32119	1720	276	26110	26272	26272	376
淮南市寿县寿春镇	117286	11100	926	13426	26332	77565	3560
淮南市寿县双桥镇	47267	4958	75	780	35398	55663	2300
淮南市寿县涧沟镇	43047	1804	11	630	24878	49032	1728
淮南市寿县丰庄镇	43006	615	15	300	28548	37086	1599
淮南市寿县正阳关镇	38506	3143	39	2874	29266	45363	1723
淮南市寿县迎河镇	63068	829	28	896	41716	59407	1875
淮南市寿县板桥镇	45126	853	13	3071	40025	58358	1950
淮南市寿县安丰塘镇	40647	2408	119	2350	31060	44980	1486
淮南市寿县堰口镇	54612	3100	45	1211	35780	56063	2092
淮南市寿县保义镇	50574	1623	45	382	28728	53319	2084
淮南市寿县隐贤镇	35747	1201	207	4451	29395	46106	2090
淮南市寿县安丰镇	66320	5100	83	1300	50618	72119	2700
淮南市寿县众兴镇	45517	1056	44	1366	33115	49460	1754
淮南市寿县茶庵镇	24522	713	23	632	19296	29078	1572
淮南市寿县三觉镇	46276	1150	138	2206	36561	51783	2130
淮南市寿县炎刘镇	58555	3864	17	1065	43350	67696	1807
淮南市寿县刘岗镇	30149	1121	99	1573	26734	36935	1574
淮南市寿县双庙集镇	22239	339	23	121	20046	28073	1804
淮南市寿县小甸镇	63152	1006	20	524	43250	59160	2586
淮南市寿县瓦埠镇	20279	1950	25	1136	11175	23103	1504
淮南市寿县大顺镇	27502	3360	58	653	23977	35838	1987
淮南市寿县窑口镇	29693	1217	64	868	22383	31117	1320

附录3 续表9 continued

镇 Town	常住人口 (人) Population of Permanent Residents (person)	公共财政收入 (万元) Public Revenue (10000 yuan)	企业个数 (个) Number of Enterprises (unit)	企业从业人员 (人) Business Practitioners (unit)	城乡居民基本养老保险参保人数 (人) Number of Basic old-age Insurance for Urban and Rural Residents (person)	城乡居民基本医疗保险参保人数 (人) Number of Basic Medical Insurance for Urban and Rural Residents (person)	城乡居民最低生活保障人数 (人) Minimum Number of People Living in Urban and Rural Areas (person)
滁州市南谯区乌衣镇	51267	3981	79	3922	27112	42216	1638
滁州市南谯区沙河镇	19777	2419	55	2500	14108	17965	766
滁州市南谯区章广镇	22463	1218	7	96	12903	26713	902
滁州市南谯区黄泥岗镇	13493	2265	20	1153	14298	18932	680
滁州市南谯区珠龙镇	17431	984	4	69	11218	18200	409
滁州市南谯区大柳镇	8197	985	28	950	7802	9603	288
滁州市南谯区腰铺镇	43931	4563	290	8120	10794	25544	554
滁州市南谯区施集镇	21477	1496	108	1713	19982	27111	996
滁州市天长市铜城镇	76018	47677	1573	32500	43787	61184	1805
滁州市天长市汊涧镇	51244	13672	210	16312	22382	48495	1372
滁州市天长市秦栏镇	62838	11200	521	18056	34064	39889	1147
滁州市天长市大通镇	42476	6920	98	7625	21953	34119	1234
滁州市天长市杨村镇	44497	13007	256	7366	23866	37869	1619
滁州市天长市石梁镇	32672	3035	256	5120	24037	27207	1476
滁州市天长市金集镇	38843	6353	220	8800	22091	31946	1318
滁州市天长市永丰镇	24993	4842	260	5562	16485	22355	578
滁州市天长市仁和集镇	39411	5897	354	11582	35860	36077	1181
滁州市天长市冶山镇	34793	5170	127	8178	24679	27297	1071
滁州市天长市郑集镇	19685	1879	136	5225	15786	18776	794
滁州市天长市张铺镇	32783	2213	63	3791	17874	27198	1095
滁州市天长市新街镇	26646	3326	112	5862	17312	22791	853
滁州市天长市万寿镇	10810	2871	69	4283	10572	15350	593
滁州市明光市张八岭镇	27869	1578	83	1103	13307	26856	746
滁州市明光市三界镇	12556	841	40	382	12386	20462	656
滁州市明光市管店镇	11845	1053	55	702	8781	17852	924
滁州市明光市自来桥镇	24147	1486	54	873	18029	27393	1086
滁州市明光市涧溪镇	43212	1977	106	1955	30153	48584	2080
滁州市明光市石坝镇	37811	1589	105	612	21650	47243	1135
滁州市明光市苏巷镇	18902	1471	65	1069	13172	23358	947
滁州市明光市桥头镇	20259	1199	74	658	22059	29116	456
滁州市明光市女山湖镇	39220	1557	31	940	24736	39780	2434
滁州市明光市古沛镇	26510	1041	29	269	17509	27953	1092
滁州市明光市潘村镇	60978	2079	57	2353	40556	63556	2731
滁州市明光市柳巷镇	24751	264	25	133	18464	29969	721
滁州市来安县新安镇	99317	3560	428	21264	40992	65800	2897
滁州市来安县半塔镇	65585	2122	132	7318	51879	69873	2802
滁州市来安县水口镇	51099	1933	242	2161	41617	53044	1452
滁州市来安县汊河镇	38524	55258	258	10359	27100	38355	1099
滁州市来安县大英镇	14891	849	61	560	9719	14106	468
滁州市来安县雷官镇	22534	570	77	792	14115	25581	767
滁州市来安县施官镇	37364	542	57	652	29386	40857	1741
滁州市来安县舜山镇	28233	1067	29	365	22774	34849	1126
滁州市全椒县襄河镇	165272	58102	1104	75622	35177	31859	9785
滁州市全椒县古河镇	42649	1485	134	4422	20222	28823	1973
滁州市全椒县大墅镇	45995	2535	52	2760	31730	43917	2066
滁州市全椒县二郎口镇	49291	3217	95	2150	27060	49500	2112
滁州市全椒县武岗镇	21089	1624	70	4502	11789	18496	1008
滁州市全椒县马厂镇	39562	1818	63	2162	21264	33016	1838
滁州市全椒县石沛镇	27943	2367	43	1121	18843	25138	1150
滁州市全椒县十字镇	34059	27411	245	3617	22475	33517	2018

附录3　续表10　continued

镇　　Town	常住人口（人）Population of Permanent Residents (person)	公　共财政收入（万元）Public Revenue (10000 yuan)	企业个数（个）Number of Enterprises (unit)	企　业从业人员（人）Business Practitioners (unit)	城乡居民基本养老保险参保人数（人）Number of Basic old-age Insurance for Urban and Rural Residents (person)	城乡居民基本医疗保险参保人数（人）Number of Basic Medical Insurance for Urban and Rural Residents (person)	城乡居民最低生活保障人数（人）Minimum Number of People Living in Urban and Rural Areas (person)
滁州市全椒县西王镇	21680	216	58	678	17826	23481	1235
滁州市全椒县八镇镇	44567	4197	189	4548	27465	38533	1883
滁州市定远县定城镇	162112	20300	1128	11672	60915	69544	5174
滁州市定远县炉桥镇	93067	7165	467	6857	56296	83981	7358
滁州市定远县永康镇	60188	1486	248	4219	40386	56474	1827
滁州市定远县吴圩镇	53043	894	112	580	44377	64498	2355
滁州市定远县朱湾镇	16518	608	6	112	16261	21662	990
滁州市定远县张桥镇	51334	2027	583	4315	40988	52462	2176
滁州市定远县藕塘镇	27582	506	396	3168	31200	44988	1609
滁州市定远县池河镇	30332	850	24	1062	33323	46341	2027
滁州市定远县连江镇	24687	268	28	928	26538	37282	1107
滁州市定远县界牌集镇	22045	247	59	297	19807	24747	1243
滁州市定远县仓镇	22486	692	6	231	21002	31790	1196
滁州市定远县三和集镇	34241	1708	28	1321	23920	29986	1423
滁州市定远县西卅店镇	33540	1870	27	1412	17875	34824	1718
滁州市定远县桑涧镇	38419	287	46	535	27713	34496	1324
滁州市定远县蒋集镇	20893	279	16	181	22119	29357	1331
滁州市定远县大桥镇	20310	756	29	206	19307	24684	1380
滁州市凤阳县府城镇	106893	58602	283	27346	43526	82119	3289
滁州市凤阳县临淮镇	46239	5700	247	2347	10689	24616	1522
滁州市凤阳县武店镇	67636	1552	71	1176	27095	52169	2978
滁州市凤阳县西泉镇	45798	1020	61	1678	19391	37618	720
滁州市凤阳县官塘镇	38362	1684	2	265	20679	34381	956
滁州市凤阳县刘府镇	70162	5317	268	16867	47108	65367	1916
滁州市凤阳县大庙镇	49378	19110	270	7360	27403	51306	1056
滁州市凤阳县殷涧镇	23793	2007	21	250	16356	25224	602
滁州市凤阳县总铺镇	38761	3065	30	498	26205	47042	539
滁州市凤阳县红心镇	28703	548	5	198	21000	37071	428
滁州市凤阳县板桥镇	53611	3096	86	452	27975	59891	1729
滁州市凤阳县大溪河镇	21344	1821	6	110	20204	25863	565
滁州市凤阳县小溪河镇	37710	5156	45	2032	19658	46294	358
滁州市凤阳县枣巷镇	27694	708	4	68	15454	24085	1243
六安市金安区木厂镇	37339	1023	38	732	28170	37495	1434
六安市金安区马头镇	35611	2657	19	525	26007	28262	1317
六安市金安区东桥镇	35150	1123	22	368	23757	35311	1278
六安市金安区张店镇	50239	1684	34	172	31217	44892	1863
六安市金安区毛坦厂镇	24869	2136	14	150	5270	18000	2100
六安市金安区东河口镇	51852	1120	12	1200	31973	53000	2300
六安市金安区双河镇	42878	907	91	4500	24153	41082	1556
六安市金安区施桥镇	58401	760	42	930	37939	53220	1636
六安市金安区孙岗镇	50942	3000	62	4368	35706	53160	3601
六安市金安区三十铺镇	84518	36690	876	13075	36359	50862	1428
六安市金安区椿树镇	28550	1873	37	780	25987	36780	1740
六安市裕安区苏埠镇	69502	3137	546	14300	26954	69257	2220
六安市裕安区韩摆渡镇	45977	783	35	319	32600	53219	2068
六安市裕安区新安镇	71729	5760	74	1760	41500	67120	2625
六安市裕安区顺河镇	36038	870	45	665	27317	41849	1611
六安市裕安区独山镇	72793	1423	38	331	33527	56647	1513
六安市裕安区石婆店镇	34998	478	34	489	22998	40979	1372
六安市裕安区城南镇	68895	9106	310	2610	22500	34761	909

附录3 续表11 continued

镇 Town	常住人口 (人) Population of Permanent Residents (person)	公共财政收入 (万元) Public Revenue (10000 yuan)	企业个数 (个) Number of Enterprises (unit)	企业从业人员 (人) Business Practitioners (unit)	城乡居民基本养老保险参保人数 (人) Number of Basic old-age Insurance for Urban and Rural Residents (person)	城乡居民基本医疗保险参保人数 (人) Number of Basic Medical Insurance for Urban and Rural Residents (person)	城乡居民最低生活保障人数 (人) Minimum Number of People Living in Urban and Rural Areas (person)
六安市裕安区丁集镇	44292	1018	167	2023	19787	45851	1135
六安市裕安区固镇镇	30099	1023	124	2356	20419	37437	1236
六安市裕安区徐集镇	29374	1741	55	1293	20640	28714	1178
六安市裕安区分路口镇	49710	2460	85	5324	27511	46833	1327
六安市裕安区江家店镇	37561	1508	34	245	23847	42402	1681
六安市叶集区镇区办事处	60358	1719	473	21185	24073	56150	893
六安市叶集区平岗办事处	17857	630	122	4011	10114	19697	544
六安市叶集区三元镇	18878	2656	32	1423	19612	30576	843
六安市霍邱县城关镇	133925	7795	1026	8758	26302	66360	11177
六安市霍邱县河口镇	22947	1449	20	150	9827	23997	612
六安市霍邱县周集镇	65706	1398	1299	16787	33249	78355	1544
六安市霍邱县临水镇	58319	1202	73	3200	20568	66443	1794
六安市霍邱县新店镇	63271	844	48	3137	27493	71871	1432
六安市霍邱县石店镇	53696	1639	121	4281	28255	54712	1422
六安市霍邱县马店镇	28493	2345	118	2369	17145	38990	891
六安市霍邱县孟集镇	50407	516	303	1818	19339	54983	1788
六安市霍邱县花园镇	35440	1581	86	2746	13217	41332	1427
六安市霍邱县扈胡镇	48194	1132	169	5012	27070	58519	2109
六安市霍邱县长集镇	36506	725	179	5143	19283	33588	566
六安市霍邱县洪集镇	38993	1191	65	2400	16447	40814	1187
六安市霍邱县姚李镇	53066	3118	200	5000	24283	56566	1500
六安市霍邱县乌龙镇	34872	1685	11	107	21738	40042	1171
六安市霍邱县高塘镇	42580	485	362	2812	17293	42408	1955
六安市霍邱县龙潭镇	34222	1287	37	840	22209	40598	1329
六安市霍邱县岔路镇	24011	1440	9	422	18510	33630	1298
六安市霍邱县冯井镇	43556	1484	233	2741	29532	51953	1736
六安市霍邱县众兴集镇	26805	1440	23	960	16001	36002	956
六安市霍邱县夏店镇	30285	1388	389	1998	29551	37322	997
六安市霍邱县曹庙镇	20341	1639	128	1224	14230	34595	988
六安市霍邱县范桥镇	27303	984	121	5850	17587	39820	692
六安市霍邱县潘集镇	51152	1747	186	1258	28644	53232	1689
六安市舒城县城关镇	172636	16200	996	41896	60865	127698	12689
六安市舒城县晓天镇	24525	1817	80	800	24301	35089	2485
六安市舒城县桃溪镇	25905	1105	122	3746	10799	26872	813
六安市舒城县万佛湖镇	31812	1045	107	1638	25564	36484	1562
六安市舒城县千人桥镇	35989	1841	45	3084	40409	54183	1655
六安市舒城县百神庙镇	30667	513	34	4685	29960	42699	1201
六安市舒城县杭埠镇	46170	21268	127	18569	37029	53589	1361
六安市舒城县舒茶镇	22766	1136	60	562	21148	31024	1124
六安市舒城县南港镇	39713	1808	149	3280	32109	49707	1894
六安市舒城县干汊河镇	43964	2103	126	8010	30413	56243	1648
六安市舒城县张母桥镇	21779	740	23	474	23801	32958	1249
六安市舒城县五显镇	23099	416	118	1557	26332	35770	1544
六安市舒城县山七镇	23492	295	60	245	17770	34273	1970
六安市舒城县河棚镇	15094	220	42	375	14135	16580	1465
六安市舒城县汤池镇	44321	790	127	4635	35707	49976	2241
六安市金寨县梅山镇	127970	9234	1210	13560	36885	103520	6683
六安市金寨县麻埠镇	14414	407	413	3264	6551	14789	667
六安市金寨县青山镇	18154	982	162	1372	14785	19445	1093
六安市金寨县燕子河镇	31999	1650	49	699	21212	31258	865

附录3　续表12　continued

镇　Town	常住人口（人）Population of Permanent Residents (person)	公共财政收入（万元）Public Revenue (10000 yuan)	企业个数（个）Number of Enterprises (unit)	企业从业人员（人）Business Practitioners (unit)	城乡居民基本养老保险参保人数（人）Number of Basic old-age Insurance for Urban and Rural Residents (person)	城乡居民基本医疗保险参保人数（人）Number of Basic Medical Insurance for Urban and Rural Residents (person)	城乡居民最低生活保障人数（人）Minimum Number of People Living in Urban and Rural Areas (person)
六安市金寨县天堂寨镇	17215	3572	365	1915	10646	16012	892
六安市金寨县古碑镇	39860	570	45	950	26408	42205	2149
六安市金寨县吴家店镇	28800	1891	239	1358	17813	29501	1300
六安市金寨县斑竹园镇	24655	1132	201	3920	13583	20668	1033
六安市金寨县汤家汇镇	35379	4300	238	1200	27495	47558	1929
六安市金寨县南溪镇	48561	1386	51	875	26653	52354	1817
六安市金寨县双河镇	20755	744	200	1200	12075	23920	614
六安市金寨县白塔畈镇	38036	1023	67	6520	25648	38696	1299
六安市霍山县衡山镇	76154	30100	876	7808	23264	38412	3178
六安市霍山县佛子岭镇	13804	1444	48	1820	11739	14524	1157
六安市霍山县下符桥镇	15712	921	68	1100	13130	18747	824
六安市霍山县但家庙镇	12572	861	51	1981	6601	15255	877
六安市霍山县与儿街镇	30510	1235	178	3981	24320	36265	1179
六安市霍山县黑石渡镇	19798	518	81	2657	18047	23511	1190
六安市霍山县诸佛庵镇	26922	948	113	6015	15656	32098	1527
六安市霍山县落儿岭镇	7467	908	50	621	6972	8973	601
六安市霍山县磨子潭镇	11569	362	42	578	8554	14213	930
六安市霍山县大化坪镇	18687	284	36	1450	11409	22337	1581
六安市霍山县漫水河镇	16196	347	32	192	14829	18867	1066
六安市霍山县上土市镇	13676	249	29	250	12420	17341	1196
六安市霍山县单龙寺镇	11820	193	10	55	6875	14449	979
马鞍山市花山区濮塘镇	10917	1224	243	1530	7162	8003	1502
马鞍山市雨山区向山镇	56124	10050	339	12879	33586	47265	2882
马鞍山市博望区博望镇	86211	31829	3677	25260	64797	90792	2553
马鞍山市博望区丹阳镇	55621	8850	289	7621	34236	51136	2401
马鞍山市博望区新市镇	42282	5864	306	18976	24968	37976	1519
马鞍山市当涂县姑孰镇	134576	16212	2296	13400	32755	77303	4411
马鞍山市当涂县黄池镇	45391	13700	128	8543	33574	48810	1455
马鞍山市当涂县乌溪镇	24478	8463	153	4500	18514	22205	774
马鞍山市当涂县石桥镇	49008	16470	208	14562	35633	47088	1404
马鞍山市当涂县塘南镇	33459	2193	98	3136	20572	31486	1139
马鞍山市当涂县护河镇	24067	4729	87	3126	17772	22354	1101
马鞍山市当涂县太白镇	43101	43270	645	19251	26081	33311	1559
马鞍山市当涂县年陡镇	39865	48014	732	7078	28398	39120	1356
马鞍山市当涂县湖阳镇	27686	2255	112	1320	18535	25161	1578
马鞍山市含山县环峰镇	100968	21567	144	3566	38723	52810	1708
马鞍山市含山县运漕镇	41390	4850	96	3685	16450	33211	1670
马鞍山市含山县铜闸镇	31449	4310	70	2030	22244	32240	1441
马鞍山市含山县陶厂镇	41203	2681	35	1933	21990	37205	1427
马鞍山市含山县林头镇	66870	8875	182	12160	62190	73880	10350
马鞍山市含山县清溪镇	45684	5118	112	3210	29651	38416	1608
马鞍山市含山县仙踪镇	60713	12049	191	2089	47948	58720	2329
马鞍山市含山县昭关镇	22769	2009	16	680	17456	24512	1012
马鞍山市和县历阳镇	137256	40568	1221	31785	43299	156793	4570
马鞍山市和县白桥镇	42329	5691	60	1132	30901	52916	1317
马鞍山市和县姥桥镇	59879	5500	103	2516	36617	67503	2040
马鞍山市和县功桥镇	41996	1263	61	377	27871	52769	1462
马鞍山市和县西埠镇	39972	10599	146	2819	28097	56258	2036
马鞍山市和县香泉镇	32424	2153	163	2284	27137	38916	1321
马鞍山市和县乌江镇	57904	42839	312	9557	31471	56957	2003

附录3 续表13 continued

镇 Town	常住人口 (人) Population of Permanent Residents (person)	公共财政收入 (万元) Public Revenue (10000 yuan)	企业个数 (个) Number of Enterprises (unit)	企业从业人员 (人) Business Practitioners (unit)	城乡居民基本养老保险参保人数 (人) Number of Basic old-age Insurance for Urban and Rural Residents (person)	城乡居民基本医疗保险参保人数 (人) Number of Basic Medical Insurance for Urban and Rural Residents (person)	城乡居民最低生活保障人数 (人) Minimum Number of People Living in Urban and Rural Areas (person)
马鞍山市和县善厚镇	29109	2189	99	1030	20696	33276	1472
马鞍山市和县石杨镇	29748	23500	148	3528	24066	36369	1493
芜湖市鸠江区沈巷镇	106392	14500	424	2688	59016	117236	7238
芜湖市鸠江区二坝镇	59415	3707	79	1437	35332	49666	1709
芜湖市鸠江区汤沟镇	53736	4080	120	2800	38191	44088	1343
芜湖市鸠江区白茆镇	51821	4114	265	2496	55216	76721	2275
芜湖市三山区峨桥镇	50490	3872	179	977	15141	40377	2205
芜湖市芜湖县湾沚镇	146129	44783	1533	8672	67471	95216	2038
芜湖市芜湖县六郎镇	97483	35370	767	14525	41228	80069	3198
芜湖市芜湖县陶辛镇	49786	22906	358	12525	21744	51407	1664
芜湖市芜湖县红杨镇	45966	13237	423	4524	28466	52058	1862
芜湖市芜湖县花桥镇	36325	14689	339	1604	24717	37398	1376
芜湖市繁昌县繁阳镇	90016	50973	917	13344	24341	55616	1666
芜湖市繁昌县荻港镇	37394	42085	156	13506	16996	31450	860
芜湖市繁昌县孙村镇	55482	62500	645	26075	31038	54024	2486
芜湖市繁昌县平铺镇	24460	5822	86	1982	22272	31031	1287
芜湖市繁昌县新港镇	18877	27378	118	6512	10020	18239	570
芜湖市繁昌县峨山镇	21292	16134	94	3250	14344	23485	884
芜湖市南陵县籍山镇	140176	39041	1487	41245	60115	107181	6326
芜湖市南陵县许镇镇	83216	22362	599	12496	65485	106921	4748
芜湖市南陵县弋江镇	95836	21966	344	10045	60469	102259	5902
芜湖市南陵县三里镇	37915	11834	244	3742	27997	45763	2125
芜湖市南陵县何湾镇	41213	6593	135	2344	18455	43982	2100
芜湖市南陵县工山镇	48722	6961	175	3966	31912	54922	1938
芜湖市南陵县烟墩镇	17616	4993	36	223	12774	20070	948
芜湖市南陵县家发镇	28729	9571	212	6960	13203	30579	1445
芜湖市无为县无城镇	228342	54570	1711	29087	83219	126727	8083
芜湖市无为县襄安镇	49435	1802	59	837	32563	54235	1786
芜湖市无为县陡沟镇	59871	3302	352	5945	48429	67263	1260
芜湖市无为县石涧镇	68542	2663	161	2695	39389	68670	2867
芜湖市无为县严桥镇	59634	3427	158	1231	37516	69236	1935
芜湖市无为县开城镇	59480	7834	205	1568	40966	59430	1593
芜湖市无为县蜀山镇	62189	2172	89	45186	36186	59513	2596
芜湖市无为县牛埠镇	52952	1236	141	2115	35344	54837	2045
芜湖市无为县刘渡镇	36101	136	86	560	19000	38189	2456
芜湖市无为县姚沟镇	33655	6871	289	3146	22294	35323	1047
芜湖市无为县泥汊镇	55676	23650	252	8960	48350	65105	2696
芜湖市无为县福渡镇	36409	5116	31	2185	39031	41285	1334
芜湖市无为县泉塘镇	52536	1881	143	2472	39824	58822	1619
芜湖市无为县赫店镇	26831	3138	89	473	25217	40042	1184
芜湖市无为县红庙镇	42801	996	42	3785	28479	40665	1035
芜湖市无为县高沟镇	46806	65699	485	33760	45854	45102	1770
宣城市宣州区水阳镇	83178	10398	95	4275	51061	74478	2679
宣城市宣州区狸桥镇	62626	5437	283	6737	25238	57362	2333
宣城市宣州区沈村镇	37985	448	43	817	25224	36624	1649
宣城市宣州区古泉镇	23873	3081	104	1992	11051	17468	505
宣城市宣州区洪林镇	38266	3212	47	1586	30807	41246	1646
宣城市宣州区寒亭镇	17209	4212	78	1880	13812	18098	669
宣城市宣州区文昌镇	20262	1325	18	4730	14732	18158	733
宣城市宣州区孙埠镇	51690	9903	105	6825	27553	46839	2084

附录3　续表14　continued

镇　　Town	常住人口（人）Population of Permanent Residents (person)	公共财政收入（万元）Public Revenue (10000 yuan)	企业个数（个）Number of Enterprises (unit)	企业从业人员（人）Business Practitioners (unit)	城乡居民基本养老保险参保人数（人）Number of Basic old-age Insurance for Urban and Rural Residents (person)	城乡居民基本医疗保险参保人数（人）Number of Basic Medical Insurance for Urban and Rural Residents (person)	城乡居民最低生活保障人数（人）Minimum Number of People Living in Urban and Rural Areas (person)
宣城市宣州区杨柳镇	29814	2605	38	814	26181	32667	1192
宣城市宣州区水东镇	32671	6334	196	4357	21307	24133	1547
宣城市宣州区新田镇	18539	2420	107	600	14150	17490	741
宣城市宣州区周王镇	23489	2294	17	310	13379	17052	646
宣城市宣州区溪口镇	22405	1977	13	566	11000	21430	1039
宣城市宁国市港口镇	28812	36138	119	4902	15136	30369	1139
宣城市宁国市梅林镇	20995	2698	103	2896	14693	19900	642
宣城市宁国市中溪镇	22626	10600	240	7125	15534	23474	959
宣城市宁国市宁墩镇	13134	1068	55	3288	10460	14188	460
宣城市宁国市仙霞镇	18778	1104	27	2000	13177	19306	673
宣城市宁国市甲路镇	14597	2042	66	522	13010	14768	513
宣城市宁国市胡乐镇	9150	2558	47	256	9686	13413	545
宣城市宁国市霞西镇	21506	807	13	346	15070	20979	1130
宣城市郎溪县建平镇	140047	24504	756	13621	65413	81086	3284
宣城市郎溪县十字镇	42171	16580	245	6310	20047	31445	697
宣城市郎溪县新发镇	27068	7882	219	2753	18244	25411	1043
宣城市郎溪县涛城镇	25788	7797	177	2034	16870	26325	841
宣城市郎溪县梅渚镇	26505	8083	105	2800	15611	21556	784
宣城市郎溪县毕桥镇	19541	1698	38	922	13225	18321	876
宣城市郎溪县飞鲤镇	27701	3696	91	879	18667	36426	1144
宣城市广德县桃州镇	143178	18500	1847	22158	45696	101107	3579
宣城市广德县柏垫镇	44876	5120	143	1990	38569	44679	1856
宣城市广德县誓节镇	72395	13400	127	3520	44524	70108	2180
宣城市广德县邱村镇	76202	7703	305	10339	50270	67593	2113
宣城市广德县新杭镇	70775	55510	487	27844	37250	61524	2186
宣城市广德县杨滩镇	47851	4225	165	2279	27526	41546	1657
宣城市泾县泾川镇	116327	37800	1100	25719	28932	61576	3787
宣城市泾县茂林镇	20439	5200	131	1834	16801	20730	1566
宣城市泾县榔桥镇	26775	6129	117	2178	20428	30213	1393
宣城市泾县桃花潭镇	29065	3489	258	3741	21679	28389	1410
宣城市泾县琴溪镇	16868	3600	94	1799	12994	17368	720
宣城市泾县蔡村镇	13129	1300	73	1028	8265	17432	804
宣城市泾县云岭镇	32370	13300	184	986	28662	40703	2120
宣城市泾县黄村镇	20914	1070	100	937	13418	21970	1011
宣城市泾县丁家桥镇	14013	2800	131	4947	10866	15811	752
宣城市绩溪县华阳镇	48231	3189	231	7275	4093	14414	136
宣城市绩溪县临溪镇	13225	2694	43	1359	7430	10344	286
宣城市绩溪县长安镇	22811	521	50	551	9845	20678	158
宣城市绩溪县上庄镇	14966	595	37	3304	10383	13511	257
宣城市绩溪县扬溪镇	12481	437	25	450	9422	11908	315
宣城市绩溪县伏岭镇	14845	162	32	336	14689	18933	85
宣城市绩溪县金沙镇	7934	108	13	135	6435	8124	146
宣城市绩溪县瀛洲镇	8182	739	16	500	6308	9186	5
宣城市旌德县旌阳镇	47949	5833	258	3680	17191	31631	961
宣城市旌德县蔡家桥镇	9152	2161	227	1362	11100	14655	676
宣城市旌德县三溪镇	9271	593	143	365	9224	11437	596
宣城市旌德县庙首镇	10113	1093	133	766	7849	10605	508
宣城市旌德县白地镇	12126	1111	36	520	9586	393	527
宣城市旌德县俞村镇	12120	728	11	156	9323	12567	494
宣城市旌德县兴隆镇	6163	362	12	658	6482	8624	432

附录3　续表15　continued

镇　Town	常住人口 (人) Population of Permanent Residents (person)	公共财政收入 (万元) Public Revenue (10000 yuan)	企业个数 (个) Number of Enterprises (unit)	企业从业人员 (人) Business Practitioners (unit)	城乡居民基本养老保险参保人数 (人) Number of Basic old-age Insurance for Urban and Rural Residents (person)	城乡居民基本医疗保险参保人数 (人) Number of Basic Medical Insurance for Urban and Rural Residents (person)	城乡居民最低生活保障人数 (人) Minimum Number of People Living in Urban and Rural Areas (person)
宣城市旌德县孙村镇	10021	594	38	860	4325	9732	474
宣城市旌德县版书镇	10447	821	50	878	5128	10286	599
铜陵市铜官区西湖镇	30912	5722	499	7973	6679	18088	1298
铜陵市义安区五松镇	35165	1532	213	3152	2635	3809	91
铜陵市义安区顺安镇	54802	2032	245	11485	32469	36761	1385
铜陵市义安区钟鸣镇	46042	2974	241	9620	28242	44645	1462
铜陵市义安区天门镇	38816	1065	221	6586	19468	34436	1789
铜陵市郊区铜山镇	12560	4450	66	214	4792	8172	572
铜陵市郊区大通镇	23200	3494	639	5760	6544	15800	1779
铜陵市枞阳县枞阳镇	97394	8380	449	7485	29367	57404	3800
铜陵市枞阳县欧山镇	40354	1084	152	1364	24768	43952	1224
铜陵市枞阳县汤沟镇	76344	1350	315	1576	51000	79864	2393
铜陵市枞阳县老洲镇	74285	1373	439	12782	46993	67154	1610
铜陵市枞阳县陈瑶湖镇	35294	2360	82	2163	27359	47501	1291
铜陵市枞阳县周潭镇	41902	639	110	723	17724	39752	1913
铜陵市枞阳县横埠镇	69822	3826	193	3872	39247	67121	2044
铜陵市枞阳县项铺镇	21278	980	45	386	14507	24891	1110
铜陵市枞阳县钱桥镇	37779	1432	81	1870	24681	51675	780
铜陵市枞阳县麒麟镇	33396	967	41	356	23425	39452	831
铜陵市枞阳县义津镇	41132	2076	23	4573	31920	47978	1154
铜陵市枞阳县浮山镇	13353	495	11	549	9330	20277	382
铜陵市枞阳县会宫镇	40207	760	78	1182	25206	42385	1473
铜陵市枞阳县官埠桥镇	30900	853	42	814	21500	35604	1522
池州市贵池区殷汇镇	44728	2134	204	3680	30881	43089	1945
池州市贵池区牛头山镇	40912	10518	80	510	22894	40389	1488
池州市贵池区梅街镇	20444	1375	181	1629	15264	21399	876
池州市贵池区梅村镇	26867	1254	92	4837	16447	25472	310
池州市贵池区唐田镇	21419	762	98	1261	16026	23802	949
池州市贵池区牌楼镇	23149	784	32	580	14242	21830	944
池州市贵池区乌沙镇	47882	5925	136	3340	22925	42439	1962
池州市贵池区棠溪镇	10785	4170	35	876	5118	10643	544
池州市东至县尧渡镇	100910	2477	1213	16581	31977	56916	2349
池州市东至县东流镇	29958	12602	174	3156	16300	25902	1525
池州市东至县大渡口镇	75062	24380	180	3500	41612	62267	2241
池州市东至县胜利镇	50685	4232	37	1420	55800	55805	1596
池州市东至县张溪镇	60006	2296	41	1676	37352	58120	4016
池州市东至县洋湖镇	32848	616	101	563	20505	29761	1332
池州市东至县葛公镇	23352	651	31	650	16272	23638	1474
池州市东至县香隅镇	31016	1316	66	1142	23619	34493	1134
池州市东至县官港镇	23737	904	109	550	18688	27792	976
池州市东至县昭潭镇	20200	600	110	3000	11594	17789	762
池州市东至县龙泉镇	27387	425	75	385	17633	26303	1084
池州市东至县泥溪镇	23476	650	56	1428	16778	24242	935
池州市石台县仁里镇	30767	6300	316	2421	8585	17511	2484
池州市石台县七都镇	15558	1705	44	294	11500	15571	1179
池州市石台县仙寓镇	10526	1300	60	617	9847	13192	860
池州市石台县丁香镇	8192	600	88	824	6576	9290	456
池州市石台县小河镇	14747	1270	90	877	13109	18615	1068
池州市石台县横渡镇	9307	1050	31	310	6023	8130	453
池州市青阳县蓉城镇	88964	15211	855	5552	36844	68225	1804

附录3　续表16　continued

镇　　Town	常住人口（人）Population of Permanent Residents (person)	公共财政收入（万元）Public Revenue (10000 yuan)	企业个数（个）Number of Enterprises (unit)	企业从业人员（人）Business Practitioners (unit)	城乡居民基本养老保险参保人数（人）Number of Basic old-age Insurance for Urban and Rural Residents (person)	城乡居民基本医疗保险参保人数（人）Number of Basic Medical Insurance for Urban and Rural Residents (person)	城乡居民最低生活保障人数（人）Minimum Number of People Living in Urban and Rural Areas (person)
池州市青阳县木镇镇	18375	6956	171	3765	16348	25602	1193
池州市青阳县庙前镇	20794	3654	138	5832	15955	22836	831
池州市青阳县陵阳镇	21748	4267	136	1890	17871	23338	1014
池州市青阳县新河镇	15671	5438	112	2147	11422	17288	697
池州市青阳县丁桥镇	19629	11029	84	2854	14330	19873	711
池州市青阳县朱备镇	8714	1389	78	1232	6357	9674	371
池州市青阳县杨田镇	15640	2927	57	623	13409	19726	915
池州市青阳县九华镇	9620	540			767	3894	93
池州市青阳县酉华镇	10778	7197	59	1082	10480	13633	482
安庆市大观区海口镇	42214	2645	121	2231	27969	40079	751
安庆市宜秀区大龙山镇	49010	6303	65	1625	11914	14960	549
安庆市宜秀区杨桥镇	22206	3083	82	4807	13328	21298	1570
安庆市宜秀区罗岭镇	17321	1045	69	2032	14669	25765	1089
安庆市桐城市孔城镇	58178	3106	153	5730	45899	72054	2465
安庆市桐城市吕亭镇	59265	2419	163	37616	43091	55967	1601
安庆市桐城市范岗镇	68484	8482	1510	21008	39945	61098	1305
安庆市桐城市新渡镇	60413	10271	1322	26527	43829	60878	2232
安庆市桐城市双港镇	53228	5250	1502	20541	34700	47204	1518
安庆市桐城市大关镇	61756	3785	176	2810	40592	63775	1990
安庆市桐城市青草镇	60348	2081	285	2213	42485	60481	2480
安庆市桐城市金神镇	47323	13700	336	14156	38000	56633	2110
安庆市桐城市嬉子湖镇	15224	386	70	1453	14558	21819	1317
安庆市桐城市唐湾镇	9478	1118	65	1296	9058	12720	608
安庆市桐城市黄甲镇	10644	542	4	90	5320	13315	614
安庆市桐城市鲟鱼镇	826	1756	2	145	511	551	204
安庆市怀宁县高河镇	141346	23107	217	6712	32597	41221	1490
安庆市怀宁县石牌镇	76221	3463	208	1352	38718	69836	4309
安庆市怀宁县月山镇	31953	5308	324	8995	15239	23277	775
安庆市怀宁县马庙镇	39836	13780	298	7163	28506	41031	1593
安庆市怀宁县金拱镇	28420	4722	244	3726	16431	28568	787
安庆市怀宁县茶岭镇	28389	2213	183	1464	18150	31681	1052
安庆市怀宁县公岭镇	19163	1496	92	12122	18157	26111	602
安庆市怀宁县黄墩镇	36305	1930	63	1321	23648	35326	1179
安庆市怀宁县三桥镇	23723	9143	45	4497	20183	25361	923
安庆市怀宁县小市镇	23217	1202	128	1956	11518	22053	864
安庆市怀宁县黄龙镇	17881	1192	31	587	11337	18345	701
安庆市怀宁县平山镇	33563	1776	159	12012	14014	34307	1108
安庆市怀宁县腊树镇	31734	1463	58	1137	23120	33452	917
安庆市怀宁县洪铺镇	36135	1509	45	350	25014	37018	1210
安庆市怀宁县江镇镇	33508	860	72	457	22837	33158	1512
安庆市潜山县梅城镇	140717	9900	385	70491	37183	68770	4824
安庆市潜山县源潭镇	74200	9850	3562	25121	38829	62000	2700
安庆市潜山县余井镇	53407	1604	125	2420	38065	54545	2235
安庆市潜山县王河镇	46358	1086	55	402	31291	51323	1742
安庆市潜山县黄铺镇	42186	1124	143	1716	21418	46652	2368
安庆市潜山县槎水镇	28725	1157	230	1380	24696	33318	2235
安庆市潜山县水吼镇	20916	783	56	1221	15188	30701	1899
安庆市潜山县官庄镇	23787	1262	138	1288	17173	28213	1994
安庆市潜山县黄泥镇	14928	369	13	71	13349	19200	864
安庆市潜山县黄柏镇	10857	436	19	385	10010	14132	968

附录3 续表17 continued

镇 Town	常住人口 (人) Population of Permanent Residents (person)	公共财政收入 (万元) Public Revenue (10000 yuan)	企业个数 (个) Number of Enterprises (unit)	企业从业人员 (人) Business Practitioners (unit)	城乡居民基本养老保险参保人数 (人) Number of Basic old-age Insurance for Urban and Rural Residents (person)	城乡居民基本医疗保险参保人数 (人) Number of Basic Medical Insurance for Urban and Rural Residents (person)	城乡居民最低生活保障人数 (人) Minimum Number of People Living in Urban and Rural Areas (person)
安庆市潜山县天柱山镇	11269	1702	15	170	12864	12743	1873
安庆市太湖县晋熙镇	104123	25697	397	8708	36950	80146	3883
安庆市太湖县徐桥镇	51999	1592	174	725	29842	42666	1826
安庆市太湖县新仓镇	72408	3480	153	9480	48091	69607	2266
安庆市太湖县小池镇	39655	3443	202	4300	26500	39144	1634
安庆市太湖县寺前镇	28936	518	27	200	17945	27266	994
安庆市太湖县天华镇	30209	451	151	758	20458	28068	962
安庆市太湖县牛镇镇	24123	788	65	784	24326	24834	660
安庆市太湖县弥陀镇	38987	634	256	2131	22629	34930	2611
安庆市太湖县北中镇	39214	2784	110	865	24388	34464	2634
安庆市太湖县百里镇	26082	1161	21	620	16183	23403	1086
安庆市宿松县孚玉镇	136816	29172	586	12810	20985	47075	2771
安庆市宿松县复兴镇	44426	4316	35	401	29098	50577	1256
安庆市宿松县汇口镇	39260	1527	132	1531	27529	44434	1304
安庆市宿松县许岭镇	52973	1718	67	386	31121	49825	2433
安庆市宿松县下仓镇	31818	508	16	389	20041	36094	1711
安庆市宿松县二郎镇	25791	779	96	630	19481	31496	1839
安庆市宿松县破凉镇	55207	3865	204	3175	24193	41538	1701
安庆市宿松县凉亭镇	36091	1769	81	2750	20453	37134	1608
安庆市宿松县长铺镇	28117	1395	114	1243	21887	31049	1120
安庆市望江县华阳镇	115097	2445	1092	41500	43000	85178	4092
安庆市望江县杨湾镇	29537	320	26	320	22528	29866	1057
安庆市望江县漳湖镇	25462	592	139	1382	17089	27756	762
安庆市望江县赛口镇	35784	601	168	1711	31402	37522	1257
安庆市望江县高士镇	78983	1380	175	7385	58346	76766	2108
安庆市望江县鸦滩镇	69192	1021	263	2863	54281	75562	2108
安庆市望江县长岭镇	64985	2068	382	4729	49769	71202	2139
安庆市望江县太慈镇	63594	824	50	3100	47993	70403	2121
安庆市岳西县天堂镇	64152	13000	192	20871	17517	26586	2654
安庆市岳西县店前镇	23426	2154	235	1900	16049	25463	1557
安庆市岳西县来榜镇	21267	1812	78	1665	12735	21290	1003
安庆市岳西县菖蒲镇	23563	1553	78	1109	16199	23090	1417
安庆市岳西县头陀镇	9699	1211	71	688	7033	9279	775
安庆市岳西县白帽镇	19983	359	84	813	13987	20046	1438
安庆市岳西县温泉镇	38194	3707	116	4351	17758	33916	2437
安庆市岳西县响肠镇	19261	1099	88	530	13581	18471	1486
安庆市岳西县河图镇	9812	1098	98	492	7771	10334	670
安庆市岳西县五河镇	17345	404	39	2035	14509	17991	1586
安庆市岳西县主簿镇	8168	680	56	1060	5700	7896	542
安庆市岳西县冶溪镇	22158	1300	30	660	16945	21747	1655
安庆市岳西县黄尾镇	6479	603	63	473	4514	6831	573
安庆市经开区老峰镇	27240	1582	200	1500	14263	28748	1691
黄山市屯溪区屯光镇	23169	1909	375	2162	9174	18695	930
黄山市屯溪区阳湖镇	48854	5324	751	15020	4824	9481	849
黄山市屯溪区黎阳镇	15924	14200	211	5081	4985	11143	1071
黄山市屯溪区新潭镇	28892	3243	133	2453	16869	20510	894
黄山市屯溪区奕棋镇	10318	9016	92	1750	7247	9886	413
黄山市黄山区甘棠镇	52160	20013	1168	16695	12798	24603	1617
黄山市黄山区仙源镇	8520	1638	101	560	7185	8721	728
黄山市黄山区汤口镇	15160	5017	216	2370	5008	11603	215

附录3　续表18　continued

镇　　Town	常住人口（人）Population of Permanent Residents (person)	公共财政收入（万元）Public Revenue (10000 yuan)	企业个数（个）Number of Enterprises (unit)	企业从业人员（人）Business Practitioners (unit)	城乡居民基本养老保险参保人数（人）Number of Basic old-age Insurance for Urban and Rural Residents (person)	城乡居民基本医疗保险参保人数（人）Number of Basic Medical Insurance for Urban and Rural Residents (person)	城乡居民最低生活保障人数（人）Minimum Number of People Living in Urban and Rural Areas (person)
黄山市黄山区谭家桥镇	8382	5036	86	576	5802	7538	290
黄山市黄山区太平湖镇	8100	9080	32	845	6990	8791	504
黄山市黄山区焦村镇	10158	1630	55	780	10788	14041	503
黄山市黄山区耿城镇	7833	4288	78	860	6810	8854	444
黄山市黄山区三口镇	7439	3818	41	224	4320	8423	443
黄山市黄山区乌石镇	8589	2037	62	780	9222	11245	355
黄山市徽州区岩寺镇	25719	25007	600	33120	14294	16027	781
黄山市徽州区西溪南镇	13973	10105	114	967	9642	12891	296
黄山市徽州区潜口镇	13490	6160	48	555	9154	12007	583
黄山市徽州区呈坎镇	10224	9299	42	565	9536	11814	223
黄山市歙县徽城镇	157805	37093	1056	33599	14786	31969	2378
黄山市歙县深渡镇	20691	1735	32	685	15144	20963	1471
黄山市歙县北岸镇	20381	2412	129	2000	16605	21170	703
黄山市歙县富堨镇	15029	6225	221	2623	8968	15476	524
黄山市歙县郑村镇	13851	2650	176	2890	10494	15074	325
黄山市歙县桂林镇	29335	14000	169	4698	18500	25993	868
黄山市歙县许村镇	8760	928	4	100	6512	8714	269
黄山市歙县溪头镇	16302	1003	40	1425	11564	14696	660
黄山市歙县杞梓里镇	18597	1493	21	85	17832	25327	1387
黄山市歙县霞坑镇	10543	1400	18	117	16543	17277	847
黄山市歙县岔口镇	10379	859	32	268	12433	15558	838
黄山市歙县街口镇	10301	863			6566	12214	460
黄山市歙县王村镇	21784	2411	559	8880	15338	22074	873
黄山市歙县雄村镇	9711	963	7	384	9440	12292	529
黄山市歙县三阳镇	20720	898	14	120	14084	18297	783
黄山市休宁县海阳镇	58188	11113	316	12481	18380	23182	1033
黄山市休宁县齐云山镇	10682	1799	50	515	9561	12666	228
黄山市休宁县万安镇	17247	5560	50	1945	10750	16580	375
黄山市休宁县五城镇	22088	928	47	538	15743	21640	195
黄山市休宁县东临溪镇	19419	2464	52	756	13715	18813	105
黄山市休宁县蓝田镇	9259	1019	23	221	9073	12187	223
黄山市休宁县溪口镇	20136	1469	98	2159	15805	20868	389
黄山市休宁县流口镇	4158	264	11	96	3285	5281	93
黄山市休宁县汪村镇	7351	201	25	157	6250	9744	159
黄山市休宁县商山镇	16426	2936	56	1046	15580	20902	164
黄山市黟县碧阳镇	41831	7805	230	5430	17351	24135	1551
黄山市黟县宏村镇	17357	7300	123	786	12513	16930	625
黄山市黟县渔亭镇	8598	2002	30	452	5695	7894	227
黄山市黟县西递镇	5764	6124	9	900	4583	5674	178
黄山市黟县柯村镇	5314	1254	35	246	4283	5726	219
黄山市祁门县祁山镇	67813	2538	842	8306	15920	29829	2136
黄山市祁门县小路口镇	4955	657	17	130	5062	6337	262
黄山市祁门县金字牌镇	10949	1337	39	875	4913	8881	425
黄山市祁门县平里镇	6850	1352	5	26	4262	6803	354
黄山市祁门县历口镇	13061	554	29	240	9155	14282	515
黄山市祁门县闪里镇	8805	421	12	82	6208	8735	226
黄山市祁门县安凌镇	12397	505	14	178	9875	12452	390
黄山市祁门县凫峰镇	7607	150	5	69	6951	9579	389
黄山市祁门县塔坊镇	5132	850	17	221	5500	7350	235
黄山市祁门县新安镇	7381	831	10	90	5399	7235	265

附录4—1 企业电子商务情况（2016年）
Enterprise E-commerce by Registration (2016)

指 标	Item	企业数（个） Number of Enterprises (unit)
总 计	**Total**	**39319**
总计中：	**Of the Total:**	
内资企业	Domestic-funded	38312
国有企业	State-owned	451
集体企业	Collective-owned	236
股份合作企业	Cooperative	48
联营企业	Joint Ownership Enterprises	7
有限责任公司	Limited Liability Company	11520
股份有限公司	Share-holding Corporations Ltd.	1078
私营企业	Private	24798
其他企业	Other	174
港、澳、台商投资企业	With Investment from Hong Kong, Macao and Taiwan	461
外商投资企业	With Foreign Investment	546
按行业分：	**Grouped by Sector**	
采矿业	Mining	381
制造业	Manufacturing	18899
电力、热力、燃气及水生产和供应业	Production and Supply of Electricity, Heat, Gas and Water	274
建筑业	Construction	3309
批发和零售业	Wholesale and Retail Trades	6903
交通运输、仓储和邮政业	Transport, Storage and Post	1410
住宿和餐饮业	Hotels and Catering Services	1781
信息传输、软件和信息技术服务业	Information Transmission, Software and Information Technology	453
金融业	Financial Intermediation	
房地产业	Real Estate	3901
租赁和商务服务业	Leasing and Business Services	742
科学研究和技术服务业	Scientific Research and Technical Services	473
水利、环境和公共设施管理业	Management of Water Conservancy, Environment	153
居民服务、修理和其他服务业	Services to Households, Repair and Other Services	137
教 育	Education	174
卫生和社会工作	Health and Social Service	128
文化、体育和娱乐业	Culture, Sports and Entertainment	201

有电子商务的企业数 Number of E-Commerce Enterprises	电子商务销售的企业数 Number of E-Commerce Selling Enterprises	有电子商务采购的企业数 Number of E-Commerce Purchasing Enterprises	电子商务销售额（万元） E-commerce Sales (10000 yuan)	面向大陆区域以外的销售额 Sales to Mainland Area	电子商务采购额（万元） E-commerce Purchases (10000 yuan)	面向大陆区域以外的采购额 For Those from Outside the Mainland Area
5001	**3420**	**3370**	**28946869**	**1394962**	**19676889**	**156430**
4849	3341	3261	25255339	1300582	18352959	146522
	49	41	4725825	60	3417784	2
11	6	6	11074		389	
3	1	2	4344	4344	550	
1		1			1000	
1464	978	967	8369252	165711	4262732	72588
226	162	152	9136475	649073	9216830	30104
3061	2134	2080	3005449	481394	1452230	43828
18	11	12	2920		1444	
75	35	55	660750	12217	182476	2590
77	44	54	3030780	82163	1141454	7318
14	7	8	406255	653	903	
2438	1655	1781	16633671	1265577	12675626	145243
29	6	24	29725		1143502	31
203	29	199	4420		625791	198
1009	831	555	9692378	112551	4682120	10304
89	55	59	75547	2709	16670	8
549	519	217	88429	788	3898	114
142	92	110	1023387	11697	408280	157
245	45	228	35121	4	4420	5
75	42		822142	551	16714	360
36	11	32	2143	61	18164	2
42	33	24	84966	16	78956	
18	8	15	605		476	
24	14	17	386		187	
12	6	10	1087		784	5
76	67	35	46607	355	398	3

附录4—2 企业通过互联网开展的活动情况（2016年）
Enterprises Activities Through the Internet by Registration (2016)

指 标	Item	企业数（个）Number of Enterprises	使用互联网的企业 Enterprises Using the Internet	
			数 量（个）Number	比 重（%）Proportion
		(unit)	(unit)	(%)
总 计	**Total**	**39319**	**39191**	**99.7**
总计中：	**Of the Total:**			
内资企业	Domestic-funded	38312	38185	99.7
国有企业	State-owned	451	450	99.8
集体企业	Collective-owned	236	236	100.0
股份合作企业	Cooperative	48	47	97.9
联营企业	Joint Ownership Enterprises	7	7	100.0
有限责任公司	Limited Liability Company	11520	11483	99.7
股份有限公司	Share-holding Corporations Ltd.	1078	1077	99.9
私营企业	Private	24798	24711	99.6
其他企业	Other	174	174	100.0
港、澳、台商投资企业	With Investment from Hong Kong, Macao and Taiwan	461	460	99.8
外商投资企业	With Foreign Investment	546	546	100.0
按行业分：	**Grouped by Sector**			
采矿业	Mining	381	379	99.5
制造业	Manufacturing	18899	18851	99.7
电力、热力、燃气及水生产和供应业	Production and Supply of Electricity, Heat, Gas and Water	274		99.6
建筑业	Construction	3309	3297	99.6
批发和零售业	Wholesale and Retail Trades	6903	6883	99.7
交通运输、仓储和邮政业	Transport, Storage and Post	1410	1406	99.7
住宿和餐饮业	Hotels and Catering Services	1781	1773	99.6
信息传输、软件和信息技术服务业	Information Transmission, Software and Information Technol	453	450	99.3
金融业	Financial Intermediation			
房地产业	Real Estate	3901	3880	99.5
租赁和商务服务业	Leasing and Business Services	742	740	99.7
科学研究和技术服务业	Scientific Research and Technical Services	473	472	99.8
水利、环境和公共设施管理业	Management of Water Conservancy, Environment	153	151	98.7
居民服务、修理和其他服务业	Services to Households, Repair and Other Services	137	135	98.5
教 育	Education	174	174	100.0
卫生和社会工作	Health and Social Service	128	128	100.0
文化、体育和娱乐业	Culture, Sports and Entertainment	201	199	99.0

收发电子邮件 E-mail		了解商品和服务的信息 Commodity and Service Information		从政府机构获取信息 Access Information From Government		与政府机构互动 Interaction With Government		使用网上银行 Using Online Bank		使用其他金融服务 Using Other Financial Services	
数　量（个） number (unit)	占使用互联网企业的比重（%） The Proportion of Enterprises Using the Internet (%)	数　量（个） number (unit)	占使用互联网企业的比重（%） The Proportion of Enterprises Using the Internet (%)	数　量（个） number (unit)	占使用互联网企业的比重（%） The Proportion of Enterprises Using the Internet (%)	数　量（个） number (unit)	占使用互联网企业的比重（%） The Proportion of Enterprises Using the Internet (%)	数　量（个） number (unit)	占使用互联网企业的比重（%） The Proportion of Enterprises Using the Internet (%)	数　量（个） number (unit)	占使用互联网企业的比重（%） The Proportion of Enterprises Using the Internet (%)
35486	**90.5**	**23384**	**59.7**	**24373**	**62.2**	**12704**	**32.4**	**31712**	**80.9**	**5277**	**13.5**
34506	90.4	22750	59.6	23619	61.9	12203	32.0	30830	80.7	5075	13.3
403	89.6	246	54.7	332	73.8	152	33.8	321	71.3	45	10.0
195	82.6	109	46.2	137	58.1	64	27.1	153	64.8	25	10.6
42	89.4	31	66.0	30	63.8	18	38.3	38	80.9	7	14.9
7	100.0	4	57.1	6	85.7	4	57.1	6	85.7	3	42.9
10471	91.2	6670	58.1	7126	62.1	3772	32.8	9272	80.7	1649	14.4
1010	93.8	706	65.6	747	69.4	460	42.7	922	85.6	242	22.5
22229	90.0	14894	60.3	15142	61.3	7686	31.1	20013	81.0	3089	12.5
149	85.6	90	51.7	99	56.9	47	27.0	105	60.3	15	8.6
449	97.6	282	61.3	345	75.0	230	50.0	401	87.2	87	18.9
531	97.3	352	64.5	409	74.9	271	49.6	481	88.1	115	21.1
342	90.2	211	55.7	255	67.3	128	33.8	274	72.3	43	11.3
17605	93.4	12296	65.2	12508	66.4	6895	36.6	15713	83.4	2681	14.2
259	94.9	106	38.8	201	73.6	105	38.5	203	74.4	44	16.1
3039	92.2	1612	48.9	2408	73.0	1114	33.8	2817	85.4	411	12.5
5946	86.4	4619	67.1	3341	48.5	1599	23.2	5372	78.0	892	13.0
1227	87.3	582	41.4	778	55.3	328	23.3	1071	76.2	145	10.3
1330	75.0	865	48.8	756	42.6	336	19.0	1220	68.8	122	6.9
429	95.3	339	75.3	323	71.8	224	49.8	376	83.6	104	23.1
3519	90.7	1740	44.8	2547	65.6	1310	33.8	3134	80.8	547	14.1
675	91.2	367	49.6	469	63.4	227	30.7	588	79.5	134	18.1
436	92.4	255	54.0	317	67.2	181	38.3	372	78.8	68	14.4
135	89.4	83	55.0	104	68.9	58	38.4	114	75.5	19	12.6
118	87.4	71	52.6	69	51.1	37	27.4	97	71.9	15	11.1
141	81.0	60	34.5	93	53.4	42	24.1	120	69.0	10	5.7
108	84.4	59	46.1	84	65.6	47	36.7	89	69.5	10	7.8
177	88.9	119	59.8	120	60.3	73	36.7	152	76.4	32	16.1

附录4—2 续表 continued

指标	Item	提供客户服务 Providing for Customer Service 数量(个) number (unit)	占使用互联网企业的比重(%) The Proportion of Enterprises Using the Internet (%)
总计	**Total**	**16360**	**41.7**
总计中：	**Of the Total:**		
内资企业	Domestic-funded	15850	41.5
国有企业	State-owned	161	35.8
集体企业	Collective-owned	58	24.6
股份合作企业	Cooperative	20	42.6
联营企业	Joint Ownership Enterprises	2	28.6
有限责任公司	Limited Liability Company	4729	41.2
股份有限公司	Share-holding Corporations Ltd.	573	53.2
私营企业	Private	10236	41.4
其他企业	Other	71	40.8
港、澳、台商投资企业	With Investment from Hong Kong, Macao and Taiwan	230	50.0
外商投资企业	With Foreign Investment	280	51.3
按行业分：	**Grouped by Sector**		
采矿业	Mining	118	31.1
制造业	Manufacturing	8485	45.0
电力、热力、燃气及水生产和供应业	Production and Supply of Electricity, Heat, Gas and Water	93	34.1
建筑业	Construction	1025	31.1
批发和零售业	Wholesale and Retail Trades	2929	42.6
交通运输、仓储和邮政业	Transport, Storage and Post	509	36.2
住宿和餐饮业	Hotels and Catering Services	720	40.6
信息传输、软件和信息技术服务业	Information Transmission, Software and Information Technology	304	67.6
金融业	Financial Intermediation		
房地产业	Real Estate	1291	33.3
租赁和商务服务业	Leasing and Business Services	325	43.9
科学研究和技术服务业	Scientific Research and Technical Services	211	44.7
水利、环境和公共设施管理业	Management of Water Conservancy, Environment	58	38.4
居民服务、修理和其他服务业	Services to Households, Repair and Other Services	58	43.0
教育	Education	75	43.1
卫生和社会工作	Health and Social Service	64	50.0
文化、体育和娱乐业	Culture, Sports and Entertainment	95	47.7

拨打互联网电话或召开视频会议 Dial Internet telephone or Hold Video Conference		在线提供产品 Provide Online Product		发布消息或即时消息 Release Messages or Instant Messages		员工培训 Staff Training		对外或对内招聘 External or Interna Lrecruitment		其　他 Other	
数　量（个）number (unit)	占使用互联网企业的比重(%) The Proportion of Enterprises Using the Internet (%)	数　量（个）number (unit)	占使用互联网企业的比重(%) The Proportion of Enterprises Using the Internet (%)	数　量（个）number (unit)	占使用互联网企业的比重(%) The Proportion of Enterprises Using the Internet (%)	数　量（个）number (unit)	占使用互联网企业的比重(%) The Proportion of Enterprises Using the Internet (%)	数　量（个）number (unit)	占使用互联网企业的比重(%) The Proportion of Enterprises Using the Internet (%)	数　量（个）number (unit)	占使用互联网企业的比重(%) The Proportion of Enterprises Using the Internet (%)
5234	**13.4**	**6689**	**17.1**	**13570**	**34.6**	**11231**	**28.7**	**15751**	**40.2**	**11182**	**28.5**
4774	12.5	6462	16.9	13069	34.2	10738	28.1	15117	39.6	10907	28.6
78	17.3	60	13.3	169	37.6	153	34.0	143	31.8	132	29.3
18	7.6	16	6.8	54	22.9	55	23.3	38	16.1	84	35.6
7	14.9	6	12.8	14	29.8	18	38.3	18	38.3	18	38.3
1	14.3			2	28.6	2	28.6	2	28.6	1	14.3
2010	17.5	1883	16.4	4413	38.4	3772	32.8	4914	42.8	3437	29.9
304	28.2	289	26.8	581	53.9	476	44.2	592	55.0	322	29.9
2342	9.5	4182	16.9	7784	31.5	6211	25.1	9349	37.8	6866	27.8
14	8.0	26	14.9	52	29.9	51	29.3	61	35.1	47	27.0
201	43.7	99	21.5	234	50.9	228	49.6	297	64.6	131	28.5
259	47.4	128	23.4	267	48.9	265	48.5	337	61.7	144	26.4
34	9.0	30	7.9	78	20.6	91	24.0	91	24.0	102	26.9
2425	12.9	3841	20.4	6357	33.7	4874	25.9	7609	40.4	4959	26.3
108	39.6	20	7.3	116	42.5	115	42.1	113	41.4	60	22.0
264	8.0	161	4.9	1124	34.1	1153	35.0	1361	41.3	1198	36.3
1010	14.7	1331	19.3	2259	32.8	2092	30.4	2576	37.4	1850	26.9
152	10.8	114	8.1	434	30.9	351	25.0	404	28.7	428	30.4
140	7.9	311	17.5	531	29.9	448	25.3	690	38.9	539	30.4
214	47.6	197	43.8	305	67.8	267	59.3	317	70.4	132	29.3
558	14.4	332	8.6	1456	37.5	1154	29.7	1633	42.1	1267	32.7
123	16.6	125	16.9	338	45.7	245	33.1	338	45.7	239	32.3
80	16.9	68	14.4	211	44.7	181	38.3	228	48.3	149	31.6
19	12.6	21	13.9	72	47.7	37	24.5	71	47.0	41	27.2
13	9.6	19	14.1	47	34.8	38	28.1	52	38.5	39	28.9
17	9.8	25	14.4	72	41.4	64	36.8	70	40.2	60	34.5
22	17.2	17	13.3	59	46.1	46	35.9	88	68.8	53	41.4
55	27.6	77	38.7	111	55.8	75	37.7	110	55.3	66	33.2

中国统计出版社最新图书简目

（仅供参考，以实际出版为准）

统计资料

中国统计年鉴　中国统计摘要　中国发展报告
中国经济普查年鉴　国际统计年鉴　金砖国家联合统计手册
中国-东盟国家统计手册　中国农村统计年鉴　中国县域统计年鉴
中国城市统计年鉴　中国对外直接投资统计公报　中国地区经济监测报告
中国贸易外经统计年鉴　中国零售和餐饮连锁企业统计年鉴　中国商品交易市场统计年鉴
大中型批发零售和住宿餐饮企业统计年鉴　中国农产品价格调查年鉴　中国住户调查年鉴
中国价格统计年鉴　中国能源统计年鉴　全国农产品成本收益资料汇编
中国环境统计年鉴　中国建筑业统计年鉴　国外资源、能源和环境统计资料汇编
中国工业统计年鉴　中国城乡建设统计年鉴　中国县城建设统计年鉴
中国城市建设统计年鉴　中国科技统计年鉴　中国房地产统计年鉴
中国证券期货统计年鉴　中国劳动统计年鉴　中国第三产业统计年鉴
工业企业科技活动资料　中国社会统计年鉴　中国高技术产业统计年鉴
中国人才资源统计报告　中国教育统计年鉴　中国人口和就业统计年鉴
文化及相关产业统计概览　中国文化及相关产业统计年鉴　中国教育经费统计年鉴
中国民族统计年鉴　中国残疾人事业统计年鉴　中国民政统计年鉴
中国乡镇街道行政区域简册　中国基本单位统计年鉴　中国妇女儿童状况统计资料（英）

省级综合统计年鉴系列

北京 天津 河北 山西 内蒙古 辽宁 吉林 黑龙江 上海 江苏 浙江 安徽 福建 江西 山东 河南 湖北 湖南 广东 广西 海南 重庆 四川 贵州 云南 西藏 陕西 甘肃 青海 宁夏 新疆 新疆生产建设兵团

市(县)级综合统计年鉴系列

滨海新区 石家庄 唐山 邯郸 保定 沧州 邢台 廊坊 承德 衡水 秦皇岛 张家口 太原 大同 阳泉 长治 晋城 朔州 晋中 运城 忻州 临汾 吕梁 呼和浩特 呼和浩特新城区 鄂尔多斯 包头 沈阳 大连 长春 吉林 延吉 四平 通化 松原 哈尔滨 齐齐哈尔 黑龙江垦区 上海浦东新区 南京 无锡 徐州 常州 苏州 南通 连云港 淮安 盐城 扬州 镇江 泰州 宿迁 江阴 丹阳 海门 杭州 宁波 温州 嘉兴 湖州 绍兴 金华 衢州 舟山 台州 丽水 合肥 安庆 马鞍山 福州 厦门 宁德 漳州 龙岩 南昌 九江 上饶 新余 抚州 萍乡 赣州 吉安 景德镇 济南 青岛 潍坊 枣庄 日照 滕州 郑州 洛阳 平顶山 三门峡 商丘 信阳 济源 汝州 武汉 十堰 荆州 宜昌 荆门 咸宁 长沙 广州 深圳 惠州 东莞 汕尾 南宁 柳州 桂林 来宾 河池 防城港 海口 三亚 成都 贵阳 黔南 毕节 昆明 西安 咸阳 延安 宝鸡 安康 铜川 汉中 榆林 兰州 庆阳 银川 乌鲁木齐 兵团一师 兵团十师

调查年鉴系列

天津 山西 内蒙古 辽宁 吉林 上海　福建 江西 河南 湖北 湖南 广西　重庆 四川 云南 甘肃 宁夏 新疆

统计方法应用/实用手册

实用SAS统计分析教程　马克威统计分析与数据挖掘应用案例　统计公文知识问答
乡镇统计人员岗位知识培训系列教材：辅助调查员岗位基础知识　乡镇统计人员岗位基础知识
县级统计人员岗位知识培训系列教材：Excel在统计工作中的应用　简明统计分析
地市级统计人员岗位知识培训系列教材：统计报告与演示　Excel在统计工作中的应用

统计通俗读物/统计科普图书

国家统计局核心统计指标变迁　货架上的统计　账本里的统计

重点图书

砥砺奋进的五年——从十八大到十九大　新编英汉汉英统计大词典　中华医学统计百科全书
新常态下的中国服务业：理论与实践　新动能新产业发展报告-2017
挑大学选专业2018—考研择校指南　挑大学选专业2018—高考志愿填报指南